Scale 1:250,000
or 3.95 miles to 1 inch
(2.5km to 1cm)

14th edition November 2011

© AA Media Limited 2011

Original edition printed 1999

Copyright: © IGN-Paris 2011
The IGN data or maps in this atlas are from the latest IGN editions, the years of which may be different. www.ign.fr. Licence number 10656.

RoadPilot® Information on fixed speed camera locations provided by and © 2011 RoadPilot® Driving Technology.

Published by AA Publishing (a trading name of AA Media Limited, whose registered office is Fanum House, Basing View, Basingstoke, Hampshire RG21 4EA, UK. Registered number 06112600).

ISBN: 978 0 7495 7138 2

A CIP catalogue record for this book is available from The British Library.

Printed in Italy by Rotolito Lombarda, Milan on 90gsm matt coated paper.

Town plans

Atlas contents

Driving rules	inside front cover
Key to map pages	II–III
Route planner 1:1,250,000	IV–XV
Legend	XVI
France road maps 1:250,000	1–207
Index to place names	208–261
Département map	262
Environs maps	263–275

Environs maps:

Bordeaux	273	Nantes	274
Lille	263	Paris	264–267
Lyon	270–271	Rennes	274
Marseille	272	Strasbourg	275
Montpellier	275	Toulouse	273

Central Paris	268–269
Town plans	276–304

Town plans:

Aix-en-Provence	276	La Rochelle	286	Paris Central	268–269
Angers	277	Lille	287	Perpignan	296
Avignon	278	Lyon	288	Poitiers	297
Bordeaux	279	Marseille	289	Reims	298
Brest	280	Metz	290	Rennes	299
Caen	281	Montpellier	291	Rouen	300
Cannes	282	Nancy	292	Strasbourg	301
Clermont-Ferrand	283	Nantes	293	Toulon	302
Dijon	284	Nice	294	Toulouse	303
Grenoble	285	Nîmes	295	Tours	304

Distances and journey times	inside back cover

(F) Tableau d'assemblage
(NL) Kaartindeling
(D) Kartenübersicht
(GB) Key to map pages
(E) Mapas
(I) Pagine della carta

II

INDEX DES PRÉFECTURES

Agen (47) 151
Ajaccio (2A) 204
Albi (81) 170
Alençon (61) 60
Amiens (80) 7
Angers (49) 76-77
Angoulême (16) 122
Annecy (74) 132
Arras (62) 8
Auch (32) 167
Aurillac (15) 140
Auxerre (89) 83
Avignon (84) 174-175
Bar-le-Duc (55) 47
Bastia (2B) 203
Beauvais (60) 20
Belfort (90) 88
Besançon (25) 103
Blois (41) 79-80
Bobigny (93) 42
Bordeaux (33) 135
Bourg-en-Bresse (01) 116-117
Bourges (18) 97
Caen (14) 14
Cahors (46) 152
Carcassonne (11) 187
Châlons-en-Champagne (51) 45
Chambéry (73) 131
Charleville-Mézières (08) 24
Chartres (28) 62
Châteauroux (36) 96
Chaumont (52) 67
Clermont-Ferrand (63) 127
Colmar (68) 71
Créteil (94) 42
Digne-les-Bains (04) 160
Dijon (21) 85
Épinal (88) 69
Évreux (27) 40
Évry (91) 42
Foix (09) 185
Gap (05) 160
Grenoble (38) 145
Guéret (23) 111
La Rochelle (17) 106
La Roche-sur-Yon (85) 91
Laon (02) 22
Laval (53) 58
Le Mans (72) 60
Le Puy-en-Velay (43) 142
Lille (59) 3
Limoges (87) 124
Lons-le-Saunier (39) 102
Lyon (69) 130
Mâcon (71) 116
Marseille (13) 192
Melun (77) 64
Mende (48) 156
Metz (57) 26
Montauban (82) 169
Mont-de-Marsan (40) 166
Montpellier (34) 173
Moulins (03) 113
Nancy (54) 48
Nanterre (92) 42
Nantes (44) 74
Nevers (58) 98
Nice (06) 195
Nîmes (30) 174
Niort (79) 107
Orléans (45) 80
Paris (75) 42
Pau (64) 182
Périgueux (24) 137
Perpignan (66) 201
Poitiers (86) 109
Pontoise (95) 42
Privas (07) 143
Quimper (29) 53
Rennes (35) 57
Rodez (12) 154
Rouen (76) 18
Saint-Brieuc (22) 33
Saint-Étienne (42) 129
Saint-Lô (50) 37
Strasbourg (67) 51
Tarbes (65) 183
Toulon (83) 193
Toulouse (31) 169
Tours (37) 78
Troyes (10) 66
Tulle (19) 139
Valence (26) 144
Vannes (56) 55
Versailles (78) 42
Vesoul (70) 87

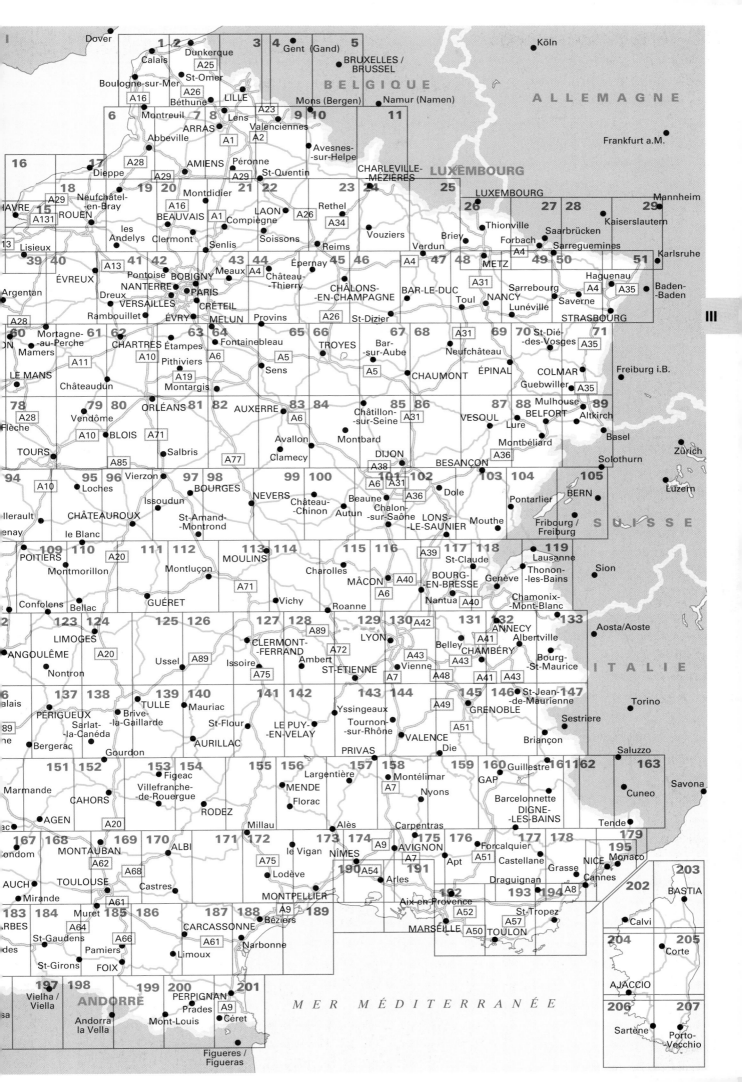

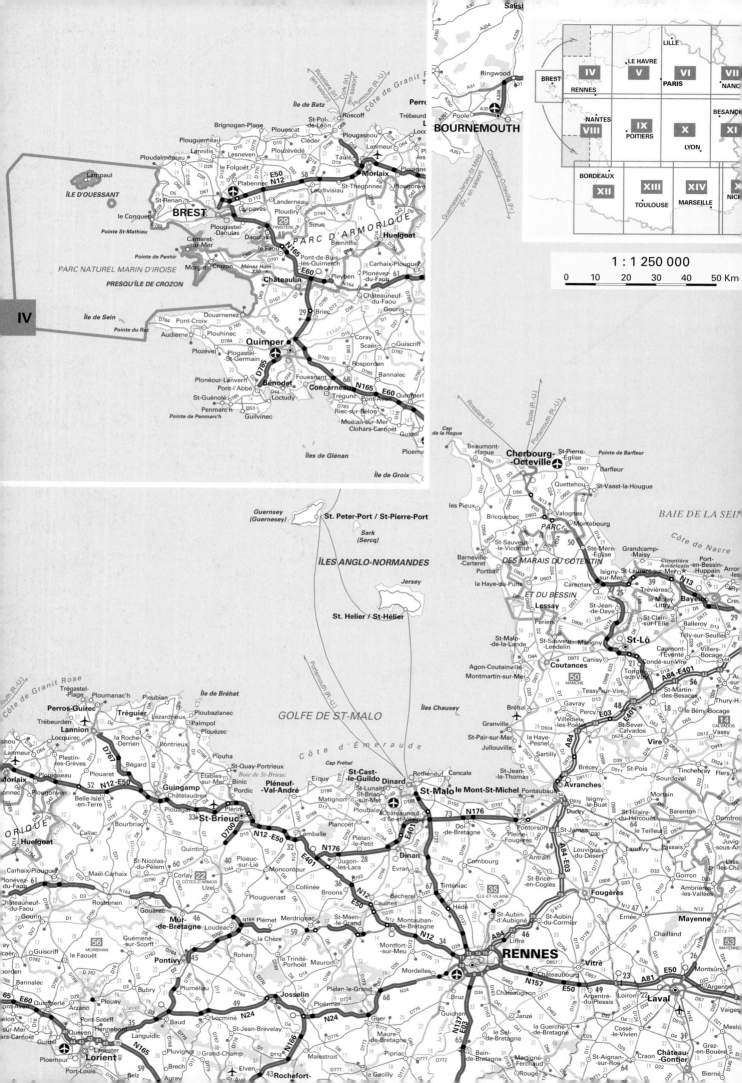

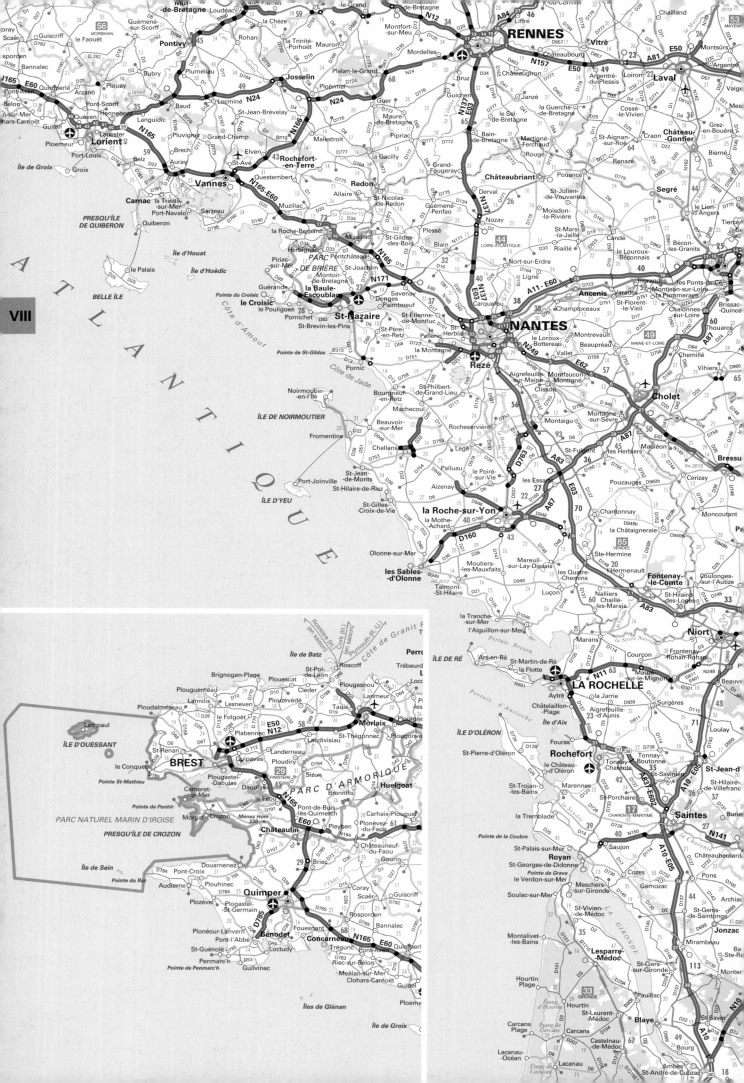

GOLFE

DE

GASCOGNE

Côte d'Argent

BORDEAUX

Libourne
St-Émilion

Blaye

Lesparre-Médoc

Montalivet-les-Bains

Hourtin Plage
Hourtin

Carcans Plage
Carcans

Lacanau-Océan
Lacanau

Arcachon
Pyla-sur-Mer
Dune du Pilat
Gujan-Mestras
Biganos

Lège-Cap-Ferret
Andernos-les-Bains
Audenge

Bassin d'Arcachon

Biscarrosse-Plage
Biscarrosse
Parentis-en-Born

Mimizan-Plage
Mimizan

Contis les Bains
St-Julien-en-Born

St-Girons-Plage
St-Girons-en-Marensin
Léon
Moliets-et-Maa
Vieux-Boucau-les-Bains
Soustons
Hossegor
Capbreton

Bayonne
Anglet
Biarritz
Bidart
Guéthary
St-Jean-de-Luz
Hendaye

DONOSTIA / SAN SEBASTIÁN
Irun
Hernani

Eibar
Azpeitia

PAMPLONA / IRUÑA

Estella / Lizarra

LOGROÑO

Arnedo
El Villar de Arnedo
Calahorra
Alfaro
Pradejón
Albelda de Iregua

Jonzac
Mirambeau
Montendre
Montlieu-la-Garde
Montguyon

Blanquefort
St-Médard-en-Jalles
Carbon-Blanc

Créon
la Brède
Podensac
Cadillac
Langon
Bazas
Captieux

Marmande
Le Mas-d'Agenais
Casteljaloux
Damazan

Nérac
Mézin
Gabarret
Barbotan-les-Thermes
Condom
Cazaubon
Eauze
Nogaro
Aire-sur-l'Adour
Riscle
Plaisance
Mirande
Marciac
Maubourguet

PARC
DES LANDES
DE GASCOGNE

40 LANDES

Pissos
Sore
Labouheyre
Sabres
Labrit
Morcenx
Roquefort
Mont-de-Marsan
Tartas
Villeneuve-de-Marsan
Grenade-sur-l'Adour
St-Sever
Mugron
Montfort-en-Chalosse
Hagetmau
Geaune
Garlin
Lembeye

Dax
St-Paul-lès-Dax
St-Vincent-de-Tyrosse
St-Martin-de-Seignanx
Peyrehorade
Amou
Arzacq-Arraziguet
Thèze

Bidache
Salies-de-Béarn
Sauveterre-de-Béarn
Orthez
Arthez-de-Béarn
Mourenx
Navarrenx
Monein

PAU
Lescar
Soumoulou
Morlaàs
Nay

Tarbes
Ossun
Pontacq
Vic-en-Bigorre
Rabastens-de-Bigorre
Trie-sur-Baïse
Pouyastruc
Castelnau-Magnoac
Tournay
Lannemezan
Capvern

Oloron-Ste-Marie
Gan
Aramits
Arette
Tardets-Sorholus
Mauléon-Licharre
St-Palais
St-Jean-Pied-de-Port
St-Étienne-de-Baïgorry
Cambo-les-Bains
Hasparren
Ustaritz
Ainhoa
Espelette
Ascain

64 PYRÉNÉES-ATLANTIQUES

Arudy
Laruns
Eaux-Bonnes
Eaux-Chaudes
Gourette
Accous
Urdos
Cauterets
Pierrefitte-Nestalas
Argelès-Gazost
Lourdes
Bagnères-de-Bigorre
la Mongie
Campan
Barèges
Luz-St-Sauveur
Gavarnie
Vielle-Aure
St-Lary-Soulan
Superbagnères

Col de Somport 1632
Col du Pourtalet 1794
Pic du Midi de Bigorre 2876
Pic du Midi d'Ossau 2884
Vignemale 3298
Col d'Aubisque 1709
Col du Tourmalet 2115
Col d'Aspin 1489
Tunnel de Bielsa

PARC NATIONAL DES PYRÉNÉES

Basilique N.-D. du Rosaire
Grottes de Bétharram

PARQUE DE ORDESA Y MONTE PERDIDO

Cirque de Gavarnie

Baños de Panticosa

Puerto Ibañeta 1057
Orreaga / Roncesvalles
Port de Larrau
Escároz

Doneztebe / Santesteban
Altsasu / Alsasua

Sangüesa
Tafalla
Uncastillo
Jaca

ESPAGNE

la Gironde
la Dordogne
R. Oria
R. Bidasoa
R. Arakil
R. Arga
R. Aragón
R. Ega
Rio Ebro

 Légende Ⓕ   GB Legend
Verklaring der tekens ⓃⓁ   Ⓔ Signos convencionales
Zeichenerklärung Ⓓ   Ⓘ Segni convenzionali

Autoroute, section à péage (1), Autoroute, section libre (2), Voie à caractère autoroutier (3)
Autosnelweg, gedeelte met tol (1), Autosnelweg, tolvrij gedeelte (2), Weg van het type autosnelweg (3)
Autobahn, gebührenpflichtiger Abschnitt (1), Autobahn, gebührenfreier Abschnitt (2), Schnellstraße (3)

Motorway, toll section (1), Motorway, toll-free section (2), Dual carriageway with motorway characteristics (3)
Autopista, tramo de peaje (1), Autopista, tramo libre (2), Autovía (3)
Autostrada, tratto a pagamento (1), Autostrada, tratto libero (2), Strada con caratteristiche autostradali (3)

Barrière de péage (1), Aire de service (2), Aire de repos (3)
Tolversperring (1), Tankstation (2), Rustplaats (3)
Mautstelle (1), Tankstelle (2), Rastplatz (3)

Tollgate (1), Full service area (2), Rest area - toilets only (3)
Barrera de peaje (1), Área de servicio (2), Área de descanso (3)
Stazione a barriera (1), Area di servizio (2), Area di parcheggio (3)

Échangeur : complet (1), partiel (2), numéro
Knooppunt : volledig (1), gedeeltelijk (2), nummer
Vollanschlußstelle (1), beschränkte Anschlußstelle (2), Autobahnkreuz

Junction : complete (1), restricted (2), number
Acceso : completo (1), parcial (2), número
Svincolo : completo (1), parziale (2), numero

Autoroute en construction (1), Radar Fixe (2)
Autosnelweg in aanleg (1), Verkeersradar (2)
Autobahn im Bau (1), Radarkontrollen (2)

Motorway under construction (1), Speed camera (fixed radar) (2)
Autopista en construcción (1), Radar (2)
Autostrada in costruzione (1), Radar (2)

Route de liaison principale (1), Route de liaison régionale (2), Autre route (3)
Hoofdverkeersweg (1), Streekverbindingsweg (2), Andere weg (3)
Fernverkehrsstraße (1), Regionale Verbindungsstraße (2), Sonstige Straße (3)

Main road (1), Regional connecting road (2), Other road (3)
Carretera principal (1), Carretera regional (2), Otra carretera (3)
Strada di grande comunicazione (1), Strada di interesse regionale (2), Altra strada (3)

Route en construction
Weg in aanleg
Straße im Bau

Road under construction
Carretera en construcción
Strada in costruzione

Route irrégulièrement entretenue (1), Chemin (2)
Onregelmatig onderhoude weg (1), Pad (2)
Nicht regelmäßig instandgehaltene Straße (1), Weg (2)

Not regularly maintained road (1), Footpath (2)
Carretera sin revestir (1), Camino (2)
Strada di irregolare manutenzione (1), Sentiero (2)

Tunnel (1), Route interdite (2)
Tunnel (1), Verboden weg (2)
Tunnel (1), Gesperrte Straße (2)

Tunnel (1), Prohibited road (2)
Túnel (1), Carretera prohibida (2)
Galleria (1), Strada vietata (2)

Distances kilométriques (km), Numérotation : autoroute, type autoroutier
Kilometeraanduiding (km), Wegnummers : autosnelweg, van het type autosnelweg
Entfernungen in Kilometern (km), Straßennumerierung : Autobahn

Distances in kilometers (km), Road numbering : motorway
Distancia en kilómetros (km), Número : autopista, autovía
Distanze chilometriche (km), Numeri delle strade : autostrada

E11   5   A75

Distances kilométriques sur route, Numérotation : autre route
Kilometeraanduiding op wegen, Wegnummers : andere meg
Straßenentfernungen in kilometern, Straßennumerierung : sonstige Straße

Distances in kilometers on road, Road numbering : other road
Distancia en kilómetros por carretera, Número : otra carretera
Distanze in chilometri su strada, Numeri delle strade : altra strada

3   2   5   D197

Chemin de fer, gare, arrêt, tunnel
Spoorweg, station, halte, tunnel
Eisenbahn, Bahnhof, Haltepunkt, Tunnel

Railway, station, halt, tunnel
Ferrocarril, estación, parada, túnel
Ferrovia, stazione, fermata, galleria

Aéroport (1), Aérodrome (2), Liaison maritime (3)
Luchthaven (1), Vliegveld (2), Bootdienst met autovervoer (3)
Flughafen (1), Flugplatz (2), Autofähre (3)

1   2   3   Bastia →

Airport (1), Airfield (2), Car ferries (3)
Aeropuerto (1), Aeródromo (2), Línea marítima (ferry) (3)
Aeroporto (1), Aeroporto turistico (2), Traghetti per auto (3)

Zone bâtie (1), Zone industrielle (2), Bois (3)
Bebouwde kom (1), Industriezone (2), Bos (3)
Wohngebiet (1), Industriegebiet (2), Wald (3)

Built-up area (1), Industrial park (2), Woods (3)
Zona edificada (1), Zona industrial (2), Bosque (3)
Zona urbanistica (1), Zona industriale (2), Bosco (3)

Limite de département (1), de région (2), limite d'État (3)
Grens van departement, gewestgrens (2), Staatsgrens (3)
Departements- (1), Region- (2), Staatsgrenze (3)

Département (1), Region (2), International boundary (3)
Límite de departamento (1), de región (2), Límite de Nación (3)
Confine di dipartimento (1), di regione (2), di Stato (3)

Limite de camp militaire (1), Limite de Parc (2)
Grens van militair kamp (1), Parkgrens (2)
Truppenübungsplatzgrenze (1), Naturparkgrenze (2)

Military camp boundary (1), Park boundary (2)
Límite de campo militar (1), Límite de Parque (2)
Limite di campo militare (1), Limite di parco (2)

Marais (1), Marais salants (2), Glacier (3)
Moeras (1), Zoutpan (2), Gletsjer (3)
Sumpf (1), Salzteiche (2), Gletscher (3)

Marsh (1), Salt marshes (2), Glacier (3)
Marisma (1), Salinas (2), Glaciar (3)
Palude (1), Saline (2), Ghiacciaio (3)

Région sableuse (1), Sable humide (2)
Zandig gebied (1), Getijdengebied (2)
Sandgebiet (1), Gezeiten (2)

Dry sand (1), Wet sand (2)
Zona arenosa (1), Arena húmida (2)
Area sabbiosa (1), Sabbia bagnata (2)

Cathédrale (1), Abbaye (2), Église (3), Chapelle (4)
Kathedraal (1), Abdij (2), Kerk (3), Kapel (4)
Dom (1), Abtei (2), Kirche (3), Kapelle (4)

Cathedral (1), Abbey (2), Church (3), Chapel (4)
Catedral (1), Abadía (2), Iglesia (3), Capilla (4)
Cattedrale (1), Abbazia (2), Chiesa (3), Cappella (4)

Château (1), Château ouvert au public (2), Musée (3)
Kasteel (1), Kasteel open voor publiek (2), Museum (3)
Schloss (1), Schlossbesichtigung (2), Museum (3)

Castle (1), Castle open to the public (2), Museum (3)
Castillo (1), Castillo abierto al público (2), Museo (3)
Castello (1), Castello aperto al pubblico (2), Museo (3)

Localité d'intérêt touristique
Bezienswaardige plaats
Sehenswerter Ort

CAHORS

Town or place of tourist interest
Localidad de interés turístico
Località di interesse turistico

Phare (1), Moulin (2), Curiosité (3), Cimetière militaire (4)
Vuurtoren (1), Molen (2), Bezienswaardigheid (3), Militaire begraafplaats (4)
Leuchtturm (1), Mühle (2), Sehenswürdigkeit (3), Soldatenfriedhof (4)

Lighthouse (1), Mill (2), Place of interest (3), Military cemetery (4)
Faro (1), Molino (2), Curiosidad (3), Cementerio militar (4)
Faro (1), Mulino (2), Curiosità (3), Cimitero militare (4)

Grotte (1), Mégalithe (2), Vestiges antiques (3), Ruines (4)
Grot (1), Megaliet (2), Historische overblijfselen (3), Ruines (4)
Höhle (1), Megalith (2), Altertümliche Ruinen (3), Ruinen (4)

Cave (1), Megalith (2), Antiquities (3), Ruins (4)
Cueva (1), Magalito (2), Vestigios antiguos (3), Ruinas (4)
Grotta (1), Megalite (2), Vestigia antiche (3), Rovine (4)

Point de vue (1), Panorama (2), Cascade ou source (3)
Uitzichtspunt (1), Panorama (2), Waterval of bron (3)
Aussichtspunkt (1), Rundblick (2), Wasserfall oder Quelle (3)

Viewpoint (1), Panorama (2), Waterfall or spring (3)
Vista panorámica (1), Panorama (2), Cascada o fuente (3)
Punto di vista (1), Panorama (2), Cascata o sorgente (3)

Station thermale (1), Sports d'hiver (2), Refuge (3), Activités de loisirs (4)
Kuuroord (1), Wintersport (2), Schuilhut (3), Recreatieactiviteiten (4)
Kurort mit Thermalbad (1), Wintersportort (2), Berghütte (3), Freizeittätigkeiten (4)

Spa (1), Winter sports resort (2), Refuge hut (3), Leisure activities (4)
Estación termal (1), Estación de deportes de invierno (2), Refugio (3), Actividades de ocios (4)
Stazione termale (1), Stazione di sport invernali (2), Rifugio (3), Attività di divertimenti (4)

Maison du Parc (1), Réserve naturelle (2), Parc ou jardin (3)
Informatiebureau van natuurreservaat (1), Natuurreservaat (2), Park of tuin (3)
Informationsbüro des Parks (1), Naturschutzgebiet (2), Park oder Garten (3)

Park visitor centre (1), Nature reserve (2), Park or garden (3)
Casa del parque (1), Reserva natural (2), Parque o jardín (3)
Ufficio d'informazione del Parco (1), Riserva naturale (2), Parco o giardino (3)

Chemin de fer touristique (1), Téléphérique (2)
Toeristische trein (1), Kabelspoor (2)
Touristische Kleinbahn (1), Seilbahn (2)

Tourist railway (1), Aerial cableway (2)
Ferrocarril turístico (1), Teleférico (2)
Ferrovia di interesse turistico (1), Teleferica (2)

1: 250 000

0   5   10   km   15   20   25

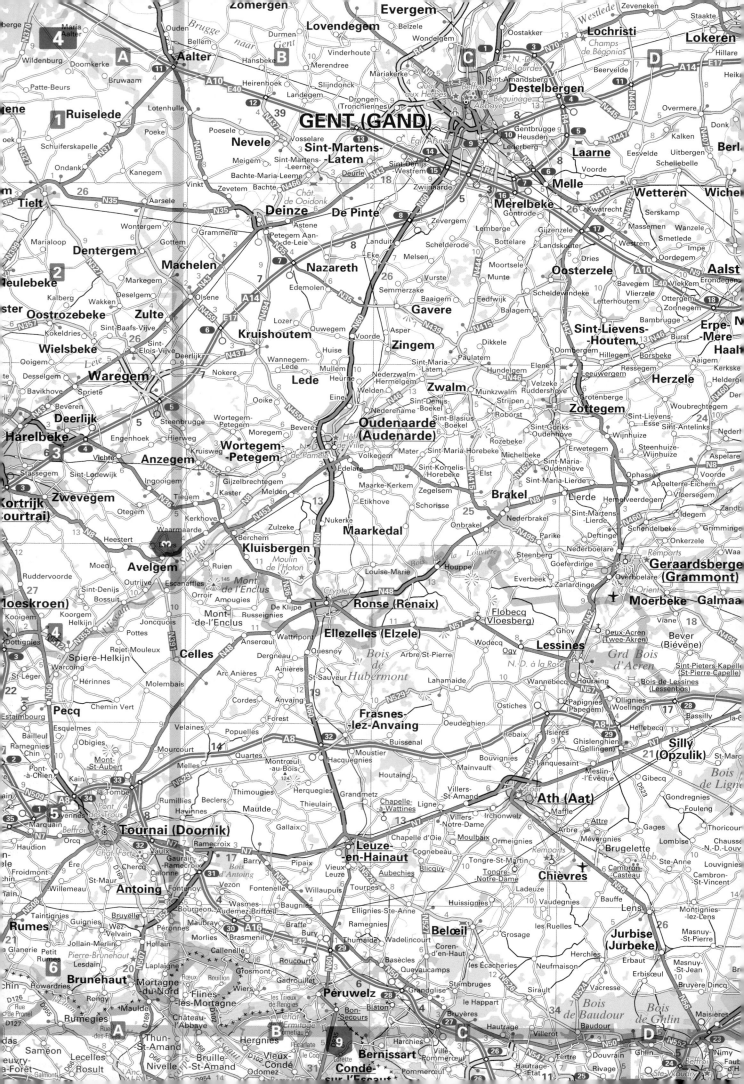

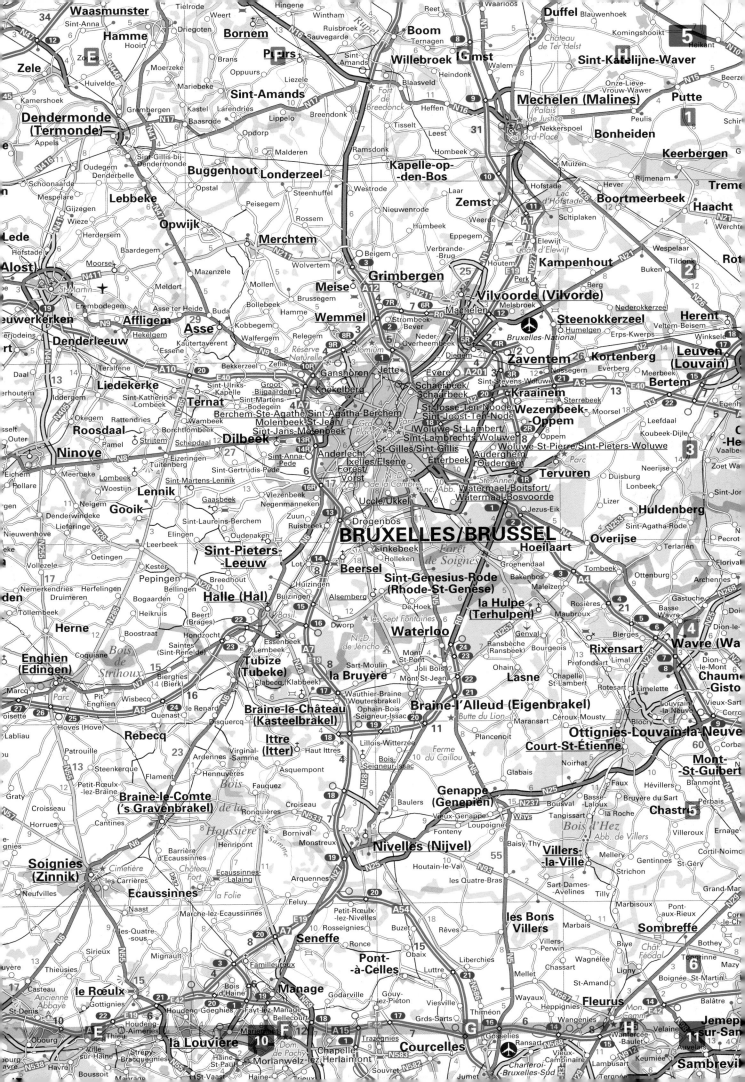

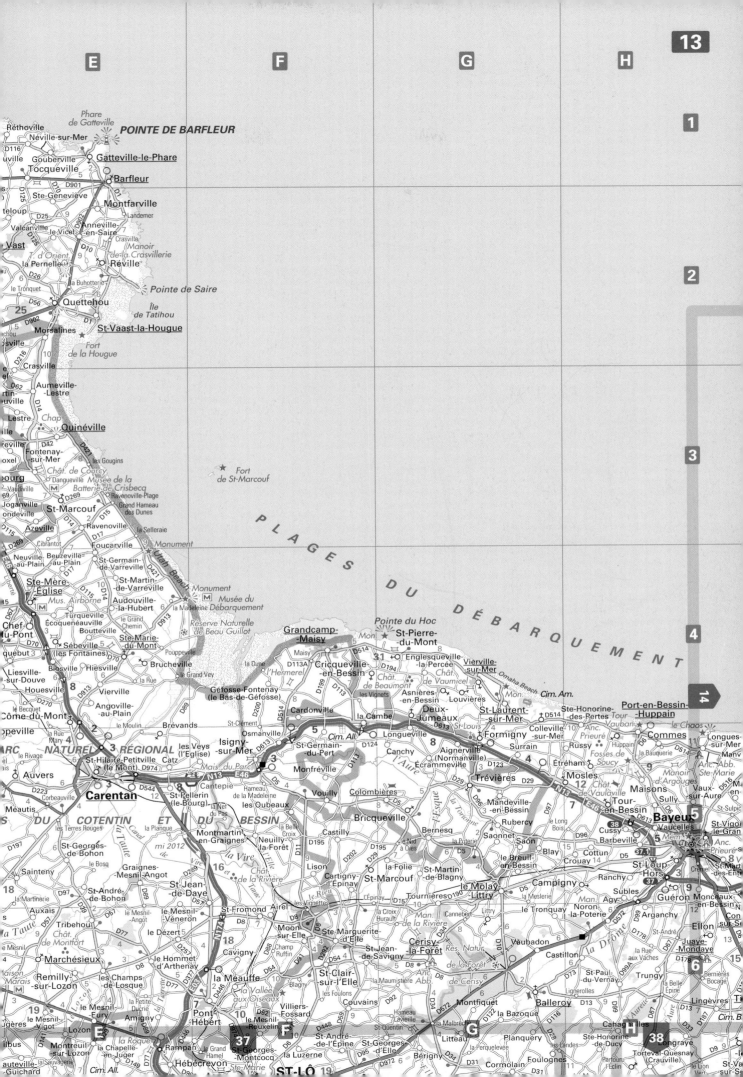

A   B   C   D

1

2

3

4

5

6

CÔTE DES

les Abers

Phare
de l'Île Vierge

Île Vierge

Kélerdut

St-Cava

D71

Presqu'île
Ste-Marguerite

Plouguerne

Aber-Wrac'h

Landéda

Morgan   Coum

D128

D13

Lannilis

12

Trémazan   Portsall   Lampaul-   St-Pabu
Pointe de Landunvez   -Ploudalmézeau

Chât.   Kersaint   D36

9   D27   D168   Ploudalmézeau   Tréglonou

Radénoc   Landunvez   D28   D128   Tariec

Porspoder   Argenton   D26

Kerazant   Plourin   Menhir   Plouguin

D68   de Kervignen   Coat-Méal

Menhirs   15   D26

Melon   Manoir   Tréouergat   Bourg-

17   de   D163   Blanc

Phare de Aber Ildut   Bel-air   Brélès   Guipronvel   Lanner   14

Perros   Lanildut   Kergroadès   les Trois
Curés

Lanvénec   Lanrivoaré

Lampaul-   D28   12   D27   Milizac   Kerviniou

-Plouarzel   Erragounan   L'Aber Ildut   D38   D67

D5   Kerescan   D68

Phare   Plouarzel   14   12   D5   D105   Guilers

de Trézien   Menhir   St-Renan   Bohars

Ruscumunoc   de Kerloas   Lamber   11

Pointe de Corsen   Kerhornou   Ploumoguer   Trégorff   Penfeld

Illien   D28   Kerlazou   D38   le Bouguen

16   D67   Locmaria-   Arsenal

Trébabu   Plouzané   Plouzané   Kérarmazé   la Trinité   D789   St-Pierre-
Quilbignon

le Conquet   Lochrist   D789   Porsmilin   Ste-Anne-   9

2   D85   le Trez Hir   Trégana   du-Portzic

St-Mathieu   Plougonvelin   D38   Goulet de Brest

Abbaye   Pointe du   RA

POINTE DE ST-MATHIEU   Petit Minou   Pointe   BRE
des Espagnols

1h00   Roscanvel

Lanvernazal

Fort   Quélern

N.-D. de Roch   Taladerc'h

Camaret-   Amadour   St-Fiacre   Lanv

-sur-Mer   Tour Vauban

PARC   NATUREL   MARIN   Alignements de Lagatjar   PRESQU'ÎLE

Monument

POINTE DE PEN-HIR   Gaoulac'h   Cro

D'IROISE   les Tas de Pois

Pointe de Dinan   Morgat   Poir
des G

D308   Grottes

la Palue

St-He   Maison
des Minéraux

Île d'Ouessant

Phare
de Créac'h   Phare du Stiff

Frugullou

Niou Uhella   2

Notre-Dame   Ouessant
de Bon Voyage   (Lampaul)

Feunteun Vélen

Phare   Passage du Fromveur
de la Jument

30mn

Île Molène   Île-Molène

35mn

Réserve Naturelle
d'Iroise

Île de Béniguet

Cap
de la Chèvre

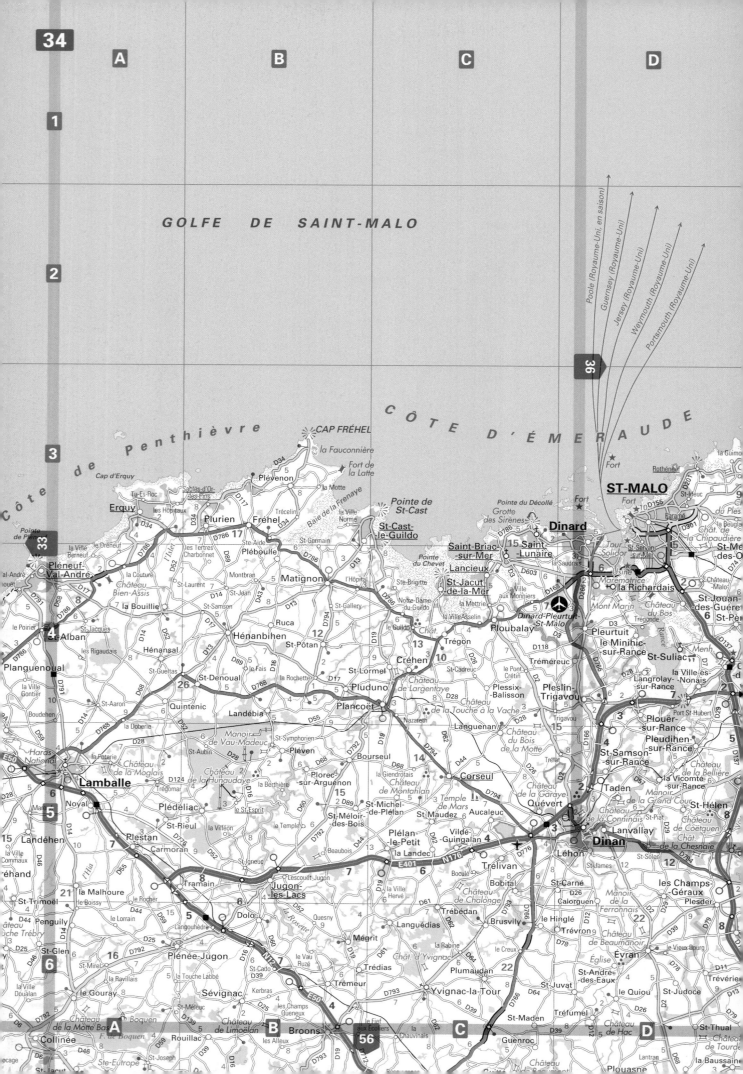

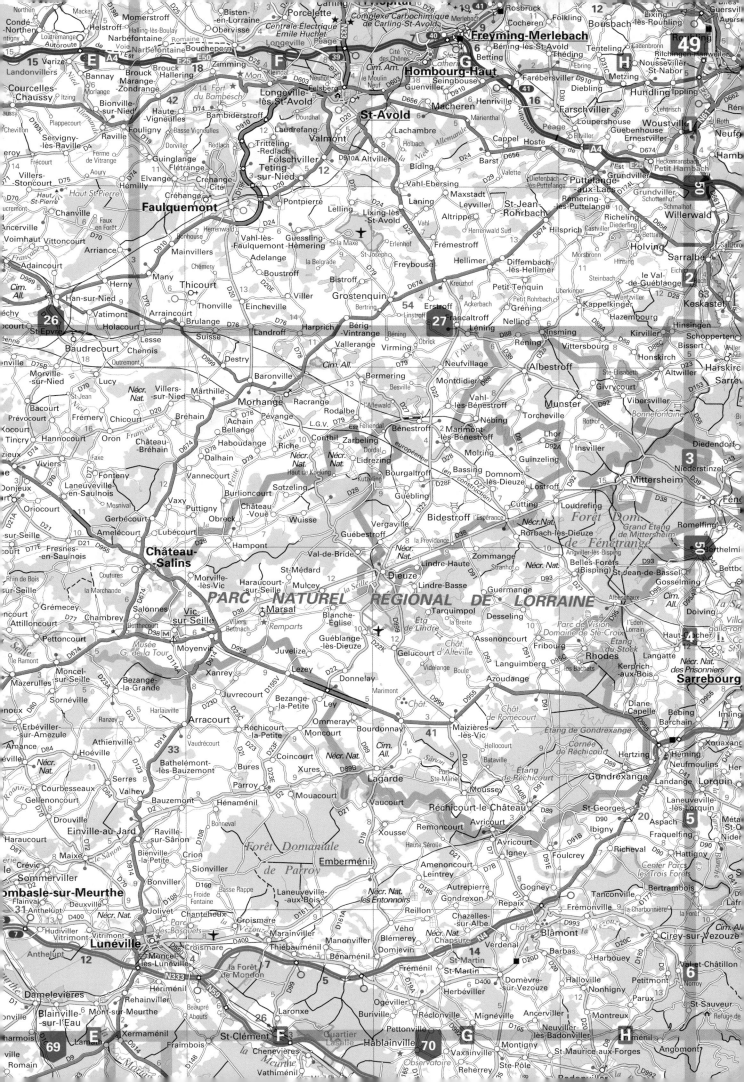

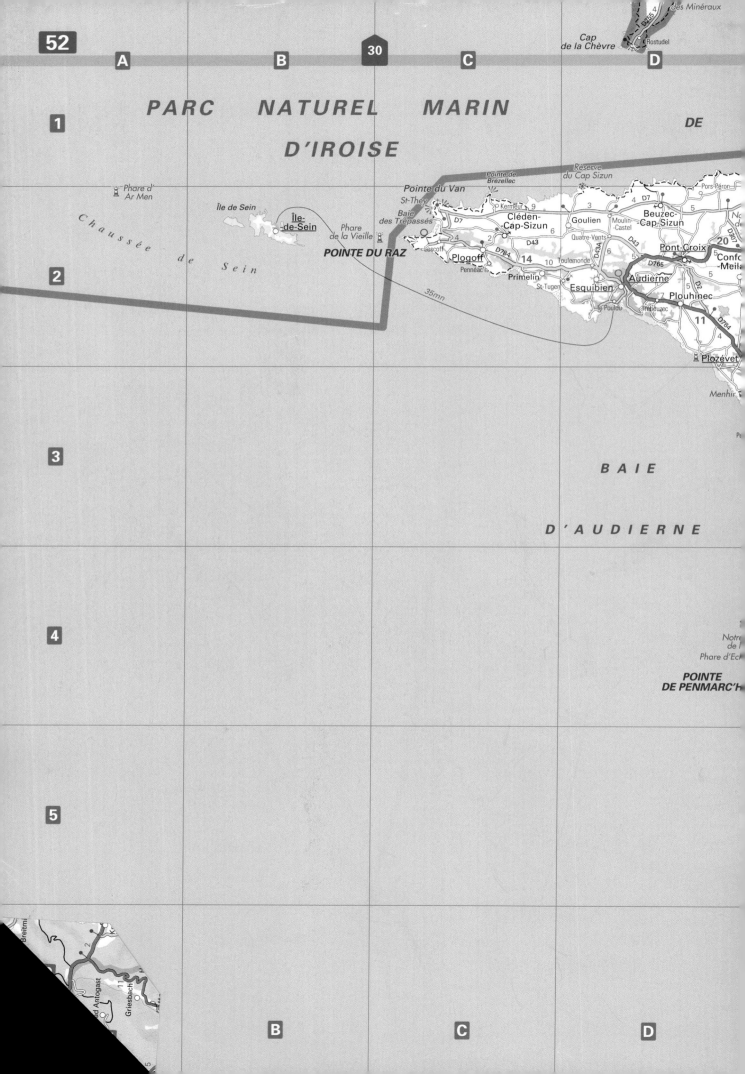

A   B   C   D

1

PARC   NATUREL   MARIN

D'IROISE   *DE*

Phare d'
Ar Men

Pointe de
Brézellec   *Réserve*
du Cap Sizun   Pors-Péron

Pointe du Van   4   D7   Beuzec-
St-They   Kermeur   9   3   Cap-Sizun   5
Île de Sein   Île-   Goulien   Moulin
                     de-Sein   Baie   -Castel   No
Chaussée   des Trépassés   D7   Cléden-   Quatre-Vents D43
                     Phare   Cap-Sizun 6   20 D307
                     de la Vieille   D784   4   D43A   6   D43   Pont-Croix
            de   **POINTE DU RAZ**   Lescoff   D784   D765
2   Plogoff   14   10 Toulemonde   5   Confo
Sein   Pennéac'h   5   -Meil
                                       Primelin   Audierne
                             35mn   St-Tugen   Esquibien   Plouhinec   D2
                                       le Pouldu   Trébeuzec   11   D784
                                                                  Plozévet

                                                                     Menhir

3   **B A I E**

                                         D' A U D I E R N E

4   Notre
                                                        de l'
                                                      Phare d'Ec

                                                  POINTE
                                                  DE PENMARC'H

5

Breitm   2

                        Antogast 11
                      Griesbach

B   C   D

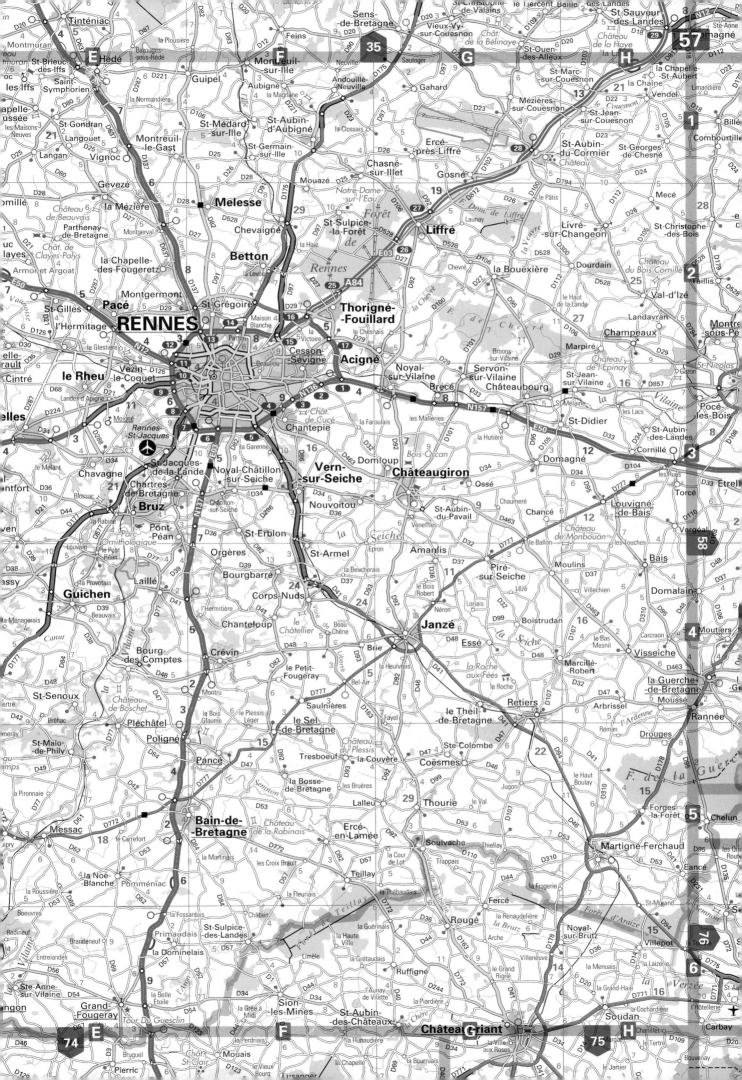

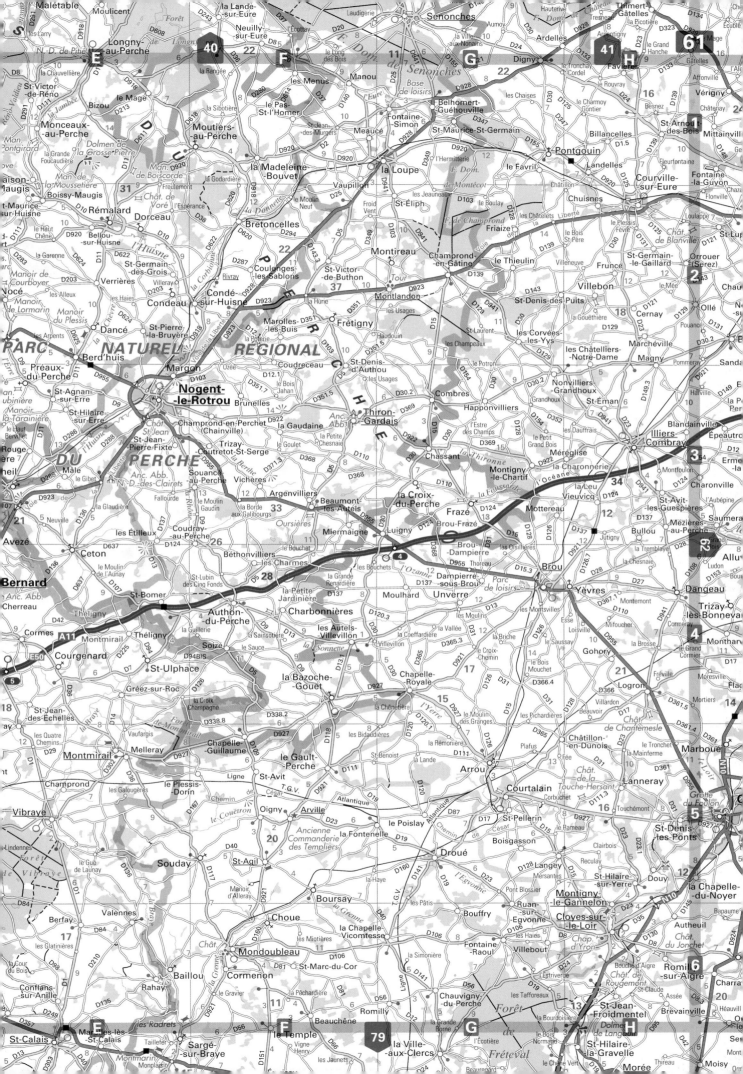

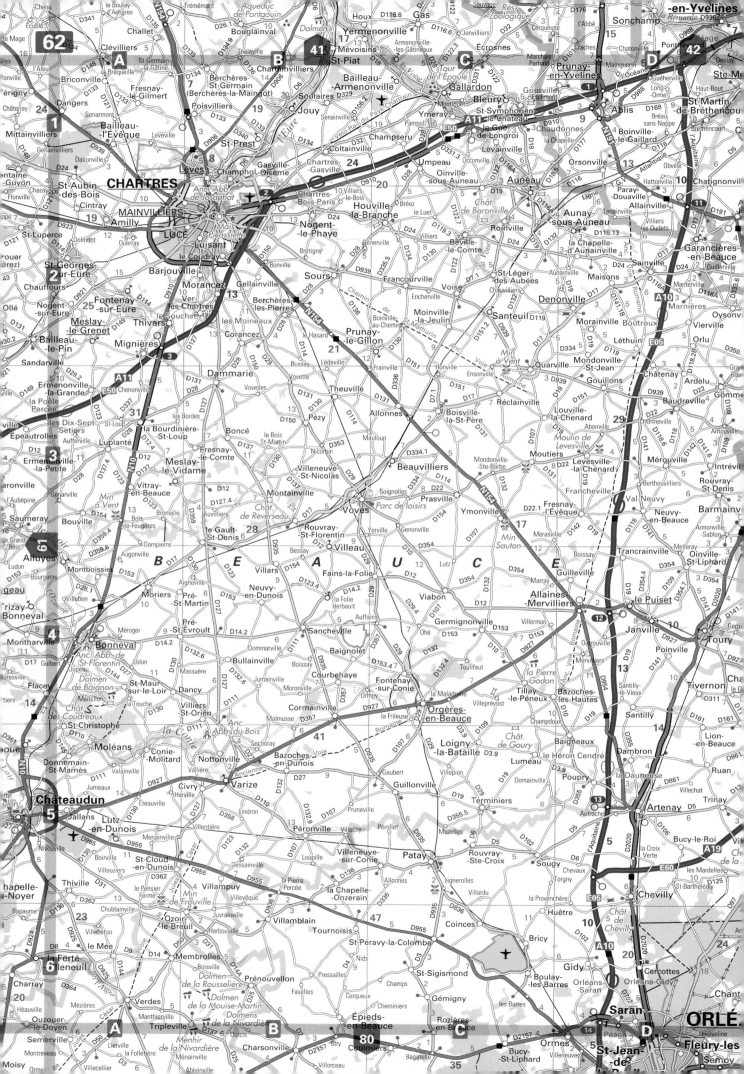

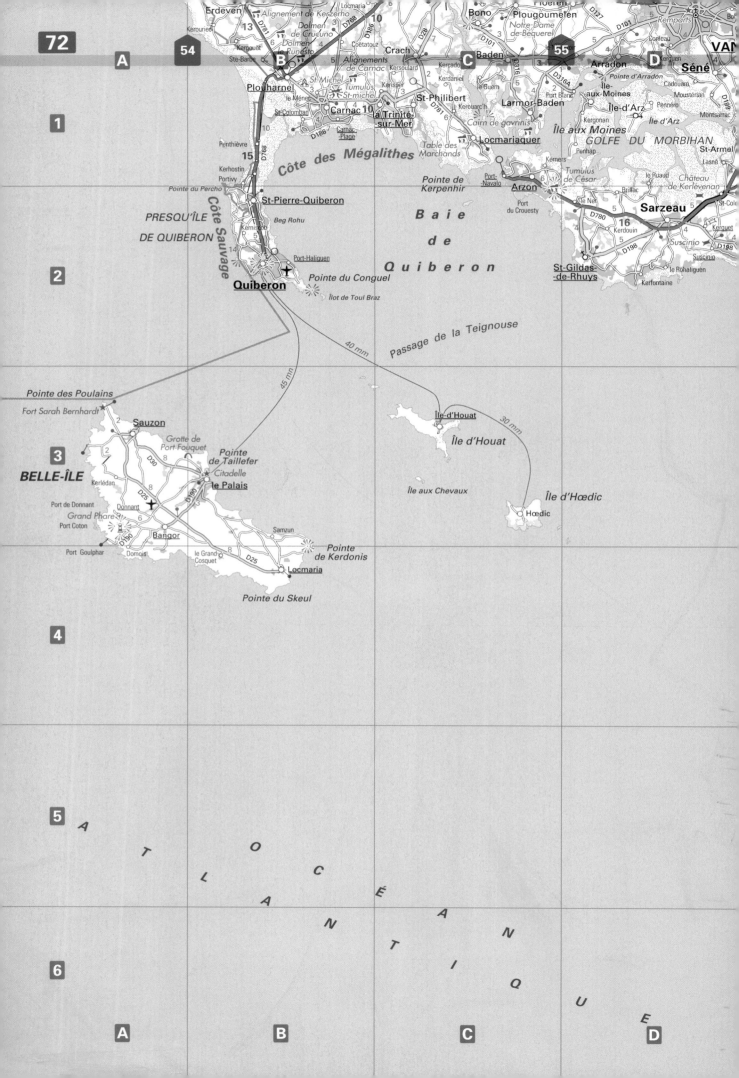

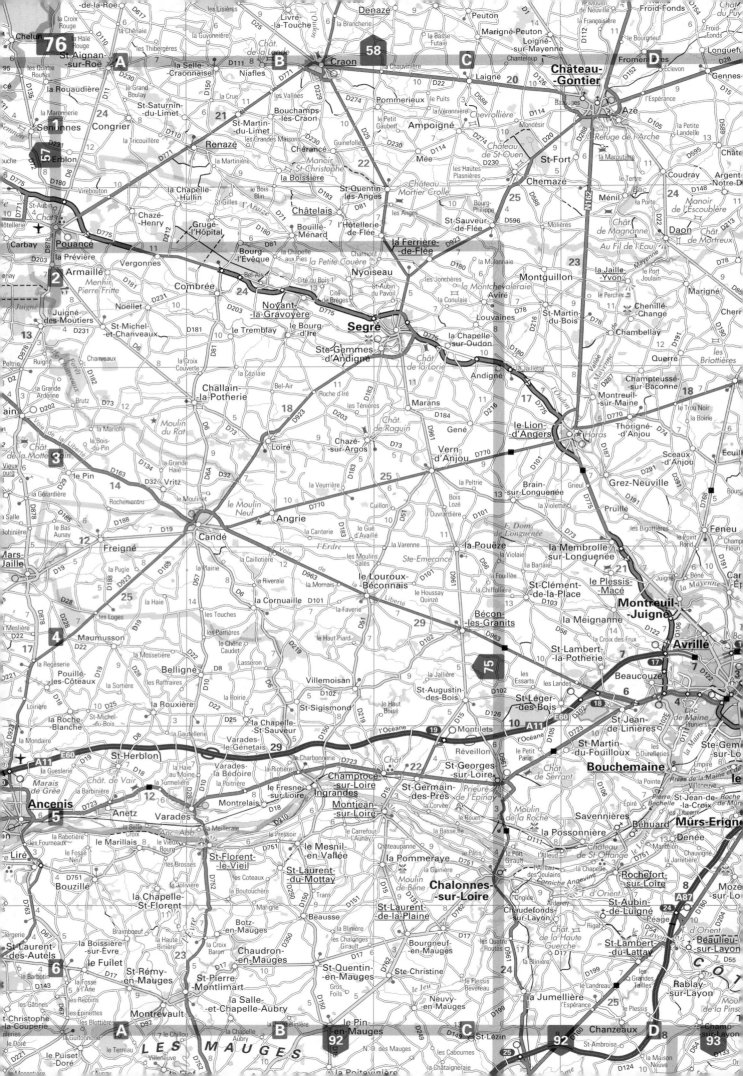

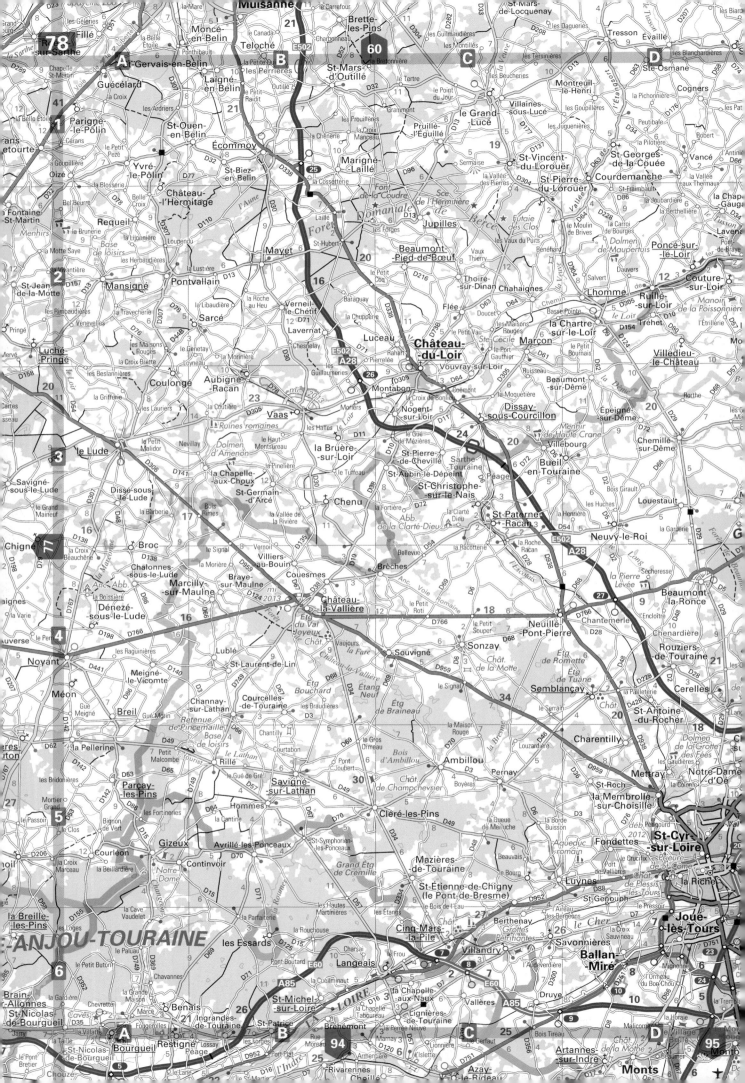

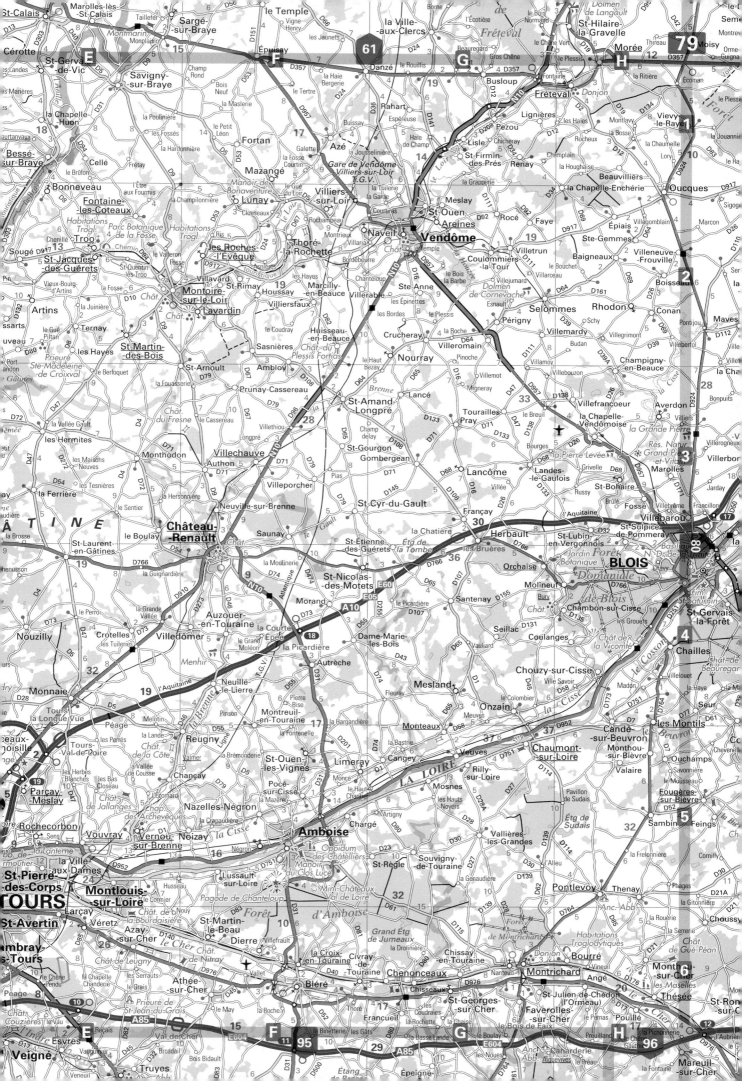

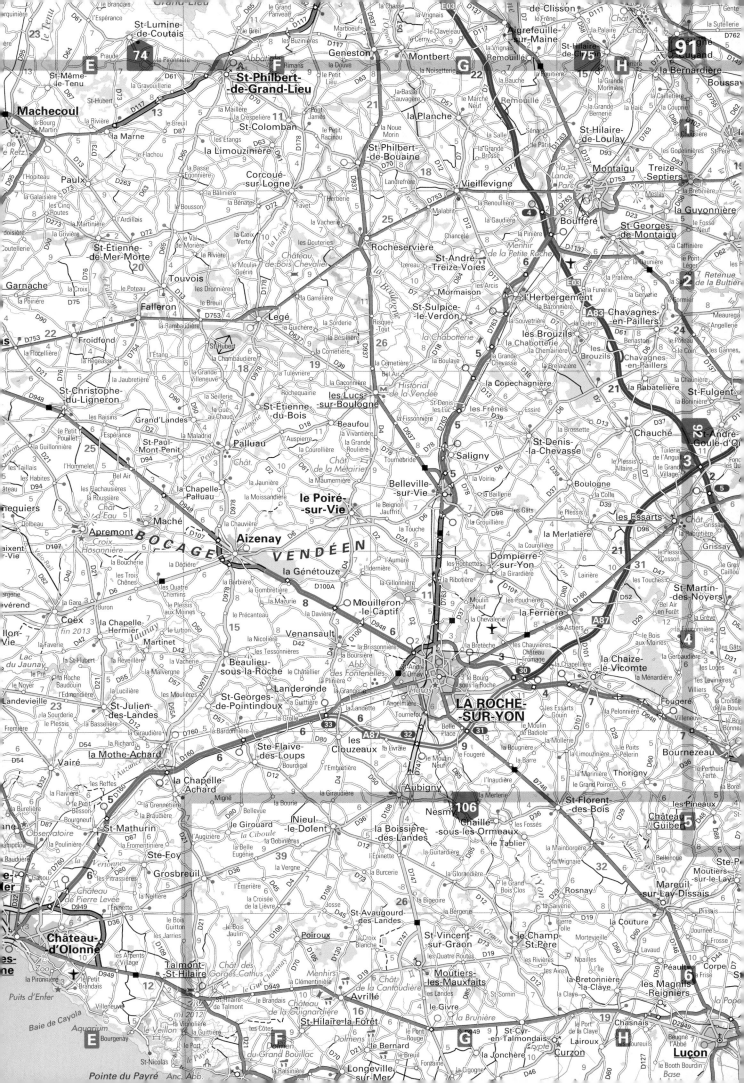

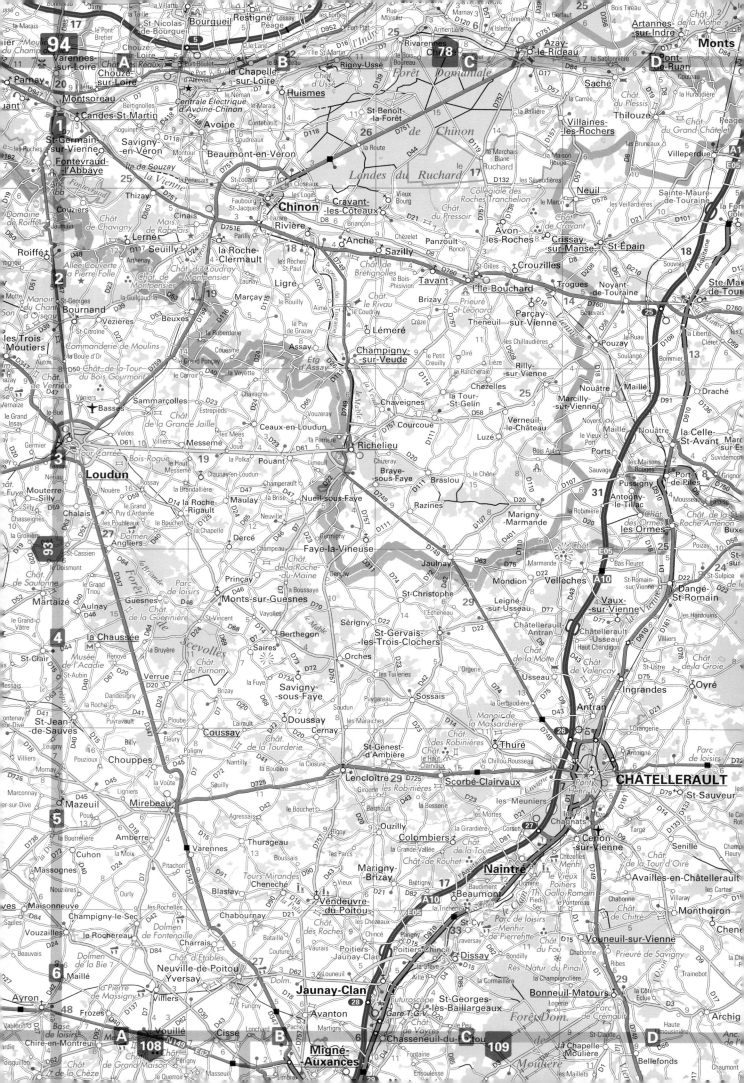

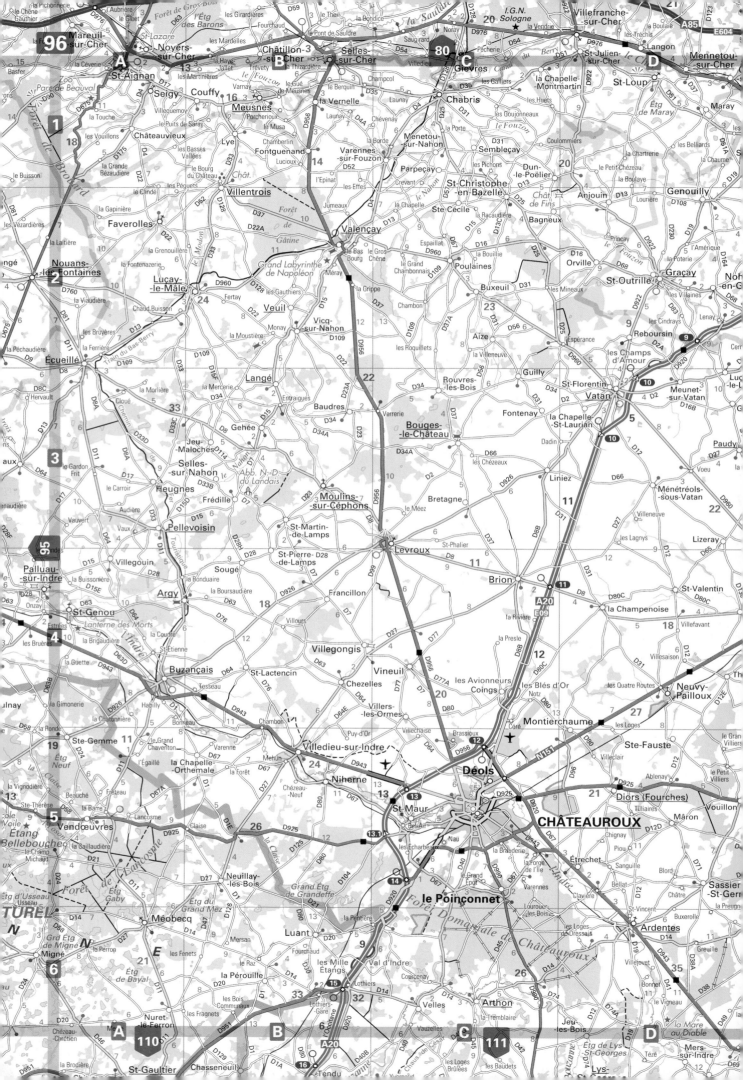

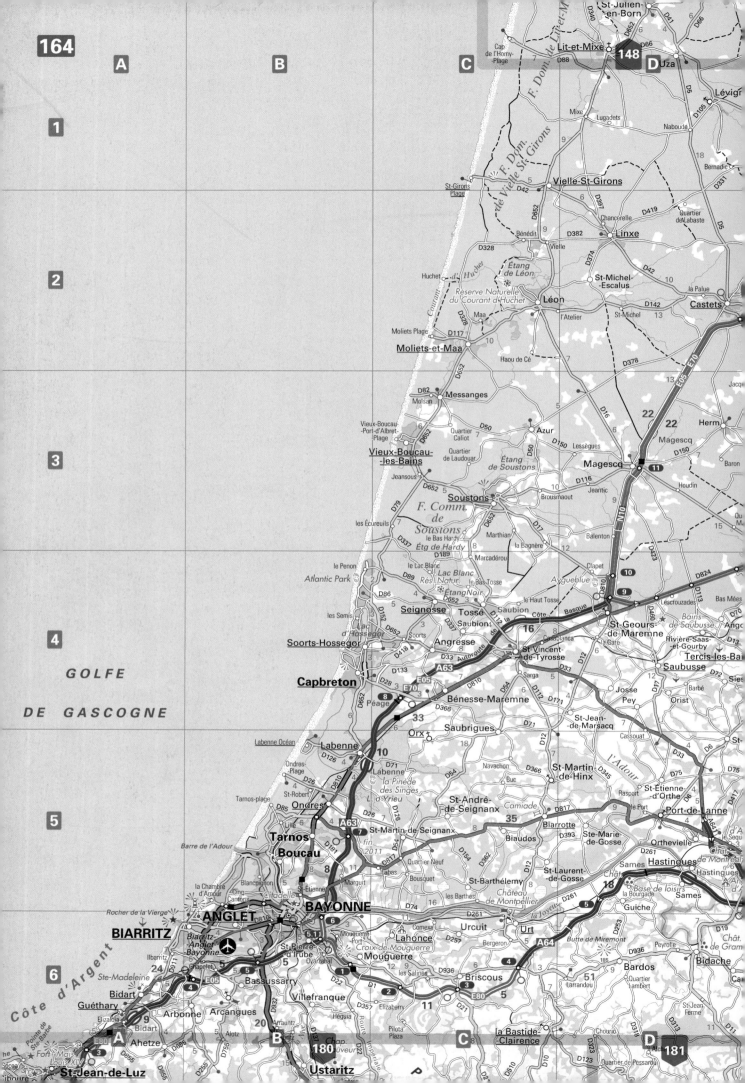

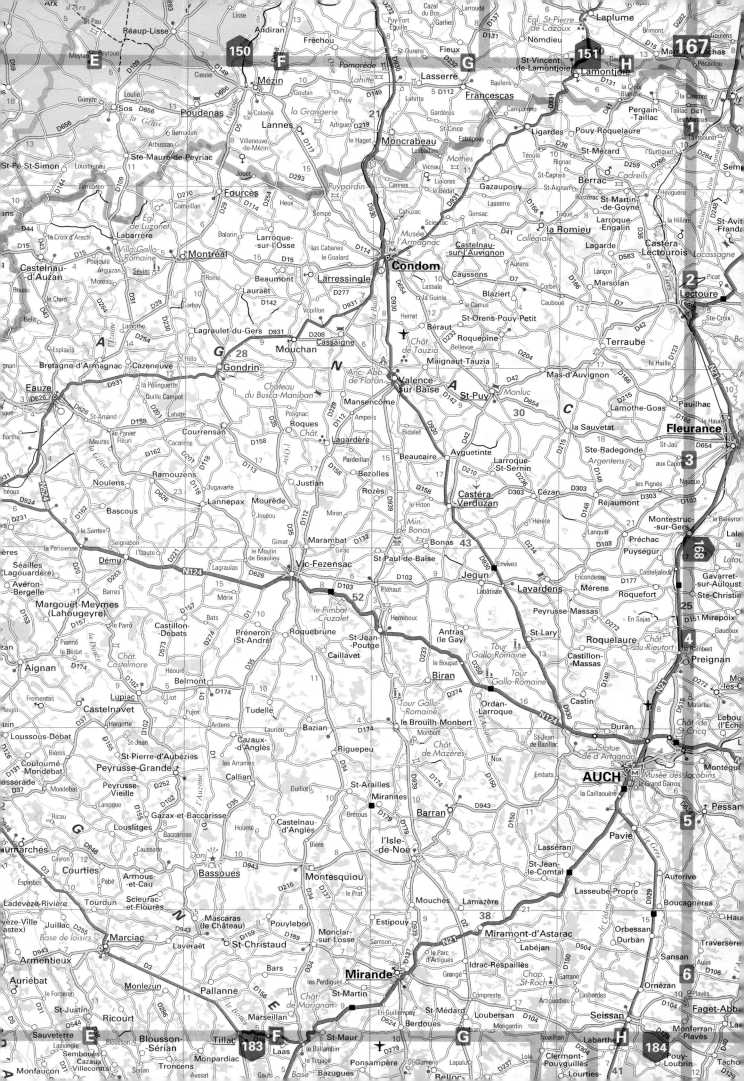

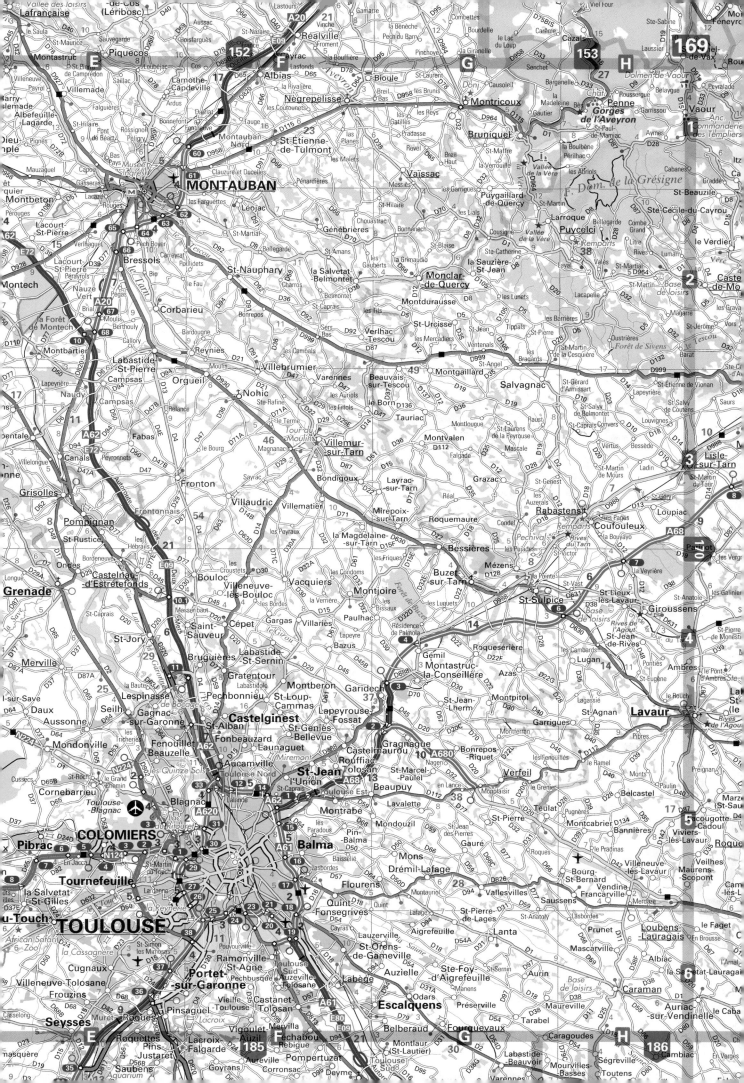

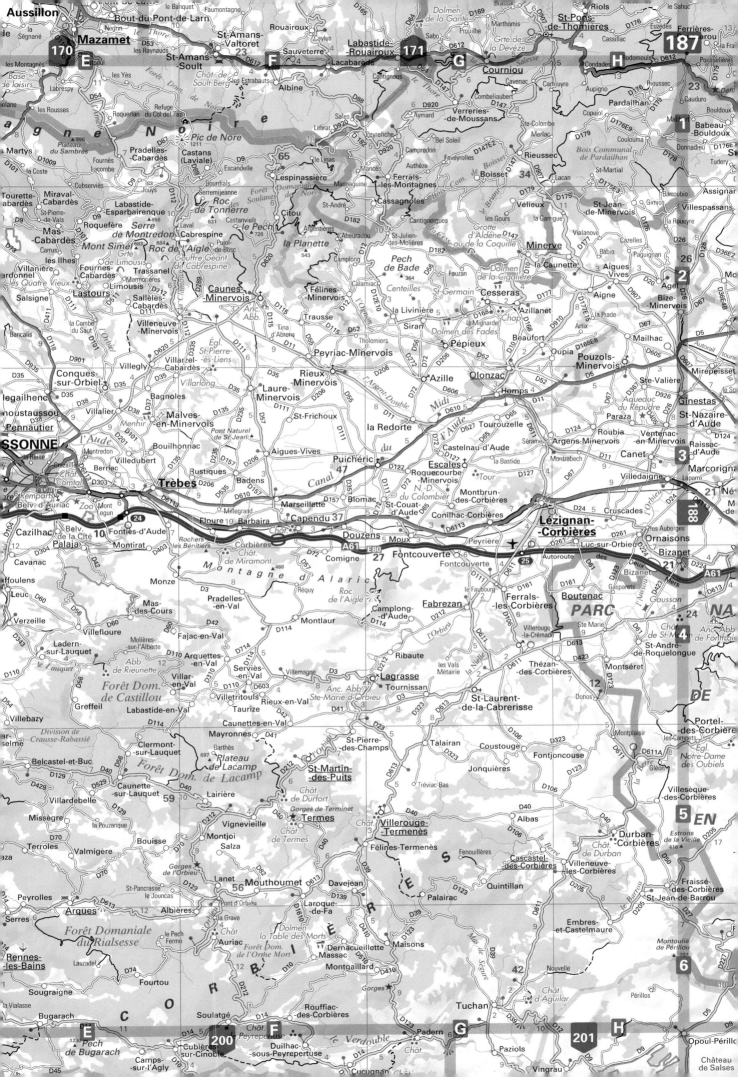

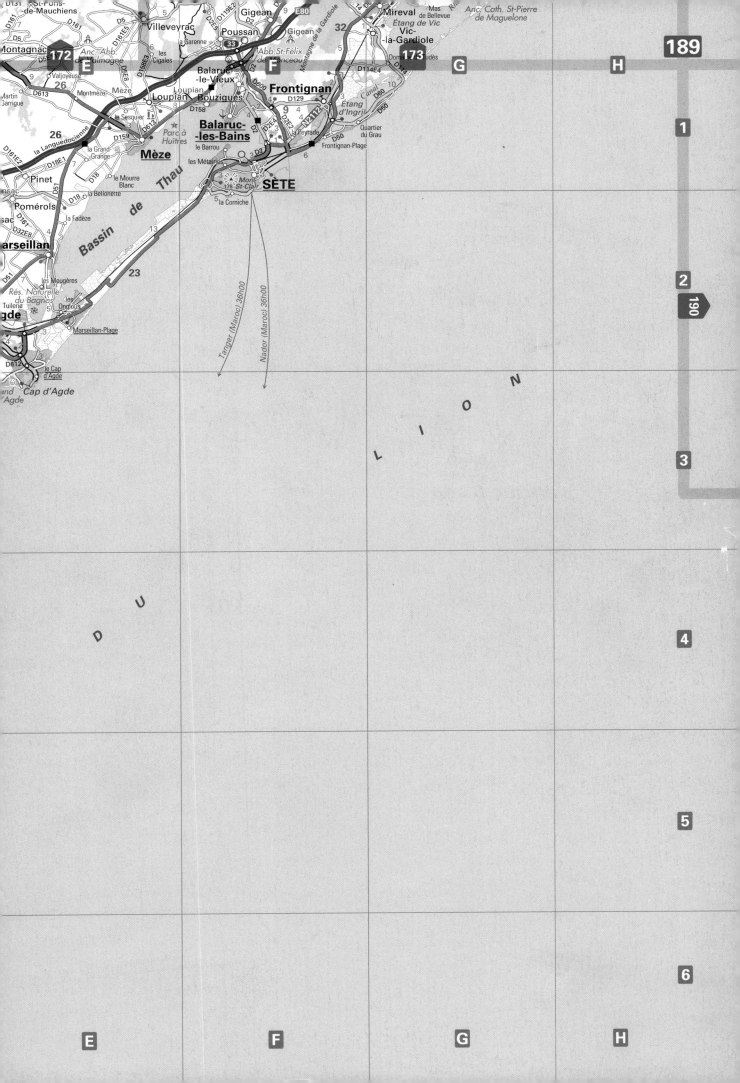

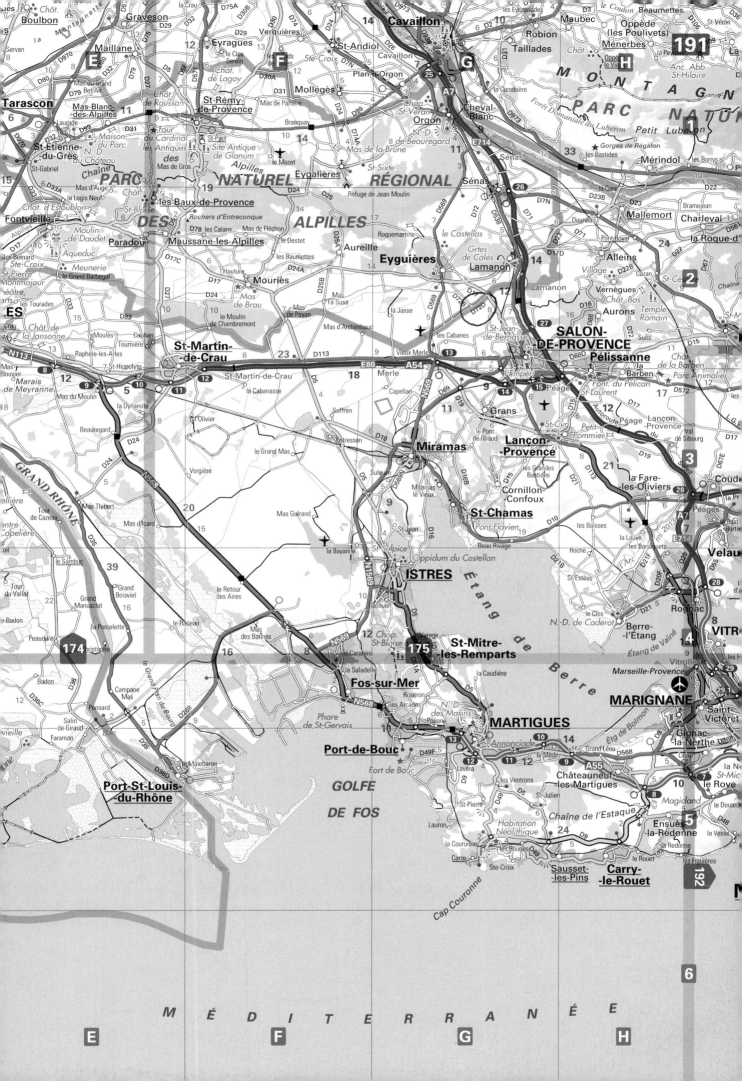

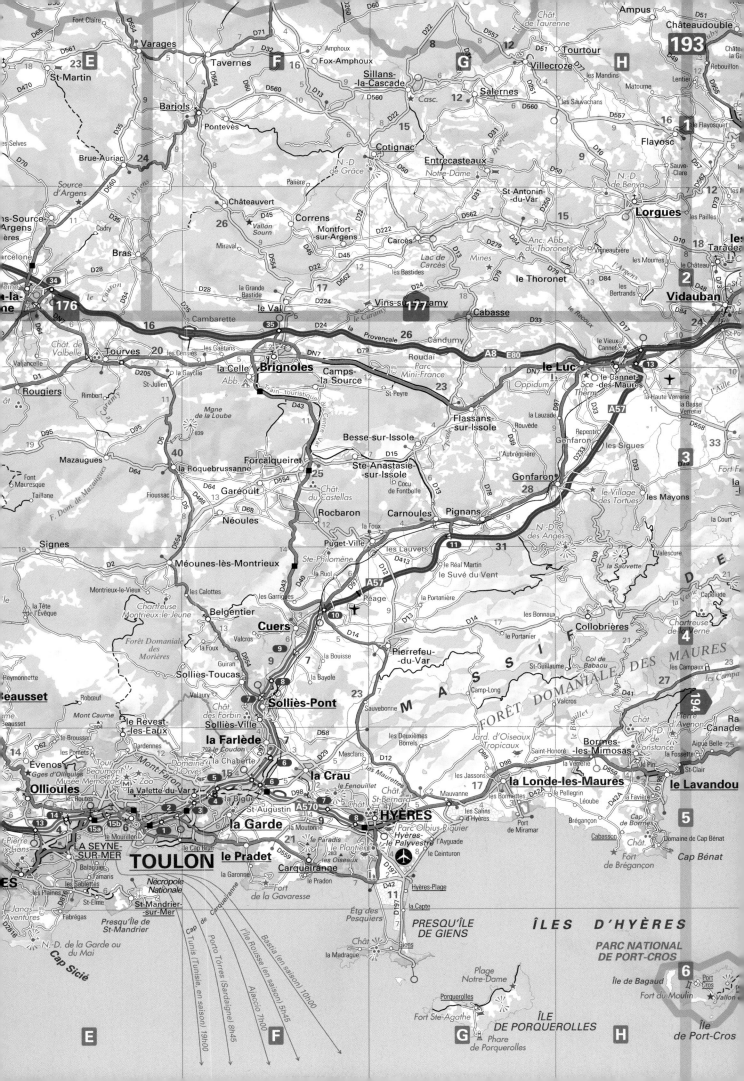

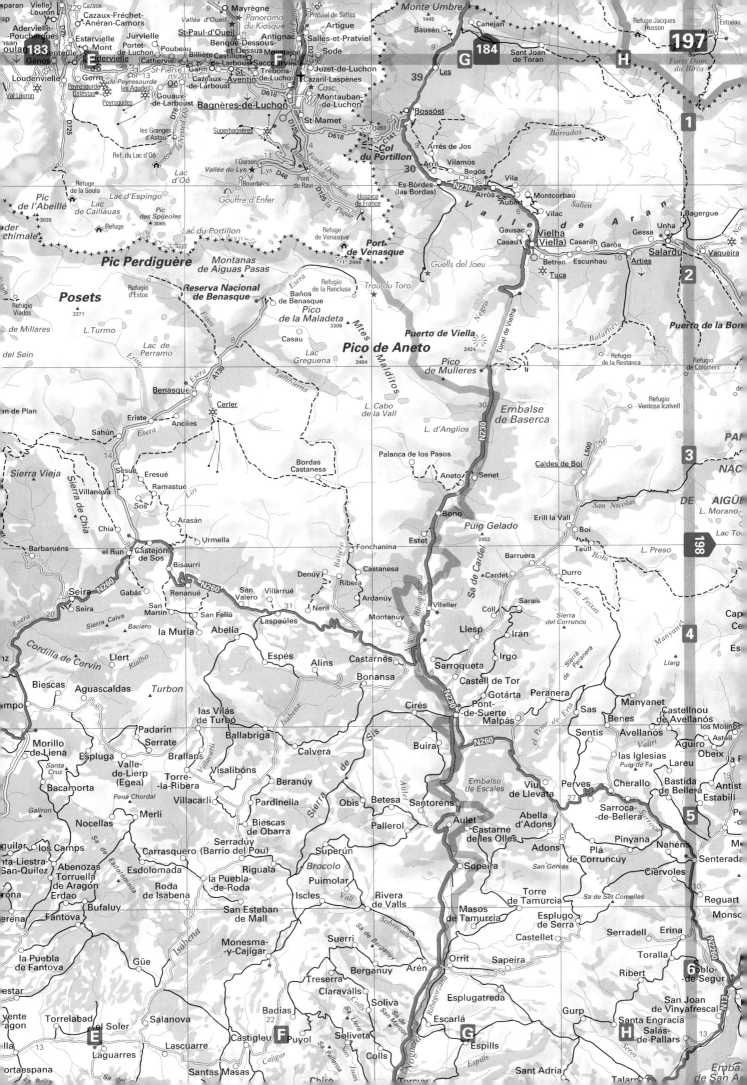

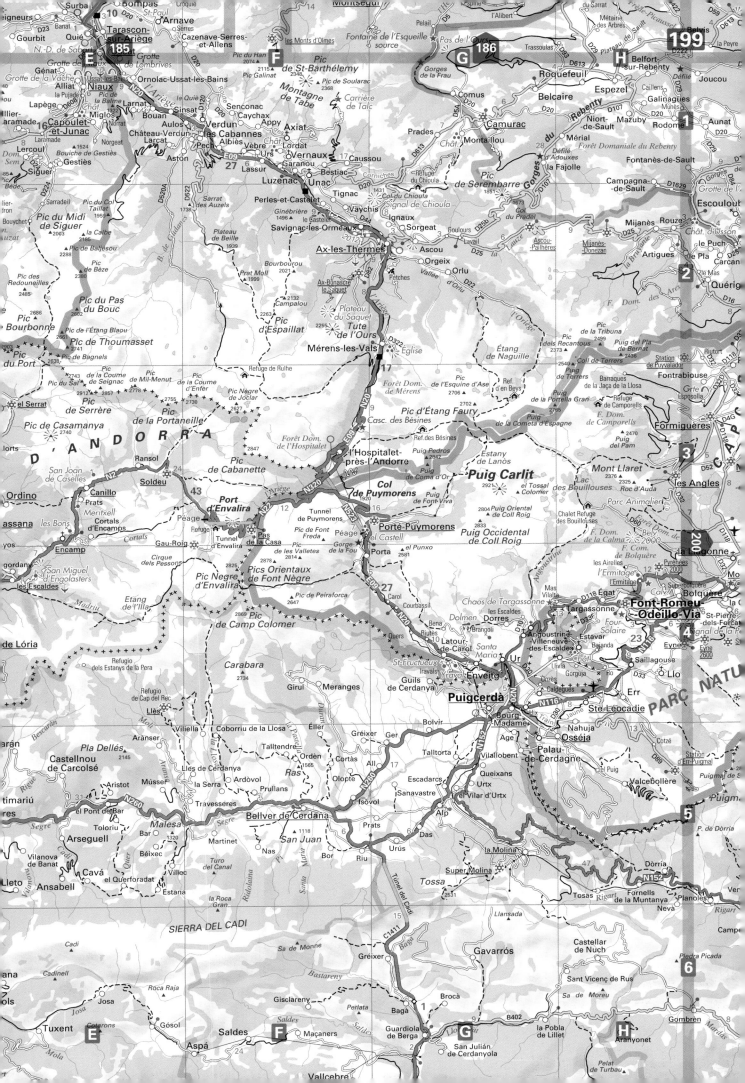

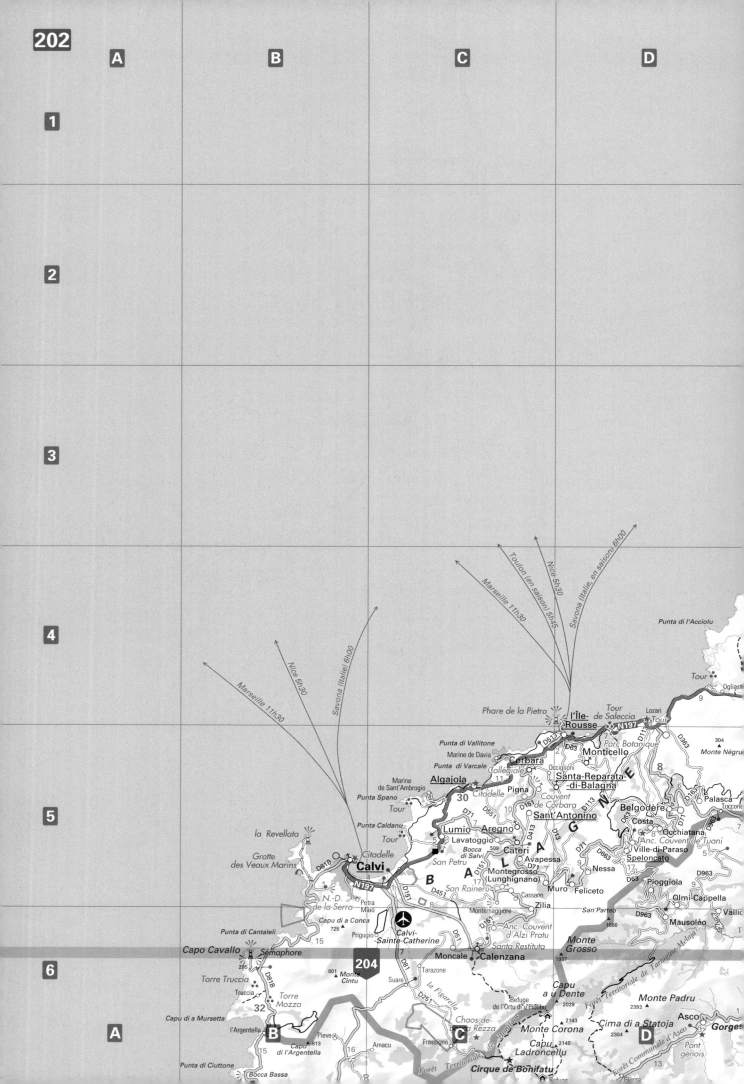

Punta di l'Acciolu

Tour

Ogliast

Marseille 11h30

Nice 5h30

Savona (Italie) 6h00

Marseille 11h30

Toulon (en saison) 5h45

Nice 5h30

Savona (Italie, en saison) 6h00

Phare de la Pietra

l'Île-Rousse

Tour de Saleccia

Tour

Lozari

Tour

N197

Punta di Vallitone

D513

Parc Botanique

D115

Marine de Davia

2   D63

Monticello

D363

304

Monte Négru

Punta di Varcale

Collégiale

Corbara

Occiglioni

8

Marine de Sant'Ambrogio

Algajola

11

Santa-Reparata-di-Balagna

Punta Spano

30   Citadelle

Pigna

Couvent de Corbara

D113

Tour

D71   D551   D15   10

Sant'Antonino

D71   Anc. Couvent de Tuani

Palasca

Toccone

la Revellata

Punta Caldanu

Tour

Lumio

Aregno

D513

Cateri

D43

Ville-di-Paraso

Belgodère

Costa

Occhiatana

D963

7

Lavatoggio

509

D71

Speloncato

D663

5

Grotte des Veaux Marins

Citadelle

Bocca di Salvi

San Petru

Montegrosso (Lunghignano)

Avapessa

D71

Nessa

Muro

Feliceto

Pioggiola

D963

D81B

Calvi

N197

4

D151

B   San Raineru

D451

17

Cassano

Zilia

D963

Olmi-Cappella

Vallì

N.-D. de-la-Serra

Petra Maio

D151

8   Montemaggiore

D15

San Parteo

D963

Mausoléo

Capu di a Conca

725

Priugio

Calvi-Sainte-Catherine

D51

Anc. Couvent d'Alzi Pratu

1680

Monte Grosso

Punta di Cantaleli

15

Santa Restituta

1937

Capo Cavallo

Sémaphore

Moncale

Calenzana

Capu a u Dente

Monte Padru

295

D81B

801

Monte Cintu

204

D81

Tarazone

2029

2393

Cima di a Statoja

Asco

Torre Truccia

Suare

la Figarella

Refuge de l'Ortu di u Piobbu

2143

Monte Corona

2304

Gorges

Truccia

32

Torre Mozza

D251

Chaos de Bocca Rezza

2145

Capu Ladroncellu

Pont génois

Capu di a Mursetta

l'Argentella

B

Pieve

Amacu

Frassigna

C

Cirque de Bonifatu

D

13

Punta di Ciuttone

813

Capu di l'Argentella

16

15

Bocca Bassa

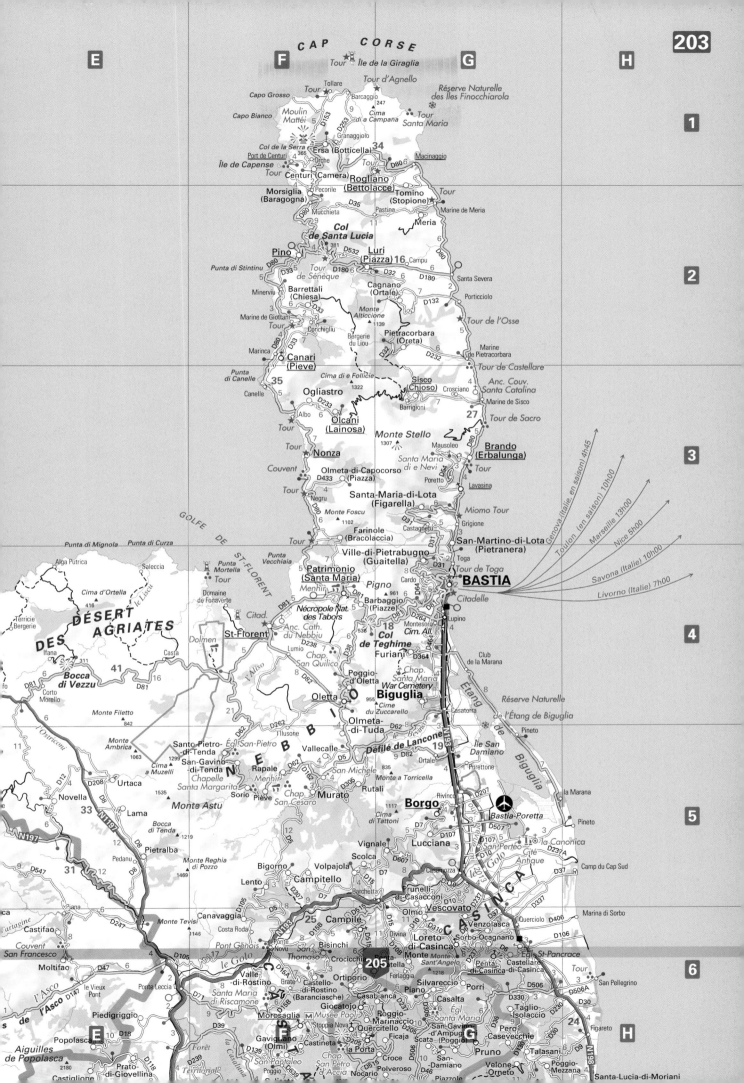

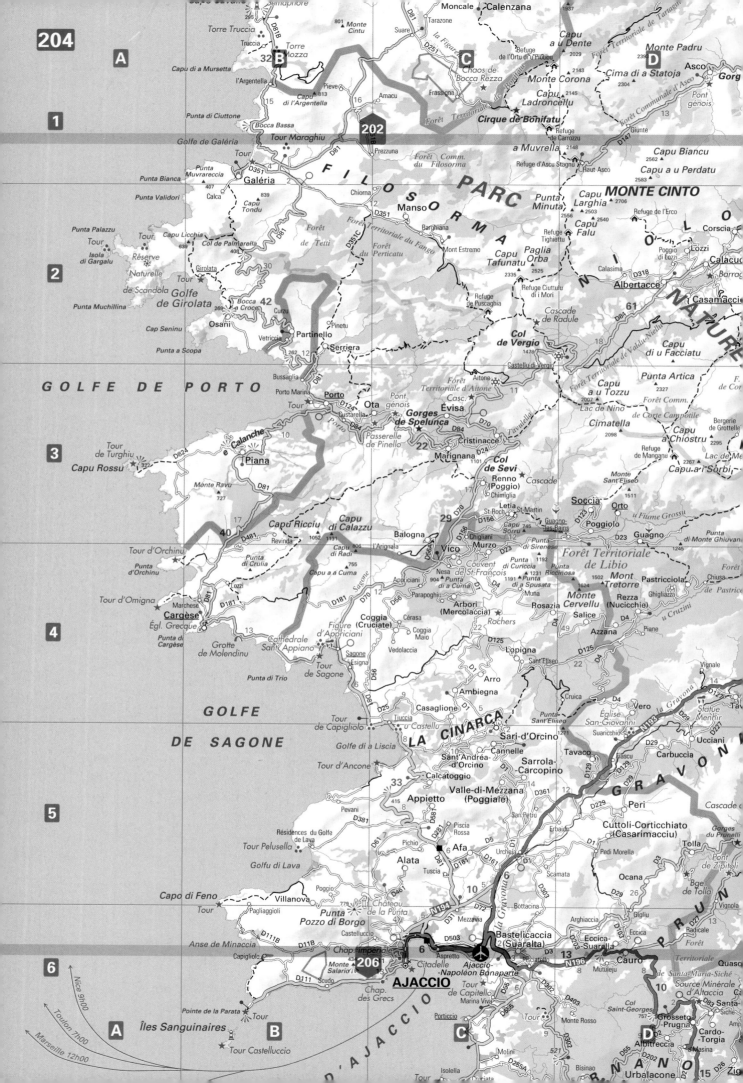

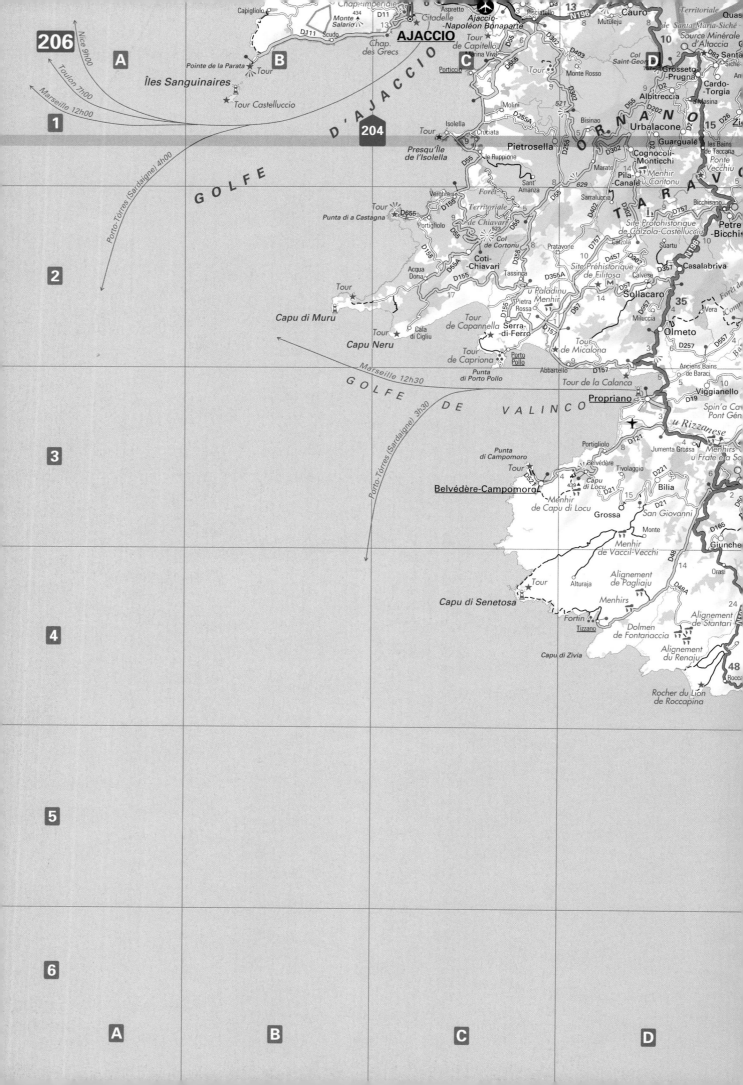

A

Aast (64) . . . 182D2
Abainville (55) . . . 68B1
Abancourt (59) . . . 8D3
Abancourt (60) . . . 19G2
Abaucourt (54) . . . 48D3
Abaucourt-Hautecourt (55) . . . 25F6
Abbans-Dessous (25) . . . 103F2
Abbans-Dessus (25) . . . 103F2
Abbaretz (44) . . . 74D2
Abbécourt (02) . . . 21H3
Abbecourt (60) . . . 20B5
Abbenans (25) . . . 88A4
Abbeville (80) . . . 6D4
Abbéville-la-Rivière (91) . . . 63F3
Abbéville-lès-Conflans (54) . . . 25H6
Abbéville-Saint-Lucien (60) . . . 20B3
Abbévillers (25) . . . 88D5
Abeilhan (34) . . . 188C1
Abelcourt (70) . . . 87H2
Abère (64) . . . 182D1
l'Abergement-Clémenciat (01) . . . 116C5
l'Abergement-de-Cuisery (71) . . . 116C1
l'Abergement-de-Varey (01) . . . 117F6
Abergement-la-Ronce (39) . . . 102C2
Abergement-le-Grand (39) . . . 102D4
Abergement-le-Petit (39) . . . 103E4
Abergement-lès-Thésy (39) . . . 103F3
l'Abergement-Sainte-Colombe (71) . . . 101H5
Abidos (64) . . . 182A1
Abilly (37) . . . 95E4
Abitain (64) . . . 165E6
Abjat-sur-Bandiat (24) . . . 123F4
Ablain-Saint-Nazaire (62) . . . 8B1
Ablaincourt-Pressoir (80) . . . 8B6
Ablainzevelle (62) . . . 8B3
Ablancourt (51) . . . 46A4
Ableiges (95) . . . 42B2
les Ableuvenettes (88) . . . 69G4
Ablis (78) . . . 62D1
Ablon (14) . . . 16B6
Ablon-sur-Seine (94) . . . 42D5
Aboën (42) . . . 128D6
Aboncourt (54) . . . 69E2
Aboncourt (57) . . . 26C4
Aboncourt-Gesincourt (70) . . . 87F2
Aboncourt-sur-Seille (57) . . . 48D4
Abondance (74) . . . 119F4
Abondant (28) . . . 41F4
Abos (64) . . . 182A1
Abreschviller (57) . . . 50A5
Abrest (03) . . . 114A6
les Abrets (38) . . . 131F5
Abriès (05) . . . 147G5
Abscon (59) . . . 9E2
l'Absie (79) . . . 92D6
Abzac (16) . . . 109G5
Abzac (33) . . . 135H4
Accolans (25) . . . 88A4
Accolay (89) . . . 83G3
Accons (07) . . . 143F5
Accous (64) . . . 182A5
Achain (57) . . . 49F3
Achen (57) . . . 50A1
Achenheim (67) . . . 50D5
Achères (18) . . . 97H1
Achères (78) . . . 42B3
Achères-la-Forêt (77) . . . 63H3
Achery (02) . . . 22A2
Acheux-en-Amiénois (80) . . . 7H4
Acheux-en-Vimeu (80) . . . 6C4
Acheville (62) . . . 8B1
Achey (70) . . . 86C4
Achicourt (62) . . . 8B2
Achiet-le-Grand (62) . . . 8B4
Achiet-le-Petit (62) . . . 8B4
Achun (58) . . . 99H2
Achy (60) . . . 20A3
Acigné (35) . . . 57G2
Aclou (27) . . . 40B1
Acon (27) . . . 40D4
Acq (62) . . . 8A2
Acqueville (14) . . . 14B6
Acqueville (50) . . . 12B2
Acquigny (27) . . . 41E1
Acquin-Westbécourt (62) . . . 2A4
Acy (02) . . . 22B5
Acy-en-Multien (60) . . . 43G2
Acy-Romance (08) . . . 23G4
Adaincourt (57) . . . 49E2
Adainville (78) . . . 41G5
Adam-lès-Passavant (25) . . . 87H6
Adam-lès-Vercel (25) . . . 104A1
Adamswiller (67) . . . 50B3
Adast (65) . . . 182D5
Adé (65) . . . 183E3
Adelange (57) . . . 49F2
Adelans-et-le-Val-de-Bithaine (70) . . . 87H2
Aderville-Pouchergues (65) . . . 197E1
Adilly (79) . . . 93F6
Adinfer (62) . . . 8A3
Adissan (34) . . . 172C6
les Adjots (16) . . . 108D6
Adon (45) . . . 82B2
les Adrets (38) . . . 146A1
les Adrets-de-l'Estérel (83) . . . 178B5
Adriers (86) . . . 109H4
Afa (2A) . . . 204C5
Affieux (19) . . . 125E5
Afféville (54) . . . 25H5
Affoux (69) . . . 129F2
Affracourt (54) . . . 69G1
Affringues (62) . . . 1H4

Agassac (31) . . . 184C2
Agde (34) . . . 188D2
Agel (34) . . . 187H2
Agen (47) . . . 151F5
Agen-d'Aveyron (12) . . . 154D4
Agencourt (21) . . . 101H2
Agenville (80) . . . 7F3
Agenvillers (80) . . . 7E3
les Ageux (60) . . . 20D5
Ageville (52) . . . 68B5
Agey (21) . . . 101F1
Aghione (2B) . . . 205G4
Agincourt (54) . . . 48D4
Agmé (47) . . . 150D3
Agnac (47) . . . 150D1
Agnat (43) . . . 141H1
Agneaux (50) . . . 37F1
Agnetz (60) . . . 20C5
Agnez-lès-Duisans (62) . . . 8A2
Agnicourt-et-Séchelles (02) . . . 23E2
Agnières (62) . . . 8A2
Agnières-en-Dévoluy (05) . . . 160A1
Agnin (38) . . . 144A1
Agnos (64) . . . 181H3
Agny (62) . . . 8B3
Agon-Coutainville (50) . . . 36D1
Agonac (24) . . . 137F1
Agonès (34) . . . 173E3
Agonges (03) . . . 113G1
Agos-Vidalos (65) . . . 182D4
Agris (16) . . . 122D3
Agudelle (17) . . . 121F6
Aguessac (12) . . . 155F6
Aguilcourt (02) . . . 23E4
Aguts (81) . . . 170A6
Agy (14) . . . 13H5
Ahaxe-Alciette-Bascassan (64) . . . 181E3
Ahetze (64) . . . 164A6
Ahéville (88) . . . 69G3
Ahuillé (53) . . . 58C5
Ahun (23) . . . 111H6
Ahuy (21) . . . 85H6
Aibes (59) . . . 10B3
Aibre (25) . . . 88B4
Aïcirits-Camou-Suhast (64) . . . 181F1
Aiffres (79) . . . 107H4
Aigaliers (30) . . . 174A1
l'Aigle (61) . . . 40A4
Aiglemont (08) . . . 24B1
Aiglepierre (39) . . . 103E3
Aigleville (27) . . . 41F2
Aiglun (04) . . . 177E1
Aiglun (06) . . . 178C2
Aignan (32) . . . 167E4
Aignay-le-Duc (21) . . . 85F3
Aigne (34) . . . 187H2
Aigné (72) . . . 60A5
Aignerville (14) . . . 13G5
Aignes (31) . . . 185G2
Aignes-et-Puypéroux (16) . . . 122B6
Aigneville (80) . . . 6C4
Aigny (51) . . . 45G2
Aigonnay (79) . . . 108A3
Aigre (16) . . . 122B2
Aigrefeuille (31) . . . 169G6
Aigrefeuille-d'Aunis (17) . . . 107E5
Aigrefeuille-sur-Maine (44) . . . 74D6
Aigremont (30) . . . 173H2
Aigremont (52) . . . 68D5
Aigremont (78) . . . 42B3
Aigremont (89) . . . 84A3
Aiguebelette-le-Lac (73) . . . 131G5
Aiguebelle (73) . . . 132C5
Aigueblanche (73) . . . 132D5
Aiguefonde (81) . . . 170D6
Aigueperse (63) . . . 127F1
Aigueperse (69) . . . 115G4
Aigues-Juntes (09) . . . 185G4
Aigues-Mortes (30) . . . 173H6
Aigues-Vives (09) . . . 186B5
Aigues-Vives (11) . . . 187F3
Aigues-Vives (30) . . . 173H4
Aigues-Vives (34) . . . 187H2
Aiguèze (30) . . . 157H5
Aiguilhe (43) . . . 142C4
Aiguilles (05) . . . 147G6
l'Aiguillon (09) . . . 186B6
l'Aiguillon (47) . . . 150D5
l'Aiguillon-sur-Mer (85) . . . 106B3
l'Aiguillon-sur-Vie (85) . . . 90D4
Aiguines (83) . . . 177F3
Aigurande (36) . . . 111G3
Ailhon (07) . . . 157G2
Aillant-sur-Milleron (45) . . . 82C2
Aillant-sur-Tholon (89) . . . 83E1
Aillas (33) . . . 150A3
Ailleux (42) . . . 128C3
Aillevans (70) . . . 87H3
Ailleville (10) . . . 67E3
Aillevillers-et-Lyaumont (70) . . . 69H6
Aillianville (52) . . . 68B2
Aillières-Beauvoir (72) . . . 60B2
Aillon-le-Jeune (73) . . . 132A4
Aillon-le-Vieux (73) . . . 132A4
Ailloncourt (70) . . . 87H2
Ailly (27) . . . 41E1
Ailly-le-Haut-Clocher (80) . . . 7E4
Ailly-sur-Noye (80) . . . 20C1
Ailly-sur-Somme (80) . . . 7G5
Aimargues (30) . . . 174A5
Aime (73) . . . 133E4
Ainay-le-Château (03) . . . 98B6
Ainay-le-Vieil (18) . . . 98A6
Aincille (64) . . . 181E3
Aincourt (95) . . . 41H2
Aincreville (55) . . . 24D5
Aingeray (54) . . . 48B4
Aingeville (88) . . . 68D4
Aingoulaincourt (52) . . . 68A1
Ainharp (64) . . . 181F2

Ainhice-Mongelos (64) . . . 181E3
Ainhoa (64) . . . 180C1
Ainvelle (70) . . . 87G1
Ainvelle (88) . . . 69E5
Airaines (80) . . . 7E5
Airan (14) . . . 14D5
Aire (08) . . . 23F4
Aire-sur-la-Lys (62) . . . 2B5
Aire-sur-l'Adour (40) . . . 166B4
Airel (50) . . . 13F6
les Aires (34) . . . 172A6
Airion (60) . . . 20C4
Airon-Notre-Dame (62) . . . 6C1
Airon-Saint-Vaast (62) . . . 6C1
Airoux (11) . . . 186B2
Airvault (79) . . . 93G5
Aiserey (21) . . . 102A2
Aisey-et-Richecourt (70) . . . 87E1
Aisey-sur-Seine (21) . . . 85E2
Aisonville-et-Bernoville (02) . . . 9F5
Aïssey (25) . . . 87H6
Aisy-sous-Thil (21) . . . 84C3
Aisy-sur-Armançon (89) . . . 84C3
Aiti (2B) . . . 205F1
Aiton (73) . . . 132B4
Aix (19) . . . 126A4
Aix (59) . . . 3H6
les Aix-d'Angillon (18) . . . 98A2
Aix-en-Diois (26) . . . 159F1
Aix-en-Ergny (62) . . . 1H5
Aix-en-Issart (62) . . . 1G6
Aix-en-Othe (10) . . . 65G4
Aix-en-Provence (13) . . . 176A6
Aix-la-Fayette (63) . . . 127H5
Aix-les-Bains (73) . . . 131H3
Aix-Noulette (62) . . . 8A1
Aixe-sur-Vienne (87) . . . 124A3
Aizac (07) . . . 157F1
Aizanville (52) . . . 67G5
Aize (36) . . . 96C2
Aizecourt-le-Bas (80) . . . 8C5
Aizecourt-le-Haut (80) . . . 8C5
Aizelles (02) . . . 22D4
Aizenay (85) . . . 91F4
Aizier (27) . . . 15H2
Aizy-Jouy (02) . . . 22B4
Ajac (11) . . . 186C5
Ajaccio (2A) . . . 204C6
Ajain (23) . . . 111H5
Ajat (24) . . . 137H3
Ajoncourt (57) . . . 48D3
Ajou (27) . . . 40B2
Ajoux (07) . . . 143G6
Alaigne (11) . . . 186C4
Alaincourt (02) . . . 22A1
Alaincourt (70) . . . 69F6
Alaincourt-la-Côte (57) . . . 48D3
Alairac (11) . . . 186D3
Alan (31) . . . 184C3
Alando (2B) . . . 205F2
Alata (2A) . . . 204C5
Alba-la-Romaine (07) . . . 157H2
Alban (81) . . . 171E3
Albaret-le-Comtal (48) . . . 141F5
Albaret-Sainte-Marie (48) . . . 141G5
Albas (11) . . . 187G5
Albas (46) . . . 152B3
Albé (67) . . . 71F2
Albefeuille-Lagarde (82) . . . 169E1
l'Albenc (38) . . . 145E2
Albens (73) . . . 131H2
Albepierre-Bredons (15) . . . 140D3
l'Albère (66) . . . 201F4
Albert (80) . . . 8A5
Albertacce (2B) . . . 204D2
Albertville (73) . . . 132C3
Albestroff (57) . . . 49G3
Albi (81) . . . 170C2
Albiac (31) . . . 169H6
Albiac (46) . . . 139E6
Albias (82) . . . 169F1
Albières (11) . . . 187F6
Albiès (09) . . . 199F1
Albiez-le-Jeune (73) . . . 146C2
Albiez-Montrond (73) . . . 146C2
Albignac (19) . . . 138D3
Albigny-sur-Saône (69) . . . 130A2
Albine (81) . . . 187F1
Albitreccia (2A) . . . 204D6
Albon (26) . . . 144A2
Albon-d'Ardèche (07) . . . 143F6
Alboussière (07) . . . 143H5
les Albres (12) . . . 153H3
Albussac (19) . . . 139E3
Alby-sur-Chéran (74) . . . 132A2
Alçay-Alçabéhéty-Sunharette (64) . . . 181F4
Aldudes (64) . . . 180C3
Alembon (62) . . . 1G3
Alençon (61) . . . 60A2
Alénya (66) . . . 201F3
Alès (30) . . . 157E6
Aleth-les-Bains (11) . . . 186D5
Alette (62) . . . 1G6
Aleu (09) . . . 185E6
Alex (74) . . . 132B1
Alexain (53) . . . 58C3
Aleyrac (26) . . . 158C3
Alfortville (94) . . . 42D4
Algajola (2B) . . . 202C5
Algans (81) . . . 170A5
Algolsheim (68) . . . 71G5
Algrange (57) . . . 26B3
Alièze (39) . . . 117G1
Alignan-du-Vent (34) . . . 188D1
Alincourt (08) . . . 23G4
Alincthun (62) . . . 1G4
Alise-Sainte-Reine (21) . . . 84D4
Alissas (07) . . . 158A1
Alix (69) . . . 129H2

Alixan (26) . . . 144C4
Alizay (27) . . . 18D5
Allain (54) . . . 48B6
Allaines (80) . . . 8C5
Allaines-Mervilliers (28) . . . 62D4
Allainville (28) . . . 41E5
Allainville (78) . . . 62D2
Allaire (56) . . . 73H1
Allamont (54) . . . 48A1
Allamps (54) . . . 48A6
Allan (26) . . . 158B3
Allanche (15) . . . 141E2
Alland'Huy-et-Sausseuil (08) . . . 23H3
Allarmont (88) . . . 70D1
Allas-Bocage (17) . . . 121F6
Allas-Champagne (17) . . . 121G5
Allas-les-Mines (24) . . . 137H6
Allassac (19) . . . 138C2
Allauch (13) . . . 192B3
Allègre (43) . . . 142B2
Allègre-les-Fumades (30) . . . 157F6
Alleins (13) . . . 191H2
Allemagne-en-Provence (04) . . . 177E3
Allemanche-Launay-et-Soyer (51) . . . 45E6
Allemans (24) . . . 136C1
Allemans-du-Dropt (47) . . . 150D2
Allemant (02) . . . 22B4
Allemant (51) . . . 45E5
Allemond (38) . . . 146A3
Allenay (80) . . . 6B4
Allenc (48) . . . 156B3
Allenjoie (25) . . . 88D4
Allennes-les-Marais (59) . . . 3F6
Allenwiller (67) . . . 50C5
Allerey (21) . . . 101E2
Allerey-sur-Saône (71) . . . 101H4
Alleriot (71) . . . 101H5
Allery (80) . . . 6D5
Alles-sur-Dordogne (24) . . . 137G5
les Alleuds (49) . . . 77E6
les Alleuds (79) . . . 108C5
les Alleux (08) . . . 24B4
Alleuze (15) . . . 141F5
Allevard (38) . . . 132A6
Allèves (74) . . . 132A3
Allex (26) . . . 144B6
Alleyrac (43) . . . 142D5
Alleyras (43) . . . 142B5
Alleyrat (19) . . . 125H5
Alleyrat (23) . . . 125G1
Allez-et-Cazeneuve (47) . . . 151F4
Alliancelles (51) . . . 46C4
Alliat (09) . . . 199E1
Allibaudières (10) . . . 45F6
Allichamps (52) . . . 46B6
Allier (65) . . . 183F3
Allières (09) . . . 185F5
les Alliés (25) . . . 104A3
Alligny-Cosne (58) . . . 82C5
Alligny-en-Morvan (58) . . . 100C1
Allineuc (22) . . . 33F6
Allinges (74) . . . 119E3
Allogny (18) . . . 97G1
Allondans (25) . . . 88C4
Allondaz (73) . . . 132C3
Allondrelle-la-Malmaison (54) . . . 25F3
Allonne (60) . . . 20B5
Allonne (79) . . . 107H1
Allonnes (28) . . . 62C3
Allonnes (49) . . . 77H6
Allonnes (72) . . . 60A6
Allons (04) . . . 178A1
Allons (47) . . . 150A5
Allonville (80) . . . 7G5
Allonzier-la-Caille (74) . . . 118B6
Allos (04) . . . 161F5
Allouagne (62) . . . 2C6
Alloue (16) . . . 109F6
Allouis (18) . . . 97F2
Allouville-Bellefosse (76) . . . 17E5
les Allues (73) . . . 132D6
les Alluets-le-Roi (78) . . . 42A3
Alluy (58) . . . 99G3
Alluyes (28) . . . 62A4
Ally (15) . . . 139H3
Ally (43) . . . 141G3
Almayrac (81) . . . 170C1
Almenêches (61) . . . 39F5
Almont-les-Junies (12) . . . 154A2
Alos (09) . . . 184D6
Alos (81) . . . 170A2
Alos-Sibas-Abense (64) . . . 181G3
Aloxe-Corton (21) . . . 101G3
Alpuech (12) . . . 140D6
Alquines (62) . . . 1H4
Alrance (12) . . . 154D6
Alsting (57) . . . 27G4
Altagène (2A) . . . 207E2
Alteckendorf (67) . . . 50D4
Altenach (68) . . . 89E3
Altenheim (67) . . . 50C4
Althen-des-Paluds (84) . . . 175F2
Altiani (2B) . . . 205F3
Altier (48) . . . 156C3
Altillac (19) . . . 139E4
Altkirch (68) . . . 89F3
Altorf (67) . . . 50D6
Altrippe (57) . . . 49G2
Altviller (57) . . . 49G1
Altwiller (67) . . . 49H3
Aluze (71) . . . 101F5
Alvignac (46) . . . 138D6
Alvimare (76) . . . 18A3
Alzen (09) . . . 185E5
Alzi (2B) . . . 205F2
Alzing (57) . . . 27E4
Alzon (30) . . . 172C2
Alzonne (11) . . . 186D3

Amage (70) . . . 88A1
Amagne (08) . . . 23H3
Amagney (25) . . . 87G6
Amailloux (79) . . . 93F5
Amance (10) . . . 66D3
Amance (54) . . . 48D4
Amance (70) . . . 87F1
Amancey (25) . . . 103G3
Amancy (74) . . . 118D6
Amange (39) . . . 102D2
Amanlis (35) . . . 57G4
Amanty (55) . . . 68C1
Amanvillers (57) . . . 26B5
Amanzé (71) . . . 115F4
Amarens (81) . . . 170A1
Amathay-Vésigneux (25) . . . 103H3
Amayé-sur-Orne (14) . . . 14B5
Amayé-sur-Seulles (14) . . . 38A1
Amazy (58) . . . 83G6
Ambacourt (88) . . . 69F2
Ambarès-et-Lagrave (33) . . . 135F4
Ambax (31) . . . 184C2
Ambazac (87) . . . 124C1
Ambel (38) . . . 145H6
Ambenay (27) . . . 40B4
Ambérac (16) . . . 122B2
Ambérieu-en-Bugey (01) . . . 130D1
Ambérieux (69) . . . 129H1
Ambérieux-en-Dombes (01) . . . 130B1
Ambernac (16) . . . 123E1
Amberre (86) . . . 94A5
Ambert (63) . . . 128B5
Ambès (33) . . . 135F4
Ambeyrac (12) . . . 153G3
Ambialet (81) . . . 170D2
Ambiegna (2A) . . . 204C4
Ambierle (42) . . . 114D6
Ambiévillers (70) . . . 69G6
Ambillou (37) . . . 78C5
Ambillou-Château (49) . . . 77F6
Ambilly (74) . . . 118C4
Amblainville (60) . . . 20B6
Amblans-et-Velotte (70) . . . 87H2
Ambleny (02) . . . 21H5
Ambléon (01) . . . 131F3
Ambleteuse (62) . . . 1F3
Ambleville (16) . . . 121H5
Ambleville (95) . . . 41H1
Amblie (14) . . . 14B3
Amblimont (08) . . . 24D2
Ambloy (41) . . . 79F2
Ambly-Fleury (08) . . . 23H4
Ambly-sur-Meuse (55) . . . 47G2
Amboise (37) . . . 79F5
Ambon (56) . . . 73E2
Ambonil (26) . . . 144B6
Ambonnay (51) . . . 45G2
Ambonville (52) . . . 67G3
Ambrault (36) . . . 97E5
Ambres (81) . . . 169H4
Ambricourt (62) . . . 2A6
Ambrief (02) . . . 22B5
Ambrières (51) . . . 46C6
Ambrières-les-Vallées (53) . . . 58D2
Ambrines (62) . . . 7H2
Ambronay (01) . . . 130D1
Ambrugeat (19) . . . 125G5
Ambrumesnil (76) . . . 17G2
Ambrus (47) . . . 150C5
Ambutrix (01) . . . 130D1
Amécourt (27) . . . 19G5
Amel-sur-l'Étang (55) . . . 25G6
Amelécourt (57) . . . 49E3
Amélie-les-Bains-Palalda (66) . . . 200D4
Amendeuix-Oneix (64) . . . 181F1
Amenoncourt (54) . . . 49G5
Amenucourt (95) . . . 41G1
Ames (62) . . . 2C6
Amettes (62) . . . 2B6
Ameugny (71) . . . 116A2
Ameuvelle (88) . . . 69E6
Amfreville (14) . . . 14C4
Amfreville (50) . . . 12D4
Amfreville-la-Campagne (27) . . . 18B6
Amfreville-la-Mi-Voie (76) . . . 18D4
Amfreville-les-Champs (27) . . . 19E5
Amfreville-les-Champs (76) . . . 17F4
Amfreville-sous-les-Monts (27) . . . 18D5
Amfreville-sur-Iton (27) . . . 40D1
Amfroipret (59) . . . 9G2
Amiens (80) . . . 7G6
Amifontaine (02) . . . 23E4
Amigny (50) . . . 13E6
Amigny-Rouy (02) . . . 22A3
Amillis (77) . . . 43H5
Amilly (28) . . . 62A2
Amilly (45) . . . 64B6
Amions (42) . . . 128C2
Amirat (06) . . . 178B2
Ammerschwihr (68) . . . 71F4
Ammerzwiller (68) . . . 89E2
Amné (72) . . . 59H5
Amnéville (57) . . . 26B4
Amoncourt (70) . . . 87F2
Amont-et-Effreney (70) . . . 88A1
Amorots-Succos (64) . . . 181E1
Amou (40) . . . 165G5
Ampilly-le-Sec (21) . . . 85E2
Ampilly-les-Bordes (21) . . . 85E3
Amplepuis (69) . . . 129F1
Ampoigné (53) . . . 76C1
Amponville (77) . . . 63H3
Ampriani (2B) . . . 205G2
Ampuis (69) . . . 130A5
Ampus (83) . . . 177G5

Amuré (79) . . . 107G4
Amy (60) . . . 21F2
Anais (16) . . . 122C3
Anais (17) . . . 107E4
Anan (31) . . . 184B2
Ance (64) . . . 181H3
Anceaumeville (76) . . . 17G5
Anceins (61) . . . 39H3
Ancelle (05) . . . 160C1
Ancemont (55) . . . 47F2
Ancenis (44) . . . 75F4
Ancerville (55) . . . 46D6
Ancerville (57) . . . 26D6
Ancerviller (54) . . . 49G6
Ancey (21) . . . 85F6
Anché (37) . . . 94B2
Anché (86) . . . 108D3
Anchenoncourt-et-Chazel (70) . . . 87F1
Ancienville (02) . . . 21H6
Ancier (70) . . . 86D5
Ancinnes (72) . . . 60A2
Ancizan (65) . . . 183G6
les Ancizes-Comps (63) . . . 126D2
Ancône (26) . . . 158A2
Ancourt (76) . . . 17H2
Ancourteville-sur-Héricourt (76) . . . 17E4
Ancretiéville-Saint-Victor (76) . . . 17F4
Ancretteville-sur-Mer (76) . . . 16D3
Ancteville (50) . . . 36D1
Anctoville (14) . . . 38A1
Anctoville-sur-Boscq (50) . . . 35G2
Ancy (69) . . . 129G2
Ancy-le-Franc (89) . . . 84B2
Ancy-le-Libre (89) . . . 84B2
Ancy-sur-Moselle (57) . . . 26B6
Andainville (80) . . . 6D6
Andance (07) . . . 144A2
Andancette (26) . . . 144A2
Andard (49) . . . 77E4
Andé (27) . . . 18D6
Andechy (80) . . . 21E2
Andel (22) . . . 33H5
Andelain (02) . . . 22A2
Andelaroche (03) . . . 114C4
Andelarre (70) . . . 87F3
Andelarrot (70) . . . 87F3
Andelat (15) . . . 141E4
Andelnans (90) . . . 88C3
Andelot-Blancheville (52) . . . 68A3
Andelot-en-Montagne (39) . . . 103F4
Andelot-Morval (39) . . . 117F3
Andelu (78) . . . 41H3
les Andelys (27) . . . 19E6
Andernay (55) . . . 46D4
Andernos-les-Bains (33) . . . 134B6
Anderny (54) . . . 26A3
Andert-et-Condon (01) . . . 131F2
Andeville (60) . . . 20B6
Andigné (49) . . . 76C3
Andillac (81) . . . 170A2
Andilly (17) . . . 106D4
Andilly (54) . . . 48B4
Andilly (74) . . . 118B6
Andilly (95) . . . 42C2
Andilly-en-Bassigny (52) . . . 68C6
Andiran (47) . . . 150C6
Andlau (67) . . . 71F2
Andoins (64) . . . 182C2
Andolsheim (68) . . . 71F4
Andon (06) . . . 178B3
Andonville (45) . . . 63E3
Andornay (70) . . . 88B3
Andouillé (53) . . . 58C4
Andouillé-Neuville (35) . . . 57F1
Andouque (81) . . . 170D2
Andrein (64) . . . 181G1
Andres (62) . . . 1G3
Andrest (65) . . . 183E2
Andrésy (78) . . . 42B3
Andrezé (49) . . . 75G6
Andrezel (77) . . . 43F6
Andrézieux-Bouthéon (42) . . . 129E5
Andryes (89) . . . 83F4
Anères (65) . . . 183H4
Anduze (30) . . . 173G1
Anet (28) . . . 41F4
Anetz (44) . . . 75F4
Angaïs (64) . . . 182C2
Angé (41) . . . 79H6
Angeac-Champagne (16) . . . 121G4
Angeac-Charente (16) . . . 121H4
Angecourt (08) . . . 24C2
Angeduc (16) . . . 122A5
Angely (89) . . . 84B4
Angeot (90) . . . 88D2
Angers (49) . . . 76D4
Angerville (14) . . . 14D4
Angerville (91) . . . 63E3
Angerville-Bailleul (76) . . . 16C4
Angerville-la-Campagne (27) . . . 40D2
Angerville-la-Martel (76) . . . 16D3
Angerville-l'Orcher (76) . . . 15F1
Angervilliers (91) . . . 42B6
Angeville (82) . . . 168C2
Angevillers (57) . . . 26B3
Angey (50) . . . 35G3
Angicourt (60) . . . 20D5
Angiens (76) . . . 17E2
Angirey (70) . . . 86D5
Angivillers (60) . . . 20D4
Anglade (33) . . . 135E2
Anglards-de-Saint-Flour (15) . . . 141F4
Anglards-de-Salers (15) . . . 140A2
Anglars (46) . . . 153F1
Anglars-Juillac (46) . . . 152B3

nglars-Nozac (46) 138C6
nglars-Saint-Félix (12) 153H4
nglefort (01) 131G1
nglemont (88) 70B2
ngles (04) 177H2
s Anglars (30) 174D2
s Angles (65) 183E4
s Angles (66) 199H3
nglès (81) 171E6
nglès (85) 106B2
s Anglars-sur-Corrèze (19) . . 139E1
nglars-sur-l'Anglin (86) . . . 95F6
nglesqueville-
   -la-Bras-Long (76) 17E3
nglesqueville-
   -l'Esneval (76) 16B4
nglet (64) 164B6
ngliers (17) 107E4
ngliers (86) 94A3
nglure (51) 45E6
nglure-sous-Dun (71) . . . 115G4
ngluzelles-
   -et-Courcelles (51) . . . 45E6
ngoisse (24) 124A6
ngomont (54) 49H6
ngos (65) 183F3
ngoulême (16) 122B4
ngoulins (17) 106D5
ngoumé (40) 164D4
ngous (64) 181G2
ngoustrine-Villeneuve-
   -des-Escaldes (66) . . . 199G4
ngoville (14) 38C3
ngoville-au-Plain (50) . . 13E4
ngoville-sur-Ay (50) . . . 12C5
ngres (62) 8B1
ngresse (40) 164C4
ngrie (49) 76B3
nguerny (14) 14B4
nguilcourt-le-Sart (02) . . 22B2
ngy (60) 20C5
nhaux (64) 180D3
nhiers (59) 8D1
niane (34) 172D5
niche (59) 9E2
nisy (14) 14B4
nizy-le-Château (02) . . . 22B4
njeux (70) 87G1
njou (38) 144B1
njouin (36) 96D2
njoutey (90) 88D2
nla (65) 184A5
nlezy (58) 99G4
nlhiac (24) 138A1
nnay (58) 82C4
nnay (62) 8B1
nnay-la-Côte (89) 84A4
nnay-sur-Serein (89) . . . 84A2
nnebault (14) 15E4
nnecy (74) 132A1
nnecy-le-Vieux (74) . . . 132B1
nnelles (08) 23G4
nnemasse (74) 118C4
nnéot (89) 84A4
nnepont (17) 121E2
nnequin (62) 2D6
nnesse-et-Beaulieu (24) . . 137E2
nnet-sur-Marne (77) . . . 43F3
nneux (59) 8D3
nneville-Ambourville (76) . 17F6
nneville-en-Saire (50) . . 13E2
nnéville-la-Prairie (52) . . 67H4
nneville-sur-Mer (50) . . 12C6
nneville-sur-Scie (76) . . . 17G2
nneyron (26) 144B2
nnezay (17) 107F6
nnezin (62) 2D6
nnœullin (59) 3E6
nnoire (39) 102B4
nnois (02) 21H2
nnoisin-Chatelans (38) . . 130D3
nnoix (18) 97H4
nnonay (07) 143H2
nnonville (52) 68A2
nnot (04) 178A2
nnouville-Vilmesnil (76) . . 16C4
nnoux (89) 84B3
nnoville (50) 35G1
nor (59) 10B5
nos (64) 182C1
nost (71) 100B3
nould (88) 70D3
noux (54) 25H5
noye (64) 182D1
nquetierville (76) 18A3
nrosey (52) 86D1
nsac-sur-Vienne (16) . . . 123F1
nsacq (60) 20C5
nsan (32) 168A4
nsauville (54) 48A4
nsauvillers (60) 20C3
nse (69) 129H1
nserville (60) 20B6
nsignan (66) 200C2
nsost (65) 183F1
nsouis (84) 176A4
nstaing (59) 3G5
ntagnac (47) 150B4
nterrieux (15) 141E6
nteuil (25) 88B5
ntezant-la-Chapelle (17) . . 107H6
nthé (47) 151H4
nthelupt (54) 49E6
ntheny (51) 44D1
ntheny (08) 10C6
ntheuil (21) 101F2
ntheuil-Portes (60) 21E1
nthien (58) 83H6
nthon (38) 130C3
nthy-sur-Léman (74) . . . 118D3
ntibes (06) 195E4

Antichan (65) 184A5
Antichan-
   -de-Frontignes (31) . . . 184A5
Antignac (15) 140B1
Antignac (31) 197F1
Antigny (85) 92C6
Antigny (86) 109H2
Antigny-la-Ville (21) . . . 101E2
Antilly (57) 26C5
Antilly (60) 43G1
Antin (65) 183G2
Antisanti (2B) 205G3
Antist (65) 183F4
Antoigné (49) 93G2
Antoigny (61) 38C6
Antoingt (63) 127F5
Antonaves (05) 159H5
Antonne-et-Trigonant (24) . 137G2
Antony (92) 42C5
Antraigues-sur-Volane (07) . 157G1
Antrain (35) 35G5
Antran (86) 94D4
Antras (09) 184C6
Antras (32) 167G4
Antrenas (48) 155G2
Antugnac (11) 186D5
Antully (71) 100D4
Anvéville (76) 17E4
Anville (16) 122A2
Any-Martin-Rieux (02) . . . 10C6
Anzat-le-Luguet (63) . . . 141E1
Anzeling (57) 26D4
Anzème (23) 111G4
Anzex (47) 150C5
Anzin (59) 9F2
Anzin-Saint-Aubin (62) . . 8B2
Anzy-le-Duc (71) 115E4
Aoste (38) 131E4
Aougny (51) 44D1
Aouste (08) 23G1
Aouste-sur-Sye (26) . . . 158C1
Aouze (88) 69E2
Apach (57) 26D2
Apchat (63) 141F1
Apchon (15) 140C2
Apinac (42) 142D1
Appelle (81) 170A5
Appenai-sous-Bellême (61) . 60D2
Appenans (25) 88B5
Appenwihr (68) 71G5
Appeville (50) 12D5
Appeville-Annebault (27) . . 18A5
Appietto (2A) 204C5
Appilly (60) 21H3
Appoigny (89) 83F1
Apprieu (38) 131E6
Appy (09) 199F1
Apremont (01) 117G4
Apremont (08) 24C6
Apremont (60) 20D6
Apremont (70) 86C5
Apremont (73) 131H5
Apremont (85) 91E3
Apremont-la-Forêt (55) . . 47H4
Apremont-sur-Allier (18) . . 98D4
Aprey (52) 86A2
Apt (84) 176A3
Arabaux (09) 185H5
Arâches-la-Frasse (74) . . . 119F6
Aragnouet (65) 196D1
Aragon (11) 187E2
Aramits (64) 181H3
Aramon (30) 174D3
Aranc (01) 117F6
Arancou (64) 165E6
Arandas (01) 131E2
Araujuzon (64) 181G1
Araules (43) 143E3
Araux (64) 181G1
Arbanats (33) 149G1
Arbas (31) 184C5
Arbecey (70) 87E2
Arbellara (2A) 207E3
Arbent (01) 117G4
Arbéost (65) 182C5
Arbérats-Sillègue (64) . . . 181F1
Arbignieu (01) 131F3
Arbigny (01) 116C2
Arbigny-sous-Varennes (52) . 86C1
Arbin (73) 132A5
Arbis (33) 149H1
Arblade-le-Bas (32) 166D4
Arblade-le-Haut (32) . . . 166D4
Arbois (39) 103E4
Arbon (31) 184B5
Arbonne (64) 164B6
Arbonne-la-Forêt (77) . . . 63H2
Arboras (34) 172D4
Arbori (2A) 204C4
Arbot (52) 85G1
Arbouans (25) 88C4
Arboucave (40) 166A5
Arbouet-Sussaute (64) . . . 181F1
Arbourse (58) 99E1
Arboussols (66) 200C2
l'Arbresle (69) 129G2
Arbrissel (35) 57H4
Arbus (64) 182A2
Arbusigny (74) 118C5
Arc-en-Barrois (52) 67G6
Arc-et-Senans (25) 103E3
Arc-lès-Gray (70) 86C5
Arc-sous-Cicon (25) 104A2
Arc-sous-Montenot (25) . . 103F4
Arc-sur-Tille (21) 86A6
Arcachon (33) 148B1
Arçais (79) 107F3
Arcambal (46) 152D3

Arcangues (64) 164B6
Arçay (18) 97G4
Arçay (86) 93H3
Arceau (21) 86A5
Arcens (07) 143F5
Arces (17) 120D4
Arces-Dilo (89) 65G5
Arcey (21) 101G1
Arcey (25) 88B4
Archail (04) 160D6
Archamps (74) 118C5
Archelange (39) 102C2
Arches (15) 140A1
Arches (88) 70A4
Archettes (88) 70A4
Archiac (17) 121G5
Archignac (24) 138B4
Archignat (03) 112C3
Archigny (86) 94D6
Archingeay (17) 121E1
Archon (02) 23F1
Arcinges (42) 115F5
Arcins (33) 134D3
Arcis-le-Ponsart (51) . . . 22C6
Arcis-sur-Aube (10) 66B1
Arcizac-Adour (65) 183E3
Arcizac-Ez-Angles (65) . . . 183E4
Arcizans-Avant (65) 182D5
Arcizans-Dessus (65) 182D5
Arçomps (18) 97H6
Arçon (25) 104A3
Arçon (42) 128C1
Arconcey (21) 101E1
Arçonnay (72) 60A2
Arconsat (63) 128B2
Arconville (10) 67F4
les Arcs (83) 177H6
Arcueil (94) 42D4
Arcy-Sainte-Restitue (02) . . 22B6
Arcy-sur-Cure (89) 83H4
Ardelles (28) 61G1
Ardelu (28) 62D3
Ardenais (18) 112B1
Ardenay-sur-Mérize (72) . . 60C6
Ardengost (65) 183G5
Ardentes (36) 96D6
Ardes (63) 127F6
Ardeuil-
   -et-Montfauxelles (08) . . 24B6
Ardiège (31) 184A4
les Ardillats (69) 115H5
Ardilleux (79) 108B5
Ardillières (17) 107E5
Ardin (79) 107G2
Ardizas (32) 168C4
Ardoix (07) 143H2
Ardon (39) 103F5
Ardon (45) 80D2
Ardres (62) 1H3
Aregno (2B) 202C5
Areines (41) 79G2
Aren (64) 181H2
Arengosse (40) 165G1
Arenthon (74) 118D5
Arès (33) 134B6
Aresches (39) 103F4
Aressy (64) 182C2
Arette (64) 181H4
Arfeuille-Châtain (23) . . . 112C6
Arfeuilles (03) 114C5
Arfons (81) 186D1
Argagnon (64) 165G6
Arganchy (14) 13H6
Argançon (10) 67E3
Argancy (57) 26C5
Argein (09) 184C6
Argelès-Bagnères (65) . . . 183F4
Argelès-Gazost (65) 182D5
Argelès-sur-Mer (66) . . . 201G3
Argeliers (11) 188A2
Argelliers (34) 173E4
Argelos (40) 165H5
Argelos (64) 166B6
Argelouse (40) 149E4
Argences (14) 14D5
Argens-Minervois (11) . . . 187G3
Argent-sur-Sauldre (18) . . 81G4
Argentan (61) 39E4
Argentat (19) 139F3
Argentenay (89) 84B2
Argenteuil (95) 42C3
Argenteuil-
   -sur-Armançon (89) . . . 84B2
l'Argentière-la-Bessée (05) . 147E6
Argentières (77) 43G6
Argentine (73) 132C5
Argenton (47) 150B4
Argenton-l'Église (79) . . . 93F3
Argenton-les-Vallées (79) . . 93E3
Argenton-Notre-Dame (53) . 76D2
Argenton-sur-Creuse (36) . . 111E1
Argentré (53) 58D4
Argentré-du-Plessis (35) . . 58A5
Argenvières (18) 98C2
Argenvilliers (28) 61F3
Argers (51) 46C2
Arget (64) 165H5
Argiésans (90) 88D3
Argillières (70) 86D3
Argilliers (30) 174C2
Argilly (21) 101H3
Argis (01) 131E1
Argiusta-Moriccio (2A) . . . 207E3
Argœuves (80) 7F5
Argol (29) 31E6
Argonay (74) 132B1
Argouges (50) 35H5
Argoules (80) 6D2
Arguel (76) 19F3

Arguel (25) 103F1
Arguel (80) 6D6
Arguenos (31) 184B5
Argut-Dessous (31) 184B6
Argy (36) 96A4
Arhansus (64) 181F2
Aries-Espénan (65) 183H2
Arifat (81) 170D4
Arignac (09) 185G6
Arinthod (39) 117G3
Arith (73) 132A3
Arjuzanx (40) 165F1
Arlanc (63) 128B6
Arlay (39) 102D5
Arlebosc (07) 143H4
Arlempdes (43) 142C5
Arles (13) 174C5
Arles-sur-Tech (66) 200D4
Arlet (43) 141H3
Arleuf (58) 100B3
Arleux (59) 8D2
Arleux-en-Gohelle (62) . . . 8B2
Arlos (31) 184B6
Armaillé (49) 76A2
Armancourt (60) 21E5
Armancourt (80) 21E2
Armaucourt (54) 48D4
Armbouts-Cappel (59) . . . 2B2
Armeau (89) 65E5
Armendarits (64) 181E2
Armenteule (65) 197E1
Armentières (59) 3E4
Armentières-en-Brie (77) . . 43H3
Armentières-sur-Avre (27) . . 40B5
Armentières-sur-Ourcq (02) . 44B1
Armentieux (32) 167E6
Armes (58) 83F5
Armillac (47) 150D2
Armissan (11) 188B3
Armix (01) 131F2
Armous-et-Cau (32) 167E5
Armoy (74) 119E3
Arnac (15) 139H4
Arnac-la-Poste (87) 110D4
Arnac-Pompadour (19) . . . 124B6
Arnac-sur-Dourdou (12) . . 171H4
Arnage (72) 60A6
Arnancourt (52) 67G2
Arnas (69) 116A6
Arnaud-Guilhem (31) . . . 184C4
Arnave (09) 185H6
Arnaville (54) 26B6
Arnay-le-Duc (21) 101E2
Arnay-sous-Vitteaux (21) . . 84D5
Arnayon (26) 159E3
Arné (65) 183H3
Arnéguy (64) 180D3
Arnèke (59) 2C3
Arnicourt (08) 23G3
Arnières-sur-Iton (27) . . . 40D2
Arnos (64) 165H6
Arnouville-lès-Gonesse (95) . 42D3
Arnouville-lès-Mantes (78) . 41H3
Aroffe (88) 69E2
Aron (53) 59E3
Aroue-
   -Ithorots-Olhaïby (64) . . 181F2
Aroz (70) 87F3
Arpaillargues-
   -et-Aureillac (30) 174B2
Arpajon (91) 42C6
Arpajon-sur-Cère (15) . . . 140B5
Arpavon (26) 159E4
Arpenans (70) 87H3
Arpheuilles (18) 98A5
Arpheuilles (36) 95H4
Arpheuilles-
   -Saint-Priest (03) 112D5
Arphy (30) 172G2
Arquenay (53) 59E5
Arques (11) 187E5
Arques (12) 154D5
les Arques (46) 152B2
Arques (62) 2B4
Arques-la-Bataille (76) . . . 17G2
Arquettes-en-Val (11) . . . 187F4
Arquèves (80) 7H4
Arquian (58) 82C4
Arracourt (54) 49E4
Arradon (56) 72D1
Arraincourt (57) 49E2
Arrancourt (91) 63F3
Arrancy (02) 22D4
Arrancy-sur-Crusne (55) . . 25G4
Arras (62) 8A3
Arras-en-Lavedan (65) . . . 182D5
Arras-sur-Rhône (07) . . . 144A3
Arrast-Larrebieu (64) . . . 181G2
Arraute-Charritte (64) . . . 181E1
Arraye-et-Han (54) 48D3
Arrayou-Lahitte (65) 183E4
Arre (30) 172D2
Arreau (65) 183G6
Arrelles (10) 66C5
Arrembécourt (10) 67E1
Arrènes (23) 111E6
Arrens-Marsous (65) 182C5
Arrentès-de-Corcieux (88) . 70C4
Arrentières (10) 67F3
Arreux (08) 11E6
Arriance (57) 49E2
Arricau-Bordes (64) 166C6
Arrien (64) 182D2
Arrien-en-Bethmale (09) . . 184D6
Arrigas (30) 172D2
Arrigny (51) 46B6
Arro (2A) 204C4
Arrodets (65) 183G4

Arrodets-Ez-Angles (65) . . . 183E4
Arromanches-les-Bains (14) . 14A3
Arronnes (03) 114B6
Arronville (95) 42B1
Arros-de-Nay (64) 182D3
Arrosès (64) 166C5
Arrou (28) 61G5
Arrout (09) 184D5
Arry (57) 48C2
Arry (80) 6C2
Ars (16) 121G4
Ars (23) 125G1
Ars-en-Ré (17) 106A4
Ars-Laquenexy (57) 26C5
Ars-les-Favets (63) 113E5
Ars-sur-Formans (01) . . . 130A1
Ars-sur-Moselle (57) . . . 48C1
Arsac (33) 135E4
Arsac-en-Velay (43) 142C4
Arsague (40) 165G5
Arsans (70) 86D5
Arsonval (10) 67E3
Arsure-Arsurette (39) . . . 103G5
les Arsures (39) 103E3
Arsy (60) 21E5
Art-sur-Meurthe (54) . . . 48D5
Artagnan (65) 183E1
Artaise-le-Vivier (08) . . . 24C3
Artaix (71) 115E4
Artalens-Souin (65) 182D5
Artannes-sur-Indre (37) . . 94D1
Artannes-sur-Thouet (49) . . 93H1
Artas (38) 130C5
Artassenx (40) 166B3
Artemare (01) 131F2
Artemps (02) 21H1
Artenay (45) 62D5
Arthaz-
   -Pont-Notre-Dame (74) . . 118C5
Arthel (58) 99F1
Arthémonay (26) 144C3
Arthenac (17) 121G5
Arthenas (39) 117F1
Arthès (81) 170C2
Arthez-d'Armagnac (40) . . 166B2
Arthez-d'Asson (64) 182C4
Arthez-de-Béarn (64) . . . 165H6
Arthezé (72) 77G2
Arthies (95) 41H2
Arthon (36) 96C6
Arthon-en-Retz (44) 74A6
Arthonnay (89) 66C6
Arthun (42) 128D3
Artigat (09) 185F4
Artignosc-sur-Verdon (83) . 177E4
Artigue (31) 184A6
Artigueloutan (64) 182C2
Artiguelouve (64) 182B2
Artiguemy (65) 183F4
Artigues (09) 199H2
Artigues (11) 200A1
Artigues (65) 183E4
Artigues (83) 192D1
les Artigues-de-Lussac (33) . 135H4
Artigues-
   -près-Bordeaux (33) . . . 135F5
Artins (41) 79E2
Artix (09) 185G4
Artix (64) 182A1
Artolsheim (67) 71G3
Artonges (02) 44C3
Artonne (63) 127F1
Artres (59) 9F2
Artzenheim (68) 71G4
Arudy (64) 182B4
Arue (40) 166B1
Arvert (17) 120B3
Arveyres (33) 135G5
Arvieu (12) 154C6
Arvieux (05) 147F6
Arvigna (09) 186A4
Arvillard (73) 132B6
Arville (41) 61F5
Arville (77) 63H4
Arvillers (80) 21E1
Arx (40) 150B6
Arzacq-Arraziguet (64) . . . 166A5
Arzal (56) 73F2
Arzano (29) 54C4
Arzay (38) 130C6
Arzembouy (58) 99F1
Arzenc-d'Apcher (48) . . . 141F6
Arzenc-de-Randon (48) . . 156B2
Arzens (11) 186D3
Arzillières-Neuville (51) . . 46B6
Arzon (56) 72C1
Arzviller (57) 50B4
Asasp-Arros (64) 182A3
Ascain (64) 180B1
Ascarat (64) 180D3
Aschbach (67) 51F2
Aschères-le-Marché (45) . . 63E5
Asco (2B) 202D6
Ascou (09) 199G2
Ascoux (45) 63F5
Ascros (06) 178C2
Asfeld (08) 23H4
Aslonnes (86) 109E2
Asnan (58) 83F6
Asnans-Beauvoisin (39) . . 102C4
Asnelles (14) 14A3
Asnières (27) 15G4
Asnières-en-Bessin (14) . . 13G4
Asnières-en-Montagne (21) . 84C3
Asnières-en-Poitou (79) . . 108B5
Asnières-la-Giraud (17) . . 121F1
Asnières-lès-Dijon (21) . . . 85H5
Asnières-sous-Bois (89) . . 83G5
Asnières-sur-Blour (86) . . 109H5
Asnières-sur-Nouère (16) . . 122B4

Asnières-sur-Oise (95) . . . 42D1
Asnières-sur-Saône (01) . . 116B3
Asnières-sur-Seine (92) . . . 42C3
Asnières-sur-Vègre (72) . . 59G6
Asnois (58) 83G5
Asnois (86) 109E5
Aspach (57) 49H5
Aspach (68) 89F3
Aspach-le-Bas (68) 89E2
Aspach-le-Haut (68) 89E1
Aspères (30) 173G3
Asperjoc (07) 157G1
Aspet (31) 184B5
Aspin-Aure (65) 183G5
Aspin-en-Lavedan (65) . . . 182D4
Aspiran (34) 172C6
Aspremont (05) 159H3
Aspremont (06) 195F2
les Aspres (61) 40A5
Aspres-lès-Corps (05) . . . 146A6
Aspres-sur-Buëch (05) . . . 159H2
Aspret-Sarrat (31) 184B4
Asprières (12) 153H3
Asque (65) 183F4
Asques (33) 135F4
Asques (82) 168C2
Asquins (89) 83H5
Assac (81) 171E2
Assainvillers (80) 21E3
Assais-les-Jumeaux (79) . . 93H5
Assas (34) 173F4
Assat (64) 182C2
Assay (37) 94B2
Assé-le-Bérenger (53) . . . 59F4
Assé-le-Boisne (72) 59H3
Assé-le-Riboul (72) 60A4
Assenay (10) 66B4
Assencières (10) 66B2
Assenoncourt (57) 49G4
Assérac (44) 73F3
Assevent (59) 10A2
Assevillers (80) 8B6
Assier (46) 153F1
Assieu (38) 130A6
Assignan (34) 187H1
Assigny (18) 82B5
Assigny (76) 17H1
les Assions (07) 157E4
Assis-sur-Serre (02) 22B2
Asson (64) 182C3
Asswiller (67) 50B3
Astaffort (47) 168A1
Astaillac (19) 139E5
Asté (65) 183F4
Aste-Béon (64) 182B4
Astet (07) 157E1
Astillé (53) 58C6
Astis (64) 166B6
Aston (09) 199F1
Astugue (65) 183E4
Athée (21) 102C1
Athée (53) 58B6
Athée-sur-Cher (37) 79F6
Athesans-
   -Étroitefontaine (70) . . . 88A3
Athie (21) 84C4
Athie (89) 84A4
Athienville (54) 49E5
Athies (62) 8B2
Athies (80) 8C6
Athies-sous-Laon (02) . . . 22C3
Athis (51) 45G2
Athis-de-l'Orne (61) 38B4
Athis-Mons (91) 42D5
Athos-Aspis (64) 181F1
Athose (25) 103H2
Attainville (95) 42D2
Attancourt (52) 67G1
les Attaques (62) 1H2
Attenschwiller (68) 89G3
Attiches (59) 3F6
Attichy (60) 21G4
Attignat (01) 116D4
Attignat-Oncin (73) 131G5
Attignéville (88) 68D2
Attigny (08) 24A4
Attigny (88) 69F5
Attilloncourt (57) 49E4
Attilly (02) 8D6
Attin (62) 1F6
Atton (54) 48C3
Attray (45) 63E5
Attricourt (70) 86B4
Atur (24) 137F3
Aubagnan (40) 166A4
Aubagne (13) 192C4
Aubaine (21) 101F2
Aubais (30) 173H4
Aubarède (65) 183F2
Aubas (24) 138A3
Aubazat (43) 141H3
Aubazines (19) 138D3
Aube (57) 26C6
Aube (61) 40A5
Aubéguimont (76) 19G1
Aubenas (07) 157G2
Aubenas-les-Alpes (04) . . . 176C2
Aubenasson (26) 158D1
Aubencheul-au-Bac (59) . . 8D3
Aubencheul-aux-Bois (02) . . 9E5
Aubenton (02) 10B6
Aubepierre-
   -Ozouer-le-Repos (77) . . 43G6
Aubepierre-sur-Aube (52) . . 85G1
l'Aubépin (39) 117G2
Auberchicourt (59) 8D2
Aubercourt (80) 20D1
Aubergenville (78) 42A3
Auberive (51) 23G6
Auberive (52) 85H2
Auberives-en-Royans (38) . 144D3

Auberives-sur-Varèze (38) . . 130 A6
Aubermesnil-
-aux-Érables (76) 19 F1
Aubermesnil-Beaumais (76). . 17 G2
Aubers (59) 3 E5
Aubertin (64) 182 B2
Auberville (14) 14 D3
Auberville-
-la-Campagne (76) 15 H1
Auberville-la-Manuel (76). . . 16 D2
Auberville-la-Renault (76). . . 16 C4
Aubervilliers (93) 42 D3
Aubeterre (10) 66 B2
Aubeterre-sur-Dronne (16) . 136 B1
Aubeville (16) 122 A5
Aubevoye (27) 41 E1
Aubiac (33) 149 H3
Aubiac (47) 151 E6
Aubiat (63) 127 F1
Aubie-et-Espessas (33) . . . 135 F4
Aubière (63) 127 F3
Aubiet (32) 168 A5
Aubignan (84) 175 F5
Aubignas (07) 158 A2
Aubigné (35) 57 F1
Aubigné (79) 108 B6
Aubigné-Racan (72) 78 B3
Aubigné-sur-Layon (49) 93 E1
Aubignosc (04) 160 B6
Aubigny (03) 98 D6
Aubigny (14) 38 D3
Aubigny (79) 93 G5
Aubigny (80) 7 H6
Aubigny (85) 91 G5
Aubigny-au-Bac (59) 8 D3
Aubigny-aux-Kaisnes (02) . . 21 H1
Aubigny-en-Artois (62) 8 A2
Aubigny-en-Laonnois (02) . . 22 D4
Aubigny-en-Plaine (21) . . . 102 A2
Aubigny-la-Ronce (21) 101 F3
Aubigny-les-Pothées (08) . . 23 H1
Aubigny-
-lès-Sombernon (21). 85 E6
Aubigny-sur-Nère (18) 81 G5
Aubilly (51) 22 D6
Aubin (12) 154 A3
Aubin (64) 166 A6
Aubin-Saint-Vaast (62) 7 E1
Aubinges (18) 98 A1
Auboncourt-Vauzelles (08) . . 23 H3
Aubonne (25) 104 A3
Aubord (30) 174 A4
Auboué (54) 26 A4
Aubous (64) 166 C5
Aubres (26) 158 D4
Aubréville (55) 46 D1
Aubrives (08) 11 F4
Aubrometz (62) 7 F2
Aubry-du-Hainaut (59) 9 F2
Aubry-en-Exmes (61) 39 F4
Aubry-le-Panthou (61) 39 G4
Aubure (68) 71 E3
Aubussargues (30) 174 A2
Aubusson (23) 125 G1
Aubusson (61) 38 B4
Aubusson-d'Auvergne (63). 128 A3
Aubvillers (80) 20 D2
Auby (59) 8 C1
Aucaleuc (22) 34 C5
Aucamville (31) 169 F5
Aucamville (82) 168 D3
Aucazein (09) 184 C5
Aucelon (26) 159 E2
Aucey-la-Plaine (50) 35 G5
Auch (32) 167 H5
Auchel (62) 2 C6
Auchonvillers (80) 8 A4
Auchy-au-Bois (62) 2 B6
Auchy-la-Montagne (60) . . . 20 B3
Auchy-lès-Hesdin (62) 7 F1
Auchy-les-Mines (62) 3 E6
Auchy-lez-Orchies (59) 3 G6
Aucun (65) 182 C5
Audaux (64) 181 G1
Audelange (39) 102 D2
Audeloncourt (52) 68 C5
Audembert (62) 1 F3
Audenge (33) 148 C1
Auderville (50) 12 A1
Audes (03) 112 C2
Audeux (25) 103 F1
Audeville (45) 63 F3
Audierne (29) 52 D2
Audignicourt (02) 21 H4
Audignies (59) 9 H2
Audignon (40) 165 H4
Audigny (02) 9 G6
Audincourt (25) 88 C4
Audincthun (62) 2 A5
Audinghen (62) 1 F3
Audon (40) 165 F3
Audouville-la-Hubert (50) . . 13 E4
Audrehem (62) 1 H3
Audresselles (62) 1 F3
Audressein (09) 184 D6
Audrieu (14) 14 A4
Audrix (24) 137 G5
Audruicq (62) 1 H3
Audun-le-Roman (54) 26 A3
Audun-le-Tiche (57) 26 A2
Auenheim (67) 51 G3
Auffargis (78) 42 A5
Auffay (76) 17 G4
Aufferville (77) 63 H4
Auffreville-Brasseuil (78) . . 41 H3
Auflance (08) 25 E2
Auga (64) 166 B6
Augan (56) 56 B4
Auge (08) 10 C6
Auge (23) 112 B4
Augé (79) 108 A2

Auge-Saint-Médard (16) . . . 122 A2
Augea (39) 117 F1
Auger-Saint-Vincent (60) . . . 21 F6
Augerans (39) 102 D3
Augères (23) 111 F6
Augerolles (63) 128 A3
Augers-en-Brie (77) 44 B5
Augerville-la-Rivière (45) . . . 63 G3
Augicourt (70) 87 E2
Augignac (24) 123 F4
Augirein (09) 184 C5
Augisey (39) 117 F1
Augnat (63) 127 F6
Augnax (32) 168 A4
Augne (87) 125 E3
Augny (57) 26 B6
Auguaise (61) 40 A5
Augy (02) 22 B5
Augy (89) 83 G2
Augy-sur-Aubois (18) 98 B5
Aujac (17) 121 G2
Aujac (30) 156 D4
Aujan-Mournède (32) 183 H1
Aujargues (30) 173 H4
Aujeurres (52) 86 A2
Aujols (46) 152 D4
Aulan (26) 159 F5
Aulas (30) 172 D2
Aulhat-Saint-Privat (63) . . . 127 G5
Aullène (2A) 207 E2
Aulnat (63) 127 F3
Aulnay (10) 66 D1
Aulnay (17) 107 H6
Aulnay (86) 94 A4
Aulnay-la-Rivière (45) 63 G4
Aulnay-l'Aître (51) 46 A4
Aulnay-sous-Bois (93) 43 E3
Aulnay-sur-Iton (27) 40 D2
Aulnay-sur-Marne (51) 45 G2
Aulnay-sur-Mauldre (78) . . . 42 A3
les Aulneaux (72) 60 B2
Aulnois (88) 68 D3
Aulnois-en-Perthois (55) . . . 47 E6
Aulnois-sous-Laon (02) 22 C3
Aulnois-sur-Seille (57) 48 D3
Aulnoy (77) 43 H4
Aulnoy-lez-Valenciennes (59). . 9 F2
Aulnoy-sur-Aube (52) 85 H1
Aulnoye-Aymeries (59) 9 H3
Aulon (23) 111 F6
Aulon (31) 184 B3
Aulon (65) 183 G6
Aulos (09) 199 F1
Ault (80) 6 B4
Aulus-les-Bains (09) 198 C1
Aulx-lès-Cromary (70) 87 G5
Aumagne (17) 121 G2
Aumale (76) 19 G1
Aumâtre (80) 6 D6
Aumelas (34) 172 D5
Auménancourt (51) 23 E5
Aumerval (62) 2 B6
Aumes (34) 188 D1
Aumessas (30) 172 D2
Aumetz (57) 26 A3
Aumeville-Lestre (50) 13 E3
Aumont (39) 102 D4
Aumont (80) 7 E6
Aumont-Aubrac (48) 155 G1
Aumont-en-Halatte (60) . . . 20 D6
Aumontzey (88) 70 C4
Aumur (39) 102 B3
Aunac (16) 122 C1
Aunat (11) 199 H1
Aunay-en-Bazois (58) 99 H2
Aunay-les-Bois (61) 39 G6
Aunay-sous-Auneau (28) . . . 62 D2
Aunay-sous-Crécy (28) 41 E5
Aunay-sous-Odon (14) 14 A6
Auneau (28) 62 C2
Auneuil (60) 20 A5
Aunou-le-Faucon (61) 39 E5
Aunou-sur-Orne (61) 39 F6
Auppegard (76) 17 G3
Aups (83) 177 F5
Auquainville (14) 15 F6
Auquemesnil (76) 6 A5
Auradé (32) 168 C6
Auradou (47) 151 G4
Auragne (31) 185 G1
Auray (56) 55 E6
Aure (08) 24 A6
Aurec-sur-Loire (43) 143 E1
Aureil (87) 124 C3
Aureilhan (40) 148 B5
Aureilhan (65) 183 E3
Aureille (13) 175 F4
Aurel (26) 159 E1
Aurel (84) 159 F6
Aurelle-Verlac (12) 155 F3
Aurensan (32) 166 C5
Aurensan (65) 183 E2
Aureville (31) 169 F6
Auriac (11) 187 F6
Auriac (19) 139 G2
Auriac (64) 166 B6
Auriac-du-Périgord (24) . . . 138 A3
Auriac-Lagast (12) 154 C6
Auriac-l'Église (15) 141 F2
Auriac-sur-Dropt (47) 150 C1
Auriac-sur-Vendinelle (31) . 169 H6
Auriat (23) 124 D2
Auribail (31) 185 F2
Auribeau (84) 176 A3
Auribeau-sur-Siagne (06) . . 178 C5
Auriébat (65) 167 E6
Aurières (63) 126 D4
Aurignac (31) 184 C3
Aurillac (15) 140 A5
Aurimont (32) 168 B5

Aurin (31) 169 G6
Auriol (13) 192 C3
Auriolles (33) 136 B6
Aurions-Idernes (64) 166 C6
Auris (38) 146 B3
Aurons (13) 191 H2
Auros (33) 150 A3
Aurouër (03) 99 E6
Auroux (48) 156 C1
Aussac (81) 170 B3
Aussac-Vadalle (16) 122 C2
Ausseing (31) 184 D4
les Autels (02) 23 F1
les Autels-Saint-Bazile (14) . . 39 F3
les Autels-Villevillon (28) . . . 61 F4
Auterive (31) 185 G2
Auterive (32) 167 H5
Auterive (82) 168 C3
Auterrive (64) 165 E6
Autet (70) 86 D4
Auteuil (60) 20 A5
Auteuil (78) 41 H4
Autevielle-Saint-Martin-
-Bideren (64) 181 F1
Authe (08) 24 B4
Autheuil (28) 61 H6
Autheuil (61) 40 A6
Autheuil-Authouillet (27) . . . 41 E1
Autheuil-en-Valois (60) 43 H1
Autheux (80) 7 F4
Authevernes (27) 19 G6
Authezat (63) 127 F4
Authie (14) 14 B4
Authie (80) 7 H4
Authieule (80) 7 G4
les Authieux (27) 41 E3
les Authieux-du-Puits (61) . . 39 G5
les Authieux-Papion (14) . . . 15 E6
Authieux-Ratiéville (76) . . . 18 D3
les Authieux-
-sur-Calonne (14) 15 F4
les Authieux-sur-le-Port-
-Saint-Ouen (76) 18 D5
Authiou (58) 99 F1
Authoison (70) 87 G4
Authon (04) 160 C5
Authon (41) 79 F3
Authon-du-Perche (28) 61 F4
Authon-Ébéon (17) 121 G2
Authon-la-Plaine (91) 62 D2
Authou (27) 18 A6
Authuille (80) 8 A4
Authume (39) 102 D3
Authumes (71) 102 B4
Autichamp (26) 158 C1
Autignac (34) 172 B6
Autigny (76) 17 F3
Autigny-la-Tour (88) 68 D2
Autigny-le-Grand (52) 67 H1
Autigny-le-Petit (52) 67 H1
Autingues (62) 1 H3
Autoire (46) 139 E5
Autoreille (70) 87 E5
Autouillet (78) 41 H4
Autrac (43) 141 F1
Autrans (38) 145 F2
Autrèche (37) 79 F4
Autrechêne (90) 88 D3
Autrêches (60) 21 H4
Autrecourt-et-Pourron (08) . . 24 C3
Autrécourt-sur-Aire (55) . . . 47 E2
Autremencourt (02) 22 D2
Autrepierre (54) 49 G5
Autreppes (02) 9 H6
Autretot (76) 17 E4
Autreville (02) 21 H3
Autreville (88) 69 E1
Autréville-
-Saint-Lambert (55) 24 D3
Autreville-sur-la-Renne (52) . 67 G5
Autreville-sur-Moselle (54) . . 48 C4
Autrey (54) 48 C6
Autrey (88) 70 B3
Autrey-le-Vay (70) 87 H4
Autrey-lès-Cerre (70) 87 H3
Autrey-lès-Gray (70) 86 C4
Autricourt (21) 67 E6
Autruche (08) 24 C4
Autruy-sur-Juine (45) 63 E3
Autry (08) 24 B6
Autry-Issards (03) 113 G2
Autry-le-Châtel (45) 81 H4
Autun (71) 100 D4
Auty (82) 152 C6
Auvare (06) 178 C1
Auve (51) 46 B2
Auvernaux (91) 63 H1
Auvers (43) 141 H4
Auvers (50) 13 E5
Auvers-le-Hamon (72) 59 F6
Auvers-Saint-Georges (91) . . 63 F1
Auvers-
-sous-Montfaucon (72) . . 59 H5
Auvers-sur-Oise (95) 42 C2
Auverse (49) 77 H4
Auvet-et-la-Chapelotte (70) . 86 C4
Auvillar (82) 168 B1
Auvillars (14) 15 E4
Auvillars-sur-Saône (21) . . 102 A3
Auvillers-les-Forges (08) . . . 10 C6

Auvilliers (76) 19 F1
Auvilliers-en-Gâtinais (45) . . 63 H6
aux-Aussat (32) 183 G1
Auxais (50) 13 E6
Auxange (39) 102 D2
Auxant (21) 101 F2
Auxelles-Bas (90) 88 C2
Auxelles-Haut (90) 88 C2
Auxerre (89) 83 F2
Auxey-Duresses (21) 101 F3
Auxi-le-Château (62) 7 F3
Auxon (10) 66 A5
Auxon (70) 87 G3
Auxon-Dessous (25) 87 F6
Auxon-Dessus (25) 87 F6
Auxonne (21) 102 C1
Auxy (45) 63 H5
Auxy (71) 100 D4
Auzainvilliers (88) 69 E3
Auzances (23) 126 B1
Auzas (31) 184 C3
Auzat (09) 198 D1
Auzat-la-Combelle (63) . . . 127 G6
Auzay (85) 107 E2
Auzebosc (76) 17 E5
Auzelles (63) 127 H4
Auzers (15) 140 B2
Auzet (04) 160 D4
Auzeville-Tolosane (31) . . . 169 F6
Auzielle (31) 169 G6
Auzits (12) 154 A3
Auzon (43) 141 G1
Auzouer-en-Touraine (37) . . 79 F4
Auzouville-Auberbosc (76) . . 16 D4
Auzouville-l'Esneval (76) . . . 17 F4
Auzouville-sur-Ry (76) 19 E4
Auzouville-sur-Saâne (76) . . 17 F3
Availles-
-en-Châtellerault (86) . . . 94 D5
Availles-Limouzine (86) . . . 109 G5
Availles-sur-Seiche (35) . . . 58 A5
Availles-Thouarsais (79) . . . 93 G4
Avajan (65) 183 G6
Avallon (89) 84 A5
les Avanchers-
-Valmorel (73) 132 D5
Avançon (05) 160 C2
Avançon (08) 23 F4
Avanne-Aveney (25) 103 F1
Avant-lès-Marcilly (10) 65 F2
Avant-lès-Ramerupt (10) . . . 66 C2
Avanton (86) 94 B6
Avapessa (2B) 202 C5
Avaray (41) 80 B2
Avaux (08) 23 F4
Aveize (69) 129 G4
Aveizieux (42) 129 F5
Avelanges (21) 85 H4
Avelesges (80) 7 E6
Avelin (59) 3 F6
Aveluy (80) 8 A5
Avenas (69) 116 A5
Avenay (14) 14 B5
Avenay-Val-d'Or (51) 45 F2
Avène (34) 172 A4
les Avenières (38) 131 F4
Avensac (32) 168 B3
Avensan (33) 134 D3
Aventignan (65) 183 H4
Averan (65) 183 E3
Averdoingt (62) 7 H2
Averdon (41) 79 H3
Avermes (03) 113 H1
Avernes (95) 42 A2
Avernes-Saint-Gourgon (61) . 39 G3
Avernes-sous-Exmes (61) . . 39 F4
Avéron-Bergelle (32) 167 E4
Averton (53) 59 G2
Avesnelles (59) 10 A4
Avesnes (59) 1 H6
Avesnes-Chaussoy (80) 6 D6
Avesnes-en-Bray (76) 19 G4
Avesnes-en-Saosnois (72) . . 60 C3
Avesnes-en-Val (76) 6 B5
Avesnes-le-Comte (62) 7 H2
Avesnes-le-Sec (59) 9 E3
Avesnes-les-Aubert (59) . . . 9 E3
Avesnes-lès-Bapaume (62) . . 8 B4
Avesnes-Val-d'Helpe (59) . . 10 A4
Avessac (44) 74 A1
Avessé (72) 59 F6
Aveux (65) 184 A5
Avezac-Prat-Lahitte (65) . . 183 G4
Avezan (32) 168 B3
Avèze (30) 172 D2
Avèze (63) 126 B5
Avezé (72) 60 D3
Aviernoz (74) 132 B1
Avignon (84) 175 E2
Avignon-
-lès-Saint-Claude (39) . . . 118 A3
Avignonet (38) 145 G4
Avignonet-Lauragais (31) . . 186 A2
Avillers (54) 25 H5
Avillers (88) 69 G3
Avillers-Sainte-Croix (55) . . 47 H2
Avilley (25) 87 H5
Avilly-Saint-Léonard (60) . . . 43 E1
Avion (62) 8 B1
Avioth (55) 25 E3
Aviré (49) 76 C2
Avirey-Lingey (10) 66 C5
Aviron (27) 40 D2
Avize (51) 45 F3
Avocourt (55) 24 D6
Avoine (37) 94 B1
Avoine (61) 39 E5
Avoise (72) 77 G1
Avolsheim (67) 50 D6
Avon (77) 64 A2
Avon (79) 108 C3

Avon-la-Pèze (10) 65 G2
Avon-les-Roches (37) 94 C2
Avondance (62) 2 A6
Avord (18) 98 A3
Avosnes (21) 85 E6
Avot (21) 85 H3
Avoudrey (25) 104 A2
Avrainville (54) 48 B4
Avrainville (88) 69 G2
Avrainville (91) 63 F1
Avranches (50) 35 H3
Avranville (88) 68 C2
Avrechy (60) 20 C4
Avrée (58) 100 A5
Avremesnil (76) 17 F2
Avressieux (73) 131 G4
Avreuil (10) 66 A5
Avricourt (54) 49 G5
Avricourt (57) 49 G5
Avricourt (60) 21 F2
Avrieux (73) 147 E2
Avrigney-Virey (70) 87 E6
Avrigny (60) 20 D5
Avril (54) 26 A4
Avril-sur-Loire (58) 99 F5
Avrillé (49) 76 D4
Avrillé (85) 91 F6
Avrillé-les-Ponceaux (37) . . 78 B5
Avrilly (03) 114 D4
Avrilly (27) 40 D3
Avrilly (61) 38 A6
Avroult (62) 2 A5
Avy (17) 121 F4
Awoingt (59) 9 E3
Ax-les-Thermes (09) 199 G2
Axat (11) 200 B1
Axiat (09) 199 F1
Ay (51) 45 F2
Ay-sur-Moselle (57) 26 C4
Ayat-sur-Sioule (63) 113 E6
Aydat (63) 127 E4
Aydie (64) 166 C5
Aydius (64) 182 A5
Aydoilles (88) 70 A3
Ayen (19) 138 B2
Ayencourt (80) 20 D3
Ayette (62) 8 B3
Ayguatébia-Talau (66) 200 A3
Ayguemorte-
-les-Graves (33) 135 F6
Ayguesvives (31) 185 H1
Ayguetinte (32) 167 G3
Ayherre (64) 180 D1
Ayn (73) 131 G4
Aynac (46) 139 E6
les Aynans (70) 88 A3
Ayrens (15) 140 A4
Ayron (86) 94 A6
Ayros-Arbouix (65) 182 D5
Ayse (74) 118 D5
Ayssènes (12) 171 G1
Aytré (17) 106 D5
les Ayvelles (08) 24 B2
Ayzac-Ost (65) 182 D4
Ayzieu (32) 166 D3
Azannes-
-et-Soumazannes (55) . . . 25 F5
Azas (31) 169 G4
Azat-Châtenet (23) 111 F6
Azat-le-Ris (87) 110 B4
Azay-le-Brûlé (79) 108 A3
Azay-le-Ferron (36) 95 G5
Azay-le-Rideau (37) 94 C1
Azay-sur-Cher (37) 79 E6
Azay-sur-Indre (37) 95 F1
Azay-sur-Thouet (79) 93 F6
Azé (41) 79 F1
Azé (53) 76 D1
Azé (71) 116 B3
Azelot (54) 48 D6
Azerables (23) 110 D3
Azerailles (54) 70 B1
Azerat (24) 138 A3
Azérat (43) 141 G1
Azereix (65) 183 E3
Azet (65) 196 D1
Azeville (50) 13 E3
Azillanet (34) 187 G2
Azilone-Ampaza (2A) 205 E6
Azincourt (62) 7 F1
Azolette (69) 115 G5
Azoudange (57) 49 G4
Azur (40) 164 C3
Azy (18) 98 B2
Azy-le-Vif (58) 99 E5
Azy-sur-Marne (02) 44 B2
Azzana (2A) 204 D4

B

Baâlon (55) 25 E4
Baâlons (08) 24 A3
Babeau-Bouldoux (34) . . . 188 A1
Baboeuf (60) 21 G3
Bach (46) 153 E4
Bachant (59) 9 H3
Bachas (31) 184 C3
la Bachellerie (24) 138 A3
Bachivillers (60) 20 A6
Bachos (31) 184 A6
Bachy (59) 3 G6
Bacilly (50) 35 G3
Baconnes (51) 45 H1
la Baconnière (53) 58 C4

Bacouël (60) 20 C4
Bacouël-sur-Selle (80) 20 B5
Bacourt (57) 49 E4
Bacquepuis (27) 40 D1
Bacqueville (27) 19 E4
Bacqueville-en-Caux (76) . . 17 G2
Badailhac (15) 140 C5
Badaroux (48) 156 A4
Badecon-le-Pin (36) 111 E4
Badefols-d'Ans (24) 138 A4
Badefols-
-sur-Dordogne (24) 137 F5
Baden (56) 72 C4
Badens (11) 187 F3
Badevel (25) 88 D4
Badinières (38) 130 D5
Badménil-aux-Bois (88) 70 A4
Badonviller (54) 70 C2
Badonvilliers-
-Gérauvilliers (55) 47 H1
Baerendorf (67) 50 A4
Baerenthal (57) 28 C3
la Baffe (88) 70 A4
Baffie (63) 128 C1
Bagard (30) 173 G5
Bagas (33) 150 A4
Bagat-en-Quercy (46) 152 B4
Bâgé-la-Ville (01) 116 C2
Bâgé-le-Châtel (01) 116 C2
Bagert (09) 184 D5
Bages (11) 188 A4
Bages (66) 201 F3
Bagiry (31) 184 A4
Bagnac-sur-Célé (46) 153 H1
Bagneaux (89) 65 G5
Bagneaux-sur-Loing (77) . . . 64 A4
Bagnères-de-Bigorre (65) . . 183 F1
Bagnères-de-Luchon (31) . . 197 F3
Bagneux (02) 22 A4
Bagneux (03) 113 G2
Bagneux (36) 96 C3
Bagneux (51) 65 H4
Bagneux (54) 48 B5
Bagneux (79) 42 C2
Bagneux (92) 42 D4
Bagneux-la-Fosse (10) 66 C5
Bagnizeau (17) 121 G2
Bagnoles (11) 187 E3
Bagnoles-de-l'Orne (61) . . . 38 C3
Bagnolet (93) 42 D3
Bagnols (63) 126 C4
Bagnols (69) 129 G2
Bagnols-en-Forêt (83) 178 B5
Bagnols-les-Bains (48) . . . 156 B4
Bagnols-sur-Cèze (30) 158 A5
Bagnot (21) 102 A2
Baguer-Morvan (35) 35 E4
Baguer-Pican (35) 35 F4
Baho (66) 201 E3
Bahus-Soubiran (40) 166 B3
Baigneaux (28) 62 D4
Baigneaux (33) 135 H5
Baigneaux (41) 79 H1
Baignes (70) 87 F5
Baignes-
-Sainte-Radegonde (16) . . 121 H4
Baigneux-les-Juifs (21) 85 E4
Baignolet (28) 62 B1
Baigts (40) 165 G5
Baigts-de-Béarn (64) 165 F6
Baillargues (34) 173 G5
Baillé (35) 35 H5
Bailleau-Armenonville (28) . . 62 C3
Bailleau-le-Pin (28) 62 A3
Bailleau-l'Évêque (28) 62 A2
Baillestavy (66) 200 C4
Baillet-en-France (95) 42 C2
Bailleul (59) 2 D5
Bailleul (61) 39 E4
le Bailleul (72) 77 G6
Bailleul (80) 6 D6
Bailleul-aux-Cornailles (62) . . 7 H2
Bailleul-la-Vallée (27) 15 G5
Bailleul-le-Soc (60) 20 D4
Bailleul-lès-Pernes (62) 2 B6
Bailleul-Neuville (76) 19 E3
Bailleul-Sir-Berthoult (62) . . 8 B3
Bailleul-sur-Thérain (60) . . . 20 B5
Bailleulmont (62) 8 A3
Bailleulval (62) 8 A3
Bailleval (60) 20 D4
Baillolet (76) 19 E3
Baillou (41) 61 E2
Bailly (60) 21 G4
Bailly (78) 42 B3
Bailly-aux-Forges (52) 67 G2
Bailly-en-Rivière (76) 6 A4
Bailly-le-Franc (10) 67 E2
Bailly-Romainvilliers (77) . . 43 G3
Bain-de-Bretagne (35) 57 E3
Baincthun (62) 1 F5
Bainghen (62) 1 G5
Bains (43) 142 B3
Bains-les-Bains (88) 69 G5
Bains-sur-Oust (35) 56 C5
Bainville-aux-Miroirs (54) . . 69 G5
Bainville-aux-Saules (88) . . 69 F5
Bainville-sur-Madon (54) . . . 48 C5
Bairols (06) 178 D1
Bais (35) 57 H4
Bais (53) 59 F2
Baisieux (59) 3 G5
Baissey (52) 86 A2
Baives (59) 10 B5
Baix (07) 158 B1
Baixas (66) 201 E2
Baizieux (80) 7 H5
le Baizil (51) 45 E3
Bajamont (47) 151 F5
Bajonnette (32) 168 A4
Bajus (62) 7 H2
Balacet (09) 184 C6

aladou (46) 138 C5
alagny-sur-Thérain (60) . . . 20 C5
alaguères (09) 184 D5
alaguier-d'Olt (12) 153 G3
alaguier-sur-Rance (12) . . . 171 E3
alaiseaux (39) 102 C3
alaives-et-Butz (08) 24 B2
alan (01) 130 C2
alan (08) 24 C2
alanod (39) 117 E2
alansun (64) 165 G6
alanzac (17) 120 D3
alaruc-le-Vieux (34) 189 F1
alaruc-les-Bains (34) 189 F1
alâtre (80) 21 F2
alazé (35) 58 A4
alazac (07) 157 G3
albigny (42) 129 E2
albins (38) 130 D6
albronn (67) 50 C5
aldenheim (67) 71 G3
aldersheim (68) 89 F1
  Baleine (50) 35 H1
aleix (64) 182 D1
alesmes-sur-Marne (52) . . . 88 B1
alesta (31) 184 A3
aleyssagues (47) 150 C1
algau (68) 71 G6
alham (08) 23 F4
alignac (82) 168 B2
alignicourt (10) 66 D1
âlines (27) 40 C5
alinghem (62) 1 H3
aliracq-Maumusson (64) . . 166 B5
aliros (64) 182 C3
alizac (33) 149 G3
allainvilliers (91) 42 C5
allaison (74) 118 D3
allan-Miré (37) 78 D6
allancourt-
  -sur-Essonne (91) 63 G1
allans (17) 121 H2
allay (08) 24 B4
alledent (87) 110 C5
allée (53) 59 E6
alleray (58) 99 E3
alleroy (14) 13 G6
allersdorf (68) 89 E3
alléville (88) 69 E2
allon (17) 106 D5
allon (72) 60 B4
allons (26) 159 G5
allore (71) 115 G2
allots (53) 58 B6
alloy (77) 64 D2
alma (31) 169 F5
  Balme (73) 131 G3
Balme-de-Sillingy (74) . . . 132 A1
Balme-de-Thuy (74) 132 B1
Balme-d'Épy (39) 117 F3
Balme-les-Grottes (38) . . 130 D2
alnot-la-Grange (10) 66 C6
alnot-sur-Laignes (10) 66 D5
alogna (2A) 204 C3
alot (21) 84 D2
alsac (12) 154 B4
alschwiller (68) 89 E2
alsièges (48) 156 A4
altzenheim (68) 71 G4
alzac (16) 122 B3
ambecque (59) 2 C2
ambiderstroff (57) 49 F1
an-de-Laveline (88) 70 D3
an-de-Sapt (88) 70 D2
  Ban-Saint-Martin (57) . . . 26 B5
an-sur-Meurthe-Clefcy (88) . 70 D4
anassac (48) 155 G4
anca (64) 180 C3
ancigny (02) 23 E1
ancourt (62) 8 C4
andol (83) 192 D5
aneins (01) 116 C5
aneuil (24) 137 F5
angor (56) 72 A3
anios (65) 183 F4
anize (23) 125 F2
annalec (29) 54 A3
annans (25) 103 H4
annay (18) 82 B6
annay (51) 44 D4
annay (57) 49 E1
anne (07) 157 E4
annegon (18) 98 B5
annes (46) 139 F6
annes (51) 45 E4
annes (52) 86 B1
annes (53) 59 F5
anneville-la-Campagne (14) . 14 C5
anneville-sur-Ajon (14) . . . 14 A5
annières (81) 169 H5
annoncourt (55) 47 G3
annost-Villegagnon (77) . . . 44 A5
anogne-Recouvrance (08) . . 23 F3
anon (04) 176 B1
anos (40) 165 H4
ans (39) 102 D3
ansat (63) 127 G6
antanges (71) 116 D1
anteux (59) 8 D4
anthelu (95) 41 H1
antheville (55) 24 D5
antigny (59) 8 D3
antzenheim (68) 89 G1
anvilliers (90) 88 C3
anville (14) 14 B3
anvou (61) 38 B5
anyuls-des-Aspres (66) . . 201 F3
anyuls-sur-Mer (66) 201 G4
aon (89) 84 B1
aons-le-Comte (76) 17 E4

Bapaume (62) 8 B4
Bar (19) 139 E1
Bar-le-Duc (55) 47 E4
Bar-sur-Aube (10) 67 F4
le Bar-sur-Loup (06) 178 C4
Bar-sur-Seine (10) 66 D5
Baracé (49) 77 F3
Baraigne (11) 186 A2
Baraize (36) 111 E2
Baralle (62) 8 C3
Baraqueville (12) 154 B5
Barastre (62) 8 C4
Baratier (05) 161 E2
Barbachen (65) 183 F1
Barbaggio (2B) 203 F4
Barbaira (11) 187 F3
Barbaise (08) 24 A2
Barbas (54) 49 G6
Barbaste (47) 150 D6
Barbazan (31) 184 A5
Barbazan-Debat (65) 183 F3
Barbazan-Dessus (65) . . . 183 F3
Barbechat (44) 75 E4
la Barben (13) 191 H3
Barbentane (13) 174 D3
Barberaz (73) 131 H4
Barberier (03) 113 H5
Barbery (14) 14 B6
Barbery (60) 21 E6
Barbeville (14) 13 H5
Barbey (77) 64 C2
Barbey-Seroux (88) 70 C4
Barbezières (16) 122 A1
Barbezieux-
  -Saint-Hilaire (16) 121 H5
Barbières (26) 144 C4
Barbirey-sur-Ouche (21) . . 101 F1
Barbizon (77) 63 H2
Barbonne-Fayel (51) 44 D6
Barbonville (54) 48 D6
le Barboux (25) 104 C2
Barbuise (10) 65 F1
Barby (08) 23 G3
Barby (73) 132 A4
Barc (27) 40 B2
le Barcarès (66) 201 G1
Barcelonne (26) 144 C5
Barcelonne-du-Gers (32) . . 166 C4
Barcelonnette (04) 161 F3
Barchain (57) 49 H5
Barcillonnette (05) 160 A3
Barcugnan (32) 183 G1
Barcus (64) 181 G3
Barcy (77) 43 G2
Bard (42) 128 D5
Bard-le-Régulier (21) 100 D2
Bard-lès-Époisses (21) . . . 84 C4
Bard-lès-Pesmes (70) 86 D6
la Barde (17) 136 A3
Bardenac (16) 136 A1
Bardigues (82) 168 B1
le Bardon (45) 80 C1
Bardos (64) 164 D6
Bardou (24) 137 F6
Bardouville (76) 17 F6
Barèges (65) 183 E6
Bareilles (65) 183 G6
Barembach (67) 71 E1
Baren (31) 184 A6
Barentin (76) 17 F5
Barenton (50) 37 H6
Barenton-Bugny (02) 22 C2
Barenton-Cel (02) 22 C2
Barenton-sur-Serre (02) . . 22 C2
Barésia-sur-l'Ain (39) 117 G1
Barfleur (50) 13 E1
Bargème (83) 178 A4
Bargemon (83) 177 H5
Barges (21) 101 H1
Barges (43) 142 C6
Barges (70) 87 E1
Bargny (60) 43 G1
Barie (33) 150 A2
les Barils (27) 40 B5
Barinque (64) 182 C1
Barisey-au-Plain (54) 69 E1
Barisey-la-Côte (54) 48 A6
Barisis (02) 22 A3
Barizey (71) 101 F5
Barjac (09) 184 D4
Barjac (30) 157 G5
Barjac (48) 155 H3
Barjols (83) 193 F1
Barjon (21) 85 G3
Barjouville (28) 62 B2
Barles (04) 160 D5
Barlest (65) 182 D3
Barleux (80) 8 C6
Barlieu (18) 82 A5
Barlin (62) 8 A1
Barly (62) 7 H3
Barly (80) 7 G3
Barmainville (28) 62 D3
Barnas (07) 157 E1
Barnave (26) 159 E1
Barnay (71) 100 D2
Barneville-Carteret (50) . . 12 B4
Barneville-la-Bertran (14) . 16 B6
Barneville-sur-Seine (27) . . 18 B5
la Baroche-sous-Lucé (61) . 38 B6
les Baroches (54) 26 A4
Baromesnil (76) 6 B3
Baron (30) 174 A1
Baron (33) 135 G5
Baron (60) 43 F1
Baron (71) 115 F2
Baron-sur-Odon (14) 14 B5
Baronville (57) 49 F3

Barou-en-Auge (14) 39 E3
Baroville (10) 67 F4
le Barp (33) 149 E1
Barquet (27) 40 C2
Barr (67) 71 G1
Barrais-Bussolles (03) . . . 114 C4
Barran (32) 167 G5
Barrancoueu (65) 183 G6
Barras (04) 160 C6
Barraute-Camu (64) 181 G1
Barraux (38) 132 A6
la Barre (39) 102 D2
la Barre (70) 87 G5
la Barre (81) 171 G4
la Barre-de-Monts (85) . . . 90 C2
la Barre-de-Semilly (50) . . . 37 G1
Barre-des-Cévennes (48) . . 156 B5
la Barre-en-Ouche (27) . . . 40 A3
Barrême (04) 177 G2
Barret (16) 121 H5
Barret-de-Lioure (26) 159 F6
Barret-sur-Méouge (05) . . 159 H5
Barretaine (39) 103 E5
Barrettali (2B) 203 F2
Barriac-les-Bosquets (15) . 139 H4
Barro (16) 108 D6
Barrou (37) 95 E4
le Barroux (84) 158 D6
Barry (65) 183 E3
Barry-d'Islemade (82) . . . 169 E1
Bars (24) 137 H3
Bars (32) 167 F6
Barsac (26) 159 E1
Barsac (33) 149 G2
Barst (57) 49 G1
Bart (25) 88 C4
Bartenheim (68) 89 G3
Barthe (65) 183 H2
la Barthe-de-Neste (65) . . 183 G4
Barthes (65) 182 D4
les Barthes (82) 168 D1
Bartrès (65) 182 D4
Barville (27) 15 G5
Barville (61) 60 C1
Barville (88) 68 D2
Barville-en-Gâtinais (45) . . 63 G5
Barzan (17) 120 D5
Barzun (64) 182 D3
Barzy-en-Thiérache (02) . . 9 G4
Barzy-sur-Marne (02) 44 C2
Bas-en-Basset (43) 142 D1
Bas-et-Lezat (63) 127 G1
Bas-Lieu (59) 10 A4
Bas-Mauco (40) 165 H3
Bascons (40) 166 A3
Bascous (32) 167 E3
Basillac (16) 122 A4
Bassan (34) 188 C1
Bassanne (33) 150 A2
Basse-Goulaine (44) 74 D5
Basse-Ham (57) 26 C3
Basse-Rentgen (57) 26 C2
Basse-sur-le-Rupt (88) . . . 70 C5
la Basse-Vaivre (70) 69 F6
la Basse (59) 3 E6
Bassemberg (67) 71 F2
Basseneville (14) 14 D4
Bassens (33) 135 F5
Bassens (73) 131 H4
Bassercles (40) 165 H5
Basses (86) 94 A3
Basseux (62) 8 A3
Bassevelle (77) 44 B3
Bassignac (15) 140 A1
Bassignac-le-Bas (19) . . . 139 E4
Bassignac-le-Haut (19) . . 139 G2
Bassigney (70) 87 G1
Bassillac (24) 137 G2
Bassillon-Vauzé (64) 166 D6
Bassing (57) 49 G3
Bassoles-Aulers (02) 22 A3
Bassoncourt (52) 68 C5
Bassou (89) 83 F1
Bassoues (32) 167 F5
Bassu (51) 46 B4
Bassuet (51) 46 B4
Bassurels (48) 156 B6
Bassussarry (64) 164 B6
Bassy (74) 131 G1
Bastanès (64) 181 G1
Bastelica (2A) 205 E5
Bastelicaccia (2A) 204 C6
Bastennes (40) 165 G4
Bastia (2B) 203 G4
la Bastide (66) 200 D3
la Bastide (83) 178 A4
la Bastide-Clairence (64) . . 164 C6
la Bastide-de-Besplas (09) . 185 E3
la Bastide-
  -de-Bousignac (09) 186 B5
la Bastide-de-Lordat (09) . 185 H4
la Bastide-de-Sérou (09) . . 185 F5
la Bastide-d'Engras (30) . . 174 B1
la Bastide-
  -des-Jourdans (84) 176 B3
la Bastide-du-Salat (09) . . 184 C4
la Bastide-l'Évêque (12) . . 153 H4
la Bastide-Pradines (12) . . 172 A2
la Bastide-Puylaurent (48) . 156 D2
la Bastide-Solages (12) . . . 171 E2
la Bastide-Saint-l'Hers (09) . 186 B5
la Bastidonne (84) 176 B4
la Bastidonne (13) 153 E1
Basville (23) 126 A2
la Bataille (79) 108 B5
Bathelémont-
  -lès-Bauzemont (54) 49 E5

Bathernay (26) 144 B2
la Bâthie (73) 132 D4
la Bâtie-des-Fonds (26) . . 159 G3
la Bâtie-Divisin (38) 131 F5
la Bâtie-Montgascon (38) . 131 F4
la Bâtie-Montsaléon (05) . 159 H3
la Bâtie-Neuve (05) 160 C2
la Bâtie-Rolland (26) 158 B2
la Bâtie-Vieille (05) 160 C2
les Bâties (70) 87 E3
Batilly (54) 26 A5
Batilly (61) 38 D5
Batilly-en-Gâtinais (45) . . . 63 G5
Batilly-en-Puisaye (45) . . . 82 B4
Bats (40) 166 A4
Batsère (65) 183 G4
Battenans-les-Mines (25) . . 87 H5
Battenans-Varin (25) 88 C6
Battenheim (68) 89 F1
Battereau (04) 177 G2
Battexey (88) 69 G2
Battigny (54) 69 E1
Battrans (70) 86 D5
Batz-sur-Mer (44) 73 F4
Batzendorf (67) 51 E4
Baubigny (21) 101 F3
Baubigny (50) 12 B3
la Bauche (73) 131 G5
Baud (56) 55 E4
Baudement (51) 45 E6
Baudemont (71) 115 F4
Baudignan (40) 150 B6
Baudignécourt (55) 47 G6
Baudinard-sur-Verdon (83) . 177 F4
Baudoncourt (70) 87 H2
Baudonvilliers (55) 46 D5
Baudre (50) 37 G1
Baudrecourt (52) 67 G2
Baudrecourt (57) 49 E2
Baudreix (64) 182 C3
Baudrémont (55) 47 F4
Baudres (36) 96 B3
Baudreville (28) 62 D3
Baudreville (50) 12 C5
Baudricourt (88) 69 F3
Baudrières (71) 101 H6
Bauduen (83) 177 F4
Baugé (49) 77 G4
Baugy (18) 98 B3
Baugy (60) 21 E4
Baugy (71) 115 E4
Baulay (70) 87 F2
Baule (45) 80 C2
la Baule-Escoublac (44) . . 73 F4
Baulme-la-Roche (21) 85 F6
Baulne (91) 63 G1
Baulne-en-Brie (02) 44 D3
Baulny (55) 24 C6
Baulon (35) 56 D4
Baulou (09) 185 G5
la Baume (74) 119 E4
la Baume-Cornillane (26) . 144 C6
la Baume-de-Transit (26) . 158 B4
la Baume-d'Hostun (26) . . 144 D4
Baume-les-Dames (25) . . . 87 H5
Baume-les-Messieurs (39) . 102 D6
Bauné (49) 77 F4
Baupte (50) 12 D5
Bauquay (14) 14 A6
Baurech (33) 135 F6
la Baussaine (35) 56 D1
Bauvin (59) 3 E6
les Baux-de-Breteuil (27) . 40 B3
les Baux-de-Provence (13) . 191 E2
les Baux-Sainte-Croix (27) . 40 D3
Bauzemont (54) 49 E5
Bauzy (41) 80 B4
Bavans (25) 88 C4
Bavay (59) 9 H2
Bavelincourt (80) 7 H5
Bavent (14) 14 C4
Baverans (39) 102 D2
Bavilliers (90) 88 C3
Bavinchove (59) 2 C3
Bavincourt (62) 8 A3
Bax (31) 185 E3
Bay (70) 86 D6
Bay-sur-Aube (52) 85 H4
Bayac (24) 137 F6
Bayard-sur-Marne (52) . . . 47 E6
Bayas (33) 135 H3
Baye (29) 54 B4
Baye (51) 44 D4
Bayecourt (88) 70 A3
Bayel (10) 67 F4
Bayencourt (80) 8 A4
Bayenghem-
  -lès-Éperlecques (62) 2 A3
Bayenghem-
  -lès-Seninghem (62) 1 H4
Bayers (51) 122 C1
Bayet (03) 113 H4
Bayeux (14) 13 H5
Bayon (54) 69 G1
Bayon-sur-Gironde (33) . . 135 E3
Bayons (04) 160 C4
Bayonne (64) 164 A6
Bayonville (08) 24 C4
Bayonville-sur-Mad (54) . . 26 A4
Bayonvillers (80) 8 A6
Bazac (16) 136 A2
Bazaiges (36) 111 E2
Bazailles (54) 25 H4
Bazainville (78) 41 G4
Bazancourt (51) 23 F5
Bazancourt (60) 19 G3
Bazarnes (89) 83 G3
Bazas (33) 149 H3
Bazauges (17) 121 H1
Bazegney (88) 69 G3
Bazeilles (08) 24 C2
Bazeilles-sur-Othain (55) . . 25 F3

Bazelat (23) 111 E3
Bazemont (78) 42 A3
Bazens (47) 150 D5
Bazentin (80) 8 B5
Bazenville (14) 14 A3
Bazet (65) 183 E2
la Bazeuge (87) 110 B4
Bazian (32) 167 F4
Bazicourt (60) 21 E5
Bazièges (31) 185 H1
Bazien (88) 70 B2
Bazillac (65) 183 E2
Bazincourt-sur-Epte (27) . . 19 G5
Bazincourt-sur-Saulx (55) . 47 E5
Bazinghen (62) 1 F3
Bazinval (76) 6 B5
la Bazoche-Gouet (28) 61 F4
Bazoches (58) 83 H6
Bazoches-au-Houlme (61) . 38 D4
Bazoches-en-Dunois (28) . . 62 B5
Bazoches-
  -les-Gallerandes (45) 63 E4
Bazoches-les-Hautes (28) . 62 C4
Bazoches-sur-Guyonne (78) . 42 A4
Bazoches-sur-Hoëne (61) . . 39 H6
Bazoches-sur-le-Betz (45) . . 64 C5
Bazoches-sur-Vesles (02) . . 22 C5
la Bazoge (50) 37 G5
la Bazoge (72) 60 A5
la Bazoge-Montpinçon (53) . 59 E3
Bazoges-en-Paillers (85) . . 92 A4
Bazoges-en-Pareds (85) . . 92 B6
Bazoilles-et-Ménil (88) . . . 69 F3
Bazoilles-sur-Meuse (88) . . 68 D3
Bazolles (58) 99 G2
Bazoncourt (57) 26 D6
la Bazoque (14) 13 G6
la Bazoque (61) 38 B4
Bazoques (27) 15 H5
la Bazouge-de-Chemeré (53) . 59 E5
la Bazouge-des-Alleux (53) . 58 D4
la Bazouge-du-Désert (35) . 58 B1
Bazougers (53) 59 E5
Bazouges-la-Pérouse (35) . . 35 F5
Bazouges-sur-le-Loir (72) . 77 G2
Bazuel (59) 9 G4
Bazugues (32) 183 G1
Bazus (31) 169 F4
Bazus-Aure (65) 183 G6
Bazus-Neste (65) 183 G4
le Béage (07) 142 D5
Béalcourt (80) 7 F3
Béalencourt (62) 7 F1
Béard (58) 99 E5
Béard-Géovreissiat (01) . . 117 G5
Beaubec-la-Rosière (76) . . 19 F2
Beaubery (71) 115 G3
Beaubray (27) 40 C3
Beaucaire (30) 174 D3
Beaucaire (32) 167 G3
Beaucamps-le-Jeune (80) . 19 G1
Beaucamps-le-Vieux (80) . . 6 D6
Beaucamps-Ligny (59) . . . 3 E5
Beaucé (35) 58 A2
Beauce (28) 40 C5
Beauchamp (52) 86 A1
Beauchêne (41) 61 F6
Beauchêne (61) 38 A5
Beauchery-Saint-Martin (77) . 44 B6
Beauclair (55) 24 D4
Beaucoudray (50) 37 F2
Beaucourt (90) 88 D4
Beaucourt-en-Santerre (80) . 20 D1
Beaucourt-sur-l'Ancre (80) . 8 A4
Beaucourt-sur-l'Hallue (80) . 7 H5
Beaucouzé (49) 76 D4
Beaucroissant (38) 145 E1
Beaudéan (65) 183 F4
Beaudignies (59) 9 G3
Beaudricourt (62) 7 G3
Beaufai (61) 39 H4
Beaufay (72) 60 C4
Beauficel (50) 37 G4
Beauficel-en-Lyons (27) . . 19 F4
Beaufin (38) 146 A6
Beaufort (31) 184 D1
Beaufort (34) 187 G2
Beaufort (38) 144 C1
Beaufort (39) 117 F1
Beaufort (59) 10 A3
Beaufort (73) 132 D3
Beaufort-Blavincourt (62) . 7 H2
Beaufort-en-Argonne (55) . 24 D4
Beaufort-en-Santerre (80) . 21 E1
Beaufort-en-Vallée (49) . . . 77 F5
Beaufort-sur-Gervanne (26) . 144 C6
Beaufou (85) 91 F3
Beaufour-Druval (14) 15 E4
Beaufremont (88) 68 D3
Beaugas (47) 151 F3
Beaugeay (17) 120 C5
Beaugies-sous-Bois (60) . . 21 G2
Beaujeu (04) 160 D5
Beaujeu (69) 115 H5
Beaujeu-Saint-Vallier-
  -Pierrejux-et-Quitteur (70) . 86 D4
Beaulandais (61) 38 B6

Beaulieu (07) 157 F4
Beaulieu (14) 37 H3
Beaulieu (15) 126 B6
Beaulieu (21) 85 F2
Beaulieu (34) 173 G6
Beaulieu (36) 110 C3
Beaulieu (38) 145 E2
Beaulieu (43) 142 C3
Beaulieu (58) 99 G1
Beaulieu (61) 40 B5
Beaulieu (63) 127 G6
Beaulieu-en-Argonne (55) . 46 D2
Beaulieu-les-Fontaines (60) . 21 F2
Beaulieu-lès-Loches (37) . . 95 G2
Beaulieu-sous-la-Roche (85) . 91 F4
Beaulieu-
  -sous-Parthenay (79) . . . 108 A1
Beaulieu-sur-Dordogne (19) . 139 E4
Beaulieu-sur-Layon (49) . . 76 D6
Beaulieu-sur-Loire (45) . . . 82 B4
Beaulieu-sur-Mer (06) . . . 195 F3
Beaulieu-sur-Oudon (53) . . 58 B5
Beaulieu-sur-Sonnette (16) . 122 D1
Beaulon (03) 114 C1
Beaumais (14) 39 E3
Beaumarchés (32) 167 E5
Beaumat (46) 152 D1
Beaumé (02) 10 B6
la Beaume (05) 159 G2
Beauménil (88) 70 B4
Beaumerie-Saint-Martin (62) . 6 D1
Beaumes-de-Venise (84) . . 158 C6
Beaumesnil (14) 37 G3
Beaumesnil (27) 40 B2
Beaumettes (84) 175 G3
Beaumetz (80) 7 F4
Beaumetz-lès-Aire (62) . . . 2 A6
Beaumetz-lès-Cambrai (62) . 8 C4
Beaumetz-lès-Loges (62) . . 8 A3
Beaumont (07) 157 E3
Beaumont (19) 125 E6
Beaumont (32) 167 F2
Beaumont (43) 141 G1
Beaumont (54) 48 A4
Beaumont (63) 127 F3
Beaumont (74) 118 B5
Beaumont (86) 94 C5
Beaumont (89) 83 F1
Beaumont-
  -de-Lomagne (82) 168 C3
Beaumont-de-Pertuis (84) . 176 C4
Beaumont-du-Gâtinais (77) . 63 H5
Beaumont-du-Lac (87) . . . 125 E3
Beaumont-du-Périgord (24) . 137 F6
Beaumont-du-Ventoux (84) . 158 D6
Beaumont-en-Argonne (08) . 24 C3
Beaumont-en-Auge (14) . . 15 E4
Beaumont-en-Beine (02) . . 21 H2
Beaumont-en-Cambrésis (59) . 9 F4
Beaumont-en-Diois (26) . . 159 F2
Beaumont-
  -en-Verdunois (55) 25 F6
Beaumont-en-Véron (37) . . 94 B1
Beaumont-Hague (50) . . . 12 B1
Beaumont-Hamel (80) 8 A4
Beaumont-la-Ferrière (58) . 99 E2
Beaumont-la-Ronce (37) . . . 78 D4
Beaumont-le-Hareng (76) . 17 H4
Beaumont-le-Roger (27) . . 40 B2
Beaumont-les-Autels (28) . 61 F3
Beaumont-les-Nonains (60) . 20 A5
Beaumont-les-Randan (63) . 127 G1
Beaumont-lès-Valence (26) . 144 B5
Beaumont-Monteux (26) . . 144 B4
Beaumont-
  -Pied-de-Boeuf (53) 59 E6
Beaumont-
  -Pied-de-Bœuf (72) 78 C2
Beaumont-Sardolles (58) . . 99 F4
Beaumont-sur-Dême (72) . . 78 D3
Beaumont-sur-Grosne (71) . 101 G6
Beaumont-sur-Lèze (31) . . 185 F2
Beaumont-sur-Oise (95) . . 42 C1
Beaumont-sur-Sarthe (72) . 60 A3
Beaumont-sur-Vesle (51) . . 45 G1
Beaumont-
  -sur-Vingeanne (21) 86 B5
Beaumont-Village (37) . . . 95 H2
Beaumontel (27) 40 B1
Beaumotte-Aubertans (70) . 87 G5
Beaumotte-lès-Pin (70) . . . 87 E6
Beaunay (51) 45 E3
Beaune (21) 101 G3
Beaune-d'Allier (03) 113 E4
Beaune-la-Rolande (45) . . 63 G5
Beaune-sur-Arzon (43) . . 142 C2
Beaunotte (21) 85 F3
Beaupont (01) 117 E3
Beaupouyet (24) 136 C4
Beaupréau (49) 75 G5
Beaupuy (31) 169 F5
Beaupuy (32) 168 C5
Beaupuy (47) 150 C2
Beaupuy (82) 168 D3
Beauquesne (80) 7 G4
Beaurain (59) 9 F3
Beaurains (62) 8 B3
Beaurains-lès-Noyon (60) . . 21 G3
Beaurainville (62) 7 E1
Beaurecueil (13) 192 B3
Beauregard (01) 129 H1
Beauregard (46) 153 F4
Beauregard-Baret (26) . . . 144 C4
Beauregard-
  -de-Terrasson (24) 138 A3
Beauregard-et-Bassac (24) . 137 E4
Beauregard-l'Évêque (63) . . 127 G3
Beauregard-Vendon (63) . . 127 F1
Beaurepaire (38) 144 C1
Beaurepaire (60) 20 D6
Beaurepaire (76) 16 B4

Beaurepaire (85) 92 A3
Beaurepaire-en-Bresse (71) . 102 C6
Beaurepaire-sur-Sambre (59) . 9 H4
Beaurevoir (02) 9 E5
Beaurières (26) 159 G2
Beaurieux (02) 22 C5
Beaurieux (59) 10 B3
Beauronne (24) 136 D3
Beausemblant (26) 144 A2
Beausite (55) 47 E3
Beausoleil (06) 195 G2
Beaussac (24) 123 E5
Beaussais (79) 108 B4
Beaussault (76) 19 F2
Beausse (49) 75 G4
le Beausset (83) 192 D4
Beauteville (31) 186 A2
Beautheil (77) 43 H5
Beautiran (33) 149 G1
Beautor (02) 22 A2
Beautot (76) 17 G4
Beauvain (61) 38 C6
Beauvais (60) 20 A4
Beauvais-sur-Matha (17) . . . 121 H2
Beauvais-sur-Tescou (81) . . 169 G3
Beauval (80) 7 G4
Beauval-en-Caux (76) 17 H3
Beauvallon (26) 144 B5
Beauvau (49) 77 F3
Beauvène (07) 143 G5
Beauvernois (71) 102 C5
Beauvezer (04) 161 F6
Beauville (31) 186 A1
Beauville (47) 151 G5
Beauvilliers (28) 62 C3
Beauvilliers (41) 79 H1
Beauvilliers (89) 84 B5
Beauvoir (50) 35 G4
Beauvoir (60) 20 C3
Beauvoir (77) 43 G6
Beauvoir (89) 83 E2
Beauvoir-de-Marc (38) 130 C5
Beauvoir-en-Lyons (76) 19 F4
Beauvoir-en-Royans (38) . . 144 D3
Beauvoir-sur-Mer (85) 90 C2
Beauvoir-sur-Niort (79) 107 H5
Beauvoir-Wavans (62) 7 F3
Beauvois (62) 7 F1
Beauvois-en-Cambrésis (59) . 9 E4
Beauvois-en-Vermandois (02) . 8 D6
Beauvoisin (26) 159 E5
Beauvoisin (30) 174 A4
Beaux (43) 142 D2
Beauzac (43) 142 D2
Beauzelle (31) 169 E5
Beauziac (47) 150 B4
Bébing (57) 49 H4
Beblenheim (68) 71 F4
Bec-de-Mortagne (76) 16 C4
le Bec-Hellouin (27) 18 A6
le Bec-Thomas (27) 18 C6
Beccas (32) 183 F1
Béceleuf (79) 107 G2
Béchamps (54) 25 H6
Bécherel (35) 56 D1
Bécheresse (16) 122 B5
Béchy (57) 48 D2
Bécon-les-Granits (49) 75 H3
Bécordel-Bécourt (80) 8 A5
Bécourt (62) 1 G5
Becquigny (02) 9 F5
Becquigny (80) 21 E2
Bédarieux (34) 172 B5
Bédarrides (84) 175 E1
Beddes (18) 112 A1
Bédéchan (32) 168 B5
Bédée (35) 56 D2
Bédeilhac-et-Aynat (09) . . . 185 G6
Bédeille (09) 184 C6
Bédeille (64) 182 D2
Bedenac (17) 135 G2
Bédoin (84) 158 D6
Bédouès (48) 156 B4
Bedous (64) 182 A5
Béduer (46) 153 G2
Beffes (18) 98 C3
Beffia (39) 117 F2
Beffu-et-le-Morthomme (08) . 24 C5
Bégaar (40) 165 F3
Bégadan (33) 120 C6
Béganne (56) 73 G1
Bégard (22) 32 D3
Bègles (33) 135 E5
Begnécourt (88) 69 G4
Bégole (65) 183 G3
Bégrolles-en-Mauges (49) . . 75 G6
la Bégude-de-Mazenc (26) . 158 C2
Bègues (03) 113 G5
Béguey (33) 149 G1
Béguios (64) 181 E1
Béhagnies (62) 8 B3
Béhasque-Lapiste (64) 181 F1
Béhen (80) 6 D4
Béhencourt (80) 7 H5
Béhéricourt (60) 21 G3
Behonne (55) 47 E4
Béhorléguy (64) 181 E3
Béhoust (78) 41 H4
Behren-lès-Forbach (57) . . . 27 G5
Béhuard (49) 76 D5
Beignon (56) 56 C4
Beillé (72) 60 C5
Beine (89) 83 G2
Beine-Nauroy (51) 23 F6
Beinheim (67) 51 G3
Beire-le-Châtel (21) 86 A5
Beire-le-Fort (21) 102 B3
Beissat (23) 125 H3
Bélâbre (36) 110 B2
Belan-sur-Ource (21) 67 E6
Bélarga (34) 172 D6

Bélaye (46) 152 B3
Belberaud (31) 169 G6
Belbèse (82) 168 C3
Belbeuf (76) 18 D5
Belbèze-de-Lauragais (31) . 185 G1
Belbèze-en-Comminges (31) . 184 D4
Belcaire (11) 199 G1
Belcastel (12) 154 A4
Belcastel (81) 169 H5
Belcastel-et-Buc (11) 187 E5
Belcodène (13) 192 C2
Belesta (09) 186 B6
Bélesta (66) 200 D2
Bélesta-en-Lauragais (31) . 186 A1
Beleymas (24) 137 E4
Belfahy (70) 88 B1
Belfays (25) 88 D6
Belflou (11) 186 A2
Belfonds (61) 39 F6
Belfort (90) 88 C3
Belfort-du-Quercy (46) 152 D5
Belfort-sur-Rebenty (11) . . 199 H1
Belgeard (53) 59 E3
Belgentier (83) 193 F4
Belgodère (2B) 202 D5
Belhade (40) 149 E4
Belhomert-Guéhouville (28) . 61 G1
le Bélieu (25) 104 C2
Béligneux (01) 130 C2
Belin-Béliet (33) 148 D2
Bélis (40) 166 A1
Bellac (87) 110 B5
Bellaffaire (04) 160 C3
Bellaing (59) 9 F2
Bellancourt (80) 7 E4
Bellange (57) 49 F3
Bellavilliers (61) 60 C2
le Bellay-en-Vexin (95) 42 A1
Belle-Église (60) 42 C1
Belle-et-Houllefort (62) 1 F4
Belle-Isle-en-Terre (22) 32 C4
Belleau (02) 44 B2
Belleau (54) 48 C4
Bellebat (33) 135 H6
Bellebrune (62) 1 G4
Bellechassagne (19) 125 H4
Bellechaume (89) 65 G5
Bellecombe (73) 118 A3
Bellecombe-en-Bauges (73) . 132 B3
Bellecombe-Tarendol (26) . 159 E4
Bellefond (21) 85 H5
Bellefond (33) 135 H6
Bellefonds (86) 94 D6
Bellefontaine (39) 118 B1
Bellefontaine (50) 37 G5
Bellefontaine (88) 69 H5
Bellefontaine (95) 42 D2
Bellefosse (67) 71 E1
Bellegarde (30) 174 C4
Bellegarde (32) 184 A1
Bellegarde (45) 63 G6
Bellegarde (81) 170 D3
Bellegarde-du-Razès (11) . . 186 C4
Bellegarde-en-Diois (26) . . 159 F2
Bellegarde-en-Forez (42) . . 129 E4
Bellegarde-en-Marche (23) . 125 H1
Bellegarde-Poussieu (38) . . 130 B6
Bellegarde-Sainte-Marie (31) . 168 D5
Bellegarde-sur-Valserine (01) . 117 H5
Belleherbe (25) 88 B6
Bellemagny (68) 89 E2
Bellême (61) 60 D2
Bellenaves (03) 113 G5
Bellencombre (76) 17 H4
Belleneuve (21) 86 A6
Bellenglise (02) 9 E6
Bellengreville (14) 38 D1
Bellengreville (76) 17 H2
Bellenod-sur-Seine (21) . . . 85 E3
Bellenot-sous-Pouilly (21) . 101 E1
Bellentre (73) 133 E4
Belleray (55) 47 F1
Bellerive-sur-Allier (03) . . . 114 A6
Belleroche (42) 115 G5
Belles-Forêts (57) 49 H4
Bellesserre (81) 170 B6
Bellesserre (31) 168 D4
Belleu (02) 22 A5
Belleuse (80) 20 B2
Bellevaux (74) 119 E4
Bellevesvre (71) 102 C5
Belleville (54) 48 C4
Belleville (69) 116 B6
Belleville (79) 107 G5
Belleville-en-Caux (76) 17 G4
Belleville-et-Châtillon-sur-Bar (08) . 24 B4
Belleville-sur-Loire (18) 82 B4
Belleville-sur-Mer (76) 17 H1
Belleville-sur-Meuse (55) . . 47 F1
Belleville-sur-Vie (85) 91 G3
Bellevue-la-Montagne (43) . 142 B2
Belley (01) 131 F3
Belleydoux (01) 117 H4
Bellicourt (02) 9 E5
la Bellière (61) 39 E5
la Bellière (76) 19 F3
Bellignat (01) 117 G4
Belligné (44) 76 B4
Bellignies (59) 9 H2
la Belliole (89) 64 D4
Belloc (09) 186 B5
Belloc-Saint-Clamens (32) . 183 H1
Bellocq (64) 165 F5
Bellon (16) 136 B1
Bellonne (62) 8 C2
Bellot (77) 44 B4

Bellou (14) 15 F6
Bellou-en-Houlme (61) 38 B5
Bellou-le-Trichard (61) 60 D3
Bellou-sur-Huisne (61) 61 E2
Belloy (60) 21 E3
Belloy-en-France (95) 42 D2
Belloy-en-Santerre (80) 8 B6
Belloy-Saint-Léonard (80) . . 6 D6
Belloy-sur-Somme (80) 7 F5
Belluire (17) 121 F5
Belmesnil (76) 17 G3
Belmont (25) 104 A1
Belmont (32) 167 F4
Belmont (38) 131 E5
Belmont (39) 102 D3
Belmont (52) 86 C2
Belmont (67) 71 E1
Belmont (70) 88 A1
Belmont-Bretenoux (46) . . . 139 F5
Belmont-d'Azergues (69) . . 129 H2
Belmont-de-la-Loire (42) . . 115 G5
Belmont-lès-Darney (88) . . . 69 F5
Belmont-Luthézieu (01) . . . 131 F2
Belmont-Sainte-Foi (46) . . . 153 E5
Belmont-sur-Buttant (88) . . 70 B3
Belmont-sur-Rance (12) . . . 171 G3
Belmont-sur-Vair (88) 69 E3
Belmont-Tramonet (73) 131 F5
Belmontet (46) 152 A4
Belonchamp (70) 88 B2
Belpech (11) 186 A3
Belrain (55) 47 F3
Belrupt (88) 69 F5
Belrupt-en-Verdunois (55) . . 47 G1
Bélus (40) 165 E5
Belval (08) 24 A1
Belval (50) 37 E1
Belval (88) 70 D1
Belval-Bois-des-Dames (08) . 24 C1
Belval-en-Argonne (51) 46 D3
Belval-sous-Châtillon (51) . . 45 E1
Belvédère (06) 179 E1
Belvédère-Campomoro (2A) . 206 C3
Belverne (70) 88 B3
Belvès (24) 137 H6
Belvès-de-Castillon (33) . . . 136 A5
Belvèze (82) 152 A4
Belvèze-du-Razès (11) 186 C4
Belvézet (30) 174 B1
Belvézet (48) 156 C2
Belvianes-et-Cavirac (11) . . 200 A1
Belvis (11) 199 H1
Belvoir (25) 88 B6
Belz (56) 54 D6
Bémécourt (27) 40 C4
Bénac (09) 185 G5
Bénac (65) 183 E3
Benagues (09) 185 H5
Bénaix (09) 186 B6
Bénaménil (54) 49 F6
Bénarville (76) 16 D4
Benassay (86) 108 C1
la Benâte (17) 107 G6
Benay (02) 22 A1
Benayes (19) 124 C5
Bendejun (06) 195 F2
Bendorf (68) 89 F4
Bénéjacq (64) 182 C3
Benerville-sur-Mer (14) 15 E3
Bénesse-lès-Dax (40) 165 E4
Bénesse-Maremne (40) 164 C4
Benest (16) 109 F6
Bénestroff (57) 49 G3
Bénesville (76) 17 F3
Benet (85) 107 G3
Beneuvre (21) 85 G3
Bénévent-et-Charbillac (05) . 160 B1
Bénévent-l'Abbaye (23) . . . 111 E5
Beney-en-Woëvre (55) 48 A3
Benfeld (67) 71 G2
Bengy-sur-Craon (18) 98 B3
Bénifontaine (62) 3 E6
Bentayou-Sérée (64) 182 D1
Bény (01) 117 E4
le Bény-Bocage (14) 37 H2
Bény-sur-Mer (14) 14 B3
Béon (01) 131 G2
Béon (89) 65 E6
Béost (64) 182 B5
Bérat (31) 185 E2
Béraut (32) 167 G2
Berbérust-Lias (65) 182 D4
Berbezit (43) 142 A2
Berbiguières (24) 137 H5
Bercenay-en-Othe (10) 66 A4
Bercenay-le-Hayer (10) 65 G3
Berche (25) 88 C4
Berchères-les-Pierres (28) . . 62 B2
Berchères-Saint-Germain (28) . 62 B1

Berchères-sur-Vesgre (28) . . 41 G4
Berck (62) 6 C1
Bercloux (17) 121 F2
Berd'huis (61) 61 E2
Berdoues (32) 167 G6
Bérelles (59) 10 B3
Bérengeville-la-Campagne (27) . 40 D1
Berentzwiller (68) 89 G3
Berson (33) 135 E3
Berg (67) 50 A3
Berg-sur-Moselle (57) 26 C2
Berganty (46) 153 E3
Bergbieten (67) 50 C6
Bergerac (24) 136 D5
Bergères (10) 67 E4
Bergères-lès-Vertus (51) . . . 45 F4
Bergères-sous-Montmirail (51) . 44 C4
Bergesserin (71) 115 H3
Bergheim (68) 71 F3
Bergholtz (68) 71 F6
Bergholtzzell (68) 71 E6
Bergicourt (80) 20 A1
Bergnicourt (08) 23 G4
Bergonne (63) 127 F5
Bergouey (40) 165 G4
Bergouey-Viellenave (64) . . 165 E6
Bergueneuse (62) 2 B6
Bergues (59) 2 C2
Bergues-sur-Sambre (02) . . 9 G5
Berhet (22) 32 D2
Bérig-Vintrange (57) 49 F2
Bérigny (50) 13 G6
Berjou (61) 38 B3
Berlaimont (59) 9 H3
Berlancourt (02) 22 D1
Berlancourt (60) 21 G2
Berlats (81) 171 E4
Berlencourt-le-Cauroy (62) . 7 H2
Berles-au-Bois (62) 8 A3
Berles-Monchel (62) 7 H2
la Berlière (08) 24 C3
Berling (57) 50 B4
Berlise (02) 23 F2
Berlou (34) 188 A1
Bermerain (59) 9 F3
Berméricourt (51) 23 E5
Bermeries (59) 9 H2
Bermering (57) 49 F3
Bermesnil (80) 6 D6
Bermicourt (62) 7 F1
Bermont (90) 88 C3
Bermonville (76) 18 A2
Bernac (16) 108 D6
Bernac (81) 170 B2
Bernac-Debat (65) 183 E3
Bernac-Dessus (65) 183 E3
Bernadets (64) 182 C1
Bernadets-Debat (65) 183 G2
Bernadets-Dessus (65) 183 G3
le Bernard (85) 91 F6
la Bernardière (85) 91 H1
Bernardswiller (67) 71 G1
Bernardvillé (67) 71 F2
Bernâtre (80) 7 F3
Bernaville (80) 7 F4
Bernay (27) 15 H5
Bernay-en-Champagne (72) . 59 H5
Bernay-en-Ponthieu (80) . . . 6 D2
Bernay-Saint-Martin (17) . . 107 G6
Bernay-Vilbert (77) 43 G5
Berné (56) 54 C3
Bernécourt (54) 48 A4
Bernède (32) 166 C4
Bernes (16) 8 D6
Bernes-sur-Oise (95) 42 C1
Bernesq (14) 13 G5
Berneuil (16) 122 A6
Berneuil (17) 121 E4
Berneuil (80) 7 F4
Berneuil (87) 110 B6
Berneuil-en-Bray (60) 20 A5
Berneuil-sur-Aisne (60) 21 G4
Berneval-le-Grand (76) 17 H1
Berneville (62) 8 A2
Bernex (74) 119 F3
Bernienville (27) 40 D2
Bernières (76) 15 H1
Bernières-d'Ailly (14) 39 E2
Bernières-le-Patry (14) 38 A4
Bernières-sur-Mer (14) 14 B3
Bernières-sur-Seine (27) . . . 19 E6
Bernieulles (62) 1 G6
Bernin (38) 145 H1
Bernis (30) 174 A4
Bernolsheim (67) 51 E4
Bernon (10) 66 A6
Bernos-Beaulac (33) 149 H4
Bernot (02) 9 F6
Bernouil (89) 84 A1
Bernouville (27) 19 G5
Bernwiller (68) 89 E2
Berny-en-Santerre (80) 8 B6
Berny-Rivière (02) 21 H5
Bérou-la-Mulotière (28) 40 D5
Berrac (32) 167 H1
Berre-les-Alpes (06) 195 F2
Berre-l'Étang (13) 175 G6
Berriac (11) 187 E3
Berrias-et-Casteljau (07) . . 157 F4
Berric (56) 73 F1
Berrie (86) 93 H2
Berrien (29) 32 A5
Berrieux (02) 22 D4
Berrogain-Laruns (64) 181 G2
Berru (51) 23 F6
Berrwiller (68) 89 E1

Berry-au-Bac (02) 22 D5
Berry-Bouy (18) 97 G2
le Bersac (05) 159 H3
Bersac-sur-Rivalier (87) . . . 110 D6
Bersaillin (39) 102 D4
Bersée (59) 3 G6
Bersillies (59) 10 A2
Berson (33) 135 E3
Berstett (67) 50 D5
Berstheim (67) 51 E4
Bert (03) 114 C4
Bertangles (80) 7 G5
Bertaucourt-Epourdon (02) . 22 A3
Berteaucourt-les-Dames (80) . 7 F4
Berteaucourt-lès-Thennes (80) . 20 D1
Berthecourt (60) 20 B5
Berthegon (86) 94 B4
Berthelange (25) 103 E1
Berthelming (57) 49 H4
Berthen (59) 2 D4
Berthenay (37) 78 C6
Berthenicourt (02) 22 A1
Berthenonville (27) 41 G1
la Berthenoux (36) 97 E6
Berthez (33) 150 A3
Bertholène (12) 154 D4
Berthouville (27) 15 H5
Bertignat (63) 128 B3
Bertignolles (10) 66 D5
Bertincourt (62) 8 C3
Bertoncourt (08) 23 G3
Bertrambois (54) 49 H5
Bertrancourt (80) 7 H4
Bertrange (57) 26 B4
Bertre (81) 170 A5
Bertren (65) 184 A5
Bertreville (76) 16 D3
Bertreville-Saint-Ouen (76) . 17 G3
Bertric-Burée (24) 136 D1
Bertrichamps (54) 70 C1
Bertricourt (02) 23 E5
Bertrimont (76) 17 G4
Bertrimoutier (88) 70 D3
Bertry (59) 9 F4
Béru (89) 84 A2
Béruges (86) 108 D1
Bérulle (10) 65 G4
Bérus (72) 60 A2
Berville (76) 17 F4
Berville (95) 42 B1
Berville-en-Roumois (27) . . . 18 B5
Berville-la-Campagne (27) . . 40 C2
Berville-sur-Mer (27) 15 G2
Berville-sur-Seine (76) 17 F6
Berviller-en-Moselle (57) . . . 27 E4
Berzé-la-Ville (71) 116 A3
Berzé-le-Châtel (71) 116 A3
Berzème (07) 157 H2
Berzieux (51) 46 C1
Berzy-le-Sec (02) 22 A5
la Besace (08) 24 C3
Besain (39) 103 E5
Besançon (25) 103 G1
Bésayes (26) 144 C4
Bescat (64) 182 B3
Besignan (26) 159 E4
Bésingrand (64) 182 A1
Beslon (50) 37 F3
Besmé (02) 21 H3
Besmont (02) 10 B6
Besnans (70) 87 G5
Besné (44) 73 H3
Besneville (50) 12 C4
Besny-et-Loizy (02) 22 C3
Bessac (16) 122 A6
Bessais-le-Fromental (18) . . 98 B6
Bessamorel (43) 142 D3
Bessan (34) 188 D2
Bessancourt (95) 42 C2
Bessas (07) 157 F4
Besse (15) 140 A3
Bessé (16) 122 B1
Besse (24) 152 A1
Besse (38) 146 B3
Besse-et-Saint-Anastaise (63) . 127 E5
Bessé-sur-Braye (72) 79 E1
Besse-sur-Issole (83) 193 G3
Bessède-de-Sault (11) 200 A1
Bessèges (30) 157 E5
Bessenay (69) 129 G3
Bessens (82) 169 E3
Besset (09) 186 A4
Bessey (42) 129 H6
Bessey-en-Chaume (21) . . . 101 F2
Bessey-la-Cour (21) 101 F2
Bessey-lès-Cîteaux (21) . . . 102 A2
la Besseyre-Saint-Mary (43) . 141 H4
Bessières (31) 169 G3
Bessines (79) 107 G3
Bessines-sur-Gartempe (87) . 110 D6
Bessins (38) 144 D2
Besson (03) 113 H2
Bessoncourt (90) 88 D3
Bessonies (46) 139 G6
les Bessons (48) 141 G6
Bessuéjouls (12) 154 D3
Bessy (10) 66 A1
Bessy-sur-Cure (89) 83 G3
Bestiac (46) 199 F1
Bétaille (46) 139 E5
Betaucourt (70) 87 E1
Betbèze (65) 184 A2
Betbezer-d'Armagnac (40) . 166 C2
Betcave-Aguin (32) 184 B1

Betchat (09) 184 D6
Bétête (23) 111 H3
Béthancourt-en-Valois (60) . 21 F4
Béthancourt-en-Vaux (02) . . 21 H3
Béthelainville (55) 47 E1
Béthemont-la-Forêt (95) . . . 42 C2
Béthencourt (59) 9 F4
Béthencourt-sur-Mer (80) . . 6 B4
Béthencourt-sur-Somme (80) . 21 G1
Bétheniville (51) 23 G5
Bétheny (51) 23 E6
Béthincourt (55) 25 E4
Béthines (86) 110 A3
Béthisy-Saint-Martin (60) . . 21 F5
Béthisy-Saint-Pierre (60) . . 21 F5
Bethmale (09) 184 D6
Bethon (51) 44 D6
Béthon (72) 60 A1
Bethoncourt (25) 88 C4
Béthonsart (62) 7 H1
Béthonvilliers (28) 61 F1
Bethonvilliers (90) 88 D1
Béthune (62) 2 D6
Bétignicourt (10) 66 D2
Beton-Bazoches (77) 44 A4
Betoncourt-lès-Brotte (70) . 87 H3
Betoncourt-Saint-Pancras (70) . 69 G6
Betoncourt-sur-Mance (70) . 86 D7
Bétous (32) 166 D4
Betplan (32) 183 F2
Betpouey (65) 183 E6
Betpouy (65) 183 H1
Betracq (64) 166 D6
Betschdorf (67) 51 F2
Bettainvillers (54) 26 A4
Bettancourt-la-Ferrée (52) . . 46 D1
Bettancourt-la-Longue (51) . 46 C4
Bettange (57) 26 D4
Bettant (01) 130 D2
Bettborn (57) 50 A4
Bettegney-Saint-Brice (88) . 69 G3
Bettelainville (57) 26 C3
Bettembos (80) 19 H2
Bettencourt-Rivière (80) . . . 7 E5
Bettencourt-Saint-Ouen (80) . 7 F4
Bettendorf (68) 89 F4
Bettes (65) 183 F6
Betteville (76) 17 E5
Bettignies (59) 10 A2
Betting (57) 49 G2
Bettlach (68) 89 G4
Betton (35) 57 F2
Betton-Bettonet (73) 132 B4
Bettoncourt (88) 69 G2
Bettrechies (59) 9 G3
Bettviller (57) 28 A4
Bettwiller (67) 50 B3
Betz (60) 43 G6
Betz-le-Château (37) 95 F4
Beugin (62) 7 H1
Beugnâtre (62) 8 B3
Beugneux (02) 22 B6
Beugnies (59) 10 A4
le Beugnon (79) 107 H2
Beugnon (89) 65 H6
Beugny (62) 8 C3
Beuil (06) 161 H4
le Beulay (88) 70 D2
Beulotte-Saint-Laurent (70) . 88 B3
Beure (25) 103 F1
Beurey (10) 66 D3
Beurey-Bauguay (21) 100 D2
Beurey-sur-Saulx (55) 46 D3
Beurières (63) 128 B5
Beurizot (21) 84 D6
Beurlay (17) 120 D2
Beurville (52) 67 F4
Beussent (62) 1 G6
Beuste (64) 182 C2
Beutal (25) 88 B4
Beutin (62) 1 F6
Beuvardes (02) 44 C2
Beuveille (54) 25 G6
Beuvezin (54) 69 E3
Beuvillers (14) 15 F4
Beuvillers (54) 26 A3
Beuvrages (59) 9 F2
Beuvraignes (80) 21 F2
Beuvrequen (62) 1 F3
Beuvrigny (50) 37 G2
Beuvron (39) 83 F6
Beuvron-en-Auge (14) 14 D5
Beuvry (62) 2 D6
Beuvry-la-Forêt (59) 9 E1
Beux (57) 26 C6
Beuxes (86) 94 B3
Beuzec-Cap-Sizun (29) 52 D3
Beuzeville (27) 15 G3
Beuzeville-au-Plain (50) . . . 13 E4
Beuzeville-la-Bastille (50) . . 12 D4
Beuzeville-la-Grenier (76) . . 15 G5
Beuzeville-la-Guérard (76) . 16 D4
Beuzevillette (76) 16 D4
Bévenais (38) 131 E6
Beveuge (70) 88 A4
Béville-le-Comte (28) 62 C2
Bévillers (59) 9 E4
Bevons (04) 160 A5
Bévy (21) 101 G2
Bey (01) 116 B5
Bey (71) 101 H5
Bey-sur-Seille (54) 48 D4
Beychac-et-Caillau (33) . . . 135 G6
Beylongue (40) 165 F2
Beynac (87) 124 A4
Beynac-et-Cazenac (24) . . . 138 A4
Beynat (19) 139 E3
Beynes (04) 177 F2
Beynes (78) 41 H4

eynost (01) 130 B2
eyrède-Jumet (65) 183 G5
eyren-lès-Sierck (57) 26 C2
eyrie-en-Béarn (64) 182 B1
eyrie-sur-Joyeuse (64) . . . 181 E2
eyries (40) 165 H5
eyssac (19) 138 C1
eyssenac (19) 124 B6
e Bez (81) 171 E5
ez-et-Esparon (30) 172 D2
ézac (09) 185 G4
ezalles (77) 44 A5
ezancourt (76) 19 F4
ezange-la-Grande (54) . . . 49 E4
ezange-la-Petite (57) 49 F4
ezannes (51) 23 E6
ezaudun-les-Alpes (06) . . . 195 E2
ezaudun-sur-Bîne (26) . . . 158 D2
ezaumont (54) 48 C3
èze (21) 86 A5
ézenac (24) 137 H5
ézenet (03) 113 E4
ézéril (32) 168 B6
éziers (34) 188 C2
ezinghem (62) 1 G5
ezins-Garraux (31) 184 A5
Bezole (11) 186 C5
ezolles (32) 167 F3
ezons (95) 42 C3
ezonvaux (55) 25 F6
ézouce (30) 174 C3
ézouotte (21) 86 B5
ézu-la-Forêt (27) 19 G4
ézu-le-Guéry (02) 44 A2
ézu-Saint-Éloi (27) 19 G5
ézu-Saint-Germain (02) . . . 44 B1
ézues-Bajon (32) 184 A1
iache-Saint-Vaast (62) . . . 8 C2
iaches (80) 8 C6
ians-les-Usiers (25) . . . 103 H3
iard (86) 109 E1
iarne (39) 102 C2
iarre (80) 21 F2
iarritz (64) 164 B6
iarrotte (40) 164 C5
iars-sur-Cère (46) 139 E5
ias (40) 148 A5
ias (47) 151 F4
iaudos (40) 164 C5
biche (57) 26 D3
blisheim (67) 51 E3
bost (69) 129 G3
chancourt (02) 21 H3
ches (58) 99 G3
ckenholtz (57) 50 B4
cqueley (54) 48 B6
dache (64) 164 D6
darray (64) 180 D2
dart (64) 164 A6
destroff (57) 49 G3
ding (57) 49 G1
don (07) 157 H4
dos (64) 182 A3
écourt (88) 69 E3
ederthal (68) 89 G4
ef (25) 88 C6
ef-des-Maisons (39) . . . 103 G6
ef-du-Fourg (39) 103 G5
efmorin (39) 102 D4
efvillers-lès-Bapaume (62) . . 8 B4
elle (64) 182 B4
encourt (80) 6 C5
encourt-sur-Orge (55) . . . 47 F6
enville (60) 21 F4
enville-la-Petite (54) . . . 49 E5
envillers-au-Bois (62) . . . 8 A3
ermes (08) 23 G4
ermont (60) 21 E3
erné (53) 77 E1
erne (59) 2 C2
erre-lès-Semur (21) . . . 84 C5
erry-
-les-Belles-Fontaines (89) . . 84 B4
ert (09) 185 F6
erville (76) 17 H5
esheim (68) 71 G5
esles (52) 68 A5
etlenheim (67) 51 E4
eujac (33) 150 A2
euzy (02) 22 A4
euzy (56) 55 E3
éville (50) 37 H1
éville-Beuville (14) . . . 14 C4
éville-Quétiéville (14) . . . 39 E1
èvres (02) 22 C4
èvres (08) 25 E3
èvres (91) 42 C5
ffontaine (88) 70 C3
ganos (33) 148 C1
gnac (16) 122 B3
gnan (56) 55 G4
gnay (17) 121 F1
Bigne (14) 38 A2
gnicourt (08) 23 H5
gnicourt-sur-Marne (51) . . 46 B5
gnicourt-sur-Saulx (51) . . 46 C4
Bignon (44) 74 D6
Bignon-du-Maine (53) . . . 58 D6
Bignon-Mirabeau (45) . . . 64 C4
gnoux (86) 109 F1
gorno (2B) 203 G5
Bigottière (53) 58 C3
guglia (2B) 203 G4
horel (76) 18 D4
hucourt (62) 8 B4
hac (19) 139 E5
hères (64) 182 B4
ia (2A) 206 D3
ieu (38) 131 F6
lancelles (28) 61 H1
lancourt (80) 21 F2

les Billanges (87) 124 D1
les Billaux (33) 135 G4
Billé (35) 57 H1
Billecul (39) 103 G5
Billère (64) 182 B2
Billey (21) 102 C2
Billezois (03) 114 B5
Billiat (01) 117 H6
Billième (73) 131 G3
Billière (31) 197 F1
Billiers (56) 73 F2
Billio (56) 55 G4
Billom (63) 127 G3
Billy (03) 114 A4
Billy (14) 38 D1
Billy (41) 80 B6
Billy-Berclau (62) 3 E6
Billy-Chevannes (58) . . . 99 F3
Billy-le-Grand (51) . . . 45 G1
Billy-lès-Chanceaux (21) . . 85 F4
Billy-Montigny (62) 8 C1
Billy-sous-Mangiennes (55) . . 25 G5
Billy-sur-Aisne (02) . . . 22 A5
Billy-sur-Oisy (58) 83 F5
Billy-sur-Ourcq (02) . . . 22 A6
Biltzheim (68) 71 F5
Bilwisheim (67) 50 D4
Bimont (62) 1 G6
Binarville (51) 24 C6
Binas (41) 80 A1
Bindernheim (67) 71 H2
Binges (21) 86 A6
Binic (22) 33 G3
Bining (57) 50 B1
Biniville (50) 12 D4
Binos (31) 184 A6
Binson-et-Orquigny (51) . . 45 E2
Bio (46) 139 E6
Biol (38) 131 E5
la Biolle (73) 131 H3
Biollet (63) 126 C1
Bion (50) 37 G5
Bioncourt (57) 48 D4
Bionville (54) 70 D1
Bionville-sur-Nied (57) . . 49 E1
Biot (06) 195 E4
le Biot (74) 119 F4
Bioule (82) 169 F1
Bioussac (16) 108 D6
Biozat (03) 113 H6
Birac (16) 122 A4
Birac (33) 150 A3
Birac-sur-Trec (47) . . . 150 C3
Biran (32) 167 G4
Biras (24) 137 E1
Biriatou (64) 180 A1
Birieux (01) 130 B1
Birkenwald (67) 50 C5
Biron (17) 121 F4
Biron (24) 151 G2
Biron (64) 165 G6
Biscarrosse (40) 148 B3
Bischheim (67) 51 E5
Bischholtz (67) 50 D3
Bischoffsheim (67) . . . 50 D6
Bischwihr (68) 71 G4
Bischwiller (67) 51 F4
Bisel (68) 89 F4
Bisinchi (2B) 203 F6
Bislée (55) 47 G3
Bissert (67) 49 H2
Bisseuil (51) 45 F2
Bissey-la-Côte (21) . . . 85 F1
Bissey-la-Pierre (21) . . . 84 D1
Bissey-sous-Cruchaud (71) . . 101 F6
Bissezeele (59) 2 C2
Bissières (14) 39 E1
Bissy-la-Mâconnaise (71) . . 116 B2
Bissy-sous-Uxelles (71) . . 116 A1
Bissy-sur-Fley (71) . . . 101 F6
Bisten-en-Lorraine (57) . . 27 E5
Bistroff (57) 49 F2
Bitche (57) 50 C1
Bitry (58) 82 C5
Bitry (60) 21 G4
Bitschhoffen (67) . . . 50 D3
Bitschwiller-lès-Thann (68) . . 89 E1
Bivès (32) 168 B3
Biviers (38) 145 G2
Biville (50) 12 B2
Biville-la-Baignarde (76) . . 17 G3
Biville-la-Rivière (76) . . . 17 F3
Biville-sur-Mer (76) . . . 17 H1
Bivilliers (61) 40 A6
Bizanet (11) 187 H4
Bizanos (64) 182 B2
Bize (52) 86 D1
Bize (65) 183 H4
Bize-Minervois (11) . . . 187 H2
Bizeneuille (03) 112 D3
Biziat (01) 116 C5
Bizonnes (38) 131 E6
le Bizot (25) 104 C2
Bizou (61) 61 E1
Bizous (65) 183 H4
Blacé (69) 116 A6
Blacourt (60) 19 H4
Blacqueville (76) . . . 17 F5
Blacy (51) 46 A5
Blacy (89) 84 B4
Blaesheim (67) 50 D6
Blagnac (31) 169 E5
Blagny (08) 24 D2
Blagny-sur-Vingeanne (21) . . 86 B5
Blaignac (33) 150 A2
Blaignan (33) 134 D1
Blain (44) 74 B3
Blaincourt-lès-Précy (60) . . 20 C6
Blaincourt-sur-Aube (10) . . 66 D2
Blainville-Crevon (76) . . 17 H5

Blainville-sur-l'Eau (54) 49 E6
Blainville-sur-Mer (50) . . 36 D1
Blainville-sur-Orne (14) 14 C4
Blairville (62) 8 B3
Blaise-sous-Arzillières (51) . . 46 B5
Blaison-Gohier (49) . . . 77 F5
Blaisy (52) 67 G4
Blaisy-Bas (21) 85 F6
Blaisy-Haut (21) 85 F6
Blajan (31) 184 A2
Blamont (25) 88 C5
Blâmont (54) 49 G6
Blan (81) 170 B6
le Blanc (36) 110 B1
le Blanc-Mesnil (93) . . . 42 D3
Blancafort (18) 81 H4
Blancey (21) 84 D6
Blancfossé (60) 20 B2
Blanche-Église (67) . . . 49 F4
Blanchefosse-et-Bay (08) . . 23 F1
Blandainville (28) . . . 61 H3
Blandas (30) 172 D3
Blandin (38) 131 E5
Blandouet (53) 59 F5
Blandy (77) 64 B1
Blandy (91) 63 F3
Blangerval-Blangermont (62) . . 7 F2
Blangy-le-Château (14) . . 15 F4
Blangy-sous-Poix (80) . . . 20 A1
Blangy-sur-Bresle (76) . . . 6 C5
Blangy-sur-Ternoise (62) . . 7 F1
Blangy-Tronville (80) . . . 7 H6
Blannay (89) 83 H4
Blanot (21) 100 C2
Blanot (71) 116 A2
Blanquefort (32) 168 B5
Blanquefort (33) 135 E4
Blanquefort-
-sur-Briolance (47) . . . 151 H2
Blanzac (43) 142 C3
Blanzac (87) 110 B5
Blanzac-lès-Matha (17) . . 121 G2
Blanzac-Porcheresse (16) . . 122 B5
Blanzaguet-
-Saint-Cybard (16) . . . 122 C5
Blanzat (63) 127 E2
Blanzay (86) 108 D5
Blanzay-sur-Boutonne (17) . . 107 H6
Blanzée (55) 47 G1
Blanzy (71) 100 D6
Blanzy-la-Salonnaise (08) . . 23 F4
Blanzy-lès-Fismes (02) . . . 22 C5
Blargies (60) 19 G2
Blarians (25) 87 G5
Blaringhem (59) 2 B4
Blars (46) 153 E2
Blaru (78) 41 F2
Blasimon (33) 136 A6
Blaslay (86) 94 B5
Blassac (43) 141 H3
Blaudeix (23) 111 H5
Blausasc (06) 195 G2
Blauvac (84) 175 G1
Blauzac (30) 174 B2
Blavignac (48) 141 G5
Blavozy (43) 142 D4
Blay (14) 13 G5
Blaye (33) 135 E3
Blaye-les-Mines (81) . . . 170 C1
Blaymont (47) 151 G5
Blaziert (32) 167 G2
Blécourt (52) 67 H2
Blécourt (59) 8 D3
Bleigny-le-Carreau (89) . . 83 G2
Blémerey (54) 49 G6
Blémerey (88) 69 F2
Blendecques (62) 2 B4
Bléneau (89) 82 C3
Blennes (77) 64 C3
Blénod-
-lès-Pont-à-Mousson (54) . . 48 C3
Blénod-lès-Toul (54) . . . 48 A6
Bléquin (62) 1 H5
Blérancourt (02) 21 H4
Bléré (37) 79 F6
Bléruais (35) 56 C2
Blésignac (33) 135 G6
Blesle (43) 141 F1
Blesme (51) 46 C5
Blesmes (02) 44 C2
Blessac (23) 125 G1
Blessonville (52) . . . 67 G5
Blessy (62) 2 B5
Blet (18) 98 B4
Bletterans (39) 102 C5
Bleurville (88) 69 E5
Bleury (28) 62 C1
Blevaincourt (88) . . . 68 D4
Blèves (72) 60 C1
le Bleymard (48) 156 C3
Blicourt (60) 20 A3
Blienschwiller (67) . . . 71 F2
Blies-Ébersing (57) . . . 27 H5
Blies-Guersviller (57) . . 27 H5
Bliesbruck (57) 28 A5
Blieux (04) 177 G2
Blignicourt (10) 66 D2
Bligny (10) 67 E4
Bligny (51) 45 E1
Bligny-le-Sec (21) . . . 85 F5
Bligny-lès-Beaune (21) . . 101 G3
Bligny-sur-Ouche (21) . . 101 F2
Blincourt (60) 21 E5
Blingel (62) 7 F1
Blis-et-Born (24) . . . 137 G2
Blismes (58) 100 A2
Blodelsheim (68) . . . 71 G6
Blois (41) 79 H4
Blois-sur-Seille (39) . . . 102 D5
Blomac (11) 187 F3

Blomard (03) 113 F4
Blombay (08) 23 H1
Blond (87) 110 A6
Blondefontaine (70) . . . 87 E1
Blonville-sur-Mer (14) . . 15 E3
Blosseville (76) 17 E2
Blosville (50) 13 E4
Blot-l'Église (63) . . . 113 F6
Blotzheim (68) 89 G3
Blou (49) 77 H5
Blousson-Sérian (32) . . . 167 E6
la Bloutière (50) . . . 37 F3
Bloye (74) 131 H2
Bluffy (74) 132 B2
Blumeray (52) 67 F2
Blussangeaux (25) . . . 88 B5
Blussans (25) 88 B5
Blye (39) 117 G1
Blyes (01) 130 D2
le Bô (14) 38 C3
Bobigny (93) 42 D3
Bobital (22) 34 C5
le Bocasse (76) 17 G5
Bocé (49) 77 G4
Bocognano (2A) 205 E4
Bocquegney (88) 69 G3
Bocquencé (61) 39 H4
le Bodéo (22) 33 H6
Bodilis (29) 31 G3
Boé (47) 151 F6
Boëcé (61) 60 C1
Boëge (74) 118 D4
Boeil-Bezing (64) . . . 182 C3
Boën (42) 128 D3
Bœrsch (67) 71 F1
Boeschepe (59) 2 D3
Bœseghem (59) 2 C5
Bœsenbiesen (67) . . . 71 G3
Bœssé-le-Sec (72) . . . 60 D4
Bœsses (45) 63 G4
Bœurs-en-Othe (89) . . . 65 G4
Boffles (62) 7 G6
Boffres (07) 143 H5
Bogève (74) 118 D4
Bogny-sur-Meuse (08) . . . 11 F6
Bogy (07) 144 A2
Bohain-en-Vermandois (02) . . 9 F5
la Bohalle (49) 77 E5
Bohal (56) 56 A5
Bohars (29) 30 D4
Bohas-Meyriat-Rignat (01) . . 117 F5
Boigneville (91) 63 G3
Boigny-sur-Bionne (45) . . 81 E1
Boinville-en-Mantois (78) . . 41 H3
Boinville-en-Woëvre (55) . . 25 G6
Boinville-le-Gaillard (78) . . 62 D1
Boinvilliers (78) . . . 41 G3
Boiry-Becquerelle (62) . . 8 B3
Boiry-Notre-Dame (62) . . . 8 C2
Boiry-Saint-Martin (62) . . 8 B3
Boiry-Sainte-Rictrude (62) . . 8 B3
Bois (17) 121 E5
le Bois (73) 132 D5
Bois-Anzeray (27) . . . 40 B3
Bois-Arnault (27) . . . 40 B4
Bois-Bernard (62) . . . 8 C1
Bois-Colombes (92) . . . 42 C3
Bois-d'Amont (39) . . . 118 B1
Bois-d'Arcy (78) 42 B4
Bois-d'Arcy (89) 83 G4
Bois-de-Céné (85) . . . 90 D2
Bois-de-Champ (88) . . . 70 C3
Bois-de-Gand (39) . . . 102 C5
Bois-de-la-Pierre (31) . . 185 E2
Bois-d'Ennebourg (76) . . 17 H6
le Bois-d'Oingt (69) . . . 129 G2
Bois-Grenier (59) 3 E5
Bois-Guilbert (76) . . . 19 E3
Bois-Guillaume (76) . . . 17 G6
le Bois-Hellain (27) . . . 15 G4
Bois-Héroult (76) . . . 19 E3
Bois-Herpin (91) 63 F2
Bois-Himont (76) . . . 17 E5
Bois-Jérôme-
-Saint-Ouen (27) . . . 41 G1
Bois-le-Roi (27) . . . 41 E4
Bois-le-Roi (77) 64 A1
Bois-lès-Pargny (02) . . . 22 C2
le Bois-l'Évêque (76) . . . 17 H6
Bois-Normand-
-près-Lyre (27) 40 B3
le Bois-Plage-en-Ré (17) . . 106 B4
le Bois-Robert (76) . . . 17 G2
Bois-Sainte-Marie (71) . . 115 G4
Boisbergues (80) 7 F3
Boisbreteau (16) . . . 135 H1
Boiscommun (45) 63 G5
Boisdinghem (62) 2 A4
Boisdon (77) 44 A5
Boisemont (27) 19 F6
Boisemont (95) 42 B2
Boisgasson (28) 61 G5
Boisgervilly (35) . . . 56 C2
Boisjean (62) 6 D1
Boisleux-au-Mont (62) . . 8 B3
Boisleux-Saint-Marc (62) . . 8 B3
Boismé (79) 93 E5
Boismont (54) 25 H4
Boismont (80) 6 C3
Boismorand (45) 82 A2
Boisney (27) 40 A1
Boisredon (17) 135 F1
Boisroger (50) 36 D1
Boissay (76) 19 E4
la Boisse (01) 130 B2
Boisse (24) 151 F1
Boisse-Penchot (12) . . 153 H2
Boisseau (41) 79 H2
Boissède (31) 184 B1

Boissei-la-Lande (61) 39 F5
Boisserolles (79) . . . 107 H5
Boisseron (34) 173 H4
Boisset (15) 139 H6
Boisset (34) 187 G1
Boisset (43) 142 D1
Boisset-et-Gaujac (30) . . 173 G1
Boisset-lès-Montrond (42) . . 129 E4
Boisset-les-Prévanches (27) . . 41 E3
Boisset-Saint-Priest (42) . . 128 D5
Boissets (78) 41 G4
Boissettes (77) 64 A1
Boisseuil (87) 124 B3
Boisseuilh (24) 138 A1
Boissey (01) 116 C3
Boissey (14) 15 E6
Boissey-le-Châtel (27) . . 18 B6
Boissezon (81) 170 D6
Boissia (39) 117 H1
la Boissière (14) . . . 15 E5
la Boissière (27) 41 F3
la Boissière (34) . . . 173 E5
la Boissière (39) . . . 117 F3
la Boissière (53) . . . 76 B1
la Boissière-d'Ans (24) . . 137 H2
la Boissière-
-de-Montaigu (85) . . . 92 A3
la Boissière-
-des-Landes (85) . . . 91 G5
la Boissière-du-Doré (44) . . 75 F5
la Boissière-École (78) . . . 41 G5
la Boissière-en-Gâtine (79) . . 107 H1
la Boissière-sur-Èvre (49) . . 75 G4
Boissières (30) 174 A4
Boissières (46) 152 C2
Boissise-la-Bertrand (77) . . 63 H1
Boissise-le-Roi (77) . . . 63 H1
Boissy-aux-Cailles (77) . . 63 H3
Boissy-en-Drouais (28) . . 41 E5
Boissy-Fresnoy (60) . . . 43 G1
Boissy-la-Rivière (91) . . 63 F2
Boissy-l'Aillerie (95) . . . 42 B2
Boissy-Lamberville (27) . . 15 H5
Boissy-le-Bois (60) . . . 19 H6
Boissy-le-Châtel (77) . . . 44 A4
Boissy-le-Cutté (91) . . . 63 F2
Boissy-le-Repos (51) . . . 44 D4
Boissy-le-Sec (91) . . . 63 E1
Boissy-lès-Perche (28) . . 40 C5
Boissy-Maugis (61) . . . 61 E2
Boissy-Mauvoisin (78) . . 41 G3
Boissy-Saint-Léger (94) . . 43 E5
Boissy-sans-Avoir (78) . . 41 H4
Boissy-sous-Saint-Yon (91) . . 63 F1
Boistrudan (35) 57 G4
Boisville-la-Saint-Père (28) . . 62 C3
Boisyvon (50) 37 F4
Boitron (61) 39 G6
Boitron (77) 44 A3
Bolandoz (25) 103 G3
Bolazec (29) 32 B4
Bolbec (76) 15 G1
la Bollène-Vésubie (06) . . 179 F1
Bolleville (76) 15 H1
Bollezeele (59) 2 B3
Bollwiller (68) 71 F6
Bologne (52) 67 H4
Bolozon (01) 117 F5
Bolquère (66) 199 H4
Bolsenheim (67) 71 G1
Bombon (77) 43 G6
Bommes (33) 149 G2
Bommiers (36) 97 E5
Bompas (09) 185 H6
Bompas (66) 201 F2
Bomy (62) 2 A5
Bon-Encontre (47) . . . 151 F6
Bona (58) 99 F3
Bonac-Irazein (09) . . . 184 C6
Bonas (32) 167 G3
Bonboillon (70) 86 D6
Boncé (28) 62 B3
Bonchamp-lès-Laval (53) . . 58 D5
Boncourt (02) 23 E3
Boncourt (27) 41 E2
Boncourt (28) 41 F4
Boncourt (54) 48 A1
Boncourt-le-Bois (21) . . 101 C2
Boncourt-sur-Meuse (55) . . 47 G4
Bondaroy (45) 63 F4
Bondeval (25) 88 C4
Bondigoux (31) 169 F3
les Bondons (48) . . . 156 B4
Bondoufle (91) 42 D6
Bondues (59) 3 F4
Bondy (93) 43 E3
Bongheat (63) 127 H3
le Bonhomme (68) . . . 71 E4
Bonifacio (2A) 207 F5
Bonlier (60) 20 B4
Bonlieu (39) 117 H1
Bonlieu-sur-Roubion (26) . . 158 B2
Bonloc (64) 180 D1
Bonnac (09) 185 G4
Bonnac (15) 141 F2
Bonnac-la-Côte (87) . . 124 B1
Bonnal (25) 87 H4
Bonnard (89) 83 F1
Bonnat (23) 111 D4
Bonnaud (39) 117 F1
Bonnay (25) 87 F6
Bonnay (71) 116 A2
Bonnay (80) 7 H5
Bonne (74) 118 D5
Bonnebosq (14) 15 E4
Bonnecourt (52) . . . 68 C6
Bonnée (45) 81 G2
Bonnefamille (38) . . . 130 C4
Bonnefoi (61) 40 A5

Bonnefond (19) 125 F5
Bonnefont (65) 183 G3
Bonnefontaine (39) . . . 103 E5
Bonnegarde (40) 165 G5
Bonneil (02) 44 B2
Bonnelles (78) 42 B6
Bonnemain (35) 35 E5
Bonnemaison (14) . . . 14 A6
Bonnemazon (65) . . . 183 F4
Bonnencontre (21) . . . 102 A2
Bonnes (16) 136 B2
Bonnes (86) 109 G1
Bonnesvalyn (02) . . . 44 B1
Bonnet (55) 68 B1
Bonnétable (72) 60 C4
Bonnétage (25) 104 C3
Bonnet (33) 135 F5
Bonneuil (16) 121 H4
Bonneuil (36) 110 C3
Bonneuil-en-France (95) . . 42 D3
Bonneuil-en-Valois (60) . . 21 G6
Bonneuil-les-Eaux (60) . . 20 B2
Bonneuil-Matours (86) . . 94 D6
Bonneuil-sur-Marne (94) . . 43 E4
Bonneval (28) 62 A4
Bonneval (43) 142 B1
Bonneval (73) 132 D5
Bonneval-sur-Arc (73) . . 133 G6
Bonnevaux (25) 103 H5
Bonnevaux (30) 157 E4
Bonnevaux (74) 119 F3
Bonnevaux-le-Prieuré (25) . . 103 G2
Bonneveau (41) 79 E2
Bonnevent-Velloreille (70) . . 87 E5
Bonneville (16) 122 A2
la Bonneville (50) . . . 12 D4
Bonneville (74) 118 D5
Bonneville (80) 7 G4
Bonneville-Aptot (27) . . 18 A6
Bonneville-et-Saint-Avit-
-de-Fumadières (24) . . 136 B5
Bonneville-la-Louvet (14) . . 15 G4
la Bonneville-sur-Iton (27) . . 40 D2
Bonneville-
-sur-Touques (14) . . . 15 E3
Bonnières (60) 20 A4
Bonnières (62) 7 G3
Bonnières-sur-Seine (78) . . 41 G2
Bonnieux (84) 175 H3
Bonningues-lès-Ardres (62) . . 1 H3
Bonningues-lès-Calais (62) . . 1 G3
Bonnœil (14) 38 C3
Bonnœuvre (44) 75 F2
Bonnut (64) 165 G5
Bonny-sur-Loire (45) . . . 82 B4
Bono (56) 55 E6
Bonrepos (65) 183 G3
Bonrepos-
-sur-Aussonnelle (31) . . 168 D6
Bons-en-Chablais (74) . . 118 D4
Bons-Tassilly (14) . . . 38 D2
Bonsecours (76) 18 D4
Bonsmoulins (61) . . . 39 H5
Bonson (06) 195 E1
Bonson (42) 129 E5
Bonvillard (73) 132 C4
Bonvillaret (73) . . . 132 C4
Bonviller (54) 49 E5
Bonvillers (60) 20 C3
Bonvillet (88) 69 F5
Bony (02) 8 D5
Bonzac (33) 135 H4
Bonzée (55) 47 G1
Boô-Silhen (65) . . . 182 D4
Boofzheim (67) 71 H2
Boos (40) 165 E2
Boos (76) 18 D5
Bootzheim (67) 71 G3
Boqueho (22) 33 F4
Bor-et-Bar (12) 153 G6
Boran-sur-Oise (60) . . 42 D1
Borce (64) 182 A5
Bord-Saint-Georges (23) . . 112 B4
Bordeaux (33) 135 E5
Bordeaux-en-Gâtinais (45) . . 63 H5
Bordeaux-Saint-Clair (76) . . 16 B3
Bordères (64) 182 C3
Bordères-
-et-Lamensans (40) . . 166 B3
Bordères-Louron (65) . . 183 G6
Bordères-sur-l'Échez (65) . . 183 E2
les Bordes (36) 97 E3
les Bordes (45) 81 G2
Bordes (64) 183 F3
les Bordes (71) 101 H4
les Bordes (89) 65 E5
les Bordes-Aumont (10) . . 66 B4
Bordes-de-Rivière (31) . . 184 A4
les Bordes-sur-Arize (09) . . 185 F4
les Bordes-sur-Lez (09) . . 184 D6
Bordezac (30) 157 E5
Bords (17) 120 D1
Borée (07) 143 E5
Boresse-et-Martron (17) . . 136 A1
Borest (60) 43 F1
Borey (70) 87 H3
Borgo (2B) 203 G5
Bormes-
-les-Mimosas (83) . . . 193 H5
le Born (31) 169 F3
le Born (48) 156 B2
Bornambusc (76) . . . 16 C4
Bornay (39) 117 F1
Borne (07) 156 D2
Borne (43) 142 B3
Bornel (60) 42 C1
Boron (90) 88 D3
Borre (59) 2 D4
Borrèze (24) 138 B4

Bors (Canton de Baignes-
-Sainte-Radegonde) (16). . 135 H1
Bors (Canton de Montmoreau-
-Saint-Cybard) (16) 136 B1
Bort-les-Orgues (19) 126 B6
Bort-l'Étang (63) 127 H3
Borville (54) 69 H1
le Bosc (09) 185 G5
le Bosc (34) 172 C4
Bosc-Bénard-Commin (27). . 18 B5
Bosc-Bénard-Crescy (27) . . . 18 B5
Bosc-Bérenger (76) 17 H4
Bosc-Bordel (76) 19 E3
Bosc-Édeline (76) 19 E3
Bosc-Guérard-
-Saint-Adrien (76) 18 D3
Bosc-Hyons (76) 19 G4
Bosc-le-Hard (76) 17 H4
Bosc-Mesnil (76) 19 E2
Bosc-Renoult (61) 39 G3
Bosc-Renoult-en-Ouche (27) . 40 B3
Bosc-Renoult-
-en-Roumois (27) 18 A5
le Bosc-Roger-
-en-Roumois (27) 18 B5
Bosc-Roger-sur-Buchy (76) . . 19 E3
Boscamnant (17) 136 A2
Bosdarros (64) 182 B3
Bosgouet (27) 18 B5
Bosguérard-
-de-Marcouville (27) 18 B5
Bosjean (71) 102 B5
Bosmie-l'Aiguille (87) 124 A3
Bosmont-sur-Serre (02) 22 D2
Bosmoreau-les-Mines (23) . 125 E1
Bosnormand (27) 18 B5
Bosquel (80) 20 B1
Bosquentin (27) 19 F4
Bosrobert (27) 18 A6
Bosroger (23) 125 H1
Bossancourt (10) 67 E3
Bossay-sur-Claise (37) 95 F5
la Bosse (25) 104 C2
la Bosse (72) 60 D4
la Bosse-de-Bretagne (35) . . 57 F5
Bossée (37) 95 E2
Bosselshausen (67) 50 D3
Bossendorf (67) 50 D4
Bosset (24) 136 D4
Bosseval-et-Briancourt (08) . 24 B1
Bossey (74) 118 C5
Bossieu (38) 130 C6
Bossugan (33) 136 A6
Bossus-lès-Rumigny (08) . . . 10 C6
Bost (03). 114 B5
Bostens (40) 166 B2
Bosville (76) 17 E3
Botans (90) 88 C3
Botmeur (29) 31 H5
Botsorhel (29) 32 B4
les Botteraux (27) 40 A3
Botz-en-Mauges (49). 75 G4
Bou (45) 81 E1
Bouafle (78) 42 A3
Bouafles (27) 19 E6
Bouan (09) 199 E1
Bouaye (44) 74 C6
Boubers-lès-Hesmond (62) . . 1 H6
Boubers-sur-Canche (62) . . . 7 F2
Boubiers (60) 19 H6
Bouc-Bel-Air (13) 192 B2
Boucagnères (32) 167 H5
Boucau (64) 164 B5
Boucé (03) 114 A4
Boucé (61) 39 E5
le Bouchage (16) 109 E6
le Bouchage (38) 131 E4
Bouchain (59) 9 E2
Bouchamps-lès-Craon (53). . 76 B1
le Bouchaud (03) 114 D4
Bouchavesnes-Bergen (80) . . 8 C5
Bouchemaine (49) 76 D5
Boucheporn (57) 49 F1
Bouchet (26) 158 B5
le Bouchet (74). 132 C2
le Bouchet-
-Saint-Nicolas (43) 142 B5
Bouchevilliers (27) 19 G4
Bouchoir (80) 21 E1
Bouchon (80) 7 E5
le Bouchon-sur-Saulx (55) . . 47 E6
les Bouchoux (39) 117 H4
Bouchy-Saint-Genest (51) . . 44 C6
Boucieu-le-Roi (07) 143 H4
Bouclans (25) 103 H1
Boucoiran-et-Nozières (30) . 173 H2
Bouconville (08) 24 B6
Bouconville-sur-Madt (55) . . 47 H4
Bouconville-Vauclair (02) . . 22 D4
Bouconvillers (60) 42 A1
Boucq (54) 48 A4
Boudes (63) 127 F6
Boudeville (76) 17 F3
Boudou (82) 168 C1
Boudrac (31) 183 H3
Boudreville (21) 67 F6
Boudy-de-Beauregard (47) . 151 F2
Boué (02) 9 G5
Bouée (44) 74 A4
Boueilh-
-Boueilho-Lasque (64) . . 166 B5
Bouelles (76) 19 F2
Bouër (72) 60 D5
Bouère (53) 77 E1
Bouessay (53) 77 F1
Bouesse (36) 111 F1
Bouëx (16) 122 D4
la Bouëxière (35) 57 G2
Bouffémont (95) 42 C2
Boufféré (85) 91 H2
Bouffignereux (02) 22 D5

Boufflers (80) 7 E2
Bouffry (41) 61 G6
Bougainville (80) 7 E6
Bougarber (64) 182 B1
Bougé-Chambalud (38) . . . 144 B1
Bouges-le-Château (36) . . . 96 C3
Bougey (70) 87 E2
Bougival (78) 42 B4
Bouglainval (28) 41 F6
Bougligny (77) 64 A4
Bouglon (47) 150 B4
Bougneau (17) 121 F4
Bougnon (70) 87 F2
Bougon (79) 108 B3
Bougue (40) 166 B2
Bouguenais (44) 74 C5
Bougy (14) 14 A5
Bougy-lez-Neuville (45) . . . 63 E5
Bouhans (71) 102 B5
Bouhans-et-Feurg (70) 86 C4
Bouhans-lès-Lure (70) 87 H2
Bouhans-
-lès-Montbozon (70) 87 H4
Bouhet (17) 107 E5
Bouhey (21) 101 F1
Bouhy (58) 82 D5
Bouilh-devant (65) 183 F2
Bouilh-Péreuilh (65) 183 F2
Bouilhonnac (11) 187 E3
Bouillac (12) 153 H2
Bouillac (24) 137 G6
Bouillac (82) 168 D3
la Bouilladisse (13) 192 C3
Bouillancourt-
-la-Bataille (80) 20 D2
Bouillancy (60) 43 G1
Bouilland (21) 101 G2
Bouillargues (30) 174 B3
la Bouille (76) 18 B5
Bouillé-Courdault (85) 107 F3
Bouillé-Loretz (79) 93 F2
Bouillé-Ménard (49) 76 B2
Bouillé-Saint-Paul (79) 93 F3
la Bouillie (22) 34 A4
le Bouillon (61) 39 F6
Bouillon (64) 166 A6
Bouillonville (54) 48 A3
Bouilly (10) 66 A4
Bouilly (51) 45 E1
Bouilly-en-Gâtinais (45) . . . 63 F5
Bouin (79) 108 C5
Bouin (85) 90 C1
Bouin-Plumoison (62) 7 E1
Bouisse (11) 187 E5
Bouix (21) 84 D1
Boujailles (25) 103 G4
Boujan-sur-Libron (34) . . . 188 C2
Boulages (10) 45 E6
Boulaincourt (88) 69 F2
Boulancourt (77) 63 G3
Boulange (57) 26 A3
Boulanges (32) 168 A6
le Boulay (37) 79 E3
Boulay-les-Barres (45) 62 C6
Boulay-les-Ifs (53) 59 G2
le Boulay-Morin (27) 41 E2
Boulay-Moselle (57) 26 D5
la Boulaye (71) 100 C6
Boulazac (24) 137 F2
Boulbon (13) 174 D3
Boulc (26) 159 G1
Boule-d'Amont (66) 200 D3
Bouleternère (66) 200 D3
Bouleurs (77) 43 G4
Bouleuse (51) 22 D6
Bouliac (33) 135 F5
Boulieu-lès-Annonay (07) . . 143 H2
Bouligneux (01) 116 C6
Bouligney (70) 69 G6
Bouligny (55) 25 H5
Boulin (65) 183 F2
Boullarre (60) 43 H1
le Boullay-
-les-Deux-Églises (28) . . . 41 E6
Boullay-les-Troux (91) 42 B5
le Boullay-Mivoye (28) 41 F6
le Boullay-Thierry (28) 41 F6
Boulleret (18) 82 B5
Boulleville (27) 15 G3
Bouloc (31) 169 F4
Bouloc (82) 152 A5
Boulogne (85) 91 H3
Boulogne-Billancourt (92) . . 42 C4
Boulogne-la-Grasse (60) . . . 21 E3
Boulogne-sur-Gesse (31) . . 184 A2
Boulogne-sur-Helpe (59) . . . 9 H4
Boulogne-sur-Mer (62) 1 F4
Bouloire (72) 60 D6
Boulon (14) 14 B6
Boulot (70) 87 F6
le Boulou (66) 201 F4
Boult (70) 87 F5
Boult-aux-Bois (08) 24 B4
Boult-sur-Suippe (51) 23 F5
le Boulvé (46) 152 A4
Boulzicourt (08) 24 A2
Boumourt (64) 165 H6
Bouniagues (24) 137 E6
le Boupère (85) 92 B5
Bouquehault (62) 1 G3
Bouquelon (27) 16 D6
Bouquemaison (80) 7 G3
Bouquemont (55) 47 F3
Bouquet (30) 157 F6
Bouquetot (27) 18 B5
Bouqueval (95) 42 D2
Bouranton (10) 66 B3
Bouras-sur-Juine (91) 63 G1
Bourbach-le-Bas (68) 88 D1
Bourbach-le-Haut (68) 88 D1

Bourberain (21) 86 B4
Bourbévelle (70) 69 E6
Bourbon-Lancy (71) 114 C1
Bourbon-l'Archambault (03) . 113 F1
Bourbonne-les-Bains (52) . . 68 D6
la Bourboule (63) 126 C5
Bourbourg (59) 2 A2
Bourbriac (22) 33 E4
Bourcefranc-
-le-Chapus (17) 120 B2
Bourcia (39) 117 F3
Bourcq (08) 24 A5
Bourdainville (76) 17 F4
Bourdalat (40) 166 C3
Bourdeau (73) 131 H3
Bourdeaux (26) 158 D2
Bourdeilles (24) 137 E1
le Bourdeix (24) 123 E4
Bourdelles (33) 150 B2
Bourdenay (10) 65 G3
le Bourdet (79) 107 G4
Bourdettes (64) 182 C3
Bourdic (30) 174 A2
Bourdinière-
-Saint-Loup (28) 62 A3
Bourdon (80) 7 E5
Bourdonnay (57) 49 G4
Bourdonné (78) 41 G5
Bourdons-sur-Rognon (52) . . 68 B4
Bourecq (62) 2 C5
Bouresches (02) 44 B2
Bouresse (86) 109 G3
Bouret-sur-Canche (62) 7 G2
Boureuilles (55) 24 C6
Bourg (33) 135 E3
le Bourg (46) 153 F1
Bourg (52) 86 B2
Bourg-Achard (27) 18 B5
Bourg-Archambault (86) . . . 110 A3
Bourg-Argental (42) 143 G1
Bourg-Beaudouin (27) 19 E5
Bourg-Blanc (29) 30 D4
Bourg-Bruche (67) 71 E2
Bourg-Charente (16) 121 H3
Bourg-de-Bigorre (65) 183 F4
Bourg-de-Péage (26) 144 C4
Bourg-de-Sirod (39) 103 F5
Bourg-de-Thizy (69) 115 G6
Bourg-de-Visa (82) 151 H5
Bourg-des-Comptes (35) . . . 57 E4
Bourg-des-Maisons (24) . . . 136 D1
le Bourg-d'Hem (23) 111 F4
le Bourg-d'Iré (49) 76 B2
Bourg-d'Oisans (38) 146 A3
Bourg-d'Oueil (31) 183 H6
Bourg-du-Bost (24) 136 C1
Bourg-du-Dun (76) 17 F2
Bourg-en-Bresse (01) 117 E5
Bourg-et-Comin (02) 22 C5
Bourg-Fidèle (08) 10 D6
Bourg-la-Reine (92) 42 D4
Bourg-Lastic (63) 126 B4
Bourg-le-Comte (71) 115 E4
Bourg-le-Roi (72) 60 A2
Bourg-lès-Valence (26) . . . 144 B5
Bourg-l'Évêque (49) 76 B2
Bourg-Madame (66) 199 G4
Bourg-Saint-Andéol (07) . . 158 A4
Bourg-Saint-Bernard (31) . . 169 H5
Bourg-
-Saint-Christophe (01). . . 130 C2
le Bourg-Saint-Léonard (61) . 39 F4
Bourg-Saint-Maurice (73) . . 133 F4
Bourg-Sainte-Marie (52) . . . 68 C4
Bourg-sous-Châtelet (90) . . 88 D2
Bourgaltroff (57) 49 G3
Bourganeuf (23) 125 E1
Bourgbarré (35) 57 F4
Bourgeauville (14) 15 E4
Bourges (18) 97 G3
le Bourget (93) 42 D3
le Bourget-du-Lac (73) . . . 131 H4
Bourget-en-Huile (73) 132 B5
Bourgheim (67) 71 G1
Bourghelles (59) 3 G5
Bourgnac (24) 136 D4
Bourgneuf (17) 106 D4
Bourgneuf (73) 132 B5
Bourgneuf-en-Mauges (49) . . 75 H4
Bourgneuf-en-Retz (44) . . . 90 D4
le Bourgneuf-la-Forêt (53) . . 58 B4
Bourgogne (51) 23 E5
Bourgoin-Jallieu (38) 130 D4
Bourgon (53) 58 B4
la Bourgonce (88) 70 C2
Bourgougnague (47) 150 D2
Bourgtheroulde-
-Infreville (27) 18 B5
Bourguébus (14) 38 D1
Bourgueil (37) 78 A6
Bourguenolles (50) 35 H2
le Bourguet (83) 177 H3
Bourguignon (25) 88 C5
Bourguignon-
-lès-Conflans (70) 87 G1
Bourguignon-
-lès-la-Charité (70). 87 F4
Bourguignon-
-lès-Morey (70) 86 D2
Bourguignon-
-sous-Coucy (02) 21 H3
Bourguignon-
-sous-Montbavin (02) . . . 22 B3
Bourguignons (10) 66 C5
Bourgvilain (71) 116 A3
Bourideys (33) 149 G4
Bouriège (11) 186 D5
Bourigeole (11) 186 C5
Bourisp (65) 183 G6
Bourlens (47) 151 H4
Bourlon (62) 8 D3
Bourmont (52) 68 C4

Bournainville-
-Faverolles (27) 15 G5
Bournan (37) 95 E3
Bournand (86) 94 A2
Bournazel (12) 154 A3
Bournazel (81) 170 B1
Bourneau (85) 107 F1
Bournel (47) 151 F2
Bourneville (27). 15 H3
Bournezeau (85) 92 A6
Bourniquel (24) 137 F6
Bournois (25) 88 A4
Bournoncle-
-Saint-Pierre (43) 141 G1
Bournonville (62) 1 G4
Bournos (64) 166 A6
Bourogne (90) 88 D3
Bourran (47) 150 D4
Bourré (41) 79 H6
Bourréac (65) 183 E4
Bourret (82) 168 D2
Bourriot-Bergonce (40) . . . 149 H6
Bourron-Marlotte (77) 64 A3
Bourrou (24) 137 E4
Bourrouillan (32) 166 D3
Bours (62) 7 G1
Bours (65) 183 E2
Boursault (51) 45 E2
Boursay (41) 61 F5
Bourscheid (57) 50 B4
Bourseul (22) 34 B5
Bourseville (80) 6 B4
Boursières (70) 87 F3
Boursies (59) 8 C4
Boursin (62) 1 G4
Boursonne (60) 21 G6
Bourth (27) 40 B4
Bourthes (62) 1 G5
Bourville (76) 17 F3
Boury-en-Vexin (60) 19 G6
Bousbach (57) 27 G5
Bousbecque (59) 3 F4
le Bouscat (33) 135 E5
Bousies (59) 9 G3
Bousignies (59) 9 E1
Bousignies-sur-Roc (59) . . . 10 B2
le Bousquet (11) 200 A2
le Bousquet-d'Orb (34) . . . 172 B5
Boussac (12) 154 B5
la Boussac (35) 35 F5
Boussac (23) 112 A3
Boussac-Bourg (23) 112 A3
Boussais (79) 93 F4
Boussan (31) 184 C3
Boussay (37) 95 F5
Boussay (44) 92 A2
Bousse (57) 26 C4
Bousse (72) 77 H2
Bousselange (21) 102 B3
Boussenac (09) 185 F6
Boussenois (21) 86 A3
Boussens (31) 184 C3
Bousseraucourt (70) 69 E6
Boussès (47) 150 B6
Bousseviller (57) 28 B5
Boussey (21) 85 E6
Boussicourt (80) 20 D2
Boussières (25) 103 F2
Boussières-
-en-Cambrésis (59) 9 E3
Boussières-sur-Sambre (59) . 10 A3
Boussois (59) 10 A2
Boussy (74) 131 H2
Boussy-Saint-Antoine (91) . . 43 E5
Boust (57) 26 B2
Boustroff (57) 49 F2
Bout-du-Pont-de-Larn (81) . . 170 D6
Boutancourt (08) 24 B2
Boutavent (60) 19 G2
la Bouteille (02) 10 A4
Bouteilles-
-Saint-Sébastien (24) . . . 136 C1
Boutenac (11) 187 H4
Boutenac-Touvent (17) . . . 120 D5
Boutencourt (60) 19 H5
Bouteville (16) 121 H4
Boutervilliers (91) 63 E2
Bouteville (16) 121 H4
Boutiers-Saint-Trojan (16) . . 121 G3
Boutigny (77) 43 G3
Boutigny-Prouais (28) 41 G5
Boutigny-sur-Essonne (91) . . 63 G2
Bouttencourt (80) 6 C5
Boutteville (50) 13 E4
Boutx (31) 184 B6
Bouvaincourt-sur-Bresle (80) . . 6 B5
Bouvancourt (51) 22 D5
Bouvante (26) 144 D4
Bouvelinghem (62) 1 H4
Bouvellemont (08) 24 A3
Bouverans (25) 103 H4
Bouvesse-Quirieu (38) . . . 131 E3
Bouvignies (59) 9 E1
Bouvigny-Boyeffles (62) 8 A1
Bouville (28) 62 A3
Bouville (76) 17 F5
Bouville (91) 63 F2
Bouvincourt-
-en-Vermandois (80) 8 C6
Bouvines (59) 3 G5
Bouvresse (60) 19 G2
Bouvron (44) 74 B3
Bouvron (54) 48 A4
Boux-sous-Salmaise (21) . . 85 E5
Bouxières-aux-Bois (88) . . . 69 G3
Bouxières-aux-Chênes (54) . 48 D4
Bouxières-aux-Dames (54) . 48 C4
Bouxières-
-sous-Froidmont (54) . . . 48 C3
Bouxurulles (88) 69 G2

Bouxwiller (67) 50 C3
Bouxwiller (68) 89 F4
Bouy (51) 45 H2
Bouy-Luxembourg (10). . . . 66 C2
Bouy-sur-Orvin (10) 65 F2
Bouyon (06) 195 E2
Bouzais (18) 97 H6
Bouzanville (54) 69 F2
Bouze-lès-Beaune (21) . . . 101 G3
Bouzel (63) 127 G3
Bouzemont (88) 69 G3
Bouzeron (71) 101 F4
Bouzic (24) 152 B1
Bouziès (46) 153 E3
Bouzigues (34) 189 F1
Bouzillé (49) 75 F4
Bouzin (31) 184 C3
Bouzincourt (80) 8 A5
Bouzon-Gellenave (32) . . . 166 D4
Bouzonville (57) 27 E4
Bouzonville-aux-Bois (45) . . 63 F5
Bouzy (51) 45 G2
Bouzy-la-Forêt (45) 81 G1
Bovée-sur-Barboure (55) . . . 47 G5
Bovel (35) 56 D4
Bovelles (80) 7 F6
Boves (80) 7 G6
Boviolles (55) 47 G5
Boyaval (62) 2 B6
Boyelles (62) 8 B3
Boyer (42) 115 F6
Boyer (71) 116 B1
Boyeux-Saint-Jérôme (01) . . 117 F6
Boynes (45) 63 G5
Boz (01) 116 C3
Bozas (07) 143 H4
Bozel (73) 133 E5
Bozouls (12) 154 D3
Brabant-en-Argonne (55) . . 47 E1
Brabant-le-Roi (55) 46 D4
Brabant-sur-Meuse (55) . . . 25 E6
Brach (33) 134 C3
Brachay (52) 67 G2
Braches (80) 20 D2
Brachy (76) 17 F3
Bracieux (41) 80 B4
Bracon (39) 103 F4
Bracquemont (76) 17 G2
Bracquetuit (76) 17 H4
Bradiancourt (76) 19 E2
Braffais (50) 37 E4
Bragassargues (30) 173 G2
Bragayrac (31) 168 C6
Brageac (15) 139 H2
Bragelogne-Beauvoir (10) . . 66 C6
Brageac (15) 139 H2
Bragny-sur-Saône (71) . . . 101 H4
Braillans (25) 87 F6
Brailly-Cornehotte (80) 7 E3
Brain (21) 84 D5
Brain-sur-Allonnes (49) . . . 77 H6
Brain-sur-l'Authion (49) . . . 77 E5
Brain-sur-Longuenée (49). . 76 C3
Brainans (39) 102 D4
Braine (02) 22 B5
Brains (44) 74 C5
Brains-sur-Gée (72) 59 H5
Brains-sur-les-Marches (53) . 58 A6
Brainville (50) 36 D1
Brainville (54) 48 A1
Brainville-sur-Meuse (52) . . 68 C4
Braisnes (60) 21 F4
Braize (03) 98 A6
Bralleville (54) 69 G2
Bram (11) 186 C3
Bramans (73) 147 F2
Brametot (76) 17 F3
Bramevaque (65) 184 A5
Bran (17) 121 G6
Branceilles (19) 138 D4
Brancourt-en-Laonnois (02) . . 22 B4
Brancourt-le-Grand (02) 9 E5
Brandérion (56) 54 D5
Brandeville (55) 25 E4
Brandivy (56) 55 E5
Brandon (71) 115 H3
Brandonnet (12) 153 H4
Brandonvillers (51) 46 A6
Branges (71) 102 B5
Brangues (38) 131 F3
Brannay (89) 64 D4
Branne (25) 88 A5
Branne (33) 135 H5
Brannens (33) 150 A2
Branoux-les-Taillades (30) . . 156 D5
Brans (39) 102 D1
Bransat (03) 113 H4
Branscourt (51) 22 D6
Bransles (77) 64 B4
Brantes (84) 159 E6
Brantigny (88) 69 G2
Brantôme (24) 137 F1
Branville (14) 15 E4
Branville-Hague (50) 12 B1
Braquis (55) 47 H1
Bras (83) 176 D6
Bras-d'Asse (04) 177 E2
Bras-sur-Meuse (55) 25 E4
Brasc (12) 171 E2
Braslou (37) 94 C3
Brasparts (29) 31 H6
Brassac (09) 185 G5
Brassac (81) 171 E5
Brassac (82) 152 A5
Brassac-les-Mines (63) . . . 127 G6
Brassempouy (40) 165 G5
Brasseuse (60) 21 E6

Brassy (58) 100 A1
Brassy (80) 20 A1
Bratte (54) 48 D3
Braud-et-Saint-Louis (33) . . 135 E1
Brauvilliers (55) 47 E5
Braux (04) 178 A2
le Bouyssou (46) 153 G1
Braux (10) 66 D2
Braux (21) 84 D1
Braux-le-Châtel (52) 67 G3
Braux-Saint-Remy (51) 46 C3
Braux-Sainte-Cohière (51) . . 46 C3
Brax (31) 168 D5
Brax (47) 151 E5
Bray (71) 116 A2
Bray (27) 40 C2
Bray-Dunes (59) 2 C1
Bray-en-Val (45) 81 G1
Bray-et-Lû (95) 41 G1
Bray-lès-Mareuil (80) 6 D4
Bray-Saint-Christophe (02). . 21 H1
Bray-sur-Seine (77) 64 D2
Bray-sur-Somme (80) 8 A5
Braye (02) 22 A4
Braye-en-Laonnois (02) . . . 22 C4
Braye-en-Thiérache (02) . . . 23 F1
Braye-sous-Faye (37) 94 B3
Braye-sur-Maulne (37) 78 B3
Brazey-en-Morvan (21) . . . 100 D2
Brazey-en-Plaine (21) 102 A2
Bréal-sous-Montfort (35) . . . 56 D3
Bréal-sous-Vitré (35) 58 A3
Bréancourt (95) 42 A2
Bréau (77) 64 B2
Bréau-et-Salagosse (30) . . 172 D3
Bréauté (76) 16 D4
Bréban (51) 45 H5
Brebières (62) 8 C3
Brebotte (90) 88 D3
Brécé (35) 57 G3
Brécé (53) 58 C2
Brécey (50) 37 E4
Brech (56) 55 E5
Brechainville (88) 68 C2
Bréchamps (28) 41 G5
Bréches (37) 78 C4
Breconchaux (25) 87 H6
Brectouville (50) 37 G2
Brécy (02) 44 B1
Brécy (18) 98 A2
Brécy-Brières (08) 24 B4
la Brède (33) 149 G1
Brée (53) 59 F3
la Brée-les-Bains (17) 106 B4
Brégayrac (31) 168 C6
Bréel (61) 38 D4
Brégnier-Cordon (01) 131 F3
Brégy (60) 43 G1
Bréhain (57) 49 E3
Bréhain-la-Ville (54) 26 A2
Bréhal (50) 35 H2
Bréhan (56) 55 G3
Bréhand (22) 33 H5
Bréhémont (37) 78 C6
Bréhéville (55) 25 E4
Breidenbach (57) 28 B5
Breil (49) 78 A4
le Breil-sur-Mérize (72) . . . 60 C6
Breil-sur-Roya (06) 179 G4
la Breille-les-Pins (49) 77 H5
Breilly (80) 7 F5
Breistroff-la-Grande (57) . . 26 B2
Breitenau (67) 71 E2
Breitenbach (67) 71 E2
Breitenbach-Haut-Rhin (68) . 71 E5
Brélès (29) 30 C4
Brélidy (22) 33 E3
Brem-sur-Mer (85) 90 D5
Bréménil (54) 49 H6
Brêmes (62) 1 H3
Brémoncourt (54) 69 F1
B3 Brémondans (25) 104 A1
Brémontier-Merval (76) . . . 19 G3
Brémoy (14) 37 H2
Brémur-et-Vaurois (21) 85 E2
Bren (26) 144 B3
Brenac (11) 186 C5
Brenas (34) 172 B4
Brenat (63) 127 H5
Brénaz (01) 131 G1
Brenelle (02) 22 C5
Brengues (46) 153 F2
Brennes (52) 86 A1
Brennilis (29) 31 H6
Brénod (01) 117 G5
Brenon (83) 177 H3
Brenouille (60) 20 D5
Brenoux (48) 156 C3
Brens (01) 131 G2
Brens (81) 170 A3
Brenthonne (74) 118 D4
Breny (02) 44 B1
la Bréole (04) 160 D4
Brères (25) 103 F3
Bréry (39) 102 D5
Bresdon (17) 121 G2
les Bréseux (25). 104 C1
Bresilley (70) 102 D1
Breslettes (61) 40 A4
la Bresse (88) 70 C4
Bresse-sur-Grosne (71) . . . 116 A1
Bressey-sur-Tille (21) 86 A6
Bressieux (38) 144 D1
Bressolles (01) 130 C2
Bressolles (03) 113 H3
Bressols (82) 169 E2
Bresson (38) 145 G2
Bressuire (79) 92 D4
Brest (29) 30 D4

restot (27) 18 A5
retagne (36) 96 C3
retagne (90) 88 D3
retagne-d'Armagnac (32) . 167 E2
retagne-de-Marsan (40) . 166 A3
retagnolles (27) 41 F3
reteau (45) 82 B3
reteil (35) 56 D2
Bretenière (25) 87 H5
Bretenière (39) 102 D2
retenières (39) 102 D4
retenoux (46) 139 E5
retonvillers (25) 104 C1
rette (26) 159 E2
rette-les-Pins (72) 60 B6
retten (68) 89 E2
rettes (16) 108 C6
retteville (50) 12 D2
retteville-
 -du-Grand-Caux (76) . . 16 C4
retteville-le-Rabet (14) . . 38 D2
retteville-
 -l'Orgueilleuse (14) 14 B4
retteville-
 -Saint-Laurent (76) 17 F3
retteville-sur-Ay (50) . . . 12 C5
retteville-sur-Dives (14) . . 39 E2
retteville-sur-Laize (14) . . 14 C6
retteville-sur-Odon (14) . . 14 B5
ettnach (57) 27 E4
etx (31) 168 D4
euches (70) 87 H1
euchotte (70) 88 A1
eugnon (58) 83 F5
Breuil (03) 114 B5
euil (51) 22 D5
Breuil (51) 44 D3
Breuil (69) 129 G2
Breuil (71) 101 E5
euil (80) 21 G2
euil-Barret (85) 92 D6
Breuil-Bernard (79) 93 E5
euil-Bois-Robert (78) . . . 41 H3
Breuil-en-Auge (14) 15 F4
Breuil-en-Bessin (14) . . . 13 G5
Breuil-la-Réorte (17) . . . 107 F5
euil-le-Sec (60) 20 D5
euil-le-Vert (60) 20 D5
Breuil-Magné (17) 106 D6
Breuil-sous-Argenton (79) . 93 E3
Breuil-sur-Couze (63) . . 127 G6
euilaufa (87) 110 B6
euillet (17) 120 C3
euillet (91) 42 C6
euilpont (27) 41 F3
eurey-lès-Faverney (70) . . 87 G2
euschwickersheim (67) . . 50 D5
euvannes-
 -en-Bassigny (52) 68 C5
euvery-sur-Coole (51) . . 45 H4
euville (50) 12 C3
eux (55) 25 E3
eux-Jouy (91) 63 F1
eux-sur-Avre (28) 40 D4
évainville (41) 61 H6
éval (78) 41 G3
évands (50) 13 E5
évans (39) 102 C2
Brévedent (14) 15 F4
éves (58) 83 G5
Bréviaires (78) 41 H5
éviandes (10) 66 B3
évière (14) 39 F2
éville (16) 121 H2
éville-les-Monts (14) . . . 14 C4
éville-sur-Mer (50) 35 G2
évillers (80) 7 E2
évillers (62) 7 G3
évillers (70) 88 C3
évilly (08) 24 D2
évonnes (10) 66 D2
exent-Énocq (62) 1 F6
ey-
 -et-Maison-du-Bois (25) . . 103 H5
ézé (49) 93 H1
éziers (05) 160 C3
ézilhac (11) 186 C4
ézins (38) 144 D1
ézolles (28) 40 D5
ézons (15) 140 D4
ançon (05) 147 E5
ançonnet (06) 178 B2
anny (21) 84 D5
ant (71) 115 F4
antes (36) 111 H2
are (45) 82 A3
arres-sur-Essonne (45) . . 63 G4
as (62) 7 G1
astre (59) 9 F3
atexte (81) 170 A4
aucourt (52) 68 A4
aucourt (70) 87 G1
con (52) 67 G5
conville (28) 62 A1

Bricquebec (50) 12 C3
Bricquebosq (50) 12 B3
Bricqueville (14) 13 G5
Bricqueville-la-Blouette (50) . 36 D1
Bricqueville-sur-Mer (50) . . 35 G1
Bricy (51) 62 C6
Brides-les-Bains (73) 132 D5
la Bridoire (73) 131 G5
Bridoré (37) 95 G3
Brie (02) 22 B3
Brie (09) 185 G3
Brie (16) 122 C3
Brie (35) 57 F4
Brie (79) 93 H4
Brie (80) 8 C6
Brie-Comte-Robert (77) . . 43 E5
Brié-et-Angonnes (38) . . . 145 G3
Brie-sous-Archiac (17) . . . 121 G5
Brie-sous-Barbezieux (16) . . 122 A6
Brie-sous-Chalais (16) . . . 136 A1
Brie-sous-Matha (17) . . . 121 H2
Brie-sous-Mortagne (17) . . 120 D5
Briec (29) 53 G2
Briel-sur-Barse (10) 66 C4
Brielles (35) 58 A5
Brienne (71) 116 C1
Brienne-la-Vieille (10) . . . 66 D2
Brienne-le-Château (10) . . 66 D2
Brienne-sur-Aisne (08) . . . 23 E4
Briennon (42) 115 E5
Brières-les-Scellés (91) . . . 63 F2
Brieuil-sur-Chizé (79) . . . 108 A5
Brieulles-sur-Bar (08) . . . 24 B4
Brieulles-sur-Meuse (55) . . 24 D5
Brieux (61) 39 E4
Briey (54) 26 A4
Briffons (63) 126 C4
Brignac (34) 172 D5
Brignac (56) 56 A2
Brignac-la-Plaine (19) . . . 138 B2
Brignais (69) 129 H4
Brignancourt (95) 42 A1
Brigné (49) 93 F1
Brignemont (31) 168 C4
Brignogan-Plage (29) . . . 31 F2
Brignoles (83) 193 F2
Brignon (30) 174 A2
le Brignon (43) 142 C5
la Brigue (06) 163 F6
Brigueil-le-Chantre (86) . . 110 B3
Brigueuil (16) 123 G1
Briis-sous-Forges (91) . . . 42 B6
Brillac (16) 109 H6
la Brillanne (04) 176 D2
Brillecourt (10) 66 C1
Brillevast (50) 12 D2
Brillon (59) 9 E1
Brillon-en-Barrois (55) . . . 47 E5
Brimeux (62) 6 D1
Brimont (51) 23 E5
Brin-sur-Seille (54) 48 D4
Brinay (18) 97 F2
Brinay (58) 99 H3
Brinckheim (68) 89 G3
Brindas (69) 129 H3
Bringolo (22) 33 F4
Brinon-sur-Beuvron (58) . . 99 F1
Brinon-sur-Sauldre (18) . . 81 F4
Briod (39) 102 D6
Briollay (49) 77 E3
Brion (01) 117 G5
Brion (36) 96 C4
Brion (38) 144 D1
Brion (48) 155 F1
Brion (69) 77 G5
Brion (71) 100 C4
Brion (86) 109 F3
Brion (89) 65 F6
Brion-près-Thouet (79) . . . 93 G2
Brion-sur-Ource (21) 85 E1
la Brionne (23) 111 F5
Brionne (27) 18 A6
Briosne-lès-Sables (72) . . . 60 C4
Briou (41) 80 A2
Brioude (43) 141 G2
Brioux-sur-Boutonne (79) . . 108 A5
Briouze (61) 38 C5
Briquemesnil-Floxicourt (80) . . 7 F6
Briquenay (08) 24 B4
Briscous (64) 164 C6
Brison-Saint-Innocent (73) . . 131 H3
Brissac (34) 173 E3
Brissac-Quincé (49) 77 E5
Brissarthe (49) 77 E2
Brissay-Choigny (02) 22 A2
Brissy-Hamégicourt (02) . . 22 A1
Brive-la-Gaillarde (19) . . . 138 C3
Brives (36) 97 E5
Brives-Charensac (43) . . . 142 C4
Brives-sur-Charente (17) . . 121 F3
Brivezac (19) 139 E4
Brix (50) 12 C2
Brixey-aux-Chanoines (55) . . 68 D1
Brizambourg (17) 121 F2
Brizay (37) 94 C2
Brizeaux (55) 46 D2
Brizon (74) 119 E6
le Broc (06) 195 E2
le Broc (63) 127 G5
Brocas (40) 166 A1
Brochon (21) 101 H1
Brocourt (80) 7 E6
Broglie (27) 15 H6
Brognard (25) 88 C4
Brognon (08) 10 C5
Brognon (21) 86 A5

Broin (21) 102 A2
Broindon (21) 101 H1
Broissia (39) 117 F3
Brombos (60) 19 H2
Bromeilles (45) 63 H4
Brommat (12) 140 C6
Bromont-Lamothe (63) . . 126 D2
Bron (69) 130 B3
Bronvaux (57) 26 B5
Broons (22) 34 B6
la Broque (67) 71 E1
Broquiers (60) 19 H2
Broquiès (12) 171 F2
Brossac (16) 136 A1
Brossainc (07) 143 H1
Brossay (49) 93 G1
la Brosse-Montceaux (77) . . 64 C3
Brosses (89) 83 G4
Brosville (27) 40 D1
Brotte-lès-Luxeuil (70) . . . 87 H2
Brotte-lès-Ray (70) 86 D3
Brou (28) 61 G4
Brou-sur-Chantereine (77) . . 43 E4
Brouains (50) 37 G4
Broualan (35) 35 F5
Brouay (14) 14 A4
Brouchaud (24) 137 H2
Brouchy (80) 21 G2
Brouck (57) 49 E1
Brouckerque (59) 2 B1
Brouderdorff (57) 50 A5
Broué (28) 41 F5
Brouennes (55) 25 E3
le Brouilh-Monbert (32) . . 167 G4
Brouilla (66) 201 F3
Brouillet (51) 22 D6
Brouqueyran (33) 149 H3
la Brousse (17) 121 G1
Brousse (23) 126 B1
Brousse (63) 127 H4
Brousse (81) 170 B4
Brousse-le-Château (12) . . 171 F2
Brousses-et-Villaret (11) . . 186 D2
Brousseval (52) 67 G1
Broussey-en-Blois (55) . . . 47 G6
Broussey-Raulecourt (55) . . 47 H4
Broussy-le-Grand (51) . . . 45 E4
Broussy-le-Petit (51) 45 E4
Broût-Vernet (03) 113 H5
Brouvelieures (88) 70 B3
Brouville (54) 70 B1
Brouviller (57) 50 A4
Brouy (91) 63 F3
Brouzet-lès-Alès (30) . . . 157 F6
Brouzet-lès-Quissac (30) . . 173 G3
les Brouzils (85) 91 H2
Broxeele (59) 2 B3
Broye (71) 100 D4
Broye-Aubigney-
 -Montseugny (70) 86 C6
Broye-les-Loups-
 -et-Verfontaine (70) 86 B5
Broyes (51) 44 D5
Broyes (60) 20 D3
Broze (81) 170 A2
Brû (88) 70 B2
Bruailles (71) 117 E1
Bruay-la-Buissière (62) 2 C6
Bruay-sur-l'Escaut (59) 9 F1
Bruc-sur-Aff (35) 56 C5
Brucamps (80) 7 E4
Bruch (47) 150 D5
Brucheville (50) 13 E4
Brucourt (14) 14 D4
Brue-Auriac (83) 193 E1
Bruebach (68) 89 F2
Brueil-en-Vexin (78) 41 H2
Bruère-Allichamps (18) . . . 97 H5
la Bruère-sur-Loir (72) . . . 78 B3
la Bruffière (85) 92 A3
Brugairolles (11) 186 C4
le Brugeron (63) 128 B3
Bruges (33) 135 E5
Bruges-Capbis-Mifaget (64) . 182 C3
Brugheas (03) 114 A6
Brugnac (47) 151 E3
Brugnens (32) 168 A3
Brugny-Vaudancourt (51) . . 45 E2
la Bruguière (30) 174 B1
Bruguières (31) 169 F4
Bruille-lez-Marchiennes (59) . 9 E2
Bruille-Saint-Amand (59) . . 4 B6
Bruis (05) 159 F3
les Brulais (35) 56 C4
Brulange (57) 49 E2
la Brûlatte (53) 58 B4
Bruley (54) 48 A5
Brullemail (61) 39 G5
Brullioles (69) 129 G3
Brûlon (72) 59 G6
Brumath (67) 51 E4
Brumetz (02) 44 A2
Brunehamel (02) 23 F1
Brunelles (28) 61 F3
les Brunels (11) 186 C1
Brunembert (62) 1 G4
Brunémont (59) 8 D2
Brunet (04) 177 E2
Bruniquel (82) 169 G1
Brunoy (91) 43 E5
Brunstatt (68) 89 F2
Brunville (76) 17 H1
Brunvillers-la-Motte (60) . . 20 D3
Brusque (12) 171 H4
le Brusquet (04) 160 D6
Brussey (70) 87 E6
Brussieu (69) 129 G3
Brusson (51) 46 B5
Brusvily (22) 34 C6
Brutelles (80) 6 B4
Bure (55) 68 B1

Bruville (54) 26 A5
Brux (86) 108 D4
la Bruyère (70) 88 A1
Bruyères (88) 70 B3
Bruyères-
 -et-Montbérault (02) . . . 22 C3
Bruyères-le-Châtel (91) . . 42 C6
Bruyères-sur-Fère (02) . . . 44 B1
Bruyères-sur-Oise (95) . . . 42 D1
le Bû-sur-Rouvres (14) . . . 38 D2
Bû (28) 41 F4
Buais (50) 37 G6
Buanes (40) 166 A4
Bubertré (61) 40 A6
Bubry (56) 54 D3
Buc (78) 42 B4
Buc (90) 88 C3
Bucamps (60) 20 C3
Bucéels (14) 14 A4
Bucey-en-Othe (10) 65 H3
Bucey-lès-Gy (70) 87 E5
Bucey-lès-Traves (70) . . . 87 F3
Buchelay (78) 41 G3
Buchères (10) 66 B4
Buchy (57) 48 D2
Buchy (76) 19 E3
Bucilly (02) 10 B6
Bucquoy (62) 8 A4
Bucy-le-Long (02) 22 A5
Bucy-le-Roi (45) 62 D5
Bucy-lès-Cerny (02) 22 B3
Bucy-lès-Pierrepont (02) . . 22 D2
Bucy-Saint-Liphard (45) . . 62 C6
Budelière (23) 112 C5
Buding (57) 26 C3
Budling (57) 26 C3
Budos (33) 149 G2
Bué (18) 82 B6
Bueil (27) 41 F3
Bueil-en-Touraine (37) . . . 78 D3
Buellas (01) 116 D5
Buethwiller (68) 89 E2
Buffard (25) 103 E3
Buffières (71) 115 H3
Buffignécourt (70) 87 F1
Buffon (21) 84 C3
Bugarach (11) 187 E6
Bugard (65) 183 G2
Bugeat (19) 125 F4
Bugnein (64) 181 G1
Bugnicourt (59) 8 D2
Bugnières (52) 67 H6
Bugny (25) 104 A3
le Bugue (24) 137 G5
Buhl (67) 51 F2
Buhl (68) 71 E6
Buhl-Lorraine (57) 50 A4
Buhy (95) 41 H1
Buicourt (60) 19 H3
Buigny-l'Abbé (80) 7 E4
Buigny-lès-Gamaches (80) . . 6 C5
Buigny-Saint-Maclou (80) . . 6 D3
Buire (02) 10 B6
Buire-au-Bois (62) 7 F2
Buire-Courcelles (80) 8 C6
Buire-le-Sec (62) 6 D1
Buire-sur-l'Ancre (80) 8 A5
Buironfosse (02) 9 H5
le Buis (87) 110 C6
Buis-les-Baronnies (26) . . 159 E5
Buis-sur-Damville (27) . . . 40 D4
Buissard (05) 160 C1
la Buisse (38) 145 F1
la Buissière (38) 132 A6
le Buisson (48) 155 G2
le Buisson (51) 46 C4
le Buisson (84) 158 C5
le Buisson-
 -de-Cadouin (24) 137 G5
Buissoncourt (54) 48 D5
Buissy (62) 8 C3
Bujaleuf (87) 124 D3
Bulan (65) 183 F4
Bulat-Pestivien (22) 32 D5
Bulcy (58) 98 D1
Buléon (56) 55 G4
Bulgnéville (88) 69 E4
Bulhon (63) 127 G2
Bullainville (28) 62 B4
Bulle (25) 103 H4
Bullecourt (62) 8 C3
Bulles (60) 20 C4
Bulligny (54) 48 A6
Bullion (78) 42 B6
Bullou (28) 61 H3
Bully (42) 128 D2
Bully (69) 129 G2
Bully (76) 19 E2
Bully-les-Mines (62) 8 B1
Bulson (08) 24 C2
Bult (88) 70 B3
Bun (65) 182 D5
Buncey (21) 85 E2
Buno-Bonnevaux (91) . . . 63 G2
Bunus (64) 181 E2
Bunzac (16) 122 C3
Buoux (84) 175 H3
la Burbanche (01) 131 F2
Burbure (62) 2 C6
Burcin (38) 131 E6
Burcy (14) 37 H3
Burcy (77) 63 H4
Burdignes (42) 143 G2
Burdignin (74) 118 D4
Bure (55) 68 B1

Buré (61) 60 C1
Bure-les-Templiers (21) . . 85 G2
Burelles (02) 22 D1
Bures (54) 49 F5
Bures (61) 39 G6
Bures-en-Bray (76) 19 E1
Bures-les-Monts (14) 37 G2
Bures-sur-Yvette (91) . . . 42 C5
le Buret (53) 59 E6
Burey (27) 40 C2
Burey-en-Vaux (55) 47 H6
Burey-la-Côte (55) 68 D1
Burg (65) 183 G3
Burgalays (31) 184 A6
Burgaronne (64) 181 G1
le Burgaud (31) 168 D3
Burgille (25) 87 E6
Burgnac (87) 124 A3
Burgy (71) 116 B2
Burie (17) 121 G2
Buriville (54) 49 G6
Burlats (81) 170 D5
Burlioncourt (57) 49 F3
Burnand (71) 116 A1
Burnevillers (25) 88 D5
Burnhaupt-le-Bas (68) . . . 89 E2
Burnhaupt-le-Haut (68) . . 89 E2
Buros (64) 182 C1
Burosse-Mendousse (64) . . 166 C6
Burret (09) 185 G5
Bursard (61) 39 F6
Burthecourt-
 -aux-Chênes (54) 48 D6
Burtoncourt (57) 26 D4
Bury (60) 20 C5
Burzet (07) 157 F1
Burzy (71) 115 H1
Bus (62) 8 C4
Bus-la-Mésière (80) 21 E2
Bus-lès-Artois (80) 7 H4
Bus-Saint-Rémy (27) 41 G1
Buschwiller (68) 89 G3
Busigny (59) 9 F5
Busloup (41) 79 G1
Busnes (62) 2 C5
Busque (81) 170 A4
Bussac (24) 137 E2
Bussac-Forêt (17) 135 G2
Bussac-sur-Charente (17) . . 121 E2
Bussang (88) 70 C6
le Busseau (79) 107 G1
Busseaut (21) 85 E2
Busséol (63) 127 G4
Busserolles (24) 123 F4
Busserotte-
 -et-Montenaille (21) 85 G3
Busset (03) 114 B6
Bussiares (02) 44 A2
la Bussière (45) 82 A2
la Bussière (86) 109 H1
Bussière-Badil (24) 123 E4
Bussière-Boffy (87) 109 H6
Bussière-Dunoise (23) . . . 111 F4
Bussière-Galant (87) . . . 123 H4
Bussière-Nouvelle (23) . . 126 A1
Bussière-Poitevine (87) . . 110 A4
Bussière-
 -Saint-Georges (23) . . . 112 A3
la Bussière-sur-Ouche (21) . 101 F1
Bussières (21) 85 G3
Bussières (42) 129 E2
Bussières (63) 112 D6
Bussières (70) 87 F6
Bussières (71) 116 A3
Bussières (77) 44 A3
Bussières (89) 84 B5
Bussières-et-Pruns (63) . . 127 F1
Busson (52) 68 B3
Bussu (80) 8 C5
Bussunarits-
 -Sarrasquette (64) 181 E3
Bussus-Bussuel (80) 7 E4
Bussy (18) 98 A4
Bussy (60) 21 G3
Bussy-Albieux (42) 128 D3
Bussy-en-Othe (89) 65 F6
Bussy-la-Pesle (21) 85 F6
Bussy-la-Pesle (58) 99 F1
Bussy-le-Château (51) . . . 46 A2
Bussy-le-Grand (21) 85 E4
Bussy-le-Repos (51) 46 C3
Bussy-le-Repos (89) 64 D5
Bussy-lès-Daours (80) 7 H6
Bussy-lès-Poix (80) 20 A1
Bussy-Lettrée (51) 45 G4
Bussy-Saint-Georges (77) . . 43 F4
Bussy-Saint-Martin (77) . . 43 F4
Bust (67) 50 B3
Bustanico (2B) 205 F2
Bustince-Iriberry (64) . . . 181 E3
Buswiller (67) 50 D3
Busy (25) 103 F1
Buthiers (70) 87 F6
Buthiers (77) 63 G3
Butot (76) 17 G4
Butot-Vénesville (76) 16 D3
Butry-sur-Oise (95) 42 C2
Butteaux (89) 65 H6
Butten (67) 28 A6
Buverchy (80) 21 G2
Buvilly (39) 103 E4
la Buxerette (36) 111 F2
Buxerolles (21) 85 G2
Buxerolles (86) 109 E1
Buxeuil (10) 66 D5
Buxeuil (36) 96 C2
Buxeuil (86) 95 E3
Buxières-d'Aillac (36) . . . 111 F1
Buxières-lès-Clefmont (52) . . 68 B5
Buxières-les-Mines (03) . . 113 F2
Buxières-lès-Villiers (52) . . 67 H5

Buxières-
 -sous-les-Côtes (55) . . . 47 H3
Buxières-
 -sous-Montaigut (63) . . . 113 E5
Buxières-sur-Arce (10) . . . 66 D5
Buxy (71) 101 F6
Buysscheure (59) 2 B3
Buzan (09) 184 C5
Buzançais (36) 96 A4
Buzancy (02) 22 A5
Buzancy (08) 24 C4
Buzeins (12) 155 E4
Buzet-sur-Baïse (47) 150 D5
Buzet-sur-Tarn (31) 169 G4
Buziet (64) 182 B3
Buzignargues (34) 173 G4
Buzon (65) 183 F1
Buzy (64) 182 B3
Buzy-Darmont (55) 47 H1
By (25) 103 F3
Byans-sur-Doubs (25) 103 E2

C

Cabanac (65) 183 F2
Cabanac-Cazaux (31) . . . 184 B5
Cabanac-et-Villagrains (33) . 149 F2
Cabanac-Séguenville (31) . . 168 C3
la Cabanasse (66) 200 A4
Cabanès (12) 154 A6
Cabanès (81) 170 A4
le Cabanial (31) 170 A6
les Cabannes (09) 199 F1
les Cabannes (13) 175 F3
les Cabannes (81) 170 A1
Cabara (33) 135 H5
Cabariot (17) 120 D1
Cabas-Loumassès (32) . . 184 A2
Cabasse (83) 193 G2
Cabestany (66) 201 F2
Cabidos (64) 166 A5
Cabourg (14) 14 D4
Cabrerets (46) 153 E3
Cabrerolles (34) 172 A6
Cabrespine (11) 187 E2
Cabrières (30) 174 B3
Cabrières (34) 172 C6
Cabrières-d'Aigues (84) . . 176 A3
Cabrières-d'Avignon (84) . . 175 G3
Cabriès (13) 192 B2
Cabris (06) 178 C4
Cachan (94) 42 D4
Cachen (40) 166 A1
Cachy (80) 7 H6
Cadalen (81) 170 B3
Cadarcet (09) 185 G5
Cadarsac (33) 135 G5
Cadaujac (33) 135 F6
Cadéac (65) 183 G6
Cadeilhan (32) 168 A3
Cadeilhan-Trachère (65) . . 196 D1
Cadeillan (32) 184 C1
Cademène (25) 103 G2
Caden (56) 73 G1
Cadenet (84) 175 H4
Cadérousse (84) 174 D1
la Cadière-d'Azur (83) . . . 192 D4
la Cadière-et-Cambo (30) . . 173 F2
Cadillac (33) 149 G1
Cadillac-en-Fronsadais (33) . 135 G4
Cadillon (64) 166 C6
Cadix (81) 171 E2
Cadolive (13) 192 C3
Cadours (31) 168 C4
Cadrieu (46) 153 F3
Caen (14) 14 B4
Caëstre (59) 2 D4
Caffiers (62) 1 G3
Cagnac-les-Mines (81) . . 170 C2
Cagnano (2B) 203 G2
Cagnes-sur-Mer (06) . . . 195 E3
Cagnicourt (62) 8 C3
Cagnoncles (59) 9 E3
Cagnotte (40) 165 E5
Cagny (14) 38 D1
Cagny (80) 7 G6
Cahagnes (14) 38 A1
Cahagnolles (14) 13 H6
Cahaignes (27) 19 F6
Cahan (61) 38 C3
Caharet (65) 183 G3
Cahon (80) 6 C4
Cahors (46) 152 C3
Cahus (46) 139 F5
Cahuzac (11) 186 A3
Cahuzac (47) 151 E1
Cahuzac (81) 186 C1
Cahuzac-sur-Adour (32) . . 166 D5
Cahuzac-sur-Vère (81) . . . 170 A2
Caignac (31) 185 H2
le Cailar (30) 174 A5
Cailhau (11) 186 C4
Cailhavel (11) 186 C4
Cailla (11) 200 A1
Caillac (46) 152 C3
Caillavet (32) 167 F4
Caille (06) 178 B3
la Caillère-Saint-Hilaire (85) . 92 B6
Cailleville (76) 17 E2
Caillouël-Crépigny (02) . . . 21 H3
Caillouet-Orgeville (27) . . . 41 E2
Cailloux-sur-Fontaines (69) . 130 A2
Cailly (76) 17 H5
Cailly-sur-Eure (27) 41 E1
la Caine (14) 14 A6
Cairanne (84) 158 C5
le Caire (04) 160 B4
Cairon (14) 14 B4

.... 21 G3
.... 174 B4
.... 21 E1
.... 200 D3
...r (65) 183 E1
Cajarc (46) 153 F3
Calacuccia (2B) 204 D2
Calais (62) 1 G2
Calamane (46) 152 C3
Calan (56) 54 C4
Calanhel (22) 32 C5
Calavanté (65) 183 F3
Calcatoggio (2A) 204 C5
Calce (66) 201 E2
Calenzana (2B) 202 C6
Calès (24) 137 F5
Calès (46) 138 C6
Calignac (47) 150 D6
Caligny (61) 38 B4
Callac (22) 32 C5
Callas (83) 177 H5
Callen (40) 149 F4
Callengeville (76) 19 F1
Calleville (27) 18 A6
Calleville-
-les-Deux-Églises (76) 17 G4
Callian (32) 167 F5
Callian (83) 178 B5
Calmeilles (66) 200 D3
Calmels-et-le-Viala (12) .. 171 G2
la Calmette (30) 174 A2
Calmont (12) 154 B5
Calmont (31) 185 H2
Calmoutier (70) 87 G3
Caloire (42) 129 E6
Calonges (47) 150 C4
Calonne-Ricouart (62) 2 C6
Calonne-sur-la-Lys (62) ... 2 D5
Calorguen (22) 34 D5
la Calotterie (62) 1 F6
Caluire-et-Cuire (69) 130 A3
Calvi (2B) 202 B5
Calviac (46) 139 G5
Calviac-en-Périgord (24) .. 138 B5
Calvignac (46) 153 E3
Calvinet (15) 154 B1
Calvisson (30) 173 H4
Calzan (09) 186 A5
Camalès (65) 183 E1
Camarade (09) 185 E4
Camarès (12) 171 G3
Camaret-sur-Aigues (84) .. 158 B6
Camaret-sur-Mer (29) 30 D5
Camarsac (33) 135 G5
Cambayrac (46) 152 B4
la Cambe (14) 13 F4
Cambernard (31) 185 E1
Cambernon (50) 37 E1
Cambes (33) 135 F6
Cambes (46) 153 G2
Cambes (47) 150 D2
Cambes-en-Plaine (14) 14 B4
Cambia (2B) 205 F2
Cambiac (31) 169 H6
Cambieure (11) 186 C4
Camblain-Châtelain (62)..... 2 C6
Camblain-l'Abbé (62) 8 A1
Camblanes-et-Meynac (33) . 135 F6
Camblligneul (62) 8 A1
Cambo-les-Bains (64) 180 C1
Cambon (81) 170 C3
Cambon-
-et-Salvergues (34) 171 G5
Cambon-lès-Lavaur (81) ... 170 A5
Camboulazet (12) 154 B5
Camboulit (46) 153 G2
Cambounès (81) 171 E5
Cambounet-sur-le-Sor (81) . 170 B6
le Cambout (22) 55 H3
Cambrai (59) 8 D3
Cambremer (14) 15 E5
Cambrin (62) 2 D6
Cambron (80) 6 D4
Cambronne-
-lès-Clermont (60) 20 C5
Cambronne-
-lès-Ribécourt (60) 21 F4
Camburat (46) 153 G2
Came (64) 164 D6
Camélas (66) 200 D3
Camelin (02) 21 H3
Camembert (61) 39 F3
Cametours (50) 37 E1
Camiac-et-Saint-Denis (33) . 135 G6
Camiers (62) 1 F5
Camiran (33) 150 A1
Camjac (12) 154 B6
Camlez (22) 32 D2
les Cammazes (81) 186 C1
Camoël (56) 73 F2
Camon (09) 186 B5
Camon (80) 7 G6
Camors (56) 55 E4
Camou-Cihigue (64) 181 F3
Camous (65) 183 G5
Campagna-de-Sault (11) .. 199 H1
Campagnac (12) 155 F4
Campagnac (81) 170 A1
Campagnac-
-lès-Quercy (24) 152 B1
Campagnan (34) 172 D6
Campagne (24) 137 G5
Campagne (34) 173 G4
Campagne (40) 165 H2
Campagne (60) 21 G2
Campagne-
-d'Armagnac (32) 166 D3
Campagne-
-lès-Boulonnais (62) .. 1 H5
Campagne-lès-Guines (62) . 1 G3
Campagne-lès-Hesdin (62).... 6 D1

Campagne-
-lès-Wardrecques (62)..... 2 B4
Campagne-sur-Arize (09) ... 185 F4
Campagne-sur-Aude (11) .. 186 D6
Campagnolles (14) 37 G3
Campan (65) 183 F5
Campana (2B) 205 F1
Campandré-
-Valcongrain (14) 14 A6
Camparan (65) 183 G6
Campbon (44) 74 A3
Campeaux (14) 37 G2
Campeaux (60) 19 G3
Campel (35) 56 D4
Campénéac (56) 56 B4
Campestre-et-Luc (30) .. 172 C2
Campet-et-Lamolère (40) .. 165 H2
Camphin-en-Carembault (59) . 3 F6
Camphin-en-Pévèle (59)..... 3 G5
Campi (2B) 205 G2
Campigneulles-
-les-Grandes (62) 6 C1
Campigneulles-
-les-Petites (62) 6 D1
Campigny (14) 13 H5
Campigny (27) 15 H3
Campile (2B) 203 F6
Campistrous (65) 183 G3
Campitello (2B) 203 F5
Camplong (34) 172 A5
Camplong-d'Aude (11) .. 187 G4
Campneuseville (76) 6 C6
Campôme (66) 200 B2
Campouriez (12) 154 C1
Campoussy (66) 200 C2
Campremy (60) 20 C3
Camprond (50) 37 E1
Camps-en-Amiénois (80) .. 7 F1
Camps-la-Source (83) .. 193 F3
Camps-Saint-Mathurin-
-Léobazel (19) 139 F4
Camps-sur-l'Agly (11) .. 187 E6
Camps-sur-l'Isle (33) .. 136 A4
Campsas (82) 169 E3
Campsegret (24) 137 E5
Campuac (12) 154 C2
Campugnan (33) 135 E2
Campuzan (65) 183 H2
Camurac (11) 199 G1
Canale-di-Verde (2B) .. 205 G2
Canals (82) 169 E3
Canaples (80) 7 F4
Canappeville (27) 40 D1
Canapville (14) 15 E3
Canapville (61) 39 G3
Canaules-
-et-Argentières (30) .. 173 G2
Canavaggia (2B) 203 F6
Canaveilles (66) 200 B4
Cancale (35) 35 E3
Canchy (14) 13 G5
Canchy (80) 6 D3
Cancon (47) 151 F2
Candas (80) 7 G4
Candé (49) 76 B3
Candé-sur-Beuvron (41) .. 79 H4
Candes-Saint-Martin (37) .. 94 A1
Candillargues (34) 173 H5
Candor (60) 21 F3
Candresse (40) 165 E4
Canehan (76) 6 A5
Canéjan (33) 135 E6
Canens (31) 185 F3
Canenx-et-Réaut (40) .. 166 A1
Canet (11) 187 H3
Canet (34) 172 D5
Canet-de-Salars (12) .. 154 D5
Canet-en-Roussillon (66) . 201 G2
Canettemont (62) 7 G2
Cangey (37) 79 G5
Caniac-du-Causse (46) .. 153 E2
Canihuel (22) 33 E6
Canisy (50) 37 F1
Canlers (62) 2 A6
Canly (60) 21 E5
Connectancourt (60) .. 21 F3
Cannac (56) 72 B1
Cannes (06) 195 E4
Cannes-Écluse (77) 64 C2
Cannes-et-Clairan (30) .. 173 H3
Cannessières (80) 6 D5
le Cannet (06) 178 D5
le Cannet (32) 167 H6
le Cannet-des-Maures (83) . 193 H2
Canny-sur-Matz (60) 21 F3
Canny-sur-Thérain (60) .. 19 G3
Canohès (66) 201 E2
Canouville (76) 16 D3
Cantaing-sur-Escaut (59) . 8 D4
Cantaous (65) 183 H4
Cantaron (06) 195 F2
Canté (09) 185 G3
Canteleu (76) 17 G6
Canteleux (62) 7 G3
Canteloup (14) 39 E1
Canteloup (50) 13 E2
Cantenac (33) 135 E3
Cantenay-Épinard (49) .. 76 D4
Cantiers (27) 19 F6
Cantigny (80) 20 D2
Cantillac (24) 123 E6
Cantin (59) 8 D2
Cantoin (12) 140 D6
Cantois (33) 149 H1
Canville-la-Rocque (50) .. 12 C4
Canville-
-les-Deux-Églises (76) .. 17 F3

Cany-Barville (76) 18 A1
Caorches-Saint-Nicolas (27) . 15 H5
Caouënnec-Lanvézéac (22) . 32 D2
Caours (80) 6 D4
Cap-d'Ail (06) 179 F3
Capbreton (40) 164 B4
Capdenac (46) 153 G2
Capdenac-Gare (12) 153 G2
Capdrot (24) 151 H1
la Capelle (02) 10 A5
la Capelle (59) 9 F3
la Capelle-Balaguier (12) . 153 G4
la Capelle-Bleys (12) .. 153 H5
la Capelle-Bonance (12) .. 155 F4
la Capelle-
-et-Masmolène (30) .. 174 C1
la Capelle-Fermont (62) .. 8 A2
la Capelle-lès-Boulogne (62) . 1 F4
Capelle-les-Grands (27) .. 15 G6
Capelle-lès-Hesdin (62) .. 7 E2
Capendu (11) 187 F3
Capens (31) 185 E2
Capestang (34) 188 B2
Capian (33) 135 G6
Capinghem (59) 3 F5
Caplong (33) 136 B6
Capoulet-et-Junac (09) ... 199 E1
Cappel (57) 49 G1
Cappelle-Brouck (59) 2 A2
Cappelle-en-Pévèle (59) .. 3 G6
Cappelle-la-Grande (59) .. 2 B2
Cappy (80) 8 B6
Captieux (33) 149 H4
Capvern (65) 183 G4
Caragoudes (31) 169 G6
Caraman (31) 169 H6
Caramany (66) 200 D2
Carantec (29) 31 H2
Carantilly (50) 37 F1
Carayac (46) 153 F3
Carbay (49) 57 H6
Carbes (81) 170 C5
Carbini (2A) 207 F3
Carbon-Blanc (33) 135 F5
Carbonne (31) 185 E2
Carcagny (14) 14 A4
Carcanières (09) 200 A2
Carcans (33) 134 B3
Carcarès-Sainte-Croix (40) . 165 G3
Carcen-Ponson (40) 165 F3
Carcès (83) 177 F6
Carcheto-Brustico (2B) .. 205 G2
Cardaillac (46) 153 G1
Cardan (33) 149 G1
Cardeilhac (31) 184 B3
Cardesse (64) 182 A2
Cardet (30) 173 H1
Cardo-Torgia (2A) 204 D6
Cardonnette (80) 7 G5
le Cardonnois (80) 20 D3
Cardonville (14) 13 F4
Cardroc (35) 56 D1
Carelles (53) 58 C2
Carency (62) 8 A1
Carennac (46) 139 E5
Carentan (50) 13 E5
Carentoir (56) 56 C5
Cargèse (2A) 204 B4
Cargiaca (2A) 207 E2
Carhaix-Plouguer (29) .. 32 B6
Carignan (08) 24 D2
Carignan-de-Bordeaux (33) . 135 F5
Carisey (89) 83 H1
Carla-Bayle (09) 185 F4
Carla-de-Roquefort (09) .. 186 A5
le Carlaret (09) 185 H4
Carlat (15) 140 B5
Carlencas-et-Levas (34) .. 172 B5
Carlepont (60) 21 G4
Carling (57) 27 F5
Carlipa (11) 186 C2
Carlucet (46) 152 D1
Carlus (81) 170 B3
Carlux (24) 138 B5
Carly (62) 1 F5
Carmaux (81) 170 C1
Carnac (56) 72 B1
Carnac-Rouffiac (46) .. 152 B4
Carnas (30) 173 G3
la Carneille (61) 38 C4
Carnet (50) 35 H5
Carnetin (77) 43 F3
Carneville (50) 12 D1
Carnières (59) 9 E3
Carnin (59) 3 F6
Carnoët (22) 32 B5
Carnoules (83) 193 G3
Carnoux-en-Provence (13) . 192 C4
Carnoy (80) 8 B5
Caro (56) 56 B5
Caro (64) 180 D3
Carolles (50) 35 G3
Caromb (84) 158 D6
Carpentras (84) 175 F1
Carpineto (2B) 205 G2
Carpiquet (14) 14 B4
Carquebut (50) 13 E4
Carquefou (44) 74 D4
Carqueiranne (83) 193 F5
Carrépuis (80) 21 F2
Carrère (64) 166 B6
Carresse-Cassaber (64) .. 165 E6
Carrières-sous-Poissy (78) . 42 B3
Carrières-sur-Seine (78) .. 42 C3
Carros (06) 195 E2
Carrouges (61) 38 D6
Carry-le-Rouet (13) 191 H5
Cars (33) 135 E3
les Cars (87) 123 H4

Carsac-Aillac (24) 138 B6
Carsac-de-Gurson (24) .. 136 B4
Carsan (30) 157 H5
Carsix (27) 40 B1
Carspach (68) 89 E3
Cartelègue (33) 135 E2
Carticasi (2B) 205 F2
Cartignies (59) 9 H4
Cartigny (80) 8 C6
Cartigny-l'Épinay (14) .. 13 F5
Carves (24) 137 H6
Carville (14) 37 H3
Carville-la-Folletière (76) .. 17 E5
Carville-Pot-de-Fer (76).... 17 E3
Carvin (62) 3 F6
Casabianca (2B) 203 G6
Casaglione (2A) 204 C4
Casalabriva (2A) 206 D2
Casalta (2B) 203 G6
Casamaccioli (2B) 204 D2
Casanova (2B) 205 E3
Cascastel-
-des-Corbières (11) .. 187 G5
Casefabre (66) 200 D3
Caseneuve (84) 176 A3
Cases-de-Pène (66) 201 E1
Casevecchie (2B) 205 G3
Cassagnabère-
-Tournas (31) 184 B3
Cassagnas (48) 156 C5
la Cassagne (24) 138 B4
Cassagne (31) 184 C4
Cassagnes (46) 152 A2
Cassagnes (66) 200 D2
Cassagnes-Bégonhès (12) . 154 C6
Cassagnoles (30) 173 H2
Cassagnoles (34) 187 G2
la Cassaigne (11) 186 B3
Cassaigne (32) 167 F2
Cassaignes (11) 186 D6
Cassaniouze (15) 154 B1
Cassel (59) 2 C3
Cassen (40) 165 F3
Casseneuil (47) 151 F3
les Cassés (11) 186 B1
Casseuil (33) 150 A2
Cassignas (47) 151 G5
Cassis (13) 192 C4
Casson (44) 74 D3
Cassuéjouls (12) 154 D1
Cast (29) 53 F1
Castagnac (31) 185 F3
Castagnède (31) 184 C4
Castagnède (64) 165 E6
Castagniers (06) 195 F2
Castaignos-Souslens (40) . 165 G5
Castandet (40) 166 B3
Castanet (12) 154 A5
Castanet (81) 170 B2
Castanet (82) 153 G5
Castanet-le-Haut (34) .. 171 H5
Castanet-Tolosan (31) .. 169 F6
Castans (11) 187 F1
Casteide-Cami (64) 182 A1
Casteide-Candau (64) .. 165 H6
Casteide-Doat (64) 183 E1
Casteil (66) 200 C4
Castel-Sarrazin (40) 165 G5
Castelbajac (65) 183 G3
Castelbiague (31) 184 C5
Castelculier (47) 151 F6
Castelferrus (82) 168 D2
Castelfranc (46) 152 B3
Castelgaillard (31) 184 C2
Castelginest (31) 169 F4
Casteljaloux (47) 150 B4
Castella (47) 151 F4
Castellane (04) 177 H3
Castellar (06) 195 G2
le Castellard-Mélan (04) .. 160 C5
Castellare-di-Casinca (2B) . 203 G6
Castellare-di-Mercurio (2B) . 205 F2
le Castellet (04) 176 D2
le Castellet (83) 192 D4
Castellet (84) 176 A3
Castellet-lès-Sausses (04) . 178 B1
Castello-di-Rostino (2B) . 203 F6
Castelmary (12) 154 A6
Castelmaurou (31) 169 F5
Castelmayran (82) 168 C1
Castelmoron-d'Albret (33) . 150 B1
Castelmoron-sur-Lot (47) . 151 E4
Castelnau-Barbarens (32) . 168 A5
la Cauchie (62) 8 A3
Castelnau-Chalosse (40) .. 165 F4
Castelnau-d'Anglès (32) .. 167 F5
Castelnau-d'Arbieu (32) .. 168 A3
Castelnau-d'Aude (11) .. 187 G3
Castelnau-d'Auzan (32) .. 167 E2
Castelnau-
-de-Mandailles (12) .. 155 E3
Castelnau-de-Médoc (33) .. 134 D3
Castelnau-
-de-Montmiral (81) .. 169 H2
Castelnau-
-d'Estrétefonds (31) .. 169 E4
Castelnau-Durban (09) .. 185 F5
Castelnau-le-Lez (34) .. 173 F5
Castelnau-Magnoac (65) .. 183 H2
Castelnau-Montratier (46) . 152 C5
Castelnau-Pégayrols (12) . 155 E6
Castelnau-Picampeau (31) . 184 D2
Castelnau-
-Rivière-Basse (65) .. 166 C5
Castelnau-sur-Gupie (47) . 150 C2
Castelnau-
-sur-l'Auvignon (32) .. 167 G2
Castelnau-Tursan (40) .. 166 A4
Castelnau-Valence (30) .. 174 A2

Castelnaud-
-de-Gratecambe (47) 151 F3
Castelnaud-
-la-Chapelle (24) 138 A6
Castelnaudary (11) 186 B2
Castelnavet (32) 167 E4
Castelner (40) 165 H5
Castelreng (11) 186 C5
Castelnou (66) 201 E3
Castels (24) 137 H5
Castelsagrat (82) 151 H6
Castelsarrasin (82) 168 D1
Castelvieilh (65) 183 F2
Castelviel (33) 150 A1
le Castéra (31) 168 D5
Castéra-Bouzet (82) 168 B2
Castéra-Lanusse (65) .. 183 G3
Castéra-Lectourois (32) .. 167 H2
Castéra-lou (65) 183 F2
Castéra-Loubix (64) 183 E1
Castéra-Verduzan (32) .. 167 G3
Castéra-Vignoles (31) .. 184 B2
Castéras (09) 185 F4
Casterets (65) 184 A2
Castéron (32) 168 B3
Castet (64) 182 B4
Castet-Arrouy (32) 168 A2
Castetbon (64) 181 G1
Castétis (64) 165 G6
Castetnau-Camblong (64) . 181 G2
Castetner (64) 165 H6
Castetpugon (64) 166 C5
Castets (40) 164 D2
Castets-en-Dorthe (33) .. 150 A2
Castex (09) 185 F3
Castex (32) 183 G1
Castex-d'Armagnac (32) .. 166 C3
Casties-Labrande (31) .. 184 D2
Castifao (2B) 203 E6
Castiglione (2B) 205 E2
Castillon (06) 195 G2
Castillon (14) 13 H6
Castillon (65) 183 F4
Castillon (Canton d'Arthez-
-de-Béarn) (64) 165 H6
Castillon (Canton
de Lembeye) (64) 166 C6
Castillon-de-Castets (33) . 150 A2
Castillon-de-Larboust (31) . 197 F1
Castillon-
-de-Saint-Martory (31) . 184 C4
Castillon-Debats (32) .. 167 E4
Castillon-du-Gard (30) .. 174 C2
Castillon-en-Auge (14) .. 15 E6
Castillon-
-en-Couserans (09) .. 184 D6
Castillon-la-Bataille (33) . 136 A5
Castillon-Massas (32) .. 167 H4
Castillon-Savès (32) .. 168 C5
Castillonnès (47) 151 F1
Castilly (14) 13 F5
Castin (32) 167 H4
Castineta (2B) 203 F6
Castirla (2B) 205 E2
Castres (02) 21 H1
Castres (81) 170 C5
Castres-Gironde (33) .. 149 G1
Castries (34) 173 G5
le Cateau-Cambrésis (59) . 9 F4
le Catelet (02) 9 E5
le Catelier (76) 18 D1
Catenay (76) 19 E3
Catenoy (60) 20 D5
Cateri (2B) 202 C5
Cathervielle (31) 197 F1
Catheux (60) 20 B2
Catigny (60) 21 F2
Catillon-Fumechon (60) .. 20 C4
Catillon-sur-Sambre (59) . 9 G4
Catllar (66) 200 C3
Catonvielle (32) 168 C5
Cattenières (59) 9 E4
Cattenom (57) 26 C3
Catteville (50) 12 C4
Catus (46) 152 C2
Catz (50) 13 E5
Caubeyres (47) 150 C5
Caubiac (31) 168 C4
Caubios-Loos (64) 182 B1
Caubon-Saint-Sauveur (47) . 150 C2
Caubous (31) 183 H6
Caubous (65) 183 H3
Caucalières (81) 170 D6
la Cauchie (62) 8 A3
Cauchy-à-la-Tour (62) .. 2 C6
Caucourt (62) 8 A1
Caudan (56) 54 C5
Caudebec-en-Caux (76) 17 E5
Caudebec-lès-Elbeuf (76) .. 18 C5
Caudebronde (11) 187 E2
Caudecoste (47) 151 F6
Caudeval (11) 186 B4
Caudiès-
-de-Conflent (66) .. 200 A3
Caudiès-
-de-Fenouillèdes (66) .. 200 B1
Caudrot (33) 150 A2
Caudry (59) 9 F4
Cauffry (60) 20 D5
Caujac (31) 185 G2
Caulaincourt (02) 8 D6
le Caule-Sainte-Beuve (76) . 19 F1
Caulières (80) 19 H1
Caullery (59) 9 E4
Caulnes (22) 56 C1
Caumont (02) 21 H2
Caumont (09) 184 D5
Caumont (27) 18 B5
Caumont (32) 166 C4
Caumont (33) 150 B1
Caumont (62) 7 E2

Caumont (82) .... 168 C
Caumont-l'Éventé (14) ..... 37 H
Caumont-sur-Durance (84) . 175 E
Caumont-sur-Garonne (47) . 150 C
Caumont-sur-Orne (14) ..... 38 E
Cauna (40) .... 165 H
Caunay (79) .... 108 C
Cauneille (40) .... 165 E
la Caunette (34) .... 187 H
Caunes-Minervois (11) .. 187 F
Caunette-sur-Lauquet (11) . 187 E
Caunettes-en-Val (11) .. 187 F
Caupenne (40) .... 165 G
Caupenne-
-d'Armagnac (32) ..... 166 D
la Caure (51) .... 45 E
Caurel (22) .... 55 E
Caurel (51) .... 23 H
Cauro (2A) .... 204 D
Cauroir (59) .... 9 E
Cauroy (08) .... 23 H
Cauroy-lès-Hermonville (51) . 23 E
le Causé (82) .... 168 C
Cause-de-Clérans (24) .. 137 E
Caussade (82) .... 152 D
Caussade-Rivière (65) .. 166 D
Causse-Bégon (30) .... 172 C
Causse-de-la-Selle (34) .. 173 H
Causse-et-Diège (12) .. 153 C
Coussens (32) .... 167 G
Causses-et-Veyran (34) .. 188 B
Caussiniojouls (34) .... 172 B
Caussols (06) .... 178 C
Caussou (09) .... 199 F
Cauterets (65) .... 182 D
Cauverville-
-en-Roumois (27) .. 18 A
Cauvicourt (14) .... 38 D
Cauvignac (33) .... 150 A
Cauvigny (60) .... 20 C
Cauville (14) .... 38 C
Cauville-sur-Mer (76) ..... 15 F
Caux (34) .... 172 C
Caux-et-Sauzens (11) .. 186 D
Cauzac (47) .... 151 G
Cavagnac (46) .... 138 D
Cavaillon (84) .... 175 F
Cavalaire-sur-Mer (83) .. 194 A
la Cavalerie (12) .... 172 A
Cavan (22) .... 32 D
Cavanac (11) .... 187 E
Cavarc (47) .... 151 F
Caveirac (30) .... 174 A
Caves (11) .... 188 A
Cavignac (33) .... 135 F
Cavigny (50) .... 13 F
Cavillargues (30) .... 174 B
Cavillon (80) .... 7 F
Cavron-Saint-Martin (62) .. 7 E
Caychax (09) .... 199 F
Cayeux-en-Santerre (80).. 21 E
Cayeux-sur-Mer (80) ..... 6 B
le Caylar (34) .... 172 C
Caylus (82) .... 153 E
Cayrac (82) .... 169 E
Cayres (43) .... 142 C
Cayriech (82) .... 152 D
le Cayrol (12) .... 154 D
Cayrols (15) .... 139 G
Cazac (31) .... 184 C
Cazalis (33) .... 149 H
Cazalis (40) .... 165 G
Cazalrenoux (11) .... 186 B
Cazals (46) .... 152 B
Cazals (82) .... 153 E
Cazals-des-Baylès (09) .. 186 B
Cazaril-Laspènes (31) .. 197 F
Cazaril-Tambourès (31) .. 183 H
Cazarilh (65) .... 184 A
Cazats (33) .... 149 H
Cazaubon (32) .... 166 C
Cazaugitat (33) .... 150 B
Cazaunous (31) .... 184 B
Cazaux (09) .... 185 G
Cazaux-d'Anglès (32) .. 167 G
Cazaux-debat (65) .... 183 G
Cazaux-Fréchet-
-Anéran-Camors (65) .. 183 G
Cazaux-Layrisse (31) .. 184 A
Cazaux-Savès (32) .... 168 C
Cazaux-Villecomtal (32) .. 183 F
Cazavet (09) .... 184 D
Cazeaux-de-Larboust (31) . 197 F
Cazedarnes (34) .... 188 B
Cazenave-Serres-
-et-Allens (09) .... 199 F
Cazeneuve (32) .... 167 E
Cazeneuve-Montaut (31) . 184 C
Cazères (31) .... 185 E
Cazères-sur-l'Adour (40) . 166 B
Cazes-Mondenard (82) .. 152 C
Cazevieille (34) .... 173 F
Cazideroque (47) .... 151 H
Cazilhac (11) .... 187 E
Cazilhac (34) .... 173 E
Cazillac (46) .... 138 D
Cazoulès (24) .... 138 C
Cazouls-d'Hérault (34) .. 172 D
Cazouls-lès-Béziers (34) .. 188 B
Céaucé (61) .... 58 B
Ceaulmont (36) .... 111 E
Céaux (50) .... 35 G
Céaux-d'Allègre (43) .. 142 B
Ceaux-en-Couhé (86) .. 108 D
Ceaux-en-Loudun (86) .. 94 B
Cébazan (34) .... 188 A
Cébazat (63) .... 127 E
Ceffonds (52) .... 67 E
Ceignes (01) .... 117 F
Ceilhes-et-Rocozels (34) .. 172 B
Ceillac (05) .... 161 H

eilloux (63) 127 H4
eintrey (54) 69 F1
Celette (18) 112 C1
Celle (03) 113 E5
Celle (18) 97 H5
ellé (41) 79 E1
Celle (63) 126 B2
Celle (83) 193 F3
Celle-Condé (18) 97 F5
Celle-Dunoise (23) 111 F4
Celle-en-Morvan (71) 100 C3
Celle-Guenand (37) 95 F4
Celle-les-Bordes (78) 42 A6
elle-Lévescault (86) 108 D3
Celle-Saint-Avant (37) 94 D3
Celle-Saint-Cloud (78) 42 C4
Celle-Saint-Cyr (89) 65 E6
Celle-
-sous-Chantemerle (51) 44 D6
Celle-sous-Gouzon (23) . . 112 A5
Celle-
-sous-Montmirail (02) 44 C4
Celle-sur-Loire (58) 82 C5
Celle-sur-Morin (77) 43 G4
Celle-sur-Nièvre (58) 99 E1
ellefrouin (16) 122 D2
elles (09) 185 H6
elles (15) 141 E3
elles (17) 121 G4
elles (24) 136 D1
elles (34) 172 C5
elles-en-Bassigny (52) 68 C6
elles-lès-Condé (02) 44 C2
elles-sur-Aisne (02) 22 B5
elles-sur-Belle (79) 108 A4
elles-sur-Durolle (63) 128 A2
elles-sur-Ource (10) 66 D5
elles-sur-Plaine (88) 70 C1
Cellette (23) 111 H3
Cellette (63) 112 D6
llettes (16) 122 C2
llettes (41) 80 A4
Cellier (44) 75 E4
llier-du-Luc (07) 156 D1
llieu (42) 129 G5
llule (63) 127 F1
lon (36) 110 D2
loux (15) 141 G3
lsoy (52) 86 C1
ly (77) 63 H2
nsy (89) 84 B3
Cent-Acres (76) 18 D1
ntrès (12) 154 B6
nturi (2B) 203 F1
nves (69) 116 A4
pet (31) 169 F4
pie (11) 186 D4
poy (45) 64 A5
ran (32) 168 A3
rans-Foulletourte (72) 78 A1
rbère (66) 201 H4
rbois (18) 97 F2
rcié (69) 116 A5
rcier (74) 118 B6
rcles (24) 136 D1
rcottes (45) 62 D6
rcoux (17) 135 H3
Cercueil (49) 39 E6
rcy-la-Tour (58) 99 G5
rdon (01) 117 F6
rdon (45) 81 G3
re (40) 166 A1
ré-la-Ronde (37) 95 H1
relles (37) 78 C4
rences (50) 35 H1
reste (04) 176 B3
ret (66) 201 E4
rfontaine (59) 10 A2
Cergne (42) 115 G5
rgy (95) 42 B2
rilly (03) 113 E1
rilly (21) 84 D1
rilly (89) 65 G4
risé (61) 60 A1
risières (52) 67 H3
risiers (89) 65 F5
risy (80) 8 A6
risy-Belle-Étoile (61) 38 A4
risy-Buleux (80) 6 D5
risy-la-Forêt (50) 13 G6
risy-la-Salle (50) 37 E2
rizay (79) 92 D4
rizols (09) 184 D4
rizy (02) 22 A1
Cerlangue (76) 15 G2
rnans (39) 103 F4
rnay (14) 15 F6
rnay (28) 61 H2
rnay (68) 89 E1
rnay (86) 94 B5
rnay-en-Dormois (51) 24 B6
rnay-la-Ville (78) 42 A5
rnay-lès-Église (21) 88 C6
rnay-lès-Reims (51) 23 H6
rneux (77) 44 B5

Cernex (74) 118 B6
Cerniébaud (39) 103 G5
Cernion (08) 23 G1
Cernon (39) 117 G3
Cernon (51) 45 H4
Cernoy (60) 20 D4
Cernoy-en-Berry (45) 82 A4
Cernusson (49) 93 E1
Cerny (91) 63 G1
Cerny-en-Laonnois (02) 22 C4
Cerny-lès-Bucy (02) 22 B3
Céron (71) 114 D4
Cérons (33) 149 G1
Cerqueux (14) 15 G6
les Cerqueux (49) 92 D3
les Cerqueux-
-sous-Passavant (49) 93 E2
Cerre-lès-Noroy (70) 87 H3
Cers (34) 188 C2
Cersay (79) 93 F2
Cerseuil (02) 22 B5
Cersot (71) 101 F6
Certilleux (88) 68 D3
Certines (01) 117 E5
Cervens (74) 118 D4
Cervières (05) 147 F5
Cervières (42) 128 B2
Cerville (54) 48 D5
Cervione (2B) 205 G2
Cervon (58) 99 H1
Cerzat (43) 141 H3
Cesancey (39) 117 F1
Césarches (73) 132 C3
Cesarville-Dossainville (45) . . 63 F3
Cescau (09) 184 D6
Cescau (64) 182 B1
Cesny-aux-Vignes (14) 39 E1
Cesny-Bois-Halbout (14) 14 B6
Cessac (33) 135 H6
Cessales (31) 186 A1
Cesse (55) 24 D3
Cessenon-sur-Orb (34) 188 B1
Cessens (73) 131 H2
Cesseras (34) 187 G2
Cesset (03) 113 G4
Cesseville (27) 40 C1
Cessey (25) 103 F2
Cessey-sur-Tille (21) 86 A6
Cessières (02) 22 B3
Cessieu (38) 131 E5
Cesson (77) 63 H1
Cesson-Sévigné (35) 57 F3
Cessoy-en-Montois (77) 64 D1
Cessy (01) 118 B3
Cessy-les-Bois (58) 82 D6
Cestas (33) 135 E6
Cestayrols (81) 170 B2
Ceton (61) 61 E4
Cette-Eygun (64) 182 A5
Cevins (73) 132 D4
Ceyras (34) 172 D5
Ceyrat (63) 127 E3
Ceyreste (13) 192 C4
Ceyroux (23) 111 E6
Ceyssac (43) 142 C4
Ceyssat (63) 126 D3
Ceyzériat (01) 117 E5
Ceyzérieu (01) 131 G2
Cézac (33) 135 F3
Cézac (46) 152 C4
Cezais (85) 107 F1
Cézan (32) 167 G3
Cezay (42) 128 C3
Cézens (15) 140 D4
Cézia (39) 117 G3
Cézy (89) 65 E6
Chabanais (16) 123 F2
Chabestan (05) 159 H3
Chabeuil (26) 144 B5
Chablis (89) 83 H2
Châbons (38) 131 E6
Chabottes (05) 160 C1
Chabournay (86) 94 B6
Chabrac (16) 123 F1
Chabreloche (63) 128 B1
Chabrignac (19) 138 B1
Chabrillan (26) 158 C1
Chabris (36) 96 C1
Chacé (49) 93 H1
Chacenay (10) 66 D5
Chacrise (02) 22 B5
Chadeleuf (63) 127 F5
Chadenac (17) 121 F5
Chadenet (48) 156 B3
Chadrac (43) 142 C4
Chadron (43) 142 C5
le Chaffal (26) 144 D5
le Chaffaut-
-Saint-Jurson (04) 177 F1
Chaffois (25) 103 H4
Chagey (70) 88 C3
Chagnon (42) 129 G5
Chagny (08) 24 A3
Chagny (71) 101 F4
Chahaignes (72) 78 C2
Chahains (61) 38 D6
Chaignay (21) 85 H5
Chaignes (27) 41 F2
Chail (79) 108 B4
Chaillac (36) 110 C3
Chaillac-sur-Vienne (87) 123 G2
Chailland (53) 58 C3
Chaillé-les-Marais (85) 106 D2
Chaillé-
-sous-les-Ormeaux (85) . . 91 G5
Chailles (41) 79 H4
Chaillevette (17) 120 C3
Chaillevois (02) 22 B4
Chailley (89) 65 G5

Chaillon (55) 47 H3
Chailloué (61) 39 F5
Chailly-en-Bière (77) 63 H2
Chailly-en-Brie (77) 43 H4
Chailly-en-Gâtinais (45) 63 H6
Chailly-lès-Ennery (57) 26 C4
Chailly-sur-Armançon (21) . . . 101 E1
Chainaz-les-Frasses (74) 132 A3
Chaînée-des-Coupis (39) 102 C4
Chaingy (45) 80 C1
Chaintré (71) 116 B4
Chaintreaux (77) 64 B4
Chaintrix-Bierges (51) 45 F3
la Chaise (10) 67 E2
la Chaise-Baudouin (50) 37 F4
la Chaise-Dieu (43) 142 B1
Chaise-Dieu-du-Theil (27) . . . 40 B4
Chaix (85) 107 E2
la Chaize-Giraud (85) 90 D4
la Chaize-le-Vicomte (85) . . . 91 H4
Chalabre (11) 186 B5
Chalagnac (24) 137 F3
Chalain-d'Uzore (42) 128 D4
Chalain-le-Comtal (42) 129 E4
Chalaines (55) 47 H6
Chalais (16) 136 B1
Chalais (24) 123 G5
Chalais (36) 110 C2
Chalais (86) 94 A3
Chalamont (01) 130 C1
Chalampé (68) 89 G1
Chalancey (52) 85 H3
Chalancon (26) 159 E3
Chalandray (86) 93 H6
Chalandry (02) 22 C2
Chalandry-Elaire (08) 24 B2
le Chalange (61) 39 G6
le Chalard (87) 124 A5
Chalautre-la-Grande (77) 65 F1
Chalautre-la-Petite (77) 65 E1
Chalaux (58) 84 A6
Chaleins (01) 116 B6
Chalencon (07) 143 G5
les Chalesmes (39) 103 G6
Châtel-sur-Loing (45) 64 A6
Chalette-sur-Voire (10) 66 D2
Chaley (01) 131 F1
Chalèze (25) 87 F6
Chalezeule (25) 87 F6
Chaliers (15) 141 F5
Chalifert (77) 43 F3
Chaligny (54) 48 C5
Chalinargues (15) 141 E3
Chalindrey (52) 86 B2
Chalivoy-Milon (18) 98 B5
Challain-la-Potherie (49) 76 B3
Challans (85) 90 D2
Challement (58) 83 G6
Challerange (08) 24 B5
Challes (72) 60 C6
Challes-la-Montagne (01) . . . 117 F5
Challes-les-Eaux (73) 132 A5
Challet (28) 62 A1
Challex (01) 118 B5
Challignac (16) 122 A6
Challonges (74) 118 A6
Challuy (58) 98 D4
Chalmaison (77) 64 D1
Chalmazel (42) 128 C4
Chalmoux (71) 114 D1
Chalo-Saint-Mars (91) 63 E2
le Chalon (26) 144 C3
Chalon-sur-Saône (71) 101 G5
Chalonnes-
-sous-le-Lude (49) 78 A4
Chalonnes-sur-Loire (49) 76 C5
Châlons (38) 130 B6
Châlons-du-Maine (53) 58 D4
Châlons-
-en-Champagne (51) 45 H3
Châlons-sur-Vesle (51) 23 E6
Châlonvillars (70) 88 C3
Chalou-Moulineux (91) 63 E2
Chaltrait (51) 45 E3
Chalus (63) 127 F6
Châlus (87) 123 H4
Chalvignac (15) 139 H2
Chalvraines (52) 68 B3
Chamadelle (33) 136 A3
Chamagne (88) 69 G2
Chamagnieu (38) 130 C4
Chamalières (63) 127 E3
Chamalières-sur-Loire (43) . . . 142 D2
Chamaloc (26) 145 E6
Chamant (60) 21 E6
Chamarande (91) 63 F1
Chamarandes-
-Choignes (52) 68 A5
la Chamba (42) 128 B3
Chambain (21) 85 G2
Chambeire (21) 86 A6
Chambellay (49) 76 D2
Chambéon (42) 129 E4
Chambérat (03) 112 B3
Chamberaud (23) 111 H6
Chamberet (19) 125 E5
Chambéria (39) 117 G2
Chambéry (73) 131 H4
Chambeugle (89) 82 C1
Chambezon (43) 141 G1
Chambilly (71) 115 E4
Chamblac (27) 40 A4
Chamblanc (21) 102 A3
Chamblay (39) 103 E3
Chambles (42) 129 E6
Chamblet (03) 112 D4
Chambley-Bussières (54) . . . 26 A6
Chambly (60) 42 C1
Chambœuf (21) 101 G1
Chambœuf (42) 129 F5

Chambois (61) 39 F4
Chambolle-Musigny (21) . . . 101 H2
le Chambon (07) 143 H6
Chambon (17) 107 E5
Chambon (18) 97 G5
Chambon (30) 157 E5
Chambon (37) 95 E5
le Chambon-
-Feugerolles (42) 129 F6
Chambon-la-Forêt (45) 63 F5
Chambon-le-Château (48) . . 142 B5
Chambon-Sainte-Croix (23) . 111 F3
Chambon-sur-Cisse (41) 79 H4
Chambon-sur-Dolore (63) . . 128 A5
Chambon-sur-Lac (63) 126 D5
le Chambon-
-sur-Lignon (43) 143 F4
Chambon-sur-Voueize (23) . . 112 C5
Chambonas (07) 157 E4
Chambonchard (23) 112 C5
la Chambonie (42) 128 B3
Chamborand (23) 111 E5
Chambord (27) 40 A3
Chambord (41) 80 B3
Chamboret (87) 124 A1
Chambornay-
-lès-Bellevaux (70) 87 G5
Chambornay-lès-Pin (70) . . . 87 E6
Chambors (60) 19 H6
Chambost-Allières (69) 129 G1
Chambost-
-Longessaigne (69) 129 F3
Chamboulive (19) 125 E6
Chambourcy (78) 42 B3
Chambourg-sur-Indre (37) . . . 95 F2
Chambray (27) 41 E2
Chambray-lès-Tours (37) 78 D6
la Chambre (73) 132 C6
Chambrecy (51) 45 E1
les Chambres (50) 35 H3
Chambretaud (85) 92 B3
Chambrey (57) 49 E4
Chambroncourt (52) 68 B2
Chambry (02) 22 C3
Chambry (77) 43 G2
Chaméane (63) 127 H5
Chamelet (69) 129 G1
Chamery (51) 45 F1
Chamesey (25) 104 C1
Chamesol (25) 88 C5
Chamesson (21) 85 E2
Chameyrat (19) 138 D2
Chamigny (77) 44 A3
Chamilly (71) 101 F4
Chammes (53) 59 F5
Chamole (39) 103 E4
Chamonix-Mont-Blanc (74) . 133 F1
Chamouillac (17) 135 F1
Chamouille (02) 22 C4
Chamouilleux (52) 46 D6
Chamousset (73) 132 B4
Chamoux (89) 83 G5
Chamoux-sur-Gelon (73) . . . 132 B5
Chamoy (10) 66 A5
le Champ-de-la-Pierre (61) . . 38 D6
Champ-d'Oiseau (21) 84 C4
Champ-Dolent (27) 40 D3
Champ-du-Boult (14) 37 G4
Champ-Haut (61) 39 G5
Champ-Laurent (73) 132 B5
Champ-le-Duc (88) 70 B3
le Champ-près-Froges (38) . 145 H1
le Champ-Saint-Père (85) . . . 91 G6
Champ-sur-Barse (10) 66 D4
Champ-sur-Drac (38) 145 G3
Champ-sur-Layon (49) 76 D6
Champagnac (15) 140 A1
Champagnac (17) 135 G1
Champagnac-de-Belair (24) . 123 F6
Champagnac-la-Noaille (19) . 139 F1
Champagnac-la-Prune (19) . . 139 F2
Champagnac-la-Rivière (87) . 123 G3
Champagnac-le-Vieux (43) . . 141 H1
Champagnat (23) 125 H1
Champagnat (71) 117 E2
Champagnat-le-Jeune (63) . . 127 H6
Champagne (07) 144 A2
Champagne (17) 120 D2
Champagne (28) 41 G5
Champagne (72) 60 B5
Champagne-
-au-Mont-d'Or (69) 130 A3
Champagne-
-en-Valromey (01) 131 F1
Champagne-
-et-Fontaine (24) 122 C6
Champagné-le-Sec (86) 108 D5
Champagné-les-Marais (85) . 106 D3
Champagne-Mouton (16) . . . 122 D1
Champagné-
-Saint-Hilaire (86) 109 E3
Champagne-sur-Loue (39) . . 103 E3
Champagne-sur-Oise (95) . . . 42 C1
Champagne-sur-Seine (77) . . 64 B2
Champagne-
-sur-Vingeanne (21) 86 B5
Champagne-Vigny (16) 122 B5
Champagneux (73) 131 F4
Champagney (25) 103 F1
Champagney (39) 102 C1
Champagney (70) 88 B2
Champagnier (38) 145 G3
Champagnole (39) 103 F5
Champagnolles (17) 121 E5
Champagny (21) 85 F5
Champagny-
-en-Vanoise (73) 133 E5
Champagny-
-sous-Uxelles (71) 116 A1
Champallement (58) 99 F1

Champanges (74) 119 E3
Champaubert (51) 44 D4
Champcella (05) 147 E6
Champcenest (77) 44 B5
Champcerie (61) 38 D4
Champcervon (50) 35 H2
Champcevinel (24) 137 F2
Champcevrais (89) 82 C2
Champcey (50) 35 G3
Champclause (43) 143 E4
Champcueil (91) 63 G1
Champdeniers-
-Saint-Denis (79) 107 H2
Champdeuil (77) 43 F6
Champdieu (42) 128 D4
Champdivers (39) 102 C3
Champdolent (17) 120 D1
Champdor (01) 117 G6
Champdôtre (21) 102 B2
Champdray (88) 70 B4
Champeau-en-Morvan (21) . . 100 C1
Champeaux (35) 57 H2
Champeaux (50) 35 G3
les Champeaux (61) 39 F3
Champeaux (77) 43 F6
Champeaux-et-la-Chapelle-
-Pommier (24) 123 E5
Champeaux-sur-Sarthe (61) . . 39 H6
Champeix (63) 127 F5
Champenard (27) 41 E1
la Champenoise (36) 96 D4
Champenoux (54) 48 D4
Champéon (53) 59 E2
Champétières (63) 128 B5
Champey (70) 88 B3
Champey-sur-Moselle (54) . . 48 C3
Champfleur (72) 60 A2
Champfleury (10) 45 F6
Champfleury (51) 23 E6
Champforgeuil (71) 101 G5
Champfrémont (53) 59 H2
Champfromier (01) 117 H5
Champgenéteux (53) 59 F3
Champguyon (51) 44 C4
Champhol (28) 62 B1
Champien (80) 21 F2
Champier (38) 130 D6
Champigné (49) 76 D3
Champignelles (89) 82 C2
Champigneul-
-Champagne (51) 45 G3
Champigneul-sur-Vence (08) . 24 A2
Champigneulle (08) 24 C5
Champigneulles (54) 48 C4
Champigneulles-
-en-Bassigny (52) 68 C4
Champignol-
-lez-Mondeville (10) 67 E4
Champignolles (21) 101 E3
Champignolles (27) 40 B3
Champigny (51) 23 E6
Champigny (89) 64 D3
Champigny-en-Beauce (41) . . 79 H3
Champigny-la-Futelaye (27) . . 41 E4
Champigny-le-Sec (86) 94 A6
Champigny-lès-Langres (52) . 86 B1
Champigny-
-sous-Varennes (52) 86 D1
Champigny-sur-Marne (94) . . 43 E4
Champigny-sur-Veude (37) . . 94 B2
Champillet (36) 111 H2
Champillon (51) 45 F2
Champis (07) 143 H4
Champlan (91) 42 C5
Champlat-et-Boujacourt (51) . 45 E1
Champlay (89) 65 F6
Champlecy (71) 115 F2
Champlemy (58) 99 F1
Champlin (08) 10 C5
Champlin (58) 99 F1
Champlitte (70) 86 C3
Champlive (25) 87 G6
Champlost (89) 65 G5
Champmillon (16) 122 B4
Champmotteux (91) 63 G3
Champnétery (87) 124 D2
Champneuville (55) 25 E6
Champniers (16) 122 C3
Champniers (86) 109 E4
Champniers-et-Reilhac (24) . 123 F4
Champoléon (05) 146 C6
Champoly (42) 128 C2
Champosoult (61) 39 F3
Champougny (55) 47 H6
Champoulet (45) 82 C3
Champoux (25) 87 G6
Champrenault (21) 85 F5
Champrepus (50) 35 H2
Champrond (72) 61 E5
Champrond-en-Gâtine (28) . . 61 G2
Champrond-en-Perchet (28) . 61 F3
Champrougier (39) 102 D4
Champs (02) 21 H3
Champs (61) 40 A4
Champs (63) 113 G6
les Champs-de-Losque (50) . 13 E6
les Champs-Géraux (22) 34 D5
Champs-Romain (24) 123 F5
Champs-sur-Marne (77) 43 E4
Champs-sur-Tarentaine-
-Marchal (15) 126 B6
Champs-sur-Yonne (89) 83 G2
Champsac (87) 123 H3
Champsanglard (23) 111 G4
Champsecret (61) 38 B6
Champsevraine (52) 86 C2
Champtercier (04) 160 C6
Champteussé-
-sur-Baconne (49) 76 D3

Champtocé-sur-Loire (49) . . . 75 H3
Champtoceaux (49) 75 E4
Champtonnay (70) 86 D5
Champvallon (89) 65 E6
Champvans (39) 102 C2
Champvans (70) 86 C5
Champvans-
-les-Moulins (25) 103 F1
Champvert (71) 99 G5
Champvoisy (51) 44 D1
Champvoux (58) 98 D2
Chamrousse (38) 145 H3
Chamvres (89) 65 E6
Chanac (48) 155 H3
Chanac-les-Mines (19) 139 E2
Chanaleilles (43) 141 H5
Chanas (38) 144 A1
Chanat-la-Mouteyre (63) . . . 127 E2
Chanay (01) 117 H6
Chanaz (73) 131 G2
Chançay (37) 79 E5
Chancé (35) 57 G3
Chanceaux (21) 85 F4
Chanceaux-près-Loches (37) . 95 F2
Chanceaux-
-sur-Choisille (37) 78 D5
Chancelade (24) 137 F2
Chancenay (52) 46 D5
Chancey (70) 86 D6
Chancia (39) 117 G3
Chandai (61) 40 B4
Chandolas (07) 157 F4
Chandon (42) 115 F5
Chanéac (07) 143 F5
Chaneins (01) 116 B6
Chânes (71) 116 B4
le Change (24) 137 G2
Changé (53) 58 C4
Change (71) 101 F4
Changé (72) 60 B6
Changey (52) 68 B6
Changis-sur-Marne (77) 43 H3
Changy (42) 114 D5
Changy (51) 46 B4
Changy (71) 115 F3
Chaniat (43) 141 H1
Chaniers (17) 121 F3
Channay (21) 84 C1
Channay-sur-Lathan (37) . . . 78 B4
Channes (10) 66 C6
Chanonat (63) 127 F4
Chanos-Curson (26) 144 B3
Chanousse (05) 159 G4
Chanoy (52) 68 A6
Chanoz-Châtenay (01) 116 C5
Chanteau (45) 62 D6
Chantecoq (45) 64 C5
Chantecorps (79) 108 B2
Chanteheux (54) 49 F6
Chanteix (19) 138 D1
Chantelle (03) 113 G4
Chanteloup (27) 40 D3
Chanteloup (35) 57 F4
Chanteloup (50) 35 G1
Chanteloup (79) 93 E5
Chanteloup-en-Brie (77) 43 F4
Chanteloup-les-Bois (49) . . . 92 D2
Chanteloup-les-Vignes (78) . 42 B3
Chantelouve (38) 146 A4
Chantemerle (51) 44 D6
Chantemerle-les-Blés (26) . . 144 B3
Chantemerle-
-lès-Grignan (26) 158 B4
Chantemerle-
-sur-la-Soie (17) 107 F6
Chantenay-Saint-Imbert (58) . 99 E6
Chantenay-Villedieu (72) . . . 59 G6
Chantepie (35) 57 F3
Chantérac (24) 136 D2
Chanteraine (55) 47 F5
Chanterelle (15) 140 D1
Chantes (70) 87 E3
Chantesse (38) 145 E2
Chanteuges (43) 142 A4
Chantillac (16) 135 H1
Chantilly (60) 42 D1
Chantonnay (85) 92 A6
Chantraine (88) 69 H4
Chantraines (52) 68 A4
Chantrans (25) 103 G3
Chantrigné (53) 59 E2
Chanu (61) 38 A4
Chanville (57) 49 E2
Chanzeaux (49) 76 D6
Chaon (41) 81 F4
Chaouilley (54) 69 F1
Chaource (10) 66 B5
Chaourse (02) 23 E2
Chapaize (71) 116 A1
Chapareillan (38) 132 A5
Chapdes-Beaufort (63) 126 D2
Chapdeuil (24) 136 D1
Chapeau (03) 114 B2
Chapeiry (74) 132 A2
Chapelaine (51) 46 A6
la Chapelaude (03) 112 C3
la Chapelle (03) 114 B6
la Chapelle (08) 24 C1
la Chapelle (16) 122 B2
la Chapelle (73) 132 C6
la Chapelle-Achard (85) 91 E5
la Chapelle-Agnon (63) 128 A4
la Chapelle-Anthenaise (53) . 58 D4
la Chapelle-au-Mans (71) . . 114 D1
la Chapelle-au-Moine (61) . . 38 B5
la Chapelle-au-Riboul (53) . . 59 F2
la Chapelle-Aubareil (24) . . . 138 A4
la Chapelle-aux-Bois (88) . . . 69 H5
la Chapelle-aux-Brocs (19) . 138 D3
la Chapelle-
-aux-Chasses (03) 99 G6

la Chapelle-aux-Choux (72) . . 78 B3
la Chapelle-
-aux-Filtzméens (35) 35 E6
la Chapelle-aux-Lys (85) 92 D6
la Chapelle-aux-Naux (37) . . 78 C6
la Chapelle-aux-Saints (19) . . 139 E4
la Chapelle-Baloue (23) 111 E3
la Chapelle-Basse-Mer (44) . . 75 E5
la Chapelle-Bâton (79) 108 A2
la Chapelle-Bâton (86) 109 E5
la Chapelle-Bayvel (27). 15 G4
la Chapelle-Bertin (43) 142 A2
la Chapelle-Bertrand (79) . . . 93 G6
la Chapelle-Biche (61). 38 A5
la Chapelle-Blanche (22). . . 56 C1
la Chapelle-Blanche (73). . . 132 A5
la Chapelle-Blanche-
-Saint-Martin (37) 95 E2
la Chapelle-Bouëxic (35). . . . 56 D4
la Chapelle-Caro (56) 56 A5
la Chapelle-Cécelin (50) 37 F4
la Chapelle-Chaussée (35) . . . 57 E1
la Chapelle-Craonnaise (53) . . 58 B6
la Chapelle-
-d'Abondance (74). 119 G3
la Chapelle-d'Alagnon (15) . . 140 D3
la Chapelle-d'Aligné (72). . . . 77 F2
la Chapelle-d'Andaine (61) . . 38 B6
la Chapelle-d'Angillon (18) . . 81 G6
la Chapelle-
-d'Armentières (59) 3 E5
la Chapelle-
-d'Aunainville (28) 62 D2
la Chapelle-d'Aurec (43) . . . 143 E1
la Chapelle-de-Bragny (71) . . 116 B1
la Chapelle-de-Brain (35) . . . 56 D6
la Chapelle-
-de-Guinchay (71) 116 B5
la Chapelle-de-la-Tour (38) . . 131 E4
la Chapelle-
-de-Mardore (69) 115 G6
la Chapelle-de-Surieu (38) . . 130 B6
Chapelle-des-Bois (25) 118 B1
la Chapelle-
-des-Fougeretz (35). 57 E2
la Chapelle-des-Marais (44). . 73 G3
la Chapelle-des-Pots (17) . . . 121 F3
la Chapelle-
-devant-Bruyères (88) 70 C4
Chapelle-d'Huin (25) 103 G4
la Chapelle-du-Bard (38). . . . 132 A6
la Chapelle-du-Bois (72) . . . 60 D4
la Chapelle-
-du-Bois-des-Faulx (27) . . . 40 D1
la Chapelle-du-Bourgay (76) . 18 D1
la Chapelle-
-du-Châtelard (01) 116 C6
la Chapelle-du-Genêt (49) . . 75 G5
la Chapelle-du-Lou (35) 56 D2
la Chapelle-
-du-Mont-de-France (71) . . 115 H3
la Chapelle-
-du-Mont-du-Chat (73) . . . 131 H3
la Chapelle-du-Noyer (28) . . 61 H5
la Chapelle-en-Juger (50) . . . 37 F1
la Chapelle-en-Lafaye (42) . . 128 D6
la Chapelle-en-Serval (60) . . 43 E1
la Chapelle-
-en-Valgaudémar (05) . . . 146 B5
la Chapelle-en-Vercors (26) . 145 E4
la Chapelle-en-Vexin (95) . . . 41 H1
la Chapelle-Enchérie (41) . . . 79 H2
la Chapelle-Engerbold (14). . 38 B3
la Chapelle-Erbrée (35). 58 A4
la Chapelle-Faucher (24) . . . 137 F1
la Chapelle-Felcourt (51). . . . 46 C2
la Chapelle-
-Forainvilliers (28). 41 F5
la Chapelle-Fortin (28) 40 C5
la Chapelle-Gaceline (56) . . . 56 C5
la Chapelle-Gaudin (79) . . . 93 F4
la Chapelle-Gaugain (72) . . . 78 D2
la Chapelle-Gauthier (27) . . . 39 F2
la Chapelle-Gauthier (77) . . . 64 B1
la Chapelle-Geneste (43) . . . 142 B1
la Chapelle-Glain (44) 75 F1
la Chapelle-Gonaguet (24) . . 137 E2
la Chapelle-Grésignac (24). . 122 D6
Chapelle-Guillaume (28). . . . 61 F5
la Chapelle-Hareng (27) 15 G5
la Chapelle-Haute-Grue (14). . 39 F2
la Chapelle-Hermier (85) . . . 91 E4
la Chapelle-Heulin (44) 75 E5
la Chapelle-Hugon (18) 98 C4
la Chapelle-Hullin (49) 76 A2
la Chapelle-Huon (72) 79 E1
la Chapelle-Iger (77) 43 H6
la Chapelle-Janson (35) 58 B2
la Chapelle-la-Reine (77) . . . 63 H3
la Chapelle-Lasson (51) 45 E6
la Chapelle-Launay (44) 74 A3
la Chapelle-Laurent (15) . . . 141 G3
la Chapelle-lès-Luxeuil (70) . . 87 H2
la Chapelle-Marcousse (63) . 127 F6
la Chapelle-
-Montabourlet (24) 122 D6
la Chapelle-
-Montbrandeix (87). 123 G4
la Chapelle-Monthodon (02) . 44 D2
la Chapelle-Montligeon (61). . 60 D1
la Chapelle-Montlinard (18) . 98 C2
la Chapelle-Montmartin (41) . 96 C1
la Chapelle-
-Montmoreau (24). 123 F6
la Chapelle-Montreuil (86) . . 108 D1
la Chapelle-Moulière (86). . . 94 D6
la Chapelle-Moutils (77) 44 B4
la Chapelle-Naude (71). . . . 116 D1
la Chapelle-Neuve (22) 32 C4
la Chapelle-Neuve (56) 55 F4
la Chapelle-Onzerain (45) . . . 62 B5

la Chapelle-Orthemale (36) . . 96 B5
la Chapelle-Palluau (85) . . . 91 F3
la Chapelle-Pouilloux (79) . . 108 C5
la Chapelle-près-Sées (61) . . . 39 F6
la Chapelle-Rablais (77) . . . 64 C1
la Chapelle-Rainsouin (53) . . 59 E4
la Chapelle-Rambaud (74) . . 118 C6
la Chapelle-Réanville (27). . . 41 F2
la Chapelle-Rousselin (49) . . 75 H5
Chapelle-Royale (28). 61 G4
la Chapelle-Saint-André (58) . 83 E5
la Chapelle-
-Saint-Aubert (35) 57 H1
la Chapelle-Saint-Aubin (72) . 60 A5
la Chapelle-
-Saint-Étienne (79) 92 D6
la Chapelle-
-Saint-Florent (49) 75 G4
la Chapelle-Saint-Fray (72) . . 60 A4
la Chapelle-
-Saint-Géraud (19). 139 F4
la Chapelle-Saint-Jean (24) . 138 A2
la Chapelle-Saint-Laud (49) . 77 F3
la Chapelle-
-Saint-Laurent (79) 93 E5
la Chapelle-
-Saint-Laurian (36) 96 D3
la Chapelle-Saint-Luc (10) . . 66 B3
la Chapelle-
-Saint-Martial (23) 111 G6
la Chapelle-Saint-Martin (73) . 131 G4
la Chapelle-Saint-Martin-
-en-Plaine (41). 80 A3
la Chapelle-
-Saint-Maurice (74) 132 B3
la Chapelle-Saint-Mesmin (45) . 80 D1
la Chapelle-Saint-Ouen (76) . . 19 E3
la Chapelle-
-Saint-Quillain (70) 87 E4
la Chapelle-Saint-Rémy (72). . 60 C5
la Chapelle-
-Saint-Sauveur (44) 76 B4
la Chapelle-
-Saint-Sauveur (71) 102 B5
la Chapelle-Saint-Sépulcre (45) . 64 B6
la Chapelle-Saint-Sulpice (77) . 64 D1
la Chapelle-Saint-Ursin (18) . 97 G3
la Chapelle-Souëf (61) 60 D3
la Chapelle-
-sous-Brancion (71). 116 B2
la Chapelle-sous-Dun (71) . . 115 F4
la Chapelle-sous-Orbais (51) . 44 D3
la Chapelle-
-sous-Uchon (71). 100 C5
Chapelle-Spinasse (19) 139 G1
la Chapelle-sur-Aveyron (45) . 82 B1
la Chapelle-sur-Chézy (02) . . 44 B3
la Chapelle-sur-Coise (69). . . 129 G4
la Chapelle-sur-Dun (76) . . . 17 F2
la Chapelle-sur-Erdre (44). . . 74 D4
la Chapelle-
-sur-Furieuse (39) 103 F3
la Chapelle-sur-Loire (37) . . . 94 B1
la Chapelle-sur-Oreuse (89) . 65 E3
la Chapelle-sur-Oudon (49) . . 75 H1
la Chapelle-sur-Usson (63). . 127 H6
la Chapelle-Taillefert (23) . . . 111 G6
la Chapelle-Thècle (71). . . . 116 D1
la Chapelle-Thémer (85) . . . 107 E1
la Chapelle-Thireuil (79). . . . 107 G1
la Chapelle-Thouarault (35) . . 57 E2
la Chapelle-Urée (50) 37 F5
Chapelle-Vallon (10) 66 B2
la Chapelle-
-Vaupelteigne (89) 83 H1
la Chapelle-
-Vendômoise (41) 79 H3
la Chapelle-Vicomtesse (41). . 61 G6
la Chapelle-Viel (61) 40 A5
la Chapelle-Villars (42) . . . 129 H6
Chapelle-Viviers (86). 109 G2
la Chapelle-Voland (39) . . . 102 C5
la Chapelle-Yvon (14) 15 G6
les Chapelles (73) 133 E4
les Chapelles-Bourbon (77) . . 43 G5
Chapelon (45) 63 H5
la Chapelotte (18) 81 H6
Chapet (78) 42 A3
Chapois (39) 103 F4
Chaponnay (69) 130 B4
Chaponost (69) 129 H3
Chappes (03) 113 F3
Chappes (08) 23 G3
Chappes (10) 66 C4
Chappes (63) 127 F2
Chaptelat (87) 124 B2
Chaptuzat (63) 113 G6
Charancieu (38) 131 F5
Charantonnay (38) 130 C5
Charavines (38) 131 E6
Charbogne (08) 24 A4
Charbonnat (71) 100 C5
Charbonnier-les-Mines (63) . 127 G6
Charbonnières (28) 61 F4
Charbonnières (71) 116 B3
Charbonnières-
-les-Bains (69) 129 H3
Charbonnières-
-les-Sapins (25) 103 H2
Charbonnières-
-les-Varennes (63) 127 E2
Charbonnières-
-les-Vieilles (63) 127 E1
Charbuy (89) 83 F2
la Charce (26) 159 F3
Charcé-Saint-Ellier-
-sur-Aubance (49) 77 E5

Charcenne (70) 87 E5
Charchigné (53) 59 F2
Charchilla (39) 117 H2
Charcier (39) 117 H1
Chard (23) 126 B1
Chardeny (08) 24 A4
Chardogne (55) 47 E4
Chardonnay (71) 116 B2
Chareil-Cintrat (03) 113 G4
Charencey (21) 85 E5
Charency-Vezin (54) 25 F4
Charens (26) 159 F2
Charensat (63) 126 C1
Charentay (69) 116 A6
Charentenay (89) 83 F3
Charentilly (37) 78 D5
Charenton-du-Cher (18) . . . 98 A6
Charenton-le-Pont (94) 42 D4
Charentonnay (18) 98 C2
Charette (38) 130 D2
Charette-Varennes (71) . . . 102 B4
Charey (54) 48 B2
Charézier (39) 117 H1
Chargé (37) 79 F5
Chargey-lès-Gray (70) 86 C4
Chargey-lès-Port (70) 87 F2
Chariez (70) 87 F3
Charigny (21) 84 D5
la Charité-sur-Loire (58) . . . 98 D2
Charix (01) 117 G5
Charlas (31) 184 B3
Charleval (13) 191 H2
Charleval (27) 19 E5
Charleville (51) 44 D4
Charleville-Mézières (08) . . 24 A1
Charleville-sous-Bois (57) . . 26 D5
Charlieu (42) 115 F5
Charly (18) 98 B4
Charly (69) 130 A4
Charly-Oradour (57) 26 C5
Charly-sur-Marne (02) 44 B3
Charmant (16) 122 C5
Charmauvillers (25) 88 D6
Charmé (16) 122 B1
le Charme (39) 102 D4
le Charme (45) 82 C2
la Charmée (71) 101 G6
Charmeil (03) 114 A5
le Charmel (02) 44 C1
Charmensac (15) 141 F2
Charmentray (77) 43 F3
Charmes (02) 22 A2
Charmes (03) 113 H6
Charmes (21) 86 B5
Charmes (52) 68 B2
Charmes (88) 69 G2
Charmes-en-l'Angle (52) . . 67 G2
Charmes-la-Côte (54) 48 A6
Charmes-la-Grande (52) . . . 67 G2
Charmes-Saint-Valbert (70) . 86 D2
Charmes-
-sur-l'Herbasse (26) 144 B3
Charmes-sur-Rhône (07). . . 144 A5
Charmoille (25) 88 B6
Charmoille (70) 87 F3
Charmois (54) 49 E6
Charmois (90) 88 D3
Charmois-
-devant-Bruyères (88) 70 A4
Charmois-l'Orgueilleux (88) . 69 G4
Charmont (51) 46 C3
Charmont (95) 41 H1
Charmont-en-Beauce (45) . . 63 E4
Charmont-
les-Charmontois (51) 46 D3
Charmoy (10) 65 G2
Charmoy (71) 100 D5
Charmoy (89). 65 F6
Charnas (07) 143 H1
Charnat (63) 127 H1
Charnay (25) 103 F2
Charnay (69) 129 H3
Charnay-lès-Chalon (71) . . 102 A4
Charnay-lès-Mâcon (71) . . 116 B4
Charnècles (38) 145 F1
Charnizay (37) 95 F4
Charnod (39) 117 F3
Charnois (08) 11 F4
Charnoz-sur-Ain (01) 130 D2
Charny (21) 84 D6
Charny (77) 43 F3
Charny (89) 82 D1
Charny-le-Bachot (10) 66 A1
Charny-sur-Meuse (55) 25 E6
Charolles (71) 115 F3
Charols (26) 158 C2
Charonville (28) 61 H3
Chârost (18) 97 F3
Charpentry (55) 24 C6
Charpey (26) 144 C5
Charpont (28) 41 F5
Charquemont (25) 104 D1
Charrais (86) 94 B6
Charraix (43) 142 A4
Charras (16) 122 D5
Charray (28) 61 H6
Charre (64) 181 H2
Charrecey (71) 101 F5
Charrey-sur-Saône (21) . . . 102 A2
Charrey-sur-Seine (21) . . . 66 D6
Charrin (58) 99 G5
Charritte-de-Bas (64) 181 G2
Charron (17) 106 D3
Charron (23) 112 C6
Charroux (03) 113 G5
Charroux (86) 109 E5
Chars (95) 42 A1
Charsonville (45) 62 B6
Chartainvilliers (28) 62 B1

Chartèves (02) 44 C2
la Chartre-sur-le-Loir (72) . . 78 D2
Chartrené (47) 77 G4
Chartres (28) 62 B2
Chartres-de-Bretagne (35) . . 57 E3
Chartrettes (77) 64 A1
Chartrier-Ferrière (19) . . . 138 C3
Chartronges (77) 44 A5
Chartuzac (17) 135 F1
Charvieu-Chavagneux (38) . 130 C3
Charvonnex (74) 132 B1
Chas (63) 127 G3
Chaserey (10) 66 B6
Chasnais (85) 91 H6
Chasnans (25) 103 H2
Chasnay (58) 99 E1
Chasné-sur-Illet (35) 57 F1
Chaspinhac (43) 142 C3
Chaspuzac (43) 142 B4
la Chassagne (39) 102 C4
Chassagne (63) 127 E5
Chassagne-Montrachet (21) . 101 F4
Chassagne-Saint-Denis (25) . 103 G2
Chassagny (69) 129 H4
Chassaignes (24) 136 C2
Chassagnes (43) 142 A2
Chassal (39) 117 H3
Chassant (28) 61 G3
Chassé (72) 60 B1
Chasse-sur-Rhône (38) . . . 130 A5
Chasseguey (50) 37 F5
Chasselas (71) 116 A4
Chasselay (38) 144 D2
Chasselay (69) 130 A2
Chassemy (02) 22 B5
Chassenard (03) 114 D3
Chasseneuil (36) 110 D1
Chasseneuil-du-Poitou (86) . 94 C6
Chasseneuil-
-sur-Bonnieure (16) 122 D2
Chassenon (16) 123 F2
Chasseradès (48) 156 C2
Chassey (21) 84 D5
Chassey-Beaupré (55) 68 B1
Chassey-le-Camp (71) 101 F4
Chassey-lès-Montbozon (70) . 87 H4
Chassey-lès-Scey (70) 87 F3
Chassiecq (16) 122 D1
Chassiers (07) 157 F2
Chassieu (69) 130 B3
Chassignelles (89) 84 B2
Chassignieu (38) 131 E5
Chassignolles (36) 111 G2
Chassignolles (43) 127 H6
Chassigny (52) 86 B2
Chassigny-sous-Dun (71) . . 115 F4
Chassillé (72) 59 G5
Chassors (16) 121 H3
Chassy (18) 98 B3
Chassy (71) 115 E1
Chassy (89) 83 E1
le Chastang (19) 139 E3
Chastanier (48) 156 C1
Chasteaux (19) 138 C3
Chastel (43) 141 G3
Chastel-Arnaud (26) 158 D1
Chastel-Nouvel (48) 156 A2
Chastel-sur-Murat (15) . . . 140 D3
Chastellux-sur-Cure (89) . . 84 A5
Chastreix (63) 126 C5
la Chataigneraie (85). 92 C6
Chatain (86) 109 E6
Châtaincourt (28) 41 E5
Châtas (88) 70 D2
Château (71) 115 H3
Château-Arnoux-
-Saint-Auban (04) 160 B6
Château-Bernard (38) 145 F4
Château-Bréhain (57) 49 E3
Château-Chalon (39) 102 D5
Château-Chervix (87) 124 B4
Château-Chinon
(Campagne) (58) 100 A3
Château-Chinon (Ville) (58) . 100 A3
le Château-
-d'Almenêches (61) 39 F5
Château-des-Prés (39) . . . 118 A2
le Château-d'Oléron (17) . . 120 B1
Château-d'Olonne (85) . . . 91 E6
Château-du-Loir (72) 78 C3
Château-Gaillard (01) 130 D1
Château-Garnier (86) 109 E4
Château-Gontier (53) 76 D1
Château-Guibert (85) 91 H5
Château-la-Vallière (37) . . . 78 B4
Château-l'Abbaye (59). 4 B6
Château-Landon (77) 64 A4
Château-Larcher (86) 109 E3
Château-l'Évêque (24) 137 F2
Château-l'Hermitage (72) . . 78 A2
Château-Porcien (08) 23 F3
Château-Renard (45) 64 C6
Château-Renault (37) 79 F4
Château-Rouge (57) 27 E4
Château-Salins (57) 49 E4
Château-sur-Allier (03) . . . 98 D5
Château-sur-Cher (63) . . . 112 C6
Château-sur-Epte (27) 19 G6
Château-Thébaud (44) 74 D6
Château-Thierry (02) 44 B2
Château-Verdun (09) 199 F1
Château-Ville-Vieille (05) . . 147 F6
Château-Voué (57) 49 F3
Châteaubernard (16) 121 G3
Châteaubleau (77) 43 H6
Châteaubourg (07) 144 A4
Châteaubourg (35) 57 G3
Châteaubriant (44) 57 G6
Châteaudouble (26) 144 C5
Châteaudouble (83) 177 H5
Châteaudun (28) 61 H5

Châteaufort (04) 160 B5
Châteaufort (78) 42 B5
Châteaugay (63) 127 F2
Châteaugiron (35) 57 G3
Châteaulin (29) 53 G1
Châteaumeillant (18) 112 A2
Châteauneuf (21) 101 F1
Châteauneuf (42) 129 H5
Châteauneuf (71) 115 F5
Châteauneuf (73) 132 B5
Châteauneuf (85) 90 D2
Châteauneuf-
-de-Bordette (26) 158 D4
Châteauneuf-
-de-Chabre (05) 160 A5
Châteauneuf-
-de-Gadagne (84) 175 E2
Châteauneuf-
-de-Randon (48) 156 B2
Châteauneuf-
-de-Vernoux (07) 143 H5
Châteauneuf-
-d'Entraunes (06) 161 G6
Châteauneuf-
-d'Ille-et-Vilaine (35) 36 A5
Châteauneuf-d'Oze (05) . . . 160 A3
Châteauneuf-du-Faou (29) . . 53 H1
Châteauneuf-du-Pape (84) . 175 E1
Châteauneuf-
-du-Rhône (26) 158 A3
Châteauneuf-
-en-Thymerais (28) 41 E6
Châteauneuf-Grasse (06) . . 178 C4
Châteauneuf-la-Forêt (87) . 124 D3
Châteauneuf-le-Rouge (13) . 176 B6
Châteauneuf-les-Bains (63) . 126 D1
Châteauneuf-
-les-Martigues (13) 191 H5
Châteauneuf-Miravail (04) . 159 H6
Châteauneuf-
-sur-Charente (16) 122 A4
Châteauneuf-sur-Cher (18) . 97 G5
Châteauneuf-sur-Isère (26) . 144 B4
Châteauneuf-sur-Loire (45) . 81 F1
Châteauneuf-sur-Sarthe (49) . 77 E2
Châteauneuf-
-Val-de-Bargis (58) 99 E1
Châteauneuf-Val-
-Saint-Donat (04) 160 B6
Châteauneuf-
-Villevieille (06) 195 F2
Châteauponsac (87) 110 C5
Châteauredon (04) 177 F1
Châteaurenard (13) 175 E3
Châteaurenard (45) 96 C5
Châteauroux-
-les-Alpes (05) 161 E1
Châteauvert (83) 177 E6
Châteauvieux (05) 160 B3
Châteauvieux (41) 96 A1
Châteauvieux (83) 178 A3
Châteauvieux-
-les-Fossés (25) 103 H2
Châteauvilain (38) 130 D5
Châteauvillain (52) 67 G5
le Châtel (73) 146 C1
le Châtel (74) 119 G4
Châtel-Censoir (89) 83 G4
Châtel-Chéhéry (08) 24 C5
Châtel-de-Joux (39) 117 H2
Châtel-de-Neuvre (03) 113 H3
Châtel-Gérard (89) 84 B3
Châtel-Guyon (63) 127 E2
Châtel-Montagne (03) 114 C6
Châtel-Moron (71) 101 F5
Châtel-Saint-Germain (57) . . 26 B5
Châtel-sur-Moselle (88). . . . 69 H2
Châtelaillon-Plage (17) . . . 106 D5
Châtelain (53) 76 D1
la Châtelaine (39) 103 E4
Châtelais (49) 76 B2
le Châtelard (73) 132 B3
le Châtelard (38) 77 E3
Châtelaudren (22) 33 F4
Chatelay (39) 103 E3
Châtelblanc (25) 103 G6
le Châtelet (18) 112 B1
le Châtelet-en-Brie (77) . . . 64 B1
le Châtelet-sur-Meuse (52) . . 68 C6
le Châtelet-
-sur-Retourne (08) 23 G4
le Châtelet-
-sur-Sormonne (08) 10 D6
les Châtelets (28) 40 C5
le Chateley (39) 102 D4
Châtelneuf (39) 103 F6
Châtelneuf (42) 128 D4
Châtelperron (03) 114 B3
Châtelraould-
-Saint-Louvent (51) 46 A5
Châtelus (03) 114 C5
Châtelus (38) 145 E3
Châtelus (42) 129 G4
Châtelus-le-Marcheix (23) . 124 D1
Châtelus-Malvaleix (23) . . . 111 H4
Châtenay (01) 116 D6
Châtenay (28) 62 D2
Châtenay (38) 144 C1
Châtenay (71) 115 G4

Châtenay-en-France (95) . . . 42 D4
Chatenay-Mâcheron (52) . . . 86 B3
Châtenay-Malabry (92) 42 C4
Châtenay-sur-Seine (77) . . . 64 D2
Chatenay-Vaudin (52) 86 B3
le Châtenet-
-en-Dognon (87) 124 C2
Châteney (70) 87 H4
Châtenois (39) 102 D3
Châtenois (67) 71 F4
Châtenois (70) 87 H4
Châtenois (88) 69 E3
Châtenois-les-Forges (90) . . 88 C4
Châtenoy (45) 81 G2
Châtenoy (77) 64 A4
Châtenoy-en-Bresse (71) . . 101 G5
Châtenoy-le-Royal (71) . . . 101 G5
Châtignac (16) 136 A4
Chatignonville (91) 62 D3
Châtillon (03) 113 G3
Châtillon (39) 103 E4
Châtillon (69) 129 H2
Châtillon (86) 108 D4
Châtillon (92) 42 C4
Châtillon-Coligny (45) 82 B1
Châtillon-en-Bazois (58) . . . 99 G3
Châtillon-en-Diois (26) . . . 159 F1
Châtillon-en-Dunois (28) . . 61 G4
Châtillon-en-Michaille (01) . . 117 H4
Châtillon-en-Vendelais (35) . 58 A2
Châtillon-Guyotte (25) 87 G6
Châtillon-la-Borde (77) 64 B1
Châtillon-la-Palud (01) . . . 130 D2
Châtillon-le-Duc (25) 87 F6
Châtillon-le-Roi (45) 63 E3
Châtillon-lès-Sons (02) 22 C2
Châtillon-Saint-Jean (26) . . 144 C3
Châtillon-
-sous-les-Côtes (55) 47 G1
Châtillon-sur-Broué (51) . . . 67 E2
Châtillon-
-sur-Chalaronne (01) . . . 116 C6
Châtillon-sur-Cher (41) . . . 96 B6
Châtillon-sur-Cluses (74). . . 119 E5
Châtillon-sur-Colmont (53) . 58 D2
Châtillon-sur-Indre (36) . . . 95 H4
Châtillon-sur-Lison (25) . . . 103 F2
Châtillon-sur-Loire (45) . . . 82 A4
Châtillon-sur-Marne (51) . . . 44 D1
Châtillon-sur-Morin (51) . . . 44 C4
Châtillon-sur-Oise (02) 22 B1
Châtillon-sur-Saône (88) . . . 69 E5
Châtillon-sur-Seine (21) . . . 85 E1
Châtillon-sur-Thouet (79) . . 93 G6
Châtin (58) 100 A2
Châtonnay (38) 130 D5
Chatonnay (39) 117 F2
Chatonrupt-
-Sommermont (52) 67 H2
Chatou (78) 42 C3
la Châtre (36) 111 H2
la Châtre-Langlin (36) 110 D4
Châtres (10) 65 H1
Châtres (24) 138 A1
Châtres (77) 43 F5
Châtres-la-Forêt (53) 59 E4
Châtres-sur-Cher (41) 96 D1
Châtrices (51) 46 D1
Chattancourt (55) 25 E6
Chatte (38) 144 D3
Chatuzange-le-Goubet (26) . 144 C4
Chaucenne (25) 87 E6
Chauchailles (48) 141 H5
Chauché (85) 91 H3
le Chauchet (23) 112 B5
Chauchigny (10) 66 A2
Chauconin-
-Neufmontiers (77) 43 G2
Chaudardes (02) 22 D5
Chaudebonne (26) 159 E3
Chaudefonds-sur-Layon (49) . 76 C5
Chaudefontaine (25) 87 G6
Chaudefontaine (51) 46 C1
Chaudenay (52) 86 C1
Chaudenay (71) 101 G4
Chaudenay-la-Ville (21) . . . 101 E2
Chaudenay-le-Château (21) . 101 E2
Chaudeney-sur-Moselle (54) . 48 B5
Chaudes-Aigues (15) 141 F5
Chaudeyrac (48) 156 C1
Chaudeyrolles (43) 143 E4
la Chaudière (26) 158 D2
Chaudon (28) 41 F4
Chaudon-Norante (04) 177 G1
Chaudrey (10) 66 C2
Chaudron-en-Mauges (49) . . 76 B5
Chaudun (02) 22 A5
Chauffailles (71) 115 F4
Chauffayer (05) 146 A5
Chauffecourt (88) 69 F2
Chauffour-lès-Bailly (10) . . . 66 C4
Chauffour-lès-Étréchy (91) . . 63 F1
Chauffour-sur-Vell (19) . . . 138 D4
Chauffours (28) 62 A2
Chauffourt (52) 68 B5
Chauffry (77) 44 A4
Chaufour-lès-Bonnières (78) . 41 G3
Chaufour-Notre-Dame (72). . 60 A5
Chaugey (21) 85 G6
Chaulgnes (58) 98 D2
Chaulhac (48) 141 G5
Chaulieu (50) 37 H4
la Chaulme (63) 128 C6
Chaulnes (80) 21 F1
Chaum (31) 184 A5
Chaumard (58) 100 A2
la Chaume (21) 85 E1
Chaume-et-Courchamp (21) . 86 B4
Chaume-lès-Baigneux (21) . . 85 E3
Chaumeil (19) 125 F6

Chaumercenne (70) 86D6
Chaumergy (39) 102C4
Chaumes-en-Brie (77). 43G5
Chaumesnil (10) 67 E2
Chaumont (18) 98B5
Chaumont (52) 67H5
Chaumont (61) 39G4
Chaumont (74). 118A6
Chaumont (89) 64D3
Chaumont-d'Anjou (49) 77 F4
Chaumont-
    -devant-Damvillers (55) . . 25 F5
Chaumont-en-Vexin (60) . . . 19H6
Chaumont-la-Ville (52) 68D4
Chaumont-le-Bois (21) 67 E6
Chaumont-le-Bourg (63). . . 128B6
Chaumont-Porcien (08). 23 F2
Chaumont-sur-Aire (55) 47 F3
Chaumont-sur-Loire (41) . . . 79G5
Chaumont-
    -sur-Tharonne (41) 80D4
Chaumontel (95) 42D1
Chaumot (58). 99G1
Chaumot (89). 64D5
Chaumousey (88) 69H4
Chaumoux-Marcilly (18). . . . 98B2
Chaumussay (37) 95 F4
Chaumusse (39) 118A1
Chaumuzy (51) 45 E1
Chaunac (17) 121G6
Chaunay (86) 108D4
Chauny (02) 21H3
Chauray (79) 107H3
Chauriat (63) 127G3
Chaussade (23) 125H1
Chaussaire (49) 75 F5
Chaussan (69) 129H4
Chaussée (76) 17G3
Chaussée (86) 94A4
Chaussée-d'Ivry (28). 41 F3
Chaussée-
    -Saint-Victor (41) 80A3
Chaussée-sur-Marne (51) . . 46A4
Chaussée-Tirancourt (80). . . 7 F5
Chaussenac (15) 139H3
Chaussenans (39) 103 E5
Chausseterre (42) 128B2
Chaussin (39) 102C3
Chaussoy-Epagny (80) 20 C2
Chaussy (45) 63 E4
Chaussy (95) 41H1
Chautay (18) 98C4
Chauvac-
    -Laux-Montaux (26) . . . 159G4
Chauvé (44) 74A5
Chauve-le-Château (55) . . 25 E3
Chauvency-
    -Saint-Hubert (55) 25 E3
Chauvigné (35) 35G6
Chauvigny (86) 109G1
Chauvigny-du-Perche (41) . . 61G6
Chauvincourt-
    -Provemont (27) 19G6
Chauvirey-le-Châtel (70) . . . 86D2
Chauvirey-le-Vieil (70) 86D2
Chauvoncourt (55) 47G3
Chauvry (95) 42 C2
Chaux (21) 101G2
Chaux (25) 104A3
Chaux (61) 38D6
Chaux (71) 102B5
Chaux (90) 88C2
Chaux-Champagny (39) . . . 103 F4
Chaux-des-Crotenay (39) . . 103 F6
Chaux-des-Prés (39) 118A2
Chaux-du-Dombief (39) . . 118A1
Chaux-en-Bresse (39) 102C5
Chaux-la-Lotière (70) 87 F5
Chaux-lès-Clerval (25). 88A5
Chaux-lès-Passavant (25) . . 104A1
Chaux-lès-Port (70) 87 F2
Chaux-Neuve (25) 103G6
Chauzon (07) 157G3
Chavagnac (15) 140D3
Chavagnac (24) 138B3
Chavagne (35) 57 E3
Chavagnes (49) 77 E6
Chavagnes-en-Paillers (85) . . 91H2
Chavaignes (49) 77H4
Chavanac (19) 125G4
Chavanat (23) 125 F1
Chavanatte (90) 89 E3
Chavanay (42) 129H6
Chavanges (10) 67 E1
Chavaniac-Lafayette (43) . . 142A3
Chavannaz (74) 118B6
Chavanne (70) 88B4
Chavanne (73) 132A5
Chavannes (18) 97G5
Chavannes (26) 144B3
Chavannes-
    -en-Maurienne (73) 132C6
Chavannes-les-Grands (90) . . 88D3
Chavannes-sur-l'Étang (68) . . 88D3
Chavannes-
    -sur-Reyssouze (01) . . . 116C3
Chavannes-sur-Suran (01) . . 117 F4
Chavanod (74) 132A2
Chavanoz (38) 130C3
Chavaroux (63) 127G2
Chavatte (80) 21 E1
Chaveignes (37) 94 C3
Chavelot (88) 69H3
Chavenat (16) 122C6
Chavenay (78) 42B4
Chavençon (60) 42 B1
Chavenon (03) 113 F3
Chavéria (39) 117G2
Chaveroche (19) 125H5
Chaveyriat (01) 116D5

Chavignon (02) 22 B4
Chavigny (02) 22A4
Chavigny (54) 48C5
Chavigny-Bailleul (27). 41 E3
Chaville (92). 42 C4
Chavin (36) 111 E2
Chavonne (02) 22 C5
Chavornay (01) 131G2
Chavot-Courcourt (51) 45 E2
Chavoy (50) 35H3
Chavroches (03) 114B3
le Chay (17) 120D4
Chay (25) 103 F3
Chazay-d'Azergues (69) . . 129H2
la Chaze-de-Peyre (48) . . . 155G1
Chazé-Henry (49) 76A2
Chazé-sur-Argos (49) 76 B3
Chazeaux (07) 157 F2
Chazelet (36) 110D2
Chazelles (15) 141G3
Chazelles (16) 122D4
Chazelles (39) 117 E3
Chazelles (43) 141H4
Chazelles-sur-Albe (54). . . . 49G6
Chazelles-sur-Lavieu (42) . . 128D5
Chazelles-sur-Lyon (42). . . 129 F4
Chazemais (03) 112 C2
Chazeuil (21) 86A4
Chazeuil (58) 99 F1
Chazey-Bons (01). 131 F2
Chazey-sur-Ain (01) 130D2
Chazilly (21) 101 E2
Chazot (25). 88 B6
Chécy (45) 81 E1
Chédigny (37) 95G1
Chef-Boutonne (79). 108 B5
Chef-du-Pont (50) 12D4
Chef-Haut (88) 69 F2
Cheffes (49) 77 E3
Cheffois (85) 92 C6
Cheffreville-
    -Tonnencourt (14) 15 F6
le Chefresne (50) 37 F3
Chéhéry (08) 24B2
Cheignieu-la-Balme (01). . . 131 F2
Cheillé (37). 94C1
Cheilly-lès-Maranges (71) . . 101 F4
Chein-Dessus (31) 184C5
Cheissoux (87) 124D2
le Cheix (63) 127 F1
Cheix-en-Retz (44) 74B5
Chélan (32) 184A2
Chelers (62) 7H1
Chélieu (38) 131 E5
Chelle-debat (65) 183 F2
Chelle-Spou (65) 183 F4
Chelles (60) 21G5
Chelles (77) 43 E4
Chelun (35) 57H5
Chemaudin (25). 103 F1
Chemazé (53) 76C1
Chemellier (49) 77 F6
Chemenot (39) 102D4
Chémeré-en-Charnie (72) . . 59G5
Chémeré-le-Gaudin (72) . . . 59H6
Chémeré-sur-Sarthe (49) . . 77 E2
Chemy (59) 3 F6
Chenac-Saint-Seurin-
    -d'Uzet (17) 120D5
Chenailler-Mascheix (19) . . 139 F4
la Chenalotte (25) 104C2
Chénas (69) 116A5
Chenaud (24) 136A4
Chenay (51) 23 E5
Chenay (72) 60A1
Chenay (79) 108C3
Chenay-le-Châtel (71) 114D5
le Chêne (10) 66B1
Chêne-Arnoult (89) 82C1
Chêne-Bernard (39) 102C4
Chêne-en-Semine (74) . . . 118A6
Chêne-Sec (39) 102C4
Chenebier (70) 88B3
Chenecey-Buillon (25) . . . 103 F2
Cheneché (86) 94B5
Chênedollé (14) 38A3
Chênedouit (61). 38C4
Chenelette (69) 115H5
Chénérailles (23) 112A6
Chenereilles (42) 143E3
Chenereilles (43) 143 E3
Chenevelles (86) 94D6
Chenevières (54) 49 F6
Chenevrey-et-Morogne (70). . 86D6
Chenex (89) 84A1
Chenicourt (54) 48D3
Chenières (54) 25H4
Chéniers (23) 111 F3

Cheniers (51) 45G3
Chenillé-Changé (49) 76D2
Cheniménil (88) 70 B4
Chennebrun (27). 40 B5
Chennegy (10) 65H4
Chennevières-
    -lès-Louvres (95) 43 E2
Chennevières-
    -sur-Marne (94) 43 E4
Chenois (57) 49 E2
Chenoise (77) 44A6
Chenommet (16) 122C1
Chenon (16). 122C1
Chenonceaux (37). 79G6
Chenou (77). 64A4
Chenôve (21) 85H6
Chenôves (71) 101 F6
Chens-sur-Léman (74). . . . 118C3
Chenu (72) 78B3
Cheny (89) 65 F6
Chepniers (17) 135G1
Chepoix (60) 20 C3
la Cheppe (51) 46A2
Cheppes-la-Prairie (51). . . . 46A4
Cheppy (55) 24D6
Cheptainville (91) 63 F1
Chepy (51) 46A3
Chépy (80) 6C4
Chérac (17) 121 F3
Chérancé (53) 76 B1
Chérancé (72) 60A3
Chéraute (64). 181G2
Cherbonnières (17) 121G1
Cherbourg-Octeville (50) . . 12 C2
Chérence (95) 41G2
Chérencé-le-Héron (50) . . . 37 F4
Chérencé-le-Roussel (50) . . . 37G4
Chéreng (59) 3G5
les Chères (69). 129H2
Chérêt (02). 22 C4
Chériennes (62). 7 E2
Cherier (42) 128C1
Chérigné (79) 108B5
les Chéris (50) 37 E5
Chérisay (72) 60A2
Chérisey (57) 26C6
Chérisy (28) 41 F5
Chérisy (62) 8C3
Chérizet (71) 115H2
Chermignac (17) 121 E3
Chermisey (88) 68C2
Chermizy-Ailles (02) 22 C4
Chéronnac (87) 123 F3
Chéronvilliers (27). 40 B4
Chéroy (89) 64 C4
Cherré (49). 77 E2
Cherré (72) 60D4
Cherreau (72). 60D4
Cherrueix (35) 35 F4
Cherval (24) 122D6
Chervaix-Cubas (24) 138A1
Cherves (86) 93H6
Cherves-Châtelars (16) . . . 123 E2
Cherves-Richemont (16). . 121G3
Chervettes (17) 107 F6
Cherveux (79) 107H2
Chervey (10) 66D5
Cherville (51) 45G2
Chéry (18) 97 E2
Chéry-Chartreuve (02) 22 C6
Chéry-lès-Pouilly (02) 22 C2
Chéry-lès-Rozoy (02). 23 F2
Chesley (10) 66B6
le Chesnay (78) 42B4
le Chesne (08) 24B3
le Chesne (27) 40 C3
Chesnois-Auboncourt (08). . 23H3
Chesny (57) 26C6
Chessenaz (74) 118A6
Chessy (69) 129G2
Chessy (77) 43 F4
Chessy-les-Prés (10) 66A6
Chéu (89) 65H6
Cheuge (21) 86B5
Cheust (65) 183 E4
Cheux (14) 14A5
Chevagnes (03) 114B1
Chevagny-
    -les-Chevrières (71). . . . 116B4
Chevagny-sur-Guye (71) . . 115H2
Chevaigné (35) 57 F2
Chevaigné-du-Maine (53). . 59 F1
le Chevain (72) 60A2
Cheval-Blanc (84) 175 F3
Chevaline (74) 132B3
la Chevallerais (44) 74C3
Chevanceaux (17) 135H1
Chevannay (21) 85 E5
Chevannes (21) 101G2
Chevannes (45) 64B5
Chevannes (89) 83 F2
Chevannes (91) 63G1
Chevannes-Changy (58) . . . 99 F1
Chevenon (58) 99 E4
Chevenoz (74) 119 F3
Cheverny (41) 80A4
Cheveuges (08) 24B2
Chevières (08) 24C5
Chevigney (70) 86C6
Chevigney-lès-Vercel (25). . 104A1
Chevigney-sur-l'Ognon (25). . 87 E6
Chevigny (39) 102 C2
Chevigny-en-Valière (21) . . 101H3
Chevigny-
    -Saint-Sauveur (21) . . . 85H6
Chevillard (01) 117G5
Chevillé (72) 59G6
Chevillon (52) 67H1
Chevillon (89) 82D1
Chevillon-sur-Huillard (45) . . 64A6

la Chevillotte (25) 103G1
Chevilly (45). 62D5
Chevilly-Larue (94) 42D5
Chevinay (69) 129G3
Chevincourt (60) 21 F4
Cheviré-le-Rouge (49) 77G3
Chevrainvilliers (77) 64A4
Chevreaux (39) 117 F2
Chevregny (02) 22 C4
Chèvremont (90) 88D3
la Chèvrerie (16) 108D6
Chevresis-Monceau (02). . 22 B1
Chevreuse (78) 42 B5
Chèvreville (50) 37G5
Chèvreville (60) 43G1
Chevrier (74) 118A5
Chevrières (38) 144D2
Chevrières (42) 129 F5
Chevrières (60) 21 E5
Chevroches (58) 83 F5
la Chevrolière (44). 74C6
Chevrotaine (39) 103 F6
Chevroux (01) 116C3
Chevroz (25) 87 F6
Chevru (77) 44A5
Chevry (01) 118B4
Chevry (50) 37 F2
Chevry-Cossigny (77) 43 F5
Chevry-en-Sereine (77) . . . 64C3
Chevry-sous-le-Bignon (45) . . 64B4
Chey (79) 108C4
Cheylade (15) 140C2
le Cheylard (07) 143 F5
Cheylard-l'Évêque (48). . . 156C2
le Cheylas (38) 132A6
Cheyssieu (38) 130A6
Chezal-Benoît (18). 97 F5
la Chèze (22) 55H2
Chèze (65) 182D6
Chezelle (03) 113G5
Chezelles (36) 96B4
Chezelles (37) 94 C3
Chèzeneuve (38) 130D5
Chézery-Forens (01) 118A4
Chézy (03) 114A1
Chézy-en-Orxois (02) 44A1
Chézy-sur-Marne (02) 44B3
Chiatra (2B) 205G2
Chiché (79) 93 F5
Chicheboville (14) 38D1
Chichée (89) 83H2
Chichery (89) 83 F1
Chichey (51). 44D5
Chichilianne (38) 145 F6
Chicourt (57) 49 E3
Chiddes (58) 100A5
Chiddes (71) 115H2
Chidrac (63) 127 F5
Chierry (02) 44B2
Chieulles (57). 26 C5
Chigné (49) 78A3
Chignin (73) 132A5
Chigny (02) 9H6
Chigny-les-Roses (51) 45 F1
Chigy (89) 65 F4
Chilhac (43) 141H3
Chillac (16) 122A6
Chille (39) 102D6
Chilleurs-aux-Bois (45) 63 E5
Chilly (08) 10D6
Chilly (74) 118A6
Chilly (80) 21 E1
Chilly-le-Vignoble (39) . . . 102 C6
Chilly-Mazarin (91) 42D5
Chilly-sur-Salins (39) 103 F4
Chimilin (38) 131 F4
Chindrieux (73) 131G2
Chinon (37) 94B2
Chipilly (80) 8A6
Chirac (16) 123 F1
Chirac (48). 155G3
Chirac-Bellevue (19) 125H6
Chirassimont (42) 129 E2
Chirat-l'Église (03). 113 F4
Chiré-en-Montreuil (86) . . . 94A6
Chirens (38) 131 F6
Chirmont (80) 20 C2
Chirols (07) 157 F1
Chiroubles (69) 116A5
Chiry-Ourscamp (60) 21G3
Chis (65) 183 F2
Chisa (2B) 205 F5
Chissay-en-Touraine (41) . . 79G6
Chisseaux (37) 79G6
Chisséria (39) 117G3
Chissey-en-Morvan (71). . 100 C2
Chissey-lès-Mâcon (71) . . 116A2
Chissey-sur-Loue (39) . . . 103 E3
Chitenay (41) 80A4
Chitray (36) 110D1
Chitry (89) 83G2
Chitry-les-Mines (58) 99G1
Chives (17) 108B4
Chivres (21) 102A3
Chivres-en-Laonnois (02). . 22D2
Chivy-lès-Étouvelles (02) . . 22 C3
Chizé (79) 107H5
Chocques (62) 2C6
Choilley-Dardenay (52). . . 86B3
Choiseul (52) 68C5
Choisel (78) 42B5
Choisey (39) 102C3
Choisies (59) 10A3
Choisy (74) 118B6
Choisy-au-Bac (60) 21 F4
Choisy-en-Brie (77). 44A5
Choisy-la-Victoire (60) . . . 20D5
Choisy-le-Roi (94) 42D5
Choisy-Val (50) 22B5
Chokier (38) 145G4
Choloy-Ménillot (54) 48A5
Chomelix (43) 142C2
Chomérac (07). 158A1
la Chomette (43) 141H2
Chonas-l'Amballan (38) . . 130A6
Chonville-Malaumont (55) . . 47G4
Chooz (08) 11 F4
Choqueuse-
    -les-Bénards (60) 20A2
Choranche (38) 145 E3
Chorey-les-Beaune (21) . . 101G3
Chorges (05) 160D2
Chouain (14) 14A4
Chouday (36) 97 E4
Choue (41) 61 F6
Chougny (58) 99H3
Chouilly (51) 45 F2
Chouppes (86) 94A5
Chourgnac (24) 137H2
Choussy (41) 79H6
Chouvigny (03) 113 F5
Choux (39) 117H4
les Choux (45) 82A2
Chouy (02) 21H6
Chouzé-sur-Loire (37) 94A1
Chouzelot (25) 103 F2
Chouzy-sur-Cisse (41) 79H4
Choye (70) 86D5
Chozeau (38) 130C3
Chuelles (45). 64C6
Chuffilly-Roche (08). 24A4
Chuignes (80) 8B6
Chuignolles (80) 8B6
Chuisnes (28) 61H2
Chusclan (30) 158A6
Chuyer (42) 129H6
Chuzelles (38) 130A4
Ciadoux (31) 184B3
Ciamannacce (2A) 205 E5
Ciboure (64) 180B1
Cideville (76) 17 F4
Ciel (71) 101H4
Cier-de-Luchon (31) 184A6
Cier-de-Rivière (31) 184A4
Cierges (02) 44C1
Cierges-
    -sous-Montfaucon (55) . . 24D5
Cierp-Gaud (31) 184A6
Cierrey (27) 41 E2
Cierzac (17) 121G4
Cieurac (46) 152D4
Cieutat (65) 183 F4
Cieux (87) 123H1
Ciez (58) 82D5
Cigogné (37) 95 F1
Cilly (02) 22D2
Cinais (37) 94B2
Cindré (03) 114B4
Cinq-Mars-la-Pile (37). . . . 78C6
Cinqueux (60) 20D5
Cintegabelle (31) 185G2
Cinteaux (14) 38D2
Cintray (27) 40 C4
Cintray (28) 62A2
Cintré (35) 56D3
Cintrey (70) 86D2
Ciral (61) 59G1
Ciran (37) 95 F3
Circourt (88) 69G3
Circourt-sur-Mouzon (88) . . 68D3
Ciré-d'Aunis (17) 107 E6
Cirès (31) 183H6
Cires-lès-Mello (60). 20 C6
Cirey (70) 87G5
Cirey-lès-Mareilles (52). . . 68A4
Cirey-lès-Pontailler (21) . . 86 B6
Cirey-sur-Blaise (52) 67G3
Cirey-sur-Vezouze (54) . . . 49H6
Cirfontaines-en-Azois (52) . . 67G5
Cirfontaines-en-Ornois (52) . . 68B1
Cirières (79) 92D4
Ciron (36) 110 C1
Ciry-le-Noble (71) 115 F1
Ciry-Salsogne (02). 22 B5
Cisai-Saint-Aubin (61). 39G4
Cissac-Médoc (33). 134D2
Cissé (86) 94B6
Cisternes-la-Forêt (63) . . . 126C3
Cistrières (43) 142A1
Citerne (80) 6D5
Citers (70) 87H2
Citey (70) 87 E5
Citou (11) 187 F2
Citry (77) 44A3
Civaux (86) 109G2
Civens (42) 129 E3
Civières (27) 41G1
Civrac-de-Blaye (33) 135 F3
Civrac-en-Médoc (33) . . . 120 C6
Civrac-sur-Dordogne (33). . 136A5
Civray (18) 97 F4
Civray (86) 109 E5
Civray-de-Touraine (37) . . . 79 F6
Civray-sur-Esves (37) 95 E3
Civrieux (01) 130A1
Civrieux-d'Azergues (69). . 129H2
Civry (28) 62B5
Civry-en-Montagne (21) . . 85 E6
Civry-la-Forêt (78) 41G4
Cizancourt (80) 8A6
Cizay-la-Madeleine (49). . . 93G1
Cize (01) 117 F5
Cize (39) 103 F5
Cizely (58) 99 F3
Cizos (65) 183H2
Clacy-et-Thierret (02) 22 C3

Claira (66) 201 F2
Clairac (47). 150D4
Clairavaux (23) 125G3
Clairefontaine-
    -en-Yvelines (78) 42A6
Clairefougère (61) 38A4
Clairegoutte (70) 88B3
Clairfayts (59) 10B3
Clairfontaine (02) 10A5
Clairmarais (62) 2 B4
Clairoix (60) 21 F4
Clairvaux-d'Aveyron (12) . . 154B4
Clairvaux-les-Lacs (39) . . . 117H1
Clairy-Saulchoix (80). 7 F6
Clais (76) 19 F1
Claix (16) 122B5
Claix (38) 145G3
Clam (17) 121 F5
Clamanges (51) 45 F4
Clamart (92) 42 C4
Clamecy (02) 22A4
Clamecy (58) 83 F5
Clamensane (04) 160B4
Clamerey (21) 84D5
Clans (06) 178D1
Clans (70) 87 F3
Clansayes (26) 158B4
le Claon (55) 46D1
le Clapier (12) 172B3
Clapiers (34) 173 F5
Clara (66) 200 C3
Clarac (31) 184A4
Clarac (65) 183 F3
Claracq (64) 166B6
Clarafond-Arcine (74) 118A6
Clarbec (14) 15 E4
Clarens (65) 183G3
Clarensac (30) 174A3
Claret (04) 160B4
Claret (34) 173 F3
Clarques (62) 2 B5
Clary (59) 9 E4
Classun (40) 166A4
Clastres (02) 21H1
Clasville (76) 18A1
le Clat (11) 200A1
Claudon (88) 69 F5
le Claux (15) 140 C3
Clavans-
    -en-Haut-Oisans (38). . . 146B3
Clavé (79) 108B2
Claveisolles (69) 115H6
Clavette (17). 106D5
Claveyson (26) 144B2
Clavières (15) 141G4
Claviers (83) 178A5
Claville (27) 40D2
Claville-Motteville (76) . . . 17H5
Clavy-Warby (08). 23H1
Claye-Souilly (77) 43 F3
Clayes (35) 57 E2
les Clayes-sous-Bois (78) . . 42B4
la Clayette (71) 115G4
Clayeures (54) 69H1
Clécy (14) 38B3
Cléden-Cap-Sizun (29) . . . 52 C2
Cléden-Poher (29) 32B6
Cléder (29) 31G2
Clèdes (40) 166B5
Cleebourg (67) 51 F2
Clefmont (52). 68C5
Clefs (49) 77G3
les Clefs (74) 132 C2
Cléguer (56) 54 C4
Cléguérec (56) 55 E2
Clelles (38) 145 F5
Clémencey (21) 101G2
Clémensat (63) 127 F5
Clémery (54) 48 C3
Clémont (18) 81 F4
Clénay (21) 85H5
Clenleu (62) 1G6
Cléon (76) 18 C5
Cléon-d'Andran (26) 158C2
Cleppé (42) 129 E3
Clérac (17) 135H2
Cléré-du-Bois (36). 95G4
Cléré-les-Pins (37) 78B5
Cléré-sur-Layon (49) 93 F2
Clères (76) 18D3
Cléry (10) 66B4
Cléry-la-Côte (88) 68D1
Cléry-sur-Brenon (54) 69 F1
Clérgoux (19) 139 F2
Clérieux (26) 144B3
les Clérimois (89) 65 F4
le Clerjus (88) 69H6
Clerlande (63) 127 F2
Clermain (71). 115H3
Clermont (09) 185 F5
Clermont (40) 165 F4
Clermont (60) 20 C5
Clermont (74) 131H1
Clermont-Créans (72) 77H2
Clermont-
    -de-Beauregard (24) . . . 137 E4
Clermont-Dessous (47). . . 150D5
Clermont-d'Excideuil (24). . 137H1
Clermont-en-Argonne (55). . 46D1
Clermont-Ferrand (63) . . . 127 F3
Clermont-le-Fort (31) 185 F1
Clermont-les-Fermes (02). . 23 E2
Clermont-l'Hérault (34). . . 172C5
Clermont-Pouyguillès (32) . . 167G6
Clermont-Savès (32) 168C5
Clermont-Soubiran (47) . . 151G6
Clermont-sur-Lauquet (11) . . 187 E5
Cléron (25) 103G2
Clerques (62) 1H3
Clerval (25) 88A5
Cléry (21) 86C6

220

Cléry (73) 132 C4
Cléry-en-Vexin (95) 42 A1
Cléry-le-Grand (55) 24 D5
Cléry-le-Petit (55) 24 D5
Cléry-Saint-André (45) 80 C2
Cléry-sur-Somme (80) 8 B5
Clesles (51) 65 H1
Clessé (71) 116 B3
Clessé (79) 93 E5
Clessy (71) 115 E2
Cléty (62) 2 A5
Cleurie (88) 70 B5
Cleuville (76) 18 A2
Cléville (14) 39 E1
Cléville (76) 15 H1
Clévilliers (28) 62 A1
Cleyrac (33) 136 A6
Cleyzieu (01) 131 E2
Clézentaine (88) 70 A2
Clichy (92) 42 C3
Clichy-sous-Bois (93) 43 E3
Climbach (67) 51 E1
Clinchamp (52) 68 B4
Clinchamps-sur-Orne (14) . . . 14 B5
Clion (17) 121 F5
Clion (36) 95 H4
Cliousclat (26) 158 B1
Cliponville (76) 17 E4
Cliron (08) 24 A1
la Clisse (17) 120 D3
Clisson (44) 75 E6
Clitourps (50) 12 D2
Clohars-Carnoët (29) 54 B5
Clohars-Fouesnant (29) 53 G3
le Cloître-Pleyben (29) 31 H6
le Cloître-
  -Saint-Thégonnec (29) . . . 32 A4
Clomot (21) 101 E2
Clonas-sur-Varèze (38) 130 A6
Clos-Fontaine (77) 43 H6
la Clotte (17) 135 H3
Clouange (57) 26 B4
Cloué (86) 108 D2
les Clouzeaux (85) 91 F5
Cloyes-sur-le-Loir (28) 61 H6
Cloyes-sur-Marne (51) 46 B5
Clucy (39) 103 F3
Clugnat (23) 111 H4
Cluis (36) 111 F2
Clumanc (04) 177 G1
Cluny (71) 116 A3
la Clusaz (74) 132 C1
la Cluse (05) 160 A1
la Cluse-et-Mijoux (25) 104 A4
les Cluses (66) 201 F4
Cluses (74) 119 E6
Clussais-
  -la-Pommeraie (79) 108 C5
Clux (71) 102 A4
Coadout (22) 33 E4
Coaraze (06) 195 F1
Coarraze (64) 182 C3
Coat-Méal (29) 30 D3
Coatascorn (22) 32 D3
Coatréven (22) 32 D2
Cobonne (26) 144 C6
Cobrieux (59) 3 G6
la Cochère (61) 39 F5
Cocherel (77) 43 H2
Cocheren (57) 27 F5
Coclois (10) 66 C1
Cocquerel (80) 7 E4
Cocumont (47) 150 B3
Cocurès (48) 156 B4
Codalet (66) 200 C3
Codognan (30) 174 A4
Codolet (30) 158 A4
Coësmes (35) 57 G5
Coëtlogon (22) 55 H2
Coëtmieux (22) 33 H5
Cœuvres-et-Valsery (02) 21 H5
Coëx (85) 91 E4
Coggia (2A) 204 C4
Coglès (35) 35 H5
Cogna (39) 117 H1
Cognac (16) 121 G3
Cognac-la-Forêt (87) 123 H2
Cognat-Lyonne (03) 113 H6
Cogners (72) 78 D1
Cognet (38) 145 G5
Cognières (70) 87 H4
Cognin (73) 131 H5
Cognin-les-Gorges (38) 145 E2
Cognocoli-Monticchi (2A) . . . 206 D1
Cogny (18) 98 A5
Cogny (69) 129 G1
Cogolin (83) 194 A4
Cohade (43) 141 G1
Cohennoz (73) 132 D3
Cohiniac (22) 33 F5
Cohons (52) 86 B2
Coiffy-le-Bas (52) 68 D6
Coiffy-le-Haut (52) 68 D6
Coigneux (80) 7 H4
Coignières (78) 42 A5
Coigny (50) 12 D5
Coimères (33) 149 H3
Coin-lès-Cuvry (57) 26 B6
Coin-sur-Seille (57) 26 B6
Coinces (45) 62 C6
Coinches (88) 70 D3
Coincourt (54) 49 F5
Coincy (02) 44 B1
Coincy (57) 26 C5
Coings (36) 96 C4
Coingt (02) 23 F1
Coirac (33) 150 A1
Coise (69) 129 G4
Coise-Saint-Jean-
  -Pied-Gauthier (73) 132 B5
Coiserette (39) 117 H3

Coisevaux (70) 88 B3
Coisia (39) 117 G4
Coisy (80) 7 G5
Coivert (17) 107 H6
Coivrel (60) 20 D3
Coizard-Joches (51) 45 E4
Colayrac-Saint-Cirq (47) 151 E5
Colembert (62) 1 G4
Coligny (01) 117 E3
Colincamps (80) 8 A4
Collan (89) 83 H1
la Collancelle (58) 99 G2
Collandres (15) 140 C2
Collandres-Quincarnon (27) . . 40 C2
Collanges (63) 127 F6
Collat (43) 142 A2
la Colle-sur-Loup (06) 195 E3
Collégien (77) 43 F4
Collemiers (89) 64 D4
Colleret (59) 10 B3
le Collet-de-Dèze (48) 156 D5
Colletot (27) 15 H3
Colleville (76) 16 C3
Colleville-Montgomery (14) . . 14 C4
Colleville-sur-Mer (14) 13 G4
Collias (30) 174 B2
Colligis-Crandelain (02) 22 C4
Colligny (57) 26 C5
Colline-Beaumont (62) 6 C2
Collinée (22) 34 A6
Collioure (66) 201 G4
Collobrières (83) 193 H4
Collonge-en-Charollais (71) . . 115 H1
Collonge-la-Madeleine (71) . . 101 E4
Collonges (01) 118 A5
Collonges-
  -au-Mont-d'Or (69) 130 A2
Collonges-la-Rouge (19) 138 D4
Collonges-lès-Bévy (21) 101 G2
Collonges-
  -lès-Premières (21) 102 B1
Collonges-
  -sous-Salève (74) 118 C5
Collongues (06) 178 C2
Collongues (65) 183 F2
Collorec (29) 32 A6
Collorgues (30) 174 A2
Colmar (68) 71 F4
Colmars (04) 161 F5
Colmen (57) 27 E3
Colméry (58) 83 E6
Colmesnil-Manneville (76) . . . 17 G2
Colmey (54) 25 F4
Colmier-le-Bas (52) 85 G2
Colmier-le-Haut (52) 85 G2
Cologne (30) 173 F1
Cologne (32) 168 C4
Colomars (06) 195 F2
Colombe (38) 131 E6
la Colombe (41) 80 A1
la Colombe (50) 37 F3
Colombé-la-Fosse (10) 67 F3
Colombé-le-Sec (10) 67 F3
Colombelles (76) 87 G3
Colombelles (14) 14 C4
Colombes (92) 42 C3
Colombey-les-Belles (54) 69 E1
Colombey-
  -les-Deux-Églises (52) . . . 67 G4
Colombier (03) 113 E4
Colombier (21) 101 F2
Colombier (24) 137 E6
Colombier (42) 143 G1
Colombier (70) 87 G3
Colombier-
  -en-Brionnais (71) 115 G3
Colombier-Fontaine (25) 88 B4
Colombier-le-Cardinal (07) . . 143 H2
Colombier-le-Jeune (07) 143 H4
Colombier-le-Vieux (07) 143 H3
Colombier-Saugnieu (69) . . . 130 C3
Colombières (14) 13 G5
Colombières-sur-Orb (34) . . . 171 H6
Colombiers (17) 121 F4
Colombiers (18) 97 H6
Colombiers (34) 188 B2
Colombiers (61) 60 A1
Colombiers (86) 94 C5
Colombiers-du-Plessis (53) . . 58 C2
Colombiers-sur-Seulles (14) . . 14 B3
Colombies (12) 154 A4
Colombotte (70) 87 H3
Colomby (50) 12 D3
Colomby-sur-Thaon (14) 14 B4
Colomiers (31) 169 E5
Colomieu (01) 131 F3
Colonard-Corubert (61) 60 D2
Colondannes (23) 111 E4
Colonfay (02) 9 G6
Colonne (39) 102 D4
Colonzelle (26) 158 B4
Colpo (56) 55 F5
Colroy-la-Grande (88) 71 E2
Colroy-la-Roche (67) 71 E2
Coltainville (28) 62 B1
Coltines (15) 141 E3
Coly (24) 138 B3
Combaillaux (34) 173 F5
Combas (30) 173 H3
la Combe-de-Lancey (38) . . . 145 H2
Combeaufontaine (70) 87 E2
Combefa (81) 170 B1
Comberanche-
  -et-Épeluche (24) 136 C1
Comberjon (70) 87 G3
Comberouger (82) 168 D3
Combertault (21) 101 G3
les Combes (25) 104 B2
Combes (34) 172 A5
Combiers (16) 122 D5
Comblanchien (21) 101 G2

Combles (80) 8 B5
Combles-en-Barrois (55) 47 E5
Comblessac (35) 56 C5
Combleux (45) 81 E1
Comblot (61) 60 D1
Combloux (74) 133 E1
Combon (27) 40 C1
Combourg (35) 35 E6
Combourtillé (35) 57 H1
Combovin (26) 144 C5
Combrailles (63) 126 C2
Combrand (79) 92 D4
Combray (14) 38 C2
Combre (42) 115 F6
Combrée (49) 76 B2
Combres (28) 61 G3
Combres-
  -sous-les-Côtes (55) 47 H2
Combressol (19) 125 G6
Combret (12) 171 F3
Combreux (45) 63 F6
Combrimont (88) 70 D3
Combrit (29) 53 F3
Combronde (63) 127 F1
Combs-la-Ville (77) 43 E5
la Comelle (71) 100 C4
Comiac (46) 139 F5
Comigne (11) 187 F4
Comines (59) 3 F4
Commana (29) 31 H5
Commarin (21) 101 F1
Commeaux (61) 38 D4
Commelle (38) 130 D6
Commelle-Vernay (42) 128 D1
Commenailles (39) 102 C5
Commenchon (02) 21 H2
Commensacq (40) 148 D5
Commentry (03) 112 D4
Commeny (95) 42 A1
Commequiers (85) 90 D3
Commer (53) 58 D3
Commercy (55) 47 H4
Commerveil (72) 60 C3
Commes (14) 13 H5
Communailles-
  -en-Montagne (39) 103 G5
Communay (69) 130 A4
Compains (63) 127 E6
Compainville (76) 19 F2
Compans (77) 43 F3
le Compas (23) 126 B1
Compertrix (51) 45 H3
Compeyre (12) 155 F6
Compiègne (60) 21 F4
Compigny (89) 65 E2
Compolibat (12) 153 H4
la Compôte (73) 132 B3
Comprégnac (12) 171 H1
Compreignac (87) 124 B1
Comps (26) 158 D2
Comps (30) 174 C3
Comps (33) 135 E3
Comps-de-Béarn (64) 166 C5
Comps-sur-Artuby (83) 177 H4
la Comté (62) 7 H1
Comus (11) 199 G1
Conan (41) 79 H2
Conand (01) 131 E2
Conat (66) 200 B3
Concarneau (29) 53 G4
Concevreux (02) 22 D5
Concèze (19) 138 B1
Conches-en-Ouche (27) 40 C3
Conches-sur-Gondoire (77) . . 43 F4
Conchez-de-Béarn (64) 166 C5
Conchil-le-Temple (62) 6 C1
Conchy-les-Pots (60) 21 E3
Conchy-sur-Canche (62) 7 F2
Concorès (46) 152 C1
Concoret (56) 56 B3
Concots (46) 153 E4
Concoules (30) 156 D4
Concourson-sur-Layon (49) . . 93 F1
Concremiers (36) 110 B1
Concressault (18) 81 H5
Concriers (41) 80 A2
Condac (16) 108 D6
Condal (71) 117 E2
Condamine (01) 117 G5
Condamine (39) 102 C6
la Condamine-
  -Châtelard (04) 161 G3
Condat (15) 140 C1
Condat (46) 138 D4
Condat-en-Combraille (63) . . 126 B2
Condat-
  -lès-Montboissier (63) . . . 127 H5
Condat-sur-Ganaveix (19) . . . 124 D6
Condat-sur-Trincou (24) 123 F6
Condat-sur-Vézère (24) 138 A3
Condat-sur-Vienne (87) 124 B3
Condé (36) 97 E4
Condé-en-Brie (02) 44 C2
Condé-Folie (80) 7 E5
Condé-lès-Autry (08) 24 B6
Condé-lès-Herpy (08) 23 F3
Condé-Northen (57) 26 D5
Condé-Sainte-Libiaire (77) . . 43 G3
Condé-sur-Aisne (02) 22 B5
Condé-sur-Huisne (61) 61 F2
Condé-sur-Iton (27) 40 C4
Condé-sur-l'Escaut (59) 9 G1
Condé-sur-Marne (51) 45 G2
Condé-sur-Noireau (14) 38 B3
Condé-sur-Risle (27) 15 H3
Condé-sur-Sarthe (61) 60 A2
Condé-sur-Seulles (14) 14 A4
Condé-sur-Suippe (02) 23 E4
Condé-sur-Vesgre (78) 41 G5

Condé-sur-Vire (50) 37 G1
Condeau (61) 61 E2
Condécourt (95) 42 A2
Condeissiat (01) 116 D5
Condéon (16) 121 H6
Condes (39) 117 G3
Condes (52) 67 H4
Condette (62) 1 F5
Condezaygues (47) 151 H3
Condillac (26) 158 B2
Condom (32) 167 G2
Condom-d'Aubrac (12) 155 E2
Condorcet (26) 158 D4
Condren (02) 22 A2
Condrieu (69) 130 A6
Conflandey (70) 87 F2
Conflans-en-Jarnisy (54) 48 A1
Conflans-
  -Sainte-Honorine (78) . . . 42 B3
Conflans-sur-Anille (72) 61 E6
Conflans-sur-Lanterne (70) . . 87 G1
Conflans-sur-Loing (45) 64 B6
Conflans-sur-Seine (51) 65 G1
Confolens (16) 109 G6
Confolent-Port-Dieu (19) . . . 126 B5
Confort (01) 117 H5
Confort-Meilars (29) 53 E2
Confracourt (70) 87 E3
Confrançon (01) 116 D4
Congé-sur-Orne (72) 60 B4
Congénies (30) 173 H4
Congerville-Thionville (91) . . 63 E2
Congis-
  -sur-Thérouanne (77) 43 G2
Congrier (53) 76 A1
Congy (51) 45 E4
Conie-Molitard (28) 62 A5
Conilhac-Corbières (11) 187 G3
Conilhac-
  -de-la-Montagne (11) 186 D5
Conjux (73) 131 G2
Conlie (72) 59 H4
Conliège (39) 102 D6
Connac (12) 171 F2
Connangles (43) 142 A1
Connantray-Vaurefroy (51) . . 45 F5
Connantre (51) 45 E5
Connaux (30) 174 C1
Conne-de-Labarde (24) 137 E6
Connelles (27) 18 D6
Connerré (72) 60 C5
Connezac (24) 123 E5
Connigis (02) 44 C2
Conquereuil (44) 74 C1
Conques (12) 154 B2
Conques-sur-Orbiel (11) 187 E3
le Conquet (29) 30 C5
Conqueyrac (30) 173 F2
Cons-la-Grandville (54) 25 G4
Cons-Sainte-Colombe (74) . . 132 C3
Consac (17) 121 E6
Conségudes (06) 195 E2
Consenvoye (55) 25 E5
Consigny (52) 68 B4
Consolation-
  -Maisonnettes (25) 104 B1
Contalmaison (80) 8 B5
Contamine-Sarzin (74) 118 B6
Contamine-sur-Arve (74) . . . 118 D5
les Contamines-
  -Montjoie (74) 133 E2
Contault (51) 46 C3
Contay (80) 7 H5
Conte (39) 103 G5
Contes (06) 195 F2
Contes (62) 7 E1
Contescourt (02) 21 H1
Contest (53) 58 D3
Conteville (14) 38 D1
Conteville (27) 15 G2
Conteville (60) 20 A2
Conteville (76) 19 G2
Conteville (80) 7 F3
Conteville-en-Ternois (62) . . 7 G1
Conteville-lès-Boulogne (62) . 1 F4
Conthil (57) 49 F3
Contigné (49) 77 E2
Contigny (03) 113 H3
Contilly (72) 60 C2
Continvoir (37) 78 A5
Contoire (80) 20 D2
Contrazy (09) 185 E4
Contré (17) 108 A6
Contre (80) 20 B1
Contréglise (70) 87 F1
Contremoulins (76) 16 C3
Contres (41) 80 A5
Contres (18) 97 H5
Contreuve (08) 24 A5
Contrevoz (01) 131 F2
Contrexéville (88) 69 E4
Contrières (50) 36 D2
Contrisson (55) 46 D4
Conty (80) 20 B1
Contz-les-Bains (57) 26 C2
Conzieu (01) 131 F3
Coole (51) 45 H5
Coolus (51) 45 H3
la Copechagnière (85) 91 G3
Copponex (74) 118 B6
Coquainvilliers (14) 15 F4
Coquelles (62) 1 G2
la Coquille (24) 123 H5
Corancez (28) 62 B2
Corancy (58) 100 B2
Coray (29) 53 H2
Corbara (2B) 202 C5
Corbarieu (82) 169 E2
Corbas (69) 130 B4
Corbehem (62) 8 C2
Corbeil (51) 46 A6

Corbeil-Cerf (60) 20 B6
Corbeil-Essonnes (91) 43 E6
Corbeilles (45) 63 H5
Corbel (73) 131 G6
Corbelin (38) 131 F4
Corbenay (70) 69 H6
Corbère (66) 200 D2
Corbère-Abères (64) 166 C6
Corbère-les-Cabanes (66) . . . 200 D2
Corberon (21) 101 H3
Corbès (30) 173 G1
Corbie (80) 7 H6
la Corbière (70) 88 A1
Corbières (04) 176 C4
Corbières (11) 186 B5
Corbon (14) 15 E5
Corbon (61) 60 D1
Corbonod (21) 131 G1
Corbreuse (91) 62 D1
Corcelle-Mieslot (25) 87 G5
Corcelles (01) 117 G6
Corcelles-
  -en-Beaujolais (69) 116 A5
Corcelles-Ferrières (25) 103 E1
Corcelles-les-Arts (21) 101 G4
Corcelles-lès-Cîteaux (21) . . 102 A2
Corcelles-les-Monts (21) 85 G6
Corcieux (88) 70 C4
Corconne (30) 173 G3
Corcoué-sur-Logne (44) 91 F1
Corcy (02) 21 H6
Cordéac (38) 145 H5
Cordebugle (14) 15 G5
Cordelle (42) 128 D1
Cordemais (44) 74 B4
Cordes-sur-Ciel (81) 170 A1
Cordes-Tolosannes (82) 168 D2
Cordesse (71) 100 D3
Cordey (14) 38 D3
Cordon (74) 133 E1
Cordonnet (70) 87 F5
Coren (15) 141 F4
Corenc (38) 145 G2
Corent (63) 127 F4
Corfélix (51) 44 D4
Corgengoux (21) 101 H3
Corgnac-sur-l'Isle (24) 123 G6
Corgoloin (21) 101 G2
Corignac (17) 135 G2
Corlay (22) 33 E6
Corlier (01) 117 F6
Cormainville (28) 62 B4
Cormaranche-
  -en-Bugey (01) 131 F1
Cormatin (71) 116 A2
Corme-Écluse (17) 120 D4
Corme-Royal (17) 120 D3
Cormeilles (27) 15 G4
Cormeilles (60) 20 B2
Cormeilles-en-Parisis (95) . . . 42 C3
Cormeilles-en-Vexin (95) . . . 42 B1
Cormelles-le-Royal (14) 14 C5
Cormenon (41) 61 F6
Cormeray (41) 80 A5
Cormery (37) 95 F1
Cormes (72) 61 E4
Cormicy (51) 22 D5
le Cormier (27) 41 E3
Cormolain (14) 37 H1
Cormont (62) 1 F5
Cormontreuil (51) 23 E6
Cormoranche-
  -sur-Saône (01) 116 B4
Cormost (10) 66 B4
Cormot-le-Grand (21) 101 F4
Cormoyeux (51) 45 E1
Cormoz (01) 117 E2
Corn (46) 153 F2
Cornac (46) 139 F5
Cornant (89) 64 D5
Cornas (07) 144 A4
Cornay (08) 24 C5
Corné (49) 77 F4
Cornebarrieu (31) 169 E5
Corneilhan (34) 188 C1
Corneilla-de-Conflent (66) . . 200 B3
Corneilla-del-Vercol (66) . . . 201 F3
Corneilla-la-Rivière (66) 201 E2
Corneillan (32) 166 C4
Corneuil (27) 40 D3
Corneville-
  -la-Fouquetière (27) 40 B2
Corneville-sur-Risle (27) 15 H3
Cornier (74) 118 D5
Cornil (19) 138 D2
Cornillac (26) 159 F3
Cornille (24) 137 F2
Cornillé (35) 57 H3
Cornillé-les-Caves (49) 77 F4
Cornillon (30) 157 H5
Cornillon-Confoux (13) 191 G3
Cornillon-en-Trièves (38) . . . 145 G5
Cornillon-sur-l'Oule (26) 159 E3
Cornimont (88) 70 C6
Cornod (39) 117 G4
Cornot (70) 87 E3
Cornus (12) 172 B3
Cornusse (18) 98 B4
Corny (27) 19 E6
Corny-Machéroménil (08) . . . 23 H3
Corny-sur-Moselle (57) 26 B6
Coron (49) 92 D2
Corpe (85) 91 H6
Corpeau (21) 101 F4
Corpoyer-la-Chapelle (21) . . . 85 E4
Corps (38) 145 H6
Corps-Nuds (35) 57 F4

Corquilleroy (45) 64 A5
Corquoy (18) 97 G5
Corrano (2A) 205 E4
Corravillers (70) . . . . 70 B
Corre (70) . . . . 69 F
Corrençon-en-Vercors (38) . . 145 F
Correns (83) . . . . 177 E
Corrèze (19) . . . . 139 F
Corribert (51) . . . . 44 D
Corrobert (51) . . . . 44 C
Corrombles (21) . . . . 84 C
Corronsac (31) . . . . 185 G
Corroy (51) . . . . 45 E
Corsaint (21) . . . . 84 C
Corsavy (66) . . . . 200 D
Corscia (2B) . . . . 204 D
Corsept (44) . . . . 73 H
Corseul (22) . . . . 34 C
Cortambert (71) . . . . 116 A
Corte (2B) . . . . 205 E
Cortevaix (71) . . . . 116 A
Cortrat (45) . . . . 82 B
les Corvées-les-Yys (28) . . . . 61 G
Corveissiat (01) . . . . 117 F
Corvol-d'Embernard (58) . . . . 99 F
Corvol-l'Orgueilleux (58) . . . . 83 E
Corzé (49) . . . . 77 E
Cos (09) . . . . 185 G
Cosges (39) . . . . 102 C
Coslédaà-Lube-Boast (64) . . . 166 B
Cosmes (53) . . . . 58 C
Cosnac (19) . . . . 138 D
Cosne-Cours-sur-Loire (58) . . 82 C
Cosne-d'Allier (03) . . . . 113 E
Cosnes-et-Romain (54) . . . . . 25 G
Cosqueville (50) . . . . 12 D
Cossaye (58) . . . . 99 F
Cossé-d'Anjou (49) . . . . 92 D
Cossé-en-Champagne (53) . . 59 F
Cossé-le-Vivien (53) . . . . . . 58 B
Cossesseville (14) . . . . 38 C
Cosswiller (67) . . . . 50 C
Costa (2B) . . . . 202 D
Costaros (43) . . . . 142 C
les Costes (05) . . . . 146 A
les Costes-Gozon (12) . . . . . 171 G
la Côte (70) . . . . 88 B
la Côte-d'Aime (73) . . . . 133 E
la Côte-d'Arbroz (74) . . . . . . 119 F
la Côte-en-Couzan (42) . . . . 128 B
la Côte-Saint-André (38) . . . . 130 D
le Coteau (42) . . . . 115 E
Côtebrune (25) . . . . 87 H
les Côtes-d'Arey (38) . . . . . . 130 A
les Côtes-de-Corps (38) . . . . 145 H
Coti-Chiavari (2A) . . . . 206 C
Cotignac (83) . . . . 193 G
Cottance (42) . . . . 129 E
Cottenchy (80) . . . . 20 C
Cottévrard (76) . . . . 17 H
Cottun (14) . . . . 13 H
la Couarde (79) . . . . 108 B
la Couarde-sur-Mer (17) . . . . 106 B
Couargues (18) . . . . 98 C
Coubert (77) . . . . 43 F
Coubeyrac (33) . . . . 136 B
Coubisou (12) . . . . 154 D
Coubjours (24) . . . . 138 B
Coublanc (52) . . . . 86 C
Coublanc (71) . . . . 115 F
Coublevie (38) . . . . 145 E
Coublucq (64) . . . . 166 B
Coubon (43) . . . . 142 C
Coubron (93) . . . . 43 F
Couches (71) . . . . 101 E
Couchey (21) . . . . 101 H
la Coucourde (26) . . . . 158 B
Coucouron (07) . . . . 142 D
Coucy (02) . . . . 23 H
Coucy-la-Ville (02) . . . . 22 A
Coucy-le-Château-
  -Auffrique (02) . . . . 22 A
Coucy-lès-Eppes (02) . . . . . . 22 D
Couddes (41) . . . . 80 A
Coudehard (61) . . . . 39 E
Coudekerque-Branche (59) . . 2 B
Coudekerque-Village (59) . . . 2 C
Coudes (63) . . . . 127 F
Coudeville-sur-Mer (50) . . . . 35 G
Coudons (11) . . . . 186 D
Coudoux (13) . . . . 191 H
Coudray (27) . . . . 19 E
le Coudray (28) . . . . 62 B
Coudray (45) . . . . 63 G
Coudray (53) . . . . 76 B
Coudray-au-Perche (28) . . . . 61 E
le Coudray-Macouard (49) . . 93 G
le Coudray-
  -Montceaux (91) . . . . 63 F
Coudray-Rabut (14) . . . . 15 F
le Coudray-
  -Saint-Germer (60) . . . . . 19 H
le Coudray-sur-Thelle (60) . . 20 B
la Coudre (79) . . . . 93 E
Coudreceau (28) . . . . 61 E
Coudrecieux (72) . . . . 60 D
Coudres (27) . . . . 41 E
Coudroy (45) . . . . 81 G
Coudun (60) . . . . 21 E
Coudures (40) . . . . 166 A
Coueilles (31) . . . . 184 C
Couëron (44) . . . . 74 B
Couesmes (37) . . . . 78 B
Couesmes-Vaucé (53) . . . . . 58 D
Couffé (44) . . . . 75 E
Couffoulens (11) . . . . 186 D
Couffy (41) . . . . 96 B
Couffy-sur-Sarsonne (19) . . . 126 A
Couflens (09) . . . . 198 D
Coufouleux (81) . . . . 169 G
Couhé (86) . . . . 108 D

ouilly-
-Pont-aux-Dames (77)..... 43 G4
ouin (62) 7 H4
ouiza (11) 186 D6
ouladère (31) 184 D3
oulaines (72) 60 B5
oulandon (03) 113 H2
oulangeron (89) 83 F3
oulanges (03) 114 D2
oulanges (41) 79 H4
oulanges-la-Vineuse (89) .. 83 G3
oulanges-lès-Nevers (58) .. 99 E3
oulanges-sur-Yonne (89) .. 83 F4
oulans-sur-Gée (72) 59 H5
oulaures (24) 137 H1
ouleuvre (03) 98 C6
oulevon (70) 87 G3
oulgens (16) 122 C2
oulimer (61) 60 C1
oullemelle (80) 20 C2
oullemont (62) 7 H3
oullons (45) 81 H3
oulmer (61) 39 G4
oulmier-le-Sec (21) 84 D2
oulmiers (45) 62 C6
oulobres (34) 188 C1
oulogne (62) 1 G2
ouloisy (60) 21 G5
oulombiers (72) 60 A3
oulombiers (86) 108 D2
oulombs (14) 14 A4
oulombs (28) 41 G6
oulombs-en-Valois (77) 43 H2
oulomby (62) 1 H4
oulommes (77) 43 G3
oulommes-
-et-Marqueny (08) 24 A4
oulommes-
- la-Montagne (51) 23 E6
oulommiers (77) 43 H4
oulommiers-la-Tour (41) .. 79 G2
oulon (79) 107 G3
oulonces (14) 37 G3
oulonces (61) 39 E4
Coulonche (61) 38 B5
oulongé (72) 78 A3
oulonges (16) 122 B2
oulonges (17) 121 G4
oulonges (86) 110 B3
oulonges-Cohan (02) 22 C6
oulonges-les-Sablons (61) .. 61 F2
oulonges-sur-l'Autize (79) .. 107 G2
oulonges-Thouarsais (79) .. 93 F4
oulonges-sur-Sarthe (61) .. 60 C1
oulonvillers (80) 7 E4
ouloumé-Mondebat (32) .. 167 E5
oulounieix-Chamiers (24) .. 137 F2
oulours (89) 65 G4
oultre (58) 82 D5
oulouvray-
-Boisbenâtre (50) 37 F4
oulvain (14) 38 A2
oulx (47) 151 E3
oume (57) 27 E4
ounozoulx (11) 200 A2
oupelle-Neuve (62) 2 A6
oupelle-Vieille (62) 2 A6
oupesarte (14) 15 E6
oupetz (51) 45 H4
oupéville (51) 46 B3
oupiac (12) 171 F2
oupray (52) 67 G6
oupru (02) 44 A2
ouptrain (53) 59 F1
oupvray (77) 43 F3
ouquèques (33) 120 D6
our-Cheverny (41) 80 A4
our-l'Évêque (52) 67 G6
Cour-Marigny (45) 81 H1
our-Saint-Maurice (25) 88 C6
our-sur-Loire (41) 80 A3
ourances (91) 63 H2
ourant (17) 107 G6
ourban (21) 85 F1
ourbe (61) 38 D4
ourbehaye (28) 62 B4
ourbépine (27) 15 H5
ourbes (22) 22 B2
ourbesseaux (54) 49 E5
ourbette (39) 117 G1
ourbeveille (53) 58 C5
ourbevoie (92) 42 C3
ourbiac (47) 152 A4
ourbillac (16) 121 H3
ourboin (02) 44 C3
ourbouzon (39) 102 D6
ourbouzon (41) 80 B3
ourçais (03) 112 C2
ourçay (37) 95 F1
ourceboeufs (72) 60 B4
ourcelette (80) 8 B4
ourcelles (17) 121 F1
ourcelles (25) 103 F2
ourcelles (45) 63 G5
ourcelles (54) 69 F2
ourcelles (58) 83 E5
ourcelles (90) 89 E4
ourcelles-au-Bois (80) 8 A4
ourcelles-Chaussy (57) 49 E1
ourcelles-de-Touraine (37) . 78 B4
ourcelles-en-Barrois (55) .. 47 G4
ourcelles-en-Bassée (77) .. 64 C2
ourcelles-
-en-Montagne (52) 86 A1
ourcelles-Epayelles (60) .. 21 E3
ourcelles-Frémoy (21) 84 B5
ourcelles-la-Forêt (72) 77 H2
ourcelles-le-Comte (62) 8 B3
ourcelles-lès-Gisors (60) .. 19 G6
ourcelles-lès-Lens (62) 8 C1

Courcelles-
lès-Montbard (21) 84 D4
Courcelles-
-lès-Montbéliard (25) 88 C4
Courcelles-lès-Semur (21) .. 84 C5
Courcelles-Sapicourt (51).. 22 D6
Courcelles-
-sous-Châtenois (88)..... 68 D3
Courcelles-
-sous-Moyencourt (80) .. 20 A1
Courcelles-sous-Thoix (80) . 20 A2
Courcelles-sur-Aire (55) ... 47 E3
Courcelles-sur-Blaise (52)... 67 G2
Courcelles-sur-Nied (57)... 48 D1
Courcelles-sur-Seine (27) .. 41 F1
Courcelles-sur-Vesle (02) .. 22 C5
Courcelles-sur-Viosne (95) .. 42 B2
Courcelles-sur-Voire (10) .. 66 D1
Courcemain (51) 45 E6
Courcemont (72) 60 B4
Courcerac (17) 121 G2
Courcerault (61) 60 D2
Courceroy (10) 65 E2
Courchamp (77) 44 B6
Courchamps (02) 44 A1
Courchamps (49) 93 G1
Courchapon (25) 103 E1
Courchaton (70) 88 A4
Courchelettes (59) 8 C2
Courcité (53) 59 G3
Courcival (72) 60 C3
Courcôme (16) 122 B1
Courçon (17) 107 E4
Courcoué (37) 94 C3
Courcouronnes (91) 42 D6
Courcoury (17) 121 F3
Courcuire (70) 87 E6
Courcy (14) 39 E2
Courcy (50) 37 E1
Courcy (51) 23 E5
Courcy-aux-Loges (45) 63 F5
Courdemanche (27) 41 E4
Courdemanche (72) 78 D1
Courdemanges (51) 46 A5
Courdimanche (95) 42 B2
Courdimanche-
-sur-Essonne (91) 63 G2
Couret (31) 184 B4
Courgains (72) 60 B3
Courgeac (16) 122 B6
Courgenard (72) 61 E4
Courgenay (89) 65 F3
Courgeon (61) 60 D1
Courgeoût (61) 60 C1
Courgis (89) 83 H2
Courgivaux (51) 44 C5
Courgoul (63) 127 E5
Courjeonnet (51) 45 E4
Courlac (16) 136 B1
Courlandon (51) 22 D5
Courlans (39) 102 C6
Courlaoux (39) 102 C6
Courlay (79) 93 E5
Courléon (49) 78 A5
Courlon (21) 85 G3
Courlon-sur-Yonne (89) ... 64 D3
Courmangoux (01) 117 E3
Courmas (51) 45 E1
Courmelles (02) 22 A5
Courmemin (41) 80 B5
Courménil (61) 39 G4
Courmes (06) 178 D3
Courmont (02) 44 C1
Courmont (70) 88 B3
Cournanel (11) 186 D5
la Courneuve (93) 42 D3
Courniou (34) 187 G1
Cournols (63) 127 E4
Cournon (56) 56 C6
Cournon-d'Auvergne (63).. 127 F3
Cournonsec (34) 173 E6
Cournonterral (34) 173 E6
la Couronne (16) 122 B4
Courouvre (55) 47 F3
Courpalay (77) 43 G6
Courpiac (33) 135 H6
Courpière (63) 128 A3
Courpignac (17) 135 F1
Courquetaine (77) 43 F5
Courrensan (32) 167 F3
Courrières (62) 8 C1
Courris (81) 170 D2
Courry (30) 157 E5
Cours (46) 152 D3
Cours (47) 151 E4
le Cours (56) 55 H6
Cours (79) 107 H2
Cours-de-Monségur (33) . 150 C1
Cours-de-Pile (24) 137 E5
Cours-la-Ville (69) 115 G6
Cours-les-Bains (33) 150 B4
Cours-les-Barres (18) 98 D3
Coursac (24) 137 E3
Coursan (11) 188 B3
Coursan-en-Othe (10) 65 H5
Coursegoules (06) 195 G2
Courset (62) 1 G5
Courseulles-sur-Mer (14) .. 14 B3
Courson (14) 37 F3
Courson-les-Carrières (89) . 83 G4
Courson-Monteloup (91) .. 42 B6
Courtacon (77) 44 B5
Courtagnon (51) 45 E1
Courtalain (28) 61 G5
Courtaoult (10) 65 H6
Courtauly (11) 186 C5
Courtavon (68) 89 E4
Courteilles (27) 40 C5

Courteix (19) 126 A4
Courtelevant (90) 89 E4
Courtemanche (80) 20 D2
Courtemaux (45) 64 C5
Courtémont (51) 46 C1
Courtemont-Varennes (02).. 44 C2
Courtempierre (45) 64 A5
Courtenay (38) 131 E3
Courtenay (45) 64 C5
Courtenot (10) 66 C4
Courteranges (10) 66 C3
Courteron (10) 66 D6
Courtes (01) 116 D2
Courtesoult-et-Gatey (70).. 86 D3
Courtetain-et-Salans (25) .. 88 A6
la Courtète (11) 186 C4
Courteuil (60) 43 E1
Courthézon (84) 175 E1
Courthiézy (51) 44 C2
Courties (32) 167 E5
Courtieux (60) 21 G5
Courtillers (72) 77 F1
Courtils (50) 35 H4
la Courtine (23) 125 H4
Courtisols (51) 46 A2
Courtivron (21) 85 G4
Courtoin (89) 64 D5
Courtois-sur-Yonne (89) .. 65 E4
Courtomer (61) 39 G6
Courtomer (77) 43 G6
Courtonne-
-la-Meurdrac (14) 15 F5
Courtonne-
-les-Deux-Églises (14) .. 15 G5
Courtrizy-et-Fussigny (02) .. 22 D3
Courtry (77) 43 E3
Courvaudon (14) 14 A6
Courvières (25) 103 G4
Courville (51) 22 C6
Courville-sur-Eure (28) ... 61 H2
Courzieu (69) 129 G3
Cousance (39) 117 E2
Cousances-les-Forges (55).. 47 E6
Cousances-
-lès-Triconville (55) 47 F4
Cousolre (59) 10 B3
Coussa (09) 185 H4
Coussac-Bonneval (87).... 124 B5
Coussan (65) 183 F3
Coussay (86) 94 B4
Coussay-les-Bois (86) 95 E5
Coussegrey (10) 66 A6
Coussergues (12) 155 E4
Coussey (88) 68 D2
Coust (18) 98 A6
Coustaussa (11) 186 D6
Coustouge (11) 187 G5
Coustouges (66) 200 D5
Coutances (50) 36 D1
Coutansouze (03) 113 F5
Coutarnoux (89) 84 A4
Coutençon (77) 64 C2
Coutens (09) 186 A4
Couternon (21) 86 A6
Couteuges (43) 141 H2
Coutevroult (77) 43 G4
Couthenans (70) 88 C3
Couthures-
-sur-Garonne (47) 150 B3
Coutiches (59) 8 D1
Coutières (79) 108 B2
Coutouvre (42) 115 F6
Coutras (33) 135 H3
Couture (16) 122 C1
la Couture (62) 2 D5
la Couture (85) 91 H6
la Couture-Boussey (27).... 41 F3
Couture-d'Argenson (79) .. 108 B6
Couture-sur-Loir (41) 78 D2
Couturelle (62) 7 H3
Coutures (24) 136 D1
Coutures (33) 150 B1
Coutures (49) 77 F5
Coutures (82) 168 C2
Couvains (50) 13 F6
Couvains (61) 40 A4
la Couvertoirade (12) 172 C3
Couvertpuis (55) 47 F6
Couvignon (10) 67 E4
Couville (50) 12 C2
Couvonges (55) 46 D4
Couvrelles (02) 22 B5
Couvron-
-et-Aumencourt (02) 22 B2
Couvrot (51) 46 B5
Coux (07) 157 H1
Coux (17) 135 G2
Coux-et-Bigaroque (24) .. 137 G6
Couy (18) 98 B2
la Couyère (35) 57 G5
Couze-et-Saint-Front (24) . 137 F6
Couzeix (87) 124 B2
Couziers (37) 94 A2
Couzon (03) 113 G1
Couzon-au-Mont-d'Or (69). 130 A2
Couzou (46) 138 D6
Cox (31) 168 C4
Coye-la-Forêt (60) 42 D1
Coyecques (62) 2 A5
Coyolles (02) 21 G6
Coyrière (39) 118 A3
Coyron (39) 117 G2
Coyviller (54) 48 D6
Cozes (17) 120 D4
Cozzano (2A) 205 E6
Crach (56) 72 C1
Crachier (38) 130 D5
Crain (89) 83 F4
Craincourt (57) 48 D3
Craintilleux (42) 129 E5

Crainvilliers (88) 69 E4
Cramaille (02) 22 B6
Cramans (39) 103 E3
Cramant (51) 45 F3
Cramchaban (17) 107 F4
Craménil (61) 38 C4
Cramoisy (60) 20 C6
Cramont (80) 7 E4
Crampagna (09) 185 H5
Cran-Gevrier (74) 132 A1
Crancey (10) 65 G1
Crançot (39) 102 D6
Crandelles (15) 140 A5
Crannes-
-en-Champagne (72) ... 59 H6
Crans (01) 130 C1
Crans (39) 103 F6
Cransac (12) 154 A3
Crantenoy (54) 69 G1
Cranves-Sales (74) 118 D5
Craon (53) 76 B1
Craon (86) 93 H5
Craonne (02) 22 D4
Craonnelle (02) 22 D4
Crapeaumesnil (60) 21 F2
Craponne (69) 129 H3
Craponne-sur-Arzon (43) .. 142 C1
Cras (38) 145 E2
Cras (46) 152 D2
Cras-sur-Reyssouze (01) .. 116 D4
Crastatt (67) 50 C5
Crastes (32) 168 A4
Crasville (27) 18 C6
Crasville (50) 13 E3
Crasville-la-Mallet (76) 17 E3
Crasville-la-Rocquefort (76) .. 17 F3
la Crau (83) 193 F5
Cravanche (90) 88 C3
Cravans (17) 121 E4
Cravant (45) 80 B2
Cravant (89) 83 G3
Cravant-les-Côteaux (37) . 94 C2
Cravencères (32) 166 D4
Cravent (78) 41 F2
Crayssac (46) 152 C3
Craywick (59) 2 B2
Crazannes (17) 121 E2
Cré (72) 77 G3
Créances (17) 12 C6
Créancey (21) 101 E1
Crécey-sur-Tille (21) 85 H4
la Crèche (79) 108 A3
Crèches-sur-Saône (71).. 116 B4
Créchets (88) 184 A5
Créchy (03) 114 A4
Crécy-au-Mont (02) 22 A4
Crécy-Couvé (28) 41 E5
Crécy-en-Ponthieu (80) 6 D3
Crécy-la-Chapelle (77) 43 G4
Crécy-sur-Serre (02) 22 C2
Crégols (46) 153 E3
Crégy-lès-Meaux (77) 43 G3
Créhange (57) 49 F1
Créhen (22) 34 C4
Creil (60) 20 D6
Creissan (34) 188 A2
Creissels (12) 172 A1
Crémarest (62) 1 G4
Cremeaux (42) 128 C2
Crémery (80) 21 F1
Crémieu (38) 130 D3
Crempigny-
-Bonneguête (74) 131 H1
Cremps (46) 152 D4
Crenans (39) 117 H2
Creney-près-Troyes (10) ... 66 B3
Crennes-sur-Fraubée (53) .. 59 F2
Créon (33) 135 G6
Créon-d'Armagnac (40) .. 166 C1
Créot (71) 101 F4
Crépand (21) 84 C3
Crépey (54) 69 E1
Crépol (26) 144 C2
Crépon (14) 14 A3
Crépy (02) 22 B3
Crépy (62) 2 A6
Crépy-en-Valois (60) 21 F6
Créquy (62) 1 H6
le Crès (34) 173 G5
Crésancey (70) 86 D5
Crésantignes (10) 66 A4
les Cresnays (50) 37 F4
Crespian (30) 173 H3
Crespières (78) 42 A3
Crespin (12) 154 A6
Crespin (59) 9 G1
Crespin (81) 170 D1
Crespinet (81) 170 D2
Crespy-le-Neuf (10) 67 E2
Cressac-Saint-Genis (16) .. 122 B6
Cressanges (03) 113 G3
Cressat (23) 111 H5
la Cresse (12) 155 F6
Cressé (17) 121 H1
Cressensac (46) 138 C4
Cresserons (14) 14 C3
Cresseveuille (14) 15 E4
Cressia (39) 117 F2
Cressin-Rochefort (01) ... 131 G3
Cressonsacq (60) 20 D4
Cressy (76) 17 H3
Cressy-Omencourt (80) ... 21 F2
Cressy-sur-Somme (71) .. 100 A6
Crest (26) 158 C1
Crest-Voland (73) 132 D2
Creste (63) 127 F5
le Crestet (07) 143 H4
Crestet (84) 158 D5
Crestot (27) 18 C6

Créteil (94) 42 D4
Cretteville (50) 12 D4
Creully (14) 14 A3
la Creuse (70) 87 H3
Creuse (80) 7 F6
le Creusot (71) 101 E5
Creutzwald (57) 27 F4
Creuzier-le-Neuf (03) ... 114 A5
Creuzier-le-Vieux (03) ... 114 A5
Crevans-et-la-Chapelle-
-lès-Granges (70) 88 B4
Crevant (36) 111 G2
Crevant-Laveine (63) 127 G2
Crévéchamps (54) 48 D6
Crèvecœur-en-Auge (14) . 15 E5
Crèvecœur-le-Grand (60) .. 20 A3
Crèvecœur-le-Petit (60) .. 20 D3
Crèvecœur-sur-l'Escaut (59).. 9 E4
Creveney (70) 87 H2
Crévic (54) 49 E5
Crevin (35) 57 F4
Crévoux (05) 161 F2
Creys-Mépieu (38) 131 E3
Creyssac (24) 137 E1
Creysse (24) 137 E5
Creysse (46) 138 D5
Creysseilles (07) 143 G6
Creyssensac-et-Pissot (24) . 137 F3
Crézançay-sur-Cher (18) .. 97 G5
Crézancy (02) 44 C2
Crézancy-en-Sancerre (18).. 82 A6
Crézières (79) 108 B5
Crézilles (54) 48 B6
Cricquebœuf (14) 16 B6
Cricqueville-en-Auge (14) .. 14 D4
Cricqueville-en-Bessin (14).. 13 F4
Criel-sur-Mer (76) 6 A5
Crillon (60) 19 H3
Crillon-le-Brave (84) 158 D6
Crimolois (21) 102 A1
Crion (54) 49 E5
la Crique (76) 17 H4
Criquebeuf-en-Caux (76) . 16 C3
Criquebeuf-
-la-Campagne (27) 18 C6
Criquebeuf-sur-Seine (27).. 18 C5
Criquetot-
-le-Mauconduit (76) 16 D3
Criquetot-l'Esneval (76) .. 16 B4
Criquetot-
-sur-Longueville (76) ... 17 G3
Criquetot-sur-Ouville (76) . 17 F4
Criquiers (76) 19 G2
Crisenoy (77) 43 F6
Crisolles (60) 21 G3
Crissay-sur-Manse (37) .. 94 C2
Crissé (72) 59 H4
Crissey (39) 102 C2
Crissey (71) 101 G5
Cristinacce (2A) 204 C3
Cristot (14) 14 A4
Criteuil-la-Magdeleine (16). 121 H5
Critot (76) 17 H4
Croce (2B) 203 G6
Crochte (59) 2 B2
Crocicchia (2B) 203 F6
Crocq (23) 126 A2
le Crocq (60) 20 B3
Crocy (14) 39 E3
Crœttwiller (67) 51 G2
Croignon (33) 135 G5
Croisances (43) 142 A5
Croisette (62) 7 G2
le Croisic (44) 73 E4
la Croisille (27) 40 C2
la Croisille-sur-Briance (87) . 124 D4
Croisilles (14) 14 B6
Croisilles (28) 41 F5
Croisilles (61) 39 G4
Croisilles (62) 8 B3
Croismare (54) 49 F6
Croissanville (14) 39 E1
Croissy-Beaubourg (77) .. 43 F4
Croissy-sur-Celle (60) 20 B2
Croissy-sur-Seine (78).... 42 B4
le Croisty (56) 54 C2
Croisy (18) 98 B4
Croisy-sur-Andelle (76) ... 19 E4
Croisy-sur-Eure (27) 41 F2
Croix (90) 88 D4
Croix (59) 3 G4
la Croix-aux-Bois (08) 24 B4
la Croix-aux-Mines (88) ... 70 D3
la Croix-Avranchin (50) ... 35 H4
la Croix-Blanche (47) 151 F5
la Croix-Caluyau (59) 9 G4
Croix-Chapeau (17) 106 D5
la Croix-Comtesse (17) ... 107 G5
la Croix-de-la-Rochette (73). 132 B5
la Croix-du-Perche (28) ... 61 G3
la Croix-en-Brie (77) 43 H6
la Croix-en-Champagne (51). 46 B2
Croix-en-Ternois (62) 7 G1
la Croix-en-Touraine (37) .. 79 F6
Croix-Fonsommes (02) 9 E6
la Croix-Helléan (56) 55 H4
Croix-Mare (76) 17 F5
la Croix-Moligneaux (80) .. 21 G1
la Croix-Saint-Leufroy (27) . 41 E1
la Croix-sur-Gartempe (87). 110 A5
la Croix-sur-Ourcq (02) ... 44 B1
la Croix-sur-Roudoule (06). 178 C1
la Croix-Valmer (83) 194 B4
Croixanvec (56) 55 F2
Croixdalle (76) 19 E1
la Croixille (53) 58 B3
Croixrault (80) 20 A1
Croizet-sur-Gand (42) 129 E2
Crolles (38) 145 H1
Crollon (50) 35 H4

Cromac (87) 110 C3
Cromary (70) 87 F5
Cronat (71) 99 H6
Cronce (43) 141 G3
la Cropte (53) 59 F6
Cropus (76) 18 D1
Cros (02) 30 D1
Cros (63) 173 F2
Cros (30) 173 F2
le Cros (34) 172 C5
Cros (63) 126 B6
Cros-de-Géorand (07) .. 142 D6
Cros-de-Montvert (15) .. 139 G4
Cros-de-Ronesque (15) . 140 C5
Crosey-le-Grand (25) 88 A4
Crosey-le-Petit (25) 88 A5
Crosmières (72) 77 G2
Crosne (91) 42 D5
Crossac (44) 73 H3
Crosses (18) 98 A3
Crosville-la-Vieille (27) ... 40 C1
Crosville-sur-Douve (50) .. 12 D4
Crosville-sur-Scie (76) 17 G3
Crotelles (37) 79 E4
Crotenay (39) 103 E5
Croth (27) 41 F4
le Crotoy (80) 6 C3
Crots (05) 161 E2
Crottes-en-Pithiverais (45) . 63 E5
Crottet (01) 116 B4
le Crouais (35) 56 C2
Crouay (14) 13 H5
la Croupte (14) 15 F6
Crouseilles (64) 166 C6
Croutelle (86) 109 E3
les Croûtes (10) 65 H6
Croutoy (60) 21 G5
Crouttes (61) 39 F3
Crouttes-sur-Marne (02).. 44 A3
Crouy (02) 22 A5
Crouy-en-Thelle (60) 20 C6
Crouy-Saint-Pierre (80) 7 F5
Crouy-sur-Cosson (41) ... 80 B3
Crouy-sur-Ourcq (77) 43 H2
le Crouzet (25) 103 G6
Crouzet-Migette (25) 103 G3
la Crouzille (63) 112 D5
Crouzilles (37) 94 C2
Crozant (23) 111 E3
Croze (23) 125 G3
Crozes-Hermitage (26) .. 144 A3
Crozet (01) 118 B4
le Crozet (42) 114 C5
les Crozets (39) 117 H2
Crozon (29) 30 D6
Crozon-sur-Vauvre (36) .. 111 G2
Cruas (07) 158 B1
Crucey-Villages (28) 40 D5
Crucheray (41) 79 G2
Cruéjouls (12) 155 E3
Cruet (73) 132 A5
Crugey (21) 101 F2
Crugny (51) 22 D6
Cruguel (56) 55 H4
Cruis (04) 176 C1
Crulai (61) 40 A5
Crupies (26) 158 D2
Crupilly (02) 9 H6
Cruscades (11) 187 H3
Cruseilles (74) 118 B6
Crusnes (54) 26 A2
Cruviers-Lascours (30) .. 173 H2
Crux-la-Ville (58) 99 G2
Cruzille (71) 116 B2
Cruzilles-lès-Mépillat (01). 116 B4
Cruzy (34) 188 A2
Cruzy-le-Châtel (89) 84 C1
Cry (89) 84 C3
Cubelles (43) 142 A4
Cubières (48) 156 C3
Cubières-sur-Cinoble (11). 187 E6
Cubiérettes (48) 156 C3
Cubjac (24) 137 G2
Cublac (19) 138 B3
Cublize (69) 129 F1
Cubnezais (33) 135 F3
Cubrial (25) 87 H4
Cubry (25) 88 A4
Cubry-lès-Faverney (70) .. 87 G1
Cubzac-les-Ponts (33) .. 135 F4
Cucharmoy (77) 44 A6
Cuchery (51) 45 E1
Cucq (62) 1 F6
Cucugnan (11) 200 D1
Cucuron (84) 176 A4
Cudos (33) 149 H4
Cudot (89) 64 D6
Cuébris (06) 178 D2
Cuélas (32) 183 H2
Cuers (83) 193 F4
Cuffies (02) 22 A5
Cuffy (18) 98 D4
Cugand (85) 91 H1
Cuges-les-Pins (13) 192 D4
Cugnaux (31) 169 E6
Cugney (70) 86 D5
Cugny (02) 21 H2
Cuguen (35) 35 F5
Cuguron (31) 183 H4
Cuhon (86) 94 A5
Cuignières (60) 20 D4
Cuigy-en-Bray (60) 19 H4
Cuillé (53) 58 A5
Cuinchy (62) 2 D6
Cuincy (59) 8 C1
le Cuing (31) 184 A4
Cuinzier (42) 115 F5
Cuirieux (02) 22 D2
Cuiry-Housse (02) 22 B6
Cuiry-lès-Chaudardes (02) . 22 D5
Cuiry-lès-Iviers (02) 23 F1
Cuis (51) 45 F2
Cuise-la-Motte (60) 21 G5

221

Cuiseaux (71). 117 E2
Cuiserey (21). 86 B5
Cuisery (71). 116 C1
Cuisia (39). 117 F2
Cuisles (51). 44 D1
Cuissai (61). 59 H1
Cuissy-et-Geny (02). 22 C4
Cuisy (55). 24 D6
Cuisy (77). 43 F2
Cuisy-en-Almont (02). 21 H4
Culan (18). 112 B2
Culètre (21). 101 E2
Culey-le-Patry (14). 38 B2
Culhat (63). 127 G2
Culin (38). 130 D5
Culles-les-Roches (71). 116 A1
Cully (14). 14 A4
Culmont (52). 86 B1
Culoz (01). 131 G2
Cult (70). 86 D6
Cultures (48). 155 H3
Cumières (51). 45 E2
Cumières-
  -le-Mort-Homme (55). 25 E6
Cumiès (11). 186 A2
Cumont (82). 168 B3
Cunac (81). 170 C2
Cuncy-lès-Varzy (58). 83 F6
Cunèges (24). 136 D6
Cunel (55). 24 D5
Cunelières (90). 88 D3
Cunfin (10). 67 E5
Cunlhat (63). 128 A4
Cuon (49). 77 G4
Cuperly (51). 45 H2
Cuq (47). 168 A1
Cuq (81). 170 B5
Cuq-Toulza (81). 170 A6
Cuqueron (64). 182 A2
Curac (16). 136 B1
Curan (12). 155 E6
Curbans (04). 160 B3
Curbigny (71). 115 G4
Curçay-sur-Dive (86). 93 H3
Curchy (80). 21 F1
Curciat-Dongalon (01). 116 D2
Curcy-sur-Orne (14). 14 A6
Curdin (71). 115 E1
Curel (04). 159 G6
Curel (52). 67 H1
Curemonte (19). 139 E4
Cures (72). 59 H5
Curgies (59). 9 G2
Curgy (71). 100 D3
Curienne (73). 132 A4
Curières (52). 155 E2
Curis-au-Mont-d'Or (69). 130 A4
Curley (21). 101 G1
Curlu (80). 8 B5
Curmont (52). 67 G3
Curnier (26). 159 E4
Cursan (33). 135 G6
Curtafond (01). 116 D4
Curtil-Saint-Seine (21). 85 G5
Curtil-sous-Buffières (71). . . . 115 H3
Curtil-sous-Burnand (71). . . . 116 A1
Curtil-Vergy (21). 101 G3
Curvalle (81). 171 E2
Curzay-sur-Vonne (86). 108 C2
Curzon (85). 91 G6
Cusance (25). 88 A6
Cuse-et-Adrisans (25). 87 H4
Cusey (52). 86 B3
Cussac (15). 141 E4
Cussac (87). 123 G3
Cussac-Fort-Médoc (33). 134 D3
Cussac-sur-Loire (43). 142 C4
Cussangy (10). 66 B6
Cussay (37). 95 E3
Cusset (03). 114 A5
Cussey-les-Forges (21). 85 H3
Cussey-sur-Lison (25). 103 F2
Cussey-sur-l'Ognon (25). . . . 87 F6
Cussy (14). 13 H5
Cussy-en-Morvan (71). 100 C2
Cussy-la-Colonne (21). 101 F3
Cussy-le-Châtel (21). 101 E2
Cussy-les-Forges (89). 84 B5
Custines (54). 48 C4
Cusy (74). 132 A3
Cutry (02). 21 H5
Cutry (54). 25 H4
Cuts (60). 21 G3
Cutting (57). 49 G3
Cuttoli-Corticchiato (2A). . . . 204 D5
Cuttura (39). 117 H3
Cuvat (74). 132 A1
Cuve (70). 69 G6
Cuvergnon (60). 43 H1
Cuverville (14). 14 C4
Cuverville (27). 19 E5
Cuverville (76). 16 B4
Cuverville-sur-Yères (76). . . . 6 B5
Cuves (50). 37 F4
Cuves (52). 68 B5
Cuvier (39). 103 G5
Cuvillers (59). 9 E3
Cuvilly (60). 21 E3
Cuvry (57). 26 B6
Cuxac-Cabardès (11). 186 D2
Cuxac-d'Aude (11). 188 A3
Cuy (60). 21 F3
Cuy (89). 65 E3
Cuy-Saint-Fiacre (76). 19 G3
Cuzac (46). 153 H2
Cuzance (46). 138 C4
Cuzieu (01). 131 F2
Cuzieu (42). 129 E4
Cuzion (36). 111 E2
Cuzorn (47). 151 H2
Cuzy (71). 100 B5

Cys-la-Commune (02). 22 C5
Cysoing (59). 3 G5

D

Dabo (57). 50 B5
Dachstein (67). 50 D6
Dadonville (45). 63 F4
Daglan (24). 152 B1
Dagneux (01). 130 C2
Dagny (77). 44 A5
Dagny-Lambercy (02). 23 E1
Dagonville (55). 47 F4
la Daguenière (49). 77 E5
Dahlenheim (67). 50 D5
Dagnac (33). 135 G6
Daigny (08). 24 C2
Daillancourt (52). 67 G3
Daillecourt (52). 68 C5
Dainville (62). 8 B2
Dainville-Bertheléville (55). . . 68 C2
Daix (21). 85 G6
Dalem (57). 27 E4
Daoulas (29). 31 F5
Darazac (19). 139 G3
Darbonnay (39). 102 D5
Darbres (07). 157 H2
Darcey (21). 85 E4
Dardenac (33). 135 G6
Dardez (27). 41 E2
Dardilly (69). 129 H3
Dareizé (69). 129 G2
Dargies (80). 20 A2
Dargnies (80). 6 B4
Dargoire (42). 129 H5
Darmannes (52). 67 E4
Darnac (87). 110 A4
Darnétal (76). 18 D4
Darnets (19). 125 G6
Darney (88). 69 F5
Darney-aux-Chênes (88). . . . 68 D3
Darnieulles (88). 69 H4
Darois (21). 85 G5
Darvault (77). 64 A3
Darvoy (45). 81 E1
Dasle (25). 88 D4
Daubensand (67). 71 H2
Daubeuf-la-Campagne (27). . . 18 C6
Daubeuf-près-Vatteville (27). . 19 E6
Daubeuf-Serville (76). 16 D4
Daubèze (33). 150 A1
Dauendorf (67). 50 D3
Daumazan-sur-Arize (09). . . . 185 F4
Daumeray (49). 77 F2
Dauphin (04). 176 C2
Dausse (47). 151 G4
Daux (31). 169 E4
Dauzat-sur-Vodable (63). . . . 127 F6
Davayat (63). 127 F1
Davayé (71). 116 B4
Davejean (11). 187 F5
Davenescourt (80). 20 D2
Davézieux (07). 143 H2
Davignac (19). 125 G6
Davrey (10). 66 A5
Davron (78). 42 A4
Dax (40). 165 E4
Deauville (14). 15 E3
Deaux (30). 173 H1
Débats-
  -Rivière-d'Orpra (42). 128 C3
Decazeville (12). 154 A2
Dechy (59). 8 D2
Décines-Charpieu (69). 130 B3
Decize (58). 99 F5
Dégagnac (46). 152 C1
Degré (72). 60 A5
Dehault (72). 60 D4
Dehéries (59). 9 E4
Dehlingen (67). 28 A6
Deinvillers (88). 70 A2
Delain (70). 86 D4
Delettes (62). 2 A5
Delincourt (60). 19 H6
Delle (90). 88 D4
Delouze-Rosières (55). 47 G6
le Déluge (60). 20 B5
Delut (55). 25 F4
Deluz (25). 87 G6
Demandolx (04). 178 A2
Demange-aux-Eaux (55). . . . 47 G6
Demangevelle (70). 69 F6
Demi-Quartier (74). 133 E1
la Demie (70). 87 G3
Demigny (71). 101 G4
Démouville (14). 14 C4
Dému (32). 167 E4
Démuin (80). 20 D1
Denain (59). 9 E2
Dénat (81). 170 C3
Denazé (53). 58 C6
Denée (49). 76 D5
Dénestanville (76). 17 G3
Deneuille-lès-Chantelle (03). . 113 G4
Deneuille-les-Mines (03). . . . 113 E3
Deneuvre (54). 70 B1
Denezé-sous-Doué (49). 93 F1
Dénezé-sous-le-Lude (49). . . 78 A4
Denezières (39). 117 H1
Denguin (64). 182 A1
Denicé (69). 129 H1
Denier (62). 7 H2
Denipaire (88). 70 D2
Dennebrœucq (62). 2 A5
Denneville (50). 12 C5
Dennevy (71). 101 F4

Denney (90). 88 D3
Denonville (28). 62 D2
Denting (57). 27 E4
Déols (36). 96 C5
Derbamont (88). 69 G3
Dercé (86). 94 B3
Derchigny (76). 17 H2
Dercy (02). 22 C2
Dernacueillette (11). 187 F6
Dernancourt (80). 8 A5
Derval (44). 74 C1
Désaignes (07). 143 G4
Désandans (25). 88 B4
Descartes (37). 95 E3
Dessenheim (68). 71 G5
le Deschaux (39). 102 C4
le Désert (14). 37 H3
Désertines (03). 112 D3
Désertines (53). 58 C1
les Déserts (73). 132 A4
Déservillers (25). 103 G3
Desingy (74). 118 A6
Desmonts (45). 63 H4
Desnes (39). 102 C5
Desseling (57). 49 G4
Dessia (39). 117 F3
Destord (88). 70 B3
la Destrousse (13). 192 C3
Destry (57). 49 F2
Desvres (62). 1 G5
Détain-et-Bruant (21). 101 G2
Détrier (73). 132 A6
le Détroit (14). 38 C3
Dettey (71). 100 C5
Dettwiller (67). 50 C4
Deuil-la-Barre (95). 42 D3
Deuillet (02). 22 A2
Deûlémont (59). 3 F4
Deux-Chaises (03). 113 F3
Deux-Verges (15). 141 E6
les Deux-Villes (08). 24 D2
Deuxville (54). 49 E5
Devay (58). 99 G5
Devecey (25). 87 F6
Devesset (07). 143 F4
Devèze (65). 183 H2
Dévillac (47). 151 G2
Deville (08). 11 E6
Déville-lès-Rouen (76). 17 G6
Devise (80). 8 C6
Devrouze (71). 102 A5
Deycimont (88). 70 B4
Deyme (31). 185 G1
Deyvillers (88). 70 A3
le Dézert (50). 13 E6
Dezize-lès-Maranges (71). . . 101 F4
D'Huison-Longueville (91). . . 63 G2
Dhuisy (77). 44 A2
Dhuizel (02). 22 C5
Dhuizon (41). 80 C4
Diancey (21). 100 D2
Diane-Capelle (57). 49 H4
Diant (77). 64 C3
Diarville (54). 69 F2
Diconne (71). 102 A5
Dicy (89). 82 D1
Didenheim (68). 89 F2
Die (26). 145 E6
Diebling (57). 49 H1
Diebolsheim (67). 71 H2
Diedendorf (67). 50 A3
Dieffenbach-au-Val (67). . . . 71 F2
Dieffenbach-lès-Wœrth (67). . 51 E2
Dieffenthal (67). 71 F2
Diefmatten (68). 89 E2
Dième (69). 129 F1
Diemeringen (67). 50 B2
Diémoz (38). 130 C4
Diénay (21). 85 H4
Dienne (15). 140 D3
Dienné (86). 109 F2
Diennes-Aubigny (58). 99 G4
Dienville (10). 66 D3
Dieppe (76). 17 G2
Dieppe-
  -sous-Douaumont (55). . . . 25 F6
Dierre (37). 79 F6
Dierrey-Saint-Julien (10). . . . 65 H3
Dierrey-Saint-Pierre (10). . . . 65 H3
Diesen (57). 27 E5
Dietwiller (68). 89 G2
Dieudonné (60). 20 B6
Dieue-sur-Meuse (55). 47 F2
Dieulefit (26). 158 D3
Dieulivol (33). 150 C1
Dieulouard (54). 48 C4
Dieupentale (82). 169 E3
Dieuze (57). 49 G4
Diéval (62). 7 H1
Diffembach-
  -lès-Hellimer (57). 49 G2
Diges (89). 83 E2
Digna (39). 117 F2
Dignac (16). 122 C5
la Digne-d'Amont (11). 186 C5
la Digne-d'Aval (11). 186 D5
Digne-les-Bains (04). 160 C6
Dignonville (88). 70 A3
Digny (28). 61 G1
Digoin (71). 114 D2
Digosville (50). 12 B1
Digulleville (50). 12 B1
Dijon (21). 85 H6
Dimancheville (45). 63 G4
Dimbsthal (67). 50 C5
Dimechaux (59). 10 A3

Dimont (59). 10 A3
Dinan (22). 34 D5
Dinard (35). 34 D3
Dinéault (29). 31 F6
Dingé (35). 35 F6
Dingsheim (67). 51 E5
Dingy-en-Vuache (74). 118 A5
Dingy-Saint-Clair (74). 132 B1
Dinozé (88). 70 A4
Dinsac (87). 110 B4
Dinsheim-sur-Bruche (67). . . 50 C6
Dinteville (52). 67 F5
Dio-et-Valquières (34). 172 B5
Dionay (38). 144 D2
Dions (30). 174 A2
Diors (36). 96 D5
Diou (03). 114 C2
Diou (36). 97 E3
Dirac (16). 122 C4
Dirinon (29). 31 F5
Dirol (58). 83 G6
Dissangis (89). 84 A4
Dissay (86). 94 C6
Dissay-sous-Courcillon (72). . 78 C3
Dissé-sous-Ballon (72). 60 B3
Dissé-sous-le-Lude (72). . . . 78 A3
Distré (49). 93 G1
Distroff (57). 26 C3
Diusse (64). 166 C5
Divajeu (26). 158 C1
Dives (39). 21 F3
Dives-sur-Mer (14). 14 D4
Divion (62). 2 C6
Divonne-les-Bains (01). 118 C3
Dixmont (89). 65 E5
Dizimieu (38). 130 D3
Dizy (51). 45 F2
Dizy-le-Gros (02). 23 E2
Doazit (40). 165 H4
Doazon (64). 165 H6
Docelles (88). 70 B4
Dœuil-sur-le-Mignon (17). . . 107 G5
Dognen (64). 181 H2
Dogneville (88). 69 H3
Dohem (62). 2 A5
Dohis (02). 23 F1
Doignies (59). 8 C4
Doingt (80). 8 C6
Doissat (24). 152 A1
Doissin (38). 131 E5
Doix (85). 107 F3
Dolaincourt (88). 68 D2
Dolancourt (10). 67 E3
Dolcourt (54). 69 E1
Dole (39). 102 C2
Dolignon (02). 23 E2
Dolleren (68). 88 D1
Dollon (72). 60 D5
Dollot (89). 64 C4
Dolmayrac (47). 151 F4
Dolo (22). 34 B6
Dolomieu (38). 131 E4
Dolus-d'Oléron (17). 120 A1
Dolus-le-Sec (37). 95 F2
Dolving (57). 50 A4
Dom-le-Mesnil (08). 24 B2
Domagné (35). 57 G3
Domaize (63). 128 A4
Domalain (35). 57 H4
Domancy (74). 133 E1
Domart-en-Ponthieu (80). . . 7 F4
Domart-sur-la-Luce (80). . . . 20 D1
Domats (89). 64 C5
Domazan (30). 174 D2
Dombasle-
  -devant-Darney (88). 69 F4
Dombasle-en-Argonne (55). . 47 E1
Dombasle-en-Xaintois (88). . 69 F3
Dombasle-sur-Meurthe (54). . 48 D5
Domblain (52). 67 G1
Domblans (39). 102 D5
Dombras (55). 25 F4
Dombrot-le-Sec (88). 69 E4
Dombrot-sur-Vair (88). 69 E3
Domecy-sur-Cure (89). 83 H5
Domecy-sur-le-Vault (89). . . 83 H5
Doméliers (60). 20 B2
Domène (38). 145 H2
Domérat (03). 112 C3
Domesmont (80). 7 F4
Domessargues (30). 173 H2
Domessin (73). 131 G5
Domèvre-en-Haye (54). . . . 48 B4
Domèvre-
  -sous-Montfort (88). 69 F3
Domèvre-sur-Avière (88). . . 69 H3
Domèvre-sur-Durbion (88). . 70 A3
Domèvre-sur-Vezouze (54). . 49 G6
Domeyrat (43). 141 H2
Domeyrot (23). 112 A4
Domezain-Berraute (64). . . . 181 F1
Domfaing (88). 70 B3
Domfessel (67). 50 A2
Domfront (60). 20 D3
Domfront (61). 38 A6
Domfront-
  -en-Champagne (72). 59 H4
Domgermain (54). 48 A6
Dominelais (35). 57 E6
Dominois (80). 6 D2
Domjean (50). 37 G2
Domjevin (54). 49 G6
Domjulien (88). 69 F3
Domléger-Longvillers (80). . . 7 F3
Domloup (35). 57 G3
Dommarie-Eulmont (54). . . . 69 F2
Dommartemont (54). 48 D5

Dommartin (01). . . . . 116 C
Dommartin (25). . . . . 103 H
Dommartin (58). . . . . 100 A
Dommartin (69). . . . . 129 H
Dommartin (80). . . . . 20 C
Dommartin-aux-Bois (88). . . 69 G
Dommartin-Dampierre (51). . 46 C
Dommartin-
  -la-Chaussée (54). . . . . . . 26 A
Dommartin-
  -la-Montagne (55). . . . . . . 47 H
Dommartin-le-Coq (10). . . . 66 C
Dommartin-le-Franc (52). . . 67 G
Dommartin-
  -le-Saint-Père (52). . . . . . 67 G
Dommartin-
  -lès-Cuiseaux (71). . . . . . . 117 E
Dommartin-
  -lès-Remiremont (88). . . . . 70 B
Dommartin-lès-Toul (54). . . . 48 B
Dommartin-lès-Vallois (88). . 69 F
Dommartin-Lettrée (51). . . . 45 H
Dommartin-
  -sous-Amance (54). . . . . . 48 D
Dommartin-sous-Hans (51). . 46 C
Dommartin-sur-Vraine (88). . 69 E
Dommartin-Varimont (51). . . 46 C
Dommary-Baroncourt (55). . . 25 G
Domme (24). . . . . 138 A
Dommery (08). . . . . 23 H
Dommiers (02). . . . . 21 H
Domnom-lès-Dieuze (57). . . 49 G
Dompaire (88). . . . . 69 G
Dompcevrin (55). . . . . 47 G
Dompierre (60). . . . . 20 D
Dompierre (61). . . . . 38 E
Dompierre (88). . . . . 70 A
Dompierre-aux-Bois (55). . . 47 G
Dompierre-Becquincourt (80). 8 E
Dompierre-du-Chemin (35). . 58 A
Dompierre-en-Morvan (21). . 84 C
Dompierre-les-Églises (87). . 110 C
Dompierre-les-Ormes (71). . 115 I
Dompierre-les-Tilleuls (25). . 103 F
Dompierre-
  -sous-Sanvignes (71). . . . . 115 F
Dompierre-sur-Authie (80). . 7 E
Dompierre-sur-Besbre (03). . 114 C
Dompierre-
  -sur-Chalaronne (01). . . . . 116 C
Dompierre-
  -sur-Charente (17). . . . . . . 121 F
Dompierre-sur-Helpe (59). . . 9 I
Dompierre-sur-Héry (58). . . 99 C
Dompierre-sur-Mer (17). . . . 106 D
Dompierre-sur-Mont (39). . . 117 C
Dompierre-sur-Nièvre (58). . 99 F
Dompierre-sur-Veyle (01). . . 116 D
Dompierre-sur-Yon (85). . . . 91 G
Dompnac (07). . . . . 157 E
Domprel (25). . . . . 104 E
Dompremy (51). . . . . 46 C
Domprix (54). . . . . 25 I
Domps (87). . . . . 125 E
Domptail (88). . . . . 70 E
Domptail-en-l'Air (54). . . . . 69 C
Domqueur (02). . . . . 44 E
Domqueur (80). . . . . 7 F
Domremy-la-Canne (55). . . . 25 C
Domrémy-la-Pucelle (88). . . 68 D
Domremy-Landéville (52). . . 68 A
Domsure (01). . . . . 117 E
Domvallier (88). . . . . 69 F
Domvast (80). . . . . 7 E
Don (59). . . . . 3 F
Donazac (11). . . . . 186 C
Donchery (08). . . . . 24 E
Doncières (88). . . . . 70 E
Doncourt-
  -aux-Templiers (55). . . . . . 47 I
Doncourt-lès-Conflans (54). . 26 A
Doncourt-lès-Longuyon (54). 25 G
Doncourt-sur-Meuse (52). . . 68 C
Dondas (47). . . . . 151 F
Donges (44). . . . . 73 I
Donjeux (52). . . . . 67 F
Donjeux (57). . . . . 49 F
le Donjon (03). . . . . 114 C
Donnay (14). . . . . 38 C
Donnazac (81). . . . . 170 A
Donnelay (57). . . . . 49 F
Donnemain-
  -Saint-Mamès (28). . . . . . 62 A
Donnemarie-Dontilly (77). . . 64 C
Donnement (10). . . . . 66 C
Donnenheim (67). . . . . 50 D
Donnery (45). . . . . 81 E
Donneville (31). . . . . 185 G
Donnezac (33). . . . . 135 F
Dontreix (23). . . . . 126 B
Dontrien (51). . . . . 23 F
Donville-les-Bains (50). . . . 35 I
Donzac (33). . . . . 149 I
Donzac (82). . . . . 151 F
Donzacq (40). . . . . 165 G
le Donzeil (23). . . . . 111 I
Donzenac (19). . . . . 138 D
Donzère (26). . . . . 158 A
Donzy (58). . . . . 82 D
Donzy-le-National (71). . . . 115 I
Donzy-le-Pertuis (71). . . . . 116 A
Doranges (63). . . . . 128 C
Dorans (90). . . . . 88 C
Dorat (63). . . . . 127 H
le Dorat (87). . . . . 110 C
Dorceau (61). . . . . 61 E
Dordives (45). . . . . 64 C
la Dorée (53). . . . . 58 A
Dore-l'Église (63). . . . . . . 142 B
Dorengt (02). . . . . 9 H

orlisheim (67) 50 D6
Dormans (51) 44 D2
Dormelles (77) 64 B3
a Dornac (24) 138 B3
Dornas (07) 143 F5
Dornecy (58) 83 G5
Dornes (58) 99 F6
Dornot (57) 26 B6
Dorres (66) 199 G4
Dortan (01) 117 G3
Dosches (10) 66 C3
Dosnon (10) 45 G6
ossenheim-
  -Kochersberg (67) 50 D5
ossenheim-sur-Zinsel (67) . . 50 C3
Douadic (36) 95 G6
Douai (59) 8 D2
Douains (27) 41 F2
Douarnenez (29) 53 E2
Douaumont (55) 25 F6
Doubs (25) 104 A4
Doucelles (72) 60 A3
Douchapt (24) 136 D2
Douchy (02) 21 H1
Douchy (45) 64 C6
Douchy-lès-Ayette (62) 8 B3
Douchy-les-Mines (59) 9 E2
Doucy-en-Bauges (73) 132 B3
Doudeauville (62) 1 G5
Doudeauville (76) 19 G3
Doudeauville-en-Vexin (27) . . 19 F5
Doudelainville (80) 6 D5
Doudeville (76) 17 E3
Doudrac (47) 151 F1
Doue (77) 44 A4
Doué-la-Fontaine (49) 93 F1
Douelle (46) 152 C3
Douhet (17) 121 F2
Douillet (72) 59 H3
Douilly (80) 21 G1
Doulaincourt-Saucourt (52) . . 68 A3
Doulcon (55) 24 D5
Doulevant-le-Château (52) . . 67 G2
Doulevant-le-Petit (52) 67 G2
Doulezon (33) 136 A6
Doulieu (59) 2 D4
Doullens (80) 7 G3
Doumely-Bégny (08) 23 G2
Doumy (64) 166 B6
Dounoux (88) 69 H4
Dourbies (30) 172 C1
Dourdain (35) 57 H2
Dourdan (91) 63 E1
Dourges (62) 8 C1
Dourgne (81) 186 C1
Douriez (62) 6 D2
Dourlers (59) 10 A3
Dourn (81) 171 E2
Dournazac (87) 123 G4
Dournon (39) 103 F4
Dours (65) 183 F2
Doussard (74) 132 B3
Doussay (86) 94 B4
Douvaine (74) 118 D3
Douville (24) 137 E4
Douville-en-Auge (14) 14 D4
Douville-sur-Andelle (27) . . . 19 E5
Douvrend (76) 6 A6
Douvres (01) 130 D1
Douvres-la-Délivrande (14) . . 14 B3
Douvrin (62) 3 E6
Doux (08) 23 H4
Doux (79) 93 H5
Douy (28) 61 H5
Douy-la-Ramée (77) 43 G2
Douzains (47) 151 E2
Douzat (16) 122 B3
Douze (24) 137 G3
Douzens (11) 187 F3
Douzillac (24) 136 D3
Douzy (08) 24 C2
Doville (50) 12 C4
Doye (39) 103 G5
Doyet (03) 113 E4
Dozulé (14) 14 D4
Dracé (69) 116 B5
Draché (37) 94 D3
Drachenbronn-
  -Birlenbach (67) 51 F2
Dracy (89) 83 E2
Dracy-le-Fort (71) 101 G5
Dracy-lès-Couches (71) 101 E4
Dracy-Saint-Loup (71) 100 D3
Dragey-Ronthon (50) 35 G3
Draguignan (83) 177 H5
Draillant (74) 119 E3
Drain (49) 75 F4
Draix (04) 160 D6
Draize (08) 23 G2
Drambon (21) 86 B6
Dramelay (39) 117 F3
Drancy (93) 42 D3
Drap (06) 195 F2
Dravegny (02) 22 C6
Draveil (91) 42 D5
Drée (21) 85 F6
Drefféac (44) 74 A2
Drémil-Lafage (31) 169 G5
Drennec (29) 31 E3
Dreuil-lès-Amiens (80) 7 F6
Dreuilhe (09) 186 B5
Dreux (28) 41 F5
Drevant (18) 97 H6
Dricourt (08) 23 H5
Driencourt (80) 8 C5
Drincham (59) 2 B2
Drocourt (62) 8 C1
Drocourt (78) 41 H2
Droisy (27) 40 D4
Droisy (74) 131 H1

Droiturier (03) 114 C5
Droizy (02) 22 A6
Drom (01) 117 E4
Dromesnil (80) 6 D6
Drosay (76) 17 E3
Drosnay (51) 46 B6
Droué (41) 61 G5
Droue-sur-Drouette (28) 41 H6
Drouges (35) 57 H5
Drouilly (51) 46 A4
Droupt-Saint-Basle (10) 66 A1
Droupt-Sainte-Marie (10) 66 A1
Drouville (54) 49 E5
Drouvin-le-Marais (62) 2 D6
Droux (87) 110 B5
Droyes (52) 67 E1
Drubec (14) 15 E4
Drucat (80) 6 D4
Drucourt (27) 15 G5
Drudas (31) 168 D4
Druelle (12) 154 B4
Drugeac (15) 140 A3
Druillat (01) 117 E6
Drulhe (12) 153 H3
Drulingen (67) 50 B3
Drumettaz-Clarafond (73) . . 131 H4
Drusenheim (67) 51 F4
Druy-Parigny (58) 99 F5
Druye (37) 78 C6
Druyes-les-Belles-
  -Fontaines (89) 83 F4
Dry (45) 80 C2
Duault (22) 32 C5
Ducey (50) 35 H4
Ducy-Sainte-Marguerite (14) . . 14 A4
Duerne (69) 129 G4
Duesme (21) 85 F3
Duffort (32) 183 G2
Dugny (93) 42 D3
Dugny-sur-Meuse (55) 47 F1
Duhort-Bachen (40) 166 B4
Duilhac-
  -sous-Peyrepertuse (11) . . 187 F6
Duingt (74) 132 B2
Duisans (62) 8 A2
Dullin (73) 131 G5
Dumes (40) 165 H4
Dun (09) 186 A5
Dun-le-Palestel (23) 111 E4
Dun-le-Poëlier (36) 96 C1
Dun-les-Places (58) 100 B1
Dun-sur-Auron (18) 98 A4
Dun-sur-Grandry (58) 99 H3
Dun-sur-Meuse (55) 24 D5
Duneau (72) 60 C5
Dunes (82) 168 A1
Dunet (36) 110 C2
Dung (25) 88 C4
Dunière-sur-Eyrieux (07) . . 143 H6
Dunières (43) 143 F2
Dunkerque (59) 2 B1
Duntzenheim (67) 50 D4
Duppigheim (67) 50 D6
Duran (32) 167 H5
Durance (47) 150 C6
Duranus (06) 195 F1
Duranville (27) 15 H5
Duras (47) 150 C1
Duravel (46) 152 A3
Durban (32) 167 H6
Durban-Corbières (11) 187 H5
Durban-sur-Arize (09) 185 F5
Durbans (46) 153 E1
Durcet (61) 38 C4
Durdat-Larequille (03) 112 D4
Dureil (72) 77 G1
Durenque (12) 171 F1
Durfort (09) 185 G3
Durfort (81) 186 C1
Durfort-et-Saint-Martin-
  -de-Sossenac (30) 173 G2
Durfort-Lacapelette (82) . . 152 A6
Durlinsdorf (68) 89 F4
Durmenach (68) 89 F4
Durmignat (63) 113 E5
Durnes (25) 103 H2
Durningen (67) 50 D5
Durrenbach (67) 51 E3
Durrenentzen (68) 71 G4
Durstel (67) 50 B3
Durtal (49) 77 F3
Durtol (63) 127 E3
Dury (02) 21 H1
Dury (62) 8 C3
Dury (80) 7 F6
Dussac (24) 123 H6
Duttlenheim (67) 50 D6
Duvy (60) 21 F6
Duzey (55) 25 G5
Dyé (89) 83 H1
Dyo (71) 115 F3

E

Eancé (35) 57 H5
Eaubonne (95) 42 C3
Eaucourt-sur-Somme (80) 6 D4
Eaunes (31) 185 F1
Eaux-Bonnes (64) 182 B5
Eaux-Puiseaux (10) 65 H5
Eauze (32) 167 E3
Ébaty (21) 101 G4
Ebblinghem (59) 2 C4
Eberbach-Seltz (67) 51 G2
Ebersheim (67) 71 G2
Ebersmunster (67) 71 G2
Éberviller (57) 26 D4

Éblange (57) 26 D4
Ébouleau (02) 22 D2
Ébréon (16) 122 B1
l'Écaille (08) 23 F4
Écaillon (59) 8 D2
Écalles-Alix (76) 17 F4
Écaquelon (27) 18 A5
Écardenville-
  -la-Campagne (27) 40 C1
Écardenville-sur-Eure (27) . . 41 E1
Écausseville (50) 12 D3
Écauville (27) 40 C1
Eccica-Suarella (2A) 204 D6
Eccles (59) 10 B3
Échalas (69) 129 H5
Échallat (16) 122 A3
Échallon (01) 117 H4
Échalot (21) 85 F3
Échalou (61) 38 B4
Échandelys (63) 127 H5
Échannay (21) 101 F1
Écharcon (91) 42 D6
Échassières (03) 113 F5
Échauffour (61) 39 G5
Échavanne (70) 88 C3
Échay (25) 103 F3
Échebrune (17) 121 F4
l'Échelle (08) 23 H1
l'Échelle-Saint-Aurin (80) . . 21 E2
les Échelles (73) 131 G6
Échemiré (49) 77 G4
Échenans (70) 88 B4
Échenans-
  -sous-Mont-Vaudois (70) . . 88 C3
Échenay (52) 68 A1
Échenevex (01) 118 B3
Échenon (21) 102 B2
Échenoz-la-Méline (70) 87 G3
Échenoz-le-Sec (70) 87 G4
Échevannes (21) 86 A4
Échevannes (25) 103 H2
Échevis (26) 145 E4
Échevronne (21) 101 G2
Échigey (21) 102 A2
Échillais (17) 120 C1
Échilleuses (45) 63 G4
Échinghen (62) 1 F4
Échiré (79) 107 H3
Échirolles (38) 145 G3
Échouboulains (77) 64 C2
Échourgnac (24) 136 C3
Eckartswiller (67) 50 C4
Eckbolsheim (67) 51 E5
Eckwersheim (67) 51 E5
Éclaibes (59) 10 A3
Éclaires (51) 46 D2
Éclance (10) 67 E3
Éclans-Nenon (39) 102 D2
Éclaron-Braucourt-
  Sainte-Livière (52) 46 C6
Eclassan (07) 144 A3
Écleux (39) 103 E3
Éclimeux (62) 7 F1
Éclose (38) 130 D5
Éclusier-Vaux (80) 8 B5
Écluzelles (28) 41 F5
Écly (08) 23 G3
Écoche (42) 115 F5
Écoivres (62) 7 G2
École (73) 132 B4
École-Valentin (25) 87 F6
Écollemont (51) 46 C6
Écommoy (72) 78 B1
Écoquenéauville (50) 13 E4
Écorcei (61) 40 A5
les Écorces (25) 104 D1
Écorches (61) 39 F3
Écordal (08) 24 A3
Écorpain (72) 60 D6
Écos (27) 41 G1
Écot (25) 88 C5
Écot-la-Combe (52) 68 B4
Écotay-l'Olme (42) 128 D5
Écouché (61) 38 D5
Écouen (95) 42 D2
Écouflant (49) 77 E4
Écouis (27) 19 E5
Écourt-Saint-Quentin (62) . . 8 D3
Écoust-Saint-Mein (62) 8 C3
Écouviez (55) 25 F3
l'Écouvotte (25) 87 G6
Écoyeux (17) 121 F2
Ecquedecques (62) 2 C6
Ecques (62) 2 B5
Ecquetot (27) 40 D1
Ecquevilly (78) 42 A3
Écrainville (76) 16 C4
Écrammeville (14) 13 G5
les Écrennes (77) 64 B1
Écretteville-lès-Baons (76) . . 17 E4
Écretteville-sur-Mer (76) 16 D3
Écriennes (51) 46 B5
Écrille (39) 117 G2
Écromagny (70) 88 A1
Écrosnes (28) 62 C1
Écrouves (54) 48 A5
Ectot-l'Auber (76) 17 F4
Ectot-lès-Baons (76) 17 E4
Écueil (51) 45 E1
Écueillé (36) 96 A2
Écuélin (59) 10 A3
Écuelle (70) 86 C4
Écuelles (71) 102 A4
Écuelles (77) 64 B3
Écuillé (49) 76 D3
Écuires (62) 6 D1
Écuisses (71) 101 E5
Éculleville (50) 12 B1
Écully (69) 130 A3

Écuras (16) 123 E4
Écurat (17) 121 E2
Écurcey (25) 88 C5
Écurey-en-Verdunois (55) . . 25 E5
Écurie (62) 8 B2
Écury-le-Repos (51) 45 F4
Écury-sur-Coole (51) 45 H3
Écutigny (21) 101 F2
Écuvilly (60) 21 F2
Edern (29) 53 G2
Édon (16) 122 D5
les Éduts (17) 108 A6
Eecke (59) 2 D4
Effiat (63) 113 H6
Effincourt (52) 68 A1
Effry (02) 10 A6
Égat (66) 199 H4
Égleny (89) 83 E2
Égletons (19) 125 G6
Églingen (68) 89 E2
l'Église-aux-Bois (19) 125 E4
Église-Neuve-de-Vergt (24) . . 137 F3
Église-Neuve-d'Issac (24) . . 136 D4
Égliseneuve-
  -d'Entraigues (63) 126 D6
Égliseneuve-
  -des-Liards (63) 127 H5
Égliseneuve-
  -près-Billom (63) 127 G3
les Églises-
  -d'Argenteuil (17) 121 G1
Églisolles (63) 128 C6
les Églisottes-
  -et-Chalaures (33) 136 A3
Égly (91) 42 C6
Égreville (77) 64 B4
Égriselles-le-Bocage (89) . . 64 D5
Égry (45) 63 G5
Éguelshardt (57) 28 C6
Éguenigue (90) 88 D2
l'Éguille (17) 120 C3
Éguilles (13) 175 H5
Éguilly (21) 84 D6
Éguilly-sous-Bois (10) 67 E4
Éguisheim (68) 71 F5
Éguzon-Chantôme (36) 111 E3
Éhuns (70) 87 H2
Eichhoffen (67) 71 F2
Eincheville (57) 49 F2
Einvaux (54) 69 H1
Einville-au-Jard (54) 49 E5
Eix (55) 25 F6
Élan (08) 24 B2
Élancourt (78) 42 A4
Elbach (68) 89 E3
Elbeuf (76) 18 C5
Elbeuf-en-Bray (76) 19 G4
Elbeuf-sur-Andelle (76) 19 E4
Élencourt (60) 19 H2
Élesmes (59) 10 A2
Életot (76) 16 C3
Éleu-dit-Leauwette (62) 8 B1
Élincourt (59) 9 E5
Élincourt-
  -Sainte-Marguerite (60) . . 21 F3
Élise-Daucourt (51) 46 C2
Ellecourt (76) 19 G1
Elliant (29) 53 H3
Ellon (14) 13 H6
Elne (66) 201 F3
Elnes (62) 2 A4
Éloie (90) 88 C2
Éloise (74) 118 A6
Éloyes (88) 70 B4
Elsenheim (67) 71 G4
Elvange (57) 49 E1
Elven (56) 55 H6
Elzange (57) 26 C3
Émagny (25) 87 E6
Émalleville (27) 40 D1
Émancé (78) 41 H6
Émanville (27) 40 C2
Émanville (76) 17 F4
Emberménil (54) 49 F5
Embres-
  -et-Castelmaure (11) 187 H6
Embreville (80) 6 B5
Embrun (05) 161 E2
Embry (62) 1 H6
Émerainville (77) 43 E4
Émerchicourt (59) 9 E2
Émeringes (69) 116 A5
Émerville (50) 13 F5
Émiéville (14) 38 D1
Emlingen (68) 89 F3
Emmerin (59) 3 F5
Émondeville (50) 13 E4
Empeaux (31) 168 C6
Empurany (07) 143 H4
Empuré (16) 108 C6
Empury (58) 83 H6
Encausse (32) 168 C4
Enchastrayes (04) 161 F4
Encourtiech (09) 185 E5
Endoufielle (32) 168 C6
Énencourt-le-Sec (60) 19 H5
Énencourt-Léage (60) 19 H5
Enfonvelle (52) 69 E6
Engayrac (47) 151 G5
Engente (10) 67 F3
Engenville (45) 63 F4
Enghien-les-Bains (95) 42 C3
Engins (38) 145 F2
Englancourt (02) 10 A6
Englebelmer (80) 8 A4
Englefontaine (59) 9 G3
Englesqueville-
  -en-Auge (14) 15 E3

Englesqueville-
  -la-Percée (14) 13 G4
Englos (59) 3 F5
Engomer (09) 184 D5
Enguinegatte (62) 2 B5
Engwiller (67) 50 D3
Ennemain (80) 8 C6
Ennery (57) 26 C4
Ennery (95) 42 B2
Ennetières-en-Weppes (59) . . 3 F5
Ennevelin (59) 3 G6
Ennezat (63) 127 F2
Ennordres (18) 81 G5
Enquin-les-Mines (62) 2 B5
Enquin-sur-Baillons (62) 1 G5
Ens (09) 196 D1
Ensigné (79) 108 A5
Ensisheim (68) 71 F4
Ensuès-la-Redonne (13) . . 191 H5
Entrages (04) 177 F1
Entraigues (38) 146 A5
Entraigues (63) 127 G2
Entraigues-
  -sur-la-Sorgue (84) 175 E2
Entrains-sur-Nohain (58) . . 83 E5
Entrammes (53) 58 D5
Entrange (57) 26 B3
Entraunes (06) 161 G5
Entraygues-
  --sur-Truyère (12) 154 C2
Entre-Deux-Eaux (88) 70 D3
Entre-deux-Guiers (38) 131 G6
Entre-deux-Monts (39) 103 F6
Entrecasteaux (83) 193 G1
Entrechaux (84) 158 D5
Entremont (74) 132 C1
Entremont-le-Vieux (73) . . 131 H6
Entrepierres (04) 160 B5
Entrevaux (04) 178 B2
Entrevennes (04) 177 E2
Entrevernes (74) 132 B2
Entzheim (67) 50 D6
Enval (63) 127 E2
Enveitg (66) 199 G4
Envermeu (76) 17 H2
Environville (76) 17 E4
Éourres (05) 159 H5
Eoux (31) 184 C2
Épagne (10) 66 D2
Épagne-Épagnette (80) 6 D4
Épagny (02) 21 H4
Épagny (21) 85 H5
Épagny (74) 132 A1
Épaignes (27) 15 G4
Épaney (14) 38 D3
Épannes (79) 107 G4
Éparcy (02) 10 B6
les Éparges (55) 47 H2
Épargnes (17) 120 D4
les Éparres (38) 130 D5
Épaumesnil (80) 6 D6
Épaux-Bézu (02) 44 B1
Épeautrolles (28) 62 A3
Épécamps (80) 7 F4
Épehy (80) 8 D5
Épeigné-les-Bois (37) 95 G1
Épeigné-sur-Dême (37) 78 D3
Épénancourt (80) 21 F1
Épenède (16) 109 F6
Épenouse (25) 104 A1
Épenoy (25) 104 A2
Épense (51) 46 C3
Épercieux-Saint-Paul (42) . . 129 E3
Éperlecques (62) 2 A3
Épernay (51) 45 F2
Épernay-sous-Gevrey (21) . . 101 H2
Épernon (28) 41 G6
Éperrais (61) 60 D2
Épersy (73) 131 H3
Épertully (71) 101 F4
Épervans (71) 101 G5
les Epesses (85) 92 C4
Épeugney (25) 103 G2
Epfig (67) 71 G2
Épiais (41) 79 H2
Épiais-lès-Louvres (95) 43 E2
Épiais-Rhus (95) 42 B1
Épieds (02) 44 B2
Épieds (27) 41 F3
Épieds (49) 93 H2
Épieds-en-Beauce (45) 62 B6
Épierre (73) 132 C5
Épiez-sur-Chiers (54) 25 F4
Épiez-sur-Meuse (55) 47 H6
Épinac (71) 101 E3
Épinal (88) 69 H4
Épinay (27) 40 A2
Épinay-Champlâtreux (95) . . 42 D2
l'Épinay-le-Comte (61) 58 C1
Épinay-sous-Sénart (91) . . 43 E5
Épinay-sur-Duclair (76) 17 F5
Épinay-sur-Odon (14) 14 A5
Épinay-sur-Seine (93) 42 D3
l'Épine (05) 159 G3
l'Épine (51) 46 A3
l'Épine (85) 90 B1
l'Épine-aux-Bois (02) 44 C3
Épineau-les-Voves (89) 65 F6
Épine-le-Chevreuil (72) 59 G5
Épineu (89) 84 A1
Épineuil-le-Fleuriel (18) . . 112 D2
Épineuse (60) 20 D5
Épineux-le-Seguin (53) 59 F6
Épiniac (35) 35 F5
Épinonville (55) 24 D6
Épinouze (26) 144 B1
Épinoy (62) 8 D3
Epiry (58) 99 H2
Épisy (77) 64 B3

Épizon (52) 68 B2
Éplessier (80) 20 A1
Éply (54) 48 C3
Époisses (21) 84 B4
Épône (78) 41 H3
Épothémont (10) 67 E2
Épouville (76) 15 F1
Époye (51) 23 F6
Eppe-Sauvage (59) 10 B4
Eppes (02) 22 C3
Eppeville (80) 21 G1
Epping (57) 28 B5
Épretot (76) 15 G1
Épreville (76) 16 C3
Épreville-en-Lieuvin (27) . . 15 H4
Épreville-en-Roumois (27) . . 18 A5
Épreville-
  -près-le-Neubourg (27) . . 40 C1
Épron (14) 14 B4
Eps (62) 7 G1
Épuisay (41) 79 F1
Équancourt (80) 8 C5
Équemauville (14) 16 B6
Équennes-Éramecourt (80) . . 20 A2
Équeurdreville-
  -Hainneville (50) 12 C2
Équevilley (70) 87 G2
Équevillon (39) 103 F5
Équihen-Plage (62) 1 E4
Équilly (50) 35 H2
Équirre (62) 2 A6
Éragny (95) 42 B2
Éragny-sur-Epte (60) 19 G5
Eraines (14) 38 D3
Éraville (16) 122 A4
Erbajolo (2B) 205 F2
Erbéviller-sur-Amezule (54) . . 49 E4
Erbray (44) 75 E1
Erbrée (35) 58 A4
Ercé (09) 185 E6
Ercé-en-Lamée (35) 57 F5
Ercé-près-Liffré (35) 57 G1
Erceville (45) 63 E4
Erches (80) 21 E2
Ercheu (80) 21 G2
Erchin (59) 8 D2
Erching (57) 28 A5
Erckartswiller (67) 50 C3
Ercourt (80) 6 C4
Ercuis (60) 20 C6
Erdeven (56) 54 D6
Eréac (22) 56 B1
Ergersheim (67) 50 D6
Ergnies (80) 7 E4
Ergny (62) 1 H5
Ergué-Gabéric (29) 53 G3
Érin (62) 7 F1
Éringes (21) 84 D4
Eringhem (59) 2 B2
Érize-la-Brûlée (55) 47 F4
Érize-la-Petite (55) 47 E3
Érize-Saint-Dizier (55) 47 F4
Erlon (02) 22 C2
Erloy (02) 9 H6
Ermenonville (60) 43 E1
Ermenonville-la-Grande (28) . . 62 A3
Ermenonville-la-Petite (28) . . 62 A3
Ermenouville (76) 17 E3
Ermont (95) 42 C3
Ernée (53) 58 C3
Ernemont-Boutavent (60) . . 19 H3
Ernemont-la-Villette (76) . . 19 G4
Ernemont-sur-Buchy (76) . . 19 E3
Ernes (14) 39 E2
Ernestviller (57) 49 H1
Erneville-aux-Bois (55) 47 G5
Ernolsheim-Bruche (67) 50 D6
Ernolsheim-
  -lès-Saverne (67) 50 C4
Erny-Saint-Julien (62) 2 B5
Érôme (26) 144 A3
Érondelle (80) 6 D4
Érone (2B) 205 F1
Erp (09) 185 E5
Erquery (60) 20 D4
Erquinghem-le-Sec (59) . . 3 E5
Erquinghem-Lys (59) 3 E4
Erquinvillers (60) 20 D4
Erquy (22) 34 A3
Err (66) 199 H4
Erre (59) 9 E2
Errevet (70) 88 C2
Errouville (54) 26 A3
Ersa (2B) 203 F1
Erstein (67) 71 H1
Erstroff (57) 49 G2
Ervauville (45) 64 C5
Ervillers (62) 8 B3
Ervy-le-Châtel (10) 66 A5
Esbareich (65) 183 H5
Esbarres (21) 102 B2
Esboz-Brest (70) 88 A1
Escala (65) 183 G4
Escalans (40) 166 D2
l'Escale (04) 160 B6
Escales (11) 187 G3
Escalles (62) 1 F2
Escalquens (31) 169 G6
Escames (60) 19 H3
Escamps (46) 153 E4
Escamps (89) 83 F2
Escandolières (12) 154 A3
Escanecrabe (31) 184 B2
Escardes (51) 44 C5
l'Escarène (06) 195 G2
Escarmain (59) 9 F3
Escaro (66) 200 B4
Escassefort (47) 150 C2
Escatalens (82) 168 D2

Escaudain (59)........9 E2
Escaudes (33)........149 H4
Escaudœuvres (59)........9 E3
Escaunets (65)........182 D2
Escautpont (59)........9 F1
Escazeaux (82)........168 C3
Eschau (67)........51 E6
Eschbach (67)........51 E3
Eschbach-au-Val (68)........71 E5
Eschbourg (67)........50 B3
Eschentzwiller (68)........89 G2
Escherange (57)........26 B3
Esches (60)........20 B6
Eschwiller (67)........50 A3
Esclagne (09)........186 A5
Esclainvillers (80)........20 C2
Esclanèdes (48)........155 H3
Esclassan-Labastide (32)........184 A1
Esclauzels (46)........152 D4
Esclavelles (76)........19 E2
Esclavolles-Lurey (51)........65 G1
Escles (88)........69 G4
Escles-Saint-Pierre (60)........19 H1
Esclottes (47)........150 C1
Escobecques (59)........3 E5
Escœuilles (62)........1 G4
Escoire (24)........137 G2
Escolives-
  Sainte-Camille (89)........83 G3
Escombres-
  et-le-Chesnois (08)........24 D2
Escondeaux (65)........183 F2
Esconnets (65)........183 F4
Escorailles (15)........140 A3
Escorneboeuf (32)........168 B5
Escorpain (28)........41 E5
Escos (64)........165 E6
Escosse (09)........185 G4
Escot (64)........182 A4
Escots (65)........183 F4
Escou (64)........182 A3
Escoubès (64)........182 C1
Escoubès-Pouts (65)........183 E4
Escoulis (31)........184 D4
Escouloubre (11)........200 A2
Escource (40)........148 C5
Escoussans (33)........149 H1
Escoussens (81)........170 C6
Escout (64)........182 A3
Escoutoux (63)........128 A3
Escoville (14)........14 C4
Escragnolles (06)........178 B4
Escrennes (45)........63 F5
Escrignelles (45)........82 B3
Escroux (81)........171 F4
Escueillens-et-Saint-Just-
  de-Bélengard (11)........186 C4
Escurès (64)........166 C6
Escurolles (03)........113 H5
Eslettes (76)........17 G5
Esley (88)........69 F4
Eslourenties-Daban (64)........182 D2
Esmans (77)........64 C3
Esmery-Hallon (80)........21 G2
Esmoulières (70)........88 B1
Esmoulins (70)........86 C5
Esnandes (17)........106 D4
Esnans (25)........87 H6
Esnes (59)........9 E4
Esnes-en-Argonne (55)........24 D6
Esnon (89)........65 F6
Esnouveaux (52)........68 B4
Espagnac (19)........139 F2
Espagnac-
  Sainte-Eulalie (46)........153 F2
Espalais (82)........168 B1
Espalem (43)........141 F1
Espalion (12)........154 D3
Espaly-Saint-Marcel (43)........142 C4
Espanès (31)........185 G1
Espaon (32)........184 C1
Esparron (05)........160 A3
Esparron (31)........184 B2
Esparron (83)........193 E1
Esparron-de-Verdon (04)........176 D4
Esparros (65)........183 G4
Esparsac (82)........168 C2
Espartignac (19)........124 D6
Espas (32)........167 E3
Espaubourg (60)........19 H4
Espèche (65)........183 G4
Espéchède (64)........182 D2
Espédaillac (46)........153 E2
Espelette (64)........180 C1
Espeluche (26)........158 B3
Espenel (26)........159 E1
Espérausses (81)........171 E5
Espéraza (11)........186 D6
Esperce (31)........185 F2
Espère (46)........152 C3
Espès-Undurein (64)........181 G2
Espeyrac (12)........154 C2
Espeyroux (46)........139 G4
Espezel (11)........199 H1
Espieilh (65)........183 F4
Espiens (47)........150 D6
Espiet (33)........135 G6
Espinas (82)........153 F6
Espinasse (15)........112 D6
Espinasse (63)........113 H5
Espinasse-Vozelle (03)........113 H5
Espinasses (05)........160 C3
Espinchal (63)........140 D1
Espins (14)........14 B6
Espira-de-Conflent (66)........200 C3
Espira-de-l'Agly (66)........201 F1
Espirat (63)........127 G3
Espiute (64)........181 F1
Esplantas (43)........142 A5
Esplas (09)........185 G3
Esplas-de-Sérou (09)........185 F5

Espoey (64)........182 D2
Espondeilhan (34)........188 C1
Esprels (70)........87 H4
Esquay-Notre-Dame (14)........14 B5
Esquay-sur-Seulles (14)........14 A4
Esquéhéries (02)........9 G5
Esquelbecq (59)........2 C3
Esquennoy (60)........20 C2
Esquerchin (59)........8 C1
Esquerdes (62)........2 A4
Esquibien (29)........52 D2
Esquièze-Sère (65)........183 E6
Esquiule (64)........181 H3
les Essards (16)........136 B2
les Essards (17)........120 D2
les Essards (37)........78 B6
les Essards-
  Taigneaux (39)........102 C4
Essarois (21)........85 F2
les Essarts (27)........2 D6
les Essarts (41)........40 C3
les Essarts (85)........79 E2
les Essarts (85)........91 H3
les Essarts-le-Roi (78)........42 A5
les Essarts-le-Vicomte (51)........44 C6
les Essarts-lès-Sézanne (51)........44 D5
Essay (61)........39 G6
Esse (16)........109 G6
Essé (35)........57 G4
Essegney (88)........69 G2
les Esseintes (33)........150 A2
Essert (90)........88 C3
Essert-Romand (74)........119 F4
Essertaux (80)........20 B1
Essertenne (71)........101 E5
Essertenne-et-Cecey (70)........86 C5
Essertines-
  en-Châtelneuf (42)........128 D4
Essertines-en-Donzy (42)........129 F3
Esserts-Blay (73)........132 D4
Esserval-Combe (39)........103 G5
Esserval-Tartre (39)........103 G5
Essey (21)........101 E1
Essey-et-Maizerais (54)........48 A3
Essey-la-Côte (54)........69 H1
Essey-lès-Nancy (54)........48 D5
Essia (39)........117 F1
Essigny-le-Grand (02)........22 A1
Essigny-le-Petit (02)........9 E6
Essises (02)........44 B3
Essômes-sur-Marne (02)........44 B2
Esson (14)........14 B6
Essoyes (10)........67 E5
Essuiles (60)........20 C4
les Estables (43)........143 E5
Establet (26)........159 F3
les Establais (08)........156 A1
Estadens (31)........184 C5
Estagel (66)........201 E1
Estaing (12)........154 D2
Estaing (65)........182 C5
Estaires (59)........2 D5
Estal (46)........139 F5
Estampes (32)........183 G1
Estampures (65)........183 G1
Estancarbon (31)........184 B4
Estandeuil (63)........127 H4
Estang (32)........166 C3
Estarvielle (65)........197 E1
Estavar (66)........199 H4
Esteil (63)........127 G6
Esténos (31)........184 A5
Estensan (65)........196 D1
Estérençuby (64)........181 E3
Esternay (51)........44 C5
Esterre (65)........183 E6
Estevelles (62)........3 E6
Esteville (76)........17 H5
Estézargues (30)........174 C2
Estialescq (64)........182 A3
Estibeaux (40)........165 F5
Estigarde (40)........166 C1
Estillac (47)........151 E6
Estipouy (32)........167 G6
Estirac (65)........166 D6
Estissac (10)........65 H3
Estivals (19)........138 C4
Estivareilles (03)........112 D3
Estivareilles (42)........128 D6
Estivaux (19)........138 C1
Estoher (66)........200 C3
Estos (64)........182 A3
Estoublon (04)........177 F2
Estouches (91)........63 F3
Estourmel (59)........9 E4
Estouteville-Écalles (76)........19 E3
Estouy (45)........63 G4
Estrablin (38)........130 B5
Estramiac (32)........168 B3
Estrebay (08)........10 C6
Estrébœuf (80)........6 C3
l'Estréchure (30)........173 F1
Estrée (62)........1 G6
Estrée-Blanche (62)........2 D5
Estrée-Cauchy (62)........8 A1
Estrée-Wamin (62)........7 G2
Estrées (02)........9 E5
Estrées (59)........8 C2
Estrées-Deniécourt (80)........8 B6
Estrées-la-Campagne (14)........38 D2
Estrées-lès-Crécy (80)........7 E3
Estrées-Mons (80)........8 C6
Estrées-Saint-Denis (60)........21 E4
Estrées-sur-Noye (80)........20 C1
Estrennes (88)........69 F3
Estreux (59)........9 G2
Estrun (59)........9 E3
Estry (14)........37 H3
Esves-le-Moutier (37)........95 F3
Esvres (37)........79 E6

Eswars (59)........9 E3
Étable (73)........132 B5
Étables (07)........143 H3
Étables-sur-Mer (22)........33 G3
Étagnac (16)........123 F2
Étaimpuis (76)........18 D2
Étain (55)........25 G6
Étaing (62)........8 C2
Étainhus (76)........15 G1
Étais (21)........84 D3
Étais-la-Sauvin (89)........83 E5
Étalans (25)........103 H2
Étalante (21)........85 F3
Étalle (08)........10 D6
Étalleville (76)........17 F3
Étalon (21)........21 F1
Étalondes (76)........6 B5
Étampes (91)........63 F2
Étampes-sur-Marne (02)........44 B2
l'Étang-Bertrand (50)........12 C3
l'Étang-la-Ville (78)........42 B4
l'Étang-sur-Arroux (71)........100 C4
l'Étang-Vergy (21)........101 G2
les Étangs (57)........26 D5
Étaples (62)........1 F6
Étaule (89)........84 A4
Étaules (17)........120 B3
Étaules (21)........85 G5
Étauliers (33)........135 E2
Étaux (74)........118 D6
Étaves-et-Bocquiaux (02)........9 F5
Étavigny (60)........43 G1
Etcharry (64)........181 F2
Etchebar (64)........181 G4
Éteignières (08)........10 D6
Éteimbes (68)........88 D2
Étel (56)........54 D6
Ételfay (80)........21 E2
Étercy (74)........132 A2
Éternoz (25)........103 G3
Éterpigny (62)........8 C3
Éterpigny (80)........8 C6
Éterville (14)........14 B5
Étevaux (21)........86 B6
Eth (59)........9 G2
Étienville (50)........12 D4
Étigny (89)........65 E5
les Étilleux (28)........61 E3
Étinehem (80)........8 A5
Étiolles (91)........42 D6
Étival (39)........117 H2
Étival-Clairefontaine (88)........70 C2
Étival-lès-le-Mans (72)........60 A6
Étivey (89)........84 B3
Étobon (70)........88 B3
Étoges (51)........45 E4
l'Étoile (39)........102 D6
l'Étoile (80)........7 E5
Étoile-Saint-Cyrice (05)........159 G4
Étoile-sur-Rhône (26)........144 B6
Éton (55)........25 G5
Étormay (21)........85 E4
Étourvy (10)........66 B6
Étoutteville (76)........17 E4
Étouvans (25)........88 C4
Étouvelles (02)........22 C3
Étouvy (14)........37 H3
Étrabonne (25)........103 E1
Étrappe (25)........88 B4
l'Étrat (42)........129 F5
Étray (25)........104 A2
Étraye (55)........25 E5
Étréaupont (02)........10 A6
Étrechet (36)........96 D5
Étréchy (18)........98 B2
Étréchy (51)........45 E3
Étréchy (91)........63 F1
Étréham (14)........13 H5
Étréjust (80)........6 D6
Étrelles (35)........58 A5
Étrelles-
  et-la-Montbleuse (70)........87 E5
Étrelles-sur-Aube (10)........65 H1
Étrembières (74)........118 C5
Étrépagny (27)........19 F5
Étrépigney (39)........102 D2
Étrépigny (08)........24 B2
Étrépilly (02)........44 B2
Étrépilly (77)........43 G2
Étrepy (51)........46 C4
Étretat (76)........16 B3
Étreux (02)........9 G5
Étréval (54)........69 F1
Étréville (27)........18 A5
Étrez (01)........116 D3
Étriac (16)........122 A5
Étriché (49)........77 E3
Étricourt-Manancourt (80)........8 C5
Étrigny (71)........116 B1
Étrochey (21)........85 E1
Étrœungt (59)........10 A5
Étroussat (03)........113 G5
Étsaut (64)........182 A5
Ettendorf (67)........50 D3
Etting (57)........28 A6
Etteuffont (90)........88 D2
Étupes (25)........88 C4
Éturqueraye (27)........18 A5
Étusson (79)........93 E3
Étuz (70)........87 F6
Etzling (57)........27 G4
Eu (76)........6 B4
Euffigneix (52)........67 H4
Eugénie-les-Bains (40)........166 B4
Euilly-et-Lombut (08)........24 D2
Eulmont (54)........48 D4
Eup (31)........184 A5

Eurre (26)........144 B6
Eurville-Bienville (52)........46 D6
Eus (66)........200 C3
Euvezin (54)........48 A3
Euville (55)........47 H4
Euvy (51)........45 F5
Euzet (30)........174 A1
Évaillé (72)........78 D1
Évans (39)........103 E1
Évaux-et-Ménil (88)........69 G2
Évaux-les-Bains (23)........112 C5
Ève (60)........43 F2
Évecquemont (78)........42 A2
Évenos (83)........193 E5
Évergnicourt (02)........23 E4
Everly (77)........64 D2
Évette-Salbert (90)........88 C2
Éveux (69)........129 G2
Évian-les-Bains (74)........119 E3
Évigny (08)........24 A1
Évin-Malmaison (62)........8 C1
Évires (74)........118 C6
Évisa (2A)........204 C3
Évosges (01)........131 E1
Évran (22)........34 D6
Évrange (57)........26 B2
Évrecy (14)........14 B5
Èvres (55)........47 E2
Évreux (27)........40 D2
Évricourt (60)........21 F3
Évriguet (56)........56 A3
Évron (53)........59 F4
Évry (89)........65 E3
Évry (91)........42 D6
Évry-Grégy-sur-Yerre (77)........43 E6
Excenevex (74)........118 D3
Excideuil (24)........137 H1
Exermont (08)........24 C5
Exideuil (16)........123 F2
Exincourt (25)........88 C4
Exireuil (79)........108 B2
Exmes (61)........39 F4
Exoudun (79)........108 B3
Expiremont (17)........135 G1
Eybens (38)........145 G3
Eybouleuf (87)........124 C3
Eyburie (19)........124 D6
Eycheil (09)........185 E5
Eydoche (38)........130 D6
Eygalayes (26)........159 G5
Eygalières (13)........175 F4
Eygaliers (26)........159 E5
Eygliers (05)........161 F1
Eygluy-Escoulin (26)........144 D6
Eyguians (05)........159 H4
Eyguières (13)........191 G2
Eygurande (19)........126 B4
Eygurande-
  et-Gardedeuil (24)........136 B3
Eyjeaux (87)........124 C3
Eyliac (24)........137 G3
Eymet (24)........150 D1
Eymeux (26)........144 C3
Eymouthiers (16)........123 E4
Eymoutiers (87)........125 E3
Eyne (66)........199 H4
Eynesse (33)........136 B5
Eyragues (13)........175 E3
Eyrans (33)........135 E2
Eyrein (19)........139 F1
Eyres-Moncube (40)........165 H4
Eyroles (26)........159 E4
Eysines (33)........135 E5
Eysson (25)........104 A1
Eysus (64)........182 A3
Eyvirat (24)........137 F1
Eywiller (67)........50 A3
Eyzahut (26)........158 C2
Eyzerac (24)........123 G6
les Eyzies-
  de-Tayac-Sireuil (24)........137 H5
Eyzin-Pinet (38)........130 B5
Ézanville (95)........42 D2
Èze (06)........179 F3
Ézy-sur-Eure (27)........41 F4

F

Fa (11)........186 D6
Fabas (09)........184 D4
Fabas (31)........184 C2
Fabas (82)........169 E3
Fabras (07)........157 F2
Fabrègues (34)........173 F6
Fabrezan (11)........187 G4
Faches-Thumesnil (59)........3 F5
Fâchin (58)........100 B3
la Fage-Montivernoux (48)........155 G1
la Fage-Saint-Julien (48)........141 F6
le Faget (31)........169 H6
Faget-Abbatial (32)........168 A6
Fagnières (51)........45 H3
Fagnon (08)........24 A1
Fahy-lès-Autrey (70)........86 C4
Failly (57)........26 C5
Faimbe (25)........88 B4
Fain-lès-Montbard (21)........84 D4
Fain-lès-Moutiers (21)........84 C4
Fains (27)........41 F2
Fains-la-Folie (28)........62 C4
Fains-Véel (55)........47 E4
Faissault (08)........23 H3
Fajac-en-Val (11)........187 E4
Fajac-la-Relenque (11)........186 A2
Fajoles (46)........138 B6
la Fajolle (11)........199 G1
Fajolles (82)........168 C2

Falaise (08)........24 B5
Falaise (14)........38 D3
la Falaise (78)........42 A3
Falck (57)........27 E4
Faleyras (33)........135 G6
Falga (31)........186 B1
Falicon (06)........195 F2
Falkwiller (68)........89 E2
Fallencourt (76)........6 C6
Fallerans (25)........103 H2
Falleron (85)........91 E2
Falletans (39)........102 D2
la Faloise (80)........20 C2
Fals (47)........168 A1
Falvy (80)........21 G1
Famars (59)........9 F2
Famechon (62)........7 H4
Famechon (80)........20 A1
Fameck (57)........26 B4
Familly (14)........39 G3
Fampoux (62)........8 B2
Fanjeaux (11)........186 C3
Fanlac (24)........137 H3
le Faou (29)........31 F6
le Faouët (22)........33 E2
le Faouët (56)........54 B3
Faramans (01)........130 C2
Faramans (38)........130 C6
Farbus (62)........8 B2
Farceaux (27)........19 F5
la Fare-en-Champsaur (05)........160 B1
la Fare-les-Oliviers (13)........191 H3
Farébersviller (57)........49 G1
Faremoutiers (77)........43 H4
Farges (01)........131 E1
les Farges (24)........138 A3
Farges-Allichamps (18)........97 G5
Farges-en-Septaine (18)........98 A3
Farges-lès-Chalon (71)........101 G5
Farges-lès-Mâcon (71)........116 B2
Fargues (33)........149 H2
Fargues (40)........166 A4
Fargues (46)........152 B4
Fargues-Saint-Hilaire (33)........135 F5
Fargues-sur-Ourbise (47)........150 C5
Farincourt (52)........86 D2
Farinole (2B)........203 F3
la Farlède (83)........193 F5
Farnay (42)........129 G5
Farschviller (57)........49 G1
Fatouville-Grestain (27)........16 C6
le Fau (15)........140 B3
Fau-de-Peyre (48)........155 G1
Fauch (81)........170 C3
Faucogney-et-la-Mer (70)........88 A1
Faucompierre (88)........70 B4
Faucon (84)........158 D5
Faucon-de-
  Barcelonnette (04)........161 F3
Faucon-du-Caire (04)........160 B4
Fauconcourt (88)........70 A2
Faucoucourt (02)........22 B3
Faudoas (82)........168 C3
le Fauga (31)........185 F1
Faugères (07)........157 E3
Faugères (34)........172 B6
Fauguernon (14)........15 F4
Fauguerolles (47)........150 C3
Faulquemont (57)........49 F2
Faulx (54)........48 C4
Faumont (59)........8 D1
Fauquembergues (62)........2 A5
la Faurie (05)........159 H2
Faurilles (24)........151 F1
Fauroux (82)........151 H5
Faussergues (81)........171 E1
Fauville (27)........41 E2
Fauville-en-Caux (76)........16 D4
Faux (08)........23 H3
Faux (24)........137 E6
Faux-Fresnay (51)........45 E6
Faux-la-Montagne (23)........125 F3
Faux-Mazuras (23)........125 E3
Faux-Vésigneul (51)........45 H4
Faux-Villecerf (10)........65 G3
Favalello (2B)........205 F2
Faveraye-Mâchelles (49)........93 E1
Faverdines (18)........112 C1
Faverelles (45)........82 C4
Faverges (74)........132 C3
Faverges-de-la-Tour (38)........131 E4
Faverney (70)........87 F2
Faverois (90)........88 D4
Faverolles (02)........21 H6
Faverolles (15)........141 F5
Faverolles (28)........41 G5
Faverolles (36)........96 A2
Faverolles (52)........68 A6
Faverolles (61)........38 C5
Faverolles (80)........21 E2
Faverolles-
  la-Campagne (27)........40 C2
Faverolles-et-Coëmy (51)........22 D6
Faverolles-lès-Lucey (21)........85 G1
Faverolles-sur-Cher (41)........79 G6
la Favière (39)........103 G5
Favières (28)........61 H1
Favières (54)........69 E1
Favières (77)........43 F5
Favières (80)........6 C3
Favresse (51)........46 B5

Favreuil (62)........8 B5
Favrieux (78)........41 G3
le Favril (27)........15 H1
le Favril (28)........61 G1
le Favril (59)........9 G6
Fay (01)........39 H1
le Fay (71)........102 B
Fay (72)........60 A
Fay (80)........8 B
Fay-aux-Loges (45)........81 F
Fay-de-Bretagne (44)........74 B
Fay-en-Montagne (39)........103 E
Fay-le-Clos (26)........144 B
Fay-les-Étangs (60)........19 H
Fay-lès-Marcilly (10)........65 G
Fay-lès-Nemours (77)........64 A
le Fay-Saint-Quentin (60)........20 B
Fay-sur-Lignon (43)........143 E
Faycelles (46)........153 G
la Faye (16)........108 D
Faye (41)........79 G
Faye-d'Anjou (49)........77 E
Faye-la-Vineuse (37)........94 B
Faye-l'Abbesse (79)........93 F
Faye-sur-Ardin (79)........107 G
le Fayel (60)........21 E
Fayence (83)........178 B
Fayet (02)........9 E
Fayet (12)........171 H
Fayet-le-Château (63)........127 H
Fayet-Ronaye (63)........128 A
Fayl-Billot (52)........86 C
Faymont (70)........88 B
Faymoreau (85)........107 G
Fays (52)........67 G
Fays (88)........70 B
Fays-la-Chapelle (10)........66 A
Fayssac (81)........170 B
Féas (64)........181 H
Febvin-Palfart (62)........2 B
Fécamp (76)........16 C
Féchain (59)........8 D
Fêche-l'Église (90)........88 D
Fécocourt (54)........69 F
Fédry (70)........87 E
Fegersheim (67)........51 E
Fégréac (44)........74 A
Feigères (74)........118 B
Feigneux (60)........21 F
Feignies (59)........10 A
Feillens (01)........116 B
Feings (41)........80 A
Feings (61)........40 A
Feins (35)........57 F
Feins-en-Gâtinais (45)........82 B
Feissons-sur-Isère (73)........132 C
Feissons-sur-Salins (73)........132 D
le Fel (12)........154 B
Felce (2B)........205 G
Feldbach (68)........89 F
Feldkirch (68)........71 F
Feliceto (2B)........202 C
Félines (07)........143 H
Félines (43)........142 E
Félines-Minervois (34)........187 F
Félines-
  sur-Rimandoule (26)........158 C
Félines-Termenès (11)........187 F
Felleries (59)........10 A
Fellering (68)........70 D
Felletin (23)........125 H
Felluns (66)........200 C
Felon (90)........88 D
Felzins (46)........153 H
Fenain (59)........9 E
Fénay (21)........101 H
Fendeille (11)........186 B
Fénery (79)........93 H
Fénétrange (57)........49 H
Feneu (49)........76 D
Féneyrols (82)........153 H
Féniers (23)........125 C
Fenioux (17)........121 F
Fenioux (79)........107 H
Fenneviller (54)........70 C
Fénols (81)........170 B
le Fenouiller (85)........90 D
Fenouillet (31)........169 E
Fenouillet (66)........200 B
Fenouillet-du-Razès (11)........186 C
Fépin (08)........11 B
Fercé (44)........57 C
Fercé-sur-Sarthe (72)........59 H
Ferdrupt (88)........70 B
la Fère (02)........22 A
Fère-Champenoise (51)........45 F
Fère-en-Tardenois (02)........44 C
Fèrebrianges (51)........45 F
la Férée (08)........23 C
Férel (56)........73 C
Ferfay (62)........2 D
Féricy (77)........64 C
Férin (59)........8 D
Fermanville (50)........12 D
la Fermeté (58)........99 C
Ferney-Voltaire (01)........118 C
Fernoël (63)........126 A
Férolles (45)........81 H
Férolles-Attilly (77)........43 H
Féron (59)........10 A
Ferques (62)........1 C
Ferrals-les-Corbières (11)........187 C
Ferrals-les-Montagnes (34)........187 C
Ferran (11)........186 B
Ferrassières (26)........159 F
le Ferré (35)........35 H
Ferrensac (47)........151 F
Ferrère (65)........183 H
les Ferres (06)........195 E
Ferrette (68)........89 F

erreux-Quincey (10). 65G2
Ferrière (22). 55H2
Ferrière (37). 79E3
Ferrière (38). 146A1
Ferrière (85). 91H4
Ferrière-Airoux (86). 109E3
Ferrière-au-Doyen (61). . . . 39H5
Ferrière-aux-Étangs (61). . . 38B5
Ferrière-Béchet (61). 39F6
Ferrière-Bochard (61). 59H2
Ferrière-de-Flée (49). 76C2
Ferrière-
-en-Parthenay (79). 93G6
Ferrière-et-Lafolie (52). . . . 67H2
Ferrière-Harang (14). 37H2
rrière-la-Grande (59). . . . 10A3
rrière-la-Petite (59). 10A3
rrière-Larçon (37). 95F3
rrière-sur-Beaulieu (37). . . 95G2
Ferrière-sur-Risle (27). . . . 40B2
rrières (17). 107E4
rrières (50). 37G6
rrières (54). 48D6
rrières (60). 20D3
rrières (65). 182C5
rrières (80). 7F6
rrières (81). 171E5
rrières-en-Bray (76). . . . 19G4
rrières-en-Brie (77). . . . 43F4
rrières-en-Gâtinais (45). . . 64B5
rrières-Haut-Clocher (27). . 40C2
rrière-la-Verrerie (61). . . . 39G5
rrière-le-Lac (25). 88D6
rrières-les-Bois (25). . . . 103E1
rrières-lès-Ray (70). . . . 87E4
rrières-lès-Scey (70). . . . 87F3
rrières-Verreries (34). . . 173F3
rrières-Poussarou (34). . . 187H1
rrières-Saint-Hilaire (27). . 15H6
rrières-Saint-Mary (15). . 141E3
rrières-sur-Ariège (09). . 185H6
rrières-sur-Sichon (03). . 128A1
rrussac (43). 141H3
rtans (25). 103G3
Ferté (39). 102D4
Ferté-Alais (91). 63G1
Ferté-Beauharnais (41). . . 80D4
Ferté-Bernard (72). 60D4
Ferté-Chevresis (02). . . 22B2
Ferté-Frênel (61). 39H4
Ferté-Gaucher (77). . . . 44B4
Ferté-Hauterive (03). . . 113H3
Ferté-Imbault (41). 80D6
Ferté-Loupière (89). . . . 82D1
Ferté-Macé (61). 38C6
Ferté-Milon (02). 43H1
Ferté-Saint-Aubin (45). . . 80D3
Ferté-Saint-Cyr (41). . . . 80C3
Ferté-Saint-Samson (76). . 19F3
Ferté-sous-Jouarre (77). . 43H3
Ferté-sur-Chiers (08). . . 25E3
Ferté-Vidame (28). . . . 40C6
Ferté-Villeneuil (28). . . . 62A6
trève (58). 99G4
rvaches (50). 37G2
rvaques (14). 15F6
scamps (80). 21E2
sches-le-Châtel (25). . . . 88D4
smy-le-Sart (02). 9G4
sques (76). 19F1
ssanvilliers-
-Mattanvilliers (28). . . . 40D5
ssenheim (68). 71G6
ssenheim-le-Bas (67). . . 50D5
ssevillers (25). 88D6
Fessey (70). 88A1
ssy (74). 118D4
stalemps (24). 136C2
stes-et-Saint-André (11). . 186C5
stieux (02). 22D3
stigny (51). 44D2
stigny (89). 83F4
stubert (62). 2D6
Fête (21). 101E2
ternes (74). 119E3
tigny (39). 117G2
ucherolles (78). 42A4
uchy (62). 8B2
ugarolles (47). 150D5
ugères (50). 12D6
uges (10). 66B2
uguerolles (27). 40D1
uguerolles-Bully (14). . . 14B5
uilla (11). 188A6
uillade (16). 122D4
Feuillade (24). 138C3
Feuillée (29). 31H5
uillères (80). 8B5
Feuillie (50). 12D6
Feuillie (76). 19F4
ule (25). 88C5
uquières (60). 6C4
uquières-en-Vimeu (80). . 6C4
urs (42). 129E3
usines (36). 111H2
ux (18). 98C1
ves (57). 26B5
y (57). 26B6
en-Haye (54). 48B3
yt (19). 126B4
tiat (87). 124B3
zin (69). 130A4
aja (2B). 203G6
heux (62). 8B3
hous-Riumayou (64). . 166A6
Fidelaire (27). 40B3
Fied (39). 103E5
ief-Sauvin (49). . . . 75G5
effes-Montrelet (80). . 7F4
efs (62). 2B6

Fiennes (62). 1G3
Fienvillers (80). 7F4
Fierville-Bray (14). 38D1
Fierville-les-Mines (50). . . 12C4
Fierville-les-Parcs (14). . . 15F4
le Fieu (33). 136A3
Fieulaine (02). 9F6
Fieux (47). 167G1
Figanières (83). 177H5
Figari (2A). 207F4
Figarol (31). 184C4
Figeac (46). 153G2
Fignévelle (88). 69E6
Fignières (80). 20D2
Filain (02). 22B4
Filain (70). 87G4
Fillé (72). 78A1
Fillières (54). 25H4
Fillièvres (62). 7F2
Fillinges (74). 118D5
Fillols (66). 200C3
Filstroff (57). 27E3
Fiménil (88). 70B4
Finestret (66). 200C3
Finhan (82). 168D2
les Fins (25). 104C2
Fins (80). 8C5
Fiquefleur-Équainville (27). . 16B6
Firbeix (24). 123H4
Firfol (14). 15F5
Firmi (12). 154A3
Firminy (42). 129E6
Fislis (68). 89G4
Fismes (51). 22C5
Fitilieu (38). 131F5
Fitou (11). 188A6
Fitz-James (60). 20D5
Fix-Saint-Geneys (43). . 142B3
Fixem (57). 26C2
Fixin (21). 101H1
Flacey (21). 86A5
Flacey (28). 62A4
Flacey-en-Bresse (71). . 117E1
la Flachère (38). . . . 131H6
Flachères (38). 130D5
Flacourt (78). 41G3
Flacy (51). 65G4
Flagey (25). 103G3
Flagey (52). 86A2
Flagey-Echézeaux (21). . 101H2
Flagey-lès-Auxonne (21). . 102C2
Flagey-Rigney (25). . . 87G5
Flagnac (12). 154A2
Flagy (70). 87E6
Flagy (71). 116A2
Flagy (77). 64C3
Flaignes-Havys (08). . . 23G1
Flainval (54). 49E5
Flamanville (50). 12A3
Flamanville (76). 17F4
Flamarens (32). 168B1
la Flamengrie (02). . . 10A5
la Flamengrie (59). . . 9G2
Flamets-Frétils (76). . . 19F2
Flammerans (21). . . . 102C1
Flammerécourt (52). . . 67H2
Flancourt-Catelon (27). . 18A5
Flangebouche (25). . . 104B2
Flassan (84). 175G1
Flassans-sur-Issole (83). . 193G3
Flassigny (55). 25F4
Flastroff (57). 26D3
Flat (63). 127G5
Flaucourt (80). 8C5
Flaugeac (24). 136D6
Flaujac-Gare (46). . . . 153F1
Flaujac-Poujols (46). . . 152D4
Flaujagues (33). 136A5
Flaumont-Waudrechies (59). . 10A4
Flaux (30). 174C2
Flavacourt (60). 19H5
Flavignac (87). 123H4
Flavignerot (21). 101G1
Flavigny (18). 98B4
Flavigny (51). 45F3
Flavigny-le-Grand-
-et-Beaurain (02). . . . 9G6
Flavigny-sur-Moselle (54). . 48D6
Flavigny-sur-Ozerain (21). . 85B4
Flavin (12). 154C5
Flavy-le-Martel (02). . . 21H2
Flavy-le-Meldeux (60). . 21G2
Flaxieu (01). 131G2
Flaxlanden (68). 89F2
Flayat (23). 126A3
Flayosc (83). 193H1
Fléac (16). 122B4
Fléac-sur-Seugne (17). . 121F5
la Flèche (72). 77G2
Fléchin (62). 2B2
Fléchy (60). 20B2
Flée (21). 84C5
Flée (72). 78C2
Fleigneux (08). 24C1
Fleisheim (57). 50A4
le Fleix (24). 136C5
Fleix (86). 109H1
Fléré-la-Rivière (36). . . 95G3
Flers (61). 38B4
Flers (62). 8D1
Flers (80). 8B4
Flers-en-Escrebieux (59). . 8C1
Flers-sur-Noye (80). . . 20C2
Flesquières (59). . . . 8D1
Flesselles (80). 7F4
Fléty (58). 100A5
Fleurac (16). 122A3

Fleurac (24). 137H4
Fleurance (32). 168A3
Fleurbaix (62). 3E5
Fleuré (61). 39E5
Fleuré (86). 109F2
Fleurey (25). 88C6
Fleurey-lès-Faverney (70). . 87F2
Fleurey-lès-Lavoncourt (70). . 86D3
Fleurey-lès-Saint-Loup (70). . 69G6
Fleurey-sur-Ouche (21). . 85G6
Fleurie (69). 116A5
Fleuriel (03). 113G4
Fleurieu-sur-Saône (69). . 130A2
Fleurieux-
-sur-l'Arbresle (69). . . 129H2
Fleurigné (35). 58A2
Fleurines (60). 20D6
Fleurville (71). 116B2
Fleury (02). 21H6
Fleury (11). 188B3
Fleury (50). 37E3
Fleury (57). 26A6
Fleury (60). 20A6
Fleury (62). 7G1
Fleury (80). 20B1
Fleury-devant-
-Douaumont (55). . . . 25F6
Fleury-en-Bière (77). . . 63H2
Fleury-la-Forêt (27). . . 19F4
Fleury-la-Montagne (71). . 115E5
Fleury-la-Rivière (51). . . 45E2
Fleury-la-Vallée (89). . . 83F1
Fleury-les-Aubrais (45). . 62D6
Fleury-Mérogis (91). . . 42D6
Fleury-sur-Andelle (27). . 19E5
Fleury-sur-Loire (58). . . 99E5
Fleury-sur-Orne (14). . . 14B5
Fléville (08). 24C5
Fléville-devant-Nancy (54). . 48D5
Fléville-Lixières (54). . . 25H6
Flévy (57). 26C4
Flexanville (78). 41H4
Flexbourg (67). 50C6
Fley (71). 101F6
Fleys (89). 83H2
Flez-Cuzy (58). 83G6
Fligny (08). 10C6
Flin (54). 70B1
Flines-lès-Mortagne (59). . 4B6
Flines-lez-Raches (59). . 8D1
Flins-Neuve-Église (78). . 41G3
Flins-sur-Seine (78). . . 42A3
Flipou (27). 18D5
Flirey (54). 48A3
Flixecourt (80). 7F5
Flize (08). 24B2
la Flocellière (85). . . . 92C4
Flocourt (57). 49E2
Flocques (76). 6A4
Flogny-la-Chapelle (89). . 65H6
Floing (27). 24C2
Floirac (17). 120D5
Floirac (33). 135F5
Floirac (46). 138D5
Florac (48). 156B5
Florange (57). 26B3
Florémont (88). 69G2
Florensac (34). 188D2
Florent-en-Argonne (51). . 46D1
Florentia (39). 117F3
Florentin (81). 170B3
Florentin-la-Capelle (12). . 154C2
Floressas (46). 152A3
Florimont (90). 89E4
Florimont-Gaumier (24). . 152B1
Floringhem (62). . . . 2C6
la Flotte (17). 106B4
Flottemanville (50). . . 12D3
Flottemanville-Hague (50). . 12B2
Floudès (33). 150A2
Floure (11). 187F3
Flourens (31). 169G5
Floursies (59). 10A3
Floyon (59). 9H4
Flumet (73). 132D2
Fluquières (02). 21H1
Fluy (80). 7F6
Foameix-Ornel (55). . . 25G6
Foce (2A). 207E3
Focicchia (2B). 205F3
Foëcy (18). 97F2
le Foeil (22). 33F5
Foischès (08). 11F4
Foissac (12). 153G3
Foissac (30). 174A1
Foissiat (01). 116D3
Foissy (21). 101E2
Foissy-lès-Vézelay (89). . 83H5
Foissy-sur-Vanne (89). . 65F4
Foix (09). 185H5
Folcarde (31). 186A1
Folembray (02). 22A3
Folgensbourg (68). . . 89G3
le Folgoët (29). 31F3
la Folie (14). 13G5
Folies (80). 21E1
Folkling (57). 27G5
Follainville-Dennemont (78). . 41H2
Folles (87). 110D5
la Folletière (76). . . . 17E5
la Folletière-Abenon (14). . 39H2
Folleville (27). 15H5
Folleville (80). 20C2
Folligny (50). 35H2
Folschviller (57). . . . 49E1
Fomerey (88). 69H3
Fomperron (79). 108B2
Fonbeauzard (31). . . . 169F5
Foncegrive (21). 86A3
Fonches-Fonchette (80). . 21F1

Foncine-le-Bas (39). . . . 103G6
Foncine-le-Haut (39). . . 103G6
Foncquevillers (62). . . . 8A4
Fondamente (12). 172A3
Fondettes (37). 78D5
Fondremand (70). 87F4
Fongrave (47). 151E2
Fonguenisemare (76). . . 16C4
Fonroque (24). 151E1
Fons (07). 157G2
Fons (30). 173H3
Fons (46). 153G1
Fons-sur-Lussan (30). . . 157G6
Fonsommes (02). 9E6
Fonsorbes (31). 168D6
Font-Romeu-
-Odeillo-Via (66). . . . 199H4
Fontain (25). 103G1
Fontaine (10). 67F4
Fontaine (38). 145G2
Fontaine (90). 88D3
Fontaine-au-Bois (59). . . 9G4
Fontaine-au-Pire (59). . . 9E4
Fontaine-Bellenger (27). . 41E1
Fontaine-Bonneleau (60). . 20B2
Fontaine-Chaalis (60). . . 43F1
Fontaine-Chalendray (17). . 121H1
Fontaine-Couverte (53). . . 58A6
Fontaine-de-Vaucluse (84). . 175G2
Fontaine-Denis-Nuisy (51). . 44D6
Fontaine-en-Bray (76). . . 19E2
Fontaine-en-Dormois (51). . 24B6
Fontaine-Étoupefour (14). . 14B5
Fontaine-Fourches (77). . . 65E2
Fontaine-Française (21). . . 86B4
Fontaine-Guérin (49). . . 77G4
Fontaine-Henry (14). . . . 14B4
Fontaine-Heudebourg (27). . 41E1
Fontaine-la-Gaillarde (89). . 65E4
Fontaine-la-Guyon (28). . . 61H1
Fontaine-la-Louvet (27). . . 15G5
Fontaine-la-Mallet (76). . . 15F1
Fontaine-la-Rivière (91). . . 63F3
Fontaine-l'Abbé (27). . . 40B1
Fontaine-Lavaganne (60). . 20A3
Fontaine-le-Bourg (76). . . 17H5
Fontaine-le-Comte (86). . . 109E1
Fontaine-le-Dun (76). . . 17F3
Fontaine-le-Pin (14). . . . 38D2
Fontaine-le-Port (77). . . 64B1
Fontaine-le-Puits (73). . . 132D5
Fontaine-le-Sec (80). . . . 6D5
Fontaine-les-Bassets (61). . 39E3
Fontaine-lès-Boulans (62). . 2B6
Fontaine-lès-Cappy (80). . . 8B6
Fontaine-lès-Clercs (02). . . 21H1
Fontaine-lès-Clerval (25). . 88A5
Fontaine-les-Coteaux (41). . 79E2
Fontaine-lès-Croisilles (62). . 8C3
Fontaine-lès-Dijon (21). . . 85H6
Fontaine-les-Grès (10). . . 66A2
Fontaine-lès-Hermans (62). . 2B6
Fontaine-lès-Luxeuil (70). . 87H1
Fontaine-lès-Ribouts (28). . 41E5
Fontaine-lès-Vervins (02). . 10A6
Fontaine-l'Étalon (62). . . 7E2
Fontaine-Mâcon (10). . . 65F2
Fontaine-Milon (49). . . 77F4
Fontaine-Notre-Dame (02). . 9F6
Fontaine-Notre-Dame (59). . 8D3
Fontaine-Raoul (41). . . . 61G6
Fontaine-Saint-Lucien (60). . 20B4
la Fontaine-
-Saint-Martin (72). . . 77H2
Fontaine-Simon (28). . . 41E4
Fontaine-sous-Jouy (27). . . 41E2
Fontaine-
-sous-Montdidier (80). . 20D2
Fontaine-sous-Préaux (76). . 17H6
Fontaine-sur-Ay (51). . . 45F2
Fontaine-sur-Maye (80). . . 7E3
Fontaine-sur-Somme (80). . 7E5
Fontaine-Uterte (02). . . 9F6
Fontainebleau (77). . . . 64A2
Fontainebrux (39). . . . 102C6
Fontaines (71). 101G5
Fontaines (85). 107E2
Fontaines (89). 83E3
Fontaines-d'Ozillac (17). . 121G6
Fontaines-en-Duesmois (21). . 85E3
Fontaines-en-Sologne (41). . 80B4
Fontaines-les-Sèches (21). . 84C2
Fontaines-Saint-Clair (55). . 25E5
Fontaines-
-Saint-Martin (69). . . 130A2
Fontaines-sur-Marne (52). . 67H1
Fontaines-sur-Saône (69). . 130A2
Fontains (77). 64C1
Fontan (06). 179G1
Fontanès (30). 173H3
Fontanès (34). 173F4
Fontanès (42). 129F5
Fontanès (48). 152D5
Fontanès-de-Sault (11). . 199H1
Fontanes-du-Causse (46). . 153B3
Fontanges (15). 140B3
Fontangy (21). 84D5
Fontanières (23). 112C6
Fontanil-Cornillon (38). . 145F2
Fontannes (43). 141H2
Fontans (48). 155H1
Fontcouverte (11). . . . 187G4
Fontcouverte (17). . . . 121F2
Fontcouverte-
- la-Toussuire (73). . . 146C2
la Fontelaye (76). . . . 17F4
Fontenai-les-Louvets (61). . 59H1

Fontenai-sur-Orne (61). . . 39E5
Fontenailles (77). 64C1
Fontenailles (89). 83F3
Fontenay (27). 19F6
Fontenay (36). 96C3
Fontenay (50). 37G5
Fontenay (71). 115F2
Fontenay (76). 15F1
Fontenay (88). 70A3
Fontenay-aux-Roses (92). . 42C4
Fontenay-de-Bossery (10). . 65F2
Fontenay-en-Parisis (95). . 42D2
Fontenay-le-Comte (85). . 107F2
Fontenay-le-Fleury (78). . 42B4
Fontenay-le-Marmion (14). . 14B5
Fontenay-le-Pesnel (14). . 14A4
Fontenay-le-Vicomte (91). . 63G1
Fontenay-lès-Briis (91). . 42C6
Fontenay-Mauvoisin (78). . 41G3
Fontenay-près-Chablis (89). . 83H1
Fontenay-près-Vézelay (89). . 83G5
Fontenay-Saint-Père (78). . 41H2
Fontenay-sous-Bois (94). . 42D4
Fontenay-
-sous-Fouronnes (89). . 83G3
Fontenay-sur-Eure (28). . 62C4
Fontenay-sur-Loing (45). . 64B5
Fontenay-sur-Mer (50). . 13E3
Fontenay-sur-Vègre (72). . 59G6
Fontenay-Torcy (60). . . 19G3
Fontenay-Trésigny (77). . 43G5
Fontenelle (02). 9H5
Fontenelle (21). 86B4
la Fontenelle (35). . . . 35G5
la Fontenelle (41). . . . 61F5
Fontenelle (90). 88D3
Fontenelle-en-Brie (02). . 44C3
Fontenelle-Montby (25). . 88A5
les Fontenelles (25). . . 104C1
Fontenermont (14). . . . 37F3
Fontenet (17). 121F1
Fontenille (16). 122C1
Fontenille-Saint-Martin-
-d'Entraigues (79). . . 108B2
Fontenilles (31). 168D6
Fontenois-la-Ville (70). . 69G6
Fontenois-
-lès-Montbozon (70). . 87G4
Fontenotte (25). 87H5
Fontenouilles (89). . . . 82C1
Fontenoy (02). 21H5
Fontenoy (89). 83E3
Fontenoy-la-Joûte (54). . 70B1
Fontenoy-le-Château (88). . 69G6
Fontenoy-sur-Moselle (54). . 48B5
Fontenu (39). 103E6
Fonteny (57). 49E3
Fonters-du-Razès (11). . 186B3
Fontès (34). 172C6
Fontet (33). 150B2
Fontette (10). 67E5
Fontevraud-l'Abbaye (49). . 94A1
Fontgombault (36). . . . 95F6
Fontguenand (36). . . . 96B1
Fontienne (04). 176C1
Fontiers-Cabardès (11). . 186D2
Fontiès-d'Aude (11). . . 187H5
Fontjoncouse (11). . . . 187H5
Fontoy (57). 26A3
Fontpédrouse (66). . . . 200A4
Fontrabiouse (66). . . . 199H3
Fontrailles (65). 183G2
Fontvannes (10). 65H3
Fontvieille (13). 191E2
Forbach (57). 27G4
Forcalqueiret (83). . . . 193F3
Forcalquier (04). 176C2
la Force (11). 186C3
la Force (24). 136C5
Forcé (53). 58D5
Forcelles-Saint-Gorgon (54). . 69F1
Forcelles-sous-Gugney (54). . 69F2
Forceville (80). 7H4
Forceville-en-Vimeu (80). . 6D5
Forcey (52). 68B4
Forciolo (2A). 205E6
Forest-en-Cambrésis (59). . 9F4
Forest-l'Abbaye (80). . . 6D3
la Forest-Landerneau (29). . 31F4
Forest-Montiers (80). . . 6D3
Forest-Saint-Julien (05). . 160C1
Forest-sur-Marque (59). . 3G5
Foreste (02). 21G1
la Forestière (51). . . . 44C6
la Forêt-Auvray (61). . . 38C6
la Forêt-de-Tessé (16). . 108C6
la Forêt-du-Parc (27). . . 41E3
la Forêt-du-Temple (23). . 111G3
la Forêt-Fouesnant (29). . 53G3
la Forêt-la-Folie (27). . . 19F6
la Forêt-le-Roi (91). . . 63E1
la Forêt-Sainte-Croix (91). . 63F2
la Forêt-sur-Sèvre (79). . 92D5
Forfry (77). 43G2
la Forge (88). 70B5
Forges (17). 107E5
Forges (19). 139F3
Forges (49). 93G1
les Forges (56). 55G3
les Forges (61). 60A1
les Forges (79). 108C1
les Forges (88). 69H4
Forges-la-Forêt (35). . . 57H5
Forges-les-Bains (91). . . 42B6
Forges-les-Eaux (76). . . 19F3
Forges-sur-Meuse (55). . 25E6
Forgues (31). 184D1
la Forie (63). 128B5

Forléans (21). 84C5
Formentin (14). 15E4
Formerie (60). 19G2
Formigny (14). 13G5
Formiguères (66). . . . 199H3
Fornex (09). 185E3
Fors (79). 107H4
Forstfeld (67). 51G3
Forstheim (67). 51E3
Fort-du-Plasne (39). . . 118A1
Fort-Louis (67). 51G3
Fort-Mahon-Plage (80). . 6C2
Fort-Mardyck (59). . . . 2B1
Fort-Moville (27). . . . 15G3
Fortan (41). 79F1
Fortel-en-Artois (62). . . 7F3
la Forteresse (38). . . . 145E1
Fortschwihr (68). . . . 71G4
Fos (31). 184B6
Fos (34). 172B6
Fos-sur-Mer (13). . . . 191F4
le Fossat (09). 185F3
Fossé (08). 24C4
Fossé (41). 79H3
Fosse (66). 200C1
Fosse (79). 19F3
la Fosse-Corduan (10). . 65G2
la Fosse-de-Tigné (49). . 93F1
Fossemagne (24). . . . 137H3
Fossemanant (80). . . . 20B1
les Fosses (79). 107H5
Fosses (95). 43E2
Fossès-et-Baleyssac (33). . 150B2
Fosseuse (60). 20B6
Fosseux (62). 7H3
Fossieux (57). 48D3
Fossoy (02). 44C2
Foucarmont (76). 6C6
Foucart (76). 15H1
Foucarville (50). 13E4
Foucaucourt-en-Santerre (80). . 8B6
Foucaucourt-Hors-Nesle (80). . 6C6
Foucaucourt-
-sur-Thabas (55). . . . 47E2
Fouchécourt (70). . . . 87F2
Fouchécourt (88). . . . 69E5
Foucherans (25). 103G2
Foucherans (39). 102C2
Fouchères (10). 66C4
Fouchères (89). 64D4
Fouchères-aux-Bois (55). . 47F6
Foucherolles (45). . . . 64C5
Fouchy (67). 71E2
Foucrainville (27). . . . 41E3
Fouday (67). 71E1
Fouencamps (80). . . . 20C1
Fouesnant (29). 53G4
Foufflin-Ricametz (62). . 7G2
Foug (54). 48A5
Fougaron (31). 184C5
Fougax-et-Barrineuf (09). . 186B6
Fougeré (49). 77G3
Fougeré (85). 91H4
Fougères (35). 57H5
Fougères-sur-Bièvre (41). . 79H5
les Fougerêts (56). . . . 56B6
Fougerolles (36). 111G2
Fougerolles (70). 69H6
Fougerolles-du-Plessis (53). . 58B1
Fougueyrolles (24). . . . 136B5
la Fouillade (12). 153G5
Fouilleuse (60). 20D4
les Fouillouses (05). . . 160B3
le Fouilloux (17). 135H2
Fouilloy (60). 19H2
Fouilloy (80). 7H6
Fouju (77). 43F6
Foulain (52). 68A5
Foulangues (60). 20C6
Foulayronnes (47). . . . 151F5
Foulbec (27). 16C6
Foulcrey (57). 49G5
Fouleix (24). 137F4
Foulenay (39). 102C4
Fouligny (57). 49E1
Foulognes (14). 13G6
Fouquebrune (16). . . . 122C5
Fouquenies (60). 20A4
Fouquereuil (62). 2D6
Fouquerolles (60). . . . 20B4
Fouquescourt (80). . . . 21E1
Fouqueure (16). 122B2
Fouqueville (27). 18B6
Fouquières-lès-Béthune (62). . 2D6
Fouquières-lès-Lens (62). . 8C1
Four (38). 130C4
Fouras (17). 106D6
Fourbanne (25). 87H6
Fourcatier-
-et-Maison-Neuve (25). . 104A5
Fourcès (32). 167F2
Fourchambault (58). . . 98D3
Fourches (14). 39E3
Fourcigny (80). 19H1
Fourdrain (02). 22B3
Fourdrinoy (80). 7F5
Fourg (25). 103E2
Fourges (27). 41G1
les Fourgs (25). 104A4
Fourilles (03). 113G4
Fourmagnac (46). . . . 153G2
Fourmetot (27). 15H3
Fourmies (59). 10B5
Fournaudin (89). 65G4
Fourneaux (42). 129E1
Fourneaux (50). 37G2
Fourneaux (73). 147E2
Fournels (48). 141F6
Fournès (30). 174C2

Fournes-Cabardès (11) 187 E2
Fournes-en-Weppes (59) 3 E5
le Fournet (14) 15 E4
Fournet-Blancheroche (25) . . 104 D1
Fournets-Luisans (25) 104 B2
Fourneville (14) 15 F3
Fournival (60) 20 C4
Fournols (63) 128 A5
Fournoulès (15) 154 A1
Fouronnes (89) 83 F4
Fourques (30) 174 C4
Fourques (66) 201 E3
Fourques-sur-Garonne (47) . 150 C3
Fourqueux (78) 42 B3
Fourquevaux (31) 169 G6
Fours (33) 135 E2
Fours (58) 99 H5
Fours-en-Vexin (27) 41 G1
Fourtou (11) 187 E6
Foussais-Payré (85) 107 F1
Foussemagne (90) 88 D3
le Fousseret (31) 184 D2
Foussignac (16) 122 A3
Fouvent-Saint-Andoche (70) . 86 D3
Fouzilhon (34) 172 B6
Foville (57) 48 D3
Fox-Amphoux (83) 193 F1
la Foye-Monjault (79) 107 G4
Fozières (34) 172 C4
Fozzano (2A) 207 E2
Fragnes (71) 101 G5
Frahier-et-Chatebier (70) . . . 88 C3
Fraignot-et-Vesvrotte (21) . . 85 G3
Fraillicourt (08) 23 F2
Fraimbois (54) 49 F6
Frain (88) 69 E5
Frais (90) 88 D3
Fraisans (39) 103 E2
Fraisnes-en-Saintois (54) . . . 69 F2
Fraisse (24) 136 C5
Fraisse-Cabardès (11) 186 D2
Fraissé-des-Corbières (11) . . 187 H5
Fraisse-sur-Agout (34) 171 G5
Fraisses (42) 129 E6
Fraissines (81) 171 E2
Fraissinet-
  -de-Fourques (48) 156 A6
Fraissinet-de-Lozère (48) . . 156 B4
Fraize (88) 70 D3
Fralignes (10) 66 D4
la Framboisière (28) 40 C6
Frambouhans (25) 104 C1
Framecourt (62) 7 G2
Framerville-Rainecourt (80) . . 8 A6
Framicourt (80) 6 C5
Framont (70) 86 C4
Frampas (52) 67 F1
Francalmont (70) 87 G1
Francaltroff (57) 49 G2
Francarville (31) 169 H5
Francastel (60) 20 B3
Françay (41) 79 G3
Francazal (31) 184 D5
Francescas (47) 167 G1
Francheleins (01) 116 B6
Franchesse (03) 113 F1
Francheval (08) 24 C2
Franchevelle (70) 88 A2
la Francheville (08) 24 A1
Francheville (21) 85 G5
Francheville (27) 40 C4
Francheville (39) 102 C5
Francheville (51) 46 A3
Francheville (54) 48 B4
Francheville (61) 39 E5
Francheville (69) 130 A3
Francières (60) 21 E4
Francières (80) 7 E4
Francillon (36) 96 B4
Francillon-sur-Roubion (26) . 158 D2
Francilly-Selency (02) 8 D6
Francin (73) 132 A3
Franclens (74) 118 A6
François (79) 108 A3
Francon (31) 184 C3
Franconville (54) 69 H1
Franconville (95) 42 C3
Francoulès (46) 152 D3
Francourt (70) 86 D3
Francourville (28) 62 C2
Francs (33) 136 A4
Francueil (37) 79 G6
Franey (25) 103 E1
Frangy (18) 118 A6
Frangy-en-Bresse (71) 102 B6
Franken (68) 89 F3
Franleu (80) 6 C4
Franois (25) 103 F1
Franqueville (31) 183 H4
Franqueville (02) 22 D1
Franqueville (27) 40 B1
Franqueville (80) 7 F4
Franqueville-
  -Saint-Pierre (76) 18 D4
Frans (01) 130 A1
Fransart (80) 21 F1
Fransèches (23) 125 G1
Fransu (80) 7 F4
Fransures (80) 20 B2
Franvillers (80) 7 H5
Franxault (21) 102 B3
Frapelle (88) 70 D2
Fraquelfing (57) 49 H5
Fraroz (39) 103 G5
Frasnay-Reugny (58) 99 G3
Frasne (25) 103 G4
Frasne-le-Château (70) 87 E5
Frasne-les-Meulières (39) . . 102 C1
la Frasnée (39) 117 H1
le Frasnois (39) 103 F6
Frasnoy (59) 9 G2

Frasseto (2A) 205 E6
Frauenberg (57) 27 H5
Frausseilles (81) 170 A1
Fravaux (10) 67 E4
Frayssinet (46) 152 D1
Frayssinet-le-Gélat (46) . . . 152 B2
Frayssinhes (46) 139 F5
Frazé (28) 61 G3
Fréauville (76) 19 E1
Frebécourt (88) 68 D2
le Frêche (40) 166 C2
Fréchède (81) 183 F1
Fréchencourt (80) 7 H5
Fréchendets (65) 183 F4
le Fréchet (31) 184 C3
Fréchet-Aure (65) 183 G5
Fréchou (47) 167 F1
Fréchou-Fréchet (65) 183 F3
Frécourt (52) 68 B6
Frédéric-Fontaine (70) 88 B3
la Frédière (17) 121 F2
Frégimont (47) 151 E5
Frégouville (32) 168 C5
Fréhel (22) 34 B3
Freigné (49) 76 A3
Freissinières (05) 147 E6
la Freissinouse (05) 160 B2
Freistroff (57) 26 D4
Freix-Anglards (15) 140 A4
Fréjairolles (81) 170 C3
Fréjeville (81) 170 C5
Fréjus (83) 178 B6
Fréland (68) 71 E4
Frelinghien (59) 3 F4
Frémainville (95) 42 A2
Frémécourt (95) 42 B1
Fréménil (54) 49 G6
Fréméréville-
  -sous-les-Côtes (55) 47 H4
Frémery (57) 49 E3
Frémestroff (57) 49 G2
Frémicourt (62) 8 C4
Fremifontaine (88) 70 B3
Frémontiers (80) 20 A1
Frémonville (54) 49 H6
la Frénaye (76) 15 H2
Frencq (62) 1 F5
Frenelle-la-Grande (88) 69 F2
Frenelle-la-Petite (88) 69 F2
Frênes (61) 38 A4
Freneuse (76) 18 C5
Freneuse (78) 41 G2
Freneuse-sur-Risle (27) . . . 18 A6
Freney (73) 147 E2
le Freney-d'Oisans (38) . . . 146 B3
Fréniches (60) 21 G2
Frénois (21) 85 G4
Frénois (88) 69 F4
Frénouville (14) 38 D1
Frépillon (95) 42 C2
Fresles (76) 19 E1
Fresnay-en-Retz (44) 90 D1
Fresnay-le-Comte (28) 62 B3
Fresnay-le-Gilmert (28) 62 A1
Fresnay-le-Long (76) 17 G4
Fresnay-le-Samson (61) . . . 39 F3
Fresnay-l'Évêque (28) 62 D3
Fresnay-sur-Sarthe (72) . . . 59 H3
la Fresnaye-
  -au-Sauvage (61) 38 D4
la Fresnaye-
  -sur-Chédouet (72) 60 B1
le Fresne (27) 40 C3
le Fresne (51) 46 B3
le Fresne-Camilly (14) 14 B4
Fresne-Cauverville (27) 15 G4
Fresné-la-Mère (14) 38 D3
Fresne-l'Archevêque (27) . . . 19 E5
Fresne-le-Plan (76) 17 H6
Fresne-Léguillon (60) 20 A6
Fresne-lès-Reims (51) 23 F5
le Fresne-Poret (50) 37 H5
Fresne-Saint-Mamès (70) . . . 87 E4
le Fresne-sur-Loire (44) . . . 76 B5
Fresneaux-
  -Montchevreuil (60) 20 A6
Fresnes (02) 22 A3
Fresnes (21) 84 D3
Fresnes (41) 80 A5
Fresnes (89) 84 A2
Fresnes (94) 42 D5
Fresnes-au-Mont (55) 47 G3
Fresnes-en-Saulnois (57) . . . 49 F3
Fresnes-en-Tardenois (02) . . 44 C1
Fresnes-en-Woëvre (55) . . . 47 H1
Fresnes-lès-Montauban (62) . 8 C2
Fresnes-Mazancourt (80) . . . 8 B6
Fresnes-sur-Apance (52) . . . 69 E6
Fresnes-sur-Escaut (59) 9 F1
Fresnes-sur-Marne (77) . . . 43 F3
Fresnes-Tilloloy (80) 6 D5
Fresneville (80) 6 D6
Fresney (27) 41 E3
Fresney-le-Puceux (14) 14 B5
Fresney-le-Vieux (14) 14 B6
Fresnicourt-le-Dolmen (62) . . 8 A1
Fresnières (60) 21 F3
Fresnois-la-Montagne (54) . . 25 G3
Fresnoy (62) 7 F2
Fresnoy-Andainville (80) 6 D6
Fresnoy-au-Val (80) 7 E6
Fresnoy-en-Chaussée (80) . . 20 D1
Fresnoy-en-Gohelle (62) 8 C2
Fresnoy-en-Thelle (60) 20 C6
Fresnoy-Folny (76) 6 B6

Fresnoy-la-Rivière (60) 21 F6
Fresnoy-le-Château (10) . . . 66 C4
Fresnoy-le-Grand (02) 9 F5
Fresnoy-le-Luat (60) 21 E6
Fresnoy-lès-Roye (80) 21 F2
Frespech (47) 151 G5
Fresquiennes (76) 17 G5
Fressac (30) 173 G2
Fressain (59) 8 D2
Fressancourt (02) 22 B2
Fresse (70) 88 B2
Fresse-sur-Moselle (88) . . . 70 C6
Fresselines (23) 111 F3
Fressenneville (80) 6 C4
Fressies (59) 8 D3
Fressin (62) 7 E1
Fressines (79) 108 A3
le Frestoy-Vaux (60) 21 E3
Fresville (50) 12 D4
Fréterive (73) 132 B4
Fréteval (41) 79 H1
Fréthun (62) 1 G2
Fretigney-et-Velloreille (70) . . 87 F4
Frétigny (28) 61 F2
Fretin (59) 3 G6
Frétoy (77) 44 A5
Frétoy-le-Château (60) 21 G2
la Frette (38) 131 E6
la Frette (71) 116 C1
la Frette-sur-Seine (95) 42 C3
Frettecuisse (80) 6 D6
Frettemeule (80) 6 C5
Fretterans (71) 102 B4
le Fréty (08) 23 G1
Freulleville (76) 17 H3
Frévent (62) 7 G2
Fréville (76) 17 F5
Fréville (88) 68 C3
Fréville-du-Gâtinais (45) . . . 63 G6
Frévillers (62) 7 H1
Frévin-Capelle (62) 8 A2
Freybouse (57) 49 G2
Freycenet-la-Cuche (43) . . . 142 D5
Freycenet-la-Tour (43) 142 D5
Freychenet (09) 185 H6
Freyming-Merlebach (57) . . . 49 G1
Freyssenet (07) 157 H1
Friaize (28) 61 G2
Friardel (14) 15 G6
Friaucourt (80) 6 B4
Friauville (54) 48 A1
Fribourg (57) 49 G4
Fricamps (80) 20 A1
Frichemesnil (76) 18 D2
Fricourt (80) 8 B5
Fridefont (15) 141 F5
Friedolsheim (67) 50 C4
Frières-Faillouël (02) 21 H2
Friesen (68) 89 E3
Friesenheim (67) 71 H2
Frignicourt (51) 46 B5
Frise (80) 8 B5
Friville-Escarbotin (80) 6 B4
Frizon (88) 69 H3
Froberville (76) 16 C3
Froidconche (70) 87 H1
Froidefontaine (90) 88 D3
Froidestrées (02) 10 A5
Froideterre (70) 88 A2
Froidevaux (25) 88 B6
Froideville (39) 102 C5
Froidfond (85) 91 E2
Froidmont-Cohartille (02) . . . 22 C2
Froidos (55) 47 E2
Froissy (60) 20 B3
Frôlois (21) 85 E4
Frolois (54) 48 C6
Fromelennes (08) 11 F4
Fromelles (59) 3 E5
Fromental (87) 110 D5
Fromentières (51) 44 D3
Fromentières (53) 76 D1
Fromeréville-
  -les-Vallons (55) 47 F1
Fromezey (55) 25 G6
Fromont (77) 63 H3
Fromy (08) 25 E3
Froncles (52) 67 G2
Fronsac (31) 184 A5
Fronsac (33) 135 G4
Frontenac (33) 135 H6
Frontenac (46) 153 G3
Frontenard (71) 102 A4
Frontenas (69) 129 G1
Frontenaud (71) 117 E1
Frontenay (39) 102 D5
Frontenay-
  -Rohan-Rohan (79) 107 G4
Frontenex (73) 132 C4
Frontignan (34) 189 F1
Frontignan-
  -de-Comminges (31) 184 A5
Frontignan-Savès (31) 184 C1
Fronton (31) 169 E3
Frontonas (38) 130 C4
Fronville (52) 67 H2
Frossay (44) 74 A5
Frotey-lès-Lure (70) 88 A3
Frotey-lès-Vesoul (70) 87 G3
Frouard (54) 48 C4
Frouville (95) 42 C1
Frouzins (31) 169 E6
Froville (54) 69 H1
Froyelles (80) 7 E3
Frozes (86) 94 A6

Frucourt (80) 6 D5
Frugères-les-Mines (43) . . . 141 G1
Fruges (62) 2 A6
Frugières-le-Pin (43) 141 H2
Fruncé (28) 61 H2
Fry (76) 19 F3
Fuans (25) 104 B2
Fublaines (77) 43 G3
le Fugeret (04) 178 A1
le Fuilet (49) 75 F5
Fuilla (66) 200 B3
Fuissé (71) 116 B4
Fuligny (10) 67 F3
Fulleren (68) 89 E3
Fultot (76) 17 E3
Fulvy (89) 84 B2
Fumay (08) 11 E5
Fumel (47) 151 H3
Fumichon (14) 15 G5
Furchhausen (67) 50 C4
Furdenheim (67) 50 D5
Furiani (2B) 203 G4
Furmeyer (05) 160 A2
Fussey (21) 101 G2
Fussy (18) 97 H2
Fustérouan (32) 166 D4
Fustignac (31) 184 C2
Futeau (55) 46 D2
Fuveau (13) 192 C2
Fyé (72) 60 A3

G

Gaas (40) 165 E5
Gabarnac (33) 149 H2
Gabarret (40) 166 D2
Gabaston (64) 182 C1
Gabat (64) 181 F1
Gabian (34) 172 B6
Gabillou (24) 137 H2
Gabre (09) 185 F4
Gabriac (12) 154 D3
Gabriac (48) 156 C6
Gabrias (48) 155 H3
Gacé (61) 39 G4
la Gacilly (56) 56 C6
Gâcogne (58) 100 A1
Gadancourt (95) 42 A2
Gadencourt (27) 41 F3
Gaël (35) 56 B2
Gageac-et-Rouillac (24) . . . 136 C6
Gagnac-sur-Cère (46) 139 F5
Gagnac-sur-Garonne (31) . . 169 E4
Gagnières (30) 157 E5
Gagny (93) 43 E4
Gahard (35) 57 G1
Gailhan (30) 173 G3
Gaillac (81) 170 A3
Gaillac-d'Aveyron (12) 155 E4
Gaillac-Toulza (31) 185 G3
Gaillagos (65) 182 C5
Gaillan-en-Médoc (33) 120 C6
Gaillard (74) 118 C5
Gaillardbois-
  -Cressenville (27) 19 E5
la Gaillarde (76) 17 F2
Gaillefontaine (76) 19 F2
Gaillères (40) 166 B2
Gaillon (27) 41 E1
Gaillon-sur-Montcient (78) . . 42 A2
Gainneville (76) 15 F2
Gaja-et-Villedieu (11) 186 D4
Gaja-la-Selve (11) 186 B3
Gajac (33) 150 A3
Gajan (09) 184 D5
Gajan (30) 174 A3
Gajoubert (87) 109 H5
Galametz (62) 7 F2
Galan (65) 183 G3
Galapian (47) 150 D5
Galargues (34) 173 G4
Galéria (2B) 204 B1
Galey (09) 184 C5
Galez (65) 183 G3
Galfingue (68) 89 E2
Galgan (12) 153 H3
Galgon (33) 135 G4
Galiax (32) 166 D5
Galié (31) 184 A5
Galinagues (11) 199 H1
Gallardon (28) 62 C1
Gallargues-
  -le-Montueux (30) 173 H4
le Gallet (60) 20 B3
Galluis (78) 41 H4
Gamaches (80) 6 C4
Gamaches-en-Vexin (27) . . . 19 F6
Gamarde-les-Bains (40) . . . 165 F4
Gamarthe (64) 181 E3
Gambais (78) 41 G4
Gambaiseuil (78) 41 H5
Gambsheim (67) 51 F4
Gan (64) 182 B3
Ganac (09) 185 G5
Ganagobie (04) 176 D1
Gancourt-Saint-Étienne (76) . 19 G2
Gandelain (61) 59 H1
Gandelu (02) 44 A6
Gandrange (57) 26 B4
Ganges (34) 173 E2
Gannat (03) 113 G6
Gannay-sur-Loire (03) 99 G6
Gannes (60) 20 C3
Ganties (31) 184 B4
Ganzeville (76) 16 C3
Gap (05) 160 B2
Gapennes (80) 7 E3

Gâprée (61) 39 G6
Garac (31) 168 C4
Garancières (78) 41 H4
Garancières-en-Beauce (28) . 62 D2
Garancières-
  -en-Drouais (28) 41 E5
Garanou (09) 199 F1
Garat (16) 122 C4
Garcelles-Secqueville (14) . . 38 D1
Garches (92) 42 C4
Garchizy (58) 98 D3
Garchy (58) 98 D1
Gardanne (13) 192 B2
la Garde (04) 177 H3
la Garde (38) 146 A3
la Garde (83) 193 F5
la Garde-Adhémar (26) . . . 158 B4
la Garde-Freinet (83) 194 A3
Gardefort (18) 98 B1
Gardegan-et-Tourtirac (33) . 136 A5
Gardères (65) 182 D2
Gardes-le-Pontaroux (16) . . 122 C5
Gardie (11) 186 D4
Gardonne (24) 136 C5
Gardouch (31) 185 H1
Garein (40) 165 H1
Garencières (27) 41 E3
la Garenne-Colombes (92) . . 42 C3
Garennes-sur-Eure (27) . . . 41 F3
Garentreville (77) 63 H4
Garéoult (83) 193 F3
Garganvillar (82) 168 C2
Gargas (31) 169 F4
Gargas (84) 175 H2
Gargenville (78) 41 H2
Garges-lès-Gonesse (95) . . . 42 D3
Gargilesse-Dampierre (36) . . 111 E2
Garidech (31) 169 G4
Gariès (82) 168 C3
Garigny (18) 98 C3
Garin (31) 197 F1
Garindein (64) 181 F3
Garlan (29) 32 A3
Garlède-Mondebat (64) . . . 166 B6
Garlin (64) 166 B5
le Garn (30) 157 G5
la Garnache (85) 90 D2
Garnat-sur-Engièvre (03) . . 114 B1
Garnay (28) 41 E5
Garnerans (01) 116 B5
Garons (30) 174 B4
Garos (64) 166 A6
Garravet (32) 184 C1
Garrebourg (57) 50 B4
Garrevaques (81) 170 B6
Garrey (40) 165 F4
le Garric (81) 170 C2
Garrigues (34) 173 G4
Garrigues (81) 169 H4
Garrigues-
  -Sainte-Eulalie (30) 174 A2
Garris (64) 181 F1
Garrosse (40) 165 F1
Gars (06) 178 B2
Gartempe (23) 111 F5
Gas (28) 41 G6
Gasny (27) 41 G2
Gasques (82) 151 H6
Gassin (83) 194 B4
le Gast (14) 37 F4
Gastes (40) 148 B4
Gastines (53) 58 A6
Gastins (77) 43 H6
Gasville-Oisème (28) 62 B1
Gatey (39) 102 C4
Gathemo (50) 37 G4
Gatteville-le-Phare (50) 13 E1
Gattières (06) 195 E2
Gatuzières (48) 156 A6
Gaubertin (45) 63 G5
la Gaubretière (85) 92 B3
Gauchin-Légal (62) 8 A1
Gauchin-Verloingt (62) 7 G1
Gauchy (02) 22 A1
la Gaudaine (28) 61 F3
la Gaude (06) 195 E3
Gaudechart (60) 20 A3
Gaudiempré (62) 7 H3
Gaudiès (09) 185 H3
Gaudonville (32) 168 B3
Gaudreville-la-Rivière (27) . . 40 D3
Gauge (24) 151 G1
Gaujac (30) 174 C1
Gaujac (32) 168 B6
Gaujac (47) 150 B3
Gaujacq (40) 165 G4
Gaujan (32) 184 B1
le Gault-Perche (41) 61 F5
le Gault-Saint-Denis (28) . . . 62 B3
le Gault-Soigny (51) 44 C4
Gauré (31) 169 G5
Gauriac (33) 135 G3
Gauriaguet (33) 135 G3
Gaussan (65) 183 H3
Gausson (22) 55 F4
Gauville (61) 40 A4
Gauville (80) 6 D6
Gauville-la-Campagne (27) . . 40 D2
Gavarnie (65) 196 B1
Gavarret-sur-Aulouste (32) . 167 H4
Gavaudun (47) 151 G2
Gavignano (2B) 203 F6
Gavisse (57) 26 C2
Gavray (50) 35 H1
Le Gâvre (44) 74 C2
Gavrelle (62) 8 C2
Gavrus (14) 14 B5
Gayan (65) 183 E2

Gaye (51) 45 E4
Gayon (64) . . . . 166 C
Gazaupouy (32) . . . . 167 G
Gazave (65) . . . . 183 G
Gazax-et-Baccarisse (32) . . 167 E
Gazeran (78) . . . . 41 H
Gazost (65) . . . . 183 E
Geaune (40) . . . . 166 B
Geay (17) . . . . 120 D
Geay (79) . . . . 93 F
Gèdre (65) . . . . 196 B
Gée (49) . . . . 77 F
Gée-Rivière (32) . . . . 166 C
Geffosses (50) . . . . 12 C
Géfosse-Fontenay (14) . . . . 13 F
Gehée (36) . . . . 96 B
Geishouse (68) . . . . 70 D
Geispitzen (68) . . . . 89 G
Geispolsheim (67) . . . . 51 E
Geiswasser (68) . . . . 71 H
Geiswiller (67) . . . . 50 D
Gélacourt (54) . . . . 70 B
Gélannes (10) . . . . 65 G
Gélaucourt (54) . . . . 69 E
Gellenoncourt (54) . . . . 49 E
Gelles (63) . . . . 126 D
Gellin (25) . . . . 103 H
Gelos (64) . . . . 182 B
Geloux (40) . . . . 165 H
Gelucourt (57) . . . . 49 G
Gémages (61) . . . . 60 D
Gemaingoutte (88) . . . . 70 D
Gembrie (65) . . . . 184 A
Gemeaux (21) . . . . 85 H
Gémenos (13) . . . . 192 C
Gémigny (45) . . . . 62 C
Gémil (31) . . . . 169 G
Gemmelaincourt (88) . . . . . 69 E
Gémonval (25) . . . . 88 B
Gémonville (54) . . . . 69 E
Gémozac (17) . . . . 121 E
Genac (16) . . . . 122 B
Genainville (95) . . . . 41 H
Génas (69) . . . . 130 B
Génat (09) . . . . 84 C
Genay (21) . . . . 84 C
Genay (69) . . . . 130 A
Gençay (86) . . . . 109 E
Gendreville (88) . . . . 68 C
Gendrey (39) . . . . 102 C
Gené (49) . . . . 75 H
Génébrières (82) . . . . 169 F
Genech (59) . . . . 3 G
Géneland (71) . . . . 115 F
Générac (30) . . . . 174 B
Générac (33) . . . . 135 F
Générargues (30) . . . . 173 G
Générest (65) . . . . 183 H
Generville (11) . . . . 186 B
Geneslay (61) . . . . 59 F
le Genest-Saint-Isle (53) . . . 58 C
Genestelle (07) . . . . 157 G
Geneston (44) . . . . 91 G
la Genête (71) . . . . 116 C
la Génétouze (17) . . . . . . 136 A
la Génétouze (85) . . . . 91 F
Genêts (50) . . . . 35 G
les Genettes (61) . . . . 40 A
Geneuille (25) . . . . 87 F
la Genevraie (61) . . . . 39 G
la Genevraye (77) . . . . 64 A
Genevreuille (70) . . . . 87 H
Genevrey (70) . . . . 87 H
Genevrières (52) . . . . 86 C
la Genevroye (52) . . . . 67 H
Geney (25) . . . . 88 B
la Geneytouse (87) . . . . . . 124 C
Génicourt (95) . . . . 42 B
Génicourt-sur-Meuse (55) . . 47 G
Genilac (42) . . . . 129 G
Genillé (37) . . . . 95 G
Génis (24) . . . . 138 A
Génissac (33) . . . . 135 G
Génissieux (26) . . . . 144 C
Genlis (21) . . . . 102 B
Gennes (25) . . . . 103 G
Gennes (49) . . . . 77 F
Gennes-Ivergny (62) . . . . . . 7 E
Gennes-sur-Glaize (53) . . . 76 D
Gennes-sur-Seiche (35) . . . 58 A
Genneteil (49) . . . . 77 H
Gennetines (03) . . . . 114 A
Genneton (79) . . . . 93 F
Genneville (14) . . . . 15 F
Gennevilliers (92) . . . . 42 C
Génod (39) . . . . 117 E
Génolhac (30) . . . . 156 D
Génos (31) . . . . 184 A
Génos (65) . . . . 197 E
Genouillac (16) . . . . 123 E
Genouillac (23) . . . . 111 H
Genouillé (17) . . . . 107 H
Genouillé (86) . . . . 109 E
Genouilleux (01) . . . . 116 B
Genouilly (18) . . . . 96 D
Genouilly (71) . . . . 116 A
Gensac (33) . . . . 136 B
Gensac (65) . . . . 183 F
Gensac (82) . . . . 168 C
Gensac-de-Boulogne (31) . . 184 A
Gensac-la-Pallue (16) . . . . 121 H
Gensac-sur-Garonne (31) . . 184 D
Genté (16) . . . . 121 G
Gentelles (80) . . . . 7 H
Gentilly (94) . . . . 42 D
Gentioux-Pigerolles (23) . . . 125 F
Genvry (60) . . . . 21 G
Georfans (70) . . . . 88 A
Géovreisset (01) . . . . 117 G

er (50) . . . 37 H5
er (64) . . . 182 D2
er (65) . . . 182 D4
eraise (39) . . . 103 F3
érardmer (88) . . . 70 C5
éraudot (10) . . . 66 C3
erbaix (73) . . . 131 G4
erbamont (88) . . . 70 C5
erbécourt (57) . . . 49 E3
erbécourt--et-Haplemont (54) . . . 69 F1
erbépal (88) . . . 70 C4
erberoy (60) . . . 19 H3
erbéviller (54) . . . 70 A1
ercourt-et-Drillancourt (55) . . . 25 E5
ercy (02) . . . 22 D1
erde (65) . . . 183 F4
erderest . . . 182 D1
ère-Bélesten (64) . . . 182 B4
ergny (02) . . . 10 A6
ergueil (21) . . . 101 G1
ergny (71) . . . 101 H4
erland (21) . . . 101 H2
erm (65) . . . 197 E1
ermagnat (01) . . . 117 F4
ermagny (71) . . . 101 F6
ermaine (02) . . . 21 H1
ermaine (51) . . . 45 F1
ermaines (52) . . . 85 H2
ermainville (28) . . . 41 F5
ermainvilliers (52) . . . 68 D4
ermay (52) . . . 68 B2
erméfontaine (25) . . . 104 B1
ermenay (58) . . . 99 G1
ermignac (17) . . . 121 G4
ermigney (39) . . . 103 E3
ermigney (70) . . . 86 C5
ermignonville (28) . . . 62 C4
ermigny (51) . . . 22 D6
ermigny (89) . . . 65 H6
ermigny-des-Prés (45) . . . 81 F1
ermigny-l'Évêque (77) . . . 43 G3
ermigny-l'Exempt (18) . . . 98 C4
ermigny--sous-Coulombs (77) . . . 44 A2
ermigny-sur-Loire (58) . . . 98 D3
erminon (51) . . . 45 G4
erminy (54) . . . 48 B6
ermisay (52) . . . 68 B2
ermolles-sur-Grosne (71) . . . 115 H4
ermond-Rouvre (79) . . . 107 H2
ermondans (25) . . . 87 G5
ermont (08) . . . 24 B4
ermonville (25) . . . 104 B1
erms-sur-l'Oussouet (65) . . . 183 E4
ernelle (08) . . . 24 B1
ernicourt (02) . . . 22 D5
éronce (64) . . . 181 H2
erponville (76) . . . 16 D3
errots (14) . . . 15 E4
erstheim (67) . . . 71 H1
ertwiller (67) . . . 71 G1
éruge (39) . . . 117 F1
ervans (26) . . . 144 A3
erville (76) . . . 16 C4
éry (55) . . . 47 F4
esnes (53) . . . 59 E4
esnes-en-Argonne (55) . . . 24 D5
esnes-le-Gandelin (72) . . . 59 H2
espunsart (08) . . . 24 B1
estas (64) . . . 181 G1
esté (49) . . . 75 F5
estel (56) . . . 54 C5
estiès (09) . . . 199 E1
esvres (53) . . . 59 G2
esvres-le-Chapitre (77) . . . 43 G2
étigné (44) . . . 75 E6
les Gets (74) . . . 119 F5
eu (65) . . . 182 D4
eudertheim (67) . . . 51 E4
eüs-d'Arzacq (64) . . . 165 H6
eüs-d'Oloron (64) . . . 181 H2
evezé (35) . . . 57 E2
evigney-et-Mercey (70) . . . 87 E2
eville (55) . . . 47 H4
evingey (39) . . . 117 F1
evresin (25) . . . 103 G3
evrey-Chambertin (21) . . . 101 H1
evrolles (21) . . . 67 F6
evry (39) . . . 102 C3
ex (01) . . . 118 B3
eyssans (26) . . . 144 C3
ez (65) . . . 182 D5
ez-Ez-Angles (65) . . . 183 E4
ézaincourt (80) . . . 7 G4
ézier-et-Fontenelay (70) . . . 87 E6
ézoncourt (54) . . . 48 B4
hisonaccia (2B) . . . 205 G5
hisoni (2B) . . . 205 F4
hissignies (59) . . . 9 G3
hyvelde (59) . . . 2 C1
iat (63) . . . 126 B3
ibeaumeix (54) . . . 48 A6
ibel (31) . . . 185 H2
ibercourt (02) . . . 22 A2
iberville (14) . . . 14 C4
ibles (71) . . . 115 G4
ibourne (17) . . . 121 G1
icq (17) . . . 121 H1
iecq (45) . . . 62 D6
iedy (45) . . . 62 D4
iel-Courteilles (61) . . . 38 D4
ien (45) . . . 82 A3
ien-sur-Cure (58) . . . 100 B2
ières (38) . . . 145 G2
iettaz (73) . . . 132 D2
iéville (50) . . . 37 G2
ièvres (41) . . . 96 C1
iey-sur-Aujon (52) . . . 85 H1
iez (74) . . . 132 B3

Gif-sur-Yvette (91) . . . 42 B5
Giffaumont--Champaubert (51) . . . 67 F1
Gigean (34) . . . 173 E6
Gignac (34) . . . 172 D5
Gignac (46) . . . 138 C4
Gignac (84) . . . 176 B2
Gignac-la-Nerthe (13) . . . 191 H5
Gignat (63) . . . 127 F6
Gignéville (88) . . . 69 E4
Gigney (88) . . . 69 H3
Gigny (39) . . . 117 F2
Gigny (89) . . . 84 C2
Gigny-Bussy (51) . . . 46 B6
Gigny-sur-Saône (71) . . . 101 H6
Gigondas (84) . . . 158 C6
Gigors (04) . . . 160 C3
Gigors-et-Lozeron (26) . . . 144 C6
Gigouzac (46) . . . 152 C2
Gijounet (81) . . . 171 F4
Gildwiller (68) . . . 89 E2
Gilette (06) . . . 195 E2
Gilhac-et-Bruzac (07) . . . 143 H5
Gilhoc-sur-Ormèze (07) . . . 143 H4
Gillancourt (52) . . . 67 G4
Gillaumé (52) . . . 68 B1
Gilles (28) . . . 41 F3
Gilley (25) . . . 104 B2
Gilley (52) . . . 86 D3
Gillois (39) . . . 103 G5
Gillonnay (38) . . . 130 D6
Gilly-lès-Cîteaux (21) . . . 101 H2
Gilly-sur-Isère (73) . . . 132 C4
Gilly-sur-Loire (71) . . . 114 C2
Gilocourt (60) . . . 21 F6
Gimat (82) . . . 168 C3
Gimbrède (32) . . . 168 A1
Gimeaux (63) . . . 127 F1
Gimécourt (55) . . . 47 F4
Gimel-les-Cascades (19) . . . 139 E1
Gimeux (16) . . . 121 G4
la Gimond (42) . . . 129 F5
Gimont (32) . . . 168 B5
Gimouille (58) . . . 98 D4
Ginai (61) . . . 39 F4
Ginals (82) . . . 153 F6
Ginasservis (83) . . . 176 D4
Ginchy (80) . . . 8 B5
Gincla (11) . . . 200 B1
Gincrey (55) . . . 25 G6
Gindou (46) . . . 152 B2
Ginestas (11) . . . 187 H3
Ginestet (24) . . . 136 D5
Gingsheim (67) . . . 50 D4
Ginoles (11) . . . 186 C6
Ginouillac (46) . . . 152 D1
Gintrac (46) . . . 139 E5
Giocatojo (2B) . . . 203 F6
Gionges (51) . . . 45 F3
Giou-de-Mamou (15) . . . 140 B5
Gioux (23) . . . 125 G3
Gipcy (03) . . . 113 F2
Girac (46) . . . 139 E5
Girancourt (88) . . . 69 G4
Giraumont (54) . . . 26 A5
Giraumont (60) . . . 21 F4
Girauvoisin (55) . . . 47 H4
Gircourt-lès-Viéville (88) . . . 69 G2
Girecourt-sur-Durbion (88) . . . 70 A3
Girefontaine (70) . . . 69 G6
Giremoutiers (77) . . . 43 H4
Girgols (15) . . . 140 B4
Giriviller (54) . . . 70 A1
Girmont (88) . . . 69 H3
Girmont-Val-d'Ajol (88) . . . 70 A6
Girolles (45) . . . 64 A5
Girolles (89) . . . 83 H4
Giromagny (90) . . . 88 C2
Giron (01) . . . 117 H4
Gironcourt-sur-Vraine (88) . . . 69 E3
Gironde-sur-Dropt (33) . . . 150 A2
Girondelle (08) . . . 10 D6
Gironville (77) . . . 63 H4
Gironville-sur-Essonne (91) . . . 63 G2
le Girouard (85) . . . 91 F5
Giroussens (81) . . . 169 H4
Giroux (36) . . . 96 D3
Giry (58) . . . 99 F1
Gisay-la-Coudre (27) . . . 40 A3
Giscaro (32) . . . 168 B5
Giscos (33) . . . 149 H5
Gisors (27) . . . 19 G6
Gissac (12) . . . 171 H3
Gissey-le-Vieil (21) . . . 84 D6
Gissey-sous-Flavigny (21) . . . 85 E4
Gissey-sur-Ouche (21) . . . 101 G1
Gisy-les-Nobles (89) . . . 64 D3
Giuncaggio (2B) . . . 205 G3
Giuncheto (2A) . . . 206 D3
Givardon (18) . . . 98 B5
Givarlais (03) . . . 112 D2
Givenchy-en-Gohelle (62) . . . 8 B1
Givenchy-le-Noble (62) . . . 7 H2
Givenchy-lès-la-Bassée (62) . . . 2 D6
Giverny (27) . . . 41 G2
Giverville (27) . . . 15 H4
Givet (08) . . . 11 F4
Givonne (08) . . . 24 C2
Givors (69) . . . 130 A5
Givraines (45) . . . 63 G4
Givrand (85) . . . 90 D4
Givrauval (55) . . . 47 F5
le Givre (85) . . . 91 G6
Givrezac (17) . . . 121 E4
Givron (08) . . . 23 G2
Givry (08) . . . 23 H4
Givry (71) . . . 101 F5
Givry (89) . . . 83 H4
Givry-en-Argonne (51) . . . 46 C3
Givry-lès-Loisy (51) . . . 45 E3
Givrycourt (57) . . . 49 H3

Gizaucourt (51) . . . 46 C2
Gizay (86) . . . 109 F2
Gizeux (37) . . . 78 A5
Gizia (39) . . . 117 F2
la Glacerie (50) . . . 12 C2
Glageon (59) . . . 10 B4
Glaignes (60) . . . 21 F6
Glaine-Montaigut (63) . . . 127 G3
Glaire (08) . . . 24 C2
le Glaizil (05) . . . 146 A6
Glamondans (25) . . . 87 H6
Gland (02) . . . 44 C2
Gland (89) . . . 84 C2
Glandage (26) . . . 159 G1
Glandon (87) . . . 124 B5
Glanes (46) . . . 139 F5
Glanges (87) . . . 124 C4
Glannes (51) . . . 46 A5
Glanon (21) . . . 102 A3
Glanville (14) . . . 15 E4
Glatens (82) . . . 168 B3
Glatigny (50) . . . 12 C5
Glatigny (57) . . . 26 C5
Glatigny (60) . . . 19 H4
Glay (25) . . . 88 D3
Gleizé (69) . . . 129 H1
Glénac (56) . . . 56 C6
Glénat (15) . . . 139 G5
Glénay (79) . . . 93 F4
Glénic (23) . . . 111 G5
Glennes (02) . . . 22 C5
Glénouze (86) . . . 93 H3
Glère (25) . . . 88 D5
Glicourt (76) . . . 17 H2
Glisolles (27) . . . 40 D2
Glisy (80) . . . 7 G6
Glomel (22) . . . 54 C1
Glonville (54) . . . 70 B1
Glorianes (66) . . . 200 D3
Glos (14) . . . 15 F5
Glos-la-Ferrière (61) . . . 40 A4
Glos-sur-Risle (27) . . . 18 A6
Gluiras (07) . . . 143 G5
Glun (07) . . . 144 A4
Glux-en-Glenne (58) . . . 100 B4
Goas (82) . . . 168 C3
la Godefroy (50) . . . 35 H3
Godenvillers (60) . . . 20 D3
Goderville (76) . . . 16 C4
Godewaersvelde (59) . . . 2 D3
Godisson (61) . . . 39 G5
la Godivelle (63) . . . 141 E1
Godoncourt (88) . . . 69 E5
Gœrlingen (67) . . . 50 A4
Goersdorf (67) . . . 51 E2
Goès (64) . . . 182 A3
Goetzenbruck (57) . . . 50 C2
Gœulzin (59) . . . 8 D2
Gogney (54) . . . 49 G5
Gognies-Chaussée (59) . . . 10 A2
la Gohannière (50) . . . 37 E4
Gohory (28) . . . 61 H4
Goin (57) . . . 48 D2
Goincourt (60) . . . 20 A4
Golancourt (60) . . . 21 G2
Golbey (88) . . . 69 H4
Goldbach-Altenbach (68) . . . 71 E6
Golfech (82) . . . 151 G6
Golinhac (12) . . . 154 C2
Golleville (50) . . . 12 C3
Gombergean (41) . . . 79 G3
Gomelange (57) . . . 26 D4
Gomené (22) . . . 56 A2
Gomer (64) . . . 182 C2
Gometz-la-Ville (91) . . . 42 B5
Gometz-le-Châtel (91) . . . 42 B5
Gomiécourt (62) . . . 8 B4
Gommecourt (62) . . . 8 A4
Gommecourt (78) . . . 41 G2
Gommegnies (59) . . . 9 G2
Gommenec'h (22) . . . 33 E3
Gommersdorf (68) . . . 89 E3
Gommerville (28) . . . 62 D3
Gommerville (76) . . . 15 G1
Gomméville (21) . . . 66 D6
Gomont (08) . . . 23 H4
Goncelin (38) . . . 146 A1
Goncourt (52) . . . 68 C3
Gond-Pontouvre (16) . . . 122 C4
Gondecourt (59) . . . 3 F6
Gondenans--les-Moulins (25) . . . 87 H4
Gondenans-Montby (25) . . . 88 A5
Gondeville (16) . . . 121 H3
Gondrecourt-Aix (54) . . . 25 H6
Gondrecourt--le-Château (55) . . . 68 C1
Gondreville (45) . . . 64 A5
Gondreville (54) . . . 48 B5
Gondreville (60) . . . 21 G6
Gondrexange (57) . . . 49 H5
Gondrexon (54) . . . 49 G5
Gondrin (32) . . . 167 F2
les Gonds (17) . . . 121 E3
Gonesse (95) . . . 42 D3
Gonez (65) . . . 183 F3
Gonfaron (83) . . . 193 H3
Gonfreville (50) . . . 12 D5
Gonfreville-Caillot (76) . . . 16 C4
Gonfreville-l'Orcher (76) . . . 15 F2
la Gonfrière (61) . . . 39 H4
Gonnehem (62) . . . 2 C5
Gonnelieu (59) . . . 8 D5
Gonnetot (76) . . . 17 F3
Gonneville (50) . . . 12 D2
Gonneville-en-Auge (14) . . . 14 C4
Gonneville-la-Mallet (76) . . . 16 B4
Gonneville-sur-Honfleur (14) . . . 15 F3
Gonneville-sur-Mer (14) . . . 14 D4
Gonneville-sur-Scie (76) . . . 17 G3

Gonsans (25) . . . 103 H1
Gontaud-de-Nogaret (47) . . . 150 D3
la Gonterie--Boulouneix (24) . . . 123 E6
Gonzeville (76) . . . 17 E3
Goos (40) . . . 165 F4
Gorbio (06) . . . 195 G2
Gorcy (54) . . . 25 G3
Gordes (84) . . . 175 G2
Gorenflos (80) . . . 7 E4
Gorges (44) . . . 75 E6
Gorges (50) . . . 12 D5
Gorges (80) . . . 7 E4
la Gorgue (59) . . . 2 D5
Gorhey (88) . . . 69 G4
Gornac (33) . . . 150 A1
Gorniès (34) . . . 173 E3
Gorre (87) . . . 123 H3
Gorrevod (01) . . . 116 C3
Gorron (53) . . . 58 C2
Gorses (46) . . . 139 F6
Gorze (57) . . . 26 A6
Gosnay (62) . . . 2 D6
Gosné (35) . . . 57 G1
Gosselming (57) . . . 49 H4
Gotein-Libarrenx (64) . . . 181 G3
Gottenhouse (67) . . . 50 C4
Gottesheim (67) . . . 50 C4
Gouaix (77) . . . 65 E1
Goualade (33) . . . 150 A4
Gouarec (22) . . . 54 D1
Gouaux (65) . . . 183 G6
Gouaux-de-Larboust (31) . . . 197 E1
Gouaux-de-Luchon (31) . . . 184 A6
Gouberville (50) . . . 13 E1
Gouchaupre (76) . . . 6 A5
Goudargues (30) . . . 157 G5
Goudelancourt--lès-Berrieux (02) . . . 22 D4
Goudelancourt--lès-Pierrepont (02) . . . 22 D2
Goudelin (22) . . . 33 F3
Goudet (43) . . . 142 C5
Goudex (31) . . . 184 C2
Goudon (65) . . . 183 F3
Goudourville (82) . . . 151 H6
Gouesnach (29) . . . 53 F3
la Gouesnière (35) . . . 35 E4
Gouesnou (29) . . . 31 E4
Gouex (86) . . . 109 G3
Gouézec (29) . . . 53 G1
Gougenheim (67) . . . 50 D4
Gouhelans (25) . . . 87 H5
Gouhenans (70) . . . 88 A3
Gouillons (28) . . . 62 D3
Gouise (03) . . . 114 A3
Goujounac (46) . . . 152 B2
la Goulafrière (27) . . . 39 H3
Goulet (61) . . . 39 E5
Goulien (29) . . . 52 D2
Goulier (09) . . . 198 D1
Goulles (19) . . . 139 G4
les Goulles (21) . . . 85 G1
Gouloux (58) . . . 100 B1
Goult (84) . . . 175 G3
Goulven (29) . . . 31 F2
Goumois (25) . . . 88 D6
Goupillières (14) . . . 14 B6
Goupillières (27) . . . 40 D2
Goupillières (76) . . . 17 F5
Goupillières (78) . . . 41 H3
le Gouray (22) . . . 34 A6
Gourbera (40) . . . 165 E3
Gourbesville (50) . . . 12 D4
Gourbit (09) . . . 199 E1
Gourchelles (60) . . . 19 G2
Gourdan-Polignan (31) . . . 184 A4
Gourdièges (15) . . . 140 D5
Gourdon (06) . . . 178 C4
Gourdon (07) . . . 157 G1
Gourdon (46) . . . 152 C1
Gourdon (71) . . . 115 G1
Gourdon-Murat (19) . . . 125 F5
Gourfaleur (50) . . . 37 F1
Gourgançon (51) . . . 45 F5
Gourgé (79) . . . 93 G5
Gourgeon (70) . . . 87 E2
Gourgue (65) . . . 183 F4
Gourhel (56) . . . 56 A4
Gourin (56) . . . 54 B2
Gourlizon (29) . . . 53 E2
Gournay (36) . . . 111 F1
Gournay-en-Bray (76) . . . 19 G4
Gournay-le-Guérin (27) . . . 40 B5
Gournay-Loizé (79) . . . 108 B5
Gournay-sur-Aronde (60) . . . 21 E4
Gournay-sur-Marne (93) . . . 43 E4
les Gours (16) . . . 122 A1
Gours (33) . . . 136 A4
Gourvieille (11) . . . 186 A2
Gourville (16) . . . 122 A2
Gourvillette (17) . . . 121 H1
Goussaincourt (55) . . . 68 D1
Goussainville (28) . . . 41 G4
Goussainville (95) . . . 42 D2
Goussancourt (02) . . . 44 D1
Gousse (40) . . . 165 F3
Goussonville (78) . . . 41 H3
Goustranville (14) . . . 14 D4
Gout-Rossignol (24) . . . 122 D6
la Goutelle (63) . . . 126 C2
Goutevernisse (31) . . . 185 E3
Goutrens (12) . . . 154 B3
Gouts (40) . . . 165 G3
Gouttières (27) . . . 40 B2
Gouttières (63) . . . 113 E6
Goutz (32) . . . 168 A3
Gouvernes (77) . . . 43 F4
Gouves (62) . . . 8 A2
Gouvets (50) . . . 37 F2

Gouvieux (60) . . . 42 D1
Gouville (27) . . . 40 C4
Gouville-sur-Mer (50) . . . 36 D1
Gouvix (14) . . . 14 C6
Goux (32) . . . 166 D5
Goux-lès-Dambelin (25) . . . 88 B5
Goux-les-Usiers (25) . . . 103 H3
Goux-sous-Landet (25) . . . 103 F2
Gouy (02) . . . 9 E5
Gouy (76) . . . 18 D5
Gouy-en-Artois (62) . . . 8 A3
Gouy-en-Ternois (62) . . . 7 G2
Gouy-les-Groseillers (60) . . . 20 B2
Gouy-Saint-André (62) . . . 7 E1
Gouy-Servins (62) . . . 8 A1
Gouy-sous-Bellonne (62) . . . 8 C2
Gouzangrez (95) . . . 42 A1
Gouzeaucourt (59) . . . 8 D4
Gouzens (31) . . . 185 E3
Gouzon (23) . . . 112 A5
Goven (35) . . . 57 E3
Goviller (54) . . . 69 F1
Goxwiller (67) . . . 71 G1
Goyencourt (80) . . . 21 E2
Goyrans (31) . . . 169 F6
Grabels (34) . . . 173 F5
Graçay (18) . . . 96 D2
Grâce-Uzel (22) . . . 55 G1
Grâces (22) . . . 33 E4
Gradignan (33) . . . 135 E6
Graffigny-Chemin (52) . . . 68 C4
Gragnague (31) . . . 169 G5
Graignes-Mesnil-Angot (50) . . . 13 E5
Grailhen (65) . . . 183 G6
Graimbouville (76) . . . 15 G1
Graincourt--lès-Havrincourt (62) . . . 8 D4
Grainville (27) . . . 19 E5
Grainville-la-Teinturière (76) . . . 17 E3
Grainville-Langannerie (14) . . . 38 D2
Grainville-sur-Odon (14) . . . 14 A5
Grainville-sur-Ry (76) . . . 17 H6
Grainville-Ymauville (76) . . . 16 C4
le Grais (61) . . . 38 C5
Graissac (12) . . . 140 D6
Graissessac (34) . . . 172 A5
Graix (42) . . . 143 G1
Gramat (46) . . . 139 E6
Gramazie (11) . . . 186 C4
Grambois (84) . . . 176 B4
Grammond (42) . . . 129 F5
Grammont (70) . . . 88 A4
Gramond (12) . . . 154 B5
Gramont (82) . . . 168 A2
Granace (2A) . . . 207 E3
Grancey-le-Château--Neuvelle (21) . . . 85 H3
Grancey-sur-Ource (21) . . . 67 E6
Granchain (27) . . . 40 A2
Grand (88) . . . 68 B2
le Grand-Abergement (01) . . . 117 G6
Grand-Auverné (44) . . . 75 E2
le Grand-Bornand (74) . . . 132 C1
le Grand-Bourg (23) . . . 111 E5
Grand-Brassac (24) . . . 136 D1
Grand-Camp (27) . . . 15 H6
Grand-Camp (76) . . . 15 H1
le Grand-Celland (50) . . . 37 F5
Grand-Champ (56) . . . 55 F5
Grand-Charmont (25) . . . 88 C4
la Grand-Combe (30) . . . 157 E6
Grand-Corent (01) . . . 117 F5
Grand-Couronne (76) . . . 18 C5
la Grand-Croix (42) . . . 129 G5
Grand-Failly (54) . . . 25 F4
Grand-Fayt (59) . . . 9 H4
Grand-Fort-Philippe (59) . . . 2 A1
le Grand-Fougeray (35) . . . 57 E6
Grand-Laviers (80) . . . 6 D4
le Grand-Lemps (38) . . . 131 E6
le Grand-Lucé (72) . . . 78 C1
le Grand-Madieu (16) . . . 122 D1
le Grand-Pressigny (37) . . . 95 E4
le Grand-Quevilly (76) . . . 17 G6
Grand-Rozoy (02) . . . 22 A6
Grand-Rullecourt (62) . . . 7 H3
le Grand-Serre (26) . . . 144 C2
Grand-Vabre (12) . . . 154 B2
Grand-Verly (02) . . . 9 G5
le Grand-Village--Plage (17) . . . 120 B1
Grandcamp-Maisy (14) . . . 13 F4
Grandchamp (08) . . . 23 G2
Grandchamp (52) . . . 86 B2
Grandchamp (72) . . . 60 B3
Grandchamp (78) . . . 41 G5
Grandchamp (89) . . . 82 D2
Grandchamp--le-Château (14) . . . 15 E5
Grandchamps--des-Fontaines (44) . . . 74 C4
Grand'Combe--Châteleu (25) . . . 104 B3
Grand'Combe--des-Bois (25) . . . 104 D2
Grandcourt (76) . . . 6 B6
Grandcourt (80) . . . 8 A4
la Grande-Fosse (88) . . . 70 D2
la Grande-Motte (34) . . . 173 H6
la Grande-Paroisse (77) . . . 64 B2
la Grande-Résie (70) . . . 86 C6
Grande-Rivière (39) . . . 118 A1
Grande-Synthe (59) . . . 2 B1
la Grande-Verrière (71) . . . 100 C4
Grandecourt (70) . . . 87 E3
les Grandes-Armoises (08) . . . 24 C3
les Grandes--Chapelles (10) . . . 66 A2
les Grandes-Loges (51) . . . 45 H2
les Grandes-Ventes (76) . . . 17 H3
Grandeyrolles (63) . . . 127 E5

Grandfontaine (25) . . . 103 F1
Grandfontaine (67) . . . 71 E1
Grandfontaine--sur-Creuse (25) . . . 104 A1
Grandfresnoy (60) . . . 21 E5
Grandham (08) . . . 24 B5
Grand'Landes (85) . . . 91 F3
Grandjean (17) . . . 121 E1
Grandlup-et-Fay (02) . . . 22 C2
Grandpré (08) . . . 24 B5
Grandpuits--Bailly-Carrois (77) . . . 43 G6
Grandrieu (48) . . . 142 A6
Grandrieux (02) . . . 23 F2
Grandrif (63) . . . 128 B5
Grandris (69) . . . 115 H6
Grandrû (60) . . . 21 G3
Grandrupt (88) . . . 70 D2
Grandrupt-de-Bains (88) . . . 69 G5
les Grands-Chézeaux (87) . . . 110 D3
Grandsaigne (19) . . . 125 F5
Grandval (63) . . . 128 A5
Grandvals (48) . . . 155 F1
Grandvaux (71) . . . 115 F2
Grandville--et-la-Perrenot (70) . . . 87 F4
Grandvillars (90) . . . 88 D4
la Grandville (08) . . . 24 B1
Grandville (10) . . . 45 G6
Grandvillers (88) . . . 70 B3
Grandvillers-aux-Bois (60) . . . 21 E4
Grandvilliers (27) . . . 40 C4
Grandvilliers (60) . . . 20 A2
Grane (26) . . . 158 C1
Granès (11) . . . 186 D6
la Grange (25) . . . 88 B6
Grange-de-Vaivre (39) . . . 103 E3
Grangermont (45) . . . 63 G4
les Granges (10) . . . 66 B5
Granges (71) . . . 101 F6
Granges-d'Ans (24) . . . 138 A2
les Granges--Gontardes (26) . . . 158 B4
Granges-la-Ville (70) . . . 88 B3
Granges-le-Bourg (70) . . . 88 B3
les Granges-le-Roi (91) . . . 63 E1
Granges--les-Beaumont (26) . . . 144 B4
Granges-Narboz (25) . . . 104 A4
Granges-sur-Aube (51) . . . 45 E6
Granges-sur-Baume (39) . . . 102 D6
Granges-sur-Lot (47) . . . 151 E4
Granges-sur-Vologne (88) . . . 70 C4
les Grangettes (25) . . . 104 A4
Grangues (14) . . . 14 D4
Granier (73) . . . 133 E4
Granieu (38) . . . 131 F4
Grans (13) . . . 191 G3
Granville (50) . . . 35 G2
Granzay-Gript (79) . . . 107 G4
Gras (07) . . . 157 H3
les Gras (25) . . . 104 B3
Grassac (16) . . . 122 D4
Grasse (06) . . . 178 C4
Grassendorf (67) . . . 50 D3
Grateloup--Saint-Gayrand (47) . . . 150 D3
Gratens (31) . . . 184 D2
Gratentour (31) . . . 169 F4
Gratibus (80) . . . 20 D2
Gratot (50) . . . 36 D1
Grattepanche (80) . . . 20 C1
le Gratteris (25) . . . 103 G1
Grattery (70) . . . 87 F3
le Grau-du-Roi (30) . . . 173 H6
Graulhet (81) . . . 170 B4
Grauves (51) . . . 45 F3
Graval (76) . . . 19 F2
la Grave (05) . . . 146 C3
Gravelines (59) . . . 2 A1
la Gravelle (53) . . . 58 B4
Gravelotte (57) . . . 26 B5
la Graverie (14) . . . 37 H3
Graveron-Sémerville (27) . . . 40 C1
Graves-Saint-Amant (16) . . . 122 A4
Graveson (13) . . . 174 D3
Gravières (07) . . . 157 E4
Gravigny (27) . . . 40 D2
Gravon (77) . . . 64 D2
Gray (70) . . . 86 C5
Gray-la-Ville (70) . . . 86 C5
Grayan-et-l'Hôpital (33) . . . 120 B5
Graye-et-Charnay (39) . . . 117 F2
Graye-sur-Mer (14) . . . 14 B3
Grayssas (47) . . . 151 G6
Grazac (31) . . . 185 G2
Grazac (43) . . . 143 E2
Grazac (81) . . . 169 G3
Grazay (53) . . . 59 E3
Gréalou (46) . . . 153 F3
Gréasque (13) . . . 192 C2
Grébault-Mesnil (80) . . . 6 C5
Grécourt (80) . . . 21 G2
Gredisans (39) . . . 102 C2
la Grée-Saint-Laurent (56) . . . 56 A3
Gréez-sur-Roc (72) . . . 61 E4
Greffeil (11) . . . 187 E4
Grèges (76) . . . 17 G2
Grémecey (54) . . . 49 E4
Grémévillers (60) . . . 19 H3
Gremilly (55) . . . 25 F5
Grémonville (76) . . . 17 F4
Grenade (31) . . . 169 E4
Grenade-sur-l'Adour (40) . . . 166 A3
Grenant (52) . . . 86 C2
Grenant--lès-Sombernon (21) . . . 101 F1
Grenay (38) . . . 130 C4
Grenay (62) . . . 8 B1

Grendelbruch (67)......50 C6
Greneville-en-Beauce (45)..63 E4
Grenier-Montgon (43).....141 F2
Gréning (57)...........49 G2
Grenoble (38)........145 G2
Grenois (58)...........83 F6
Grentheville (14)......38 D1
Grentzingen (68)......89 F3
Greny (76)............6 A5
Gréolières (06)......178 C3
Gréoux-les-Bains (04)...176 D4
Grépiac (31)........185 G1
le Grès (31).........168 D4
Grésigny-
  -Sainte-Reine (21)....84 D4
Gresin (73)..........131 F4
la Gresle (42)........115 F6
Gresse-en-Vercors (38)..145 F5
Gressey (78)..........41 G4
Gresswiller (67)......50 C6
Gressy (77)...........43 F3
Grésy-sur-Aix (73)....131 H3
Grésy-sur-Isère (73)...132 B4
Gretz-Armainvilliers (77)..43 F5
Greucourt (70).......87 E4
Greuville (76)........17 F3
Greux (88)...........68 D1
la Grève-sur-Mignon (17)..107 F4
Gréville-Hague (50)....12 B1
Grévillers (62)........8 B4
Grevilly (71)........116 B2
Grez (60)............20 A2
le Grez (72)..........59 G4
Grez-en-Bouère (53)....77 E1
Grez-Neuville (49)....76 D3
Grez-sur-Loing (77)....64 A3
Grézac (17)..........120 D4
Grézels (46)........152 A3
Grèzes (24)..........138 B3
Grèzes (43)..........141 H5
Grèzes (46)..........153 F2
Grèzes (48)..........155 H3
Grézet-Cavagnan (47)..150 C4
Grézian (65)........183 G6
Grézieu-la-Varenne (69)..129 H3
Grézieu-le-Marché (69)..129 F4
Grézieux-le-Fromental (42)..129 E4
Grézillac (33).......135 H5
Grézillé (49).........77 F6
Grézolles (42)......128 C2
Gricourt (02).........9 E6
Grièges (01)........116 B4
Gries (67)...........51 E4
Griesbach-au-Val (68)..71 E5
Griesheim-
  -près-Molsheim (67)..50 D6
Griesheim-sur-Souffel (67)..51 E5
Grignan (26)........158 C4
Grigneuseville (76)....17 H4
Grignols (24)........137 E3
Grignols (33)........150 A4
Grignon (21).........84 D4
Grignon (73)........132 C4
Grignoncourt (88)....69 E6
Grigny (62)..........7 E1
Grigny (69).........130 A4
Grigny (91)..........42 D6
la Grigonnais (44)....74 C2
Grillon (84)........158 C4
Grilly (01).........118 B3
Grimaucourt-
  -en-Woëvre (55)....47 G1
Grimaucourt-
  -près-Sampigny (55)..47 G4
Grimaud (83)........194 A4
la Grimaudière (86)...93 H5
Grimault (89)........84 A3
Grimbosq (14)........14 B6
Grimesnil (50).......35 H1
Grimonviller (54).....69 F2
Grincourt-lès-Pas (62)..7 H3
Grindorff-Bizing (57)..26 D3
la Gripperie-
  -Saint-Symphorien (17)..120 C2
Gripport (54)........69 G2
Griscourt (54).......48 B4
Griselles (21).......84 C1
Griselles (45).......64 B5
Grisolles (02).......44 B1
Grisolles (82)......169 E3
Grisy-les-Plâtres (95)..42 B1
Grisy-Suisnes (77)....43 F5
Grisy-sur-Seine (77)...65 E2
Grives (24).........137 H6
Grivesnes (80).......20 D2
Grivillers (80)......21 E2
Grivy-Loisy (08).....24 A4
Groffliers (62).......6 C1
la Groise (59)........9 G4
Groises (18).........98 B1
Groissiat (01)......117 G4
Groisy (74).........118 C6
Groix (56)...........54 B6
Groléjac (24).......138 B6
Gron (18)............98 B2
Gron (89)............65 E4
Gronard (02).........22 D1
Gros-Chastang (19)...139 F2
Gros-Réderching (57)..28 A5
le Gros-Theil (27)....18 B6
Grosbliederstroff (57)..27 G5
Grosbois (25)........87 H6
Grosbois-
  -en-Montagne (21)....85 E6
Grosbois-lès-Tichey (21)..102 B3
Grosbreuil (85)......91 F5
les Groseillers (79)..107 H1
Groslay (95).........42 D3
Groslée (01)........131 F3
Grosley-sur-Risle (27)..40 B2
Grosmagny (90).......88 C2

Grosne (90)..........88 D3
Grospierres (07).....157 F4
Grosrouvre (78)......41 H4
Grosrouvres (54)......48 A4
Grossa (2A).........206 D3
Grosseto-Prugna (2A)..204 D6
Grossoeuvre (27).....41 E3
Grossouvre (18)......98 C4
la Guierche (72)......60 B4
Guignecourt (60).....20 B4
Guignemicourt (80)....7 F6
Guignen (35)........56 D4
Guignes (77).........43 F6
Guigneville (45)......63 F4
Guigneville-
  -sur-Essonne (91)...63 G1
Guignicourt (02)......23 E4
Guignicourt-sur-Vence (08)..24 A2
Guigny (62)...........7 E2
Guilberville (50)....37 G2
Guiler-sur-Goyen (29)..53 E2
Guilers (29).........30 D4
Guilherand-Granges (07)..144 B5
Guillac (33)........135 H6
Guillac (56)........56 A4
Guillaucourt (80).....8 A6
Guillaumes (06)....161 G6
Guillemont (80)......8 B5
la Guillermie (03)...128 A1
Guilleville (28)......62 D4
Guilliers (56).......56 A3
Guilligomarc'h (29)..54 C3
Guillon (89).........84 B4
Guillon-les-Bains (25)..87 H6
Guillonville (28).....62 C5
Guillos (33)........149 F2
Guilly (36)..........96 C3
Guilly (45)..........81 F2
Guilmécourt (76).....6 A5
le Guildo (22)........20 D1
Guilvinec (29).......53 E4
Guimaëc (29).........32 B2
Guimiliau (29).......31 G4
Guimps (16).........121 H5
Guinarthe-Parenties (64)..181 F1
Guincourt (08).......24 A3
Guindrecourt-
  -aux-Ormes (52)....67 G1
Guindrecourt-
  -sur-Blaise (52)....67 G3
Guinecourt (62).......7 F2
Guînes (62)..........1 G3
Guingamp (22)........33 E4
Guinglange (57)......49 E1
Guinkirchen (57).....26 D4
Guinzeling (57)......49 G3
Guipavas (29)........31 E4
Guipel (35)..........57 F1
Guipronvel (29)......30 D4
Guipry (35)..........57 E5
Guipy (58)...........99 G1
Guiry-en-Vexin (95)..42 A1
Guiscard (60).......21 G2
Guiscriff (56).......54 B2
Guise (02)...........9 G6
Guiseniers (27)......19 F6
le Guislain (50)......37 F2
Guissény (29)........31 E2
Guisy (62)...........7 E1
Guitalens-L'Albarède (81)..170 B5
Guitera-les-Bains (2A)..205 E6
Guitinières (17)....121 F5
Guitrancourt (78)....41 H2
Guîtres (33)........135 H3
Guitry (27)..........19 F6
Guitté (22)..........56 C1
Guivry (02)..........21 H2
Guizancourt (80).....20 A2
Guizengeard (16)....136 A1
Guizerix (65)......183 H2
Gujan-Mestras (33)..148 C1
Gumbrechtshoffen (67)..50 D3
Gumery (10)..........65 F2
Gumiane (26).......159 E3
Gumières (42)......128 D5
Gumond (19)........139 F2
Gundershoffen (67)...50 D3
Gundolsheim (68).....71 F6
Gungwiller (67).....50 A3
Gunsbach (68).......71 E5
Gunstett (67).......51 E2
Guntzviller (57).....50 B4
Guny (02)...........22 A4
Guran (31).........184 A6
Gurat (16).........122 C6
Gurcy-le-Châtel (77)..64 D2
Gurgy (89)...........83 F1
Gurgy-la-Ville (21)..85 G1
Gurgy-le-Château (21)..85 G1
Gurmençon (64)....182 A3
Gurs (64).........181 H2
Gurunhuel (22)......32 D4
Gury (60)............21 F3
Gussainville (55)....47 H1
Gussignies (59)......9 G2
Guyancourt (78).....42 B4
Guyans-Durnes (25)..103 H2
Guyans-Vennes (25)..104 B1
Guyencourt (02)......22 D5
Guyencourt-Saulcourt (80)..8 D5
Guyencourt-sur-Noye (80)..20 C1
la Guyonnière (85)...91 H2
Guyonvelle (52).....86 D1
Guzargues (34)....173 G4
Gy (70)............87 E5
Gy-en-Sologne (41)...80 B6
Gy-les-Nonains (45)..64 B6
Gy-l'Évêque (89).....83 F3
Gye (54)............48 B6
Gyé-sur-Seine (10)...66 D5

H

Habarcq (62)..........8 A2
Habas (40).........165 F5
Habère-Lullin (74)..118 D4
Habère-Poche (74)..119 E4
l'Habit (27).........41 F4
Hablainville (54)....49 G6
Habloville (61)......38 D4
Haboudange (57).....49 F3
Habsheim (68).......89 G2
Hachan (65)........183 H2
Hâcourt (52).........68 C4
Hacqueville (27).....19 F6
Hadancourt-
  -le-Haut-Clocher (60)..42 A1
Hadigny-les-Verrières (88)..69 H2
Hadol (88)...........70 A4
Haegen (67)..........50 C4
Hagécourt (88)......69 G3
Hagedet (65)......166 D6
Hagen (57)...........26 B2
Hagenbach (68)......89 E3
Hagenthal-le-Bas (68)..89 G4
Hagenthal-le-Haut (68)..89 G4
Haget (32).........183 F1
Hagetaubin (64)....165 H6
Hagetmau (40).....165 H4
Hagéville (54).......48 A3
Hagnéville-et-Roncourt (88)..68 D3
Hagnicourt (08).....24 A3
Hagondange (57).....26 B4
Haguenau (67).......51 E3
la Haie-Fouassière (76)..74 D6
la Haie-Traversaine (53)..59 E2
les Haies (69).....129 H5
Haigneville (54).....69 H1
Haillainville (88)...70 A2
le Haillan (33).....135 E5
Hailles (80).........20 D1
Haillicourt (62)......2 C6
Haimps (17).........121 H2
Haims (86).........110 A2
Hainvillers (60).....21 E3
Haironville (55).....47 E5
Haisnes (62)..........3 E5
Haleine (61).........59 F1
Halinghen (62)........1 F5
Hallencourt (80)......6 D5
Hallennes-
  -lez-Haubourdin (59)..3 F5
Hallering (57).......27 E5
les Halles (69).....129 F3
Halles-sous-les-Côtes (55)..24 D4
Hallignicourt (52)...46 C6
Hallines (62).........2 A2
Hallivillers (80)....20 C2
la Hallotière (76)....19 F3
Halloville (54)......49 H6
Halloy (60)..........20 A2
Halloy (62)..........7 H3
Halloy-lès-Pernois (80)..7 F4
Hallu (80)...........21 F1
Halluin (59)..........3 G4
Halsou (64)........180 C1
Halstroff (57)......26 D3
le Ham (50)..........12 D3
le Ham (53)..........59 F2
Ham (80)............21 G1
Ham-en-Artois (62)....2 C5
Ham-les-Moines (08)..24 A1
Ham-sous-Varsberg (57)..27 E5
Ham-sur-Meuse (08)...11 F4
Hamars (14)..........14 A6
Hambach (57).........49 H1
Hambers (53).........59 F3
Hamblain-les-Prés (62)..8 C2
Hambye (50)..........37 E2
Hamel (59)............8 D2
le Hamel (60)........20 A2
le Hamel (80).........8 A6
Hamelet (80)..........7 H6
Hamelin (50).........37 F6
Hamelincourt (62).....8 B3
Hames-Boucres (62)....1 G3
Hammeville (54)......69 F1
Hamonville (54)......48 A4
Hampigny (10)........67 E2
Hampont (57).........49 F3
Han-devant-Pierrepont (54)..25 G4
Han-lès-Juvigny (55)..25 E4
Han-sur-Meuse (55)...47 G3
Han-sur-Nied (57)....49 E2
Hanc (79).........108 C6
Hanches (28).........41 G6
Hancourt (80).........8 D6
Handschuheim (67)...50 D5
Hangard (80).........20 D1
Hangenbieten (67)....51 E5
Hangest-en-Santerre (80)..21 E1
Hangest-sur-Somme (80)..7 E5
Hangviller (57)......50 B4
Hannaches (60).......19 H4
Hannapes (02)........9 G5
Hannappes (08).......23 F1
Hannescamps (62).....8 A3
Hannocourt (57).....49 F2
Hannogne-Saint-Martin (08)..24 B2
Hannogne-Saint-Rémy (08)..23 F3
Hannonville-
  -sous-les-Côtes (55)..47 H2
Hannonville-Suzémont (54)..48 A1
le Hanouard (76)....17 E3
Hans (51)...........46 C4
Hantay (59)..........3 E6
Hanvec (29).........31 F5
Hanviller (57)......50 C1
Hanvoile (60).......19 H4
Haplincourt (62).....8 C4

Happencourt (02).....21 H1
Happonvilliers (28)..61 G3
Haramont (02).......21 G6
Haraucourt (08).....24 C2
Haraucourt (54)......49 E5
Haraucourt-sur-Seille (57)..49 F4
Haravesnes (62).......7 F2
Haravilliers (95)....42 B1
Harbonnières (80).....8 A6
Harbouey (54)........49 H6
Harcanville (76).....17 E3
Harchéchamp (88)....68 D2
Harcigny (02)........23 E1
Harcourt (27)........40 B1
Harcy (08)..........11 E6
Hardancourt (88)....70 A2
Hardanges (53).......59 F2
Hardecourt-aux-Bois (80)..8 B5
Hardencourt-Cocherel (27)..41 E2
Hardifort (59)........2 C3
Hardinghen (62)......1 G3
Hardinvast (50)......12 C2
Hardivillers (60)....20 B3
Hardivillers-en-Vexin (60)..19 H5
Hardricourt (78).....42 A2
la Harengère (27)....18 C6
Haréville (88)......69 F4
Harfleur (76)........15 F2
Hargarten-aux-Mines (57)..27 E4
Hargeville (78)......41 H3
Hargicourt (02).......8 D5
Hargicourt (80).....20 D2
Hargnies (08)........11 F5
Hargnies (59)........9 H3
Harly (02)...........9 E6
Harmonville (88).....69 E1
la Harmoye (22)......33 F6
Harnes (62)..........8 C1
Harol (88)..........69 G4
Haroué (54).........69 G1
Harponville (80)......7 H5
Harprich (57).......49 F2
Harquency (27).......19 F6
Harreberg (57).......50 B5
Harréville-
  -les-Chanteurs (52)..68 C3
Harricourt (08).....24 C4
Harsault (88).......69 G5
Harskirchen (67)....50 A2
Hartennes-et-Taux (02)..22 A6
Hartmannswiller (68)..71 E6
Hartzviller (57).....50 A5
Harville (55)........47 H1
Hary (02)...........23 E1
Haselbourg (57).....50 B5
Hasnon (59)..........9 F2
Hasparren (64).....180 D1
Haspelschiedt (57)...28 C5
Haspres (59)..........9 F3
Hastingues (40)....164 D5
Hatrize (54).........26 A5
Hattencourt (80).....21 F1
Hattenville (76).....16 D4
Hattigny (57).......49 H5
Hattmatt (67).......50 C4
Hattstatt (68).......71 F5
Hauban (65)........183 F4
Haubourdin (59)......3 F5
Haucourt (60)........19 H4
Haucourt (62).........8 C3
Haucourt (76)........19 G2
Haucourt-en-Cambrésis (59)..9 E4
Haucourt-Moulaine (54)..25 H3
Haudainville (55)....47 F1
Haudiomont (55)......47 G1
Haudivillers (60)....20 B4
Haudonville (54).....70 A1
Haudrecy (08)........24 A1
Haudricourt (76).....19 G2
Haulchin (59).........9 F2
Haulies (32).......168 A6
Haulmé (08)..........11 F6
Haumont-
  -près-Samogneux (55)..25 E6
Hauriet (40).......165 G4
Hausgauen (68)......89 F3
Haussez (76).........19 G3
Haussignémont (51)...46 C5
Haussimont (51).....45 G5
Haussonville (54)....48 D6
Haussy (59)..........9 F3
Haut-Clocher (57)....49 G4
le Haut-Corlay (22)..33 E6
Haut-de-Bosdarros (64)..182 C3
Haut-du-Them-
  -Château-Lambert (70)..88 B1
Haut-Lieu (59).......10 A4
Haut-Loquin (62)......1 H4
Haut-Mauco (40)....165 H3
Hautaget (65)......183 H4
Hautbos (60).........19 H2
Haute-Amance (52)...86 C1
Haute-Avesnes (62)....8 A2
la Haute-Chapelle (61)..38 A6
Haute-Épine (60).....20 A3
Haute-Goulaine (44)..74 D5
Haute-Isle (95)......41 G2
Haute-Kontz (57)....26 C2
la Haute-Maison (77)..43 H4
Haute-Rivoire (69)..129 F3
Haute-Vigneulles (57)..27 E5
Hautecloque (62)......7 G2
Hautecour (39)......117 H1
Hautecour (73)......132 D5
Hautecourt-Romanèche (01)..117 F5
Hautefage (19)......139 F3
Hautefage-la-Tour (47)..151 G4
Hautefaye (24).....123 E5

Hautefeuille (77)....43 G3
Hautefond (71)......115 F7
Hautefontaine (60)..21 G6
Hautefort (24).....138 A1
Hauteluce (73).....132 D5
Hautepierre-le-Châtelet (25)..103 H4
Hauterive (03)......114 A4
Hauterive (61).......60 B6
Hauterive (89).......83 G6
Hauterive-la-Fresse (25)..104 A3
Hauterives (26).....144 B5
Hauteroche (21)......85 E6
les Hautes-Rivières (08)..11 F7
Hautesvignes (47)..150 D5
Hauteville (08)......87 G5
Hauteville (02).......9 F5
Hauteville (08)......23 G6
Hauteville (51)......46 C3
Hauteville (73).....132 B6
la Hauteville (78)...41 G6
Hauteville-la-Guichard (50)..13 E5
Hauteville-lès-Dijon (21)..85 G6
Hauteville-Lompnes (01)..131 F2
Hauteville-sur-Fier (74)..131 H6
Hauteville-sur-Mer (50)..36 C2
Haution (02)..........9 H6
Hautmont (59)........10 A4
Hautmougey (88).....69 G6
Hautot-l'Auvray (76)..17 E3
Hautot-le-Vatois (76)..17 F3
Hautot-Saint-Sulpice (76)..17 F3
Hautot-sur-Mer (76)..17 G1
Hautot-sur-Seine (76)..18 C5
les Hauts-de-Chée (55)..47 E3
Hauteville-Bocage (50)..12 D4
Hautvillers (51)....45 E5
Hautvillers-Ouville (80)..6 D4
Hauville (27)........17 E5
Hauvillé (08)........23 G6
la Haye (76).........19 E6
la Haye (88).........69 G6
la Haye-Aubrée (27)..18 A4
la Haye-Bellefond (50)..37 F1
la Haye-de-Calleville (27)..18 B5
la Haye-de-Routot (27)..17 E5
la Haye-d'Ectot (50)..12 B5
la Haye-du-Puits (50)..12 C6
la Haye-du-Theil (27)..18 B6
la Haye-le-Comte (27)..18 D5
la Haye-Malherbe (27)..18 C6
la Haye-Pesnel (50)..35 H6
la Haye-Saint-Sylvestre (27)..40 A5
les Hayes (41).......79 E5
Hayes (57)...........26 D5
Haynecourt (59).......8 D3
les Hays (39).......102 C4
Hazebrouck (59)......2 C4
Hazembourg (57).....49 H2
le Heaulme (95)......42 B1
Héauville (50).......12 B3
Hébécourt (27).......19 G6
Hébécourt (80).......20 C1
Hébécrevon (50)......37 E1
Héberville (76)......17 E3
Hébuterne (62).......8 A4
Hèches (65).......183 G6
Hecken (68)..........89 E3
Hecmanville (27).....40 A5
Hécourt (27).........41 E3
Hécourt (60).........19 G4
Hecq (59).............9 G4
Hectomare (27)......18 B5
Hédauville (80)......7 H5
Hédé (35)............57 F1
Hédouville (95)......42 C2
Hegeney (67).........51 E2
Hégenheim (68)......89 G4
Heidolsheim (67).....71 G1
Heidweiller (67).....89 F1
Heiligenberg (67)...50 C6
Heiligenstein (67)...71 F1
Heillecourt (54).....48 D5
Heilles (60).........20 C4
Heilly (80)...........7 H6
Heiltz-le-Hutier (51)..46 C5
Heiltz-le-Maurupt (51)..46 C5
Heiltz-l'Évêque (51)..46 C5
Heimersdorf (68).....89 F4
Heimsbrunn (68).....89 E2
Heining-lès-Bouzonville (57)..27 E3
Heippes (55).........47 E2
Heiteren (68)........71 G6
Heiwiller (68)......89 F3
Hélesmes (59)........9 F2
Hélette (64)......180 C1
Helfaut (62).........2 B4
Helfrantzkirch (68)..89 G4
Helléan (56)........56 A2
Hellering-
  -lès-Fénétrange (57)..50 A4
Helleville (50)......12 B3
Hellimer (57).......49 G2
Héloup (61)..........59 H3
Helstroff (57)......26 D5
Hem (59)..............3 G5
Hem-Hardinval (80)....7 G4

228

rm-Lenglet (59) 8 D3
rm-Monacu (80) 8 B5
rmevez (50). 12 D3
mévillers (60) 21 E4
milly (57) 49 E1
ming (57). 49 H5
monstoir (22) 55 F2
naménil (54) 49 F5
nanbihen (22) 34 B4
nansal (22) 34 A4
ndaye (64) 180 A1
ndecourt-
   -lès-Cagnicourt (62) 8 C3
ndecourt-lès-Ransart (62) . . 8 B3
nencourt (80) 7 H5
nflingen (68) 89 F3
ngoat (22) 33 E2
ngwiller (67) 50 C5
nin-Beaumont (62) 8 C1
nin-sur-Cojeul (62) 8 B3
ninel (62) 8 B3
nnebont (56) 54 D5
nnecourt (88) 69 G3
nnemont (55) 47 H1
nneveux (62) 1 G4
nnezel (88) 69 F5
nnezis (27) 19 F6
non (22) 33 H5
nonville (60) 20 A6
nouville (76) 17 F6
nrichemont (18) 81 H6
nridorff (57) 50 B4
nriville (57) 49 G1
nu (62) 7 H3
nvic (29) 31 H3
range (57) 50 B4
rbault (41) 79 G3
rbécourt (80) 8 B6
rbelles (62) 2 A5
rbergement (85) 91 G2
rbeuval (08) 25 E3
rbeuville (55) 47 H2
rbéville (78) 42 A3
rbéviller (54) 49 G6
rbeys (38) 145 G3
Herbiers (85) 92 B4
rbignac (44) 73 G3
rbinghen (62) 1 G4
rbisse (10) 45 G6
rbitzheim (67) 27 H6
rblay (95) 42 C3
rbsheim (67) 71 H2
rcé (53) 58 C1
rchies (60) 20 A4
Hérelle (60) 20 C3
rrenguerville (50) 36 D2
rrépian (34) 172 A6
rres (65) 166 D5
rgnies (59) 4 B6
rgugney (88) 69 G2
ric (44) 74 C3
ricourt (62) 7 G2
ricourt (70) 88 C3
ricourt-en-Caux (76) 17 E4
ricourt-sur-Thérain (60) . . 19 G3
ricy (77) 64 B2
Hérie (02) 10 B6
Hérie-la-Viéville (02) 22 C1
riménil (54) 49 E6
rimoncourt (25). 88 D5
rin (59) 9 F2
rissart (80) 7 G5
risson (03) 112 D2
riville (80) 8 B6
Herlière (62) 7 H3
rlies (59) 3 E5
rlin-le-Sec (62) 7 G2
rlincourt (62) 7 G2
rly (62) 1 H6
rly (80) 21 F1
rm (09) 185 H5
rm (40) 164 D3
rmanville (76) 17 G3
rmanville-sur-Mer (14) . . 14 C4
Hermaux (48) 155 F3
rmaville (62) 8 A2
rmé (77) 65 E1
rmelange (57) 50 A5
rmelinghen (62) 1 G3
rmenault (85) 107 E1
rment (63) 126 B3
rmeray (78) 41 G6
rmes (60) 20 B5
rmeville (76) 15 F1
rméville-en-Woëvre (55) . . 25 G6
rmies (62) 8 C4
rmillon (73) 146 C1
rmin (62) 7 H1
rmitage (35) 57 E2
rmitage-Lorge (22) 33 G6
Hermites (37) 79 E3
rmitière (61) 60 D3
rmival-les-Vaux (14) 15 F5
rmonville (51) 23 E5
rnicourt (62) 7 G1
rny (57) 49 E2
Héron (76) 19 H4
ronchelles (76) 19 H3
rouville-Saint-Clair (14) . . 14 C4
rouvillette (14). 14 C4
rpelmont (88) 70 B4
rpont (51) 46 B2
rpy-l'Arlésienne (08) 23 F3
rqueville (27) 18 D6
rqueville (50) 12 A1
rran (31) 184 C5
rré (40) 166 D1
rrère (64) 182 A3
rrin (59) 3 F6
rrlisheim (67) 51 F4

Herrlisheim-
   -près-Colmar (68) 71 F5
Herry (18) 98 C1
Herserange (54) 25 H3
Hersin-Coupigny (62) 8 A1
Hertzing (57) 49 H5
Hervilly (80) 8 D5
Héry (58) 99 G1
Héry (89) 83 G1
Héry-sur-Alby (74) 132 A2
Herzeele (59) 2 C3
Hesbécourt (80) 8 D5
Hescamps (80) 19 H2
Hesdigneul-lès-Béthune (62) . 2 D6
Hesdigneul-
   -lès-Boulogne (62) 1 F5
Hesdin (62) 7 E1
Hesdin-l'Abbé (62) 1 F4
Hésingue (68) 89 G3
Hesmond (62) 7 E1
Hesse (57) 50 A5
Hessenheim (67) 71 G3
Hestroff (57). 26 C5
Hestrud (59) 10 B3
Hestrus (62) 7 G1
Hétomesnil (60) 20 A3
Hettange-Grande (57) 26 B3
Hettenschlag (68) 71 G5
Heubécourt-Haricourt (27) . 41 G1
Heuchin (62) 2 B6
Heudebouville (27) 18 D6
Heudicourt (27) 19 G5
Heudicourt (80) 8 D5
Heudicourt-
   -sous-les-Côtes (55) 47 H3
Heudreville-en-Lieuvin (27) . 15 H4
Heudreville-sur-Eure (27) . . 41 E1
Heugas (40) 165 E4
Heugleville-sur-Scie (76) . . 17 G3
Heugnes (36) 96 A3
Heugon (61) 39 H4
Heugueville-sur-Sienne (50). 36 D1
Heuilley-Cotton (52) 86 B2
Heuilley-le-Grand (52) 86 B2
Heuilley-sur-Saône (21) . . 86 C6
Heuland (14) 15 E4
Heume-l'Église (63) 126 C3
la Heunière (27) 41 F2
Heuqueville (27) 19 E5
Heuqueville (76) 16 B4
Heuringhem (62) 2 B4
Heurteauville (76) 17 E6
Heurtevent (14) 15 E6
Heussé (50) 37 G6
Heutrégiville (51). 23 G5
Heuzecourt (80) 7 F3
Hévilliers (55) 47 F6
Heyrieux (38) 130 C4
Hézecques (62) 2 A6
le Hézo (56) 73 E1
Hibarette (65) 183 E3
Hières-sur-Amby (38) 130 D3
Hierges (08) 11 F4
Hiermont (80) 7 E2
Hiers-Brouage (17) 120 C2
Hiersac (16) 122 B4
Hiesse (16) 109 F6
Hiesville (50) 13 E4
Hiéville (14) 39 E2
Higuères-Souye (64) 182 C1
Hiis (65) 183 E3
Hilbesheim (57) 50 A4
Hillion (22) 33 H4
Hilsenheim (67) 71 G2
Hilsprich (57) 49 H2
Hinacourt (02) 22 A1
Hinckange (57) 26 D5
Hindisheim (67) 71 H1
Hindlingen (68) 89 E3
Hinges (62) 2 D5
le Hinglé (22) 34 C6
Hinsbourg (67) 50 B3
Hinsingen (67) 49 H2
Hinx (40) 165 E4
Hipsheim (67) 71 H1
Hirel (35) 35 E4
Hirschland (67) 50 A3
Hirsingue (68) 89 F3
Hirson (02) 10 B6
Hirtzbach (68) 89 F3
Hirtzfelden (68) 71 G6
His (31) 184 C4
Hitte (65) 183 F3
Hochfelden (67) 50 D4
Hochstatt (68) 89 F2
Hochstett (67) 51 E4
Hocquigny (50) 35 H2
Hocquinghen (62) 1 H4
Hodenc-en-Bray (60) 19 H4
Hodenc-l'Évêque (60) 20 B5
Hodeng-au-Bosc (76) 6 C6
Hodeng-Hodenger (76) . . 19 F3
Hodent (95) 41 H1
Hœdic (56) 72 C3
Hoenheim (67) 51 E5
Hœrdt (67) 51 E4
Hœville (54) 49 F5
Hoffen (67) 51 F2
les Hogues (27) 19 E4
la Hoguette (14) 39 E3
Hohatzenheim (67) 50 D4
Hohfrankenheim (67) 50 D4
Hohrod (68) 71 E5
le Hohwald (67) 71 F1
Holacourt (57) 49 E2
Holling (57) 26 D4
Holnon (02) 8 D6
Holque (59) 2 A3

Holtzheim (67) 50 D6
Holtzwihr (68) 71 F4
Holving (57) 49 H2
Hombleux (80) 21 G2
Homblières (02). 9 E6
Hombourg (68) 89 G1
Hombourg-Budange (57) . . 26 C4
Hombourg-Haut (57) 49 G1
l'Hôme-Chamondot (61). . . 40 B6
Homécourt (54) 26 A4
Hommarting (57) 50 A4
Hommert (57) 50 B5
Hommes (37) 78 B5
le Hommet-d'Arthenay (50) . 13 E6
Homps (11) 187 G3
Homps (32) 168 B3
Hon-Hergies (59) 9 H2
Hondainville (60) 20 C5
Hondeghem (59) 2 C4
Hondevilliers (77) 44 B3
Hondouville (27) 40 D1
Hondschoote (59) 2 D2
Honfleur (14) 15 F2
Honguemare-
   -Guenouville (27) 18 B5
Honnechy (59) 9 F4
Honnecourt-sur-Escaut (59) . 8 D5
l'Honor-de-Cos (82) 152 C6
Honskirch (57) 49 H2
Hontanx (40) 166 B3
l'Hôpital (57) 27 F5
l'Hôpital-Camfrout (29) . . 31 F5
l'Hôpital-d'Orion (64) 165 F6
l'Hôpital-du-Grosbois (25) . 103 H1
l'Hôpital-le-Grand (42) . . 129 E5
l'Hôpital-le-Mercier (71) . . 115 E3
l'Hôpital-Saint-Blaise (64). . 181 G2
l'Hôpital-Saint-Lieffroy (25) . 88 A5
l'Hôpital-
   -sous-Rochefort (42) 128 C3
les Hôpitaux-Neufs (25) . . 104 A5
les Hôpitaux-Vieux (25) . . 104 A5
Horbourg-Wihr (68) 71 F4
Hordain (59) 9 E3
la Horgne (08) 24 A2
Horgues (65) 183 E3
l'Horme (42) 129 G5
Hornaing (59) 9 E2
Hornoy-le-Bourg (80) 6 D6
le Horps (53) 59 E2
Horsarrieu (40) 165 H4
Horville-en-Ornois (55) . . 68 B1
l'Hosmes (27) 40 D4
l'Hospitalet (04) 176 C1
l'Hospitalet-du-Larzac (12) . 172 B2
l'Hospitalet-
   -près-l'Andorre (09). 199 F3
Hosta (64) 181 E3
Hoste (57) 49 G1
Hostens (33) 149 E3
Hostiaz (01) 131 E2
Hostun (26) 144 D4
l'Hôtellerie (14) 15 G5
l'Hôtellerie-de-Flée (49) . . 76 C2
Hotonnes (01) 117 H6
Hotot-en-Auge (14) 14 D5
Hottot-les-Bagues (14) . . 14 A5
Hottviller (57) 50 C1
la Houblonnière (14). 15 E5
les Houches (74) 133 F1
Houchin (62) 2 D6
Houdain (62) 7 H1
Houdain-lez-Bavay (59) . . 9 H2
Houdan (78) 41 G4
Houdancourt (60) 21 E5
Houdelaincourt (55) 47 G6
Houdelmont (54) 48 C4
Houdemont (54) 48 C5
Houdetot (76) 17 E3
Houdilcourt (08) 23 F4
Houdreville (54) 69 F1
Houécourt (88) 69 E3
Houeillès (47) 150 B5
Houesville (50) 13 E4
Houetteville (27) 40 D1
Houéville (88) 68 D2
Houeydets (65) 183 G3
le Houga (32) 166 C3
Houilles (78) 42 C3
Houlbec-Cocherel (27) . . 41 F2
Houlbec-
   -près-le-Gros-Theil (27) . . 18 B6
Houldizy (08) 24 A1
Houlette (16) 121 H3
Houlgate (14) 14 D3
Houlle (62) 2 A3
le Houlme (76) 17 G5
l'Houmeau (17) 106 C4
Hounoux (11) 186 B4
Houplin-Ancoisne (59) 3 F5
Houplines (59) 3 E4
Houppeville (76) 17 G5
Houquetot (76) 15 G1
Hourc (65) 183 F2
Hourges (51) 22 D6
Hours (64) 182 D3
Hourtin (33) 134 B2
Houry (02) 22 D1
Houssay (41) 79 F2
Houssay (53) 58 D6
la Houssaye (27) 40 B2
la Houssaye-Béranger (76) . 17 G2
la Houssaye-en-Brie (77) . . 43 G5
le Housseau-
   -Brétignolles (53). 59 E1
Houssen (68) 71 F4
Housseras (88) 70 B2
Housset (02) 22 C1
Housséville (54) 69 F2
la Houssière (88) 70 C3
la Houssoye (60) 19 H5

Houtaud (25) 104 A4
Houtkerque (59) 2 D3
Houtteville (50) 12 D4
Houville-en-Vexin (27) . . 19 E5
Houville-la-Branche (28) . . 62 C2
Houvin-Houvigneul (62) . . 7 G2
Houx (28) 41 G6
Hoymille (59) 2 C2
Huanne-Montmartin (25) . 87 H5
Hubersent (62) 1 F5
Hubert-Folie (14) 14 C5
Huberville (50) 12 D3
Huby-Saint-Leu (62) 7 E1
Huchenneville (80) 6 D4
Huclier (62) 7 G1
Hucqueliers (62) 1 F6
Hudimesnil (50) 35 G2
Hudiviller (54) 49 E6
Huelgoat (29) 32 A5
Huêtre (45) 62 C6
Huez (38) 146 A3
Hugier (70) 86 D6
Hugleville-en-Caux (76) . . 17 F4
Huillé (49) 77 F3
Huilliécourt (52) 68 C4
Huilly-sur-Seille (71) 116 C1
Huiron (51) 46 A5
Huisnes-sur-Mer (50) 35 G4
Huisseau-en-Beauce (41) . 79 F2
Huisseau-sur-Cosson (41). . 80 A4
Huisseau-sur-Mauves (45) . 80 C1
l'Huisserie (53) 58 C5
Hulluch (62) 3 E6
Hultehouse (57) 50 B4
Humbauville (51) 45 H5
Humbécourt (52) 46 C6
Humbercamps (62) 8 A3
Humbercourt (80) 7 H3
Humberville (52) 68 B3
Humbligny (18) 98 A1
Humerœuille (62) 7 F1
Humes-Jorquenay (52) 86 A1
Humières (62) 7 F1
Hunawihr (68) 71 F3
Hundling (57) 49 H1
Hundsbach (68) 89 F3
Huningue (68) 89 H3
Hunspach (67) 51 F2
Hunting (57) 26 C3
Huos (31) 184 A4
Huparlac (12) 154 D1
Huppy (80) 6 D5
Hurbache (88) 70 C2
Hure (33) 150 B2
Hurecourt (70) 69 F6
Hures-la-Parade (48) 155 H5
Huriel (03) 112 C3
Hurigny (71) 116 B3
Hurtières (38) 146 A1
Hurtigheim (67) 50 D5
Husseren-les-Châteaux (68) . 71 F5
Husseren-Wesserling (68) . . 70 D6
Hussigny-Godbrange (54) . . 25 H3
Husson (50) 37 G6
Huttendorf (67) 50 D3
Huttenheim (67) 71 G2
Hyds (03) 113 E4
Hyémondans (25) 88 B5
Hyencourt-le-Grand (80) . . 21 F1
Hyenville (50) 36 D2
Hyères (83) 193 G5
Hyet (70) 87 F4
Hyèvre-Magny (25) 88 A5
Hyèvre-Paroisse (25) 88 A5
Hymont (88) 69 F3

I

Ibarrolle (64) 181 E3
Ibigny (57) 49 H5
Ibos (65) 183 E3
Ichtratzheim (67) 51 E6
Ichy (77) 63 H4
Idaux-Mendy (64) 181 E3
Idrac-Respaillès (32) 167 G6
Idron (64) 182 C2
Ids-Saint-Roch (18) 97 F6
Iffendic (35) 56 D2
les Iffs (35) 57 E1
Ifs (14) 14 B5
les Ifs (76) 6 B6
Igé (61) 60 D3
Igé (71) 116 B3
Ignaucourt (80) 20 D1
Ignaux (09) 199 G2
Igney (54) 49 G5
Igney (88) 69 H3
Igny (70) 86 D4
Igny (91) 42 C5
Igny-Comblizy (51) 44 D2
Igon (64) 182 D3
Igornay (71) 100 D3
Igoville (27) 18 D5
Iguerande (71) 115 E5
Iholdy (64) 181 E2
Île-aux-Moines (56) 72 D1
l'Île-Bouchard (37) 94 C2
l'Île-d'Aix (17) 106 C6
Île-d'Arz (56) 72 D1
Île-de-Batz (29) 31 H2
Île-de-Bréhat (22) 33 F1
Île-de-Sein (29) 30 A3
l'Île-d'Elle (85) 107 E3
Île-d'Houat (56) 72 C3

l'Île-d'Olonne (85) 91 E5
l'Île-d'Yeu (85) 90 A3
Île-Molène (29) 30 B4
l'Île-Rousse (2B) 202 D5
l'Île-Saint-Denis (93) 42 D3
Île-Tudy (29) 53 F4
Ilharre (64) 181 F1
Ilhat (09) 186 A5
les Ilhes (11) 187 E2
Ilhet (65) 183 G5
Illange (57) 26 B3
Illartein (09) 184 C5
Illats (33) 149 G2
Ille-sur-Têt (66) 200 D2
Illeville-sur-Montfort (27) . 18 A5
Illfurth (68) 89 F2
Illhaeusern (68) 71 G3
Illiat (01) 116 B5
Illier-et-Laramade (09). . . 199 E1
Illiers-Combray (28) 61 H3
Illiers-l'Évêque (27) 41 E4
Illies (59) 3 E6
Illifaut (22) 56 B2
Illkirch-Graffenstaden (67) . 51 E6
Illois (76) 19 G1
Illoud (52) 68 C4
Illy (08) 24 C1
Illzach (68) 89 F1
Ilonse (06) 178 D1
Imbleville (76) 17 F4
Imécourt (08) 24 C5
Imling (57) 50 A4
Imphy (58) 99 E4
Inaumont (08) 23 G3
Incarville (27) 18 D6
Incheville (76) 6 B5
Inchy (59) 9 F4
Inchy-en-Artois (62) 8 C3
Incourt (62) 7 F1
Indevillers (25) 88 D6
Indre (44) 74 C5
Ineuil (18) 97 G5
les Infournas (05) 160 B1
Ingenheim (67) 50 D4
Ingersheim (68) 71 F4
Inghem (62) 2 B5
Inglange (57) 26 C3
Ingolsheim (67) 51 F2
Ingouville (76) 17 E2
Ingrandes (36) 110 A1
Ingrandes (49) 75 H3
Ingrandes (86) 94 D4
Ingrandes-de-Touraine (37) . 78 B6
Ingrannes (45) 63 F6
Ingré (45) 80 D1
Inguiniel (56) 54 D3
Ingwiller (67) 50 C3
Injoux-Génissiat (01) 117 H6
Innenheim (67) 50 D6
Innimond (01) 131 F3
Inor (55) 24 D3
Insming (57) 49 G2
Insviller (57) 49 H3
Intraville (76) 17 H2
Intres (07) 143 F4
Intréville (28) 62 D3
Intville-la-Guétard (45) . . 63 F3
Inval-Boiron (80) 6 D6
Inxent (62) 1 G6
Inzinzac-Lochrist (56) 54 D4
Ippécourt (55) 47 E2
Ippling (57) 49 H1
Irai (61) 40 B5
Irais (79) 93 G4
Irancy (89) 83 G3
Iré-le-Sec (55) 25 E4
Irigny (69) 130 A4
Irissarry (64) 180 D2
Irles (80) 8 B4
Irodouër (35) 56 D1
Iron (02) 9 G5
Irouléguy (64) 180 D3
Irreville (27) 41 E1
Irvillac (29) 31 F5
Is-en-Bassigny (52) 68 B5
Is-sur-Tille (21) 85 H4
Isbergues (62) 2 C5
Isches (88) 69 E5
Isdes (45) 81 F3
Isenay (58) 99 H4
Isigny-le-Buat (50) 37 F5
Isigny-sur-Mer (14) 13 F5
Island (89) 83 H5
Isle (87) 124 B3
l'Isle-Adam (95) 42 C1
l'Isle-Arné (32) 168 A5
Isle-Aubigny (10) 66 C1
Isle-Aumont (10) 66 B4
l'Isle-Bouzon (32) 168 A2
l'Isle-d'Abeau (38) 130 D4
l'Isle-de-Noé (32) 167 G5
l'Isle-d'Espagnac (16) . . 122 C4
l'Isle-en-Dodon (31) 184 C1
l'Isle-et-Bardais (03) 98 B3
l'Isle-Jourdain (32) 168 C5
l'Isle-Jourdain (86) 109 G4
Isle-Saint-Georges (33) . . 135 F6
l'Isle-sur-la-Sorgue (84) . 175 F2
Isle-sur-Marne (51) 46 B6
l'Isle-sur-Serein (89) 84 A4
Isles-les-Meldeuses (77) . . 43 H2
Isles-lès-Villenoy (77) 43 G3
Isles-sur-Suippe (51) 23 F5
les Islettes (55) 46 D1
Isneauville (76) 18 A4
Isola (06) 162 B5
Isolaccio-di-Fiumorbo (2B). 205 F3
Isômes (52) 86 B3

Ispagnac (48) 156 A4
Ispoure (64) 180 D3
Isques (62) 1 F4
Issac (24) 136 D4
Issamoulenc (07) 143 G6
Issancourt-et-Rumel (08) . . 24 B1
Issans (07). 142 D6
Issans (25) 88 C4
les Issards (09) 186 A4
Issarlès (07) 142 D6
Issé (44) 74 D1
Issé (51) 45 G2
Issel (11) 186 B2
Issendolus (46) 153 F1
Issenhausen (67) 50 D3
Issenheim (68) 71 F6
Issepts (46) 153 F1
Isserpent (03) 114 B5
Isserteaux (63) 127 G4
Issigeac (24) 151 F1
Issirac (30) 157 G5
Issoire (63) 127 G5
Issor (64) 181 H4
Issou (78) 41 H3
Issoudun (36) 97 E4
Issoudun-Létrieix (23). . . 112 A6
Issus (31) 185 G1
Issy-les-Moulineaux (92) . 42 C4
Issy-l'Évêque (71) 100 B6
Istres (13) 175 F6
les Istres-et-Bury (51) 45 F3
Isturits (64) 181 E1
Itancourt (02) 22 A1
Iteuil (86) 109 E2
Itteville (91) 63 G1
Ittenheim (67) 50 D5
Itterswiller (67) 71 F2
Itteville (91) 63 G1
Itxassou (64) 180 C1
Itzac (81) 170 A1
Ivergny (62) 7 G3
Iverny (77) 43 F2
Iviers (02) 23 F1
Iville (27) 40 C1
Ivors (60) 43 H1
Ivory (39) 103 F4
Ivoy-le-Pré (18) 81 H6
Ivrey (39) 103 F3
Ivry-en-Montagne (21) . . 101 F3
Ivry-la-Bataille (27) 41 F3
Ivry-le-Temple (60) 20 A6
Ivry-sur-Seine (94) 42 D4
Iwuy (59) 9 E3
Izaourt (65) 184 A5
Izaut-de-l'Hôtel (31). 184 B5
Izaux (65) 183 G4
Izé (53) 59 F3
Izeaux (38) 145 E1
Izel-lès-Équerchin (62) . . 8 C2
Izel-lès-Hameau (62) 7 H2
Izenave (01) 117 F6
Izernore (01) 117 G4
Izeron (38) 145 E3
Izeste (64) 182 B4
Izeure (21) 102 A2
Izier (21) 86 A6
Izieu (01) 131 F4
Izon (33) 135 G4
Izon-la-Bruisse (26) 159 G5
Izotges (32) 166 D5

J

Jablines (77) 43 F3
Jabreilles-les-Bordes (87). 124 C1
Jabrun (15) 141 E6
Jacob-Bellecombette (73). . 131 H5
Jacou (34) 173 F5
Jacque (65) 183 F2
Jagny-sous-Bois (95) 42 D2
Jaignes (77) 43 H3
Jaillans (26) 144 C4
la Jaille-Yvon (49) 76 D2
Jaillon (54) 48 B4
Jailly (58) 99 F2
Jailly-les-Moulins (21) . . 85 E5
Jainvillotte (88) 68 D3
Jalesches (23) 111 H4
Jaleyrac (15) 140 A2
Jaligny-sur-Besbre (03). . 114 B3
Jallais (49) 75 H5
Jallanges (21) 102 A3
Jallans (28) 62 A5
Jallaucourt (57) 49 E3
Jallerange (25) 103 E1
Jalognes (18) 98 B1
Jalogny (71) 116 A3
Jâlons (51) 45 G2
Jambles (71) 101 F5
Jambville (78) 42 A2
Jaméricourt (60) 19 H5
Jametz (55) 25 E4
Janailhac (87) 124 B4
Janaillat (23) 111 F6
Jancigny (21) 86 B5
Jandun (08) 23 H2
Janneyrias (38) 130 C3
Jans (44) 74 C1
Janville (14) 14 D5
Janville (28) 62 D4
Janville (60) 21 F4
Janville-en-Juine (91) 63 F1
Janvilliers (51) 44 D3
Janvry (51) 22 D6
Janvry (91) 42 C6
Janzé (35) 57 G4
le Jardin (17) 121 F4
Jard-sur-Mer (85) 106 A2

le Jardin (19) . . . 139 G1
Jardin (38) . . . 130 B5
Jardres (86) . . . 109 F1
Jargeau (45) . . . 81 E1
Jarjayes (05) . . . 160 C3
Jarménil (88) . . . 70 A4
Jarnac (16) . . . 121 H3
Jarnac-Champagne (17) . . . 121 G4
Jarnages (23) . . . 111 H5
la Jarne (17) . . . 106 D5
Jarnioux (69) . . . 129 G1
Jarnosse (42) . . . 115 F6
Jarny (54) . . . 26 A5
Jarret (65) . . . 183 E4
la Jarrie (17) . . . 106 D5
Jarrie (38) . . . 145 G3
la Jarrie-Audouin (17) . . . 107 G6
Jarrier (73) . . . 146 C1
Jars (18) . . . 82 A5
Jarsy (73) . . . 132 B4
Jarville-la-Malgrange (54) . . . 48 D5
Jarzé (49) . . . 77 F4
Jas (42) . . . 129 F3
Jasney (70) . . . 87 G1
Jassans-Riottier (01) . . . 129 H1
Jasseines (10) . . . 66 D1
Jasseron (01) . . . 117 E4
Jasses (64) . . . 181 H2
Jatxou (64) . . . 180 C1
Jau-Dignac-et-Loirac (33) . . . 120 C6
Jaucourt (10) . . . 67 E3
la Jaudonnière (85) . . . 92 B6
Jaudrais (28) . . . 40 D6
Jaujac (07) . . . 157 F2
Jauldes (16) . . . 122 C3
Jaulges (89) . . . 65 H6
Jaulgonne (02) . . . 44 C2
Jaulnay (37) . . . 94 C4
Jaulnes (77) . . . 65 E2
Jaulny (54) . . . 48 B2
Jaulzy (60) . . . 21 G5
Jaunac (07) . . . 143 F5
Jaunay-Clan (86) . . . 94 C6
Jaure (24) . . . 137 E3
Jausiers (04) . . . 161 G3
Jaux (60) . . . 21 F5
Jauzé (72) . . . 60 C4
Javaugues (43) . . . 141 H2
Javené (35) . . . 58 A2
Javerdat (87) . . . 123 H1
Javerlhac-et-la-Chapelle-
   -Saint-Robert (24) . . . 123 E5
Javernant (10) . . . 66 A4
la Javie (04) . . . 160 D5
Javols (48) . . . 155 H1
Javrezac (16) . . . 121 G3
Javron-les-Chapelles (53) . . . 59 F2
Jax (43) . . . 142 A3
Jaxu (64) . . . 181 E3
Jayac (24) . . . 138 B4
Jayat (01) . . . 116 D3
Jazeneuil (86) . . . 108 C2
Jazennes (17) . . . 121 E4
Jeancourt (02) . . . 8 D6
Jeandelaincourt (54) . . . 48 D3
Jeandelize (54) . . . 48 A1
Jeanménil (88) . . . 70 B2
Jeansagnière (42) . . . 128 C3
Jeantes (02) . . . 23 E1
Jebsheim (68) . . . 71 G4
Jegun (32) . . . 167 G4
la Jemaye (24) . . . 136 C2
Jenlain (59) . . . 9 G2
Jenzat (03) . . . 113 G5
Jésonville (88) . . . 69 F4
Jessains (10) . . . 67 E3
Jetterswiller (67) . . . 50 C5
Jettingen (68) . . . 89 F3
Jeu-les-Bois (36) . . . 96 D6
Jeu-Maloches (36) . . . 96 B3
Jeufosse (78) . . . 41 G2
Jeugny (10) . . . 66 B5
Jeumont (59) . . . 10 B2
Jeurre (39) . . . 117 H3
Jeux-lès-Bard (21) . . . 84 C4
Jeuxey (88) . . . 70 A3
Jevoncourt (54) . . . 69 G2
Jezainville (54) . . . 48 C3
Jézeau (65) . . . 183 G6
Joannas (07) . . . 157 F2
Job (63) . . . 128 B4
Jobourg (50) . . . 12 A1
Joch (66) . . . 200 C3
Jœuf (54) . . . 26 A4
Joganville (50) . . . 12 D3
Joigny (89) . . . 65 E6
Joigny-sur-Meuse (08) . . . 11 F6
Joinville (52) . . . 67 H2
Joinville-le-Pont (94) . . . 42 D4
Joiselle (51) . . . 44 C5
Jolimetz (59) . . . 9 G3
Jolivet (54) . . . 49 E6
Jonage (69) . . . 130 B3
Joncels (34) . . . 172 B4
la Jonchère (85) . . . 91 G6
la Jonchère-
   -Saint-Maurice (87) . . . 124 C1
Jonchères (26) . . . 159 F2
Joncherey (90) . . . 88 D4
Jonchery (52) . . . 67 H4
Jonchery-sur-Suippe (51) . . . 46 A1
Jonchery-sur-Vesle (51) . . . 22 D6
Joncourt (02) . . . 9 E5
Joncreuil (10) . . . 67 E1
Joncy (71) . . . 115 H1
Jongieux (73) . . . 131 G3
Jonquerets-de-Livet (27) . . . 15 H6
Jonquerettes (84) . . . 175 E2
Jonquery (51) . . . 45 E1
Jonquières (11) . . . 187 G5
Jonquières (34) . . . 172 D5

Jonquières (60) . . . 21 E5
Jonquières (81) . . . 170 C5
Jonquières (84) . . . 158 C6
Jonquières-
   -Saint-Vincent (30) . . . 174 C3
Jons (69) . . . 130 C3
Jonval (08) . . . 24 A3
Jonvelle (70) . . . 69 E6
Jonville-en-Woëvre (55) . . . 48 A2
Jonzac (17) . . . 121 F5
Jonzier-Épagny (74) . . . 118 B6
Jonzieux (42) . . . 143 F1
Joppécourt (54) . . . 25 H4
Jort (14) . . . 39 E2
Jorxey (88) . . . 69 G3
Josat (43) . . . 142 A2
Josnes (41) . . . 80 B2
Josse (40) . . . 164 D4
Josselin (56) . . . 55 H4
Jossigny (77) . . . 43 F4
Jou-sous-Monjou (15) . . . 140 C5
Jouac (87) . . . 110 C3
Jouaignes (02) . . . 22 B5
Jouancy (89) . . . 84 B3
Jouarre (77) . . . 44 A3
Jouars-Pontchartrain (78) . . . 42 A4
Jouaville (54) . . . 26 A5
Joucas (84) . . . 175 G2
Joucou (11) . . . 199 H1
Joudes (71) . . . 117 E2
Joudreville (54) . . . 25 H5
Joué-du-Bois (61) . . . 38 D6
Joué-du-Plain (61) . . . 38 D5
Joué-en-Charnie (72) . . . 59 G5
Joué-l'Abbé (72) . . . 60 B4
Joué-lès-Tours (37) . . . 78 D6
Joué-sur-Erdre (44) . . . 75 E3
Jouet-sur-l'Aubois (18) . . . 98 C3
Jouey (21) . . . 101 E2
Jougne (25) . . . 104 A5
Jouhe (39) . . . 102 C2
Jouhet (86) . . . 109 H2
Jouillat (23) . . . 111 G4
Jouques (13) . . . 176 B5
Jouqueviel (81) . . . 153 H6
Jourgnac (87) . . . 124 A3
Journans (01) . . . 117 E5
Journet (86) . . . 110 A2
Journiac (24) . . . 137 G4
Journy (62) . . . 1 H4
Jours-en-Vaux (21) . . . 101 E3
Jours-lès-Baigneux (21) . . . 85 E3
Joursac (15) . . . 141 E3
Joussé (86) . . . 109 F4
Jouvençon (71) . . . 116 C1
Joux (69) . . . 129 F2
Joux-la-Ville (89) . . . 83 H3
Jouy (28) . . . 62 B1
Jouy (89) . . . 64 C4
Jouy-aux-Arches (57) . . . 26 B6
Jouy-en-Argonne (55) . . . 47 E1
Jouy-en-Josas (78) . . . 42 C5
Jouy-en-Pithiverais (45) . . . 63 E4
Jouy-le-Châtel (77) . . . 43 H5
Jouy-le-Moutier (95) . . . 42 B2
Jouy-le-Potier (45) . . . 80 C2
Jouy-lès-Reims (51) . . . 23 E6
Jouy-Mauvoisin (78) . . . 41 G3
Jouy-sur-Eure (27) . . . 41 E2
Jouy-sur-Morin (77) . . . 44 B4
Joyeuse (07) . . . 157 F3
Joyeux (01) . . . 130 C1
Joze (63) . . . 127 G2
Jozerand (63) . . . 127 F1
Jû-Belloc (32) . . . 166 D5
Juaye-Mondaye (14) . . . 13 H6
Jubainville (88) . . . 68 D1
la Jubaudière (49) . . . 75 H6
Jublains (53) . . . 59 E3
le Juch (29) . . . 53 F2
Jugazan (33) . . . 135 H6
Jugeals-Nazareth (19) . . . 138 D3
Jugon-les-Lacs (22) . . . 34 B5
Jugy (71) . . . 116 B1
Juicq (17) . . . 121 F2
Juif (71) . . . 102 A6
Juignac (16) . . . 122 B6
Juigné-des-Moutiers (44) . . . 75 F1
Juigné-sur-Loire (49) . . . 77 E5
Juigné-sur-Sarthe (72) . . . 77 F1
Juignettes (27) . . . 40 A4
Juillac (19) . . . 138 B1
Juillac (32) . . . 167 E6
Juillac (33) . . . 136 A6
Juillac-le-Coq (16) . . . 121 H4
Juillaguet (16) . . . 122 C5
Juillan (65) . . . 183 E3
Juillé (16) . . . 122 C1
Juillé (72) . . . 60 A3
Juillé (79) . . . 108 A5
Juillenay (21) . . . 84 C6
Juilles (32) . . . 168 B5
Juilley (50) . . . 35 H4
Juilly (21) . . . 84 D5
Juilly (77) . . . 43 F2
Jujols (66) . . . 200 B3
Jujurieux (01) . . . 117 F6
Julianges (48) . . . 141 G5
Juliénas (69) . . . 116 A4
Julienne (16) . . . 121 H3
Jullianges (43) . . . 142 B1
Jullié (69) . . . 116 A4
Julliouville (50) . . . 35 G2
Jully (89) . . . 84 C2
Jully-les-Buxy (71) . . . 101 F6
Jully-sur-Sarce (10) . . . 66 C5
Julos (65) . . . 183 E4
Julvécourt (55) . . . 47 E2
Jumeauville (78) . . . 41 H3
Jumeaux (63) . . . 127 G6

Jumel (80) . . . 20 C1
Jumelles (27) . . . 41 E3
la Jumellière (49) . . . 76 C6
Jumencourt (02) . . . 22 A4
Jumièges (76) . . . 17 E6
Jumigny (02) . . . 22 C4
Jumilhac-le-Grand (24) . . . 123 H5
Junas (30) . . . 173 H4
Junay (89) . . . 84 A1
Juncalas (65) . . . 183 E4
Jungholtz (68) . . . 71 E6
Junhac (15) . . . 154 B1
les Junies (46) . . . 152 B3
Juniville (08) . . . 23 G5
Jupilles (72) . . . 78 C2
Jurançon (64) . . . 182 B2
Juranville (45) . . . 63 H5
Juré (42) . . . 128 C2
Jurignac (16) . . . 122 A5
Jurques (14) . . . 38 A2
Jurvielle (31) . . . 197 E1
Jury (57) . . . 48 D1
Juscorps (79) . . . 107 H4
Jusix (47) . . . 150 B2
Jussac (15) . . . 140 A4
Jussarupt (88) . . . 70 B4
Jussas (17) . . . 135 G1
Jussecourt-Minecourt (51) . . . 46 C4
Jussey (70) . . . 87 E1
Jussy (02) . . . 21 H2
Jussy (57) . . . 26 B5
Jussy (89) . . . 83 G3
Jussy-Champagne (18) . . . 98 A3
Jussy-le-Chaudrier (18) . . . 98 C2
Justian (32) . . . 167 F3
Justine-Herbigny (08) . . . 23 G3
Justiniac (09) . . . 185 G3
Jutigny (77) . . . 64 D1
Juvaincourt (88) . . . 69 F2
Juvancourt (10) . . . 67 F5
Juvanzé (10) . . . 67 E3
Juvardeil (49) . . . 77 E3
Juvelize (57) . . . 49 F4
Juvignac (34) . . . 173 F5
Juvigné (53) . . . 58 B3
Juvignies (60) . . . 20 B3
Juvigny (02) . . . 22 A4
Juvigny (51) . . . 45 G2
Juvigny (74) . . . 118 C4
Juvigny-en-Perthois (55) . . . 47 E6
Juvigny-le-Tertre (50) . . . 37 G5
Juvigny-sous-Andaine (61) . . . 38 B6
Juvigny-sur-Loison (55) . . . 25 E4
Juvigny-sur-Orne (61) . . . 39 E5
Juvigny-sur-Seulles (14) . . . 14 A5
Juville (57) . . . 48 D3
Juvinas (07) . . . 157 F1
Juvincourt-et-Damary (02) . . . 22 D4
Juvisy-sur-Orge (91) . . . 42 D5
Juvrecourt (54) . . . 49 F4
Juxue (64) . . . 181 F2
Juzanvigny (10) . . . 67 E2
Juzennecourt (52) . . . 67 G4
Juzes (31) . . . 186 A1
Juzet-de-Luchon (31) . . . 197 F1
Juzet-d'Izaut (31) . . . 184 B5
Juziers (78) . . . 42 A2

K

Kalhausen (57) . . . 27 H6
Kaltenhouse (67) . . . 51 E3
Kanfen (57) . . . 26 B2
Kappelen (68) . . . 89 G3
Kappelkinger (57) . . . 49 H2
Katzenthal (68) . . . 71 F4
Kauffenheim (67) . . . 51 G3
Kaysersberg (68) . . . 71 F4
Kédange-sur-Canner (57) . . . 26 C3
Keffenach (67) . . . 51 F2
Kembs (68) . . . 89 G2
Kemplich (57) . . . 26 D3
Kerbach (57) . . . 27 G5
Kerbors (22) . . . 33 E1
Kerfot (22) . . . 33 F2
Kerfourn (56) . . . 55 F3
Kergloff (29) . . . 32 B6
Kergrist (56) . . . 55 F2
Kergrist-Moëlou (22) . . . 32 D6
Kerien (22) . . . 32 D5
Kerlaz (29) . . . 53 E2
Kerling-lès-Sierck (57) . . . 26 C3
Kerlouan (29) . . . 31 E2
Kermaria-Sulard (22) . . . 32 D2
Kermoroc'h (22) . . . 33 E3
Kernascléden (56) . . . 54 C3
Kernilis (29) . . . 31 E3
Kernouës (29) . . . 31 E3
Kerpert (22) . . . 33 E5
Kersaint-Plabennec (29) . . . 31 E4
Kertzfeld (67) . . . 71 G2
Kervignac (56) . . . 54 D5
Keskastel (67) . . . 27 H6
Kesseldorf (67) . . . 51 G3
Kienheim (67) . . . 50 D4
Kientzheim (68) . . . 71 F4
Kiffis (68) . . . 89 F4
Killem (59) . . . 2 C2
Kilstett (67) . . . 51 F4
Kindwiller (67) . . . 50 D3
Kingersheim (68) . . . 89 F1
Kintzheim (67) . . . 71 F3
Kirchberg (68) . . . 88 D1
Kirchheim (67) . . . 50 D5
Kirrberg (67) . . . 50 A3
Kirrwiller (67) . . . 50 D3
Kirsch-lès-Sierck (57) . . . 26 D2

Kirschnaumen (57) . . . 26 D3
Kirviller (57) . . . 49 H2
Klang (57) . . . 26 D3
Kleingœft (67) . . . 50 C5
Knœringue (68) . . . 89 G3
Knœrsheim (67) . . . 50 C5
Knutange (57) . . . 26 B3
Kœnigsmacker (57) . . . 26 C3
Kœstlach (68) . . . 89 F4
Kœtzingue (68) . . . 89 G2
Kœur-la-Grande (55) . . . 47 G4
Kœur-la-Petite (55) . . . 47 G4
Kogenheim (67) . . . 71 G2
Kolbsheim (67) . . . 50 D6
Krautergersheim (67) . . . 71 G1
Krautwiller (67) . . . 51 E4
le Kremlin-Bicêtre (94) . . . 42 D4
Kriegsheim (67) . . . 51 E4
Kruth (68) . . . 70 D6
Kunheim (68) . . . 71 G4
Kuntzig (57) . . . 26 C3
Kurtzenhouse (67) . . . 51 E4
Kuttolsheim (67) . . . 50 D5
Kutzenhausen (67) . . . 51 F2

L

Laà-Mondrans (64) . . . 165 G6
Laas (32) . . . 167 F6
Laas (45) . . . 63 F5
Laàs (64) . . . 181 G1
Labalme (01) . . . 117 F6
Labarde (33) . . . 135 E4
Labaroche (68) . . . 71 E4
Labarrère (32) . . . 167 E2
Labarthe (82) . . . 152 B5
Labarthe (32) . . . 167 H6
Labarthe-Bleys (81) . . . 170 A1
Labarthe-Inard (31) . . . 184 C4
Labarthe-Rivière (31) . . . 184 A4
Labarthe-sur-Lèze (31) . . . 185 F1
Labarthète (32) . . . 166 C5
Labassère (65) . . . 183 E4
Labastide (65) . . . 183 G4
Labastide-Beauvoir (31) . . . 185 H1
Labastide-
   -Castel-Amouroux (47) . . . 150 C4
Labastide-Cézéracq (64) . . . 182 A1
Labastide-Chalosse (40) . . . 165 H5
Labastide-Clermont (31) . . . 184 D2
Labastide-d'Anjou (11) . . . 186 B2
Labastide-d'Armagnac (40) . . . 166 C2
Labastide-de-Lévis (81) . . . 170 B2
Labastide-de-Penne (82) . . . 152 D5
Labastide-de-Virac (07) . . . 157 G4
Labastide-Dénat (81) . . . 170 C3
Labastide-
   -du-Haut-Mont (46) . . . 139 G6
Labastide-du-Temple (82) . . . 168 D1
Labastide-du-Vert (46) . . . 152 B3
Labastide-en-Val (11) . . . 187 F4
Labastide-
   -Esparbairenque (11) . . . 187 E2
Labastide-Gabausse (81) . . . 170 B1
Labastide-Marnhac (46) . . . 152 C4
Labastide-Monréjeau (64) . . . 182 A1
Labastide-Murat (46) . . . 152 D2
Labastide-Paumès (31) . . . 184 C2
Labastide-Rouairoux (81) . . . 187 G1
Labastide-
   -Saint-Georges (81) . . . 170 A4
Labastide-Saint-Pierre (82) . . . 169 E2
Labastide-
   -Saint-Sernin (31) . . . 169 F4
Labastide-Savès (32) . . . 168 C6
Labastide-
   - sur-Bésorgues (07) . . . 157 F1
Labastide-Villefranche (64) . . . 165 E6
Labastidette (31) . . . 185 E1
Labathude (46) . . . 153 G1
Labatie-d'Andaure (07) . . . 143 G4
Labatmale (64) . . . 182 D3
Labatut (09) . . . 185 G3
Labatut (40) . . . 165 E5
Labatut (64) . . . 183 E1
Labatut-Rivière (65) . . . 166 D6
Labbeville (95) . . . 42 C1
Labeaume (07) . . . 157 F3
Labécède-Lauragais (11) . . . 186 C2
Labège (31) . . . 169 F6
Labégude (07) . . . 157 G2
Labéjan (32) . . . 167 G6
Labenne (40) . . . 164 B5
Labergement-
   -du-Navois (25) . . . 103 G3
Labergement-Foigney (21) . . . 102 B1
Labergement-
   -lès-Auxonne (21) . . . 102 C2
Labergement-
   -lès-Seurre (21) . . . 102 A3
Labergement-
   -Sainte-Marie (25) . . . 103 H5
Laberlière (60) . . . 21 E3
Labescau (33) . . . 150 A3
Labesserette (15) . . . 154 B1
Labessette (63) . . . 126 C5
Labessière-Candeil (81) . . . 170 B4
Labets-Biscay (64) . . . 181 F1
Labeuville (55) . . . 48 A1
Labeuvrière (62) . . . 2 C6
Labeyrie (64) . . . 165 H5
Lablachère (07) . . . 157 F3
Laboissière-en-Santerre (80) . . . 21 E2
Laboissière-en-Thelle (60) . . . 20 B5
Laborde (65) . . . 183 G4
Laborel (26) . . . 159 G5
Labosse (60) . . . 19 H5
Labouheyre (40) . . . 148 C5

Laboulbène (81) . . . 170 C5
Laboule (07) . . . 157 E2
Labouquerie (24) . . . 137 F6
Labourgade (82) . . . 168 D2
Labourse (62) . . . 2 D6
Labretonie (47) . . . 150 D3
Labrihe (32) . . . 168 B4
Labrit (40) . . . 149 F6
Labroquère (31) . . . 184 A4
Labrosse (45) . . . 63 G4
Labrousse (15) . . . 140 B5
Labroye (62) . . . 7 E2
Labruguière (81) . . . 170 C6
Labruyère (21) . . . 102 A3
Labruyère (60) . . . 20 D5
Labruyère-Dorsa (31) . . . 185 G1
Labry (54) . . . 26 A5
Laburgade (46) . . . 152 D4
Lac-des-Rouges-Truites (39) . . . 118 B3
le Lac-d'Issarlès (07) . . . 142 D6
Lacabarède (81) . . . 187 F1
Lacadée (64) . . . 165 G5
Lacajunte (40) . . . 166 A5
Lacalm (12) . . . 140 D6
Lacam-d'Ourcet (46) . . . 139 F6
Lacanau (33) . . . 134 B4
Lacanche (21) . . . 101 E3
Lacapelle-Barrès (15) . . . 140 C5
Lacapelle-Biron (47) . . . 151 H2
Lacapelle-Cabanac (46) . . . 152 A3
Lacapelle-del-Fraisse (15) . . . 140 A6
Lacapelle-Livron (82) . . . 153 E5
Lacapelle-Marival (46) . . . 153 F1
Lacapelle-Pinet (81) . . . 170 D1
Lacapelle-Ségalar (81) . . . 170 B1
Lacapelle-Viescamp (15) . . . 139 H5
Lacarre (64) . . . 181 E3
Lacarry-Arhan-
   -Charritte-de-Haut (64) . . . 181 F4
Lacassagne (65) . . . 183 F2
Lacaugne (31) . . . 185 E2
Lacaune (81) . . . 171 F4
Lacaussade (47) . . . 151 G3
Lacave (09) . . . 184 D5
Lacave (46) . . . 138 C6
Lacaze (81) . . . 171 E4
Lacelle (19) . . . 125 E4
Lacenas (69) . . . 129 H1
Lacépède (47) . . . 151 E4
Lachaise (24) . . . 121 H5
Lachalade (55) . . . 46 D1
Lachambre (57) . . . 49 G1
Lachamp (48) . . . 155 H2
Lachamp-Raphaël (07) . . . 143 F6
Lachapelle (47) . . . 150 C2
Lachapelle (54) . . . 70 C1
Lachapelle (80) . . . 20 A1
Lachapelle (82) . . . 168 B2
Lachapelle-Auzac (46) . . . 138 C5
Lachapelle-aux-Pots (60) . . . 19 H4
Lachapelle-en-Blaisy (52) . . . 67 G4
Lachapelle-Graillouse (07) . . . 142 D6
Lachapelle-Saint-Pierre (60) . . . 20 B6
Lachapelle-
   -sous-Aubenas (07) . . . 157 G2
Lachapelle-
   -sous-Chanéac (07) . . . 143 F5
Lachapelle-sous-Chaux (90) . . . 88 C2
Lachapelle-
   -sous-Gerberoy (60) . . . 19 H3
Lachapelle-
   -sous-Rougemont (90) . . . 88 D2
Lachassagne (69) . . . 129 H1
Lachau (26) . . . 159 G5
Lachaussée (55) . . . 48 A2
Lachaussée-
   -du-Bois-d'Écu (60) . . . 20 B3
Lachaux (63) . . . 128 A1
Lachelle (60) . . . 21 E4
Lachy (51) . . . 44 D5
Lacollonge (90) . . . 88 D2
Lacombe (11) . . . 186 D1
Lacommande (64) . . . 182 A2
Lacoste (34) . . . 172 C5
Lacoste (84) . . . 175 H3
Lacougotte-Cadoul (81) . . . 169 H5
Lacour (82) . . . 151 H4
Lacour-d'Arcenay (21) . . . 84 C6
Lacourt (09) . . . 185 E5
Lacourt-Saint-Pierre (82) . . . 169 E2
Lacq (64) . . . 182 A1
Lacquy (40) . . . 166 B2
Lacrabe (40) . . . 165 H5
Lacres (62) . . . 1 F5
Lacroisille (81) . . . 170 A5
Lacroix-Barrez (12) . . . 140 C4
Lacroix-Falgarde (31) . . . 169 F6
Lacroix-Saint-Ouen (60) . . . 21 F5
Lacroix-sur-Meuse (55) . . . 47 G2
Lacropte (24) . . . 137 G4
Lacrost (71) . . . 116 C1
Lacrouzette (81) . . . 170 D5
Lacs (36) . . . 111 H1
Ladapeyre (23) . . . 111 H4
Ladaux (33) . . . 149 H1
Ladern-sur-Lauquet (11) . . . 187 E4
Ladevèze-Rivière (32) . . . 167 E5
Ladevèze-Ville (32) . . . 166 D6
Ladignac-le-Long (87) . . . 124 A5
Ladignac-sur-Rondelles (19) . . . 139 E2
Ladinhac (15) . . . 154 B1
Ladirat (46) . . . 139 F5
Ladiville (16) . . . 122 A5
Ladoix-Serrigny (21) . . . 101 G3
Ladon (45) . . . 63 H6
Lados (33) . . . 150 A3
Ladoye-sur-Seille (39) . . . 103 E5
Laduz (89) . . . 83 E1
Lafage (11) . . . 186 B3
Lafage-sur-Sombre (19) . . . 139 G2

Lafare (84) . . . 158
Lafarre (07) . . . 143
Lafarre (43) . . . 142
Lafat (23) . . . 111
Lafauche (52) . . . 68
Laféline (03) . . . 113
Laferté-sur-Amance (52) . . . 86
Laferté-sur-Aube (52) . . . 67
Lafeuillade-en-Vézie (15) . . . 140
Laffaux (02) . . . 22
Laffite-Toupière (31) . . . 184
Laffrey (38) . . . 145
Lafitole (65) . . . 183
Lafitte (82) . . . 168
Lafitte-sur-Lot (47) . . . 150
Lafitte-Vigordane (31) . . . 185
Lafox (47) . . . 151
Lafrançaise (82) . . . 152
Lafraye (60) . . . 20
Lafresguimont-
   -Saint-Martin (80) . . . 19
Lafrimbolle (57) . . . 50
Lagamas (34) . . . 172
Lagarde (09) . . . 186
Lagarde (31) . . . 185
Lagarde (32) . . . 167
Lagarde (57) . . . 49
Lagarde (65) . . . 183
Lagarde-d'Apt (84) . . . 176
Lagarde-Enval (19) . . . 139
Lagarde-Hachan (32) . . . 183
Lagarde-Paréol (84) . . . 158
Lagarde-sur-le-Né (16) . . . 121
Lagardelle (46) . . . 152
Lagardelle-sur-Lèze (31) . . . 185
Lagardère (32) . . . 167
Lagardiolle (81) . . . 170
Lagarrigue (47) . . . 151
Lagarrigue (81) . . . 170
Lageon (79) . . . 93
Lagery (51) . . . 22
Lagesse (10) . . . 66
Lagleygeolle (19) . . . 138
Laglorieuse (40) . . . 166
Lagnes (84) . . . 175
Lagney (54) . . . 48
Lagnicourt-Marcel (62) . . . 8
Lagnieu (01) . . . 130
Lagny (60) . . . 21
Lagny-le-Sec (60) . . . 43
Lagny-sur-Marne (77) . . . 43
Lagor (64) . . . 181
Lagorce (07) . . . 157
Lagorce (33) . . . 135
Lagord (17) . . . 106
Lagos (64) . . . 182
Lagrâce-Dieu (31) . . . 185
Lagrand (05) . . . 159
Lagrange (40) . . . 166
Lagrange (65) . . . 183
Lagrange (90) . . . 88
Lagrasse (11) . . . 187
Lagraulet-du-Gers (32) . . . 167
Lagraulet-
   -Saint-Nicolas (31) . . . 168
Lagraulière (19) . . . 138
Lagrave (81) . . . 170
Lagruère (47) . . . 150
Laguenne (19) . . . 139
Laguépie (82) . . . 153
Laguian-Mazous (32) . . . 183
Laguinge-Restoue (64) . . . 181
Laguiole (12) . . . 155
Lagupie (47) . . . 150
Lahage (31) . . . 184
Lahas (32) . . . 168
Lahaymeix (55) . . . 47
Lahayville (55) . . . 48
Laheycourt (55) . . . 46
Lahitère (31) . . . 185
Lahitte (32) . . . 168
Lahitte-Toupière (65) . . . 166
Lahonce (64) . . . 164
Lahontan (64) . . . 165
Lahosse (40) . . . 165
Lahourcade (64) . . . 182
Lahoussoye (80) . . . 7
Laifour (08) . . . 11
la Laigne (17) . . . 107
Laigné (53) . . . 76
Laigné-en-Belin (72) . . . 78
Laignelet (35) . . . 58
Laignes (21) . . . 84
Laigneville (60) . . . 20
Laigny (02) . . . 9
Laillé (35) . . . 57
Lailly (89) . . . 65
Lailly-en-Val (45) . . . 80
Laimont (55) . . . 46
Lain (89) . . . 83
Laines-aux-Bois (10) . . . 66
Lains (39) . . . 117
Lainsecq (89) . . . 83
Lainville-en-Vexin (78) . . . 41
Laire (25) . . . 88
Laires (62) . . . 2
Lairière (11) . . . 187
Lairoux (85) . . . 91
Laissac (12) . . . 155
Laissaud (73) . . . 132
Laissey (25) . . . 87
Laître-sous-Amance (54) . . . 48
Laives (71) . . . 116
Laix (54) . . . 25
Laiz (01) . . . 116
Laizé (71) . . . 116
Laize-la-Ville (14) . . . 14
Laizy (71) . . . 100
Lajo (48) . . . 141
Lajoux (39) . . . 118
Lalacelle (61) . . . 59

lande (89). 83 E3
lande-de-Pomerol (33) . . . 135 H4
lande-en-Son (60) 19 G5
landelle (60). 19 H5
landusse (47). 151 E1
lanne (32). 168 A3
lanne (65). 184 A2
lanne-Arqué (32). 184 A2
lanne-Trie (65) 183 G2
laye (67). 71 E2
labenque (46) 152 D4
laleu (61). 39 G6
laleu (80). 7 E5
lalevade-d'Ardèche (07) . . 157 F2
lheue (71). 116 B1
linde (24) 137 F5
lizolle (03) 113 F5
llaing (59). 8 D1
lleu (35). 57 G5
lley (38). 145 G6
lleyriat (01). 117 H5
lobbe (08). 23 G2
lœuf (67) 69 F1
longue (64) 166 C6
longuette (64) 166 B6
loubère (65). 183 E3
louret-Laffiteau (31) 184 B4
louvesc (07). 143 G3
luque (40) 165 E2
lma (2B) 203 E5
madeleine-
  -Val-des-Anges (90). 88 D2
magdelaine (46) 152 D3
magistère (82) 151 G6
maguère (32) 168 A6
maids (03) 112 C4
malou-les-Bains (34). . . . 172 A5
mancine (52) 67 H4
manère (66) 200 C5
manon (13) 191 G2
marche (88) 68 D5
marche-sur-Saône (21) . . 102 C1
margelle (21) 85 F4
maronde (80) 19 H1
marque (33) 134 D3
marque-Pontacq (65) . . . 182 D3
marque-Rustaing (65) . . . 183 G2
masquère (31) 168 D6
mastre (07) 143 G4
math (54) 49 E6
mativie (46) 139 G5
mayou (64) 183 E1
mazère (32) 167 G5
mazière-Basse (19) 139 G1
mazière-Haute (19) 126 A4
mbach (57). 50 C1
mballe (22). 34 A5
mbersart (59) 3 F5
mberville (50) 37 H1
mberville (76) 17 G3
mbesc (13) 175 H5
mblore (28) 40 C6
mbres (62) 2 B5
mbres-lez-Douai (59) 8 D4
mbrey (70) 87 E2
mbruisse (04) 177 G1
méac (65) 183 F2
mécourt (60) 20 D4
melouze (30) 156 D6
menay-sur-Loire (58). . . . 99 G5
mérac (16) 121 H6
metz (57) 24 A3
millarié (81) 170 C3
mmerville (76) 17 G3
mnay (72). 61 E5
mongerie (19) 124 D5
montélarié (81) 171 F5
montgie (63) 127 G6
montjoie (47) 150 D4
monzie-Montastruc (24) . . 137 E5
monzie-
  -Saint-Martin (24) 136 D5
morlaye (60) 42 D1
morville (55) 47 G3
mothe (40) 165 H3
mothe (43) 141 H1
mothe-Capdeville (82) . . 169 E1
mothe-Cassel (46) 152 D2
mothe-Cumont (82) 168 B3
mothe-en-Blaisy (52) 67 G3
mothe-Fénelon (46) 138 C6
mothe-Goas (32) 167 H3
mothe-Landerron (33) . . 150 B2
mothe-Montravel (24). . . 136 A5
motte-Beuvron (41) 81 E4
motte-Brebière (80). 7 G6
motte-Buleux (80) 6 D3
motte-du-Rhône (84) . . . 158 A5
motte-Warfusée (80). 8 A6
mouilly (55) 25 E3
moura (39) 118 A3
mpaul-Guimiliau (29) . . . 31 G4
mpaul-Plouarzel (29) . . . 30 C4
mpaul-
  -Ploudalmézeau (29) . . . 30 D3
mpertheim (67) 51 E5
mpertsloch (67) 29 E6
mure-sur-Azergues (69) . . 115 H6
nans (25) 88 A6
narce (07) 156 D1
narvily (29). 31 E3
nas (07) 157 G3
ncé (41) 79 G3
nchères (80) 6 B3
ncié (69) 116 A5
ncieux (22) 34 C4
ncôme (01) 117 H3
nçon (08). 24 B6
nçon (65) 183 G6

Lançon-Provence (13). 191 H3
Lancrans (01). 118 A5
Landange (57) 49 H5
Landas (59) 3 H6
Landaul (56). 55 E5
Landaville (88). 68 D3
Landavran (35) 57 H2
la Lande-Chasles (49) 77 G4
la Lande-d'Airou (50). 37 E3
la Lande-de-Fronsac (33) . . 135 G4
la Lande-de-Goult (61) . . . 39 E6
la Lande-de-Lougé (61) . . . 38 D5
la Lande-Patry (61) 38 B4
la Lande-Saint-Léger (27) . . 15 G4
la Lande-Saint-Siméon (61) . . 38 C4
la Lande-sur-Drôme (14). . . 37 H1
la Lande-sur-Eure (61). . . . 40 C6
Landéan (35) 58 A1
Landebaëron (22) 33 E3
Landébia (22). 34 B4
Landec (22) 34 C5
Landécourt (54) 69 H1
Landéda (29) 30 D3
Landéhen (22) 34 A5
Landeleau (29) 54 A1
Landelles (28) 61 H1
Landelles-et-Coupigny (14) . . 37 G3
Landemont (49) 75 F4
Landepéreuse (27) 15 H6
Landerneau (29) 31 F4
Landeronde (85) 91 F4
Landerrouat (33) 136 B6
Landerrouet-sur-Ségur (33) . . 150 B1
Landersheim (67) 50 D4
Landes (17) 107 G6
les Landes-Genusson (85) . . 92 A3
Landes-le-Gaulois (41) . . . 79 G3
Landes-sur-Ajon (14). 14 A5
Landes-Vieilles-
  -et-Neuves (76) 19 G1
Landévant (56) 54 D5
Landévennec (29) 31 F5
Landevieille (85) 90 D4
Landeyrat (15) 140 D2
Landifay-
  -et-Bertaignemont (02) . . 22 C1
Landigou (61) 38 B4
le Landin (27). 17 E6
Landiras (33) 149 G2
Landisacq (61) 38 A4
Landivisiau (29). 31 G4
Landivy (53). 58 B1
Landogne (63) 126 C2
Landorthe (31) 184 B4
Landos (43) 142 C6
Landouzy-la-Cour (02) . . . 10 A6
Landouzy-la-Ville (02). . . . 10 B6
Landrais (17) 107 E5
le Landreau (44) 75 E5
Landrecies (59) 9 G4
Landrecourt-Lempire (55). . . 47 F1
Landremont (54) 48 C3
Landres (54) 25 H5
Landres-
  -et-Saint-Georges (08) . . 24 C5
Landresse (25) 88 A6
Landrethun-le-Nord (62). . . 1 G3
Landrethun-lès-Ardres (62) . . 1 H3
Landréville (10) 66 D5
Landrévarzec (29) 53 G2
Landricourt (02) 22 A4
Landricourt (51) 46 C6
Landroff (57) 49 F2
Landry (73) 133 E4
Landser (68). 89 G2
Landudal (29) 53 G2
Landudec (29) 53 E2
Landujan (35) 56 D1
Landunvez (29) 30 C3
Lanespède (65) 183 F3
Lanester (56) 54 C5
Lanet (11) 187 F5
Laneuvelle (52) 68 D6
Laneuvelotte (54) 48 D4
Laneuveville-aux-Bois (54) . . 49 F5
Laneuveville-
  -derrière-Foug (54) 48 A5
Laneuveville-
  -devant-Bayon (54) 69 G1
Laneuveville-
  -devant-Nancy (54) 48 D5
Laneuveville-
  -en-Saulnois (57) 49 E3
Laneuveville-
  -lès-Lorquin (57) 49 H5
Lanfains (22) 33 F6
Lanfroicourt (54) 48 D4
Langan (35) 57 E1
Langast (22) 55 H1
Langatte (57) 49 H4
Langé (36) 96 B3
Langeac (43) 141 H3
Langeais (37) 78 C6
Langensoultzbach (67) . . . 51 E2
Langeron (58) 98 D5
Langesse (45) 82 A2
Langey (28) 61 G5
Langlade (30) 174 A3
Langley (88) 69 G2
Langoat (22) 32 D2
Langoëlan (56) 54 D2
Langogne (48) 156 C1
Langoiran (33) 135 F6
Langolen (29) 53 H2
Langon (33) 149 H2
Langon (35) 56 D6
Langon (41) 96 D1

le Langon (85) 107 E2
Langonnet (56) 54 B2
Langouet (35) 57 E1
Langourla (22) 56 A1
Langres (52). 86 B1
Langrolay-sur-Rance (22) . . 36 A6
Langrune-sur-Mer (14) . . . 14 B3
Languédias (22). 34 C6
Languenan (22) 34 C5
Langueux (22) 33 G4
Languevoisin-Quiquery (80) . . 21 F1
Languidic (56) 54 D4
Languimberg (57) 49 G4
Langy (03) 114 A4
Lanhélin (35) 35 E5
Lanhères (55). 25 G6
Lanhouarneau (29) 31 F3
Lanildut (29) 30 C4
Laning (57) 49 G2
Laniscat (22) 55 E1
Laniscourt (02) 22 B3
Lanleff (22). 33 F3
Lanloup (22) 33 F2
Lanmérin (22) 32 D2
Lanmeur (29) 32 B3
Lanmodez (22) 33 E1
Lanne (65) 183 E3
Lanne-en-Barétous (64) . . 181 G3
Lanne-Soubiran (32) 166 C4
Lannéanou (29) 32 B4
Lannebert (22) 33 F3
Lannecaube (64) 166 C6
Lannédern (29) 31 H6
Lannemaignan (32) 166 C2
Lannemezan (65) 183 G4
Lannepax (32) 167 F3
Lanneplaà (64). 165 F6
Lanneray (28) 61 H5
Lannes (47) 167 F1
Lanneuffret (29) 31 F4
Lannilis (29) 30 D3
Lannion (22) 32 C2
Lannoy (59) 3 G5
Lannoy-Cuillère (60) 19 G2
Lannux (32) 166 C5
Lano (2B) 205 F1
Lanobre (15) 126 B6
Lanouaille (24) 124 A6
Lanouée (56) 55 H3
Lanoux (09) 185 F4
Lanquais (24) 137 F6
Lanques-sur-Rognon (52) . . 68 B5
Lanquetot (76) 15 H1
Lanrelas (22) 56 B1
Lanrigan (35) 35 F6
Lanrivain (22) 32 D6
Lanrivoaré (29) 30 D4
Lanrodec (22) 33 F4
Lans (71) 101 H5
Lans-en-Vercors (38). 145 F3
Lansac (33) 135 F3
Lansac (65) 183 F3
Lansac (66) 200 D1
Lansargues (34). 173 H5
Lanslebourg-
  -Mont-Cenis (73) 147 F1
Lanslevillard (73). 147 G1
Lanta (31). 169 G6
Lantabat (64) 181 E2
Lantages (10). 66 C5
Lantan (18). 98 A4
Lantéfontaine (54) 26 A4
Lantenay (01) 117 G6
Lantenay (21) 85 G6
Lantenne-Vertière (25) . . . 103 E1
Lantenot (70) 88 A2
la Lanterne-
  -et-les-Armonts (70) 88 A1
Lanteuil (19) 138 D3
Lanthenans (25) 88 B5
Lanthes (21) 102 B3
Lantheuil (14). 14 B4
Lantic (22) 33 F3
Lantignié (69) 116 A5
Lantillac (56) 55 G4
Lantilly (21) 84 D4
Lanton (33) 134 B6
Lantosque (06) 179 E1
Lantriac (43). 142 D4
Lanty (58). 100 A5
Lanty-sur-Aube (52) 67 F5
Lanuéjols (30) 155 H6
Lanuéjols (48) 156 B3
Lanuéjouls (12) 153 H4
Lanvallay (22) 34 D5
Lanvaudan (56) 54 D4
Lanvellec (56) 32 C4
Lanvénégen (56) 54 B3
Lanvéoc (29) 31 E5
Lanvollon (22) 33 F3
Lanzac (46). 138 C5
Laon (02) 22 C3
Laons (28) 40 D5
Lapalisse (03) 114 B4
Lapalud (84). 158 A5
Lapan (18) 97 G4
Lapanouse (12) 155 F4
Lapanouse-de-Cernon (12). . 172 A2
Laparade (47) 151 E4
Laparrouquial (81) 170 B1
Lapenche (82) 152 D5
Lapenne (09) 186 A4
Lapenty (50). 37 G6
Laperche (47) 150 D2
Laperrière-sur-Saône (21) . . 102 B2
Lapeyre (65). 183 G2
Lapeyrère (31) 185 E3
Lapeyrouse (01). 130 B1
Lapeyrouse (63) 113 E5
Lapeyrouse-Fossat (31) . . 169 F4

Lapeyrouse-Mornay (26) . . 144 B1
Lapeyrugue (15) 154 C1
Lapleau (19) 139 G2
Laplume (47) 151 E6
Lapoutroie (68) 71 E4
Lapouyade (33) 135 G3
Lappion (02) 23 E3
Laprade (11) 186 D1
Laprade (16) 136 C1
Laprugne (03) 128 B1
Laps (63) 127 G4
Lapte (43) 143 E2
Lapugnoy (62) 2 C6
Laquenexy (57) 48 D1
Laqueuille (63) 126 C4
Laragne-Montéglin (05) . . 160 A4
Larajasse (69) 129 G4
Laramière (46) 153 F4
Laran (65). 183 H3
Larbey (40). 165 G4
Larbont (09) 185 F5
Larbroye (60) 21 G3
Larcan (31) 184 B3
Larcat (09) 199 E1
Larçay (37) 79 E6
Larceveau-
  -Arros-Cibits (64). 181 E2
Larchamp (53) 58 B2
Larchamp (61). 38 A5
Larchant (77) 63 H3
Larche (04) 161 G3
Larche (19) 138 C3
le Larderet (39) 103 F5
Lardier-et-Valença (05) . . . 160 B3
Lardiers (04) 176 C1
le Lardin-Saint-Lazare (24) . . 138 C1
Lardy (91) 63 F1
Larée (32) 166 D2
Laréole (31) 168 C4
Largeasse (79) 93 E6
Largentière (07) 157 F3
Largillay-Marsonnay (39) . . 117 G1
Largitzen (68) 89 E3
Largny-sur-Automne (02) . . 21 G6
Larians-et-Munans (70) . . . 87 G5
Larivière (90) 88 D2
Larivière-Arnoncourt (52). . . 68 D5
Larmor-Baden (56) 72 C1
Larmor-Plage (56) 54 C5
Larnage (26) 144 A3
Larnagol (46) 153 E3
Larnas (07). 157 H3
Larnat (09) 199 E1
Larnaud (39) 102 C6
Larnod (25) 103 F1
Laroche-près-Feyt (19) . . 126 B4
Laroche-
  -Saint-Cydroine (89) 65 F6
Larochemillay (58) 100 B4
Larodde (63) 126 B5
Laroin (64) 182 B2
Laronxe (54) 49 F6
Laroque (33) 149 H1
Laroque (34) 173 E2
Laroque-de-Fa (11) 187 F5
Laroque-des-Albères (66). . . 201 F4
Laroque-des-Arcs (46) . . . 152 D3
Laroque-d'Olmes (09). . . . 186 B5
Laroquebrou (15) 139 H4
Laroquevieille (15) 140 B4
Larouillies (59) 10 A5
Larra (31) 168 D4
Larrau (64) 181 F4
Larrazet (82) 168 D2
Larré (56) 55 H6
Larré (61) 60 A1
Larressingle (32) 167 F2
Larressore (64) 180 C1
Larret (70) 86 D3
Larreule (64) 166 A6
Larreule (65) 183 E1
Larrey (21) 84 D1
Larribar-Sorhapuru (64) . . 181 F2
Larringes (74) 119 E3
Larrivière-Saint-Savin (40) . . 166 A3
Larrivoire (39) 117 H3
Larroque (31) 184 A3
Larroque (65) 183 H2
Larroque (81) 169 G2
Larroque-Engalin (32) . . . 167 H2
Larroque-Saint-Sernin (32) . . 167 G3
Larroque-sur-l'Osse (32) . . 167 F2
Larroque-Toirac (46) 153 G3
Lartigue (32) 168 A6
Lartigue (33) 150 A5
Laruns (64). 182 B5
Laruscade (33) 135 G3
Larzac (24) 137 H6
Larzicourt (51) 46 B6
Lasalle (30) 173 F1
Lasbordes (11) 186 C2
Lascabanes (46) 152 B4
Lascaux (19) 138 B1
Lascazères (65) 166 D6
Lascelle (15) 140 B4
Lasclaveries (64) 182 C1
Lasfaillades (81) 171 E6
Lasgraisses (81) 170 B3
Laslades (65) 183 F3
Lassales (65) 183 H3
Lassay-les-Châteaux (53) . . 59 E1
Lassay-sur-Croisne (41) . . 80 B6
Lasse (49) 77 H4
Lasse (64) 180 D3
Lasserade (32) 166 D5
Lasséran (32) 167 H5
Lasserre (09) 185 E4
Lasserre (31) 168 C5
Lasserre (47) 167 G1
Lasserre (64) 166 C6

Lasserre-de-Prouille (11). . . 186 C3
Lasseube (64) 182 B3
Lasseube-Propre (32) . . . 167 H5
Lasseubetat (64) 182 B3
Lassicourt (10) 66 D2
Lassigny (60) 21 F3
Lasson (14) 14 B4
Lasson (89) 65 H5
Lassouts (12) 155 E3
Lassur (09) 199 F1
Lassy (14). 38 A3
Lassy (35). 56 D4
Lassy (95). 42 D2
Lastic (15) 141 F3
Lastic (63) 126 B4
Lastours (11) 187 E2
Lataule (60) 21 E3
le Latet (39) 103 F5
la Latette (39) 103 G5
Lathuile (74). 132 B2
Lathus-Saint-Rémy (86) . . 110 A3
Latillé (86) 108 C1
Latilly (02) 44 B1
Latoue (31) 184 B3
Latouille-Lentillac (46) . . . 139 F5
Latour (31) 185 E3
Latour-Bas-Elne (66) 201 G3
Latour-de-Carol (66) 199 G4
Latour-de-France (66) . . . 200 D1
Latour-en-Woëvre (55) . . . 48 A1
Latrape (31) 185 E3
Latrecey-
  -Ormoy-sur-Aube (52). . . . 67 F6
Latresne (33) 135 F6
Latrille (40). 166 B5
Latronche (19) 139 H2
Latronquière (46) 139 G6
Lattainville (60) 19 H6
Lattes (34) 173 F6
Lattre-Saint-Quentin (62) . . 8 A2
Lau-Balagnas (65) 182 D5
Laubach (67) 51 E3
Laubert (48) 156 B2
les Laubies (48) 156 A1
Laubressel (10) 66 C3
Laubrières (53) 58 A6
Laucourt (80) 21 E2
Laudrefang (57) 49 F1
Laudun-l'Ardoise (30) . . . 174 D1
Laugnac (47) 151 F4
Laujuzan (32) 166 C3
Laulne (50) 12 D5
Laumesfeld (57) 26 D3
Launac (31) 168 D4
Launaguet (31) 169 F5
Launay (27) 40 B1
Launay-Villiers (53) 58 B4
Launois-sur-Vence (08) . . . 23 H2
Launoy (02) 22 B6
Launstroff (57) 26 D2
la Laupie (26). 158 B2
Laurabuc (11) 186 B3
Laurac (11) 186 B3
Laurac-en-Vivarais (07). . . 157 F3
Lauraguel (11) 186 D4
Laure-Minervois (11) 187 E3
Laurède (40) 165 G3
Laurenan (22) 55 H1
Laurens (34). 172 B6
Lauresses (46) 139 G6
Lauret (34) 173 F3
Lauret (40) 166 B5
Laurie (15) 141 F2
Laurière (87) 110 D6
Lauris (84) 175 H4
Lauroux (34) 172 B4
Laussonne (43) 142 D4
Laussou (47) 151 G2
Lautenbach (68) 71 E6
Lautenbachzell (68) 71 E6
Lauterbourg (67) 51 G2
Lauthiers (86) 109 G1
Lautignac (31) 184 D1
Lautrec (81) 170 C4
Lauw (68) 88 D2
Lauwin-Planque (59) 8 C1
Lauzach (56) 73 E2
Lauzerte (82) 152 A5
Lauzerville (31) 169 G6
Lauzès (46) 152 D2
le Lauzet-Ubaye (04) 161 E2
Lauzun (47) 151 E2
Lavacquerie (60) 20 B2
Laval (38) 145 H2
Laval (53) 58 C5
Laval-Atger (48) 142 B6
Laval-d'Aix (26) 159 F1
Laval-d'Aurelle (07) 156 D2
Laval-de-Cère (46) 139 F5
Laval-du-Tarn (48) 155 H4
Laval-en-Brie (77) 64 C2
Laval-en-Laonnois (02) . . . 22 C4
Laval-le-Prieuré (25) 104 B1
Laval-Morency (08) 10 D6
Laval-Pradel (30) 157 E6
Laval-Roquecezière (12) . . 171 E5
Laval-Saint-Roman (30) . . 157 H5
Laval-sur-Doulon (43) . . . 142 A1
Laval-sur-Luzège (19) . . . 139 G2
Laval-sur-Tourbe (51) 46 B1
Laval-sur-Vologne (88) . . . 70 B4
Lavalade (24) 151 G1
Lavaldens (38) 145 H4
Lavalette (11) 186 D3
Lavalette (31) 169 G5
Lavalette (34) 172 B5
Lavallée (55) 47 F4
Lavancia-Epercy (39) . . . 117 G3
le Lavandou (83) 193 H5
Lavangeot (39) 102 D2

Lavannes (51) 23 F5
Lavans-lès-Dole (39) 102 D2
Lavans-
  -lès-Saint-Claude (39) . . 117 H3
Lavans-Quingey (25) 103 F2
Lavans-sur-Valouse (39) . . 117 G3
Lavans-Vuillafans (25) . . . 103 H2
Lavaqueresse (02) 9 G5
Lavardac (47) 150 D6
Lavardens (32) 167 G4
Lavardin (41) 79 F2
Lavardin (72) 60 A5
Lavaré (72) 60 D5
Lavars (38) 145 G5
Lavastrie (15) 141 E5
Lavatoggio (2B) 202 C5
Lavau (10) 66 B3
Lavau (89) 82 C4
Lavau-sur-Loire (44) 74 A4
Lavaudieu (43) 141 H2
Lavaufranche (23) 112 B4
Lavault-de-Frétoy (58) . . . 100 B2
Lavault-Sainte-Anne (03) . . 112 D4
Lavaur (24) 152 A2
Lavaur (81) 169 H4
Lavaurette (82) 153 E6
Lavausseau (86) 108 C1
Lavaveix-les-Mines (23) . . 111 H6
Lavazan (33) 150 A4
Laveissenet (15) 140 D3
Laveissière (15) 140 D3
Lavelanet (09) 186 A6
Lavelanet-
  -de-Comminges (31) 184 D3
Laveline-
  -devant-Bruyères (88) . . . 70 B4
Laveline-du-Houx (88) . . . 70 B4
Lavenay (72) 78 D2
Laventie (62) 3 E5
Laveraët (32) 167 E6
Lavercantière (46) 152 C2
Laverdines (18) 98 B3
Lavergne (46) 139 E6
Lavergne (47) 150 D2
Lavernat (72) 78 B2
Lavernay (25) 103 E1
Lavernhe (12) 155 F5
Lavernose-Lacasse (31) . . 185 E1
Lavernoy (52) 68 C5
Laverrière (60) 20 A2
Laversine (02) 21 H5
Laversines (60) 20 B4
Lavérune (34) 173 F5
Laveyron (26) 144 A2
Laveyrune (07) 156 D2
Laveyssière (24) 136 D4
Lavieu (42). 128 D5
Laviéville (80) 8 A5
Lavigerie (15). 140 C3
Lavignac (87). 124 A3
Lavigney (70) 87 E2
Lavigny (39). 102 D6
Lavillatte (07) 156 D1
Laville-aux-Bois (52) 68 A5
Lavilledieu (07) 157 G2
Lavilleneuve (52) 68 C5
Lavilleneuve-au-Roi (52) . . 67 G5
Lavilletertre (60) 42 A1
Lavincourt (55) 47 E5
Laviolle (07) 143 F6
Laviron (25) 88 B6
Lavit (82) 168 B2
Lavoine (03) 128 B1
Lavoncourt (70) 87 E3
Lavours (01). 131 G2
Lavoûte-Chilhac (43) . . . 141 H3
Lavoûte-sur-Loire (43). . . 142 C3
Lavoux (86) 109 F1
Lavoye (55) 47 E2
Lawarde-
  -Mauger-l'Hortoy (80) . . . 20 C2
Laxou (54) 48 C5
Lay (42) 129 E1
Lay-Lamidou (64) 181 H2
Lay-Saint-Christophe (54). . 48 C4
Lay-Saint-Remy (54) 48 A5
Laye (05) 160 B1
Laymont (32) 184 D1
Layrac (47) 151 F6
Layrac-sur-Tarn (31) 169 G3
Layrisse (65) 183 E3
Lays-sur-le-Doubs (71) . . 102 B4
Laz (29) 53 H1
Lazenay (18). 97 E3
Lazer (05) 160 A4
Léalvillers (80) 7 H4
Léaupartie (14) 15 E4
Léaz (01) 118 A5
Lebetain (90) 88 D4
Lebeuville (54) 69 G1
Lebiez (62) 1 H6
Leboulin (32) 168 A5
Lebreil (46). 152 B4
Lebucquière (62) 8 C4
Lécaude (14) 15 E5
Lecci (2A). 207 G2
Lecelles (59). 4 A6
Lecey (52) 86 B1
Lechâtelet (21). 102 A3
Léchelle (62) 8 C4
Léchelle (77) 44 B6
la Léchère (73). 132 D5
les Lèches (24) 136 D4
Lécluse (59) 8 C2
Lécousse (35) 58 A2
Lecques (30) 173 G3
Lect (39) 117 G3
Lectoure (32) 167 H2
Lecumberry (64) 181 E3
Lécussan (31) 183 H3
Lédas-et-Penthiès (81) . . 170 D1
Lédat (47) 151 F3

231

232

Lédenon (30) 174 C2
Lédergues (12) 171 E1
Lederzeele (59) 2 B3
Ledeuix (64) 181 H3
Lédignan (30) 173 H2
Ledinghem (62) 1 H5
Ledringhem (59) 2 C3
Lée (64) 182 C2
Leers (59) 3 G4
Lées-Athas (64) 181 H5
Lefaux (62) 1 F6
Leffard (14) 38 C3
Leffincourt (08) 23 H5
Leffonds (52) 67 H6
Leffrinckoucke (59) 2 C1
Leforest (62) 8 D1
Lège (31) 184 A6
Legé (44) 91 F2
Lège-Cap-Ferret (33) 134 B5
Légéville-et-Bonfays (88) 69 G4
Léglantiers (60) 20 D4
Légna (39) 117 G3
Légny (69) 129 G2
Léguevin (31) 168 D5
Léguillac-de-Cercles (24) 123 E6
Léguillac-de-l'Auche (24) 137 E2
Lehaucourt (02) 9 E6
Léhon (22) 34 D5
Leigné-les-Bois (86) 95 E5
Leigné-sur-Usseau (86) 94 C4
Leignes-sur-Fontaine (86) 109 H2
Leigneux (42) 128 C3
Leimbach (68) 89 E1
Leintrey (54) 49 G5
Lélex (01) 118 A4
Lelin-Lapujolle (32) 166 C4
Lelling (57) 49 F2
Lemainville (54) 69 G1
Lembach (67) 51 E2
Lemberg (57) 50 C2
Lembeye (64) 166 C6
Lembras (24) 137 E5
Lemé (02) 9 H6
Lème (64) 166 B6
Leménil-Mitry (54) 69 G1
Lémeré (37) 94 B2
Lemmecourt (88) 68 D3
Lemmes (55) 47 F2
Lemoncourt (57) 49 E3
Lempaut (81) 170 B6
Lempdes (63) 127 F3
Lempdes-sur-Allagnon (43) 141 G1
Lempire (02) 8 D5
Lemps (07) 144 A3
Lemps (26) 159 F4
Lempty (63) 127 G2
Lempzours (24) 137 G1
Lemud (57) 26 D6
Lemuy (39) 103 F4
Lénault (14) 38 A3
Lenax (03) 114 C4
Lencloître (86) 94 B5
Lencouacq (40) 149 G6
Lengelsheim (57) 50 C1
Lengronne (50) 35 H4
Lenharrée (51) 45 G4
Léning (57) 49 G2
Lennon (29) 53 H1
Lenoncourt (54) 48 D5
Lens (62) 8 B1
Lens-Lestang (26) 144 C1
Lent (01) 116 D5
Lent (39) 103 F5
Lentigny (42) 128 C1
Lentillac-du-Causse (46) 153 E2
Lentillac-Saint-Blaise (46) 153 H2
Lentillères (07) 157 F2
Lentilles (10) 67 E1
Lentilly (69) 129 H2
Lentiol (38) 144 C1
Lento (2B) 203 F5
Léobard (46) 152 C1
Léogeats (33) 149 G2
Léognan (33) 135 E6
Léojac (82) 169 F2
Léon (40) 164 C2
Léoncel (26) 144 D5
Léotoing (43) 141 F1
Léouville (45) 63 E4
Léoville (17) 121 G6
Lépanges-sur-Vologne (88) . . 70 B4
Lépaud (23) 112 B4
Lépin-le-Lac (73) 131 G5
Lépinas (23) 111 G6
Lépine (62) 6 D1
Lépron-les-Vallées (08) 23 H1
Lepuix (90) 88 C2
Lepuix-Neuf (90) 89 E4
Léran (09) 186 B5
Lercoul (09) 199 E1
Léré (18) 82 B5
Léren (64) 165 E6
Lérigneux (42) 128 C4
Lerm-et-Musset (33) 150 A4
Lerné (37) 94 A2
Lérouville (55) 47 G4
Lerrain (88) 69 G4
Léry (21) 85 F4
Léry (27) 18 D5
Lerzy (02) 9 H5
Lesbœufs (80) 8 B4
Lesbois (53) 58 C1
Lescar (64) 182 B2
Leschaux (74) 132 B3
Leschelle (02) 9 H5
Lescheraines (73) 132 A3
Leschères (39) 117 H2
Leschères-
   -sur-le-Blaiseron (52) 67 H3
Lescherolles (77) 44 B5
Lescheroux (01) 116 D3

Lesches (77) 43 F3
Lesches-en-Diois (26) 159 F2
Lescouët-Gouarec (22) 54 D2
Lescousse (09) 185 G4
Lescout (81) 170 B6
Lescun (64) 181 H5
Lescuns (31) 184 D3
Lescure (09) 185 E5
Lescure-d'Albigeois (81) 170 C2
Lescure-Jaoul (12) 153 H5
Lescurry (65) 183 F2
Lesdain (59) 9 E4
Lesdins (02) 9 E6
Lesges (02) 22 B5
Lesgor (40) 165 F2
Lésignac-Durand (16) 123 F2
Lésigny (77) 43 E5
Lésigny (86) 95 E5
le Leslay (22) 33 F5
Lesme (71) 114 C1
Lesménils (54) 48 C3
Lesmont (10) 66 D2
Lesneven (29) 31 F3
Lesparre-Médoc (33) 134 C1
Lesparrou (09) 186 B6
Lespéron (07) 156 D1
Lesperon (40) 165 E1
Lespesses (62) 2 C5
Lespielle (64) 166 C6
Lespignan (34) 188 B3
Lespinasse (31) 169 E4
Lespinassière (11) 187 F1
Lespinoy (62) 6 D1
Lespiteau (31) 184 B4
Lespouey (65) 183 F3
Lespourcy (64) 182 D1
Lespugue (31) 184 A3
Lesquielles-
   -Saint-Germain (02) 9 G5
Lesquin (59) 3 G5
Lessac (16) 109 G6
Lessard-en-Bresse (71) 102 A5
Lessard-et-le-Chêne (14) 15 F5
Lessard-le-National (71) 101 G4
Lessay (50) 12 C5
Lesse (57) 49 E2
Lesseux (88) 70 D3
Lessy (57) 26 B5
Lestanville (76) 17 F3
Lestards (19) 125 F5
Lestelle-Bétharram (64) 182 C3
Lestelle-
   -de-Saint-Martory (31) 184 C4
Lesterps (16) 109 H6
Lestiac-sur-Garonne (33) 149 G1
Lestiou (41) 80 B2
Lestrade-et-Thouels (12) 171 F1
Lestre (50) 13 E3
Lestrem (62) 2 D5
Létanne (08) 24 D3
Letelon (03) 112 D1
Léthuin (28) 62 D2
Letia (2A) 204 C3
Létra (69) 129 G1
Létricourt (54) 48 D3
Letteguives (27) 19 E4
Lettret (05) 160 B3
Leubringhen (62) 1 F3
Leuc (11) 187 E4
Leucamp (15) 140 B6
Leucate (11) 188 B6
Leuchey (52) 86 A2
Leudeville (91) 63 G1
Leudon-en-Brie (77) 44 A5
Leuglay (21) 85 F2
Leugny (86) 95 E4
Leugny (89) 83 E3
Leuhan (29) 54 A2
Leuilly-sous-Coucy (02) 22 A4
Leulinghem (62) 2 A4
Leulinghen-Bernes (62) 1 F3
Leurville (52) 68 B3
Leury (02) 22 A4
Leutenheim (67) 51 G3
Leuville-sur-Orge (91) 42 C6
Leuvrigny (51) 44 D2
le Leuy (40) 165 H3
Leuze (02) 10 B6
Levainville (28) 62 C1
Leval (59) 9 H3
Leval (90) 88 D2
Levallois-Perret (92) 42 C3
Levaré (53) 58 C1
Levécourt (52) 68 C4
Levens (06) 195 F1
Levergies (02) 9 E6
Levernois (21) 101 G3
Lèves (28) 62 B1
les Lèves-
   -et-Thoumeyragues (33) 136 B6
Levesville-la-Chenard (28) 62 D3
Levet (18) 97 G4
Levie (2A) 207 E2
Levier (25) 103 G3
Lévignac (31) 168 D5
Lévignac-de-Guyenne (47) 150 C2
Lévignacq (40) 164 D1
Lévigny (10) 67 F3
Lévis (89) 83 E3
Lévis-Saint-Nom (78) 42 A5
Levoncourt (68) 89 E4
Levoncourt (55) 47 F4
Levroux (36) 96 C3
Lewarde (59) 8 D2
Lexy (54) 25 G3
Ley (57) 49 F4
Leyme (46) 139 F6
Leymen (68) 89 G4

Leyment (01) 130 D1
Leynes (71) 116 A4
Leynhac (15) 154 A1
Leyr (54) 48 D4
Leyrat (23) 112 B3
Leyrieu (38) 130 D3
Leyritz-Moncassin (47) 150 C4
Leyssard (01) 117 F5
Leyvaux (15) 141 E1
Lez (31) 184 B6
lez-Fontaine (59) 10 B3
Lézan (30) 173 G2
Lézardrieux (22) 33 E2
Lézat (39) 118 A2
Lézat-sur-Lèze (09) 185 F2
Lezay (79) 108 C4
Lezennes (59) 3 G5
Lézéville (52) 68 B2
Lezey (57) 49 F4
Lézignan (65) 183 E4
Lézignan-Corbières (11) 187 G3
Lézignan-la-Cèbe (34) 172 C6
Lézigneux (42) 128 D5
Lézinnes (89) 84 B2
Lezoux (63) 127 G2
Lhéraule (60) 19 H4
Lherm (31) 185 E1
Lherm (46) 152 B2
Lhéry (51) 22 D6
Lhez (65) 183 F3
Lhommaizé (86) 109 G2
Lhomme (72) 78 D2
L'Hôpital (01) 117 H6
Lhor (57) 49 G3
Lhospitalet (46) 152 C2
Lhoumois (79) 93 G6
Lhuis (01) 131 F3
Lhuître (10) 45 G6
Lhuys (02) 22 B6
Liac (65) 183 E1
Liancourt (60) 20 D5
Liancourt-Fosse (80) 21 F1
Liancourt-Saint-Pierre (60) 19 H6
Liart (08) 23 G1
Lias (32) 168 D6
Lias-d'Armagnac (32) 166 D3
Liausson (34) 172 C5
Libaros (65) 183 G3
Libercourt (62) 3 F6
Libermont (60) 21 G2
Libourne (33) 135 G5
Licey-sur-Vingeanne (21) 86 B4
Lichans-Sunhar (64) 181 G4
Lichères (16) 122 C1
Lichères-
   -près-Aigremont (89) 83 H2
Lichères-sur-Yonne (89) 83 G4
Lichos (64) 181 G2
Lichtenberg (67) 50 C2
Licourt (80) 21 F1
Licq-Athérey (64) 181 G4
Licques (62) 1 H3
Licy-Clignon (02) 44 B2
Lidrezing (57) 49 F3
Liebenswiller (68) 89 G4
Liebsdorf (68) 89 F4
Liebvillers (25) 88 C5
Liederschiedt (57) 28 C5
Lieffrans (70) 87 F4
le Liège (37) 95 G1
Liéhon (57) 26 C6
Liencourt (62) 7 H2
Lieoux (31) 184 B3
Lièpvre (68) 71 F3
Liéramont (80) 8 C5
Liercourt (80) 6 D4
Lières (62) 2 C5
Liergues (69) 129 H1
Liernais (21) 100 D1
Liernolles (03) 114 C3
Lierval (02) 22 C4
Lierville (60) 42 A1
Lies (65) 183 F4
Liesle (25) 103 E2
Liesse-Notre-Dame (02) 22 D3
Liessies (59) 10 B4
Liesville-sur-Douve (50) 12 D4
Liettres (62) 2 B5
Lieu-Saint-Amand (59) 9 E2
Lieuche (06) 178 C1
Lieucourt (70) 86 D6
Lieudieu (38) 130 C6
Lieurac (09) 186 A5
Lieuran-Cabrières (34) 172 C5
Lieuran-lès-Béziers (34) 188 C1
Lieurey (27) 15 H4
Lieuron (35) 56 D5
Lieusaint (50) 12 D3
Lieusaint (77) 43 E6
Lieutadès (15) 140 D6
Lieuvillers (60) 20 D4
Liévans (70) 87 H3
Liévin (62) 8 B1
Liez (02) 22 A2
Liez (85) 107 F3
Liézey (88) 70 C4
Liffol-le-Grand (88) 68 C3
Liffol-le-Petit (52) 68 C3
Liffré (35) 57 G2
Ligardes (32) 167 G1
Ligescourt (80) 6 D2
Liginiac (19) 126 A6
Liglet (86) 110 B2
Lignac (36) 110 C2
Lignairolles (11) 186 B5
Lignan-de-Bazas (33) 149 H3
Lignan-de-Bordeaux (33) 135 F6
Lignan-sur-Orb (34) 188 B2
Lignareix (19) 125 H4

Ligné (16) 122 B1
Ligné (44) 75 E3
Lignères (61) 39 G5
Lignereuil (62) 7 H2
Lignerolles (03) 112 C4
Lignerolles (21) 85 G1
Lignerolles (27) 41 E4
Lignerolles (36) 112 A2
Lignerolles (61) 40 A6
Ligneville (88) 69 E4
Ligneyrac (19) 138 D4
Lignières (10) 66 A6
Lignières (18) 97 F6
Lignières (41) 79 G1
Lignières (80) 21 E2
Lignières-Châtelain (80) 6 D6
Lignières-de-Touraine (37) 78 C6
Lignières-en-Vimeu (80) 6 D6
Lignières-la-Carelle (72) 60 A2
Lignières-Orgères (53) 38 D6
Lignières-Sonneville (16) 121 H4
Lignol (56) 54 D3
Lignol-le-Château (10) 67 F4
Lignon (51) 46 A6
Lignorelles (89) 83 G1
Lignou (61) 38 C5
Ligny-en-Barrois (55) 47 F5
Ligny-en-Brionnais (71) 115 F4
Ligny-en-Cambrésis (59) 9 E4
Ligny-le-Châtel (89) 83 H1
Ligny-le-Ribault (45) 80 C3
Ligny-lès-Aire (62) 2 B6
Ligny-Saint-Flochel (62) 7 H2
Ligny-sur-Canche (62) 7 G2
Ligny-Thilloy (62) 8 B4
Ligré (37) 94 B2
Ligron (72) 77 H2
Ligsdorf (68) 89 F4
Ligueil (37) 95 E3
Ligueux (24) 137 G1
Ligueux (33) 136 C6
Ligugé (86) 109 E2
Lihons (80) 21 E1
Lihus (60) 20 A3
les Lilas (93) 42 D4
Lilhac (31) 184 B2
Lille (59) 3 F5
Lillebonne (76) 15 H2
Lillemer (35) 35 E4
Lillers (62) 2 C5
Lilly (27) 19 F4
Limalonges (79) 108 D5
Limans (04) 176 C2
Limanton (71) 99 H3
Limas (69) 129 H1
Limay (78) 41 H2
Limbrassac (09) 186 A5
Limé (02) 22 B5
Limeil-Brévannes (94) 43 E5
Limendous (64) 182 D2
Limeray (37) 79 F5
Limersheim (67) 71 H1
Limerzel (56) 73 G1
Limésy (76) 17 F4
Limetz-Villez (78) 41 G2
Limeuil (24) 137 G5
Limeux (18) 97 F3
Limeux (80) 6 D5
Limey-Remenauville (54) 48 B3
Limeyrat (24) 137 H3
Limoges (87) 124 B2
Limoges-Fourches (77) 43 F6
Limogne-en-Quercy (46) 153 E4
Limoise (03) 98 D6
Limon (58) 99 F4
Limons (63) 127 H1
Limont-Fontaine (59) 10 A3
Limony (07) 144 A1
Limours (91) 42 B6
Limousis (11) 187 E2
Limoux (11) 186 D5
la Limouzinière (44) 91 F1
Limpiville (76) 16 D4
Linac (46) 153 H1
Linard (23) 111 G3
Linards (87) 124 C4
Linars (16) 122 B4
Linas (91) 42 C6
Linay (08) 24 D2
Linazay (86) 108 D5
Lindebeuf (76) 17 F4
le Lindois (16) 123 E3
Lindre-Basse (57) 49 G4
Lindre-Haute (57) 49 G4
Lindry (89) 83 F2
Linexert (70) 88 A2
Lingé (36) 95 G5
Lingeard (50) 37 G4
Lingèvres (14) 13 H6
Linghem (62) 2 B5
Lingolsheim (67) 51 E6
Lingreville (50) 35 G1
Linguizzetta (2B) 205 G2
Linières-Bouton (49) 77 H5
Liniers (86) 109 F1
Liniez (36) 96 C3
Linsdorf (68) 89 G4
Linselles (59) 3 F4
Linthal (68) 71 E6
Linthelles (51) 45 E5
Linthes (51) 45 E5
Lintot (76) 15 H1
Lintot-les-Bois (76) 17 G3
Linxe (40) 164 D2
Liny-devant-Dun (55) 24 D4
Linzeux (62) 7 F2
Liocourt (57) 48 D3
Liomer (80) 6 D6
le Lion-d'Angers (49) 76 D3

Lion-devant-Dun (55) 25 E4
Lion-en-Beauce (45) 62 D5
Lion-en-Sullias (45) 81 H3
Lion-sur-Mer (14) 14 C3
Liorac-sur-Louyre (24) 137 E5
Liouc (30) 173 G3
Liourdres (19) 139 E5
Lioux (84) 175 H2
Lioux-les-Monges (23) 126 B1
Liposthey (40) 148 D4
Lipsheim (67) 51 E6
Lirac (30) 174 D1
Liré (49) 75 F4
Lirey (10) 66 B4
Lironcourt (88) 69 E6
Lironville (54) 48 B3
Liry (08) 24 A5
Lisbourg (62) 2 A6
Lisieux (14) 15 F5
Lisle (24) 137 E1
Lisle (41) 79 G1
Lisle-en-Barrois (55) 47 E3
Lisle-en-Rigault (55) 46 D5
Lisle-sur-Tarn (81) 169 H3
Lislet (02) 23 E2
Lison (14) 13 F5
Lisores (14) 39 F3
Lisors (27) 19 F5
Lissac (09) 185 G3
Lissac (43) 142 B3
Lissac-et-Mouret (46) 153 G2
Lissac-sur-Couze (19) 138 C3
Lissay-Lochy (18) 97 G4
Lisse-en-Champagne (51) 46 B4
Lisses (91) 42 D6
Lisseuil (63) 113 F6
Lissey (55) 25 E5
Lissieu (69) 129 H2
Lissy (77) 43 F6
Listrac-de-Durèze (33) 136 A6
Listrac-Médoc (33) 134 D3
Lit-et-Mixe (40) 164 D1
Lithaire (50) 12 D5
Litteau (14) 13 G6
Littenheim (67) 50 C4
Litz (60) 20 C4
Livaie (61) 59 H1
Livarot (14) 15 E6
Liverdun (54) 48 C4
Liverdy-en-Brie (77) 43 F5
Livernon (46) 153 F2
Livers-Cazelles (81) 170 B1
Livet (53) 59 E4
Livet-en-Saosnois (72) 60 B2
Livet-et-Gavet (38) 145 H3
Livet-sur-Authou (27) 18 A6
Livilliers (95) 42 B2
Livinhac-le-Haut (12) 154 A2
la Livinière (34) 187 G2
Livré-la-Touche (53) 58 B6
Livré-sur-Changeon (35) 57 H2
Livron (64) 182 D3
Livron-sur-Drôme (26) 144 A6
Livry (14) 38 A1
Livry (58) 98 D5
Livry-Gargan (93) 43 E3
Livry-Louvercy (51) 45 H1
Livry-sur-Seine (77) 64 A1
Lixhausen (67) 50 D4
Lixheim (57) 50 A4
Lixing-lès-Rouhling (57) 27 G5
Lixing-lès-Saint-Avold (57) 49 G2
Lixy (89) 64 D4
Lizac (82) 168 D1
Lizant (86) 108 D6
Lizeray (36) 96 D3
Lizières (23) 111 E5
Lizine (25) 103 F2
Lizines (77) 64 D1
Lizio (56) 55 H4
Lizos (65) 183 F2
Lizy (02) 22 B4
Lizy-sur-Ourcq (77) 43 H2
la Llagonne (66) 200 A4
Llauro (66) 201 E3
Llo (66) 199 H4
Llupia (66) 201 E3
Lobsann (67) 29 E6
Loc-Brévalaire (29) 31 E3
Loc-Eguiner (29) 31 G4
Loc-Eguiner-
   -Saint-Thégonnec (29) 31 H4
Loc-Envel (22) 32 C4
Locarn (22) 32 C6
Loché-sur-Indrois (37) 95 H2
Loches (37) 95 G2
Loches-sur-Ource (10) 66 D5
le Locheur (14) 14 A5
Lochieu (01) 131 G1
Lochwiller (67) 50 C4
Locmalo (56) 54 D2
Locmaria (56) 72 B4
Locmaria-Berrien (29) 32 A5
Locmaria-
   -Grand-Champ (56) 55 F5
Locmaria-Plouzané (29) 30 D5
Locmariaquer (56) 72 C1
Locmélar (29) 31 G4
Locminé (56) 55 F4
Locmiquélic (56) 54 C5
Locoal-Mendon (56) 55 E6
Locon (62) 2 C5
Loconville (60) 19 H6
Locqueltas (56) 55 G5
Locquénolé (29) 32 A3
Locquignol (59) 9 G3
Locquirec (29) 32 B2
Locronan (29) 53 F2
Loctudy (29) 53 F4
Locunolé (29) 54 B3

Lodes (31) 184
Lodève (34) 172
Lods (25) 103
Loeuilley (70) 86
Loeuilly (80) 20
Loffre (59) 8
la Loge (62) 7
la Loge-aux-Chèvres (10) 66
la Loge-Fougereuse (85) 92
la Loge-Pomblin (10) 66
Logelheim (68) 71
les Loges (14) 37
les Loges (52) 86
les Loges (76) 16
les Loges-en-Josas (78) 42
les Loges-Marchis (50) 37
les Loges-Margueron (10) 66
les Loges-Saulces (14) 38
les Loges-sur-Brécey (50) 37
Lognes (77) 43
Logny-Bogny (08) 23
Logny-lès-Aubenton (02) 23
Logonna-Daoulas (29) 31
Logrian-Florian (30) 173
Logron (28) 61
Loguivy-Plougras (22) 32
Lohéac (35) 56
Lohitzun-Oyhercq (64) 181
Lohr (67) 50
Lohuec (22) 32
Loigné-sur-Mayenne (53) 76
Loigny-la-Bataille (28) 62
Loiré (49) 76
Loire-les-Marais (17) 107
Loiré-sur-Nie (17) 121
Loire-sur-Rhône (69) 130
Loiron (53) 58
Loisail (61) 60
Loisey-Culey (55) 47
Loisia (39) 117
Loisieux (73) 131
Loisin (74) 118
Loison (55) 25
Loison-sous-Lens (62) 8
Loison-sur-Créquoise (62) 7
Loisy (54) 48
Loisy (71) 116
Loisy-en-Brie (51) 45
Loisy-sur-Marne (51) 46
Loivre (51) 23
Loix (17) 106
Lolif (50) 35
Lolme (24) 151
Lombard (25) 103
Lombard (39) 102
Lombers (81) 170
Lombez (32) 168
Lombia (64) 182
Lombrès (65) 183
Lombreuil (45) 64
Lombron (72) 60
Lommerange (57) 26
Lommoye (78) 41
Lomné (65) 183
Lomont (70) 88
Lomont-sur-Crête (25) 88
Lompnas (01) 131
Lompnieu (01) 131
Lompret (59) 3
Lonçon (64) 166
la Londe (76) 18
la Londe-les-Maures (83) 193
Londigny (16) 108
Londinières (76) 6
Long (80) 7
Longages (31) 185
Longaulnay (35) 56
Longchamp (21) 102
Longchamp (52) 68
Longchamp (88) 70
Longchamp-
   -sous-Châtenois (88) 69
Longchamp-sur-Aujon (10) 67
Longchamps (27) 19
Longchamps-sur-Aire (55) 47
Longchaumois (39) 118
Longcochon (39) 103
Longeau-Percey (52) 86
Longeault (21) 102
Longeaux (55) 47
Longechaux (25) 104
Longechenal (38) 130
Longecourt-en-Plaine (21) 102
Longecourt-lès-Culêtre (21) . . . 101
Longemaison (25) 104
Longepierre (71) 102
le Longeron (49) 92
Longes (69) 129
Longessaigne (69) 129
Longevelle (70) 88
Longevelle-lès-Russey (25) 88
Longevelle-sur-Doubs (25) 88
Longèves (17) 106
Longèves (85) 107
Longeville (25) 103
la Longeville (25) 104
Longeville-en-Barrois (55) 47
Longeville-lès-Metz (57) 26
Longeville-
   -lès-Saint-Avold (57) 49
Longeville-sur-la-Laines (52) 67
Longeville-sur-Mer (85) 106
Longeville-sur-Mogne (10) 66
Longevilles-Mont-d'Or (25) 104
Longfossé (62) 1
la Longine (70) 70
Longjumeau (91) 42
Longlaville (54) 25
Longmesnil (76) 19
Longnes (72) 59

ongnes (78) 41 G3
ongny-au-Perche (61) 61 E1
ongperrier (77) 43 F2
ongpont (02) 21 H6
ongpont-sur-Orge (91) 42 C6
ongpré-le-Sec (10) 66 D4
ongpré-
  -les-Corps-Saints (80) . . . 7 E5
ongraye (14) 13 H6
ongré (16) 108 C6
ongroy (76) 6 B5
ongsols (10) 66 C2
ongué-Jumelles (49) 77 G5
ongueau (80) 7 G6
onguefuye (53) 76 D1
ongueil (76) 17 F2
ongueil-Annel (60) 21 F4
ongueil-Sainte-Marie (60).. 21 E5
onguenesse (62) 2 B4
onguenoë (61) 59 H1
onguerue (76) 17 H5
ongues-sur-Mer (14) 13 H3
onguesse (95) 42 A2
ongueval (80) 8 B5
ongueval-Barbonval (02) .. 22 C5
ongueville (14). 13 G5
ongueville (47) 150 C3
ongueville (50) 35 G2
ongueville (59) 9 H2
ongueville (62) 1 G4
ongueville (77) 64 D1
ongueville-sur-Aube (10) .. 66 A1
ongueville-sur-Scie (76) . . 18 D1
onguevillette (80) 7 G4
onguyon (54) 25 G4
ongvic (21). 85 H6
ongvillers (14) 14 A6
ongvilliers (62) 1 F6
ongvilliers (78) 42 B6
ongwé (08). 24 B5
ongwy (54). 25 H3
ongwy-sur-le-Doubs (39) . 102 C3
onlay-l'Abbaye (61) 38 A5
onlay-le-Tesson (61) 38 C5
onnes (16) 122 C1
onny (08). 24 A1
onrai (61) 60 A1
ons (64) 182 B2
ons-le-Saunier (39) 102 D6
onzac (17) 121 G4
Lonzac (19). 125 E6
ooberghe (59) 2 B2
oon-Plage (59) 2 A2
oos (59) 3 F5
oos-en-Gohelle (62) 8 B1
ooze (89) 65 F6
opérec (29). 31 G6
operhet (29). 31 F5
opigna (2A) 204 C4
oqueffret (29). 31 H5
or (02). 23 E3
oray (25). 104 B1
orcières (15). 141 G5
orcy (45). 63 H5
ordat (09). 199 F1
oré (61). 59 E1
orentzen (67) 50 A2
oreto-di-Casinca (2B) . . . 203 G6
oreto-di-Tallano (2A). . . . 207 E2
orette (42). 129 G5
Loreur (50). 35 H2
oreuil (41) 80 D5
Lorey (50). 37 E1
orey (54). 69 G1
orges (41). 80 B2
orgies (62) 3 E5
orgues (83) 177 G6
orient (56) 54 C5
origes (03) 113 H4
orignac (17) 121 E5
origné (79) 108 C5
oriol-du-Comtat (84) . . . 175 F1
oriol-sur-Drôme (26) . . . 144 A6
orlanges (43) 141 G1
orleau (27) 19 F4
ormaison (60) 20 B6
ormaye (28) 41 G6
ormes (58) 100 A1
ormont (33) 135 F5
ornay (74) 131 H1
ormontzey (54) 69 H1
 Loroux (35) 58 B2
 Loroux-Bottereau (44).. . 75 E5
orp-Sentaraille (09) . . . 184 D5
orquin (57) 49 H5
orrez-
  -le-Bocage-Préaux (77). . 64 B4
orris (45). 81 H1
orry-lès-Metz (57) 26 B5
orry-Mardigny (57) 48 C2
ortet (65) 183 G4
ottinghen (62) 1 G4
othey (29). 53 G1
 Lou-du-Lac (35) 56 D2
ouailles (72) 77 F2
ouan-Villegruis-
  -Fontaine (77) 44 C6
ouannec (22) 32 C1
ouans (37) 95 E1
ouargat (22) 32 D4
ouâtre (02). 21 H6
oubajac (65) 182 D3
oubaresse (07) 157 E2
oubaresse (15) 141 F5
oubaut (09) 185 E3
oubédat (32) 166 D4

Loubejac (24). 152 A2
Loubens (09) 185 G5
Loubens (33) 150 B1
Loubens-Lauragais (31) . . 169 H6
Loubers (81) 170 A1
Loubersan (32) 167 G6
la Loubière (12) 154 C4
Loubières (09) 185 H5
Loubigné (79) 108 B6
Loubillé (79) 108 B6
Loubressac (46) 139 E5
Loucé (61) 39 E5
Loucelles (14) 14 A4
Louchats (33) 149 F2
Louchy-Montfand (03) . . . 113 H4
Loucrup (65) 183 E4
Loudéac (22) 55 G2
Loudenvielle (65) 197 E1
Louderville (65) 197 E1
Loudes (43) 142 B3
Loudet (31) 184 A3
Loudrefing (57) 49 G3
Loudun (86) 94 A3
Loué (72) 59 G5
Louer (40) 165 F3
Louerre (49) 77 F6
Louesme (21) 85 F1
Louestault (37) 78 D3
Loueuse (60) 19 H3
Louey (65) 183 E3
Lougé-sur-Maire (61) . . . 38 D5
Lougratte (47) 151 F2
Lougres (25) 88 B4
Louhans (71) 116 D1
Louhossoa (64) 180 D1
Louignac (19) 138 B2
Louin (79) 93 G5
Louisfert (44) 75 E1
Louit (65) 183 F2
Loulans-Verchamp (70). . . 87 G5
Loulay (17) 107 G6
Loulle (39) 103 F6
la Loupe (28) 61 G1
Loupeigne (02) 22 B6
Loupershouse (57) 49 H1
Loupes (33) 135 F5
Loupfougères (53) 59 F2
Loupia (11) 186 C4
Loupiac (33) 149 H1
Loupiac (46) 138 C6
Loupiac (81) 169 H3
Loupiac-de-la-Réole (33) . 150 A2
Loupian (34) 189 E1
Louplande (72) 59 H6
Loupmont (55) 47 H3
Louppy-le-Château (55) . . 46 D4
Louppy-sur-Loison (55) . . 25 E4
la Louptière-Thénard (10). . 65 F2
Lourches (59) 9 E2
Lourde (31) 184 A5
Lourdes (65) 182 D4
Lourdios-Ichère (64) . . . 181 H4
Lourdoueix-
  -Saint-Michel (36) 111 F3
Lourdoueix-
  -Saint-Pierre (23) 111 F3
Lourenties (64) 182 D2
Loures-Barousse (65) . . . 184 A5
Louresse-Rochemenier (49) . . 93 F1
Lourmais (35) 35 F5
Lourmarin (84) 175 H4
Lournand (71) 116 A2
Lourouer-
  -Saint-Laurent (36) . . . 111 H1
le Louroux (37) 95 E2
le Louroux-Béconnais (49) . . 75 H2
Louroux-Bourbonnais (03) . . 113 E2
Louroux-de-Beaune (03) . . 113 F6
Louroux-de-Bouble (03) . . 113 F5
Louroux-Hodement (03) . . 112 D2
Lourquen (40) 165 G4
Lourties-Monbrun (32) . . 183 H1
Loury (45) 63 E6
Louslitges (32) 167 E5
Loussous-Débat (32) . . . 167 G5
Loutehel (35) 56 C4
Loutzviller (57) 28 B5
Louvagny (14) 39 E3
Louvaines (49) 76 C2
Louvatange (39) 103 E1
Louveciennes (78) 42 B4
Louvemont (52) 67 G1
Louvemont-
  -Côte-du-Poivre (55) . . . 25 E4
Louvencourt (80) 7 H4
Louvenne (39) 117 F3
Louvergny (08) 24 B3
le Louverot (39) 102 D5
Louversey (27) 40 C2
Louvetot (76) 17 E5
Louvie-Juzon (64) 182 B4
Louvie-Soubiron (64) . . . 182 B5
la Louvière-Lauragais (11) . 186 A3
Louvières (14) 13 G4
Louvières (52) 68 A5
Louvières-en-Auge (61) . . 39 E3
Louviers (27) 18 D6
Louvigné (53) 58 D5
Louvigné-de-Bais (35) . . . 57 H3
Louvigné-du-Désert (35). . 58 A1
Louvignies-Quesnoy (59) . . 9 G3
Louvigny (14) 14 B5
Louvigny (57) 48 C2
Louvigny (64) 166 A6
Louvigny (72) 60 B2
Louvil (59) 3 G6

Louville-la-Chenard (28) . . 62 C3
Louvilliers-en-Drouais (28). . 41 E5
Louvilliers-lès-Perche (28) . 40 D6
Louvois (51) 45 F2
Louvrechy (80) 20 C2
Louvres (95) 43 E2
Louvroil (59) 10 A2
Louye (27) 41 E4
Louzac-Saint-André (16) . 121 G3
Louze (52) 67 F2
Louzes (72) 60 B2
Louzignac (17) 121 H2
Louzouer (45) 64 B5
Louzy (79) 93 G3
Lovagny (74) 132 A1
Loyat (56) 56 A3
la Loye (39) 102 D3
Loye-sur-Arnon (18) . . . 112 B1
la Loyère (71) 101 G5
Loyettes (01) 130 C3
Lozanne (69) 129 H2
Lozay (17) 107 G6
Loze (82) 153 F5
Lozinghem (62) 2 C6
Lozon (50) 13 E6
Lozzi (2B) 204 D2
Luant (36) 96 B6
le Luart (72) 60 D5
Lubbon (40) 150 A6
Lubécourt (57) 49 E3
Lubersac (19) 124 C6
Lubey (54) 25 H6
Lubilhac (43) 141 G2
Lubine (88) 71 E2
Lublé (37) 78 B4
Lubret-Saint-Luc (65) . . . 183 G2
Luby-Betmont (65) 183 G2
Luc (48) 156 D2
le Luc (65) 183 F3
le Luc (83) 193 H2
Luc-Armau (64) 182 D1
Luc-en-Diois (26) 159 F2
Luc-la-Primaube (12) . . . 154 C5
Luc-sur-Aude (11) 186 D5
Luc-sur-Mer (14) 14 C3
Luc-sur-Orbieu (11) 187 H3
Lucarré (64) 182 D1
Luçay-le-Libre (36) 96 D3
Luçay-le-Mâle (36) 96 C2
Lucbardez-et-Bargues (40). 166 B2
Lucciana (2B) 203 G5
Lucé (28) 62 B2
Lucé (61) 38 B6
Lucé-sous-Ballon (72).. . 60 B4
Luceau (72) 78 C2
Lucelle (68) 89 F5
Lucenay (69) 129 H2
Lucenay-le-Duc (21) 85 E3
Lucenay-lès-Aix (58).. . . 99 F6
Lucenay-l'Évêque (71) . . 100 C3
Lucéram (06) 195 G1
la Lucerne-d'Outremer (50) . 35 H2
Lucey (21) 85 G1
Lucey (54) 48 A5
Lucey (73) 131 G3
Lucgarier (64) 182 C3
Luchapt (86) 109 H5
Luchat (17) 120 D3
Luché-Pringé (72) 78 A2
Luché-sur-Brioux (79) . . 108 B5
Luché-Thouarsais (79) . . . 93 F4
Lucheux (80) 7 G3
Luchy (60) 20 B3
Lucinges (74) 118 D4
Lucmau (33) 149 G4
Luçon (85) 106 C2
Lucq-de-Béarn (64) 181 H2
Lucquy (08) 23 H3
les Lucs-sur-Boulogne (85). 91 G3
Lucy (57) 49 E3
Lucy (76) 19 F1
Lucy-le-Bocage (02) 44 B2
Lucy-le-Bois (89) 84 A4
Lucy-sur-Cure (89) 83 H3
Lucy-sur-Yonne (89) 83 G4
le Lude (72) 78 A3
Ludes (51) 45 F1
Ludesse (63) 127 F4
Ludiès (09) 185 H4
Ludon-Médoc (33) 135 E4
Ludres (54) 48 C5
Lüe (40) 148 C5
Lué-en-Baugeois (49) . . . 77 F4
Luemschwiller (68) 89 F2
Lugagnac (46) 153 E4
Lugagnan (65) 182 D4
Lugaignac (33) 135 H5
Lugan (12) 154 A3
Lugan (81) 169 H4
Lugarde (15) 140 C2
Lugasson (33) 135 H6
Luglon (40) 149 E6
Lugny (02) 22 D1
Lugny (71) 116 B2
Lugny-Bourbonnais (18). . 98 B4
Lugny-Champagne (18) . . 98 B2
Lugny-lès-Charolles (71). . 115 F3
Lugo-di-Nazza (2B) . . . 205 F4
Lugon-
  -et-l'Île-du-Carnay (33) . 135 G4
Lugos (33) 148 D3
Lugrin (74) 119 F2
Lugy (62) 2 A6
le Luhier (25) 104 C1
Luigné (49) 77 E6
Luigny (28) 61 G3
Luisant (28) 62 B2
Luisetaines (77) 64 D2
Luitré (35) 58 A3
Lullin (74) 119 E4
Lully (74) 118 D4

Lumbin (38) 145 H1
Lumbres (62) 2 A4
Lumeau (28) 62 C5
Lumes (08) 24 B1
Lumigny-
  -Nesles-Ormeaux (77). . 43 G5
Lumio (2B) 202 C5
Lunac (12) 153 H5
Lunan (46) 153 G2
Lunas (24) 136 D5
Lunas (34) 172 B4
Lunax (31) 184 B2
Lunay (41) 79 F2
Luneau (03) 114 D3
Lunegarde (46) 153 E1
Lunel (34) 173 H5
Lunel-Viel (34) 173 H5
Luneray (76) 17 F2
Lunery (18) 97 G4
Lunéville (54) 49 E6
le Luot (50) 35 H3
Lupcourt (54) 48 D6
Lupé (42) 143 H1
Lupersat (23) 126 A1
Lupiac (32) 167 E4
Luplanté (28) 62 A3
Luppé-Violles (32) 166 C4
Luppy (57) 48 D2
Lupsault (16) 122 A1
Lupstein (67) 50 C4
Luquet (65) 182 D2
Lurais (36) 95 F6
Luray (28) 41 F5
Lurbe-Saint-Christau (64) . 182 A3
Lurcy (01) 116 B6
Lurcy-le-Bourg (58) 99 F2
Lurcy-Lévis (03) 98 C6
Luré (42) 128 C2
Lureuil (36) 95 G5
Luri (2B) 203 F2
Luriecq (42) 128 D6
Lurs (04) 176 D2
Lury-sur-Arnon (18). 97 E2
Lus-la-Croix-Haute (26). . 159 H1
Lusanger (44) 74 D1
Luscan (31) 184 A5
Lusignac (24) 136 C1
Lusignan (86) 108 D2
Lusignan-Petit (47) 151 E5
Lusigny (03) 114 A1
Lusigny-sur-Barse (10) . . 66 C3
Lusigny-sur-Ouche (21) . 101 F2
Lussac (16) 122 C2
Lussac (17) 121 F5
Lussac (33) 136 A4
Lussac-les-Châteaux (86) . 109 G3
Lussac-les-Églises (87) . . 110 B3
Lussagnet (40) 166 C3
Lussagnet-Lusson (64) . . 182 D1
Lussan (30) 157 G6
Lussan (32) 168 A5
Lussan-Adeilhac (31) . . . 184 C2
Lussant (17) 120 D1
Lussas (07) 157 G2
Lussas-
  -et-Nontronneau (24) . 123 E5
Lussat (23) 112 B5
Lussat (63) 127 F2
Lussault-sur-Loire (37) . . 79 F5
Lusse (88) 70 D2
Lusseray (79) 108 B5
Lustar (65) 183 G2
Luthenay-Uxeloup (58). . . 99 E5
Lutilhous (65) 183 G4
Luttange (57) 26 C4
Luttenbach-
  -près-Munster (68) . . . 71 E5
Lutter (68) 89 G4
Lutterbach (68) 89 F2
Lutz-en-Dunois (28). 62 A5
Lutzelbourg (57) 50 B4
Lutzelhouse (67) 50 B6
Luvigny (88) 50 A6
Lux (21) 86 A4
Lux (31) 184 D1
Lux (71) 101 G5
Luxé (16) 122 B2
Luxe-Sumberraute (64) . . 181 E1
Luxémont-et-Villotte (51) . 46 B5
Luxeuil-les-Bains (70) . . . 87 H1
Luxey (40) 149 F5
Luxiol (25) 87 H5
Luyères (10) 66 B2
Luynes (37) 78 C5
Luz-Saint-Sauveur (65) . . 183 E6
Luzancy (77) 44 A3
Luzarches (95) 42 D1
Luzay (79) 93 G4
Luzé (37) 94 C3
Luze (70) 88 C3
Luzech (46) 152 B3
Luzenac (09) 199 F1
Luzeret (36) 110 D2
la Luzerne (50) 13 F6
Luzillat (63) 127 G1
Luzillé (37) 95 G1
Luzinay (38) 130 B4
Luzoir (02) 10 A6
Luzy (58) 100 B5
Luzy-Saint-Martin (55) . . 24 D3
Luzy-sur-Marne (52) 68 B5
Ly-Fontaine (02) 22 A2
Lyas (07) 143 H6
Lyaud (74) 119 E3
Lye (36) 96 B1
Lyoffans (70) 88 B3
Lyon (69) 130 A3
Lyons-la-Forêt (27) 19 F4
Lys (58) 83 G6

Lys (64) 182 B3
Lys-lez-Lannoy (59) 3 G5
Lys-Saint-Georges (36) . . 111 G1

M

Maast-et-Violaine (02) . . . 22 B6
Maâtz (52) 86 B3
Mably (42) 115 E6
Macau (33) 135 E4
Macaye (64) 180 D1
Macé (61) 39 F5
Macey (10) 66 A3
Macey (50) 35 G4
Machault (08) 23 H5
Machault (77) 64 B2
Maché (85) 91 E3
Machecoul (44) 91 E1
Mâchecourt (02) 22 D2
Machemont (60) 21 F4
Macheren (57) 49 G1
Machézal (42) 129 E2
Machiel (80) 6 D2
Machilly (74) 118 D4
la Machine (58) 99 F4
Machy (10) 66 B4
Machy (80) 6 D2
Mackenheim (67) 71 G3
Mackwiller (67) 50 B2
Maclas (42) 143 H1
Macogny (02) 44 A1
Mâcon (71) 116 B4
Maconcourt (88) 69 E2
Maconge (21) 101 E1
Macornay (39) 102 D6
Mâcot-la-Plagne (73). . . 133 E4
Macqueville (17) 121 H2
Macquigny (02) 9 F6
Madaillan (47) 151 E5
Madecourt (88) 69 F3
Madegney (88) 69 G3
la Madelaine-
  -sous-Montreuil (62). . . 1 F6
la Madeleine (59) 3 F5
la Madeleine-Bouvet (61) . 61 F1
la Madeleine-
  -de-Nonancourt (27) . . 41 E4
la Madeleine-sur-Loing (77) . 64 A4
la Madeleine-Villefrouin (41) . 80 A2
Madic (15) 140 B1
Madière (09) 185 G4
Madirac (33) 135 F6
Madiran (65) 166 D5
Madonne-et-Lamerey (88) . 69 G3
Madranges (19) 125 E6
Madré (53) 59 F1
Madriat (63) 127 F6
Maël-Carhaix (22) 32 C6
Maël-Pestivien (22) 32 D5
Maennolsheim (67) 50 C4
Maffliers (95) 42 D2
Maffrécourt (51) 46 C1
Magalas (34) 188 C1
la Magdelaine-
  -sur-Tarn (31) 169 F3
la Magdeleine (16) 108 C6
le Mage (61) 61 E1
Magenta (51) 45 F2
les Mages (30) 157 E5
Magescq (40) 164 D3
Magland (74) 119 F6
Magnac-Bourg (87) 124 C4
Magnac-Laval (87) 110 B3
Magnac-
  -Lavalette-Villars (16) . 122 C5
Magnac-sur-Touvre (16) . 122 C4
Magnan (32) 166 C3
Magnant (10) 66 D4
Magnanville (78) 41 G3
Magnas (32) 168 A3
Magnat-l'Étrange (23). . . 125 H3
Magné (79) 107 G3
Magné (86) 109 E3
Magnet (03) 114 B5
Magneux (51) 22 C5
Magneux (52) 67 G1
Magneux-Haute-Rive (42). 129 E4
Magneville (50) 12 C3
Magnicourt (10) 66 D2
Magnicourt-en-Comte (62). 7 H1
Magnicourt-sur-Canche (62). 7 G2
Magnien (21) 101 E2
Magnières (54) 70 A1
Magnieu (01) 131 G3
les Magnils-Reigniers (85) . 91 H6
Magnivray (70) 88 A2
Magnoncourt (70) 69 G6
le Magnoray (70) 87 F4
Magny (28) 61 H3
le Magny (36) 111 G1
le Magny (68) 89 E3
les Magny (70) 88 A4
le Magny (88) 69 G6
Magny (89) 84 A5
Magny-Châtelard (25) . . 103 H1
Magny-Cours (58) 98 D4
Magny-Danigon (70) . . . 88 B2
Magny-en-Bessin (14). . . 14 A3
Magny-en-Vexin (95) . . . 41 H1
Magny-Fouchard (10) . . . 67 E3
Magny-Jobert (70) 88 B3
Magny-la-Campagne (14). 39 E2
Magny-la-Fosse (02) 9 E5
Magny-la-Ville (21) 84 D5
Magny-Lambert (21) . . . 85 E3
Magny-le-Désert (61) . . . 38 C6
Magny-le-Freule (14). . . . 39 E1
Magny-le-Hongre (77). . . 43 F4

Magny-lès-Aubigny (21). . . 102 A2
Magny-les-Hameaux (78) . 42 B5
Magny-lès-Jussey (70) . . 87 F1
Magny-lès-Villers (21) . . 101 G2
Magny-Lormes (58) 83 H6
Magny-Montarlot (21). . . 102 B1
Magny-Saint-Médard (21) . 86 A5
Magny-sur-Tille (21) . . . 102 A1
Magny-Vernois (70) 88 A3
Magoar (22) 33 E5
Magrie (11) 186 D5
Magrin (81) 170 A5
Magstatt-le-Bas (68) . . . 89 G3
Magstatt-le-Haut (68) . . 89 G3
Mahalon (29) 52 D2
Mahéru (61) 39 H5
Maîche (25) 88 C6
Maidières (54) 48 B3
Maignaut-Tauzia (32) . . 167 G2
Maigné (72) 59 H6
Maignelay-Montigny (60). . 20 D3
Mailhac (11) 187 H2
Mailhac-sur-Benaize (87) . 110 C4
Mailhoc (81) 170 B2
Mailholas (31) 185 E3
Maillane (13) 174 D3
Maillas (40) 149 H5
Maillat (01) 117 G5
Maillé (37) 94 D3
Maillé (85) 107 F3
Maillé (86) 94 A6
Maillebois (28) 40 D6
la Mailleraye-sur-Seine (76) . 17 E6
Mailleroncourt-Charette (70) . 87 G2
Mailleroncourt-
  -Saint-Pancras (70) . . 69 G6
Maillet (03) 112 D2
Maillet (36) 111 F1
Mailley-et-Chazelot (70) . 87 F4
Maillezais (85) 107 F3
Maillot (89) 65 E4
Mailly (71) 115 E5
Mailly-Champagne (51) . . 45 F1
Mailly-la-Ville (89) 83 G4
Mailly-le-Camp (10) 45 G5
Mailly-le-Château (89) . . 83 G4
Mailly-Maillet (80) 8 A4
Mailly-Raineval (80) . . . 20 D1
Mailly-sur-Seille (54) . . . 48 D3
les Maillys (21) 102 B2
Maimbeville (60) 20 D4
Maincy (77) 64 A1
Maine-de-Boixe (16) . . . 122 C2
Mainfonds (16) 122 B5
Maing (59) 9 F2
Mainneville (27) 19 G5
Mainsat (23) 112 B6
Maintenay (62) 6 D2
Maintenon (28) 41 G6
Mainvillers (57) 27 E6
Mainvilliers (28) 62 B2
Mainvilliers (45) 63 F3
Mainxe (16) 121 H4
Mainzac (16) 123 E5
Mairé (86) 95 E4
Mairé-Levescault (79) . . 108 C5
Mairieux (59) 10 A2
Mairy (08) 24 C2
Mairy-Mainville (54) . . . 25 H5
Mairy-sur-Marne (51) . . 45 H3
Maisdon-sur-Sèvre (44) . 75 E6
Maisey-le-Duc (21) 85 E1
Maisnières (80) 6 C5
le Maisnil (59) 3 E5
Maisnil (62) 7 G2
Maisnil-lès-Ruitz (62) . . . 8 A1
Maisod (39) 117 G2
Maison-des-Champs (10) . 67 E3
la Maison-Dieu (58) 83 G5
Maison-Feyne (23) 111 F3
Maison-Maugis (61) 61 E1
Maison-Ponthieu (80) 7 E3
Maison-Roland (80) 7 E4
Maison-Rouge (77) 64 D1
Maisoncelle (62) 7 F1
Maisoncelle-et-Villers (08) . 24 C3
Maisoncelle-
  -Saint-Pierre (60) 20 B4
Maisoncelle-Tuilerie (60) . 20 B3
Maisoncelles (52) 68 C4
Maisoncelles (72) 60 D6
Maisoncelles-du-Maine (53). 58 D6
Maisoncelles-en-Brie (77) . 43 H4
Maisoncelles-
  -en-Gâtinais (77) 64 A4
Maisoncelles-
  -la-Jourdan (14) 37 H4
Maisoncelles-Pelvey (14) . 38 A1
Maisoncelles-sur-Ajon (14) . 14 A6
Maisonnais (18) 112 A1
Maisonnais-
  -sur-Tardoire (87) 123 F3
Maisonnay (79) 108 B5
Maisonneuve (86) 93 H5
Maisonnisses (23) 111 G6
Maisons (11) 187 G6
Maisons (14) 13 H5
Maisons (28) 62 D2
Maisons-Alfort (94) 42 D4
Maisons-du-Bois-
  -Lièvremont (25) 104 A3
Maisons-
  -en-Champagne (51) . . 46 A5
Maisons-Laffitte (78) . . . 42 C3
Maisons-lès-Chaource (10) . 66 B6
Maisons-lès-Soulaines (10) . 67 F3
Maisonsgoutte (67) 71 E2
Maisontiers (79) 93 F5
Maisse (91) 63 G2
Maissemy (02) 8 D6

234

Maixe (54) 49 E5
Maizeray (55) 47 H1
Maizeroy (57) 49 E1
Maizery (57) 26 C5
Maizet (14) 14 B5
Maizey (55) 47 G3
Maizicourt (80) 7 F3
Maizières (14) 14 D6
Maizières (52) 67 H1
Maizières (54) 48 C6
Maizières (62) 7 H2
Maizières (70) 87 F4
Maizières-
 -la-Grande-Paroisse (10) . . 65 H1
Maizières-lès-Brienne (10) . . 67 E2
Maizières-lès-Metz (57) . . . 26 B4
Maizières-lès-Vic (57) 49 G4
Maizières-sur-Amance (52) . . 86 C1
Maizilly (42) 115 F5
Maizy (02) 22 C5
Majastres (04) 177 F2
Malabat (32) 183 F1
la Malachère (70) 87 F5
Malafretaz (01) 116 D4
Mâlain (21) 85 F6
Malaincourt (88) 68 D3
Malaincourt-sur-Meuse (52) . 68 C4
Malakoff (92) 42 C4
Malancourt (55) 24 D6
Malandry (08) 24 D3
Malange (39) 102 D1
Malans (25) 103 G3
Malans (70) 102 D1
Malansac (56) 56 B6
Malarce-sur-la-Thines (07) . 157 E3
Malataverne (26) 158 A3
Malaucène (84) 158 D6
Malaucourt-sur-Seille (57) . . 48 D3
Malaunay (76) 17 G5
Malause (82) 168 C1
Malaussanne (64) 166 A5
Malaussène (06) 195 E1
Malauzat (63) 127 E2
Malaville (16) 122 A5
Malavillers (54) 25 H5
Malay (71) 116 A1
Malay-le-Grand (89) 65 E4
Malay-le-Petit (89) 65 E4
Malbo (15) 140 C4
Malbosc (07) 157 E4
Malbouhans (70) 88 B2
Malbouzon (48) 155 G1
Malbrans (25) 103 G2
Malbuisson (25) 104 A5
Mâle (61) 61 E3
Malegoude (09) 186 B4
Malemort-du-Comtat (84) . . 175 G1
Malemort-sur-Corrèze (19) . 138 D3
la Malène (48) 155 H5
Malesherbes (45) 63 G3
Malestroit (56) 56 A5
Malétable (61) 40 B6
Maleville (12) 153 H4
Malguénac (56) 55 E2
la Malhoure (22) 34 A5
Malicornay (36) 111 E1
Malicorne (03) 113 E4
Malicorne (89) 82 D2
Malicorne-sur-Sarthe (72) . . 77 G1
Maligny (21) 101 E2
Maligny (89) 83 H1
Malijai (04) 177 E1
Malincourt (59) 9 E4
Malintrat (63) 127 F3
Malissard (26) 144 B5
Mallefougasse-Augès (04) . 176 D1
Malleloy (54) 48 C4
Mallemoisson (04) 177 E1
Mallemort (13) 191 H2
Malléon (09) 185 H5
Malleret (23) 126 A3
Malleret-Boussac (23) 112 A4
Mallerey (39) 117 F1
Malleval (42) 129 H6
Malleval-en-Vercors (38) . . 145 E3
Malleville-les-Grès (76) . . . 16 D2
Malleville-sur-le-Bec (27) . . 18 A6
Mallièvre (85) 92 C4
Malling (57) 26 C2
Malloué (14) 37 G2
la Malmaison (02) 23 E3
Malmerspach (68) 88 D1
Malmy (51) 46 C1
Malons-et-Elze (30) 157 E4
Malouy (27) 15 H5
Malpart (80) 20 D2
Malpas (25) 103 H4
Malras (11) 186 D4
Malrevers (43) 142 C3
Malroy (57) 26 C5
Maltat (71) 100 A6
Maltot (14) 14 B5
Malval (23) 111 G3
Malvalette (43) 143 E1
Malves-en-Minervois (11) . . 187 E3
Malvezie (31) 184 A5
Malvières (43) 142 B1
Malviès (11) 186 D4
Malville (44) 74 B4
Malvillers (70) 86 D2
Malzéville (54) 48 C5
le Malzieu-Forain (48) 141 G5
le Malzieu-Ville (48) 141 G5
Malzy (02) 9 G6
Mamers (72) 60 C2
Mametz (62) 2 B5
Mametz (80) 8 B5
Mamey (54) 48 B3
Mamirolle (25) 103 G1
Manas (26) 158 C2
Manas-Bastanous (32) 183 G1

Manaurie (24) 137 H4
Mance (54) 26 A4
la Mancelière (28) 40 C5
Mandelieu-la-Napoule (06) . 178 C5
la Mancellière-sur-Vire (50) . . 37 G1
Mancenans (25) 88 A4
Mancenans-Lizerne (25) . . . 88 C6
Mancey (71) 116 B1
Manchecourt (45) 63 G4
Manciet (32) 166 D3
Mancieulles (54) 26 A4
Mancioux (31) 184 C3
Mancy (51) 45 E3
Mandagout (30) 173 E2
Mandailles-
 -Saint-Julien (15) 140 C4
Mandeure (25) 88 C4
Mandeville (27) 18 C6
Mandeville-en-Bessin (14) . 13 G5
Mandray (88) 70 D3
Mandres (27) 40 C5
Mandres-
 -aux-Quatre-Tours (54) . . . 48 A4
Mandres-en-Barrois (55) . . . 68 B1
Mandres-la-Côte (52) 68 B5
Mandres-les-Roses (94) . . . 43 E5
Mandres-sur-Vair (88) 69 E3
Manduel (30) 174 B3
Mane (04) 176 C2
Mane (31) 184 C4
Manéglise (76) 15 F1
Manéhouville (76) 17 G2
Manent-Montané (32) 184 A2
Manerbe (14) 15 F5
Mangiennes (55) 25 F5
Manglieu (63) 127 G4
Mangonville (54) 69 G1
Manhac (12) 154 B5
Manheulles (55) 47 H1
Manhoué (57) 48 D4
Manicamp (02) 21 H3
Manigod (74) 132 C2
Manin (62) 7 H2
Maninghem (62) 1 G6
Maninghen-Henne (62) 1 F4
Maniquerville (76) 16 C4
Manlay (21) 100 D2
Manneville-ès-Plains (76) . . 17 E2
Manneville-la-Goupil (76) . . 15 G1
Manneville-la-Pipard (14) . . 15 F4
Manneville-la-Raoult (27) . . 15 F3
Manneville-sur-Risle (27) . . 15 H3
Mannevillette (76) 15 F1
Mano (40) 149 E3
le Manoir (14) 14 A3
le Manoir (27) 18 D5
Manois (52) 68 B3
Manom (57) 26 B3
Manoncourt-
 -en-Vermois (54) 48 D6
Manoncourt-en-Woëvre (54) . 48 B4
Manonville (54) 48 B4
Manonviller (54) 49 F6
Manosque (04) 176 C3
Manot (16) 123 F1
Manou (28) 61 F1
Manre (08) 24 A6
le Mans (72) 60 B5
Mansac (19) 138 B3
Mansan (65) 183 F2
Mansat-la-Courrière (23) . . 125 E1
Mansempuy (32) 168 B4
Mansencôme (32) 167 F3
Manses (09) 186 A4
Mansigné (72) 78 A2
Mansle (16) 122 C2
Manso (2B) 204 C2
Mansonville (82) 168 B1
Manspach (68) 89 E3
Mant (40) 166 A5
Mantallot (22) 32 D2
Mantenay-Montlin (01) . . . 116 D3
Mantes-la-Jolie (78) 41 H2
Mantes-la-Ville (78) 41 H3
Mantet (66) 200 B4
Manteyer (05) 160 B2
Manthelan (37) 95 E2
Manthelon (27) 40 D3
Manthes (26) 144 B1
Mantilly (61) 37 H6
Mantoche (70) 86 C5
Mantry (39) 102 D5
Manvieux (14) 14 A3
Many (57) 27 E6
Manzac-sur-Vern (24) 137 E3
Manzat (63) 127 E1
Manziat (01) 116 C3
Marac (52) 68 A6
Marainville-sur-Madon (88) . 69 G2
Maraimviller (54) 49 F6
aux Marais (60) 20 A4
le Marais-la-Chapelle (14) . . 39 E3
Marais-Vernier (27) 15 G2
Marambat (32) 167 F3
Marandeuil (21) 86 B6
Marange-Silvange (57) 26 B4
Marange-Zondrange (57) . . 27 E5
Marans (17) 106 D3
Marans (49) 75 H1
Maransin (33) 135 G3
Marant (62) 1 G6
Maranville (52) 67 G4
Maranwez (08) 23 G2
Marast (70) 87 H4
Marat (63) 128 B4
Maraussan (34) 188 B2
Maravat (32) 168 A4
Maray (41) 96 D1
Maraye-en-Othe (10) 65 H4

Marbache (54) 48 C4
Marbaix (59) 9 H4
Marbeuf (27) 40 C1
Marbéville (52) 67 G3
Marboué (28) 62 A5
Marboz (01) 117 E3
Marby (08) 10 D6
Marc-la-Tour (19) 139 E2
Marçais (18) 97 G6
Marçay (37) 94 B2
Marçay (86) 108 D2
Marcé (49) 77 F3
Marcé-sur-Esves (37) 94 D3
Marcei (61) 39 E5
Marcelcave (80) 8 A6
Marcellaz (74) 118 D5
Marcellaz-Albanais (74) . . . 132 A2
Marcellois (21) 85 E6
Marcellus (47) 150 B3
Marcenais (33) 135 G3
Marcenat (03) 114 A5
Marcenat (15) 140 D1
Marcenay (21) 84 D1
Marcenod (42) 129 G5
Marcey-les-Grèves (50) . . . 35 H3
Marchainville (61) 40 B6
Marchais (02) 22 D3
Marchais-Beton (89) 82 C2
Marchais-en-Brie (02) 44 C4
Marchamp (01) 131 F3
Marchampt (69) 115 H6
Marchastel (15) 140 C2
Marchastel (48) 155 F2
Marchaux (25) 87 G6
la Marche (58) 98 D2
Marché-Allouarde (80) 21 F2
Marchélepot (80) 21 F1
Marchemaisons (61) 60 B1
Marchémoret (77) 43 F2
Marchenoir (41) 80 A2
Marcheprime (33) 148 D1
Marches (26) 144 C4
les Marches (73) 132 A5
Marcheseuil (21) 100 D2
Marchésieux (50) 13 E6
Marchéville (28) 61 H2
Marchéville-en-Woëvre (55) . 47 H1
Marchezais (28) 41 F4
Marchiennes (59) 9 E1
Marciac (32) 167 E6
Marcieu (38) 145 G5
Marcieux (73) 131 G4
Marcigny (71) 115 E4
Marcigny-sous-Thil (21) . . . 84 D5
Marcilhac-sur-Célé (46) . . . 153 E2
Marcillac (33) 135 F1
Marcillac-la-Croisille (19) . . 139 G2
Marcillac-la-Croze (19) . . . 139 E4
Marcillac-Lanville (16) 122 B2
Marcillac-
 -Saint-Quentin (24) 138 A5
Marcillac-Vallon (12) 154 B3
Marcillat (63) 113 F6
Marcillat-
 -en-Combraille (03) 112 D5
Marcillé-la-Ville (53) 59 E3
Marcillé-Raoul (35) 35 F6
Marcillé-Robert (35) 57 G4
Marcilloles (38) 144 C1
Marcilly (50) 37 E5
Marcilly (77) 43 G2
Marcilly-d'Azergues (69) . . 129 H2
Marcilly-en-Bassigny (52) . . 86 C1
Marcilly-en-Beauce (41) . . . 79 F2
Marcilly-en-Gault (41) 80 D5
Marcilly-en-Villette (45) . . . 81 E2
Marcilly-et-Dracy (21) 84 D5
Marcilly-la-Campagne (27) . . 41 E4
Marcilly-la-Gueurce (71) . . 115 F3
Marcilly-le-Châtel (42) . . . 128 D4
Marcilly-le-Hayer (10) 65 G3
Marcilly-lès-Buxy (71) 101 F6
Marcilly-Ogny (21) 100 D1
Marcilly-sur-Eure (27) 41 E4
Marcilly-sur-Maulne (37) . . 78 B4
Marcilly-sur-Seine (51) 65 G1
Marcilly-sur-Tille (21) 85 H4
Marcilly-sur-Vienne (37) . . . 94 D3
Marck (62) 1 H2
Marckolsheim (67) 71 G3
Marclopt (42) 129 E4
Marcoing (59) 9 D4
Marcolès (15) 140 A6
Marcollin (38) 144 C1
Marcols-les-Eaux (07) 143 F6
Marçon (72) 78 C2
Marconne (62) 7 E1
Marconnelle (62) 7 E1
Marcorignan (11) 188 A3
Marcoussis (91) 42 C6
Marcoux (04) 160 D6
Marcoux (42) 128 D3
Marcq (08) 24 C5
Marcq (78) 41 H4
Marcq-en-Baroeul (59) 3 F5
Marcq-en-Ostrevent (59) . . . 9 E2
Marcy (02) 9 E6
Marcy (58) 83 E6
Marcy (69) 129 H2
Marcy-l'Étoile (69) 129 H3
Marcy-sous-Marle (02) 22 C2
Mardeuil (51) 45 E2
Mardié (45) 81 E1
Mardilly (61) 39 G4
Mardor (52) 86 A1
Mardore (69) 115 G6
Mareau-aux-Bois (45) 63 F5
Mareau-aux-Prés (45) 80 C1
Marennes-en-Champagne (72) . 59 G6
Mareil-en-France (95) 42 D2
Mareil-le-Guyon (78) 42 A4

Mareil-Marly (78) 42 B3
Mareil-sur-Loir (72) 77 H2
Mareil-sur-Mauldre (78) . . . 42 A3
Mareilles (52) 68 A4
Marenla (62) 6 D1
Marennes (17) 120 B2
Marennes (69) 130 B4
Mareschés (72) 60 A4
Maresché (59) 9 F2
Maresquel-
 -Ecquemicourt (62) 7 E1
Marest (62) 7 G1
Marest-Dampcourt (02) . . . 21 H3
Marest-sur-Matz (60) 21 F4
Marestaing (32) 168 C5
Marestmontiers (80) 20 D2
Maresville (62) 1 F6
les Marêts (77) 44 B5
Maretz (59) 9 F4
Mareugheol (63) 127 F6
Mareuil (16) 122 A3
Mareuil (24) 122 D6
Mareuil-Caubert (80) 6 D4
Mareuil-en-Brie (51) 44 D3
Mareuil-en-Dôle (02) 22 B6
Mareuil-la-Motte (60) 21 F3
Mareuil-le-Port (51) 44 D2
Mareuil-lès-Meaux (77) . . . 43 G3
Mareuil-sur-Arnon (18) 97 F4
Mareuil-sur-Ay (51) 45 F2
Mareuil-sur-Cher (41) 79 H6
Mareuil-sur-Lay-Dissais (85) . 91 H5
Mareuil-sur-Ourcq (60) . . . 43 H1
Marey (88) 69 E5
Marey-lès-Fussey (21) . . . 101 G2
Marey-sur-Tille (21) 85 H3
Marfaux (51) 45 E1
Marfontaine (02) 22 D1
Margaux (33) 135 E3
Margencel (74) 118 D3
Margency (95) 42 C2
Margerides (19) 126 A6
Margerie-Chantagret (42) . . 128 D5
Margerie-Hancourt (51) . . . 66 D1
Marges (26) 144 C3
Margival (02) 22 B4
le Margnès (81) 171 F5
Margon (28) 61 E3
Margon (34) 188 C1
Margouët-Meymes (32) . . . 167 E4
Margueray (50) 37 F3
Marguerittes (30) 174 B3
Margueron (33) 136 C6
Marguestau (32) 166 D2
Margut (08) 25 E3
Mariac (07) 143 F5
Maricourt (80) 8 B5
Marie (06) 178 D1
Marieulles (57) 26 B6
Marieux (80) 7 H4
Marigna-sur-Valouse (39) . . 117 F2
Marignac (17) 121 F5
Marignac (31) 184 A6
Marignac (82) 168 B3
Marignac-en-Diois (26) . . . 145 E6
Marignac-Lasclares (31) . . 184 D2
Marignac-Laspeyres (31) . . 184 C3
Marigné (49) 76 D2
Marigné-Laillé (72) 78 B1
Marigné-Peuton (53) 76 C1
Marignier (74) 119 E5
Marignieu (01) 131 G2
Marigny (03) 113 G1
Marigny (39) 103 E6
Marigny (50) 37 F1
Marigny (51) 45 E5
Marigny (71) 101 E6
Marigny (79) 107 H4
Marigny-Brizay (86) 94 C5
Marigny-Chemereau (86) . . 108 D2
Marigny-en-Orxois (02) . . . 44 A2
Marigny-le-Cahouët (21) . . 84 D5
Marigny-le-Châtel (10) 65 G2
Marigny-l'Église (58) 84 A6
Marigny-lès-Reullée (21) . . 101 H3
Marigny-les-Usages (45) . . 63 E6
Marigny-Marmande (37) . . . 94 C3
Marigny-Saint-Marcel (74) . 131 H2
Marigny-sur-Yonne (58) . . . 99 G1
Marillac-le-Franc (16) 122 D3
le Marillais (49) 75 G4
Marillet (85) 107 G1
Marimbault (33) 149 H3
Marimont-
 -lès-Benestroff (57) 49 G3
Marin (74) 119 E3
Marines (95) 42 B1
Maringes (42) 129 F4
Maringues (63) 127 G2
Mariol (03) 127 H1
Marions (33) 150 A4
Marizy (71) 115 G1
Marizy-Saint-Mard (02) . . . 44 A1
Marizy-
 -Sainte-Geneviève (02) . . 44 A1
Marle (02) 22 D1
Marlemont (08) 23 G1
Marlenheim (67) 50 D5
Marlens (74) 132 C3
Marlers (80) 19 H1
Marles-en-Brie (77) 43 G5
Marles-les-Mines (62) 2 C6
Marles-sur-Canche (62) . . . 6 D1
Marlhes (42) 143 F2

Marliac (31) 185 G3
Marliens (21) 102 A1
Marlieux (01) 116 D6
Marlioz (74) 118 B6
Marly (57) 26 B6
Marly (59) 9 F2
Marly-Gomont (02) 9 H6
Marly-la-Ville (95) 43 E2
Marly-le-Roi (78) 42 B4
Marly-sous-Issy (71) 100 A6
Marly-sur-Arroux (71) 115 E1
Marmagne (18) 97 G2
Marmagne (21) 84 D3
Marmagne (71) 100 D5
Marmande (47) 150 C3
Marmanhac (15) 140 B4
Marmeaux (89) 84 B4
Marminiac (46) 152 B1
Marmont-Pachas (47) 167 H1
Marmouillé (61) 39 F5
Marmoutier (67) 50 C5
Marnac (24) 137 H6
Marnand (69) 115 G6
Marnans (38) 144 D1
Marnaves (81) 170 A1
Marnay (70) 87 E6
Marnay (71) 101 H6
Marnay (86) 109 E3
Marnay-sur-Marne (52) . . . 68 A5
Marnay-sur-Seine (10) 65 F1
Marnaz (74) 119 E6
la Marne (44) 91 E1
Marnes (79) 93 H4
Marnes-la-Coquette (92) . . 42 C4
Marnézia (39) 117 G1
Marnhagues-et-Latour (12) . 172 A3
Marnoz (39) 103 E3
Marœuil (62) 8 A2
la Marolle-en-Sologne (41) . 80 C4
Marolles (14) 15 G5
Marolles (41) 79 H3
Marolles (51) 46 B5
Marolles (60) 43 H1
Marolles-en-Beauce (91) . . 63 F2
Marolles-en-Brie (77) 44 A4
Marolles-en-Brie (94) 43 E5
Marolles-en-Hurepoix (91) . 63 G1
Marolles-lès-Bailly (10) . . . 66 C4
Marolles-les-Braults (72) . . 60 B3
Marolles-les-Buis (28) 61 F2
Marolles-
 -lès-Saint-Calais (72) 61 E6
Marolles-sous-Lignières (10) . 66 A6
Marolles-sur-Seine (77) . . . 64 C2
Marollette (72) 60 C2
Marols (42) 128 D6
Maromme (76) 17 G6
Mâron (36) 96 D5
Maron (54) 48 C5
Maroncourt (88) 69 G3
Marpaps (40) 165 G5
Marpent (59) 10 B2
Marpiré (35) 57 H2
Marquaix (80) 8 D5
Marquay (24) 138 A5
Marquay (62) 7 H1
Marquefave (31) 185 E2
Marquéglise (60) 21 E4
Marquein (11) 186 A2
Marquerie (65) 183 F2
Marques (76) 19 G1
Marquette-en-Ostrevant (59) . 9 E2
Marquette-lez-Lille (59) 3 F4
Marquigny (08) 24 A3
Marquillies (59) 3 E6
Marquion (62) 8 D3
Marquise (62) 1 F3
Marquivillers (80) 21 E2
Marquixanes (66) 200 C3
Marray (37) 78 D3
la Marre (39) 103 E6
Marre (55) 25 E6
les Mars (23) 126 B1
Mars (30) 172 D2
Mars (42) 115 F5
Mars-la-Tour (54) 26 A5
Mars-sous-Bourcq (08) . . . 24 A4
Mars-sur-Allier (58) 98 D5
Marsa (11) 200 A1
Marsac (16) 122 B3
Marsac (23) 111 E6
Marsac (65) 183 E2
Marsac (82) 168 B2
Marsac-en-Livradois (63) . . 128 B6
Marsac-sur-Don (44) 74 C2
Marsac-sur-l'Isle (24) 137 F2
Marsainvilliers (45) 63 F4
Marsais (17) 107 G5
Marsais-
 -Sainte-Radégonde (85) . 107 E1
Marsal (57) 49 F4
Marsal (81) 170 D2
Marsalès (24) 151 G1
Marsan (32) 168 A5
Marsaneix (24) 137 F3
Marsangis (51) 45 E6
Marsangy (89) 65 E3
Marsannay-la-Côte (21) . . . 101 H1
Marsannay-le-Bois (21) . . . 85 H5
Marsanne (26) 158 B2
Marsas (33) 135 G3
Marsas (65) 183 F4
Marsat (63) 127 F3
Marsaz (26) 144 B3
Marseillan (32) 167 F6
Marseillan (34) 189 E2
Marseillan (65) 183 F2
Marseille (13) 192 B4
Marseille-en-Beauvaisis (60) . 20 A3

Marseilles-lès-Aubigny (18) . 98 C5
Marseillette (11) 187 F3
Marsillargues (34) 173 H5
Marsilly (17) 106 C4
Marsilly (57) 26 C6
Marsolan (32) 167 H4
Marson (51) 46 A3
Marson-sur-Barboure (55) . . 47 G6
Marsonnas (01) 116 D3
Marsoulas (31) 184 D3
Marssac-sur-Tarn (81) 170 B2
Martagny (27) 19 G4
Martailly-lès-Brancion (71) . . 116 B1
Martainneville (80) 6 C5
Martainville (14) 38 C6
Martainville (27) 15 G2
Martainville-Épreville (76) . . 17 H6
Martaizé (86) 94 A4
Martel (46) 138 D3
Marthemont (54) 48 C6
Marthille (57) 49 F3
Marthod (73) 132 C3
Marthon (16) 122 D4
Martiel (12) 153 F4
Martigna (39) 117 G3
Martignargues (30) 173 H2
Martignas-sur-Jalle (33) . . . 134 D5
Martignat (01) 117 G2
Martigné-Briand (49) 93 F1
Martigné-Ferchaud (35) . . . 57 H4
Martigné-sur-Mayenne (53) . 58 D2
Martigny (02) 10 B4
Martigny (50) 37 F3
Martigny (76) 17 H3
Martigny-Courpierre (02) . . 22 C4
Martigny-le-Comte (71) . . . 115 G2
Martigny-les-Bains (88) . . . 69 E4
Martigny-
 -les-Gerbonvaux (88) . . . 68 D2
Martigny-sur-l'Ante (14) . . . 38 D2
Martigues (13) 191 G6
Martillac (33) 135 F6
Martin-Église (76) 17 G2
Martincourt (54) 48 B4
Martincourt (60) 19 H4
Martincourt-sur-Meuse (55) . 24 D3
le Martinet (30) 157 E5
Martinet (85) 91 E4
Martinpuich (62) 8 B4
Martinvast (50) 12 C2
Martinvelle (88) 69 F4
Martisserre (31) 184 C2
Martizay (36) 95 G4
Martot (27) 18 C6
Martragny (14) 14 A4
la Martre (83) 178 A3
Martres (33) 150 A2
les Martres-d'Artière (63) . . 127 G3
Martres-de-Rivière (31) . . . 184 A4
les Martres-de-Veyre (63) . . 127 F4
Martres-sur-Morge (63) . . . 127 F2
Martres-Tolosane (31) 184 C3
Martrin (12) 171 F4
Martrois (21) 85 E5
la Martyre (29) 31 F4
les Martys (11) 186 D2
Maruéjols-lès-Gardon (30) . 173 H3
Marval (87) 123 G3
Marvaux-Vieux (08) 24 A5
Marvejols (48) 155 H3
Marvelise (25) 88 B4
Marville (55) 25 F4
Marville-Moutiers-Brûlé (28) . 41 F4
Mary (71) 115 H1
Mary-sur-Marne (77) 43 H2
Marzan (56) 73 G1
Marzens (81) 170 A3
Marzy (58) 98 D3
le Mas (06) 178 C3
Mas-Blanc-des-Alpilles (13) . 191 E3
Mas-Cabardès (11) 187 E2
Mas-d'Agenais (47) 150 C2
le Mas-d'Artige (23) 125 H4
Mas-d'Auvignon (32) 167 G4
le Mas-d'Azil (09) 185 F4
Mas-de-Londres (34) 173 E4
le Mas-de-Tence (43) 143 F3
Mas-des-Cours (11) 187 E4
Mas-d'Orcières (48) 156 B3
Mas-Grenier (82) 168 D2
Mas-Saint-Chély (48) 155 H4
Mas-Saintes-Puelles (11) . . 186 B3
Masbaraud-Mérignat (23) . . 125 E2
Mascaraàs-Haron (64) 166 C2
Mascaras (32) 167 F4
Mascaras (65) 183 F3
Mascarville (31) 169 H6
Masclat (46) 138 B5
Masevaux (68) 88 D2
Maslacq (64) 165 G6
Masléon (87) 124 D3
Maslives (41) 80 A3
le Masnau-
 -Massuguiès (81) 171 E5
Masnières (59) 8 D4
Masny (59) 8 D2
Los Masos (66) 200 C3
Maspie-Lalonquère-
 -Juillacq (64) 182 D2
Masquières (47) 152 A3
Massabrac (31) 185 F3
Massac (11) 187 F5
Massac (17) 121 H2
Massac-Séran (81) 170 A4
Massaguel (81) 170 C4
Massais (79) 93 F3
Massals (81) 171 E2
Massanes (30) 173 H2
Massangis (89) 84 A4
Massat (09) 185 F6

assay (18) 97 E2
Massegros (48) 155 G5
asseilles (33) 150 A3
assels (47) 151 G4
assérac (44) 74 B1
asseret (19) 124 C5
asseube (32) 184 A1
assiac (15) 141 F2
assieu (38) 131 F6
assieux (01) 130 A2
assiges (51) 46 B1
assignac (16) 123 F3
assignies-sur-Rives (01) . 131 G3
assillargues-Attuech (30) . 173 G2
assilly (71) 116 A2
assingy (21) 85 E1
assingy (74) 131 H2
assingy-lès-Semur (21) . . . 84 D4
assingy-lès-Vitteaux (21). . . 85 E5
assognes (86) 94 A5
assoins (06) 195 E1
assongy (74) 118 D3
assoulès (47) 151 G4
assugas (33) 136 B6
assy (71) 115 H2
assy (76) 19 E2
assy (91) 42 C5
astaing (59) 9 E2
atafelon-Granges (01) . . 117 G4
s Matelles (34) 173 F4
atemale (66) 200 A3
atha (17) 121 G2
athaux (10) 66 D2
athay (25) 88 C5
athenay (39) 102 D4
s Mathes (17) 120 B3
athieu (14) 14 B4
athons (52) 67 H2
athonville (76) 19 E2
atignicourt-Goncourt (51) . 46 B5
atignon (22) 34 B4
atigny (80) 21 G1
atougues (51) 45 G2
atour (71) 115 H4
atra (2B) 205 G2
atringhem (62) 2 A6
attaincourt (88) 69 F3
attexey (54) 70 A1
atton-et-Clémency (08) . . 24 D2
atzenheim (67) 71 H1
aubec (38) 130 D5
aubec (82) 168 B3
aubec (84) 175 G3
aubert-Fontaine (08) . . . 10 D6
aubeuge (59) 10 A2
aubourguet (65) 166 D6
auchamps (91) 63 F1
aucomble (76) 19 E2
aucor (64) 182 C1
aucourt (60) 21 G2
aucourt (80) 21 E1
aucourt-sur-Orne (55) . . 25 F6
audétour-en-Vexin (95) . . 41 H2
auguio (34) 173 G5
aulan (55) 47 F5
aulay (86) 94 B3
aulde (59) 4 A6
aule (78) 42 A3
auléon (79) 92 C3
auléon-Barousse (65) . . 184 A5
auléon-d'Armagnac (32) . 166 C2
auléon-Licharre (64) . . . 181 G2
aulers (60) 20 B3
aulette (81) 169 H4
aulévrier (49) 92 D3
aulévrier-
 -Sainte-Gertrude (76) . . . 17 E5
aulichères (32) 166 C4
aumusson (44) 75 F3
aumusson (82) 168 B2
aumusson-Laguian (32) . 166 C5
auny (76) 18 B5
aupas (10) 66 B4
aupas (32) 166 C3
auperthuis (77) 43 H5
aupertuis (50) 37 F2
aupertus-sur-Mer (50) . . 12 D2
auprévoir (86) 109 F5
auquenchy (76) 19 F3
auran (31) 184 D3
aure (64) 182 D1
aure-de-Bretagne (35) . . . 56 D4
aurecourt (78) 42 B2
auregard (77) 43 E2
auregny-en-Haye (02) . . 22 D3
aureilhan (34) 188 B2
aureillas-las-Illas (66) . . 201 E4
auremont (31) 185 H1
aurens (24) 136 D5
aurens (31) 186 A1
aurens (32) 168 B5
aurens-Scopont (81) . . . 169 H5
aurepas (78) 42 A5
aurepas (80) 8 B5
auressac (31) 185 F2
auressargues (30) 173 H2
aureville (31) 169 G6
auriac (15) 140 A2
auriac (33) 136 A6
auries (40) 166 B5
aurines (15) 141 F5
aurois (59) 9 F4
auron (56) 56 B3
auroux (32) 168 B2
auroux (46) 152 A3
aurrin (40) 166 B3
aury (66) 200 D1
aurupt-le-Montois (51) . . 46 C5
ausoléo (2B) 202 D6
aussac (19) 125 G6

Maussane-les-Alpilles (13) . . 191 E2
Maussans (70) 87 G5
Mautes (23) 126 A1
Mauvages (55) 47 G6
Mauvaisin (31) 185 G2
Mauves (07) 144 A4
Mauves-sur-Huisne (61) . . 60 D1
Mauves-sur-Loire (44) . . . 75 E4
Mauvezin (31) 184 C1
Mauvezin (32) 168 B4
Mauvezin (65) 183 G4
Mauvezin-d'Armagnac (40) . 166 C2
Mauvezin-de-Prat (09) . . 184 D5
Mauvezin-
 -de-Sainte-Croix (09). . . 185 E4
Mauvezin-sur-Gupie (47) . . 150 C2
Mauvières (36) 110 B1
Mauvilly (21) 85 F3
Maux (58) 99 H3
Mauzac (31) 185 F2
Mauzac-
 -et-Grand-Castang (24) . . 137 F5
Mauzé-sur-le-Mignon (79) . 107 F4
Mauzé-Thouarsais (79) . . . 93 F3
Mauzens-et-Miremont (24). . 137 G4
Mauzun (63) 127 H4
Maves (41) 80 A2
Mavilly-Mandelot (21) . . 101 F3
la Maxe (57) 26 C5
Maxent (35) 56 C4
Maxéville (54) 48 C5
Maxey-sur-Meuse (88) . . 68 D1
Maxey-sur-Vaise (55) . . . 68 D1
Maxilly-sur-Léman (74) . . 119 F3
Maxilly-sur-Saône (21) . . 86 B6
Maxou (46) 152 C3
Maxstadt (57) 49 G2
May-en-Multien (77) 43 H2
le May-sur-Èvre (49) 75 H6
May-sur-Orne (14) 14 B5
Mayac (24) 137 G2
Mayenne (53) 58 D3
Mayet (72) 78 B2
le Mayet-de-Montagne (03) . 114 C6
le Mayet-d'École (03) . . . 113 H5
Maylis (40) 165 G4
Maynal (39) 117 F1
les Mayons (83) 193 H3
Mayot (02) 22 A2
Mayrac (46) 138 C5
Mayran (12) 154 B4
Mayrègne (31) 183 H6
Mayres (07) 157 E1
Mayres (63) 142 B1
Mayres-Savel (38) 145 G5
Mayreville (11) 186 A3
Mayrinhac-Lentour (46) . . 139 E6
Mayronnes (11) 187 F5
Maysel (60) 20 C6
Mazamet (81) 170 D6
Mazan (84) 175 H1
Mazan-l'Abbaye (07) . . . 157 E1
Mazangé (41) 79 F1
Mazaugues (83) 193 E3
Mazaye (63) 126 D3
Mazé (49) 77 F5
le Mazeau (85) 107 F3
Mazeirat (23) 111 G5
Mazeley (88) 69 H3
Mazerat-Aurouze (43) . . 142 A3
Mazeray (17) 121 F1
Mazères (09) 185 H3
Mazères (33) 149 H3
Mazères-de-Neste (65) . . 183 H4
Mazères-Lezons (64) . . . 182 B2
Mazères-sur-Salat (31) . . 184 C4
Mazerier (03) 113 G5
Mazerny (08) 24 A3
Mazerolles (16) 123 E2
Mazerolles (17) 121 E4
Mazerolles (40) 166 A2
Mazerolles (64) 166 A6
Mazerolles (65) 183 G2
Mazerolles (86) 109 G3
Mazerolles-du-Razès (11) . 186 C4
Mazerolles-le-Salin (25) . 103 F1
Mazerulles (54) 49 E4
Mazet-Saint-Voy (43) . . . 143 E4
Mazeuil (86) 94 A5
Mazeyrat-d'Allier (43) . . 142 A3
Mazeyrolles (24) 152 A1
la Mazière-
 -aux-Bons-Hommes (23). . 126 A2
Mazières (16) 123 E2
Mazières-de-Touraine (37) . 78 C5
Mazières-en-Gâtine (79) . 108 A1
Mazières-en-Mauges (49) . . 92 C2
Mazières-Naresse (47) . . 151 F1
Mazières-sur-Béronne (79) . 108 B4
Mazille (71) 115 H3
Mazingarbe (62) 2 D6
Mazinghem (62) 2 B5
Mazinghien (59) 9 G4
Mazion (33) 135 F3
Mazirot (88) 69 F2
le Mazis (80) 6 D6
Mazoires (63) 127 E6
Mazouau (65) 183 G4
Mazuby (11) 199 H1
Méailles (04) 178 A1
Méallet (15) 140 A2
Méasnes (23) 111 F3
Meaucé (28) 61 F1
Meaudre (38) 145 F3
la Meauffe (50) 13 F6
la Méaugon (22) 33 G4
Meaulne (03) 112 D1
Méaulte (80) 8 A5

Méautis (50) 13 E5
Meaux (77) 43 G3
Meaux-la-Montagne (69) . 115 G6
Meauzac (82) 169 E1
Mecé (35) 57 H2
Mechmont (46) 152 C2
Mécleuves (57) 26 C6
Mecquignies (59) 9 H2
Mécrin (55) 47 G4
Mécringes (51) 44 C4
Médan (78) 42 B3
Médavy (61) 39 F5
Medeyrolles (63) 128 B6
Médière (25) 88 B4
Médillac (16) 136 B2
Médis (17) 120 C4
Médonville (88) 68 D4
Médréac (35) 56 C1
le Mée (28) 62 A6
Mée (53) 76 C1
le Mée-sur-Seine (77) . . . 64 A1
les Mées (04) 176 D1
Mées (40) 165 E4
les Mées (72) 60 B3
Mégange (57) 26 D4
Megève (74) 133 E2
Mégevette (74) 119 E4
Mégrit (22) 34 B6
Méharicourt (80) 21 E1
Méharin (64) 181 E1
Méhers (41) 80 A6
Méhoncourt (54) 69 H1
Méhoudin (61) 59 F1
Mehun-sur-Yèvre (18) . . . 97 F2
la Meignanne (49) 76 D4
Meigné (49) 93 G1
Meigné-le-Vicomte (49) . . 78 A4
Meigneux (77) 64 D1
Meigneux (80) 19 H1
Meilhac (87) 124 A3
Meilhan (32) 184 B1
Meilhan (40) 165 G2
Meilhan-sur-Garonne (47) . 150 B2
Meilhards (19) 124 D5
Meilhaud (63) 127 F5
Meillac (35) 35 E6
Meillant (18) 97 H5
Meillard (03) 113 H3
le Meillard (80) 7 F3
la Meilleraie-Tillay (85) . . 92 C5
Meilleray (77) 44 B4
la Meilleraye-
 -de-Bretagne (44) 75 E2
Meillerie (74) 119 F2
Meillers (03) 113 G2
Meillon (64) 182 C2
Meillonnas (01) 117 E4
Meilly-sur-Rouvres (21) . . 101 E1
Meisenthal (57) 50 C2
Meistratzheim (67) 71 G1
le Meix (21) 85 G3
le Meix-Saint-Epoing (51) . . 44 D5
le Meix-Tiercelin (51) . . . 45 H6
Méjannes-le-Clap (30). . . 157 G5
Méjannes-lès-Alès (30) . . 173 H1
Mela (2A) 207 E2
Mélagues (12) 171 H4
Mélamare (76) 15 G1
Melay (49) 92 D1
Melay (52) 87 E1
Melay (71) 115 E5
le Mêle-sur-Sarthe (61) . . 60 C1
Mélecey (70) 88 A4
Melesse (35) 57 F2
Melgven (29) 53 H3
Mélicocq (60) 21 F4
Mélicourt (27) 39 H3
Méligny-le-Grand (55). . . 47 G5
Méligny-le-Petit (55) . . . 47 G5
Melin (70) 87 E2
Melincourt (70) 87 F1
Mélisey (70) 88 B2
Mélisey (89) 84 B1
Meljac (12) 154 B6
Mellac (29) 54 B4
Mellé (35) 58 A1
Melle (79) 108 B4
Mellecey (71) 101 F5
Melleran (79) 108 C5
Melleray (72) 61 E5
Melleroy (45) 82 C1
Melles (31) 184 B6
Melleville (76) 6 B5
Mellionnec (22) 54 D1
Mello (60) 20 C6
Meloisey (21) 101 F3
Melrand (56) 55 E3
Melsheim (67) 50 D4
Melun (77) 64 A1
Melve (04) 160 B4
Melz-sur-Seine (77) 65 E1
Membrey (70) 86 D3
la Membrolle-
 -sur-Choisille (37) 78 D5
la Membrolle-
 -sur-Longuenée (49) . . . 76 D3
Membrolles (41) 62 A6
Méménil (88) 70 B3
Memmelshoffen (67) 51 F2
le Mémont (25) 104 C1
Menades (89) 83 H5
Ménarmont (88) 70 B1
Menars (41) 80 A3
Menat (63) 113 E6
Menaucourt (55) 47 F5
Mencas (62) 2 A6
Menchhoffen (67) 50 C3
Mende (48) 156 A3
Mendionde (64) 180 D1
Menditte (64) 181 F3
Mendive (64) 181 E3

Ménéac (56) 56 A2
Ménerbes (84) 175 G3
Ménerval (76) 19 G3
Ménerville (78) 41 G3
Menesble (21) 85 G2
Méneslies (80) 6 B4
Ménesplet (24) 136 B4
Ménesqueville (27) 19 E5
Ménessaire (21) 100 C2
Menestreau (58) 83 E5
Ménestreau-en-Villette (45) . 81 E3
Menet (15) 140 B2
Menetou-Couture (18) . . . 98 C3
Menetou-Râtel (18) 82 B6
Menetou-Salon (18) 97 H1
Menetou-sur-Nahon (36) . . 96 C1
Ménétréol-
 -sous-Sancerre (18). . . . 82 B6
Ménétréol-sur-Sauldre (18) . 81 F5
Ménétreuil (71) 116 D1
Ménétreuil-le-Vignoble (39) . 102 D5
Ménétrux-en-Joux (39) . . . 117 H1
Ménévillers (60) 21 E3
Ménigoute (79) 108 C2
Ménil (53) 76 D2
le Ménil (88) 70 C6
Ménil-Annelles (08) 23 H4
Ménil-aux-Bois (55) 47 G4
le Ménil-Bérard (61) 39 H5
le Ménil-Broût (61) 60 B1
le Ménil-Ciboult (61) 37 H4
le Ménil-de-Briouze (61) . . 38 C5
Ménil-de-Senones (88) . . . 70 D2
Ménil-en-Xaintois (88) . . . 69 E3
Ménil-Erreux (61) 60 B1
le Ménil-Froger (61) 39 G5
le Ménil-Gondouin (61) . . . 38 C4
le Ménil-Guyon (61) 39 G6
Ménil-Hermei (61) 38 C4
Ménil-Hubert-en-Exmes (61) . 39 G4
Ménil-Hubert-sur-Orne (61) . 38 C3
Ménil-Jean (61) 38 D4
Ménil-la-Horgne (55) 47 G5
Ménil-la-Tour (54) 48 A4
le Ménil-Lépinois (08) . . . 23 G5
le Ménil-Scelleur (61) . . . 38 D6
le Ménil-sur-Belvitte (88) . . 70 B2
Ménil-sur-Saulx (55) 47 E6
le Ménil-Vicomte (61) . . . 39 G4
Ménil-Vin (61) 38 C3
Ménilles (27) 41 F2
la Ménitré (49) 77 F5
Mennecy (91) 63 G1
Mennessis (02) 22 A2
Mennetou-sur-Cher (41) . . 96 D1
Menneval (27) 15 H5
Menneville (02) 23 E4
Menneville (62) 1 G4
Mennevret (02) 9 F5
Mennouveaux (52) 68 B5
Ménoire (19) 139 E3
Menomblet (85) 92 D5
Menoncourt (90) 88 D2
Ménonval (76) 19 F1
Menotey (39) 102 C2
Menou (58) 83 E6
Menouville (95) 42 B1
le Menoux (36) 111 E2
Menoux (70) 87 F1
Mens (38) 145 G6
Mensignac (24) 137 E2
Menskirch (57) 26 D3
Mentheville (76) 16 C4
Menthon-
 -Saint-Bernard (74) 132 B2
Menthonnex-
 -en-Bornes (74) 118 C6
Menthonnex-
 -sous-Clermont (74) 131 H1
Mentières (15) 141 F4
Menton (06) 195 H2
Mentque-Nortbécourt (62) . . 1 H3
Menucourt (95) 42 B2
les Menus (61) 61 F1
Menville (31) 168 D5
Méobecq (36) 96 A6
Méolans-Revel (04) 161 E3
Méon (49) 78 A4
Méounes-
 -lès-Montrieux (83) 193 E4
Mer (41) 80 A3
Méracq (64) 166 A6
Méral (53) 58 B6
Méras (09) 185 F3
Mercatel (62) 8 B3
Mercenac (09) 184 D5
Merceuil (21) 101 G4
Mercey (27) 41 F2
Mercey-le-Grand (25) . . . 103 E1
Mercey-sur-Saône (70) . . . 86 D4
Mercin-et-Vaux (02) 22 A5
Merck-Saint-Liévin (62) . . . 2 A5
Merckeghem (59) 2 B3
Mercœur (19) 139 F4
Mercœur (43) 141 G2
Mercuer (07) 157 G2
Mercuès (46) 152 C3
Mercurey (71) 101 F5
Mercurol (26) 144 B3
Mercury (73) 132 C3
Mercus-Garrabet (09) . . . 185 H6
Mercy (03) 114 B2
Mercy (89) 65 G5
Mercy-le-Bas (54) 25 H4
Mercy-le-Haut (54) 25 H5
Merdrignac (22) 56 A2
Méré (78) 41 H4

Méré (89) 83 H1
Méreau (18) 97 E2
Méréaucourt (80) 19 H2
Méréglise (28) 61 H3
Mérélessart (80) 6 D5
Mérens (32) 167 H4
Mérens-les-Vals (09) . . . 199 G3
Mérenvielle (31) 168 D5
Méreuil (05) 159 H4
le Méreuil (50) 37 F5
Méréville (54) 48 C6
Méréville (91) 63 E3
Merey (27) 41 F3
Mérey-sous-Montrond (25) . 103 G2
Mérey-Vieilley (25) 87 F6
Merfy (51) 23 E5
Mergey (10) 66 A2
Meria (2B) 203 G2
Mérial (11) 199 H1
Méricourt (78) 41 G2
Méricourt-en-Vimeu (80) . . 7 E6
Méricourt-l'Abbé (80) 7 H5
Méricourt-sur-Somme (80) . 8 A6
Mériel (95) 42 C2
Mérifons (34) 172 B5
Mérignac (16) 122 A3
Mérignac (17) 135 G1
Mérignac (33) 135 E5
Mérignas (33) 136 A6
Mérignat (01) 117 F6
Mérignies (59) 3 G6
Mérigny (36) 110 A1
Mérigon (09) 185 E4
Mérilheu (65) 183 F4
Mérillac (22) 56 A1
Mérinchal (23) 126 B2
Mérindol (84) 191 H1
Mérindol-les-Oliviers (26) . 158 D5
Mérinville (45) 64 C5
le Mériot (10) 65 F1
Mériteín (64) 181 H2
Merkwiller-Pechelbronn (67) . 29 E6
Merlas (38) 131 F6
la Merlatière (85) 91 H3
Merlaut (51) 46 B5
Merle-Leignec (42) 128 D6
Merléac (22) 33 F6
le Merlerault (61) 39 G5
Merles (82) 168 C1
Merles-sur-Loison (55) . . . 25 F5
Merlevenez (56) 54 D5
Merlieux-
 -et-Fouquerolles (02) . . . 22 B4
Merlimont (62) 6 C1
Merlines (19) 126 B4
Mernel (35) 56 D4
Mérobert (91) 63 E2
Mérona (39) 117 G1
Mérouville (28) 62 D3
Meroux (90) 88 D3
Merpins (16) 121 G3
Merrey (52) 68 C5
Merrey-sur-Arce (10) 66 D5
Merri (61) 39 E3
Merris (59) 2 D4
Merry-la-Vallée (89) 83 E2
Merry-Sec (89) 83 F3
Merry-sur-Yonne (89) . . . 83 G4
Mers-les-Bains (80) 6 B4
Mers-sur-Indre (36) 111 G1
Merschweiller (57) 26 D2
Mersuay (70) 87 G2
Merten (57) 27 E4
Mertrud (52) 67 G2
Mertzen (68) 89 E3
Mertzwiller (67) 51 E3
Méru (60) 20 B6
Merval (02) 22 C5
Mervans (71) 102 A5
Mervent (85) 107 F1
Mervilla (31) 169 F6
Merville (31) 169 E4
Merville (59) 2 D5
Merville-
 -Franceville-Plage (14) . . 14 C4
Merviller (54) 70 B1
Merxheim (68) 71 F6
Méry (73) 131 H4
Méry-Corbon (14) 39 E1
Méry-ès-Bois (18) 81 G6
Méry-la-Bataille (60) 21 E3
Méry-Prémecy (51) 22 D6
Méry-sur-Marne (77) 44 A3
Méry-sur-Oise (95) 42 C2
Méry-sur-Seine (10) 65 H1
le Merzer (22) 33 E4
Mésandans (25) 87 H5
Mésanger (44) 75 F3
Mésangueville (76) 19 F3
Mesbrecourt-
 -Richecourt (02) 22 B2
Meschers-sur-Gironde (17) . 120 C4
Mescoules (24) 136 D6
le Mesge (80) 7 F5
Mesgrigny (10) 65 H1
Mésigny (74) 132 A1
Meslan (56) 54 C3
Mesland (41) 79 G4
Meslay (14) 38 C2
Meslay (41) 79 G2
Meslay-du-Maine (53) . . . 59 E6
Meslay-le-Grenet (28) . . . 62 A2
Meslay-le-Vidame (28) . . . 62 A3
Meslières (25) 88 D5
Meslin (22) 33 H5
Mesmay (25) 103 E2
Mesmont (08) 23 G3
Mesmont (21) 85 F6
Mesnac (16) 121 G2
Mesnard-la-Barotière (85) . 92 B4

Mesnay (39) 103 E4
les Mesneux (51) 23 E6
la Mesnière (61) 60 C1
Mesnières-en-Bray (76) . . . 19 E1
le Mesnil (50) 12 B4
le Mesnil-Adelée (50) . . . 37 F5
le Mesnil-Amand (50) . . . 35 H1
le Mesnil-Amelot (77) . . . 43 E2
le Mesnil-Amey (50) 37 F1
le Mesnil-au-Grain (14) . . 14 A6
le Mesnil-au-Val (50) . . . 12 D2
le Mesnil-Aubert (50) . . . 35 H1
le Mesnil-Aubry (95) 42 D2
le Mesnil-Auzouf (14) . . . 38 A2
le Mesnil-Bacley (14) . . . 15 E6
le Mesnil-Benoist (14) . . . 37 G3
Mesnil-Bruntel (80) 8 C6
le Mesnil-Caussois (14) . . 37 G3
le Mesnil-Clinchamps (14) . 37 G3
le Mesnil-Conteville (60) . . 20 A2
Mesnil-Domqueur (80) . . . 7 E4
le Mesnil-Durand (14) . . . 15 E6
le Mesnil-Durdent (76) . . . 17 E3
Mesnil-en-Arrouaise (80) . . 8 C5
le Mesnil-en-Thelle (60) . . 42 C1
le Mesnil-en-Vallée (49) . . 76 B5
le Mesnil-Esnard (76) . . . 18 D4
le Mesnil-Eudes (14) 15 F5
le Mesnil-Eury (50) 13 E6
Mesnil-Follemprise (76) . . 17 H3
le Mesnil-Fuguet (27) . . . 40 D2
le Mesnil-Garnier (50) . . . 35 H2
le Mesnil-Germain (14) . . 15 F6
le Mesnil-Gilbert (50) . . . 37 F5
le Mesnil-Guillaume (14) . . 15 F5
le Mesnil-Hardray (27) . . . 40 D2
le Mesnil-Herman (50) . . . 37 F2
le Mesnil-Jourdain (27) . . 40 D1
Mesnil-la-Comtesse (10) . . 66 B1
le Mesnil-le-Roi (78) 42 B3
Mesnil-Lettre (10) 66 C2
le Mesnil-Lieubray (76) . . . 19 F3
Mesnil-Martinsart (80) . . . 8 A4
le Mesnil-Mauger (14) . . . 15 E5
le Mesnil-Mauger (76) . . . 19 F2
le Mesnil-Opac (50) 37 F2
le Mesnil-Ozenne (50) . . . 37 F5
Mesnil-Panneville (76) . . . 17 F5
le Mesnil-Patry (14) 14 A4
le Mesnil-Rainfray (50) . . . 37 G5
Mesnil-Raoul (76) 18 D4
le Mesnil-Raoult (50) 37 G2
le Mesnil-Réaume (76) 6 B5
le Mesnil-Robert (14) . . . 37 G3
le Mesnil-Rogues (50) . . . 35 H2
Mesnil-Rousset (27) 40 A3
le Mesnil-Rouxelin (50) . . 13 E6
Mesnil-Saint-Denis (78) . . 42 A5
Mesnil-Saint-Firmin (60) . . 20 C3
Mesnil-Saint-Georges (80) . 20 D2
Mesnil-Saint-Laurent (02) . . 22 A1
le Mesnil-Saint-Loup (10) . 65 H3
Mesnil-Saint-Nicaise (80) . 21 F1
le Mesnil-Saint-Père (10) . 66 C3
Mesnil-Sellières (10) 66 C3
le Mesnil-Simon (14) 15 E5
le Mesnil-Simon (28) 41 G3
le Mesnil-
 -sous-Jumièges (76) 17 F6
Mesnil-sous-Vienne (27) . . 19 G5
le Mesnil-sur-Blangy (14) . 15 F4
le Mesnil-sur-Bulles (60) . . 20 D4
Mesnil-sur-l'Estrée (27) . . 41 E4
le Mesnil-sur-Oger (51) . . 45 F3
le Mesnil-Théribus (60) . . 20 A5
le Mesnil-Thomas (28) . . . 40 D6
le Mesnil-Tôve (50) 37 G5
le Mesnil-Véneron (50) . . . 13 E5
Mesnil-Verclives (27) . . . 19 F5
le Mesnil-Vigot (50) 13 E6
le Mesnil-Villeman (50) . . 35 H2
le Mesnil-Villement (14) . . 38 C3
le Mesnilbus (50) 12 D6
le Mesnillard (50) 37 F5
Mesnois (39) 117 G1
les Mesnuls (78) 42 A5
Mespaul (29) 31 G3
Mesplède (64) 165 G6
Mesples (03) 112 B3
Mespuits (91) 63 F3
Mesquer (44) 73 F3
Messac (17) 121 G6
Messac (35) 57 E5
Messanges (21) 101 G2
Messanges (40) 164 C3
Messas (45) 80 B2
Messé (79) 108 D4
Messei (61) 38 B5
Messein (54) 48 C6
Messeix (63) 126 B4
Messemé (86) 94 A3
Messery (74) 118 C3
Messey-sur-Grosne (71) . . 116 A1
Messia-sur-Sorne (39) . . . 102 D6
Messigny-et-Vantoux (21) . 85 H5
Messimy (69) 129 H4
Messimy-sur-Saône (01) . . 116 B6
Messincourt (08) 24 D2
Messon (10) 66 A3
Messy (77) 43 E2
Mesterrieux (33) 150 B1
Mestes (19) 126 A5
Mesves-sur-Loire (58) . . . 98 C1
Mesvres (71) 100 C5
Métabief (25) 104 A5
les Métairies (16) 121 H3
Métairies-Saint-Quirin (57) . 50 A5
Méteren (59) 2 D4
Méthamis (84) 175 G1
Métigny (80) 7 E5
Metting (57) 50 B3

Mettray (37) 78 D5
Metz (57) 26 B5
Metz-en-Couture (62) 8 D4
Metz-le-Comte (58) 83 G5
Metz-Robert (10) 66 B5
Metz-Tessy (74) 132 A1
Metzeral (68) 70 D5
Metzeresche (57) 26 C4
Metzervisse (57) 26 C3
Metzing (57) 49 H1
Meucon (56) 55 G6
Meudon (92) 42 C4
Meuilley (21) 101 G2
Meulan (78) 42 A2
Meulers (76) 17 H2
Meulles (14) 39 G2
Meulson (21) 85 F3
Meunet-Planches (36) 97 E5
Meunet-sur-Vatan (36) 96 D3
Meung-sur-Loire (45) 80 C2
Meurcé (72) 60 B3
Meurchin (62) 3 E6
Meurcourt (70) 87 G2
la Meurdraquière (50) 35 H2
Meures (52) 67 H4
Meurival (02) 22 D5
Meursac (17) 120 D3
Meursanges (21) 101 H3
Meursault (21) 101 G3
Meurville (10) 67 E4
Meusnes (41) 96 B1
Meussia (39) 117 H2
Meuvaines (14) 14 A3
Meux (17) 121 G5
le Meux (60) 21 E5
Meuzac (87) 124 C5
Mévoisins (28) 62 B1
Mévouillon (26) 159 F5
Meximieux (01) 130 C2
Mexy (54) 25 H3
Mey (57) 26 C5
Meyenheim (68) 71 F6
Meylan (38) 145 G2
Meymac (19) 125 G5
Meynes (30) 174 C2
Meyrals (24) 137 H5
Meyrannes (30) 157 E5
Meyrargues (13) 176 B5
Meyras (07) 157 F1
Meyreuil (13) 176 A6
Meyrié (38) 130 D5
Meyrieu-les-Étangs (38) 130 C5
Meyrieux-Trouet (73) 131 G4
Meyrignac-l'Église (19) 125 E6
Meyronne (46) 138 D5
Meyronnes (04) 161 G3
Meyrueis (48) 156 A6
Meys (69) 129 F4
Meyssac (19) 138 D4
Meysse (07) 158 A2
Meyssiès (38) 130 C6
Meythet (74) 132 A1
la Meyze (87) 124 A4
Meyzieu (69) 130 B3
Mézangers (53) 59 E4
Mèze (34) 189 E1
Mézel (04) 177 F1
Mezel (63) 127 G3
Mézens (81) 169 G4
Mézeray (72) 77 H1
Mézères (43) 142 D3
Mézériat (01) 116 C4
Mézerolles (80) 7 F3
Mézerville (11) 186 A3
Mézidon-Canon (14) 39 E1
la Mézière (35) 57 E2
Mézières-au-Perche (28) 61 H3
Mézières-en-Brenne (36) 95 H5
Mézières-en-Drouais (28) 41 F5
Mézières-en-Gâtinais (45) 63 H5
Mézières-en-Santerre (80) 20 D1
Mézières-en-Vexin (27) 41 F1
Mézières-lez-Cléry (45) 80 C2
Mézières-sous-Lavardin (72) 59 H4
Mézières-sur-Couesnon (35) 57 G1
Mézières-sur-Issoire (87) 110 A5
Mézières-sur-Oise (02) 22 A1
Mézières-sur-Ponthouin (72) 60 B4
Mézières-sur-Seine (78) 41 H3
Mézilhac (07) 143 F6
Mézilles (89) 82 D3
Mézin (47) 167 F1
Méziré (90) 88 D4
Mézos (40) 148 B6
Mézy-Moulins (02) 44 C2
Mézy-sur-Seine (78) 42 A2
Mhère (58) 100 A1
Mialet (24) 123 G5
Mialet (30) 173 G1
Mialos (64) 166 A6
Miannay (80) 6 C4
Michaugues (58) 99 G1
Michelbach (68) 89 E2
Michelbach-le-Bas (68) 89 G3
Michelbach-le-Haut (68) 89 G3
Michery (89) 64 D3
Midrevaux (88) 68 C2
Mièges (39) 103 G5
Miélan (32) 183 G1
Miellin (70) 88 C1
Miermaigne (28) 61 F3
Miers (46) 138 D5
Miéry (39) 102 D5
Mietesheim (67) 50 D3
Mieussy (74) 119 E5
Mieuxcé (61) 59 H2
Migé (89) 83 F3
Migennes (89) 65 F6
Miglos (09) 199 E1
Mignaloux-Beauvoir (86) 109 E1
Mignavillers (70) 88 A3

Migné (36) 96 A6
Migné-Auxances (86) 109 E1
Mignères (45) 64 A5
Mignerette (45) 63 H5
Mignières (28) 62 A2
Mignovillard (39) 103 G5
Migny (36) 97 E3
Migré (17) 107 G5
Migron (17) 121 G2
Mijanès (09) 199 H2
Mijoux (01) 118 B3
la Milesse (72) 60 A5
Milhac (46) 138 B6
Milhac-d'Auberoche (24) 137 G3
Milhac-de-Nontron (24) 123 F6
Milhars (81) 153 F6
Milhas (31) 184 B5
Milhaud (30) 174 A4
Milhavet (81) 170 B1
Milizac (29) 30 D4
Millac (86) 109 G5
Millam (59) 2 B3
Millançay (41) 80 C5
Millas (66) 201 E2
Millau (12) 172 A1
Millay (58) 100 B5
Millebosc (76) 6 B5
Millemont (78) 41 H4
Millencourt (80) 8 A5
Millencourt-en-Ponthieu (80) 7 E3
Millery (21) 84 C4
Millery (54) 48 C4
Millery (69) 130 A4
Millevaches (19) 125 G4
Millières (50) 12 D6
Millières (52) 68 B4
Millonfosse (59) 9 E1
Milly (50) 37 G5
Milly-la-Forêt (91) 63 H2
Milly-Lamartine (71) 116 A3
Milly-sur-Bradon (55) 24 D4
Milly-sur-Thérain (60) 20 A4
Milon-la-Chapelle (78) 42 B5
Mimbaste (40) 165 E4
Mimet (13) 192 B3
Mimeure (21) 101 E2
Mimizan (40) 148 A5
Minaucourt-
-le-Mesnil-lès-Hurlus (51) 46 B1
Minerve (34) 187 G2
Mingot (65) 183 F1
Mingoval (62) 8 A1
Miniac-Morvan (35) 35 E5
Miniac-sous-Bécherel (35) 56 D1
le Minihic-sur-Rance (35) 36 A5
Minihy-Tréguier (22) 33 E2
Minorville (54) 48 B4
Minot (21) 85 G3
Minversheim (67) 50 D4
Minzac (24) 136 B4
Minzier (74) 118 B6
Miolles (81) 171 E3
Mionnay (01) 130 B2
Mions (69) 130 B4
Mios (33) 148 C1
Miossens-Lanusse (64) 166 B6
Mirabeau (04) 177 E1
Mirabeau (84) 176 B4
Mirabel (07) 157 H2
Mirabel (82) 152 C6
Mirabel-aux-Baronnies (26) 158 D5
Mirabel-et-Blacons (26) 158 D1
Miradoux (32) 168 A2
Miramas (13) 191 G3
Mirambeau (17) 121 F6
Mirambeau (31) 184 C1
Miramont-d'Astarac (32) 167 G6
Miramont-
-de-Comminges (31) 184 B4
Miramont-
-de-Guyenne (47) 150 D2
Miramont-de-Quercy (82) 152 A5
Miramont-Latour (32) 168 A4
Miramont-Sensacq (40) 166 B5
Mirandol-
-Bourgnounac (81) 153 H6
Mirannes (32) 167 G5
Miraumont (80) 8 B4
Miraval-Cabardès (11) 187 E2
Mirbel (52) 67 H3
Miré (49) 77 E2
Mirebeau (86) 94 A5
Mirebeau-sur-Bèze (21) 86 B5
Mirebel (39) 103 E6
Mirecourt (88) 69 F3
Mirefleurs (63) 127 F4
Miremont (31) 185 F2
Miremont (63) 126 C2
Mirepeisset (11) 188 A3
Mirepeix (64) 182 C3
Mirepoix (09) 186 B4
Mirepoix (32) 168 A4
Mirepoix-sur-Tarn (31) 169 G3
Mireval (34) 173 F6
Mireval-Lauragais (11) 186 B3
Miribel (01) 130 B2
Miribel (26) 144 C2
Miribel-Lanchâtre (38) 145 F4
Miribel-les-Échelles (38) 131 G6
Mirmande (26) 158 B1
Mirvaux (80) 7 G5
Mirville (76) 15 G1
Miscon (26) 159 F2
Miserey (27) 41 E2
Miserey-Salines (25) 87 F6
Misérieux (01) 130 A1
Misery (80) 8 B6
Mison (04) 160 A5

Missé (79) 93 G3
Missècle (81) 170 B4
Missègre (11) 187 E5
Missery (21) 84 D6
Missillac (44) 73 H2
Missiriac (56) 56 A5
Misson (40) 165 E5
Missy (14) 14 A5
Missy-aux-Bois (02) 21 H5
Missy-lès-Pierrepont (02) 22 D2
Missy-sur-Aisne (02) 22 B5
Missy-sur-Yonne (77) 64 D3
Mitry-Mory (77) 43 E3
Mittainville (78) 41 G5
Mittainvillers (28) 61 H1
Mittelbergheim (67) 71 F1
Mittelbronn (57) 50 B4
Mittelhausbergen (67) 51 E5
Mittelhausen (67) 50 D4
Mittelschaeffolsheim (67) 50 D4
Mittelwihr (68) 71 F4
Mittersheim (57) 49 H3
Mittlach (68) 70 D5
Mittois (14) 15 E6
Mitzach (68) 70 D6
Mizérieux (42) 129 E3
Mizoën (38) 146 B3
Mobecq (50) 12 C5
Moca-Croce (2A) 207 E1
Modane (73) 147 E2
Modène (84) 175 G1
Moëlan-sur-Mer (29) 54 A4
les Moëres (59) 2 C1
Moernach (68) 89 F4
Moëslains (52) 46 C4
Moeurs-Verdey (51) 44 D5
Mœuvres (59) 8 D3
Moëze (17) 120 C1
Moffans-et-Vacheresse (70) 88 A3
Mogeville (55) 25 F6
Mognard (73) 131 H3
Mogneneins (01) 116 B5
Mogneville (60) 20 D5
Mogues (08) 25 E2
Mohon (56) 55 H3
Moidieu-Détourbe (38) 130 B5
Moigny-sur-École (91) 63 G2
Moimay (70) 87 H4
Moineville (54) 26 A4
Moings (17) 121 G5
Moinville-la-Jeulin (28) 62 C2
Moirans (38) 145 F1
Moirans-en-Montagne (39) 117 H2
Moirax (47) 151 F6
Moiré (69) 129 G1
Moiremont (51) 46 C1
Moirey-Flabas-Crépion (55) 25 F5
Moiron (39) 102 D6
Moiry (08) 25 E3
Moisdon-la-Rivière (44) 75 E1
Moisenay (77) 64 A1
Moislains (80) 8 C5
Moissac (82) 168 D1
Moissac-Bellevue (83) 177 F4
Moissac-Vallée-
-Française (48) 156 C6
Moissannes (87) 124 D2
Moissat (63) 127 G3
Moisselles (95) 42 D2
Moissey (39) 102 C1
Moissieu-sur-Dolon (38) 130 B6
Moisson (78) 41 G2
Moissy-Cramayel (77) 43 E6
Moissy-Moulinot (58) 83 G6
Moisville (27) 40 D4
Moisy (41) 79 H1
Moïta (2B) 205 G2
Moitiers-d'Allonne (50) 12 B4
les Moitiers-
-en-Bauptois (50) 12 D4
Moitron (21) 85 F3
Moitron-sur-Sarthe (72) 59 H3
Moivre (51) 46 B3
Moivrons (54) 48 D4
Molac (56) 56 A6
Molagnies (76) 19 G3
Molain (02) 9 F5
Molain (39) 103 E5
Molamboz (39) 103 E4
Molandier (11) 185 H3
Molas (31) 184 B1
Molay (39) 102 C3
Môlay (89) 84 A2
le Molay-Littry (14) 13 G5
la Môle (83) 194 A4
Moléans (28) 62 A5
Molèdes (15) 141 E2
Molère (65) 183 G4
Molesme (21) 66 C6
Molesmes (89) 83 F3
Molezon (48) 156 B6
Moliens (60) 19 H2
Molières (24) 137 F6
Molières (46) 139 F6
Molières (82) 152 C6
les Molières (91) 42 B5
Molières-Cavaillac (30) 172 D2
Molières-Glandaz (26) 159 F1
Molières-sur-Cèze (30) 157 E5
Moliets-et-Maa (40) 164 C2
Molinchart (02) 22 B3
Molines-en-Queyras (05) 147 F2
Molinet (03) 114 D2
Molineuf (41) 79 H4
Molinges (39) 117 H3
Molinons (89) 65 F4
Molinot (21) 101 E3
Molins-sur-Aube (10) 66 D2
Molitg-les-Bains (66) 200 C2

Mollans (70) 87 H3
Mollans-sur-Ouvèze (26) 158 D5
Mollau (68) 70 D6
Mollégès (13) 175 F3
Molles (03) 114 B6
les Mollettes (73) 132 A5
Molleville (11) 186 A2
Molliens-au-Bois (80) 7 G5
Molliens-Dreuil (80) 7 E6
Mollkirch (67) 50 C6
Molompize (15) 141 F2
Molosmes (89) 84 B1
Moloy (21) 85 G4
Molphey (21) 84 C6
Molpré (39) 103 G5
Molring (57) 49 G3
Molsheim (67) 50 D6
Moltifao (2B) 203 E6
les Molunes (39) 118 A3
Momas (64) 166 A6
Mombrier (33) 135 E3
Momères (65) 183 E3
Momerstroff (57) 27 E5
Mommenheim (67) 50 D4
Momuy (40) 165 H5
Momy (64) 182 D1
Monacia-d'Aullène (2A) 207 E4
Monacia-d'Orezza (2B) 205 G1
Monampteuil (02) 22 C4
Monassut-Audiracq (64) 182 C1
le Monastère (12) 154 C4
le Monastier-
-Pin-Moriès (48) 155 G3
le Monastier-
-sur-Gazeille (43) 142 D5
Monay (39) 102 D5
Monbahus (47) 151 E2
Monbalen (47) 151 F5
Monbardon (32) 184 B1
Monbazillac (24) 136 D6
Monbéqui (82) 168 D3
Monblanc (32) 184 D1
Monbrun (32) 168 C5
Moncale (2B) 202 C6
Moncassin (32) 183 H1
Moncaup (31) 184 B5
Moncaup (64) 166 D6
Moncaut (47) 151 E6
Moncayolle-
-Larrory-Mendibieu (64) 181 G2
Moncé-en-Belin (72) 78 A1
Moncé-en-Saosnois (72) 60 C3
Monceau-le-Neuf-
-et-Faucouzy (02) 22 C1
Monceau-le-Waast (02) 22 C3
Monceau-lès-Leups (02) 22 B2
Monceau-Saint-Waast (59) 9 H3
Monceau-sur-Oise (02) 9 G6
les Monceaux (14) 15 E5
Monceaux (60) 20 D5
Monceaux-au-Perche (61) 61 E1
Monceaux-en-Bessin (14) 13 H5
Monceaux-l'Abbaye (60) 19 G2
Monceaux-le-Comte (58) 83 G6
Monceaux-
-sur-Dordogne (19) 139 F3
Moncel-lès-Lunéville (54) 49 F6
Moncel-sur-Seille (54) 49 E4
Moncel-sur-Vair (88) 68 D2
la Moncelle (08) 24 C2
Moncetz-l'Abbaye (51) 46 B6
Moncetz-Longevas (51) 45 H3
Moncey (25) 87 G5
Monchaux-Soreng (76) 6 C5
Monchaux-sur-Écaillon (59) 9 F2
Moncheaux (59) 8 D1
Moncheaux-lès-Frévent (62) 7 G2
Monchecourt (59) 8 D2
Monchel-sur-Canche (62) 7 F2
Moncheux (57) 48 D3
Monchiet (62) 8 A3
Monchy-au-Bois (62) 8 A3
Monchy-Breton (62) 7 H1
Monchy-Cayeux (62) 7 G1
Monchy-Humières (60) 21 E4
Monchy-Lagache (80) 8 C6
Monchy-le-Preux (62) 8 C2
Monchy-Saint-Éloi (60) 20 D6
Monchy-sur-Eu (76) 6 B5
Moncla (64) 166 C5
Monclar (32) 166 C2
Monclar (47) 151 E3
Monclar-de-Quercy (82) 169 G2
Monclar-sur-Losse (32) 167 F6
Moncley (25) 87 E6
Moncontour (22) 33 H6
Moncontour (86) 93 H4
Moncorneil-Grazan (32) 184 A1
Moncoutant (79) 92 D5
Moncrabeau (47) 167 G1
Moncy (61) 38 A4
Mondavezan (31) 184 D3
Mondelange (57) 26 B4
Mondement-
-Montgivroux (51) 45 E4
Mondescourt (60) 21 H3
Mondevert (35) 58 A4
Mondeville (14) 14 C4
Mondeville (91) 63 G1
Mondicourt (62) 7 H3
Mondigny (08) 24 A2
Mondilhan (31) 184 B2
Mondion (86) 94 C4
Mondon (25) 87 H5
Mondonville (31) 169 E5
Mondonville-Saint-Jean (28) 62 D2
Mondorff (57) 26 C2
Mondoubleau (41) 61 F6
Mondouzil (31) 169 G5
Mondragon (84) 158 A5

Mondrainville (14) 14 B5
Mondrepuis (02) 10 B5
Mondreville (77) 63 H4
Mondreville (78) 41 G3
Monein (64) 182 A2
Monès (31) 184 D1
Monesple (09) 185 G4
Monestier (03) 113 G4
Monestier (07) 143 G2
Monestier (24) 136 C6
le Monestier (63) 128 A5
Monestier-d'Ambel (38) 145 H6
Monestier-de-Clermont (38) 145 F5
le Monestier-du-Percy (38) 145 G6
Monestier-Merlines (19) 126 B4
Monestier-Port-Dieu (19) 126 B5
Monestiés (81) 170 B1
Monestrol (31) 185 H2
Monétay-sur-Allier (03) 113 H3
Monétay-sur-Loire (03) 114 C3
Monéteau (89) 83 F1
Monêtier-Allemont (05) 160 A4
le Monêtier-les-Bains (05) 146 D4
Monfaucon (24) 136 C5
Monfaucon (65) 183 F1
Monferran-Plavès (32) 167 H6
Monferran-Savès (32) 168 C5
Monflanquin (47) 151 G2
Monfort (32) 168 B3
Monfréville (14) 13 F5
Mongaillard (47) 150 D5
Mongausy (33) 150 B2
Mongauzy (33) 150 B2
Monget (40) 165 H5
Monguilhem (32) 166 C3
Monheurt (47) 150 D4
Monhoudou (72) 60 B3
Monieux (84) 175 H1
Monistrol-d'Allier (43) 142 A4
Monistrol-sur-Loire (43) 143 E2
Monlaur-Bernet (32) 183 H2
Monléon-Magnoac (65) 183 H3
Monlet (43) 142 B2
Monlezun (32) 167 E6
Monlezun-
-d'Armagnac (32) 166 C3
Monlong (65) 183 H3
Monmadalès (24) 137 E6
Monmarvès (24) 151 F1
Monnai (61) 39 H3
Monnaie (37) 79 E4
Monneren (57) 26 D3
la Monnerie-le-Montel (63) 128 A2
Monnerville (91) 63 E3
Monnes (02) 44 A1
Monnet-la-Ville (39) 103 E6
Monnetay (39) 117 F2
Monnetier-Mornex (74) 118 C5
Monneville (60) 20 A6
Monnières (39) 102 C2
Monnières (44) 75 E6
Monoblet (30) 173 F2
Monpardiac (32) 167 F6
Monpazier (24) 151 H1
Monpezat (64) 166 D6
Monplaisant (24) 137 H6
Monprimblanc (33) 149 H1
Mons (16) 122 A4
Mons (17) 121 G2
Mons (30) 173 H1
Mons (31) 169 G5
Mons (34) 171 H6
Mons (63) 127 H1
Mons (83) 178 B4
Mons-Boubert (80) 6 C4
Mons-en-Baroeul (59) 3 G5
Mons-en-Laonnois (02) 22 B3
Mons-en-Montois (77) 64 D1
Mons-en-Pévèle (59) 3 F6
Monsac (24) 137 E6
Monsaguel (24) 137 E6
Monsec (24) 123 E6
Monségur (33) 150 B1
Monségur (40) 165 H5
Monségur (47) 151 G3
Monségur (64) 183 E1
la Monselie (15) 140 B1
Monsempron-Libos (47) 151 H3
Monsireigne (85) 92 B5
Monsols (69) 115 H5
Monsteroux-Milieu (38) 130 B6
Monsures (80) 20 B2
Monswiller (67) 50 C4
Mont (64) 165 G6
Mont (65) 197 F1
Mont (71) 114 D1
Mont-Bernanchon (62) 2 D5
Mont-Bertrand (14) 37 H2
Mont-Bonvillers (54) 25 H5
Mont-Cauvaire (76) 17 G5
Mont-d'Astarac (32) 184 A2
Mont-Dauphin (05) 161 F1
Mont-de-Galié (31) 184 A5
Mont-de-Lans (38) 146 B3
Mont-de-Laval (25) 104 C1
Mont-de-Marrast (32) 183 G1
Mont-de-Marsan (40) 166 A2
Mont-de-Vougney (25) 104 C1
Mont-devant-Sassey (55) 24 D4
le Mont-Dieu (08) 24 A2
Mont-Disse (64) 166 C5
Mont-Dol (35) 35 E4
Mont-Dore (63) 126 D5
Mont-d'Origny (02) 9 F6
Mont-et-Marré (58) 99 G3
Mont-Laurent (08) 23 H4
le Mont-l'If (76) 17 F5
Mont-le-Vernois (70) 87 F3
Mont-le-Vignoble (54) 48 A6
Mont-lès-Lamarche (88) 69 E5

Mont-lès-Neufchâteau (88) 68
Mont-lès-Seurre (71) 102
Mont-l'Étroit (54) 68
Mont-l'Évêque (60) 43
Mont-Louis (66) 200
Mont-Notre-Dame (02) 22
Mont-Ormel (61) 39
Mont-près-Chambord (41) . . . . . 80 A
Mont-Roc (81) 170
le Mont-Saint-Adrien (60) 20
Mont-Saint-Aignan (76) 17
Mont-Saint-Éloi (62) 8
Mont-Saint-Jean (02) 23
Mont-Saint-Jean (21) 84
Mont-Saint-Jean (72) 59
Mont-Saint-Léger (70) 87
Mont-Saint-Martin (02) 22
Mont-Saint-Martin (08) 24
Mont-Saint-Martin (38) 145
Mont-Saint-Martin (54) 25
le Mont-Saint-Michel (50) 35
Mont-Saint-Père (02) 44
Mont-Saint-Remy (08) 23
Mont-Saint-Sulpice (89) 65
Mont-Saint-Vincent (71) 115
Mont-Saxonnex (74) 119
Mont-sous-Vaudrey (39) 102
Mont-sur-Courville (51) 22
Mont-sur-Meurthe (54) 49
Mont-sur-Monnet (39) 103
Montabard (61) 39
Montabot (50) 37
Montacher-Villegardin (89) 64
Montadet (32) 184
Montady (34) 188
Montagagne (09) 185
Montagna-
-le-Reconduit (39) 117
Montagna-le-Templier (39) 117
Montagnac (30) 173
Montagnac (34) 188
Montagnac-
-d'Auberoche (24) 137
Montagnac-
-la-Crempse (24) 137
Montagnac-Montpezat (04) 177
Montagnac-
-sur-Auvignon (47) 151
Montagnac-sur-Lède (47) . . . . . 151 G
Montagnat (01) 117
Montagne (33) 135
Montagne (38) 144
la Montagne (44) 74
la Montagne (70) 70
Montagne-Fayel (80) 7
Montagney (70) 86
Montagney-Servigney (70) 87
Montagnieu (01) 131
Montagnieu (38) 131
Montagnol (12) 171
Montagnole (73) 131
Montagny (42) 115
Montagny (69) 129
Montagny (73) 133
Montagny-en-Vexin (60) 41
Montagny-lès-Beaune (21) 101
Montagny-lès-Buxy (71) 101
Montagny-les-Lanches (74) 132
Montagny-lès-Seurre (21) 102
Montagny-
-près-Louhans (71) 102
Montagny-
-Sainte-Félicité (60) 43
Montagny-sur-Grosne (71) 115
Montagoudin (33) 150
Montagrier (24) 136
Montagudet (82) 152
Montagut (64) 166
Montaignac-
-Saint-Hippolyte (19) 139
Montaigu (02) 22
Montaigu (39) 102
Montaigu (85) 91
Montaigu-de-Quercy (82) 151
Montaigu-la-Brisette (50) 12
Montaigu-le-Blin (03) 114
Montaigu-les-Bois (50) 37
Montaiguët-en-Forez (03) 114
Montaigut (63) 113
Montaigut-le-Blanc (23) 111
Montaigut-le-Blanc (63) 127
Montaigut-sur-Save (31) 168
Montaillé (72) 61
Montailleur (73) 132
Montaillou (09) 199
Montaimont (73) 132
Montain (39) 102
Montaïn (82) 168
Montainville (28) 62
Montainville (78) 42
Montalba-le-Château (66) 200
Montalembert (79) 108
Montalet-le-Bois (78) 41
Montalieu-Vercieu (38) 131
Montalzat (82) 152
Montamat (32) 168
Montambert (58) 99
Montamel (46) 152
Montamisé (86) 109
Montamy (14) 38
Montanay (69) 130
Montancy (25) 88
Montandon (25) 88
Montanel (50) 35
Montaner (64) 183
Montanges (01) 117
Montans (81) 170
Montapas (58) 99
Montarcher (42) 128
Montardit (09) 185

236

ontardon (64) 182 C1
ontaren-et-Saint-Médiers (30) 174 B1
ontargis (45) 64 A6
ontarlot (77) 64 B3
ontarlot-lès-Rioz (70) 87 F5
ontarnaud (34) 173 E5
ontaron (58) 99 H4
ontastruc (47) 151 E3
ontastruc (65) 183 G3
ontastruc (82) 169 E1
ontastruc-la-Conseillère (31) . . 169 G4
ontastruc-Savès (31) . . 184 C5
Montat (46) 152 C4
ontataire (60) 20 D6
ontauban (82) 169 E2
ontauban-de-Bretagne (35) . . 56 C2
ontauban-de-Luchon (31) . 197 F1
ontauban-de-Picardie (80) . . 8 B5
ontauban-sur-l'Ouvèze (26) . 159 F5
ontaud (34) 173 G4
ontaud (38) 145 F2
ontaudin (53) 58 B2
ontaulieu (26) 159 E4
ontaulin (10) 66 B3
ontaure (27) 18 C6
ontauriol (11) 186 A3
ontauriol (47) 151 F2
ontauriol (66) 201 E3
ontauriol (81) 170 D1
ontauroux (83) 178 B5
ontaut (09) 185 H3
ontaut (24) 137 E6
ontaut (31) 185 F2
ontaut (32) 183 H1
ontaut (40) 165 H4
ontaut (47) 151 F2
ontaut (64) 182 A1
ontaut-les-Créneaux (32) . 167 H4
ontautour (35) 58 A3
ontauville (54) 48 B3
ontay (59) 9 F4
ontayral (47) 151 H3
ontazeau (24) 136 B5
ontazels (11) 186 D6
ontbard (21) 84 C3
ontbarla (82) 152 A5
ontbarrey (39) 102 D3
ontbarrois (45) 63 G5
ontbartier (82) 169 E2
ontbavin (02) 22 B3
ontbazens (12) 154 A3
ontbazin (34) 173 E6
ontbazon (37) 78 D6
ontbel (09) 186 B5
ontbéliard (25) 88 C4
ontbéliardot (25) 104 C1
ontbellet (71) 116 B2
ontbenoît (25) 104 B3
ontberaud (31) 185 E4
ontbernard (31) 184 B2
ontberon (31) 169 F4
ontbert (44) 91 G1
ontberthault (21) 84 B5
ontbeton (82) 169 E2
ontbeugny (03) 114 A2
ontbizot (72) 60 A4
ontblainville (55) 24 C6
ontblanc (34) 188 D1
ontboillon (70) 87 E5
ontboissier (28) 62 A4
ontbolo (66) 200 D4
ontbonnot-Saint-Martin (38) . 145 G2
ontboucher (23) 124 D1
ontboucher-sur-Jabron (26) . 158 B2
ontboudif (15) 140 C1
ontbouton (90) 88 D4
ontbouy (45) 82 B1
ontboyer (16) 136 B1
ontbozon (70) 87 G4
ontbrand (05) 159 G2
ontbras (55) 68 D1
ontbray (50) 37 F3
ontbré (51) 45 F1
ontbrehain (02) 9 E5
ontbrison (42) 128 D4
ontbrison-sur-Lez (26) . 158 C3
ontbron (16) 123 E4
ontbronn (57) 28 B6
ontbrun (46) 153 F3
ontbrun (48) 156 A4
ontbrun-Bocage (31) . 185 E4
ontbrun-des-Corbières (11) . 187 G3
ontbrun-Lauragais (31) . 185 G1
ontbrun-les-Bains (26) . 159 F6
ontcabrier (46) 152 A2
ontcabrier (81) 169 H5
ontcaret (24) 136 B5
ontcarra (38) 131 E4
ontcavrel (62) 1 G6
ontceau-et-Écharnant (21) . 101 F3
ontceau-les-Mines (71) . 100 D6
ontceaux (01) 116 B6
ontceaux-lès-Meaux (77) . 43 H3
ontceaux-lès-Provins (77) . 44 B5
ontceaux-lès-Vaudes (10) . 66 B4
ontcel-l'Étoile (71) 115 E3
ontceaux-Ragny (71) . 116 B1
ontcel (63) 127 E1
ontcel (73) 131 H3
ontcenis (71) 100 D5
ontcet (01) 116 D5
ontcey (70) 87 G3

Montchaboud (38) 145 G3
Montchal (42) 129 F2
Montchâlons (02) 22 C4
Montchamp (14) 38 A3
Montchamp (15) 141 F4
Montchanin (71) 101 E6
Montcharvot (52) 86 D1
Montchaton (50) 36 D2
Montchaude (16) 121 H5
Montchauvet (14) 38 A2
Montchauvet (78) 41 G3
Montchenu (26) 144 B2
Montcheutin (08) 24 B5
Montchevrel (61) 39 G6
Montchevrier (36) 111 F2
Montclar (04) 160 D3
Montclar (11) 186 D4
Montclar (12) 171 F2
Montclar-de-Comminges (31) . . . 184 D3
Montclar-Lauragais (31) . 185 H2
Montclar-sur-Gervanne (26) . 144 C6
Montclard (43) 142 A2
Montcléra (46) 152 B2
Montclus (05) 159 H3
Montclus (30) 157 G5
Montcombroux-les-Mines (03) . . . 114 C3
Montcony (71) 102 B6
Montcorbon (45) 64 C6
Montcornet (02) 23 E2
Montcornet (08) 11 E6
Montcourt (70) 69 E6
Montcourt-Fromonville (77) . 64 A3
Montcoy (71) 101 H5
Montcresson (45) 82 B1
Montcuit (50) 37 E1
Montcuq (46) 152 B4
Montcusel (39) 117 G3
Montcy-Notre-Dame (08) . 24 B1
Montdardier (30) 172 D2
Montdauphin (77) 44 B4
Montdidier (57) 49 G3
Montdidier (80) 20 D2
Montdoré (70) 69 F6
Montdoumerc (46) 152 D5
Montdragon (81) 170 B4
Montdurausse (81) 169 G2
Monte (2B) 203 G6
Monteaux (41) 79 G5
Montebourg (50) 12 D3
Montech (82) 168 D2
Montécheroux (25) 88 C5
Montegrosso (2B) 202 C5
Montégut (32) 167 H5
Montégut (40) 166 C2
Montégut (65) 183 H4
Montégut-Arros (32) 183 F1
Montégut-Bourjac (31) . 184 D2
Montégut-en-Couserans (09) . . . 184 D5
Montégut-Lauragais (31) . 186 B1
Montégut-Plantaurel (09) . 185 G4
Montégut-Savès (32) . 184 C1
Monteignet-sur-l'Andelot (03) . . . 113 H6
le Monteil (15) 140 B2
le Monteil (43) 142 C4
le Monteil-au-Vicomte (23) . 125 F1
Monteille (14) 15 E5
Monteils (12) 153 G5
Monteils (30) 173 H1
Monteils (82) 152 D6
Montel-de-Gelat (63) 126 B1
Montéléger (26) 144 B5
Montélier (26) 144 C5
Montélimar (26) 158 A2
le Montellier (01) 130 C1
Montels (09) 185 G5
Montels (34) 188 B2
Montels (81) 170 A2
Montembœuf (16) 123 E3
Montenach (57) 26 D2
Montenay (53) 58 C3
Montendre (17) 135 G1
Montendry (73) 132 B5
Montenescourt (62) 8 A2
Monteneuf (56) 56 B5
Montenils (77) 44 C4
Montenois (25) 88 B4
Montenoison (58) 99 F1
Montenoy (54) 48 D4
Montépilloy (60) 21 E6
Monteplain (39) 103 E2
Montépreux (51) 45 G5
Montereau (45) 81 H1
Montereau-Fault-Yonne (77) . 64 C2
Montereau-sur-le-Jard (77) . 43 F6
Monterfil (35) 56 D3
Montérolier (76) 19 E2
Monterrein (56) 56 A4
Montertelot (56) 56 A4
Montescot (66) 201 F3
Montescourt-Lizerolles (02) . 22 A2
Montespan (31) 184 C4
Montesquieu (34) 172 B6
Montesquieu (47) 150 D5
Montesquieu (82) 152 A6
Montesquieu-Avantès (09) . 185 E5
Montesquieu-des-Albères (66) . 201 F4
Montesquieu-Guittaut (31) . 184 B2
Montesquieu-Lauragais (31) . 185 H1
Montesquieu-Volvestre (31) . 185 E3
Montesquiou (32) 167 F5
Montessaux (70) 88 A2
Montesson (78) 42 C3
Montestruc-sur-Gers (32) . 167 H3

le Montet (03) 113 F3
Montet-et-Bouxal (46) 153 G1
Monteton (47) 150 C2
Monteux (84) 175 F1
Montévrain (77) 43 F4
Monteynard (38) 145 G4
Montézic (12) 154 C1
Montfa (09) 185 E4
Montfa (81) 170 C4
Montfalcon (38) 144 C2
Montfarville (50) 13 E2
Montfaucon (02) 44 B3
Montfaucon (25) 103 G1
Montfaucon (30) 174 D1
Montfaucon (46) 152 D1
Montfaucon-d'Argonne (55) . 24 D6
Montfaucon-en-Velay (43) . 143 F2
Montfaucon-Montigné (49) . 75 F6
Montfermier (82) 152 C5
Montfermy (63) 126 D2
Montferrand (11) 186 A2
Montferrand-du-Périgord (24) . 137 G6
Montferrand-la-Fare (26) . 159 F4
Montferrand-le-Château (25) . 103 F1
Montferrat (38) 131 F5
Montferrat (83) 177 H5
Montferrer (66) 200 D4
Montferrier (09) 186 A6
Montferrier-sur-Lez (34) . 173 F5
Montfey (10) 65 H5
Montfiquet (14) 13 G6
Montfleur (39) 117 F3
Montflours (53) 58 D4
Montflovin (25) 104 A3
Montfort (04) 176 D1
Montfort (25) 103 F2
Montfort (49) 93 G1
Montfort (64) 181 G1
Montfort-en-Chalosse (40) . 165 F4
Montfort-l'Amaury (78) 41 H4
Montfort-le-Gesnois (72) . 60 C5
Montfort-sur-Argens (83) . 177 F6
Montfort-sur-Boulzane (11) . 200 B2
Montfort-sur-Meu (35) . 56 D2
Montfort-sur-Risle (27) . 18 A5
Montfranc (12) 171 E3
Montfrin (30) 174 C3
Montfroc (26) 159 G6
Montfuron (04) 176 C3
Montgaillard (09) 185 H6
Montgaillard (11) 187 G6
Montgaillard (40) 166 A4
Montgaillard (65) 183 E4
Montgaillard (81) 169 G3
Montgaillard (82) 168 B2
Montgaillard-de-Salies (31) . 184 C4
Montgaillard-Lauragais (31) . 185 H1
Montgaillard-sur-Save (31) . 184 B3
Montgardin (05) 160 C2
Montgardon (50) 12 C5
Montgaroult (61) 38 D4
Montgauch (09) 184 D5
Montgaudry (61) 60 C2
Montgazin (31) 185 F2
Montgé-en-Goële (77) 43 F2
Montgeard (31) 185 H2
Montgellafrey (73) 132 C6
Montgenèvre (05) 147 F4
Montgenost (51) 44 C6
Montgérain (60) 20 D3
Montgermont (35) 57 E2
Montgeron (91) 42 D5
Montgeroult (95) 42 B2
Montgesoye (25) 103 H2
Montgesty (46) 152 B2
Montgey (81) 170 A6
Montgibaud (19) 124 C5
Montgilbert (73) 132 C5
Montgirod (73) 132 D5
Montgiscard (31) 185 G1
Montgivray (36) 111 G1
Montgobert (02) 21 H5
Montgon (08) 24 A4
Montgradail (11) 186 C4
Montgras (31) 184 D1
Montgreleix (15) 140 D1
Montgru-Saint-Hilaire (02) . 44 B1
Montguers (26) 159 F5
Montgueux (10) 66 A3
Montguillon (49) 76 C2
Montguyon (17) 135 H2
les Monthairons (55) 47 F2
Montharville (28) 62 A4
Monthault (35) 37 F6
Monthaut (11) 186 C4
Monthelie (21) 101 G3
Monthelon (51) 45 E2
Monthelon (71) 100 C4
Monthenault (02) 22 C4
Montheries (52) 67 G4
Monthermé (08) 11 E6
Monthiers (02) 44 B2
Monthieux (01) 130 B1
Monthion (73) 132 C4
Monthodon (37) 79 E3
Monthoiron (86) 94 D6
Monthois (08) 24 B5
Montholier (39) 102 D4
Monthou-sur-Bièvre (41) . 79 H5
Monthou-sur-Cher (41) . 79 H6
Monthuchon (50) 37 E1
Monthurel (02) 44 C2
Monthureux-le-Sec (88) . 69 E3
Monthureux-sur-Saône (88) . 69 E5
Monthyon (77) 43 G2
Monticello (2B) 202 D5

Montier-en-Der (52) 67 F1
Montier-en-l'Isle (10) 67 E3
Montiéramey (10) 66 C4
Montierchaume (36) 96 D5
Montiers (60) 20 D4
Montiers-sur-Saulx (55) . 68 A1
Monties (32) 184 B1
Montignac (24) 138 A3
Montignac (33) 149 H1
Montignac (65) 183 F3
Montignac-Charente (16) . 122 B3
Montignac-de-Lauzun (47) . 151 E2
Montignac-le-Coq (16) . 136 C1
Montignac-Toupinerie (47) . 150 D2
Montignargues (30) 173 H2
Montigné (16) 122 A2
Montigné-le-Brillant (53) . 58 C5
Montigné-lès-Rairies (49) . 77 G3
Montigny (14) 14 A6
Montigny (18) 98 A1
Montigny (45) 63 E5
Montigny (54) 49 G6
Montigny (72) 60 B1
Montigny (76) 17 G6
Montigny-aux-Amognes (58) . 99 E3
Montigny-devant-Sassey (55) . . . 24 D4
Montigny-en-Arrouaise (02) . . 9 F6
Montigny-en-Cambrésis (59) . . 9 F4
Montigny-en-Gohelle (62) . . . 8 C1
Montigny-en-Morvan (58) . 100 A2
Montigny-en-Ostrevent (59) . . 8 D2
Montigny-la-Resle (89) . 83 G1
Montigny-l'Allier (02) 43 H1
Montigny-le-Bretonneux (78) . . . 42 B4
Montigny-le-Chartif (28) . 61 G3
Montigny-le-Franc (02) 22 D2
Montigny-le-Gannelon (28) . 61 H6
Montigny-le-Guesdier (77) . 65 E2
Montigny-Lencoup (77) . 64 C2
Montigny-Lengrain (02) . 21 G5
Montigny-lès-Arsures (39) . 103 E4
Montigny-lès-Cherlieu (70) . 87 E2
Montigny-lès-Condé (02) . 44 C3
Montigny-lès-Cormeilles (95) . 42 C3
Montigny-les-Jongleurs (80) . . 7 F3
Montigny-lès-Metz (57) . 26 B5
Montigny-les-Monts (10) . 66 A5
Montigny-lès-Vaucouleurs (55) . 47 H6
Montigny-lès-Vesoul (70) . 87 F3
Montigny-Montfort (21) . 84 C4
Montigny-Mornay-Villeneuve-sur-Vingeanne (21) 86 B4
Montigny-Saint-Barthélemy (21) . 84 C5
Montigny-sous-Marle (02) . 22 D1
Montigny-sur-Armançon (21) . 84 D5
Montigny-sur-Aube (21) . 67 F6
Montigny-sur-Avre (28) . 40 D5
Montigny-sur-Canne (58) . 99 G4
Montigny-sur-Chiers (54) . 25 G4
Montigny-sur-Crécy (02) . 22 C2
Montigny-sur-l'Ain (39) . 103 E6
Montigny-sur-l'Hallue (80) . . 7 H5
Montigny-sur-Loing (77) . 64 A3
Montigny-sur-Meuse (08) . 11 E4
Montigny-sur-Vence (08) . 24 A2
Montigny-sur-Vesle (51) . 22 D5
Montilliers (49) 93 E1
Montillot (89) 83 G4
Montilly (03) 113 H1
Montilly-sur-Noireau (61) . 38 B4
Montils (17) 121 F4
les Montils (41) 79 H4
Montipouret (36) 111 G1
Montirat (11) 187 E3
Montirat (81) 153 H6
Montireau (28) 61 G2
Montiron (32) 168 B5
Montivernage (25) 88 A6
Montivilliers (76) 15 F1
Montjardin (11) 186 C5
Montjaux (12) 171 H1
Montjavoult (60) 19 G6
Montjay (05) 159 G4
Montjay (71) 102 B5
Montjean (16) 108 C6
Montjean (53) 58 B5
Montjean-sur-Loire (49) . 75 H4
Montjoi (11) 187 F5
Montjoi (82) 151 H6
Montjoie-en-Couserans (09) . 185 E5
Montjoie-le-Château (25) . 88 D5
Montjoie-Saint-Martin (50) . 35 H5
Montjoire (31) 169 F4
Montjoux (26) 158 D3
Montjoyer (26) 158 B3
Montjustin (04) 176 B3
Montjustin-et-Velotte (70) . 87 H3
Montlandon (28) 61 G2
Montlaur (12) 171 G3
Montlaur (31) 169 G6
Montlaur-en-Diois (26) . 159 F2
Montlaux (04) 176 D1
Montlauzun (46) 152 B5
Montlay-en-Auxois (21) . 84 C6
Montlebon (25) 104 B2
Montlevicq (36) 111 H1
Montlevon (02) 44 C3
Montlhéry (91) 42 C6
Montliard (45) 63 F6
Montlieu-la-Garde (17) . 135 G2
Montlignon (95) 42 C2
Montliot-et-Courcelles (21) . 85 E1

Montlivault (41) 80 A3
Montlognon (60) 43 F1
Montloué (02) 23 E2
Montlouis (18) 97 F5
Montlouis-sur-Loire (37) . 79 E5
Montluçon (03) 112 D4
Montluel (01) 130 B2
Montmachoux (77) 64 C3
Montmacq (60) 21 F4
Montmagny (95) 42 D3
Montmahoux (25) 103 G3
Montmain (21) 102 A3
Montmain (76) 17 H6
Montmançon (21) 86 B6
Montmarault (03) 113 F4
Montmarlon (39) 103 F4
Montmartin (60) 21 E4
Montmartin-en-Graignes (50) . 13 F5
Montmartin-le-Haut (10) . 67 E3
Montmartin-sur-Mer (50) . 36 D2
Montmaur (05) 160 A2
Montmaur (11) 186 A1
Montmaur-en-Diois (26) . 159 E1
Montmaurin (31) 184 A3
Montmédy (55) 25 E3
Montmeillant (08) 23 G2
Montmelard (71) 115 G4
Montmelas-Saint-Sorlin (69) . 129 G1
Montmélian (73) 132 A5
Montmerle-sur-Saône (01) . 116 B6
Montmerrei (61) 39 E5
Montmeyan (83) 177 E5
Montmeyran (26) 144 B6
Montmin (74) 132 B2
Montmirail (51) 44 C4
Montmirail (72) 61 E3
Montmiral (26) 144 C3
Montmirat (30) 173 H3
Montmirey-la-Ville (39) . 102 C1
Montmirey-le-Château (39) . 102 D1
Montmoreau-Saint-Cybard (16) . 122 B6
Montmorency (95) 42 D3
Montmorency-Beaufort (10) . 67 E1
Montmorillon (86) 109 H3
Montmorin (05) 159 G3
Montmorin (63) 127 G4
Montmorot (39) 102 D6
Montmort (71) 100 B6
Montmort-Lucy (51) 45 E3
Montmotier (88) 69 G6
Montmoyen (21) 85 F2
Montmurat (15) 153 H2
Montner (66) 200 D2
Montoillot (21) 101 F1
Montoir-de-Bretagne (44) . 73 H4
Montoire-sur-le-Loir (41) . 79 E2
Montois-la-Montagne (57) . 26 B4
Montoison (26) 144 B6
Montoldre (03) 114 A4
Montolieu (11) 186 D2
Montolivet (77) 44 B4
Montonvillers (80) 7 G5
Montord (03) 113 H4
Montory (64) 181 G4
Montot (21) 102 B2
Montot (70) 86 D4
Montot-sur-Rognon (52) . 68 A3
Montouliers (34) 188 A2
Montoulieu (09) 185 H6
Montoulieu (34) 173 F2
Montoulieu-Saint-Bernard (31) . 184 C3
Montournais (85) 92 C5
Montours (35) 35 H5
Montourtier (53) 59 E3
Montoussé (65) 183 G4
Montoussin (31) 184 D2
Montoy-Flanville (57) 26 C5
Montpellier (34) 173 F5
Montpellier-de-Médillan (17) . 121 E4
Montpensier (63) 113 G6
Montperreux (25) 104 A4
Montpeyroux (12) 155 E2
Montpeyroux (24) 136 B5
Montpeyroux (34) 172 D5
Montpeyroux (63) 127 F4
Montpezat (30) 173 H3
Montpezat (32) 184 C1
Montpezat (47) 151 E4
Montpezat-de-Quercy (82) . 152 D5
Montpezat-sous-Bauzon (07) . 157 F1
Montpinchon (50) 37 E2
Montpinier (81) 170 C5
Montplonne (55) 47 E5
Montpollin (49) 77 G3
Montpon-Ménestérol (24) . 136 B4
Montpont-en-Bresse (71) . 116 D1
Montpothier (10) 44 C6
Montpouillan (47) 150 B3
Montrabé (31) 169 F5
Montrabot (50) 37 H1
Montracol (01) 116 D5
Montravers (79) 92 D4
Montréal (07) 157 F3
Montréal (11) 186 C3
Montréal (32) 167 E2
Montréal (89) 84 B4
Montréal-la-Cluse (01) . 117 G5
Montréal-les-Sources (26) . 159 E4
Montrécourt (59) 9 F3
Montredon (46) 153 H2
Montredon-des-Corbières (11) . 188 A3
Montredon-Labessonnié (81) . 170 D4

Montregard (43) 143 F3
Montréjeau (31) 184 A4
Montrelais (44) 76 B5
Montrem (24) 137 E3
Montrésor (37) 95 H2
Montret (71) 102 A6
Montreuil (28) 41 F4
Montreuil (62) 6 D1
Montreuil (85) 107 E2
Montreuil (93) 42 D4
Montreuil-au-Houlme (61) . 38 D5
Montreuil-aux-Lions (02) . 44 A2
Montreuil-Bellay (49) 93 G2
Montreuil-Bonnin (86) 108 D1
Montreuil-des-Landes (35) . 58 A3
Montreuil-en-Auge (14) . 15 E5
Montreuil-en-Caux (76) . 18 D2
Montreuil-en-Touraine (37) . 79 F5
Montreuil-Juigné (49) 76 D4
Montreuil-la-Cambe (61) . 39 E5
Montreuil-l'Argillé (27) . 39 H3
Montreuil-le-Chétif (72) . 59 H5
Montreuil-le-Gast (35) . 57 E1
Montreuil-le-Henri (72) . 78 D1
Montreuil-Poulay (53) 59 E2
Montreuil-sous-Pérouse (35) . 57 H2
Montreuil-sur-Barse (10) . 66 C4
Montreuil-sur-Blaise (52) . 67 G1
Montreuil-sur-Brêche (60) . 20 C4
Montreuil-sur-Epte (95) . 41 G1
Montreuil-sur-Ille (35) . 57 F1
Montreuil-sur-Loir (49) . 77 E3
Montreuil-sur-Lozon (50) . 13 E6
Montreuil-sur-Maine (49) . 76 D3
Montreuil-sur-Thérain (60) . 20 B5
Montreuil-sur-Thonnance (52) . 68 A1
Montreuillon (58) 99 H2
Montreux (54) 49 H6
Montreux-Château (90) . 88 D3
Montreux-Jeune (68) 88 D3
Montreux-Vieux (68) 88 D3
Montrevault (49) 75 G5
Montrevel (38) 131 E5
Montrevel (39) 117 F3
Montrevel-en-Bresse (01) . 116 D2
Montrichard (41) 79 G6
Montricher-Albanne (73) . 146 C2
Montricoux (82) 169 G1
Montrieux-en-Sologne (41) . 80 C4
Montrigaud (26) 144 C2
Montriond (74) 119 F4
Montrodat (48) 155 H3
Montrol-Sénard (87) 110 A6
Montrollet (16) 123 G1
Montromant (69) 129 G3
Montrond (05) 159 H4
Montrond (39) 103 E5
Montrond-le-Château (25) . 103 G2
Montrond-les-Bains (42) . 129 E4
Montrosier (81) 153 F6
Montrottier (69) 129 G3
Montroty (76) 19 G4
Montrouge (92) 42 D4
Montrouveau (41) 79 E2
Montroy (17) 106 D5
Montrozier (12) 154 D4
Montry (77) 43 G3
Monts (37) 78 D6
Monts (60) 20 A6
Monts-en-Bessin (14) . 14 A5
Monts-en-Ternois (62) 7 G2
Monts-sur-Guesnes (86) . 94 B4
les Monts-Verts (48) 141 F5
Montsalès (12) 153 G3
Montsalier (04) 176 B1
Montsalvy (15) 154 B1
Montsapey (73) 132 C5
Montsauche-les-Settons (58) . 100 B1
Montsaugeon (52) 86 B3
Montsaunès (31) 184 C4
Montsec (55) 47 H3
Montsecret (61) 38 A4
Montségur (09) 186 A6
Montségur-sur-Lauzon (26) . 158 B4
Montselgues (07) 156 D3
Montséret (11) 187 H4
Montsérié (65) 183 H4
Montseron (09) 185 F5
Montseveroux (38) 130 B6
Montsoreau (49) 94 A1
Montsoué (40) 166 A4
Montsoult (95) 42 D2
Montsûrs (53) 59 E4
Montsurvent (50) 36 D1
Montsuzain (10) 66 B2
Montureux-et-Prantigny (70) . 86 D4
Montureux-lès-Baulay (70) . 87 F1
Montusclat (43) 142 D4
Montussaint (25) 87 H5
Montussan (33) 135 F5
Montvalen (81) 169 G3
Montvalent (46) 138 D5
Montvalezan (73) 133 F4
Montverdun (42) 128 D3
Montvernier (73) 146 C2
Montvert (15) 139 G4
Montvicq (03) 113 E4
Montviette (14) 15 E6
Montville (76) 17 G5
Montviron (50) 35 H3
Montzéville (55) 25 E6
Monviel (47) 151 E2
Monze (11) 187 E4
Moon-sur-Elle (50) 13 F6
Moosch (68) 88 D1
Mooslargue (68) 89 F4
Moraches (58) 99 G1

Moragne (17). 107 E6	Morton (86). 93 H2	Moulins-lès-Metz (57). 26 B5
Morainville (28). 62 D2	Mortrée (61). 39 F5	Moulins-Saint-Hubert (55) . . 24 D3
Morainville-Jouveaux (27) . . . 15 G4	Mortroux (23). 111 G3	Moulins-sur-Céphons (36) . . 96 B3
Morainvilliers (78). 42 A3	Mortzwiller (68). 88 D2	Moulins-sur-Orne (61). 39 E4
Morancé (69). 129 H2	Morval (62). 8 B5	Moulins-sur-Ouanne (89). . . 83 E3
Morancez (28). 62 B2	Morvillars (90). 88 D4	Moulins-sur-Yèvre (18). . . . 97 H3
Morancourt (52). 67 G2	Morville (50). 12 D3	Moulis (09). 184 D5
Morand (37). 79 F4	Morville (88). 68 D3	Moulis-en-Médoc (33). . . . 134 D3
Morangis (51). 45 E3	Morville-en-Beauce (45). . . . 63 F3	Moulismes (86). 109 H3
Morangis (91). 42 D5	Morville-lès-Vic (57). 49 F4	Moulle (62). 2 A3
Morangles (60). 42 C1	Morville-sur-Andelle (76) . . . 19 E4	Moulon (33). 135 H5
Morannes (49). 77 E2	Morville-sur-Nied (57). 49 E2	Moulon (45). 63 H6
Moranville (55). 47 G1	Morville-sur-Seille (54) 48 C3	Moulotte (55). 48 A1
Moras (38). 130 D4	Morvillers (60). 19 H3	Moult (14). 14 D5
Moras-en-Valloire (26). . . 144 B1	Morvillers-	Moumoulous (65). 183 F2
Morbecque (59). 2 C4	-Saint-Saturnin (80) 19 H1	Moumour (64). 181 H3
Morbier (39). 118 B1	Morvilliers (10). 67 E2	Mounes-Prohencoux (12). . .171 G4
Morcenx (40). 165 F1	Morvilliers (28). 40 C6	Mourède (33). 167 F3
Morchain (80). 21 F1	Mory (62). 8 B3	Mourens (33). 149 H1
Morchies (62). 8 C4	Mory-Montcrux (60). 20 C3	Mourenx (64). 182 A1
Morcourt (02). 9 E6	Morzine (74). 119 F4	Mouret (12). 154 C3
Morcourt (80). 8 A6	Mosles (14). 13 H5	Moureuille (63). 113 F5
Mordelles (35). 57 E3	Moslins (51). 45 E3	Mourèze (34). 172 C5
Moréac (56). 55 F4	Mosnac (16). 122 A4	Mouriès (13). 191 F2
Morée (41). 79 H1	Mosnac (17). 121 F5	Mouriez (62). 7 E2
Moreilles (85). 106 D2	Mosnay (36). 111 E1	Mourioux-Vieilleville (23) . . 111 E6
Morelmaison (88). 69 E3	Mosnes (37). 79 G5	Mourjou (15). 154 A1
Morembert (10). 66 C1	Mosset (66). 200 B2	Mourmelon-le-Grand (51) . . 45 H1
Morestel (38). 131 E4	Mosson (21). 85 E1	Mourmelon-le-Petit (51). . . . 45 H1
Moret-sur-Loing (77). 64 B2	Mostuéjouls (12). 155 G6	Mournans-Charbonny (39) . .103 D5
Morêtel-de-Mailles (38). . . 132 A6	Motey-Besuche (70). 86 D6	Mouron (08). 24 B5
Morette (38). 145 E1	Motey-sur-Saône (70). 86 D4	Mouron-sur-Yonne (58) 99 H2
Moreuil (80). 20 D1	la Mothe-Achard (85). 91 E5	Mouroux (77). 43 H4
Morey (71). 101 F5	la Mothe-Saint-Héray (79) . .108 B3	Mours (95). 42 C1
Morey-Saint-Denis (21). . . 101 H1	Mothern (67). 51 G2	Mours-Saint-Eusèbe (26) . . 144 C3
Morez (39). 118 B2	Motreff (29). 54 B1	Mourvilles-Basses (31). . . . 169 G6
Morfontaine (54). 25 H4	la Motte (22). 55 G1	Mourvilles-Hautes (31). . . . 186 A1
Morganx (40). 165 H5	la Motte (83). 177 H6	Mouscardès (40). 165 F5
Morgemoulin (55). 25 G6	la Motte-Chalancon (26) . . .159 F3	Moussac (30). 174 A2
Morgny (27). 19 F5	la Motte-d'Aigues (84). . . . 176 B4	Moussac (86). 109 G4
Morgny-en-Thiérache (02) . . .23 E1	la Motte-d'Aveillans (38). . . 145 G4	Moussages (15). 140 B2
Morgny-la-Pommeraye (76) . .17 H5	la Motte-de-Galaure (26) . . .144 B2	Moussan (11). 188 A3
Morhange (57). 49 F3	la Motte-du-Caire (04). . . . 160 B4	Moussé (35). 57 H4
Moriat (63). 127 G6	la Motte-en-Bauges (73) . . .132 B3	Mousseaux-lès-Bray (77). . . 64 D2
Morienne (76). 19 G1	la Motte-	Mousseaux-Neuville (27) . . .41 E3
Morienval (60). 21 F5	-en-Champsaur (05). . . . 146 B6	Mousseaux-sur-Seine (78) . .41 G2
Morières-lès-Avignon (84) . .175 E2	la Motte-Fanjas (26) 144 D4	Moussey (10). 66 B4
Moriers (28). 62 A4	la Motte-Feuilly (36). 111 H2	Moussey (57). 49 G5
Morieux (22). 33 H4	la Motte-Fouquet (61). 38 C6	Moussey (88). 70 D1
Moriez (04). 177 H2	la Motte-Saint-Jean (71). . . 114 D2	les Moussières (39). 118 A3
Morigny (50). 37 G3	la Motte-Saint-Martin (38) . .145 G4	Mousson (54). 48 C3
Morigny-Champigny (91). . . . 63 F2	la Motte-Servolex (71). . . . 131 H4	Moussonvilliers (61). 40 B6
Morillon (74). 119 F5	la Motte-Ternant (21). 84 C6	Moussoulens (11). 186 D3
Moringhem (62). 2 A4	la Motte-Tilly (10). 65 F1	Moussy (51). 45 E2
Morionvilliers (52). 68 B2	Mottereau (28). 61 G3	Moussy (58). 99 F2
Morisel (80). 20 D1	Motteville (76). 17 F4	Moussy (95). 42 A1
Moriville (88). 69 H2	Mottier (38). 130 D6	Moussy-le-Neuf (77). 43 E2
Moriviller (54). 69 H1	Motz (73). 131 G1	Moussy-le-Vieux (77). 43 E2
Morizécourt (88). 69 E5	Mouacourt (54). 49 F5	Moussy-Verneuil (02). 22 C4
Morizès (33). 150 A2	Mouais (44). 57 F6	Moustajon (31). 197 F1
Morlaàs (64). 182 C2	Mouans-Sartoux (06). 178 C5	Moustéru (22). 32 D4
Morlac (18). 97 G6	Mouaville (54). 25 H6	Moustey (40). 149 E4
Morlaix (29). 32 A3	Mouazé (35). 57 F2	Moustier (47). 150 D1
Morlancourt (80). 8 A5	Mouchamps (85). 92 A5	Moustier-en-Fagne (59) 10 B4
Morlanne (64). 165 H6	Mouchan (32). 167 F2	Moustier-Ventadour (19). . . 125 G6
Morlet (71). 101 E4	la Mouche (50). 35 H2	Moustiers-
Morley (55). 47 F6	Mouchès (32). 167 G5	-Sainte-Marie (04). . . . 177 F3
Morlhon-le-Haut (12). . . . 153 G5	Mouchin (59). 3 H6	le Moustoir (22). 32 C6
Morlincourt (60). 21 G3	Mouchy-le-Châtel (60). 20 B5	Moustoir-Ac (56). 55 F4
Mormaison (85). 91 G2	Moudeyres (43). 142 D5	Moustoir-Remungol (56) . . . 55 F3
Mormant (77). 43 G6	Mouen (14). 14 B5	la Moutade (63). 127 F1
Mormant-	Mouettes (27). 41 F3	le Moutaret (38). 132 A6
-sur-Vernisson (45). . . . 64 A6	Mouffy (89). 83 F3	Mouterhouse (57). 50 C2
Mormès (32). 166 C3	Mouflaines (27). 19 F6	Mouterre-Silly (86). 93 H3
Mormoiron (84). 175 G1	Mouflers (80). 7 E4	Mouterre-sur-Blourde (86) . .109 G5
Mornac (16). 122 C3	Mouflières (80). 6 D6	Mouthe (25). 103 H6
Mornac-sur-Seudre (17). . . 120 C3	Mougins (06). 178 D5	le Moutherot (25). 103 E1
Mornand-en-Forez (42). . . . 128 D4	Mougon (79). 108 A4	Mouthier-en-Bresse (71). . . 102 C4
Mornans (26). 158 D2	Mouguerre (64). 164 B6	Mouthier-Haute-Pierre (25) . .103 H3
Mornant (69). 129 H4	Mouhers (36). 111 F1	Mouthiers-sur-Boëme (16) . .122 B5
Mornas (84). 158 A6	Mouhet (36). 110 D3	Mouthoumet (11). 187 F5
Mornay (71). 115 G2	Mouhous (64). 166 B6	Moutier-d'Ahun (23). 111 H6
Mornay-Berry (18). 98 C3	Mouillac (33). 135 G4	Moutier-Malcard (23). 111 G3
Mornay-sur-Allier (18). 98 D5	Mouillac (82). 153 E5	Moutier-Rozeille (23). 125 H2
Moroges (71). 101 F5	la Mouille (39). 118 A2	Moutiers (28). 62 C3
Morogues (18). 98 A1	Mouilleron (52). 88 D5	Moutiers (35). 58 A5
Morosaglia (2B). 203 F6	Mouilleron-en-Pareds (85) . .92 C6	Moutiers (54). 26 A4
Morre (25). 103 G1	Mouilleron-le-Captif (85) . . .91 G4	Moûtiers (73). 132 D5
Morsain (02). 21 H4	Mouilly (55). 47 G2	Moutiers-au-Perche (61) . . . 61 F1
Morsains (51). 44 C4	Moulainville (55). 47 G1	les Moutiers-en-Auge (14) . .39 E3
Morsalines (50). 13 E2	Moularès (81). 170 D1	les Moutiers-
Morsan (27). 15 H5	Moulay (53). 58 D3	-en-Cinglais (14). 14 B6
Morsang-sur-Orge (91). 42 D5	Moulayrès (81). 170 B4	Moutiers-en-Puisaye (89) . . .82 D4
Morsang-sur-Seine (91). 43 E6	Mouledous (65). 183 F3	les Moutiers-en-Retz (44). . . 74 A6
Morsbach (57). 27 G5	Moulès-et-Baucels (34). . . . 173 E2	les Moutiers-Hubert (14). . . 39 G2
Morsbronn-les-Bains (67). . . . 51 E3	Mouleydier (24). 137 E5	Moutiers-
Morschwiller (67). 50 D3	Moulézan (30). 173 H2	-les-Mauxfaits (85). 91 G6
Morschwiller-le-Bas (68). . . . 89 F2	Moulhard (28). 61 G4	Moutiers-Saint-Jean (21). . . 84 C4
Morsiglia (2B). 203 F2	Moulicent (61). 40 B6	Moutiers-
Mortagne (88). 70 B3	Moulidars (16). 122 A4	-sous-Argenton (79) 93 F3
Mortagne-au-Perche (61) . . . 60 D1	Mouliets-	Moutiers-
Mortagne-du-Nord (59) 4 A6	-et-Villemartin (33). . . . 136 A5	-sous-Chantemerle (79) . . 92 D6
Mortagne-	Mouliherne (49). 77 H4	Moutiers-sur-le-Lay (85). . . 106 C1
-sur-Gironde (17). 120 D5	Moulin-Mage (81). 171 G4	Mouton (16). 122 C2
Mortagne-sur-Sèvre (85) . . . 92 B3	Moulin-Neuf (09). 186 B4	Moutonne (39). 118 A6
Mortain (50). 37 G5	Moulin-Neuf (24). 136 B4	Moutonneau (16). 122 C1
Mortcerf (77). 43 G4	Moulin-sous-Touvent (60) . . .21 G4	Moutoux (39). 103 F5
la Morte (38). 145 H4	Moulineaux (76). 18 C5	Moutrot (54). 48 B6
Morteau (25). 104 B2	Moulines (14). 14 C6	Mouvaux (59). 3 G4
Morteaux-Coulibœuf (14) . . .39 E3	Moulines (50). 37 G6	Moux (11). 187 G3
Mortefontaine (02). 21 G5	Moulinet (06). 179 F2	Moux-en-Morvan (58). . . . 100 C2
Mortefontaine (60). 43 E1	Moulinet (47). 151 F2	Mouxy (73). 131 H3
Mortefontaine-	le Moulinet-sur-Solin (45). . .82 A2	Mouy (60). 20 C5
-en-Thelle (60). 20 B6	Moulins (02). 22 C4	Mouy-sur-Seine (77). 64 D2
Mortemart (87). 110 A6	Moulins (03). 113 H2	Mouzay (37). 95 F2
Mortemer (60). 21 E3	Moulins (35). 57 H3	Mouzay (55). 24 D4
Mortemer (76). 19 F1	Moulins-en-Tonnerrois (89) . .84 B2	Mouzeil (44). 75 E3
Mortery (77). 44 A6	Moulins-Engilbert (58). . . . 100 A3	Mouzens (24). 137 H5
Morthomiers (18). 97 G3	Moulins-la-Marche (61) 39 H5	Mouzens (81). 170 A6
Mortiers (02). 22 C2	Moulins-le-Carbonnel (72) . . .59 H2	Mouzeuil-
Mortiers (17). 121 G6		-Saint-Martin (85). 106 D2

Mouzieys-Panens (81). 170 A1	Muzy (27). 41 E4	Naucelles (15). 140
Mouzieys-Teulet (81). 170 D3	Myans (73). 132 A5	Naujac-sur-Mer (33). 134
Mouzillon (44). 75 E6	Myennes (58). 82 C5	Naujan-et-Postiac (33). . . . 135
Mouzon (08). 24 D3	Myon (25). 103 F3	Nauroy (02). 9
Mouzon (16). 123 E2		Naussac (12). 153
Moval (90). 88 C3	**N**	Naussac (48). 156
Moÿ-de-l'Aisne (02). 22 A1		Naussannes (24). 137
Moyaux (14). 15 G4	Nabas (64). 181 G1	Nauvay (72). 60
Moydans (05). 159 F4	Nabinaud (16). 136 C1	Nauviale (12). 154
Moye (74). 131 H2	Nabirat (24). 138 B6	Navacelles (30). 157
Moyemont (88). 70 A2	Nabringhen (62). 1 G4	Navailles-Angos (64). . . . 182
Moyen (54). 70 A1	Nachamps (17). 107 G6	Navarrenx (64). 181
Moyencourt (80). 21 G2	Nadaillac (24). 138 B4	Naveil (41). 79
Moyencourt-lès-Poix (80). . . 20 A1	Nadaillac-de-Rouge (46). . . 138 C5	Navenne (70). 87
Moyenmoutier (88). 70 C2	Nades (03). 113 F5	Naves (03). 113
Moyenneville (60). 21 E4	Nadillac (46). 152 D2	Naves (19). 139
Moyenneville (62). 8 B3	Nagel-Séez-Mesnil (27) 40 C3	Naves (59). 9
Moyenneville (80). 6 D4	Nages (81). 171 G5	Navès (81). 170
Moyenvic (57). 49 F4	Nages-et-Solorgues (30) . . .174 A4	Nâves-Parmelan (74). . . . 132
Moyeuvre-Grande (57). 26 B4	Nahuja (66). 199 H4	Navilly (71). 102
Moyeuvre-Petite (57). 26 B4	Nailhac (24). 138 A2	Nay (64). 182
Moyon (50). 37 F2	Naillat (23). 111 E4	Nay (50). 12
Moyrazès (12). 154 B4	Nailloux (31). 185 H2	Nayemont-les-Fosses (88) . . .70
Moyvillers (60). 21 E4	Nailly (89). 64 D4	le Nayrac (12). 154
Mozac (63). 127 F2	Naintré (86). 94 C5	Nazelles-Négron (37). 79
Mozé-sur-Louet (49). 76 D5	Nainville-les-Roches (91). . . 63 H1	Néac (33). 135
Muchedent (76). 17 H3	Naisey-les-Granges (25) . . .103 H1	Néant-sur-Yvel (56). 56
Mudaison (34). 173 G5	Naives-en-Blois (55). 47 G5	Neau (53). 59
Muel (35). 56 C2	Naives-Rosières (55). 47 E4	Neaufles-Auvergny (27). . . . 40
Muespach (68). 89 G3	Naix-aux-Forges (55). 47 F6	Neaufles-Saint-Martin (27). . .19
Muespach-le-Haut (68). . . . 89 G3	Naizin (56). 55 F3	Neauphe-sous-Essai (61) . . . 39
Mugron (40). 165 G3	Najac (12). 153 G5	Neauphe-sur-Dive (61). . . . 39
Muhlbach-sur-Bruche (67). . . 50 B6	Nalliers (85). 106 D2	Neauphle-le-Château (78) . . .42
Muhlbach-sur-Munster (68) . .70 D5	Nalliers (86). 109 H1	Neauphle-le-Vieux (78). 42
Muides-sur-Loire (41). 80 B3	Nalzen (09). 186 A6	Neauphlette (78). 41
Muidorge (60). 20 B3	Nambsheim (68). 71 G6	Neaux (42). 129
Muids (27). 18 D6	Nampcel (60). 21 G4	Nébian (34). 172
Muille-Villette (80). 21 G2	Nampcelles-la-Cour (02). . . . 23 E1	Nébias (11). 186
Muirancourt (60). 21 G2	Nampont (80). 6 D2	Nébing (57). 49
Muizon (51). 22 D6	Namps-Maisnil (80). 20 B1	Nébouzat (63). 126
les Mujouls (06). 178 C2	Nampteuil-sous-Muret (02) . .22 B5	Nécy (61). 39
la Mulatière (69). 130 A3	Nampty (80). 20 B1	Nedde (87). 125
Mulcent (78). 41 G3	Nan-sous-Thil (21). 84 D6	Nédon (62). 2
Mulcey (57). 49 F4	Nanc-lès-Saint-Amour (39) . .117 E3	Nédonchel (62). 2
Mulhausen (67). 50 D3	Nançay (18). 81 F6	Neewiller-
Mulhouse (68). 89 F2	Nance (39). 102 C5	-près-Lauterbourg (67) . . .51
Mulsanne (72). 60 B6	Nances (73). 131 G4	Neffes (05). 160
Mulsans (41). 80 A3	Nanclars (16). 122 C2	Neffiès (34). 172
Mun (65). 183 G2	Nançois-le-Grand (55) 47 F5	Néfiach (66). 200
Munchausen (67). 51 G2	Nançois-sur-Ornain (55) . . . 47 F5	Nègrepelisse (82). 169
Munchhouse (68). 71 G6	Nancras (17). 120 D3	Négreville (50). 12
Muncq-Nieurlet (62). 2 A3	Nancray (25). 103 G1	Négrondes (24). 137
Mundolsheim (67). 51 E5	Nancray-sur-Rimarde (45) . . 63 G5	Néhou (50). 12
Muneville-le-Bingard (50). . . 12 D6	Nancuise (39). 117 F2	Nelling (57). 49
Muneville-sur-Mer (50). 35 G1	Nancy (54). 48 C5	Nemours (77). 64
le Mung (17). 121 E1	Nancy-sur-Cluses (74). . . . 119 E6	Nempont-Saint-Firmin (62) . . .6
Munster (57). 49 H3	Nandax (42). 115 F6	Nénigan (31). 184
Munster (68). 71 E5	Nandy (77). 43 E6	Néons-sur-Creuse (36) 95
Muntzenheim (68). 71 G4	Nangeville (45). 63 G3	Néoules (83). 193
Munwiller (68). 71 F6	Nangis (77). 64 C1	Néoux (23). 125
Mur-de-Barrez (12). 140 C6	Nangy (74). 118 D5	Nepvant (55). 24
Mûr-de-Bretagne (22). 55 F1	Nannay (58). 99 E1	Nérac (47). 150
Mur-de-Sologne (41). 80 B5	Nans (25). 88 A4	Nerbis (40). 165
Muracciole (2B). 205 F3	les Nans (39). 103 F5	Nercillac (16). 121
Murasson (12). 171 G4	Nans-les-Pins (83). 192 D3	Néré (17). 121
Murat (03). 113 F3	Nans-sous-	Néret (36). 112
Murat (15). 140 D3	-Sainte-Anne (25). . . . 103 F3	Nérigean (33). 135
Murat-le-Quaire (63). . . . 126 C5	Nant (12). 172 B2	Nérignac (86). 109
Murat-sur-Vèbre (81). 171 G5	Nant-le-Grand (55). 47 E5	Néris-les-Bains (03). 112
Murato (2B). 203 F5	Nant-le-Petit (55). 47 E5	Nernier (74). 118
la Muraz (74). 118 C5	Nanteau-sur-Essonne (77) . . 63 G3	Néron (28). 41
Murbach (68). 71 E6	Nanteau-sur-Lunain (77). . . . 64 B3	Néronde (42). 129
la Mure (38). 145 G5	Nanterre (92). 42 C3	Néronde-sur-Dore (63) 127
la Mure-Argens (04). . . . 177 H1	Nantes (44). 74 D5	Nérondes (18). 98
Mureaumont (60). 19 G2	Nantes-en-Ratier (38). . . . 145 H4	Ners (30). 173
les Mureaux (78). 42 A2	Nanteuil (79). 108 B3	Nersac (16). 122
Mureils (26). 144 B2	Nanteuil-Auriac-	Nervieux (42). 129
Mûres (74). 132 A2	-de-Bourzac (24). 122 C6	Nerville-la-Forêt (95). 42
Muret (31). 185 F1	Nanteuil-en-Vallée (16). . . . 109 E6	Néry (60). 21
Muret-et-Crouttes (02). 22 B6	Nanteuil-la-Forêt (51). 45 E1	Neschers (63). 127
Muret-le-Château (12). . . . 154 C3	Nanteuil-la-Fosse (02). 22 B4	Nescus (09). 185
la Murette (38). 131 F6	Nanteuil-le-Haudouin (60) . . 43 F1	Nesle (80). 21
Murianette (38). 145 G2	Nanteuil-lès-Meaux (77) . . . 43 G3	Nesle-et-Massoult (21). 84
Murinais (38). 144 D2	Nanteuil-Notre-Dame (02) . . 44 B1	Nesle-Hodeng (76). 19
Murles (34). 173 E5	Nanteuil-sur-Aisne (08). . . . 23 G3	Nesle-la-Reposte (51). 44
Murlin (58). 99 E2	Nanteuil-sur-Marne (77). . . 44 A3	Nesle-le-Repons (51). 44
Muro (2B). 202 C5	Nantey (39). 117 F3	Nesle-l'Hôpital (80). 6
Murol (63). 127 E5	Nantheuil (24). 123 G6	Nesle-Normandeuse (76). . . . 6
Murols (12). 154 C1	Nanthiat (24). 124 A1	Nesles (62). 1
Muron (17). 107 E6	Nantillé (17). 121 F2	Nesles-la-Montagne (02) . . . 44
Murs (36). 95 G4	Nantillois (55). 24 D5	Nesles-la-Vallée (95). 42
Murs (84). 175 G2	Nantilly (70). 86 C5	Neslette (80). 6
Mûrs-Erigné (49). 76 D5	Nantoin (38). 130 D6	Nesmy (85). 91
Murs-et-Gélignieux (01). . . 131 F4	Nantois (55). 47 F6	Nesploy (45). 63
Murtin-et-Bogny (08). 23 H1	Nanton (71). 116 B1	Nespouls (19). 138
Murvaux (55). 25 E4	Nantouillet (77). 43 F2	Nessa (2B). 202
Murviel-lès-Béziers (34). . . 188 B1	Nantoux (21). 101 G3	Nestier (65). 183
Murviel-	Nantua (01). 117 G5	Nettancourt (55). 46
-lès-Montpellier (34). . . . 173 E5	Naours (80). 7 G5	Neublans-Abergement (39) . .102
Murville (54). 25 H5	Narbéfontaine (57). 27 E5	Neubois (67). 71
Murzo (2A). 204 C4	Narbief (25). 104 C2	le Neubourg (27). 40
Mus (30). 174 A4	Narbonne (11). 188 A3	Neuchâtel-Urtière (25). 88
Muscourt (02). 22 D5	Narcastet (64). 182 C2	Neuf-Berquin (59). 2
Musculdy (64). 181 F3	Narcy (52). 47 E6	Neuf-Brisach (68). 71
Musièges (74). 118 A6	Narcy (58). 98 D1	Neuf-Église (63). 113
Musigny (21). 101 E2	Nargis (45). 64 B5	Neuf-Marché (76). 19
Mussey-sur-Marne (52). . . . 67 H2	Narnhac (15). 140 D5	Neuf-Mesnil (59). 10
Mussidan (24). 136 D4	Narp (64). 181 G1	Neufbosc (76). 19
Mussig (67). 71 G3	Narrosse (40). 165 E4	le Neufbourg (50). 37
Mussy-la-Fosse (21). 84 D4	Nasbinals (48). 155 F2	Neufchâteau (88). 68
Mussy-sous-Dun (71). 115 G4	Nassandres (27). 40 B1	Neufchâtel-en-Bray (76). . . . 19
Mussy-sur-Seine (10). 66 D6	Nassiet (40). 165 G5	Neufchâtel-en-Saosnois (72) . .60
Mutigney (39). 86 C6	Nassigny (03). 112 D2	Neufchâtel-Hardelot (62) . . . 1
Mutigny (51). 45 F2	Nastringues (24). 136 C5	Neufchâtel-sur-Aisne (02). . . 23
Mutrécy (14). 14 B5	Nattages (01). 131 G3	Neufchef (57). 26
Muttersholtz (67). 71 G3	Natzwiller (67). 71 E1	Neufchelles (60). 43
Mutzenhouse (67). 50 D4	Naucelle (12). 154 A6	Neuffons (33). 150
Mutzig (67). 50 D6		Neuffontaines (58). 83
le Muy (83). 178 A6		Neufgrange (57). 27
Muzeray (55). 25 G5		Neuflieux (02). 21
Muzillac (56). 73 F2		Neuflize (08). 23

238

eufmaison (08) 23 H1
eufmaisons (54) 70 C1
eufmanil (08) 24 B1
eufmesnil (50) 12 C5
eufmoulin (80) 7 E4
eufmoulins (57) 49 H5
eufmoutiers-en-Brie (77) . . 43 G5
Neufour (55) 46 D1
eufvillage (57) 49 G2
eufvy-sur-Aronde (60) . . . 21 E4
eugartheim-Ittlenheim (67) . 50 D5
euhaeusel (67) 51 G3
euil (37) 94 D2
euilh (65) 183 E4
euillac (17) 121 G5
euillay-les-Bois (36) 96 B5
euillé (49) 77 H6
euillé-le-Lierre (37) 79 F4
euillé-Pont-Pierre (37) . . 78 C4
euilly (27) 41 F3
euilly (58) 99 F1
euilly (89) 83 F1
euilly-en-Donjon (03) . . . 114 D3
euilly-en-Dun (18) 98 B5
euilly-en-Sancerre (18) . . 82 A6
euilly-en-Thelle (60) 20 C6
euilly-en-Vexin (95) 42 B1
euilly-la-Forêt (14) 13 F5
euilly-le-Bisson (61) 60 B1
euilly-le-Brignon (37) . . . 95 E3
euilly-le-Dien (80) 7 E3
euilly-le-Réal (03) 114 A2
euilly-le-Vendin (53) 59 F1
euilly-lès-Dijon (21) 102 A1
euilly-l'Évêque (52) 68 B6
euilly-l'Hôpital (80) 6 D3
euilly-Plaisance (93) 43 E4
euilly-Saint-Front (02) . . . 44 A1
euilly-sous-Clermont (60) . 20 C5
euilly-sur-Eure (61) 61 F1
euilly-sur-Marne (93) . . . 43 E4
euilly-sur-Seine (92) 42 C3
euilly-sur-Suize (52) 67 H5
eulette (62) 7 F1
eulise (42) 129 E2
eulles (17) 121 G5
eulliac (56) 55 F2
eung-sur-Beuvron (41) . . . 80 C4
eunkirchen-
-lès-Bouzonville (57) 27 E3
eure (03) 98 C6
eurey-en-Vaux (70) 87 G2
eurey-lès-la-Demie (70) . . 87 G3
eussargues-Moissac (15) . . 141 E3
euve-Chapelle (62) 3 E5
euve-Église (67) 71 F2
Neuve-Grange (27) 19 F5
Neuve-Lyre (27) 40 B3
euve-Maison (02) 10 A5
euvecelle (74) 119 E3
euvéglise (15) 141 E5
euvelle-lès-Cromary (70) . . 87 F5
euvelle-lès-la-Charité (70) . 87 F4
Neuvelle-lès-Lure (70) . . . 88 A2
Neuvelle-lès-Scey (70) . . . 87 E2
euvelle-lès-Voisey (52) . . 86 D1
euves-Maisons (54) 48 C6
Neuveville-
-devant-Lépanges (88) . . . 70 B4
Neuveville-
-sous-Châtenois (88) 69 E3
Neuveville-
-sous-Montfort (88) 69 F3
euvic (19) 139 H1
euvic (24) 136 D3
euvic-Entier (87) 124 D3
euvicq (17) 135 H2
euvicq-le-Château (17) . . 121 H2
euvillalais (72) 59 H4
euville (19) 139 E3
Neuville (59) 3 F6
euville (63) 127 H3
Neuville-à-Maire (08) . . . 24 B3
euville-au-Bois (80) 6 D5
euville-au-Cornet (62) . . . 7 G2
euville-au-Plain (50) 13 E4
Neuville-au-Pont (51) . . . 46 C1
Neuville-aux-Bois (45) . . . 63 E5
Neuville-aux-Bois (51) . . . 46 A4
Neuville-aux-Joûtes (08) . . 10 C6
Neuville-aux-Larris (51) . . 45 E1
euville-Bosc (60) 20 A6
Neuville-Bosmont (02) . . . 22 D2
euville-Bourjonval (62) . . . 8 C4
Neuville-
-Chant-d'Oisel (76) 18 D5
euville-Coppegueule (80) . . 6 D6
Neuville-d'Aumont (60) . . 20 B5
Neuville-Day (08) 24 A4
Neuville-de-Poitou (86) . . 94 B6
euville-du-Bosc (27) 18 B6
euville-en-Avesnois (59) . . 9 G3
Neuville-en-Beaumont (50) . 12 C4
a Neuville-en-Beine (02) . . 21 H2
euville-en-Ferrain (59) . . . 3 G4
euville-en-Hez (60) 20 C5
Neuville-
-en-Tourne-à-Fuy (08) . . 23 G5
euville-en-Verdunois (55) . . 47 F3
Neuville-Ferrières (76) . . . 19 F2
a Neuville-Garnier (60) . . 20 A5
a Neuville-Housset (02) . . 22 C1
a Neuville-lès-Bray (80) . . 8 B5
Neuville-les-Dames (01) . 116 C5
a Neuville-lès-Decize (58) . . 99 E5
a Neuville-lès-Dorengt (02) . 9 G5
Neuville-lès-Lœuilly (80) . 20 B5
Neuville-lès-This (08) . . . 24 A1
Neuville-
-lès-Vaucouleurs (55) . . . 47 H6
a Neuville-lès-Wasigny (08) . 23 G2

Neuville-lez-Beaulieu (08) . . 10 C6
Neuville-près-Sées (61) . . 39 F5
la Neuville-Roy (60) 20 D4
la Neuville-Saint-Amand (02) . 22 A1
la Neuville-Saint-Pierre (60) . 20 B3
Neuville-Saint-Rémy (59) . . 8 D3
Neuville-Saint-Vaast (62) . . 8 B2
la Neuville-
-Sire-Bernard (80) 20 D1
Neuville-sous-Montreuil (62) . 1 G6
Neuville-sur-Ailette (02) . . 22 C4
Neuville-sur-Ain (01) . . . 117 F6
Neuville-sur-Authou (27) . . 15 H4
Neuville-sur-Brenne (37) . . 79 F3
Neuville-sur-Escaut (59) . . . 9 E2
la Neuville-sur-Essonne (45) . 63 G4
Neuville-sur-Margival (02) . 22 B4
la Neuville-sur-Oise (95) . . 42 B2
la Neuville-sur-Ornain (55) . 46 D4
la Neuville-sur-Oudeuil (60) . 20 A3
la Neuville-sur-Ressons (60) . 21 E3
Neuville-sur-Saône (69) . . 130 A2
Neuville-sur-Sarthe (72) . . 60 A5
Neuville-sur-Seine (10) . . 66 D5
Neuville-sur-Touques (61) . 39 G3
Neuville-sur-Vanne (10) . . 65 H3
la Neuville-Vault (60) 20 A4
Neuville-Vitasse (62) 8 B3
Neuviller-la-Roche (67) . . 71 E1
Neuviller-
-lès-Badonviller (54) 49 H6
Neuviller-sur-Moselle (54) . 69 G1
Neuvillers-sur-Fave (88) . . 70 D3
Neuvillette (02) 9 F6
Neuvillette (80) 7 G3
Neuvillette-en-Charnie (72) . 59 G5
Neuvilley (39) 102 D4
Neuvilly (59) 9 F4
Neuvilly-en-Argonne (55) . 46 D1
Neuvireuil (62) 8 C2
Neuvizy (08) 23 H2
Neuvy (03) 113 H2
Neuvy (41) 80 B4
Neuvy (51) 44 C5
Neuvy-au-Houlme (61) . . . 38 D4
Neuvy-Bouin (79) 93 E6
Neuvy-Deux-Clochers (18) . 98 B1
Neuvy-en-Beauce (28) . . . 62 D3
Neuvy-en-Champagne (72) . 59 H5
Neuvy-en-Dunois (28) . . . 62 B4
Neuvy-en-Mauges (49) . . . 75 H5
Neuvy-en-Sullias (45) . . . 81 F2
Neuvy-Grandchamp (71) . . 114 D1
Neuvy-le-Barrois (18) . . . 98 D5
Neuvy-le-Roi (37) 78 D3
Neuvy-Pailloux (36) 96 D4
Neuvy-Saint-Sépulchre (36) . 111 F1
Neuvy-Sautour (89) 65 H5
Neuvy-sur-Barangeon (18) . 81 F6
Neuvy-sur-Loire (58) 82 B4
Neuwiller (68) 89 G4
Neuwiller-lès-Saverne (67) . 50 C3
Névache (05) 147 E3
Nevers (58) 98 D3
Névez (29) 53 H4
Névian (11) 188 A3
Néville (76) 17 E2
Néville-sur-Mer (50) 13 E1
Nevoy (45) 81 H3
Nevy-lès-Dole (39) 102 C3
Nevy-sur-Seille (39) 102 D5
Nexon (87) 124 A4
Ney (39) 103 F5
Neydens (74) 118 B5
les Neyrolles (01) 117 G5
Neyron (01) 130 B2
Nézel (78) 42 A3
Nézignan-l'Évêque (34) . . 188 D1
Niafles (53) 76 B1
Niaux (09) 199 E1
Nibas (80) 6 C4
Nibelle (45) 63 G6
Nibles (04) 160 B5
Nice (06) 195 F3
Nicey (21) 84 C1
Nicey-sur-Aire (55) 47 F3
Nicole (47) 150 D4
Nicorps (50) 37 E1
Niderhoff (57) 49 H5
Niderviller (57) 50 A4
Niederbronn-les-Bains (67) . 28 D6
Niederbruck (68) 88 D1
Niederentzen (68) 71 F5
Niederhaslach (67) 50 C6
Niederhausbergen (67) . . . 51 E5
Niederhergheim (68) 71 F5
Niederlauterbach (67) . . . 51 G2
Niedermodern (67) 50 D3
Niedermorschwihr (68) . . . 71 F4
Niedernai (67) 71 G1
Niederrœdern (67) 51 G2
Niederschaeffolsheim (67) . 51 E4
Niedersoultzbach (67) . . . 50 D3
Niedersteinbach (67) 51 E1
Niederstinzel (57) 50 A3
Niedervisse (57) 27 E5
Nielles-lès-Ardres (62) . . . 1 H3
Nielles-lès-Bléquin (62) . . 1 H4
Nielles-lès-Calais (62) . . . 1 G2
Nieppe (59) 3 E4
Niergnies (59) 9 E4
Nieudan (15) 139 H4
Nieuil (16) 123 E2
Nieuil-l'Espoir (86) 109 F2
Nieul (87) 124 A1
Nieul-le-Dolent (85) 91 F5
Nieul-le-Virouil (17) 121 F6
Nieul-lès-Saintes (17) . . . 121 E3
Nieul-sur-l'Autise (85) . . . 107 F2
Nieul-sur-Mer (17) 106 C4
Nieulle-sur-Seudre (17) . . 120 C3

Nieurlet (59) 2 B3
Niévroz (01) 130 C2
Niffer (68) 89 G2
Niherne (36) 96 B5
Nijon (52) 68 C4
Nilvange (57) 26 B3
Nîmes (30) 174 B3
Ninville (52) 68 B5
Niort (79) 107 H3
Niort-de-Sault (11) 199 H1
Niozelles (04) 176 D2
Nissan-lez-Enserune (34) . 188 B2
Nistos (65) 183 H5
Nitry (89) 83 H3
Nitting (57) 50 A5
Nivelle (59) 9 F1
Nivillac (56) 73 G2
Nivillers (60) 20 B4
Nivolas-Vermelle (38) . . . 130 D5
Nivollet-Montgriffon (01) . 117 F6
Nixéville-Blercourt (55) . . 47 F1
le Nizan (33) 149 H3
Nizan-Gesse (31) 184 A3
Nizas (32) 168 C6
Nizas (34) 172 C6
Nizerolles (03) 114 B6
Nizy-le-Comte (02) 23 E3
Noailhac (12) 154 B2
Noailhac (19) 138 D3
Noailhac (81) 170 D6
Noaillac (33) 150 B2
Noaillan (33) 149 G3
Noailles (19) 138 C3
Noailles (60) 20 B5
Noailles (81) 170 B2
Noailly (42) 115 E5
Noalhac (48) 141 F6
Noalhat (63) 127 H2
Noards (27) 15 H4
Nocario (2B) 205 F1
Nocé (61) 61 E2
Noceta (2B) 205 F3
Nochize (71) 115 F3
la Nocle-Maulaix (58) . . . 99 H5
Nod-sur-Seine (21) 85 E2
Nods (25) 104 A2
Noé (31) 185 E2
Noé (89) 65 E4
la Noë-Blanche (35) 57 E5
Noë-les-Mallets (10) 67 E5
la Noë-Poulain (27) 15 H4
Noël-Cerneux (25) 104 C2
Nœllet (49) 75 G1
les Noës (42) 114 D6
les Noës-près-Troyes (10) . 66 B3
Nœux-lès-Auxi (62) 7 F3
Nœux-les-Mines (62) 2 D6
Nogaret (31) 170 A6
Nogaro (32) 166 D4
Nogent (52) 68 B5
Nogent-en-Othe (10) 65 H4
Nogent-l'Abbesse (51) . . . 23 F6
Nogent-l'Artaud (02) 44 B3
Nogent-le-Bernard (72) . . 60 C3
Nogent-le-Phaye (28) . . . 62 B2
Nogent-le-Roi (28) 41 G6
Nogent-le-Rotrou (28) . . . 61 E3
Nogent-le-Sec (27) 40 C3
Nogent-lès-Montbard (21) . 84 D4
Nogent-sur-Aube (10) . . . 66 C1
Nogent-sur-Eure (28) . . . 62 A2
Nogent-sur-Loir (72) 78 C3
Nogent-sur-Marne (94) . . 43 E4
Nogent-sur-Oise (60) 20 D6
Nogent-sur-Seine (10) . . . 65 F1
Nogent-sur-Vernisson (45) . 82 A1
Nogentel (02) 44 B2
Nogna (39) 117 G1
Noguères (64) 182 A1
Nohanent (63) 127 E3
Nohant-en-Goût (18) 98 A2
Nohant-en-Graçay (18) . . 96 D2
Nohant-Vic (36) 111 G1
Nohèdes (66) 200 B3
Nohic (82) 169 F3
Noidan (21) 84 D6
Noidans-le-Ferroux (70) . . 87 F4
Noidans-lès-Vesoul (70) . . 87 G3
Noidant-Chatenoy (52) . . 86 B2
Noidant-le-Rocheux (52) . . 86 A1
Noilhan (32) 168 B6
Nointel (60) 20 D5
Nointel (95) 42 C1
Nointot (76) 15 H1
Noircourt (02) 23 F2
Noirefontaine (25) 88 C5
Noirémont (60) 20 B3
Noirétable (42) 128 B3
Noirlieu (51) 46 C3
Noirmoutier-en-l'Île (85) . . 90 B1
Noiron (70) 86 D5
Noiron-sous-Gevrey (21) . 102 A1
Noiron-sur-Bèze (21) 86 B5
Noiron-sur-Seine (21) . . . 66 D6
Noironte (25) 87 E6
Noirval (08) 24 B4
Noiseau (94) 43 E4
Noisiel (77) 43 E4
Noisseville (57) 26 C5
Noisy-le-Grand (93) 43 E4
Noisy-le-Roi (78) 42 B4
Noisy-le-Sec (93) 42 D3
Noisy-Rudignon (77) 64 C3
Noisy-sur-École (77) 63 H2
Noisy-sur-Oise (95) 42 D1
Nojals-et-Clotte (24) . . . 151 G1
Nojeon-en-Vexin (27) . . . 19 F5
Nolay (21) 101 F4
Nolay (58) 99 E2
Nolléval (76) 19 F4

Nollieux (42) 128 D3
Nomain (59) 3 G6
Nomdieu (47) 167 G1
Nomécourt (52) 67 H2
Nomeny (54) 48 D3
Nomexy (88) 69 H3
Nommay (25) 88 C4
Nîmes (30) 174 B3
Nonac (16) 122 B6
Nonancourt (27) 41 E4
Nonant (14) 14 A4
Nonant-le-Pin (61) 39 F5
Nonards (19) 139 E4
Nonaville (16) 122 A5
Noncourt-
-sur-le-Rongeant (52) . . . 68 A2
Nonette (63) 127 G6
Nonglard (74) 132 A1
Nonhigny (54) 49 H6
Nonières (07) 143 G5
Nonsard-Lamarche (55) . . 48 A3
Nontron (24) 123 F5
Nonville (77) 64 B3
Nonville (88) 69 F5
Nonvilliers-Grandhoux (28) . 61 G3
Nonza (2B) 203 F3
Nozay (21) 80 B3
Noroy (60) 20 D4
Noroy-le-Bourg (70) 87 H3
Noroy-sur-Ourcq (02) . . . 21 H6
Norrent-Fontes (62) 2 B5
Norrey-en-Auge (14) 39 E3
Norrois (51) 46 B5
Norroy (88) 69 E3
Norroy-le-Sec (54) 25 H5
Norroy-le-Veneur (57) . . . 26 B5
Norroy-
-lès-Pont-à-Mousson (54) . 48 B3
Nort-Leulinghem (62) 2 A3
Nort-sur-Erdre (44) 74 D3
Nortkerque (62) 1 H3
Norville (76) 18 A4
la Norville (91) 42 C6
Nossage-et-Bénévent (05) . 159 H4
Nossoncourt (88) 70 B2
Nostang (56) 54 D5
Noth (23) 111 E4
Nothalten (67) 71 F2
Notre-Dame-d'Aliermont (76) . 17 H2
Notre-Dame-d'Allençon (49) . 77 E6
Notre-Dame-
-de-Bellecombe (73) . . . 132 D2
Notre-Dame-
-de-Bliquetuit (76) 17 E5
Notre-Dame-
-de-Boisset (42) 128 D1
Notre-Dame-
-de-Bondville (76) 17 G6
Notre-Dame-de-Cenilly (50) . 37 F2
Notre-Dame-
-de-Commiers (38) 145 G4
Notre-Dame-
-de-Courson (14) 15 F6
Notre-Dame-
-de-Gravenchon (76) . . . 15 H2
Notre-Dame-
-de-la-Rouvière (30) . . . 173 E1
Notre-Dame-de-l'Isle (27) . 41 F1
Notre-Dame-de-Livaye (14) . 15 E5
Notre-Dame-de-Livoye (50) . 37 F4
Notre-Dame-
-de-Londres (34) 173 F3
Notre-Dame-de-l'Osier (38) . 145 E2
Notre-Dame-
-de-Mésage (38) 145 G3
Notre-Dame-de-Monts (85) . 90 C2
Notre-Dame-de-Riez (85) . 90 D3
Notre-Dame-
-de-Sanilhac (24) 137 F3
Notre-Dame-de-Vaulx (38) . 145 G4
Notre-Dame-d'Elle (50) . . 37 G1
Notre-Dame-d'Épine (27) . 15 H4
Notre-Dame-
-des-Landes (44) 74 C3
Notre-Dame-
-des-Millières (73) 132 C4
Notre-Dame-d'Estrées (14) . 15 E5
Notre-Dame-d'Oé (37) . . . 78 D5
Notre-Dame-du-Bec (76) . 15 F1
Notre-Dame-du-Cruet (73) . 132 C6
Notre-Dame-du-Hamel (27) . 39 H3
Notre-Dame-du-Parc (76) . 18 D1
Notre-Dame-du-Pé (72) . . 77 F2
Notre-Dame-du-Pré (73) . 133 E4
Notre-Dame-du-Rocher (61) . 38 C4
Notre-Dame-
-du-Touchet (50) 37 G6
Nottonville (28) 62 B5
la Nouaille (23) 125 G2
Nouaillé-Maupertuis (86) . 109 E2
Nouainville (50) 12 C2
Nouan-le-Fuzelier (41) . . . 81 E4
Nouans (72) 60 B3
Nouans-les-Fontaines (37) . 96 A2
Nouart (08) 24 C4
la Nouaye (35) 56 D2
la Noue (51) 44 D5

O

Obenheim (67) 71 H2
Oberbronn (67) 50 D2
Oberbruck (68) 88 D1
Oberdorf (68) 89 F3
Oberdorf-Spachbach (67) . 51 E2
Oberdorff (57) 27 E4
Oberentzen (68) 71 F6
Obergailbach (57) 28 A5
Oberhaslach (67) 50 C6
Oberhausbergen (67) . . . 51 E5
Oberhergheim (68) 71 F5
Oberhoffen-
-lès-Wissembourg (67) . . . 51 F1
Oberhoffen-sur-Moder (67) . 51 F4
Oberlarg (68) 89 F4
Oberlauterbach (67) 51 G2
Obermodern-
-Zutzendorf (67) 50 D3
Obermorschwihr (68) 71 F5
Obermorschwiller (68) . . . 89 F3
Obernai (67) 71 G1
Oberrœdern (67) 51 F2
Obersaasheim (68) 71 G5
Oberschaeffolsheim (67) . 50 D5
Obersoultzbach (67) 50 D3
Obersteinbach (67) 50 D1
Oberstinzel (57) 50 A4
Obervisse (57) 27 E5
Obies (59) 9 H2
Objat (19) 138 C2
Oblinghem (62) 2 D6
Obrechies (59) 10 A3
Obreck (57) 49 F3
Obsonville (77) 63 H4
Obterre (36) 95 G4
Obtrée (21) 85 E1
Ocana (2A) 204 D5
Occagnes (61) 39 E4
Occey (52) 86 A3
Occhiatana (2B) 202 D5
Occoches (80) 7 G3
Ochancourt (80) 6 C4
Oches (08) 24 C3
Ochey (54) 48 B6
Ochtezeele (59) 2 B3
Ocquerre (77) 43 H2
Ocqueville (76) 17 E3
Octeville-l'Avenel (50) . . . 12 D3
Octeville-sur-Mer (76) . . . 15 E1
Octon (34) 172 C5
Odars (31) 169 G6
Odenas (69) 116 A6
Oderen (68) 70 D6
Odomez (59) 9 F1
Odos (65) 183 E3
Odratzheim (67) 50 D5
Œlleville (88) 69 F2
Oermingen (67) 27 H6
Oeting (57) 27 G5
Œuf-en-Ternois (62) 7 F2
Œuilly (02) 22 C5
Œuilly (51) 45 E2
Oeyregave (40) 165 E5
Oeyreluy (40) 165 E4
Offekerque (62) 1 H2
Offemont (90) 88 C3
Offendorf (67) 51 F4
Offignies (80) 19 H1
Offin (62) 7 E1
Offlanges (39) 102 D1
Offoy (60) 20 A2
Offoy (80) 21 G1
Offranville (76) 17 G2
Offrethun (62) 1 F3
Offroicourt (88) 69 F3
Offwiller (67) 50 D3
Ogenne-Camptort (64) . . 181 H2
Oger (51) 45 F3
Ogeu-les-Bains (64) . . . 182 A3
Ogéviller (54) 49 G6
Ogliastro (2B) 203 F3
Ognes (02) 21 H3
Ognes (51) 45 E5
Ognes (60) 43 G2
Ognéville (54) 69 F1
Ognolles (60) 21 F2
Ognon (60) 21 E6
Ogy (57) 26 C5
Ohain (59) 10 B4
Oherville (76) 17 E3
Ohis (02) 10 A5
Ohlungen (67) 51 E3
Ohnenheim (67) 71 G3
l'Oie (85) 92 A4
Oigney (70) 87 E2
Oignies (62) 3 F6
Oigny (21) 85 F4
Oigny (41) 61 F5
Oigny-en-Valois (02) 21 H6
Oingt (69) 129 G1
Oinville-Saint-Liphard (28) . 62 D4
Oinville-sous-Auneau (28) . 62 C2
Oinville-sur-Montcient (78) . 42 A2
Oiron (79) 93 H3
Oiry (51) 45 F2
Oiselay-et-Grachaux (70) . 87 F5
Oisemont (80) 6 D5
Oisilly (21) 86 B5
Oisly (41) 80 A5
Oison (45) 62 D4
Oisseau (53) 58 D2
Oisseau-le-Petit (72) 60 A2
Oissel (76) 18 C5
Oissery (77) 43 F2
Oissy (80) 7 E6
Oisy (02) 9 G5
Oisy (58) 83 F5

Oisy (59)....9 F2
Oisy-le-Verger (62)....8D3
Oizé (72)....78A1
Oizon (18)....81H5
Olargues (34)....171H6
Olby (63)....126D3
Olcani (2B)....203 F3
Oléac-debat (65)....183 F2
Oléac-Dessus (65)....183 F3
Olemps (12)....154C4
Olendon (14)....38D2
Oletta (2B)....203 F4
Olette (66)....200B3
Olivese (2A)....205E6
Olivet (45)....80D1
Olivet (53)....58C4
Olizy (51)....44D1
Olizy-Primat (08)....24B5
Olizy-sur-Chiers (55)....24D3
Ollainville (88)....68D3
Ollainville (91)....42C6
Ollans (25)....87G5
Ollé (28)....61H2
Olley (54)....48A1
Ollezy (02)....21H2
les Ollières (74)....132B1
Ollières (83)....176D6
les Ollières-sur-Eyrieux (07).143H6
Olliergues (63)....128A4
Ollioules (83)....193E5
Olloix (63)....127E4
les Olmes (69)....129G2
Olmet (63)....128A4
Olmet-et-Villecun (34)...172B4
Olmeta-di-Capocorso (2B).203 F3
Olmeta-di-Tuda (2B)....203 F5
Olmeto (2A)....206D2
Olmi-Cappella (2B)....202D5
Olmiccia (2A)....207E2
Olmo (2B)....203G6
Olonne-sur-Mer (85)....91 E5
Olonzac (34)....187G3
Oloron-Sainte-Marie (64)..182A3
Ols-et-Rinhodes (12)...153G3
Oltingue (68)....89G4
Olwisheim (67)....51 E4
Omblèze (26)....144D5
Omécourt (60)....19H3
Omelmont (54)....69 F1
les Omergues (04)....159G6
Omerville (95)....41 H1
Omessa (2B)....205 E2
Omet (33)....149H1
Omex (65)....182D4
Omey (51)....46A4
Omicourt (08)....24B2
Omiécourt (80)....21 F1
Omissy (02)....9 E6
Omméel (61)....39 F4
Ommeray (57)....49 F4
Ommoy (61)....39 E3
Omont (08)....24B3
Omonville (76)....17G3
Omonville-la-Petite (50)..12A1
Omonville-la-Rogue (50)..12B1
Omps (15)....139H5
Oms (66)....201 E3
Onans (25)....88B4
Onard (40)....165 F3
Onay (70)....86D5
Oncieu (01)....131 E1
Oncourt (88)....69H3
Oncy-sur-École (91)....63H2
Ondefontaine (14)....38A2
Ondes (31)....169E4
Ondres (40)....164B5
Ondreville-sur-Essonne (45)..63G4
Onesse-et-Laharie (40)...148B6
Onet-le-Château (12)...154C4
Oneux (80)....7 E4
Ongles (04)....176C1
Onglières (39)....103G5
Onjon (10)....66C2
Onlay (58)....100A4
Onnaing (59)....9G1
Onnion (74)....119E5
Onoz (39)....117G2
Ons-en-Bray (60)....19H4
Ontex (73)....131G3
Onville (54)....26A6
Onzain (41)....79G4
Oô (31)....197E1
Oost-Cappel (59)....2D2
Opio (06)....178C4
Opoul-Périllos (66)....187H6
Oppède (84)....175G3
Oppedette (04)....176B2
Oppenans (70)....87H3
Oppy (62)....8C2
Optevoz (38)....130D3
Oraàs (64)....165E6
Oradour (15)....141 E5
Oradour (16)....122A1
Oradour-Fanais (16)....109H5
Oradour-Saint-Genest (87)..110B4
Oradour-sur-Glane (87)...123H1
Oradour-sur-Vayres (87)..123G3
Orain (21)....86B3
Orainville (02)....23 E5
Oraison (04)....176D2
Orange (84)....158B6
Orbagna (39)....117 F1
Orbais-l'Abbaye (51)....44D3
Orban (81)....170B3
Orbec (14)....15G6
Orbeil (63)....127G5
Orbessan (32)....167H6
Orbey (68)....71 E4
Orbigny (37)....95H1
Orbigny-au-Mont (52)...86B1
Orbigny-au-Val (52)....86B1

l'Orbrie (85)....107 F2
Orçay (41)....97 F1
Orcemont (78)....41H6
Orcenais (18)....97H6
Orcet (63)....127 F4
Orcevaux (52)....86A2
Orchaise (41)....79G4
Orchamps (39)....102D2
Orchamps-Vennes (25)...104B2
Orches (86)....94B4
Orchies (59)....3G6
Orcier (74)....119 E3
Orcières (05)....160D1
Orcines (26)....158D2
Orcines (63)....127 E3
Orcival (63)....126D4
Orconte (51)....46C5
Ordan-Larroque (32)...167G4
Ordiarp (64)....181 F3
Ordizan (65)....183 F4
Ordonnac (33)....134D1
Ordonnaz (01)....131 F2
Ore (31)....184A5
Orègue (64)....181 E1
Oreilla (66)....200B3
Orelle (73)....146D2
Oresmaux (80)....20C1
Organ (65)....183H2
Organs-
-Blanchefontaine (25)...88C6
Orgedeuil (16)....123 E3
Orgeix (09)....199G2
Orgelet (39)....117G2
Orgères (35)....57 F4
Orgères (61)....39G4
Orgères-en-Beauce (28)..62C4
Orgerus (78)....41H4
Orges (52)....67G5
Orgeux (21)....86A4
Orgeval (02)....22C4
Orgeval (78)....42B3
Orgibet (09)....184C5
Orglandes (50)....12D4
Orgnac-l'Aven (07)....157G5
Orgnac-sur-Vézère (19)..138C1
Orgon (13)....175 F3
Orgueil (82)....169 F3
Oricourt (70)....87H3
Orieux (65)....183G3
Orignac (65)....183 F4
Origne (33)....149 F3
Origné (63)....58D6
Orignolles (17)....135H2
Origny (21)....85 E3
Origny-en-Thiérache (02)..10A6
Origny-le-Butin (61)....60C2
Origny-le-Roux (61)....60C2
Origny-le-Sec (10)....65H2
Origny-Sainte-Benoite (02)..9 F6
Orin (64)....181H2
Orincles (65)....183E4
Oriocourt (57)....49 E3
Oriol-en-Royans (26)...144D4
Oriolles (16)....121H6
Orion (64)....181G1
Oris-en-Rattier (38)...145H5
Orist (40)....164D4
Orival (16)....136B1
Orival (76)....18C5
Orléans (45)....80D1
Orléat (63)....127H2
Orleix (65)....183 F2
Orliac (24)....152A1
Orliac-de-Bar (19)....139E1
Orliaguet (24)....138B5
Orliénas (69)....129H4
Orlu (09)....199G2
Orlu (28)....62D2
Orly (94)....42D5
Orly-sur-Morin (77)....44A3
Ormancey (52)....86A1
Ormenans (70)....87G5
Ormersviller (57)....28B5
Ormes (10)....66B1
Ormes (27)....40C2
Ormes (45)....62D6
Ormes (51)....23 E6
Ormes (71)....116C1
les Ormes (86)....94D3
les Ormes (89)....83E1
Ormes-et-Ville (54)....69G1
les Ormes-sur-Voulzie (77)..64D2
Ormesson (77)....64A4
Ormesson-sur-Marne (94)..43E4
Ormoiche (70)....87H1
Ormoy (28)....41 F6
Ormoy (70)....87 F1
Ormoy (89)....65 F6
Ormoy (91)....42D6
Ormoy-la-Rivière (91)...63 F2
Ormoy-le-Davien (60)...43G1
Ormoy-
-lès-Sexfontaines (52)...67H4
Ormoy-Villers (60)....43G1
Ornacieux (38)....130D6
Ornaisons (11)....187H3
Ornans (25)....103G2
Ornes (55)....25 F6
Ornex (01)....118B4
Ornézan (32)....167H6
Orniac (46)....153 E3
Ornolac-
-Ussat-les-Bains (09)...199E1
Ornon (38)....146A3
Orny (57)....26C6
Oroër (60)....20B4
Oroix (65)....183E2
Oron (57)....49E3
Oroux (79)....93G6
Orphin (78)....41H6
Orpierre (05)....159H4

Orquevaux (52)....68B3
les Orres (05)....161E2
Orret (21)....85 F4
Orriule (64)....181G1
Orrouer (28)....61H2
Orrouy (60)....21 F6
Orry-la-Ville (60)....43 E1
Ors (59)....9G4
Orsan (30)....158A6
Orsanco (64)....181E2
Orsans (11)....186B4
Orsans (25)....104A1
Orsay (91)....42C5
Orschwihr (68)....71 E6
Orschwiller (67)....71 F3
Orsennes (36)....111 F2
Orsinval (59)....9G2
Orsonnette (63)....127G6
Orsonville (78)....62D1
Ortaffa (66)....201 F3
Ortale (2B)....205G2
Orthevielle (40)....164D5
Orthez (64)....165G6
Orthoux-Sérignac-
-Quilhan (30)....173G3
Ortillon (10)....66C1
Ortiporio (2B)....203 F6
Orto (2A)....204D3
Ortoncourt (88)....70A2
Orus (09)....198D1
Orval (18)....97H6
Orval (50)....36D2
Orvault (44)....74C4
Orvaux (27)....40D3
Orve (25)....88B6
Orveau (91)....63 F2
Orveau-Bellesauve (45)..63G3
Orville (21)....86A4
Orville (36)....96D2
Orville (45)....63G4
Orville (61)....39G3
Orville (62)....7 G4
Orvillers-Sorel (60)....21 E3
Orvilliers (78)....41G4
Orvilliers-Saint-Julien (10)..65H2
Orx (40)....164C5
Os-Marsillon (64)....182A1
Osani (2A)....204B2
Osches (55)....47 E2
Osenbach (68)....71 E5
Oslon (71)....101H5
Osly-Courtil (02)....21H5
Osmanville (14)....13 F5
Osmery (18)....98A4
Osmets (65)....183 F2
Osmoy (18)....97H3
Osmoy (78)....41H4
Osmoy-Saint-Valery (76)..19E1
Osne-le-Val (52)....68A1
Osnes (08)....24D2
Osny (95)....42B2
Ossages (45)....165 F5
Ossas-Suhare (64)....181G3
Osse (25)....87G6
Ossé (35)....57G3
Osse-en-Aspe (64)....181H5
Osséja (66)....199H5
Osselle (25)....103E2
Ossen (65)....182D4
Ossenx (64)....181G1
Osserain-Rivareyte (64)..181 F1
Ossès (64)....180D2
Ossey-
-les-Trois-Maisons (10)..65G2
Ossun (65)....183E3
Ossun-Ez-Angles (65)...183E4
Ostabat-Asme (64)....181E2
Ostel (02)....22B4
Ostheim (68)....71 F4
Osthoffen (67)....50D5
Osthouse (67)....71H1
Ostreville (62)....7G1
Ostricourt (59)....8C1
Ostwald (67)....51E6
Ota (2A)....204C3
Othe (54)....25 F3
Othis (77)....43 F2
Ottange (57)....26A2
Ottersthal (67)....50C4
Otterswiller (67)....50C4
Ottmarsheim (68)....89G1
Ottonville (57)....26D4
Ottrott (67)....71 F1
Ottwiller (67)....50B3
Ouagne (58)....83 F5
Ouainville (76)....16D3
Ouanne (89)....83 F3
Ouarville (28)....62C3
les Oubeaux (14)....13 F5
Ouches (41)....128C1
Oucques (41)....79H2
Oudalle (76)....15 F2
Oudan (58)....83E6
Oudeuil (60)....20A3
Oudezeele (59)....2C3
Oudincourt (52)....67H4
l'Oudon (14)....39 E2
Oudon (44)....75 E4
Oudrenne (57)....26C3
Oudry (71)....115 F1
Oueilloux (65)....183 F3
Ouerre (28)....41 F5
Ouessant (29)....30A4
Ouézy (14)....39 E1
Ouffières (14)....14B6
Ouge (70)....86D2
Ouges (21)....102A1
Ougney (39)....102D1
Ougney-Douvot (25)....87G6
Ougny (58)....99H3

Ouhans (25)....103H3
Ouides (43)....142B5
Ouillon (64)....182C2
Ouilly-du-Houley (14)...15G5
Ouilly-le-Tesson (14)....38D2
Ouilly-le-Vicomte (14)...15 F5
Ouistreham (14)....14C4
Oulches (36)....110C1
Oulches-
-la-Vallée-Foulon (02)...22D4
Oulchy-la-Ville (02)....22A6
Oulchy-le-Château (02)..22A6
Oulins (28)....41 F4
Oulles (38)....146A3
Oullins (69)....130A3
Oulmes (85)....107 F2
Oulon (58)....99 F2
Ounans (39)....102D3
Oupia (34)....187H2
Our (39)....102D2
Ourches (26)....144C6
Ourches-sur-Meuse (55)..47H5
Ourde (65)....183H5
Ourdis-Cotdoussan (65)..183E4
Ourdon (65)....183E4
Ourouër (58)....99 E3
Ourouer-les-Bourdelins (18)..98B4
Ouroux (69)....115H4
Ouroux-en-Morvan (58)..100A2
Ouroux-sous-le-Bois-
-Sainte-Marie (71)....115G3
Ouroux-sur-Saône (71)..101H6
Oursbelille (65)....183E2
Oursel-Maison (60)....20B3
Ourton (62)....7H1
Ousse (64)....182C2
Ousse-Suzan (40)....165G2
Oussières (39)....102D4
Ousson-sur-Loire (45)...82B4
Oussoy-en-Gâtinais (45)..82A1
Oust (09)....185E6
Oust-Marest (80)....6B4
Ousté (65)....183E4
Outarville (45)....63E4
Outines (51)....67E1
Outreau (62)....1 F4
Outrebois (80)....7G3
Outremécourt (52)....68D3
Outrepont (51)....46B4
Outriaz (01)....117G6
Ouvans (25)....88A6
Ouve-Wirquin (62)....2A5
Ouveillan (11)....188A2
Ouville (50)....37 E2
Ouville-la-Bien-Tournée (14)..39E2
Ouville-la-Rivière (76)...17 F2
Ouville-l'Abbaye (76)....17 F4
Ouvrouer-les-Champs (45)..81 F2
Ouzilly (86)....94C5
Ouzouer-des-Champs (45)..82A1
Ouzouer-le-Doyen (41)...62A6
Ouzouer-le-Marché (41)..80B1
Ouzouer-
-sous-Bellegarde (45)...63G6
Ouzouer-sur-Loire (45)...81H2
Ouzouer-sur-Trézée (45)..82B3
Ouzous (65)....182D4
Ovanches (70)....87 F3
Ovillers-la-Boisselle (80)..8A5
Oxelaëre (59)....2C3
Oye-et-Pallet (25)....104A4
Oye-Plage (62)....1H2
Oyes (51)....45 E4
Oyeu (38)....131 E6
Oyonnax (01)....117G4
Oyré (86)....94D4
Oyrières (70)....86C4
Oysonville (28)....62D2
Oytier-Saint-Oblas (38)..130B5
Oz (38)....146A3
Ozan (01)....116C3
Oze (05)....159H3
Ozenay (71)....116B2
Ozenx-Montestrucq (64)..165 F6
Ozerailles (54)....25H6
Ozeville (50)....13 E3
Ozières (52)....68B4
Ozillac (17)....121G6
Ozoir-la-Ferrière (77)...43 F5
Ozoir-le-Breuil (28)....62B6
Ozolles (71)....115G3
Ozon (07)....144A3
Ozon (65)....183 F3
Ozouer-le-Voulgis (77)...43 F5
Ozourt (40)....165 F4

P

Paars (02)....22C5
Pabu (22)....33 E3
la Pacaudière (42)....114D5
Pacé (35)....57 E2
Pacé (61)....59H1
Pacy-sur-Armançon (89)..84B2
Pacy-sur-Eure (27)....41 F2
Padern (11)....187G5
Padiès (81)....170D1
Padirac (46)....139 E6
Padoux (88)....70A3
Pageas (87)....123H4
Pagney (39)....103 E1
Pagney-derrière-Barine (54)..48A5
Pagnoz (39)....103 E3
Pagny-la-Blanche-Côte (55)..48A6
Pagny-la-Ville (21)....102A3
Pagny-le-Château (21)...102A3
Pagny-lès-Goin (57)....48D2
Pagny-sur-Meuse (55)...48A5
Pagny-sur-Moselle (54)..48B2
Pagolle (64)....181 F2
Pailhac (65)....183G6
Pailharès (07)....143G3
Pailherols (15)....140C5
Pailhès (09)....185 F4
Pailhès (34)....188C1
Paillart (60)....20C2
Paillencourt (59)....9 E3
Paillet (33)....149G1
Pailloles (47)....151 F3
le Pailly (52)....86B2
Pailly (89)....65 E3
Paimbœuf (44)....74A4
Paimpol (22)....33 F2
Paimpont (35)....56C3
Painblanc (21)....101 F2
Pair-et-Grandrupt (88)...70D3
Paissy (02)....22C4
Paisy-Cosdon (10)....65G4
Paizay-le-Chapt (79)....108B5
Paizay-le-Sec (86)....109H1
Paizay-le-Tort (79)....108B5
Paizay-Naudouin-
-Embourie (16)....108C6
Pajay (38)....144C1
Paladru (38)....131 F5
Palairac (11)....187G5
le Palais (56)....72B3
le Palais-sur-Vienne (87)..124B2
Palaiseau (91)....42C5
Palaiseul (52)....86B2
Palaja (11)....187E3
Palaminy (31)....184D3
Palante (25)....88B3
Palantine (25)....103 F2
Palasca (2B)....202D5
Palau-de-Cerdagne (66)..199G5
Palau-del-Vidre (66)....201 F3
Palavas-les-Flots (34)...173G6
Palazinges (19)....138D3
Paley (77)....64B4
Palhers (48)....155H1
Palinges (71)....115 F2
Palis (10)....65G3
Palise (25)....87 F5
Palisse (19)....125H6
Pallanne (32)....167 F6
Palleau (71)....101H4
Pallegney (88)....69H3
le Pallet (44)....75 E6
Palleville (81)....170B6
la Pallu (53)....59 F1
Palluau (85)....91 F3
Palluau-sur-Indre (36)...96A4
Palluaud (16)....136C1
Pallud (73)....132C3
Palluel (62)....8D2
Palmas (12)....155 E4
la Palme (11)....188A5
Palneca (2A)....205 F5
Palogneux (42)....128C3
la Palud-sur-Verdon (04)..177G3
Paluel (76)....16D2
Pamfou (77)....64B2
Pamiers (09)....185H4
Pampelonne (81)....154A6
Pamplie (79)....107H1
Pamproux (79)....108C3
Panassac (32)....184A1
Panazol (87)....124B2
Pancé (35)....57 F5
Pancey (52)....68A1
Pancheraccia (2B)....205G3
Pancy-Courtecon (02)...22C4
Pandrignes (19)....139E2
Pange (57)....26D5
Panges (21)....85 F6
Panilleuse (27)....41 F1
Panissage (38)....131 E5
Panissières (42)....129 F3
Panjas (32)....166D3
Pannecé (44)....75 F3
Pannecières (45)....63 F3
Pannes (45)....81H1
Pannes (54)....48A3
Pannessières (39)....102D6
Panon (72)....60B2
Panossas (38)....130C4
la Panouse (48)....156B1
Pantin (93)....42D3
Panzoult (37)....94C2
Papleux (02)....9H5
Paradou (13)....191 E2
Parassy (18)....97H1
Parata (2B)....205G1
Paray-Douaville (78)....62D2
Paray-le-Frésil (03)....114B1
Paray-le-Monial (71)....115 E3
Paray-sous-Briailles (03)..114A4
Paray-Vieille-Poste (91)..42D5
Parbayse (64)....182A2
Parc-d'Anxtot (76)....15G1
Parçay-les-Pins (49)....78A5
Parçay-Meslay (37)....79 E5
Parçay-sur-Vienne (37)..94C2
Parcé (35)....58A3
Parcé-sur-Sarthe (72)....77G1
Parcey (39)....102C3
Parcieux (01)....130A2
Parcoul (24)....136B2
le Parcq (62)....7 F1
Parcy-et-Tigny (02)....22A6
Pardailhan (34)....187H1
Pardaillan (47)....150D1

Pardies (64)....182A
Pardies-Piétat (64)....182C
Pardines (63)....127 F
Paréac (65)....183E
Pareid (55)....47H
Parempuyre (33)....135E
Parennes (72)....59G
Parent (63)....127 F
Parentignat (63)....127G
Parentis-en-Born (40)...148E
Parenty (62)....1G
Parey-Saint-Césaire (54)..48C
Parey-sous-Montfort (88)..69E
Parfondeval (02)....10D
Parfondeval (61)....60D
Parfondru (02)....22C
Parfondrupt (55)....47H
Parfouru-sur-Odon (14)..14A
Pargnan (02)....22C
Pargny (80)....21G
Pargny-Filain (02)....22B
Pargny-la-Dhuys (02)....44C
Pargny-les-Bois (02)....22C
Pargny-lès-Reims (51)...23E
Pargny-sous-Mureau (88)..68C
Pargny-sur-Saulx (51)....46C
Pargues (10)....66C
Parignargues (30)....174A
Parigné (35)....58A
Parigné-l'Évêque (72)...78A
Parigné-le-Pôlin (72)....78A
Parigné-le-Polin (72)....60B
Parigné-sur-Braye (53)...58D
Parigny (42)....128C
Parigny (50)....37 F
Parigny-la-Rose (58)....83 F
Parigny-les-Vaux (58)....98D
Paris (75)....42D
Paris-l'Hôpital (71)....101 F
Parisot (81)....169H
Parisot (82)....153 F
Parlan (15)....139G
Parleboscq (40)....166D
Parly (89)....83E
Parmain (95)....42C
Parmilieu (38)....130D
Parnac (36)....110D
Parnac (46)....152B
Parnans (26)....144C
Parnay (18)....98A
Parnay (49)....93H
Parné-sur-Roc (53)....58D
Parnes (60)....19G
Parnoy-en-Bassigny (52)..68D
les Paroches (55)....47G
Paron (89)....64D
Paroy (25)....103 F
Paroy (77)....64D
Paroy-en-Othe (89)....65 F
Paroy-sur-Saulx (52)....68A
Paroy-sur-Tholon (89)...65 E
Parpeçay (36)....96C
Parpeville (02)....22B
Parranquet (47)....151G
Parroy (54)....49 F
Pars-lès-Chavanges (10)..66D
Pars-lès-Romilly (10)....65G
Parsac (23)....112A
Parthenay (79)....93 F
Parthenay-de-Bretagne (35)..57E
Partinello (2A)....204B
Parux (54)....49H
Parves (01)....131G
Parville (27)....40D
Parvillers-le-Quesnoy (80)..21 E
Parzac (16)....122D
le Pas (53)....58D
Pas-de-Jeu (79)....93H
Pas-en-Artois (62)....7H
le Pas-Saint-l'Homer (61)..61 F
Pasilly (89)....84B
Paslières (63)....127H
Pasly (02)....22A
Pasques (21)....85G
le Pasquier (39)....103 F
Passa (66)....201 E
le Passage (38)....131 E
le Passage (47)....151 F
Passais (61)....37H
Passavant (25)....87H
Passavant-en-Argonne (51)..46D
Passavant-la-Rochère (70)..69 F
Passavant-sur-Layon (49)..93 F
Passel (60)....21G
Passenans (39)....102D
Passins (38)....131 E
Passirac (16)....136A
Passonfontaine (25)....104A
Passy (71)....115H
Passy (74)....133 E
Passy (89)....65 E
Passy-en-Valois (02)....44A
Passy-Grigny (51)....44D
Passy-sur-Marne (02)....44C
Passy-sur-Seine (77)....65 E
Patay (45)....62C
Patornay (39)....117H
Patrimonio (2B)....203 F
Pau (64)....182B
Paucourt (45)....64B
Pauilhac (32)....167H
Pauillac (33)....134D
Paule (22)....54C
Paulhac (15)....140D
Paulhac (31)....169G
Paulhac (43)....141H
Paulhac-en-Margeride (48)..141G
Paulhaguet (43)....141H
Paulhan (34)....172D
Paulhe (12)....155 F

ulhenc (15)............140 D5
ulhiac (47)...........151 G2
uligne (11)...........186 D4
ulin (24)............138 B4
ulinet (81)...........171 E3
ulmy (37)............95 F3
ulnay (36)...........95 G5
ulx (44).............91 E1
unat (24)...........137 G5
ussac-
-et-Saint-Vivien (24)....137 E1
utaines-Augeville (52).....68 A2
uvres (08)............23 H4
vant (02).............44 B3
vezin (42)...........129 H6
vie (32)............167 H5
Pavillon-Sainte-Julie (10)..66 A2
s Pavillons-sous-Bois (93)..43 E3
villy (76)............17 F5
yns (10)............66 A2
yra-sur-l'Hers (11)......186 B3
yrac (46)...........138 C6
yré (86)............108 D3
yrignac (46).........138 B6
yrin-Augmontel (81)....170 D6
yros-Cazautets (40)....166 B5
yroux (86)..........109 F4
yssous (31).........184 B5
yzac (07)...........157 E3
yzac (24)...........124 A6
zayac (24)..........138 B3
ziols (11)...........187 G6
zy (58)............99 G1
Péage-de-Roussillon (38)..144 A1
as (51).............45 E5
augres (07).........143 H2
aule (56)...........73 G1
ault (85)...........91 H6
bées (32)..........184 D1
brac (43)..........141 H4
ch (09)............199 F1
ch-Luna (11).......186 A3
chabou (31)........169 F6
charic-et-le-Py (11)....186 A3
chaudier (34)......170 A6
chbonnieu (31).....169 F4
chbusque (31)......169 F6
Pêchereau (36)......111 E1
corade (40).........166 B4
Pecq (78)...........42 B3
cquencourt (59)......8 D1
cqueuse (91).......42 B6
cy (77)............43 H6
dernec (22)........32 D3
gairolles-de-Buèges (34)..172 D4
gairolles-
-de-l'Escalette (34)....172 C4
gomas (06)........178 C5
Pègue (26)........158 C3
guilhan (31).......184 B2
igney (52).........86 B1
illac (56).........56 B6
ille (06)..........195 G2
illon (06).........195 G2
illon (74).........118 D5
intre (39).........102 C1
s Peintures (33)....136 A3
ipin (04)..........160 B6
eisey-Nancroix (73)..133 F4
l-et-Der (10).......66 D2
lissanne (13)......191 H3
llafol (38)........145 H6
lleautier (05).....160 B2
llefigue (32)......168 A6
llegrue (33).......136 B6
lleport (31).......168 D4
llerey (21).........85 F4
Pellerin (44)......74 B5
Pellerine (49)......78 A5
Pellerine (53)......58 B2
llevoisin (36)......96 A3
llouailles-les-Vignes (49)..77 E4
llonne (26).......159 F4
llouse (48)........156 B2
lousey (25).........87 E6
ltre (57)..........48 D1
lussin (42)........129 H6
lves (62)..........8 C2
lvoux (05)........146 D5
nchard (77)........43 G3
ncran (29).........31 F4
ndé (80)...........6 C3
nestin (56)........73 F2
nguilly (22).......34 A6
nin (62)..........7 H2
nly (76)...........17 H1
nmarc'h (29).......53 E4
nnautier (11)......187 E3
Penne (06).........178 C2
nne (81)..........169 H1
nne-d'Agenais (47)..151 G4
Penne-sur-Huveaune (13)..192 B4
Penne-sur-l'Ouvèze (26)..159 E5
nnedepie (14)......16 B6
nnes-le-Sec (26)...159 E2
s Pennes-Mirabeau (13)..192 A3
nnesières (70).....87 F4
nol (38)..........130 C6
nsol (87).........123 G4
nta-Acquatella (2B)..203 F6
nta-di-Casinca (2B)..203 G6
nvénan (22).......32 D1
one (06)..........161 H6
pieux (11)........187 G2
brassay (36)......112 A2
ray (72)..........60 C3
rceneige (89).....65 E3
rcey (89).........65 H6
rcey-le-Grand (70)..86 B3
Perchay (95)......42 A1
Perche (18).......112 C1

Perchède (32).......166 C3
Percy (38).........145 G6
Percy (50)........37 F3
Percy-en-Auge (14)..39 E2
Perdreauville (78)..41 G3
Péré (17).........107 E5
Péré (65).........183 G4
Péreille (09)......186 A6
Perelli (2B).......205 G2
Pérenchies (59)....3 F5
Péret (34)........172 C6
Péret-Bel-Air (19)..125 C6
Péreuil (16)......122 A5
Péreyres (07).....143 E6
Pergain-Taillac (32)..167 H1
Peri (2A).........204 D5
le Périer (38)....146 A4
Périers (50)......12 D6
Périers-en-Auge (14)..14 D4
Périers-sur-le-Dan (14)..14 C4
Pérignac (16).....122 B5
Pérignac (17).....121 F4
Pérignat-lès-Sarliève (63)..127 F3
Pérignat-sur-Allier (63)..127 F3
Périgné (79)......108 A5
Périgny (03)......114 B4
Périgny (14)......38 B3
Périgny (17)......106 D5
Périgny (41)......79 G2
Périgny (94)......43 E5
Périgny-la-Rose (10)..65 G1
Périgueux (24)....137 F2
Périssac (33).....135 G4
Perles (02).......22 C5
Perles-et-Castelet (09)..199 F2
Pern (46)........152 C4
Pernand-Vergelesses (21)..101 G2
Pernant (02).....21 H5
Pernay (37)......78 C5
la Pernelle (50)..13 E2
Pernes (62)......2 B6
Pernes-lès-Boulogne (62)..1 F4
Pernes-les-Fontaines (84)..175 F2
Pernois (80)......7 F4
Pero-Casevecchie (2B)..203 G6
Pérols (34).......173 G6
Pérols-sur-Vézère (19)..125 F5
Péron (01).......118 A5
Péronnas (01)....116 D5
Péronne (71).....116 B3
Péronne (80).....8 C6
Péronne-en-Mélantois (59)..3 G5
Péronville (28)...62 B5
Pérouges (01)....130 C2
la Pérouille (36)..96 B6
Pérouse (90)......88 D3
Péroy-les-Gombries (60)..43 G1
Perpezac-le-Blanc (19)..138 B2
Perpezac-le-Noir (19)..138 D1
Perpezat (63)....126 D4
Perpignan (66)...201 F2
les Perques (50)..12 C3
Perquie (40).....166 B2
Perrancey-
-les-Vieux-Moulins (52)..86 A1
le Perray-en-Yvelines (78)..42 A5
Perrecy-les-Forges (71)..115 F1
le Perréon (69)..116 A6
Perret (22).......55 E1
Perreuil (71)....101 E5
Perreux (42).....115 E6
Perreux (89).....82 D1
le Perreux-sur-Marne (94)..43 E4
Perrex (01)......116 C4
Perrier (63).....127 F5
le Perrier (85)...90 C3
la Perrière (61)..60 C2
la Perrière (73)..133 E5
Perrières (14)...38 D2
Perriers-en-Beauficel (50)..37 G4
Perriers-la-Campagne (27)..40 B1
Perriers-sur-Andelle (27)..19 E4
Perrignier (74)..118 D3
Perrigny (39)....102 D6
Perrigny (89)....83 F2
Perrigny-lès-Dijon (21)..101 H1
Perrigny-sur-Armançon (89)..84 C3
Perrigny-sur-l'Ognon (21)..86 C6
Perrigny-sur-Loire (71)..114 D2
Perrogney-
les-Fontaines (52)..86 A2
le Perron (50)....37 H1
Perros-Guirec (22)..32 C1
Perrou (61)......38 B6
Perrouse (70)....87 F5
Perroy (58)......82 D5
Perruel (27).....19 E4
Perrusse (52)....68 C5
Perrusson (37)...95 G2
Pers (15)........139 H5
Pers (79)........108 C4
Pers-en-Gâtinais (45)..64 B5
Pers-Jussy (74)..118 C5
Persac (86)......109 G3
Persan (95)......42 C1
Persquen (56)....54 D3
Pertain (80).....21 F1
Perthes (08).....23 G4
Perthes (52).....46 C5
Perthes (77).....63 H1
Perthes-lès-Brienne (10)..67 E2
Pertheville-Ners (14)..39 E3
le Perthus (66)..201 F4
le Pertre (35)...58 B5
le Pertuis (43)..142 D3
Pertuis (84).....176 A4
la Péruse (16)...123 E2
Pervenchères (61)..60 C2
Perville (82).....151 G6
Pescadoires (46)..152 B3

Peschadoires (63)..127 H2
le Pescher (19)...139 E4
Péseux (25).......88 B6
Peseux (39)......102 C3
Peslières (63)....127 H6
Pesmes (70)......86 C6
Pessac (33)......135 E5
Pessac-sur-Dordogne (33)..136 B5
Pessan (32)......167 H5
Pessans (25).....103 F2
Pessat-Villeneuve (63)..127 F2
la Pesse (39).....118 A4
Pessines (17)....121 E3
Pessoulens (32)..168 B3
Petersbach (67)..50 B3
le Petit-Abergement (01)..117 G6
Petit-Auverné (44)..75 E2
Petit-Bersac (24)..136 C1
le Petit-Bornand-
-les-Glières (74)..118 D6
le Petit-Celland (50)..37 F5
Petit-Couronne (76)..18 C5
Petit-Croix (90)..88 D3
Petit-Failly (54)..25 F4
Petit-Fayt (59)..9 H4
le Petit-Fougeray (35)..57 F4
Petit-Landau (68)..89 G2
Petit-Mars (44)..74 D3
le Petit-Mercey (39)..103 E1
Petit-Mesnil (10)..67 E3
Petit-Noir (39)..102 B4
Petit-Palais-
-et-Cornemps (33)..136 A4
le Petit-Pressigny (37)..95 F4
le Petit-Quevilly (76)..17 G6
le Petit-Réderching (57)..28 A5
Petit-Tenquin (57)..49 G2
Petit-Verly (02)..9 F5
la Petite-Boissière (79)..92 C4
Petite-Chaux (25)..103 H6
Petite-Forêt (59)..9 F2
la Petite-Fosse (88)..70 D2
la Petite-Marche (03)..112 C5
la Petite-Pierre (67)..50 B3
la Petite-Raon (88)..70 D1
Petite-Rosselle (57)..27 F4
la Petite-Verrière (71)..100 C3
Petitefontaine (90)..88 D2
les Petites-Armoises (08)..24 B4
les Petites-Loges (51)..45 G1
Petitmagny (90)..88 D2
Petitmont (54)..49 H6
Petiville (14)...14 D4
Petiville (76)...15 H2
Petosse (85).....107 E2
Petreto-Bicchisano (2A)..206 D2
Pettoncourt (57)..49 E4
Pettonville (54)..49 G6
Peujard (33).....135 F3
Peumérit (29)...53 E3
Peumerit-Quintin (22)..32 D5
Peuplingues (62)..1 G2
Peuton (53)......58 C6
Peuvillers (55)..25 F5
Peux-et-Couffouleux (12)..171 G4
Pévange (57).....49 F3
Pévy (51)........22 D5
Pexiora (11)....186 C3
Pexonne (54)....70 C1
Pey (40).........164 D4
Peymeinade (06)..178 C4
Peynier (13)....192 C2
Peypin (13).....192 C3
Peypin-d'Aigues (84)..176 B3
Peyrabout (23)..111 G6
le Peyrat (09)..186 B5
Peyrat-de-Bellac (87)..110 B5
Peyrat-la-Nonière (23)..112 A6
Peyrat-le-Château (87)..125 E3
la Peyratte (79)..93 G6
Peyraube (65)...183 F3
Peyraud (07)....144 A1
Peyre (40).......165 H5
Peyrecave (32)..168 B2
Peyrefitte-du-Razès (11)..186 C4
Peyrefitte-sur-l'Hers (11)..186 A3
Peyregoux (81)..170 C4
Peyrehorade (40)..165 E5
Peyreleau (12)..155 G6
Peyrelevade (19)..125 G4
Peyrelongue-Abos (64)..182 D1
Peyremale (30)..157 E5
Peyrens (11)....186 B2
Peyrestortes (66)..201 F2
Peyret-Saint-André (65)..183 H2
Peyriac-de-Mer (11)..188 A4
Peyriac-Minervois (11)..187 F2
Peyriat (01)....117 F5
Peyrière (47)...150 D2
Peyrieu (01)....131 F4
Peyrignac (24)..138 A3
Peyriguère (65)..183 F2
Peyrilhac (87)..124 A1
Peyrillac-et-Millac (24)..138 C5
Peyrilles (46)..152 C2
Peyrins (26)....144 C3
Peyrissac (19)..124 D5
Peyrissas (31)..184 C2
Peyrole (81)....170 A3
Peyrolles (11)..187 E5
Peyrolles (30)..173 F1
Peyrolles-en-Provence (13)..176 B5
Peyroules (04)..178 A3
Peyrouse (65)..182 D3
Peyrouzet (31)..184 B3
Peyruis (04)....176 D1
Peyrun (65)....183 F2
Peyrus (26)....144 C5
Peyrusse (15)..141 E2
Peyrusse-Grande (32)..167 E5
Peyrusse-le-Roc (12)..153 H3

Peyrusse-Massas (32)..167 H4
Peyrusse-Vieille (32)..167 E5
Peyssies (31)....185 E2
Peyzac-le-Moustier (24)..137 H4
Peyzieux-sur-Saône (01)..116 B5
Pézarches (77)..43 H5
Pezé-le-Robert (72)..59 H4
Pézenas (34)....188 D1
Pézènes-les-Mines (34)..172 B5
Pezens (11).....186 D3
Pézilla-de-Conflent (66)..200 C2
Pézilla-la-Rivière (66)..201 E2
Pezou (41)......79 G1
Pezuls (24)....137 F5
Pézy (28).......62 B3
Pfaffenheim (68)..71 F5
Pfaffenhoffen (67)..50 D3
Pfalzweyer (67)..50 B4
Pfastatt (68)...89 F1
Pfetterhouse (68)..89 E4
Pfettisheim (67)..50 D5
Pfulgriesheim (67)..51 E5
Phaffans (90)...88 D3
Phalempin (59)..3 F6
Phalsbourg (57)..50 B4
Philippsbourg (57)..28 C6
Philondenx (40)..166 A5
Phlin (54)......48 D3
Pia (66)........201 F2
Piacé (72).......60 A3
le Pian-Médoc (33)..135 E4
le Pian-sur-Garonne (33)..149 H2
Piana (2A)......204 B3
Pianello (2B)...205 G2
Piano (2B)......203 G6
Pianottoli-Caldarello (2A)..207 E4
les Piards (39)..117 H2
la Piarre (05)..159 G3
Piazzali (2B)...205 G2
Piazzole (2B)...205 G1
Piblange (57)...26 D4
Pibrac (31).....169 E5
Picarreau (39)..103 E5
Picauville (50)..12 D4
Pichanges (21)..86 A5
Picherande (63)..126 D6
Picquigny (80)..7 F5
Pie-d'Orezza (2B)..205 G1
Pied-de-Borne (48)..156 D3
Piedicorte-di-Gaggio (2B)..205 F3
Piedicroce (2B)..205 G1
Piedigriggio (2B)..203 E6
Piedipartino (2B)..205 G1
Piégros-la-Clastre (26)..158 D1
Piégut (04).....160 C3
Piégut-Pluviers (24)..123 F4
Piencourt (27)..15 G5
Piennes (54)....25 H5
Piennes-Onvillers (80)..21 E2
Pierlas (06)....178 D1
la Pierre (38)..145 H1
Pierre-Bénite (69)..130 A3
Pierre-Buffière (87)..124 B4
Pierre-Châtel (38)..145 G4
Pierre-de-Bresse (71)..102 B4
Pierre-la-Treiche (54)..48 B5
Pierre-Levée (77)..43 H3
Pierre-Morains (51)..45 F4
Pierre-Percée (54)..70 C1
Pierre-Perthuis (89)..83 H5
Pierreclos (71)..116 A4
Pierrecourt (70)..86 C3
Pierrecourt (76)..6 C6
Pierrefeu (06)..195 E1
Pierrefeu-du-Var (83)..193 G4
Pierrefiche (12)..155 E3
Pierrefiche (48)..156 C1
Pierrefiques (76)..15 G4
Pierrefitte (19)..124 D6
Pierrefitte (23)..112 A5
Pierrefitte (79)..93 F4
Pierrefitte (88)..69 G4
Pierrefitte-en-Auge (14)..15 F4
Pierrefitte-
-en-Beauvaisis (60)..20 A4
Pierrefitte-en-Cinglais (14)..38 C3
Pierrefitte-ès-Bois (45)..82 A4
Pierrefitte-Nestalas (65)..182 D5
Pierrefitte-sur-Aire (55)..47 F3
Pierrefitte-sur-Loire (03)..114 C2
Pierrefitte-sur-Sauldre (41)..81 F4
Pierrefitte-sur-Seine (93)..42 D3
Pierrefonds (60)..21 G5
Pierrefontaine-
-lès-Blamont (25)..88 C5
Pierrefontaine-
-les-Varans (25)..104 B1
Pierrefort (15)..140 D5
Pierregot (80)..7 G5
Pierrelatte (26)..158 A4
Pierrelaye (95)..42 C2
Pierrelongue (26)..159 E5
Pierremande (02)..21 H3
Pierremont (62)..7 G1
Pierremont-sur-Amance (52)..86 D2
Pierrepont (02)..22 D2
Pierrepont (14)..38 C3
Pierrepont (54)..25 G4
Pierrepont-sur-Avre (80)..20 D2
Pierrepont-
-sur-l'Arentèle (88)..70 B3
Pierrerue (04)..176 D2
Pierrerue (34)..188 A1
Pierres (14)....38 A3
Pierres (28)....41 G6
Pierreval (76)..17 H5
Pierrevert (04)..176 C3
Pierreville (50)..12 B3
Pierreville (54)..48 C6
Pierrevillers (57)..26 B4

Pierric (44)......74 C1
Pierry (51)......45 E2
Pietra-di-Verde (2B)..205 G2
Pietracorbara (2B)..203 G2
Pietralba (2B)...203 E5
Pietraserena (2B)..205 G3
Pietricaggio (2B)..205 G2
Pietroso (2B)....205 F3
Pietrosella (2A)..206 C1
Piets-Plasence-
-Moustrou (64)..166 A6
Pieusse (11)....186 D4
les Pieux (50)..12 B3
Piève (2B).......203 F5
Piffonds (89)...64 D5
Pigna (2B)......202 C5
Pignan (34).....173 F5
Pignans (83)....193 G3
Pignicourt (02)..23 E4
Pignols (63)....127 G4
Pigny (18).......97 H2
Pihem (62)......2 A4
Pihen-lès-Guînes (62)..1 G3
Pila-Canale (2A)..206 D1
Pillac (16).....136 C1
Pillemoine (39)..103 F6
les Pilles (26)..158 D4
Pillon (55)......25 G5
Pimbo (40)......166 B5
Pimelles (89)...84 B1
Pimorin (39)....117 F2
Pimprez (60)....21 G4
le Pin (03).....114 D3
le Pin (14).....15 G4
le Pin (17).....135 G1
le Pin (30).....174 C1
le Pin (38).....131 E6
le Pin (39).....102 D6
le Pin (44).....76 A3
Pin (70).........87 E6
le Pin (77).....43 E3
le Pin (79).....92 D4
le Pin (82).....168 C1
le Pin-au-Haras (61)..39 F4
le Pin-Balma (31)..169 F5
le Pin-en-Mauges (49)..75 H5
le Pin-la-Garenne (61)..60 D2
le Pin-Murelet (31)..184 D1
Pinas (65).......183 H4
Pinay (42).......128 D2
Pincé (72).......77 F1
Pindères (47)...150 B5
Pindray (86)....109 H2
les Pineaux (85)..91 H5
Pinel-Hauterive (47)..151 E3
Pinet (34)......189 E1
Pineuilh (33)...136 C5
Piney (10)......66 C2
Pino (2B).......203 F2
Pinols (43)....141 H4
Pinon (02)......22 B4
les Pins (16)..122 D2
Pins-Justaret (31)..169 E6
Pinsac (46).....138 C5
Pinsaguel (31)..169 E6
Pinsot (38).....132 B6
Pintac (65).....183 E2
Pinterville (27)..18 D6
Pintheville (55)..47 H1
les Pinthières (28)..41 G5
Piobetta (2B)..205 G2
Pioggiola (2B)..202 D5
Piolenc (84)...158 B6
Pionnat (23)..111 H5
Pionsat (63)..112 D6
Pioussay (79)..108 C6
Pipriac (35)..56 D5
Piquecos (82)..169 E1
Pirajoux (01)..117 E3
Piré-sur-Seiche (35)..57 G4
Pirey (25).....87 F6
Piriac-sur-Mer (44)..73 E3
Pirmil (72).....59 G6
Pirou (50)......12 C6
Pis (32).......168 A3
Pisany (17)....120 D3
Piscop (95)....42 D2
Piseux (27)....40 C4
Pisieu (38)....130 C6
Pisseleu (60)..20 A3
Pisseleux (02)..21 G6
Pisseloup (52)..86 D1
la Pisseure (70)..87 G1
Pissos (40)....148 D4
Pissotte (85)..107 F2
Pissy (80)......7 F6
Pissy-Pôville (76)..17 G5
Pitgam (59)....2 B2
Pithiviers (45)..63 F4
Pithiviers-le-Vieil (45)..63 F4
Pithon (02)....21 G1
Pîtres (27)....18 D5
Pizay (01)....130 C2
Pizieux (72)..60 B3
le Pizou (24)..136 B4
le Pla (09)....199 H2
Plabennec (29)..31 E4
Placé (53)......58 C3
les Places (27)..15 G5
Placey (25)....103 E1
Plachy-Buyon (80)..20 B1
Placy (14)......38 C3
Placy-Montaigu (50)..37 H2
le Plagnal (07)..156 D1
Plagne (01)....117 H5
Plagne (31)....186 A3
Plagnole (31)..184 D1
Plaigne (11)..186 B3
Plailly (60)....43 E2

Plaimbois-Vennes (25)..104 B1
Plaimpied-Givaudins (18)..97 H3
la Plaine (49)..92 D2
Plaine (67)......71 E1
Plaine-de-Walsch (57)..50 A5
Plaine-Haute (22)..33 G5
la Plaine-sur-Mer (44)..73 G5
Plainemont (70)..87 G1
Plaines-Saint-Lange (10)..66 D6
Plainfaing (88)..70 D4
Plainoiseau (39)..102 D6
les Plains-
-et-Grands-Essarts (25)..88 D6
Plaintel (22)....33 G5
Plainval (60)...20 D3
Plainville (27)..15 G5
Plainville (60)..20 D3
Plaisance (12)..171 E2
Plaisance (24)..151 E1
Plaisance (32)..166 D5
Plaisance (86)..109 H3
Plaisance-du-Touch (31)..169 E6
Plaisia (39)....117 G2
Plaisians (26)..159 E5
Plaisir (78)....42 A4
Plaissan (34)..172 D6
Plaizac (16)....122 A3
le Plan (31)...184 D3
le Plan (38)...145 E1
Plan-d'Aups-
-Sainte-Baume (83)..192 D3
Plan-de-Baix (26)..144 C6
Plan-de-Cuques (13)..192 B3
le Plan-de-la-Tour (83)..194 A3
Plan-d'Orgon (13)..175 F3
Planaise (73)..132 A5
Planay (21)....84 D2
Planay (73)....133 E6
la Planche (44)..91 G1
Plancherine (73)..132 C3
les Planches-
-en-Montagne (39)..103 G6
les Planches-
-près-Arbois (39)..103 E4
Planchez (58)..100 B2
Plancoët (22)..34 C4
Plancy-l'Abbaye (10)..45 F6
la Planée (25)..103 H4
Planès (66)....200 A4
Planèzes (66)..200 D1
Planfoy (42)...143 F1
Planguenoual (22)..33 H4
Planioles (46)..153 G2
le Planois (71)..102 B5
le Planquay (27)..15 G5
Planquery (14)..13 G6
Planques (62)..7 F1
Planrupt (52)..67 F1
les Plans (30)..157 F6
les Plans (34)..172 B4
le Plantay (01)..116 D6
les Plantiers (30)..173 E1
le Plantis (61)..39 G6
Planty (10)....65 G3
Planzolles (07)..157 E3
Plappeville (57)..26 B5
Plasne (39)....103 E5
Plasnes (27)....15 H5
Plassac (17)....121 F5
Plassac (33)....135 E3
Plassac-Rouffiac (16)..122 B5
Plassay (17)...121 E2
Plats (07).....144 A4
Plaudren (56)..55 G5
Plauzat (63)...127 F4
Plavilla (11)..186 B4
Plazac (24)....137 H4
Pleaux (15)....139 H3
Pléboulle (22)..34 A4
Pléchâtel (35)..57 E5
Plédéliac (22)..34 B5
Plédran (22)...33 G5
Pléguien (22)..33 F3
Péhédel (22)...33 F3
Pleine-Fougères (35)..35 G5
Pleine-Selve (02)..22 B1
Pleine-Selve (33)..135 E1
Pleine-Sève (76)..17 E3
Plélan-le-Grand (35)..56 C3
Plélan-le-Petit (22)..34 C5
Plélauff (22)...54 D1
Plélo (22)......33 F4
Plémet (22)....55 H2
Plémy (22)....33 H6
Plénée-Jugon (22)..34 A6
Pléneuf-Val-André (22)..34 A4
Plénise (39)...103 G5
Plénisette (39)..103 G5
Plerguer (35)..35 E5
Plérin (22)....33 G4
Plerneuf (22)..33 F4
Plescop (56)...55 F6
Plesder (35)...35 D5
Plésidy (22)..33 E5
Pleslin-Trigavou (22)..34 D4
Plesnois (52)..86 C1
Plesnoy (52)...86 C1
Plessala (22)..55 H1
Plessé (44)....74 B2
le Plessier-Huleu (02)..22 A6
le Plessier-Rozainvillers (80)..20 D1
le Plessier-sur-Bulles (60)..20 C4
le Plessier-
-sur-Saint-Just (60)..20 D4
le Plessis-aux-Bois (77)..43 F2
Plessis-Barbuise (10)..44 C6
le Plessis-Belleville (60)..43 F2
le Plessis-Bouchard (95)..42 C2

241

le Plessis-Brion (60) 21 F4
Plessis-de-Roye (60) 21 F3
le Plessis-Dorin (41) 61 F5
le Plessis-Feu-Aussoux (77) . .43 H5
le Plessis-Gassot (95) 42 D2
le Plessis-Grammoire (49) . . . 77 E4
le Plessis-Grimoult (14) 14 A6
le Plessis-Grohan (27) 40 D3
le Plessis-Hébert (27) 41 F2
le Plessis-Lastelle (50) 12 D5
le Plessis-l'Échelle (41) 80 A2
le Plessis-l'Évêque (77) 43 F2
le Plessis-Luzarches (95) . . . 42 D2
le Plessis-Macé (49) 76 D4
le Plessis-Pâté (91) 42 D6
le Plessis-Patte-d'Oie (60) 21 G2
le Plessis-Placy (77) 43 H2
le Plessis-Robinson (92) 42 C4
Plessis-Saint-Benoist (91) . . . 63 E2
Plessis-Saint-Jean (89) 65 E3
le Plessis-Sainte-Opportune (27) . . 40 C2
le Plessis-Trévise (94) 43 F4
Plessix-Balisson (22) 34 C4
Plestan (22) 34 A5
Plestin-les-Grèves (22) 32 B3
Pleubian (22) 33 E1
Pleucadeuc (56) 56 A5
Pleudaniel (22) 33 E2
Pleudihen-sur-Rance (22) . . 36 A6
Pleugriffet (56) 55 G3
Pleugueneuc (35) 34 D6
Pleumartin (86) 95 E5
Pleumeleuc (35) 56 D2
Pleumeur-Bodou (22) 32 C2
Pleumeur-Gautier (22) 33 E1
Pleure (39) 102 C4
Pleurs (51) 45 E5
Pleurtuit (35) 34 D4
Pleuven (29) 53 G3
Pleuvezain (88) 69 E2
Pleuville (16) 109 F6
Pléven (22) 34 B5
Plévenon (22) 34 B3
Plévin (22) 54 B1
Pleyben (29) 31 G6
Pleyber-Christ (29) 31 H4
Pliboux (79) 108 D5
Plichancourt (51) 46 B5
Plieux (32) 168 A2
Plivot (51) 45 F2
Plobannalec-Lesconil (29) . . 53 F4
Plobsheim (67) 71 H1
Ploemel (56) 55 E6
Ploemeur (56) 54 C5
Ploërdut (56) 54 D2
Ploeren (56) 55 F6
Ploërmel (56) 56 A4
Ploeuc-sur-Lié (22) 33 G6
Ploéven (29) 53 F1
Ploëzal (22) 33 E2
Plogastel-Saint-Germain (29) 53 C2
Plogoff (29) 52 C2
Plogonnec (29) 53 F2
Ploisy (02) 22 A5
Plomb (50) 35 H3
Plombières-les-Bains (88) . . 70 A6
Plombières-lès-Dijon (21) . . 85 G6
Plomelin (29) 53 F3
Plomeur (29) 53 E4
Plomion (02) 23 E1
Plomodiern (29) 53 F1
Plonéis (29) 53 F2
Plonéour-Lanvern (29) 53 E3
Plonévez-du-Faou (29) 31 H6
Plonévez-Porzay (29) 53 F1
Plorec-sur-Arguenon (22) . . 34 B5
Plottes (71) 116 B2
Plou (18) 97 F3
Plouagat (22) 33 F4
Plouaret (22) 32 C3
Plouarzel (29) 30 C4
Plouasne (22) 56 D1
Plouay (56) 54 C4
Ploubalay (22) 34 C4
Ploubazlanec (22) 33 F2
Ploubezre (22) 32 C2
Ploudalmézeau (29) 30 D3
Ploudaniel (29) 31 F3
Ploudiry (29) 31 G4
Plouëc-du-Trieux (22) 33 E3
Plouédern (29) 31 F4
Plouégat-Guérand (29) 32 B3
Plouégat-Moysan (29) 32 B3
Plouénan (29) 31 H3
Plouër-sur-Rance (22) 36 A6
Plouescat (29) 31 G2
Plouézec (22) 33 F2
Plouezoc'h (29) 32 A3
Ploufragan (22) 33 G4
Plougar (29) 31 G3
Plougasnou (29) 32 A2
Plougastel-Daoulas (29) . . . 31 E5
Plougonvelin (29) 30 C5
Plougonven (29) 32 A4
Plougonver (22) 32 C4
Plougoulm (29) 31 G2
Plougoumelen (56) 55 F6
Plougourvest (29) 31 G3
Plougras (22) 32 B4
Plougrescant (22) 33 E1
Plouguenast (22) 55 G1
Plouguerneau (29) 31 E3
Plouguernével (22) 54 D1
Plouguiel (22) 32 D1
Plouguin (29) 30 D3
Plouha (22) 33 F3
Plouharnel (56) 72 B1
Plouhinec (29) 52 D2
Plouhinec (56) 54 D6

Plouider (29) 31 F3
Plouigneau (29) 32 B3
Plouisy (22) 33 E3
Ploulec'h (22) 32 C2
Ploumagoar (22) 33 E4
Ploumilliau (22) 32 C2
Plounéour-Ménez (29) 31 H4
Plounéour-Trez (29) 31 F2
Plounérin (22) 32 C3
Plounéventer (29) 31 F4
Plounévez-Lochrist (29) . . . 31 F3
Plounévez-Moëdec (22) . . . 32 C4
Plounévez-Quintin (22) . . . 32 D6
Plounévézel (29) 32 B6
Plourac'h (22) 32 B5
Plouray (56) 54 C2
Plourhan (22) 33 G3
Plourin (29) 30 C3
Plourin-lès-Morlaix (29) . . . 32 A4
Plourivo (22) 33 E2
Plouvain (62) 8 C2
Plouvara (22) 33 F4
Plouvien (29) 31 E3
Plouvorn (29) 31 G3
Plouyé (29) 32 A6
Plouzané (29) 30 D4
Plouzélambre (22) 32 C3
Plouzévédé (29) 31 G3
Plovan (29) 53 E3
Ployart-et-Vaurseine (02) . . 22 D4
le Ployron (60) 20 D3
Plozévet (29) 52 D2
Pludual (22) 33 F3
Pluduno (22) 34 B4
Plufur (22) 32 B3
Pluguffan (29) 53 F3
Pluherlin (56) 56 A6
Plumaudan (22) 34 C6
Plumaugat (22) 56 B1
Plumelec (56) 55 G5
Pluméliau (56) 55 E3
Plumelin (56) 55 F4
Plumergat (56) 55 F5
Plumetot (14) 14 C4
Plumieux (22) 55 H2
Plumont (39) 103 E2
Pluneret (56) 55 E6
Plurien (22) 34 B3
Plusquellec (22) 32 C5
Plussulien (22) 33 E6
Pluvault (21) 102 B1
Pluvet (21) 102 B1
Pluvigner (56) 55 E5
Pluzunet (22) 32 D3
Pocancy (51) 45 G3
Pocé-les-Bois (35) 57 H3
Pocé-sur-Cisse (37) 79 F5
Podensac (33) 149 G1
le Poët (05) 160 A5
le Poët-Célard (26) 158 D2
le Poët-en-Percip (26) 159 F5
le Poët-Laval (26) 158 C4
le Poët-Sigillat (26) 159 E4
Poeuilly (80) 8 D6
Poey-de-Lescar (64) 182 B1
Poey-d'Oloron (64) 181 H2
Poëzat (03) 113 G6
Poggio-di-Nazza (2B) 205 F4
Poggio-di-Venaco (2B) . . . 205 E3
Poggio-d'Oletta (2B) 203 F4
Poggio-Marinaccio (2B) . . . 203 F6
Poggio-Mezzana (2B) 205 G1
Poggiolo (2A) 204 D3
Pogny (51) 46 A4
Poids-de-Fiole (39) 117 G1
Poigny (77) 65 E1
Poigny-la-Forêt (78) 41 H5
Poil (58) 100 B4
Poilcourt-Sydney (08) 23 F4
Poilhes (34) 188 B2
Poillé-sur-Vègre (72) 59 F6
Poilley (35) 35 H5
Poilley (50) 35 H4
Poilly (51) 22 D6
Poilly-lez-Gien (45) 81 H3
Poilly-sur-Serein (89) 84 A2
Poilly-sur-Tholon (89) 83 E1
Poinçon-lès-Larrey (21) . . . 84 D1
le Poinçonnet (36) 96 C5
Poincy (77) 43 G3
Poinsenot (52) 85 G2
Poinson-lès-Fayl (52) 86 C2
Poinson-lès-Grancey (52) . . 85 G3
Poinson-lès-Nogent (52) . . 68 B6
Pointel (61) 38 C5
Pointis-de-Rivière (31) 184 A4
Pointis-Inard (31) 184 B4
Pointre (39) 102 C1
Pointvillers (25) 103 F2
Poinville (28) 62 D4
le Poiré-sur-Velluire (85) . . 107 E2
le Poiré-sur-Vie (85) 91 F3
Poiroux (85) 91 F6
Poisat (38) 145 G2
Poiseul (52) 68 C6
Poiseul-la-Grange (21) 85 F4
Poiseul-la-Ville-et-Laperrière (21) . .85 F4
Poiseux (58) 99 E2
Poisieux (18) 97 F3
le Poislay (41) 61 G5
Poisson (71) 115 E3
Poissons (52) 68 A2
Poissy (78) 42 B3
Poisvilliers (28) 62 B1
Poisy (74) 132 A1
la Poitevinière (49) 75 H5
Poitiers (86) 109 E1
Poivres (10) 45 G5

Poix (51) 46 B3
Poix-de-Picardie (80) 20 A1
Poix-du-Nord (59) 9 G3
Poix-Terron (08) 24 A2
le Poizat (01) 117 H5
Polaincourt-et-Clairefontaine (70) 87 F1
Polastron (31) 184 C2
Polastron (32) 168 B6
Poleymieux-au-Mont-d'Or (69) . . 130 A2
Poliénas (38) 145 E2
Polignac (17) 135 G1
Polignac (43) 142 C4
Poligné (35) 57 E5
Poligny (05) 160 B1
Poligny (10) 66 D5
Poligny (39) 103 E5
Poligny (77) 64 A4
Polincove (62) 2 A3
Polisot (10) 66 D5
Polisy (10) 66 D5
Pollestres (66) 201 F3
Polliat (01) 116 D4
Pollieu (01) 131 G2
Pollionnay (69) 129 H3
Polminhac (15) 140 B5
Polveroso (2B) 205 G1
Pomacle (51) 23 F5
la Pomarède (11) 186 B1
Pomarède (46) 152 B2
Pomarez (40) 165 F4
Pomas (11) 186 D4
Pomayrols (12) 155 F3
Pomerol (33) 135 H4
Pomérols (34) 189 E2
Pomeys (69) 129 F4
Pommard (21) 101 G3
Pommera (62) 7 H3
la Pommeraie-sur-Sèvre (85) . .92 C4
la Pommeraye (14) 38 C3
la Pommeraye (49) 75 H4
Pommeret (22) 33 H5
Pommereuil (76) 19 G3
Pommeréval (76) 19 E1
Pommérieux (53) 76 C1
Pommérieux (57) 26 C6
Pommerit-Jaudy (22) 32 D2
Pommerit-le-Vicomte (22) . . 33 E3
Pommerol (26) 159 F3
Pommeuse (77) 43 H4
Pommevic (82) 168 C1
Pommier (38) 8 A3
Pommier-de-Beaurepaire (38) . .130 C6
Pommiers (02) 22 A5
Pommiers (30) 172 D2
Pommiers (36) 111 E2
Pommiers (42) 128 D2
Pommiers (69) 129 H1
Pommiers-la-Placette (38) . . 145 F1
Pommiers-Moulons (17) . . . 135 G1
Pomoy (70) 87 H3
Pompaire (79) 108 A1
Pompéjac (33) 149 H3
Pompertuzat (31) 169 F6
Pompey (54) 48 C4
Pompiac (32) 168 C6
le Pompidou (48) 156 B6
Pompierre (88) 68 D3
Pompierre-sur-Doubs (25) . . 88 A5
Pompiey (47) 150 C5
Pompignac (33) 135 F5
Pompignan (30) 173 F3
Pompignan (82) 169 E3
Pompogne (47) 150 B5
Pomponne (77) 43 F4
Pomport (24) 136 D6
Pomps (64) 165 H6
Pomy (11) 186 C4
Poncé-sur-le-Loir (72) 78 D2
Poncey-lès-Athée (21) 102 C1
Poncey-sur-l'Ignon (21) . . . 85 E3
le Ponchel (62) 7 F3
Ponches-Estruval (80) 6 D2
Ponchon (60) 20 B5
Poncin (01) 117 F6
Poncins (42) 129 E3
Pondaurat (33) 150 A2
le Pondy (18) 98 A5
Ponet-et-Saint-Auban (26) . . 144 D6
Ponlat-Taillebourg (31) . . . 184 A4
Pons (17) 121 F4
Ponsampère (32) 183 G1
Ponsan-Soubiran (32) 183 H2
Ponsas (26) 144 A3
Ponson-Debat-Pouts (64) . . 182 D2
Ponson-Dessus (64) 182 D2
Ponsonnas (38) 145 G5
Pont (21) 102 B2
Pont-à-Marcq (59) 3 G6
Pont-à-Mousson (54) 48 C3
Pont-à-Vendin (62) 3 E6
Pont-Arcy (02) 22 C5
Pont-Audemer (27) 15 H3
Pont-Authou (27) 18 A6
Pont-Aven (29) 54 A4
Pont-Bellanger (14) 37 G2
le Pont-Chrétien-Chabenet (36) . .110 D1
Pont-Croix (29) 52 D2
Pont-d'Ain (01) 117 E6
le Pont-de-Barret (26) 158 C2
le Pont-de-Beauvoisin (38) . . 131 F5
le Pont-de-Beauvoisin (73) . . 131 F5
Pont-de-Buis-lès-Quimerch (29) . .31 F5
le Pont-de-Chéruy (38) . . . 130 C3
le Pont-de-Claix (38) 145 G3

Pont-de-Labeaume (07) 157 F1
Pont-de-l'Arche (27) 18 D5
Pont-de-Larn (81) 170 D6
Pont-de-l'Isère (26) 144 A4
Pont-de-Metz (80) 7 F6
le Pont-de-Montvert (48) . . 156 C4
Pont-de-Planches (70) 87 E4
Pont-de-Poitte (39) 117 G1
Pont-de-Roide (25) 88 C5
Pont-de-Ruan (37) 94 D1
Pont-de-Salars (12) 154 D5
Pont-de-Vaux (01) 116 C3
Pont-de-Veyle (01) 116 B4
Pont-d'Héry (39) 103 F4
Pont-d'Ouilly (14) 38 C3
Pont-du-Bois (70) 69 F6
Pont-du-Casse (47) 151 F5
Pont-du-Château (63) 127 G3
Pont-du-Navoy (39) 103 E6
Pont-en-Royans (38) 144 D3
Pont-et-Massène (21) 84 D5
Pont-Évêque (38) 130 B5
Pont-Farcy (14) 37 G2
Pont-Hébert (50) 13 F6
Pont-la-Ville (52) 67 G5
Pont-l'Abbé (29) 53 F4
Pont-l'Abbé-d'Arnoult (17) . . 120 D2
Pont-lès-Bonfays (88) 69 F4
Pont-les-Moulins (25) 87 H6
Pont-l'Évêque (14) 15 F4
Pont-l'Évêque (60) 21 G3
Pont-Melvez (22) 32 D4
Pont-Noyelles (80) 7 H5
Pont-Péan (35) 57 E4
Pont-Remy (80) 6 D4
Pont-Saint-Esprit (30) 158 A5
Pont-Saint-Mard (02) 22 A4
Pont-Saint-Martin (44) 74 C6
Pont-Saint-Pierre (27) 18 D5
Pont-Saint-Vincent (54) . . . 48 C5
Pont-Sainte-Marie (10) . . . 66 B3
Pont-Sainte-Maxence (60) . . 21 E5
Pont-Salomon (43) 143 E1
Pont-Scorff (56) 54 C4
Pont-sur-l'Ognon (70) 87 H4
Pont-sur-Madon (88) 69 F2
Pont-sur-Meuse (55) 47 G4
Pont-sur-Sambre (59) 9 H3
Pont-sur-Seine (10) 65 G1
Pont-sur-Vanne (89) 65 F4
Pont-sur-Yonne (89) 64 D3
Pont-Trambouze (69) 115 G6
Pontacq (64) 182 D3
Pontailler-sur-Saône (21) . . 86 B6
Pontaix (26) 144 D6
Pontamafrey-Montpascal (73) . .146 C1
Pontarion (23) 125 E1
Pontarlier (25) 104 A4
Pontarmé (60) 43 E1
Pontaubault (50) 35 H4
Pontaubert (89) 83 H5
Pontault-Combault (77) . . . 43 E4
Pontaumur (63) 126 C2
Pontavert (02) 22 D4
Pontcarré (77) 43 F4
Pontcey (70) 87 F3
Pontchardon (61) 39 G3
Pontcharra (38) 132 A6
Pontcharra-sur-Turdine (69) . . 129 G2
Pontcharraud (23) 125 F2
Pontchâteau (44) 73 H3
Pontcirq (46) 152 B2
Pontécoulant (14) 38 B3
Ponteilla (66) 201 E3
Ponteils-et-Brésis (30) 156 D4
Pontenx-les-Forges (40) . . . 148 B5
le Pontet (73) 132 B5
le Pontet (84) 175 E2
les Pontets (25) 103 H5
Pontevès (83) 193 F1
Ponteyraud (24) 136 C2
Pontfaverger-Moronvilliers (51) . .23 G5
Pontgibaud (63) 126 D2
Pontgouin (28) 61 G1
Ponthévrard (78) 62 D1
Ponthion (51) 46 B5
Ponthoile (80) 6 C3
le Ponthou (29) 32 B3
Ponthoux (39) 117 H3
Pontiacq-Viellepinte (64) . . 182 D1
Pontigné (49) 77 H4
Pontigny (89) 83 G1
Pontis (04) 160 D2
Pontivy (56) 55 F2
Pontlevoy (41) 79 H5
Pontmain (53) 58 B1
Pontoise (95) 42 B2
Pontoise-lès-Noyon (60) . . . 21 G3
Pontonx-sur-l'Adour (40) . . 165 F3
Pontorson (50) 35 G4
Pontours (24) 137 F5
Pontoux (71) 102 A4
Pontoy (57) 26 C6
Pontpierre (57) 49 F2
Pontpoint (60) 21 E5
Pontrieux (22) 33 E2
Pontruet (02) 8 D6
Ponts (50) 35 H3
les Ponts-de-Cé (49) 77 E5
Ponts-et-Marais (76) 6 B4
Pontvallain (72) 78 A2
Popian (34) 172 D5
Popolasca (2B) 203 E6
Porcaro (56) 56 B4
Porcelette (57) 27 E5
Porchères (33) 136 A4
la Porcherie (87) 124 D5
Porcheux (60) 19 H5

Porcheville (78) 41 H3
Porcieu-Amblagnieu (38) . . 131 E2
Pordic (22) 33 G4
le Porge (33) 134 B5
Pornic (44) 73 H6
Pornichet (44) 73 G4
Porquéricourt (60) 21 G3
Porri (2B) 203 G6
Porspoder (29) 30 C3
Port (01) 117 G5
le Port (09) 185 F6
Port-Brillet (53) 58 C5
Port-de-Bouc (13) 191 G5
Port-de-Lanne (40) 164 D5
Port-de-Piles (86) 94 D3
Port-d'Envaux (17) 121 E2
Port-des-Barques (17) 120 C1
Port-en-Bessin-Huppain (14) . . 13 H5
Port-la-Nouvelle (11) 188 B5
Port-Launay (29) 31 G6
Port-le-Grand (80) 6 D3
Port-Lesney (39) 103 E3
Port-Louis (56) 54 C5
le Port-Marly (78) 42 B4
Port-Mort (27) 41 F1
Port-Saint-Louis-du-Rhône (13) . .191 E5
Port-Saint-Père (44) 74 B6
Port-Sainte-Foy-et-Ponchapt (24) . .136 C5
Port-Sainte-Marie (47) 150 D5
Port-sur-Saône (70) 87 F3
Port-sur-Seille (54) 48 C3
Port-Vendres (66) 201 G4
Port-Villez (78) 41 G2
la Porta (2B) 203 F6
Porta (66) 199 F4
Portbail (50) 12 B4
Porte-Joie (27) 18 D6
Porté-Puymorens (66) 199 G3
le Portel (62) 1 F4
Portel-des-Corbières (11) . . 188 A5
Portes (27) 40 C2
Portes (30) 157 E5
les Portes-en-Ré (17) 106 A4
Portes-en-Valdaine (26) . . . 158 C3
Portes-lès-Valence (26) . . . 144 B5
Portet (64) 166 C5
Portet-d'Aspet (31) 184 C5
Portet-de-Luchon (31) 197 E1
Portet-sur-Garonne (31) . . . 169 F6
Portets (33) 149 G1
Portieux (88) 69 H2
Portiragnes (34) 188 D2
Porto-Vecchio (2A) 207 G3
Ports (37) 94 D3
Posanges (21) 85 E5
Poses (27) 18 D5
Possesse (51) 46 C3
la Possonnière (49) 76 D5
la Postolle (89) 65 F3
Postroff (57) 50 A3
Potangis (51) 44 D6
Potelières (30) 157 F5
Potelle (59) 9 G3
la Poterie-au-Perche (61) 40 B6
la Poterie-Cap-d'Antifer (76) . . 16 B4
la Poterie-Mathieu (27) . . . 15 H4
Pothières (21) 84 D1
Potigny (14) 38 D2
Potte (80) 21 F1
Pouan-les-Vallées (10) 66 B1
Pouançay (86) 93 H2
Pouancé (49) 76 A2
Pouant (86) 94 B3
Poubeau (31) 197 E1
Poucharramet (31) 185 E1
Poudenas (47) 167 F1
Poudenx (40) 165 H5
Poudis (81) 170 B6
le Pouget (34) 172 D5
Pougnadoresse (30) 174 C1
Pougne-Hérisson (79) 93 E6
Pougny (01) 118 A5
Pougny (58) 82 C6
Pougues-les-Eaux (58) 98 D3
Pougy (10) 66 C2
Pouillac (17) 135 G3
Pouillat (01) 117 F3
Pouillé (41) 79 H6
Pouillé (85) 107 E1
Pouillé (86) 109 F2
Pouillé-les-Côteaux (44) . . . 75 F3
Pouillenay (21) 84 D4
Pouilley-Français (25) 103 E1
Pouilley-les-Vignes (25) . . . 103 F1
Pouillon (40) 165 E5
Pouillon (51) 23 E5
Pouilloux (71) 115 G1
Pouilly (57) 26 C6
Pouilly (60) 20 A6
Pouilly-en-Auxois (21) 101 E1
le Pouilly-le-Monial (69) . . . 129 H1
Pouilly-lès-Feurs (42) 129 E2
Pouilly-les-Nonains (42) . . . 115 E6
Pouilly-sous-Charlieu (42) . . 115 F5
Pouilly-sur-Loire (58) 98 C1
Pouilly-sur-Meuse (55) 24 D3
Pouilly-sur-Saône (21) 102 A3
Pouilly-sur-Serre (02) 22 C2
Pouilly-sur-Vingeanne (21) . . 86 B4
le Poujol-sur-Orb (34) 172 A6
Poujols (34) 172 C4
Poulaines (36) 96 C2
Poulainville (80) 7 G5
Poulan-Pouzols (81) 170 B3
Poulangy (52) 68 A5

Pouldergat (29) 53
Pouldouran (22) 33
Pouldreuzic (29) 53
Poule-les-Écharmeaux (69) . . 115
Pouliacq (64) 166
les Poulières (88) 70
Pouligney-Lusans (25) 111
Pouligny-Notre-Dame (36) . . . 111
Pouligny-Saint-Martin (36) . . . 111
Pouligny-Saint-Pierre (36) . . . 95
le Pouliguen (44) 73
Poullan-sur-Mer (29) 53
Poullaouen (29) 32
Poulligné (16) 102
Poulx (30) 174
Poumarous (65) 183
Poupas (82) 168
Poupry (28) 62
Pouques-Lormes (58) 83
Pourcharesses (48) 156
Pourchères (07) 157
Pourcieux (83) 176
Pourcy (51) 45
Pourlans (71) 102
Pournoy-la-Chétive (57) 26
Pournoy-la-Grasse (57) 26
Pourrain (89) 83
Pourrières (83) 176
Poursac (16) 122
Poursay-Garnaud (17) 121
Poursiugues-Boucoue (64) . . . 166
Pouru-aux-Bois (08) 24
Pouru-Saint-Remy (08) 24
Poussan (34) 189
Poussanges (23) 125
Poussay (88) 69
Pousseaux (58) 83
Poussignac (47) 150
Poussy-la-Campagne (14) . . . 38
Pousthomy (12) 171
le Pout (33) 135
Pouvrai (61) 60
Pouxeux (88) 70
Pouy (65) 184
Pouy-de-Touges (31) 184
Pouy-Loubrin (32) 167
Pouy-Roquelaure (32) 167
Pouy-sur-Vannes (10) 65
Pouyastruc (65) 183
Pouydesseaux (40) 166
Pouydraguin (32) 166
Pouylebon (32) 167
Pouzac (65) 183
Pouzauges (85) 92
Pouzay (37) 94
Pouze (31) 185
Pouzilhac (30) 174
le Pouzin (07) 144
Pouzol (63) 113
Pouzolles (34) 188
Pouzols (34) 172
Pouzols-Minervois (11) 187
Pouzy-Mésangy (03) 98
Poyanne (40) 165
Poyans (70) 86
Poyartin (40) 165
Poyols (26) 159
Pozières (80) 8
le Pradal (34) 172
les Pradeaux (63) 127
Pradelle (26) 159
Pradelles (43) 142
Pradelles (59) 2
Pradelles-Cabardès (11) 187
Pradelles-en-Val (11) 187
Pradère-les-Bourguets (31) . . 168
Prades (07) 157
Prades (09) 199
Prades (43) 142
Prades (48) 155
Prades (66) 200
Prades (81) 170
Prades-d'Aubrac (12) 155
Prades-le-Lez (34) 173
Prades-Salars (12) 154
Prades-sur-Vernazobre (34) . . 188
le Pradet (83) 193
Pradettes (09) 186
Pradières (09) 185
Pradiers (15) 141
Pradinas (12) 154
Pradines (19) 125
Pradines (42) 129
Pradines (46) 152
Pradons (07) 157
Prads-Haute-Bléone (04) 161
Prahecq (79) 108
Prailles (79) 108
Pralognan-la-Vanoise (73) . . . 133
Pralon (21) 85
Pralong (42) 128
Pranles (07) 143
Pranzac (16) 122
Praslay (52) 85
Praslin (10) 66
Prasville (28) 62
Prat (22) 32
Prat-Bonrepaux (09) 184
Prato-di-Giovellina (2B) 203
Prats-de-Carlux (24) 138
Prats-de-Mollo-la-Preste (66) . .200
Prats-de-Sournia (66) 200
Prats-du-Périgord (24) 152
Pratviel (81) 170
Pratz (39) 117
Prauthoy (52) 86
Pray (41) 79
Praye (54) 69
Prayols (09) 185
Prayssac (46) 152
Prayssas (47) 151

z-sur-Arly (74)........132 D2
Pré-d'Auge (14)........15 E5
-en-Pail (53)........59 G1
-Saint-Évroult (28)........62 A4
Pré-Saint-Gervais (93)........42 D3
-aux-Martin (28)........62 A4
-aux (07)........143 H3
Préaux (27)........15 G3
aux (36)........95 H3
aux (53)........59 E6
aux (76)........17 H6
aux-Bocage (14)........14 B6
aux-du-Perche (61)........61 E3
aux-Saint-Sébastien (14)..15 F6
bois (38)........145 G6
cey (50)........35 H4
chac (32)........167 H3
chac (53)........149 G3
chac (65)........182 D5
chac-sur-Adour (32)......166 D5
chacq-Josbaig (64)........181 H2
chacq-les-Bains (40)....165 F3
chacq-Navarrenx (64)....181 H2
cieux (42)........129 E5
cignè (72)........77 F2
cilhon (64)........182 A3
corbin (50)........37 G1
cy (18)........98 C2
cy-le-Sec (89)........83 H4
cy-Notre-Dame (10)......66 D2
cy-Saint-Martin (10)......66 D2
cy-sous-Thil (21)........84 C5
cy-sur-Marne (77)........43 F3
cy-sur-Oise (60)........20 C6
cy-sur-Vrin (89)........64 D6
defin (62)........2 B6
failles (44)........73 G5
fontaines (45)........64 A5
gilbert (89)........83 G3
guillac (17)........121 E3
hy (89)........83 H2
ignac (33)........149 H2
ignan (32)........167 H4
igney (70)........86 D2
ixan (11)........186 D4
manon (39)........118 B2
meaux-Prissey (21)......101 H2
mery (58)........99 E2
mesques (59)........3 F5
meyzel (01)........131 F3
mian (34)........171 G6
mières (21)........102 B1
mierfait (10)........66 A1
milhat (03)........112 C4
millieu (11)........131 F2
mont (02)........9 E5
montré (02)........22 B3
ndeignes (46)........153 H1
neron (32)........167 F4
Prénessaye (22)........55 H2
nois (21)........85 G6
nouvellon (41)........62 B6
novel (39)........117 H2
ny (54)........48 B2
porché (58)........100 A4
potin (61)........40 A6
Prés (26)........159 G2
ésailles (43)........142 D5
seau (59)........9 F2
ssentevillers (25)........88 C4
serville (31)........169 G6
silly (37)........117 G1
silly (74)........118 B5
sle (73)........132 B5
sles (14)........37 H3
sles (38)........145 E3
sles (95)........42 C1
sles-en-Brie (77)........43 F5
sles-et-Boves (02)........22 B5
sles-et-Thierny (02)......22 C4
sly (18)........81 G6
snoy (45)........63 H6
ssy (62)........2 B6
ssy-sous-Dondin (71)....115 H2
Prétière (25)........88 B5
etin (39)........103 E4
ètot-Sainte-Suzanne (50)..12 D5
ètot-Vicquemare (76)......17 F3
ètreville (14)........15 F6
ty (71)........116 C2
etz-en-Argonne (55)......47 E3
euilly (18)........97 F2
euilly-la-Ville (36)........95 F6
euilly-sur-Claise (37)......95 F4
eures (62)........1 G5
euschdorf (67)........51 E2
euseville (76)........6 D1
eutin-Higny (54)........25 H5
eux-au-Bois (59)........9 G3
eux-au-Sart (59)........9 H2
éval (37)........60 D3
évelles (72)........60 C4
évenchères (48)........156 D3
éveranges (18)........112 A3
évessin-Moëns (01)......118 B4
Prévière (49)........76 A2
e Quillers (60)........20 A3
révinquières (12)........154 A4
révocourt (57)........49 E3
rey (27)........41 E3
rey (88)........70 B4
reyssac-d'Excideuil (24)...138 A1

Prez (08)........23 G1
Prez-sous-Lafauche (52)....68 C3
Priaires (79)........107 G5
Priay (01)........130 D1
Priez (02)........44 A1
Prignac (17)........121 G2
Prignac-en-Médoc (33)....120 C6
Prignac-et-Marcamps (33)..135 F3
Prigonrieux (24)........136 D5
Primarette (38)........130 B6
Primelin (29)........52 C2
Primelles (18)........97 F4
Prin-Deyrançon (79)......107 G4
Prinçay (86)........94 B4
Princé (35)........58 B3
Pringy (51)........46 A4
Pringy (74)........132 A1
Pringy (77)........63 H1
Prinquiau (44)........74 A3
Prinsuéjols (48)........155 G1
Printzheim (67)........50 C4
Prisces (02)........22 D1
Prisches (59)........9 H4
Prissac (36)........110 C2
Prissé (71)........116 B4
Prissé-la-Charrière (79)....107 G5
Privas (07)........157 H1
Privezac (12)........153 H4
Prix-lès-Mézières (08)....24 A1
Priziac (56)........54 C2
Prizy (71)........115 F3
la Proiselière-et-Langle (70)..88 A1
Proissans (24)........138 B5
Proisy (02)........9 G6
Proix (02)........9 F6
Projan (32)........166 B5
Promilhanes (46)........153 F4
Prompsat (63)........127 E1
Prondines (63)........126 C3
Pronleroy (60)........20 D4
Pronville (62)........8 C3
Propiac (26)........158 D5
Propières (69)........115 G5
Propriano (2A)........206 D3
Prosnes (51)........45 G1
Prouilly (51)........22 D5
Proupiary (31)........184 C3
Proussy (14)........38 B3
Prouvais (02)........23 E4
Prouville (80)........7 F4
Prouvy (59)........9 F2
Prouzel (80)........20 B1
Provenchère (25)........88 B6
Provenchère (70)........87 G2
Provenchères-
  -lès-Darney (88)........69 E4
Provenchères-sur-Fave (88)..70 D2
Provency (89)........84 A4
Proverville (10)........67 E4
Proveysieux (38)........145 G2
Proville (59)........8 D3
Provin (59)........3 E6
Provins (77)........65 E1
Proviseux-et-Plesnoy (02)..23 E4
Proyart (80)........8 A6
Prudemanche (28)........40 D5
Prudhomat (46)........139 E5
Prugnanes (66)........200 C1
Prugny (10)........66 A4
Pruillé (49)........76 D3
Pruillé-le-Chétif (72)......60 A6
Pruillé-l'Éguillé (72)......78 C1
Pruines (12)........154 B3
Prunay (51)........23 F6
Prunay-Belleville (10)....65 H2
Prunay-Cassereau (41)....79 F3
Prunay-en-Yvelines (78)..62 D1
Prunay-le-Gillon (28)......62 C2
Prunay-le-Temple (78)....41 G4
Prunay-sur-Essonne (91)..63 G3
Prunelli-di-Casacconi (2B)..203 G5
Prunelli-di-Fiumorbo (2B)..205 G5
Prunet (07)........157 F2
Prunet (15)........140 B6
Prunet (31)........169 H6
Prunet-et-Belpuig (66)....200 D1
Prunières (05)........160 D2
Prunières (38)........145 G5
Prunières (48)........141 G6
Pruniers (36)........97 E5
Pruniers-en-Sologne (41)..80 C6
Pruno (2B)........203 G6
Prunoy (89)........82 D1
Prusly-sur-Ource (21)....85 E1
Prusy (10)........66 B6
Pruzilly (71)........116 A4
Puberg (67)........50 B3
Publier (74)........119 E3
Publy (39)........117 G1

Puichéric (11)........187 G3
le Puid (88)........70 D2
Puihardy (79)........107 G1
Puilacher (34)........172 D6
Puilaurens (11)........200 B1
Puilboreau (17)........106 D4
Puilly-et-Charbeaux (08)..25 E2
Puimichel (04)........177 E2
Puimisson (34)........188 C1
Puimoisson (04)........177 E3
la Puisaye (28)........40 C6
Puiseaux (45)........63 H4
Puiselet-le-Marais (91)....63 F2
Puisenval (76)........6 B6
le Puiset (28)........62 D4
le Puiset-Doré (49)......75 F5
Puiseux (08)........23 H3
Puiseux (28)........41 F6
Puiseux-en-Bray (60)......19 G4
Puiseux-en-France (95)....43 E2
Puiseux-en-Retz (02)......21 H5
Puiseux-le-Hauberger (60)..20 B6
Puiseux-Pontoise (95)......42 B2
Puisieulx (51)........45 F1
Puisieux (62)........8 A4
Puisieux (77)........43 G2
Puisieux-et-Clanlieu (02)...9 G6
Puissalicon (34)........188 C1
Puisseguin (33)........136 A4
Puisserguier (34)........188 B2
Puits (21)........84 D2
Puits-et-Nuisement (10)....66 D4
Puits-la-Vallée (60)......20 B3
Puivert (11)........186 C6
Pujaudran (32)........168 D5
Pujaut (30)........174 D2
Pujo (65)........183 E2
Pujo-le-Plan (40)........166 B3
les Pujols (09)........185 H4
Pujols (33)........136 A6
Pujols (47)........151 F4
Pujols-sur-Ciron (33)....149 G2
le Puley (71)........101 E6
Puligny-Montrachet (21)..101 F4
Pullay (27)........40 C5
Pulligny (54)........48 C6
Pulney (54)........69 F2
Pulnoy (54)........48 D5
Pulvérières (63)........126 D2
Pulversheim (68)........89 F1
Punchy (80)........21 F1
Punerot (88)........68 D1
Puntous (65)........183 H2
Pupillin (39)........103 E4
Pure (08)........24 D2
Purgerot (70)........87 F2
Pusey (70)........87 G3
Pusignan (69)........130 C3
Pussay (91)........63 E3
Pussigny (37)........94 D3
Pusy-et-Épenoux (70)......87 G3
Putanges-Pont-Écrepin (61)..38 D4
Puteaux (92)........42 C4
Putot-en-Auge (14)........14 D4
Putot-en-Bessin (14)......14 A4
Puttelange-aux-Lacs (57)..49 H1
Puttelange-
  -lès-Thionville (57)......26 C2
Puttigny (57)........49 F3
Puxe (54)........48 A1
Puxieux (54)........48 B1
le Puy (25)........87 G6
le Puy (33)........150 B1
Puy-d'Arnac (19)........139 E4
Puy-de-Serre (85)........107 F1
Puy-du-Lac (17)........121 E1
le Puy-en-Velay (43)......142 C4
Puy-Guillaume (63)........127 H1
Puy-l'Évêque (46)........152 A3
Puy-Malsignat (23)........112 A6
le Puy-Notre-Dame (49)..93 G2
Puy-Saint-André (05)......147 E5
Puy-Saint-Eusèbe (05)....160 D2
Puy-Saint-Gulmier (63)....126 C3
Puy-Saint-Martin (26)....158 C2
Puy-Saint-Pierre (05)......147 E5
Puy-Saint-Vincent (05)....146 D5
le Puy-Sainte-Réparade (13)..176 A5
Puy-Sanières (05)........161 E2
Puybarban (33)........150 A2
Puybegon (81)........170 A4
Puybrun (46)........139 E5
Puycalvel (81)........170 B5
Puycasquier (32)........168 A4
Puycelci (81)........169 H2
Puycornet (82)........152 B6
Puydaniel (31)........185 F2
Puydarrieux (65)........183 G2
la Puye (86)........109 H1
Puygaillard-
  -de-Lomagne (82)......199 H2
Puygaillard-de-Quercy (82)..169 G1
Puygiron (26)........158 B2
Puygouzon (81)........170 C3
Puygros (73)........132 A4
Puyjourdes (46)........153 F4
Puylagarde (82)........153 F5
Puylaroque (82)........152 D5
Puylaurens (81)........170 B6
Puylausic (32)........184 C1
Puyloubier (13)........176 C6
Puymangou (24)........136 B2
Puymaurin (31)........184 B2
Puyméras (84)........158 D5
Puymiclan (47)........150 D3
Puymirol (47)........151 G6
Puymoyen (16)........122 C4
Puynormand (33)........136 A4
Puyol-Cazalet (40)........166 A5
Puyoô (64)........165 F5
Puyravault (17)........107 E5

Puyravault (85)........106 D3
Puyréaux (16)........122 C2
Puyrenier (24)........122 D5
Puyrolland (17)........107 G6
Puységur (32)........167 H4
Puysségur (31)........168 C4
Puysserampion (47)......150 D2
Puyvalador (66)........200 A3
Puyvert (84)........175 H4
Puzeaux (80)........21 F1
Puzieux (57)........48 D3
Puzieux (88)........69 F2
Py (66)........200 B4
la Pyle (27)........18 B6
Pys (80)........8 B4

Q

Quaëdypre (59)........2 C2
Quaix-en-Chartreuse (38)..145 G2
Quantilly (18)........97 H1
Quarante (34)........188 A2
Quarouble (59)........9 G1
Quarré-les-Tombes (89)..84 A6
la Quarte (70)........86 D2
le Quartier (63)........113 E6
Quasquara (2A)........205 E6
Quatre-Champs (08)......24 B4
les Quatre-Routes-
  -du-Lot (46)........138 D4
Quatremare (27)........40 D1
Quatzenheim (67)........50 D5
Quéant (62)........8 C3
Queaux (86)........109 G3
Québriac (35)........35 E6
Quédillac (35)........56 C1
Queige (73)........132 D3
Quelaines-Saint-Gault (53)..58 C6
Quelmes (62)........2 A4
Quelneuc (56)........56 C5
Quéménéven (29)........53 F1
Quemigny-Poisot (21)....101 G1
Quemigny-sur-Seine (21)..85 E3
Quemper-Guézennec (22)..33 F2
Quemperven (22)........32 D2
Quend (80)........6 C2
Quenne (89)........83 G2
Quenoche (70)........87 F4
Quenza (2A)........207 E2
Quercamps (62)........1 H4
Quercitello (2B)........203 F6
Quérénaing (59)........9 F2
Quérigut (09)........199 H2
Quernes (62)........2 B5
Querqueville (50)........12 C1
Querré (49)........76 D2
Querrien (29)........54 B3
Querrieu (80)........7 H5
Quers (70)........87 H2
Quesmy (60)........21 G2
le Quesne (80)........6 D6
le Quesnel (80)........21 E1
le Quesnel-Aubry (60)....20 C4
le Quesnoy (59)........9 G3
le Quesnoy-en-Artois (62)..7 E2
le Quesnoy-en-Montant (80)..6 C4
Quesnoy-sur-Airaines (80)..7 E5
Quesnoy-sur-Deûle (59)..3 F4
Quesques (62)........1 G4
Quessigny (27)........41 E3
Quessoy (22)........33 H5
Questembert (56)........56 A6
Questrecques (62)........1 F5
Quet-en-Beaumont (38)..145 H5
Quetigny (21)........85 H6
Quettehou (50)........13 E2
Quettetot (50)........12 C3
Quettreville-
  -sur-Sienne (50)........35 G1
Queudes (51)........44 D6
la Queue-en-Brie (94)......43 E4
la Queue-les-Yvelines (78)..41 H4
Queuille (63)........126 D1
Quevauvillers (80)........20 B1
Quève-de-Bœuf (50)......54 C5
Quévert (22)........34 C5
Quevillon (76)........17 F6
Quevilloncourt (54)........69 F1
Quévreville-la-Poterie (76)..18 D5
Queyrac (33)........120 C6
Queyrières (43)........142 D3
Queyssac (24)........137 E5
Queyssac-les-Vignes (19)..139 E4
Quézac (15)........153 H1
Quézac (48)........156 A4
Quiberon (56)........72 B2
Quiberville (76)........17 F2
Quibou (50)........37 F1
Quié (09)........199 E1
Quiers (77)........43 G6
Quiers-sur-Bézonde (45)..63 G6
Quiéry-la-Motte (62)......8 C2
Quierzy (02)........21 H3
Quiestède (59)........2 B4
Quiévelon (59)........10 B3
Quièvrechain (59)........9 G1
Quièvrecourt (76)........19 E1
Quiévy (59)........9 F3
Quilen (62)........1 G6
Quillan (11)........186 D6
Quillebeuf-sur-Seine (27)..15 H2
le Quillio (22)........55 F1
Quilly (08)........24 A4
Quilly (44)........74 A3
Quily (56)........56 A4
Quimper (29)........53 F3
Quimperlé (29)........54 B4

Quincampoix (76)........17 H5
Quincampoix-Fleuzy (60)..19 G1
Quinçay (86)........108 D1
Quincerot (21)........84 C3
Quincerot (89)........66 B6
Quincey (21)........101 H2
Quincey (70)........87 G3
Quincié-en-Beaujolais (69)..116 A5
Quincieu (38)........145 E1
Quincieux (69)........130 A2
Quincy (18)........97 F2
Quincy-Basse (02)........22 A4
Quincy-Landzécourt (55)..25 E4
Quincy-le-Vicomte (21)..84 C4
Quincy-sous-le-Mont (02)..22 B5
Quincy-sous-Sénart (91)..43 E5
Quincy-Voisins (77)........43 G3
Quinéville (50)........13 E3
Quingey (25)........103 F2
Quinquempoix (60)........20 C3
Quins (12)........154 B5
Quinsac (24)........123 F6
Quinsac (33)........135 F6
Quinson (04)........177 E4
Quinssaines (03)........112 C4
Quint-Fonsegrives (31)..169 F5
Quintal (74)........132 A2
la Quinte (72)........59 H5
Quintenas (07)........143 H2
Quintenic (22)........34 A4
Quintigny (39)........102 D5
Quintillan (11)........187 G5
Quintin (22)........33 F5
le Quiou (22)........34 D6
Quirbajou (11)........200 A1
Quiry-le-Sec (80)........20 C2
Quissac (30)........173 G3
Quissac (46)........153 E2
Quistinic (56)........54 D4
Quittebeuf (27)........40 D1
Quivières (80)........21 G1
Quœux-Haut-Maînil (62)..7 F2

R

Rabastens (81)........169 H3
Rabastens-de-Bigorre (65)..183 F1
Rabat-
  -les-Trois-Seigneurs (09)..185 G6
la Rabatelière (85)........91 H3
Rablay-sur-Layon (49)....76 D6
Rabodanges (61)........38 C4
Rabou (05)........160 B2
Rabouillet (66)........200 C2
Racécourt (88)........69 G3
Rachecourt-sur-Marne (52)..67 H1
Rachecourt-Suzémont (52)..67 G2
Râches (59)........8 D1
Racines (10)........65 H5
la Racineuse (71)........102 A5
Racquinghem (62)........2 B4
Racrange (57)........49 F3
Raddon-et-Chapendu (70)..88 A1
Radenac (56)........55 G4
Radepont (27)........19 E5
Radinghem (62)........2 A6
Radinghem-en-Weppes (59)..3 E5
Radon (61)........60 A1
Radonvilliers (10)........66 D2
Raedersdorf (68)........89 F4
Raedersheim (68)........71 F6
Raffetot (76)........15 H1
Rageade (15)........141 G3
Rahart (41)........79 G1
Rahay (72)........61 E6
Rahling (57)........28 A6
Rahon (25)........88 B6
Rahon (39)........102 C3
Rai (61)........40 A4
Raids (50)........37 E1
Raillencourt-Sainte-Olle (59)..8 D3
Railleu (66)........200 A3
Raillicourt (08)........24 A2
Raillimont (02)........23 F2
Raimbeaucourt (59)........8 D1
Rainans (39)........102 C2
Raincheval (80)........7 H4
Raincourt (70)........87 E1
le Raincy (93)........43 E3
Rainfreville (76)........17 F3
Rainneville (80)........7 G5
Rainsars (59)........10 A4
Rainville (88)........69 E2
Rainvillers (60)........20 A4
les Rairies (49)........77 G3
Raismes (59)........9 F1
Raissac (09)........186 A6
Raissac-d'Aude (11)......187 H3
Raissac-sur-Lampy (11)..186 D3
Raival (55)........47 F3
Raix (16)........108 C5
Raizeux (78)........41 G6
Ramasse (01)........117 E5
Ramatuelle (83)........194 B4
Rambaud (05)........160 C2
Rambervillers (88)........70 B2
Rambluzin-
  -et-Benoite-Vaux (55)....47 F2
Rambouillet (78)........41 H6
Rambucourt (55)........48 A4
Ramburelles (80)........6 C5
Rambures (80)........6 C5
Ramecourt (62)........7 G2
Ramecourt (88)........69 F3
Ramerupt (10)........66 C1
Ramicourt (02)........9 E5
Ramillies (59)........9 E3
Rammersmatt (68)........89 E1

Ramonchamp (88)........70 B6
Ramonville-
  -Saint-Agne (31)........169 F6
Ramoulu (45)........63 F4
Ramous (64)........165 F5
Ramousies (59)........10 A4
Ramouzens (32)........167 E3
Rampan (50)........13 F6
Rampieux (24)........151 G1
Rampillon (77)........64 C1
Rampoux (46)........152 C2
Rancé (01)........130 A1
Rancenay (25)........103 F1
Rancennes (08)........11 F4
Rances (10)........67 E1
Ranchal (69)........115 G5
Ranchot (39)........103 E2
Ranchy (14)........13 H5
Rancogne (16)........122 D3
Rançon (87)........110 B5
Rançonnières (52)........68 C6
Rancourt (80)........8 C5
Rancourt (88)........69 F3
Rancourt-sur-Ornain (55)..46 D4
Rancy (71)........116 D1
Randan (63)........127 G1
Randens (73)........132 C5
Randevillers (25)........88 A6
Randonnai (61)........40 A5
Rânes (61)........38 D5
Rang (25)........88 B5
Rang-du-Fliers (62)........6 C1
Rangecourt (52)........68 C5
Rangen (67)........50 C5
Ranguevaux (57)........26 B4
Rannée (35)........57 H4
Ranrupt (67)........71 E2
Rans (39)........103 E2
Ransart (62)........8 A3
Ranspach (68)........70 D6
Ranspach-le-Bas (68)....89 G3
Ranspach-le-Haut (68)....89 G3
Rantechaux (25)........104 A2
Rantigny (60)........20 D5
Ranton (86)........93 H3
Rantzwiller (68)........89 F2
Ranville (14)........14 C4
Ranville-Breuillaud (16)..122 A1
Ranzevelle (70)........69 F6
Ranzières (55)........47 G2
Raon-aux-Bois (88)........70 A5
Raon-lès-Leau (54)........50 A6
Raon-l'Étape (88)........70 C2
Raon-sur-Plaine (88)......50 A6
Rapaggio (2B)........205 G1
Rapale (2B)........203 F5
Rapey (88)........69 G3
Rapilly (14)........38 C3
Rapsécourt (51)........46 C2
Raray (60)........21 E6
Rarécourt (55)........47 E2
Rasiguères (66)........200 D1
Raslay (86)........93 H2
Rasteau (84)........158 C5
Ratenelle (71)........116 C2
Ratières (26)........144 B2
Ratte (71)........102 B6
Ratzwiller (67)........50 B2
Raucoules (43)........143 F2
Raucourt (54)........48 D3
Raucourt-au-Bois (59)....9 G3
Raucourt-et-Flaba (08)....24 C3
Raulhac (15)........140 C5
Rauret (43)........142 B6
Rauville-la-Bigot (50)....12 C3
Rauville-la-Place (50)....12 D4
Rauwiller (67)........50 A4
Rauzan (33)........135 H6
Raveau (58)........98 D2
Ravel (63)........127 G3
Ravenel (60)........20 D4
Ravenoville (50)........13 E3
Raves (88)........70 D3
Ravières (89)........84 C2
Ravigny (53)........59 H1
Raville (57)........49 E1
Raville-sur-Sânon (54)....49 E5
Ravilloles (39)........117 H2
la Ravoire (73)........131 H5
Ray-sur-Saône (70)........87 E3
Raye-sur-Authie (62)......7 E2
Rayet (47)........151 G1
Raymond (18)........98 A4
Raynans (25)........88 C4
Rayol-Canadel-sur-Mer (83)..194 A5
Rayssac (81)........170 D3
Razac-de-Saussignac (24)..136 C6
Razac-d'Eymet (24)......151 E1
Razac-sur-l'Isle (24)......137 E2
Raze (70)........87 F3
Razecueillé (31)........184 B5
Razengues (32)........168 C5
Razès (87)........110 C6
Razimet (47)........150 C4
Razines (37)........94 C3
Réal (66)........200 A3
Réalcamp (76)........6 C6
Réallon (05)........160 D2
Réalmont (81)........170 C4
Réalville (82)........169 F1
Réans (32)........166 D3
Réau (77)........43 E6
Réaumont (38)........131 F6
Réaumur (85)........92 C5
Réaup-Lisse (47)........150 C6
Réauville (26)........158 B3
Réaux (17)........121 G5
Rebais (77)........44 A4
Rebecques (62)........2 B5
Rébénacq (64)........182 B3
Rebergues (62)........1 H4

Rebets (76). 19 E3
Rebeuville (88) 68 D2
Rebigue (31) 169 F6
Rebourguil (12) 171 G3
Reboursin (36) 96 D2
Rebréchien (45) 63 E6
Rebreuve-Ranchicourt (62). . . . 7 H1
Rebreuve-sur-Canche (62) 7 G2
Rebreuviette (62) 7 G2
Recanoz (39) 102 C5
Recey-sur-Ource (21) 85 G2
Réchésy (90) 89 E4
Réchicourt-la-Petite (54) . . . 49 F5
Réchicourt-le-Château (57). . . 49 G5
Récicourt (55) 47 E1
Réclainville (28) 62 C3
Reclesne (71) 100 C3
Reclinghem (62) 2 A5
Réclonville (54) 49 G6
Recloses (77) 64 A3
Recologne (25) 87 E6
Recologne (70) 86 D4
Recologne-lès-Rioz (70) 87 F4
Recoubeau-Jansac (26) 159 F1
Recoules-d'Aubrac (48). . . . 155 F1
Recoules-de-Fumas (48). . . . 155 H2
Recoules-
  -Prévinquières (12) 155 E4
Récourt (62) 8 C3
Récourt-le-Creux (55) 47 F2
Recouvrance (90) 88 D3
le Recoux (48) 155 G4
Recques-sur-Course (62) 1 G6
Recques-sur-Hem (62) 2 A3
Recquignies (59) 10 A2
le Reculey (14) 37 H3
Reculfoz (25) 103 G6
Recurt (65) 183 H3
Recy (51) 45 H3
Rédange (57) 26 A2
Rédené (29) 54 B4
Redessan (30) 174 C3
Réding (57) 50 A4
Redon (35) 73 H1
la Redorte (11) 187 G3
Redortiers (04) 159 G6
Réez-Fosse-Martin (60) 43 G1
Reffannes (79) 108 B1
Reffroy (55) 47 G6
Reffuveille (50) 37 F5
Régades (31) 184 B4
Régat (09) 186 B5
Regnauville (62) 7 E2
Regnévelle (88) 69 F6
Regnéville-sur-Mer (50) 36 D2
Regnéville-sur-Meuse (55) . . . 25 E6
Regney (88) 69 G3
Régnié-Durette (69) 116 A5
Regnière-Écluse (80) 6 D2
Regniowez (08) 10 D5
Regny (02) 22 B1
Régny (42) 129 E1
la Regrippière (44) 75 F5
Réguiny (56) 55 G3
Régusse (83) 177 F4
Rehaincourt (88) 70 A2
Rehainviller (54) 49 E6
Rehaupal (88) 70 B4
Reherrey (54) 49 G6
Réhon (54) 25 H3
Reichsfeld (67) 71 F2
Reichshoffen (67) 50 D2
Reichstett (67) 51 E5
Reignac (16) 121 H6
Reignac (33) 135 F2
Reignac-sur-Indre (37) 95 F1
Reignat (63) 127 G3
Reigneville-Bocage (50) . . . 12 D4
Reignier-Ésery (74) 118 C5
Reigny (18) 112 B1
Reilhac (15) 140 A4
Reilhac (46) 153 E1
Reilhaguet (46) 138 C6
Reilhanette (26) 159 F6
Reillanne (04) 176 B3
Reillon (54) 49 G6
Reilly (60) 19 H6
Reims (51) 23 E6
Reims-la-Brûlée (51) 46 B5
Reinhardsmunster (67) 50 B5
Reiningue (68) 89 F2
Reipertswiller (67) 50 C2
Reithouse (39) 117 G1
Réjaumont (32) 167 H3
Réjaumont (65) 183 H1
Rejet-de-Beaulieu (59) 9 G4
Relanges (88) 69 E6
Relans (39) 102 C5
le Relecq-Kerhuon (29) . . . 31 E4
Relevant (01) 116 C6
Rely (62) 2 B5
Remaisnil (80) 7 F3
Rémalard (61) 61 E2
Remaucourt (02) 9 E6
Remaucourt (08) 23 F3
la Remaudière (44) 75 E5
Remaugies (80) 21 E3
Remauville (77) 64 B4
Rembercourt-
  -Sommaisne (55) 47 E3
Rembercourt-sur-Mad (54) . . 48 B2
Rémécourt (60) 20 D4
Rémelfang (57) 26 D4
Rémelfing (57) 27 H5
Rémeling (57) 26 D3
Remennecourt (55) 46 D4
Remenoville (54) 69 H1
Rémérangles (60) 20 C4
Réméréville (54) 49 E5
Rémering (57) 27 E4

Rémering-
  -lès-Puttelange (57) 49 H2
Remicourt (51) 46 C3
Remicourt (88) 69 F3
Remiencourt (80) 20 C1
Remies (02) 22 B2
Remigny (02) 22 A2
Remigny (71) 101 F4
Rémilly (57) 49 E2
Rémilly (58) 100 A5
Remilly-Aillicourt (08) 24 C2
Remilly-en-Montagne (21) . . 85 F6
Remilly-les-Pothées (08) . . . 23 H1
Remilly-sur-Lozon (50) 13 E6
Remilly-sur-Tille (21) 86 A6
Remilly-Wirquin (62) 2 A5
Réminiac (56) 56 B5
Remiremont (88) 70 B5
Remoiville (55) 25 E4
Remollon (05) 160 C3
Remomeix (88) 70 D3
Remoncourt (54) 49 G5
Remoncourt (88) 69 F3
Rémondans-Vaivre (25) 88 C5
Remoray-Boujeons (25) . . . 103 H5
Remouillé (44) 91 G1
Remoulins (30) 174 C2
Removille (88) 69 E2
Rempnat (87) 125 F4
la Remuée (76) 15 G1
Remungol (56) 55 F4
Rémuzat (26) 159 E4
Remy (60) 21 E4
Rémy (62) 8 C3
Renac (35) 56 D6
Renage (38) 145 E1
Renaison (42) 114 D6
Renansart (02) 22 B2
Rezé (44) 74 C5
Rézentières (15) 141 F3
Rezonville (57) 26 A5
Rezza (2A) 204 D4
Rhèges (10) 66 A1
le Rheu (35) 57 E3
Rhinau (67) 71 H2
Rhodes (57) 49 H4
Rhodon (41) 79 H2
Rhuis (60) 21 E5
Ri (61) 38 D4
Ria-Sirach (66) 200 C3
Riaillé (44) 75 E2
le Rialet (81) 171 E6
Rians (18) 98 A2
Rians (83) 192 D1
Riantec (56) 54 C5
Riaucourt (52) 67 H4
Riaville (55) 47 H1
Ribagnac (24) 136 D6
Ribarrouy (64) 166 B6
Ribaute (11) 187 G4
Ribaute-les-Tavernes (30) . . 173 H1
le Ribay (53) 59 F2
Ribeaucourt (55) 68 B1
Ribeaucourt (80) 7 F4
Ribeauville (02) 9 G4
Ribeauvillé (68) 71 F3
Ribécourt-Dreslincourt (60) . . 21 F4
Ribécourt-la-Tour (59) 8 D4
Ribemont (02) 22 B1
Ribemont-sur-Ancre (80) . . . 7 H5
Ribennes (48) 155 H2
Ribérac (24) 136 D2
Ribes (07) 157 F3
Ribeyret (05) 159 G3
Ribiers (05) 160 A5
Ribouisse (11) 186 B3
Riboux (83) 192 D3
la Ricamarie (42) 129 F6
Ricarville (76) 16 D4
Ricarville-du-Val (76) 17 H3
Ricaud (11) 186 B2
Ricaud (65) 183 F3
les Riceys (10) 66 D6
la Richardais (35) 36 A5
Richardménil (54) 48 C6
Richarville (91) 63 E1
la Riche (37) 78 D5
Riche (57) 49 F3
Richebourg (52) 67 H5
Richebourg (62) 2 D5
Richebourg (78) 41 G4
Richecourt (55) 48 A3
Richelieu (37) 94 B3
Richeling (57) 49 H2
Richemont (57) 26 B4
Richemont (76) 19 G1
Richerenches (84) 158 C4
Richeval (57) 49 H5
Richeville (27) 19 F6
Richtolsheim (67) 71 G3
Richwiller (68) 89 F1
Ricourt (32) 167 E6
Ricquebourg (60) 21 E3
Riec-sur-Belon (29) 54 A4
Riedisheim (68) 89 F2
Riedseltz (67) 51 F2
Riel-les-Eaux (21) 67 E6
Riedwihr (68) 71 G4
Rienvillers (80) 21 F2
Riencourt (80) 7 E6
Riencourt-lès-Bapaume (62) . . 8 B4
Riencourt-
  -lès-Cagnicourt (62) 8 C3
Riervescemont (90) 88 C2
Riespach (68) 89 F3
Rieucazé (31) 184 B4
Rieucros (09) 186 A4
Rieulay (59) 9 E2
Rieumajou (31) 186 A1
Rieumes (31) 184 D1
Rieupeyroux (12) 154 A5
Rieussec (34) 187 G1
Rieutort-de-Randon (48) . . . 156 A2

Reuves (51) 45 E4
Reuville (76) 17 F3
Reux (14) 15 E4
Réveillon (51) 44 C5
Réveillon (61) 60 D1
Revel (31) 186 C1
Revel (38) 145 H2
Revel-Tourdan (38) 130 B6
Revelles (80) 7 F6
Revens (30) 172 B1
Reventin-Vaugris (38) 130 A6
Revercourt (28) 40 D5
Revest-des-Brousses (04) . . 176 B2
Revest-du-Bion (04) 176 B1
le Revest-les-Eaux (83) . . . 193 E5
Revest-les-Roches (06) . . . 195 E1
Revest-Saint-Martin (04) . . 176 C1
Reviers (14) 14 B3
Revigny (39) 102 D6
Revigny-sur-Ornain (55) . . . 46 D4
Réville (50) 13 E2
Réville-aux-Bois (55) 25 E5
Révillon (02) 22 C5
Revin (08) 11 E5
Revonnas (01) 117 E5
Rexingen (67) 50 B3
Rexpoëde (59) 2 C2
Reyersviller (57) 50 C1
Reygade (19) 139 F4
Reynel (52) 68 B3
Reynès (66) 201 E4
Reyniès (82) 169 F2
Reyrevignes (46) 153 F2
Reyrieux (01) 130 A1
Reyssouze (01) 116 C3
Reyvroz (74) 119 E3
Rezay (18) 97 F6
Remilly 49 E2

Rieux (51) 44 C4
Rieux (56) 73 H1
Rieux (60) 20 D5
Rieux (76) 6 C5
Rieux-de-Pelleport (09) . . . 185 H4
Rieux-en-Cambrésis (59) . . . 9 E3
Rieux-en-Val (11) 187 F4
Rieux-Minervois (11) 187 F3
Rieux-Volvestre (31) 185 E3
Riez (04) 177 E3
Rigarda (66) 200 C3
Rigaud (06) 178 C1
Rignac (12) 154 A4
Rignac (46) 138 D6
Rigney (25) 87 G5
Rignieux-le-Franc (01) . . . 130 C1
Rignosot (25) 87 G5
Rignovelle (70) 88 A2
Rigny (70) 86 D5
Rigny-la-Nonneuse (10) . . . 65 G2
Rigny-la-Salle (55) 47 H6
Rigny-le-Ferron (10) 65 G4
Rigny-Saint-Martin (55) . . . 48 A6
Rigny-sur-Arroux (71) . . . 115 E2
Rigny-Ussé (37) 94 B1
Riguepeu (32) 167 F5
Rilhac-Lastours (87) 124 A4
Rilhac-Rancon (87) 124 B2
Rilhac-Treignac (19) 124 D5
Rilhac-Xaintrie (19) 139 H3
Rillans (25) 87 H5
Rillé (37) 78 B5
Rillieux-la-Pape (69) 130 B2
Rilly-la-Montagne (51) . . . 45 F1
Rilly-Sainte-Syre (10) 66 A2
Rilly-sur-Aisne (08) 24 A4
Rilly-sur-Loire (41) 79 G5
Rilly-sur-Vienne (37) 94 C3
Rimaucourt (52) 68 B3
Rimbach-
  -près-Guebwiller (68) . . . 71 E6
Rimbach-
  -près-Masevaux (68) . . . 88 D1
Rimbachzell (68) 71 E6
Rimbez-et-Baudiets (40) . . 167 E1
Rimboval (62) 1 H6
Rimeize (48) 141 G6
Rimling (57) 28 A5
Rimogne (08) 10 D6
Rimon-et-Savel (26) 159 E1
Rimondeix (23) 111 H5
Rimons (33) 150 B1
Rimont (09) 185 E5
Rimou (35) 35 G6
Rimplas (06) 162 C6
Rimsdorf (67) 50 A2
Ringeldorf (67) 50 D3
Ringendorf (67) 50 D3
Rinxent (62) 1 F3
Riocaud (33) 136 C6
Riolas (31) 184 C2
Riols (34) 171 G6
le Riols (81) 153 F6
Riom (63) 127 F2
Riom-ès-Montagnes (15) . . 140 C2
Rioms (26) 159 F5
Rion-des-Landes (40) 165 F2
Rions (33) 149 G1
Riorges (42) 115 E6
Riotord (43) 143 F2
Rioux (17) 121 E4
Rioux-Martin (16) 136 A2
Rioz (70) 87 F5
Riquewihr (68) 71 F4
Ris (63) 127 H1
Ris (65) 183 G6
Ris-Orangis (91) 42 D6
Riscle (32) 166 C4
Risoul (05) 161 F1
Ristolas (05) 147 G6
Rittershoffen (67) 51 F2
Ritzing (57) 26 D2
Riupeyrous (64) 182 C1
Rivarennes (36) 110 D1
Rivarennes (37) 94 C1
Rivas (32) 129 E5
Rive-de-Gier (42) 129 G5
Rivecourt (60) 21 E5
Rivedoux-Plage (17) 106 C4
Rivehaute (64) 181 G1
Rivel (11) 186 B6
Riventosa (2B) 205 E3
Rivèrenert (09) 185 E5
Riverie (69) 129 G4
Rivery (80) 7 G6
les Rives (34) 172 B3
Rives (38) 145 E1
Rives (47) 151 G1
Rivesaltes (66) 201 F1
la Rivière (33) 135 G4
Rivière (37) 94 B2
la Rivière (38) 145 F2
Rivière (62) 8 A3
la Rivière-de-Corps (10) . . . 66 A3
la Rivière-Drugeon (25) . . 103 H4
la Rivière-Enverse (74) . . . 119 F5
Rivière-les-Fosses (52) . . . 86 A3
Rivière-Saas-
  -et-Gourby (40) 164 D4
la Rivière-
  -Saint-Sauveur (14) 16 B6
Rivière-sur-Tarn (12) 155 F6
Rivières (16) 122 D3
Rivières (30) 157 F5
Rivières (81) 170 A3
les Rivières-Henruel (51) . . . 46 A5
Rivolet (69) 129 G1
Rix (39) 103 G5
Rix (58) 83 F5

Rixheim (68) 89 G2
la Rixouse (39) 118 A2
Rizaucourt-Buchey (52). . . 67 F3
Roaillan (33) 149 H3
Roaix (84) 158 C5
Roanne (42) 115 E6
Roannes-Saint-Mary (15) . . 140 A5
Robécourt (88) 68 D4
Robecq (62) 2 C5
Robersart (59) 9 G3
Robert-Espagne (55) 46 D5
Robert-Magny-
  -Laneuville-à-Rémy (52) . . . 67 F1
Robertot (76) 17 E3
Roberval (60) 21 E6
Robiac-Rochessadoule (30) . . 157 E5
la Robine-sur-Galabre (04) . . 160 C6
Robion (84) 175 G3
le Roc (46) 138 C5
le Roc-Saint-André (56) . . . 56 A5
Rocamadour (46) 138 D6
Rocbaron (83) 193 F3
Rocé (41) 79 G2
Roche (38) 130 C4
Roche (42) 128 C4
la Roche-Bernard (56) . . . 73 G2
la Roche-Blanche (44) . . . 75 F3
la Roche-Blanche (63) . . . 127 F4
la Roche-Canillac (19) . . . 139 F2
la Roche-Chalais (24) . . . 136 A2
Roche-Charles-
  -la-Mayrand (63) 127 E6
la Roche-Clermault (37) . . 94 B2
Roche-d'Agoux (63) 112 D6
la Roche-de-Glun (26) . . . 144 A4
la Roche-de-Rame (05) . . 147 E6
la Roche-Derrien (22) . . . 32 D2
la Roche-des-Arnauds (05) . . 160 B2
la Roche-en-Brenil (21) . . . 84 B6
Roche-en-Régnier (43) . . . 142 C2
Roche-et-Raucourt (70) . . . 86 D3
la Roche-Guyon (95) 41 G2
la Roche-l'Abeille (87) . . . 124 B4
la Roche-le-Peyroux (19) . . 126 A6
la Roche-lès-Clerval (25) . . 88 A5
la Roche-lez-Beaupré (25) . . 87 G6
la Roche-Mabile (61) 59 H1
la Roche-Maurice (29) . . . 31 F4
la Roche-Morey (70) 86 D2
la Roche-Noire (63) 127 F4
la Roche-Posay (86) 95 E5
la Roche-Rigault (86) 94 A3
Roche-Saint-
  -Secret-Béconne (26) . . . 158 C3
la Roche-sur-Foron (74) . . 118 D6
la Roche-sur-Grane (26) . . 158 C1
la Roche-sur-le-Buis (26) . . 159 E5
Roche-sur-Linotte-et-Sorans-
  -les-Cordiers (70) 87 G4
la Roche-sur-Yon (85) . . . 91 G4
la Roche-Vanneau (21) . . . 85 E5
la Roche-Vineuse (71) . . . 116 A3
Rochebaudin (26) 158 C2
la Rochebeaucourt-
  -et-Argentine (24) 122 D5
Rochebrune (05) 160 C3
Rochebrune (26) 159 E4
Rochechinard (26) 144 D4
Rochechouart (87) 123 G2
Rochecolombe (07) 157 G3
Rochecorbon (37) 79 E5
Rochefort (17) 120 C1
Rochefort (73) 131 G4
Rochefort-du-Gard (30) . . 174 D2
Rochefort-en-Terre (56) . . . 56 A6
Rochefort-en-Valdaine (26) . . 158 B3
Rochefort-en-Yvelines (78) . . 42 B6
Rochefort-Montagne (63) . . 126 D4
Rochefort-Samson (26) . . . 144 C4
Rochefort-sur-Brévon (21) . . 85 F2
Rochefort-sur-la-Côte (52) . . 68 A4
Rochefort-sur-Nenon (39) . . 102 D2
Rochefort-sur-Loire (49) . . . 76 D5
Rochefourchat (26) 159 E2
la Rochegiron (04) 176 B1
Rochegude (26) 158 B5
Rochegude (30) 157 F5
Rochejean (25) 103 H5
la Rochelle (17) 106 C4
la Rochelle (70) 86 D2
la Rochelle-Normande (50) . . 35 G3
Rochemaure (07) 158 A2
la Rochénard (79) 107 G4
Rochepaule (07) 143 G3
la Rochepot (21) 101 F4
Rocher (07) 157 F2
le Rochereau (86) 94 A6
Roches (23) 111 H4
Roches (41) 80 A2
Roches-Bettaincourt (52) . . 68 A3
les Roches-
  -de-Condrieu (38) 130 A6
Roches-lès-Blamont (25) . . 88 C5
Roches-l'Évêque (41) 79 F2
Roches-Prémarie-
  -Andillé (86) 109 E2
Roches-sur-Marne (52) . . . 46 D6
Rocheservière (85) 91 F2
Rochesauve (07) 158 A1
Rochesson (88) 70 C5
Rochetaillée (52) 85 H1
Rochetaillée-
  -sur-Saône (69) 130 A2
Rochetoirin (38) 130 D4
Rochetrejoux (85) 92 B5
la Rochette (04) 178 C2
la Rochette (05) 160 B2
la Rochette (07) 143 E5
la Rochette (16) 122 D2

la Rochette (73) 132
la Rochette (77) 64
la Rochette-du-Buis (26) . . . 159
Rocheville (50) 12
Rochonvillers (57) 26
Rochy-Condé (60) 20
Rocles (03) 113
Rocles (07) 157
Rocles (48) 156
Roclincourt (62) 8
Rocourt (88) 68
Rocourt-Saint-Martin (02) . . . 44
Rocquancourt (14) 14
la Rocque (14) 38
Rocquefort (76) 17
Rocquemont (60) 21
Rocquemont (76) 17
Rocquencourt (60) 20
Rocquencourt (78) 42
Rocques (14) 15
Rocquigny (02) 9
Rocquigny (08) 23
Rocquigny (62) 8
Rocroi (08) 10
Rodalbe (57) 49
Rodelinghem (62) 1
Rodelle (12) 154
Rodemack (57) 26
Roderen (68) 89
Rodern (68) 71
Rodès (66) 200
Rodez (12) 154
Rodilhan (30) 174
Rodome (11) 199
la Roë (53) 58
Roëllecourt (62) 7
Rœschwoog (67) 51
Rœulx (59) 9
Rœux (62) 8
Roézé-sur-Sarthe (72) . . . 78
Roffey (39) 84
Roffiac (15) 141
Rogécourt (02) 22
Rogerville (76) 15
Rogéville (54) 48
Roggenhouse (68) 71
Rogliano (2B) 203
Rogna (39) 117
Rognac (13) 175
Rognaix (73) 132
Rognes (13) 175
Rognon (25) 87
Rognonas (13) 175
Rogny (02) 22
Rogny-les-Sept-Écluses (89) . . 82
Rogues (30) 172
Rogy (80) 20
Rohaire (28) 40
Rohan (56) 55
Rohr (67) 50
Rohrbach-lès-Bitche (57) . . . 50
Rohrwiller (67) 51
Roiffé (86) 94
Roiffieux (07) 143
Roiglise (80) 21
Roilly (21) 84
Roinville (28) 62
Roinville (91) 63
Roinvilliers (91) 63
Roisel (80) 8
les Roises (55) 68
Roisey (42) 129
Roissard (38) 145
Roissy-en-Brie (77) 43
Roissy-en-France (95) 43
Roiville (61) 39
Roizy (08) 23
Rolampont (52) 68
Rolbing (57) 28
Rollainville (88) 68
Rollancourt (62) 7
Rolleboise (78) 41
Rolleville (76) 15
Rollot (80) 21
Rom (79) 108
Romagnat (63) 127
la Romagne (08) 23
Romagne (33) 135
Romagné (35) 57
la Romagne (49) 92
Romagne (86) 109
Romagne-
  -sous-les-Côtes (55) . . . 25
Romagne-
  -sous-Montfaucon (55) . . . 24
Romagnieu (38) 131
Romagny (50) 37
Romagny (68) 89
Romagny-
  -sous-Rougemont (90) . . 88
Romain (25) 87
Romain (39) 103
Romain (51) 22
Romain (54) 69
Romain-aux-Bois (88) 68
Romain-sur-Meuse (52) . . . 68
Romainville (93) 42
Roman (27) 40
Romanèche-Thorins (71) . . 116
Romange (39) 102
Romans (01) 116
Romans (79) 108
Romans-sur-Isère (26) . . . 144
Romanswiller (67) 50
Romazières (17) 108
Romazy (35) 35
Rombach-le-Franc (68) . . . 71
Rombas (57) 26
Rombies-et-Marchipont (59) . . 9
Rombly (62) 2
Romegoux (17) 120

melfing (57). 50 A3
menay (71). 116 D2
meny-sur-Marne (02). 44 B3
meries (59). 9 F3
mery (02). 9 G6
mery (51). 45 E2
mescamps (60). 19 H2
mestaing (47). 150 B3
meyer (26). 145 E6
Romieu (32). 167 G2
migny (51). 44 D1
miguières (34). 172 B3
millé (35). 56 D2
milly (41). 61 G6
milly-la-Puthenaye (27). 40 C2
milly-sur-Aigre (28). 61 H6
milly-sur-Andelle (27). . . .18 D5
milly-sur-Seine (10). 65 G1
mont (88). 70 A2
morantin-Lanthenay (41). . .80 C6
mpon (07). 144 A6
nai (61). 38 D4
ncenay (10). 66 B4
Roncenay-Authenay (27). . .40 D4
ncey (50). 37 E2
nchamp (70). 88 B2
nchaux (25). 103 F3
nchères (02). 44 C1
nchères (89). 82 D3
ncherolles-en-Bray (76). . . 19 F3
ncherolles-
-sur-le-Vivier (76). 17 H6
nchin (59). 3 F5
nchois (76). 19 G2
ncourt (57). 26 B5
ncq (59). 3 G4
Ronde (17). 107 F3
Ronde-Haye (50). 12 D6
ndefontaine (25). 103 H5
nel (81). 170 C3
nfeugerai (61). 38 B4
ngères (03). 114 A4
nnet (03). 112 D5
nno (69). 129 F1
nquerolles (95). 42 C1
nsenac (16). 122 C5
nssoy (80). 8 D5
ntalon (69). 129 H4
ntignon (64). 182 C2
nvaux (55). 47 G1
ost-Warendin (59). 8 D1
ppe (90). 88 D2
ppenheim (67). 51 G3
ppentzwiller (68). 89 F3
ppeviller (57). 28 C5
Roque-Alric (84). 158 D6
Roque-Baignard (14). 15 E5
Roque-d'Anthéron (13). . .175 H4
Roque-Esclapon (83). . . .178 A4
Roque-Gageac (24). 138 A6
Roque-
-Sainte-Marguerite (12). . 172 B1
Roque-sur-Cèze (30). . 157 H6
Roque-sur-Pernes (84). . 175 G2
oquebillière (06). 179 E1
oquebrun (34). 172 A6
oquebrune (32). 167 F4
oquebrune (33). 150 B1
oquebrune-
-Cap-Martin (06). 195 G2
oquebrune-
-sur-Argens (83). 178 A6
Roquebrussanne (83). . . .193 E3
oquecor (82). 151 H4
oquecourbe (81). 170 D5
oquecourbe-
-Minervois (11). 187 G3
oquedur (30). 173 E2
oquefère (11). 187 E2
oquefeuil (11). 199 H1
oquefixade (09). 186 A6
oquefort (32). 167 H4
oquefort (40). 166 B1
oquefort (47). 151 E6
oquefort-de-Sault (11). . .200 A2
oquefort-
-des-Corbières (11). . .188 A5
oquefort-la-Bédoule (13). . 192 C4
oquefort-
-les-Cascades (09). . .186 A5
oquefort-les-Pins (06). . . .195 E3
oquefort-
-sur-Garonne (31). 184 C3
oquefort-
-sur-Soulzon (12). . . .171 H2
oquelaure (32). 167 H4
oquelaure-
-Saint-Aubin (32). . . .168 C5
oquemaure (30). 174 D1
oquemaure (81). 169 G3
oquepine (32). 167 G2
oqueredonde (34). 172 B4
oques (31). 169 E6
oques (32). 167 F3
oquesérière (31). 169 G4
oquessels (34). 172 B6
oquesteron (06). 178 C2
oquesteron-Grasse (06). . .178 C2
oquetaillade (11). 186 D5
oquetoire (62). 2 B5
a Roquette (27). 19 E6
Roquette-
-sur-Siagne (06). . . .178 C5
a Roquette-sur-Var (06). . .195 F2
oquettes (31). 169 E6
oquevaire (13). 192 C3
oquevidal (81). 170 A5
oquiague (64). 181 G3
a Roquille (33). 136 C6
orbach-lès-Dieuze (57). . .49 G5
orschwihr (68). 71 F3

Rosans (05). 159 F4
Rosay (39). 117 F2
Rosay (76). 17 H4
Rosay (78). 41 G3
Rosay-sur-Lieure (27). 19 E5
Rosazia (2A). 204 C4
Rosbruck (57). 27 F5
Roscanvel (29). 30 D5
Roscoff (29). 31 H2
Rosel (14). 14 B4
Rosenau (68). 89 G3
Rosenwiller (67). 50 C6
Roset-Fluans (25). 103 E2
Rosey (70). 87 F4
Rosey (71). 101 F6
Rosheim (67). 50 C6
la Rosière (70). 70 B6
Rosières (07). 157 F3
Rosières (43). 142 D3
Rosières (60). 43 F1
Rosières (81). 170 C1
Rosières-aux-Salines (54). . .48 D6
Rosières-en-Haye (54). . .48 B4
Rosières-en-Santerre (80). . .21 E1
Rosières-près-Troyes (10). . .66 B3
Rosières-sur-Barbèche (25). . .88 B6
Rosières-sur-Mance (70). . .87 E1
Rosiers-de-Juillac (19). . .138 B1
Rosiers-d'Égletons (19). . .139 F1
les Rosiers-sur-Loire (49). . .77 F5
Rosis (34). 171 H5
Rosnay (36). 95 H6
Rosnay (51). 22 D6
Rosnay (85). 91 H5
Rosnay-l'Hôpital (10). . .66 D2
Rosnoën (29). 31 F6
Rosny-sous-Bois (93). . .43 E4
Rosny-sur-Seine (78). . .41 G2
Rosoy (60). 20 D5
Rosoy (89). 65 E4
Rosoy-en-Multien (60). . .43 H2
Rospez (22). 32 D2
Rospigliani (2B). 205 F3
Rosporden (29). 53 H3
Rosselange (57). 26 B4
Rossfeld (67). 71 H2
Rossillon (01). 131 F2
Rosteig (67). 50 B2
Rostrenen (22). 54 D1
Rosult (59). 9 E1
Rosureux (25). 104 C1
Rotalier (39). 117 F1
Rotangy (60). 20 A3
Rothau (67). 71 E1
Rothbach (67). 50 D3
la Rothière (10). 67 E3
Rothois (60). 20 A3
Rothonay (39). 117 F2
les Rotours (61). 38 D4
Rots (14). 14 B4
Rott (67). 51 F1
Rottelsheim (67). 51 E4
Rottier (26). 159 F3
Rou-Marson (49). 93 G1
Rouairoux (81). 171 E6
Rouans (44). 74 B5
la Rouaudière (53). 76 A1
Roubaix (59). 3 G4
Roubia (11). 187 H3
Roubion (06). 162 B6
Roucamps (14). 14 A6
Roucourt (59). 8 D2
Roucy (02). 22 D5
Roudouallec (56). 54 A2
Rouécourt (52). 67 H3
Rouède (31). 184 C4
Rouellé (61). 38 A6
Rouelles (52). 85 H2
Rouen (76). 17 G6
Rouessé-Fontaine (72). . .60 A3
Rouessé-Vassé (72). 59 G4
Rouet (34). 173 F3
Rouez (72). 59 G4
Rouffach (68). 71 F5
Rouffange (39). 103 E1
Rouffiac (15). 139 G4
Rouffiac (16). 136 B1
Rouffiac (17). 121 F3
Rouffiac (81). 170 B3
Rouffiac-d'Aude (11). . .186 D4
Rouffiac-des-Corbières (11). . .187 F6
Rouffiac-Tolosan (31). . .169 F5
Rouffignac (17). 135 F1
Rouffignac-
-de-Sigoulès (24). 136 D6
Rouffignac-Saint-Cernin-
-de-Reilhac (24). . . .137 H4
Rouffigny (50). 37 E4
Rouffilhac (46). 138 C6
Rouffy (51). 45 F3
Rougé (44). 57 G6
la Rouge (61). 61 E3
Rouge-Perriers (27). 40 C1
Rougefay (62). 7 F2
Rougegoutte (90). 88 C2
Rougemont (21). 84 C3
Rougemont (25). 87 H4
Rougemont-le-Château (90). . .88 D2
Rougemontiers (27). 18 A5
Rougemontot (25). 87 G5
Rougeou (41). 80 B6
Rougeries (02). 22 D1
les Rouges-Eaux (88). . . .70 C3
le Rouget (15). 139 H5
Rougeux (52). 86 C2
Rougiers (83). 193 E3
Rougnac (16). 122 D5
Rougnat (23). 112 C6
Rougon (04). 177 G3
Rouhe (25). 103 F2

Rouhling (57). 27 G5
Rouillac (16). 122 A3
Rouillac (22). 34 B6
Rouillé (86). 108 C2
Rouillon (72). 60 A5
Rouilly (77). 44 B6
Rouilly-Sacey (10). 66 C3
Rouilly-Saint-Loup (10). . .66 B3
Roujan (34). 172 C6
Roulans (25). 87 G6
le Roulier (88). 70 B4
Roullée (72). 60 B1
Roullens (11). 186 D4
Roullet-Saint-Estèphe (16). . .122 B4
Roullours (14). 37 H3
Roumagne (47). 150 D2
Roumare (76). 17 F5
Roumazières-Loubert (16). . .123 E2
Roumégoux (15). 139 H5
Roumégoux (81). 170 C4
Roumengoux (09). 186 B4
Roumens (31). 186 B1
Roumoules (04). 177 E3
Rountzenheim (67). 51 F3
Roupeldange (57). 26 D4
Rouperroux (61). 39 E6
Rouperroux-le-Coquet (72). . .60 C3
Roupy (02). 21 H1
la Rouquette (12). 153 G5
Roure (06). 162 C6
le Rouret (06). 178 D4
Rousies (59). 10 A2
Roussac (87). 110 C6
Roussas (26). 158 B3
Roussay (49). 75 G6
Roussayrolles (81). 170 A1
Rousseloy (60). 20 C5
Roussennac (12). 154 A3
Roussent (62). 6 D2
Les Rousses (39). 118 B2
Rousses (48). 156 B6
Rousset (05). 160 C3
Rousset (13). 176 B6
le Rousset (71). 115 G1
Rousset-les-Vignes (26). . .158 D4
la Roussière (27). 40 A3
Roussieux (26). 159 F4
Roussillon (38). 144 A1
Roussillon (84). 175 H2
Roussillon-en-Morvan (71). . .100 C3
Roussines (16). 123 E3
Roussines (36). 110 D2
Rousson (30). 157 E6
Rousson (89). 65 E5
Roussy-le-Village (57). . .26 B2
Routelle (25). 103 E2
Routes (76). 17 E3
Routier (11). 186 C4
Routot (27). 18 A5
Rouvenac (11). 186 C6
Rouves (54). 48 C3
la Rouvière (30). 174 A2
Rouvignies (59). 9 F2
Rouville (60). 21 F6
Rouville (76). 15 H1
Rouvillers (60). 21 E4
Rouvray (21). 84 B5
Rouvray (27). 41 E2
Rouvray (89). 83 G1
Rouvray-Catillon (76). . .19 F3
Rouvray-Saint-Denis (28). . .59 H5
Rouvray-Saint-Florentin (28). . 62 B3
Rouvray-Sainte-Croix (45). . .62 C5
Rouvrel (80). 20 C1
Rouvres (14). 38 D2
Rouvres (28). 41 F4
Rouvres (77). 43 F2
Rouvres-en-Multien (60). . .43 H1
Rouvres-en-Plaine (21). . .102 A1
Rouvres-en-Woëvre (55). . .25 G6
Rouvres-en-Xaintois (88). . .69 F3
Rouvres-la-Chétive (88). . .68 D3
Rouvres-les-Bois (36). . .96 C3
Rouvres-les-Vignes (10). . .67 F3
Rouvres-Saint-Jean (45). . .63 F3
Rouvres-sous-Meilly (21). . .101 E1
Rouvres-sur-Aube (52). . .85 G1
Rouvrois-sur-Meuse (55). . . .47 G3
Rouvrois-sur-Othain (55). . .25 G5
Rouvroy (02). 9 E6
Rouvroy (62). 8 C1
Rouvroy-en-Santerre (80). . .21 E1
Rouvroy-les-Merles (60). . .20 C2
Rouvroy-Ripont (51). . . .24 B6
Rouvroy-sur-Audry (08). . .23 H1
Rouvroy-sur-Marne (52). . .67 H2
Rouvroy-sur-Serre (02). . .23 F2
le Roux (07). 157 E1
Rouxmesnil-Bouteilles (76). . .17 G2
Rouy (58). 99 G3
Rouy-le-Grand (80). . . .21 G1
Rouy-le-Petit (80). . . .21 G1
Rouze (09). 199 H2
Rouzède (16). 123 E3
Rouziers (15). 139 H6
Rouziers-de-Touraine (37). . .78 D4
le Rove (13). 192 A3
Roville-aux-Chênes (88). . .70 A2
Roville-devant-Bayon (54). . .69 G1
Rovon (38). 145 E2
Roy-Boissy (60). 19 H3
Royan (17). 120 C4
Royas (38). 130 C5
Royat (63). 127 E3
Royaucourt (60). 20 D3
Royaucourt-et-Chailvet (02). . 22 B3
Royaumeix (54). 48 B4
Roybon (38). 144 D2
Roye (70). 88 A3

Roye (80). 21 F2
Roye-sur-Matz (60). 21 F3
Royer (71). 116 B1
Royère-de-Vassivière (23). . .125 F2
Royères (87). 124 C2
Roynac (26). 158 C2
Royon (62). 1 H6
Royville (76). 17 F3
Roz-Landrieux (35). . . .35 E4
Roz-sur-Couesnon (35). . .35 F4
Rozay-en-Brie (77). 43 G5
le Rozel (50). 12 B3
Rozelieures (54). 69 H1
Rozérieulles (57). 26 B5
Rozerotte (88). 69 F3
Rozès (32). 167 G3
Rozet-Saint-Albin (02). . .44 B1
le Rozier (48). 155 G6
Rozier-Côtes-d'Aurec (42). . .142 D1
Rozier-en-Donzy (42). . .129 E1
Rozières-en-Beauce (45). . .62 C6
Rozières-sur-Crise (02). . .22 A5
Rozières-sur-Mouzon (88). . .68 D4
Roziers-Saint-Georges (87). . .124 D3
Rozoy-Bellevalle (02). . .44 C3
Rozoy-le-Vieil (45). . . .64 C5
Rozoy-sur-Serre (02). . .23 F2
Ruages (58). 83 G6
Ruan (45). 62 D5
Ruan-sur-Egvonne (41). . .61 G6
Ruaudin (72). 60 B6
Rubécourt-
-et-Lamécourt (08). . . .24 C2
Rubelles (77). 64 A1
Rubempré (80). 7 G5
Rubercy (14). 13 G5
Rubescourt (80). 20 D3
Rubigny (08). 23 F2
Rubrouck (59). 2 B3
Ruca (22). 34 B4
Ruch (33). 136 A6
Rucqueville (14). 14 A4
Rudeau-Ladosse (24). . .123 E5
Rudelle (46). 153 F1
Rue (80). 6 C2
la Rue-Saint-Pierre (60). . .20 C4
la Rue-Saint-Pierre (76). . .17 H5
Ruederbach (68). 89 F3
Rueil-la-Gadelière (28). . .40 C5
Rueil-Malmaison (92). . .42 C4
Ruelisheim (68). 89 F1
Ruelle-sur-Touvre (16). . .122 C3
les Rues-des-Vignes (59). . .9 E4
Ruesnes (59). 9 G3
Rueyres (46). 153 F1
Ruffec (16). 108 D6
Ruffec (36). 110 B1
Ruffey-le-Château (25). . .87 E6
Ruffey-lès-Beaune (21). . .101 G3
Ruffey-lès-Echirey (21). . .85 H6
Ruffey-sur-Seille (39). . .102 C5
Ruffiac (47). 150 B4
Ruffiac (56). 56 B5
Ruffieu (01). 131 F1
Ruffieux (73). 131 G2
Ruffigné (44). 57 G6
Rugles (27). 40 B4
Rugney (88). 69 G2
Rugny (89). 84 B1
Ruhans (70). 87 G5
Ruillé-en-Champagne (72). . .59 H5
Ruillé-Froid-Fonds (53). . .58 D6
Ruillé-le-Gravelais (53). . .58 B5
Ruillé-sur-Loir (72). . . .78 D2
Ruisseauville (62). 2 A6
Ruitz (62). 8 A1
Rullac-Saint-Cirq (12). . .154 B6
Rully (14). 38 A4
Rully (60). 21 E6
Rully (71). 101 F4
Rumaucourt (62). 8 C3
Rumegies (59). 4 A6
Rumersheim-le-Haut (68). . .71 G6
Rumesnil (14). 15 E4
Rumigny (08). 23 G1
Rumigny (80). 20 C1
Rumilly (62). 1 H5
Rumilly (74). 131 H2
Rumilly-en-Cambrésis (59). . .8 D4
Rumilly-lès-Vaudes (10). . .66 C4
Ruminghem (62). 2 A3
Rumont (55). 47 F4
Rumont (77). 63 H3
Runan (22). 33 E2
Rungis (94). 42 D5
Ruoms (07). 157 G3
Rupéreux (77). 44 B6
Ruppes (88). 68 D1
Rupt (52). 67 H2
Rupt-aux-Nonains (55). . .47 E5
Rupt-devant-
-Saint-Mihiel (55). . . .47 F3
Rupt-en-Woëvre (55). . .47 G2
Rupt-sur-Moselle (88). . .70 B6
Rupt-sur-Othain (55). . .25 F4
Rupt-sur-Saône (70). . .87 E3
Rurange-lès-Thionville (57). . .26 C4
Rurey (25). 103 F2
Russ (67). 50 B6
Russange (57). 26 A2
le Russey (25). 104 C1
Russy (14). 13 H5
Russy-Bémont (60). . . .21 G6
Rustenhart (68). 71 G6
Rustiques (11). 187 F3
Rustrel (84). 176 A2
Rutali (2B). 203 F5
Ruy (38). 130 D4

Ruyaucourt (62). 8 C4
Ruynes-en-Margeride (15). . .141 F4
Ry (14). 19 E4
Rye (39). 102 C4
Ryes (14). 14 A3

S

Saâcy-sur-Marne (77). 44 A3
Saales (67). 70 D2
Saâne-Saint-Just (76). . .17 F3
Saasenheim (67). 71 H3
Sabadel-Latronquière (46). . .153 G1
Sabadel-Lauzès (46). . .152 D2
Sabaillan (32). 184 B1
Sabalos (65). 183 F2
Sabarat (09). 185 F4
Sabarros (65). 183 H3
Sabazan (32). 166 D4
Sablé-sur-Sarthe (72). . .77 F1
les Sables-d'Olonne (85). . .91 E6
Sablet (84). 158 C6
Sablières (07). 157 E3
Sablonceaux (17). 120 D3
Sablonnières (77). 44 B4
Sablons (33). 135 H4
Sablons (38). 144 A1
Sabonnères (31). 184 D1
la Sabotterie (08). 24 A3
Sabran (30). 157 H6
Sabres (40). 149 E6
Saccourvielle (31). 197 F1
Sacé (53). 58 D4
Sacey (50). 35 G5
Saché (37). 94 D1
Sachin (62). 2 B6
Sachy (08). 24 D2
Sacierges-Saint-Martin (36). . .110 D2
Saclas (91). 63 E2
Saclay (91). 42 C5
Saconin-et-Breuil (02). . .21 H5
Sacoué (65). 184 A5
le Sacq (27). 40 D3
Sacquenay (21). 86 B4
Sacquenville (27). 40 D2
Sacy (51). 45 E1
Sacy (89). 83 H3
Sacy-le-Grand (60). . . .20 D5
Sacy-le-Petit (60). 21 E5
Sadeillan (32). 183 G1
Sadillac (24). 136 D6
Sadirac (33). 135 F6
Sadournin (65). 183 G2
Sadroc (19). 138 D2
Saessolsheim (67). 50 D4
Saffais (54). 48 D6
Saffloz (39). 103 F6
Saffré (44). 74 D2
Saffres (21). 85 E6
Sagelat (24). 137 H6
Sagnat (23). 111 E4
Sagnes-et-Goudoulet (07). . .143 E6
Sagonne (18). 98 B5
Sagy (71). 117 E1
Sagy (95). 42 A2
Sahorre (66). 200 B4
Sahune (26). 159 E4
Sahurs (76). 18 B5
Sai (61). 39 E4
Saignes (15). 140 B1
Saignes (46). 139 E6
Saigneville (80). 6 C4
Saignon (84). 176 A3
Saiguède (31). 168 D6
Sail-les-Bains (42). . . .114 D4
Sail-sous-Couzan (42). . .128 C3
Sailhan (65). 196 D1
Saillac (19). 138 D4
Saillac (46). 153 E4
Saillagouse (66). 199 H4
Saillans (26). 158 D1
Saillans (33). 135 G4
Saillant (63). 128 C6
Saillat-sur-Vienne (87). . .123 G2
Saillenard (71). 102 C6
Sailly (08). 24 D2
Sailly (52). 68 A2
Sailly (71). 115 H2
Sailly (78). 41 H2
Sailly-Achâtel (57). 48 D3
Sailly-au-Bois (62). 8 A4
Sailly-en-Ostrevent (62). . .8 C2
Sailly-Flibeaucourt (80). . .6 D3
Sailly-Labourse (62). . .2 D6
Sailly-Laurette (80). 8 A6
Sailly-le-Sec (80). 8 A6
Sailly-lez-Cambrai (59). . .8 D3
Sailly-lez-Lannoy (59). . .3 G5
Sailly-Saillisel (80). 8 C5
Sailly-sur-la-Lys (62). . .3 E5
Sain-Bel (69). 129 G3
Saincaize-Meauce (58). . .98 D4
Sainghin-en-Mélantois (59). . .3 G5
Sainghin-en-Weppes (59). . .3 E5
Sainneville (76). 15 F1
Sainpuits (89). 83 E4
Sains (35). 35 F4
Sains-du-Nord (59). . . .10 A4
Sains-en-Amiénois (80). . .20 C1
Sains-en-Gohelle (62). . .8 A1
Sains-lès-Fressin (62). . .2 A6
Sains-lès-Marquion (62). . .8 D3
Sains-lès-Pernes (62). . .2 B6
Sains-Morainvillers (60). . .20 D3
Sains-Richaumont (02). . .22 C1
le Saint (56). 54 B2
Saint-Abit (64). 182 C3
Saint-Abraham (56). . .56 A5

Saint-Acheul (80). 7 F3
Saint-Adjutory (16). 123 E3
Saint-Adrien (22). 33 E4
Saint-Affrique (12). 171 G2
Saint-Affrique-
-les-Montagnes (81). 170 C6
Saint-Agathon (22). 33 E4
Saint-Agil (41). 61 F5
Saint-Agnan (02). 44 C2
Saint-Agnan (58). 84 B6
Saint-Agnan (71). 114 D2
Saint-Agnan (81). 169 H4
Saint-Agnan (89). 64 C3
Saint-Agnan-
-de-Cernières (27). 39 H3
Saint-Agnan-
-en-Vercors (26). 145 E5
Saint-Agnan-
-le-Malherbe (14). 14 A6
Saint-Agnan-sur-Erre (61). . .61 E3
Saint-Agnan-sur-Sarthe (61). . .39 H6
Saint-Agnant (17). 120 C1
Saint-Agnant-
-de-Versillat (23). 111 E4
Saint-Agnant-
-près-Crocq (23). 126 A3
Saint-Agne (24). 137 E5
Saint-Agnet (40). 166 B5
Saint-Agnin-sur-Bion (38). . .130 D5
Saint-Agoulin (63). 113 G6
Saint-Agrève (07). 143 F4
Saint-Aignan (08). 24 B2
Saint-Aignan (33). 135 G4
Saint-Aignan (41). 96 A1
Saint-Aignan (56). 55 E1
Saint-Aignan (72). 60 B4
Saint-Aignan (82). 168 C1
Saint-Aignan-
-de-Couptrain (53). 59 F1
Saint-Aignan-
-de-Cramesnil (14). 38 D1
Saint-Aignan-des-Gués (45). . .81 G1
Saint-Aignan-
-des-Noyers (18). 98 B5
Saint-Aignan-
-Grandlieu (44). 74 C6
Saint-Aignan-le-Jaillard (45). . .81 G2
Saint-Aignan-sur-Roë (53). . .76 A1
Saint-Aignan-sur-Ry (76). . .19 E4
Saint-Aigny (36). 110 B1
Saint-Aigulin (17). 136 A2
Saint-Ail (54). 26 A5
Saint-Albain (71). 116 B3
Saint-Alban (01). 117 F6
Saint-Alban (22). 34 A4
Saint-Alban (31). 169 F4
Saint-Alban-Auriolles (07). . .157 F4
Saint-Alban-d'Ay (07). 143 H2
Saint-Alban-
-de-Montbel (73). 131 G5
Saint-Alban-de-Roche (38). . .130 D4
Saint-Alban-
-des-Hurtières (73). 132 C5
Saint-Alban-
-des-Villards (73). 146 B1
Saint-Alban-du-Rhône (38). . .130 A6
Saint-Alban-
-en-Montagne (07). 156 D1
Saint-Alban-les-Eaux (42). . .128 C2
Saint-Alban-Leysse (73). . . .131 H4
Saint-Alban-
-sur-Limagnole (48). 141 G6
Saint-Albin-
-de-Vaulserre (38). 131 G5
Saint-Alexandre (30). 158 A5
Saint-Algis (02). 9 H6
Saint-Allouestre (56). 55 G4
Saint-Alpinien (23). 125 H1
Saint-Alyre-d'Arlanc (63). . .142 A1
Saint-Alyre-
-ès-Montagne (63). 141 E1
Saint-Amadou (09). 185 H4
Saint-Amancet (81). 186 C1
Saint-Amand (23). 125 H1
Saint-Amand (50). 37 G1
Saint-Amand (62). 7 H3
Saint-Amand-
-de-Belvès (24). 137 H6
Saint-Amand-de-Coly (24). . .138 B4
Saint-Amand-de-Vergt (24). . .137 F4
Saint-Amand-
-des-Hautes-Terres (27). . .18 B6
Saint-Amand-
-en-Puisaye (58). 82 C4
Saint-Amand-
-Jartoudeix (23). 124 D2
Saint-Amand-le-Petit (87). . .125 E3
Saint-Amand-les-Eaux (59). . .9 F1
Saint-Amand-Longpré (41). . .79 F3
Saint-Amand-
-Magnazeix (87). 110 D5
Saint-Amand-
-Montrond (18). 97 H6
Saint-Amand-sur-Fion (51). . .46 B4
Saint-Amand-
-sur-Ornain (55). 47 F6
Saint-Amand-sur-Sèvre (79). . .92 C4
Saint-Amandin (15). 140 C1
Saint-Amans (09). 185 G4
Saint-Amans (11). 186 B3
Saint-Amans (48). 156 A2
Saint-Amans-
-de-Pellagal (82). 152 A5
Saint-Amans-des-Cots (12). . .154 C1
Saint-Amans-du-Pech (82). . .151 G4
Saint-Amans-Soult (81). . .187 F1
Saint-Amans-Valtoret (81). . .187 F1
Saint-Amant (16). 122 B6
Saint-Amant-de-Boixe (16). . .122 B2
Saint-Amant-
-de-Bonnieure (16). 122 C2

Saint-Amant-
-de-Nouère (16) 122B3
Saint-Amant-
-Roche-Savine (63) . . . 128A5
Saint-Amant-Tallende (63) . . 127 F4
Saint-Amarin (68) 70D6
Saint-Ambreuil (71) 101G6
Saint-Ambroix (18) 97 F4
Saint-Ambroix (30) 157 F5
Saint-Amé (88) 70B5
Saint-Amour (39) 117 E2
Saint-Amour-Bellevue (71) . . 116B4
Saint-Andelain (58) 82C6
Saint-Andéol (26) 144D6
Saint-Andéol (38) 145 F4
Saint-Andéol-de-Berg (07) . . 157H3
Saint-Andéol-
-de-Clerguemort (48) . . 156D5
Saint-Andéol-
-de-Fourchades (07) . . . 143 F5
Saint-Andéol-de-Vals (07). . 157G1
Saint-Andéol-
-le-Château (69). 129H5
Saint-Andeux (21) 84B5
Saint-Andiol (13) 175 E3
Saint-André (31) 184C2
Saint-André (32) 168B6
Saint-André (66) 201 F3
Saint-André (73) 147 E2
Saint-André (81) 171 E2
Saint-André-Capcèze (48) . . 156D4
Saint-André-d'Allas (24) . . . 138A5
Saint-André-d'Apchon (42). . 114D6
Saint-André-de-Bâgé (01) . . 116C4
Saint-André-de-Boëge (74). . 118D4
Saint-André-de-Bohon (50) . . 13 E5
Saint-André-de-Briouze (61). . 38C4
Saint-André-
-de-Buèges (34). 173 E3
Saint-André-
-de-Chalencon (43) 142C2
Saint-André-de-Corcy (01) . . 130B1
Saint-André-
-de-Cruzières (07) 157 F5
Saint-André-
-de-Cubzac (33) 135 F4
Saint-André-
-de-Double (24) 136C3
Saint-André-
-de-la-Marche (49). 75G6
Saint-André-
-de-la-Roche (06) 195 F2
Saint-André-
-de-Lancize (48) 156C5
Saint-André-de-l'Épine (50) . . 13 F6
Saint-André-de-l'Eure (27) . . 41 E3
Saint-André-de-Lidon (17) . . 120D4
Saint-André-
-de-Majencoules (30) . . . 173 E2
Saint-André-de-Messei (61) . . 38B5
Saint-André-de-Najac (12) . . 153G6
Saint-André-
-de-Roquelongue (11). . . 187H4
Saint-André-
-de-Roquepertuis (30). . . 157G5
Saint-André-
-de-Rosans (05) 159 F4
Saint-André-
-de-Sangonis (34) 172D5
Saint-André-
-de-Seignanx (40) 164C5
Saint-André-
-de-Valborgne (30) 156B6
Saint-André-
-de-Vézines (12). 155G6
Saint-André-d'Embrun (05) . 161 E2
Saint-André-des-Eaux (22) . . 34D6
Saint-André-des-Eaux (44). . . 73G4
Saint-André-d'Hébertot (14). . 15 F3
Saint-André-d'Huiriat (01) . . 116C5
Saint-André-
-d'Olérargues (30) 157H6
Saint-André-du-Bois (33) . . 149H2
Saint-André-en-Barrois (55) . . 47 E2
Saint-André-en-Bresse (71) . . 102A6
Saint-André-en-Morvan (58) . . 83H5
Saint-André-en-Royans (38). 144D3
Saint-André-
-en-Terre-Plaine (89) 84B5
Saint-André-
-en-Vivarais (07) 143 F3
Saint-André-
-et-Appelles (33) 136C6
Saint-André-Farivillers (60) . . 20C3
Saint-André-
-Goule-d'Oie (85). 92A4
Saint-André-la-Côte (69). . . 129G4
Saint-André-Lachamp (07) . . 157 E3
Saint-André-
-le-Bouchoux (01) 116D5
Saint-André-le-Coq (63) . . . 127G1
Saint-André-le-Désert (71) . . 115H2
Saint-André-le-Gaz (38) . . . 131 F5
Saint-André-le-Puy (42) . . . 129 E4
Saint-André-les-Alpes (04) . . 177H2
Saint-André-les-Vergers (10) . . 66B3
Saint-André-lez-Lille (59) 3 F5
Saint-André-sur-Cailly (76) . . 17H5
Saint-André-sur-Orne (14) . . 14B5
Saint-André-sur-Sèvre (79). . 92D5
Saint-André-
-sur-Vieux-Jonc (01) 116D5
Saint-André-
-Treize-Voies (85) 91G2
Saint-Androny (33) 135 E2
Saint-Ange-et-Torçay (28) . . 41 E2
Saint-Ange-le-Viel (77) 64B3
Saint-Angeau (16) 122C2
Saint-Angel (03) 112D3
Saint-Angel (19) 125H5
Saint-Angel (63) 127 E1

Saint-Anthème (63) 128C5
Saint-Anthot (21) 85 E6
Saint-Antoine (15) 154A1
Saint-Antoine (25) 104A5
Saint-Antoine (32) 168B1
Saint-Antoine (33) 135 F4
Saint-Antoine-
-Cumond (24) 136C2
Saint-Antoine-
-d'Auberoche (24) 137G3
Saint-Antoine-
-de-Breuilh (24) 136B5
Saint-Antoine-
-de-Ficalba (47) 151 F4
Saint-Antoine-
-du-Queyret (33) 136A6
Saint-Antoine-
-du-Rocher (37) 78D4
Saint-Antoine-la-Forêt (76) . . 15G1
Saint-Antoine-l'Abbaye (38) . 144D2
Saint-Antoine-sur-l'Isle (33) . 136B4
Saint-Antonin (06) 178C2
Saint-Antonin (32) 168B4
Saint-Antonin-
-de-Lacalm (81) 170D4
Saint-Antonin-
-de-Sommaire (27) 40A4
Saint-Antonin-du-Var (83) . . 193G1
Saint-Antonin-
-Noble-Val (82) 153 E6
Saint-Antonin-
-sur-Bayon (13) 176B6
Saint-Aoustrille (36) 96D4
Saint-Août (36) 97 E6
Saint-Apollinaire (05) 160D2
Saint-Apollinaire (21) 85H6
Saint-Apollinaire-
-de-Rias (07) 143G5
Saint-Appolinaire (69) 129 F1
Saint-Appolinard (38) 144D2
Saint-Appolinard (42) 143H1
Saint-Aquilin (24) 136D2
Saint-Aquilin-
-de-Corbion (61) 39H6
Saint-Aquilin-de-Pacy (27) . . 41 F2
Saint-Araille (31) 184D2
Saint-Arailles (32) 167 F5
Saint-Arcons-d'Allier (43) . . 142A4
Saint-Arcons-
-de-Barges (43) 142C6
Saint-Arey (38) 145G5
Saint-Armel (35) 57 F4
Saint-Armel (56) 72D1
Saint-Armou (64) 182C1
Saint-Arnac (66) 200C1
Saint-Arnoult (14) 15 E3
Saint-Arnoult (41) 79 F3
Saint-Arnoult (60) 19H2
Saint-Arnoult (76) 17 E5
Saint-Arnoult-des-Bois (28) . . 61H1
Saint-Arnoult-
-en-Yvelines (78) 42A6
Saint-Arroman (32) 183H1
Saint-Arroman (65) 183G4
Saint-Arroumex (82) 168C2
Saint-Astier (24) 137 E3
Saint-Astier (47) 136C6
Saint-Auban (06) 178B3
Saint-Auban-d'Oze (05) 160A3
Saint-Auban-
-sur-l'Ouvèze (26) 159 F5
Saint-Aubert (59) 9 F3
Saint-Aubert-sur-Orne (61) . . 38C4
Saint-Aubin (02) 21H4
Saint-Aubin (10) 65 F1
Saint-Aubin (21) 101 F4
Saint-Aubin (36) 97 E5
Saint-Aubin (39) 102B3
Saint-Aubin (40) 165G4
Saint-Aubin (47) 151G3
Saint-Aubin (59) 10A3
Saint-Aubin (62) 6C1
Saint-Aubin (91) 42B5
Saint-Aubin-Celloville (76) . . 18D5
Saint-Aubin-
-Château-Neuf (89) 83 E2
Saint-Aubin-d'Appenai (61) . . 60C1
Saint-Aubin-d'Arquenay (14) . 14C4
Saint-Aubin-d'Aubigné (35) . . 57 F1
Saint-Aubin-de-Blaye (33) . . 135 F1
Saint-Aubin-
-de-Bonneval (61) 39G3
Saint-Aubin-
-de-Branne (33) 135H6
Saint-Aubin-
-de-Cadelech (24) 151 E1
Saint-Aubin-
-de-Courteraie (61) 39H6
Saint-Aubin-de-Crétot (76) . . 18A3
Saint-Aubin-
-de-Lanquais (24) 137 E6
Saint-Aubin-
-de-Locquenay (72) 59H3
Saint-Aubin-de-Luigné (49) . . 76D6
Saint-Aubin-de-Médoc (33) . 134D4
Saint-Aubin-
-de-Nabirat (24) 152B1
Saint-Aubin-de-Scellon (27) . 15G5
Saint-Aubin-
-de-Terregatte (50) 35H4
Saint-Aubin-d'Écrosville (27) . 40C1
Saint-Aubin-des-Bois (14) . . 37 F3
Saint-Aubin-des-Bois (28) . . 62A1
Saint-Aubin-
-des-Châteaux (44) 57G6
Saint-Aubin-
-des-Chaumes (58) 83H5
Saint-Aubin-
-des-Coudrais (72) 60D4
Saint-Aubin-des-Grois (61) . . 60D2

Saint-Aubin-des-Hayes (27) . . 40B2
Saint-Aubin-
-des-Landes (35) 57H3
Saint-Aubin-
-des-Ormeaux (85) 92B3
Saint-Aubin-des-Préaux (50) . 35G2
Saint-Aubin-
-du-Cormier (35) 57G1
Saint-Aubin-du-Désert (53) . . 59G3
Saint-Aubin-du-Pavail (35) . . 57G3
Saint-Aubin-du-Perron (50) . . 12D6
Saint-Aubin-du-Plain (79) . . . 93 E4
Saint-Aubin-
-du-Thenney (27) 15G6
Saint-Aubin-en-Bray (60) . . . 19H4
Saint-Aubin-
-en-Charollais (71) 115 F2
Saint-Aubin-Épinay (76) . . . 17H6
Saint-Aubin-
-Fosse-Louvain (53) 58C1
Saint-Aubin-la-Plaine (85) . . 106D1
Saint-Aubin-le-Cauf (76) . . . 17H2
Saint-Aubin-le-Cloud (79) . . 93 F6
Saint-Aubin-le-Dépeint (37) . . 78C3
Saint-Aubin-
-le-Guichard (27) 40B2
Saint-Aubin-le-Monial (03) . . 113 F2
Saint-Aubin-le-Vertueux (27) . 15H6
Saint-Aubin-lès-Elbeuf (76) . . 18C5
Saint-Aubin-les-Forges (58) . . 99 E2
Saint-Aubin-Montenoy (80) . . 7 E6
Saint-Aubin-Rivière (80) 6D6
Saint-Aubin-Routot (76) 15G2
Saint-Aubin-
-sous-Erquery (60) 20D4
Saint-Aubin-sur-Aire (55) . . . 47G5
Saint-Aubin-sur-Gaillon (27) . 41 E1
Saint-Aubin-sur-Loire (71) . . 114C1
Saint-Aubin-sur-Mer (14) . . . 14B3
Saint-Aubin-sur-Mer (76) . . . 17 F2
Saint-Aubin-
-sur-Quillebeuf (27) 15H2
Saint-Aubin-sur-Scie (76) . . . 17G2
Saint-Aubin-sur-Yonne (89) . . 65 E6
Saint-Augustin (17) 120B3
Saint-Augustin (19) 125 E6
Saint-Augustin (77) 43H4
Saint-Augustin-des-Bois (49) . 75H3
Saint-Aulaire (19) 138B2
Saint-Aulais-
-la-Chapelle (16) 122A4
Saint-Aulaye (24) 136B2
Saint-Aunès (34) 173G5
Saint-Aunix-Lengros (32) . . . 166D5
Saint-Aupre (38) 131 F6
Saint-Austremoine (43) 141G3
Saint-Auvent (87) 123G2
Saint-Avaugourd-
-des-Landes (85) 91 F6
Saint-Avé (56) 55G6
Saint-Aventin (31) 197 F1
Saint-Avertin (37) 79 E6
Saint-Avit (16) 136B2
Saint-Avit (26) 144B2
Saint-Avit (40) 166A2
Saint-Avit (41) 61 F5
Saint-Avit (47) 150C2
Saint-Avit (63) 126B2
Saint-Avit (81) 170B6
Saint-Avit-de-Soulège (33) . . 136B6
Saint-Avit-de-Tardes (23) . . . 125F2
Saint-Avit-de-Vialard (24) . . 137G5
Saint-Avit-Frandat (32) 168A2
Saint-Avit-le-Pauvre (23). . . 125G1
Saint-Avit-
-les-Guespières (28) 61H3
Saint-Avit-Rivière (24). 137G6
Saint-Avit-
-Saint-Nazaire (33) 136C5
Saint-Avit-Sénieur (24) 137 F6
Saint-Avold (57) 49 F1
Saint-Avre (73) 132C6
Saint-Ay (45) 80C1
Saint-Aybert (59) 9G1
Saint-Babel (63) 127G5
Saint-Baldoph (73) 131H5
Saint-Bandry (02) 21H5
Saint-Baraing (39) 102C3
Saint-Barbant (87) 109H5
Saint-Bard (23) 126A2
Saint-Bardoux (26) 144B3
Saint-Barnabé (22) 55G2
Saint-Barthélemy (38) 144C1
Saint-Barthélemy (40) 164C5
Saint-Barthélemy (50) 37G5
Saint-Barthélemy (56) 55 E4
Saint-Barthélemy (70) 88B2
Saint-Barthélemy (77) 44B4
Saint-Barthélemy-
-d'Agenais (47) 150D3
Saint-Barthélemy-
-d'Anjou (49) 77 E4
Saint-Barthélemy-
-de-Bellegarde (24) 136C3
Saint-Barthélemy-
-de-Bussière (24) 123 F4
Saint-Barthélemy-
-de-Séchilienne (38) 145H3
Saint-Barthélemy-
-de-Vals (26) 144A3
Saint-Barthélemy-
-Grozon (07) 143H4
Saint-Barthélemy-
-le-Meil (07) 143G5
Saint-Barthélemy-
-le-Plain (07) 144A4
Saint-Barthélemy-
-Lestra (42) 129 F3
Saint-Basile (07) 143G4
Saint-Baslemont (88) 69 F4
Saint-Baudel (18) 97 F5

Saint-Baudelle (53) 58D3
Saint-Baudille-
-de-la-Tour (38) 130D3
Saint-Baudille-et-Pipet (38) . 145G6
Saint-Bauld (37) 95 F2
Saint-Baussant (54) 48A3
Saint-Bauzeil (09) 185G4
Saint-Bauzély (30) 173H2
Saint-Bauzile (07) 158A1
Saint-Bauzile (48) 156A3
Saint-Bauzille-
-de-la-Sylve (34) 172D5
Saint-Bauzille-
-de-Montmel (34) 173G4
Saint-Bauzille-
-de-Putois (34) 173 E3
Saint-Bazile (87) 123G3
Saint-Bazile-
-de-la-Roche (19) 139 F3
Saint-Bazile-
-de-Meyssac (19) 139 E4
Saint-Béat (31) 184A6
Saint-Beaulize (12) 172A3
Saint-Beauzeil (82) 151H4
Saint-Beauzély (12) 155 E6
Saint-Beauzire (43) 141G2
Saint-Beauzire (63) 127 F2
Saint-Bénézet (30) 173H2
Saint-Bénigne (01) 116C3
Saint-Benin (59) 9 F4
Saint-Benin-d'Azy (58) 99 F3
Saint-Benin-des-Bois (58) . . . 99 F2
Saint-Benoist-sur-Mer (85) . . 106B2
Saint-Benoit-sur-Vanne (10) . 65G4
Saint-Benoît (01) 131 F3
Saint-Benoît (04) 178B2
Saint-Benoît (11) 186C5
Saint-Benoît (86) 109 E1
Saint-Benoît-
-de-Carmaux (81) 170C1
Saint-Benoît-
-des-Ombres (27) 15H4
Saint-Benoît-des-Ondes (35) . 35 E4
Saint-Benoît-d'Hébertot (14) . 15 F3
Saint-Benoît-du-Sault (36) . . 110D3
Saint-Benoit-en-Diois (26) . . 159 E1
Saint-Benoît-
-la-Chipotte (88) 70B2
Saint-Benoît-la-Forêt (37) . . . 94B1
Saint-Benoît-sur-Loire (45) . . 81 F2
Saint-Benoît-sur-Seine (10) . . 66A2
Saint-Bérain (43) 142A4
Saint-Berain-
-sous-Sanvignes (71) . . . 100D6
Saint-Bérain-
-sur-Dheune (71) 101 F5
Saint-Bernard (01) 129H1
Saint-Bernard (21) 101H2
Saint-Bernard (38) 145H1
Saint-Bernard (68) 89 E2
Saint-Béron (73) 131G5
Saint-Berthevin (53) 58C5
Saint-Berthevin-
-la-Tannière (53) 58B2
Saint-Bertrand-
-de-Comminges (31) 184A5
Saint-Biez-en-Belin (72) 78B1
Saint-Bihy (22) 33 F5
Saint-Blaise (06) 195 F2
Saint-Blaise (74) 118B6
Saint-Blaise-du-Buis (38) . . . 131 F6
Saint-Blaise-la-Roche (67) . . 71 E1
Saint-Blancard (32) 184A2
Saint-Blimont (80) 6C4
Saint-Blin (52) 68B3
Saint-Boès (64) 165 F5
Saint-Bohaire (41) 79H3
Saint-Boil (71) 101 F6
Saint-Boingt (54) 69H1
Saint-Bois (01) 131 F3
Saint-Bomer (28) 61 E4
Saint-Bômer-les-Forges (61) . 38A5
Saint-Bon-Tarentaise (73). . 133 E5
Saint-Bonnet (16) 122A5
Saint-Bonnet-Avalouze (19) . 139 E2
Saint-Bonnet-Briance (87) . . 124C3
Saint-Bonnet-de-Bellac (87) . 110A5
Saint-Bonnet-
-de-Chavagne (38) 144D3
Saint-Bonnet-
-de-Chirac (48) 155G3
Saint-Bonnet-
-de-Condat (15) 140D2
Saint-Bonnet-de-Cray (71) . . 115 E5
Saint-Bonnet-de-Four (03) . . 113 F4
Saint-Bonnet-de-Joux (71) . . 115G2
Saint-Bonnet-
-de-Montauroux (48). . . . 142B6
Saint-Bonnet-de-Mure (69) . 130B4
Saint-Bonnet-
-de-Rochefort (03) 113G5
Saint-Bonnet-
-de-Salendrinque (30) . . . 173 F1
Saint-Bonnet-
-des-Salers (15) 140B3
Saint-Bonnet-
-des-Quarts (42) 114D5
Saint-Bonnet-du-Gard (30) . 174C2
Saint-Bonnet-Elvert (19) . . . 139 F3
Saint-Bonnet-
-en-Bresse (71) 102A4
Saint-Bonnet-
-en-Champsaur (05) 160B1

Saint-Bonnet-
-la-Rivière (19) 138B1
Saint-Bonnet-le-Bourg (63) . 128A6
Saint-Bonnet-
-le-Chastel (63) 128A6
Saint-Bonnet-
-le-Château (42) 128D6
Saint-Bonnet-
-le-Courreau (42) 128C4
Saint-Bonnet-le-Froid (43) . . 143 F3
Saint-Bonnet-le-Troncy (69) . 115G6
Saint-Bonnet-
-l'Enfantier (19) 138C1
Saint-Bonnet-lès-Allier (63) . 127G3
Saint-Bonnet-
-les-Oules (42) 129 F5
Saint-Bonnet-
-les-Tours-de-Merle (19) . 139G4
Saint-Bonnet-près-Bort (19) . 126A5
Saint-Bonnet-
-près-Orcival (63) 126D4
Saint-Bonnet-
-près-Riom (63) 127 F2
Saint-Bonnet-
-sur-Gironde (17) 121 E6
Saint-Bonnet-Tronçais (03) . . 112D1
Saint-Bonnot (58) 99 E1
Saint-Bouize (18) 98C1
Saint-Brancher (89) 84A5
Saint-Branchs (37) 95 E1
Saint-Brandan (22) 33 F5
Saint-Brès (30) 157 F6
Saint-Brès (32) 168A4
Saint-Brès (34) 173G5
Saint-Bresson (30) 173 E2
Saint-Bresson (70) 88A1
Saint-Bressou (46) 153G1
Saint-Brevin-les-Pins (44) . . . 73H4
Saint-Briac-sur-Mer (35) 34C4
Saint-Brice (16) 121G3
Saint-Brice (50) 35H3
Saint-Brice (53) 77 E1
Saint-Brice (61) 38A6
Saint-Brice (77) 65 E1
Saint-Brice-Courcelles (51) . . 23 E6
Saint-Brice-
-de-Landelles (50) 37 F6
Saint-Brice-en-Coglès (35) . . 35H6
Saint-Brice-sous-Forêt (95) . . 42D2
Saint-Brice-sous-Rânes (61) . 38D5
Saint-Brice-sur-Vienne (87) . 123H2
Saint-Brieuc (22) 33G4
Saint-Brieuc-
-de-Mauron (56) 56B3
Saint-Brieuc-des-Iffs (35) . . . 57 E1
Saint-Bris-des-Bois (17) . . . 121 F3
Saint-Bris-le-Vineux (89) . . . 83G2
Saint-Brisson (58) 100B1
Saint-Brisson-sur-Loire (45) . 82A3
Saint-Broing (70) 86D5
Saint-Broing-
-les-Moines (21) 85 F3
Saint-Broingt-le-Bois (52) . . . 86B2
Saint-Broingt-
-les-Fosses (52) 86A2
Saint-Broladre (35) 35 F4
Saint-Bueil (38) 131G5
Saint-Calais (72) 61 E6
Saint-Calais-du-Désert (53) . . 59G1
Saint-Calez-
-en-Saosnois (72) 60B3
Saint-Cannat (13) 175H5
Saint-Caprais (03) 112D2
Saint-Caprais (18) 97G4
Saint-Caprais (32) 168A5
Saint-Caprais (46) 152B2
Saint-Caprais-
-de-Blaye (33) 135 F1
Saint-Caprais-
-de-Bordeaux (33) 135 F6
Saint-Caprais-de-Lerm (47) . 151 F5
Saint-Capraise-
-de-Lalinde (24) 137 E5
Saint-Capraise-
-d'Eymet (24) 151 E1
Saint-Caradec (22) 55 F1
Saint-Caradec-
-Trégomel (56) 54C3
Saint-Carné (22) 34D5
Saint-Carreuc (22) 33G5
Saint-Cassien (24) 151G1
Saint-Cassien (38) 145 F1
Saint-Cassin (73) 131H5
Saint-Cast-le-Guildo (22) . . . 34B3
Saint-Castin (64) 182C1
Saint-Célerin (72) 60C4
Saint-Céneré (53) 58D4
Saint-Céneri-le-Gérei (61). . . 59H2
Saint-Céols (18) 98A1
Saint-Céré (46) 139 F5
Saint-Cergues (74) 118D4
Saint-Cernin (15) 140A4
Saint-Cernin (46) 152D2
Saint-Cernin-
-de-Labarde (24) 137 E6
Saint-Cernin-
-de-Larche (19) 138C3
Saint-Cernin-
-de-l'Herm (24) 152A2
Saint-Césaire (17) 121 F3
Saint-Césaire-
-de-Gauzignan (30) 173H1
Saint-Cézaire-
-sur-Siagne (06) 178B4
Saint-Cézert (31) 168D4
Saint-Chabrais (23) 112A5
Saint-Chaffrey (05) 147 E4
Saint-Chamant (15) 140A3
Saint-Chamant (19) 139 F3
Saint-Chamarand (46) 152C1

Saint-Chamas (13) 191C
Saint-Chamassy (24) 137C
Saint-Chamond (42) 129C
Saint-Champ (01) 131C
Saint-Chaptes (30) 174A
Saint-Charles-de-Percy (14) . 37F
Saint-Charles-la-Forêt (53) . . 59 E
Saint-Chartier (36) 111C
Saint-Chef (38) 130D
Saint-Chels (46) 153
Saint-Chély-d'Apcher (48) . . 141C
Saint-Chély-d'Aubrac (12) . . 155 E
Saint-Chéron (51) 46A
Saint-Chéron (91) . . . . 63 E
Saint-Chinian (34) 188A
Saint-Christ-Briost (80) 8C
Saint-Christaud (31) 184D
Saint-Christaud (32) . . . . . . 167 F
Saint-Christo-en-Jarez (42). . 129D
Saint-Christol (07) . . . . 143 E
Saint-Christol (34) 173H
Saint-Christol (84) 176A
Saint-Christol-
-de-Rodières (30). 157H
Saint-Christol-lès-Alès (30) . 173H
Saint-Christoly-
-de-Blaye (33) . . . . 135 F
Saint-Christoly-
-Médoc (33) 120D
Saint-Christophe (03) 114B
Saint-Christophe (16) 123G
Saint-Christophe (17) . . . . . 107 E
Saint-Christophe (23) 111C
Saint-Christophe (28) 62A
Saint-Christophe (69) 115H
Saint-Christophe (73) 131G
Saint-Christophe (81) 153C
Saint-Christophe (86) 94C
Saint-Christophe-
-à-Berry (02) 21H
Saint-Christophe-
-d'Allier (43) 142B
Saint-Christophe-
-de-Chaulieu (61) 37H
Saint-Christophe-
-de-Double (33) 136A
Saint-Christophe-
-de-Valains (35) 35G
Saint-Christophe-
-des-Bardes (33) 135H
Saint-Christophe-
-des-Bois (35) 57H
Saint-Christophe-
-Dodinicourt (10) 66D
Saint-Christophe-
-du-Bois (49) 92B
Saint-Christophe-du-Foc (50) . 12B
Saint-Christophe-
-du-Jambet (72) 59H
Saint-Christophe-
-du-Ligneron (85) . . . . . . 91 F
Saint-Christophe-
-du-Luat (53) . . . . 59 E
Saint-Christophe-
-en-Bazelle (36) 96C
Saint-Christophe-
-en-Boucherie (36) . . . . . 97 F
Saint-Christophe-
-en-Bresse (71) 101H
Saint-Christophe-
-en-Brionnais (71) . . . . . 115 F
Saint-Christophe-
-en-Champagne (72) 59G
Saint-Christophe-
-en-Oisans (38) 146B
Saint-Christophe-
-et-le-Laris (26) 144C
Saint-Christophe-
-la-Couperie (49) . . . . 75 F
Saint-Christophe-
-le-Chaudry (18) 112B
Saint-Christophe-
-le-Jajolet (61) . . . . 39 E
Saint-Christophe-
-sur-Avre (27) 40B
Saint-Christophe-
-sur-Condé (27) 15H
Saint-Christophe-
-sur-Dolaison (43) 142C
Saint-Christophe-
-sur-Guiers (38) 131G
Saint-Christophe-
-sur-le-Nais (37) 78C
Saint-Christophe-
-sur-Roc (79) 108A
Saint-Christophe-
-Vallon (42) 154B
Saint-Cibard (33) 136A
Saint-Cierge-la-Serre (07) . . 143H
Saint-Cierge-
-sous-le-Cheylard (07) . . 143G
Saint-Ciergues (52) 86A
Saint-Ciers-
-Champagne (17) 121G
Saint-Ciers-d'Abzac (33) . . . 135 E
Saint-Ciers-
-de-Canesse (33) 122C
Saint-Ciers-du-Taillon (17) . . 121 E
Saint-Ciers-
-sur-Gironde (33) . . . . . . 135 E
Saint-Cirgue (81) 170D
Saint-Cirgues (43) 141H
Saint-Cirgues (46) 153H
Saint-Cirgues-
-de-Jordanne (15) 140B
Saint-Cirgues-
-de-Malbert (15) 140A
Saint-Cirgues-
-de-Prades (07) . . . . 157 F

aint-Cirgues-en-Montagne (07) 142D6
Saint-Cirgues-la-Loutre (19) 139G3
aint-Cirgues-sur-Couze (63) 127 F5
Saint-Cirice (82) 168B1
Saint-Cirq (24) 137G5
Saint-Cirq (82) 152D6
aint-Cirq-Lapopie (46) 153E3
Saint-Cirq-Madelon (46) . . 138B6
Saint-Cirq-Souillaguet (46). . 152C1
aint-Civran (36) 110D2
Saint-Clair (07) 143H2
Saint-Clair (46) 152C1
Saint-Clair (82) 151H6
aint-Clair (86) 94A4
aint-Clair-d'Arcey (27) 40A2
Saint-Clair-de-Halouze (61). . . 38A5
aint-Clair-de-la-Tour (38) . 131E4
Saint-Clair-du-Rhône (38). . . 130A6
aint-Clair-sur-Epte (95) 19G6
aint-Clair-sur-Galaure (38) . 144C2
Saint-Clair-sur-l'Elle (50) 13 F6
aint-Clair-sur-les-Monts (76) 17 E4
aint-Clar (32) 168A3
aint-Clar-de-Rivière (31) . . 185E1
aint-Claud (16) 123E2
aint-Claude (39) 118A3
aint-Claude-de-Diray (41). . . 80A3
aint-Clément (02) 23E1
aint-Clément (03) 114C6
aint-Clément (07) 143E5
aint-Clément (15) 140C4
aint-Clément (19) 138D1
aint-Clément (30) 173G3
aint-Clément (54) 49 F6
aint-Clément (89) 65 E4
aint-Clément-à-Arnes (08) . . 23H5
Saint-Clément-de-la-Place (49) 76C4
aint-Clément-de-Régnat (63) 127G1
aint-Clément-de-Rivière (34) 173 F5
aint-Clément-de-Valorgue (63) 128C5
aint-Clément-de-Vers (69) . 115G5
aint-Clément-des-Baleines (17) 106A4
aint-Clément-des-Levées (49) 77G6
aint-Clément-les-Places (69) 129 F3
aint-Clément-Rancoudray (50). 37H5
aint-Clément-sur-Durance (05) 161 E1
aint-Clément-sur-Guye (71) 115H1
aint-Clément-sur-Valsonne (69) 129 F2
aint-Clémentin (79) 93 E3
aint-Clet (22) 33 E3
aint-Cloud (92) 42 C4
aint-Cloud-en-Dunois (28) . . 62A5
aint-Colomb-de-Lauzun (47) 151 E2
aint-Colomban (44). 91 F1
aint-Colomban-des-Villards (73) 146B1
aint-Côme (33) 149H3
aint-Côme-de-Fresné (14) . . 14A3
aint-Côme-d'Olt (12) 154D3
aint-Côme-du-Mont (50) . . 13 E4
aint-Côme-et-Maruéjols (30) 173H3
aint-Congard (56) 56 B5
aint-Connan (22) 33 E5
aint-Connec (22) 55 F1
aint-Constant (15) 154A1
aint-Contest (14) 14 B4
aint-Corneille (72) 60 B5
aint-Cornier-des-Landes (61) 38A4
aint-Cosme (68) 89 E2
aint-Cosme-en-Vairais (72). . 60 C3
aint-Couat-d'Aude (11) . . . 187G3
aint-Couat-du-Razès (11) . . 186C5
aint-Coulitz (29). 53 G1
aint-Coulomb (35). 35 E3
aint-Coutant (16) 109 F6
aint-Coutant (79) 108 C4
aint-Coutant-le-Grand (17) 121 E1
aint-Créac (32) 168B2
aint-Créac (65) 183 E4
aint-Crépin (05) 147 E6
aint-Crépin (17) 107 F6
aint-Crépin-aux-Bois (60) . . 21G4
aint-Crépin-d'Auberoche (24) 137G3
aint-Crépin-de-Richemont (24) 123E6
aint-Crépin-et-Carlucet (24) 138B4
aint-Crépin-Ibouvillers (60) . 20 A6
aint-Crespin (76) 18D1
Saint-Crespin-sur-Moine (49) 75 F6
aint-Cricq (32) 168C4
aint-Cricq-Chalosse (40). . . 165G4
aint-Cricq-du-Gave (40) . . 165 E5
aint-Cricq-Villeneuve (40). . 166B2
aint-Cybardeaux (16) 122A3
aint-Cybranet (24) 138A6
aint-Cyprien (19) 138B2
aint-Cyprien (24) 137H5
aint-Cyprien (42) 129 E5
aint-Cyprien (46). . . 152B5

Saint-Cyprien (66) 201G3
Saint-Cyprien-sur-Dourdou (12) 154B3
Saint-Cyr (07) 143H2
Saint-Cyr (50) 12D3
Saint-Cyr (71) 101G6
Saint-Cyr (86) 94C6
Saint-Cyr (87) 123H3
Saint-Cyr-au-Mont-d'Or (69) 130A2
Saint-Cyr-de-Favières (42) . . 128D1
Saint-Cyr-de-Salerne (27) . . 18A6
Saint-Cyr-de-Valorges (42) . . 129 E2
Saint-Cyr-des-Gâts (85). . . 107 E1
Saint-Cyr-du-Bailleul (50) . . 37H6
Saint-Cyr-du-Doret (17) . . 107 E4
Saint-Cyr-du-Gault (41) . . . 79 F3
Saint-Cyr-du-Ronceray (14) . . 15 F6
Saint-Cyr-en-Arthies (95) . . 41H2
Saint-Cyr-en-Bourg (49) . . . 93H1
Saint-Cyr-en-Pail (53) 59G1
Saint-Cyr-en-Talmondais (85) 91G6
Saint-Cyr-en-Val (45) 80D2
Saint-Cyr-la-Campagne (27). . 18C6
Saint-Cyr-la-Lande (79) . . . 93G2
Saint-Cyr-la-Rivière (91) . . . 63 F3
Saint-Cyr-la-Roche (19) . . 138B2
Saint-Cyr-la-Rosière (61) . . . 60D3
Saint-Cyr-le-Chatoux (69) . . 115H6
Saint-Cyr-le-Gravelais (53) . . 58B5
Saint-Cyr-l'École (78) 42 B4
Saint-Cyr-les-Champagnes (24). . . 138B1
Saint-Cyr-les-Colons (39) . . 83G2
Saint-Cyr-les-Vignes (42) . . 129 E4
Saint-Cyr-Montmalin (39). . . 103 E4
Saint-Cyr-sous-Dourdan (91) . 42 B6
Saint-Cyr-sur-le-Rhône (69) . 130A5
Saint-Cyr-sur-Loire (37). . . . 78D5
Saint-Cyr-sur-Menthon (01) . . 116C4
Saint-Cyr-sur-Mer (83). . . . 192D5
Saint-Cyr-sur-Morin (77). . . . 44A3
Saint-Cyran-du-Jambot (36). . 95G3
Saint-Dalmas-le-Selvage (06) 161G4
Saint-Daunès (46) 152B4
Saint-Denis (11) 186D2
Saint-Denis (30) 157 F5
Saint-Denis (89). 65 E4
Saint-Denis (93). 42D3
Saint-Denis-Catus (46) . . . 152 C2
Saint-Denis-Combarnazat (63) 127G1
Saint-Denis-d'Aclon (76) 17 F2
Saint-Denis-d'Anjou (53). . . . 77 E1
Saint-Denis-d'Augerons (27) . 39H3
Saint-Denis-d'Authou (28) . . 61 F3
Saint-Denis-de-Cabanne (42) 115 F5
Saint-Denis-de-Gastines (53) 58C2
Saint-Denis-de-Jouhet (36) . 111G2
Saint-Denis-de-l'Hôtel (45) . . 81 E1
Saint-Denis-de-Mailloc (14) . . 15 F5
Saint-Denis-de-Méré (14) . . 38B3
Saint-Denis-de-Palin (18) . . 97H4
Saint-Denis-de-Pile (33) . . 135H4
Saint-Denis-de-Vaux (71) . . 101 F5
Saint-Denis-de-Villenette (61) 59 E1
Saint-Denis-des-Coudrais (72). 60 C4
Saint-Denis-des-Monts (27) . . 18B6
Saint-Denis-des-Murs (87) . . 124D3
Saint-Denis-des-Puits (28) . . 61G2
Saint-Denis-d'Oléron (17). . . 106B6
Saint-Denis-d'Orques (72) . . 59 F5
Saint-Denis-du-Béhélan (27) . 40C3
Saint-Denis-du-Maine (53) . . 59 E6
Saint-Denis-du-Payré (85) . . 106 C2
Saint-Denis-du-Pin (17). . . 107G6
Saint-Denis-en-Bugey (01) . 130D1
Saint-Denis-en-Margeride (48) 156A1
Saint-Denis-en-Val (45). 80D1
Saint-Denis-la-Chevasse (85). 91G3
Saint-Denis-le-Ferment (27). . 19G5
Saint-Denis-le-Gast (50) . . . 35H1
Saint-Denis-le-Thiboult (76) . . 19 E4
Saint-Denis-le-Vêtu (50) . . . 37 E2
Saint-Denis-lès-Bourg (01) . . 116D5
Saint-Denis-lès-Martel (46) . . 138D5
Saint-Denis-les-Ponts (28) . . 61H5
Saint-Denis-les-Rebais (77) . . 44A4
Saint-Denis-Maisoncelles (14). 37H2
Saint-Denis-sur-Coise (42) . . 129 F4
Saint-Denis-sur-Huisne (61) . . 60D1
Saint-Denis-sur-Loire (41). . . 80A3
Saint-Denis-sur-Ouanne (89) . 82D2
Saint-Denis-sur-Sarthon (61) . 59H1
Saint-Denis-sur-Scie (76) . . 17G4
Saint-Deniscourt (60) 19H3
Saint-Denœux (62) 1 G6
Saint-Derrien (29) 31 F3
Saint-Désert (71) 101 F5
Saint-Désir (14) 15 F5
Saint-Désiré (03) 112C2
Saint-Dézéry (30). 174A2
Saint-Didier (21) 84C6
Saint-Didier (35) 57G3
Saint-Didier (39) 102C6
Saint-Didier (58) 83G6
Saint-Didier (84) 175G2
Saint-Didier-au-Mont-d'Or (69) 130A2
Saint-Didier-d'Allier (43) . . 142B4

Saint-Didier-d'Aussiat (01) . . 116D4
Saint-Didier-de-Bizonnes (38) 130D5
Saint-Didier-de-Formans (01). 130A1
Saint-Didier-des-Bois (27). . . 18C6
Saint-Didier-en-Bresse (71) . 102A4
Saint-Didier-en-Brionnais (71) 115 E4
Saint-Didier-en-Donjon (03). . 114D3
Saint-Didier-en-Velay (43). . . 143 E1
Saint-Didier-la-Forêt (03) . . 113H5
Saint-Didier-sous-Aubenas (07). 157G2
Saint-Didier-sous-Écouves (61) 39 E6
Saint-Didier-sous-Riverie (69) 129G4
Saint-Didier-sur-Arroux (71) 100C5
Saint-Didier-sur-Beaujeu (69). 115H5
Saint-Didier-sur-Chalaronne (01) 116B5
Saint-Didier-sur-Doulon (43). . 142A1
Saint-Didier-sur-Rochefort (42) 128 C3
Saint-Dié-des-Vosges (88) . . 70D3
Saint-Dier-d'Auvergne (63). . 127H4
Saint-Diéry (63) 127 E5
Saint-Dionizy (30) 174A3
Saint-Disdier (05) 145H6
Saint-Divy (29) 31 E4
Saint-Dizant-du-Bois (17) . . 121 F6
Saint-Dizant-du-Gua (17) . . 121 E5
Saint-Dizier (52) 46D6
Saint-Dizier-en-Diois (26) . . 159 F3
Saint-Dizier-la-Tour (23) . . 112A5
Saint-Dizier-les-Domaines (23) 111H4
Saint-Dizier-l'Évêque (90) . . 88D4
Saint-Dizier-Leyrenne (23) . . 111 F6
Saint-Dolay (56) 73H2
Saint-Domet (23). 112B6
Saint-Domineuc (35). 35 E6
Saint-Donan (22) 33 F5
Saint-Donat (63) 126C6
Saint-Donat-sur-l'Herbasse (26) 144B3
Saint-Dos (64) 165 E6
Saint-Doulchard (18) 97G2
Saint-Drézéry (34) 173G4
Saint-Dyé-sur-Loire (41) . . . 80B3
Saint-Ébremond-de-Bonfossé (50) 37 F1
Saint-Edmond (71) 115 F5
Saint-Égrève (38) 145G2
Saint-Élier (27). 40C3
Saint-Éliph (28) 61G2
Saint-Élix (32) 168A6
Saint-Élix-le-Château (31). . . 185 E2
Saint-Élix-Séglan (31) . . . 184C3
Saint-Élix-Theux (32) . . . 183H1
Saint-Ellier-du-Maine (53) . . 58B2
Saint-Ellier-les-Bois (61) . . . 59H1
Saint-Éloi (01) 130C1
Saint-Éloi (23) 111 F6
Saint-Éloi (58) 99 E4
Saint-Éloi-de-Fourques (27) . . 18B6
Saint-Éloy (29) 31G5
Saint-Éloy-d'Allier (03) . . 112B2
Saint-Éloy-de-Gy (18) 97G2
Saint-Éloy-la-Glacière (63) . 128A5
Saint-Éloy-les-Mines (63) . . . 113 E5
Saint-Éloy-les-Tuileries (19) . 124B6
Saint-Éman (28) 61H3
Saint-Émiland (71) 101 E4
Saint-Émilion (33) 135H5
Saint-Ennemond (03) 99 F6
Saint-Épain (37). 94D2
Saint-Epvre (57) 49 E2
Saint-Erblon (35) 57 F3
Saint-Erblon (53) 76A1
Saint-Erme-Outre-et-Ramecourt (02) . . 22D4
Saint-Escobille (91) 63 E2
Saint-Esteben (64) 181 E1
Saint-Estèphe (24) 123 F4
Saint-Estèphe (33) 134D1
Saint-Estève (66) 201 F2
Saint-Estève-Janson (13) . . 176A4
Saint-Étienne-à-Arnes (08) . . 23H5
Saint-Étienne-au-Mont (62) . . 1 F4
Saint-Étienne-au-Temple (51). 45H2
Saint-Étienne-aux-Clos (19) . 126B5
Saint-Étienne-Cantalès (15) . 139H5
Saint-Étienne-d'Albagnan (34) 171G6
Saint-Étienne-de-Baïgorry (64) 180D3
Saint-Étienne-de-Boulogne (07) 157G1
Saint-Étienne-de-Brillouet (85) 106D1
Saint-Étienne-de-Carlat (15) 140B5
Saint-Étienne-de-Chigny (37) 78C5
Saint-Étienne-de-Chomeil (15) 140B1
Saint-Étienne-de-Crossey (38) 131 F6
Saint-Étienne-de-Cuines (73) 146C1
Saint-Étienne-de-Fontbellon (07) 157G2
Saint-Étienne-de-Fougères (47) 151 E3

Saint-Étienne-de-Fursac (23) 111 E5
Saint-Étienne-de-Gourgas (34). 172C4
Saint-Étienne-de-Lisse (33) . 135H5
Saint-Étienne-de-l'Olm (30) . 173H1
Saint-Étienne-de-Lugdarès (07) 156D2
Saint-Étienne-de-Maurs (15) 153H1
Saint-Étienne-de-Mer-Morte (44) . . . 91 E2
Saint-Étienne-de-Montluc (44) 74B4
Saint-Étienne-de-Puycorbier (24) 136C3
Saint-Étienne-de-Saint-Geoirs (38) . . . 144D1
Saint-Étienne-de-Serre (07) 143G6
Saint-Étienne-de-Tinée (06) 161H5
Saint-Étienne-de-Tulmont (82) 169 F1
Saint-Étienne-de-Valoux (07) 144A2
Saint-Étienne-de-Vicq (03) . . 114B5
Saint-Étienne-de-Villeréal (47) 151G2
Saint-Étienne-des-Champs (63) 126B2
Saint-Étienne-des-Guérets (41) 79G4
Saint-Étienne-des-Oullières (69). 116A6
Saint-Étienne-des-Sorts (30) 158A6
Saint-Étienne-d'Orthe (40) . . 164D5
Saint-Étienne-du-Bois (01) . . 117 E4
Saint-Étienne-du-Bois (85) . . 91 F3
Saint-Étienne-du-Grès (13). . 191 E1
Saint-Étienne-du-Gué-de-l'Isle (22) 55H2
Saint-Étienne-du-Rouvray (76) 18C5
Saint-Étienne-du-Valdonnez (48) 156B3
Saint-Étienne-du-Vauvray (27) 18D6
Saint-Étienne-du-Vigan (43) . 142C6
Saint-Étienne-en-Bresse (71) 102A6
Saint-Étienne-en-Coglès (35) . 35H6
Saint-Étienne-en-Dévoluy (05) 160A1
Saint-Étienne-Estréchoux (34) 172A5
Saint-Étienne-la-Cigogne (79) 107G5
Saint-Étienne-la-Geneste (19) 126A6
Saint-Étienne-la-Thillaye (14) 15 E4
Saint-Étienne-la-Varenne (69) 116A6
Saint-Étienne-l'Allier (27) . . 18H4
Saint-Étienne-Lardeyrol (43) 142D4
Saint-Étienne-le-Laus (05) . . 160C3
Saint-Étienne-le-Molard (42). 128D3
Saint-Étienne-les-Orgues (04) 176C1
Saint-Étienne-lès-Remiremont (88) 70B5
Saint-Étienne-Roilaye (60) . . 21G5
Saint-Étienne-sous-Bailleul (27) 41 F1
Saint-Étienne-sous-Barbuise (10) 66B1
Saint-Étienne-sur-Blesle (43) 141 F1
Saint-Étienne-sur-Chalaronne (01) 116B5
Saint-Étienne-sur-Reyssouze (01) 116C3
Saint-Étienne-sur-Suippe (51) 23 F5
Saint-Étienne-sur-Usson (63) 127H5
Saint-Étienne-Vallée-Française (48) 156C6
Saint-Eugène (02) 44C2
Saint-Eugène (17) 121G5
Saint-Eugène (71) 100C6
Saint-Eulien (51) 46C5
Saint-Euphraise-et-Clairizet (51) 22D6
Saint-Euphrône (21) 84C5
Saint-Eusèbe (71) 101 E6
Saint-Eusèbe (74) 131H1
Saint-Eusèbe-en-Champsaur (05) 146A6
Saint-Eustache (74) 132B2
Saint-Eustache-la-Forêt (76). . 15G1
Saint-Eutrope (16) 122B6
Saint-Eutrope-de-Born (47) . . 151 F2
Saint-Évroult-de-Montfort (61). 39G4
Saint-Évroult-Notre-Dame-du-Bois (61) . 39H4
Saint-Exupéry (33) 150A1
Saint-Exupéry-les-Roches (19). 126A5
Saint-Fargeau (89). 82C3
Saint-Fargeau-Ponthierry (77) 63H1
Saint-Fargeol (03) 112D5
Saint-Faust (64) 182B2
Saint-Félicien (07) 143H3

Saint-Féliu-d'Amont (66). . . 201 E2
Saint-Féliu-d'Avall (66) . . . 201 E2
Saint-Félix (03) 114A5
Saint-Félix (16) 122A6
Saint-Félix (17) 107G5
Saint-Félix (46) 153H2
Saint-Félix (60) 20C5
Saint-Félix (74) 131H2
Saint-Félix-de-Bourdeilles (24) 123 E6
Saint-Félix-de-Foncaude (33) 150A1
Saint-Félix-de-l'Héras (34) . . 172B3
Saint-Félix-de-Lodez (34) . . 172D5
Saint-Félix-de-Lunel (12). . . 154C2
Saint-Félix-de-Pallières (30) 173G2
Saint-Félix-de-Reillac-et-Mortemart (24). 137G4
Saint-Félix-de-Rieutord (09) . 185H5
Saint-Félix-de-Sorgues (12) 171H3
Saint-Félix-de-Tournegat (09) 186A4
Saint-Félix-de-Villadeix (24) 137 F5
Saint-Félix-Lauragais (31) . . 186B1
Saint-Fergeux (08). 23 F3
Saint-Ferjeux (70) 88A4
Saint-Ferme (33) 150B1
Saint-Ferréol (74) 132C2
Saint-Ferréol-de-Comminges (31). 184B2
Saint-Ferréol-des-Côtes (63) 128B5
Saint-Ferréol-Trente-Pas (26) 159 E3
Saint-Ferriol (11) 186D6
Saint-Fiacre (22) 33 E5
Saint-Fiacre (77) 43G3
Saint-Fiacre-sur-Maine (44) . . 74D6
Saint-Fiel (23) 111G5
Saint-Firmin (05) 146A6
Saint-Firmin (54) 69 F2
Saint-Firmin (58) 99 F3
Saint-Firmin (71) 101 E5
Saint-Firmin-des-Bois (45) . . 64B6
Saint-Firmin-des-Prés (41) . . 79G1
Saint-Firmin-sur-Loire (45) . . 82A3
Saint-Flavy (10) 65H2
Saint-Florent (2B) 203 F4
Saint-Florent (45) 81H3
Saint-Florent-des-Bois (85) . . 91H5
Saint-Florent-le-Vieil (49) . . . 76B5
Saint-Florent-sur-Auzonnet (30) 157 E5
Saint-Florent-sur-Cher (18) . . 97G3
Saint-Florentin (36) 96D3
Saint-Florentin (89) 65G6
Saint-Floret (63) 127 F5
Saint-Floris (62) 2 C5
Saint-Flour (15) 141 F4
Saint-Flour (63) 127H4
Saint-Flour-de-Mercoire (48) 156C1
Saint-Flovier (37). 95G3
Saint-Floxel (50) 12D3
Saint-Folquin (62) 2 A2
Saint-Fons (69) 130A3
Saint-Forget (78) 42B5
Saint-Forgeux (69) 129G2
Saint-Forgeux-Lespinasse (42) 114D5
Saint-Fort (53) 76D1
Saint-Fort-sur-Gironde (17) . . 121 E5
Saint-Fort-sur-le-Né (16) . . . 121G4
Saint-Fortunat-sur-Eyrieux (07) 143H6
Saint-Fraigne (16) 122B1
Saint-Fraimbault (61) 58D1
Saint-Fraimbault-de-Prières (53) 59 E2
Saint-Frajou (31) 184C2
Saint-Franc (73) 131G5
Saint-Franchy (58) 99 F2
Saint-François-de-Sales (73) 132A3
Saint-François-Lacroix (57) . . 26D3
Saint-François-Longchamp (73). 132C6
Saint-Frégant (29) 31 E3
Saint-Fréjoux (19) 126A5
Saint-Frézal-d'Albuges (48) . 156C2
Saint-Frézal-de-Ventalon (48). 156C5
Saint-Frichoux (11) 187 F3
Saint-Frion (23) 125H2
Saint-Fromond (50) 13 F6
Saint-Front (16) 122C2
Saint-Front (43) 143E4
Saint-Front-d'Alemps (24) . . 137 F1
Saint-Front-de-Pradoux (24) 136D3
Saint-Front-la-Rivière (24) . . 123 F5
Saint-Front-sur-Lémance (47) 151H2
Saint-Front-sur-Nizonne (24) 123 E5
Saint-Froult (17) 120C1
Saint-Fulgent (85) 92A4
Saint-Fulgent-des-Ormes (61) 60C3
Saint-Fuscien (80) 7 G6
Saint-Gabriel-Brécy (14) . . . 14A3
Saint-Gal (48) 156A1
Saint-Gal-sur-Sioule (63) . . 113 F6
Saint-Galmier (42) 129 F5
Saint-Gand (70) 87 E4
Saint-Ganton (35) 56D6

Saint-Gatien-des-Bois (14) . . 15 F3
Saint-Gaudens (31) 184B4
Saint-Gaudent (86) 109 E5
Saint-Gaudéric (11) 186B4
Saint-Gaultier (36) 110D1
Saint-Gauzens (81) 170A4
Saint-Gein (40) 166B3
Saint-Gelais (79) 107H3
Saint-Gelven (22) 55 E1
Saint-Gély-du-Fesc (34) . . 173 F5
Saint-Génard (79) 108B5
Saint-Gence (87) 124A1
Saint-Généroux (79) 93G4
Saint-Genès-Champanelle (63). 127 E3
Saint-Genès-Champespe (63) 126C6
Saint-Genès-de-Blaye (33) . . 135 E2
Saint-Genès-de-Castillon (33) 136A5
Saint-Genès-de-Fronsac (33) 135G4
Saint-Genès-de-Lombaud (33) 135 F6
Saint-Genès-du-Retz (63) . . 113G6
Saint-Genès-la-Tourette (63) 127H5
Saint-Genest (03) 112D4
Saint-Genest (88) 70A2
Saint-Genest-d'Ambière (86) 94C5
Saint-Genest-de-Beauzon (07) 157 F3
Saint-Genest-de-Contest (81) 170C4
Saint-Genest-Lachamp (07) . 143 F5
Saint-Genest-Lerpt (42) . . . 129 F6
Saint-Genest-Malifaux (42) . 143 F1
Saint-Genest-sur-Roselle (87) 124C3
Saint-Geneys-près-Saint-Paulien (43) . . 142C3
Saint-Gengoulph (02) 44A1
Saint-Gengoux-de-Scissé (71) 116B2
Saint-Gengoux-le-National (71) 116A1
Saint-Geniès (24) 138B4
Saint-Geniès-Bellevue (31) . 169 F5
Saint-Geniès-de-Comolas (30) 174D1
Saint-Geniès-de-Fontedit (34) 188C1
Saint-Geniès-de-Malgoirès (30) 174A2
Saint-Geniès-de-Varensal (34) 171H5
Saint-Geniès-des-Mourgues (34) 173G4
Saint-Geniez (04) 160B5
Saint-Geniez-d'Olt (12) . . . 155 E3
Saint-Geniez-ô-Merle (19) . . 139G3
Saint-Genis (05) 159H4
Saint-Genis-de-Saintonge (17) 121 F5
Saint-Genis-Fontaines (66) 201 F3
Saint-Genis-d'Hiersac (16) . . 122B3
Saint-Genis-du-Bois (33) . . 150A1
Saint-Genis-l'Argentière (69) 129G3
Saint-Genis-Laval (69) . . . 130A4
Saint-Genis-les-Ollières (69) 129H3
Saint-Genis-Pouilly (01) . . 118B4
Saint-Genis-sur-Menthon (01) 116C4
Saint-Genix-sur-Guiers (73) 131 F4
Saint-Genou (36). 96A4
Saint-Genouph (37) 78D5
Saint-Geoire-en-Valdaine (38) 131 F6
Saint-Geoirs (38) 145 E1
Saint-Georges (15) 141 F4
Saint-Georges (16) 122C1
Saint-Georges (32) 168B4
Saint-Georges (47) 151H3
Saint-Georges (57) 49 F5
Saint-Georges (62) 7 F2
Saint-Georges (82) 153 E5
Saint-Georges-Antignac (17) 121 F5
Saint-Georges-Armont (25) . . 88B5
Saint-Georges-Blancaneix (24) 136C5
Saint-Georges-Buttavent (53). 58D2
Saint-Georges-d'Annebecq (61). 38D5
Saint-Georges-d'Aunay (14) . . 38A2
Saint-Georges-d'Aurac (43) 142A3
Saint-Georges-de-Baroille (42) 128D2
Saint-Georges-de-Bohon (50) 13 E5
Saint-Georges-de-Chesné (35) 57H1
Saint-Georges-de-Commiers (38) 145G4
Saint-Georges-de-Didonne (17) 120C4
Saint-Georges-de-Gréhaigne (35) 35G4
Saint-Georges-de-la-Couée (72) 78D1
Saint-Georges-de-la-Rivière (50) 12B4
Saint-Georges-de-Lévéjac (48) 155G5

Saint-Georges-
-de-Livoye (50) 37 F4
Saint-Georges-
-de-Longuepierre (17). . . . 107 H6
Saint-Georges-
-de-Luzençon (12) 171 H1
Saint-Georges-
-de-Mons (63) 126 D1
Saint-Georges-
-de-Montaigu (85) 91 H2
Saint-Georges-
-de-Montclard (24) 137 E5
Saint-Georges-
-de-Noisné (79) 108 A2
Saint-Georges-
-de-Pointindoux (85) . . . 91 F4
Saint-Georges-
-de-Poisieux (18) 97 H6
Saint-Georges-
-de-Reintembault (35). . . . 37 E6
Saint-Georges-
-de-Reneins (69) 116 A6
Saint-Georges-de-Rex (79). . 107 F4
Saint-Georges-
-de-Rouelley (50). 37 H5
Saint-Georges-d'Elle (50) . . . 13 G6
Saint-Georges-
-des-Agoûts (17) 121 E6
Saint-Georges-
-des-Coteaux (17) 121 E2
Saint-Georges-
-des-Gardes (49) 92 C1
Saint-Georges-
-des-Groseillers (61) 38 B4
Saint-Georges-
-des-Hurtières (73) 132 C5
Saint-Georges-
-des-Sept-Voies (49) 77 F5
Saint-Georges-
-d'Espéranche (38) 130 C5
Saint-Georges-
-d'Oléron (17) 106 B6
Saint-Georges-
-d'Orques (34) 173 F5
Saint-Georges-du-Bois (17) . 107 F5
Saint-Georges-du-Bois (49) . . 77 F4
Saint-Georges-du-Bois (72) . . 60 A6
Saint-Georges-
-du-Mesnil (27) 15 H4
Saint-Georges-
-du-Rosay (72) 60 C4
Saint-Georges-
-du-Vièvre (27) 15 H4
Saint-Georges-en-Auge (14) . 15 E6
Saint-Georges-
-en-Couzan (42) 128 C4
Saint-Georges-
-Haute-Ville (42) 128 D5
Saint-Georges-
-la-Pouge (23) 125 F1
Saint-Georges-Lagricol (43) . 142 C1
Saint-Georges-
-le-Fléchard (53) 59 E5
Saint-Georges-
-le-Gaultier (72) 59 G3
Saint-Georges-
-lès-Baillargeaux (86) 94 C6
Saint-Georges-
-les-Bains (07) 144 C6
Saint-Georges-
-les-Landes (87) 110 C3
Saint-Georges-
-Montcocq (50) 37 G1
Saint-Georges-Motel (27) . . 41 F4
Saint-Georges-
-Nigremont (23). 125 H2
Saint-Georges-
-sur-Allier (63) 127 G4
Saint-Georges-
-sur-Arnon (36) 97 F3
Saint-Georges-
-sur-Baulche (89) 83 F2
Saint-Georges-sur-Cher (41) . 79 G6
Saint-Georges-sur-Erve (53). . 59 F4
Saint-Georges-sur-Eure (28). . 62 A2
Saint-Georges-
-sur-Fontaine (76) 17 H5
Saint-Georges-
-sur-la-Prée (18) 97 E1
Saint-Georges-sur-l'Aa (59) . . 2 A2
Saint-Georges-
-sur-Layon (49) 93 F1
Saint-Georges-sur-Loire (49) . 76 C5
Saint-Georges-
-sur-Moulon (18) 97 H2
Saint-Georges-
-sur-Renon (01) 116 C6
Saint-Geours-
-d'Auribat (40) 165 F3
Saint-Geours-
-de-Maremne (40) 164 D4
Saint-Gérand (56) 55 F2
Saint-Gérand-de-Vaux (03). . 114 A3
Saint-Gérand-le-Puy (03) . . 114 B4
Saint-Géraud (47) 150 C2
Saint-Géraud-
-de-Corps (24) 136 C4
Saint-Géréon (44) 75 F4
Saint-Germain (07) 157 G2
Saint-Germain (10) 66 A3
Saint-Germain (54) 69 H1
Saint-Germain (70) 88 A2
Saint-Germain (86) 109 H1
Saint-Germain-
-au-Mont-d'Or (69) 130 A2
Saint-Germain-
-Beaupré (23). 111 E4
Saint-Germain-
-Chassenay (58). 99 F5
Saint-Germain-
-d'Anxure (53) 58 D3

Saint-Germain-d'Arcé (72) . . . 78 B3
Saint-Germain-d'Aunay (61). . 39 G3
Saint-Germain-
-de-Belvès (24) 137 H6
Saint-Germain-
-de-Calberte (48) 156 C5
Saint-Germain-
-de-Claireffeuille (61) 39 G5
Saint-Germain-
-de-Confolens (16) 109 G6
Saint-Germain-
-de-Coulamer (53) 59 G3
Saint-Germain-
-de-Fresney (27) 41 E3
Saint-Germain-
-de-Grave (33) 149 H1
Saint-Germain-de-Joux (01). . 117 H5
Saint-Germain-
-de-la-Coudre (61) 60 D3
Saint-Germain-
-de-la-Grange (78) 42 A4
Saint-Germain-
-de-la-Rivière (33) 135 G4
Saint-Germain-de-Livet (14). . 15 F6
Saint-Germain-
-de-Longue-Chaume (79) . . 93 F5
Saint-Germain-
-de-Lusignan (17) 121 F5
Saint-Germain-
-de-Marencennes (17). . . . 107 F5
Saint-Germain-
-de-Martigny (61) 39 H6
Saint-Germain-
-de-Modéon (21) 84 B6
Saint-Germain-
-de-Montbron (16). 122 D4
Saint-Germain-
-de-Montgommery (14) . . 39 F3
Saint-Germain-
-de-Pasquier (27) 18 C6
Saint-Germain-
-de-Prinçay (85) 92 B5
Saint-Germain-
-de-Salles (03) 113 G5
Saint-Germain-de-Tallevende-
-la-Lande-Vaumont (14) . . . 37 H4
Saint-Germain-
-de-Tournebut (50) 12 D3
Saint-Germain-
-de-Varreville (50) 13 E4
Saint-Germain-
-de-Vibrac (17). 121 G6
Saint-Germain-d'Ectot (14). . . 38 A1
Saint-Germain-d'Elle (50). . . 37 H1
Saint-Germain-
-des-Angles (27) 40 D2
Saint-Germain-des-Bois (18) . 97 H4
Saint-Germain-des-Bois (58) . 83 F6
Saint-Germain-
-des-Champs (89) 84 A5
Saint-Germain-
-des-Essourts (76) 19 E3
Saint-Germain-
-des-Fossés (03) 114 A5
Saint-Germain-
-des-Grois (61) 61 E2
Saint-Germain-
-des-Prés (24) 137 H1
Saint-Germain-des-Prés (45) . 64 B6
Saint-Germain-des-Prés (49) . 75 H3
Saint-Germain-
-des-Prés (81) 170 B6
Saint-Germain-
-des-Vaux (50) 12 A1
Saint-Germain-
-d'Esteuil (33) 134 D1
Saint-Germain-
-d'Étables (76) 17 H2
Saint-Germain-
-du-Bel-Air (46) 152 C2
Saint-Germain-du-Bois (71) . 102 B5
Saint-Germain-
-du-Corbéis (61) 60 A2
Saint-Germain-
-du-Crioult (14) 38 B3
Saint-Germain-du-Pert (14) . . 13 F5
Saint-Germain-
-du-Pinel (35) 58 A5
Saint-Germain-
-du-Plain (71) 101 H6
Saint-Germain-
-du-Puch (33) 135 G5
Saint-Germain-du-Puy (18) . . 97 H2
Saint-Germain-
-du-Salembre (24) 136 D3
Saint-Germain-
-du-Seudre (17) 121 E5
Saint-Germain-du-Teil (48). . 155 G3
Saint-Germain-
-en-Brionnais (71) 115 F3
Saint-Germain-
-en-Coglès (35) 35 H6
Saint-Germain-en-Laye (78). . 42 B3
Saint-Germain-
-en-Montagne (39) 103 F5
Saint-Germain-
-et-Mons (24) 137 E5
Saint-Germain-
-la-Blanche-Herbe (14) . . . 14 B4
Saint-Germain-
-la-Campagne (27) 15 G6
Saint-Germain-
-la-Chambotte (73) 131 H3
Saint-Germain-
-la-Montagne (42) 115 G5
Saint-Germain-
-la-Poterie (60). 20 A4
Saint-Germain-la-Ville (51). . 46 A3
Saint-Germain-
-l'Aiguiller (85). 92 C6
Saint-Germain-Langot (14). . 38 C3

Saint-Germain-
-Laprade (43) 142 C4
Saint-Germain-Laval (42) . . 128 D2
Saint-Germain-Laval (77). . . 64 C2
Saint-Germain-
-Lavolps (19) 125 H4
Saint-Germain-Laxis (77) . . . 43 F6
Saint-Germain-
-le-Châtelet (90). 88 D2
Saint-Germain-
-le-Fouilloux (53). 58 C4
Saint-Germain-
-le-Gaillard (28) 61 H2
Saint-Germain-
-le-Gaillard (50). 12 B3
Saint-Germain-
-le-Guillaume (53) 58 C3
Saint-Germain-
-le-Rocheux (21) 85 E2
Saint-Germain-
-le-Vasson (14). 14 C6
Saint-Germain-le-Vieux (61). . 39 G6
Saint-Germain-
-Lembron (63) 127 G6
Saint-Germain-
-lès-Arlay (39) 102 D5
Saint-Germain-
-lès-Arpajon (91) 42 C6
Saint-Germain-
-lès-Belles (87) 124 C4
Saint-Germain-
-lès-Buxy (71) 101 G6
Saint-Germain-
-lès-Corbeil (91) 43 E6
Saint-Germain-
-les-Paroisses (01) 131 F3
Saint-Germain-
-lès-Senailly (21) 84 C4
Saint-Germain-
-les-Vergnes (19) 138 D2
Saint-Germain-
-Lespinasse (42) 114 D6
Saint-Germain-l'Herm (63). . 128 A6
Saint-Germain-
-près-Herment (63) 126 B3
Saint-Germain-
-sous-Cailly (76) 17 H5
Saint-Germain-
-sous-Doue (77). 44 A4
Saint-Germain-
-sur-Avre (27). 41 E4
Saint-Germain-sur-Ay (50) . . 12 C5
Saint-Germain-
-sur-Bresle (80) 6 C6
Saint-Germain-
-sur-Eaulne (76) 19 F1
Saint-Germain-
-sur-École (77) 63 H1
Saint-Germain-sur-Ille (35) . . 57 F1
Saint-Germain-
-sur-l'Arbresle (69) 129 G2
Saint-Germain-
-sur-Meuse (55) 47 H5
Saint-Germain-
-sur-Moine (49) 75 F6
Saint-Germain-
-sur-Morin (77) 43 G4
Saint-Germain-
-sur-Renon (01) 116 D6
Saint-Germain-
-sur-Rhône (74) 117 H6
Saint-Germain-
-sur-Sarthe (72) 60 A3
Saint-Germain-
-sur-Sèves (50) 12 D5
Saint-Germain-
-sur-Vienne (37). 94 A1
Saint-Germain-Village (27). . 15 H3
Saint-Germainmont (08) . . . 23 F4
Saint-Germé (32). 166 C4
Saint-Germer-de-Fly (60) . . . 19 G4
Saint-Germier (31) 186 A1
Saint-Germier (32) 168 C5
Saint-Germier (79) 108 C2
Saint-Germier (81) 170 C5
Saint-Géron (43) 141 G1
Saint-Gérons (15) 139 H5
Saint-Gervais (30) 157 H6
Saint-Gervais (33) 135 F4
Saint-Gervais (38) 145 E2
Saint-Gervais (85) 90 C2
Saint-Gervais (95) 41 H1
Saint-Gervais-
-d'Auvergne (63) 126 D1
Saint-Gervais-de-Vic (72) . . 79 E1
Saint-Gervais-
-des-Sablons (61) 39 F3
Saint-Gervais-
-du-Perron (61) 39 F6
Saint-Gervais-
-en-Belin (72) 78 B1
Saint-Gervais-
-en-Vallière (71) 101 H4
Saint-Gervais-la-Forêt (41) . . 80 A4
Saint-Gervais-
-les-Bains (74) 133 E1
Saint-Gervais-
-les-Trois-Clochers (86) . . . 94 C4
Saint-Gervais-
-sous-Meymont (63) 128 A4
Saint-Gervais-
-sur-Couches (71) 101 E4
Saint-Gervais-
-sur-Mare (34) 172 A5
Saint-Gervais-
-sur-Roubion (26) 158 B2
Saint-Gervasy (30) 174 B3
Saint-Gervazy (63) 127 F6
Saint-Géry (24) 136 C4
Saint-Géry (46) 152 D3
Saint-Geyrac (24) 137 G3

Saint-Gibrien (51) 45 H3
Saint-Gildas (22) 33 F5
Saint-Gildas-de-Rhuys (56) . . 72 D2
Saint-Gildas-des-Bois (44) . . 74 A2
Saint-Gilles (30). 174 B5
Saint-Gilles (35). 57 E2
Saint-Gilles (50). 110 D2
Saint-Gilles (50). 37 F1
Saint-Gilles (71). 22 C6
Saint-Gilles (71). 101 F4
Saint-Gilles-
-Croix-de-Vie (85) 90 D4
Saint-Gilles-de-Crétot (76) . . 18 A3
Saint-Gilles-
-de-la-Neuville (76) 15 G1
Saint-Gilles-des-Marais (61) . . 38 A6
Saint-Gilles-du-Mené (22) . . 55 H1
Saint-Gilles-les-Bois (22) . . . 33 E3
Saint-Gilles-les-Forêts (87) . . 124 D4
Saint-Gilles-Pligeaux (22). . . 33 E5
Saint-Gilles-
-Vieux-Marché (22) 55 F1
Saint-Gineis-
-en-Coiron (07) 157 H2
Saint-Gingolph (74) 119 G3
Saint-Girod (73). 131 H3
Saint-Girons (09). 185 E5
Saint-Girons-
-d'Aiguevives (33) 135 F2
Saint-Girons-en-Béarn (64) . 165 F5
Saint-Girons-
-Arrive-Munein (64) 181 F1
Saint-Glen (22) 34 A6
Saint-Goazec (29) 54 A1
Saint-Gobain (02) 22 A3
Saint-Gobert (02). 22 D1
Saint-Goin (64) 181 H2
Saint-Gondon (45) 81 H3
Saint-Gondran (35) 57 E1
Saint-Gonlay (35) 56 C2
Saint-Gonnery (56) 55 G2
Saint-Gor (40) 166 C1
Saint-Gorgon (56) 73 G1
Saint-Gorgon (88) 70 B2
Saint-Gorgon-Main (25) . . . 104 A3
Saint-Gouéno (22). 55 H1
Saint-Gourgon (41) 79 F3
Saint-Gourson (16) 122 D1
Saint-Goussaud (23) 111 E6
Saint-Gratien (80) 7 G5
Saint-Gratien (95). 42 C3
Saint-Gratien-Savigny (58). . . 99 H4
Saint-Gravé (56) 56 B6
Saint-Grégoire (35) 57 F2
Saint-Grégoire (81) 170 C2
Saint-Grégoire-
-d'Ardennes (17) 121 F5
Saint-Grégoire-
-du-Vièvre (27). 15 H4
Saint-Griède (32) 166 C4
Saint-Groux (16) 122 C2
Saint-Guen (22) 55 F1
Saint-Guilhem-
-le-Désert (34) 172 B4
Saint-Guillaume (38). 145 F4
Saint-Guinoux (35) 35 E4
Saint-Guiraud (34) 172 C5
Saint-Guyomard (56) 55 H5
Saint-Haon (43) 142 B6
Saint-Haon-le-Châtel (42) . . 114 D6
Saint-Haon-le-Vieux (42) . . 114 D6
Saint-Héand (42) 129 F5
Saint-Hélen (22) 36 A6
Saint-Hélier (21) 85 F5
Saint-Hellier (76) 17 H3
Saint-HERBLAIN (44) 74 C5
Saint-Herblon (44). 75 F3
Saint-Hérent (63) 127 F6
Saint-Hernin (29). 54 B1
Saint-Hervé (22) 33 G6
Saint-Hilaire (03) 113 F2
Saint-Hilaire (11) 186 D4
Saint-Hilaire (25) 87 G6
Saint-Hilaire (31) 185 E1
Saint-Hilaire (38) 145 H1
Saint-Hilaire (43) 141 H1
Saint-Hilaire (46) 139 G6
Saint-Hilaire (63) 112 D6
Saint-Hilaire-au-Temple (51) . 45 H2
Saint-Hilaire-Bonneval (87) . 124 B3
Saint-Hilaire-Cottes (62) 2 C5
Saint-Hilaire-
-Cusson-la-Valmitte (42) . . 142 D1
Saint-Hilaire-
-de-Beauvoir (34) 173 G4
Saint-Hilaire-de-Brens (38). . 130 D4
Saint-Hilaire-
-de-Brethmas (30) 173 H1
Saint-Hilaire-de-Briouze (61) . 38 C5
Saint-Hilaire-
-de-Chaléons (44) 74 B6
Saint-Hilaire-de-Clisson (44) . 91 H1
Saint-Hilaire-de-Court (18) . . 97 E1
Saint-Hilaire-
-de-Gondilly (18) 98 C3
Saint-Hilaire-
-de-la-Côte (38) 130 D6
Saint-Hilaire-de-Lavit (48) . . 156 D5
Saint-Hilaire-de-Loulay (85). . 91 H1
Saint-Hilaire-
-de-Lusignan (47) 151 E5
Saint-Hilaire-de-Riez (85). . . 90 D4
Saint-Hilaire-
-de-Villefranche (17) 121 F2
Saint-Hilaire-
-des-Landes (35) 35 H6
Saint-Hilaire-des-Loges (85). 107 F2

Saint-Hilaire-
-d'Estissac (24) 137 E4
Saint-Hilaire-d'Ozilhan (30) . 174 C2
Saint-Hilaire-du-Bois (17) . . 121 F6
Saint-Hilaire-du-Bois (33) . . 150 A1
Saint-Hilaire-
-du-Harcouët (50) 37 A1
Saint-Hilaire-du-Maine (53) . . 58 C3
Saint-Hilaire-du-Rosier (38) . 144 D3
Saint-Hilaire-
-en-Lignières (18) 97 F6
Saint-Hilaire-
-en-Morvan (58) 100 A3
Saint-Hilaire-en-Woëvre (55) . 47 H1
Saint-Hilaire-Foissac (19) . . 139 G1
Saint-Hilaire-Fontaine (58) . . 99 G5
Saint-Hilaire-la-Croix (63) . . 113 F6
Saint-Hilaire-la-Forêt (85) . . . 91 F6
Saint-Hilaire-la-Gérard (61) . . 39 E6
Saint-Hilaire-la-Gravelle (41) . 61 H6
Saint-Hilaire-la-Palud (79) . . 107 F4
Saint-Hilaire-la-Plaine (23) . . 111 G5
Saint-Hilaire-la-Treille (87) . . 110 C4
Saint-Hilaire-
-le-Château (23). 125 F1
Saint-Hilaire-le-Châtel (61) . . 39 H6
Saint-Hilaire-le-Grand (51) . . 46 A1
Saint-Hilaire-le-Lierru (72) . . 60 D5
Saint-Hilaire-le-Petit (51) . . . 23 G6
Saint-Hilaire-le-Vouhis (85) . . 92 A5
Saint-Hilaire-
-les-Andrésis (45) 64 C5
Saint-Hilaire-
-les-Courbes (19) 125 E4
Saint-Hilaire-
-les-Monges (63) 126 C3
Saint-Hilaire-
-les-Places (87) 124 A4
Saint-Hilaire-lez-Cambrai (59) . 9 F3
Saint-Hilaire-Luc (19) 139 H1
Saint-Hilaire-Petitville (50) . . 13 E5
Saint-Hilaire-Peyroux (19) . . 138 D2
Saint-Hilaire-
-Saint-Mesmin (45) 80 D1
Saint-Hilaire-
-sous-Charlieu (42) 115 F5
Saint-Hilaire-
-sous-Romilly (10). 65 G1
Saint-Hilaire-
-sur-Benaize (36) 110 B1
Saint-Hilaire-sur-Erre (61) . . . 61 E3
Saint-Hilaire-sur-Helpe (59) . . 10 A4
Saint-Hilaire-
-sur-Puiseaux (45) 82 A1
Saint-Hilaire-sur-Risle (61) . . 39 H5
Saint-Hilaire-sur-Yerre (28) . . 61 H5
Saint-Hilaire-Taurieux (19) . . 139 E4
Saint-Hilarion (78). 41 H6
Saint-Hilliers (77) 44 A6
Saint-Hippolyte (12) 154 C1
Saint-Hippolyte (15) 140 C2
Saint-Hippolyte (17) 120 D1
Saint-Hippolyte (25) 88 C6
Saint-Hippolyte (33) 135 H5
Saint-Hippolyte (37) 95 G3
Saint-Hippolyte (66) 201 F1
Saint-Hippolyte (68) 71 F3
Saint-Hippolyte-
-de-Caton (30) 173 H1
Saint-Hippolyte-
-de-Montaigu (30) 174 C1
Saint-Hippolyte-
-du-Fort (30) 173 F2
Saint-Hippolyte-
-le-Graveyron (84). 158 D6
Saint-Honoré (38) 145 H4
Saint-Honoré (76) 17 H3
Saint-Honoré-
-les-Bains (58) 100 A4
Saint-Hostien (43) 142 D4
Saint-Hubert (57) 26 C4
Saint-Huruge (71) 115 H1
Saint-Hymer (14). 15 F4
Saint-Hymetière (39). 117 G3
Saint-Igeaux (22) 33 E6
Saint-Igest (12) 153 G4
Saint-Ignan (31). 184 B3
Saint-Ignat (63) 127 G2
Saint-Igny-de-Roche (71) . . 115 F5
Saint-Igny-de-Vers (69). . . . 115 G4
Saint-Illiers-la-Ville (78) . . . 41 G3
Saint-Illiers-le-Bois (78) . . . 41 F3
Saint-Ilpize (47) 141 G2
Saint-Imoges (51) 45 F1
Saint-Inglevert (62) 1 F3
Saint-Ismier (38) 145 H2
Saint-Izaire (12) 171 F2
Saint-Jacques (04) 177 G2
Saint-Jacques-
-d'Aliermont (76) 17 H2
Saint-Jacques-
-d'Ambur (63) 126 D2
Saint-Jacques-
-d'Atticieux (07) 143 H1
Saint-Jacques-
-de-la-Lande (35) 57 E3
Saint-Jacques-
-de-Néhou (50) 12 C4
Saint-Jacques-
-de-Thouars (79) 93 G3
Saint-Jacques-
-des-Arrêts (69) 115 H4
Saint-Jacques-
-des-Blats (15) 140 C4
Saint-Jacques-
-des-Guérets (41) 79 E2
Saint-Jacques-
-en-Valgodemard (05). . . . 146 A6
Saint-Jacques-
-sur-Darnétal (76) 17 H6

Saint-Jacut-de-la-Mer (22) . . . 34 C
Saint-Jacut-du-Mené (22). . . 56 A
Saint-Jacut-les-Pins (56). . . . 56 B
Saint-Jal (19) . . . . 124 D
Saint-James (50) . . . . 35 H
Saint-Jammes (64) . . . . . . 182 C
Saint-Jans-Cappel (59) . . . . . 2 D
Saint-Jean (31) . . . . 169 H
Saint-Jean-aux-
-Amognes (58). . . . . 99 E
Saint-Jean-aux-Bois (08) . . . 23 G
Saint-Jean-aux-Bois (60) . . . 21 H
Saint-Jean-
-Bonnefonds (42) . . . . . . 129 F
Saint-Jean-Brévelay (56) . . . 55 G
Saint-Jean-Cap-Ferrat (06) . . 195 F
Saint-Jean-Chambre (07) . . . 143 G
Saint-Jean-
-d'Aigues-Vives (09) . . . . 186 B
Saint-Jean-d'Alcapiès (12) . . 171 F
Saint-Jean-d'Angély (17) . . . 121 F
Saint-Jean-d'Angle (17) . . . 120 C
Saint-Jean-d'Ardières (69) . . 116 B
Saint-Jean-d'Arves (73) . . . 146 C
Saint-Jean-d'Arvey (73) . . . 132 A
Saint-Jean-d'Assé (72) . . . . 60 A
Saint-Jean-d'Ataux (24) . . . 136 D
Saint-Jean-
-d'Aubrigoux (43) . . . . . . 142 B
Saint-Jean-d'Aulps (74). . . . 119 F
Saint-Jean-de-Barrou (11). . . 187 H
Saint-Jean-de-Bassel (57). . . 49 H
Saint-Jean-
-de-Beauregard (91) . . . . . 42 C
Saint-Jean-
-de-Belleville (73) . . . . . . 132 D
Saint-Jean-de-Beugné (85). . 106 D
Saint-Jean-
-de-Blaignac (33) . . . . . . 135 H
Saint-Jean-de-Bœuf (21) . . . 101 F
Saint-Jean-de-Boiseau (44) . . 74 C
Saint-Jean-de-Bonneval (10) . . 66 B
Saint-Jean-
-de-Bournay (38) . . . . . . 130 C
Saint-Jean-de-Braye (45) . . . 80 D
Saint-Jean-de-Buèges (34) . . 173 E
Saint-Jean-
-de-Ceyrargues (30) . . . . 174 A
Saint-Jean-de-Chevelu (73) . 131 G
Saint-Jean-de-Côle (24) . . . 123 G
Saint-Jean-de-Cornies (34). . 173 G
Saint-Jean-de-Couz (73) . . . 131 G
Saint-Jean-
-de-Crieulon (30) . . . . . . 173 G
Saint-Jean-
-de-Cuculles (34) . . . . . . 173 F
Saint-Jean-de-Daye (50) . . . . 13 F
Saint-Jean-de-Duras (47) . . . 150 D
Saint-Jean-de-Folleville (76). . 15 H
Saint-Jean-de-Fos (34) . . . . 172 D
Saint-Jean-de-Gonville (01) . 118 A
Saint-Jean-
-de-la-Blaquière (34) . . . . 172 C
Saint-Jean-de-la-Croix (49) . . 76 D
Saint-Jean-de-la-Forêt (61). . . 60 D
Saint-Jean-de-la-Haize (50) . . 35 H
Saint-Jean-
-de-la-Léqueraye (27) . . . . 15 H
Saint-Jean-de-la-Motte (72) . . 77 H
Saint-Jean-
-de-la-Neuville (76) . . . . . 15 G
Saint-Jean-de-la-Porte (73). . 132 B
Saint-Jean-
-de-la-Rivière (50) . . . . . . 12 B
Saint-Jean-de-la-Ruelle (45). . 80 D
Saint-Jean-de-Laur (46) . . . 153 F
Saint-Jean-de-Lier (40) . . . . 165 F
Saint-Jean-de-Linières (49) . . 76 D
Saint-Jean-de-Liversay (17) . 107 E
Saint-Jean-de-Livet (14) . . . 15 F
Saint-Jean-de-Losne (21) . . 102 B
Saint-Jean-de-Luz (64) . . . 180 B
Saint-Jean-de-Marcel (81) . . 170 C
Saint-Jean-
-de-Marsacq (40) . . . . . . 164 D
Saint-Jean-de-Maruéjols-
-et-Avéjan (30) . . . . 157 F
Saint-Jean-
-de-Maurienne (73) . . . . . 146 C
Saint-Jean-
-de-Minervois (34). . . . . . 187 H
Saint-Jean-de-Moirans (38) . 145 F
Saint-Jean-de-Monts (85) . . . 90 C
Saint-Jean-de-Muzols (07) . . 144 A
Saint-Jean-de-Nay (43) . . . 142 B
Saint-Jean-de-Niost (01). . . 130 D
Saint-Jean-de-Paracol (11) . . 186 C
Saint-Jean-
-de-Rebervilliers (28) . . . . 41 E
Saint-Jean-de-Rives (81) . . . 169 H
Saint-Jean-de-Sauves (86). . . 94 A
Saint-Jean-de-Savigny (50) . . 13 F
Saint-Jean-de-Serres (30). . . 173 G
Saint-Jean-de-Sixt (74) . . . 132 C
Saint-Jean-
-de-Soudain (38) . . . . . . 131 E
Saint-Jean-de-Tholome (74). 118 D
Saint-Jean-de-Thouars (79) . . 93 G
Saint-Jean-de-Thurac (47) . . 151 F
Saint-Jean-
-de-Thurigneux (01) . . . . 130 A
Saint-Jean-de-Touslas (69). . 129 H
Saint-Jean-de-Trézy (71). . . 101 E
Saint-Jean-
-de-Valériscle (30) . . . . . 157 E
Saint-Jean-de-Vals (81). . . . 170 C
Saint-Jean-de-Vaulx (38) . . . 145 G
Saint-Jean-de-Vaux (71) . . . 101 F
Saint-Jean-de-Védas (34) . . 173 F
Saint-Jean-de-Verges (09) . . 185 H

Saint-Jean-Delnous (12)....171 E1
Saint-Jean-
-des-Baisants (50).......37 G1
Saint-Jean-des-Bois (61)....37 H4
Saint-Jean-des-Champs (50)..35 G2
Saint-Jean-des-Échelles (72). 61 E4
Saint-Jean-
-des-Essartiers (14).....37 H2
Saint-Jean-
-des-Mauvrets (49).....77 E5
Saint-Jean-
-des-Ollières (63).......127 H4
Saint-Jean-des-Vignes (69).129 H2
Saint-Jean-d'Estissac (24).137 E4
Saint-Jean-d'Étreux (39)...117 E3
Saint-Jean-
-devant-Possesse (51).....46 C4
Saint-Jean-d'Eyraud (24).136 D4
Saint-Jean-d'Hérans (38)..145 G5
Saint-Jean-d'Heurs (63)...127 H3
Saint-Jean-d'Illac (33)....134 D5
Saint-Jean-d'Ormont (88)...70 D2
Saint-Jean-du-Bois (72)....77 H1
Saint-Jean-du-Bouzet (82).168 B2
Saint-Jean-du-Bruel (12)..172 C2
Saint-Jean-
-du-Cardonnay (76).....17 G5
Saint-Jean-
-du-Castillonnais (09)....184 C5
Saint-Jean-du-Corail (50)....37 G5
Saint-Jean-du-Corail-
-des-Bois (50).........37 F4
Saint-Jean-du-Doigt (29)...32 A2
Saint-Jean-du-Falga (09)..185 H4
Saint-Jean-du-Gard (30)...173 F1
Saint-Jean-du-Pin (30)....173 G1
Saint-Jean-du-Thenney (27)..15 G6
Saint-Jean-en-Royans (26)..144 D4
Saint-Jean-en-Val (63)....127 G5
Saint-Jean-
-et-Saint-Paul (12).....171 H2
Saint-Jean-Froidmentel (41). 61 H6
Saint-Jean-Kerdaniel (22)...33 F4
Saint-Jean-Kourtzerode (57).50 B4
Saint-Jean-la-Bussière (69). 129 F1
Saint-Jean-
-la-Fouillouse (48).......156 B1
Saint-Jean-la-Poterie (56)...73 H1
Saint-Jean-la-Vêtre (42)...128 B3
Saint-Jean-Lachalm (43)..142 B5
Saint-Jean-Lagineste (46)..139 E6
Saint-Jean-Lasseille (66)..201 F3
Saint-Jean-le-Blanc (14)...38 A3
Saint-Jean-le-Blanc (45)...80 D1
Saint-Jean-
-le-Centenier (07).......157 H2
Saint-Jean-le-Comtal (32)..167 G5
Saint-Jean-le-Thomas (50)..35 G3
Saint-Jean-le-Vieux (01)...117 F6
Saint-Jean-le-Vieux (38)...145 H2
Saint-Jean-le-Vieux (64)...181 E3
Saint-Jean-lès-Buzy (55)....47 H1
Saint-Jean-
-les-Deux-Jumeaux (77)...43 H3
Saint-Jean-
-lès-Longuyon (54)......25 F4
Saint-Jean-Lespinasse (46).139 E5
Saint-Jean-Lherm (31)....169 G4
Saint-Jean-Ligoure (87)...124 B4
Saint-Jean-Mirabel (46)...153 H2
Saint-Jean-
-Pied-de-Port (64)......180 D3
Saint-Jean-Pierre-Fixte (28). 61 E3
Saint-Jean-
-Pla-de-Corts (66).......201 E4
Saint-Jean-Poudge (64)...166 C6
Saint-Jean-Poutge (32)...167 G4
Saint-Jean-Rohrbach (57)...49 G2
Saint-Jean-Roure (07)....143 F5
Saint-Jean-
-Saint-Germain (37)....95 G2
Saint-Jean-
-Saint-Gervais (63)......127 G6
Saint-Jean-Saint-Maurice-
-sur-Loire (42)........128 D1
Saint-Jean-
-Saint-Nicolas (05)......160 C1
Saint-Jean-Saverne (67).....50 C4
Saint-Jean-
-Soleymieux (42).......128 D5
Saint-Jean-
-sur-Couesnon (35)......57 H1
Saint-Jean-sur-Erve (53)....59 F5
Saint-Jean-
-sur-Mayenne (53).......58 D4
Saint-Jean-sur-Moivre (51)..46 B3
Saint-Jean-
-sur-Reyssouze (01).....116 C3
Saint-Jean-sur-Tourbe (51)..46 B1
Saint-Jean-sur-Veyle (01)..116 C4
Saint-Jean-sur-Vilaine (35)..57 H3
Saint-Jean-Trolimon (29)....53 E4
Saint-Jeannet (04).......177 E2
Saint-Jeannet (06).......195 E2
Saint-Jeanvrin (18)......112 A1
Saint-Jeoire (74).........119 E5
Saint-Jeoire-Prieuré (73)..132 A5
Saint-Jeure-
-d'Andaure (07)........143 G4
Saint-Jeure-d'Ay (07)....143 H3
Saint-Jeures (43)........143 E3
Saint-Joachim (44)........73 G3
Saint-Jodard (42)........128 D2
Saint-Joire (55).........47 G6
Saint-Jores (50).........12 D5
Saint-Jorioz (74)........132 B2
Saint-Jory (31)..........169 E4
Saint-Jory-de-Chalais (24).123 G5
Saint-Jory-las-Bloux (24)..137 H1
Saint-Joseph (42).......129 G5
Saint-Joseph (50)........12 C3

Saint-Joseph-
-de-Rivière (38)........131 G6
Saint-Joseph-
-des-Bancs (07).......157 G1
Saint-Josse (62)..........1 F6
Saint-Jouan-de-l'Isle (22)..56 C1
Saint-Jouan-
-des-Guérets (35).......36 A5
Saint-Jouin (14).........14 D4
Saint-Jouin-Bruneval (76)..16 B4
Saint-Jouin-de-Blavou (61)..60 C1
Saint-Jouin-de-Marnes (79)..93 H4
Saint-Jouin-de-Milly (79)...92 D5
Saint-Jouvent (87)......124 A1
Saint-Juan (25)..........87 H6
Saint-Judoce (22)........34 D6
Saint-Juéry (12).........171 F3
Saint-Juéry (48).........141 F6
Saint-Juéry (81).........170 C2
Saint-Juire-
-Champgillon (85)......106 D1
Saint-Julia (31)........170 A6
Saint-Julia-de-Bec (11)...186 D6
Saint-Julien (21).........86 A5
Saint-Julien (22).........33 G5
Saint-Julien (34).......171 H6
Saint-Julien (39).........117 F3
Saint-Julien (69)........116 A6
Saint-Julien (83)........176 D4
Saint-Julien (88).........69 E5
Saint-Julien-aux-Bois (19). 139 G3
Saint-Julien-
-Beychevelle (33).......134 D2
Saint-Julien-Boutières (07). 143 F4
Saint-Julien-Chapteuil (43).142 D4
Saint-Julien-d'Ance (43)..142 C1
Saint-Julien-
-d'Armagnac (40)......166 C2
Saint-Julien-d'Arpaon (48). 156 B5
Saint-Julien-d'Asse (04)...177 E2
Saint-Julien-de-Bourdeilles (24).....137 E1
Saint-Julien-de-Briola (11). 186 B4
Saint-Julien-
-de-Cassagnas (30).......157 F6
Saint-Julien-de-Chédon (41). 79 G6
Saint-Julien-de-Civry (71)..115 F3
Saint-Julien-
-de-Concelles (44).......75 E5
Saint-Julien-
-de-Coppel (63).........127 G4
Saint-Julien-
-de-Crempse (24).......137 E4
Saint-Julien-
-de-Gras-Capou (09).....186 A5
Saint-Julien-de-Jonzy (71). 115 F4
Saint-Julien-
-de-la-Liègue (27).......41 E1
Saint-Julien-de-la-Nef (30). 173 E2
Saint-Julien-
-de-Lampon (24)........138 B5
Saint-Julien-
-de-l'Escap (17)........121 F1
Saint-Julien-
-de-l'Herms (38)........130 C6
Saint-Julien-de-Mailloc (14). 15 F5
Saint-Julien-
-de-Peyrolas (30).......157 H5
Saint-Julien-de-Raz (38)...145 F1
Saint-Julien-
-de-Toursac (15)........139 H4
Saint-Julien-
-de-Vouvantes (44)......75 F1
Saint-Julien-
-des-Chazes (43).......142 A4
Saint-Julien-
-des-Landes (85)........91 E4
Saint-Julien-
-des-Points (48).......156 D5
Saint-Julien-d'Eymet (24). 151 E1
Saint-Julien-d'Oddes (48). 128 D2
Saint-Julien-du-Gua (07)..143 G6
Saint-Julien-du-Pinet (43)..142 D3
Saint-Julien-du-Puy (81)...170 B4
Saint-Julien-du-Sault (89)...65 E5
Saint-Julien-du-Serre (07). 157 G1
Saint-Julien-du-Terroux (53).59 F1
Saint-Julien-
-du-Tournel (48)........156 B3
Saint-Julien-
-du-Verdon (04)........177 H2
Saint-Julien-
-en-Beauchêne (05)......159 H2
Saint-Julien-en-Born (40)..148 A6
Saint-Julien-
-en-Champsaur (05).....160 C1
Saint-Julien-
-en-Genevois (74)......118 B5
Saint-Julien-en-Quint (26). 144 D5
Saint-Julien-
-en-Saint-Alban (07)....143 H6
Saint-Julien-en-Vercors (26). 145 E4
Saint-Julien-Gaulène (81)...170 D2
Saint-Julien-la-Geneste (63). 112 C6
Saint-Julien-la-Genête (23). 112 C5
Saint-Julien-Labrousse (07). 143 G5
Saint-Julien-l'Ars (86)....109 F1
Saint-Julien-le-Châtel (23). 112 B6
Saint-Julien-le-Faucon (14). 15 E6
Saint-Julien-le-Pèlerin (19). 139 G4
Saint-Julien-le-Petit (87)..125 E2
Saint-Julien-le-Roux (07)..143 H5
Saint-Julien-
-le-Vendômois (19)......124 B6
Saint-Julien-lès-Gorze (54)..26 A6
Saint-Julien-lès-Metz (57)...26 C5
Saint-Julien-
-lès-Montbéliard (25)....88 B4
Saint-Julien-
-les-Rosiers (30).......157 E6

Saint-Julien-lès-Russey (25). 104 C1
Saint-Julien-les-Villas (10)..66 B3
Saint-Julien-
-Maumont (19).........138 D4
Saint-Julien-
-Molhesabate (43).......143 F2
Saint-Julien-
-Molin-Molette (42)......143 H1
Saint-Julien-
-Mont-Denis (73)........146 C1
Saint-Julien-
-près-Bort (19).........126 A6
Saint-Julien-
-Puy-Lavèze (63).......126 C4
Saint-Julien-
-sous-les-Côtes (55)......47 H4
Saint-Julien-sur-Bibost (69). 129 G3
Saint-Julien-
-sur-Calonne (14).......15 F4
Saint-Julien-sur-Cher (41)...96 D1
Saint-Julien-
-sur-Dheune (71).......101 E5
Saint-Julien-
-sur-Garonne (31)......185 E3
Saint-Julien-
-sur-Reyssouze (01).....116 D3
Saint-Julien-sur-Sarthe (61)..59 H1
Saint-Julien-sur-Veyle (01). 116 C5
Saint-Julien-Vocance (07)..143 G3
Saint-Junien (87)........123 G2
Saint-Junien-
-la-Bregère (23)........125 E2
Saint-Junien-
-les-Combes (87).......110 B6
Saint-Jure (57).........48 D3
Saint-Jurs (04).........177 F2
Saint-Just (01).........117 E5
Saint-Just (07).........157 H5
Saint-Just (15).........141 F5
Saint-Just (18).........97 H3
Saint-Just (24).........137 E1
Saint-Just (27).........41 F1
Saint-Just (34).........173 H5
Saint-Just (35).........56 D6
Saint-Just-Chaleyssin (38). 130 B4
Saint-Just-d'Avray (69)...129 F1
Saint-Just-de-Claix (38)...144 D3
Saint-Just-en-Bas (42)...128 C3
Saint-Just-en-Brie (77)....43 H6
Saint-Just-en-Chaussée (60). 20 D4
Saint-Just-
-en-Chevalet (42)......128 C2
Saint-Just-et-le-Bézu (11). 186 D6
Saint-Just-
-et-Vacquières (30)......174 A1
Saint-Just-Ibarre (64)....181 E3
Saint-Just-la-Pendue (42)..129 E2
Saint-Just-le-Martel (87)..124 C2
Saint-Just-Luzac (17)....120 C2
Saint-Just-Malmont (43)...143 F1
Saint-Just-
-près-Brioude (43)......141 G2
Saint-Just-
-Saint-Rambert (42).....129 E5
Saint-Just-Sauvage (51)...65 H1
Saint-Just-sur-Dive (49)....93 H1
Saint-Just-sur-Viaur (12)..154 B6
Saint-Justin (32)........167 E6
Saint-Justin (40)........166 C2
Saint-Juvat (22).........34 D6
Saint-Juvin (08).........24 C5
Saint-Lactencin (36).......96 B4
Saint-Lager (69).........116 A6
Saint-Lager-Bressac (07)..158 A1
Saint-Lamain (39).......102 D5
Saint-Lambert (14)........38 B3
Saint-Lambert (78)........42 B5
Saint-Lambert-du-Lattay (49). 76 D6
Saint-Lambert-
-et-Mont-de-Jeux (08)....24 A4
Saint-Lambert-
-la-Potherie (49)........76 D4
Saint-Lambert-sur-Dive (61). 39 F4
Saint-Langis-
-lès-Mortagne (61)......60 D1
Saint-Lanne (65).........166 D5
Saint-Laon (86).........93 H3
Saint-Lary (09).........184 C6
Saint-Lary (32).........167 G4
Saint-Lary-Boujean (31)...184 B3
Saint-Lary-Soulan (65)...196 D1
Saint-Lattier (38).......144 D3
Saint-Launeuc (22).......56 B1
Saint-Laure (63)........127 G2
Saint-Laurent (08)........24 B1
Saint-Laurent (18).......97 F1
Saint-Laurent (22).......32 D3
Saint-Laurent (23).......111 G5
Saint-Laurent (31).......184 B2
Saint-Laurent (47)......150 D5
Saint-Laurent (74).......118 D6
Saint-Laurent-Blangy (62)...8 B2
Saint-Laurent-
-Bretagne (64).........182 C1
Saint-Laurent-
-Chabreuges (43).......141 G2
Saint-Laurent-d'Agny (69). 129 H4
Saint-Laurent-
-d'Aigouze (30).........173 H5
Saint-Laurent-
-d'Andenay (71)........101 E4
Saint-Laurent-d'Arce (33)..135 F3
Saint-Laurent-
-de-Belzagot (16).......122 B6
Saint-Laurent-
-de-Brèvedent (76)......15 F1
Saint-Laurent-
-de-Carnols (30)........157 H5
Saint-Laurent-
-de-Cerdans (66).......200 D5
Saint-Laurent-de-Céris (16). 123 E1

Saint-Laurent-
-de-Chamousset (69)....129 F3
Saint-Laurent-
-de-Cognac (16).......121 G3
Saint-Laurent-
-de-Condel (14)........14 B6
Saint-Laurent-de-Cuves (50). 37 F4
Saint-Laurent-
-de-Gosse (40)........164 C5
Saint-Laurent-
-de-Jourdes (86)........109 F3
Saint-Laurent-
-de-la-Barrière (17)......107 F6
Saint-Laurent-
-de-la-Cabrerisse (11)....187 G4
Saint-Laurent-
-de-la-Plaine (49).......75 H4
Saint-Laurent-
-de-la-Prée (17)........106 D6
Saint-Laurent-
-de-la-Salanque (66)....201 G1
Saint-Laurent-
-de-la-Salle (85)........107 E1
Saint-Laurent-de-Lévézou (12). 155 E6
Saint-Laurent-de-Lin (37)...78 B4
Saint-Laurent-de-Mure (69). 130 B4
Saint-Laurent-de-Muret (48). 155 G2
Saint-Laurent-de-Neste (65). 183 H4
Saint-Laurent-
-de-Terregatte (50)......37 E6
Saint-Laurent-
-de-Trèves (48)........156 B5
Saint-Laurent-de-Vaux (69). 129 H3
Saint-Laurent-
-de-Veyrès (48)........141 F6
Saint-Laurent-
-des-Arbres (30)........174 D1
Saint-Laurent-
-des-Autels (49)........75 F4
Saint-Laurent-
-des-Bâtons (24).......137 F4
Saint-Laurent-des-Bois (27)..41 E4
Saint-Laurent-des-Bois (41)..80 A1
Saint-Laurent-
-des-Combes (16).......136 B1
Saint-Laurent-
-des-Combes (33).......135 H5
Saint-Laurent-
-des-Hommes (24)......136 C4
Saint-Laurent-
-des-Mortiers (53).......77 E2
Saint-Laurent-
-des-Vignes (24).......136 D6
Saint-Laurent-d'Oingt (69). 129 G1
Saint-Laurent-d'Olt (12)...155 F3
Saint-Laurent-d'Onay (26). 144 C2
Saint-Laurent-du-Bois (33). 150 A1
Saint-Laurent-du-Cros (05). 160 B1
Saint-Laurent-du-Mont (14). 15 E5
Saint-Laurent-du-Mottay (49). 76 B5
Saint-Laurent-du-Pape (07). 144 A6
Saint-Laurent-du-Plan (33). 150 A1
Saint-Laurent-du-Pont (38). 131 G6
Saint-Laurent-
-du-Tencement (27)......39 H3
Saint-Laurent-du-Var (06)..195 F3
Saint-Laurent-
-du-Verdon (04)........177 E4
Saint-Laurent-
-en-Beaumont (38)......145 H5
Saint-Laurent-
-en-Brionnais (71)......115 F4
Saint-Laurent-en-Caux (76)..17 F3
Saint-Laurent-
-en-Gâtines (37)........79 E4
Saint-Laurent-
-en-Grandvaux (39)......118 A1
Saint-Laurent-
-en-Royans (26).......144 D4
Saint-Laurent-
-la-Conche (42).........129 E4
Saint-Laurent-la-Gâtine (28)..41 G5
Saint-Laurent-la-Roche (39). 117 F1
Saint-Laurent-la-Vallée (24). 137 H6
Saint-Laurent-
-la-Vernède (30)........174 B1
Saint-Laurent-l'Abbaye (58)..82 C6
Saint-Laurent-
-le-Minier (30)........173 E2
Saint-Laurent-
-les-Bains (07).........156 D2
Saint-Laurent-
-les-Églises (87).......124 C1
Saint-Laurent-
-les-Tours (46).........139 F5
Saint-Laurent-les-Mines (46). 152 B5
Saint-Laurent-Médoc (33). 134 D2
Saint-Laurent-Nouan (41)...80 B3
Saint-Laurent-
-Rochefort (42)........128 C3
Saint-Laurent-
-sous-Coiron (07).......157 G2
Saint-Laurent-
-sur-Gorre (87)........123 H3
Saint-Laurent-
-sur-Manoire (24)......137 F3
Saint-Laurent-sur-Mer (14)..13 G4
Saint-Laurent-
-sur-Othain (55)........25 F4
Saint-Laurent-sur-Oust (56)..56 B5
Saint-Laurent-
-sur-Saône (01)........116 B4
Saint-Laurent-sur-Sèvre (85). 92 C3
Saint-Laurs (79).........107 G1
Saint-Léger (06).........178 B1
Saint-Léger (16).........122 B5
Saint-Léger (17).........121 F4
Saint-Léger (47).........150 D5
Saint-Léger (53).........59 E5

Saint-Léger (62)..........8 B3
Saint-Léger (73).........132 C6
Saint-Léger (77).........44 A4
Saint-Léger-aux-Bois (60)..21 G4
Saint-Léger-aux-Bois (76)...6 C6
Saint-Léger-Bridereix (23)..111 E4
Saint-Léger-de-Balson (33). 149 F3
Saint-Léger-
-de-Fougeret (58)......100 A3
Saint-Léger-
-de-la-Martinière (79)....108 B4
Saint-Léger-de-Montbrillais (86).....93 H2
Saint-Léger-de-Montbrun (79).......93 G3
Saint-Léger-de-Peyre (48)..155 F6
Saint-Léger-de-Rôtes (27)...40 A1
Saint-Léger-des-Aubées (28). 62 C2
Saint-Léger-des-Bois (49)...76 D4
Saint-Léger-des-Prés (35)...35 F6
Saint-Léger-des-Vignes (58). 99 F5
Saint-Léger-du-Bois (71)...101 E3
Saint-Léger-
-du-Bourg-Denis (76)....18 D4
Saint-Léger-
-du-Gennetey (27)......18 A5
Saint-Léger-
-du-Malzieu (48)......141 G5
Saint-Léger-
-du-Ventoux (84).......159 E5
Saint-Léger-Dubosq (14)...14 D4
Saint-Léger-en-Bray (60)...20 A5
Saint-Léger-en-Yvelines (78). 41 H5
Saint-Léger-
-la-Montagne (87)......110 D6
Saint-Léger-
-le-Guérétois (23).......111 F5
Saint-Léger-le-Petit (18)...98 C2
Saint-Léger-lès-Authie (80)..7 H4
Saint-Léger-lès-Domart (80)..7 F4
Saint-Léger-
-les-Mélèzes (05).......160 C1
Saint-Léger-lès-Paray (71). 115 E2
Saint-Léger-Magnazeix (87). 110 C4
Saint-Léger-près-Troyes (10). 66 B4
Saint-Léger-
-sous-Beuvray (71)......100 B4
Saint-Léger-
-sous-Brienne (10)......66 D2
Saint-Léger-sous-Cholet (49). 92 C2
Saint-Léger-
-sous-la-Bussière (71)....115 H4
Saint-Léger-
-sous-Margerie (10)......66 D1
Saint-Léger-sur-Bresle (80)...6 C6
Saint-Léger-
-sur-Dheune (71)......101 F5
Saint-Léger-sur-Roanne (42). 115 E6
Saint-Léger-sur-Sarthe (61)..60 C1
Saint-Léger-
-sur-Vouzance (03).....114 D3
Saint-Léger-Triey (21).....86 B6
Saint-Léger-Vauban (89)...84 B6
Saint-Léomer (86)........110 A3
Saint-Léon (03).........114 C3
Saint-Léon (31).........185 G1
Saint-Léon (33).........135 G6
Saint-Léon (47).........150 B4
Saint-Léon-d'Issigeac (24). 151 F1
Saint-Léon-sur-l'Isle (24)..137 E3
Saint-Léon-sur-Vézère (24). 137 H4
Saint-Léonard (32)......168 A3
Saint-Léonard (51)........23 F6
Saint-Léonard (62)........1 F4
Saint-Léonard (76)........16 C3
Saint-Léonard (88)........70 D3
Saint-Léonard-
-de-Noblat (87)........124 C2
Saint-Léonard-des-Bois (72). 59 H2
Saint-Léonard-des-Parcs (61). 39 G5
Saint-Léopardin-d'Augy (03). 98 D6
Saint-Léry (56)..........56 B3
Saint-Leu-d'Esserent (60)...20 C6
Saint-Leu-la-Forêt (95).....42 C2
Saint-Lézer (65).........183 E1
Saint-Lézin (49).........76 C6
Saint-Lieux-Lafenasse (81). 170 C4
Saint-Lieux-lès-Lavaur (81). 169 H4
Saint-Lin (79)..........108 A1
Saint-Lions (04).........177 G1
Saint-Lizier (09).......184 D5
Saint-Lizier-du-Planté (32). 184 C1
Saint-Lô (50)...........37 G1
Saint-Lô-d'Ourville (50)....12 C4
Saint-Longis (72).........60 C2
Saint-Lormel (22).........34 C4
Saint-Lothain (39).......102 D5
Saint-Loube (32)........184 D1
Saint-Loubert (33)......150 A2
Saint-Loubès (33).......135 F4
Saint-Loubouer (40).....166 A4
Saint-Louet-sur-Seulles (14)..38 A1
Saint-Louet-sur-Vire (50)...37 G2
Saint-Louis (57).........50 B4
Saint-Louis (68).........89 H3
Saint-Louis-
-de-Montferrand (33)....135 F4
Saint-Louis-en-l'Isle (24). 136 D3
Saint-Louis-et-Parahou (11). 200 B1
Saint-Louis-lès-Bitche (57)..50 C2
Saint-Loup (03).........114 A3
Saint-Loup (17).........107 G6
Saint-Loup (23).........112 B5
Saint-Loup (39).........96 D1
Saint-Loup (50).........35 H3
Saint-Loup (51).........45 E5

Saint-Loup (58).........82 C5
Saint-Loup (69).........129 G2
Saint-Loup (82).........168 B1
Saint-Loup-Cammas (31). 169 F4
Saint-Loup-de-Buffigny (10). 65 G2
Saint-Loup-de-Fribois (14)..15 E5
Saint-Loup-de-Gonois (45)..64 C5
Saint-Loup-de-Naud (77)...64 D1
Saint-Loup-
-de-Varennes (71)......101 G6
Saint-Loup-
-Chaumes (18).........97 G5
Saint-Loup-des-Vignes (45). 63 G5
Saint-Loup-d'Ordon (89)...64 D6
Saint-Loup-du-Dorat (53)...59 E6
Saint-Loup-du-Gast (53)....59 E2
Saint-Loup-
-en-Champagne (08).....23 F4
Saint-Loup-
-en-Comminges (31)....184 A3
Saint-Loup-Géanges (71)..101 G4
Saint-Loup-Hors (14).....13 H5
Saint-Loup-Lamairé (79)...93 G5
Saint-Loup-Nantouard (70). 86 D5
Saint-Loup-sur-Aujon (52)..85 H1
Saint-Loup-
-sur-Semouse (70)......87 G1
Saint-Loup-Terrier (08)...24 A3
Saint-Loyer-
-des-Champs (61).......39 E5
Saint-Lubin-de-Cravant (28). 40 D5
Saint-Lubin-de-la-Haye (28). 41 G4
Saint-Lubin-
-des-Joncherets (28).....41 E4
Saint-Lubin-
-en-Vergonnois (41).....79 H3
Saint-Luc (27)..........41 E3
Saint-Lucien (28)........41 G6
Saint-Lumier-
-en-Champagne (51).....46 B4
Saint-Lumier-
-la-Populeuse (51).......46 C5
Saint-Lumine-
-de-Clisson (44).......75 E6
Saint-Lumine-
-de-Coutais (44).......74 B6
Saint-Lunaire (35).......34 C3
Saint-Luperce (28)........61 H2
Saint-Lupicin (39).......117 H3
Saint-Lupien (10)........65 G2
Saint-Lyé (10)..........66 A2
Saint-Lyé-la-Forêt (45)....63 E5
Saint-Lyphard (44)........73 G3
Saint-Lys (31).........168 D6
Saint-Macaire (33)......149 H2
Saint-Macaire-du-Bois (49). 93 F2
Saint-Macaire-
-en-Mauges (49).......75 G6
Saint-Maclou (27)........15 G3
Saint-Maclou-
-de-Folleville (76)......18 D2
Saint-Maclou-la-Brière (76). 16 C4
Saint-Macoux (86).......108 D5
Saint-Maden (22)........34 C6
Saint-Magne (33).......149 E2
Saint-Magne-
-de-Castillon (33)......136 A5
Saint-Maigner (63).......112 D6
Saint-Maigrin (17)......121 G6
Saint-Maime (04).......176 C2
Saint-Maime-
-de-Péreyrol (24).......137 E4
Saint-Maixant (23).......125 H1
Saint-Maixant (33)......149 H2
Saint-Maixent (72).......60 D5
Saint-Maixent-
-de-Beugné (79).......107 G2
Saint-Maixent-l'École (79). 108 B3
Saint-Maixent-sur-Vie (85)..90 D3
Saint-Maixme-
-Hauterive (28)........40 D6
Saint-Malo (35).........36 A5
Saint-Malo-de-Beignon (56). 56 C2
Saint-Malo-de-Guersac (44). 73 H4
Saint-Malo-
-de-la-Lande (50)......36 D1
Saint-Malo-de-Phily (35)...57 E5
Saint-Malo-
-des-Trois-Fontaines (56). 56 A3
Saint-Malô-du-Bois (85)...92 C3
Saint-Malo-en-Donziois (58). 83 E6
Saint-Malon-sur-Mel (35)...56 C3
Saint-Mamert (69).......115 H4
Saint-Mamert-du-Gard (30). 173 H3
Saint-Mamet (31).......197 F1
Saint-Mamet-
-la-Salvetat (15).......139 H5
Saint-Mammès (77).......64 B2
Saint-Mandé (94).........42 D4
Saint-Mandé-
-sur-Brédoire (17)......108 A6
Saint-Mandrier-sur-Mer (83). 193 E5
Saint-Manvieu-Bocage (14)..37 G3
Saint-Manvieu-Norrey (14)..14 B4
Saint-Marc (55).........141 F5
Saint-Marc-à-Frongier (23). 125 G2
Saint-Marc-à-Loubaud (23). 125 F2
Saint-Marc-du-Cor (41).....61 F6
Saint-Marc-
-Jaumegarde (13).......176 B6
Saint-Marc-la-Lande (79).. 107 H2
Saint-Marc-le-Blanc (35)...35 G6
Saint-Marc-
-sur-Couesnon (35).....57 H1
Saint-Marc-sur-Seine (21). 85 E3
Saint-Marcan (35)........35 F4
Saint-Marceau (08).......24 A2
Saint-Marceau (72).......60 A4
Saint-Marcel (01).......130 B1
Saint-Marcel (08).......23 H1
Saint-Marcel (27).......41 F2

Saint-Marcel (36)......... 111 E1
Saint-Marcel (54)......... 26 A5
Saint-Marcel (56)......... 56 A5
Saint-Marcel (70)......... 87 E1
Saint-Marcel (71)........ 101 G5
Saint-Marcel (73)........ 132 D5
Saint-Marcel-
   Bel-Accueil (38)...... 130 D4
Saint-Marcel-Campes (81) . 170 B1
Saint-Marcel-
   d'Ardèche (07)....... 158 A4
Saint-Marcel-
   de-Careiret (30)........ 157 H6
Saint-Marcel-
   de-Félines (42)....... 129 E2
Saint-Marcel-
   du-Périgord (24)....... 137 F5
Saint-Marcel-d'Urfé (42)... 128 C2
Saint-Marcel-
   en-Marcillat (03)....... 112 D5
Saint-Marcel-en-Murat (03) . 113 F4
Saint-Marcel-l'Éclairé (69) . 129 F2
Saint-Marcel-
   lès-Annonay (07)....... 143 H2
Saint-Marcel-
   lès-Sauzet (26)....... 158 B2
Saint-Marcel-
   lès-Valence (26)....... 144 B4
Saint-Marcel-Paulel (31)... 169 G5
Saint-Marcel-sur-Aude (11).. 188 A3
Saint-Marcelin-de-Cray (71). 115 H2
Saint-Marcellin (38)....... 144 D3
Saint-Marcellin-
   en-Forez (42)....... 129 E5
Saint-Marcellin-
   lès-Vaison (84)....... 158 D5
Saint-Marcet (31)....... 184 B3
Saint-Marcory (24)....... 151 H1
Saint-Marcouf (14)....... 13 F5
Saint-Marcouf (50)....... 13 E3
Saint-Mard (02)....... 22 C5
Saint-Mard (17)....... 107 F5
Saint-Mard (54)....... 69 G1
Saint-Mard (77)....... 43 F2
Saint-Mard (80)....... 21 E2
Saint-Mard-de-Réno (61)... 60 D1
Saint-Mard-de-Vaux (71) . 101 F5
Saint-Mard-lès-Rouffy (51).. 45 F3
Saint-Mard-sur-Auve (51).. 46 B2
Saint-Mard-sur-le-Mont (51). 46 C3
Saint-Mards (76)....... 17 G3
Saint-Mards-
   de-Blacarville (27)....... 15 H3
Saint-Mards-de-Fresne (27). 15 G6
Saint-Mards-en-Othe (10)... 65 H4
Saint-Marien (23)....... 112 A3
Saint-Mariens (33)....... 135 F3
Saint-Mars-de-Coutais (44) . 74 B6
Saint-Mars-
   de-Locquenay (72)....... 60 C6
Saint-Mars-d'Égrenne (61).. 38 A6
Saint-Mars-d'Outillé (72)... 78 B1
Saint-Mars-du-Désert (44) .. 75 E4
Saint-Mars-du-Désert (53)... 59 G3
Saint-Mars-la-Brière (72)... 60 C5
Saint-Mars-la-Jaille (44).... 75 F2
Saint-Mars-la-Réorthe (85).. 92 B4
Saint-Mars-sous-Ballon (72) . 60 B4
Saint-Mars-
   sur-Colmont (53)....... 58 D2
Saint-Mars-sur-la-Futaie (53). 58 B1
Saint-Mars-
   Vieux-Maisons (77)..... 44 B5
Saint-Marsal (66)....... 200 D4
Saint-Martial (07)....... 143 E5
Saint-Martial (15)....... 141 E5
Saint-Martial (16)....... 122 B6
Saint-Martial (17)....... 107 H6
Saint-Martial (30)....... 173 E1
Saint-Martial (33)....... 150 A1
Saint-Martial-
   d'Albarède (24)....... 137 H1
Saint-Martial-
   d'Artenset (24)....... 136 C4
Saint-Martial-
   de-Gimel (19)....... 139 F2
Saint-Martial-
   de-Mirambeau (17)....... 121 E6
Saint-Martial-
   de-Nabirat (24)....... 152 B1
Saint-Martial-
   de-Valette (24)....... 123 F5
Saint-Martial-
   de-Vitaterne (17)....... 121 F5
Saint-Martial-
   Entraygues (19)....... 139 F3
Saint-Martial-le-Mont (23) .. 111 H6
Saint-Martial-le-Vieux (23).. 125 H4
Saint-Martial-sur-Isop (87) . 109 H5
Saint-Martial-sur-Né (17)... 121 G4
Saint-Martial-Viveyrol (24) . 136 D1
Saint-Martin (32)....... 167 F6
Saint-Martin (54)....... 49 G6
Saint-Martin (65)....... 183 E3
Saint-Martin (66)....... 200 C1
Saint-Martin (67)....... 71 F2
Saint-Martin (83)....... 193 E1
Saint-Martin-au-Bosc (76)... 6 C6
Saint-Martin-au-Laërt (62).. 2 B4
Saint-Martin-
   aux-Arbres (76)....... 17 F4
Saint-Martin-aux-Bois (60)... 20 D3
Saint-Martin-
   aux-Buneaux (76)....... 16 D2
Saint-Martin-
   aux-Champs (51)....... 46 A4
Saint-Martin-
   aux-Chartrains (14)...... 15 F3
Saint-Martin-
   Belle-Roche (71)....... 116 B3
Saint-Martin-Bellevue (74).. 132 B1

Saint-Martin-Boulogne (62) ... 1 F4
Saint-Martin-Cantalès (15) . 139 H3
Saint-Martin-Château (23) . 125 E2
Saint-Martin-Choquel (62) ... 1 G4
Saint-Martin-Curton (47) ... 150 B4
Saint-Martin-d'Abbat (45)... 81 F1
Saint-Martin-d'Ablois (51) ... 45 E2
Saint-Martin-
   d'Arberoue (64)....... 181 E1
Saint-Martin-d'Arc (73) 146 D2
Saint-Martin-d'Arcé (49).... 77 G4
Saint-Martin-
   d'Ardèche (07)....... 157 H5
Saint-Martin-
   d'Armagnac (32)....... 166 D4
Saint-Martin-d'Arrossa (64). 180 D2
Saint-Martin-d'Ary (17) 135 H2
Saint-Martin-d'Aubigny (50) . 12 D6
Saint-Martin-
   d'Audouville (50)....... 12 D3
Saint-Martin-d'Auxigny (18) . 97 H1
Saint-Martin-d'Auxy (71)... 101 E6
Saint-Martin-de-Bavel (01) . 131 F2
Saint-Martin-
   de-Beauville (47)....... 151 G5
Saint-Martin-
   de-Belleville (73)....... 132 D6
Saint-Martin-
   de-Bernegoue (79)....... 107 H4
Saint-Martin-de-Bienfaite-
   la-Cressonnière (14)...... 15 G6
Saint-Martin-de-Blagny (14). . 13 G5
Saint-Martin-
   de-Bonfossé (50)....... 37 F1
Saint-Martin-
   de-Boscherville (76)....... 17 F6
Saint-Martin-
   de-Bossenay (10)....... 65 G2
Saint-Martin-
   de-Boubaux (48)....... 156 D6
Saint-Martin-
   de-Bréthencourt (78) 62 D1
Saint-Martin-de-Brômes (04) 176 D3
Saint-Martin-
   de-Castillon (84)....... 176 A3
Saint-Martin-de-Cenilly (50). . 37 E2
Saint-Martin-de-Clelles (38) . 145 F5
Saint-Martin-
   de-Commune (71)...... 101 E4
Saint-Martin-
   de-Connée (53)....... 59 G3
Saint-Martin-de-Coux (17) . 135 H3
Saint-Martin-de-Crau (13).. 191 E2
Saint-Martin-
   de-Fontenay (14)....... 14 B5
Saint-Martin-
   de-Fraigneau (85)....... 107 F2
Saint-Martin-
   de-Fressengeas (24) ... 123 G6
Saint-Martin-
   de-Fugères (43)....... 142 C5
Saint-Martin-
   de-Goyne (32)....... 167 H2
Saint-Martin-
   de-Gurson (24)....... 136 B4
Saint-Martin-de-Hinx (40).. 164 C5
Saint-Martin-
   de-Juillers (17)....... 121 G1
Saint-Martin-
   de-Jussac (87)....... 123 G2
Saint-Martin-
   de-la-Brasque (84) 176 B4
Saint-Martin-
   de-la-Cluze (38)....... 145 G4
Saint-Martin-
   de-la-Lieue (14)....... 15 F5
Saint-Martin-
   de-la-Mer (21)........ 100 C1
Saint-Martin-
   de-la-Place (49)....... 77 G6
Saint-Martin-
   de-la-Porte (73)....... 146 D2
Saint-Martin-de-Lamps (36). 96 B3
Saint-Martin-
   de-Landelles (50)....... 37 F6
Saint-Martin-
   de-Lansuscle (48)....... 156 C6
Saint-Martin-
   de-l'Arçon (34)....... 171 H6
Saint-Martin-de-Laye (33)... 135 H3
Saint-Martin-de-Lenne (12) . 155 E4
Saint-Martin-de-Lerm (33)... 150 B1
Saint-Martin-de-Lixy (71) ... 115 F5
Saint-Martin-
   de-Londres (34)....... 173 E4
Saint-Martin-de-Mâcon (79). . 93 G3
Saint-Martin-de-Mailloc (14) . 15 F5
Saint-Martin-de-Mieux (14) . 38 D3
Saint-Martin-
   de-Nigelles (28)....... 41 G6
Saint-Martin-
   de-Queyrières (05)....... 147 E5
Saint-Martin-de-Ré (17) ... 106 B4
Saint-Martin-
   de-Ribérac (24)....... 136 D2
Saint-Martin-
   de-Saint-Maixent (79) ... 108 B3
Saint-Martin-
   de-Salencey (71)....... 115 H2
Saint-Martin-de-Sallen (14) . 14 A6
Saint-Martin-
   de-Sanzay (79)....... 93 G2
Saint-Martin-
   de-Seignanx (40)....... 164 C5
Saint-Martin-
   de-Sescas (33)....... 150 A2
Saint-Martin-
   de-Valamas (07)....... 143 F5

Saint-Martin-
   -de-Valgalgues (30)...... 157 E6
Saint-Martin-
   -de-Varreville (50) 13 E4
Saint-Martin-
   -de-Vaulserre (38)....... 131 G5
Saint-Martin-de-Vers (46).. 152 D2
Saint-Martin-
   -de-Villeréal (47)....... 151 G2
Saint-Martin-
   -de-Villereglan (11)....... 186 D4
Saint-Martin-d'Écublei (61) .. 40 A4
Saint-Martin-
   -d'Entraunes (06)....... 161 G6
Saint-Martin-
   -des-Besaces (14) 37 H2
Saint-Martin-des-Bois (41) ... 79 E2
Saint-Martin-
   -des-Champs (18) 98 C2
Saint-Martin-
   -des-Champs (29) 32 A3
Saint-Martin-
   -des-Champs (50) 35 H3
Saint-Martin-
   -des-Champs (77) 44 B4
Saint-Martin-
   -des-Champs (78) 41 H3
Saint-Martin-
   -des-Champs (89) 82 C3
Saint-Martin-
   -des-Combes (24) 137 E4
Saint-Martin-
   -des-Entrées (14) 14 A4
Saint-Martin-
   -des-Fontaines (85) 107 E1
Saint-Martin-des-Lais (03) ... 99 G6
Saint-Martin-
   -des-Landes (61) 38 D6
Saint-Martin-
   -des-Monts (72) 60 D4
Saint-Martin-
   -des-Noyers (85) 92 A5
Saint-Martin-
   -des-Olmes (63) 128 B5
Saint-Martin-
   -des-Pézerits (61) 39 H6
Saint-Martin-
   -des-Plains (63) 127 G5
Saint-Martin-des-Prés (22) ... 33 F6
Saint-Martin-des-Puits (11) . 187 F5
Saint-Martin-
   -des-Tilleuls (85) 92 B3
Saint-Martin-
   -d'Estréaux (42) 114 C5
Saint-Martin-
   -d'Hardinghem (62) 2 A5
Saint-Martin-d'Hères (38) . 145 G2
Saint-Martin-d'Heuille (58) ... 99 E3
Saint-Martin-d'Ollières (63) . 127 H6
Saint-Martin-Don (14) 37 G3
Saint-Martin-d'Oney (40) ... 165 H2
Saint-Martin-d'Ordon (89) ... 64 D6
Saint-Martin-d'Oydes (09) . 185 G3
Saint-Martin-du-Bec (76) ... 15 F1
Saint-Martin-du-Bois (33).. 135 G4
Saint-Martin-du-Bois (49)... 76 C2
Saint-Martin-
   -du-Boschet (77) 44 B5
Saint-Martin-
   -du-Clocher (16) 108 D6
Saint-Martin-
   -du-Fouilloux (49) 76 D5
Saint-Martin-
   -du-Fouilloux (79) 108 B1
Saint-Martin-du-Frêne (01).. 117 G5
Saint-Martin-du-Lac (71)... 115 E4
Saint-Martin-du-Limet (53)... 76 B1
Saint-Martin-du-Manoir (76) . 15 F1
Saint-Martin-
   -du-Mesnil-Oury (14) 15 E6
Saint-Martin-du-Mont (01) . 117 E5
Saint-Martin-du-Mont (21) ... 85 F5
Saint-Martin-du-Mont (71) . 117 E1
Saint-Martin-du-Puy (33) ... 150 B1
Saint-Martin-du-Puy (58) ... 83 H6
Saint-Martin-du-Tartre (71).. 116 A1
Saint-Martin-du-Tertre (89) ... 65 E4
Saint-Martin-du-Tertre (95)... 42 D1
Saint-Martin-du-Tilleul (27) . 15 H5
Saint-Martin-du-Var (06)... 195 E2
Saint-Martin-
   -du-Vieux-Bellême (61)... 60 D2
Saint-Martin-du-Vivier (76)... 18 D4
Saint-Martin-d'Uriage (38) . 145 H3
Saint-Martin-en-Bière (77) ... 63 H2
Saint-Martin-en-Bresse (71). 102 A5
Saint-Martin-
   -en-Campagne (76) 17 H1
Saint-Martin-
   -en-Gâtinois (71) 101 H4
Saint-Martin-en-Haut (69)... 129 G4
Saint-Martin-
   -en-Vercors (26) 145 E4
Saint-Martin-Gimois (32) ... 168 B6
Saint-Martin-
   -la-Campagne (27) 40 D2
Saint-Martin-
   -la-Garenne (78) 41 H2
Saint-Martin-
   -la-Méanne (19) 139 F3
Saint-Martin-
   -la-Patrouille (71) 115 H1
Saint-Martin-la-Plaine (42) . 129 G5
Saint-Martin-
   -la-Sauveté (42) 128 C2
Saint-Martin-Labouval (46) . 153 E3
Saint-Martin-
   -Lacaussade (33) 135 E2
Saint-Martin-Laguépie (81) . 153 G6
Saint-Martin-l'Aiguillon (61). . 38 D6
Saint-Martin-Lalande (11)... 186 C2

Saint-Martin-l'Ars (86)...... 109 F4
Saint-Martin-Lars-
   en-Sainte-Hermine (85).. 107 E1
Saint-Martin-l'Astier (24) ... 136 C3
Saint-Martin-le-Beau (37)... 79 F6
Saint-Martin-
   -le-Bouillant (50) 37 F4
Saint-Martin-le-Châtel (01).. 116 D4
Saint-Martin-le-Colonel (26). 144 D4
Saint-Martin-le-Gaillard (76)... 6 A5
Saint-Martin-le-Gréard (50) . 12 C2
Saint-Martin-le-Hébert (50) . 12 C3
Saint-Martin-le-Mault (87) . 110 C3
Saint-Martin-le-Nœud (60).. 20 A5
Saint-Martin-le-Pin (24) ... 123 E5
Saint-Martin-le-Redon (46).. 152 A3
Saint-Martin-le-Vieil (11)... 186 C2
Saint-Martin-le-Vieux (87) . 124 A3
Saint-Martin-le-Vinoux (38) . 145 G2
Saint-Martin-les-Eaux (04) . 176 C3
Saint-Martin-
   -lès-Langres (52) 86 A1
Saint-Martin-lès-Melle (79).. 108 B4
Saint-Martin-
   -lès-Seyne (04) 160 D4
Saint-Martin-Lestra (42) ... 129 F3
Saint-Martin-l'Heureux (51) . 23 G6
Saint-Martin-l'Hortier (76) ... 19 E1
Saint-Martin-Longueau (60). . 21 E5
Saint-Martin-Lys (11) 200 A1
Saint-Martin-Osmonville (76) . 17 H4
Saint-Martin-Petit (47) ... 150 B2
Saint-Martin-Rivière (02) 9 F4
Saint-Martin-
   -Saint-Firmin (27) 15 H4
Saint-Martin-
   -Sainte-Catherine (23) ... 124 D1
Saint-Martin-Sepert (19) ... 124 C6
Saint-Martin-
   -sous-Montaigu (71) 101 F5
Saint-Martin-
   -sous-Vigouroux (15) ... 140 D5
Saint-Martin-
   -sur-Armançon (89)....... 84 B1
Saint-Martin-sur-Cojeul (62)... 8 B3
Saint-Martin-sur-Écaillon (59) . 9 F3
Saint-Martin-
   -sur-la-Chambre (73) ... 132 C6
Saint-Martin-
   -sur-Lavezon (07)....... 158 A2
Saint-Martin-sur-le-Pré (51) . 45 H3
Saint-Martin-
   -sur-Nohain (58) 82 C6
Saint-Martin-sur-Ocre (45)... 82 A3
Saint-Martin-sur-Ocre (89) ... 83 E2
Saint-Martin-sur-Ouanne (89) . 82 D1
Saint-Martin-sur-Oust (56)... 56 B6
Saint-Martin-Terressus (87) . 124 C2
Saint-Martin-
   -Valmeroux (15) 140 A3
Saint-Martin-Vésubie (06) . 162 D6
Saint-Martinien (03) 112 C4
Saint-Martory (31) 184 C4
Saint-Mary (16) 122 D2
Saint-Mary-le-Plain (15) ... 141 F3
Saint-Masmes (51) 23 G5
Saint-Mathieu (87) 123 F3
Saint-Mathieu-
   -de-Tréviers (34) 173 F4
Saint-Mathurin (85) 91 E5
Saint-Mathurin-
   -sur-Loire (49) 77 F5
Saint-Matré (46) 152 A4
Saint-Maudan (22) 55 G2
Saint-Maudez (22) 34 C5
Saint-Maugan (35) 56 C2
Saint-Maulvis (80) 6 D6
Saint-Maur (18) 112 B1
Saint-Maur (32) 167 F6
Saint-Maur (36) 96 C5
Saint-Maur (39) 117 G1
Saint-Maur (60) 19 H3
Saint-Maur-des-Bois (50) ... 37 F3
Saint-Maur-des-Fossés (94).. 43 E4
Saint-Maur-sur-le-Loir (28) . 62 A4
Saint-Maurice (52) 86 B1
Saint-Maurice (58) 99 G2
Saint-Maurice (63) 127 F4
Saint-Maurice (67) 71 F2
Saint-Maurice (94) 42 D4
Saint-Maurice-
   -aux-Forges (54) 49 G6
Saint-Maurice-
   -aux-Riches-Hommes (89) . 65 F3
Saint-Maurice-
   -Colombier (25) 88 B5
Saint-Maurice-Crillat (39) ... 117 H1
Saint-Maurice-
   -d'Ardèche (07) 157 G3
Saint-Maurice-
   -de-Beynost (01) 130 B2
Saint-Maurice-
   -de-Cazevieille (30) 174 A1
Saint-Maurice-
   -de-Gourdans (01) 130 C2
Saint-Maurice-
   -de-Lestapel (47) 151 E2
Saint-Maurice-
   -de-Lignon (43) 143 E2
Saint-Maurice-
   -de-Rémens (01) 130 D1
Saint-Maurice-
   -de-Rotherens (73) 131 G4
Saint-Maurice-
   -de-Satonnay (71) 116 B3
Saint-Maurice-
   -de-Tavernole (17) 121 G5
Saint-Maurice-
   -de-Ventalon (48) 156 C5
Saint-Maurice-
   -des-Champs (71) 116 A1

Saint-Maurice-
   -des-Lions (16)....... 123 F1
Saint-Maurice-
   -des-Noues (85)....... 107 F1
Saint-Maurice-d'Ételan (76).. 15 H2
Saint-Maurice-d'Ibie (07) ... 157 G3
Saint-Maurice-
   -du-Désert (61) 38 C6
Saint-Maurice-
   -en-Chalencon (07) 143 G5
Saint-Maurice-
   -en-Cotentin (50) 12 B4
Saint-Maurice-
   -en-Gourgois (42) 129 E6
Saint-Maurice-
   -en-Quercy (46) 153 G1
Saint-Maurice-
   -en-Rivière (71) 101 H5
Saint-Maurice-
   -en-Trièves (38) 145 G6
Saint-Maurice-
   -en-Valgodemard (05) 146 B6
Saint-Maurice-
   -la-Clouère (86) 109 E3
Saint-Maurice-
   -la-Fougereuse (79) 93 E3
Saint-Maurice-
   -la-Souterraine (23) 110 D5
Saint-Maurice-le-Girard (85) . 92 C6
Saint-Maurice-le-Vieil (89) ... 83 E2
Saint-Maurice-
   -les-Brousses (87) 124 B3
Saint-Maurice-
   -lès-Charencey (61) 40 B5
Saint-Maurice-
   -lès-Châteauneuf (71) ... 115 F5
Saint-Maurice-
   -lès-Couches (71) 101 F4
Saint-Maurice-l'Exil (38)... 130 A6
Saint-Maurice-
   -Montcouronne (91) 42 B6
Saint-Maurice-
   -Navacelles (34) 172 D3
Saint-Maurice-
   -près-Crocq (23) 126 A2
Saint-Maurice-
   -près-Pionsat (63) 112 D6
Saint-Maurice-
   -Saint-Germain (28) 61 G1
Saint-Maurice-
   -sous-les-Côtes (55) 47 H2
Saint-Maurice-
   -sur-Adour (40) 166 A3
Saint-Maurice-
   -sur-Aveyron (45) 82 C1
Saint-Maurice-
   -sur-Dargoire (69) 129 H5
Saint-Maurice-
   -sur-Eygues (26) 158 C5
Saint-Maurice-
   -sur-Fessard (45) 64 A6
Saint-Maurice-
   -sur-Huisne (61) 61 E2
Saint-Maurice-
   -sur-Mortagne (88) 70 A2
Saint-Maurice-
   -sur-Moselle (88) 88 C1
Saint-Maurice-
   -sur-Vingeanne (21) 86 B4
Saint-Maurice-
   -Thizouaille (89) 83 E2
Saint-Maurin (47) 151 G5
Saint-Max (54) 48 D5
Saint-Maxent (80) 6 C5
Saint-Maximin (30) 174 B2
Saint-Maximin (38) 132 A6
Saint-Maximin (60) 20 D6
Saint-Maximin-
   -la-Sainte-Baume (83)... 193 E2
Saint-Maxire (79) 107 H3
Saint-May (26) 159 E3
Saint-Mayeux (22) 55 E1
Saint-Méard (87) 124 D4
Saint-Méard-
   -de-Drône (24) . 136 D2
Saint-Méard-
   -de-Gurçon (24) 136 B5
Saint-Médard (16) 121 H5
Saint-Médard (17) 121 G6
Saint-Médard (23) 184 B4
Saint-Médard (32) 167 G6
Saint-Médard (36) 95 H3
Saint-Médard (46) 152 B3
Saint-Médard (57) 49 F4
Saint-Médard (64) 165 H5
Saint-Médard (79) 108 A4
Saint-Médard-d'Aunis (17) . 106 D5
Saint-Médard-
   -de-Guizières (33) 136 A4
Saint-Médard-
   -de-Mussidan (24) 136 D4
Saint-Médard-
   -de-Presque (46) 139 E5
Saint-Médard-
   -d'Excideuil (24) 137 H1
Saint-Médard-
   -d'Eyrans (33) 135 F6
Saint-Médard-
   -en-Forez (42) 129 F4
Saint-Médard-
   -en-Jalles (33) 134 D5
Saint-Médard-
   -la-Rochette (23) 112 A6
Saint-Médard-
   -Nicourby (46) 139 F6
Saint-Médard-sur-Ille (35)... 57 F1
Saint-Méen (35) 31 F3
Saint-Méen-le-Grand (35)... 56 C2
Saint-Melaine-
   -sur-Aubance (49) 77 F5
Saint-Mélany (07) 157 E3
Saint-Méloir-des-Bois (22) . 34 B5

Saint-Méloir-des-Ondes (35) . 35 E3
Saint-Même-le-Tenu (44) ... 91 E6
Saint-Même-
   -les-Carrières (16) 121 H4
Saint-Memmie (51) 45 H3
Saint-Menge (88) 69 E5
Saint-Menges (08) 24 C4
Saint-Menoux (03) 113 G1
Saint-Merd-
   -de-Lapleau (19) 139 G2
Saint-Merd-la-Breuille (23) . 126 A3
Saint-Merd-
   -les-Oussines (19) 125 G4
Saint-Méry (77) 43 G6
Saint-Meslin-du-Bosc (27) ... 18 B6
Saint-Mesmes (77) 43 F5
Saint-Mesmin (10) 66 A2
Saint-Mesmin (21) 85 E3
Saint-Mesmin (24) 138 A1
Saint-Mesmin (85) 92 C5
Saint-Mexant (19) 138 D2
Saint-Mézard (32) 167 H1
Saint-M'Hervé (35) 58 A4
Saint-M'Hervon (35) 56 C1
Saint-Micaud (71) 101 E6
Saint-Michel (02) 10 B6
Saint-Michel (09) 185 G4
Saint-Michel (16) 122 B4
Saint-Michel (31) 184 D3
Saint-Michel (32) 183 H1
Saint-Michel (34) 172 C3
Saint-Michel (45) 63 G5
Saint-Michel (64) 180 D3
Saint-Michel (82) 168 C1
Saint-Michel-Chef-Chef (44) . 73 H5
Saint-Michel-d'Aurance (07). 143 G5
Saint-Michel-
   -de-Bannières (46)....... 138 D4
Saint-Michel-
   -de-Boulogne (07)....... 157 G3
Saint-Michel-
   -de-Castelnau (33)....... 150 A4
Saint-Michel-
   -de-Chabrillanoux (07) . 143 H6
Saint-Michel-
   -de-Chaillol (05)....... 160 C1
Saint-Michel-
   -de-Chavaignes (72)....... 60 D5
Saint-Michel-de-Dèze (48) . 156 D5
Saint-Michel-
   -de-Double (24)....... 136 C3
Saint-Michel-
   -de-Feins (53)....... 76 D2
Saint-Michel-
   -de-Fronsac (33)....... 135 G4
Saint-Michel-
   -de-la-Pierre (50) 12 D6
Saint-Michel-de-la-Roë (53) . 58 A6
Saint-Michel-de-Lanès (11).. 186 A2
Saint-Michel-
   -de-Lapujade (33)....... 150 B2
Saint-Michel-de-Livet (14) ... 15 E6
Saint-Michel-de-Llotes (66) . 200 D3
Saint-Michel-
   -de-Maurienne (73)....... 146 D2
Saint-Michel-
   -de-Montaigne (24)....... 136 A5
Saint-Michel-
   -de-Montjoie (50) 37 F4
Saint-Michel-de-Plélan (22) . 34 C5
Saint-Michel-
   -de-Rieufret (33)....... 149 G1
Saint-Michel-
   -de-Saint-Geoirs (38) ... 145 E1
Saint-Michel-de-Vax (81) ... 169 H1
Saint-Michel-
   -de-Veisse (23)....... 125 G1
Saint-Michel-
   -de-Villadeix (24)....... 137 F4
Saint-Michel-
   -de-Volangis (18) 97 H2
Saint-Michel-
   -des-Andaines (61) 38 C6
Saint-Michel-d'Euzet (30) . 157 H6
Saint-Michel-
   -d'Halescourt (76) 19 G3
Saint-Michel-
   -en-Beaumont (38) 145 H5
Saint-Michel-en-Brenne (36) . 95 G5
Saint-Michel-en-Grève (22) . 32 B2
Saint-Michel-en-l'Herm (85). 106 C3
Saint-Michel-Escalus (40)... 164 D2
Saint-Michel-
   -et-Chanveaux (49) 75 F1
Saint-Michel-Labadié (81) . 171 E2
Saint-Michel-le-Cloucq (85) . 107 F2
Saint-Michel-les-Portes (38) . 145 F5
Saint-Michel-
   -l'Observatoire (04)....... 176 C2
Saint-Michel-Loubéjou (46) . 139 E5
Saint-Michel-
   -Mont-Mercure (85)....... 92 C4
Saint-Michel-sous-Bois (62) . 1 G6
Saint-Michel-sur-Loire (37)... 78 B6
Saint-Michel-
   -sur-Meurthe (88) 70 C2
Saint-Michel-sur-Orge (91).. 42 C6
Saint-Michel-
   -sur-Rhône (42)....... 129 H6
Saint-Michel-
   -sur-Savasse (26)....... 144 C3
Saint-Michel-
   -sur-Ternoise (62)....... 7 G1
Saint-Michel-Tuboeuf (61) . 40 B4
Saint-Mihiel (55) 47 G3
Saint-Mitre-
   -les-Remparts (13)....... 191 G4
Saint-Molf (44) 73 F3
Saint-Momelin (59) 2 B3
Saint-Montan (07) 158 A3
Saint-Moré (89) 83 H4

250

Saint-Moreil (23) 124D2
Saint-Morel (08) 24A5
Saint-Morillon (33) 149 F1
Saint-Mury-
-Monteymond (38) 145H2
Saint-Myon (63) 127 F1
Saint-Nabor (67) 71 F1
Saint-Nabord (88) 70A5
Saint-Nabord-sur-Aube (10) . . 66C1
Saint-Nauphary (82) 169 F2
Saint-Nazaire (30) 158A6
Saint-Nazaire (44) 73G4
Saint-Nazaire (66) 201G2
Saint-Nazaire-d'Aude (11) . . 187H3
Saint-Nazaire-
-de-Ladarex (34) 172A6
Saint-Nazaire-de-Pézan(34) . 173H5
Saint-Nazaire-
-de-Valentane (82) 151H5
Saint-Nazaire-
-des-Gardies (30) 173G2
Saint-Nazaire-
-en-Royans (26) 144D3
Saint-Nazaire-
-le-Désert (26) 159E2
Saint-Nazaire-
-les-Eymes (38) 145H2
Saint-Nazaire-
-sur-Charente (17) 120C1
Saint-Nectaire (63) 127E5
Saint-Nexans (24) 137E6
Saint-Nic (29). 31 F6
Saint-Nicodème (22). 32D6
Saint-Nicolas (62) 8B2
Saint-Nicolas-aux-Bois (02) . . 22B3
Saint-Nicolas-
-d'Aliermont (76) 17H2
Saint-Nicolas-d'Attez (27) . . 40C4
Saint-Nicolas-
-de-Bliquetuit (76). 17E5
Saint-Nicolas-
-de-Bourgueil (37). 78A6
Saint-Nicolas-
-de-la-Balerme (47) 151G6
Saint-Nicolas-
-de-la-Grave (82) 168C1
Saint-Nicolas-
-de-la-Haie (76) 15H1
Saint-Nicolas-
-de-la-Taille (76). 15G2
Saint-Nicolas-
-de-Macherin (38) 131 F6
Saint-Nicolas-
-de-Pierrepont (50) 12C4
Saint-Nicolas-de-Port (54) . . 48D5
Saint-Nicolas-de-Redon (44) . 74A1
Saint-Nicolas-
-de-Sommaire (61) 40A4
Saint-Nicolas-des-Biefs (03) . 114C6
Saint-Nicolas-des-Bois (50) . . 37 F4
Saint-Nicolas-des-Bois (61) . . 59H1
Saint-Nicolas-
-des-Laitiers (61) 39H4
Saint-Nicolas-
-des-Motets (37) 79 F4
Saint-Nicolas-du-Bosc (27) . . 18B6
Saint-Nicolas-du-Pélem (22) . 33 E6
Saint-Nicolas-du-Tertre (56) . 56B5
Saint-Nicolas-
-la-Chapelle (10) 65 F1
Saint-Nicolas-
-la-Chapelle (73) 132D2
Saint-Nicolas-
-lès-Cîteaux (21) 101H2
Saint-Nizier-d'Azergues (69) . 115H6
Saint-Nizier-de-Fornas (42) . . 128D6
Saint-Nizier-
-du-Moucherotte (38) . . . 145 F2
Saint-Nizier-
-le-Bouchoux (01) 116D2
Saint-Nizier-le-Désert (01). . . 116D6
Saint-Nizier-
-sous-Charlieu (42) 115E5
Saint-Nizier-sur-Arroux (71) . 100C5
Saint-Nolff (56) 55G6
Saint-Nom-la-Bretèche (78) . . 42B4
Saint-Offenge-Dessous (73). . 132A3
Saint-Offenge-Dessus (73) . . 132A3
Saint-Omer (14). 38C3
Saint-Omer (62). 2B4
Saint-Omer-Capelle (62) . . . 2A2
Saint-Omer-
-en-Chaussée (60) 20A3
Saint-Ondras (38) 131 F5
Saint-Onen-la-Chapelle (35). . 56C2
Saint-Oradoux-
-de-Chirouze (23). 126A3
Saint-Oradoux-
-près-Crocq (23) 126A2
Saint-Orens (32) 168B4
Saint-Orens-
-de-Gameville (31) 169 F6
Saint-Orens-Pouy-Petit (32) . 167G2
Saint-Ost (32) 183H1
Saint-Ouen (17) 121H2
Saint-Ouen (41) 79G2
Saint-Ouen (80) 7 F5
Saint-Ouen (93) 42D3
Saint-Ouen-d'Attez (27) . . . 40C4
Saint-Ouen-d'Aunis (17) . . . 106D4
Saint-Ouen-de-la-Cour (61) . . 60D2
Saint-Ouen-de-Mimbré (72) . . 60A3
Saint-Ouen-
-de-Pontcheuil (27) 18C6
Saint-Ouen-
-de-Sécherouvre (61) 39H6
Saint-Ouen-
-de-Thouberville (27) 18B5
Saint-Ouen-des-Alleux (35) . . 57G1
Saint-Ouen-
-des-Besaces (14) 37H2

Saint-Ouen-
-des-Champs (27) 15H3
Saint-Ouën-des-Toits (53). . . 58C4
Saint-Ouën-des-Vallons (53) . 59 E4
Saint-Ouen-Domprot (51). . . 45H6
Saint-Ouen-du-Breuil (76) . . 17G4
Saint-Ouen-
-du-Mesnil-Oger (14) . . . 39 F5
Saint-Ouen-du-Tilleul (27) . . 18B5
Saint-Ouen-en-Belin (72) . . 78B1
Saint-Ouen-en-Brie (77) . . . 64C1
Saint-Ouen-
-en-Champagne (72) . . . 59G6
Saint-Ouen-la-Rouërie (35) . . 35G5
Saint-Ouen-l'Aumône (95) . . 42B2
Saint-Ouen-le-Brisoult (61) . . 59 F1
Saint-Ouen-le-Houx (14) . . . 39 F2
Saint-Ouen-le-Mauger (76). . 17 F3
Saint-Ouen-le-Pin (14) 15 E5
Saint-Ouen-lès-Parey (88) . . 68D4
Saint-Ouen-les-Vignes (37) . . 79 F5
Saint-Ouen-Marchefroy (28) . 41G4
Saint-Ouen-sous-Bailly (76) . . 6A6
Saint-Ouen-
-sur-Gartempe (87) 110B5
Saint-Ouen-sur-Iton (61). . . 40B5
Saint-Ouen-sur-Loire (58) . . 99 E4
Saint-Ouen-sur-Maire (61) . . 38D5
Saint-Ouen-sur-Morin (77) . . 44A3
Saint-Oulph (10) 65H1
Saint-Ours (63) 126D2
Saint-Ours (73) 132A3
Saint-Outrille (18) 96D2
Saint-Ovin (50) 37 E5
Saint-Oyen (73) 132D5
Saint-Pabu (29) 30D3
Saint-Paër (76) 17 F5
Saint-Pair (14) 14C5
Saint-Pair-sur-Mer (50) 35G2
Saint-Pal-de-Chalencon (43). 142C1
Saint-Pal-de-Mons (43) 143 E2
Saint-Pal-de-Senouire (43) . . 142A2
Saint-Palais (03) 112B3
Saint-Palais (18) 97H1
Saint-Palais (33) 135 E1
Saint-Palais (64) 181 F1
Saint-Palais-
-de-Négrignac (17) 135H1
Saint-Palais-
-de-Phiolin (17) 121 E5
Saint-Palais-du-Né (16). . . . 121G5
Saint-Palais-sur-Mer (17) . . . 120B3
Saint-Pancrace (24) 123 F6
Saint-Pancrace (73) 146C1
Saint-Pancrasse (38) 145H1
Saint-Pancré (54). 25G3
Saint-Pandelon (40) 165 E4
Saint-Pantaléon (46) 152B4
Saint-Pantaléon (84) 175G3
Saint-Pantaléon-
-de-Lapleau (19) 139H1
Saint-Pantaléon-
-de-Larche (19) 138C3
Saint-Pantaléon-
-les-Vignes (26) 158C4
Saint-Pantaly-d'Ans (24) . . . 137H2
Saint-Pantaly-
-d'Excideuil (24) 137H1
Saint-Papoul (11) 186C2
Saint-Pardon-
-de-Conques (33). 149H2
Saint-Pardoult (17) 107H6
Saint-Pardoux (63) 113 F6
Saint-Pardoux (79) 108A1
Saint-Pardoux (87) 110C6
Saint-Pardoux-Corbier (19). . 124C6
Saint-Pardoux-d'Arnet (23) . . 126A2
Saint-Pardoux-
-de-Drône (24) 136D2
Saint-Pardoux-
-du-Breuil (47) 150C3
Saint-Pardoux-
-et-Vielvic (24) 137H6
Saint-Pardoux-Isaac (47). . . 150D2
Saint-Pardoux-
-la-Croisille (19) 139 F2
Saint-Pardoux-
-la-Rivière (24). 123 F5
Saint-Pardoux-le-Neuf (19) . . 126A4
Saint-Pardoux-le-Neuf (23) . . 125H2
Saint-Pardoux-le-Vieux (19) . 125H4
Saint-Pardoux-
-les-Cards (23) 111H6
Saint-Pardoux-
-l'Ortigier (19) 138D1
Saint-Pardoux-
-Morterolles (23) 125 E2
Saint-Pargoire (34) 172D6
Saint-Parize-en-Viry (58) . . . 99 F6
Saint-Parize-le-Châtel (58) . . 99 E5
Saint-Parres-aux-Tertres (10) . 66B3
Saint-Parres-lès-Vaudes (10) . 66C4
Saint-Parthem (12) 154A2
Saint-Pastour (47) 151 F3
Saint-Pastous (65) 182D5
Saint-Paterne (72) 60A2
Saint-Paterne-Racan (37) . . . 78C3
Saint-Pathus (77) 43 F2
Saint-Patrice (37) 78C5
Saint-Patrice-de-Claids (50) . 12D5
Saint-Patrice-du-Désert (61). . 38C6
Saint-Paul (19) 139 F2
Saint-Paul (33) 135 E2
Saint-Paul (60) 20A4
Saint-Paul (61) 38A4
Saint-Paul (65) 183H4
Saint-Paul (73) 131G4
Saint-Paul (87) 124C3
Saint-Paul (88) 69 E2
Saint-Paul-aux-Bois (02) . . . 21H3

Saint-Paul-
-Cap-de-Joux (81) 170B5
Saint-Paul-de-Baïse (32) . . . 167G4
Saint-Paul-
-de-Fenouillet (66). 200C1
Saint-Paul-de-Fourques (27) . 18B6
Saint-Paul-de-Jarrat (09). . . 185H6
Saint-Paul-
-de-Loubressac (46) 152C5
Saint-Paul-de-Salers (15) . . 140B3
Saint-Paul-de-Serre (24) . . . 137 F3
Saint-Paul-de-Tartas (43) . . 142C6
Saint-Paul-de-Varax (01). . . 116D6
Saint-Paul-de-Varces (38) . . 145 F3
Saint-Paul-de-Vern (46). . . . 139 F6
Saint-Paul-de-Vézelin (42) . . 128D2
Saint-Paul-des-Landes (15) . 139H5
Saint-Paul-d'Espis (82) 151H5
Saint-Paul-d'Izeaux (38) . . . 145 E1
Saint-Paul-d'Oueil (31) 197 F1
Saint-Paul-du-Bois (49). . . . 93 E2
Saint-Paul-du-Vernay (14). . . 13H6
Saint-Paul-d'Uzore (42). . . . 128D4
Saint-Paul-en-Born (40) . . . 148B5
Saint-Paul-en-Chablais (74) . 119 F3
Saint-Paul-
-en-Cornillon (42) 129 E6
Saint-Paul-en-Forêt (83) . . . 178B5
Saint-Paul-en-Gâtine (79) . . 92D6
Saint-Paul-en-Jarez (42) . . . 129G5
Saint-Paul-en-Pareds (85) . . 92B4
Saint-Paul-et-Valmalle (34) . . 173 E5
Saint-Paul-la-Coste (30) . . . 156D6
Saint-Paul-la-Roche (24) . . . 123H5
Saint-Paul-le-Froid (48). . . . 142A6
Saint-Paul-le-Gaultier (72) . . 59G3
Saint-Paul-le-Jeune (07) . . . 157 E4
Saint-Paul-lès-Dax (40) 165 E4
Saint-Paul-lès-Durance (13) . 176C4
Saint-Paul-les-Fonts (30) . . . 174C1
Saint-Paul-
-lès-Monestier (38) 145 F5
Saint-Paul-lès-Romans (26) . 144C3
Saint-Paul-Lizonne (24) . . . 136C1
Saint-Paul-Mont-Penit (85) . 91 E3
Saint-Paul-sur-Isère (73) . . . 132D4
Saint-Paul-sur-Save (31) . . . 168D4
Saint-Paul-sur-Ubaye (04). . . 161G2
Saint-Paul-
-Trois-Châteaux (26) 158B4
Saint-Paulet (11) 186B1
Saint-Paulet-
-de-Caisson (30) 157H5
Saint-Paulien (43) 142B3
Saint-Pavace (72) 60A5
Saint-Pé-d'Ardet (31). 184A5
Saint-Pé-de-Bigorre (65) . . . 182D4
Saint-Pé-de-Léren (64) 165 E6
Saint-Pé-Delbosc (31) 184B2
Saint-Pé-Saint-Simon (47) . . 167 E1
Saint-Pellerin (28) 61G5
Saint-Pellerin (50) 13 E5
Saint-Péran (35) 56C3
Saint-Péravy-
-la-Colombe (45) 62C6
Saint-Péray (07). 144A5
Saint-Perdon (40) 165H2
Saint-Perdoux (24) 137 E6
Saint-Perdoux (46) 153G1
Saint-Père (35). 36A5
Saint-Père (58). 82C5
Saint-Père (89). 83H5
Saint-Père-en-Retz (44) . . . 73H5
Saint-Père-sur-Loire (45). . . 81G2
Saint-Péreuse (58). 99H3
Saint-Pern (35). 56D1
Saint-Perreux (56) 73H1
Saint-Péver (22). 33 E4
Saint-Pey-d'Armens (33). . . 135H5
Saint-Pey-de-Castets (33) . . 136A6
Saint-Phal (10) 66A5
Saint-Philbert-
-de-Bouaine (85) 91 F1
Saint-Philbert-
-de-Grand-Lieu (44) 91 F1
Saint-Philbert-
-des-Champs (14) 15 F4
Saint-Philbert-
-du-Peuple (49) 77H5
Saint-Philbert-
-en-Mauges (49) 75G6
Saint-Philbert-
-sur-Boissey (27) 18B6
Saint-Philbert-sur-Orne (61) . 38C3
Saint-Philbert-sur-Risle (27) . 18B5
Saint-Philibert (21) 101H1
Saint-Philibert (56) 72C1
Saint-Philippe-
-d'Aiguille (33) 136A5
Saint-Philippe-
-du-Seignal (33). 136C5
Saint-Piat (28) 62B1
Saint-Pierre (04) 178C2
Saint-Pierre (15) 140A1
Saint-Pierre (31) 169G5
Saint-Pierre (39) 118A1
Saint-Pierre (51) 45G3
Saint-Pierre (67) 71G2
Saint-Pierre-à-Arnes (08) . . . 23H5
Saint-Pierre-Aigle (02) 21H5
Saint-Pierre-Avez (05) 159H5
Saint-Pierre-Azif (14) 15 E3
Saint-Pierre-Bellevue (23) . . 125 F2
Saint-Pierre-Bénouville (76) . 17 F3
Saint-Pierre-Bois (67) 71 F2
Saint-Pierre-Brouck (59) . . . 2A2
Saint-Pierre-Canivet (14) . . . 38D3
Saint-Pierre-Chérignat (23). . 124D1
Saint-Pierre-Colamine (63). . 127 E5
Saint-Pierre-d'Albigny (73) . . 132B4

Saint-Pierre-d'Allevard (38) . 132A6
Saint-Pierre-d'Alvey (73). . . 131G4
Saint-Pierre-d'Amilly (17) . . . 107 F5
Saint-Pierre-
-d'Argençon (05) 159H3
Saint-Pierre-
-d'Arthéglise (50) 12B4
Saint-Pierre-d'Aubézies (32) . 167 E5
Saint-Pierre-d'Aurillac (33) . . 149H2
Saint-Pierre-d'Autils (27). . . 41 F1
Saint-Pierre-de-Bailleul (27) . 41 F1
Saint-Pierre-de-Bat (33) . . . 149H1
Saint-Pierre-
-de-Belleville (73) 132C5
Saint-Pierre-de-Bœuf (42). . 130A6
Saint-Pierre-
-de-Bressieux (38) 144D1
Saint-Pierre-de-Buzet (47) . . 150C3
Saint-Pierre-
-de-Cernières (27) 39H3
Saint-Pierre-
-de-Chandieu (69) 130B4
Saint-Pierre-
-de-Chartreuse (38) 145G1
Saint-Pierre-
-de-Chérennes (38) 145 E3
Saint-Pierre-
-de-Chevillé (72) 78C3
Saint-Pierre-
-de-Chignac (24) 137G3
Saint-Pierre-de-Clairac (47) . 151G6
Saint-Pierre-de-Côle (24) . . 137 F1
Saint-Pierre-
-de-Colombier (07) 157 F1
Saint-Pierre-
-de-Cormeilles (27) 15G4
Saint-Pierre-
-de-Coutances (50) 36D1
Saint-Pierre-de-Curtille (73) . 131G3
Saint-Pierre-de-Frugie (24) . . 123H5
Saint-Pierre-de-Fursac (23). . 111 E5
Saint-Pierre-
-de-Genebroz (73) 131G6
Saint-Pierre-de-Jards (36) . . 97 E2
Saint-Pierre-
-de-Juillers (17) 121G1
Saint-Pierre-
-de-la-Fage (34) 172C4
Saint-Pierre-de-Lages (31) . . 169G6
Saint-Pierre-de-Lamps (36) . 96B4
Saint-Pierre-de-l'Île (17) . . . 107H6
Saint-Pierre-de-Maillé (86) . . 95 E6
Saint-Pierre-de-Mailloc (14) . 15 F6
Saint-Pierre-
-de-Manneville (76) 18B4
Saint-Pierre-de-Méaroz (38) . 145H5
Saint-Pierre-
-de-Mésage (38) 145G3
Saint-Pierre-
-de-Mézoargues (13) 174D3
Saint-Pierre-de-Mons (33) . . 149H2
Saint-Pierre-
-de-Nogaret (48) 155G3
Saint-Pierre-
-de-Plesguen (35) 34D5
Saint-Pierre-de-Rivière (09) . 185G5
Saint-Pierre-de-Salerne (27) . 18A6
Saint-Pierre-de-Semilly (50) . 37G1
Saint-Pierre-de-Soucy (73) . . 132B5
Saint-Pierre-de-Trivisy (81) . 171 E4
Saint-Pierre-
-de-Varengeville (76) 17 F5
Saint-Pierre-
-de-Varennes (71) 101 E5
Saint-Pierre-de-Vassols (84) . 175G1
Saint-Pierre-
-dels-Forcats (66) 200A4
Saint-Pierre-
-d'Entremont (38) 131H6
Saint-Pierre-
-d'Entremont (61) 38A4
Saint-Pierre-
-d'Entremont (73) 131H6
Saint-Pierre-des-Bois (72). . 59G6
Saint-Pierre-
-des-Champs (11) 187 F5
Saint-Pierre-des-Corps (37) . 79 E5
Saint-Pierre-
-des-Échaubrognes (79) . . 92D3
Saint-Pierre-des-Fleurs (27) . 18C6
Saint-Pierre-des-Ifs (14) . . . 15 E5
Saint-Pierre-des-Ifs (27) . . . 15H4
Saint-Pierre-
-des-Jonquières (76) 6B6
Saint-Pierre-des-Landes (53) . 58B3
Saint-Pierre-des-Loges (61) . 39H4
Saint-Pierre-des-Nids (53) . . 59H2
Saint-Pierre-des-Ormes (72). 60C3
Saint-Pierre-
-des-Tripiers (48) 155G5
Saint-Pierre-d'Exideuil (86) . 108D5
Saint-Pierre-d'Eyraud (24) . . 136C5
Saint-Pierre-d'Irube (64) . . . 164B6
Saint-Pierre-d'Oléron (17) . . 120A1
Saint-Pierre-
-du-Bosguérard (27) 18B6
Saint-Pierre-du-Bû (14). . . . 38D3
Saint-Pierre-du-Champ (43) . 142C2
Saint-Pierre-du-Chemin (85) . 92D6
Saint-Pierre-du-Fresne (14) . 38A2
Saint-Pierre-du-Jonquet (14) . 14D5
Saint-Pierre-du-Lorouër (72) . 78C2
Saint-Pierre-du-Mesnil (27) . . 40A3
Saint-Pierre-du-Mont (14). . . 13G4
Saint-Pierre-du-Mont (40). . . 166A2
Saint-Pierre-du-Mont (58). . . 83 F6
Saint-Pierre-du-Palais (17) . . 135H2
Saint-Pierre-du-Perray (91) . . 43 E6
Saint-Pierre-du-Regard (61) . 38B3
Saint-Pierre-du-Val (27) . . . 16C6

Saint-Pierre-du-Vauvray (27) . 18D6
Saint-Pierre-Église (50) 12D1
Saint-Pierre-en-Faucigny (74) 118D6
Saint-Pierre-en-Port (76) . . . 16D3
Saint-Pierre-en-Val (76) 6B5
Saint-Pierre-en-Vaux (21) . . 101 E3
Saint-Pierre-es-Champs (60) . 19G4
Saint-Pierre-
-la-Bourlhonne (63) 128B4
Saint-Pierre-la-Bruyère (61) . 61 E2
Saint-Pierre-la-Cour (53) . . . 58B4
Saint-Pierre-la-Garenne (27) . 41 F1
Saint-Pierre-la-Noaille (42) . . 115 E5
Saint-Pierre-la-Palud (69) . . 129G3
Saint-Pierre-la-Rivière (61) . . 39 F4
Saint-Pierre-la-Roche (07). . 158A2
Saint-Pierre-la-Vieille (14). . . 38B3
Saint-Pierre-Lafeuille (46). . 152C3
Saint-Pierre-Langers (50) . . 35G2
Saint-Pierre-Laval (03) 114C5
Saint-Pierre-Lavis (76) 16D3
Saint-Pierre-le-Bost (23) . . . 112A3
Saint-Pierre-le-Chastel (63) . 126D3
Saint-Pierre-le-Moûtier (58) . 98D5
Saint-Pierre-le-Vieux (48) . . 141G6
Saint-Pierre-le-Vieux (71) . . 115H1
Saint-Pierre-le-Vieux (76) . . 17 F2
Saint-Pierre-le-Vieux (85) . . 107 F3
Saint-Pierre-le-Viger (76) . . 17 F3
Saint-Pierre-lès-Bitry (60) . . 21G4
Saint-Pierre-lès-Elbeuf (76) . 18C6
Saint-Pierre-les-Étieux (18). . 98A6
Saint-Pierre-
-lès-Franqueville (02) 22D1
Saint-Pierre-
-lès-Nemours (77). 64A3
Saint-Pierre-Montlimart (49) . 75G5
Saint-Pierre-Quiberon (56) . . 72B2
Saint-Pierre-Roche (63). . . . 126D3
Saint-Pierre-
-Saint-Jean (07) 157 E3
Saint-Pierre-sur-Dives (14) . . 39 E2
Saint-Pierre-sur-Doux (07) . . 143 E3
Saint-Pierre-sur-Dropt (47) . . 150C1
Saint-Pierre-sur-Erve (53) . . 59 F5
Saint-Pierre-sur-Orthe (53) . . 59G3
Saint-Pierre-sur-Vence (08) . . 24A2
Saint-Pierre-Tarentaine (14) . 37H2
Saint-Pierre-Toirac (46). . . . 153G3
Saint-Pierremont (02) 22D2
Saint-Pierremont (08) 24C4
Saint-Pierremont (88) 70A1
Saint-Pierrevillers (55) 25G4
Saint-Plaisir (03) 113 F1
Saint-Plancard (31) 184A3
Saint-Planchers (50) 35G2
Saint-Plantaire (36) 111 F2
Saint-Point (71) 116A3
Saint-Point-Lac (25). 103H5
Saint-Poix (53) 58B5
Saint-Pol-de-Léon (29) 31H2
Saint-Pol-sur-Mer (59). 2B1
Saint-Pol-sur-Ternoise (62). . 7G1
Saint-Polgues (42) 128C2
Saint-Polycarpe (11) 186D5
Saint-Pompain (79) 107G2
Saint-Pompont (24) 152A1
Saint-Poncy (15) 141 F3
Saint-Pons (04) 161 F3
Saint-Pons (07) 157H2
Saint-Pons-
-de-Mauchiens (34) 172D6
Saint-Pons-
-de-Thomières (34) 187G1
Saint-Pons-la-Calm (30) . . . 174C1
Saint-Port (03) 113H5
Saint-Porchaire (17) 120D2
Saint-Porquier (82) 168D2
Saint-Pouange (10) 66B4
Saint-Pourçain-
-sur-Besbre (03) 114B2
Saint-Pourçain-
-sur-Sioule (03) 113H4
Saint-Prancher (88) 69 E2
Saint-Préjet-Armandon (43) . 142A2
Saint-Préjet-d'Allier (43) . . . 142A5
Saint-Prest (28) 62B1
Saint-Preuil (16) 121H4
Saint-Priest (07) 157H1
Saint-Priest (23) 112B6
Saint-Priest (69) 130B3
Saint-Priest-Bramefant (63) . 127H1
Saint-Priest-d'Andelot (03) . . 113G6
Saint-Priest-de-Gimel (19) . . 139 F1
Saint-Priest-
-des-Champs (63) 126D1
Saint-Priest-en-Jarez (42) . . 129 F6
Saint-Priest-en-Murat (03) . . 113 F3
Saint-Priest-la-Feuille (23) . . 111 E5
Saint-Priest-la-Marche (18) . 111 F1
Saint-Priest-la-Plaine (23) . . 111 E5
Saint-Priest-la-Prugne (42) . 128B1
Saint-Priest-la-Roche (42) . . 128D2
Saint-Priest-la-Vêtre (42) . . 128B3
Saint-Priest-
-les-Fougères (24) 123H5
Saint-Priest-Ligoure (87) . . . 124B4
Saint-Priest-Palus (23) 124D2
Saint-Priest-sous-Aixe (87) . 124A2
Saint-Priest-Taurion (87). . . 124C2
Saint-Prim (38) 130A6
Saint-Privat (07) 157G2
Saint-Privat (19) 139 F2
Saint-Privat (34) 172C4
Saint-Privat-d'Allier (43) . . . 142B4

Saint-Privat-
-de-Champclos (30) 157G5
Saint-Privat-
-de-Vallongue (48). 156C5
Saint-Privat-des-Prés (24) . . 136C2
Saint-Privat-des-Vieux (30). . 157 E6
Saint-Privat-du-Dragon (43) . 141H2
Saint-Privat-du-Fau (48) . . . 141G5
Saint-Privat-
-la-Montagne (57) 26B5
Saint-Privé (71) 101 E6
Saint-Privé (89) 82C3
Saint-Prix (03) 114B5
Saint-Prix (07) 143G5
Saint-Prix (71) 100B4
Saint-Prix (95) 42C2
Saint-Prix-lès-Arnay (21). . . 101 E2
Saint-Projet (46) 152D1
Saint-Projet (82) 153 F5
Saint-Projet-de-Salers (15) . 140B3
Saint-Projet-
-Saint-Constant (16) 122D3
Saint-Prouant (85) 92B5
Saint-Pryvé-
-Saint-Mesmin (45) 80D1
Saint-Puy (32) 167G3
Saint-Python (59) 9 F3
Saint-Quantin-
-de-Rançanne (17) 121 E5
Saint-Quay-Perros (22) 32C5
Saint-Quay-Portrieux (22). . . 33G3
Saint-Quentin (02). 9 E5
Saint-Quentin-au-Bosc (76) . . 6A5
Saint-Quentin-
-de-Baron (33) 135G5
Saint-Quentin-
-de-Blavou (61) 60C1
Saint-Quentin-
-de-Caplong (33) 136B6
Saint-Quentin-
-de-Chalais (16) 136B2
Saint-Quentin-des-Isles (27). 15H6
Saint-Quentin-des-Prés (60) . 19G3
Saint-Quentin-
-du-Dropt (47) 151 F1
Saint-Quentin-
-en-Mauges (49) 75H4
Saint-Quentin-
-en-Tourmont (80) 6C2
Saint-Quentin-
-Fallavier (38). 130C4
Saint-Quentin-
-la-Chabanne (23) 125G2
Saint-Quentin-la-Motte-
-Croix-au-Bailly (80) 6B4
Saint-Quentin-
-la-Poterie (30) 174B1
Saint-Quentin-la-Tour (09) . . 186B5
Saint-Quentin-le-Petit (08) . . 23 E3
Saint-Quentin-le-Verger (51) . 44D6
Saint-Quentin-les-Anges (53). 76C2
Saint-Quentin-
-lès-Beaurepaire (49) . . . 77G3
Saint-Quentin-
-les-Chardonnets (61) . . . 38A4
Saint-Quentin-
-les-Marais (51) 46B4
Saint-Quentin-
-sur-Charente (16) 123 F2
Saint-Quentin-
-sur-Coole (51) 45H4
Saint-Quentin-
-sur-Indrois (37) 95G1
Saint-Quentin-sur-Isère (38) . 145 F1
Saint-Quentin-
-sur-le-Homme (50) 35H3
Saint-Quentin-
-sur-Nohain (58) 82C6
Saint-Quentin-
-sur-Sauxillanges (63) . . . 127G5
Saint-Quintin-
-sur-Sioule (63) 113G6
Saint-Quirc (09) 185G2
Saint-Quirin (57) 50A5
Saint-Rabier (24) 138A3
Saint-Racho (71) 115G4
Saint-Rambert-d'Albon (26) . 144A1
Saint-Rambert-
-en-Bugey (01) 131 E1
Saint-Raphaël (24) 137H1
Saint-Raphaël (83) 194C2
Saint-Régis-du-Coin (42) . . 143 F2
Saint-Règle (37) 79G5
Saint-Remèze (07) 157H4
Saint-Remimont (54) 69G1
Saint-Remimont (88) 69 E3
Saint-Rémy (01) 116D5
Saint-Rémy (12) 153G4
Saint-Rémy (14) 38B3
Saint-Rémy (19) 125H4
Saint-Rémy (21). 84C3
Saint-Rémy (24) 136B4
Saint-Rémy (70) 87 F1
Saint-Rémy (71) 101G5
Saint-Rémy (79) 107G3
Saint-Rémy (88) 70C2
Saint-Rémy-au-Bois (62). . . 6D2
Saint-Rémy-aux-Bois (54). . . 69H2
Saint-Rémy-Blanzy (02) . . . 22A6
Saint-Rémy-Boscrocourt (76) . 6B5
Saint-Rémy-Chaussée (59). . 9H3
Saint-Rémy-
-de-Chargnat (63) 127G5
Saint-Rémy-
-de-Chaudes-Aigues (15) . 141 E6
Saint-Rémy-de-
-Maurienne (73). 132C6
Saint-Rémy-de-
-Provence (13) 191 F1
Saint-Rémy-de-Sillé (72). . . 59H4

Saint-Rémy-des-Landes (50) . 12 C5
Saint-Rémy-des-Monts (72) . . 60 C3
Saint-Rémy-du-Nord (59) 10 A3
Saint-Rémy-du-Plain (35) . . 35 F6
Saint-Rémy-du-Val (72). 60 B2
Saint-Rémy-en-Bouzemont-Saint-
-Genest-et-Isson (51) 46 B6
Saint-Remy-en-l'Eau (60) . . . 20 D4
Saint-Rémy-en-Mauges (49) . 75 G5
Saint-Rémy-en-Rollat (03) . . 114 A5
Saint-Rémy-la-Calonne (55) . . 47 H2
Saint-Rémy-la-Vanne (77) 44 A4
Saint-Rémy-la-Varenne (49) . . 77 F5
Saint-Rémy-le-Petit (08) . . . 23 F4
Saint-Rémy-
-lès-Chevreuse (78) . . 42 B5
Saint-Rémy-l'Honoré (78) . . 42 A5
Saint-Rémy-
-sous-Barbuise (10). 66 B1
Saint-Remy-
-sous-Broyes (51) 44 D5
Saint-Rémy-sur-Avre (28) . . . 41 E4
Saint-Rémy-sur-Bussy (51) . . 46 B2
Saint-Rémy-sur-Creuse (86) . 95 E4
Saint-Rémy-
-sur-Durolle (63) 128 A2
Saint-Renan (29) 30 D4
Saint-Restitut (26) 158 B4
Saint-Révérend (85) 90 D4
Saint-Révérien (58) 99 F1
Saint-Rieul (22) 34 A5
Saint-Rigomer-des-Bois (72) . 60 A2
Saint-Rimay (41) 79 F2
Saint-Riquier (80) 7 E4
Saint-Riquier-en-Rivière (76) . . 6 B6
Saint-Riquier-ès-Plains (76) . . 17 E2
Saint-Rirand (42) 114 D6
Saint-Rivoal (29) 31 G5
Saint-Robert (19) 138 B2
Saint-Robert (47) 151 G5
Saint-Roch (37) 78 D5
Saint-Roch-sur-Égrenne (61) . 38 A6
Saint-Rogatien (17) 106 D5
Saint-Romain (16) 136 B1
Saint-Romain (21) 101 F3
Saint-Romain (63) 128 C5
Saint-Romain (86) 109 E4
Saint-Romain-
-au-Mont-d'Or (69) 130 A2
Saint-Romain-d'Ay (07). . . . 143 H3
Saint-Romain-
-de-Benet (17) 120 D3
Saint-Romain-
-de-Colbosc (76) 15 G1
Saint-Romain-
-de-Jalionas (38) 130 D3
Saint-Romain-de-Lerps (07) . 144 A4
Saint-Romain-de-
-Monpazier (24) 151 G1
Saint-Romain-
-de-Popey (69) 129 G2
Saint-Romain-
-de-Surieu (38) 130 B6
Saint-Romain-d'Urfé (42) . . 128 B2
Saint-Romain-en-Gal (69) . . 130 A5
Saint-Romain-en-Gier (69) . . 129 H5
Saint-Romain-en-Jarez (42) . 129 G5
Saint-Romain-
-en-Viennois (84) 158 D5
Saint-Romain-
-et-Saint-Clément (24) . . 123 G6
Saint-Romain-la-Motte (42) . 115 E6
Saint-Romain-
-la-Virvée (33) 135 F4
Saint-Romain-Lachalm (43) . 143 F2
Saint-Romain-
-le-Noble (47). 151 G6
Saint-Romain-le-Preux (89) . . 64 D6
Saint-Romain-le-Puy (42) . . 128 D5
Saint-Romain-
-les-Atheux (42). 143 F1
Saint-Romain-
-sous-Gourdon (71). . . . 115 G1
Saint-Romain-
-sous-Versigny (71). . . . 115 F1
Saint-Romain-sur-Cher (41) . 80 A6
Saint-Romain-
-sur-Gironde (17). 120 D5
Saint-Roman (26) 159 F1
Saint-Roman-
-de-Codières (30). 173 F2
Saint-Roman-
-de-Malegarde (84) . . . 158 C5
Saint-Romans (38) 144 D3
Saint-Romans-
-des-Champs (79) 107 H4
Saint-Romans-
-lès-Melle (79) 108 B4
Saint-Rome (31) 185 H1
Saint-Rome-
-de-Cernon (12) 171 H2
Saint-Rome-de-Dolan (48) . 155 G5
Saint-Rome-de-Tarn (12) . . 171 H1
Saint-Romphaire (50) 37 F1
Saint-Rustice (31) 169 E3
Saint-Saëns (76) 17 H4
Saint-Saire (76) 19 F2
Saint-Salvadou (12) 153 H5
Saint-Salvadour (19) 125 E6
Saint-Salvi-
-de-Carcavès (81) 171 F4
Saint-Salvy (47) 151 E5
Saint-Salvy-
-de-la-Balme (81) 170 D5
Saint-Samson (14) 14 D4
Saint-Samson (53) 59 G1
Saint-Samson-
-de-Bonfossé (50) 37 F1
Saint-Samson-
-de-la-Roque (27) 15 G2
Saint-Samson-la-Poterie (60) . 19 G3

Saint-Samson-
-sur-Rance (22) 36 A6
Saint-Sandoux (63) 127 F4
Saint-Santin (12) 153 H2
Saint-Santin-Cantalès (15) . 139 H4
Saint-Santin-de-Maurs (15) . 153 H2
Saint-Sardos (47) 151 E4
Saint-Sardos (82) 168 D3
Saint-Satur (18) 82 B6
Saint-Saturnin (15) 140 D2
Saint-Saturnin (16) 122 B4
Saint-Saturnin (18) 112 A2
Saint-Saturnin (48) 155 G4
Saint-Saturnin (51) 45 E6
Saint-Saturnin (63) 127 F4
Saint-Saturnin (72) 60 A5
Saint-Saturnin-
-de-Lenne (12) 155 F4
Saint-Saturnin-
-de-Lucian (34) 172 D5
Saint-Saturnin-du-Bois (17) . 107 F5
Saint-Saturnin-du-Limet (53) . 76 A1
Saint-Saturnin-lès-Apt (84) . 175 H2
Saint-Saturnin-
-lès-Avignon (84) 175 E2
Saint-Saturnin-sur-Loire (49) . 77 E5
Saint-Saud-
-Lacoussière (24) 123 G5
Saint-Sauflieu (80) 20 C1
Saint-Saulge (58) 99 G2
Saint-Sauve (59) 9 F2
Saint-Saury (15) 139 G5
Saint-Sauvant (17) 121 F3
Saint-Sauvant (86) 108 C3
Saint-Sauves-
-d'Auvergne (63) 126 C4
Saint-Sauveur (05) 161 E2
Saint-Sauveur (21) 86 B6
Saint-Sauveur (24) 137 E5
Saint-Sauveur (29) 31 G4
Saint-Sauveur (31) 169 F4
Saint-Sauveur (33) 134 D2
Saint-Sauveur (38) 144 D3
Saint-Sauveur (54) 49 H6
Saint-Sauveur (60) 21 F5
Saint-Sauveur (70) 87 H1
Saint-Sauveur (80) 7 F5
Saint-Sauveur (86) 94 D5
Saint-Sauveur-
-Camprieu (30) 172 D1
Saint-Sauveur-d'Aunis (17) . 107 E4
Saint-Sauveur-
-de-Carrouges (61) 38 D6
Saint-Sauveur-
-de-Cruzières (07) 157 F5
Saint-Sauveur-de-Flée (49) . 76 C2
Saint-Sauveur-
-de-Ginestoux (48) . . . 156 B1
Saint-Sauveur-
-de-Landemont (49) . . . 75 E4
Saint-Sauveur-
-de-Meilhan (47) 150 B3
Saint-Sauveur-
-de-Montagut (07) . . . 143 G6
Saint-Sauveur-
-de-Peyre (48) 155 G2
Saint-Sauveur-
-de-Pierrepont (50) 12 C4
Saint-Sauveur-
-de-Puynormand (33) . . 136 A4
Saint-Sauveur-
-d'Émalleville (76) 15 F1
Saint-Sauveur-
-des-Landes (35) 35 H6
Saint-Sauveur-
-en-Diois (26) 158 D1
Saint-Sauveur-
-en-Puisaye (89) 82 D3
Saint-Sauveur-en-Rue (42) . 143 G2
Saint-Sauveur-
-Gouvernet (26) 159 E4
Saint-Sauveur-
-la-Pommeraye (50) . . . 35 G2
Saint-Sauveur-
-la-Sagne (63) 128 B6
Saint-Sauveur-
-la-Vallée (46) 152 D2
Saint-Sauveur-Lalande (24) . 136 C4
Saint-Sauveur-
-le-Vicomte (50) 12 C4
Saint-Sauveur-Lendelin (50) . 12 C2
Saint-Sauveur-lès-Bray (77) . 64 D2
Saint-Sauveur-Marville (28) . 41 E6
Saint-Sauveur-
-sur-École (77) 63 H1
Saint-Sauveur-
-sur-Tinée (06) 162 C6
Saint-Sauvier (03) 112 B3
Saint-Sauvy (32) 168 B4
Saint-Savin (33) 135 F2
Saint-Savin (38) 130 D4
Saint-Savin (65) 182 D5
Saint-Savin (86) 109 H1
Saint-Savinien (17) 121 E1
Saint-Saviol (86) 108 D5
Saint-Savournin (13) 192 B3
Saint-Sébastien (23) 111 E3
Saint-Sébastien (38) 145 G5
Saint-Sébastien-
-d'Aigrefeuille (30). . . . 173 G1
Saint-Sébastien-
-de-Morsent (27) 40 D2
Saint-Sébastien-
-de-Raids (50) 12 D6
Saint-Sébastien-
-sur-Loire (44) 74 D5
Saint-Secondin (86) 109 F3
Saint-Ségal (29) 31 G6
Saint-Séglin (35) 56 D5
Saint-Seine (58) 100 A6
Saint-Seine-en-Bâche (21) . 102 C2

Saint-Seine-l'Abbaye (21) . . . 85 F5
Saint-Seine-
-sur-Vingeanne (21). 86 B4
Saint-Selve (33) 149 F1
Saint-Senier-
-de-Beuvron (50) 35 H4
Saint-Senier-
-sous-Avranches (50) . . . 35 H3
Saint-Senoch (37) 95 F3
Saint-Senoux (35) 57 E4
Saint-Sériès (34) 173 H4
Saint-Sernin (07) 157 G2
Saint-Sernin (11) 186 A3
Saint-Sernin (47) 150 C1
Saint-Sernin-du-Bois (71) . . 101 E5
Saint-Sernin-du-Plain (71) . . 101 F4
Saint-Sernin-
-lès-Lavaur (81) 170 B6
Saint-Sernin-
-sur-Rance (12) 171 F3
Saint-Sérotin (89) 64 D4
Saint-Servais (22) 32 C5
Saint-Servais (29) 31 G4
Saint-Servant (56) 55 H4
Saint-Setiers (19) 125 G4
Saint-Seurin-de-Bourg (33) . 135 E3
Saint-Seurin-
-de-Cadourne (33) 134 D1
Saint-Seurin-
-de-Cursac (33) 135 E2
Saint-Seurin-
-de-Palenne (17) 121 F4
Saint-Seurin-de-Prats (24) . 136 B5
Saint-Seurin-sur-l'Isle (33) . 136 A4
Saint-Sève (33) 150 B2
Saint-Sever (40) 165 H3
Saint-Sever-Calvados (14) . . 37 G3
Saint-Sever-de-Rustan (65) . 183 F2
Saint-Sever-
-de-Saintonge (17) . . . 121 F3
Saint-Sever-
-du-Moustier (12) 171 F4
Saint-Séverin (16) 136 C1
Saint-Séverin-
-d'Estissac (24) 136 D3
Saint-Séverin-
-sur-Boutonne (17) . . . 107 H5
Saint-Siffret (30) 174 B2
Saint-Sigismond (45) 62 C6
Saint-Sigismond (49) 76 B4
Saint-Sigismond (74) 119 F5
Saint-Sigismond (85) 107 F3
Saint-Sigismond-
-de-Clermont (17) 121 F5
Saint-Silvain-
-Bas-le-Roc (23) 112 A4
Saint-Silvain-
-Bellegarde (23) 125 H1
Saint-Silvain-
-Montaigut (23) 111 F5
Saint-Silvain-
-sous-Toulx (23) 112 A4
Saint-Siméon (27) 15 H4
Saint-Siméon (61) 58 D1
Saint-Siméon (77) 44 A4
Saint-Siméon-
-de-Bressieux (38) . . . 144 D1
Saint-Simeux (16) 122 A4
Saint-Simon (02) 21 H1
Saint-Simon (15) 140 B5
Saint-Simon (16) 122 A4
Saint-Simon (46) 153 F1
Saint-Simon-
-de-Bordes (17) 121 F6
Saint-Simon-
-de-Pellouaille (17) . . . 121 E4
Saint-Sixt (74) 118 D6
Saint-Sixte (42) 128 C3
Saint-Sixte (47) 151 G6
Saint-Solve (19) 138 C1
Saint-Sorlin (69) 129 H4
Saint-Sorlin-d'Arves (73) . . 146 B2
Saint-Sorlin-de-Conac (17) . 121 E6
Saint-Sorlin-
-de-Morestel (38). 131 E4
Saint-Sorlin-de-Vienne (38) . 130 B6
Saint-Sorlin-en-Bugey (01). . 130 D2
Saint-Sorlin-en-Valloire (26) . 144 B1
Saint-Sornin (03) 113 F3
Saint-Sornin (16) 122 D3
Saint-Sornin (17) 120 C2
Saint-Sornin-la-Marche (87) . 110 A5
Saint-Sornin-Lavolps (19) . . 138 B1
Saint-Sornin-Leulac (87) . . 110 C5
Saint-Soulan (32) 168 B6
Saint-Souplet (59) 9 F4
Saint-Souplet-sur-Py (51) . . 23 H6
Saint-Soupplets (77) 43 F2
Saint-Sozy (46) 138 D5
Saint-Stail (88) 70 D2
Saint-Suliac (35) 36 A5
Saint-Sulpice (01) 116 C4
Saint-Sulpice (46) 153 F2
Saint-Sulpice (49) 77 E5
Saint-Sulpice (53) 58 D6
Saint-Sulpice (58) 99 F3
Saint-Sulpice (60) 20 B5
Saint-Sulpice (63) 126 C4
Saint-Sulpice (70) 88 A3
Saint-Sulpice (73) 131 H4
Saint-Sulpice (81) 169 G4
Saint-Sulpice-
-d'Arnoult (17) 120 D2
Saint-Sulpice-
-de-Cognac (16) 121 G3
Saint-Sulpice-
-de-Faleyrens (33) 135 H5
Saint-Sulpice-
-de-Favières (91) 63 F1
Saint-Sulpice-
-de-Grimbouville (27) . . . 15 G3

Saint-Sulpice-
-de-Guilleragues (33) . . . 150 B1
Saint-Sulpice-
-de-Mareuil (24) 123 E5
Saint-Sulpice-
-de-Pommeray (41) 79 H3
Saint-Sulpice-
-de-Pommiers (33) 150 A1
Saint-Sulpice-
-de-Roumagnac (24) . . . 136 D2
Saint-Sulpice-
-de-Royan (17) 120 C3
Saint-Sulpice-
-de-Ruffec (16) 122 D1
Saint-Sulpice-
-des-Landes (35) 57 F6
Saint-Sulpice-
-des-Landes (44) 75 F2
Saint-Sulpice-
-des-Rivoires (38) 131 F5
Saint-Sulpice-
-d'Excideuil (24) 123 H6
Saint-Sulpice-en-Pareds (85) . 92 C6
Saint-Sulpice-
-et-Cameyrac (33) 135 F5
Saint-Sulpice-la-Forêt (35) . . 57 F2
Saint-Sulpice-Laurière (87) . 110 D6
Saint-Sulpice-
-le-Dunois (23) 111 F4
Saint-Sulpice-
-le-Guérétois (23) 111 F5
Saint-Sulpice-le-Verdon (85) . 91 G2
Saint-Sulpice-les-Bois (19) . 125 G4
Saint-Sulpice-
-les-Champs (23) 125 G1
Saint-Sulpice-
-les-Feuilles (87) 110 D4
Saint-Sulpice-sur-Lèze (31) . 185 F2
Saint-Sulpice-sur-Risle (61) . 40 A4
Saint-Supplet (54) 25 H4
Saint-Sylvain (14) 38 D2
Saint-Sylvain (19) 139 F3
Saint-Sylvain (76) 17 E2
Saint-Sylvain-d'Anjou (49) . . 77 E4
Saint-Sylvestre (07) 144 A4
Saint-Sylvestre (74) 132 A2
Saint-Sylvestre (87) 124 C1
Saint-Sylvestre-Cappel (59) . . 2 C4
Saint-Sylvestre-
-de-Cormeilles (27) 15 G4
Saint-Sylvestre-
-Pragoulin (63) 114 A6
Saint-Sylvestre-sur-Lot (47) . 151 G4
Saint-Symphorien (18) . . . 97 G5
Saint-Symphorien (27) . . . 15 G3
Saint-Symphorien (33) . . . 149 F3
Saint-Symphorien (35) . . . 57 E1
Saint-Symphorien (48) . . . 142 A6
Saint-Symphorien (72) . . . 59 G5
Saint-Symphorien (79) . . . 107 G4
Saint-Symphorien-
-d'Ancelles (71) 116 B5
Saint-Symphorien-
-de-Lay (42) 129 E1
Saint-Symphorien-
-de-Mahun (07) 143 G3
Saint-Symphorien-
-de-Marmagne (71) . . . 100 D5
Saint-Symphorien-
-de-Thénières (12) 154 D1
Saint-Symphorien-
-des-Bois (71) 115 F4
Saint-Symphorien-
-des-Bruyères (61) 40 A4
Saint-Symphorien-
-des-Monts (50) 37 G6
Saint-Symphorien-
-d'Ozon (69) 130 A4
Saint-Symphorien-
-le-Château (28) 62 C1
Saint-Symphorien-
-le-Valois (50) 12 C5
Saint-Symphorien-
-sous-Chomérac (07) . . . 158 A1
Saint-Symphorien-
-sur-Coise (69) 129 F4
Saint-Symphorien-
-sur-Couze (87) 110 C6
Saint-Symphorien-
-sur-Saône (21) 102 B2
Saint-Thégonnec (29) 31 H4
Saint-Thélo (22) 55 F1
Saint-Théodorit (30) 173 H2
Saint-Théoffrey (38) 145 G4
Saint-Thibaud-
-de-Couz (73) 131 H5
Saint-Thibault (10) 66 B4
Saint-Thibault (21) 84 D6
Saint-Thibault (60) 19 H2
Saint-Thibault-
-des-Vignes (77) 43 F4
Saint-Thibaut (02) 22 C5
Saint-Thibéry (34) 188 D1
Saint-Thiébaud (39) 103 F3
Saint-Thiébault (52) 68 C4
Saint-Thierry (51) 23 E5
Saint-Thois (29) 53 H1
Saint-Thomas (02) 22 D4
Saint-Thomas (31) 168 C6
Saint-Thomas-
-de-Conac (17) 121 E6
Saint-Thomas-
-de-Courceriers (53) . . . 59 G3
Saint-Thomas-
-en-Argonne (51) 46 C1
Saint-Thomas-
-en-Royans (26) 144 D4
Saint-Thomé (07) 158 A3
Saint-Thonan (29) 31 E4

Saint-Thual (35). 34 D6
Saint-Thurial (35) 56 D3
Saint-Thuriau (56) 55 F3
Saint-Thurien (27) 16 D6
Saint-Thurien (29) 54 B3
Saint-Thurin (42) 128 C3
Saint-Tricat (62) 1 G2
Saint-Trimoël (22) 33 H5
Saint-Trinit (84) 159 F6
Saint-Trivier-
-de-Courtes (01) 116 D2
Saint-Trivier-
-sur-Moignans (01) . . . 116 C6
Saint-Trojan (33) 135 E3
Saint-Trojan-les-Bains (17) . 120 B2
Saint-Tropez (83) 194 B4
Saint-Tugdual (56) 54 C2
Saint-Ulphace (72) 61 E4
Saint-Ulrich (68) 89 E3
Saint-Uniac (35) 56 D2
Saint-Urbain (29) 31 F5
Saint-Urbain (85) 90 C2
Saint-Urbain-
-Maconcourt (52) 68 A2
Saint-Urcisse (47) 151 G6
Saint-Urcisse (81) 169 G2
Saint-Urcize (15) 155 F1
Saint-Usage (10) 67 E5
Saint-Usage (21) 102 B2
Saint-Usuge (71) 102 B6
Saint-Utin (51) 66 D1
Saint-Uze (26) 144 A2
Saint-Vaast-
-de-Longmont (60) 21 E5
Saint-Vaast-
-d'Équiqueville (76). 17 H3
Saint-Vaast-Dieppedalle (76) . 17 E3
Saint-Vaast-du-Val (76) . . . 17 G4
Saint-Vaast-en-Auge (14) . . 15 E4
Saint-Vaast-
-en-Cambrésis (59) 9 F3
Saint-Vaast-la-Hougue (50) . 13 E2
Saint-Vaast-lès-Mello (60) . . 20 C6
Saint-Vaast-sur-Seulles (14) . 14 A5
Saint-Vaize (17) 121 E2
Saint-Valbert (70) 87 H1
Saint-Valentin (36) 96 D4
Saint-Valérien (85) 107 E1
Saint-Valérien (89) 64 D4
Saint-Valery (60) 19 G2
Saint-Valery-en-Caux (76). . . 17 E2
Saint-Valery-sur-Somme (80) . 6 C3
Saint-Vallerin (71) 101 F6
Saint-Vallier (16) 136 A1
Saint-Vallier (26) 144 A2
Saint-Vallier (71) 115 G1
Saint-Vallier (88) 69 G3
Saint-Vallier-de-Thiey (06) . 178 C4
Saint-Vallier-sur-Marne (52) . 86 B1
Saint-Varent (79) 93 G4
Saint-Vaury (23) 111 F5
Saint-Venant (62). 2 C5
Saint-Vénérand (43) 142 B5
Saint-Vérain (58) 82 C5
Saint-Véran (05) 147 G6
Saint-Vérand (38) 144 D2
Saint-Vérand (69) 129 G2
Saint-Vérand (71) 116 A4
Saint-Vert (43) 142 A1
Saint-Viance (19) 138 C2
Saint-Viâtre (41) 80 D4
Saint-Viaud (44) 74 A4
Saint-Victeur (72) 60 A3
Saint-Victor (03) 112 D3
Saint-Victor (07) 143 H3
Saint-Victor (15) 139 H4
Saint-Victor (24) 136 D2
Saint-Victor-de-Buthon (28) . 61 F2
Saint-Victor-
-de-Cessieu (38) 131 E5
Saint-Victor-
-de-Chrétienville (27) . . . 15 H6
Saint-Victor-de-Malcap (30) . 157 F5
Saint-Victor-
-de-Morestel (38). 131 E3
Saint-Victor-de-Réno (61) . . 61 E1
Saint-Victor-d'Épine (27) . . 15 H4
Saint-Victor-
-et-Melvieu (12) 171 G1
Saint-Victor-la-Coste (30) . . 174 C1
Saint-Victor-la-Rivière (63) . 127 E5
Saint-Victor-l'Abbaye (76). . . 18 D2
Saint-Victor-
-Malescours (43) 143 F2
Saint-Victor-
-Montvianeix (63) 128 A1
Saint-Victor-Rouzaud (09) . . 185 G4
Saint-Victor-sur-Arlanc (43) . 142 B1
Saint-Victor-sur-Avre (27) . . 40 C5
Saint-Victor-
-sur-Ouche (21) 101 F1
Saint-Victor-sur-Rhins (42) . 129 E1
Saint-Victoret (13) 191 H4
Saint-Victour (19) 126 A6
Saint-Victurnien (87) 123 H2
Saint-Vigor (27) 41 E2
Saint-Vigor-
-des-Mézerets (14). 38 A3
Saint-Vigor-des-Monts (50) . 37 F3
Saint-Vigor-d'Ymonville (76) . 15 G2
Saint-Vigor-le-Grand (14) . . 13 H5
Saint-Vincent (31) 186 A1
Saint-Vincent (43) 142 C3
Saint-Vincent (63) 127 F5
Saint-Vincent (64) 182 D3
Saint-Vincent (82) 152 D2
Saint-Vincent-Bragny (71) . 115 E2

Saint-Vincent-
-Cramesnil (76) 15 G2
Saint-Vincent-
-de-Barbeyrargues (34). . . 173 F4
Saint-Vincent-
-de-Barrès (07) 158 A1
Saint-Vincent-
-de-Boisset (42) 128 D1
Saint-Vincent-
-de-Connezac (24) 136 D2
Saint-Vincent-
-de-Cosse (24) 138 A5
Saint-Vincent-
-de-Durfort (07) 143 H6
Saint-Vincent-
-de-Lamontjoie (47) 167 H1
Saint-Vincent-
-de-Mercuze (38) 131 H6
Saint-Vincent-de-Paul (33) . 135 F4
Saint-Vincent-de-Paul (40) . 165 E3
Saint-Vincent-
-de-Pertignas (33) 135 H6
Saint-Vincent-de-Reins (69) . 115 G6
Saint-Vincent-
-de-Salers (15) 140 B2
Saint-Vincent-
-de-Tyrosse (40) 164 C4
Saint-Vincent-des-Bois (27) . . 41 F2
Saint-Vincent-
-des-Landes (44) 74 D1
Saint-Vincent-des-Prés (71) . 115 H2
Saint-Vincent-des-Prés (72) . 60 C3
Saint-Vincent-
-d'Olargues (34) 171 G6
Saint-Vincent-
-du-Boulay (27) 15 G5
Saint-Vincent-
-du-Lorouër (72) 78 C1
Saint-Vincent-
-du-Pendit (46) 139 F4
Saint-Vincent-
-en-Bresse (71) 102 A4
Saint-Vincent-
-Jalmoutiers (24) 136 C2
Saint-Vincent-la-Châtre (79) . 108 C4
Saint-Vincent-
-la-Commanderie (26) . . . 144 C3
Saint-Vincent-le-Paluel (24) . 138 B5
Saint-Vincent-les-Forts (04) . 160 D3
Saint-Vincent-
-Lespinasse (82) 151 H6
Saint-Vincent-
-Rive-d'Olt (46) 152 B3
Saint-Vincent-
-Sterlanges (85). 92 A5
Saint-Vincent-
-sur-Graon (85) 91 G6
Saint-Vincent-
-sur-Jabron (04) 159 H6
Saint-Vincent-sur-Jard (85) . 106 A2
Saint-Vincent-sur-l'Isle (24) . 137 G2
Saint-Vincent-sur-Oust (56) . 56 C6
Saint-Vit (25) 103 E3
Saint-Vital (73) 132 C4
Saint-Vite (47) 151 H3
Saint-Vitte (18) 112 C2
Saint-Vitte-sur-Briance (87) . 124 D4
Saint-Vivien (17) 106 D5
Saint-Vivien (24) 136 B5
Saint-Vivien-de-Blaye (33) . 135 F3
Saint-Vivien-
-de-Médoc (33) 120 C5
Saint-Vivien-
-de-Monségur (33) 150 B2
Saint-Voir (03) 114 B3
Saint-Vougay (29) 31 G3
Saint-Vrain (51) 46 C5
Saint-Vrain (91) 63 G1
Saint-Vran (22) 56 A1
Saint-Vulbas (01) 130 D2
Saint-Waast (59) 9 G2
Saint-Wandrille-Rançon (76) . 17 E5
Saint-Witz (95) 43 E2
Saint-Xandre (17) 106 D4
Saint-Yaguen (40) 165 G2
Saint-Yan (71) 115 E3
Saint-Ybard (19) 124 C6
Saint-Ybars (09) 185 F3
Saint-Yon (91) 63 F1
Saint-Yorre (03) 114 A6
Saint-Yrieix-
-la-Montagne (23) 125 G2
Saint-Yrieix-la-Perche (87) . 124 A5
Saint-Yrieix-le-Déjalat (19) . 125 F6
Saint-Yrieix-les-Bois (23) . 111 G6
Saint-Yrieix-sous-Aixe (87) . 123 H2
Saint-Yrieix-
-sur-Charente (16) 122 B3
Saint-Ythaire (71) 116 A1
Saint-Yvi (29) 53 G3
Saint-Yvoine (63) 127 G5
Saint-Yzan-de-Soudiac (33) . 135 F2
Saint-Yzans-de-Médoc (33) . 134 D1
Saint-Zacharie (83) 192 D3
Sainte-Adresse (76). 15 E2
Sainte-Agathe (63) 128 A3
Sainte-Agathe-
-d'Aliermont (76) 6 A6
Sainte-Agathe-
-en-Donzy (42) 129 E2
Sainte-Agathe-
-la-Bouteresse (42) 128 D3
Sainte-Agnès (06) 195 G2
Sainte-Agnès (38) 145 H2
Sainte-Agnès (39) 117 F1
Sainte-Alauzie (46) 152 B5
Sainte-Alvère (24) 137 F4
Sainte-Anastasie (15) . . . 141 E3
Sainte-Anastasie (30) . . . 174 A2
Sainte-Anastasie-
-sur-Issole (83) 193 F3

ainte-Anne (25) 103 F3
ainte-Anne (32) 168 C4
ainte-Anne (41) 79 G2
ainte-Anne-d'Auray (56) . . . 55 E6
Sainte-Anne-
-Saint-Priest (87) 124 D3
ainte-Anne-sur-Brivet (44) . . 74 A3
Sainte-Anne-
-sur-Gervonde (38) 130 D5
ainte-Anne-sur-Vilaine (35) . 57 E6
ainte-Aulde (77) 44 A3
Sainte-Aurence-
-Cazaux (32). 183 H1
ainte-Austreberthe (62) 7 E2
ainte-Austreberthe (76) . . . 17 F5
ainte-Barbe (57) 26 C5
ainte-Barbe (88) 70 B2
Sainte-Barbe-
-sur-Gaillon (27) 41 E1
ainte-Bazeille (47) 150 B2
ainte-Beuve-en-Rivière (76) . 19 F1
ainte-Blandine (38) 131 E5
ainte-Blandine (79) 108 A4
ainte-Brigitte (56) 55 E2
ainte-Camelle (11) 186 A3
ainte-Catherine (62) 8 B2
ainte-Catherine (63) 127 H6
ainte-Catherine (69) 129 G4
Sainte-Catherine-
-de-Fierbois (37) 94 D2
ainte-Cécile (36) 96 C2
ainte-Cécile (50) 37 F3
ainte-Cécile (71) 116 A3
ainte-Cécile (85) 92 A5
Sainte-Cécile-
-d'Andorge (30) 156 D5
Sainte-Cécile-
-du-Cayrou (81) 169 H2
Sainte-Cécile-
-les-Vignes (84) 158 B5
Sainte-Céronne-
-lès-Mortagne (61) 39 H6
ainte-Cérotte (72) 78 D1
ainte-Christie (32) 167 H4
Sainte-Christie-
-d'Armagnac (32). 166 D3
ainte-Christine (49) 75 H5
ainte-Christine (63) 113 E6
ainte-Colombe (05) 159 G5
ainte-Colombe (16) 122 D2
ainte-Colombe (17) 135 G1
ainte-Colombe (21) 84 D5
ainte-Colombe (25) 103 H4
ainte-Colombe (33) 136 A5
ainte-Colombe (35) 57 G5
ainte-Colombe (40) 165 H4
ainte-Colombe (46) 153 G1
ainte-Colombe (50) 12 C4
ainte-Colombe (69) 130 A5
ainte-Colombe (76) 17 E3
ainte-Colombe (77) 65 E1
ainte-Colombe (89) 84 A4
Sainte-Colombe-
-de-Duras (47) 150 C1
Sainte-Colombe-
-de-la-Commanderie (66) . 201 E3
Sainte-Colombe-
-de-Peyre (48) 155 G1
Sainte-Colombe-
-de-Villeneuve (47) 151 F4
Sainte-Colombe-
-des-Bois (58) 82 D6
Sainte-Colombe-
-en-Bruilhois (47) 151 E6
Sainte-Colombe-
-la-Commanderie (27). . . . 40 C1
Sainte-Colombe-
-près-Vernon (27) 41 E1
Sainte-Colombe-
-sur-Gand (42) 129 E2
Sainte-Colombe-
-sur-Guette (11) 200 B2
Sainte-Colombe-
-sur-l'Hers (11) 186 B5
Sainte-Colombe-
-sur-Loing (89) 82 D4
Sainte-Colombe-
-sur-Seine (21) 85 E1
Sainte-Colome (64) 182 B4
Sainte-Consorce (69) 129 H3
Sainte-Croix (01) 130 B2
Sainte-Croix (02) 22 D4
Sainte-Croix (12) 153 G4
Sainte-Croix (24) 137 G6
Sainte-Croix (26) 144 D6
Sainte-Croix (46) 152 B4
Sainte-Croix (71) 117 E1
Sainte-Croix (81) 170 B2
Sainte-Croix-à-Lauze (04) . . 176 B2
Sainte-Croix-aux-Mines (68) . 71 E3
Sainte-Croix-
-Caderle (30) 173 F1
Sainte-Croix-
-de-Mareuil (24). 122 D5
Sainte-Croix-
-de-Quintillargues (34) . . 173 F4
Sainte-Croix-du-Mont (33) . 149 H2
Sainte-Croix-
-du-Verdon (04) 177 F4
Sainte-Croix-en-Jarez (42) . 129 H5
Sainte-Croix-en-Plaine (68) . 71 F5
Sainte-Croix-
-Grand-Tonne (14) 14 A4
Sainte-Croix-Hague (50) . . . 12 B2
Sainte-Croix-sur-Aizier (27) . 16 D6
Sainte-Croix-sur-Buchy (76) . 19 E3
Sainte-Croix-sur-Mer (14) . . 14 B3
Sainte-Croix-sur-Orne (61) . . 38 C4
Sainte-Croix-
-Vallée-Française (48) . . 156 C6
Sainte-Croix-Volvestre (09). . 185 E4

Sainte-Dode (32) 183 G1
Sainte-Eanne (79) 108 B3
Sainte-Engrâce (64) 181 G4
Sainte-Enimie (48) 155 H4
Sainte-Eugénie-
-de-Villeneuve (43) 142 A3
Sainte-Eulalie (07) 143 E6
Sainte-Eulalie (11) 186 D3
Sainte-Eulalie (15) 140 A3
Sainte-Eulalie (33) 135 F5
Sainte-Eulalie (48) 141 H6
Sainte-Eulalie-d'Ans (24) . . 137 H2
Sainte-Eulalie-
-de-Cernon (12) 172 A2
Sainte-Eulalie-d'Eymet (24) . 150 D1
Sainte-Eulalie-d'Olt (12) . . . 155 E3
Sainte-Eulalie-en-Born (40) . 148 B4
Sainte-Eulalie-
-en-Royans (26) 144 D4
Sainte-Euphémie (01) 130 A1
Sainte-Euphémie-
-sur-Ouvèze (26) 159 F5
Sainte-Eusoye (60) 20 B3
Sainte-Fauste (36) 96 D5
Sainte-Féréole (19) 138 D2
Sainte-Feyre (23) 111 G5
Sainte-Feyre-
-la-Montagne (23) 125 H2
Sainte-Flaive-
-des-Loups (85) 91 F5
Sainte-Florence (33) 135 H5
Sainte-Florence (85) 92 A4
Sainte-Florine (43) 127 G6
Sainte-Foi (09) 186 B4
Sainte-Fortunade (19) 139 E2
Sainte-Foy (40) 166 B2
Sainte-Foy (71) 115 E4
Sainte-Foy (76) 18 D1
Sainte-Foy (85) 91 E5
Sainte-Foy-
-d'Aigrefeuille (31). 169 G6
Sainte-Foy-
-de-Belvès (24) 152 A1
Sainte-Foy-
-de-Longas (24) 137 F5
Sainte-Foy-
-de-Montgommery (14) . . 39 F3
Sainte-Foy-
-de-Peyrolières (31). . . . 168 D6
Sainte-Foy-la-Grande (33) . 136 C5
Sainte-Foy-la-Longue (33) . 150 A2
Sainte-Foy-
-l'Argentière (69) 129 G3
Sainte-Foy-lès-Lyon (69) . . 130 A3
Sainte-Foy-
-Saint-Sulpice (42) 128 D3
Sainte-Foy-Tarentaise (73) . 133 F4
Sainte-Gauburge-
-Sainte-Colombe (61) 39 H5
Sainte-Gemme (17) 120 D2
Sainte-Gemme (32) 168 B4
Sainte-Gemme (33) 150 B2
Sainte-Gemme (36) 96 A5
Sainte-Gemme (51) 44 D1
Sainte-Gemme (79) 93 F4
Sainte-Gemme (81) 170 C1
Sainte-Gemme-
-en-Sancerrois (18) 82 B5
Sainte-Gemme-
-la-Plaine (85) 106 D2
Sainte-Gemme-
-Martaillac (47) 150 C4
Sainte-Gemme-
-Moronval (28) 41 F5
Sainte-Gemmes (41) 79 H2
Sainte-Gemmes-
-d'Andigné (49) 75 H1
Sainte-Gemmes-
-le-Robert (53) 59 F4
Sainte-Gemmes-
-sur-Loire (49) 76 D5
Sainte-Geneviève (02) 23 E2
Sainte-Geneviève (50) 13 E2
Sainte-Geneviève (54) 48 C3
Sainte-Geneviève (60) 20 B6
Sainte-Geneviève (76) 19 E2
Sainte-Geneviève-
-des-Bois (45) 82 B2
Sainte-Geneviève-
-des-Bois (91) 42 D6
Sainte-Geneviève-
-lès-Gasny (27) 41 G2
Sainte-Geneviève-
-sur-Argence (12). 140 C6
Sainte-Hélène (33) 134 C4
Sainte-Hélène (48) 156 B3
Sainte-Hélène (56) 54 D5
Sainte-Hélène (71) 101 F5
Sainte-Hélène (88) 70 B3
Sainte-Hélène-
-Bondeville (76) 16 C3
Sainte-Hélène-du-Lac (73) . 132 A5
Sainte-Hélène-
-sur-Isère (73) 132 C4
Sainte-Hermine (85) 106 D1
Sainte-Honorine-
-de-Ducy (14). 13 H6
Sainte-Honorine-
-des-Pertes (14) 13 H5
Sainte-Honorine-
-du-Fay (14) 14 B5
Sainte-Honorine-
-la-Chardonne (61) 38 B4
Sainte-Honorine-
-la-Guillaume (61) 38 C4
Sainte-Innocence (24) 150 D1
Sainte-Jalle (26) 159 E4
Sainte-Jamme-
-sur-Sarthe (72) 60 A4
Sainte-Julie (01) 130 D2
Sainte-Juliette (82) 152 B5

Sainte-Juliette-
-sur-Viaur (12) 154 C6
Sainte-Léocadie (66) 199 H4
Sainte-Lheurine (17) 121 G5
Sainte-Livrade (31) 168 D5
Sainte-Livrade-sur-Lot (47). . 151 E4
Sainte-Lizaigne (36) 97 E3
Sainte-Luce (38) 145 H5
Sainte-Luce-sur-Loire (44) . . 74 D5
Sainte-Lucie-
-de-Tallano (2A). 207 E2
Sainte-Lunaise (18) 97 G4
Sainte-Magnance (89) 84 B5
Sainte-Marguerite (43) 142 A2
Sainte-Marguerite (88) 70 D3
Sainte-Marguerite-
-de-Carrouges (61) 38 D6
Sainte-Marguerite-
-de-l'Autel (27). 40 C3
Sainte-Marguerite-
-de-Viette (14) 15 E6
Sainte-Marguerite-
-d'Elle (14) 13 F6
Sainte-Marguerite-
-des-Loges (14) 15 F6
Sainte-Marguerite-
-en-Ouche (27). 40 A2
Sainte-Marguerite-
-Lafigère (07) 156 D3
Sainte-Marguerite-
-sur-Duclair (76) 17 F5
Sainte-Marguerite-
-sur-Fauville (76) 16 D4
Sainte-Marguerite-
-sur-Mer (76) 17 F2
Sainte-Marie (05) 159 F3
Sainte-Marie (08) 24 A5
Sainte-Marie (15). 140 D5
Sainte-Marie (25) 88 B4
Sainte-Marie (32) 168 B5
Sainte-Marie (35) 56 C6
Sainte-Marie (58) 99 F2
Sainte-Marie (65) 184 A5
Sainte-Marie (66) 201 G2
Sainte-Marie-à-Py (51) 23 H6
Sainte-Marie-au-Bosc (76) . . 16 B4
Sainte-Marie-
-aux-Chênes (57) 26 A5
Sainte-Marie-aux-Mines (68) . 71 E3
Sainte-Marie-Cappel (59) . . . 2 C3
Sainte-Marie-d'Alloix (38). . 132 A6
Sainte-Marie-d'Alvey (73) . . 131 G4
Sainte-Marie-
-de-Chignac (24) 137 G3
Sainte-Marie-
-de-Cuines (73) 146 C1
Sainte-Marie-
-de-Gosse (40) 164 D5
Sainte-Marie-de-Ré (17) . . . 106 B5
Sainte-Marie-
-de-Vatimesnil (27) 19 F6
Sainte-Marie-de-Vaux (87) . 123 H2
Sainte-Marie-
-des-Champs (76) 17 E4
Sainte-Marie-du-Bois (50) . . 37 G6
Sainte-Marie-du-Bois (53) . . 59 E1
Sainte-Marie-
-du-Lac-Nuisement (51) . 46 C6
Sainte-Marie-du-Mont (38). . 131 H6
Sainte-Marie-du-Mont (50) . . 13 E4
Sainte-Marie-
-en-Chanois (70) 88 A1
Sainte-Marie-en-Chaux (70) . 87 H2
Sainte-Marie-Kerque (62) . . . 2 A2
Sainte-Marie-
-la-Blanche (21) 101 G3
Sainte-Marie-la-Robert (61) . . 38 D5
Sainte-Marie-
-Lapanouze (19) 126 A6
Sainte-Marie-Laumont (14) . . 37 H3
Sainte-Marie-
-Outre-l'Eau (14) 37 G2
Sainte-Marie-sur-Ouche (21) . 85 F6
Sainte-Marthe (27) 40 C3
Sainte-Marthe (47) 150 C3
Sainte-Maure (10) 66 B3
Sainte-Maure-
-de-Peyriac (47) 167 E1
Sainte-Maure-
-de-Touraine (37) 94 D2
Sainte-Maxime (83) 194 B3
Sainte-Même (17) 121 F2
Sainte-Menehould (51) 46 C2
Sainte-Mère (32) 168 A2
Sainte-Mère-Église (50) 13 E4
Sainte-Mesme (78) 62 D1
Sainte-Mondane (24) 138 B5
Sainte-Montaine (18) 81 G5
Sainte-Nathalène (24) 138 B5
Sainte-Néomaye (79) 108 A3
Sainte-Olive (01) 116 C6
Sainte-Opportune (61) 38 C4
Sainte-Opportune-
-du-Bosc (27). 40 C1
Sainte-Opportune-
-la-Mare (27) 15 H2
Sainte-Orse (24) 137 H2
Sainte-Osmane (72) 78 D1
Sainte-Ouenne (79) 107 H2
Sainte-Pallaye (89) 83 G3
Sainte-Paule (69) 129 G1
Sainte-Pazanne (44) 74 B6
Sainte-Pexine (85) 106 D1
Sainte-Pience (50) 35 H3
Sainte-Pôle (54). 49 G6
Sainte-Preuve (02). 22 D3
Sainte-Radegonde (12) 154 C4
Sainte-Radegonde (17) 120 D2
Sainte-Radegonde (24) 151 F1
Sainte-Radegonde (32) 167 H3
Sainte-Radegonde (33). 136 A6

Sainte-Radegonde (71) 100 B6
Sainte-Radegonde (79) 93 G3
Sainte-Radegonde (86) 109 G1
Sainte-Radégonde-
-des-Noyers (85) 106 D3
Sainte-Ramée (17) 121 E6
Sainte-Reine (70) 87 E4
Sainte-Reine (73) 132 B4
Sainte-Reine-
-de-Bretagne (44) 73 H3
Sainte-Ruffine (57) 26 B5
Sainte-Sabine (21). 101 F2
Sainte-Sabine-Born (24) . . . 151 G1
Sainte-Sabine-
-sur-Longève (72) 60 A4
Sainte-Savine (10) 66 B3
Sainte-Scolasse-
-sur-Sarthe (61) 39 G6
Sainte-Segrée (80) 19 H1
Sainte-Sève (29) 31 H3
Sainte-Sévère (16). 121 H3
Sainte-Sévère-
-sur-Indre (36) 111 H2
Sainte-Sigolène (43) 143 E2
Sainte-Solange (18) 97 H2
Sainte-Soline (79) 108 C4
Sainte-Souline (16) 122 A6
Sainte-Soulle (17) 106 D4
Sainte-Suzanne (09) 185 F3
Sainte-Suzanne (25) 88 C4
Sainte-Suzanne (53) 59 F4
Sainte-Suzanne-
-sur-Vire (50) 37 G1
Sainte-Terre (33) 135 H5
Sainte-Thérence (03) 112 C4
Sainte-Thorette (18) 97 F3
Sainte-Tréphine (22) 33 E6
Sainte-Trie (24) 138 A1
Sainte-Tulle (04) 176 C3
Sainte-Valière (11) 187 H3
Sainte-Vaubourg (08) 24 A4
Sainte-Verge (79). 93 G3
Sainte-Vertu (89) 84 A2
Sainteny (50) 13 E5
Saintes (17) 121 E3
Saintes-Maries-
-de-la-Mer (13). 190 C4
Saintines (60) 21 E5
Saintry-sur-Seine (91) 43 E6
Saints (77) 43 H5
Saints (89) 83 E3
Saints-Geosmes (52) 86 B1
Sainville (28) 62 D2
Saires (86) 94 B4
Saires-la-Verrerie (61) 38 B5
Saissac (11) 186 D2
Saisseval (80) 7 F6
Saisy (71) 101 E4
Saivres (79) 108 A2
le Saix (05) 160 A3
Saïx (81) 170 C6
Saix (86) 93 H2
Saizenay (39) 103 F3
Saizerais (54) 48 C4
Saizy (58) 83 G6
Sajas (31) 184 D2
Salagnac (24). 138 A1
Salagnon (38) 130 D4
Salaise-sur-Sanne (38) 144 A1
Salans (39) 103 E2
Salasc (34) 172 C5
Salaunes (33). 134 D4
Salavas (07) 157 G4
Salavre (01) 117 E3
Salazac (30) 157 H5
Salbris (41) 81 E5
les Salces (48) 155 G3
Saléchan (65) 184 A5
Saleich (31) 184 C5
Saleignes (17) 108 B6
Saleilles (66) 201 F2
les Salelles (07) 157 E4
les Salelles (48) 155 G3
Salency (60) 21 G3
Salenthal (67) 50 C5
Saléon (05) 159 H4
Salérans (05) 159 H5
Salerm (31) 184 B2
Salernes (83) 193 G1
Salers (15) 140 B3
Sales (74) 131 H2
Salesches (59) 9 G3
la Salette-Fallavaux (38) . . . 146 A5
Salettes (26) 158 C2
Salettes (43) 142 C5
Saleux (80) 7 F6
Salice (2A) 204 D4
Saliceto (2B) 205 F1
Saliès (81) 170 C3
Salies-de-Béarn (64) 165 F6
Salies-du-Salat (31) 184 C4
Salignac (04) 160 B6
Salignac (33) 135 G4
Salignac-
-Mirambeau (17) 121 F6
Salignac-Eyvigues (24) 138 B4
Salignac-sur-Charente (17). . 121 G3
Saligney (39) 102 D1
Saligny (85) 91 G3
Saligny (89) 65 E4
Saligny-le-Vif (18) 98 B3
Saligny-sur-Roudon (03). . . 114 C2
Saligos (65) 182 D6
Salindres (30) 157 E6
Salinelles (30) 173 G3
Salins (15) 140 A2
Salins (77) 64 C2
Salins-les-Bains (39) 103 F4
Salives (21) 85 G3
Sallagriffon (06) 178 C2

Sallanches (74) 133 E1
Sallaumines (62) 8 B1
Sancergues (18) 98 C2
Sancerre (18) 82 B6
la Salle (71) 116 B3
la Salle (88) 70 C2
la Salle-de-Vihiers (49) 92 D1
la Salle-en-Beaumont (38) . . 145 H5
la Salle-
-et-Chapelle-Aubry (49) . . 76 B6
la Salle-les-Alpes (05) 147 E4
la Salle-Prunet (48) 156 B5
Sallebœuf (33) 135 F5
Sallèdes (63) 127 G4
Sallèles-Cabardès (11) 187 E2
Sallèles-d'Aude (11). 188 A3
Sallen (14) 37 H1
Sallenelles (14) 14 C4
Sallenôves (74) 118 B6
Sallertaine (85) 90 D2
Salles (33) 148 D2
les Salles (42) 128 B2
Salles (47) 151 G2
Salles (65) 182 D4
Salles (79) 108 B3
Salles (81) 170 B1
Salles-Adour (65) 183 E3
Salles-Arbuisonnas-
-en-Beaujolais (69) 116 A6
Salles-Courbatiès (12). 153 G3
Salles-Curan (12). 154 D6
Salles-d'Angles (16) 121 G4
Salles-d'Armagnac (32). . . . 166 D3
Salles-d'Aude (11) 188 B3
Salles-de-Barbezieux (16). . 121 H5
Salles-de-Belvès (24) 151 H1
les Salles-de-Castillon (33). . 136 A5
Salles-de-Villefagnan (16) . . 122 C1
les Salles-du-Gardon (30). . . 157 E6
Salles-et-Pratviel (31) 197 F1
Salles-la-Source (12) 154 C4
Salles-Lavalette (16) 122 C6
les Salles-Lavauguyon (87) . 123 F3
Salles-Mongiscard (64) 165 F6
Salles-sous-Bois (26) 158 C3
Salles-sur-Garonne (31) . . . 185 E2
Salles-sur-l'Hers (11). 186 A2
Salles-sur-Mer (17) 106 D5
les Salles-sur-Verdon (83). . . 177 F3
Sallespisse (64) 165 G5
Salmagne (55) 47 F4
Salmaise (21). 85 E5
Salmbach (67) 51 G2
Salmiech (12) 154 C6
Salomé (59) 3 E6
Salon (10). 45 F6
Salon (24) 137 F4
Salon-de-Provence (13) . . . 191 G2
Salon-la-Tour (19) 124 C5
Salonnes (57) 49 E4
Salornay-sur-Guye (71). . . . 115 H2
Salouël (80) 7 F6
Salperwick (62) 2 B4
Salses-le-Château (66) 201 F1
Salsigne (11) 187 E2
Salt-en-Donzy (42) 129 E3
Salvagnac (81) 169 G3
Salvagnac-Cajarc (12) 153 F3
la Salvetat-Belmontet (82) . 169 F2
la Salvetat-Lauragais (31). . 169 H6
la Salvetat-Peyralès (12). . . 153 H5
la Salvetat-Saint-Gilles (31) . 169 E5
la Salvetat-sur-Agout (34). . 171 F5
Salvezines (11) 200 B1
Salviac (46) 152 B1
Salvizinet (42) 129 E3
Salza (11) 187 F5
Salzuit (43) 141 H2
Samadet (40) 166 A5
Saman (31) 184 B3
Samaran (32) 183 H1
Samatan (32) 168 B6
Samazan (47). 150 B3
Sambin (41) 79 H5
Sambourg (89) 84 A2
Saméon (59) 4 A6
Samer (62). 1 F5
Samerey (21). 102 B2
Sames (64) 164 D5
Sammarçolles (86) 94 A3
Sammeron (77) 43 H3
Samoëns (74) 119 F5
Samognat (01) 117 G4
Samogneux (55) 25 E6
Samois-sur-Seine (77) 64 B2
Samonac (33) 135 E3
Samoreau (77) 64 B2
Samouillan (31) 184 C3
Samoussy (02) 22 C3
Sampans (39) 102 C2
Sampigny (55) 47 G4
Sampigny-
-lès-Maranges (71) 101 F4
Sampolo (2A) 205 E5
Sampzon (07) 157 G4
Samson (25) 103 F3
Samsons-Lion (64) 182 D1
Samuran (31) 184 A5
San-Damiano (2B) 203 G6
San-Gavino-
-d'Ampugnani (2B) 203 G6
San-Gavino-di-Carbini (2A) . 207 F2
San-Gavino-
-di-Fiumorbo (2B) 205 F5
San-Gavino-di-Tenda (2B) . 203 F5
San-Giovanni-
-di-Moriani (2B). 205 G1
San-Giuliano (2B) 205 G2
San-Lorenzo (2B) 205 F1
San-Martino-di-Lota (2B) . . 203 G3
San-Nicolao (2B) 205 G1
Sana (31) 184 D3

Sanary-sur-Mer (83) 192 D5
Sancé (71) 116 B3
Sancergues (18) 98 C2
Sancergues (18) 98 C2
Sancey-le-Grand (25) 88 B6
Sancey-le-Long (25) 88 B6
Sancheville (28) 62 B4
Sanchey (88) 69 H4
Sancoins (18) 98 C5
Sancourt (27) 19 G5
Sancourt (59) 8 D3
Sancourt (80) 21 G1
Sancy (54) 26 A3
Sancy (77) 43 G3
Sancy-les-Cheminots (02) . . 22 B4
Sancy-lès-Provins (77) 44 B5
Sand (67) 71 G2
Sandarville (28) 62 A3
Sandaucourt (88) 69 E3
Sandillon (45) 81 E1
Sandouville (76) 15 G2
Sandrans (01) 116 C6
Sangatte (62) 1 G2
Sanghen (62) 1 G4
Sanguinet (40) 148 C2
Sanilhac (07) 157 F3
Sanilhac-Sagriès (30) 174 B2
Sannat (23) 112 B6
Sannerville (14) 14 C4
Sannes (84) 176 A4
Sannois (95) 42 C3
Sanous (65) 183 E1
Sanry-lès-Vigy (57) 26 C5
Sanry-sur-Nied (57) 26 D6
Sans-Vallois (88) 69 F4
Sansa (66) 200 A3
Sansac-de-Marmiesse (15). . 140 A5
Sansac-Veinazès (15) 154 B1
Sansais (79) 107 G4
Sansan (32) 167 H6
Sanssac-l'Église (43) 142 B4
Sanssat (23) 114 A4
Santa-Lucia-
-di-Mercurio (2B) 205 F2
Santa-Lucia-
-di-Moriani (2B). 205 H1
Santa-Maria-di-Lota (2B) . . 203 G3
Santa-Maria-
-Figaniella (2A) 207 E2
Santa-Maria-Poggio (2B) . . 205 G2
Santa-Maria-Siché (2A) . . . 204 D6
Santa-Reparata-
-di-Balagna (2B) 202 D5
Santa-Reparata-
-di-Moriani (2B). 205 G2
Sant'Andréa-di-Bozio (2B) . 205 F2
Sant'Andréa-
-di-Cotone (2B) 205 G2
Sant'Andréa-d'Orcino (2A) . 204 C5
Santans (39) 102 D3
Sant'Antonino (2B) 202 C5
Santeau (45) 63 F5
Santec (29). 31 G2
Santenay (21) 101 F4
Santenay (41) 79 G4
Santeny (94) 43 E5
Santes (59) 3 F5
Santeuil (28) 62 C2
Santeuil (95) 42 A1
Santigny (89) 84 B4
Santilly (28) 62 D4
Santilly (71) 116 A1
Santo-Pietro-di-Tenda (2B). . 203 F5
Santo-Pietro-
-di-Venaco (2B) 205 E3
Santoche (25) 88 A5
Santosse (21) 101 F3
Santranges (18). 82 B5
Sanvensa (12) 153 G5
Sanvignes-les-Mines (71) . . 100 D6
Sanxay (86) 108 C2
Sanzey (54) 48 A4
Saon (14) 13 G5
Saône (25) 103 G1
Saonnet (14) 13 G5
Saorge (06) 179 G1
Saosnes (72) 60 B3
Saou (26) 158 C2
le Sap (61) 39 G3
le Sap-André (61) 39 G4
Sapignicourt (51). 46 C5
Sapignies (62) 8 B4
Sapogne-et-Feuchères (08) . . 24 B2
Sapogne-sur-Marche (08). . . 25 E3
Sapois (39) 103 F5
Sapois (88). 70 B5
Saponay (02) 22 B6
Saponcourt (70) 87 F1
le Sappey (74) 118 C5
le Sappey-
-en-Chartreuse (38) . . . 145 G2
Saramon (32) 168 A6
Saran (45) 62 D6
Saraz (25) 103 F3
Sarbazan (40) 166 B1
Sarcé (72) 78 B2
Sarceaux (61) 39 E5
Sarcelles (95) 42 D3
Sarcenas (38) 145 G1
Sarcey (52) 68 A5
Sarcey (69) 129 G2
Sarcos (32) 184 B1
Sarcus (60) 19 H2
Sarcy (51) 22 D6
Sardan (30) 173 G3
Sardent (23) 111 G6
Sardieu (38) 144 D1
Sardon (63) 127 F1
Sardy-lès-Épiry (58) 99 H2
Sare (64) 180 B1
Sargé-lès-Le-Mans (72) . . . 60 B5

253

Sargé-sur-Braye (41)......61 E6
Sari-d'Orcino (2A)........204 C5
Sari-Solenzara (2A).......205 G6
Sariac-Magnoac (65)......183 H2
Sarlabous (65).........183 F4
Sarlande (24)..........124 A6
Sarlat-la-Canéda (24)......138 A5
Sarliac-sur-l'Isle (24)....137 G2
Sarniguet (65).........183 E2
Sarnois (60)...........19 H2
Saron-sur-Aube (51)......44 D6
Sarp (65)............184 A5
Sarpourenx (64).........165 G6
Sarragachies (32)........166 D4
Sarrageois (25).........103 H5
Sarraguzan (32)........183 G2
Sarralbe (57)..........49 H2
Sarraltroff (57)........50 A4
Sarran (19)...........125 F6
Sarrance (64).........182 A4
Sarrancolin (65)........183 G5
Sarrant (32)..........168 B4
Sarras (07)...........144 A2
Sarrazac (24).........123 H6
Sarrazac (46).........138 D4
Sarraziet (40).........166 A4
Sarre-Union (67)........50 A2
Sarrebourg (57)........50 A4
Sarrecave (31).........184 A3
Sarreguemines (57)......27 H5
Sarreinsming (57).......27 H5
Sarremezan (31)........184 A3
Sarrewerden (67).......50 A3
Sarrey (52)...........68 B5
Sarriac-Bigorre (65).....183 F1
Sarrians (84).........175 F1
Sarrigné (49)..........77 E4
Sarrogna (39).........117 G2
Sarrola-Carcopino (2A)...204 C5
Sarron (40)...........166 B5
Sarrouilles (65)........183 F3
Sarroux (19).........126 A6
Sarry (51)...........45 H3
Sarry (71)...........115 E4
Sarry (89)...........84 B3
le Sars (62)..........8 B4
Sars-et-Rosières (59).....9 E1
Sars-le-Bois (62).......7 H2
Sars-Poteries (59).......10 A3
Sartène (2A).........206 D3
Sartes (88)..........68 D3
Sartilly (50).........35 G3
Sarton (62)..........7 H4
Sartrouville (78).......42 C3
Sarzay (36)..........111 G1
Sarzeau (56).........72 D2
Sasnières (41)........79 F2
Sassangy (71).........101 F6
Sassay (41)..........80 A5
Sassegnies (59).......9 H3
Sassenage (38)........145 G2
Sassenay (71)........101 H5
Sassetot-le-Malgardé (76)..17 F3
Sassetot-le-Mauconduit (76).16 D3
Sasseville (76)........17 E3
Sassey (27)..........41 E2
Sassey-sur-Meuse (55)...24 D4
Sassierges-
  -Saint-Germain (36)....96 D5
Sassis (65)..........182 D6
Sassy (14)..........14 D6
Sathonay-Camp (69).....130 A2
Sathonay-Village (69)....130 A2
Satillieu (07).........143 H3
Satolas-et-Bonce (38)....130 C3
Saturargues (34).......173 H4
Saubens (31).........169 E6
Saubion (40).........164 C4
Saubole (64).........182 D2
Saubrigues (40).......164 C5
Saubusse (40)........164 D4
Saucats (33).........149 F1
Saucède (64).........181 H2
la Saucelle (28).......40 D6
Sauchay (76).........17 H2
Sauchy-Cauchy (62).....8 D3
Sauchy-Lestrée (62).....8 D3
Sauclières (12).......172 C2
Saudemont (62).......8 C3
Saudoy (51)..........44 D5
Saudron (52).........68 B1
Saudrupt (55)........46 D5
Saugeot (39).........117 H1
Saugnac-et-Cambran (40)..165 E4
Saugnacq-et-Muret (40)...148 D3
Saugon (33)..........135 F2
Saugues (43).........142 A5
Sauguis-Saint-Étienne (64).181 G3
Saugy (18)..........97 F4
Saujac (12)..........153 F3
Saujon (17)..........120 C3
la Saulce (05)........160 B3
Saulce-sur-Rhône (26)...158 B1
Saulces-Champenoises (08).23 H4
Saulces-Monclin (08)....23 H3
Saulcet (03).........113 H4
Saulchery (02).......44 B3
le Saulchoy (60).......20 B2
Saulchoy (62)........6 D2
Saulchoy-sous-Poix (80)..20 A1
Saulcy (10)..........67 F3
le Saulcy (88)........70 D1
Saulcy-sur-Meurthe (88)..70 D3
Saules (25)..........103 H2
Saules (71)..........101 F6
Saulgé (86)..........109 H3
Saulgé-l'Hôpital (49)....77 E6
Saulges (53).........59 F5
Saulgond (16)........123 G1
Sauliac-sur-Célé (46)....153 E3
Saulieu (21).........100 C1

Saulles (52)..........86 C2
Saulmory-
  -et-Villefranche (55)....24 D4
Saulnay (36).........95 H4
Saulnes (54).........25 H3
Saulnières (28).......41 E5
Saulnières (35).......57 F4
Saulnot (70).........88 B3
Saulny (57)..........26 B5
Saulon-la-Chapelle (21)..102 A1
Saulon-la-Rue (21).....101 H1
la Saulsotte (10)......65 F1
Sault (84)...........176 A1
Sault-Brénaz (01)......131 E2
Sault-de-Navailles (64)..165 G5
Sault-lès-Rethel (08)....23 G4
Sault-Saint-Remy (08)...23 F4
Saultain (59).........9 F2
Saulty (62)..........7 H3
Saulvaux (55)........47 G5
Saulx (70)...........87 G2
Saulx-le-Duc (21)......85 H4
Saulx-lès-Champlon (55)..47 H2
Saulx-les-Chartreux (91)..42 C5
Saulx-Marchais (78)....42 A4
Saulxerotte (54)......69 E1
Saulxures (67).......71 E2
Saulxures-
  -lès-Bulgnéville (88)...68 D4
Saulxures-lès-Nancy (54)..48 D5
Saulxures-lès-Vannes (54).68 D1
Saulxures-
  -sur-Moselotte (88)....70 C6
Saulzais-le-Potier (18)...112 C1
Saulzet (03).........113 G5
Saulzet-le-Froid (63)....126 D4
Saulzoir (59)........9 F3
Saumane (04).........176 C1
Saumane (30).........173 E1
Saumane-de-Vaucluse (84).175 F2
Sauméjan (47).........150 B5
Saumeray (28)........61 H3
Saumont (47).........151 E6
Saumont-la-Poterie (76)..19 F3
Saumos (33).........134 C4
Saumur (49)..........77 G6
Saunay (37)..........79 F3
la Saunière (23).......111 G5
Saunières (71)........102 A4
Sauqueville (76)......17 G2
Saurais (79)..........108 B1
Saurat (09)..........185 G6
Sauret-Besserve (63)....126 D1
Saurier (63).........127 E5
Sausheim (68)........89 F1
Saussan (34).........173 F6
Saussay (28).........41 F4
Saussay (76).........17 F4
Saussay-la-Campagne (27)..19 F5
la Saussaye (27)......18 C6
Saussemesnil (50).....12 D2
Saussenac (81)........170 D2
Saussens (31).........169 H5
Sausses (04).........178 B1
Sausset-les-Pins (13)....191 H5
Sausseuzemare-
  -en-Caux (76)........16 C4
Saussey (21).........101 F3
Saussey (50).........36 D2
Saussignac (24).......136 C6
Saussines (34).......173 G4
Saussy (21)..........85 G5
Sautel (09)..........186 A5
Sauternes (33).......149 G2
Sauteyrargues (34).....173 G3
Sauto (66)...........200 A4
Sautron (44).........74 C4
la Sauvagère (61)......38 C5
les Sauvages (69).....129 F2
Sauvagnac (16).......123 F3
Sauvagnas (47).......151 F5
Sauvagnat (63).......126 C3
Sauvagnat-
  -Sainte-Marthe (63)...127 F5
Sauvagney (25)........87 E6
Sauvagnon (64).......182 B1
Sauvagny (03)........113 E3
Sauvain (42).........128 C4
Sauvat (15)..........140 A1
Sauve (30)..........173 G2
la Sauve (33)........135 G6
Sauvelade (64).......181 H1
Sauverny (01)........118 B3
Sauvessanges (63).....128 C6
la Sauvetat (32)......167 H3
la Sauvetat (63)......127 F4
la Sauvetat-
  -de-Savères (47)......151 G5
la Sauvetat-du-Dropt (47).150 D1
la Sauvetat-sur-Lède (47)..151 F3
Sauveterre (30).......174 D1
Sauveterre (32)......174 B1
Sauveterre (65)......167 E6
Sauveterre (81)......187 F1
Sauveterre (82)......152 B5
Sauveterre-de-Béarn (64)..181 F1
Sauveterre-
  -de-Comminges (31)...184 A5
Sauveterre-
  -de-Guyenne (33).....150 A1
Sauveterre-
  -de-Rouergue (12)....154 A5
Sauveterre-
  -la-Lémance (47)......151 H2
Sauveterre-
  -Saint-Denis (47).....151 F6
Sauviac (32).........167 F5
Sauviac (33).........149 H3
Sauvian (34).........188 C2
Sauviat (63).........128 A3
Sauviat-sur-Vige (87)...124 D3

Sauvignac (16).........136 A2
Sauvigney-lès-Gray (70)..86 D5
Sauvigney-lès-Pesmes (70)..86 C6
Sauvigny (55)........47 H4
Sauvigny-le-Beuréal (89)..84 B5
Sauvigny-le-Bois (89)....84 A4
Sauvigny-les-Bois (58)...99 E4
Sauville (08).........24 B3
Sauville (88).........68 D4
Sauvillers-Mongival (80)..20 D2
Sauvimont (32).......184 C1
Sauvoy (55)..........47 H5
Saux (46)...........152 A4
Saux-et-Pomarède (31)...184 B3
Sauxillanges (63)......127 G5
Sauze (06)..........161 G6
le Sauze-du-Lac (05)....160 D3
Sauzé-Vaussais (79).....108 C5
Sauzelles (36)........95 F6
Sauzet (26)..........158 B2
Sauzet (30)..........174 A2
Sauzet (46)..........152 B4
la Sauzière-Saint-Jean (81).169 G2
Sauzon (56)..........72 A3
Savarthès (31).......184 B4
Savas (07)..........143 H1
Savas-Mépin (38)......130 C5
Savasse (26).........158 B2
Savenay (44).........74 A4
Savenès (82).........168 D3
Savennes (23)........111 G6
Savennes (63)........126 B5
Savennières (49)......76 D5
Saverdun (09).......185 G3
Savères (31).........184 D2
Saveuse (80).........7 F6
Savianges (71).......101 F6
Savières (10)........66 A2
Savigna (39).........117 G2
Savignac (12)........153 G4
Savignac (33)........150 A2
Savignac-de-Duras (47)..150 C1
Savignac-de-l'Isle (33)..135 G4
Savignac-
  -de-Miremont (24)....137 G4
Savignac-de-Nontron (24).123 F5
Savignac-Lédrier (24)...138 A1
Savignac-les-Églises (24).137 G2
Savignac-les-Ormeaux (09).199 F3
Savignac-Mona (32).....168 C6
Savignac-sur-Leyze (47)..151 G3
Savignargues (30)......173 H2
Savigné (86).........109 E5
Savigné-l'Évêque (72)...60 B5
Savigné-sous-le-Lude (72).77 H3
Savigné-sur-Lathan (37)..78 B5
Savigneux (01).......130 A1
Savigneux (42).......128 D4
Savignies (60).......20 A4
Savigny (50).........37 E1
Savigny (52).........86 D2
Savigny (69).........129 G2
Savigny (74).........118 A6
Savigny (88).........69 G2
Savigny-en-Revermont (71).117 F1
Savigny-en-Sancerre (18)..82 B5
Savigny-en-Septaine (18)..98 A3
Savigny-
  -en-Terre-Plaine (89)..84 B5
Savigny-en-Véron (37)...94 A1
Savigny-le-Sec (21).....85 H5
Savigny-le-Temple (77)..43 E6
Savigny-le-Vieux (50)...37 G6
Savigny-lès-Beaune (21)..101 G3
Savigny-Lévescault (86)..109 F2
Savigny-Poil-Fol (58)...100 A5
Savigny-sous-Faye (86)..94 B4
Savigny-sous-Mâlain (21)..85 F6
Savigny-sur-Aisne (08)..24 B5
Savigny-sur-Ardres (51)..22 D6
Savigny-sur-Braye (41)..79 E1
Savigny-sur-Clairis (89)..64 D5
Savigny-sur-Grosne (71)..116 A1
Savigny-sur-Orge (91)...42 D5
Savigny-sur-Seille (71)..116 D1
Savilly (21).........100 D2
Savines-le-Lac (05)....160 D2
Savins (77)..........64 D1
Savoillan (84).......159 F6
Savoisy (21).........84 D2
Savolles (21)........86 A5
Savonnières (37)......78 C6
Savonnières-
  -devant-Bar (55)......47 E4
Savonnières-
  -en-Perthois (55).....47 E6
Savouges (21)........101 H2
Savournon (05).......159 H3
Savoyeux (70)........86 D4
Savy (02)...........21 H1
Savy-Berlette (62).....8 A2
Saxel (74)..........118 D4
Saxi-Bourdon (58)......99 F3
Saxon-Sion (54)......69 F2
Sayat (63)..........127 E2
Saze (30)..........174 D2
Sazeray (36).........111 H3
Sazeret (03).........113 F4
Sazilly (37).........94 C2
Sazos (65)..........182 D6
Scaër (29)..........54 A2
Scata (2B)..........203 G6
Sceau-Saint-Angel (24)..123 F5
Sceautres (07).......157 H2
Sceaux (89).........84 B4
Sceaux (92).........42 C4
Sceaux-d'Anjou (49)....76 D3
Sceaux-du-Gâtinais (45)..63 H5
Sceaux-sur-Huisne (72)..60 D5
Scey-Maisières (25)....103 G2

Scey-sur-Saône-
  -et-Saint-Albin (70)...87 F3
Schaeffersheim (67)....71 H1
Schaffhouse-près-Seltz (67).51 G2
Schaffhouse-sur-Zorn (67)..50 D4
Schalbach (57)........50 B3
Schalkendorf (67).....50 D3
Scharrachbergheim-
  -Irmstett (67).......50 D5
Scheibenhard (67).....51 G2
Scherlenheim (67).....50 D4
Scherwiller (67)......71 F2
Schillersdorf (67).....50 D3
Schiltigheim (67)......51 E5
Schirmeck (67).......71 E1
Schirrhein (67).......51 F3
Schirrhoffen (67).....51 F3
Schleithal (67).......51 G2
Schlierbach (68)......89 G2
Schmittviller (57).....28 A6
Schneckenbusch (57)...50 A5
Schnersheim (67).....50 D5
Schœnau (67).........71 H3
Schœnbourg (67)......50 B3
Schœneck (57)........27 G4
Schœnenbourg (67)....51 F2
Schopperten (67)......50 A2
Schorbach (57).......50 C1
Schweighouse-
  -sur-Moder (67)......51 E3
Schweighouse-Thann (68)..89 E2
Schwenheim (67)......50 C4
la Selve (02)........23 E3
Schwerdorff (57).....27 E3
Schweyen (57)........28 B5
Schwindratzheim (67)...50 D4
Schwoben (68)........89 F3
Schwobsheim (67).....71 G3
Sciecq (79)..........107 H3
Scientrier (74).......118 D5
Scieurac-et-Flourès (32).167 E5
Sciez (74)..........118 D3
Scillé (79)..........107 G1
Scionzier (74).......119 E6
Scolca (2B)..........203 F5
Scorbé-Clairvaux (86)...94 C5
Scrignac (29)........32 B5
Scrupt (51)..........46 C5
Scy-Chazelles (57).....26 B5
Scye (70)...........87 F3
Séailles (32)........167 E4
la Séauve-sur-Semène (43).143 E1
Sébazac-Concourès (12)..154 C4
Sébécourt (27).......40 D3
Sébeville (50).......13 E4
Seboncourt (02)......9 F5
Sebourg (59)........9 G2
Sébrazac (12)........154 C3
Séby (64)...........166 A6
Secenans (70)........88 B4
Séchault (08)........24 B6
Sécheras (07)........144 A3
Sécheval (08)........11 E6
Séchilienne (38).....145 H3
Séchin (25).........87 H6
Seclin (59)..........3 F6
Secondigné-sur-Belle (79).108 A5
Secondigny (79)......107 H1
Secourt (57).........48 D3
Secqueville-en-Bessin (14).14 B4
Sedan (08)..........24 C2
Sédeilhac (31).......184 A3
Séderon (26)........159 G5
Sedze-Maubecq (64)...182 D1
Sedzère (64)........182 D2
Seebach (67)........51 F2
Sées (61)...........39 F6
Séez (73)...........133 F4
Ségalas (47).........151 E2
Ségalas (65)........183 F1
la Ségalassière (15)...139 H5
Séglien (56).........54 D2
Ségny (01)..........118 B4
Segonzac (16).......121 H4
Segonzac (19).......138 B2
Segonzac (24).......136 D2
Ségos (32)..........166 B5
Ségoufielle (32)......168 D5
Segré (49)..........75 H1
Ségreville (31).......169 H6
Ségrie (72)..........59 H4
Ségrie-Fontaine (61)...38 C4
Segrois (21).........101 G2
Ségry (36)..........97 E4
la Séguinière (49).....92 B2
Ségur (12)..........154 D2
le Ségur (81)........170 B1
Ségur-le-Château (19)...124 B6
Ségur-les-Villas (15)...140 D2
Séguret (84)........158 C5
Ségus (65)..........182 D4
Seich (65)..........183 H5
Seichamps (54)......48 D5
Seichebrières (45).....63 F6
Seicheprey (54)......48 A3
Seiches-sur-le-Loir (49)..77 F3
Seignalens (11)......186 B4
Seigné (17).........121 H1
Seigneulles (55)......47 E4
Seignelay (89).......83 G1
Seignosse (40).......164 C4
Seigny (21).........84 D4
Seigy (41)..........96 A1
Seilh (31)..........169 E4
Seilhac (19).........124 D6
Seilhan (31).........184 A4
Seillac (41).........79 G4
Seillans (83)........178 A4
Seillonnaz (01)......131 E2
Seillons-Source-
  -d'Argens (83)......176 D6

Seine-Port (77).......63 H1
Seingbouse (57)......49 G1
Seissan (32).........167 H6
le Sel-de-Bretagne (35)..57 F5
Selaincourt (54)......69 E1
Selens (02)..........21 H4
Sélestat (67)........71 G3
Séligné (79).........108 A5
Séligney (39).......102 D4
la Selle-Craonnaise (53)..76 B1
la Selle-en-Coglès (35)..35 H5
la Selle-en-Hermoy (45)..64 B6
la Selle-en-Luitré (35)..58 A2
la Selle-Guerchaise (35)..58 A6
la Selle-la-Forge (61)...38 B4
la Selle-sur-le-Bied (45)..64 B5
Selles (27)..........15 H4
Selles (51)..........23 G5
Selles (62)..........1 G4
Selles (70)..........69 F6
Selles-Saint-Denis (41)..80 D6
Selles-sur-Cher (41)....96 B1
Selles-sur-Nahon (36)...96 B3
Sellières (39).......102 D5
Selommes (41)........79 G2
Seloncourt (25)......88 C4
Selongey (21).......86 A4
Selonnet (04)........160 D4
Seltz (67)..........51 G2
la Selve (02)........23 E3
la Selve (12)........171 E1
Sem (09)...........198 D1
Sémalens (81).......170 B5
Semallé (61).........60 A1
Semarey (21)........101 F1
Sembadel (43).......142 B2
Sembas (47).........151 F4
Semblançay (37)......78 D4
Sembleçay (36)......96 C1
Semboués (32).......167 E6
Séméac (65).........183 E3
Semécourt (57).......26 B5
Sémelay (58)........100 A5
Semens (33)..........149 H2
Sementron (89)......83 E3
Sémeries (59)........10 A4
Semerville (41)......62 A6
Semezanges (21).....101 G1
Sémézies-Cachan (32)...168 A6
Semide (08).........24 A5
Semillac (17)........121 E6
Semilly (52).........68 B3
Semmadon (70)......87 E2
Semoine (10)........45 F5
Semond (21).........85 E2
Semondans (25)......88 B4
Semousies (59)......10 A3
Semoussac (17)......121 E6
Semoutiers-Montsaon (52).67 H5
Semoy (45)..........62 D6
Sempesserre (32).....168 A1
Sempigny (60).......21 G3
Sempy (62)..........1 G6
Semur-en-Auxois (21)...84 C5
Semur-en-Brionnais (71)..115 E4
Semur-en-Vallon (72)...60 D5
Semussac (17).......120 C4
Semuy (08)..........24 A4
le Sen (40)..........149 F6
Sénac (65)..........183 F2
Senaide (88)........68 D6
Sénaillac-Latronquière (46).139 G6
Sénaillac-Lauzès (46)...153 E2
Senailly (21)........84 C4
Senan (89)..........83 E1
Senantes (28).......41 G5
Senantes (60).......19 H4
Sénarens (31).......184 C2
Senargent-Mignafans (70)..88 A3
Senarpont (80).......6 C6
Sénas (13)..........191 G2
Senaud (39).........117 E3
Senaux (81).........171 F4
Sencenac-Puy-
  -de-Fourches (24)....137 F1
Senconac (09).......199 F1
Sendets (33)........150 A3
Sendets (64)........182 C2
Séné (56)...........72 D1
Sénéchas (30).......157 E5
Sénergues (12)......154 B2
Sénestis (47).......150 C3
Séneujols (43).......142 B5
Senez (04)..........177 G2
Sénezergues (15).....154 B1
Sengouagnet (31).....184 B5
Séniergues (46)......152 D1
Senillé (86).........94 D5
Seninghem (62)......1 H4
Senlecques (62)......1 G5
Senlis (60).........20 D6
Senlis (62).........2 A6
Senlis-le-Sec (80)....8 A5
Senlisse (78)........42 B5
Sennecey-le-Grand (71)..116 B1
Sennecey-lès-Dijon (21)..85 H6
Sennely (45)........81 F3
Sennevières (37)......95 G2
Senneville-sur-Fécamp (76).16 C3
Sennevoy-le-Bas (89)...84 C2
Sennevoy-le-Haut (89)..84 C2
Senon (55)..........25 G5
Senonches (28).......40 D6
Senoncourt (70).....87 F1
Senoncourt-
  -les-Maujouy (55)....47 F2
Senones (88)........70 D2

Senonges (88)........69 F4
Senonnes (53).......76 A1
Senots (60)..........20 A6
Senouillac (81)......170 A2
Senoville (50)......12 B3
Senozan (71)........116 B3
Sens (89)...........65 E4
Sens-Beaujeu (18).....82 A6
Sens-de-Bretagne (35)..35 G6
Sens-sur-Seille (71)...102 B5
Sentein (09)........184 C6
Sentelie (80)........20 A2
Sentenac-de-Sérou (09)..185 F5
Sentenac-d'Oust (09)...185 E6
Sentheim (68)........88 D2
Sentilly (61)........38 D4
la Sentinelle (59)....9 F2
Sentous (65)........183 G1
Senuc (08)..........24 B5
Senven-Léhart (22)....33 E5
Sépeaux (89)........64 D6
Sepmeries (59).......9 F2
Sepmes (37).........95 E3
Seppois-le-Bas (68)...89 E4
Seppois-le-Haut (68)...89 E4
Sept-Forges (61)......59 E1
Sept-Frères (14).....37 G3
Sept-Meules (76).....6 B5
Sept-Saulx (51)......45 G1
Sept-Sorts (77)......43 H3
Sept-Vents (14)......37 H1
Septème (38)........130 B5
Septèmes-les-Vallons (13).192 A3
Septeuil (78)........41 G3
Septfonds (82).......152 D6
Septfontaines (25)....103 H3
Septmoncel (39)......118 A3
Septmonts (02).......22 A5
Septsarges (55)......24 D5
Septvaux (02).......22 A3
Sepvigny (55)........47 H3
Sepvret (79)........108 B4
Sepx (31)..........184 C3
Sequedin (59)........3 F5
Sequehart (02).......9 E6
le Sequestre (81)....170 B2
Serain (02)..........9 E5
Seraincourt (08).....23 F3
Seraincourt (95)......42 A2
Sérandon (19).......140 A1
Séranon (06)........178 B3
Serans (61).........38 D5
Serans (60)..........42 A1
Seranville (54).......70 A1
Séranvillers-Forenville (59).9 E4
Seraucourt-le-Grand (02)..21 H1
Seraumont (88)......68 C2
Serazereux (28)......41 F6
Serbannes (03)......113 H6
Serbonnes (89)......64 D3
Serches (02)........22 B5
Sercœur (88).........70 A3
Sercus (59)..........2 C4
Sercy (71)..........116 A1
Serdinya (66).......200 B3
Sère (32)..........184 A1
Sère-en-Lavedan (65)...182 D4
Sère-Lanso (65)......183 E4
Sère-Rustaing (65)....183 G2
Serécourt (88).......69 E5
Séreilhac (87).......123 H3
Sérémange-Erzange (57)..26 B3
Sérempuy (32).......168 B4
Sérénac (81)........170 D2
Sérent (56).........55 H5
Sérévillers (60).....20 D2
Sérézin-de-la-Tour (38)..130 D5
Sérézin-du-Rhône (69)..130 A4
Sergeac (24)........137 H4
Sergenaux (39)......102 C4
Sergenon (39).......102 C4
Sergines (89).......65 E3
Sergy (01)..........118 B4
Sergy (02)..........44 C1
Séricourt (62).......7 G2
Sériers (15)........141 E4
Sérifontaine (60)....19 G5
Sérignac (46).......152 A3
Sérignac (82).......168 C2
Sérignac-Péboudou (47)..151 E2
Sérignac-sur-Garonne (47).151 E5
Sérignan (34).......188 C3
Sérignan-du-Comtat (84)..158 B6
Sérigné (85)........107 E2
Sérigny (61)........60 D2
Sérigny (86)........94 B4
Sérilhac (19).......139 E3
Seringes-et-Nesles (02)..22 B6
Séris (41)..........80 B2
Serley (71).........102 B5
Sermages (58)........100 A3
Sermaise (49).......77 G4
Sermaise (91).......63 E1
Sermaises (45)......63 F3
Sermaize (60).......21 G3
Sermaize-les-Bains (51)..46 D4
Sermamagny (90)......88 C2
Sermange (39).......102 D1
Sermano (2B)........205 F2
Sermentizon (63)....127 H3
Sermérieu (38)......131 E4
Sermersheim (67).....71 G2
Sermesse (71).......102 A4
Sermiers (51)........45 F1
Sermizelles (89).....83 H4
Sermoise (02)........22 B5
Sermoise-sur-Loire (58)..99 E4
Sermoyer (01)........116 C2
Sermur (23).........126 A1
Sernhac (30)........174 C2

Serocourt (88) 69 E5
Séron (65) 182 D2
Serpaize (38) 130 B5
a Serpent (11) 186 D5
Serques (62) 2 A3
Serqueux (52) 68 D6
Serquigny (27) 40 B1
Serra-di-Ferro (2A) 206 C2
Serra-di-Fiumorbo (2B) . . 205 G5
Serra-di-Scopamène (2A). 207 E2
Serralongue (66) 200 D5
Serraval (74) 132 C2
a Serre (12) 171 F3
a Serre-
  -Bussière-Vieille (23). . . . 112 B6
Serre-les-Moulières (39). . 102 D1
Serre-les-Sapins (25) 103 F1
Serre-Nerpol (38) 145 E2
Serres (05) 159 H3
Serres (11) 187 E6
Serres (54) 49 E5
Serres-Castet (64) 182 B1
Serres-et-Montguyard (24). 151 E1
Serres-Gaston (40) 166 A4
Serres-Morlaàs (64) 182 C2
Serres-Sainte-Marie (64) . 182 A1
Serres-sur-Arget (09). . . . 185 G5
Serreslous-et-Arribans (40) .165 H4
Serriera (2A) 204 B2
Serrières (07) 144 A1
Serrières (71) 116 A4
Serrières-de-Briord (01) . . 131 E2
Serrières-
  -en-Chautagne (73) 131 G2
Serrières-sur-Ain (01) . . . 117 F5
Serrigny (89) 84 A2
Serrigny-en-Bresse (71) . 102 A5
Serris (77) 43 F4
Serrouville (54) 26 A3
Sers (16) 122 D4
Sers (65) 183 E6
Servais (02) 22 A3
Serval (02) 22 C5
Servance (70) 88 B1
Servanches (24) 136 B3
Servant (63) 113 F5
Servas (01) 116 D5
Servas (30) 157 F6
Servaville-Salmonville (76) . 17 H6
Serverette (48) 155 H1
Serves-sur-Rhône (26) . . 144 A3
Servian (34) 188 C1
Servières (48) 155 H2
Servières-le-Château (19) . 139 F3
Serviers-et-Labaume (30). . 174 B1
Serviès (81) 170 B5
Serviès-en-Val (11) 187 F4
Servignat (01) 116 D3
Servigney (70) 87 H2
Servigny (50) 36 D1
Servigny-lès-Raville (57). . 49 E1
Servigny-
  -lès-Sainte-Barbe (57) . . 26 C5
Serville (28) 41 E4
Servilly (03) 114 B4
Servin (25) 88 A6
Servins (62) 8 A1
Servon (50) 35 G4
Servon (77) 43 E5
Servon-Melzicourt (51) . . . 24 B6
Servon-sur-Vilaine (35) . . . 57 G3
Servoz (74) 133 E1
Sery (08) 23 G3
Sery (89) 83 G3
Séry-lès-Mézières (02) . . . 22 B1
Séry-Magneval (60) 21 F6
Serzy-et-Prin (51) 22 D6
Sessenheim (67) 51 F3
Sète (34) 189 F1
Setques (62) 2 A4
Seugy (95) 42 D1
Seuil (08) 23 H4
Seuil-d'Argonne (55) 46 D2
Seuillet (03) 114 A5
Seuilly (37) 94 A2
Seur (41) 79 H4
le Seure (17) 121 G2
Seurre (21) 102 A3
Seux (80) 7 F6
Seuzey (55) 47 G2
Sevelinges (42) 115 F6
Sevenans (90) 88 C3
Sévérac (44) 73 H2
Sévérac-le-Château (12) . 155 F5
Sévérac-l'Église (12) 155 E4
Seveux (70) 86 D4
Sévignac (22) 34 B6
Sévignacq (64) 182 C1
Sévignacq-Meyracq (64) . 182 B4
Sévigny (61) 39 E4
Sévigny-la-Forêt (08) 10 D6
Sévigny-Waleppe (08). . . . 23 E3
Sévis (76) 17 H4
Sevrai (61) 38 D5
Sevran (93) 43 E3
Sèvres (92) 42 C4
Sèvres-Anxaumont (86) . . 109 F1
Sevrey (71) 101 G6
Sévrier (74) 132 B2
Sévry (18) 98 B2
Sewen (68) 88 D1
Sexcles (19) 139 F4
Sexey-aux-Forges (54) . . . 48 C6
Sexey-les-Bois (54) 48 B5
Sexfontaines (52) 67 H4
Seychalles (63) 127 G3
Seyches (47) 150 D2
Seyne (04) 160 D4
la Seyne-sur-Mer (83) . . . 193 E5

Seynes (30) 174 A1
Seynod (74) 132 A2
Seyre (31) 185 H2
Seyresse (40) 165 E4
Seyssel (01) 131 G1
Seyssel (74) 131 G1
Seysses (31) 169 E6
Seysses-Savès (32) 168 C6
Seyssinet-Pariset (38) . . . 145 G2
Seyssins (38) 145 G2
Seyssuel (38) 130 A5
Seythenex (74) 132 C3
Seytroux (74) 119 F4
Sézanne (51) 44 D5
Siarrouy (65) 183 E2
Siaugues-Sainte-Marie (43) . 142 A3
Sibiril (29) 31 G2
Sibiville (62) 7 G2
Siccieu-Saint-Julien-
  -et-Carisieu (38) 130 D3
Sichamps (58) 99 E2
Sickert (68) 88 D1
Sideville (50) 12 C2
Sidiailles (18) 112 B2
Siecq (17) 121 H2
Siegen (67) 51 G2
les Sièges (89) 65 F4
Sierck-les-Bains (57) 26 C2
Sierentz (68) 89 G2
Siersthal (57) 50 B1
Sierville (76) 17 G5
Siest (40) 164 D4
Sieurac (81) 170 B3
Sieuras (09) 185 F3
Siévoz (38) 145 H5
Siewiller (67) 50 B3
Sigale (06) 178 C2
Sigalens (33) 150 A3
Sigean (11) 188 A5
Sigloy (45) 81 F2
Signac (31) 184 A6
Signes (83) 193 E4
Signéville (52) 68 A3
Signy-l'Abbaye (08) 23 G2
Signy-le-Petit (08) 10 C6
Signy-Montlibert (08) 25 E3
Signy-Signets (77). 43 H3
Sigogne (16) 121 H3
Sigolsheim (68) 71 F4
Sigonce (04) 176 D1
Sigottier (05) 159 H3
Sigoulès (24) 136 D6
Sigournais (85) 92 B5
Sigoyer (04) 160 B4
Sigoyer (05) 160 B3
Siguer (09) 199 E1
Sigy (77) 64 D1
Sigy-en-Bray (76) 19 F3
Sigy-le-Châtel (71) 115 H2
Silfiac (56) 55 E2
Silhac (07) 143 H5
Sillans (38) 145 E1
Sillans-la-Cascade (83) . . 193 G1
Sillars (86) 109 H3
Sillas (33) 150 A4
Sillé-le-Guillaume (72) . . . 59 G4
Sillé-le-Philippe (72) 60 B5
Sillegny (57) 48 C2
Sillery (51) 23 F6
Silley-Amancey (25) 103 G3
Silley-Bléfond (25) 87 H6
Sillingy (74) 132 A1
Silly-en-Gouffern (61) 39 F4
Silly-en-Saulnois (57) 48 D2
Silly-la-Poterie (02) 44 A1
Silly-le-Long (60) 43 F2
Silly-sur-Nied (57) 26 D5
Silly-Tillard (60) 20 B5
Silmont (55) 47 F5
Siltzheim (67) 27 H5
Silvareccio (2B) 203 G6
Silvarouvres (52) 67 F5
Simacourbe (64) 182 D1
Simandre (71) 116 C1
Simandre-sur-Suran (01) . 117 F4
Simandres (69) 130 A4
Simard (71) 102 A6
Simencourt (62) 8 A3
Simeyrols (24) 138 B5
Simiane-Collongue (13) . . 192 B2
Simiane-la-Rotonde (04) . 176 B2
Simorre (32) 184 B1
Simplé (53) 58 C6
Sin-le-Noble (59) 8 D2
Sinard (38) 145 G4
Sinceny (02) 21 H3
Sincey-lès-Rouvray (21) . . 84 B5
Sindères (40) 165 F1
Singles (63) 126 B5
Singleyrac (24) 136 D6
Singly (08) 24 A2
Singrist (67) 50 C5
Sinsat (09) 199 E1
Sinzos (65) 183 F3
Sion (32) 166 D4
Sion-les-Mines (44) 57 F6
Sioniac (19) 139 E4
Sionne (88) 68 C2
Sionviller (54) 49 F5
Siorac-de-Ribérac (24) . . 136 D2
Siorac-en-Périgord (24) . . 137 H6
Siouville-Hague (50) 12 B2
Sirac (32) 168 C4
Siracourt (62) 7 G1
Siradan (65) 184 A5
Siran (15) 139 G5
Siran (34) 187 G2
Sireix (65) 182 D5
Sireuil (16) 122 B4
Sirod (39) 103 F5
Siros (64) 182 B1

Sisco (2B) 203 G3
Sissonne (02) 22 D3
Sissy (02) 22 B1
Sistels (82) 168 B1
Sisteron (04) 160 B5
Sivergues (84) 176 A3
Sivignon (71) 115 H3
Sivry (54) 48 C4
Sivry-Ante (51) 46 C2
Sivry-Courtry (77) 64 B1
Sivry-la-Perche (55) 47 E1
Sivry-sur-Meuse (55) 25 E5
Six-Fours-les-Plages (83) . 193 E5
Sixt-Fer-à-Cheval (74) . . . 119 G6
Sixt-sur-Aff (35) 56 C5
Sizun (29) 31 G5
Smarves (86) 109 E2
Smermesnil (76) 6 B6
Soccia (2A) 204 D3
Sochaux (25) 88 C4
Socx (59) 2 C2
Sode (31) 197 F1
Sœurdres (49) 76 D2
Sognolles-en-Montois (77). 64 D1
Sogny-aux-Moulins (51) . . 45 H3
Sogny-en-l'Angle (51) . . . 46 C4
Soignolles (14) 38 D2
Soignolles-en-Brie (77). . . 43 F6
Soindres (78) 41 G3
Soing-Cubry-
  -Charentenay (70) 87 E3
Soings-en-Sologne (41) . . 80 B5
Soirans (21) 102 B1
Soissons (02) 22 A5
Soissons-sur-Nacey (21) . 102 C1
Soisy-Bouy (77) 65 E1
Soisy-
  -sous-Montmorency (95) . 42 C3
Soisy-sur-École (91) 63 H1
Soisy-sur-Seine (91) 42 D6
Soize (02) 23 E2
Soizé (28) 61 F4
Soizy-aux-Bois (51) 44 D4
Solaize (69) 130 A4
Solaro (2B) 205 G6
Solbach (67) 71 E1
Soleilhas (04) 178 A3
Solemont (25) 88 B5
Solente (60) 21 F2
le Soler (66) 201 E2
Solérieux (26) 158 B4
Solers (77) 43 F6
Solesmes (59) 9 F3
Solesmes (72) 77 F1
Soleymieu (38) 130 D3
Soleymieux (42) 128 D5
Solférino (40) 148 C6
Solgne (57) 48 D2
Soliers (14) 38 D1
Solignac (87) 124 B3
Solignac-sous-Roche (43). 142 D2
Solignac-sur-Loire (43) . . 142 C4
Soligny-la-Trappe (61) . . . 39 H6
Soligny-les-Étangs (10) . . 65 F2
Sollacaro (2A) 206 D2
Sollières-Sardières (73) . . 147 F1
Solliès-Pont (83) 193 F4
Solliès-Toucas (83) 193 F4
Solliès-Ville (83) 193 F4
Sologny (71) 116 A3
Solomiac (32) 168 B3
Solre-le-Château (59) 10 B3
Solrinnes (59) 10 B3
Solterre (45) 82 A1
Solutré-Pouilly (71) 116 A4
Somain (59) 9 E2
Sombacour (25) 103 H3
Sombernon (21) 85 F6
Sombrin (62) 7 H3
Sombrun (65) 166 D6
Somloire (49) 92 D3
Sommaing (59) 9 F2
Sommancourt (52) 67 G1
Sommant (71) 100 C3
Sommauthe (08) 24 C4
Somme-Bionne (51) 46 B2
Somme-Suippe (51) 46 B1
Somme-Tourbe (51) 46 B1
Somme-Vesle (51) 46 B3
Somme-Yèvre (51) 46 C3
Sommecaise (89) 82 D1
Sommedieue (55) 47 G1
Sommeilles (55) 46 D3
Sommelans (02) 44 B1
Sommelonne (55) 46 D5
Sommepy-Tahure (51) . . . 23 H6
Sommerance (08) 24 C5
Sommerécourt (52). 68 B3
Sommereux (60) 20 A2
Sommeron (02) 10 A5
Sommervieu (14) 14 A3
Sommerviller (54) 49 E5
Sommery (76) 19 E3
Sommesnil (76) 17 E4
Sommesous (51) 45 G5
la Sommette (25) 104 B1
Sommette-Eaucourt (02) . 21 H2
Sommeval (10) 66 A4
Sommevoire (52) 67 F2
Sommières (30). 173 H4
Sommières-du-Clain (86) . 109 E4
Sompt (79) 108 B5
Sompuis (51) 45 H5
Somsois (51) 46 A6
Son (08) 23 G3
Sonac (46) 153 F1
Sonchamp (78) 42 A6
Soncourt (88) 69 E2
Soncourt-sur-Marne (52) . . 67 H3

Sondernach (68) 70 D5
Sondersdorf (68). 89 F4
la Sône (38) 144 D3
Songeons (60) 19 H3
Songeson (39) 103 E6
Songieu (01) 131 G1
Songy (51) 46 A4
Sonnac (12) 153 H3
Sonnac (17) 121 H2
Sonnac-sur-l'Hers (11). . . 186 B5
Sonnay (38) 144 B1
Sonnaz (73) 131 H4
Sonneville (16) 122 A2
Sons-et-Ronchères (02) . . 22 C1
Sonthonnax-
  -la-Montagne (01) 117 F4
Sonzay (37) 78 C4
Soorts-Hossegor (40) . . . 164 B4
Soppe-le-Bas (68) 89 E2
Soppe-le-Haut (68) 88 D2
Sor (09) 184 D6
Sorans-lès-Breurey (70) . . 87 F5
Sorbais (02) 10 A6
Sorbets (32) 166 D4
Sorbets (40) 166 B5
Sorbey (55) 25 G4
Sorbey (57) 26 C5
Sorbier (03) 114 B3
Sorbiers (05) 159 G4
Sorbiers (42) 129 F5
Sorbo-Ocagnano (2B) . . . 203 G6
Sorbollano (2A). 207 E2
Sorbon (08) 23 G3
Sorbs (34) 172 C3
Sorcy-Bauthémont (08) . . 23 H3
Sorcy-Saint-Martin (55) . . 47 H5
Sorde-l'Abbaye (40) 165 E5
Sore (40) 149 F4
Soréac (65) 183 F2
Sorède (66) 201 E4
Sorel (80) 8 C5
Sorel-en-Vimeu (80) 7 E5
Sorel-Moussel (28) 41 F4
Sorèze (81) 186 C1
Sorgeat (09) 199 G2
Sorges (24) 137 G1
Sorgues (84) 175 E2
Sorigny (37) 95 E1
les Sorinières (44) 74 D6
Sorio (2B) 203 F5
Sormery (89) 65 H5
Sormonne (08) 23 H1
Sornac (19) 125 H4
Sornay (70) 86 D6
Sornay (71) 116 D1
Sornéville (54) 49 E4
Sorquainville (76) 16 D4
Sorrus (62) 6 D1
Sort-en-Chalosse (40) . . . 165 F4
Sortosville (50) 12 D3
Sortosville-
  -en-Beaumont (50) 12 C4
Sos (47) 167 E1
Sospel (06) 195 G1
Sossais (86) 94 C4
Sost (65) 183 H5
Sotta (2A) 207 F4
Sottevast (50) 12 C3
Sotteville (50) 12 B2
Sotteville-lès-Rouen (76) . 17 G6
Sotteville-sous-le-Val (76). 18 D5
Sotteville-sur-Mer (76) . . . 17 F2
Soturac (46) 151 H3
Sotzeling (57) 49 F3
Souain-Perthes-
  -lès-Hurlus (51) 46 A1
Soual (81) 170 B6
Souancé-au-Perche (28) . . 61 F3
Souanyas (66) 200 B3
Souastre (62) 7 H3
Soubès (34) 172 C4
Soubise (17) 120 C1
Soublecause (65) 166 D6
Soubran (17) 121 F6
Soubrebost (23) 125 E1
Soucé (53) 58 D1
Soucelles (49) 77 E3
la Souche (07) 157 F2
Souchez (62) 8 B1
Soucht (57) 28 B6
Soucia (39) 117 H1
Soucieu-en-Jarrest (69) . . 129 H4
Soucirac (46) 152 D1
Souclin (01) 131 E2
Soucy (02) 21 H5
Soucy (89) 65 E4
Soudaine-Lavinadière (19) . 125 E5
Soudan (44) 57 H6
Soudan (79) 108 B2
Soudat (24) 123 E4
Souday (41) 61 F5
Soudé (51) 45 H5
Soudeilles (19) 125 G4
Soudorgues (30) 173 F1
Soudron (51) 45 G4
Soueich (31) 184 B4
Soueix-Rogalle (09) 185 E6
Souel (81) 170 A1
Soues (65) 183 E3
Soues (80) 7 E5
Souesmes (41) 81 F5
Souffelweyersheim (67) . . 51 E5
Soufflenheim (67) 51 F3
Souffrignac (16) 123 E4
Sougé (36) 96 B4
Sougé (41) 79 E2
Sougé-le-Ganelon (72) . . . 59 H3
Sougéal (35) 35 G5
Sougères-en-Puisaye (89) . 83 E4
Sougraigne (11) 187 E6
Sougy (45) 62 C5

Sougy-sur-Loire (58) 99 F5
les Souhesmes-
  -Rampont (55) 47 E2
Souhey (21) 84 D5
le Souich (62). 7 G3
Souilhanels (11) 186 B2
Souilhe (11) 186 B2
Souillac (46) 138 C5
Souillé (72) 60 A4
Souilly (55) 47 F2
Soula (09) 185 H6
Soulac-sur-Mer (33) 120 B5
Soulages (15) 141 G3
Soulages-Bonneval (12) . 154 D1
Soulaines-Dhuys (10) 67 F2
Soulaines-sur-Aubance (49). 77 E5
Soulaire-et-Bourg (49) . . . 77 E3
Soulaines (28) 62 B1
Soulan (09) 185 E6
Soulanges (51) 46 A4
Soulangis (18) 97 H2
Soulangy (14) 38 D3
Soulatgé (11) 187 F6
Soulaucourt-sur-Mouzon (52). 68 D4
Soulaures (24) 151 H1
Soulce-Cernay (25) 88 C6
Soulgé-sur-Ouette (53) . . 59 E5
le Soulié (34) 171 F6
Soulières (51) 45 E3
Soulignac (33) 149 H1
Souligné-Flacé (72) 59 H6
Souligné-sous-Ballon (72) . 60 B4
Soulignonne (17). 120 D2
Souligny (10) 66 A4
Soulitré (72) 60 C5
Soullans (85) 90 D3
Soulles (50) 37 F2
Soulom (65) 182 D5
Soulomès (46) 152 D2
Soulosse-
  -sous-Saint-Élophe (88) . 68 D2
Soultz-Haut-Rhin (68) . . . 71 E6
Soultz-les-Bains (67) 50 D6
Soultz-sous-Forêts (67). . . 51 F2
Soultzbach-les-Bains (68) . 71 E5
Soultzeren (68) 71 E5
Soultzmatt (68) 71 E5
Soulvache (44) 57 G5
Soumaintrain (89) 65 H6
Soumans (23) 112 B4
Soumensac (47) 150 D1
Souméras (17) 135 F1
Soumont (34) 172 C4
Soumont-Saint-Quentin (14) . 38 D2
Soumoulou (64) 182 C2
Soupex (11) 186 B2
Soupir (02) 22 C4
Souppes-sur-Loing (77) . . 64 A4
Souprosse (40) 165 G3
Souraïde (64) 180 C1
Sourans (25) 88 B5
Source Seine (21) 85 F5
Sourcieux-les-Mines (69). 129 G3
le Sourd (02) 9 H6
Sourdeval (50) 37 G4
Sourdeval-les-Bois (50) . . 37 E3
Sourdon (80) 20 C2
Sourdun (77) 65 E1
le Sourn (56) 55 E3
Sournia (66) 200 C2
Sourniac (15) 140 A2
Sourribes (04) 160 B6
Sours (28) 62 B2
Sourzac (19) 139 H2
Sourzac (24) 136 D3
sous-Parsat (23) 111 G6
Sousceyrac (46) 139 G5
Sousmoulins (17) 135 G1
Souspierre (26) 158 C2
Soussac (33) 136 A6
Soussans (33) 135 E3
Soussey-sur-Brionne (21) . 85 E6
Soustelle (30) 156 D6
Soustons (40) 164 C3
Sousville (38) 145 H5
Souternon (42) 128 C2
la Souterraine (23) 110 D4
Soutiers (79) 108 A1
Souvans (39) 102 D3
Souvignargues (30) 173 H3
Souvigné (16) 122 B1
Souvigné (37) 78 C4
Souvigné (79) 108 B3
Souvigné-sur-Même (72) . 60 D4
Souvigné-sur-Sarthe (72) . 77 F1
Souvigny (03) 113 G2
Souvigny-de-Touraine (37) . 79 G5
Souvigny-en-Sologne (41) . 81 F3
Souyeaux (65) 183 F3
Souzay-Champigny (49) . . 93 H1
Souzy (69) 129 F3
Souzy-la-Briche (91) 63 F1
Soveria (2B) 205 E2
Soyans (26) 158 C2
Soyaux (16) 122 C4
Soye (25) 88 A5
Soye-en-Septaine (18) . . . 97 H3
Soyécourt (80) 8 B6
Soyers (52) 86 D1
Soyons (07) 144 A5
Sparsbach (67) 50 C3
Spay (72) 60 A6
Spechbach-le-Bas (68) . . 89 F2
Spechbach-le-Haut (68) . . 89 F2
Speloncato (2B) 202 D5
Spéracèdes (06) 178 C4
Spézet (29) 54 A1
Spicheren (57) 27 G4
Spincourt (55) 25 G5
Sponville (54) 48 A2
Spoy (10) 67 E4

Spoy (21) 86 A5
Spycker (59) 2 B2
Squiffiec (22) 33 E3
Staffelfelden (68) 89 F1
Stains (93) 42 D3
Stainville (55) 47 E5
Staple (59) 2 C4
Stattmatten (67) 51 F3
Stazzona (2B) 205 L1
Steenbecque (59) 2 C4
Steene (59) 2 B2
Steenvoorde (59). 2 D3
Steenwerck (59) 3 E4
Steige (67) 71 E2
Steinbach (68) 89 E1
Steinbourg (67) 50 C4
Steinbrunn-le-Bas (68) . . . 89 F2
Steinbrunn-le-Haut (68) . . 89 F2
Steinseltz (67) 51 F1
Steinsoultz (68) 89 F3
Stenay (55) 24 D4
Sternenberg (68) 89 E2
Stetten (68) 89 G3
Stigny (89) 84 C2
Still (67) 50 C6
Stiring-Wendel (57) 27 G4
Stonne (08) 24 C3
Storckensohn (68) 70 D6
Stosswihr (68) 71 E5
Stotzheim (67) 71 G2
Strasbourg (67) 51 E5
Strazeele (59) 2 D4
Strenquels (46) 138 D4
Strueth (68) 89 E3
Struth (67) 50 B3
Stuckange (57) 26 C3
Stundwiller (67) 51 F2
Sturzelbronn (57) 28 C5
Stutzheim-Offenheim (67) . 50 D5
Suarce (90) 89 E4
Suaux (16) 123 E2
le Subdray (18) 97 G3
Sublaines (37) 95 G1
Subles (14) 13 H5
Subligny (18) 82 B5
Subligny (50) 35 H3
Subligny (89) 64 D4
Suc-et-Sentenac (09) . . . 198 D1
Succieu (38) 130 D5
Sucé-sur-Erdre (44) 74 D4
Sucy-en-Brie (94) 43 E5
Suèvres (41) 80 A3
Sugères (63) 127 H4
Sugny (08) 24 A5
Suhescun (64) 181 E2
Suilly-la-Tour (58) 82 C6
Suin (71) 115 H3
Suippes (51) 46 A1
Suisse (57) 49 F2
Suizy-le-Franc (51) 44 D3
Sulignat (01) 116 C5
Sully (14) 13 H5
Sully (60) 19 G3
Sully (71) 101 E3
Sully-la-Chapelle (45) . . . 63 F6
Sully-sur-Loire (45) 81 G2
Sulniac (56) 55 H6
Sumène (30) 173 E2
Sundhoffen (68) 71 F5
Sundhouse (67) 71 G3
Supt (39) 103 F4
Surat (63) 127 G1
Surba (09) 185 G6
Surbourg (67) 51 E2
Surcamps (80) 7 E4
Surdoux (87) 124 D4
Suré (61) 60 C2
Suresnes (92) 42 C4
Surfonds (72) 60 C6
Surfontaine (02) 22 B1
Surgères (17) 107 F5
Surgy (58) 83 F4
Suriauville (88) 69 E4
Surin (79) 107 H2
Surin (86) 109 E6
Suris (16) 123 F2
Surjoux (01) 117 H6
Surmont (25) 88 B6
Surques (62) 1 G4
Surrain (14) 13 G5
Surtainville (50) 12 B3
Surtauville (27) 18 C6
Survie (61) 39 F4
Surville (14) 15 F3
Surville (27) 18 C6
Surville (50) 12 C5
Survilliers (95) 43 E2
Sury (08) 24 A1
Sury-aux-Bois (45) 63 G6
Sury-en-Vaux (18) 82 B6
Sury-ès-Bois (18) 82 A5
Sury-le-Comtal (42) 129 E5
Sury-près-Léré (18) 82 B5
Surzur (56) 73 E1
Sus (64) 181 G2
Sus-Saint-Léger (62) 7 H3
Susmiou (64) 181 G2
Sussac (87) 124 D4
Sussargues (34) 173 G4
Sussat (03) 113 F5
Sussey (21) 100 D1
Susville (38) 145 G5
Sutrieu (01) 131 F1
Suzan (09) 185 F5
Suzanne (08) 24 A3
Suzanne (80) 8 B5
Suzannecourt (52) 67 H2
Suzay (27) 19 F6
Suze (26) 144 C6
Suze-la-Rousse (26) 158 B5
la Suze-sur-Sarthe (72) . . 77 H1

Suzette (84) 158 D6
Suzoy (60) 21 G3
Suzy (02) 22 B3
Sy (08) 24 B3
Syam (39) 103 F6
Sylvains-les-Moulins (27) 40 D3
Sylvanès (12) 171 H3
le Syndicat (88) 70 B5

T

Tabaille-Usquain (64) 181 G1
Tabanac (33) 135 F6
la Table (73) 132 B5
le Tablier (85) 91 G5
Tabre (09) 186 B5
la Tâche (16) 122 D2
Tachoires (32) 167 H6
Tacoignières (78) 41 G4
Taconnay (58) 83 F6
Taden (22) 36 A4
Tadousse-Ussau (64) 166 C5
Taglio-Isolaccio (2B) 203 G6
la Tagnière (71) 100 C5
Tagnon (08) 23 G4
Tagolsheim (68) 89 F2
Tagsdorf (68) 89 F3
Tailhac (43) 141 H4
Taillades (84) 175 F3
le Taillan-Médoc (33) 135 E5
Taillancourt (55) 68 D1
Taillant (17) 121 E1
Taillebois (61) 38 C4
Taillebourg (17) 121 E2
Taillebourg (47) 150 C3
Taillecavat (33) 150 C1
Taillecourt (25) 88 C4
la Taillée (85) 107 E3
Taillefontaine (02) 21 G5
Taillepied (50) 12 C4
Taillet (66) 200 D4
Taillette (08) 10 D5
Taillis (35) 57 H2
Tailly (08) 24 D4
Tailly (21) 101 G3
Tailly (80) 7 E5
Tain-l'Hermitage (26) 144 A3
Taingy (89) 83 E3
Taintrux (88) 70 C3
Taisnières-en-Thiérache (59) 9 H4
Taisnières-sur-Hon (59) 9 H2
Taissy (51) 23 F6
Taïx (81) 170 C2
Taizé (71) 116 A2
Taizé (79) 93 G4
Taizé-Aizie (16) 108 D6
Taizy (08) 23 G3
Tajan (65) 183 H3
Talairan (11) 187 G5
Talais (33) 120 B5
Talange (57) 26 B4
Talant (21) 85 H6
Talasani (2B) 203 G6
la Talaudière (42) 129 F5
Talazac (65) 183 E2
Talcy (41) 80 A2
Talcy (89) 84 B4
Talence (33) 135 E5
Talencieux (07) 144 A2
Talensac (35) 56 D3
Talissieu (01) 131 G2
Talizat (15) 141 E3
Tallans (25) 87 H5
Tallard (05) 160 B3
Tallenay (25) 87 F6
Tallende (63) 127 F4
Taller (40) 165 E2
Talloires (74) 132 B2
Tallone (2B) 205 G3
le Tallud (79) 93 F6
Tallud-Sainte-Gemme (85) 92 C6
Talmas (80) 7 G5
Talmay (21) 86 B6
Talmont-Saint-Hilaire (85) 91 F6
Talmont-sur-Gironde (17) 120 C4
Talmontiers (60) 19 G5
Talon (58) 83 F6
Talus-Saint-Prix (51) 44 D4
Taluyers (69) 129 H4
Tamerville (50) 12 D3
Tamnay-en-Bazois (58) 99 H3
Tamniès (24) 138 A4
Tanavelle (15) 141 E4
Tanay (21) 86 A5
Tancarville (76) 15 G2
Tancoigné (49) 93 F1
Tancon (71) 115 F5
Tanconville (54) 49 H5
Tancrou (77) 43 H2
Tangry (62) 7 G1
Taningues (74) 119 E5
Tanis (50) 35 G4
Tanlay (89) 84 B1
Tannay (08) 24 B3
Tannay (58) 83 G6
Tanneron (83) 178 C5
Tannerre-en-Puisaye (89) 82 D2
Tannières (02) 22 B6
Tannois (55) 47 E5
Tanques (61) 39 E5
Tantonville (54) 69 F1
le Tanu (50) 35 H2
Tanus (81) 170 D1
Tanville (61) 39 E6
Tanzac (17) 121 E4
Taponas (69) 116 B5
Taponnat-Fleurignac (16) 122 D3
Tarabel (31) 169 G6

Taradeau (83) 177 H6
Tarare (69) 129 F2
Tarascon (13) 174 D3
Tarascon-sur-Ariège (09) 199 E1
Tarasteix (65) 183 E2
Tarbes (65) 183 E3
Tarcenay (25) 103 G2
Tardes (23) 112 B5
Tardets-Sorholus (64) 181 G3
la Tardière (85) 92 C6
Tardinghen (62) 1 F3
Tarentaise (42) 143 G1
Tarerach (66) 200 C2
Targassonne (66) 199 H4
Target (03) 113 F4
Targon (33) 135 G6
Tarnac (19) 125 F4
Tarnès (33) 135 G4
Tarnos (40) 164 B5
Taron-Sadirac-
  -Viellenave (64) 166 B6
Tarquimpol (57) 49 G4
Tarrano (2B) 205 G2
Tarsac (32) 166 C4
Tarsacq (64) 182 A1
Tarsul (21) 85 G4
Tart-l'Abbaye (21) 102 B1
Tart-le-Bas (21) 102 B1
Tart-le-Haut (21) 102 A1
Tartaras (42) 129 H5
Tartas (40) 165 G3
Tartécourt (70) 87 F1
Tartiers (02) 21 H4
Tartigny (60) 20 C2
Tartonne (04) 177 G1
le Tartre (71) 102 C5
le Tartre-Gaudran (78) 41 G5
Tarzy (08) 10 C6
Tasque (32) 166 D5
Tassé (72) 77 G1
Tasseniéres (39) 102 C4
Tassillé (72) 59 G5
Tassin-la-Demi-Lune (69) 130 A3
Tasso (2A) 205 E5
Tatinghem (62) 2 A4
le Tâtre (16) 121 H6
Taugon (17) 107 E3
Taulé (29) 31 H3
Taulignan (26) 158 C3
Taulis (66) 200 D4
Taupont (56) 56 A4
Tauriac (33) 135 F3
Tauriac (46) 139 E5
Tauriac (81) 169 G3
Tauriac-de-Camarès (12) 172 A4
Tauriac-de-Naucelle (12) 154 A6
Tauriers (07) 157 F2
Taurignan-Castet (09) 184 D5
Taurignan-Vieux (09) 184 D5
Taurinya (66) 200 C3
Taurize (11) 187 F4
Taussac (12) 140 C6
Taussac-la-Billière (34) 172 A5
Tautavel (66) 201 E1
Tauves (63) 126 C5
Tauxières-Mutry (51) 45 F2
Tauxigny (37) 95 F1
Tavaco (2A) 204 D5
Tavant (37) 94 C2
Tavaux (39) 102 C3
Tavaux-et-Pontséricourt (02) 22 D2
Tavel (30) 174 D2
Tavera (2A) 204 D4
Tavernay (71) 100 C3
Tavernes (83) 193 F1
Taverny (95) 42 C2
Tavers (45) 80 B2
Tavey (70) 88 C3
Taxat-Senat (03) 113 G5
Taxenne (39) 102 D1
Tayac (33) 136 A4
Taybosc (32) 168 A4
Tayrac (12) 154 A4
Tayrac (47) 151 G6
Tazilly (58) 100 A5
le Tech (66) 200 D5
Téché (38) 145 E2
Técou (81) 170 A3
le Teich (33) 148 C1
Teigny (58) 83 G6
le Teilhède (63) 127 E1
Teilhet (09) 186 A4
Teilhet (63) 113 E6
Teillay (35) 57 F5
Teillé (44) 75 E3
Teillé (72) 60 B4
Teillet (81) 170 D3
Teillet-Argenty (03) 112 C4
le Teilleul (50) 37 H6
Teillots (24) 138 A2
Teissières-de-Cornet (15) 140 A4
Teissières-lès-Bouliès (15) 140 B6
Telgruc-sur-Mer (29) 31 E6
Tellancourt (54) 25 G3
Tellecey (21) 86 B6
Tellières-le-Plessis (61) 39 G6
Teloché (72) 78 B1
le Temple (33) 134 C5
le Temple (41) 61 F6
le Temple-de-Bretagne (44) 74 B4
Temple-Laguyon (24) 137 H2
le Temple-sur-Lot (47) 151 E4
Templemars (59) 3 F5
Templeuve (59) 3 G6
Templeux-la-Fosse (80) 8 C5
Templeux-le-Guérard (80) 8 D5
Tenay (01) 131 E1
Tence (43) 143 F3
Tencin (38) 145 H1
Tende (06) 163 F6

Tendon (88) 70 B4
Tendron (18) 98 B4
Tendu (36) 111 E1
Teneur (62) 7 F1
Tennie (72) 59 H4
Tercé (86) 109 F2
Tercillat (23) 111 H3
Tercis-les-Bains (40) 165 E4
Terdeghem (59) 2 C3
Tergnier (02) 22 A2
Terjat (03) 112 D5
Termes (08) 24 B5
Termes (11) 187 F5
Termes (48) 141 F6
Termes-d'Armagnac (32) 166 D4
Termignon (73) 147 F1
Terminiers (28) 62 C5
Ternand (69) 129 G1
Ternant (17) 121 F1
Ternant (21) 101 G1
Ternant (58) 100 A6
Ternant-les-Eaux (63) 127 F6
Ternas (62) 7 G2
Ternat (52) 85 H1
Ternay (41) 79 E2
Ternay (69) 130 A4
Ternay (86) 93 H3
les Ternes (15) 141 E4
Ternuay-Melay-
  -et-Saint-Hilaire (70) 88 B1
Terny-Sorny (02) 22 A4
Terramesnil (80) 7 G4
la Terrasse (38) 145 H1
la Terrasse-sur-Dorlay (42) 129 G6
Terrasson-Lavilledieu (24) 138 B3
Terrats (66) 201 E3
Terraube (32) 167 H2
Terre-Clapier (81) 170 D3
Terre-Natale (52) 86 C1
Terrebasse (31) 184 C3
Terrefondrée (21) 85 G2
Terrehault (72) 60 C4
les Terres-de-Chaux (25) 88 C6
la Terrisse (12) 154 D1
Terroles (11) 187 E5
Terron-sur-Aisne (08) 24 A4
Terrou (46) 139 F6
Tersanne (26) 144 B2
Tersannes (87) 110 B4
Terssac (81) 170 B2
le Tertre-Saint-Denis (78) 41 G3
Tertry (80) 8 D6
Terville (57) 26 B3
Tessancourt-
  -sur-Aubette (78) 42 A2
Tessé-Froulay (61) 38 C6
Tessel (14) 14 A5
Tesson (17) 121 E4
Tessonnière (79) 93 G5
la Tessoualle (49) 92 C3
Tessy-sur-Vire (50) 37 G2
la Teste-de-Buch (33) 148 B1
Tétaigne (08) 24 D2
Téteghem (59) 2 C1
Téterchen (57) 27 E4
Téthieu (40) 165 E3
Teting-sur-Nied (57) 49 F1
Teuillac (33) 135 F3
Teulat (81) 169 G5
Teurthéville-Bocage (50) 12 D2
Teurthéville-Hague (50) 12 B2
Teyjat (24) 123 E4
Teyran (34) 173 G5
Teyssières (26) 158 D3
Teyssieu (46) 139 F5
Teyssode (81) 170 A5
Thaas (51) 45 E6
Thaims (17) 120 D4
Thairé (17) 106 D5
Thaix (58) 99 H5
Thal-Drulingen (67) 50 A3
Thal-Marmoutier (67) 50 C4
Thalamy (19) 126 B5
Thann (68) 89 E1
Thannenkirch (68) 71 F3
Thanville (67) 71 F2
Thaon (14) 14 B4
Thaon-les-Vosges (88) 69 H3
Tharaux (30) 157 F5
Tharoiseau (89) 83 H5
Tharot (89) 83 H4
Thaumiers (18) 98 A5
Thauron (23) 125 E1
Thauvenay (18) 82 B6
Thèbe (65) 184 A5
Théding (57) 49 G1
Thédirac (46) 152 C2
Thégra (46) 139 E6
Théhillac (56) 73 H2
le Theil (03) 113 G3
le Theil (50) 12 D2
le Theil (61) 61 E3
le Theil-Bocage (14) 38 A3
le Theil-de-Bretagne (35) 57 G4
le Theil-en-Auge (14) 15 F3
le Theil-Nolent (27) 15 H5
Theil-Rabier (16) 108 C6
Theil-sur-Vanne (89) 65 F4
Theillay (41) 81 E6
Theillement (27) 18 B5
Theix (56) 73 E1
Theizé (69) 129 G1
Thel (69) 115 G6
Théligny (72) 61 E4
Thélis-la-Combe (42) 143 G1
Thélod (54) 48 C6
Thelonne (08) 24 C2
Thélus (62) 8 B2
Théméricourt (95) 42 A2
Thémines (46) 153 F1

Théminettes (46) 153 F1
Thénac (17) 121 E3
Thénac (24) 136 C6
Thenailles (02) 23 E1
Thenay (36) 110 D1
Thenay (41) 79 H5
Thenelles (02) 22 B1
Thénésol (73) 132 C3
Theneuil (37) 94 C2
Theneuille (03) 113 E1
Thénezay (79) 93 H5
Thénioux (18) 97 E1
Thenissey (21) 85 E4
Thénisy (77) 64 D1
Thennelières (10) 66 B3
Thennes (80) 20 D1
Thenon (24) 137 H3
Thénorgues (08) 24 C4
Théoule-sur-Mer (06) 178 C6
Therdonne (60) 20 B4
Thérines (60) 19 H3
Thermes-Magnoac (65) 184 A2
Thérondels (12) 140 C5
Thérouanne (62) 2 B5
Thérouldeville (76) 16 D3
Thervay (39) 102 D1
Thésée (41) 79 H6
Thésy (39) 103 F4
Theuley (70) 87 E3
Théus (05) 160 C3
Theuville (28) 62 B3
Theuville (95) 42 B1
Theuville-aux-Maillots (76) 16 D3
Thevet-Saint-Julien (36) 111 H1
Théville (50) 12 D2
Thevray (27) 40 B2
They-sous-Montfort (88) 69 E3
They-sous-Vaudemont (54) 69 F2
Theys (38) 146 A1
Théza (66) 201 F3
Thézac (17) 120 D3
Thézac (47) 151 H3
Thézan-des-Corbières (11) 187 H4
Thézan-lès-Béziers (34) 188 B1
Thèze (04) 160 A4
Thèze (64) 166 B6
Thézey-Saint-Martin (54) 48 D3
Théziers (30) 174 C3
Thézillieu (01) 131 F2
Thézy-Glimont (80) 20 D1
Thiais (94) 42 D5
Thiancourt (90) 88 D4
Thianges (58) 99 F4
Thiant (59) 9 F2
Thiat (87) 110 A4
Thiaucourt-Regniéville (54) 48 A3
Thiaville-sur-Meurthe (54) 70 C2
Thiberville (27) 15 G5
Thibie (51) 45 G3
Thibivillers (60) 19 H5
Thibouville (27) 40 B1
Thicourt (57) 49 F2
Thiébauménil (54) 49 F6
Thiéblemont-Farémont (51) 46 B5
Thiébouhans (25) 88 C6
Thieffrain (10) 66 D4
Thieffrans (70) 87 H4
Thiéfosse (88) 70 B5
Thiel-sur-Acolin (03) 114 B2
Thiembronne (62) 1 H5
Thiénans (70) 87 H4
Thiennes (59) 2 C5
Thiepval (80) 8 A4
Thiergeville (76) 16 D3
Thiernu (02) 22 D1
Thiers (63) 128 A2
Thiers-sur-Thève (60) 43 E1
Thierville (27) 18 A6
Thierville-sur-Meuse (55) 47 F1
Thiéry (06) 178 D1
Thiescourt (60) 21 F3
Thiétreville (76) 16 D3
le Thieulin (28) 61 G2
Thieulloy-la-Ville (80) 19 H1
Thieulloy-l'Abbaye (80) 20 A1
Thieuloy-Saint-Antoine (60) 20 A2
la Thieuloye (62) 7 H1
Thieux (60) 20 C3
Thieux (77) 43 F2
Thiéville (14) 39 E2
Thièvres (62) 7 H4
Thièvres (80) 7 H4
Thiézac (15) 140 C4
Thignonville (45) 63 F3
Thil (01) 130 B2
Thil (10) 67 F2
le Thil (27) 19 E6
Thil (31) 168 D4
Thil (51) 23 E5
le Thil (54) 26 A2
Thil-Manneville (76) 17 G2
le Thil-Riberpré (76) 19 F2
Thil-sur-Arroux (71) 100 B5
Thilay (08) 11 F6
le Thillay (95) 42 D2
Thilleux (52) 67 F2
les Thilliers-en-Vexin (27) 19 F6
Thillois (51) 23 E6
Thillombois (55) 47 F3
Thillot (55) 47 F3
le Thillot (88) 70 C6
Thilouze (37) 94 D1
Thimert-Gâtelles (28) 41 E6
Thimonville (57) 49 E2
Thimory (45) 81 H1
Thin-le-Moutier (08) 23 H2
Thiolières (63) 128 B5
Thionne (03) 114 B3
Thionville (57) 26 B3
Thiouville (76) 18 A2
Thiraucourt (88) 69 F3

Thiré (85) 106 D1
Thiron-Gardais (28) 61 F3
This (08) 24 A1
Thise (25) 87 F6
Thivars (28) 62 A2
Thivencelle (59) 9 G1
Thiverny (60) 20 D6
Thiverval-Grignon (78) 42 A4
Thivet (52) 68 A6
Thiviers (24) 123 G6
Thiville (28) 62 A5
Thizay (36) 96 D4
Thizay (37) 94 A2
Thizy (69) 115 G6
Thizy (89) 84 B4
Thoard (04) 160 C6
Thodure (38) 144 C1
Thoigné (72) 60 B3
Thoiras (30) 173 G1
Thoiré-sous-Contensor (72) 60 B3
Thoiré-sur-Dinan (72) 78 C2
Thoires (21) 67 E6
Thoirette (39) 117 F4
Thoiria (39) 117 H2
Thoiry (01) 118 B4
Thoiry (73) 132 A4
Thoiry (78) 41 H4
Thoissey (01) 116 B5
Thoissia (39) 117 F3
Thoisy-la-Berchère (21) 100 D1
Thoisy-le-Désert (21) 101 E1
Thoix (80) 20 A2
Thol-lès-Millières (52) 68 C4
Thollet (86) 110 B3
Thollon-les-Mémises (74) 119 F3
le Tholonet (13) 176 B6
le Tholy (88) 70 B4
Thomer-la-Sôgne (27) 40 D3
Thomery (77) 64 B2
Thomirey (21) 101 E3
Thonac (24) 138 A4
Thônes (74) 132 B2
Thonnance-lès-Joinville (52) 67 H1
Thonnance-les-Moulins (52) 68 A2
Thonne-la-Long (55) 25 F3
Thonne-le-Thil (55) 25 E3
Thonne-les-Près (55) 25 E3
Thonnelle (55) 25 E3
Thonon-les-Bains (74) 119 E3
les Thons (88) 69 E6
Thonville (57) 49 F2
le Thor (84) 175 F2
Thoraille (45) 64 B6
Thoraise (25) 103 F1
Thorame-Basse (04) 161 E6
Thorame-Haute (04) 161 F6
Thoras (43) 142 A5
Thoré-la-Rochette (41) 79 F2
Thorée-les-Pins (72) 77 H3
Thorens-Glières (74) 118 C6
Thorey (89) 84 B1
Thorey-en-Plaine (21) 102 A1
Thorey-Lyautey (54) 69 F1
Thorey-sous-Charny (21) 84 D6
Thorey-sur-Ouche (21) 101 F2
Thorigné (79) 108 A4
Thorigné-d'Anjou (49) 76 D3
Thorigné-en-Charnie (53) 59 F5
Thorigné-Fouillard (35) 57 F2
Thorigné-sur-Dué (72) 60 D5
Thorigny (85) 91 H5
Thorigny-
  -sur-le-Mignon (79) 107 G5
Thorigny-sur-Marne (77) 43 F4
Thorigny-sur-Oreuse (89) 65 E3
le Thoronet (83) 177 G6
Thorrenc (07) 144 A2
Thors (10) 67 F3
Thors (17) 121 G2
Thory (80) 20 D2
Thory (89) 84 A4
Thoste (21) 84 C5
le Thou (17) 107 E5
Thou (18) 82 A5
Thou (79) 82 B4
Thouarcé (49) 77 E6
Thouaré-sur-Loire (44) 74 D5
Thouars (79) 93 G3
Thouars-sur-Arize (09) 185 E3
Thouars-sur-Garonne (47) 150 D5
Thouarsais-Bouildroux (85) 92 C6
le Thoult-Trosnay (51) 44 D4
le Thour (08) 23 F3
le Thoureil (49) 77 F5
Thourie (35) 57 G5
Thouron (87) 124 B1
Thourotte (60) 21 F4
Thoury (41) 80 B3
Thoury-Férottes (77) 64 C3
Thoux (32) 168 C4
Thubœuf (53) 59 E1
le Thuel (02) 23 E2
Thuès-entre-Valls (66) 200 A4
Thueyts (07) 157 F1
Thugny-Trugny (08) 23 H4
la Thuile (73) 132 A5
les Thuiles (04) 161 F3
Thuillières (88) 69 F4
Thuir (66) 201 E3
le Thuit (27) 19 E6
le Thuit-Anger (27) 18 C6
Thuit-Hébert (27) 18 B5
le Thuit-Signol (27) 18 B6
le Thuit-Simer (27) 18 B6
Thulay (25) 88 C5
Thumeréville (54) 25 H6
Thumeries (59) 3 G5
Thun-l'Évêque (59) 9 E3
Thun-Saint-Amand (59) 4 A6
Thun-Saint-Martin (59) 9 E3

Thurageau (86) 94 B5
Thuré (86) 94 C5
Thuret (63) 127 G1
Thurey (71) 102 A5
Thurey-le-Mont (25) 87 G6
Thurins (69) 129 H4
Thury (21) 101 E3
Thury (89) 83 E4
Thury-en-Valois (60) 43 H1
Thury-Harcourt (14) 14 B6
Thury-sous-Clermont (60) 20 C5
Thusy (74) 131 H1
Thuy (65) 183 F2
Thyez (74) 119 E5
Tibiran-Jaunac (65) 183 H4
Ticheville (61) 39 G3
Tichey (21) 102 B3
Tieffenbach (67) 50 B3
Tiercé (49) 77 E3
Tiercelet (54) 26 A2
le Tiercent (35) 35 G6
Tierceville (14) 14 A3
Tieste-Uragnoux (32) 166 D5
la Tieule (48) 155 G4
Tiffauges (85) 92 A3
Tigeaux (77) 43 G4
Tigery (91) 43 E6
Tignac (09) 199 F2
Tigné (49) 93 F1
Tignécourt (88) 69 E5
Tignes (73) 133 G5
le Tignet (06) 178 C4
Tigny-Jameyzieu (38) 130 C3
Tigny-Noyelle (62) 6 C2
Tigy (45) 81 F2
Til-Châtel (21) 86 A4
Tilh (40) 165 F5
Tilhouse (65) 183 G4
Tillac (32) 167 F6
Tillay-le-Péneux (28) 62 C4
Tillé (60) 20 B4
Tillenay (21) 102 B2
le Tilleul (76) 16 B4
Tilleul-Dame-Agnès (27) 40 C2
le Tilleul-Lambert (27) 40 C2
le Tilleul-Othon (27) 40 B1
Tilleux (88) 68 D3
Tillières (49) 75 F6
Tillières-sur-Avre (27) 40 D5
Tilloloy (80) 21 E2
Tilloy (79) 108 B5
Tilloy-et-Bellay (51) 46 B2
Tilloy-Floriville (80) 6 C5
Tilloy-lès-Conty (80) 20 B1
Tilloy-lès-Hermaville (62) 7 H2
Tilloy-lès-Mofflaines (62) 8 B2
Tilloy-lez-Cambrai (59) 8 D3
Tilloy-lez-Marchiennes (59) 9 E1
Tilly (27) 41 G1
Tilly (36) 110 C3
Tilly (78) 41 G3
Tilly-Capelle (62) 7 F1
Tilly-la-Campagne (14) 14 C5
Tilly-sur-Meuse (55) 47 G2
Tilly-sur-Seulles (14) 14 A4
Tilques (62) 2 A4
Tincey-et-Pontrebeau (70) 87 E3
Tinchebray (61) 38 A4
Tincourt-Boucly (80) 8 C5
Tincques (62) 7 H2
Tincry (57) 49 E3
Tingry (62) 1 F5
Tinqueux (51) 23 E6
Tinténiac (35) 35 E6
Tintry (71) 101 E4
Tintury (58) 99 G3
Tiranges (43) 142 D1
Tirent-Pontéjac (32) 168 B6
Tirepied (50) 37 E4
Tissey (89) 84 A1
le Titre (80) 6 D3
Tivernon (45) 62 D4
Tiviers (15) 141 F4
Tizac-de-Curton (33) 135 G5
Tizac-de-Lapouyade (33) 135 G3
Tocane-Saint-Apre (24) 137 E2
Tocqueville (27) 16 D6
Tocqueville (50) 13 E1
Tocqueville-en-Caux (76) 17 F3
Tocqueville-les-Murs (76) 16 D4
Tocqueville-sur-Eu (76) 17 H1
Toeuffes (80) 6 C4
Toges (08) 24 B4
Togny-aux-Bœufs (51) 46 A4
Tolla (2A) 204 D5
Tollaincourt (88) 68 D5
Tollent (62) 7 E2
Tollevast (50) 12 C2
la Tombe (77) 64 D2
Tombeboeuf (47) 151 E3
Tomblaine (54) 48 D5
Tomino (2B) 203 G2
les Tonils (26) 158 D2
Tonnac (81) 170 A1
Tonnay-Boutonne (17) 107 F1
Tonnay-Charente (17) 120 D1
Tonneins (47) 150 D4
Tonnerre (89) 84 A1
Tonneville (50) 12 B2
Tonnoy (54) 48 D6
Tonquédec (22) 32 C3
Torcé (35) 57 H3
Torcé-en-Vallée (72) 60 C4
Torcé-Viviers-
  -en-Charnie (53) 59 F4
Torcenay (53) 86 C1
Torchamp (61) 38 A6
Torchefelon (38) 131 E5
Torcheville (57) 49 G3
Torcieu (01) 131 E1
Torcy (62) 1 H6

orcy (71). 101 E5
orcy (77). 43 F4
orcy-en-Valois (02) 44 B2
orcy-et-Pouligny (21). . . . 84 C5
orcy-le-Grand (10) 66 B1
orcy-le-Grand (76). 17 H3
orcy-le-Petit (10) 66 B1
orcy-le-Petit (76) 17 H3
ordères (66) 201 E3
ordouet (14) 15 F6
orfou (49). 92 A2
orfou (91) 63 F1
origni-sur-Vire (50) 37 G2
ornac (30). 173 G2
ornay (52). 86 C2
Torp-Mesnil (76). 17 F3
orpes (25). 103 F1
orpes (71). 102 B5
Torpt (27) 15 G3
Torquesne (14). 15 F4
orreilles (66). 201 E4
orsac (16). 122 C5
orsiac (43) 141 F1
ortebesse (63) 126 C3
ortefontaine (62) 7 E2
ortequesne (62) 8 C2
orteron (18) 98 C3
orteval-Quesnay (14). . . . 38 A1
ortezais (03) 113 E3
ortisambert (14). 39 F2
orvilliers (10) 66 A3
orxé (17) 121 E1
osny (27) 19 E6
osse (40). 164 C4
ossiat (01). 117 E5
ostat (65) 183 E2
ostes (27) 18 C6
otainville (88). 69 E2
ôtes (76). 17 G4
ouchay (18) 97 F6
Touche (26). 158 B3
es Touches (44). 74 D3
es Touches-de-Périgny (17) . 121 H1
oucy (89) 83 E2
oudon (06) 195 E1
ouët-de-l'Escarène (06). . 195 G1
ouët-sur-Var (06) 178 C2
ouffailles (82). 152 A5
oufflers (59) 3 G5
ouffréville (14) 14 C4
ouffreville (27) 19 E5
ouffreville-la-Cable (76) . 15 H2
ouffreville-la-Corbeline (76) . 17 E5
ouffreville-sur-Eu (76) . . . 6 A5
ouget (32). 168 B4
ouille (31). 184 C4
ouillon (21). 84 D3
ouillon-et-Loutelet (25). . 104 A5
oujouse (32). 166 C3
oul (54) 48 B5
oulaud (07). 144 A5
oulenne (33). 149 H2
ouligny (08) 24 A2
oulis-et-Attencourt (02). . 22 C2
oulon (83). 193 E6
oulon-sur-Allier (03) . . . 113 H2
oulon-sur-Arroux (71) . . 100 C6
oulonjac (12) 153 G4
oulouges (66). 201 E2
oulouse (31). 169 F5
oulouse-le-Château (39) . 102 D5
oulouzette (40). 165 G3
oulx-Sainte-Croix (23) . . 112 A4
ouques (14) 15 E3
ouquet-Paris-Plage (62) . 1 E6
ouquettes (61) 39 H4
ouquin (77) 43 H5
our (06) 179 E2
Tour (14) 118 D5
Tour-Blanche (24) 122 D6
Tour-d'Aigues (84) 176 B4
Tour-d'Auvergne (63) . . 126 C5
our-de-Faure (46) 153 E3
Tour-de-Salvagny (69) . . 129 H2
Tour-de-Sçay (25) 87 G5
Tour-du-Crieu (09) 185 H4
Tour-du-Meix (39) 117 G2
Tour-du-Parc (56) 73 E2
Tour-du-Pin (38) 131 E5
our-en-Bessin (14) 13 H5
Tour-en-Jarez (42) 129 F5
our-en-Sologne (41) . . . 80 A6
Tour-Saint-Gelin (37) . . 94 C3
Tour-sur-Orb (34) 172 B5
ourailles (41) 79 G3
es Tourailles (61) 38 C4
ourbes (34). 182 D1
ourch (29). 53 H2
ourcoing (59). 3 G4
ourdun (32). 167 E5
a Tourette (42). 128 D6
a Tourette-Cabardès (11). 187 E2
ourette-du-Château (06). 195 E1
ourgueille (14). 15 E3
a Tourlandry (49). 92 D2
ourlaville (50). 12 C2
ourliac (47). 151 G1
ourly (60). 20 A6
ourmignies (59). 3 F6
ourmont (39). 103 E4
ournai-sur-Dive (61). . . . 39 E4
ournan (32). 184 B1
ournans (25). 87 H5
ournavaux (08). 11 F6
ournay (65). 183 F3
ournay-sur-Odon (14). . . 14 A5
ournebu (14). 14 B6
ournecoupe (32). 168 B3

Tournedos-Bois-Hubert (27). . 40 C2
Tournedos-sur-Seine (27) . . 18 D6
Tournefeuille (31) 169 E5
Tournefort (06) 178 D2
Tournehem-sur-la-Hem (62) . 1 H3
Tournemire (12). 172 A2
Tournemire (15). 140 B4
Tournes (08). 24 A1
le Tourneur (14) 37 H2
Tourneville (27) 40 D1
Tournières (14) 13 G5
Tournissan (11) 187 G4
Tournoisis (45). 62 B6
Tournon (73) 132 C4
Tournon-d'Agenais (47) . 151 H4
Tournon-Saint-Martin (36) . 95 F6
Tournon-Saint-Pierre (37) . 95 F6
Tournon-sur-Rhône (07) . 144 A3
Tournous-darré (65) 183 G2
Tournous-devant (65) . . 183 G3
Tournus (71) 116 C1
Tourny (27) 41 G1
Tourouvre (61) 40 A6
Tourouzelle (11) 187 G3
Tourreilles (11) 186 D5
les Tourreilles (31) 183 H4
Tourrenquets (32) 168 A4
Tourrette-Levens (06) . . 195 E2
les Tourrettes (26) 158 B1
Tourrettes (83) 178 B5
Tourrettes-sur-Loup (06) . 195 E4
Tourriers (16) 122 C2
Tours (37). 78 D5
Tours-en-Savoie (73). . . 132 D4
Tours-en-Vimeu (80) 6 C4
Tours-sur-Marne (51) . . . 45 F2
Tours-sur-Meymont (63). . 128 A4
Tourtenay (79) 93 G3
Tourteron (08) 24 A3
Tourtoirac (24) 137 H2
Tourtour (83) 193 G1
Tourtouse (09) 184 D4
Tourtrès (47) 151 E3
Tourtrol (09) 186 A4
Tourves (83) 193 E2
Tourville-en-Auge (14) . . 15 F3
Tourville-la-Campagne (27) . 18 B6
Tourville-la-Chapelle (76) . 17 H2
Tourville-la-Rivière (76) . 18 C5
Tourville-les-Ifs (76) . . . 16 C3
Tourville-sur-Arques (76) . 17 G2
Tourville-sur-Odon (14) . . 14 B5
Tourville--Pont-Audemer (27) . 15 H3
Tourville-sur-Sienne (50) . 36 D1
Toury (28). 62 D4
Toury-Lurcy (58) 99 F6
Toury-sur-Jour (58) 99 E6
Tourzel-Ronzières (63) . 127 F5
Toussaint (76) 16 C3
Toussieu (69) 130 B4
Toussieux (01) 130 A1
Tousson (77) 63 G3
Toussus-le-Noble (78). . 42 B5
Toutainville (27) 15 G3
Toutenant (71) 102 A4
Toutencourt (80) 7 H5
Toutens (31). 186 A1
Toutlemonde (49) 92 C2
Toutry (21) 84 B4
Touvérac (16) 121 H6
le Touvet (38) 131 H6
Touville (27) 18 A5
Touvois (44) 91 E2
Touvre (16). 122 C4
Touzac (16). 121 H5
Touzac (46). 152 A3
Tox (2B) 205 G2
Toy-Viam (19). 125 F4
Tracy-Bocage (14) 38 A1
Tracy-le-Mont (60) 21 G4
Tracy-le-Val (60) 21 G4
Tracy-sur-Loire (58) 82 B6
Tracy-sur-Mer (14) 14 A3
Trades (69) 115 H4
Traenheim (67) 50 C5
Tragny (57). 48 D2
Traînel (10) 65 F2
Traînou (45) 63 E6
le Trait (76) 17 E6
Traitiéfontaine (70) 87 F5
Traize (73). 131 G4
Tralaigues (63) 126 B2
Tralonca (2B). 205 F2
Tramain (22) 34 A5
Tramayes (71) 116 A4
Trambly (71) 115 H4
Tramecourt (62) 7 F1
Tramery (51) 22 D6
Tramezaïgues (65) 196 D1
Tramolé (38) 130 D5
Tramont-Émy (54) 69 E2
Tramont-Lassus (54) . . . 69 E2
Tramont-Saint-André (54) . 69 E2
Tramoyes (01) 130 B2
Trampot (88) 68 B2
Trancault (10) 65 F2
la Tranche-sur-Mer (85) . 106 B3
la Tranclière (01) 117 E5
Trancrainville (28) 62 D4
Trangé (72). 60 A5
le Tranger (36) 95 H4
Trannes (10). 67 E3
Tranqueville-Graux (88) . 69 E2
Trans (53) 59 F3
Trans-en-Provence (83). . 177 H6
Trans-la-Forêt (35). 35 F5
Trans-sur-Erdre (44) . . . 75 E3
le Translay (80). 6 C5
le Tranloy (62) 8 C4
Tranzault (36). 111 G1

Trappes (78). 42 B4
Trassanel (11) 187 E2
Traubach-le-Bas (68) . . 89 E3
Traubach-le-Haut (68) . . 89 E2
Trausse (11) 187 F2
Travaillan (84) 158 C6
Travecy (02) 22 A2
Traversères (32) 167 H6
Traves (70). 87 F3
Trayes (79). 93 E6
le Travet (81) 170 D3
Tréauville (50) 12 B3
Trébabu (29) 30 C5
Trébas (81). 170 D1
Trébas (81). 171 E2
Trébédan (22) 34 C6
Trèbes (11) 187 E3
Trébeurden (22) 32 C2
Trébons (65). 183 E4
Trébons-de-Luchon (31) . 197 F1
Trébons-sur-la-Grasse (31) . 186 A1
Trébrivan (22) 32 C6
Trébry (22) 33 H6
Tréclun (21) 102 B1
Trécon (51). 45 F4
Trédaniel (22) 33 H6
Trédarzec (22) 33 E2
Trédias (22) 34 B6
Trédion (56) 55 H5
Trédrez-Locquémeau (22) . 32 B2
Tréduder (22) 32 B3
Trefcon (02) 8 D6
Treffendel (35) 56 D3
Treffiagat (29) 53 E4
Treffieux (44) 74 D1
Trefflléan (56) 55 G6
Treffort (38) 145 G5
Treffrin (22) 32 B6
Tréflaouénan (29) 31 G3
Tréflévénez (29) 31 F4
Tréflez (29) 31 F3
Tréfols (51) 44 C4
Tréfumel (22) 34 D6
Trégarantec (29) 31 F3
Trégarvan (29) 31 F6
Trégastel (22) 32 C1
Tréglamus (22) 32 D4
Tréglonou (29) 30 D3
Trégomeur (22) 33 F4
Trégon (22) 34 C4
Trégonneau (22) 33 E3
Trégourez (29) 53 H2
Trégrom (22) 32 C3
Tréguennec (29) 53 E3
Tréguidel (22) 33 F3
Tréguier (22) 33 E2
Trégunc (29). 53 H4
Tréhet (41) 78 D2
Tréhorenteuc (56) 56 B3
le Tréhou (29). 31 G5
Treignac (19) 125 E5
Treignat (03) 112 B3
Treigny (89). 82 D4
Treilles (11). 188 A6
Treilles-en-Gâtinais (45) . 64 A5
Treillières (44) 74 C4
Treix (52) 68 A4
Treize-Septiers (85) 91 H1
Treize-Vents (85) 92 C3
Tréjouls (82) 152 B5
Trélans (48) 155 F3
Trélazé (49) 77 E5
Trélévern (22) 32 D1
Trelins (42) 128 D3
Trélissac (24) 137 F2
Trélivan (22) 34 C5
Trelly (50). 35 H1
Trélon (59) 10 B4
Trélou-sur-Marne (02) . . 44 C2
Trémaouézan (29) 31 F4
Trémargat (22) 32 D6
Trémauville (76) 16 D4
la Tremblade (17) 120 B2
Tremblay (35) 35 G6
Tremblay (49) 76 B2
Tremblay-en-France (93). . 43 E3
Tremblay-les-Villages (28) . 41 F6
le Tremblay-Omonville (27) . 40 C1
le Tremblay--Mauldre (78) . 42 A4
Tremblecourt (54) 48 B4
le Tremblois (70) 86 C5
Tremblois-lès-Carignan (08) . 25 E2
Tremblois-lès-Rocroi (08) . 10 D6
Trémeheuc (35) 35 F5
Trémel (22) 32 B3
Tréméloir (22) 33 G4
Trémentines (49) 75 H6
Tréméoc (29) 53 F3
Tréméreuc (22) 34 D4
Trémery (57) 26 C4
Trémeur (22) 34 B6
Tréméven (22) 33 F3
Tréméven (29) 54 B4
Trémilly (52). 67 F2
Tréminis (38) 145 G6
Trémoins (70) 88 B3
Trémolat (24) 137 G5
Trémons (47) 151 H4
Trémont (49) 93 E1
Trémont (61) 39 G6
Trémont-sur-Saulx (55) . . 46 D5
Trémonzey (88) 69 G6
Trémorel (22) 56 B2
Trémouille (15) 140 C1
Trémouille-Saint-Loup (63) . 126 B5
Trémouilles (12) 154 C3

Trémoulet (09). 185 H4
Trémuson (22). 33 G4
Trenal (39). 102 C6
Trensacq (40). 149 E5
Trentels (47). 151 G3
Tréogan (22). 54 B1
Tréogat (29). 53 E3
Tréon (28). 41 E5
Tréouergat (29). 30 D3
Trépail (51). 45 G1
le Tréport (76). 6 A4
Trépot (25). 103 G1
Tréprel (14). 38 C3
Trept (38). 130 D4
Trésauvaux (55). 47 H2
Tresboeuf (35). 57 F5
Trescault (62). 8 D4
Treschenu-Creyers (26). . 145 F6
Trescléoux (05). 159 H4
Tresilley (70). 87 F5
Treslon (51). 22 D6
Tresnay (58). 99 E6
Trespoux-Rassiels (46) . . 152 C4
Tresques (30). 174 C1
Tressan (34). 172 D6
Tressandans (25). 87 H4
Tressange (57). 26 A3
Tressé (35). 35 E5
Tresserre (66). 201 E3
Tresserve (73). 131 H4
Tresses (33). 135 F5
Tressignaux (22). 33 F3
Tressin (59). 3 G5
Tresson (72). 78 D1
Treteau (03). 114 B3
la Trétoire (77). 44 A4
Trets (13). 192 D2
Treux (80). 8 A5
Treuzy-Levelay (77). 64 B3
Trévé (22). 55 G1
Trévenans (90). 88 C3
Tréveneuc (22). 33 G3
Tréveray (55). 47 F6
Trévérec (22). 33 E3
Trévérien (35). 34 D6
Trèves (30). 172 C1
Trèves (69). 129 H5
Tréville (11). 170 C1
Trévières (14). 13 G5
Trévignin (73). 131 H3
Trévillach (66). 200 C2
Tréville (11). 186 B2
Trévillers (25). 88 D6
Trévilly (89). 84 B4
Trévol (03). 113 H1
Trévou-Tréguignec (22). . 32 D1
Trévoux (01). 130 A1
le Trévoux (29). 54 A4
Trévron (22). 34 D6
Trézelles (03). 114 B4
Trézény (22). 32 D2
Tréziers (11). 186 B5
Trézilidé (29). 31 G3
Tréziroux (63). 127 H3
Triac-Lautrait (16). 122 A3
le Triadou (34). 173 F4
Triaize (85). 106 C2
Tribehou (50). 13 E6
Trichey (89). 66 B6
Tricot (60). 20 D3
Trie-Château (60). 19 H6
Trie-la-Ville (60). 19 H6
Trie-sur-Baïse (65). 183 G2
Triel-sur-Seine (78). 42 B3
Triembach-au-Val (67). . 71 F2
Trieux (54). 26 A3
Trigance (83). 177 H3
Trignac (44). 73 G4
Trigny (51). 22 D5
Triguères (45). 64 C6
Trilbardou (77). 43 F3
Trilla (66). 200 C2
Trilport (77). 43 G3
Trimbach (67). 51 G2
Trimer (35). 34 D6
la Trimouille (86). 110 B2
Trinay (45). 62 D5
la Trinitat (15). 155 E1
la Trinité (06). 195 F2
la Trinité (27). 41 E2
la Trinité (50). 37 F4
la Trinité (73). 132 B5
la Trinité-de-Réville (27) . . 39 H3
la Trinité-de-Thouberville (27) . . 18 B5
la Trinité-des-Laitiers (61). . 39 G4
la Trinité-du-Mont (76). . . 15 H1
la Trinité-Porhoët (56). . . 55 H2
la Trinité-sur-Mer (56). . . 72 C1
la Trinité-Surzur (56). . . . 73 E1
Triors (26). 144 C3
le Trioulou (15). 153 H1
Tripleville (41). 62 B4
Triqueville (76). 18 A3
Triqueville (27). 15 G3
Trith-Saint-Léger (59). . . 9 F2
Trivy (71). 115 H3
Trizac (19). 140 B2
Trizay (17). 120 D1
Trizay-Coutretot--Saint-Serge (28). . . 61 F3
Trizay-lès-Bonneval (28) . . 62 A4
Troarn (14). 14 C4
Troche (19). 124 C6
Trochères (21). 86 B6
Trocy-en-Multien (77). . . 43 G2
Troësnes (02). 44 A1
Troguéry (22). 33 E2
Trogues (37). 94 C2
les Trois-Domaines (55) . . 47 F3

Trois-Fonds (23). 112 A4
Trois-Fontaines--l'Abbaye (51). . . 46 D5
Trois-Monts (14). 14 B6
les Trois-Moutiers (86). . . 93 H2
Trois-Palis (16). 122 B4
les Trois-Pierres (76). . . . 15 G1
Trois-Puits (51). 23 E6
Trois-Vèvres (58). 99 F4
Trois-Villes (64). 181 G3
Troisfontaines (57). 50 A5
Troisfontaines-la-Ville (52) . . 67 G2
Troisgots (50). 37 G2
Troissereux (60). 20 A4
Troissy (51). 44 D2
Troisvaux (62). 7 G1
Troisvilles (59). 9 F4
Tromarey (70). 86 D6
Tromborn (57). 27 E4
Troncens (32). 167 E6
la Tronche (38). 145 G2
le Tronchet (35). 35 E5
le Tronchet (72). 60 A4
Tronchoy (89). 84 A1
Tronchy (71). 102 A6
le Troncq (27). 18 B6
Trondes (54). 48 A5
Tronget (03). 113 G3
le Tronquay (14). 13 G6
le Tronquay (27). 19 F4
Tronsanges (58). 98 D2
Tronville (54). 48 B1
Tronville-en-Barrois (55). . 47 F5
Troo (41). 79 E2
Trosly-Breuil (60). 21 G5
Trosly-Loire (02). 21 H4
Trouans (10). 45 G6
Troubat (65). 184 A5
Trouhans (21). 102 B2
Trouhaut (21). 85 F5
Trouillas (66). 201 E3
Trouley-Labarthe (65). . . 183 F2
Troussencourt (60). 20 B3
Troussey (55). 47 H5
Troussures (60). 20 A5
Trouvans (25). 87 H5
Trouville (76). 15 H1
Trouville-la-Haule (27). . . 15 H2
Trouville-sur-Mer (14). . . 15 E3
Trouy (18). 97 G3
Troye-d'Ariège (09). 186 B5
Troyes (10). 66 B3
Troyon (55). 47 G2
la Truchère (71). 116 C2
Truchtersheim (67). 50 D5
Trucy (02). 22 C4
Trucy-l'Orgueilleux (58). . 83 F5
Trucy-sur-Yonne (89). . . . 83 G3
le Truel (12). 171 G1
Trugny (21). 102 A3
Truinas (26). 158 D2
Trumilly (60). 21 F6
Trun (61). 39 E4
Trungy (14). 13 H6
Truttemer-le-Grand (14). . 37 H4
Truttemer-le-Petit (14). . . 37 H4
Truyes (37). 95 F1
Tubersent (62). 1 F6
Tuchan (11). 187 G6
Tucquegnieux (54). 26 A4
Tudeils (19). 139 E4
Tudelle (32). 167 F4
Tuffé (72). 60 C5
Tugéras-Saint-Maurice (17) . 121 G6
Tugny-et-Pont (02). 21 H1
la Tuilière (42). 128 B1
Tulette (26). 158 C5
Tulle (19). 139 E2
Tullins (38). 145 E1
Tully (80). 6 B4
Tupigny (02). 9 G5
Tupin-et-Semons (69). . . 130 A5
la Turballe (44). 73 F3
la Turbie (06). 195 G2
Turcey (21). 85 F5
Turckheim (68). 71 F4
Turenne (19). 138 D4
Turgon (16). 122 D1
Turgy (10). 66 B5
Turny (89). 65 G5
Turquant (49). 93 H1
Turquestein-Blancrupt (57). . 50 A6
Turqueville (50). 13 E4
Turretot (76). 15 F1
Turriers (04). 160 C3
Tursac (24). 137 H4
Tusson (16). 122 B1
Tuzaguet (65). 183 H4
le Tuzan (33). 149 F3
Tuzie (16). 122 C1

Ugine (73). 132 C3
Uglas (65). 183 H4
Ugnouas (65). 183 E2
Ugny (54). 25 G4
Ugny-l'Équipée (80). 21 G1
Ugny-le-Gay (02). 21 H2
Ugny-sur-Meuse (55). . . . 47 H5
Uhart-Cize (64). 180 D3
Uhart-Mixe (64). 181 F2
Uhlwiller (67). 51 E3
Uhrwiller (67). 50 D3
Ulcot (79). 93 F3
les Ulis (91). 42 C5
Ully-Saint-Georges (60). . 20 C6
les Ulmes (49). 93 G1
Umpeau (28). 62 C1
Unac (09). 199 F1
Uncey-le-Franc (21). 85 E6
Unchair (51). 22 D6
Ungersheim (68). 71 F6
Unias (42). 129 E4
Unienville (10). 67 E3
Unieux (42). 129 E6
l'Union (31). 169 F5
Unverre (28). 61 G4
Unzent (09). 185 G3
Upaix (05). 160 A4
Upie (26). 144 B6
Ur (66). 199 G4
Urau (31). 184 C5
Urbalacone (2A). 206 D1
Urbanya (66). 200 B3
Urbeis (67). 71 E2
Urbès (68). 70 D6
Urbise (42). 114 D4
Urçay (03). 112 D1
Urcel (02). 22 B4
Urcerey (90). 88 C3
Urciers (36). 112 A2
Urcuit (64). 164 C6
Urcy (21). 101 G1
Urdens (32). 168 A3
Urdès (64). 165 H6
Urdos (64). 182 A6
Urepel (64). 180 C4
Urgons (40). 166 A4
Urgosse (32). 166 D4
Uriménil (88). 69 H4
Urmatt (67). 50 C6
Urost (64). 182 D2
Urou-et-Crennes (61). . . . 39 E4
Urrugne (64). 180 A1
Urs (09). 199 F1
Urschenheim (68). 71 G4
Urt (64). 164 C6
Urtaca (2B). 203 E5
Urtière (25). 88 D6
Uruffe (54). 48 A6
Urval (24). 137 G6
Urville (10). 67 E4
Urville (14). 14 C6
Urville (50). 12 D3
Urville (88). 68 D4
Urville-Nacqueville (50). . 12 B1
Urvillers (02). 22 A1
Ury (77). 63 H3
Urzy (58). 99 E3
Us (95). 42 A2
Usclades-et-Rieutord (07). . 143 E6
Usclas-d'Hérault (34). . . . 172 D6
Usclas-du-Bosc (34). . . . 172 C4
Usinens (74). 118 A6
Ussac (19). 138 C2
Ussat (09). 199 E1
Usseau (79). 107 G5
Usseau (86). 94 C4
Ussel (15). 141 E2
Ussel (19). 125 H5
Ussel (46). 152 D2
Ussel-d'Allier (03). 113 G5
Usson (63). 127 G5
Usson-du-Poitou (86). . . . 109 F4
Usson-en-Forez (42). . . . 142 C1
Ussy (14). 38 D3
Ussy-sur-Marne (77). . . . 43 H3
Ustaritz (64). 180 C1
Ustou (09). 198 C1
Utelle (06). 195 F1
Uttenheim (67). 71 G1
Uttenhoffen (67). 50 D3
Uttwiller (67). 50 C3
Uvernet-Fours (04). 161 F4
Uxeau (71). 100 B6
Uxegney (88). 69 H4
Uxelles (39). 117 H1
Uxem (59). 2 C1
Uza (40). 164 D1
Uzan (64). 166 A6
Uzay-le-Venon (18). 97 H5
Uzech (46). 152 C2
Uzein (64). 182 B1
Uzel (22). 33 F6
Uzelle (25). 88 A4
Uzemain (88). 69 H5
Uzer (07). 157 F3
Uzer (65). 183 F4
Uzerche (19). 124 D6
Uzès (30). 174 B2
Uzeste (33). 149 G3
Uzos (64). 182 B2

U

V

Vaas (72). 78 B3
Vabre (81). 170 D5
Vabre-Tizac (12). 153 H5
Vabres (15). 141 F4

Vabres (30). 173 F1
Vabres-l'Abbaye (12). 171 G2
Vachères (05). 25 E6
Vachères (84). 176 B2
Vachères-en-Quint (26). . . 144 D6
Vacheresse (74). 119 F3
la Vacheresse-
   -et-la-Rouillie (88). 68 D4
la Vacherie (27). 40 D1
Vacognes-Neuilly (14). 14 A5
la Vacquerie (14). 37 H1
la Vacquerie-et-Saint-Martin-
   -de-Castries (34). 172 D4
Vacquerie-le-Boucq (62). 7 F2
Vacqueriette-Erquières (62). . .7 F2
Vacqueville (54). 70 C1
Vacqueyras (84). 158 C6
Vacquières (34). 173 G3
Vacquiers (31). 169 F4
Vadans (39). 103 E4
Vadans (70). 86 C6
Vadelaincourt (55). 47 F2
Vadenay (51). 45 H2
Vadencourt (02). 9 G5
Vadencourt (80). 7 H5
Vadonville (55). 47 G4
Vagnas (07). 157 G4
Vagney (88). 70 B5
Vahl-Ebersing (57). 49 G1
Vahl-lès-Bénestroff (57). . . .49 G3
Vahl-lès-Faulquemont (57). . .49 F2
Vaiges (53). 59 E5
Vailhan (34). 172 C6
Vailhauquès (34). 173 E5
Vailhourles (12). 153 F5
Vaillac (46). 152 D1
Vaillant (52). 85 H2
Vailly (10). 66 B2
Vailly (74). 119 E3
Vailly-sur-Aisne (02). 22 B4
Vailly-sur-Sauldre (18). 82 A5
Vains (50). 35 H3
Vairé (85). 91 E5
Vaire-Arcier (25). 87 G6
Vaire-le-Petit (25). 87 G6
Vaire-sous-Corbie (80). 7 H6
Vaires-sur-Marne (77). 43 E4
Vaison-la-Romaine (84). . . .158 D5
Vaïssac (82). 169 G1
Vaite (70). 86 D3
la Vaivre (70). 69 H6
Vaivre-et-Montoille (70). 87 F3
le Val (83). 193 F2
le Val-d'Ajol (88). 70 A6
Val-d'Auzon (10). 66 C2
le Val-David (27). 41 E2
Val-de-Bride (52). 49 F4
Val-de-Chalvagne (04). 178 B2
Val-de-Fier (74). 131 H1
le Val-de-Gouhenans (70). . . .88 A3
le Val-de-Guéblange (57). . . .49 H2
Val-de-la-Haye (76). 18 C5
Val-de-Mercy (89). 83 G3
Val-de-Meuse (52). 68 C6
Val-de-Reuil (27). 18 D6
Val-de-Roulans (25). 87 H5
Val-de-Saâne (76). 17 F4
Val-de-Vesle (51). 45 G1
Val-de-Vière (51). 46 B4
Val-d'Épy (39). 117 F3
Val-des-Marais (51). 45 F4
Val-des-Prés (05). 147 E4
le Val-d'Esnoms (52). 86 A3
Val-d'Isère (73). 133 G5
Val-d'Izé (35). 57 H2
Val-d'Ornain (55). 46 D4
Val-et-Châtillon (54). 49 H6
Val-Maravel (26). 159 G2
le Val-Saint-Éloi (70). 87 G2
le Val-Saint-Germain (91). . . .42 B6
le Val-Saint-Père (50). 35 H3
Val-Suzon (21). 85 G5
Valady (12). 154 B3
Valailles (27). 15 H5
Valaire (41). 79 H5
Valanjou (49). 93 E1
Valaurie (26). 158 B4
Valavoire (04). 160 B5
Valay (70). 86 D6
Valbeleix (63). 127 E6
Valbelle (04). 160 A6
Valbois (55). 47 H3
Valbonnais (38). 145 H5
Valbonne (06). 178 D4
Valcabrère (31). 184 A5
Valcanville (50). 13 E2
Valcebollère (66). 199 H5
Valcivières (63). 128 B5
Valcourt (52). 46 D6
Valdahon (25). 104 A2
Valdampierre (60). 20 A5
Valdeblore (06). 162 C6
le Valdécie (50). 12 C4
Valderiès (81). 170 C2
Valderoure (06). 178 B3
Valdieu-Lutran (68). 89 E3
Valdivienne (86). 109 G2
Valdoie (90). 88 C2
Valdrôme (26). 159 G3
Valdurenque (81). 170 D6
Valeille (42). 129 F3
Valeilles (82). 151 H4
Valeins (01). 116 B5
Valempoulières (39). 103 F5
Valençay (36). 96 B2
Valence (16). 122 D2
Valence (26). 144 B5
Valence (82). 151 G6
Valence-d'Albigeois (81). . . .170 D2
Valence-en-Brie (77). 64 B2
Valenc.. sur-Baïse (32). 167 G3

Valenciennes (59). 9 F2
Valencin (38). 130 B4
Valencogne (38). 131 F5
Valennes (72). 61 E6
Valensole (04). 177 E3
Valentigney (25). 88 C4
Valentine (31). 184 B4
Valenton (94). 42 D5
Valergues (34). 173 G5
Valernes (04). 160 B5
Valescourt (60). 20 D4
Valette (15). 140 B2
la Valette (38). 145 H4
la Valette-du-Var (83). 193 F5
Valeuil (24). 137 E1
Valeyrac (33). 120 C6
Valezan (73). 133 E4
Valff (67). 71 G1
Valfin-sur-Valouse (39). 117 F3
Valflaunès (34). 173 F4
Valfleury (42). 129 G5
Valframbert (61). 60 A1
Valfroicourt (88). 69 F4
Valgorge (07). 157 E2
Valhey (54). 49 E5
Valhuon (62). 7 G1
Valiergues (19). 125 H6
Valignat (03). 113 G5
Valigny (03). 98 B6
Valines (80). 6 C4
Valjouffrey (38). 146 A5
Valjouze (15). 141 E3
la Valla-en-Gier (42). 129 G6
la Valla-sur-Rochefort (42). . .128 C3
Vallabrègues (30). 174 C3
Vallabrix (30). 174 B1
Vallan (39). 83 F2
Vallangoujard (95). 42 B1
Vallans (79). 107 G4
Vallant-Saint-Georges (10). . .66 A2
Vallauris (06). 195 E4
Valle-d'Alesani (2B). 205 G2
Valle-di-Campoloro (2B). . . .205 G2
Valle-di-Mezzana (2A). 204 C5
Valle-di-Rostino (2B). 203 F6
Valle-d'Orezza (2B). 205 G1
Vallecalle (2B). 203 F5
la Vallée (17). 120 D1
la Vallée-au-Blé (02). 9 H6
la Vallée-Mulâtre (02). 9 F5
Vallègue (31). 186 A1
Valleiry (74). 118 B5
Vallenay (18). 97 G5
Vallentigny (10). 67 E2
Vallerange (57). 49 F2
Vallérargues (30). 157 G6
Valleraugue (30). 173 E1
Vallères (37). 78 C6
Valleret (52). 67 G1
Vallereuil (24). 137 E3
Vallerois-le-Bois (70). 87 H4
Vallerois-Lorioz (70). 87 G4
Valleroy (25). 87 G5
Valleroy (52). 86 D2
Valleroy (54). 26 A4
Valleroy-aux-Saules (88). . . .69 F3
Valleroy-le-Sec (88). 69 F4
Vallery (89). 64 C4
Vallesvilles (31). 169 G5
Vallet (44). 75 E6
Valletot (27). 15 H3
Vallica (2B). 202 D6
Vallière (23). 125 G2
Vallières (10). 66 B6
Vallières (74). 131 H1
Vallières-les-Grandes (41). . .79 G5
Valliguières (30). 174 C2
Valliquerville (76). 17 E4
Valloire (73). 146 D2
Vallois (54). 70 A1
les Vallois (88). 69 F4
Vallon-en-Sully (03). 112 D2
Vallon-Pont-d'Arc (07). 157 G4
Vallon-sur-Gée (72). 59 H6
Vallorcine (74). 119 H6
Vallouise (05). 146 D5
Valmanya (66). 200 C4
Valmascle (34). 172 B5
Valmeinier (73). 146 D2
Valmestroff (57). 26 C3
Valmigère (11). 187 E5
Valmondois (95). 42 C2
Valmont (57). 49 F1
Valmont (76). 16 D3
Valmunster (57). 26 D4
Valmy (51). 46 C2
Valognes (50). 12 D3
Valojoulx (24). 138 A4
Valonne (25). 88 B5
Valoreille (25). 88 C6
Valouse (26). 158 D3
Valprionde (46). 152 A4
Valprivas (43). 142 D1
Valpuiseaux (91). 63 G2
Valras-Plage (34). 188 C3
Valréas (84). 158 C4
Valros (34). 188 D1
Valroufié (46). 152 D3
Vals (09). 186 A4
Vals-des-Tilles (52). 85 H2
Vals-le-Chastel (43). 141 H2
Vals-les-Bains (07). 157 G1
Vals-près-le-Puy (43). 142 C4
Valsemé (14). 15 E4
Valserres (05). 160 C3
Valsonne (69). 129 F1
le Valtin (88). 70 D4
Valuéjols (15). 141 E4
Valvignères (07). 157 H3
Valz-
   -sous-Châteauneuf (63). . . 127 H6

Valzergues (12). 153 H3
Vanault-le-Châtel (51). 46 B4
Vanault-les-Dames (51). 46 C4
Vançais (79). 108 C4
Vancé (72). 78 D1
Vanclans (25). 104 A2
Vandeins (01). 116 D4
Vandelainville (54). 26 A6
Vandelans (70). 87 G5
Vandeléville (54). 69 E2
Vandélicourt (60). 21 F4
Vandenesse (58). 99 H4
Vandenesse-en-Auxois (21). 101 F1
Vandeuil (51). 22 D6
Vandières (51). 44 D1
Vandières (54). 48 B3
Vandoeuvre-lès-Nancy (54). . .48 C5
Vandoncourt (25). 88 D4
Vandré (17). 107 F6
Vandrimare (27). 19 E5
Vandy (08). 24 A4
Vanlay (10). 66 A5
Vannaire (21). 85 E1
Vanne (70). 87 E3
le Vanneau-Irleau (79). 107 G3
Vannecourt (57). 49 F3
Vannecrocq (27). 15 G3
Vannes (56). 55 G6
Vannes-le-Châtel (54). 48 A6
Vannes-sur-Cosson (45). 81 F3
Vanosc (07). 143 G2
les Vans (07). 157 E4
Vantoux (57). 26 C5
Vantoux-et-Longevelle (70). . .87 E5
Vanves (92). 42 C4
Vanvey (21). 85 F1
Vanvillé (77). 64 D1
Vanxains (24). 136 C2
Vany (57). 26 C5
Vanzac (17). 121 G6
Vanzay (79). 108 C4
Vanzy (74). 118 A6
Vaour (81). 169 H1
Varacieux (38). 144 D2
Varades (44). 76 B5
Varages (83). 193 E1
Varaignes (24). 123 E1
Varaire (46). 153 E4
Varaize (17). 121 G1
Varambon (01). 117 E6
Varanges (21). 102 A1
Varangéville (54). 48 D5
Varaville (14). 14 D4
Varces-Allières-
   -et-Risset (38). 145 G3
Vareilles (23). 110 D4
Vareilles (71). 115 F4
Vareilles (89). 65 F4
Varen (82). 153 F6
Varengeville-sur-Mer (76). . . .17 G2
Varenguebec (50). 12 D4
la Varenne (49). 75 E4
Varenne-l'Arconce (71). 115 F4
Varenne-
   -Saint-Germain (71). 115 E3
Varennes (24). 137 F5
Varennes (31). 185 H1
Varennes (37). 95 F3
Varennes (80). 7 H4
Varennes (82). 169 F3
Varennes (86). 94 B5
Varennes (89). 83 H1
Varennes-Changy (45). 82 A1
Varennes-en-Argonne (55). . . .24 C6
Varennes-Jarcy (91). 43 E5
Varennes-le-Grand (71). . . .101 G6
Varennes-lès-Mâcon (71). . .116 B4
Varennes-lès-Narcy (58). 98 D1
Varennes-
   -Saint-Honorat (43). 142 A3
Varennes-
   -Saint-Sauveur (71). 117 E2
Varennes-sous-Dun (71). . . .115 G4
Varennes-sur-Allier (03). . . .114 A4
Varennes-sur-Fouzon (36). . . .96 C1
Varennes-sur-Loire (49). 94 A1
Varennes-sur-Morge (63). . .127 F1
Varennes-sur-Seine (77). 64 C2
Varennes-sur-Tèche (03). . . .114 B4
Varennes-sur-Usson (63). . .127 G5
Varennes-Vauzelles (58). . . .98 D3
Varès (47). 150 D3
Varesnes (60). 21 G3
Varessia (39). 117 F1
Varetz (19). 138 C2
Varilhes (09). 185 H5
Varinfroy (60). 43 H2
Variscourt (02). 23 E4
Varize (28). 62 B5
Varize (57). 49 E1
Varmonzey (88). 69 G2
Varneville (55). 47 H3
Varneville-Bretteville (76). . . .17 G3
Varogne (70). 87 G2
Varois-et-Chaignot (21). 85 H6
Varouville (50). 12 D1
Varrains (49). 93 H1
Varreddes (77). 43 G2
Vars (05). 161 F2
Vars (16). 122 B3
Vars (70). 86 C4
Vars-sur-Roseix (19). 138 B2
Varsberg (57). 27 E5
Varzay (17). 121 E3
Varzy (58). 83 E6
Vascoeuil (27). 19 E4
Vasles (79). 108 C1
Vasperviller (57). 50 A5
Vassel (63). 127 G3

Vasselay (18). 97 G2
Vasselin (02). 131 E4
Vassens (02). 21 H4
Vasseny (02). 22 B5
Vassieux-en-Vercors (26). . .145 E5
Vassimont-
   -et-Chapelaine (51). 45 G5
Vassincourt (55). 46 D4
Vassogne (02). 22 C4
Vassonville (76). 17 G4
Vassy (14). 38 A3
Vassy (89). 84 B4
le Vast (50). 13 E2
Vasteville (50). 12 B2
les Vastres (43). 143 E4
Vatan (36). 96 D3
Vathiménil (54). 70 B1
Vatierville (76). 19 F1
Vatilieu (38). 145 E2
Vatimont (57). 49 E2
Vatry (51). 45 G4
Vattetot-
   -sous-Beaumont (76). 16 C4
Vattetot-sur-Mer (76). 16 B3
Vatteville (27). 19 E6
Vatteville-la-Rue (76). 17 E6
Vaubadon (14). 13 G6
Vauban (71). 115 F4
Vaubecourt (55). 47 E3
Vaubexy (88). 69 G3
Vaucelles (14). 13 H5
Vaucelles-et-Beffecourt (02). . .22 B2
Vauchamps (25). 87 G6
Vauchamps (51). 44 D4
Vauchassis (10). 66 A4
Vauchelles (60). 21 G3
Vauchelles-lès-Authie (80). . . .7 H4
Vauchelles-lès-Domart (80). . .7 E4
Vauchelles-les-Quesnoy (80). . .6 D4
Vauchignon (21). 101 F3
Vauchonvilliers (10). 66 D3
Vauchoux (70). 87 F3
Vauchrétien (49). 77 E6
Vauciennes (51). 45 E2
Vauciennes (60). 21 G6
Vauclaix (58). 100 A1
Vauclerc (51). 46 B5
Vaucluse (25). 88 B6
Vauclusotte (25). 88 C6
Vaucogne (10). 66 C1
Vauconcourt-Nervezain (70). . .87 E3
Vaucouleurs (55). 47 H6
Vaucourt (54). 49 F5
Vaucourtois (77). 43 G3
Vaucresson (92). 42 C4
Vaudancourt (60). 19 G6
Vaudebarrier (71). 115 G3
Vaudelnay (49). 93 G2
Vaudeloges (14). 39 E3
Vaudémont (54). 69 F2
Vaudes (10). 66 B4
Vaudesincourt (51). 23 G6
Vaudesson (02). 22 B4
Vaudeurs (89). 65 F5
Vaudevant (07). 143 H3
Vaudeville (54). 69 G1
Vaudéville (88). 70 A3
Vaudeville-le-Haut (55). 68 C1
Vaudherland (95). 43 E2
Vaudigny (54). 69 G1
le Vaudioux (39). 103 F6
Vaudoncourt (55). 25 G5
Vaudoncourt (88). 68 D3
le Vaudoué (77). 63 H3
Vaudoy-en-Brie (77). 43 H5
Vaudreching (57). 26 D4
Vaudrecourt (52). 68 D4
Vaudrémont (52). 67 G4
le Vaudreuil (27). 18 D6
Vaudreuille (31). 186 B1
Vaudreville (50). 12 D3
Vaudrey (39). 102 D3
Vaudricourt (62). 2 D6
Vaudricourt (80). 6 B4
Vaudrimesnil (50). 12 D6
Vaudringhem (62). 1 H5
Vaudrivillers (25). 88 A6
Vaudry (14). 37 H3
Vaufrey (25). 88 D5
Vaugines (84). 176 A4
Vaugneray (69). 129 H3
Vaugrigneuse (91). 42 B6
Vauhallan (91). 42 C5
Vaujany (38). 146 A2
Vaujours (93). 43 E3
Vaulandry (49). 77 H3
le Vaulmier (15). 140 B2
Vaulnaveys-le-Bas (38). . . .145 G3
Vaulnaveys-le-Haut (38). . . .145 G3
Vaulry (87). 110 B6
Vault-de-Lugny (89). 83 H5
Vaulx (62). 7 F2
Vaulx (74). 132 A1
Vaulx-en-Velin (69). 130 B3
Vaulx-Milieu (38). 130 C4
Vaulx-Vraucourt (62). 8 C4
le Vaumain (60). 19 H5
Vaumas (03). 114 B3
Vaumeilh (04). 160 B5
Vaumoise (60). 21 G6
Vaumort (89). 65 F4
Vaunac (24). 137 G1
Vaunaveys-la-Rochette (26). .144 C6
Vaupillon (28). 61 F1
Vaupoisson (10). 66 C1
Vauquois (55). 24 D6
Vauréal (95). 42 B2
Vaureilles (12). 153 H3

le Vauroux (60). 19 H5
Vausseroux (79). 108 B1
Vautebis (79). 108 B1
Vauthiermont (90). 88 D2
Vautorte (53). 58 C3
Vauvenargues (13). 176 B5
Vauvert (30). 174 A4
Vauville (14). 15 E3
Vauville (50). 12 B2
Vauvillers (70). 69 F6
Vauvillers (80). 8 A6
Vaux (03). 112 D3
Vaux (31). 186 A1
Vaux (57). 26 B5
Vaux (86). 108 D4
Vaux-Andigny (02). 9 F5
Vaux-Champagne (08). 23 F4
Vaux-devant-Damloup (55). . . .25 F6
Vaux-en-Amiénois (80). 7 F5
Vaux-en-Beaujolais (69). . . .115 H6
Vaux-en-Bugey (01). 130 D1
Vaux-en-Dieulet (08). 24 C4
Vaux-en-Pré (71). 115 H1
Vaux-en-Vermandois (02). . . .21 H1
Vaux-et-Chantegrue (25). . . .103 H5
Vaux-Lavalette (16). 122 C6
Vaux-le-Moncelot (70). 87 E4
Vaux-le-Pénil (77). 64 A1
Vaux-lès-Mouron (08). 24 B5
Vaux-lès-Mouzon (08). 24 D3
Vaux-lès-Palameix (55). 47 G2
Vaux-lès-Prés (25). 103 F1
Vaux-lès-Rubigny (08). 23 F2
Vaux-lès-Saint-Claude (39). . .117 H3
Vaux-Marquenneville (80). . . .6 D5
Vaux-Montreuil (08). 23 H3
Vaux-Rouillac (16). 122 A3
Vaux-Saules (21). 85 F5
Vaux-sous-Aubigny (52). 86 A3
Vaux-sur-Aure (14). 13 H5
Vaux-sur-Blaise (52). 67 G1
Vaux-sur-Eure (27). 41 E2
Vaux-sur-Lunain (77). 64 C4
Vaux-sur-Mer (17). 120 C3
Vaux-sur-Poligny (39). 103 E5
Vaux-sur-Saint-Urbain (52). . .68 A2
Vaux-sur-Seine (78). 42 A2
Vaux-sur-Seulles (14). 14 A4
Vaux-sur-Somme (80). 7 H6
Vaux-sur-Vienne (86). 94 D4
Vaux-Villaine (08). 23 H1
Vauxaillon (02). 22 B4
Vauxbons (52). 85 H1
Vauxbuin (02). 22 A5
Vauxcéré (02). 22 C5
Vauxrenard (69). 116 A5
Vauxrezis (02). 22 A4
Vauxtin (02). 22 C5
Vavincourt (55). 47 E4
Vavray-le-Grand (51). 46 B4
Vavray-le-Petit (51). 46 B4
Vaxainville (54). 49 G6
Vaxoncourt (88). 69 H3
Vaxy (57). 49 E3
Vay (44). 74 C2
Vaychis (09). 199 F2
Vaylats (46). 153 E4
Vayrac (46). 138 D5
Vayres (33). 135 G5
Vayres (87). 123 G3
Vayres-sur-Essonne (91). . . .63 G2
Vazeilles-Limandre (43). . . .142 B3
Vazeilles-près-Saugues (43). .142 A5
Vazerac (82). 152 B6
Veauce (03). 113 F5
Veauche (42). 129 E5
Veauchette (42). 129 E5
Veaugues (18). 98 B1
Veauville-lès-Baons (76). . . .17 E3
Veauville-lès-Quelles (76). . .17 E3
Vèbre (09). 199 F1
Vebret (15). 140 B1
Vebron (48). 156 B5
Veckersviller (57). 50 B3
Veckring (57). 26 D3
Vecoux (88). 70 B5
Vecquemont (80). 7 H6
Vecqueville (52). 67 H1
Vedène (84). 175 E2
Védrines-Saint-Loup (15). . .141 G4
Végennes (19). 139 E4
Vého (54). 49 G6
Veigné (37). 79 E6
Veigy-Foncenex (74). 118 C4
Veilhes (81). 169 H5
Veilleins (41). 80 D3
Veilly (21). 101 E2
Veix (19). 125 E5
Vélieux (34). 187 G2
Vélines (33). 136 B5
Vélizy-Villacoublay (78). 42 C4
Velle-le-Châtel (70). 87 F3
Velle-sur-Moselle (54). 48 D6
Vellèches (86). 94 D4
Vellechevreux-
   -et-Courbenans (70). 88 A4
Velleclaire (70). 87 E5
Vellefaux (70). 87 G4
Vellefrey-et-Vellefrange (70). .87 E5

Vellefrie (70). . . . . .87 G...
Velleguindry-
   -et-Levrecey (70). . . . . 87 F...
Velleminfroy (70). . . . . .87 H...
Vellemoz (70). . . . . .87 F...
Velleron (84). . . . . .175 E...
Vellerot-lès-Belvoir (25). . . . .88 B...
Vellerot-lès-Vercel (25). . . . .104 A...
Velles (36). . . . . .96 C...
Velles (52). . . . . .86 D...
Vellescot (90). . . . . .88 D...
Vellevans (25). . . . . .88 A...
Vellexon-Queutrey-
   -et-Vaudey (70). . . . . 87 E...
Velloreille-lès-Choye (70). . . .86 D...
Velluire (85). . . . . .107 E...
Velogny (21). . . . . .84 D...
Velone-Orneto (2B). . . . . . .205 G...
Velorcey (70). . . . . .87 G...
Velosnes (55). . . . . .25 F...
Velotte-et-Tatignécourt (88). . .69 G...
Vélu (62). . . . . .8 C...
Velving (57). . . . . .27 E...
Vélye (51). . . . . .45 G...
Velzic (15). . . . . .140 E...
Vémars (95). . . . . .43 E...
Venables (27). . . . . .19 E...
Venaco (2B). . . . . .205 E...
Venansault (85). . . . . .91 F...
Venanson (06). . . . . .162 D...
Venarey-les-Laumes (21). . . .84 D...
Venarsal (19). . . . . .138 C...
Venas (03). . . . . .113 E...
Venasque (84). . . . . .175 G...
Vence (06). . . . . .195 E...
Vendargues (34). . . . . .173 G...
Vendat (03). . . . . .113 H...
Vendays-Montalivet (33). . . .120 B...
Vendegies-au-Bois (59). . . . . .9 C...
Vendegies-sur-Écaillon (59). . .9 F...
Vendel (35). . . . . .57 H...
la Vendelée (50). . . . . .36 D...
Vendelles (02). . . . . .8 D...
Vendémian (34). . . . . .172 D...
Vendenesse-
   -lès-Charolles (71). . . . . . 115 G...
Vendenesse-sur-Arroux (71). .115 E...
Vendenheim (67). . . . . .51 E...
Vendes (14). . . . . .14 A...
Vendeuil (02). . . . . .22 A...
Vendeuil-Caply (60). . . . . . . .20 C...
Vendeuvre (14). . . . . .39 E...
Vendeuvre-du-Poitou (86). . . .94 B...
Vendeuvre-sur-Barse (10). . . .66 D...
Vendeville (59). . . . . .3 F...
Vendhuile (02). . . . . .8 D...
Vendières (02). . . . . .44 C...
Vendin-le-Vieil (62). . . . . .3 E...
Vendin-lès-Béthune (62). . . . .2 D...
Vendine (31). . . . . .169 H...
Vendoeuvres (36). . . . . .96 A...
Vendoire (24). . . . . .122 C...
Vendôme (41). . . . . .79 G...
Vendranges (42). . . . . .128 D...
Vendrennes (85). . . . . .92 A...
Vendres (34). . . . . .188 C...
Vendresse (08). . . . . .24 B...
Vendresse-Beaulne (02). . . . .22 C...
Vendrest (77). . . . . .43 H...
la Vendue-Mignot (10). . . . . .66 B...
Vénéjan (30). . . . . .158 A...
Venelles (13). . . . . .176 A...
Vénérand (17). . . . . .121 F...
Venère (70). . . . . .86 D...
Vénérieu (38). . . . . .130 D...
Vénérolles (02). . . . . .9 G...
Venerque (31). . . . . .185 G...
Vénès (81). . . . . .170 C...
Venesmes (18). . . . . .97 G...
Vénestanville (76). . . . . .17 F...
Venette (60). . . . . .21 F...
Veneux-les-Sablons (77). . . . .64 B...
Veney (54). . . . . .70 C...
Vengeons (50). . . . . .37 G...
Venise (25). . . . . .87 G...
Venisey (70). . . . . .87 F...
Vénissieux (69). . . . . .130 A...
Venizel (02). . . . . .22 A...
Venizy (89). . . . . .65 G...
Vennans (25). . . . . .87 G...
Vennecy (45). . . . . .63 E...
Vennes (25). . . . . .104 B...
Vennezey (54). . . . . .69 H...
Venon (27). . . . . .40 D...
Venon (38). . . . . .145 G...
Vénosc (38). . . . . .146 B...
Venouse (89). . . . . .83 G...
Venoy (89). . . . . .83 G...
Vensac (33). . . . . .120 C...
Vensat (63). . . . . .113 G...
Ventabren (13). . . . . .175 H...
Ventavon (05). . . . . .160 A...
Ventelay (51). . . . . .22 D...
Ventenac (09). . . . . .186 A...
Ventenac-Cabardès (11). . . .186 D...
Ventenac-en-Minervois (11). .187 E...
Venterol (04). . . . . .160 B...
Venterol (26). . . . . .158 D...
les Ventes (27). . . . . .40 D...
les Ventes-de-Bourse (61). . . .60 B...
Ventes-Saint-Rémy (76). . . . .19 E...
Venteuges (43). . . . . .141 H...
Venteuil (51). . . . . .45 E...
Venthon (73). . . . . .132 C...
Ventiseri (2B). . . . . .205 G...
Ventouse (16). . . . . .122 D...
Ventron (88). . . . . .70 C...
la Ventrouze (61). . . . . .40 B...
Venzolasca (2B). . . . . .203 G...
Ver (50). . . . . .35 H...
Ver-lès-Chartres (28). . . . . . .62 A...

Ver-sur-Launette (60)......43 F2
Ver-sur-Mer (14)..........14 B3
Vérac (33)................135 G4
Véranne (42)..............143 H1
Vérargues (34)............173 H4
Véraza (11)...............186 D5
Verberie (60).............21 E5
Verbiesles (52)...........68 A5
Vercel-Villedieu-
-le-Camp (25).............104 A1
Verchain-Maugré (59)......9 F2
Verchaix (74).............119 F5
es Verchers-sur-Layon (49) .93 F2
Verchin (62)..............2 A6
Verchocq (62).............1 H5
Vercia (39)...............117 F1
Verclause (26)............159 F4
Vercoiran (26)............159 E5
Vercourt (80).............6 C2
Verdaches (04)............160 D5
Verdalle (81).............170 C6
Verdelais (33)............149 H2
Verdelot (77).............44 B4
Verdenal (54).............49 G6
Verderel-lès-Sauqueuse (60) .20 B4
Verderonne (60)...........20 D5
Verdes (41)...............62 A6
Verdèse (2B)..............205 G1
Verdets (64)..............181 H2
e Verdier (81)............170 A2
la Verdière (83)..........176 D5
Verdigny (18).............82 B6
Verdille (16).............122 A2
Verdilly (02).............44 B2
Verdon (24)...............137 E6
Verdon (51)...............44 D3
e Verdon-sur-Mer (33).....120 B4
Verdonnet (21)............84 C2
Verdun (09)...............199 F1
Verdun (55)...............47 F1
Verdun-en-Lauragais (11)..186 C2
Verdun-sur-Garonne (82)...168 D3
Verdun-sur-le-Doubs (71)..101 H4
Vereaux (18)..............98 C4
a Vergne (17).............121 F1
Vergaville (57)...........49 G3
Vergéal (35)..............57 H3
Vergenne (70).............88 A3
e Verger (35).............56 D3
Vergeroux (17)............106 D6
Verges (39)...............103 E6
Vergetot (76).............16 B4
Vergezac (43).............142 B4
Vergèze (30)..............174 A4
Vergheas (63).............112 D6
Vergies (80)..............6 D5
Vergigny (89).............65 G6
Vergisson (71)............116 A4
Vergné (17)...............107 G5
a Vergne (17).............121 F1
Vergoignan (32)...........166 C4
Vergoncey (50)............35 H4
Vergongheon (43)..........141 G1
Vergonnes (49)............76 A2
Vergons (04)..............178 A2
Vergranne (25)............87 H5
Vergt (24)................137 F4
Vergt-de-Biron (24).......151 G2
e Verguier (02)...........8 D6
Véria (39)................117 F2
Vérignon (83).............177 F4
Vérigny (28)..............62 A1
érin (42).................130 A6
érines (17)...............106 D4
érissey (71)..............102 A6
erjon (01)................117 E3
erjux (71)................101 H4
erlans (70)...............88 C3
erlhac-Tescou (82)........169 F2
erlin (89)................64 D6
erlincthun (62)...........1 F5
erlinghem (59)............3 F4
erlus (17)................166 C5
ermand (02)...............8 D6
ermandovillers (80).......8 B6
ermelles (62).............2 D6
ermenton (89).............83 G3
ermont (88)...............70 D2
ern-d'Anjou (49)..........76 C3
ern-sur-Seiche (35).......57 F3
ernais (18)...............98 B5
ernaison (69).............130 A4
ernajoul (09).............185 H5
ernancourt (51)...........46 C4
ernantes (49).............77 H5
ernantois (39)............117 G1
a Vernarède (30)..........156 D5
ernas (38)................130 D3
ernassal (43).............142 B3
ernaux (09)...............199 F1
ernay (69)................115 H5
a Vernaz (74).............119 E3
erne (25).................87 H5
ernègues (13).............191 H2
erneiges (23).............112 B4
ernet (31)................185 G1
erneil-le-Chétif (72).....78 B2
erneix (03)...............112 D3
ernelle (36)..............96 B1
Vernet (03)...............114 A6
e Vernet (04).............160 D5
Vernet (09)...............185 H3
Vernet (31)...............185 F1
e Vernet (43).............142 B4

Vernet-la-Varenne (63)....127 H6
Vernet-les-Bains (66).....200 C3
le Vernet-
-Sainte-Marguerite (63) ..127 E4
Verneugheol (63).........126 B3
Verneuil (16)............123 F3
Verneuil (18)............98 A5
Verneuil (51)............44 D2
Verneuil (58)............99 G5
Verneuil-
-en-Bourbonnais (03).....113 H4
Verneuil-en-Halatte (60).20 D6
Verneuil-Grand (55)......25 F3
Verneuil-le-Château (37).94 C3
Verneuil-l'Étang (77)....43 G6
Verneuil-Moustiers (87)..110 B3
Verneuil-Petit (55)......25 F3
Verneuil-sous-Coucy (02).22 A3
Verneuil-sur-Avre (27)...40 C5
Verneuil-sur-Igneraie (36) .111 H1
Verneuil-sur-Indre (37)..95 G3
Verneuil-sur-Seine (78)..42 B3
Verneuil-sur-Serre (02)..22 C2
Verneuil-sur-Vienne (87).124 A2
Verneusses (27)..........39 H3
Vernéville (57)..........26 A5
Vernie (72)..............59 H4
Vernierfontaine (25).....103 H2
Vernines (25)............126 D4
Verniolle (09)...........185 H4
Vernioz (38).............130 A6
Vernix (50)..............37 F4
Vernoil-le-Fourrier (49).77 H5
le Vernois (39)..........102 D5
Vernois-lès-Belvoir (25).88 B6
Vernois-lès-Vesvres (21).85 H3
Vernois-sur-Mance (70)...86 D1
Vernols (15).............140 D2
Vernon (07)..............157 F3
Vernon (27)..............41 F2
Vernon (86)..............109 F2
Vernonvilliers (10)......67 E3
Vernosc-lès-Annonay (07) .143 H2
Vernot (21)..............85 G4
la Vernotte (70).........87 E4
Vernou-en-Sologne (41)...80 C4
Vernou-la-Celle-
-sur-Seine (77)..........64 B2
Vernou-sur-Brenne (37)...79 E5
Vernouillet (28).........41 F5
Vernouillet (78).........42 B3
Vernoux (01).............116 D2
Vernoux-en-Gâtine (79)...93 E6
Vernoux-en-Vivarais (07).143 H5
Vernoux-sur-Boutonne (79) .108 A5
le Vernoy (25)...........88 B3
Vernoy (89)..............64 D5
Vernusse (03)............113 F4
Verny (57)...............26 C6
Vero (2A)................204 D4
Véron (89)...............65 E5
Véronne (26).............158 D1
Véronnes (21)............86 A4
Verosvres (71)...........115 G3
Verpel (08)..............24 C5
la Verpillière (38)......130 C4
Verpillières (80)........21 F2
Verpillières-sur-Ource (10) .67 E5
Verquières (13)..........175 E3
Verquigneul (62).........2 D6
Verquin (62).............2 D6
Verrens-Arvey (73).......132 C4
Verreries-
-de-Moussans (34)........187 G1
Verrey-sous-Drée (21)....85 E6
Verrey-sous-Salmaise (21) .85 E5
Verricourt (10)..........66 C2
Verrie (49)..............77 G6
la Verrie (85)...........92 B3
la Verrière (78).........42 A5
Verrières (08)...........24 B4
Verrières (10)...........66 B4
Verrières (12)...........155 F6
Verrières (16)...........121 H4
Verrières (51)...........46 C2
Verrières (61)...........61 E2
Verrières (63)...........127 E5
Verrières (86)...........109 G3
Verrières-de-Joux (25)...104 B4
Verrières-du-Grosbois (25) .103 H1
Verrières-en-Forez (42)..128 D5
Verrières-le-Buisson (91).42 C5
Verrue (86)..............94 A4
Verruyes (79)............108 A2
Vers (46)................152 D3
Vers (71)................116 B1
Vers (74)................118 B5
vers-en-Montagne (39)....103 F5
Vers-Pont-du-Gard (30)...174 C2
vers-sous-Sellières (39).102 D5
Vers-sur-Méouge (26).....159 G5
vers-sur-Selles (80).....7 F6
Versailles (78)..........42 B4
Versailleux (01).........130 C1
Versainville (14)........38 D3
la Versanne (42).........143 G1
Versaugues (71)..........115 E3
Verseilles-le-Bas (52)...86 A2
Verseilles-le-Haut (52)..86 B2
Versigny (02)............22 B2
Versigny (60)............43 F1
Versols-et-Lapeyre (12)..171 H3
Verson (14)..............14 B4
Versonnex (01)...........118 B4
Versonnex (74)...........131 H1
le Versoud (38)..........145 H2
Vert (40)................149 F6
Vert (78)................41 H3
le Vert (79).............107 H5
Vert-en-Drouais (28).....41 E5
Vert-le-Grand (91).......42 D6

Vert-le-Petit (91).......63 G1
Vert-Saint-Denis (77)....64 A1
Vert-Toulon (51).........45 E4
Vertain (59).............9 F3
Vertaizon (63)...........127 G3
Vertamboz (39)...........117 H1
Vertault (21)............84 C1
Verteillac (24)..........136 D1
Verteuil-d'Agenais (47)..150 D3
Verteuil-sur-Charente (16). .122 C1
Verthemex (73)...........131 G4
Vertheuil (33)...........134 D1
Vertolaye (63)...........128 B4
Verton (62)..............6 C1
Vertou (44)..............74 D5
Vertrieu (38)............130 D2
Vertus (51)..............45 F3
Vervant (16).............122 B2
Vervant (17).............121 F1
Vervezelle (88)..........70 B3
Véry (55)................24 D6
Verzé (71)...............116 A3
Verzeille (11)...........187 E4
Verzenay (51)............45 G1
Verzy (51)...............45 G1
Vesaignes-
-sous-Lafauche (52)......68 B3
Vesaignes-sur-Marne (52)..68 A6
Vesancy (01).............118 B3
Vesc (26)................158 D3
Vescemont (90)...........88 C2
Vescheim (57)............50 B4
Vescles (39).............117 G3
Vescours (01)............116 C2
Vescovato (2B)...........203 G6
Vesdun (18)..............112 C2
Vésigneul-sur-Marne (51).46 A4
Vésines (01).............116 B3
le Vésinet (78)..........42 B3
Vesles-et-Caumont (02)...22 D2
Veslud (02)..............22 C3
Vesly (27)...............19 G6
Vesly (50)...............12 C5
Vesoul (70)..............87 G3
la Vespière (14).........15 G6
Vesseaux (07)............157 G2
Vessey (50)..............35 G5
Vestric-et-Candiac (30)..174 A1
Vesvres (21).............85 E6
Vesvres-
-sous-Chalancey (52).....86 A3
Vétheuil (95)............41 H2
Vétraz-Monthoux (74).....118 C5
Vétrigne (90)............88 D2
Veuil (36)...............96 B2
Veuilly-la-Poterie (02)..44 A2
Veules-les-Roses (76)....17 E2
Veulettes-sur-Mer (76)...16 D2
le Veurdre (03)..........98 D6
Veurey-Voroize (38).....145 F1
la Veuve (51)............45 H2
Veuves (41)..............79 G5
Veuvey-sur-Ouche (21)....101 F1
Veuxhaulles-sur-Aube (21) .67 F6
Vevy (39)................102 D6
Vexaincourt (88).........70 D1
le Vey (14)..............38 B3
Veynes (05)..............160 A2
Veyrac (87)..............124 A2
Veyras (07)..............157 H1
Veyre-Monton (63).......127 F4
Veyreau (12)............155 H6
Veyrier-du-Lac (74).....132 B2
Veyrières (15)..........140 A1
Veyrières (19)..........126 A5
Veyrignac (24)..........138 B6
Veyrines-de-Domme (24)..137 H6
Veyrines-de-Vergt (24)..137 F4
Veyrins-Thuellin (38)...131 F4
les Veys (50)...........13 F5
Veyssilieu (38).........130 D4
Vez (60)................21 G6
Vézac (15)..............140 B5
Vézac (24)..............138 A6
Vézannes (89)...........83 H1
Vézaponin (02)..........21 H4
Vèze (15)...............141 E2
la Vèze (25)............103 G1
Vézelay (89)............83 H5
Vézelise (54)...........69 F1
Vézelois (90)...........88 D3
Vezels-Roussy (15)......140 B6
Vézénobres (30).........173 H1
Vézeronce-Curtin (38)...131 E4
Vezet (70)..............87 E4
Vézézoux (43)...........127 G6
le Vézier (51)..........44 C4
Vézières (86)...........94 A2
Vézillon (27)...........19 E6
Vézilly (02)............44 D1
le Vézinet-le-Coquet (35).84 A1
Vézins (49).............92 D2
Vézins-de-Lévézou (12)..155 E5
Vezot (72)..............60 B2
Vezzani (2B)............205 F3
Viabon (28).............62 C4
Viala-du-Pas-de-Jaux (12). .172 A2
Viala-du-Tarn (12)......171 G1
Vialas (48).............156 D4
Vialer (64).............166 C6
Viam (19)...............125 F4
Viane (81)..............171 F4
Vianne (47).............150 D5
Viapres-le-Petit (10)...66 B1
Viarmes (95)............42 D1
Vias (34)...............188 D2
Viazac (46).............153 G2
le Vibal (12)...........154 D1

Vibersviller (57).......49 H3
Vibeuf (76).............17 F4
Vibrac (16).............122 A4
Vibrac (17).............121 G6
Vibraye (72)............61 E5
Vic-de-Chassenay (21)...84 C5
Vic-des-Prés (21).......101 F2
Vic-en-Bigorre (65).....183 E1
Vic-Fezensac (32).......167 F4
Vic-la-Gardiole (34)....173 F6
Vic-le-Comte (63).......127 G4
Vic-le-Fesq (30)........173 H3
Vic-sous-Thil (21)......84 C6
Vic-sur-Aisne (02)......21 H5
Vic-sur-Cère (15).......140 C4
Vic-sur-Seille (57).....49 E4
Vicdessos (09)..........198 D1
le Vicel (50)...........13 E2
Vichel (63).............127 G6
Vichel-Nanteuil (02)....44 B1
Vichères (28)...........61 F3
Vicherey (88)...........69 E2
Vichy (03)..............114 A5
Vico (2A)...............204 C4
la Vicogne (80).........7 G4
la Vicomté-sur-Rance (22).36 A6
Vicq (03)...............113 G5
Vicq (52)...............68 C6
Vicq (59)...............9 G1
Vicq (78)...............42 A4
Vicq-d'Auribat (40).....165 F3
Vicq-Exemplet (36)......112 A1
Vicq-sur-Breuilh (87)...124 C4
Vicq-sur-Gartempe (86)..95 F6
Vicq-sur-Nahon (36).....96 B2
Vicques (14)............39 E3
Victot-Pontfol (14).....39 E1
Vidai (61)..............60 C1
Vidaillac (46)..........153 F4
Vidaillat (23)..........125 F1
Vidauban (83)...........194 A2
Videcosville (50).......12 D2
Videix (87).............123 F3
Vidou (65)..............183 G2
Viefvillers (60)........20 B3
le Vieil-Baugé (49).....77 G4
le Vieil-Dampierre (51).46 C3
le Vieil-Évreux (27)....41 E2
Vieil-Hesdin (62).......7 F2
Vieil-Moutier (62)......1 G4
Vieille-Brioude (43)....141 H2
Vieille-Chapelle (62)...2 D5
Vieille-Église (62).....1 H2
Vieille-Église-
-en-Yvelines (78).......42 A5
la Vieille-Loye (39)....102 D3
la Vieille-Lyre (27)....40 B3
Vieille-Toulouse (31)...169 F6
Vieilles-Maisons-
-sur-Joudry (45).........81 G1
Vieillespesse (15)......141 F3
Vieillevie (15).........154 B2
Vieillevigne (31).......185 H1
Vieillevigne (44).......91 G1
Vieilley (25)...........87 F6
Vieilmoulin (21)........85 E6
Viel-Arcy (02)..........22 C5
Viel-Saint-Remy (08)....23 H2
Viella (32).............166 C5
Viella (65).............183 E6
Vielle-Adour (65).......183 E3
Vielle-Aure (65)........183 G6
Vielle-Louron (65)......183 G6
Vielle-Saint-Girons (40).164 C1
Vielle-Soubiran (40)....166 C1
Vielle-Tursan (40)......166 A4
Viellenave-d'Arthez (64).182 B1
Viellenave-
-de-Navarrenx (64)......181 G1
Vielleségure (64).......181 H1
Vielmanay (58)..........98 D1
Vielmur-sur-Agout (81)..170 B5
Vielprat (43)...........142 C5
Viels-Maisons (02)......44 B3
Vielverge (21)..........102 C1
Viennay (79)............93 F6
Vienne (38).............130 A5
Vienne-en-Arthies (95)..41 H2
Vienne-en-Bessin (14)...14 A3
Vienne-en-Val (45)......81 E2
Vienne-la-Ville (51)....46 C1
Vienne-le-Château (51)..24 C6
Viens (84)..............176 B2
Vienville (88)..........70 C4
Vier-Bordes (65)........182 D5
Viersat (23)............112 C4
Vierville (28)..........62 D2
Vierville (50)..........13 E4
Vierville-sur-Mer (14)..13 G4
Vierzon (18)............97 E1
Vierzy (02).............22 A6
Vieu (01)...............131 F2
Vieu-d'Izenave (01).....117 F6
Vieure (03).............113 E2
Vieussan (34)...........171 H6
Vieuvicq (28)...........61 H3
Vieuvy (53).............58 C1
Vieux (14)..............14 B5
Vieux (81)..............170 A2
Vieux-Berquin (59)......2 D4
Vieux-Boucau-
-les-Bains (40).........164 C3
Vieux-Bourg (14)........15 E4
le Vieux-Bourg (22).....33 F5
le Vieux-Cérier (16)....122 D1

Vieux-Champagne (77).....44 A6
Vieux-Charmont (25)......88 C4
Vieux-Château (21).......84 B5
Vieux-Condé (59).........9 F1
Vieux-Ferrette (68)......89 F4
Vieux-Fumé (14).........39 E2
Vieux-lès-Asfeld (08)....23 F4
Vieux-Lixheim (57).......50 A4
le Vieux-Marché (22).....32 C3
Vieux-Manoir (76).......17 H5
Vieux-Mareuil (24)......123 E6
Vieux-Mesnil (59).......9 H3
Vieux-Moulin (60).......21 F5
Vieux-Moulin (88).......70 D2
Vieux-Pont (61).........38 D5
Vieux-Pont-en-Auge (14).15 E6
Vieux-Port (27).........15 H2
Vieux-Reng (59).........10 A2
Vieux-Rouen-sur-Bresle (76). .6 C6
la Vieux-Rue (76).......17 H5
Vieux-Ruffec (16).......109 E6
Vieux-Thann (68)........89 E1
Vieux-Viel (35).........35 G5
Vieux-Villez (27).......41 E1
Vieux-Vy-sur-Couesnon (35). .35 G6
Vieuzos (65)............183 H2
Viévigne (21)...........86 A5
Viéville (52)...........67 H3
Viéville-en-Haye (54)...48 B3
Viévy (21)..............101 E3
Vievy-le-Rayé (41)......79 H1
Vif (38)................145 G3
Viffort (02)............44 C3
le Vigan (30)...........172 D2
le Vigan (46)...........152 C1
Vigean (15).............140 A2
le Vigeant (86).........109 G4
Vigeois (19)............138 C1
Viger (65)..............182 D4
Vigeville (23)..........111 H5
Viggianello (2A)........206 D3
Viglain (45)............81 F2
Vignacourt (80).........7 F5
Vignale (2B)............203 G5
Vignats (14)............39 E3
le Vignau (40)..........166 B3
Vignaux (31)............168 C4
les Vigneaux (05).......147 E5
Vignec (65).............183 G6
Vignely (77)............43 F3
Vignemont (60)..........21 F4
les Vignes (48).........155 G5
Vignes (64).............166 A6
Vignes (89).............84 B4
Vignes-la-Côte (52).....68 A3
Vigneul-
-sous-Montmédy (55).....25 E3
Vigneulles (54).........48 D6
Vigneulles-
-lès-Hattonchâtel (55)..47 H2
Vigneux-de-Bretagne (44).74 C4
Vigneux-Hocquet (02)....23 E1
Vigneux-sur-Seine (91)..42 D5
Vigneulevieille (11)....187 F5
Vignieu (38)............131 E4
Vignoc (35).............57 E1
Vignol (58).............83 G6
Vignoles (21)...........101 G3
Vignolles (16)..........122 A5
Vignols (19)............138 B1
Vignonet (33)...........135 H5
Vignory (52)............47 H4
Vignot (55).............47 H4
Vignoux-sous-les-Aix (18) .97 H2
Vignoux-sur-Barangeon (18) .97 F2
Vigny (57)..............48 D2
Vigny (95)..............42 A2
Vigoulant (36).........111 H3
Vigoulet-Auzil (31)....169 F6
Viguron (82)...........168 C3
Vigy (57)..............48 D2
Vihiers (49)...........93 E2
Vijon (36).............111 H3
Vilcey-sur-Trey (54)...48 B3
Vildé-Guingalan (22)...34 C5
le Vilhain (03)........113 E2
Vilhonneur (16)........122 D4
Vilabé (37)............42 D6
Villabon (18)..........98 A2
Villac (24)............138 B2
Villacerf (10).........66 A2
Villacourt (54)........69 H1
Villadin (10)..........65 G3
Villafans (70).........88 A3
Village-Neuf (68)......89 H3
Villaines-en-Duesmois (21) .85 E3
Villaines-la-Carelle (72). .60 B3
Villaines-la-Gonais (72).60 D4
Villaines-la-Juhel (53).59 F2
Villaines-les-Prévôtes (21) .84 C4
Villaines-les-Rochers (37).94 C1
Villaines-sous-Bois (95).42 D2
Villaines-sous-Lucé (72).78 C1
Villaines-
-sous-Malicorne (72)....77 G2
Villainville (76)......16 B4
Villalet (27)..........40 D3
Villalier (11).........187 E3
Villamblain (45).......62 B6
Villamblard (24).......137 E4
Villamée (35)..........58 A1
Villampuy (28).........62 B4
Villandraut (33).......149 G3
Villandry (37).........78 C6
Villanière (11)........187 E2
Villanova (2A).........204 B5
Villapourçon (58)......100 B4
Villar-d'Arène (05)....146 C3

Villar-en-Val (11)......187 E4
Villar-Loubière (05)....146 B5
Villar-Saint-Anselme (11).186 D5
Villar-Saint-Pancrace (05). .147 E5
Villard (23)............111 F4
Villard (74)............118 D4
Villard-Bonnot (38).....145 H2
Villard-de-Lans (38)....145 F3
Villard-d'Héry (73).....132 B5
Villard-Léger (73)......132 B5
Villard-Notre-Dame (38).146 A4
Villard-Reculas (38)....146 A3
Villard-Reymond (38)....146 A4
Villard-Saint-
-Christophe (38)........145 G4
Villard-Saint-Sauveur (39) .118 A3
Villard-Sallet (73).....132 B5
Villard-sur-Bienne (39).118 A2
Villard-sur-Doron (73)..132 D3
Villardebelle (11)......187 E5
Villardonnel (11).......187 E2
Villards-d'Héria (39)...117 H3
les Villards-sur-Thônes (74) .132 C1
Villarembert (73).......146 C2
Villargent (70).........88 A4
Villargoix (21).........84 C6
Villargondran (73)......146 C1
Villariès (31)..........169 F4
Villarlurin (73)........132 D5
Villarodin-Bourget (73).147 E2
Villaroger (73).........133 F4
Villaroux (73)..........132 A5
Villars (24)............123 F4
Villars (28)............62 B4
Villars (42)............129 F6
le Villars (71).........116 C2
Villars (84)............176 A2
Villars-Colmars (04)....161 F5
Villars-en-Azois (52)...67 F5
Villars-en-Pons (17)....121 E4
Villars-et-Villenotte (21) .84 D4
Villars-Fontaine (21)...101 G2
Villars-le-Pautel (70)..87 E1
Villars-le-Sec (90).....88 D4
Villars-lès-Blamont (25).88 D5
Villars-les-Bois (17)...121 G2
Villars-les-Dombes (01).130 B1
Villars-Saint-Georges (25) .103 E2
Villars-Santenoge (52)..85 G2
Villars-sous-Dampjoux (25) .88 C5
Villars-sous-Écot (25)..88 B5
Villars-sur-Var (06)....195 E1
Villarzel-Cabardès (11).187 E3
Villarzel-du-Razès (11).186 D4
Villasavary (11)........186 C3
Villate (31)............185 F1
Villaudric (31).........169 F3
Villautou (11)..........186 A4
Villavard (41)..........79 F2
Villaz (74).............132 B1
Ville (60)..............21 G3
Ville (67)..............71 F2
Ville-au-Montois (54)...25 H4
Ville-au-Val (54).......48 C3
la Ville-aux-Bois (10)..67 E2
la Ville-aux-Bois-
-lès-Dizy (02)..........23 E2
la Ville-aux-Bois-
-lès-Pontavert (02).....22 D4
la Ville-aux-Clercs (41).61 G6
la Ville-aux-Dames (37).79 E5
Ville-devant-Belrain (55).47 F3
Ville-devant-Chaumont (55). .25 F5
Ville-di-Paraso (2B)....202 D5
Ville-di-Pietrabugno (2B) .203 G4
Ville-Dieu-
-du-Temple (82).........168 D1
Ville-Dommange (51).....23 E6
la Ville-du-Bois (91)...42 D6
Ville-du-Pont (25)......104 B3
Ville-en-Blaisois (52)..67 G2
Ville-en-Sallaz (74)....118 D5
Ville-en-Selve (51).....45 F1
Ville-en-Tardenois (51).45 E1
Ville-en-Vermois (54)...48 D6
Ville-en-Woëvre (54)....47 H1
la Ville-ès-Nonais (35).36 A6
Ville-Houdlémont (54)...25 G3
Ville-la-Grand (74).....118 C4
Ville-Langy (58)........99 F4
Ville-le-Marclet (80)...7 F5
Ville-Saint-Jacques (77).64 B3
Ville-Savoye (02).......22 C6
Ville-sous-Anjou (38)...144 A1
Ville-sous-la-Ferté (10).67 F5
Ville-sous-Orbais (51)..44 D3
Ville-sur-Ancre (80)....8 A5
Ville-sur-Arce (10).....66 D5
Ville-sur-Cousances (55).47 E2
Ville-sur-Illon (88)....69 G4
Ville-sur-Jarnioux (69).129 G1
Ville-sur-Lumes (08)....24 B1
Ville-sur-Retourne (08).23 H5
Ville-sur-Saulx (55)....46 D5
Ville-sur-Terre (10)....67 F3
Ville-sur-Tourbe (51)...46 C1
Ville-sur-Yron (54).....26 A5
Villeau (28)............62 B4
Villebadin (61).........39 F4
Villebarou (41).........79 H3
Villebaudon (50)........37 F2
Villebazy (11)..........187 E4
Villebéon (77)..........64 C4
Villebernier (49).......93 H1
Villeberny (21).........85 E5
Villebichot (21)........101 H2
Villeblevin (89)........64 C3
Villebois (01)..........131 E2
Villebois-Lavalette (16).122 C5
Villebois-les-Pins (26).159 G4

Villebon (28) 61 H2
Villebon-sur-Yvette (91) . . . 42 C5
Villebougis (89) 64 D4
Villebourg (37) 78 C3
Villebout (41) 61 G6
Villebramar (47) 151 E2
Villebret (03) 112 D4
Villebrumier (82) . . . 169 F3
Villecelin (18) 97 F5
Villecerf (77) 64 B3
Villecey-sur-Mad (54) . . . 26 A6
Villechantria (39) . . . 117 F3
Villechauve (41) 79 F3
Villechenève (69) . . . 129 F3
Villechétif (10) 66 B3
Villechétive (89) . . . 65 F5
Villechien (50) 37 G6
Villecien (89) 65 E6
Villécloye (55) 25 E3
Villecomtal (12) 154 C3
Villecomtal-sur-Arros (32). . . 183 F1
Villecomte (21) 85 H4
Villeconin (91) 63 E1
Villecourt (80) 21 G1
Villecresnes (94) 43 E5
Villecroze (83) 193 G1
Villedaigne (11) 187 H3
Villedieu (15) 141 E4
la Villedieu (17) 108 A6
Villedieu (21) 84 D1
la Villedieu (23) 125 F3
les Villedieu (25) 103 H5
la Villedieu (48) 156 A1
Villedieu (84) 158 C5
la Villedieu-du-Clain (86) . . 109 E2
la Villedieu-
en-Fontenette (70) 87 G2
Villedieu-la-Blouère (49) . . . 75 G6
Villedieu-le-Château (41) . . . 78 D2
Villedieu-lès-Bailleul (61) . . . 39 E4
Villedieu-les-Poêles (50) . . . 37 F3
Villedieu-sur-Indre (36) . . . 96 B5
Villedômain (37) 95 H3
Villedômer (37) 79 F4
Villedoux (17) 106 D4
Villedubert (11) 187 E3
Villefagnan (16) 108 C6
Villefargeau (89) 83 F2
Villefavard (87) 110 C5
Villeferry (21) 85 E5
Villefloure (11) 187 E4
Villefollet (79) 108 A5
Villefontaine (38) . . . 130 C4
Villefort (11) 186 C5
Villefort (48) 156 D3
Villefranche (32) . . . 184 B1
Villefranche (89) 64 D6
Villefranche-
d'Albigeois (81) 170 D3
Villefranche-d'Allier (03) . . . 113 E3
Villefranche-
de-Conflent (66) 200 B3
Villefranche-
de-Lauragais (31) . . . 185 H1
Villefranche-
de-Lonchat (24) 136 B4
Villefranche-de-Panat (12) . 171 F1
Villefranche-
de-Rouergue (12) . . . 153 G4
Villefranche-
du-Périgord (24) 152 A2
Villefranche-
du-Queyran (47) . . . 150 C4
Villefranche-
le-Château (26) 159 G5
Villefranche-sur-Cher (41) . . 96 D1
Villefranche-sur-Mer (06) . . 195 F3
Villefranche-sur-Saône (69) . 129 H1
Villefranchecoeur (41) . . . 79 H3
Villefrancon (70) 86 D5
Villefranque (64) 164 B6
Villefranque (65) 166 D6
Villegailhenc (11) . . . 187 E3
Villegats (16) 122 C1
Villegats (27) 41 F2
Villegaudin (71) 102 A5
Villegenon (18) 81 H5
Villegly (11) 187 E2
Villegongis (36) 96 B4
Villegouge (33) 135 G4
Villegouin (36) 96 A4
Villegusien-le-Lac (52) . . . 86 B2
Villeherviers (41) 80 C6
Villejésus (16) 122 B2
Villejoubert (16) 122 C2
Villejuif (94) 42 D4
Villejust (91) 42 C5
Villelaure (84) 176 A4
Villeloin-Coulangé (37) . . . 95 H2
Villelongue (65) 182 D5
Villelongue-d'Aude (11) . . 186 C5
Villelongue-
de-la-Salanque (66) . . . 201 F2
Villelongue-dels-Monts (66). 201 F4
Villeloup (10) 65 H2
Villemade (82) 169 E1
Villemagne (11) 186 C2
Villemagne-
l'Argentière (34) . . . 172 A5
Villemain (79) 108 B6
Villemandeur (45) . . . 64 A6
Villemanoche (89) . . . 64 D3
Villemardy (41) 79 G2
Villemaréchal (77) . . . 64 B3
Villemareuil (77) 43 G3
Villematier (31) 169 F3
Villemaur-sur-Vanne (10) . . 65 G3
Villembits (65) 183 G2
Villembray (60) 19 H4
Villemer (77) 64 B3
Villemer (89) 83 F1

Villemereuil (10) 66 B4
Villemeux-sur-Eure (28) . . 41 F5
Villemoirieu (38) 130 D3
Villemoiron-en-Othe (10) . . 65 H4
Villemoisan (49) 75 H3
Villemoisson-sur-Orge (91) . 42 D5
Villemolaque (66) . . . 201 F3
Villemomble (93) 43 E3
Villemontais (42) 128 C1
Villemontoire (02) . . . 22 A5
Villemorien (10) 66 C5
Villemorin (17) 108 A6
Villemort (86) 110 A1
Villemotier (01) 117 E3
Villemoustaussou (11) . . . 187 E3
Villemoutiers (45) . . . 63 H6
Villemoyenne (10) 66 C4
Villemur (65) 183 H3
Villemur-sur-Tarn (31) . . . 169 F3
Villemurlin (45) 81 G3
Villemus (04) 176 C3
Villenauxe-la-Grande (10) . . 44 C6
Villenauxe-la-Petite (77) . . 65 E2
Villenave (40) 165 G1
Villenave-de-Rions (33) . . 149 G1
Villenave-d'Ornon (33) . . 135 E6
Villenave-près-Béarn (65) . 182 D1
Villenave-
près-Marsac (65) . . . 183 E2
Villenavotte (89) 64 D4
Villeneuve (01) 116 B6
Villeneuve (04) 176 D2
Villeneuve (09) 184 C5
Villeneuve (12) 153 G4
la Villeneuve (23) 126 A2
Villeneuve (33) 135 E3
Villeneuve (63) 127 F6
la Villeneuve (71) 102 A4
la Villeneuve-
au-Châtelot (10) 65 G1
la Villeneuve-au-Chêne (10). 66 D4
la Villeneuve-Bellenoye-
et-la-Maize (70) 87 G2
Villeneuve-d'Allier (43) . . 141 G2
Villeneuve-d'Amont (25) . . 103 G4
Villeneuve-d'Ascq (59) . . . 3 G5
Villeneuve-d'Aval (39) . . 103 E3
Villeneuve-de-Berg (07) . . 157 H2
Villeneuve-de-Duras (47) . . 136 C6
Villeneuve-de-la-Raho (66) . 201 F3
Villeneuve-de-Marc (38) . . 130 C5
Villeneuve-de-Marsan (40) . 166 B2
Villeneuve-de-Rivière (31) . 184 A4
Villeneuve-
d'Entraunes (06) 161 G6
Villeneuve-d'Olmes (09) . . 186 A6
Villeneuve-du-Latou (09) . . 185 F3
Villeneuve-du-Paréage (09) . 185 H4
la Villeneuve-
en-Chevrie (78) 41 G2
Villeneuve-
en-Montagne (71) . . . 101 F5
Villeneuve-Frouville (41) . . 79 H2
Villeneuve-la-Comptal (11) . 186 B2
Villeneuve-
la-Comtesse (17) 107 G5
Villeneuve-la-Dondagre (89). 64 D5
Villeneuve-la-Garenne (92) . 42 D3
Villeneuve-la-Guyard (89) . 64 C3
Villeneuve-la-Lionne (51) . . 44 C5
Villeneuve-la-Rivière (66) . 201 E2
Villeneuve-l'Archevêque (89). 65 F4
Villeneuve-le-Comte (77) . . 43 G4
Villeneuve-le-Roi (94) . . . 42 D5
Villeneuve-Lécussan (31) . . 183 H3
Villeneuve-
lès-Avignon (30) . . . 174 D2
Villeneuve-lès-Béziers (34) . 188 C2
Villeneuve-lès-Bordes (77) . 64 C1
Villeneuve-lès-Bouloc (31) . 169 F4
Villeneuve-lès-Cerfs (63) . . 127 G1
la Villeneuve-
lès-Charleville (51) . . . 44 D4
Villeneuve-lès-Charnod (39) 117 F3
la Villeneuve-
les-Convers (21) 85 E4
Villeneuve-
les-Corbières (11) . . . 187 H5
Villeneuve-les-Genêts (89) . 82 D2
Villeneuve-lès-Lavaur (81) . 169 H5
Villeneuve-
lès-Maguelone (34) . . . 173 F6
Villeneuve-
lès-Montréal (11) . . . 186 C3
Villeneuve-les-Sablons (60) . 20 A6
Villeneuve-Loubet (06) . . 195 E3
Villeneuve-Minervois (11) . 187 F2
Villeneuve-Renneville-
Chevigny (51) 45 F3
Villeneuve-
Saint-Denis (77) 43 F4
Villeneuve-
Saint-Georges (94) . . . 42 D5
Villeneuve-
Saint-Germain (02) . . . 22 A5
Villeneuve-
Saint-Nicolas (28) . . . 62 B3
Villeneuve-Saint-Salves (89) 83 G1
Villeneuve-Saint-
Vistre-et-Villevotte (51) . 44 D6
Villeneuve-
sous-Charigny (21) . . . 84 D5
Villeneuve-
sous-Dammartin (77) . . 43 E2
Villeneuve-
sous-Pymont (39) . . . 102 D6
la Villeneuve-
sous-Thury (60) 43 H1
Villeneuve-sur-Allier (03) . . 113 H1
Villeneuve-sur-Auvers (91) . 63 F1
Villeneuve-sur-Bellot (77) . 44 B4

Villeneuve-sur-Cher (18) . . 97 F3
Villeneuve-sur-Conie (45) . . 62 C5
Villeneuve-sur-Fère (02) . . 44 C1
Villeneuve-sur-Lot (47) . . 151 F4
Villeneuve-sur-Verberie (60). 21 E6
Villeneuve-sur-Vère (81) . . 170 B2
Villeneuve-sur-Yonne (89) . . 65 E5
Villeneuve-Tolosane (31) . . 169 E6
Villeneuvette (34) . . . 172 C5
Villennes-sur-Seine (78) . . 42 B3
Villenouvelle (31) . . . 185 H1
Villenoy (77) 43 G3
Villentrois (36) 96 B2
Villepail (53) 59 G2
Villeparisis (77) 43 E3
Villeparois (70) 87 G3
Villeperdrix (26) 159 E3
Villeperdue (37) 94 D1
Villeperrot (89) 64 D3
Villepinte (11) 186 C2
Villepinte (93) 43 E3
Villeporcher (41) 79 F3
Villepot (44) 57 H6
Villepreux (78) 42 B4
Villequier (76) 17 E5
Villequier-Aumont (02) . . 21 H2
Villequiers (18) 98 B3
Viller (57) 49 F2
Villerable (41) 79 F2
Villeréal (47) 151 G2
Villereau (45) 63 E5
Villereau (59) 9 G3
Villerest (42) 128 D1
Villeret (02) 8 D5
Villeret (10) 67 E1
Villereversure (01) . . . 117 F5
Villermain (41) 80 B1
Villeromain (41) 79 G2
Villeron (95) 43 E2
Villerouge-Termenès (11) . 187 G5
Villeroy (77) 43 F3
Villeroy (80) 6 C5
Villeroy (89) 64 A4
Villeroy-sur-Méholle (55) . . 47 H6
Villers (42) 115 F5
Villers (88) 69 G3
Villers-Agron-Aiguizy (02) . 44 D1
Villers-Allerand (51) . . . 45 F1
Villers-au-Bois (62) . . . 8 A2
Villers-au-Flos (62) . . . 8 C4
Villers-au-Tertre (59) . . . 8 D2
Villers-aux-Bois (51) . . . 45 E3
Villers-aux-Érables (80) . . 20 D1
Villers-aux-Nœuds (51) . . 45 F1
Villers-aux-Vents (55) . . . 46 D4
Villers-Bocage (14) . . . 14 A5
Villers-Bocage (80) . . . 7 G5
Villers-Bouton (70) . . . 87 F5
Villers-Bretonneux (80) . . 7 H6
Villers-Brûlin (62) 7 H2
Villers-Buzon (25) . . . 103 E1
Villers-Campsart (80) . . . 6 D6
Villers-Canivet (14) . . . 38 D3
Villers-Carbonnel (80) . . 8 C6
Villers-Cernay (08) . . . 24 C2
Villers-Châtel (62) . . . 8 A1
Villers-Chief (25) 104 A1
Villers-Cotterêts (02) . . . 21 G6
Villers-devant-Dun (55) . . 24 D4
Villers-devant-le-Thour (08). 23 F4
Villers-devant-Mouzon (08). 24 C2
Villers-Écalles (76) . . . 17 F5
Villers-en-Argonne (51) . . 46 D2
Villers-en-Arthies (95) . . 41 H2
Villers-en-Cauchies (59) . . 9 E3
Villers-en-Haye (54) . . . 48 B4
Villers-en-Ouche (61) . . . 39 H3
Villers-en-Prayères (02) . . 22 C5
Villers-en-Vexin (27) . . . 19 F6
Villers-Farlay (39) . . . 103 E3
Villers-Faucon (80) . . . 8 D5
Villers-Franqueux (51) . . 23 E5
Villers-Grélot (25) . . . 87 G5
Villers-Guislain (59) . . . 8 D5
Villers-Hélon (02) . . . 22 A6
Villers-la-Chèvre (54) . . . 25 G3
Villers-la-Combe (25) . . . 104 A1
Villers-la-Faye (21) . . . 101 G2
Villers-la-Montagne (54) . . 25 H4
Villers-la-Ville (70) . . . 88 A4
Villers-le-Château (51) . . 45 G3
Villers-le-Lac (25) . . . 104 C2
Villers-le-Rond (54) . . . 25 F4
Villers-le-Sec (02) . . . 22 B1
Villers-le-Sec (51) . . . 46 C4
Villers-le-Sec (55) . . . 47 F6
Villers-le-Sec (70) . . . 87 G3
Villers-le-Tilleul (08) . . 24 B2
Villers-le-Tourneur (08) . . 23 H2
Villers-les-Bois (39) . . . 102 D4
Villers-lès-Cagnicourt (62) . 8 C3
Villers-lès-Guise (02) . . 9 G6
Villers-lès-Luxeuil (70) . . 87 G2
Villers-lès-Mangiennes (55). 25 F5
Villers-lès-Moivrons (54) . . 48 D4
Villers-lès-Nancy (54) . . . 48 C5
Villers-les-Ormes (36) . . . 96 C4
Villers-lès-Pots (21) . . . 102 B1
Villers-lès-Roye (80) . . . 21 E2
Villers-Pol (59) 9 G2
Villers-Robert (39) . . . 102 C4

Villers-Rotin (21) 102 C2
Villers-Saint-
Barthélemy (60) 20 A5
Villers-Saint-Christophe (02). 21 G1
Villers-Saint-
Frambourg (60) 21 E6
Villers-Saint-Genest (60) . . 43 G1
Villers-Saint-Georges (77) . . 44 B6
Villers-Saint-Martin (25) . . 88 A6
Villers-Saint-Paul (60) . . 20 D6
Villers-Saint-Sépulcre (60) . 20 B5
Villers-Semeuse (08) . . . 24 B1
Villers-Sir-Simon (62) . . . 7 H2
Villers-Sire-Nicole (59) . . 10 A2
Villers-sous-Ailly (80) . . . 7 E4
Villers-sous-Chalamont (25). 103 G4
Villers-sous-Châtillon (51) . 45 E2
Villers-sous-Foucarmont (76). 6 B6
Villers-sous-Montrond (25). 103 G2
Villers-sous-Pareid (55) . . 47 H1
Villers-sous-Prény (54) . . 48 B3
Villers-sous-Saint-Leu (60) . 20 C6
Villers-Stoncourt (57) . . . 49 E2
Villers-sur-Auchy (60) . . . 19 G4
Villers-sur-Authie (80) . . . 6 C2
Villers-sur-Bar (08) . . . 24 B2
Villers-sur-Bonnières (60) . . 20 A3
Villers-sur-Coudun (60) . . 21 F4
Villers-sur-Fère (02) . . . 44 C1
Villers-sur-le-Mont (08) . . 24 A2
Villers-sur-le-Roule (27) . . 19 E6
Villers-sur-Mer (14) . . . 15 E3
Villers-sur-Meuse (55) . . . 47 F2
Villers-sur-Nied (57) . . . 49 E3
Villers-sur-Port (70) . . . 87 F2
Villers-sur-Saulnot (70) . . 88 B4
Villers-sur-Trie (60) . . . 19 H5
Villers-Tournelle (80) . . . 20 D2
Villers-Vaudey (70) . . . 86 D3
Villers-Vermont (60) . . . 19 G3
Villers-Vicomte (60) . . . 20 B2
Villerserine (39) 102 D4
Villersexel (70) 88 A4
Villerupt (54) 26 A2
Villerville (14) 16 A6
Villery (10) 66 A4
Villes (01) 117 H6
Villes-sur-Auzon (84) . . . 175 G1
Villeselve (02) 21 G2
Villeseneux (51) 45 G4
Villesèque (46) 152 C4
Villesèque-
des-Corbières (11) . . . 187 H5
Villesèquelande (11) . . . 186 D3
Villesiscle (11) 186 C3
Villespassans (34) . . . 188 A2
Villespy (11) 186 C2
Villetaneuse (93) 42 D3
la Villetelle (23) 126 A2
Villetelle (34) 173 H4
Villethierry (89) 64 C3
Villeton (47) 150 C4
Villetoureix (24) 136 D2
Villetritouls (11) 187 F4
Villetrun (41) 79 G2
Villette (14) 38 B3
Villette (54) 25 F4
Villette (78) 41 H3
Villette-d'Anthon (38) . . 130 C3
Villette-de-Vienne (38) . . 130 B4
Villette-lès-Arbois (39) . . 103 E4
Villette-lès-Dole (39) . . 102 C3
Villette-sur-Ain (01) . . . 130 D1
Villette-sur-Aube (10) . . 66 B1
les Villettes (43) 143 E2
Villeurbanne (69) 130 A3
Villevallier (89) 65 E6
Villevaudé (77) 43 F3
Villevenard (51) 45 E4
Villevêque (49) 77 E4
Villeveyrac (34) 173 E6
Villevieille (30) 173 H4
Villevieux (39) 102 C5
Villevocance (07) 143 G2
Villevoques (45) 64 A5
Villexanton (41) 80 A2
Villexavier (17) 121 F6
le Villey (39) 102 C4
Villey-le-Sec (54) . . . 48 B5
Villey-Saint-Étienne (54) . . 48 B5
Villey-sur-Tille (21) . . . 85 H4
Villez-sous-Bailleul (27) . . 41 F1
Villez-sur-le-Neubourg (27) . 40 C1
Villié-Morgon (69) . . . 116 A5
Villiers (36) 95 H4
Villiers (86) 94 A6
Villiers-Adam (95) 42 C2
Villiers-au-Bouin (37) . . . 78 B4
Villiers-aux-Corneilles (51) . 44 D6
Villiers-Charlemagne (53) . . 58 D6
Villiers-Couture (17) . . . 122 A1
Villiers-en-Bière (77) . . . 63 H1
Villiers-en-Bois (79) . . . 107 H5
Villiers-en-Désœuvre (27) . . 41 F3
Villiers-en-Lieu (52) . . . 46 C5
Villiers-en-Morvan (21) . . 100 C2
Villiers-en-Plaine (79) . . . 107 G2
Villiers-Fossard (50) . . . 13 F6
Villiers-Herbisse (10) . . . 45 G6
Villiers-le-Bâcle (91) . . . 42 B5
Villiers-le-Bel (95) 42 D2
Villiers-le-Bois (10) . . . 66 B6
Villiers-le-Duc (21) . . . 85 F2
Villiers-le-Mahieu (78) . . . 41 H4
Villiers-le-Morhier (28) . . 41 G6
Villiers-le-Pré (50) . . . 35 H5
Villiers-le-Roux (16) . . . 108 C6
Villiers-le-Sec (14) . . . 14 A3
Villiers-le-Sec (52) . . . 67 H5
Villiers-le-Sec (58) . . . 83 F6
Villiers-le-Sec (95) . . . 42 D2

Villiers-lès-Aprey (52) . . . 86 A2
Villiers-les-Hauts (89) . . . 84 B2
Villiers-Louis (89) 65 E4
Villiers-Saint-Benoît (89) . . 82 D2
Villiers-Saint-Denis (02) . . 44 A3
Villiers-Saint-Fréderic (78) . 42 A4
Villiers-Saint-Genest (60) . . 43 G1
Villiers-Saint-Georges (77) . 44 B6
Villiers-Saint-Orien (28) . . 62 B4
Villiers-sous-Grez (77) . . . 63 H3
Villiers-sous-Mortagne (61) . 60 D1
Villiers-sous-Praslin (10) . . 66 C5
Villiers-sur-Chizé (79) . . . 108 A5
Villiers-sur-Loir (41) . . . 79 F2
Villiers-sur-Marne (94) . . 43 E4
Villiers-sur-Morin (77) . . . 43 G4
Villiers-sur-Orge (91) . . . 42 C6
Villiers-sur-Seine (77) . . . 65 E2
Villiers-sur-Suize (52) . . . 68 A6
Villiers-sur-Tholon (89) . . 83 E1
Villiers-sur-Yonne (58) . . 83 G5
Villiers-Vineux (89) . . . 65 H6
Villiersfaux (41) 79 F2
Villieu-Loyes-Mollon (01) . . 130 D1
Villing (57) 27 E4
Villognon (16) 122 B2
Villon (89) 84 B1
Villoncourt (88) 70 A3
Villons-les-Buissons (14) . . 14 B4
Villorceau (45) 80 B2
Villosanges (63) 126 C2
Villotran (60) 20 A5
Villotte (88) 68 D5
Villotte-devant-Louppy (55). 46 D3
Villotte-Saint-Seine (21) . . 85 F5
Villotte-sur-Aire (55) . . . 47 F4
Villotte-sur-Ource (21) . . 85 E1
Villouxel (88) 68 C2
Villuis (77) 65 E2
Villy (08) 24 D3
Villy (89) 83 H1
Villy-Bocage (14) . . . 14 A5
Villy-en-Auxois (21) . . . 85 E5
Villy-en-Trodes (10) . . . 66 D4
Villy-le-Bois (10) . . . 66 B4
Villy-le-Bouveret (74) . . . 118 C6
Villy-le-Maréchal (10) . . . 66 B4
Villy-le-Moutier (21) . . . 101 H3
Villy-le-Pelloux (74) . . . 118 C6
Villy-lez-Falaise (14) . . . 38 D3
Villy-sur-Yères (76) . . . 6 B5
Vilory (70) 87 G2
Vilosnes-Haraumont (55) . . 25 E5
Vilsberg (57) 50 B4
Vimarcé (53) 59 G4
Vimenet (12) 155 E4
Viménil (88) 70 B3
Vimines (73) 131 H5
Vimont (14) 38 D1
Vimory (45) 64 A6
Vimoutiers (61) 39 F3
Vimpelles (77) 64 D2
Vimy (62) 8 B2
Vinantes (77) 43 F2
Vinassan (11) 188 B3
Vinax (17) 108 A6
Vinay (38) 145 E2
Vinay (51) 45 E2
Vinça (66) 200 C3
Vincelles (39) 117 F1
Vincelles (51) 44 D2
Vincelles (71) 102 B6
Vincelles (89) 83 G3
Vincelottes (89) 83 G3
Vincennes (94) 42 D4
Vincent (39) 102 C5
Vincey (88) 69 H2
Vincly (62) 2 A6
Vincy-Manœuvre (77) . . . 43 G2
Vincy-Reuil-et-Magny (02) . 23 E2
Vindecy (71) 115 E3
Vindefontaine (50) . . . 12 D4
Vindelle (16) 122 B3
Vindey (51) 44 D5
Vindrac-Alayrac (81) . . . 170 A1
Vinets (10) 66 C1
Vineuil (36) 96 C4
Vineuil (41) 80 A4
Vineuil-Saint-Firmin (60) . . 43 E1
la Vineuse (71) 115 H2
Vinezac (07) 157 F3
Vingrau (66) 201 E1
Vingt-Hanaps (61) . . . 60 A2
Vinnemerville (76) . . . 16 D3
Vinneuf (89) 64 D3
Vinon (18) 98 B1
Vinon-sur-Verdon (83) . . 176 C4
Vins-sur-Caramy (83) . . . 193 G2
Vinsobres (26) 158 D4
le Vintrou (81) 171 E6
Vinzelles (63) 127 G2
Vinzelles (71) 116 B4
Vinzier (74) 119 E3
Vinzieux (07) 143 H1
Viocourt (88) 69 E3
Viodos-Abense-de-Bas (64). 181 G2
Violaines (62) 3 E6
Violay (42) 129 F2
Violès (84) 158 C6
Violot (52) 86 B2
Viols-en-Laval (34) . . . 173 E4
Viols-le-Fort (34) 173 E4
Vioménil (88) 69 G5
Vion (07) 144 A3
Vion (72) 77 G1
Vions (73) 131 G2
Vionville (57) 48 B1
Viozan (32) 183 H1
Viplaix (03) 112 B2
Vira (09) 186 A5
Vira (66) 200 C1
Virac (81) 170 B1

Virandeville (50) 12 B2
Virargues (15) 140 D3
Virazeil (47) 150 C3
Vire (14) 37 H3
Viré (71) 116 B2
Viré-en-Champagne (72) . . 59 F3
Vire-sur-Lot (46) 152 A3
Vireaux (89) 84 B2
Virecourt (54) 69 G1
Virelade (33) 149 G1
Vireux-Molhain (08) . . . 11 E4
Vireux-Wallerand (08) . . . 11 E4
Virey (50) 37 F5
Virey-le-Grand (71) . . . 101 G5
Virey-sous-Bar (10) . . . 66 C4
Virginy (51) 46 C1
Viriat (01) 116 D4
Viricelles (42) 129 F4
Virieu (38) 131 E5
Virieu-le-Grand (01) . . . 131 F2
Virieu-le-Petit (01) . . . 131 G1
Virignin (01) 131 G3
Viriville (38) . . . . . . 144 D?
Virlet (63) 112 D6
Virming (57) 49 G2
Viroflay (78) 42 C4
Virollet (17) 121 E4
Vironchaux (80) 6 D2
Vironvay (27) 18 D6
Virsac (33) 135 F3
Virson (17) 107 E5
Virville (76) 15 G1
Viry (39) 117 H4
Viry (71) 115 G2
Viry (74) 118 B5
Viry-Châtillon (91) . . . 42 D5
Viry-Noureuil (02) . . . 21 H2
Vis-en-Artois (62) . . . 8 C3
Visan (84) 158 C4
Viscomtat (63) 128 B2
Viscos (65) 182 D5
Viserny (21) 84 C4
Visker (65) 183 E3
Vismes (80) 6 C5
Visoncourt (70) 87 H2
Vissac-Auteyrac (43) . . . 142 A3
Vissec (30) 172 D3
Visseiche (35) 57 H4
Viterbe (81) 170 A5
Viterne (54) 48 C6
Vitot (27) 40 C1
Vitrac (15) 139 H6
Vitrac (24) 138 A6
Vitrac (63) 126 D1
Vitrac-en-Viadène (12) . . 140 D6
Vitrac-Saint-Vincent (16) . . 123 E3
Vitrac-sur-Montane (19) . . 139 F1
Vitrai-sous-Laigle (61) . . 40 B5
Vitray (03) 112 D1
Vitray-en-Beauce (28) . . . 62 A3
Vitreux (39) 102 D1
Vitrey (54) 69 F1
Vitrey-sur-Mance (70) . . . 86 D1
Vitrimont (54) 49 E6
Vitrolles (05) 160 B3
Vitrolles (13) 192 A2
Vitrolles-en-Luberon (84) . . 176 B3
Vitry-aux-Loges (45) . . . 63 F6
Vitry-en-Artois (62) . . . 8 C2
Vitry-en-Charollais (71) . . 115 E2
Vitry-en-Montagne (52) . . 85 H1
Vitry-en-Perthois (51) . . . 46 B5
Vitry-la-Ville (51) . . . 46 A4
Vitry-Laché (58) 99 G2
Vitry-le-Croisé (10) . . . 67 E4
Vitry-le-François (51) . . . 46 B5
Vitry-lès-Cluny (71) . . . 115 H2
Vitry-lès-Nogent (52) . . . 68 B6
Vitry-sur-Loire (71) . . . 99 H6
Vitry-sur-Orne (57) . . . 26 B4
Vitry-sur-Seine (94) . . . 42 D4
Vittarville (55) 25 F4
Vitteaux (21) 85 E5
Vittefleur (76) 17 E3
Vittel (88) 69 E4
Vittersbourg (57) 49 H2
Vittoncourt (57) 49 E2
Vittonville (54) 48 C2
Vitz-sur-Authie (80) . . . 7 E3
Vivaise (02) 22 B3
Vivans (42) 114 D5
Vivario (2B) 205 E3
Viven (64) 166 B6
Viverols (63) 128 C6
Vivès (66) 201 E4
Viviers (07) 158 A3
Viviers (57) 49 E3
Viviers (89) 84 A2
Viviers-du-Lac (73) . . . 131 H4
Viviers-le-Gras (88) . . . 69 E4
Viviers-lès-Lavaur (81) . . 169 H5
Viviers-lès-Montagnes (81) . 170 C6
Viviers-lès-Offroicourt (88) . 69 F3
Viviers-sur-Artaut (10) . . 66 D5
Viviers-sur-Chiers (54) . . 25 G4
Viviès (09) 186 A4
Viviez (12) 153 H2
le Vivier (66) 200 C1
Vivier-au-Court (08) . . . 24 B1
le Vivier-sur-Mer (35) . . . 35 E4
Vivières (02) 21 G5
Vivonne (86) 109 E2
Vivy (49) 77 G6

Vix (21)..........85 E1
Vix (85)..........107 E3
Vizille (38)..........145 G3
Vizos (05)..........183 E6
Vocance (07)..........143 G2
Vodable (63)..........127 F5
Voegtlinshoffen (68)..........71 F5
Voelfling-
  -lès-Bouzonville (57)..........27 E4
Vœllerdingen (67)..........50 A2
Vœuil-et-Giget (16)..........122 B4
Vogelgrun (68)..........71 G5
Voglans (73)..........131 H4
Vogüé (07)..........157 G2
Voharies (02)..........22 D1
Void-Vacon (55)..........47 H5
Voigny (10)..........67 F3
Voilemont (51)..........46 C2
Voillans (25)..........88 A5
Voillecomte (52)..........67 F1
Voimhaut (57)..........49 E2
Voinémont (54)..........69 F1
Voingt (63)..........126 B3
Voinsles (77)..........43 H5
Voipreux (51)..........45 F3
Voires (25)..........103 H2
Voiron (38)..........145 F1
Voiscreville (27)..........18 A5
Voise (28)..........62 C2
Voisenon (77)..........43 F6
Voisey (52)..........86 D1
Voisines (52)..........86 A1
Voisines (89)..........65 E3
Voisins-le-Bretonneux (78)..........42 B5
Voissant (38)..........131 G5
Voissay (17)..........121 F1
Voiteur (39)..........102 D5
la Voivre (70)..........88 A1
la Voivre (88)..........70 C2
les Voivres (88)..........69 G5
Voivres-lès-le-Mans (72)..........60 A6
Volckerinckhove (59)..........2 B3
Volesvres (71)..........115 F2
Volgelsheim (68)..........71 G5
Volgré (89)..........83 E1
Volksberg (67)..........50 B2
Vollore-Montagne (63)..........128 B3
Vollore-Ville (63)..........128 A3
Volmerange-lès-Boulay (57)..........26 D5
Volmerange-les-Mines (57)..........26 B2
Volmunster (57)..........28 B5
Volnay (21)..........101 G3
Volnay (72)..........60 C6
Volon (70)..........86 D3
Volonne (04)..........160 B6
Volpajola (2B)..........203 F5
Volstroff (57)..........26 C3
Volvent (26)..........159 E2
Volvic (63)..........127 E2
Volx (04)..........176 D3
Vomécourt (88)..........70 B2
Vomécourt-sur-Madon (88)..........69 G2
Voncourt (52)..........86 D2
Voncq (08)..........24 A4
Vonges (21)..........86 B6
Vongnes (01)..........131 G2
Vonnas (01)..........116 C4
Voray-sur-l'Ognon (70)..........87 F6
Voreppe (38)..........145 F1
Vorey (43)..........142 C2
Vorges (02)..........22 C4
Vorges-les-Pins (25)..........103 F2
Vorly (18)..........97 H4
Vornay (18)..........98 A4
Vosbles (39)..........117 F3
Vosne-Romanée (21)..........101 H2
Vosnon (10)..........65 H5
Vou (37)..........95 F2
Vouarces (51)..........45 E6
Voudenay (21)..........100 D2
Voué (10)..........66 B2
Vouécourt (52)..........67 H3
Vougécourt (70)..........69 F6
Vougeot (21)..........101 H2
Vougrey (10)..........66 C5
Vougy (42)..........115 E6
Vougy (74)..........119 E6
Vouharte (16)..........122 B2
Vouhé (17)..........107 E5
Vouhé (79)..........108 A1
Vouhenans (70)..........88 A3
Vouillé (79)..........107 H3
Vouillé (86)..........94 A6
Vouillé-les-Marais (85)..........107 E3
Vouillers (51)..........46 C5
Vouillon (36)..........96 D5
Vouilly (14)..........13 F5
Voujeaucourt (25)..........88 C4
Voulaines-les-Templiers (21)..........85 F2
Voulangis (77)..........43 G4
Voulême (86)..........108 D5
Voulgézac (16)..........122 B5
Voulon (86)..........108 D3
Voulpaix (02)..........9 H6
la Voulte-sur-Rhône (07)..........144 A6
Voultegon (79)..........93 E3
Voulton (77)..........44 B6
Voulx (77)..........64 C3
Vouneuil-sous-Biard (86)..........109 E1
Vouneuil-sur-Vienne (86)..........94 D6
Vourey (38)..........145 F1
Vourles (69)..........130 A4
Voussac (03)..........113 F4
Voutenay-sur-Cure (89)..........83 H4
Voutezac (19)..........138 C1
Vouthon (16)..........122 D4
Vouthon-Bas (55)..........68 C1
Vouthon-Haut (55)..........68 C1
Voutré (53)..........59 F4
Vouvant (85)..........107 F1
Vouvray (37)..........79 E5

Vouvray-sur-Huisne (72)..........60 D5
Vouvray-sur-Loir (72)..........78 C3
Vouxey (88)..........69 E2
Vouzailles (86)..........94 A6
Vouzan (16)..........122 D4
Vouzeron (18)..........97 F1
Vouziers (08)..........24 A4
Vouzon (41)..........81 E3
Vouzy (51)..........45 F3
Voves (28)..........62 B3
Vovray-en-Bornes (74)..........118 C6
Voyenne (02)..........22 C2
Voyennes (80)..........21 G1
Voyer (57)..........50 A5
la Vraie-Croix (56)..........55 H6
Vraignes-en-Vermandois (80)..........8 D6
Vraignes-lès-Hornoy (80)..........19 H1
Vraincourt (52)..........67 H3
Vraiville (27)..........18 C6
Vraux (51)..........45 G2
Vrécourt (88)..........68 D4
Vred (59)..........8 D1
Vregille (70)..........87 E6
Vregny (02)..........22 B5
Vrély (80)..........21 E1
le Vrétot (50)..........12 B3
Vriange (39)..........102 D1
Vrigne-aux-Bois (08)..........24 B1
Vrigne-Meuse (08)..........24 B2
Vrigny (45)..........63 F5
Vrigny (51)..........23 E6
Vrigny (61)..........39 E5
Vritz (44)..........76 A3
Vrizy (08)..........24 A4
Vrocourt (60)..........19 H3
Vroil (51)..........46 D4
Vron (80)..........6 D2
Vroncourt (54)..........69 F1
Vroncourt-la-Côte (52)..........68 C4
Vroville (88)..........69 G3
Vry (57)..........26 C5
Vue (44)..........74 B5
Vuillafans (25)..........103 H2
Vuillecin (25)..........104 A3
Vuillery (02)..........22 A4
Vulaines (10)..........65 G4
Vulaines-lès-Provins (77)..........64 D1
Vulaines-sur-Seine (77)..........64 B2
Vulbens (74)..........118 A5
Vulmont (57)..........48 D3
Vulvoz (39)..........117 H3
Vy-le-Ferroux (70)..........87 F3
Vy-lès-Filain (70)..........87 G4
Vy-lès-Lure (70)..........88 A3
Vy-lès-Rupt (70)..........87 E3
Vyans-le-Val (70)..........88 C4
Vyt-lès-Belvoir (25)..........88 B5

W

Waben (62)..........6 C1
Wacquemoulin (60)..........21 E4
Wacquinghen (62)..........1 F3
Wadelincourt (08)..........24 C2
Wagnon (08)..........23 H2
Wahagnies (59)..........3 F6
Wahlbach (68)..........89 F3
Wahlenheim (67)..........51 E4
Wail (62)..........7 F2
Wailly (62)..........8 B3
Wailly-Beaucamp (62)..........6 D1
Walbach (68)..........71 E5
Walbourg (67)..........51 E3
la Walck (67)..........50 D3
Waldersbach (67)..........71 E1
Waldhambach (67)..........50 B2
Waldhouse (57)..........28 B5
Waldighofen (68)..........89 F3
Waldolwisheim (67)..........50 C4
Waldweistroff (57)..........26 D3
Waldwisse (57)..........26 D2
Walheim (68)..........89 F3
Walincourt-Selvigny (59)..........9 E4
Wallers (59)..........9 E1
Wallers-en-Fagne (59)..........10 B4
Wallon-Cappel (59)..........2 C4
Walschbronn (57)..........28 B5
Walscheid (57)..........50 A5
Waltembourg (57)..........50 B4
Waltenheim (68)..........89 G2
Waltenheim-sur-Zorn (67)..........50 D4
Waly (55)..........47 E2
Wambaix (59)..........9 E4
Wambercourt (62)..........7 E1
Wambez (60)..........19 H3
Wambrechies (59)..........3 F4
Wamin (62)..........7 E1
Wanchy-Capval (76)..........6 A6
Wancourt (62)..........8 B3
Wandignies-Hamage (59)..........9 E1
Wangen (67)..........50 C5
Wangenbourg-
  -Engenthal (67)..........50 B5
Wannehain (59)..........3 G5
Wanquetin (62)..........8 A2
la Wantzenau (67)..........51 F5
Warcq (08)..........24 A1
Warcq (55)..........25 G6
Wardrecques (62)..........2 B4
Wargemoulin-Hurlus (51)..........46 B1
Wargnies (80)..........7 G5
Wargnies-le-Grand (59)..........9 G2
Wargnies-le-Petit (59)..........9 G2
Warhem (59)..........2 C2
Warlaing (59)..........9 E1
Warlencourt-Eaucourt (62)..........8 B4
Warlincourt-lès-Pas (62)..........7 H3
Warloy-Baillon (80)..........7 H5

Warluis (60)..........20 B5
Warlus (62)..........8 A2
Warlus (80)..........7 E6
Warluzel (62)..........7 H3
Warmeriville (51)..........23 F5
Warnécourt (08)..........24 A1
Warneton (59)..........3 F4
Warsy (80)..........21 E2
Warvillers (80)..........21 E1
Wasigny (08)..........23 G2
Wasnes-au-Bac (59)..........9 E2
Wasquehal (59)..........3 G5
Wasselonne (67)..........50 C5
Wasserbourg (68)..........71 E5
Wassigny (02)..........9 G5
Wassy (52)..........67 G1
le Wast (62)..........1 G4
Watigny (02)..........10 B6
Watronville (55)..........47 G1
Watten (59)..........2 A3
Wattignies (59)..........3 F5
Wattignies-la-Victoire (59)..........10 A3
Wattrelos (59)..........3 G4
Wattwiller (68)..........89 E1
Wavignies (60)..........20 C3
Waville (54)..........26 A6
Wavrans-sur-l'Aa (62)..........2 A4
Wavrans-sur-Ternoise (62)..........7 G1
Wavrechain-sous-Denain (59)..........9 F2
Wavrechain-sous-Faulx (59)..........9 E2
Wavrille (55)..........25 E5
Wavrin (59)..........3 F5
Waziers (59)..........8 D1
Weckolsheim (68)..........71 G5
Wegscheid (68)..........88 D1
Weinbourg (67)..........50 C3
Weislingen (67)..........50 B3
Weitbruch (67)..........51 E4
Weiterswiller (67)..........50 C3
Welles-Pérennes (60)..........20 D3
Wemaers-Cappel (59)..........2 C3
Wentzwiller (68)..........89 G3
Werentzhouse (68)..........89 F4
Wervicq-Sud (59)..........3 F4
West-Cappel (59)..........2 C2
Westhalten (68)..........71 F5
Westhoffen (67)..........50 C5
Westhouse (67)..........71 G1
Westhouse-
  -Marmoutier (67)..........50 C5
Westrehem (62)..........2 B6
Wettolsheim (68)..........71 F5
Weyer (67)..........50 A3
Weyersheim (67)..........51 E4
Wickerschwihr (68)..........71 G4
Wickersheim-
  -Wilshausen (67)..........50 D4
Wicquinghem (62)..........1 H5
Wicres (59)..........3 E5
Widehem (62)..........1 F5
Widensolen (68)..........71 G4
Wiège-Faty (02)..........9 G6
Wiencourt-l'Équipée (80)..........8 A6
Wierre-au-Bois (62)..........1 F5
Wierre-Effroy (62)..........1 F4
Wiesviller (57)..........27 H5
Wignehies (59)..........10 A5
Wignicourt (08)..........24 A3
Wihr-au-Val (68)..........71 E5
Wildenstein (68)..........70 D5
Wildersbach (67)..........71 E1
Willeman (62)..........7 F2
Willems (59)..........3 G5
Willencourt (62)..........7 F3
Willer (68)..........89 F3
Willer-sur-Thur (68)..........89 E1
Willeroncourt (55)..........47 F5
Willerval (62)..........8 B2
Willerwald (57)..........49 H2
Willgottheim (67)..........50 D5
Williers (08)..........25 E2
Willies (59)..........10 B4
Wilwisheim (67)..........50 D4
Wimereux (62)..........1 F4
Wimille (62)..........1 F4
Wimmenau (67)..........50 C3
Wimy (02)..........10 A5
Windstein (67)..........28 D6
Wingen (67)..........51 E1
Wingen-sur-Moder (67)..........50 C2
Wingersheim (67)..........50 D4
Wingles (62)..........3 E6
Winkel (68)..........89 F4
Winnezeele (59)..........2 C3
Wintersbourg (57)..........50 B4
Wintershouse (67)..........51 E4
Wintzenbach (67)..........51 G2
Wintzenheim (68)..........71 F4
Wintzenheim-
  -Kochersberg (67)..........50 D5
Wirwignes (62)..........1 F4
Wiry-au-Mont (80)..........6 D5
Wisches (67)..........50 B6
Wisembach (88)..........71 E3
Wiseppe (55)..........24 D4
Wismes (62)..........1 H5
Wisques (62)..........2 A4
Wissant (62)..........1 F3
Wissembourg (67)..........51 F1
Wissignicourt (02)..........22 B3
Wissous (91)..........42 D5
Witry-lès-Reims (51)..........23 F5
Wittelsheim (68)..........89 F1
Wittenheim (68)..........89 F1
Witternesse (62)..........2 B5
Witternheim (67)..........71 H2
Wittersdorf (68)..........89 F3
Wittersheim (67)..........50 D4
Wittes (62)..........2 B5
Wittisheim (67)..........71 G2
Wittring (57)..........50 A1

Wiwersheim (67)..........50 D5
Wizernes (62)..........2 A4
Woël (55)..........47 H2
Woelfling-
  -lès-Sarreguemines (57)..........28 A5
Wœrth (67)..........51 E2
Woignarue (80)..........6 B4
Woimbey (55)..........47 G2
Woincourt (80)..........6 B4
Woippy (57)..........26 B5
Woirel (80)..........6 D5
Wolfersdorf (68)..........89 E3
Wolfgantzen (68)..........71 G5
Wolfisheim (67)..........51 E5
Wolfskirchen (67)..........50 A3
Wolschheim (67)..........50 C4
Wolschwiller (68)..........89 G4
Wolxheim (67)..........50 D6
Wormhout (59)..........2 C3
Woustviller (57)..........49 H1
Wuenheim (68)..........71 E6
Wuisse (57)..........49 F3
Wulverdinghe (59)..........2 B3
Wy-Dit-Joli-Village (95)..........42 A1
Wylder (59)..........2 C2

X

Xaffévillers (88)..........70 A2
Xaintrailles (47)..........150 C5
Xaintray (79)..........107 H2
Xambes (16)..........122 B2
Xammes (54)..........48 A2
Xamontarupt (88)..........70 B4
Xanrey (57)..........49 F4
Xanton-Chassenon (85)..........107 F2
Xaronval (88)..........69 G2
Xermaménil (54)..........49 E6
Xertigny (88)..........69 H5
Xeuilley (54)..........48 C6
Xirocourt (54)..........69 G2
Xivray-et-Marvoisin (55)..........48 A3
Xivry-Circourt (54)..........25 H5
Xocourt (57)..........48 D3
Xonrupt-Longemer (88)..........70 D4
Xonville (54)..........48 A2
Xouaxange (57)..........49 H5
Xousse (54)..........49 G5
Xures (54)..........49 F5

Y

Y (80)..........21 G1
Yainville (76)..........17 F6
Yaucourt-Bussus (80)..........7 E4
Ychoux (40)..........148 C4
Ydes (15)..........140 A1
Yébleron (76)..........16 D4
Yèbles (77)..........43 F6
Yenne (73)..........131 G3
Yermenonville (28)..........62 B1
Yerres (91)..........43 E5
Yerville (76)..........17 F4
Yèvre-la-Ville (45)..........63 G4
Yèvres (28)..........61 H4
Yèvres-le-Petit (10)..........66 D1
Yffiniac (22)..........33 H5
Ygos-Saint-Saturnin (40)..........165 G1
Ygrande (03)..........113 F2
Ymare (76)..........18 D5
Ymeray (28)..........62 C1
Ymonville (28)..........62 C3
Yolet (15)..........140 B5
Yoncq (08)..........24 C3
Yonval (80)..........6 D4
Youx (63)..........113 E5
Yport (76)..........16 C3
Ypreville-Biville (76)..........16 D4
Yquebeuf (76)..........17 H5
Yquelon (50)..........35 G2
Yronde-et-Buron (63)..........127 G4
Yrouerre (89)..........84 A2
Yssac-la-Tourette (63)..........127 F2
Yssandon (19)..........138 B2
Yssingeaux (43)..........142 D3
Ytrac (15)..........140 A5
Ytres (62)..........8 C4
Yutz (57)..........26 B3
Yvecrique (76)..........17 E4
Yvernaumont (08)..........24 A2
Yversay (86)..........94 B6
Yves (17)..........106 D6
les Yveteaux (61)..........38 D5
Yvetot (76)..........17 E4
Yvetot-Bocage (50)..........12 D3
Yvias (22)..........33 F2
Yviers (16)..........136 A1
Yvignac-la-Tour (22)..........34 C6
Yville-sur-Seine (76)..........17 F6
Yvoire (74)..........118 D3
Yvoy-le-Marron (41)..........80 D3
Yvrac (33)..........135 F5
Yvrac-et-Malleyrand (16)..........122 D3
Yvrandes (61)..........38 A4
Yvré-le-Pôlin (72)..........78 A1
Yvré-l'Évêque (72)..........60 B5
Yvrench (80)..........7 E3
Yvrencheux (80)..........7 E3
Yzengremer (80)..........6 B4
Yzernay (49)..........92 D3
Yzeron (69)..........129 G3
Yzeure (03)..........113 H2
Yzeures-sur-Creuse (37)..........95 F5
Yzeux (80)..........7 F5
Yzosse (40)..........165 E4

Z

Zaessingue (68)..........89 F3
Zalana (2B)..........205 G2
Zarbeling (57)..........49 F3
Zegerscappel (59)..........2 B3
Zehnacker (67)..........50 C5
Zeinheim (67)..........50 C5
Zellenberg (68)..........71 F4
Zellwiller (67)..........71 G1
Zermezeele (59)..........2 C3
Zérubia (2A)..........207 E2
Zetting (57)..........27 H5
Zévaco (2A)..........205 E6
Zicavo (2A)..........205 E6
Zigliara (2A)..........204 D6
Zilia (2B)..........202 C6
Zilling (57)..........50 B4
Zillisheim (68)..........89 F2
Zimmerbach (68)..........71 E4
Zimmersheim (68)..........89 F2
Zimming (57)..........49 F1
Zincourt (88)..........69 H3
Zinswiller (67)..........50 D2
Zittersheim (67)..........50 C3
Zœbersdorf (67)..........50 D4
Zommange (57)..........49 G4
Zonza (2A)..........207 F2
Zoteux (62)..........1 G5
Zouafques (62)..........1 H3
Zoufftgen (57)..........26 B2
Zoza (2A)..........207 E2
Zuani (2B)..........205 G2
Zudausques (62)..........2 A4
Zutkerque (62)..........1 H3
Zuydcoote (59)..........2 C1
Zuytpeene (59)..........2 C3

France administrative (F)

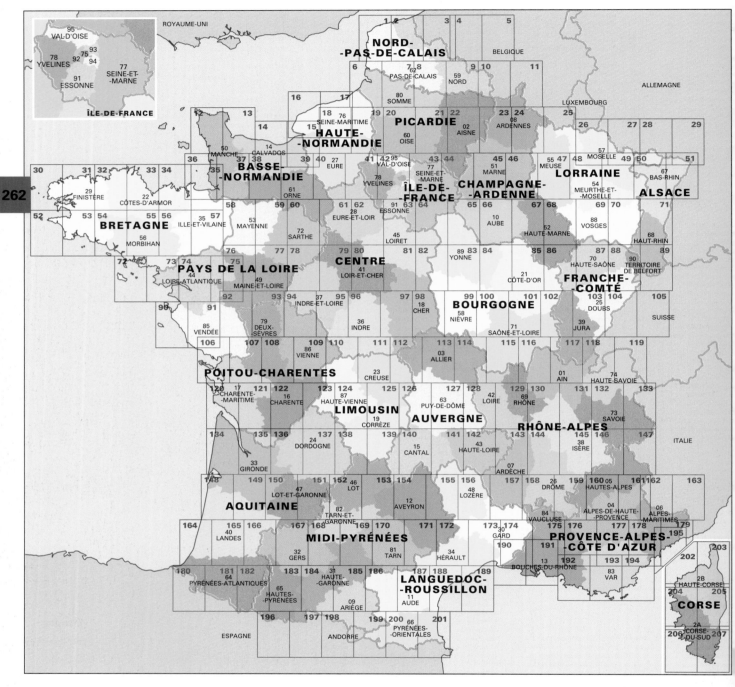

01 Ain	24 Dordogne	48 Lozère	72 Sarthe
02 Aisne	25 Doubs	49 Maine-et-Loire	73 Savoie
03 Allier	26 Drôme	50 Manche	74 Haute-Savoie
04 Alpes-de-Haute-Provence	27 Eure	51 Marne	75 Paris
05 Hautes-Alpes	28 Eure-et-Loir	52 Haute-Marne	76 Seine-Maritime
06 Alpes-Maritimes	29 Finistère	53 Mayenne	77 Seine-et-Marne
07 Ardèche	30 Gard	54 Meurthe-et-Moselle	78 Yvelines
08 Ardennes	31 Haute-Garonne	55 Meuse	79 Deux-Sèvres
09 Ariège	32 Gers	56 Morbihan	80 Somme
10 Aube	33 Gironde	57 Moselle	81 Tarn
11 Aude	34 Hérault	58 Nièvre	82 Tarn-et-Garonne
12 Aveyron	35 Ille-et-Vilaine	59 Nord	83 Var
13 Bouches-du-Rhône	36 Indre	60 Oise	84 Vaucluse
14 Calvados	37 Indre-et-Loire	61 Orne	85 Vendée
15 Cantal	38 Isère	62 Pas-de-Calais	86 Vienne
16 Charente	39 Jura	63 Puy-de-Dôme	87 Haute-Vienne
17 Charente-Maritime	40 Landes	64 Pyrénées-Atlantiques	88 Vosges
18 Cher	41 Loir-et-Cher	65 Hautes-Pyrénées	89 Yonne
19 Corrèze	42 Loire	66 Pyrénées-Orientales	90 Territoire de Belfort
2A Corse-du-Sud	43 Haute-Loire	67 Bas-Rhin	91 Essonne
2B Haute-Corse	44 Loire-Atlantique	68 Haut-Rhin	92 Hauts-de-Seine
21 Côte-d'Or	45 Loiret	69 Rhône	93 Seine-Saint-Denis
22 Côtes-d'Armor	46 Lot	70 Haute-Saône	94 Val-de-Marne
23 Creuse	47 Lot-et-Garonne	71 Saône-et-Loire	95 Val-d'Oise

ST-DENIS AUBERVILLIERS

ST-OUEN

PORTE DE SAINT-OUEN
PORTE DE CLIGNANCOURT
A1 PORTE DE LA CHAPELLE
PORTE D'AUBERVILLIERS
PORTE DE LA VILLETTE

PANTIN

Av. Edouard Vaillant
Av. Général Leclerc

Bessières Boulevard Ney
R. Navier R. Belliard Belliard
Boulevard Macdonald
Ney Boulevard Macdonald

N3 vers Meaux

Bd Macdonald
Cité des Sciences et de l'Industrie
La Géode
Zénith
Parc de la Villette
Cité de la Musique
PORTE DE PANTIN

Canal de l'Ourcq
Rue Victor Hugo
Avenue Jean Lolive

LE PRÉ ST-GERVAIS

18e

Butte Montmartre
Basilique du Sacré Coeur

Bd de Clichy
Bd de Rochechouart
Bd de la Chapelle

Gare du Nord
Gare de l'Est

9e
10e
19e

Parc des Buttes Chaumont

PORTE DU PRÉ ST-GERVAIS

LES LILAS 269

PORTE DES LILAS

Batignolles
Bd Haussmann
la Madeleine
Opéra Garnier
Bourse

1e
2e

Palais Royal
Musée du Louvre
Pyramide
Forum des Halles

3e

C.N.A.M.

Bd St-Martin

Pl. de la République

Parc de Belleville

20e

Cimetière du Père Lachaise

PORTE DE BAGNOLET A3

A 3 vers A 1, Lille, Bruxelles

Quai des Tuileries
Musée d'Orsay
Musée d'Orsay

Concergerie
Hôtel de Ville

4e

Notre-Dame
Île St-Louis

11e

PORTE DE MONTREUIL

St-Germain des Prés
St-Sulpice

6e

Palais du Luxembourg
Sénat
Jardin du Luxembourg
Panthéon

5e

Muséum National d'Histoire Naturelle
Jardin des Plantes

Opéra de Paris Bastille
Place de la Bastille

Place de la Nation

Cours de Vincennes
PORTE DE VINCENNES

N 34 vers Lagny

Tour Montparnasse

Cimetière du Montparnasse

Boulevard de Port Royal

Gare de Lyon

12e

Gare d'Austerlitz

Av. Daumesnil
Place Félix Éboué

PORTE DE SAINT-MANDÉ

SAINT-MANDÉ

14e

Place Denfert-Rocheareau

Place d'Italie

Bibliothèque Nationale de France F. Mitterrand

Palais Omnisports de Paris-Bercy
Gare de Paris-Bercy

ST-MANDÉ

PORTE DORÉE

Lac Daumesnil

Pelouse de Reuilly

Bois de Vincennes

13e

PORTE DE CHARENTON

PORTE DE BERCY

PORTE D'ORLÉANS

Cité Universitaire
Stade Charléty

Boulevard Jourdan
Boulevard Kellermann

PORTE DE GENTILLY
PORTE D'ITALIE
PORTE D'IVRY

QUAI D'IVRY

la Seine

CHARENTON-LE-PONT

A4 vers Metz, Nancy

GENTILLY A6a
A6b
IVRY-SUR-SEINE

ENVIRONS
DE MARSEILLE

0   1   2   3   4   5 Kr

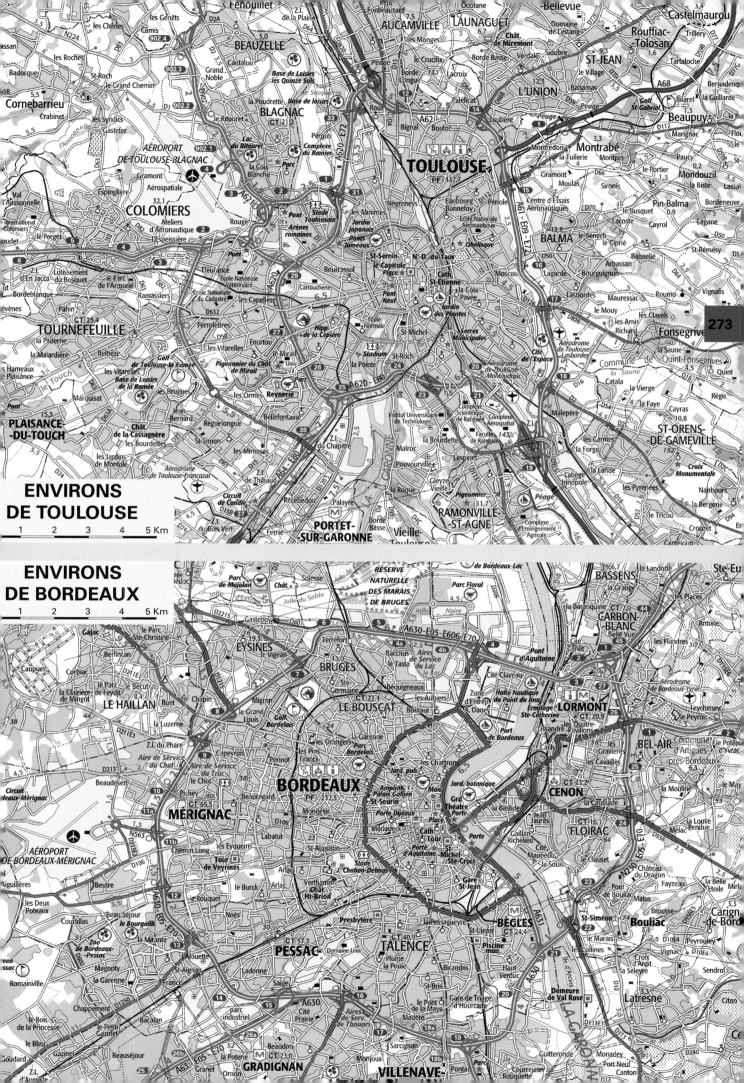

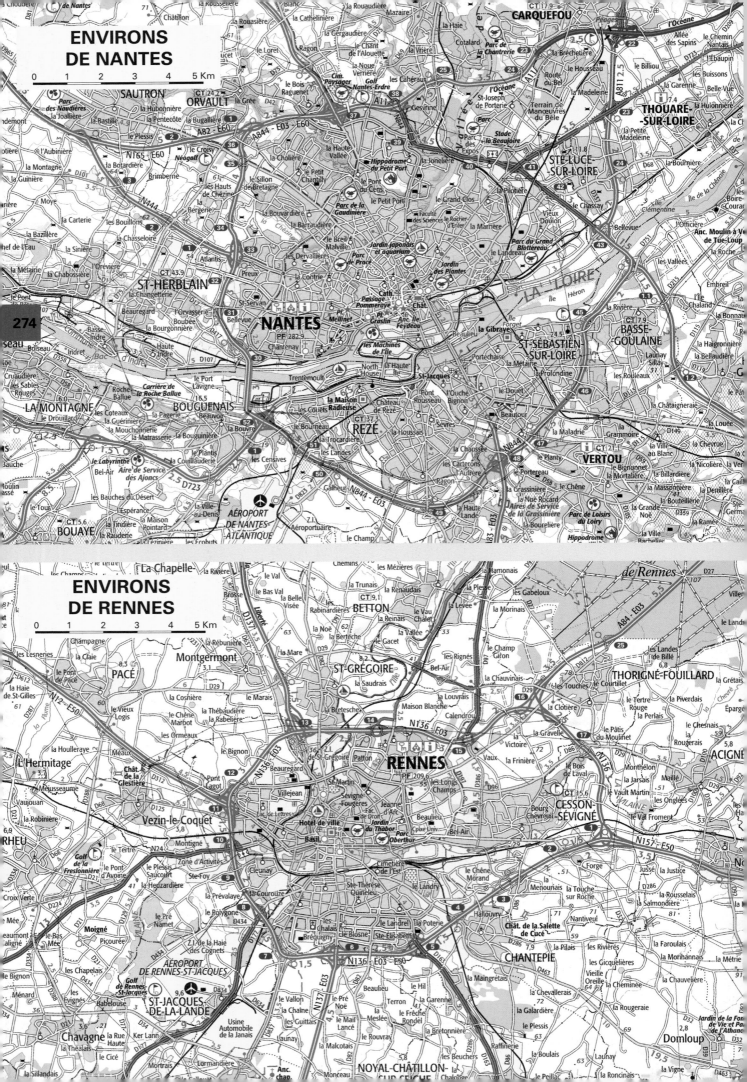

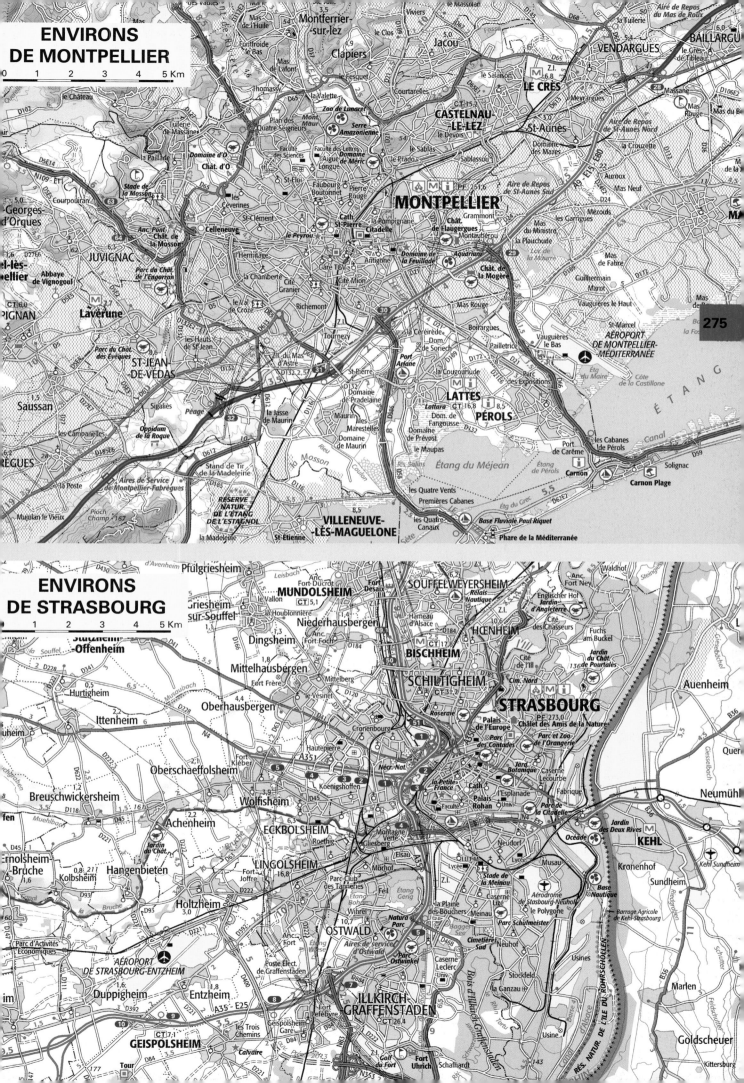

ADANSON (Rue) B3
AGARD (Passage) C3
AIGLE D'OR (Traverse de l') C1
ALBERT CHARRIER (Boulevard) D2
ALBERTAS (Place d') C3
ALLUMETTES (Rue des) D1
ANCIENNE MADELEINE (Rue de l') C3
   (Place des) C2
ANDRE LEFEVRE (Rue) D2-D3
ANNONCIADE (Rue de l') B3
ANNONERIE VIEILLE (Rue) C3
ANOUAR EL SADATE (Square) D1
ARISTIDE BRIAND (Boulevard) A2-A3
ARMAND LUNEL (Avenue) C1
ARMENIE (Place d') D4
ARPILLE (Rue d') B4
ARTS ET METIERS (Cours des) B4
AUDE (Rue) C3
AUGUSTINS (Place des) C3
AUMONE VIEILLE (Rue) C3
BAGNIERS (Rue des) C3
BARATANQUE (Rue de la) B3
BARTHELEMY NIOLLON (Place) C2
BATH (Avenue de) C1
BEAUFORT (Traverse) B4
BEAUSOLEIL (Allée) A3
BEDARRIDES (Rue des) B3
BELGES (Avenue des) D1-C2
BELLEGARDE (Impasse) A3
BELLEGARDE (Place) A3
BENJAMIN ABRAM (Avenue) D3
BERNARDINES (Rue des) C2
BON PASTEUR (Rue du) B2
BONIFACE LAURENT (Rue) D3
BOULEGON (Rue du) B3
BOUTEILLES (Rue des) B3
BRAS D'OR (Rue du) C1-C2
BREMONDIS (Rue) B2-B3
BRESSIER (Traverse) B4
BRETONS (Rue des) B4
BRUEYS (Rue) C2
BUENO CARRIERO (Rue) C4
BUSCAILLE (Rue) B3
BUTTE DES TROIS MOULINS
   (Avenue de la) A3-A4
CAMPRA (Rue) B3
CANCEL (Rue du) B2
CARDEURS (Forum des) B2
CARDINALE (Rue) D2-C4
CARMES (Petite rue des) C3-C4
CARNOT (Boulevard) B4-C4
CASCADE (Avenue de la) A4
CELONY (Rue) B1-B2

CHABRIER (Rue) B3
CHAPELIERS (Place des) C3
CHAPELIERS (Rue des) B3-C3
CHAPITRE (Rue du) A2
CHARTREUX (Impasse des) B1-C1
CHARTREUX (Rue des) B1-C1
CHASTEL (Rue) B3-C4
CHAUDRONNIERS (Rue des) B3
CIRQUE (Traverse du) D1
CLAUDE FORBIN (Allée) D4
CLEMENCEAU (Rue) C3
CLOVIS HUGUES (Rue) C4
CONSTANTIN (Rue) B3
CORDELIERS (Rue des) B2-B3
COURONNE (Rue de la) C2
COURTEISSADE (Rue) C3
CRAPONNE (Avenue de) C4
DOCTEUR DARGELOS (Rue du) C1
DOCTEUR RENEE ANTOINE (Avenue) C1
DOMINICAINES (Traverse des) A4
DUPERIER (Rue) B1-B2
ECOLE (Rue de l') B2
EMERIC DAVID (Rue) C3-C4
EMILE GAUJOUX (Avenue) A4
EMILE TAVAN (Rue) B1
EMMANUEL SIGNORET (Rue) A3
ENTREPOT (Rue de l') C1
ENTRECASTEAUX (Rue d') C2
EPINAUX (Rue des) B3
ESPARIAT (Rue) C2-C3
ESQUICHO COUDE (Rue) B2
ETUVES (Rue des) A2-B2
EUROPE (Avenue de l') D1
EYGUESIERS (Impasse des) C1
FABROT (Rue) C3
FAUCHIER (Rue) B3-C3
FELIBRE GAUT (Rue) B2-C2
FELICIEN DAVID (Rue) B4
FERMEE (Rue) C2
FINSONIUS (Rue) B4
FONDERIE (Rue) B4
FONTAINE (Rue de la) C2
FONTAINE D'ARGENT (Rue) C3
FONTAINE GIANOTTI (Allée) A2-A3
FONTETES (Place des) B2
FORBIN (Rue) C3
FRANÇOIS ET EMILE ZOLA (Bd) A3-A4
FRANÇOIS MITTERRAND (Place) C1
FRATERNITE (Rue de la) A1-A2
FREDERIC MISTRAL (Rue) C3-D3
GAMBETTA (Cours) C4
GANAY (Place) C4
GANAY (Rue) C4
GARE (Place de la) D2

GASTON DE SAPORTA (Rue) B2-B3
GAUFFREDY (Rue) B1
GENERAL DE GAULLE (Place du) C1
GEORGES POMPIDOU (Avenue) C1
GIANOTTI (Rue) A3
GIBELIN (Rue) B3
GLACIERE (Rue de la) C3
GONDRAUX (Rue des) B3
GONTARD (Rue) D1-D2
GOYRAND (Rue) C3-D3
GRANET (Impasse) B3
GRASSI (Avenue de) A2-B2
GRASSI (Impasse de) A2
GRIFFON (Rue du) B3
GUERRIERS (Rue des) A2
GUSTAVE DESPLACES (Impasse) D2
GUSTAVE DESPLACES (Rue) D2
HANOI (Rue d') B1
HAUT DU COURS MIRABEAU (Place) C3
HENRI PONTIER (Avenue) A1-A2
HOTEL DE VILLE (Place de l') B2
INDOCHINE (Avenue d') A1-B1
IRMA MOREAU (Rue) C1
ISOLETTE (Rue) C2
ITALIE (Rue d') C4-D4
JACQUES DE LAROQUE (Rue) A2-B2
JAUBERT (Rue) B3
JEAN DE LA FONTAINE (Allée) D1
JEAN JAURES (Avenue) A2-B2
JEAN MOULIN (Avenue) A4
JEAN PEYTRAL (Rue) A4
JEANNE D'ARC (Place) C2
JERUSALEM (Rue) D1
JOANNON MARCEL PROVENCE (Rue) A1
JOSEPH CABASSOL (Rue) C3-D3
JOSEPH RAVAISOU (Rue) C1
JOSEPH VILLEVIEILLE (Avenue) D1-C2
JOUQUES (Rue de) A2
JULES FERRY (Avenue) A2
JULES ISAAC (Avenue) A3
LACEPEDE (Rue) C4
LAPIERRE (Rue) C2
LAROQUE (Rue de) A2-B2
LIBERTE (Rue de la) A1-A2
LIEUTAUD (Rue) B2-C2
LISSE BELLEGARDE (Rue) A3-B3
LISSE DES CORDELIERS (Rue) B2-C2
LISSE SAINT-LOUIS (Rue) B3-B4
LITTERA (Rue) B3
LOUBET (Rue) C2
LOUBON (Rue) B3
LOUVIERE (Rue de la) B3

MADELEINE (Allée) A1
MAGNANS (Rue des) B2-C2
MALAKOFF (Traverse) A4
MALHERBE (Avenue) C4
MANUEL (Rue) B3-C4
MARCEL GUILLAUME (Rue) D2-D3
MARECHAL DE LATTRE DE TASSIGNY
   (Avenue) B1
MARECHAL FOCH (Rue) B3-C3
MARECHAL JOFFRE (Rue) C4
MARECHAL LYAUTEY (Avenue du) D3
MARIE ET PIERRE CURIE (Rue) A3-B3
MARIUS REYNAUD (Rue) C4
MARSEILLAIS (Rue des) B2-B3
MARTYRS DE LA RESISTANCE (Place) A3-B3
MASSE (Rue de la) C2-C3
MATHERON (Rue) B3
MAURICE BLONDEL (Avenue) D2
MAX JUVENAL (Avenue) C1-D1
MAZARINE (Rue) C2-C3
MEJANES (Rue) B3-C3
MENUDIERES (Rue des) A2-A3
MERINDOL (Rue) B3
MIGNET (Rue) A3-B3
MIOLLIS (Place) C4
MIRABEAU (Cours) C3
MOLLE (Rue de la) B1-B2
MONCLAR (Rue) B3-C3
MONTIGNY (Rue de) B3
MULE NOIRE (Rue de la) C4
MULETIERS (Rue des) B2
MURIERS (Allée des) A1
MUSICIENS (Allée des) A1
NAPOLEON BONAPARTE (Avenue) C2
NARVIK (Place de) D2
NATIONS (Rue des) A2
NAZARETH (Rue) C3
NELSON MANDELA (Place) B1
NOBLES (Rue des) A2
NOSTRADAMUS (Rue) A4-B4
NOSTRE SEIGNE (Rue) B2
NOTRE-DAME (Traverse) A2
11 NOVEMBRE (Rue du) B1-C2
OPERA (Rue de l') C4
ORAISON (Avenue d') D4
ORBITELLE (Cours d') D3
PAIX (Rue de la) B1-B2
PAPASSAUDI (Rue) C3
PARADIS (Impasse du) C1
PARC (Avenue du) D3
PASTEUR (Avenue) A2
PAUL BERT (Rue) B3
PAUL CEZANNE (Avenue) A2
PAUL D'OLLONE (Boulevard) D2
PAUL DOUMER (Rue) C2

PAUL ROUX (Rue) C1
PAVILLON (Rue) C4-D4
PETIT BARTHELEMY (Avenue du) D1
PETIT SAINT-ESPRIT (Rue du) C4-D4
PETRARQUE (Rue) A4
PEYRESC (Rue) B3
PEYSSONNEL (Rue) C4-D4
PHILIPPE SOLARI (Avenue) A2
PIERRE BROSSOLETTE (Avenue) D1
PLAN (Rue du) B2-B3
POILUS (Boulevard des) C4
PORTALIS (Rue) B3-B4
PRECHEURS (Place des) B3
PUITS JUIF (Rue du) B3
PUITS NEUF (Rue de la) A3-B3
QUATRE DAUPHINS (Place des) D3
RAMUS (Place) C2-C3
REINE JEANNE (Rue) D3
REPUBLIQUE (Boulevard de la) C1-C2
REYNAUD (Impasse) D4
RIFLE RAFLE (Rue) B3
RIQUIER (Rue) A2
ROBERT (Chemin) D4
ROI RENE (Boulevard du) D2-D4
ROUX ALPHERAN (Rue) D3-D4
SAINT-ELOI (Avenue) A3
SAINT-HENRI (Rue) B3-B3
SAINT-HONORE (Place) C3-C4
SAINT-JEAN (Petite rue) C4
SAINT-JEROME (Avenue) D3
SAINT-JOSEPH (Rue) D4
SAINT-LOUIS (Boulevard) A3-B4
SAINTE-MAGDELEINE (Allée) D4
SAINTE-VICTOIRE (Avenue) A3-A4
SALLIER (Rue) D3-D4
SERAPHIN GILLY (Place) C3
SEXTIUS (Cours) B2-C2
SILVACANNE (Traverse) A1-B2
SONTAY (Rue de) A1-B1
SUFFREN (Rue de) B3-B4
TAMARIS (Avenue des) A1
TAMARIS (Impasse des) A1
TANNEURS (Place des) C2
TANNEURS (Rue des) C2
THERMES (Avenue des) B2
THIBAUD (Passage) C1
THIERS (Rue) C3-C4
TOURNEFORT (Rue) C3-C4
TREILLE (Rue de la) B2
TRINITE (Cours de la) A3-A4
TROIS ORMEAUX (Place des) B3
UNIVERSITE (Place de l') B2

VAN LOO (Rue) B3
VAUBLANC (Allée de) ....
VAUVENARGUES (Rue) ....
VENDOME (Impasse) ....
VENDOME (Rue) B1
VENEL (Rue) ....
VERDUN (Place de) ....
VERRERIE (Rue de la) B2
VICTOR COQ (Boulevard) ....
VICTOR HUGO (Avenue) ....
VICTOR LEYDET (Rue) ....
VILLARS (Rue) C2
VIOLETTE (Avenue de la) A2
WOLFGANG-AMADEUS MOZART
   (Avenue) C1
YITZHAK RABIN (Rue) ....
YVES MONTAND (Allées) ....

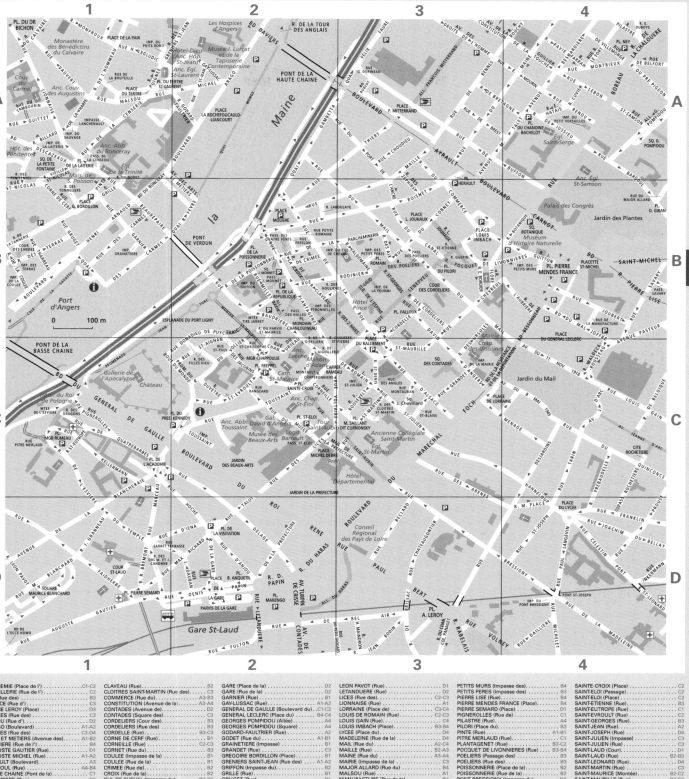

ADEMIE (Place de l') C1-C2
GUILLERIE (Rue de l') B3
K (Rue de) B3
SACE (Rue d') C1
DRE LEROY (Place) D3
GLES (Rue des) C3
JOU (Rue d') A1-A2
AGO (Boulevard) A1-A2
ENES (Rue des) B2
TS ET METIERS (Avenue des) A1-B2
BRIERE (Rue) B4
GUSTE GAUTIER (Rue) C1
GUSTE MICHEL (Rue) A1-A2
RAULT (Boulevard) B3
RDOUL (Rue) A4-B4
SSE CHAINE (Pont de la) C1
ADRIERE (Rue) A1-B1
AUREPAIRE (Rue) B1
AUX-ARTS (Jardin des) C2
AIR (Rue d') D2-D3
LFORT (Rue de) A4
LE POIGNEE (Rue) B3
RNARD ANQUETIL (Place) D2
SNARDIERE (Avenue) A4
SSONNEAU (Boulevard) B4-C4
LARD (Rue) D3
ANCHERAIE (Avenue de la) A4
DINIER (Rue) B2-B3
ISNET (Rue) B3
REAU (Rue) A4-B4
TANIQUE (Rue) B2
TANIQUE (Square) B3
UT DU MONDE (Promenade du) C1-C2
UTEILLE (Rue de la) A2
ESSIGNY (Rue) C3-D4
EST (Rue de) A3
ETAGNE (Rue de) A3-A4
ISSAC (Rue) D3
FFON (Rue de) A3-B4
LVAIRE (Rue du) A1
NAL (Rue du) B3
RMES (Quai des) A2
RNOT (Boulevard) A3-B4
LESTIN PORT (Rue) D4
NSERIE (Passage de la) A2
NSERIE (Rue de la) A2
ALOUERE (Rue de la) A4
ANOINE BACHELOT (Rue du) A4
ANOINE COLONEL PANGET (Rue du) A4
ANOINE URSEAU (Rue du) B2-C2
ATEAUGONTIER (Rue) D4
AUSSEE SAINT-PIERRE (Rue) C2
EVREUL (Rue) B3-B4
VRIEU (Rue) D2

CLAVEAU (Rue) B2
CLOITRES SAINT-MARTIN (Rue des) C3
COMMERCE (Rue du) A3-B3
CONSTITUTION (Avenue de la) A3-A4
CONTADES (Avenue des) D2
CONTADES (Square des) D2
CORDELIERS (Cour des) B3
CORDELIERS (Rue des) B3
CORDELLE (Rue) B3-C3
CORNE DE CERF (Rue de la) B3
CORNEILLE (Rue) C2-C3
CORNET (Rue du) C3
COULEE (Impasse de la) B1
COULEE (Rue de la) B1
CRIMEE (Rue de) B2
CROIX (Rue de la) B2
CUL DE CHEVAL (Impasse du) B2-B3
CUVIER (Rue) A4
DAILLIERE (Rue) C4
DAVID D'ANGERS (Rue) B3-C3
DAVIERS (Boulevard) A1
DELAGE (Rue) C1-D2
DENIS PAPIN (Rue) D1-D2
DESCAZEAUX (Boulevard) A1
DESJARDINS (Rue) D3-C4
DEUX HAIES (Rue des) B2-B3
DOCTEUR BICHON (Place du) A1
DOCTEURS M. ET J. CANONNE (Rue des) D1
DONADIEU DE PUYCHARIC (Rue) C1-C2
DRAGONS (Rue des) C1
DROITS DE L'HOMME (Avenue des) A3
DU PETIT THOUARS (Rue) D2-D3
DUVETRE (Rue) C2
ECCE HOMO (Boulevard de l') D1
EMILE BORDIER (Rue) C4
EMILE HATAIS (Rue) A4
ERNEST DUBOYS (Rue) A4
ERNEST MOURIN (Rue) A3-A4
ESPINE (Rue de l') B3
ESVIERE (Montée de l') B2
ESVIERE (Rue de l') C1-D1
FAIDHERBE (Rue) C1
FALLOUX (Rue) B3
FARRAN (Rue) B3
FELIX FAURE (Quai) A2
FILLES DIEU (Rue des) C2
FLORE (Rue) B3
FOURMI (Impasse de la) B3
FRANCOIS MITTERRAND (Allée) A3
FRANCOIS MITTERRAND (Place) A3
FRANKLIN (Rue) D4
FRANKLIN ROOSEVELT (Avenue) A1
FREPPEL (Place) C2
FRESLON (Rue) B2
FULTON (Rue) A4
GABRIEL DUPINEAU (Rue) A3
GAMBETTA (Quai) B2-A3
GARE (Parvis de la) D2

GARE (Place de la) D2
GARE (Rue de la) D2
GARNIER (Rue) B1
GAY-LUSSAC (Rue) A1-A2
GAY-LUSSAC (Boulevard du) C1-C2
GENERAL DE GAULLE (Boulevard du) C1-C2
GENERAL LECLERC (Place du) B4-C4
GEORGES POMPIDOU (Allée) A4
GEORGES POMPIDOU (Square) A4
GODARD-FAULTRIER (Rue) A2
GRAINETIERE (Impasse) B1
GRANDET (Rue) C3
GREGOIRE BORDILLON (Place) B2
GRIFFON (Impasse du) B2
GRILLE (Rue) B1
GRUGET (Rue) B1
GUEPIN (Rue) B2
GUILLIER DE LATOUCHE (Rue) A1
GUITTET (Rue) A1
HALLES (Passage des) B2
HANNELOUP (Rue) C3-C4
HARAS (Allée du) D2-D3
HARAS (Rue du) D2
HARPE (Rue de la) A1
HAUTE CHAINE (Pont de la) A2
HENRI ARNAULD (Boulevard) A2
HENRI LEGLUDIC (Rue) B2-B3
HERAULT (Place) A3-B3
HIPPOLYTE MAINDRON (Rue) D3
HOCHE (Rue) C1-D2
HOMMEAU (Rue de l') A1
HOULIERES (Rue des) B3
8 MAI 1945 (Avenue du) D1-D2
IENA (Rue d') C1
INKERMANN (Rue) D4
JACOBINS (Rue des) C2
JACQUES GRANNEAU (Rue) C1
JEAN BODIN (Rue) D4
JEAN MONNET (Passage) B2
JEAN MONNET (Square) B2
JEAN TURC (Promenade) C1-B2
JEANNE D'ARC (Avenue) C4
JOACHIM DU BELLAY (Rue) D4
JOUBERT (Rue) B4
JULES DAUBAN (Rue) B4
JULES GUITTON (Rue) B4
JUSSIEU (Rue de) A4
KELLERMANN (Rue) C1
LABOULAY (Rue) B2-C2
LAITERIE (Impasse de la) A1
LAITERIE (Rue de la) A1
LANCHENAULT (Impasse) A1
LANDES (Cour des) B1
LEBON (Rue) A4
LENEPVEU (Rue) B3
LEON JOUHAUX (Place) B3
LEON JOUHAUX (Rue) B3

LEON PAVOT (Rue) D1
LETANDUERE (Rue) D2
LICES (Rue des) C2-C3
LIONNAISE (Rue) A1
LORRAINE (Place de) C2-C3
LOUIS DE ROMAIN (Rue) C2-C3
LOUIS GAIN (Rue) A4
LOUIS IMBACH (Place) B3-B4
LYCEE (Place du) D4
MADELEINE (Rue de la) D4
MAIL (Rue du) A2-C4
MAILLE (Rue) B2-A3
MAINE (Rue du) A3-A4
MAIRIE (Impasse de la) C3
MAJOR ALLARD (Rue du) B4
MALSOU (Rue) A1
MANUFACTURE (Rue de la) D4
MARCEAU (Rue) C1-D1
MARECHAL FOCH (Boulevard du) C2-C3
MARECHAL JOFFRE (Boulevard du) B4-C4
MARIE PLACE (Rue) A3
MARIE TALET (Avenue) A3-A4
MAURICE BLANCHARD (Rue) D1
MAURICE BLANCHARD (Square) D1
MAURICE SAILLANT DIT CURNONSKY
  (Place) C3
MAX RICHARD (Rue) D2
MENAGE (Rue) C3-C4
MICHEL DEBRE (Place) C3
MICHELET (Rue) C2
MILLET (Rue) B2
MOLIERE (Rue) B2
MONDAIN CHANLOUINEAU (Place) B2
MONFROUX (Rue) A1
MONGE (Rue) A2-B2
MONSEIGNEUR CHAPPOULIE (Place) C2
MONSEIGNEUR RUMEAU (Place) C1
MONTAUBAN (Rue) C3
MONTAULT (Rue) C2
MONTRIEUX (Rue) A4
MUSEE (Place) C2
OISELLERIE (Rue de l') B2-C2
OLIVIER GIRAN (Place) B4
11 NOVEMBRE 1918 (Avenue du) C3
PAIX (Place de la) A1
PARCHEMINERIE (Rue de la) B2-B3
PARVIS SAINT-MAURICE (Rue du) B2-C2
PASTEUR (Avenue) C4
PAUL BERT (Rue) D2-D3
PAUL LANGEVIN (Rue) D4
PAVIE (Rue) A1
PENITENTES (Rue des) A1-B1
PERONNELLES (Rue des) B3
PETIT VERSAILLES (Impasse du) A4
PETITE FONTAINE (Square de la) A1
PETITE ROMAINE (Rue) B2

PETITS MURS (Impasse des) B4
PETITS PERES (Impasse des) B3
PIERRE LISE (Rue) B4
PIERRE MENDES FRANCE (Place) B4
PIERRE SEMARD (Place) D1
PIGNEROLLES (Rue de) C1
PILASTRE (Rue) A4
PILORI (Place du) B3
PINTE (Rue) A1-B1
PITRE MERLAUD (Rue) C1
PLANTAGENET (Rue) B2-C2
POCQUET DE LIVONNIERES (Rue) B3-B4
POELIERS (Passage des) B3
POELIERS (Rue des) B3
POISSONNERIE (Place de la) B2
POISSONNERIE (Rue de la) B2
PONT BRESSIGNY (Rue du) D4
PORT DE L'ANCRE (Rue du) B4
PORT LIGNY (Esplanade du) C1-B2
PRE PIGEON (Rue du) A4
PREBAUDELLE (Rue) C4-D4
PREFECTURE (Jardin de la) D2
PREFECTURE (Mail de la) C2-C3
PREFECTURE (Rue de la) C2-D2
PRESIDENT KENNEDY (Place du) C1-C2
PROUST (Rue) C4-D4
PUITS ROND (Impasse du) A1
QUATRE VENTS (Passage des) B2
QUATREBARBES (Rue de) C1
QUINCONCE (Rue du) D4
RABELAIS (Rue) D4
RALLIEMENT (Place du) B3-C3
RAMEAU (Carrefour) C3
RANGEARD (Rue) C3
RENE BAZIN (Allée) A4
RENE BREMONT (Rue) A4
RENE ROUCHY (Rue) A4
RENNES (Rue de) A3-A4
RENOU (Rue) C3
REPUBLIQUE (Place de la) B2
RESISTANCE ET DE LA DEPORTATION
  (Boulevard de la) C3-C4
ROBERT (Boulevard) D4
ROBERT FEVRE (Quai) B1-B2
ROCHEFOUCAULD-LIANCOURT
  (Place) A1-B2
ROCHETIERE (Cité) C4
ROCHETIERE (Passage) C4-D4
ROE (Rue de la) B2-C3
ROI RENE (Boulevard du) C1-D2
ROMAIN (Place) C3
RONCERAY (Boulevard du) A1-B1
SAINT-AIGNAN (Rue) C2
SAINT-AUBIN (Rue) C2-C3
SAINT-BLAISE (Rue) C3
SAINT-CHRISTOPHE (Rue) C2
SAINT-DENIS (Rue) D1

SAINTE-CROIX (Place) C2
SAINT-ELOI (Passage) C2
SAINT-ELOI (Place) C2
SAINT-ETIENNE (Rue) B3
SAINT-EUTROPE (Rue) C1
SAINT-EVROULT (Rue) C2
SAINT-GEORGES (Rue) B3
SAINT-JEAN (Rue) A2
SAINT-JOSEPH (Rue) D4
SAINT-JULIEN (Impasse) C3
SAINT-JULIEN (Rue) C3
SAINT-LAUD (Cour) D1
SAINT-LAUD (Rue) B2-B3
SAINT-LEONARD (Rue) D4
SAINT-MARTIN (Rue) C3
SAINT-MAURICE (Montée) B2-C2
SAINT-MAURILLE (Rue) B3-C3
SAINT-MICHEL (Boulevard) B4
SAINT-MICHEL (Placette) B4
SAINT-NICOLAS (Rue) B1
SAINT-PAUL (Rue) B2-C2
SAINT-SAMSON (Rue) A4
SARRETERRASSE (Rue) D1-D2
SAUVAGE (Impasse du) A1
SAVARY (Passage) B4
SAVARY (Rue) B4-C4
SAVATTE (Cale de la) A1
ST-JOSEPH (Pont) D4
TALOT (Rue) C2-C2
TAMBOURIN (Rue du) A1
TANNERIE (Rue de la) B1
TARIN (Rue) C4-D4
TEMPLE (Rue du) C1
TERRAS (Impasse des) B1
TERRAS (Rue du) B1
TERTRE (Rue du) A2
TERTRE SAINT-LAURENT (Place du) A1-A2
THARREAU (Rue) C4
THIERS (Rue) B2-A3
TIRE JARRET (Montée) B2
TONNELIERS (Rue des) A1-B1
TOUR DES ANGLAIS (Rue de la) A2
TOUSSAINT (Impasse) C2
TOUSSAINT (Rue) C2
TURPIN DE CRISSE (Avenue) C4
URSULES (Rue des) B3-C3
VALDEMAINE (Rue) C4
VAUVERT (Rue) B3
VERDUN (Pont de) B1-B2
VIEILLE SAINT-NICOLAS (Rue) A1-B1
VILLEBACHELOT (Rue de) A4
VISITATION (Place de la) C1
VOLLIER (Rue de) C2
VOLNEY (Rue) D3-D4
VOLTAIRE (Rue) C2-C3
WALDECK-ROUSSEAU (Rue) C4
ZEPHIRS (Rue des) B3

AVIGNON

0   100 m

le Rhône

ABBE GEORGES DURAND (Allée)...... A2
AGRICOL MOUREAU (Passage)...... C2
AGRICOLE PERDIGUIER (Rue)...... D2
AGRICOLE PERDIGUIER (Square)...... C2
AIGARDEN (Rue de l')...... C3-D3
AMELIER (Rue de l')...... B3
AMIRANDE (Place de l')...... B2
AMOUYER (Rue de l')...... A4
AMPHOUX (Rue)...... B3-C3
ANNANELLE (Rue d')...... C1
ANSELME MATHIEU (Avenue)...... D4
ANTOINE PINAY (Allée)...... A1
ARCADE DE L'AGNEAU (Rue)...... B2
ARGENTIERE (Rue)...... B3
ARMAND DE PONTMARTIN (Rue)...... B2
ARROUSAIRE (Avenue de l')...... D3
ARTAUD (Rue)...... C3
BAINS (Rue des)...... A3
BALANCE (Rue de la)...... A2-B2
BANASTERIE (Rue)...... B2-A3
BANCASSE (Rue)...... B2-C2
BARACANE (Rue)...... D2-C3
BARAILLERIE (Rue)...... B4
BASILE (Rue)...... B3
BASSINET (Rue)...... C1
BELLAUD DE LA BELLANDIERE (Rue)...... B4
BERNHEIM LYON (Rue)...... B3-C3
BERTRAND (Rue)...... A3
BLANCHISSAGE (Avenue du)...... D1
BON MARTINET (Rue)...... D3-C4
BON PASTEUR (Rue)...... C3-C4
BONNETERIE (Rue)...... B2-C3
BOUQUERIE (Rue)...... B3
BOURGNEUF (Rue)...... C3
BOURGUET (Rue)...... A4-B4
BOURSE (Rue de la)...... C2
BOUSSINGAULT (Rue)...... C1
BROUETTE (Rue)...... C3
BUFFON (Rue)...... B4-C4
BULLE (Place de la)...... B3
BUFFON (Rue)...... B4-C4
CABASSOLE (Rue)...... A4-B4
CAMPANA (Place)...... B2
CAMPANE (Rue)...... A3-B3
CANONS (Montée des)...... A2
CARMES (Place des)...... A3
CARNOT (Place)...... B3
CARNOT (Rue)...... B2
CARRETERIE (Rue)...... B3-A4
CASSAN (Rue)...... B3
CHANGE (Place du)...... B2
CHANGE (Rue du)...... B2
CHAPEAU ROUGE (Rue)...... B2
CHARRUE (Rue)...... A4-B4
CHAT (Rue du)...... C2
CHATAIGNES (Rue des)...... B2
CHATEAUBRIAND (Rue)...... C3
CHIRON (Rue)...... B2
5EME R.I. (Rue du)...... C4-D4

CISEAUX D'OR (Rue des)...... B2
CLOITRE SAINT-PIERRE (Rue du)...... B2
COLLEGE D'ANNECY (Rue du)...... C2
COLLEGE DE LA CROIX (Rue du)...... C3
COLLEGE DU ROURE (Rue du)...... B2
CONDUIT PERROT (Rue du)...... A4
COQ (Rue du)...... B2
CORDERIE (Rue)...... B2
CORNEILLE (Rue)...... B2
CORNUE (Rue)...... C3-C4
CORPS SAINTS (Place des)...... C2
COSTEBELLE (Place)...... B2
COURTE LIMAS (Rue)...... A2
CREMADE (Rue)...... A4
CRILLON (Place)...... B1
CROIX (Rue de la)...... B3
CRUCIFIX (Rue du)...... C3
DAMETTE (Rue)...... C2-C3
DANIEL SORANO (Place)...... B2
DOCTEUR PONS (Route touristique du)...... A4
DOREE (Rue)...... B2-C2
ECOLES (Rue des)...... C4
EDMOND HALLEY (Rue)...... B2
EDOUARD DALADIER (Pont)...... A1-B1
EISENHOWER (Avenue)...... D1
EMILE DESFONS (Boulevard)...... D3
EMILE ESPERANDIEU (Rue)...... B2
ESCALIERS SAINTE-ANNE (Rue des)...... A2-B3
ETROITE (Rue)...... B3
ETUDES (Rue des)...... C2-C3
FAVART (Rue)...... B2
FELICIEN DAVID (Rue)...... B2
FELIX GRAS (Rue)...... C1-B2
FER A CHEVAL (Rue du)...... A4
FERRUCE (Rue)...... A2
FIGUIERE (Rue)...... C2
FLORENCE (Rue)...... B3
FOLCO DE BARONCELLI (Rue)...... B1
FORET (Rue de la)...... A3
FOUR (Rue du)...... B2
FOUR DE LATERRE (Rue du)...... A3-B3
FOURBISSEURS (Rue des)...... B2-C2
FRANCHE (Rue)...... C3-C4
FREDERIC MISTRAL (Rue)...... C2
GAL (Rue du)...... B2
GALANTE (Rue)...... B2-C2
GALOUBET (Impasse du)...... C1-C2
GEORGES POMPIDOU (Place)...... A2
GENERAL LECLERC (Rue du)...... B3
GEORGES TAULIER (Rue)...... A4-B4
GERARD PHILIPE (Rue)...... B3
GRAND PARADIS (Place du)...... B3
GRAND PARADIS (Rue)...... B3
GRANDE FUSTERIE (Rue)...... B1-A2
GRANDE MEUSE (Rue)...... B3
GRANDE MONNAIE (Rue)...... C3-D3
GRENIER (Galerie)...... C2-C3
GRIFFONS (Rue des)...... C3
MOLIERE (Rue)...... B2

GRIVOLAS (Rue)...... C3
GROTTES (Rue des)...... A2-B2
GUILLAUME PUY (Rue)...... B4-D4
HENRI BOUVET (Rue)...... B4
HENRI FABRE (Rue)...... C2
HENRI MANGUIN (Place)...... B3
HONORE D'URFE (Rue)...... B4
HORACE VERNET (Rue)...... C1-C3
HORLOGE (Place de l')...... B2
INFIRMIERES (Rue des)...... A3-A4
JACOB (Rue)...... B3
JACQUES TATI (Rue)...... B3
JEAN XXIII (Montée)...... A2-B2
JEAN DES FIGUES (Rue)...... D4
JEAN JAURES (Cours)...... C2-D2
JEAN VILAR (Rue)...... B2
JEAN-PIERRE GRAS (Impasse)...... B3
JERUSALEM (Place)...... B3
JOSEPH VERNET (Rue)...... C1-B2
JOYEUSE (Rue)...... A2
JUIVERIE (Rue)...... A2
JULES FLOUR (Rue)...... C3
JUVER (Rue)...... A4
LABOUREUR (Rue)...... A4
LAFARE (Rue)...... A3
LAGNES (Rue des)...... D2-C3
LANTERNE (Rue)...... C1
LEDRU ROLLIN (Rue)...... A3-B3
LIBERTE (Boulevard de la)...... D4
LICES (Rue des)...... C2
LIGNE (Boulevard de la)...... A2-A3
LIGNE (Porte de la)...... A3
LIMAS (Rue du)...... A1-A2
LIMBERT (Boulevard)...... C4-D4
LIMBERT (Porte)...... D4
LONDE (Rue)...... C3-C4
LOUIS GASTIN (Rue)...... C2
LOUIS LE CARDONNEL (Place)...... B2
LOUIS PASTEUR (Rue)...... B4
LOUIS PASTEUR (Rue)...... B3-B4
LT MARCEL SOULIER (Rue)...... A4-B4
LUCHET (Rue du)...... A4
LUNEL (Place de)...... B2
MADELEINE (Place de la)...... B2
MAGNANEN (Porte)...... D3
MAGNOLIAS (Rue des)...... D4
MAIL (Rue du)...... B1
MARCHANDS (Rue des)...... B2
MARECHAL DE LATTRE DE TASSIGNY (Avenue)...... D2
MASSE (Rue de la)...... C3
MAURICE BONNARD (Place)...... B1
MAZAN (Rue)...... B1
MIGNARD (Rue)...... C2
MIJEANNE (Rue)...... A4-B4
MIGRENIER (Rue)...... A3
MOLIERE (Rue)...... B2

MONCLAR (Avenue)...... D2
MONNAIE (Rue de la)...... B2
MONS (Rue de)...... B2
MONT DE PIETE (Rue du)...... B3
MONTFAVET (Route de)...... C4
MOULINS (Montée des)...... A2
MUGUET (Rue)...... A4-A4
NEUVE SAINT-CHARLES (Rue)...... C1-D1
NICOLAS (Impasse)...... D3
NICOLAS LESCUYER (Rue)...... B1
NICOLAS SABOLY (Place)...... B2
NINON VALLIN (Rue)...... D3-D4
NOEL BIRET (Rue)...... C2
NOTRE-DAME DES SEPT DOULEURS (Impasse)...... B4
NOTRE-DAME DES SEPT DOULEURS (Rue)...... B4-C4
OBSERVANCE (Rue de l')...... C1-D1
OFFICIALITE (Rue de l')...... B3
OLIVIER (Rue de l')...... B3-C3
ORATOIRE (Passage de l')...... B2
ORIFLAMME (Rue de l')...... B3
ORTOLANS (Rue des)...... C2
OULLE (Boulevard de l')...... B1-C1
OULLE (Porte de l')...... B1
PAILLASSERIE (Rue)...... C4
PALAIS (Place du)...... A2
PALAPHARNERIE (Rue)...... B3
PAUL MANIVET (Rue)...... D2-D3
PAUL PUAUX (Montée)...... B3
PAUL SAIN (Rue)...... B3-C3
PAVOT (Rue)...... C2
PENTE RAPIDE (Rue)...... A2
PERSIL (Rue)...... A3
PETIT AMOUYER (Rue)...... A4
PETIT CHANGE (Rue)...... B2
PETIT GRENIER (Rue)...... C2
PETIT LIMAS (Rue)...... A1-B2
PETIT SAINT-JEAN (Impasse)...... B4
PETITE CALADE (Rue)...... C1-C2
PETITE CREMADE (Rue)...... A4
PETITE FRANCHE (Rue)...... C3
PETITE FUSTERIE (Rue)...... B2
PETITE MEUSE (Rue de la)...... B3-C3
PETITE REPUBLIQUE (Impasse)...... C4-D4
PETITE SAUNERIE (Rue)...... B3
PETRAMALE (Rue)...... C2
PEYROLLERIE (Rue)...... B2
PHILONARDE (Rue)...... C3
PICPUS (Rue)...... B3
PIE (Place)...... B3
PIERRE SEMARD (Avenue)...... D4
PIGNOTTE (Place)...... B3

PLAISANCE (Rue)...... B1
POMMIER (Rue)...... B4
PONT (Rue du)...... A2
PONT FLEURI (Rue)...... B2
PONTTROUCA (Rue)...... B3-C4
PORTAIL BIENSON (Rue)...... C1
PORTAIL MAGNANEN (Rue du)...... C3-D3
PORTAIL MATHERON (Rue)...... B3
PORTAIL PEINT (Place du)...... C3
PORTE EVEQUE (Rue)...... B3
POUZARAQUE (Rue)...... A2
PRESIDENT KENNEDY (Cours)...... D1-D2
PREVOT (Rue)...... C2
PRINCIPALE (Place de la)...... C2
PRINCIPALE (Rue de la)...... B2-C2
PRIVADE (Rue)...... A4-B4
PUITS (Rue du)...... B3
PUITS DE LA REILLE (Rue)...... A2
PUITS DE LA TARASQUE (Rue)...... C4-D4
PUITS DES ALLEMANDS (Rue des)...... B4
PUITS DESTOUMES (Place)...... B4
PYRAMIDE (Place de la)...... C3
RACINE (Rue)...... B2
RAPPE (Rue)...... B2
RASCAS (Rue)...... B4
RAISPAIL (Boulevard)...... C1-D2
RATEAU (Rue)...... C3-C4
REMPART DE L'OULLE (Rue)...... B1-C1
REMPART DU RHONE (Rue)...... A2
REMPART SAINT-LAZARE (Rue)...... A3-A4
REMPART SAINT-MICHEL (Rue)...... D3
REMPART SAINT-ROCH (Rue)...... C1
REMPART SAINT-DOMINIQUE (Rue)...... C1
REPUBLIQUE (Rue de la)...... B2-C2
REYNAUD (Impasse)...... A4-B4
RHONE (Boulevard du)...... A1
RHONE (Porte du)...... A2
ROI RENE (Rue du)...... C2-C3
ROLEUR (Rue)...... D2-D3
ROQUETTE (Rue)...... C3
ROUGE (Rue)...... C4
SABOLY (Rue)...... B2
SAINT-AGRICOLE (Passage)...... B2
SAINT-AGRICOLE (Rue)...... B1-B2
SAINT-ANDRE (Impasse)...... D3-D4
SAINT-ANDRE (Rue)...... B3-C1
SAINT-ANTOINE (Rue)...... B2
SAINT-BERNARD (Rue)...... A3
SAINT-CHARLES (Porte)...... D1
SAINT-CHARLES (Rue)...... C1-D1
SAINT-CHRISTOPHE (Rue)...... C3-C4

SAINT-DIDIER (Place)...... C2
SAINT-DOMINIQUE (Porte)......
SAINT-ETIENNE (Rue)...... B1
SAINT-GUILLAUME (Rue)...... A4
SAINT-JEAN LE VIEUX (Place)...... B3
SAINT-JEAN LE VIEUX (Rue)...... B3
SAINT-JOSEPH (Porte)...... A3
SAINT-JOSEPH (Rue)...... A3
SAINT-LAZARE (Boulevard)...... A3-A4
SAINT-MICHEL (Boulevard)...... D3
SAINT-MICHEL (Porte)......
SAINT-PIERRE (Place)...... B2
SAINT-PIERRE (Rue)...... C2
SAINT-ROCH (Boulevard)...... D1
SAINT-ROCH (Porte)......
SAINT-RUF (Avenue)......
SAINT-SEBASTIEN (Rue)......
SAINT-THOMAS D'AQUIN (Rue)...... B1
SAINTE-CATHERINE (Rue)...... A3
SAINTE-PERPETUE (Rue)......
SAINTE-THERESE (Impasse)......
SALUCES (Rue)......
SAMBUC (Rue)......
SARAILLERIE (Rue de la)......
SAULES (Impasse des)......
SEVERINE (Rue)...... C1
SOURCES (Avenue des)......
TARASQUE (Rue)...... C4
TAULIGNAN (Rue)......
TEINTURIERS (Rue des)...... C3
THEODORE AUBANEL (Rue)......
THEOPHILE GAUTHIER (Rue)......
THIERS (Porte)...... B3
THIERS (Rue)......
THOULOUSE (Rue)......
TOUR (Rue de la)......
TREMOULET (Rue)......
TRIAL (Rue)......
TRILLADE (Avenue de la)......
TROIS CARREAUX (Rue des)......
TROIS COLOMBES (Rue des)......
TROIS FAUCONS (Rue des)......
TROIS PILATS (Rue des)......
TROIS TESTONS (Rue des)......
TROIS-PILATS (Place des)......
VELOUTERIE (Rue)...... C1
VIALA (Rue)......
VICE LEGAT (Rue du)...... B2
VICTOR HUGO (Rue)......
VIEILLE POSTE (Rue)......
VIENEUVE (Rue)...... A3
VIEUX SEXTIER (Rue)......
VILLAS ST-MICHEL (Rue)......
VIOLETTE (Rue)......

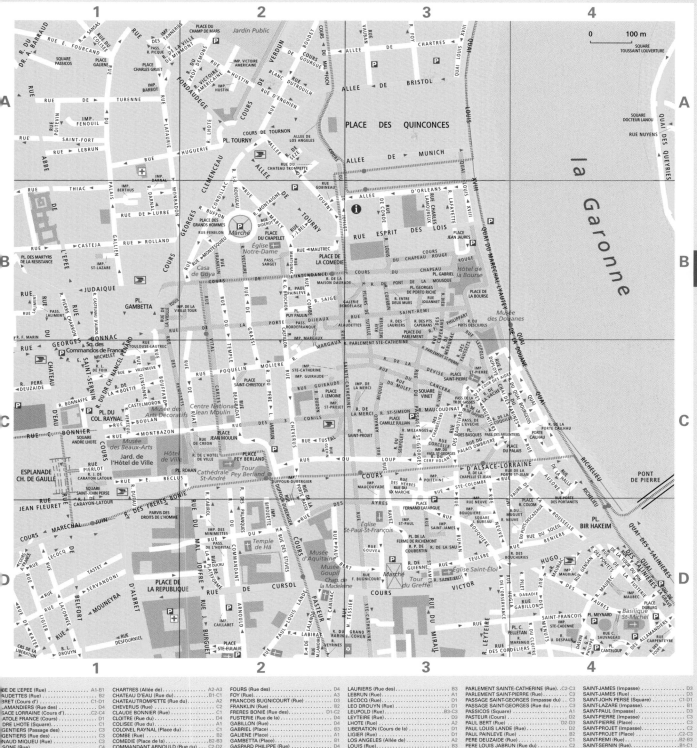

RBE DE L'EPEE (Rue) A1-B1
AUDETTES (Rue) ....
BRET (Cours d') C1-D1
LAMANDIERS (Rue des) ....
SACE LORRAINE (Cours d') C2-C4
ATOLE FRANCE (Cours) D1
DRE LHOTE (Square) ....
GENTIERS (Passage des) C3
GENTIERS (Rue des) ....
SONE (Rue) ....
RES (Rue des) D2-C3
RUTIERS (Rue des) ....
RBOT (Impasse) A1
SQUES (Place des) C3
AUBADAT (Rue) ....
LFORT (Rue de) C1-D1
RTHUS (Impasse) ....
HAKEIM (Place) C2-D2
OUETTE (Impasse) ....
ANC DUTROUILH (Rue) A2
ETIE (Rue de la) A2
NNAFFE (Rue) A1
RDEFRANQUE (Passage) ....
RDELASSE (Galerie) B2-B3
UCHERIES (Rue des) D3-D4
UDET (Rue) ....
UFFARD (Rue) B1-C1
ULAN (Rue) ....
UQUIERE (Impasse) D3
UQUIERE (Rue) ....
URSE (Place de la) B3
ISTOL (Allée de) A2-A3
FFON (Rue) B2
HAN (Rue) D2-D3
BIROL (Rue) C2-D2
ILHAU (Porte) C4
ILLABET (Rue) ....
RFVOLANT (Rue) C3-C4
AI DES FARINES (Rue du) ....
AMP DE MARS (Place du) B2-B3
APELET (Rue) ....
APEAU ROUGE (Cours du) B2-B3
APELLE SAINT-JEAN (Rue de la) . C3
ARLES DE GAULLE (Esplanade) . C1-D1
ARLES GRUET (Rue) A1
ARLES LAMOUREUX (Rue) B3

CHARTRES (Allée de) A2-A3
CHATEAU D'EAU (Rue du) B1-C1
CHATEAU TROMPETTE (Rue du) .. A2
CHEVERUS (Rue) C1
CLAUDE BONNIER (Rue) C1
CLOITRE (Rue du) ....
CLOITRE (Rue de la) ....
COLISEE (Rue du) A1
COLONEL RAYNAL (Place du) C1
COMBE (Rue) B2
COMEDIE (Place de la) B2-B3
COMMANDANT ARNOULD (Rue ciu) C2-D2
CONDAMINE (Rue) ....
CONDILLAC (Rue de la) A2-B2
CORCELLE (Rue) C1
CORDELIERS (Rue des) D3-D4
COUR DES AIDES (Rue de la) C3-C4
COURBIN (Rue) B3
CREON (Rue de) C3
CURSOL (Rue de) D2
DABADIE (Rue) D2-D3
DARNAL (Impasse) B1
DARNAL (Rue) ....
DASVIN (Rue) D4
DESFOURNIEL (Rue) D1
DEVISE (Rue de la) C3
DIDEROT (Rue) B2
DIEU (Rue) B3
DOCTEUR ALBERT BARRAUD (Rue du) . A1
DOCTEUR CHARLES NANCEL PENARD (Rue du) ... B1-C1
DOCTEUR LANOU (Square) A4
DOUANE (Quai de la) B4-C4
DROITS DE L'HOMME (Parvis des) D1
DUBURG (Rue) D4
DUCRU (Rue) ....
DUDON (Rue) C2
DUFAU (Rue) C1-D1
DUFFOUR-DUBERGIER (Impasse) ...
DUFFOUR-DUBERGIER (Rue) C2
EDMOND MICHELET (Rue) C1
ELISEE RECLUS (Rue) C1-C2
EMILE DUPLOYE (Rue) ....
EMILE FOURCAND (Rue) A1
ENTRE 2 MURS (Rue) C3
ESPRIT DES LOIS (Rue) B3
ETUVES (Rue des) ....
EVECHE (Passage de l') C3
FAURE (Impasse) D2
FAURES (Rue des) ....
FAUSSETS (Rue des) B3-C3
FENELON (Rue) B2
FENOUIL (Impasse) A1
FERNAND DE RICHEMONT (Place de la) .. D3
FERNAND LAFARGUE (Place) ....
FERNAND MARIN (Rue) B1-C1
FERNAND PHILIPPART (Rue) B3
FONDAUDEGE (Rue) A1-A2

FOURS (Rue des) D4
FOY (Rue) A3
FRANCOIS BUGNICOURT (Rue) D1
FRANKLIN (Rue) B2
FRERES BONIE (Rue des) D1-C2
FUSTIERE (Rue de la) ....
GABILLON (Rue) D4
GABRIEL (Place) B3
GALIENE (Place) A1
GAMBETTA (Place) B1
GASPARD PHILIPPE (Rue) C3
GENSAN (Rue) ....
GENSONNE (Rue) C1
GEORGES BONNAC (Rue) B1-C1
GEORGES CLEMENCEAU (Cours) . B1-B2
GEORGES DE PORTO RICHE (Place) . B3
GOBINEAU (Rue) A2
GOURGUE (Cours de) A2
GOUVEA (Rue) D3
GRAND RABIN JOSEPH COHEN (Rue du) D2-D3
GRANDS HOMMES (Place des) B2
GRASSI (Rue de la) B2-C2
GRAVE (Quai de la) D4
GUERIN (Rue) ....
GUIENNE (Rue de) B2
GUILLAUME BROCHON (Rue) C1
GUIRAUDE (Impasse) ....
GUIRAUDE (Rue) C2-C3
HA (Rue du) C2
HALLE (Rue de la) C4
HERBES (Rue des) C3
HONORE TESSIER (Rue) D3
HOPITAL (Passage de l') ....
HOTEL DE VILLE (Rue de l') C2
HUGLA (Rue) D3-D4
HUGUERIE (Rue) A1-A2
HUSTIN (Rue) ....
INTENDANCE (Cours de l') B1-B2
JACQUES LEMOINE (Rue) ....
JEAN BUREAU (Square) D3
JEAN BURGUET (Rue) C2
JEAN FLEURET (Rue) D1
JEAN JAURES (Rue) D1
JEAN MOULIN (Place) ....
JEAN-JACQUES BEL (Rue) B3
JEAN-JACQUES ROUSSEAU (Rue) . A2
JOSEPH DE CARAYON LATOUR (Rue) C1-D1
JOUANET (Rue) ....
JUDAIQUE (Rue) B1
KATER (Rue de) ....
LABIRAT (Rue) D2
LACORNEE (Rue) ....
LAFAUNE MONBADON (Rue) A1
LAFAYETTE (Rue) A3
LALANDE (Rue) D2
LALIMENT (Passage) B1
LALIMENT (Rue) ....
PARLEMENT (Place du) B3-C3

LAURIERS (Rue des) B3
LEBRUN (Rue) A1
LECOCQ (Rue) D1
LEO DROUYN (Rue) D1
LEUPOLD (Rue) B3-C3
LEYTEIRE (Rue de la) D3
LHOTE (Rue) A2
LIBERATION (Cours de la) D1
LIGIER (Rue) D1
LOS ANGELES (Allée de) A2
LOUIS DE FOIX (Rue) B3
LOUIS XVIII (Quai) A3-B3
LOUP (Rue du) C2-C3
LURBE (Rue) B1
MABLY (Rue) A2-B2
MAISON DAURADE (Rue de la) . B2-B3
MARECHAL FOCH (Cours de) ......
MARECHAL JOFFRE (Cours) C2-D2
MARECHAL JUIN (Cours) D1
MARECHAL LYAUTEY (Quai du) . B3-B4
MARENGO (Rue) ....
MARGAUX (Impasse) ....
MARGAUX (Rue) C2
MARTIGNAC (Rue) B2
MARTYRS DE LA RESISTANCE (Place des) . B1
MAUBEC (Impasse) ....
MAUBEC (Rue) B2
MAUCOUDINAT (Rue) C3
MAUCOUYADE (Impasse) C3-D3
MAURIAC (Impasse) ....
MAURIAC (Rue) D4
MAUTREC (Rue) B2
MENUTS (Rue des) C4
MERCI (Impasse de la) ....
MERCI (Rue) B3-C3
MERIGNAC (Rue) B3-C3
METIVIER (Rue) ....
MEYNARD (Place) D4
MILLANGES (Rue) ....
MINIMETTES (Impasse des) D2
MIRAIL (Rue du) C3
MONTAIGNE (Rue) D2
MONTBAZON (Rue) C1-C2
MONTESQUIEU (Rue) B1-B2
MOUNEYRA (Rue) ....
MUGUET (Rue du) C4-D4
MULET (Rue du) C3
MUNICH (Allée de) A3
NEUVE (Rue) C3-C4
NUYENS (Rue) A4
OBSERVANCE (Rue de l') ....
ORLEANS (Allée d') B2-B3
PALAIS (Rue du) B3
PALAIS GALLIEN (Rue du) A1-B1
PALAIS OMBRIERE (Rue du) ....
PALANQUES (Rue des) ....
PARLEMENT (Place du) B3-C3

PARLEMENT SAINTE-CATHERINE (Rue) .. C2-C3
PARLEMENT SAINT-PIERRE (Rue) .. C3
PASSAGE SAINT-GEORGES (Impasse du) . C3
PASSAGE SAINT-GEORGES (Rue du) . C3
PASSICOS (Square) A1
PASTEUR (Cours) D1-D2
PAUL BERT (Rue) C3
PAUL LOUIS LANDE (Rue) D2
PAUL PAINLEVE (Rue) ....
PERE DEUZAIDE (Rue) C1
PERE LOUIS JABRUN (Rue) C1
PETITS CAPERANS (Rue des) B3
PEY BERLAND (Place) ....
PIERLOT (Rue) C1
PIERRE (Pont de) C4-D4
PIERRE CHARRON (Rue) B1-C1
PIERRE DE COUBERTIN (Rue) D4
PILET (Rue) D4
PILIERS DE TUTELLE (Rue) B3-C3
PLATEFORME (Rue de la) D2
POITEVIN (Rue) ....
POITEVINE (Impasse) ....
PORTE DE LA MOUSQUE (Rue) B3
PONTETS (Rue des) ....
PORTE BASSE (Rue de la) C2-D2
PORTE CAILHAU (Rue de la) C4
PORTE DES PORTANETS (Rue) B1-B2
PORTE SAINT-JEAN (Rue de la) ....
PROFESSEUR DEMONS (Rue) D4
PUITS DESCAZEAUX (Rue du) D4
PUITS DESCUJOLS (Rue du) B3
PUY PAULIN (Rue) B2
QUAI BOURGEOIS (Rue du) C3-C4
QUEYRIES (Quai des) A4-B4
QUINCONCES (Place des) A2-A3
RAVEZ (Rue) D2
RAYMOND COLOM (Place) A1
REMPARTS (Rue des) B1-C2
RENIERE (Rue) D3-D4
REPUBLIQUE (Place de la) D1-D2
RICHELIEU (Quai) B4
ROBERT PICQUE (Passage) A1
ROHAN (Rue) B1-B2
ROLLAND (Rue) B1-B2
ROUSSELLE (Rue de la) C3-D4
RUAT (Rue de) B2
RUE NEUVE (Impasse) ....
SAINT-CHRISTOLY (Rue) B2
SAINTE-CADENNE (Impasse) D4
SAINTE-CATHERINE (Rue) B2-D3
SAINTE-CATHERINE (Impasse) ....
SAINTE-COLOMBE (Rue) C3
SAINTE-EULALIE (Place) D2
SAINT-ELOI (Rue) D3
SAINT-FORT (Rue) A1
SAINT-FRANCOIS D3-D4

SAINT-JAMES (Impasse) D3
SAINT-JAMES (Rue) C3
SAINT-JOHN PERSE (Square) .. C1-D1
SAINT-LAZARE (Impasse) B1
SAINT-PAUL (Impasse) D3
SAINT-PIERRE (Impasse) C3
SAINT-PIERRE (Place) C2
SAINT-PROJET (Impasse) ....
SAINT-PROJET (Place) C2-C3
SAINT-REMI (Rue) B2-B3
SAINT-SERNIN (Rue) B1-C1
SAINT-SIMEON (Rue) ....
SALINIERES (Quai des) D4
SANSAS (Rue) A1
SARGET (Passage) B2
SAU (Rue de la) ....
SERPOLET (Rue du) D1
SERVANDONI (Rue) D1
SEZE (Rue de) A2
SOLEIL (Rue du) D4
TANNERIES (Impasse des) ....
TASTET (Rue) D2
TEMPLE (Rue du) B2-C2
TEULERE (Rue) D3
THIAC (Rue) B1
TOULOUSE-LAUTREC (Rue) C1
TOUR DE GASSIES (Passage de la) .
TOUR DE GASSIES (Rue de la) C3
TOUR DU PIN (Rue de la) C4
TOURNON (Cours de) ....
TOURNY (Allée de) A2-B2
TOURNY (Place) A2-B2
TURENNE (Rue) A1
TUSTAL (Rue) C3
ULYSSE DESPAUX (Rue) D4
VACHE (Rue de la) ....
VAUBAN (Rue) A3
VERDUN (Cours de) A2
VERTEUIL (Rue) ....
VEYRINES (Rue) D2
VICTOIRE AMERICAINE (Impasse) . A2
VICTOIRE AMERICAINE (Rue) ......
VICTOR HUGO (Cours) D2-D4
VIEILLE TOUR (Impasse de la) . B1-B2
VIEILLE TOUR (Rue de la) B1-B2
VIEUX MARCHE (Rue du) C2
VILLE DE MIRMONT (Rue de la) . A1-A2
VILLENEUVE (Rue) C1
VINET (Rue) B2
VINET (Square) ....
VITAL CARLES (Rue) B2-C2
VOLTAIRE (Rue) B2

BREST

Map of Brest with grid references 1–4 (columns) and A–D (rows).

ABOVILLE (Rue d') B4
ACCES AU PORT (Rampe d') D2-D3
AIGUILLON (Rue d') B2-C3
ALAIN FOURNIER (Rue) C3
ALBERT ROLLAND (Rue) D3
ALDERIC LECOMTE (Rue) D2-D3
ALEXANDRE MASSERON (Rue) B3
ALGESIRAS (Rue) B3-B3
AMIRAL COURBET (Rue) B4
AMIRAL JURIEN DE LA GRAVIERE
  (Rue) C4
AMIRAL LINOIS (Rue). C2-D2
AMIRAL NIELLY (Rue). D3-D4
AMIRAL REVEILLERE (Avenue) C3-C4
AMIRAL RONARC'H (Rue) D1
AMIRAL TROUDE (Rue) C4
ANDRE BERGER (Rue) A4
ANDRE MAGINOT (Rue) A4
ANTIN (Cité d') C3-D3
ARMAND CONSIDERE (Quai) D4
ARMORIQUE (Rue) C1
AUGUSTIN MORVAN (Rue) A3-B3
BAC PIETON D3
BASSAM (Rue de) C4-D4
BENJAMIN DELESSERT (Rue) C3
BERNARD SCHEIDHAUER (Rue) A2
BERTRAND DU GUESCLIN (Rue) A2
BLAVEAU (Rue) B3
BOIS D'AMOUR (Rue du) B3
BORDA (Rue) C1
BOUILLON (Rue) C1-D1
BRANDA (Rue) A4-B4
CAFFARELLI (Rue) A4
CARPON (Rue du) B1
CHATEAU (Rue du) D2-B4
COAT AR GUEVEN (Rue) A4
COLBERT (Rue). B3-C3
COLONEL FONTFERRIER (Rue) A2-B2
COLONEL PICOT (Rue) B3-C3
COLONIES (Rue des) C4-D4
COMMANDANT MALBERT (Rue du). . D2-D3
COMMUNAUTE (Rue de la) D1
COMTESSE CARBONNIERES (Rue) . .B3-B4
CONSEIL (Rue) A4
DAJOT (Cours) C4-D4
DENVER (Rue de) D2-C4
DEPORTES (Rond-point des) A4
2EME D.B. (Rue de la). A4-B4
2EME EPERON D3
2EME R.I.C. (Rue) B2-A3
19EME R.I. (Place du) D3
DOCTEUR CARADEC (Rue du) D2
DOCTEUR ET MADAME DE LA MARNIERE
  (Rue) C2

DOCTEUR LE NOBLE (Rue) A3-B3
DOCTEUR THIELMANS (Rue) C1
DOUANE (Quai de la) D3-D4
DUCOUEDIC (Rue) C2
DUGUAY-TROUIN (Rue) C2-D3
DUPLEIX (Rue) D2-D3
DUQUESNE (Rue). B2-A3
EDOUARD MAZE (Place) A2
EGLISE (Petite rue de l') D1
EGLISE (Rue de l') D1
ELORN (Rue de l') D4
EMILE ZOLA (Rue) C2-C3
ERNEST HEMINGWAY (Rue) C4
ETIENNE DOLET (Rue) B3
FARIGOUL (Rue) B3
FAUTRAS (Place) A2-B2
FAUTRAS (Rue) B2
FELIX LE DANTEC (Rue) A4
FRANCAIS LIBRES (Boulevard des) . C2-D2
FRANKLIN ROOSEVELT (Rue) D2-D3
FREDERIC LE GUYADER (Rue) B3
FREGATE LA BELLE POULE (Rue) . .C3-C4
FREZIER (Rue) A4
GALILEE (Rue) A2
GAMBETTA (Boulevard) B4
GASTE (Rue de) A2
GENERAL DE GAULLE (Place du) D2
GENERAL GEORGES CLEMENCEAU . C2-D2
GENERAL LECLERC (Esplanade) B3
GEORGE SAND (Rue). B3-C3
GEORGES CLEMENCEAU (Avenue) . A2-C4
GLASGOW (Rue de) A3-A4
GOULET (Rue du) D3
GUY ROPARTZ (Rue) C3
HALLES SAINT-LOUIS (Rue des) . . .B2-B3
HARTELOIRE (Pont de l') A1
HARTELOIRE (Rue de l') A1
HENRI MOREAU (Rue) A1
HENRI ROL-TANGUY (Rond-point) C4
JEAN BART (Place) C1
JEAN BART (Rue) C1
JEAN JAURES (Rue). B4-A4
JEAN MACE (Rue) B2-C3
JEAN MOULIN (Boulevard) A1-C2
JEAN-BAPTISTE BOUSSINGAULT
  (Rue) B3-C3
JEAN-JULIEN LEMORDANT (Rue) B3
JEAN-MARIE LE BRIS (Rue) D3-C4
JOSEPH GOEZ (Place) C1
JULES MICHELET (Rue) B2
JULES VALLES (Rue) A2
KERABECAM (Rue) A3-A4
KERAVEL (Rue) B2
KEREON (Rue) B2-B3
KERGORJU (Rue) A4

KERORIOU (Rue de) B4
KERROS (Rue de) B4-C4
KERSAINT (Rue de) B4
LANNOURON (Rue) A2
LARS (Rue) B1
LATOUCHE TREVILLE (Rue) A2
LIBERTE (Place de la) B3
LOIR ET CHER (Square du) C2-D2
LOUIS BLANQUI (Rue) A2
LOUIS DELOBEAU (Rue) A2
LOUIS HEMON (Rue) B2-C2
LOUIS PASTEUR (Rue) C2-B3
MADAGASCAR (Rue de) C4-D4
MALAKOFF (Rue) A4
MALHERBE (Rue) A4
MARCHES (Rue des) C1
MARECHAL FOCH (Avenue) A4
MARENGO (Rue) A4
MARIE LENERU (Rue) B4
MARINE (Boulevard de la) C1-D2
MASSILLON (Rue) A4
MAURICE GILLET (Place) A4
MERLE BLANC (Sente du) C4
MESSILIAU (Rampe) C4
MONGE (Rue des) C1
MONSEIGNEUR GRAVERAN (Rue) . . . A4
MONSEIGNEUR ROULL (Square) . . .B2-C2
MOSTAGANEM (Rue) B4
MOTTE PICQUET (Rue la) A2
NARVIK (Rue de) D3
NEPTUNE (Rue) C2-D3
NEUVE (Rue) C1-D1
OBSERVATOIRE (Rue de l') A2
11 MARTYRS (Rue des) B4
PARC (Rue du) D1
PARMENTIER (Rue) C3-C4
PETIT MOULIN (Rue du) A3
PIERRE BROSSOLETTE (Rue) C2-D2
PIERRE OZANNE (Rue) B1
PIERRE PERON (Square) C1
PIERRE PUGET (Rue) A2-B2
POINTE (Rue de la) D1
PONTANIOU (Rue) B1-C1
PORSTREIN (Rue) D3
PORSTREIN LAPIERRE (Rue) C4
PORTE (Rue de la) C1
PORTE DE LANDERNEAU
  (Avancée de la) B3
PORTE SAINT-LOUIS (Avancée de la) . . B3
PORTZIC (Rue du) D4
PORTZMOGUER (Rue de) A1-A2
POULLIC AL LOR (Rue) C4
1ER EPERON D3
PROUD'HON (Rue) A4

QUARTIER MAITRE BONDON (Rue) . . . C1
RECOUVRANCE (Place de la). C1
RECOUVRANCE (Pont de) C2
REMY COPPIN (Rue) A2
REPUBLIQUE (Rue de la) B4
SAINT-LOUIS (Place) B3
SAINT-MALO (Rue) B1
SAINT-MARTIN (Rue) A4
SAINT-SAENS (Rue) B4
SAINT-SAUVEUR (Rue) D1
SAINT-YVES (Rue) C3
SALAUN PENQUER (Avenue) D3-C4
SARTHE (Rue de la) C2-D2
SENATEUR PICHON (Rue du) D4
SIAM (Rue de) C2-B3
SUFFREN (Rue) A1
TOULON (Rue de) D1
TOUR (Rue de la) C1-D1
TOURVILLE (Rue) A1-A2
TRAVERSE (Rue) C2-C3
TRAVERSE DE L'EGLISE (Rue) D1
3EME EPERON D3-D4
VAUBAN (Place) D1
VAUBAN (Rue) C1-D1
VICTOR HUGO (Rue). A4-B4
VICTOR ROSSEL (Rue) B1
VICTOR SEGALEN (Rue) C3
VOLTAIRE (Rue) D2-C3
WILSON (Place) C3
YVES BIGNON (Rue) C4
YVES COLLET (Rue) A4-B4

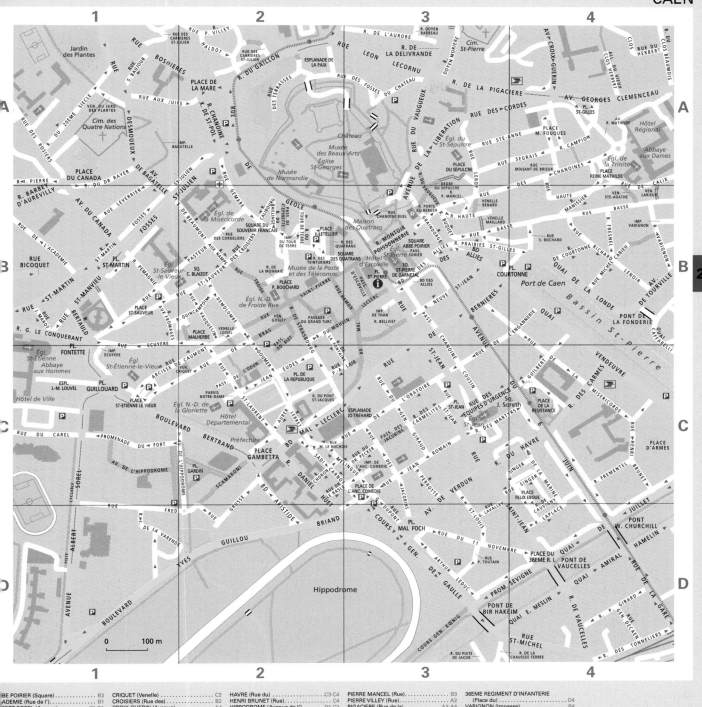

BE POIRIER (Square) B3
ADEMIE (Rue de l') B1
BERT SOREL (Avenue) C1-D1
...IES (Boulevard des) B1
CIENNE COMEDIE (Impasse de l') .. C3
CIENNE COMEDIE (Place de l') C3
CISSE DE CAUMONT (Rue)....C1-C2
ISTIDE BRIAND (Boulevard) C2-D2
MES (Place d') D3
THUR LEDUC (Rue) D3
BER (Rue) B1
RORE (Rue de l') A2-A3
GATELLE (Avenue de) A1-B1
GATELLE (Impasse) A1
ILLIAGE (Passage des) B2
RBEY D'AUREVILLY (Rue) ...A1-B1
SSE (Rue de) B3-B4
NARD (Venelle) B3
RNIERES (Rue de) B3-C3
RTAULD (Rue) B1
RTRAND (Boulevard) C1-C2
COQUET (Rue) B1
F (Passage de l') B2-C2
HAKEIM (Pont de) D3
SNIERES (Rue de) A1-A2
AS (Rue de) C1-B2
QUET (Rue) B3
LIX (Rue de) A4-B4
MILLE BLAIZOT (Square) B1
MPION A1
NADA (Avenue du) A1-B1
NADA (Rue du) B1
ORON (Rue) C1
REL (Rue du) C1
RMELITES (Rue des) C4
RMES (Rue des) C4
RRIERES SAINT-JULIEN
(Rue des) A1-A2
UVIGNY (Rue de) C4-D4
ANOINE COUSIN (Passage)..B3-C3
ANOINE RUEL (Rue) B3
ANOINE XAVIER DE SAINT-POL
(Rue) ....
ANOINES (Rue des) B3-A4
AUSSEE FERREE (Rue de la)..... D4
OS BEAUMOIS (Rue du) A4
OS HERBERT (Rue du) A4
RDELIERS (Rue des) A3-A4
RDES (Rue des) A3-A4
URTONNE (Place) B3-B4
URTONNE (Rue de) B4

CRIQUET (Venelle) C2
CROISIERS (Rue des) B2
CROIX GUERIN (Avenue)........ A4
DANIEL HUET (Rue) C2-D2
DELIVRANDE (Rue de la) A3
DEMOLOMBE (Rue) B2
DESMOUEUX (Rue) A1
DOCTEUR LE RASLE (Rue)....C2-C3
DOCTEUR PECKER (Rue du) C3
DOCTEUR RAYER (Rue) A1-B1
DOYEN BARBEAU (Rue) A3
DOYEN MORIERE (Rue) A3
ECUYERE (Impasse) B1-C1
ECUYERE (Rue) B1-C2
ELIE DE BEAUMONT (Rue) ...B1-B2
ENGANNERIE (Rue de l') C3-B4
EPINETTE (Passage de l') B2
EQUIPES D'URGENCE (Rue des)..C3-C4
ESCOVILLE (Passage d') B3
EUGENE MESLIN (Quai) D3-D4
FELIX EBOUE (Place) C4-D4
FONDERIE (Pont de la) B4
FONTAINE (Rue de la) B2-C2
FONTETTE (Place) B1
FORT (Promenade du) C1-C2
FOSSES DU CHATEAU (Rue des)..A2-A3
FRED SCAMARONI (Rue) D1-C2
FREMENTEL (Rue) C4
FRESNEL (Rue) B1
FROIDE (Rue) B2
FROMAGES (Rue aux) B1
GABRIEL DUPONT (Rue) C3-D3
GAILLON (Rue de) A2
GAMBETTA (Place) C1
GARDIN (Place) C1
GARE (Rue de la) D4
GASTON LAVALLEY (Rue) ...C3-D3
GEMARE (Rue) A2-B2
GENERAL DE GAULLE (Cours) D3
GENERAL DECAEN (Rue) D4
GENERAL GIRAUD (Rue du) C3
GENERAL KOENIG (Cours) D3
GEORGES CLEMENCEAU (Avenue).. A4
GEORGES LEBRET (Rue) C3
GOSLEY (Venelle) B2
GRAINDORGE (Rue) A1
GRAND TURC (Passage du) B2
GRUSSE (Rue) C2-D2
GUILBERT (Rue) B4-C4
GUILLAUME LE CONQUERANT (Rue)..B1
GUILLOUARD (Place) C1
HALDOT (Rue) A2
HAMON (Rue) B2-B3
HAUTE (Rue) B3-A4

HAVRE (Rue du) C3-C4
HENRI BRUNET (Rue) C4
HIPPODROME (Avenue de l')..D1-C2
ISIDORE PIERRE (Rue) A1
JACOBINS (Passage des) C3
JACOBINS (Rue des) C3-D3
JARDIN DES PLANTES (Venelle du) .. A1
JEAN DE LA VARENDE (Rue)..D1-D2
JEAN EUDES (Rue) B2
JEAN LETELLIER (Place) B2
JEAN MAROT (Rue) B1
JEAN ROMAIN (Rue) C3
JEAN-MARIE LOUVEL (Esplanade) .. C1
JOTREHARD (Esplanade) C3
JUIFS (Rue aux) A1-A2
JUILLET (Quai du) C4-D4
LAPLACE (Rue) C4-D4
LARIEUX (Venelle) A4-B4
LEON LECORNU (Rue) A2-A3
LEROY (Rue) A3-B3
LIBERATION (Avenue de la)...A3-B3
LOISEL (Venelle) B2-C2
LONDE (Quai de la) B4
MAILLARD (Venelle) B3
MALHERBE (Place) B2
MANISSIER (Rue) B3
MARE (Place de la) A2
MARECHAL FOCH (Place) D3
MARECHAL LECLERC (Boulevard) ..C2-B3
MARINE (Rue de la) B3
MARTHE LE ROCHOIS (Rue) C3
MARTYRS (Rue des) C3-C4
MAURICE FOUQUES (Place) A4
MELINGUE (Rue) C2-C3
MICHEL CABIEU (Rue) B4
MISERICORDE (Rue de la) ...B3-B4
MOISANT DE BRIEUX (Rue) A4
MONNAIE (Rue de la) B2
MONTOIR POISSONNERIE (Rue)... B3
MOULIN (Rue du) B2-B3
NAMPS (Rue aux) B2
NEUVE SAINT-JEAN (Rue) B2
NOTRE-DAME (Parvis) C2
ODON (Passage de l') C2
ORATOIRE (Rue de l') B2
PAIX (Esplanade de la) A2
PASTEUR (Rue) B1-B2
PAUL DOUMER (Rue) B2-C2
PAUL TOUTAIN (Rue) D3
PEMAGNIE (Rue) B1
PIERRE AIME LAIR (Rue) C2-C3
PIERRE BOUCHARD (Rue) B2
PIERRE GIRARD (Rue) D4

PIERRE MANCEL (Rue) B3
PIERRE VILLEY (Rue) A2
PIGACIERE (Rue de la) A3-A4
PISTE CYCLABLE C1-D1
PONT SAINT-JACQUES (Rue du)..C2-C3
PORTE AU BERGER (Rue) B3
PRAIRIES SAINT-GILLES (Rue)..B3-B4
PUITS DE JACOB (Rue du) D4
QUATRANS (Rue des) B2
QUATRANS (Square des) B2
QUINCAMPOIX (Rue) B1-B2
REINE MATHILDE (Avenue) A4
REINE MATHILDE (Place) A4
RENE PERROTTE (Rue) C4
REPUBLIQUE (Place de la) C2
RESISTANCE (Place de la) C4
RICHARD LENOIR (Rue) B4
ROSIERS (Rue des) A1
SADI CARNOT (Rue) C2-C3
SAINT-ETIENNE LE VIEUX (Place) .. C1
SAINT-GILLES (Place) A4
SAINT-JEAN (Place) C3
SAINT-JEAN (Rue) B3-D4
SAINT-JULIEN (Fossés) B1-A2
SAINT-LAURENT (Rue) C2
SAINT-LOUIS (Rue) C3-D3
SAINT-MANVIEU (Rue) B1
SAINT-MARTIN (Place) B1
SAINT-MARTIN (Rue) B1
SAINT-MICHEL (Rue) D3-D4
SAINT-PIERRE (Place) B3
SAINT-PIERRE DE DARNETAL (Square).. B3
SAINT-SAUVEUR (Place) B1
SAINT-SAUVEUR (Rue) B1-B2
SAINTE-AGATHE (Venelle) B3
SAINTE-ANNE (Rue) A3-A4
SAMUEL BOCHARD (Rue) B3
SEGRAIS (Rue) A3-A4
SEPULCRE (Degré du) A3-B3
SEPULCRE (Place du) B3
SEVIGNE (Promenade) D3-D4
SINGER (Rue) D4
6 JUIN (Avenue du) B3-D4
SOHIER (Rue) B3
SOPHRONYME BAUJOUR (Rue)... A1
SOUVENIR FRANCAIS(Square de)... B2
STRASBOURG (Rue de) B2-C2
TEINTURIERS (Rue des) B2
TERRASSES (Rue des) A2
THAN (Impasse de) B3
TONNELIERS (Rue des) D4
TOUR DE TERRE (Impasse du) .. B2
TOUR DE TERRE (Rue du) B2
TOURVILLE (Avenue de) B4

36EME REGIMENT D'INFANTERIE
(Place du) D4
VARIGNON (Impasse) B4
VARIGNON (Rue) B4
VAUCELLES (Pont de) D4
VAUCELLES (Rue de) D4
VAUGUEUX (Rue du) A3-B3
VAUQUELIN (Rue) B2
VENDEUVRE (Quai) B3-C4
VERDUN (Avenue de) C3-D3
VIEUX CLOS HERBERT (Allée du) . A4
WINSTON CHURCHILL (Pont) ... D4
YVES GUILLOU (Boulevard) ...D1-D2

CANNES

(Street map of Cannes with grid references A–D / 1–4)

Map labels include: Jardin des Oliviers · VALLAURIS · SQUARE DES FRERES GAUDINO-JOLY · Jardin du Prado · Egl. du Prado · PLACE DU CDT MARIA · Mché · Chapelle du Souvenir · Eglise Ste-Gertrude · Square Méro · Square de la Misericorde · Gare · PLACE DE LA GARE · PLACE P. SEMARD · PLACE GAMBETTA JAURES · Mché · Temple · PLACE A. FROMER · SQ. MERIMEE · N.D. du Bon Voyage · PLACE GEN. DE GAULLE · RD-PT DUBOYS D'ANGERS · Square R. Hahn · Trinity Church · ESP DU PRESIDENT GEORGES POMPIDOU · Vieux Port · Tour du Suquet · Musée de la Castre · N.D de Bonne Espérance · PL. DE LA CASTRE · PL. DE L'EGLISE · Sq. J. Hibert · LA CROISETTE

0 — 100 m

ACHARD (Rue)................B3
ALBERT EDOUARD (Jetée)........C2-D2
ALBERT FROMER (Place).........C2
ALGER (Rue d')................C4
ALLIEIS (Rue).................C3
ALSACE (Boulevard d').........C2-B4
ANCIENS COMBATTANTS A F N (Avenue)................C1
ANDRE CHAUDE (Rue)............B2
ANTIBES (Rue d')..............C2-C4
ARCADES (Passage des).........C1
AUBANEL (Rue).................B2
AUBER (Rue)...................A2-B2
B. CORNUT GENTILLE (Place)....D1
BACHAGA SAID BOUALAM (Avenue)................C1-C2
BARON (Rue)...................B4
BARONNE (Avenue de la)........A2-A3
BARRI (Rue du)................D1
BATEGUIER (Traverse)..........A1
BEAULIEU (Traverse)...........A1
BEL AIR (Chemin de)...........B1-C2
BELFORT (Rue de)..............B1
BELGES (Rue des)..............C2-C3
BENEFIAT (Avenue de)..........A4
BERGERIE (Impasse)............C1
BIVOUAC NAPOLEON (Rue)........C2
BOCAGE (Allée du).............B1-B3
BOCAGE (Impasse du)...........B1
BORNIOL (Rue).................C4
BORNIOL (Rue).................B1-B2
BOUCHERIE (Rue de la).........C1-D1
BOUICAUT (Avenue).............A3-B3
BRANLY (Avenue)...............C4-D4
BROUGHAM (Square).............C2
BUTTURA (Rue).................C2
CAIRE (Rue)...................A3-A4
CAMPESTRA (Rue)...............A1-A2
CANADA (Rue du)...............C4
CARNOT (Boulevard)............A2-C2
CASTRE (Place de la)..........D1
CASTRE (Rue de la)............D1
CHABAUD (Rue).................C2
CHAMPS (Impasse des)..........A3
CHATAIGNIER (Rue du)..........B2
CHATEAUDUN (Passage)..........B3-C3
CHATEAUNEUF (Rue).............C3-C4
CHATEAUVERT (Rue du)..........B1
COLLINE (Traverse de la)......C1-B2
COLMAR (Rue)..................C1-D1
COLONEL TAJASQUE (Impasse)....A1
COMMANDANT ANDRE (Rue)........C3-D3
COMMANDANT BRET (Avenue du)...
COMMANDANT LAMY (Place).......C4
COMMANDANT MARIA (Place du)...

COMMANDANT VIDAL (Rue)........C4
CONSTANTINE (Rue de)..........C4
COSTE CORAIL (Rue)............C1-D1
CROISETTE (Boulevard de la)...C2-D4
CROIX (Rue de la).............B1-C1
DANIELE (Chemin)..............B1
DELAUP (Boulevard)............B1
DENANS (Impasse)..............B3
DOCTEUR BERNARD (Avenue du)...A1
DOCTEUR BUDIN (Rue du)........C1
DOCTEUR CALMETTE (Rue du).....A3-B3
DOCTEUR P GAZAGNAIRE (Rue du).C1
DUBOYS D'ANGERS (Rond-point)..C4
EDITH CAVELL (Rue)............C3
ÉGLISE (Place de l')..........D1
EMILE NEGRIN (Rue)............C2
EMMANUEL SIGNORET (Rue).......C4
ETATS-UNIS (Rue des)..........C3
FELIX FAURE (Rue).............C1-C2
FERRAGE (Boulevard de la).....C1-C2
FERRY (Rue)...................C2
FLORIAN (Rue).................C4
FLOTTE (Avenue de la).........A2-A3
FONTAINE (Rue la).............C4
FORVILLE (Rue)................C1
FRANCOIS EINESY (Rue).........C4-D4
FREDERIC AMOURETTI (Rue)......C4-D4
FREDERIC MISTRAL (Rue)........B2
FRERES (Rue des)..............C3
FRERES CASANOVA (Rue des).....C3
FRERES GAUDINO-JOLY (Square des)....B4
FRERES PRADIGNAC (Rue des)....C3
GABRES (Rue des)..............B4
GABRES (Traverse des).........B4
GALEOTTI (Impasse)............D1
GAMBETTA (Place)..............C3
GARE (Place de la)............C2
GENERAL DE GAULLE (Place).....C2
GENERAL FERRIE (Rue)..........C4
GEORGES CLEMENCEAU (Rue)......D1
GEORGES POMPIDOU (Esplanade)..C2
GERARD MONOD (Rue)............C3
GERARD PHILIPE (Place)........B2
GRAND DUFAY (Carrefour).......A4
GRAND PIN (Avenue du).........A4
GRASSE (Avenue de)............C1-B2
GUYNEMER (Boulevard)..........C1
HALLES (Rue des)..............C1
HAUTE (Rue)...................C1-D1
HELENE VAGLIANO (Rue).........C3
HENRI GERMAIN (Rue)...........A2
HENRI PASCHKE (Rue)...........B1-C1
HENRI RUHL (Rue)..............D4
HOCHE (Rue)...................C2-C3

HONORE ESCARRAS (Rue).........B1
HOTEL DE VILLE (Place de l')..C1-D1
ISOLA BELLA (Avenue)..........B3-B4
JEAN DAUMAS (Rue).............C2-D4
JEAN DE LATTRE DETASSIGNY (Avenue)................A1-B1
JEAN DE RIOUFFE (Rue).........C2
JEAN GOUJON (Rue).............B2
JEAN HADDAD SIMON (Rue).......B3
JEAN HIBERT (Boulevard).......D1
JEAN JAURES (Rue).............C2-C4
JEAN MERO (Rue)...............C1
JEAN NOBLES (Rue).............B1
JEAN-BAPTISTE DUMAS (Rue).....C4
LAFAYETTE (Rue)...............C3
LATTRE DE TASSIGNY (Avenue de)....B1-B2
LAUBEUF (Quai)................D1-D2
LEANDRE SARDOU (Avenue).......A4-B4
LECERF (Rue)..................B4
LEGOFF (Impasse)..............B3-B4
LEGOFF (Rue)..................B4
LEON NOEL (Rue)...............B2-A3
LEOPOLD BUCQUET (Rue).........C4
LERINS (Rue de)...............C4
LIBERTE (Allée de la).........D1-C2
LORRAINE (Boulevard de).......C4
LOUIS ANDERSON (Rue)..........C1
LOUIS BLANC (Rue).............B1-C1
LOUIS BRAILLE (Rue)...........B3
LOUIS NOUVEAU (Rue)...........B4-C4
LOUIS PASTOUR (Rue)...........C1
LOUIS PERRISSOL (Rue).........C1
LYCKLAMA (Rue)................B3
LYS (Rue du)..................B4
MACE (Rue)....................C3-D3
MADELEINE (Allée).............
MAL DE LOGIS J FELLEGARA (Rue)....A3
MARCEAU (Impasse).............C3
MARCEAU (Rue).................C3-C4
MARCEAU (Traverse)............C3
MARCELLIN BERTHELOT (Rue).....A3-B3
MARCHE FORVILLE (Rue du)......C1
MARECHAL FOCH (Rue)...........C2
MARECHAL GALLIENI (Avenue)....A2-C2
MARECHAL JOFFRE (Rue).........C2
MARIUS AUNE (Rue).............B2
MARIUS ISAIA (Rue)............B2
MARNE (Rue de la).............B1-C1
MASSUQUE (Place)..............D1
MAURICE DERCHE (Avenue).......A1-A2
MEDECIN LT B. LEPINE (Rue)....C4
MERIMEE (Square)..............C2
MERLE (Rue)...................B3-B4
MERVILLE (Chemin de)..........A2
METZ (Rue de).................B4

MEUSE (Rue de la).............B1
MEYNADIER (Rue)...............C1-C2
MICHEL ANGE (Rue).............B2
MIGNO (Rue)...................A3
MILTON (Rue)..................A2
MIMONT (Rue de)...............B2-B3
MIMONT (Traverse).............B3
MIMOSAS (Rue des).............C4
MIREILLE (Impasse)............B1-B2
MIREILLE (Rue)................B2
MISERICORDE (Rue de la).......C1
MOLIERE (Rue).................C4
MONTAIGNE (Rue)...............A2
MONTBOISSIER (Rue)............A2
MONTCHEVALIER (Rue)...........D1
MONTFIAL (Rue)................A3
MONTFLEURY (Boulevard)........B4
MOZART (Rue)..................A2
MULHOUSE (Rue de).............B4
NANCY (Rue de)................A3
NOTRE-DAME (Rue)..............C2-C3
ONZE NOVEMBRE (Impasse du)....B2
ONZE NOVEMBRE (Rue du)........B2
ORAN (Rue d').................C4
ORPHELINAT (Rue de l')........B3
OXYBIA (Impasse)..............A3
PANISSE (Rue).................C1
PANTIERO (Promenade de la)....D1-C2
PARC DES VALLERGUES (Allée du)....A1
PAUL MERO (Square)............B1-C1
PERE MURET (Rue du)...........B1
PERGOLA (Avenue de la)........B2-B3
PETIT JUAS (Avenue du)........A1-C2
PETIT JUAS (Traverse du)......A1-B1
PHALENES (Rue des)............A2
PHILIBERT DELORME (Rue).......A2
PIERRE GRAGLIA (Rue)..........C1
PIERRE PUGET (Rue)............B2
PIERRE SEMARD (Place).........C3
POILUS (Impasse des)..........A2-A3
POMPE (Rue de la).............C2
PONS (Rue)....................A3
PORT (Rue du).................D1
POUSSIN (Rue le)..............B2
PRADO-PROVENCE (Avenue).......A4
PRE (Rue du)..................C1-D1
PREYRE (Rue)..................C1
PRINCE DE GALLES (Avenue).....A3-A4
QUATORZE JUILLET (Rue du).....C4
QUEBEC (Allée du).............A3
RABELAIS (Impasse)............B2
RAMPE (Rue de la).............C2

RAPHAEL (Rue).................B2
RAYMOND MATHIEU (Rue).........C1-D1
REBOULIN (Impasse)............B3
RENE VIGLIENO (Rue)...........A2
REPUBLIQUE (Boulevard de la)..A3-C4
REYER (Rue)...................A2
RICHEMONT (Impasse)...........A3
RIGUE (Rue)...................C1
ROBERT FAVRE LE BRET (Promenade)....D2-D3
ROCHER (Rue du)...............B1
ROGER (Rue)...................B1
ROGER RENAUDIE (Rue)..........B2-B3
ROLAND GARROS (Rue)...........C1
ROUAZE (Rue)..................D4
ROUGUIERE (Rue)...............C1
ROUMANILLE (Rue)..............B1
SAINT-ANTOINE (Petite rue)....C1-D1
SAINT-ANTOINE (Rue)...........C1
SAINTE-ROSE (Allée)...........B1-A2
SAINT-HONORE (Rue)............C3
SAINT-JEAN (Avenue)...........A1-B2
SAINT-JEAN (Traverse).........A1
SAINT-LOUIS (Avenue)..........B1-B2
SAINT-LOUIS (Impasse de)......A1-B1
SAINT-NICOLAS (Avenue)........B2-B3
SAINT-NICOLAS (Chemin)........B2-B3
SAINT-PIERRE (Quai)...........D1
SAINT-VICTOR (Rue)............B1
SAISSY (Avenue)...............A4
SAPHORA (Impasse).............
SERBES (Rue des)..............C2
SERGENT BOBILLOT (Rue du).....B3
SERGENT GAZAN (Rue)...........B1
SHAKESPEARE (Rue).............A2
SQUARE GOUPILLERE (Rue du)....B1
ST-NICOLAS (Place)............B2
STRASBOURG (Rue de)...........B4-C4
SUFFREN (Rue de)..............C2
SUQUET (Place du).............D1
SUQUET (Rue du)...............C1-D1
TEISSEIRE (Rue)...............C3
TONY ALLARD (Rue).............C3
TOUR (Escalier de la).........D1
TOUR (Traverse de la).........C1-D1
TURCKHEIM (Rue de)............B4
VALLAURIS (Avenue)............B3-B4
VALLERGUES (Ancien chemin des)....B1
VALLERGUES (Traverse des).....B1
VAUBAN (Place)................B2
VENIZELOS (Rue)...............B2
VERDUN (Rue de)...............A2-A3
VICTOR COUSIN (Rue)...........C3-C4
VICTOR TUBY (Boulevard).......C1
VINGT-QUATRE AOUT (Rue).......C2-C3

YUCCAS (Allée des)............A

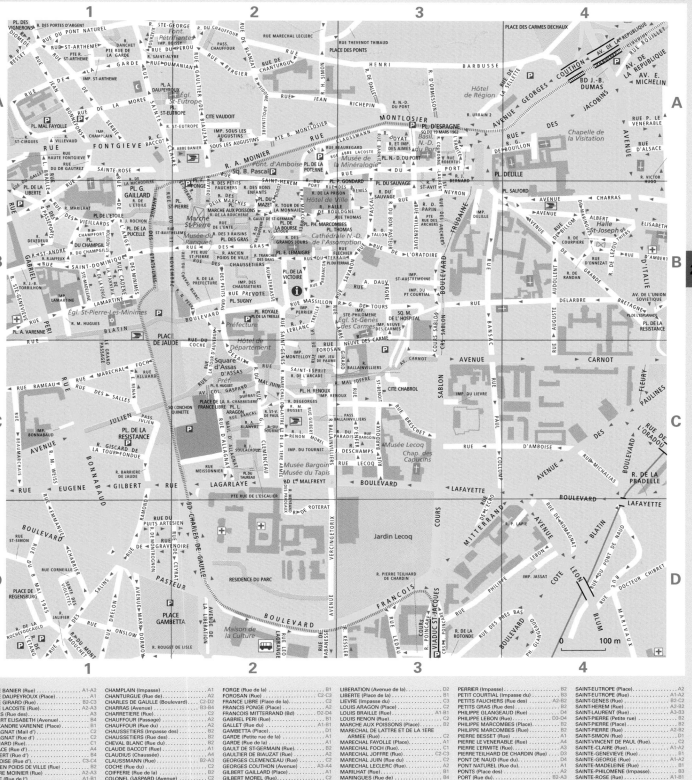

DIJON

AHUY (Rue d') A2
ALFRED DE MUSSET (Rue) D4
ALISE (Rue d') C4
ALPHONSE MAIREY (Rue) D2
AMIRAL ROUSSIN (Rue) C2-C3
ANCIENNES FACULTES (Rue des) D1
ANDRE COLOMBAN (Rue) D4
ANDRE MALRAUX (Rue) A4
ASSAS (Rue d') B2-B3
AUDRA (Rue) B1
AUGUSTE COMTE (Rue) B3
AUGUSTE DUBOIS (Place) B1
AUGUSTE PERDRIX (Rue) A1-B1
AUXONNE (Rue d') A1-B1
BANNELIER (Rue) B1-B2
BANQUE (Place de la) B2
BARBE (Place) A2
BELLE RUELLE (Rue) C1
BENEDICTINS (Square des) C1
BERBISEY (Rue) D1-C2
BERLIER (Rue) D3-C4
BERNARD COURTOIS (Rue) A1
BONS ENFANTS (Rue des) C2-C3
BORDOT (Rue) D2
BOSSACK (Rue) B1
BOSSUET (Rue) C1-C2
BOSSUET (Place) C1-C2
BOUHIER (Rue) C2
BOURG (Rue du) C2
BRAISNE (Impasse de) B2
BROSSES (Boulevard de) B1-B2
BRULARD (Rue) C1-C2
BUFFON (Rue) C3-D3
CAPUCINES (Rue des) A1
CARDINAL DE GIVRY (Allée) A4
CARNOT (Boulevard) D3-C4
CARON (Cour de) A3-B3
CARRELET DE LOISY (Square) C3
CAZOTTE (Rue) C1
CHABOT CHARNY (Rue) C3-D3
CHAIGNOT (Rue du) D1-D2
CHAMP DE MARS (Rue du) B2-B3
CHAMPAGNE (Boulevard de) A4
CHANCELIER DE L'HOSPITAL (Rue) .. C3-C4
CHAPEAU ROUGE (Rue du) B1-C1
CHARLES DE VERGENNES (Rue) A2
CHARLES DUMONT (Rue) D3
CHARLES FRANCOIS DUPUIS (Place) A2
CHARRUE (Rue) B1
CHATEAU (Rue du) B1-B2
CHAUDRONNERIE (Rue) B3
CHEVAL BLANC (Cour du) B3
CHOUETTE (Rue de la) B2-B3
CLAUDE BASIRE (Rue) D3
CLAUDE BERNARD (Rue) A2-B2

CLAUDE RAMEY (Rue) B2
CLAUS SLUTER (Rue) A3
COLMAR (Rue de) A4
COLONEL DE GRANCEY (Rue) B4-C4
COLONEL MARCHAND (Rue) A1-A2
COLSON (Rue) D1-D2
CONDORCET (Rue) C1-D1
CONSTANTINE (Rue de) A1
CORDELIERS (Rue des) C2
CORROYEURS (Rue des) D1
COTE D'OR (Passage de la) A1
COUPEE DE LONGVIC (Rue de la) A1
COURTEPEE (Rue) A2
CREBILLON (Rue) C1-D1
DANTON (Rue) C1
DARCY (Passage) B1
DARCY (Place) B1
DAUPHINE (Rue) C2
DAVOUT (Rue) B4
DEVANT LES HALLES CHAMPEAUX
  (Rue) B3
DEVOSGE (Rue) B1-A3
DIDEROT (Rue) A3-C4
DIETSCH (Rue) B3-C4
DOCTEUR CHAUSSIER (Rue) B1-C1
DOCTEUR DURANDE (Rue) A1
DOCTEUR MARET (Rue) B1-C1
DUBOIS (Rue) C3
DUCS DE BOURGOGNE
  (Place des) B2-C2
ECOLE DE DROIT (Rue de l') C2-C3
EGALITE (Rue de l') A1
EMILE ZOLA (Place) C1
EUGENE GUILLAUME (Rue) B1
FAIENCERIE (Cour de la) C1
FELIXTRUTAT (Rue) B4
FERDINAND DE LESSEPS (Rue) A2
FEVRET (Rue) D2-D3
FLEURS (Rue des) A1
FLEURY (Cours) A2-A3
FORGES (Rue des) B2
FRANCOIS BAUDOT (Rue) C4
FRANCOIS JOUFFROY (Rue) A1
FRANCOIS MAURIAC (Rue) A3-A4
FRANCOIS RUDE (Place) B2
FRANCOIS RUDE (Rue) B2
FRANKLIN (Rue) D2
FRERES (Rue des) D1
GABRIEL PEIGNOT (Rue) A3
GAGNEREAUX (Impasse) A2
GAGNEREAUX (Rue) A2
GALOCHE (Rue) B4
GARIBALDI (Avenue) A3
GASTON PARIS (Rue) D3-D4
GENERAL DE GAULLE (Cours) D3

GEORGES CLEMENCEAU
  (Boulevard) A3-A4
GODRANS (Rue des) B2-C2
GRANGIER (Place) B1-B2
GRAY (Rue de) B4-C4
GUILLAUME (Porte) B1
GUISE (Montée de) D1
GUYTON DE MORVEAU (Rue) B3-C3
GYMNASE (Rue du) D1-C2
HENRI BAUDOT (Rue) C4
HENRI CHABEUF (Cour) C2
HENRY CHAMBELLAND (Rue) A1
HERNOUX (Rue) A1
HEUDELET (Rue) A4-B4
JACOTOT (Rue) B3
JACQUES CELLERIER (Rue) A1-B1
JAMES DEMONTRY (Rue) B2
JEAN DE CIREY (Rue) A4
JEAN MACE (Place) C2
JEAN RENAUD (Rue) B1
JEAN-BAPTISTE BAUDIN (Rue) D3-C4
JEAN-BAPTISTE LALLEMAND (Rue) B3-B4
JEAN-BAPTISTE LIEGEARD (Rue) B2
JEAN-JACQUES ROUSSEAU (Rue) .. A3-B3
JEANNIN (Rue) B3-C4
JOSEPH TISSOT (Rue) A3
JOUVENCE (Impasse de) A2
JULES MERCIER (Rue) C2
LACORDAIRE (Rue) A1
LAGNY (Rue) D1
LAMONNOYE (Rue) B3-C3
LEDRU ROLLIN (Rue) A4
LEGOUZ GERLAND (Rue) C3
LIBERTE (Rue de la) B1-C2
LIONS (Cour aux) B3
LONGEPIERRE (Rue) B3
LONGVIC (Rue de) D3
LORRAINE (Rue de) A1-A2
LOUIS BLANC (Rue) A4
LYCEE (Rue du) B3-C4
MABLY (Rue) B1
MADELEINE (Cour) C1
MANUTENTION (Rue de la) D1
MARCEAU (Rue) A3
MARECHAL FOCH (Avenue) B1
MARIOTTE (Rue) C1
MARNE (Rue de la) A4
MAURICE CHAUME (Rue) C4
MERE JAVOUHEY (Rue) A2-B3
METZ (Rue de) B4
MICHEL SERVET (Rue) B1-B2
MICHELET (Rue) C1-C2

MIRANDE (Rue de) C4
MISERICORDE (Rempart de la) C1-D1
MONGE (Rue) C1-D1
MONNAIE (Petite rue de la) C3
MONTCHAPET (Rue de) A1-A2
MONTIGNY (Rue) B1-B2
MONTMARTRE (Rue) A1
MOUTON (Cour du) A3-B3
MOUTON (Rue du) C2
MUET (Rue le) A1-B1
MULHOUSE (Rue de) B4
MUSETTE (Rue) B2
NEUVE DAUPHINE (Rue) C2
NICOLAS BERTHOT (Rue) A1
NORD (Rue du) A3-B3
NOTRE DAME (Place) B2-B3
ODEBERT (Rue) B2
PALAIS (Place du) C2
PALAIS (Rue du) C2-C3
PARMENTIER (Rue) A3
PASTEUR (Rue) C2-D3
PAUL CABET (Rue) C4
PELLETIER DE CHAMBURE (Rue) C4
PERRIERES (Rue des) B1
PERSPECTIVE (Place de la) D1
PETIT CITEAUX (Rue du) D1
PETIT POTET (Rue du) C2-C3
PHILIBERT PAPILLON (Rue) A3-A4
PHILIPPE POT (Rue) C2-C3
PIERRE CURIE (Rue) D2
PIERRE FLEUROT (Rue) A2
PIERRE PRUD'HON (Rue) A2
PIRON (Rue) C2
PORTE AUX LIONS (Rue) B3
POSTE (Rue de la) B1
POUFFIER (Rue du) B3
POUILLY (Petite rue de) A3
POULETTY (Impasse) D3
PREFECTURE (Rue de la) B2-B3
PRESIDENT WILSON (Place du) D3
PREVOTE (Rue de la) C1
PRIEUR DE LA COTE D'OR (Rue) .. C3-D4
PROUDHON (Rue) B3
QUENTIN (Rue) B2
RABOT (Rue du) B3
RAMEAU (Rue) B2
RANFER DE BRETENIERE (Rue) .. D1-D2
REMPART (Rue du) D2-D3
REPUBLIQUE (Place de la) A3
ROSIERS (Rue des) A1
SAINT-BENIGNE (Place) C1
SAINT-BERNARD (Place) B2
SAINTE-ANNE (Rue) C2-D2

SAINTE-CHAPELLE (Place de la) C3
SAINTE-MARIE (Cour) B3
SAINT-FIACRE (Place) C2
SAINT-MICHEL (Place) C3
SAINT-NICOLAS (Allée) A3
SAINT-PHILIBERT (Parvis) C1
SAMBIN (Rue) B2-A3
SAUMAISE (Rue) C3
SERRIGNY (Rue de) D1-D2
SEVIGNE (Boulevard) B1
SISLEY (Rue) D2-D3
SOISSONS (Rue de) B2
STEPHEN LIEGEARD (Rue) C2
SUQUET (Place) D1
SUZON (Petite rue de) B2
SUZON (Rue de) B2
SUZON (Ruelle du) B2
SYNAGOGUE (Rue de la) D3
TABOUROT DES ACCORDS (Impasse) D2
TABOUROT DES ACCORDS (Rue) D2
TEMPLE (Rue du) B1-B2
THEATRE (Place du) C3
THIERS (Boulevard) B4-C4
TILLOT (Rue du) C1
TIVOLI (Rempart) C4
TIVOLI (Rue de) D1-D3
TOUR FONDOIRE (Rue de la) D1
TRANSVAAL (Rue du) C3
TREMOUILLE (Boulevard de la) A2-A3
TURGOT (Rue) C2-D2
VAILLANT (Rue) C3
VANNERIE (Rue) B3-C3
VAUBAN (Rue) C2
VERCINGETORIX (Rue) C4
VERDUN (Boulevard de) A4-B4
VERRERIE (Rue) B3-C3
VICTOR DUMAY (Rue) C2
VIEILLES ETUVES (Rue des) C1
VIEUX COLLEGE (Rue du) C3
VIEUX PRIEURE (Petite rue du) D3
1ERE ARMEE FRANCAISE
  (Avenue de la) B1
27EME REGIMENT D'INFANTERIE
  (Esplanade du) A4
23 JANVIER (Rue du) A1-A2
VIVANT CARION (Rue) C4
VOLTAIRE (Boulevard) C4-D4

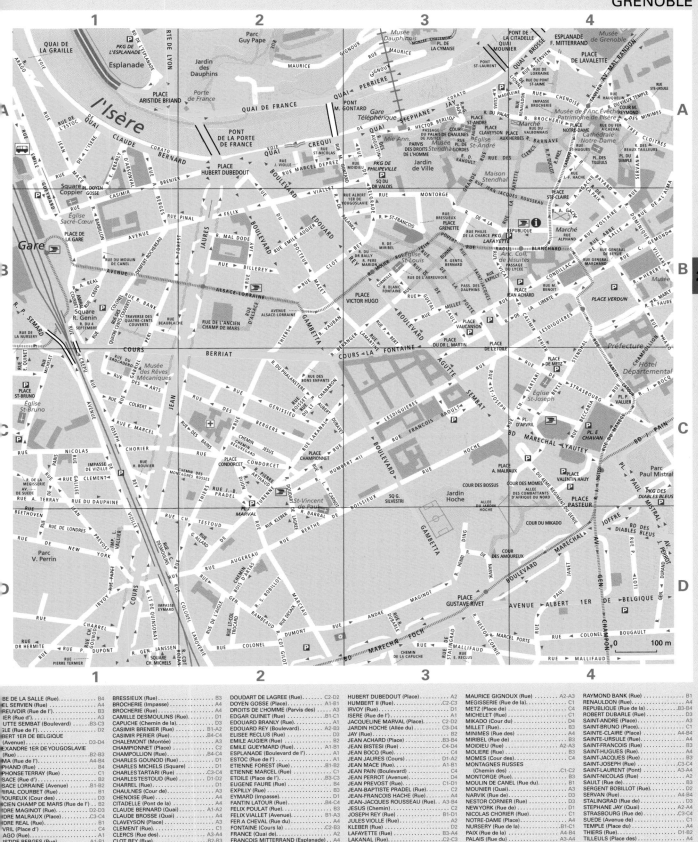

285

BE DE LA SALLE (Rue)....B4	BRESSIEUX (Rue)....B3	DOUDART DE LAGREE (Rue)....C2-D2
EL SERVIEN (Rue)....A4	BROCHERIE (Impasse)....A4	DOYEN GOSSE (Place)....A1-B1
REUVOIR (Rue de l')....B3	BROCHERIE (Rue de la)....A4	DROITS DE L'HOMME (Parvis des)....A3
ER (Rue d')....A3	CAMILLE DESMOULINS (Rue)....D1	EDGAR QUINET (Rue)....B1-C1
UTTE SEMBAT (Boulevard)....B3-C3	CAPUCHE (Chemin de la)....D1	EDOUARD BRANLY (Rue)....A3
GLE (Rue de l')....A1	CASIMIR BRENIER (Rue)....B1-A2	EDOUARD REY (Boulevard)....A2-B3
BERT 1ER DE BELGIQUE (Avenue)....D3-D4	CASIMIR PERIER (Rue)....B4-C4	ELISEE RECLUS (Rue)....C4
EXANDRE 1ER DE YOUGOSLAVIE....B2-B3	CHALEMONT (Montée)....A3	EMILE AUGIER (Rue)....B2
PHAND (Rue de l')....A4-B4	CHAMPIONNET (Place)....C2	EMILE GUEYMARD (Rue)....A1
PHONSE TERRAY (Rue)....C1	CHAMPOLLION (Rue)....B4-C2	ESPLANADE (Boulevard de l')....A1
SACE (Rue d')....B2	CHARLES GOUNOD (Rue)....D1	ESTOC (Rue de l')....A1
SACE LORRAINE (Avenue)....B1-B2	CHARLES MICHELS (Square)....C1	ETIENNE FOREST (Rue)....B1-B2
MIRAL COURBET (Rue)....D3	CHARLES TARTARI (Rue)....C3-C4	ETIENNE MARCEL (Rue)....C1
MOUREUX (Cour des)....D3	CHARLES TESTOUD (Rue)....D1-D2	ETOILE (Place de l')....B3-C3
ICIEN CHAMP DE MARS (Rue de l')	CHARREL (Rue)....C1	EUGENE FAURE (Rue)....B4-C4
DRE MAGINOT (Rue)....D2-D3	CHAULNES (Cour de)....A3	EXPILLY (Rue)....C1-D1
DRE MALRAUX (Place)....C3-C4	CHENOISE (Rue)....A4	EYMARD (Impasse)....D1
DRE REAL (Rue)....C1	CITADELLE (Pont de la)....A3	FANTIN LATOUR (Rue)....B4-C4
VRIL (Place d')	CLAUDE BROSSE (Quai)....A4	FELIX POULAT (Rue)....A4
AGO (Rue)	CLAVEYSON (Place)....A4	FELIX VIALLET (Avenue)....B1-B2
ISTIDE BERGES (Rue)....A1-B1	CLEMENT (Rue)....C1	FER A CHEVAL (Rue du)....A4
ISTIDE BRIAND (Place)....A1	CLERCS (Rue des)....A3-A4	FONTAINE (Cours la)....C2-B3
SONVAL (Rue d')....A1-B1	CLOT BEY (Rue)....B2-B3	FRANCE (Quai de)....A1-A2
TS (Rue des)	COLBERT (Rue)....C1	FRANCOIS MITTERRAND (Esplanade)....A4
BERT DUBAYET (Rue)....C2-C3	COLONEL BOUGAULT (Rue)....D4	FRANCOIS RAOULT (Rue)....C3
NGEREAU (Rue)	COLONEL DENFERT ROCHEREAU	FREDERIC TAULIER (Rue)....A4
UGUSTE GACHE (Rue)....A4-B4	COLONEL DUMONT (Rue)....D2	GALILEE (Rue)....C1
UGUSTINS (Rue des)....A3	COLONEL LANYOERIE (Rue)....D1	GAMBETTA (Boulevard)....A2-D3
RBILLON (Rue)	COMBATTANTS D'AFRIQUE DU NORD (Allée des)....C4-D4	GARE (Place de la)....B1
RNAVE (Rue)....A4	COMMANDANT GILOT (Rue)....A4	GENERAL CHAMPON (Avenue)....C2
RRAL (Rue)	COMMANDANT ROZAN (Rue)....D1	GENERAL DE BEYLIE (Rue)....B4
UBLACHE (Rue)....B1	CONDILLAC (Rue)....B3-B4	GENERAL DURAND (Rue)....D1
UREGARD (Chemin)	CONDORCET (Place)....C2	GENERAL JANSSEN (Rue)....D1
AUX TAILLEURS (Rue des)....C4	CONDORCET (Rue)....C2	GENERAL MARCHAND (Rue)....B4
ETHOVEN (Rue)	CORATO (Voie de)....A1-A4	GENERAL RAMBEAUD (Rue)....D1
LGRADE (Rue de)....A3-B3	CORNEILLE (Rue)....B2	GENISSIEU (Rue)....C2
RANGER (Rue)	CORNELIE GEMOND (Rue)....B4	GENTIL BERNARD (Rue)....B3
RGERS (Rue des)....C2	CREPU (Rue)....B1-C1	GODEFROY SILVESTRI (Square)....C2
RRIAT (Cours)	CREQUI (Quai)....A2	GORDES (Rue)....A3
RTHE DE BOISSIEUX (Rue)....D2-C3	CUJAS (Rue)....B2-B3	GRAILLE (Quai de la)....A1
RULE (Place de)	CYMAISE (Place de la)....A3	GRANDE RUE....A3-B4
YLE STENDHAL (Rue)....B4-C4	DAUPHINE (Rue du)....C1	GRENETTE (Place)....B3
LEREY (Rue)....B2	DAUPHINS (Passage des)....B3	GUETAL (Rue)....B3
ANC FONTAINE (Rue)....B3	DESAIX (Rue)....D2	GUSTAVE RIVET (Place)....D3
DIS D'ARTAS (Chemin)....D2	DIABLES BLEUS (Boulevard des)....C4-D4	GUY ALLARD (Rue)....D2
DISSET (Rue)....B3	DIODORE RAHOULT (Rue)....A3	GUY PAPE (Rue)....A3
ONNE (Rue de)....B3	DOCTEUR BALLY (Rue)....B2	HAUQUELIN (Rue)....B4
INS (Rue des)	DOCTEUR HERMITE (Rue)....D1	HAXO (Rue)....B4
OSSUS (Cour des)....C3	DOCTEUR LEON MARTIN (Place du)....B3	HEBERT (Rue)....B3
	DOCTEUR MAZET (Rue du)....A2-B2	HECTOR BERLIOZ (Rue)....A3
	DOCTEUR VALOIS (Square du)....A2	HENRI DING (Rue)....D3
	DOMINIQUE VILLARS (Rue)....B4	HERBES (Place aux)....A3-A4
		HIPPOLYTE BOUVIER (Rue)....C1
		HOCHE (Rue)....C3

HUBERT DUBEDOUT (Place)....A2	MAURICE GIGNOUX (Rue)....A2-A3	RAYMOND BANK (Rue)....B1
HUMBERT II (Rue)....C2-C3	MEGISSERIE (Rue de la)....C1	RENAULDON (Rue)....A4
IRVOY (Rue)....D1	METZ (Place de)....C1	REPUBLIQUE (Rue de la)....B3-B4
ISERE (Rue de l')....A1	MICHELET (Rue)....C1	ROBERT DUBARLE (Rue)....D3
JACQUELINE MARVAL (Place)....C2-D2	MIKADO (Cour du)....D3	SAINT-ANDRE (Place)....A3
JARDIN HOCHE (Allée du)....C3-D4	MILLET (Rue)....B3	SAINT-BRUNO (Place)....C1
JAY (Rue)....A2	MINIMES (Rue des)....A4	SAINTE-CLAIRE (Place)....A4-B4
JEAN ACHARD (Place)....B3-B4	MIRIBEL (Rue de)....B2	SAINTE-URSULE (Rue)....A4
JEAN BISTESI (Rue)....C4-D4	MOIDIEU (Rue)....A2-A3	SAINT-FRANCOIS (Rue)....B3
JEAN BOCQ (Rue)....B2	MOLIERE (Rue)....A4	SAINT-HUGUES (Rue)....A4
JEAN JAURES (Cours)....D1-A2	MOMES (Cour des)....C4	SAINT-JACQUES (Rue)....B3
JEAN MACE (Rue)....A1-B1	MONTAGNES RUSSES (Chemin des)....C1-C2	SAINT-JOSEPH (Rue)....C3-C4
JEAN PAIN (Boulevard)....C4	MONTORGE (Rue)....B3	SAINT-LAURENT (Pont)....A3-A4
JEAN PERROT (Avenue)....D4	MOULIN DE CANEL (Rue du)....B1	SAINT-NICOLAS (Rue)....A2
JEAN PREVOST (Rue)....C1-D1	MOUNIER (Quai)....A3	SAULT (Rue de)....B3
JEAN-BAPTISTE PRADEL (Rue)....C3	NARVIK (Rue de)....D3	SERGENT BOBILLOT (Rue)....D2
JEAN-FRANCOIS HACHE (Rue)....A3-B4	NESTOR CORNIER (Rue)....D3	SERVAN (Rue)....A4-B4
JEAN-JACQUES ROUSSEAU (Rue)....B1-D1	NEWYORK (Rue)....C1	STALINGRAD (Rue de)....D3
JESUS (Rue)....C2	NICOLAS CHORIER (Rue)....C1	STEPHANE JAY (Quai)....A3
JOSEPH REY (Rue)....B1-D1	NOTRE-DAME (Rue)....A4	STRASBOURG (Rue de)....C3-C4
JULES VIOLLE (Rue)....A2	NURSERY (Rue de la)....B1-C1	SUEDE (Avenue de)....C1
KLEBER (Rue)....D2	PALAIS (Rue du)....A3-A4	TEMPLE (Place du)....A4
LAFAYETTE (Rue)....A4-B4	PALAIS DE JUSTICE (Passage du)....A3	THIERS (Rue)....D1-B2
LAKANAL (Rue)....C2-C3	PALANKA (Rue)....A2-B2	TILLEULS (Place des)....A4
LAMARTINE (Rue)....B3-C3	PAPET (Rue)....D1	TRES CLOITRES (Rue)....A4
LAVALETTE (Place de)....A4	PARIS (Rue de)....C1-D1	TROCADERO (Rue du)....D4
LAZARE CARNOT (Rue)....C2-D2	PASTEUR (Place)....C4	TURENNE (Rue de)....D1-C2
LESDIGUIERES (Rue)....C2-B4	PAUL BERT (Rue)....B3-C3	VALBONNAIS (Rue de)....A4
LIBERTE (Rue de la)....B3-B4	PAUL DIJON (Rue)....C1	VALENTIN HAUY (Place)....C4
LIEUTENANT CHANARON (Rue du)....C2	PAUL JANET (Rue)....C1	VAUBAN (Rue)....B2-B3
LIEUTENANT DE QUINSONAS (Rue)....D1	PAUL MISTRAL (Place)....C4-D4	VAUCANSON (Place)....B3
LIEUTENANT-COLONEL TROCARD	PAUL VALLIER (Place)....C1	VERDUN (Place)....B3
LIONNE (Rue de)....D1	PERE MARION (Rue)....B2	VICAT (Rue)....C1
LONDRES (Rue de)....D1	PERRIERE (Quai)....A2-A3	VICTOR HUGO (Place)....B2-B3
LORRAINE (Rue de)....A1	PHALANSTERE (Rue du)....C2	VIEUXTEMPLE (Rue)....A4
LOUIS SOUVAT (Impasse)	PHILIS DE LA CHARCE (Rue)....B3	VIZILLE (Avenue de)....B1-D1
LYCEE (Passage du)....B4	PIERRE ARTHAUD (Rue)....C2	VIZILLE (Impasse de)....C1
LYON (Route de)....A1	PIERRE DUCLOT (Rue)....A4	VOLTAIRE (Rue)....B4
MABLY (Rue)....B4	PIERRE DUPONT (Rue)....D1	
MADELEINE (Rue)....A3-A4	PIERRE LOTI (Rue)....D4	
MALLIFAUD (Rue)....D3-D4	PIERRE SEMARD (Rue)....B1	
MARCEAU (Rue)....D1	PIERRE TERMIER (Rue)....D1	
MARCEL BENOIT (Rue)....B4	PINAL (Rue)....B1-B2	
MARCEL DEPREZ (Rue)....B2	PONT SAINT-JAIME (Rue du)....A4	
MARCEL PORTE (Rue)....D3-D4	PORTE DE FRANCE (Pont de la)....A2	
MARCEL REYMOND (Cour)....A4	POSTE (Rue de la)....B3	
MARECHAL DODE (Rue)....B2	PRESIDENT CARNOT (Rue)....B1-C1	
MARECHAL FOCH (Boulevard)....C1-D1	4 SEPTEMBRE (Rue du)....B2-D2	
MARECHAL JOFFRE (Boulevard)....D3-C4	4EME REGIMENT DU GENIE....C4-D4	
MARECHAL LYAUTEY (Boulevard)....C3-C4	400 COUVERTS (Traverse des)....B1	
MARECHAL RANDON (Avenue)....A4	400 COUVERTS (Rue des)....B1	
MARIUS GONTARD (Pont)....A2	RAOUL BLANCHARD (Rue)....B3-B4	
MARIUS GONTARD (Rue)....A2-A3		

LA ROCHELLE

ABLOIS (Rue d') C3
ABREUVOIR (Rue de l') B2
ADMYRAULT (Rue) B2
AIMABLE NANETTE (Rue de l') C3
AIME BONPLAND (Allée) A1
ALBERT 1ER (Rue) A3
ALCIDE D'ORBIGNY (Rue) A3-A4
ALIENOR D'AQUITAINE (Rue) A1
AMELOT (Rue) B3-B4
AMERIGO VESPUCCI (Avenue) D2
AMERIQUES (Avenue) D2
AMIRAL MEYER (Quai) C3
AMOS BARBOT (Rue) A3
ANGLAIS (Cour des) A3
ARCERE (Rue) A3
ARCHIMEDE (Rue de l') C3
ARMIDE (Rue de l') D2-C3
ARSENAL (Rue de l') B3
AUFREDY (Rue) B2-B3
AUGUSTINS (Rue des) B2-B3
BALANCE (Impasse de la) C3
BALANGERIE (Rue) C1-C2
BARENTIN (Place) C2
BASTION SAINT-NICOLAS (Rue du) . C3-D4
BAZOGES (Rue) B2-B3
BEARNOISE (Rue de la) A2
BELIER (Impasse du) A4
BEURRE (Rue du) B3
BLETTERIE (Rue) B3
BONNES FEMMES (Rue des) A4
BONPLAND (Impasse) A4
BONPLAND (Rue) A4-B4
BRAVE RONDEAU (Rue du) B3-B4
BRIQUETTERIE (Rue de la) A1
BUFFETERIE (Rue) A3-A4
BUJAUD (Rue) B3
CAILLE (Palce de la) B3
CANARDS (Rue des) C3
CAP OUEST (Rue) C4
CAPRICORNE (Impasse du) A3
CARDINAL (Rue) D2
CARENAGE (Quai du) C3
CARMES (Rue des) C2
123EME REGIMENT D'INFANTERIE
  (Avenue du) C3-D3
CHAINE (Rue de la) C2
CHALOUPE (Rue de la) C3
CHARLES PROU (Allée) A1
CHARRUYER (Résidence) B1
CHATEAU VAUCLERC (Rue du) A2
CHAUDRIER (Rue) B2-B3
CHEF DE VILLE (Rue) B2
CIMETIERE (Rue du) C2
CLAUDE MASSE (Rue) A1
CLOCHE (Rue de la) C2

CLOUTIERS (Rue des) A3
COLLEGE (Impasse du) A3
COLLEGE (Rue du) A3
COLMAR (Avenue de) D3-D4
COMMANDANT DE LA MOTTE ROUGE
  (Place du) C3
COMMANDERIE (Cour de la) B2
COMTESSE (Rue de la) C3-C4
CORDELIERS (Avenue des) A4
CORDELIERS (Place des) A4
CORDERIES (Rue des) A4-B4
CORDOUAN (Rue) A3
COUREAULEURS (Place des) C3
COTRE (Passage du) C3
CREPEAU (Avenue) D1-D2
DAMES (Cours des) C2
DAMES (Rue des) C2
DANEMARK (Rue du) A1
DANIEL MASSIOU (Rue) A3-A4
DELAYANT (Rue) A2-A3
DESIREE (Rue la) D1-D2
2 MOULINS (Rue des) C1
DOCTEUR SCHWEITZER (Rue du) ... B4
DRAKKAR (Passage du) C3
DUC (Rue du) B3-C3
DUPATY (Rue) B3
DUPERRE (Passage) B2-C2
DUPERRE (Quai) C2-C3
ECHELLE CHAUVIN (Rue) A3-A4
ECHELLE DE LA COURONNE (Rue) .. A4
ECLUSE (Terre plein de l') C2-D2
ECOLES (Rue des) A2
ECREVISSE (Impasse de l') C2
ESCALE (Rue de l') B2
EUGENE FROMENTIN (Rue) B2
EUGENETHOMAS (Rue) C4
EVESCOT (Rue de l') A3-A4
FABRIQUE (Rue de la) C3
FAGOTS (Rue des) C2
FERDINAND FAIDEAU (Allée) A1-C1
FERNAND BRAUDEL (Parvis) D2
FERTE (Rue de la) B3
FLEURIAU (Rue) B3
FONDERIES (Rue des) A4-B4
FORME (Rue de la) A3-B3
FOURCHE (Rue de la) C3
FOURCHE (Rue de la) C3
FRANÇOIS MITTERRAND (Esplanade) . D2
FREGATE (Passage de la) C3
FRERES PRECHEURS (Rue des) A4
GABUT (Quai du) C3
GAMBETTA (Rue) A3-A4
GARGOULLEAU (Rue) A3-A3
GEMEAUX (Impasse des) B3
GENERAL DE GAULLE (Avenue du) . C3-D4
GENERAL GALLIENI (Rue du) B3
GENERAL LECLERC (Avenue du) ... A1-A2
GENTILSHOMMES (Rue des) B3
GEORGES SIMENON (Quai) C3
GEORGETTE (Quai de la) C3-D3
GOELETTE (Passage de la) C3
GRILLE (Rue de la) B3
GROLLES (Cour de) A3
GROSSE HORLOGE (Rue de la) ... B2-C2
GUIGNETTE (Rue de la) C3-D4
HONNEUR (Quai d') D3
HORLOGE (Pont de l') C3
HOTEL DE VILLE (Place de l') B3
HOTEL DE VILLE (Rue de l') B3
8 MAI (Place du) C1
ITOUT Y FAUT (Impasse) A3
JAILLOT (Rue) A3
JARS (Rue des) D4
JEAN BAPTISTE MARCET (Place) ... B4
JEAN GUITON (Avenue) B1-B2
JEAN GUITON (Impasse) B1
JEAN MOULIN (Pont) C4
JEAN-BAPTISTE MARCET (Place) ... B4
JOFFRE (Boulevard) D3-C4
JOURDAN (Rue) A1
LA ROCHELLE (Rue de) B3
LADAUGE (Cours) C3
LEONCE VIELJEUX (Rue) B1-C2
LOUIS ARAGON (Rue) D2
LOUIS DURAND (Quai) C3-B4
LOUIS PRUNIER (Quai) D3
LOUIS SUIRE (Pont) B3
LOUP MARIN (Rue le) D1-D2
MAIL (Allée du) C1
MARANS (Quai de) C3-C4
MARECHAL FOCH (Place du) C2
MARIETTES (Rue des) B3
MARIONNETTES (Rue des) C3
MAUBEC (Quai) B3
MAUBEC (Rue) A3-B3
MAURICE DELMAS (Avenue) B1-C1
MERCIERS (Rue des) A3
MERVAULT (Rue) A3
METZ (Avenue de) A1
MICHEL CREPEAU (Avenue) D1-D2
MINAGE (Passage du) A3
MINAGE (Rue du) A3
MOLIERE (Impasse) A1
MOLIERE (Rue) A1
MONNAIE (Avenue de la) C1
MONTAGNE (Rue de la) D2
MOUREILLES (Rue des) B3
MULHOUSE (Avenue de) C4-D4
MURAILLES (Rue des) B3
NICOLAS VENETTE (Rue) A3
NORVEGE (Rue de) B1

NOTRE (Allée le) B1-C1
NOUE (Rue la) A2-B2
OUVRAGE A CORNES (Rue de l') . C4-D4
PALAIS (Rue du) B2
PARADIS (Rue du) C3
PARC (Rue du) A1
PAUL BONNARME (Allée) B1-C1
PAUL GARREAU (Rue) B1
PAULEON (Rue) B3
PERNELLE (Rue) A2-B2
PETITE SIRENE (Place de la) C3
PIERRE SEMARD (Place) D4
POISSONS (Impasse des) A4
PORT (Petite rue du) C2-B3
PORT (Rue du) B3-C3
PORTE NEUVE (Avenue de la) A1-B2
PORTE NEUVE (Rue de la) B1-B2
PORTE ROYALE (Avenue de la) A4
PRECHE (Rue du) B3-B4
PRES (Rue des) A1
4 SERGENTS (Rue des) A1
QUINTINIE (Allée la) C1
RAMBAUD (Rue) A2-A3
RASTEAU (Square) B2
REAUMUR (Rue) C1-B2
REIMS (Place de) A2
REMPART DES VOILIERS (Rue du) . A4
REMPART SAINT-CLAUDE (Rue du) . C3-C4
REMPARTS (Chemin des) C1-A2
RENE GAUTIER (Rue) B3
SAINT-CLAUDE (Rue) B3-B4
SAINT-COME (Rue) A2-B2
SAINT-DOMINIQUE (Rue) A4
SAINT-FRANCOIS (Rue) A4
SAINT-JEAN D'ACRE (Esplanade) . D1-C2
SAINT-LEONARD (Rue) C1-C2
SAINT-LOUIS (Rue) A4-B4
SAINT-MICHEL (Cour) B3
SAINT-MICHEL (Place) B3
SAINT-MICHEL (Rue) B3
SAINT-NICOLAS (Passerelle) B3
SAINT-NICOLAS (Rue) B3-C3
SAINTS (Cour des) A3
SAINTS PERES (Rue des) C1-C2
SAINT-SAUVEUR (Rue) B3
SAINT-YON (Rue) A3-B3
SAINTES CLAIRES (Rue des) A2-B2
SARDINERIE (Rue) B3-C3
SENAC DE MEILHAN (Rue) D1
SOLETTE (Rue de la) B3-C3
SUEDE (Rue de) A1
SUR LES MURS (Rue) C1-C2
TALLEMANT DES REAUX (Rue) B2
TAMARIS (Allée des) D1

TEMPLE (Cour du) B2
TEMPLE (Rue du) B2-B3
TEMPLIERS (Rue des) B2
THEOPHRASTE RENAUDOT (Rue) ... C1
THIERS (Impasse) B4
THIERS (Rue) A3-B4
3 FUSEAUX (Rue des) B3
VALIN (Quai) C3
VERDIERE (Rue) C3
VERDUN (Place de) A2
VIERGE (Impasse de la) A3-A4
VILLENEUVE (Rue) B3-A4
VOILIERS (Rue des) A4

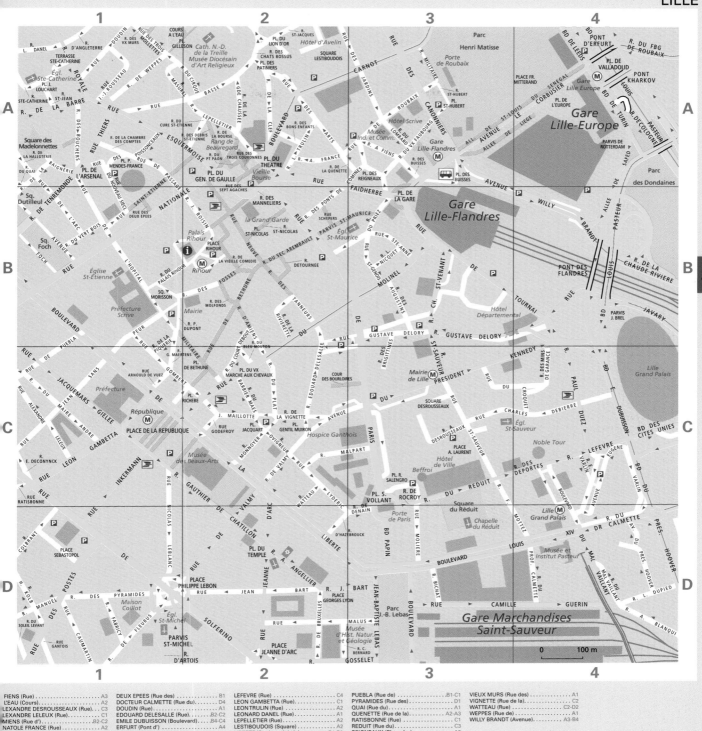

FIENS (Rue) ... A3
L'EAU (Cours) ... A2
LEXANDRE DESROUSSEAUX (Rue)... C3
LEXANDRE LELEUX (Rue) ... C1
MIENS (Rue d') ... B2-C2
NATOLE FRANCE (Rue) ... A2
NGLETERRE (Rue d') ... A1
RC (Rue de l') ... A1-B1
RNOULD DE VUEZ (Rue) ... C1
RSENAL (Place de l') ... A1
RTOIS (Rue d') ... D1
RTS (Rue des) ... A2
UGUSTE ANGELLIER (Rue) ... D2
UGUSTE BLANQUI (Rue) ... D4
UGUSTIN LAURENT (Place) ... C3
UGUSTINS (Rue des) ... B3
AIGNERIE (Rue de la) ... A1-B1
ARBIER MAES (Rue du) ... C2
ARRE (Rue de la) ... A1
ASSE (Rue de la) ... A1-A2
ETHUNE (Place de) ... C2
ETHUNE (Rue de) ... B2-C2
ICHAT (Rue) ... D3
LEU MOUTON (Rue du) ... C2
ONS ENFANTS (Rue des) ... A2
OUCHERS (Rue des) ... A1
OURLOIRES (Cour des) ... C2-C3
OURSE (Rue de la) ... A2
RIGITTINES (Rue des) ... B3-C3
RUXELLES (Rue de) ... C2
UISSES (Place des) ... A3
UISSES (Rue des) ... A3
AMILLE GUERIN (Rue) ... D3-D4
ANONNIERS (Rue des) ... A2
ARNOT (Boulevard) ... A2-A3
AUMARTIN (Rue) ... D1
HAMBRE DES COMPTES (Rue de la) ... A1
HARLES DEBIERRE (Rue) ... C3-C4
HARLES ST-VENANT (Rue) ... B3
HAUDE RIVIERE (Rue de la) ... B4
IRQUE (Rue du) ... A1-A2
ITES UNIES (Boulevard des) ... C4
LEF (Rue de la) ... A2
LAUDE BERNARD (Rue) ... D2
OLOGNE (Rue de) ... A4
OURT DEBOUT (Rue du) ... B2-C2
ROQUET (Rue) ... C3-C4
URE ST-ETIENNE (Rue de) ... A2
DEBRIS ST-ETIENNE (Rue des) ... A2
ENAIN (Rue de) ... D3
DEPORTES (Rue des) ... C3-C4
DESROUSSEAUX (Square) ... C3
DETOURNEE (Rue) ... B2

DEUX EPEES (Rue des) ... B1
DOCTEUR CALMETTE (Rue du) ... D4
DOUDIN (Rue) ... A1
EDOUARD DELESALLE (Rue) ... B2-C2
EMILE DUBUISSON (Boulevard) ... B4-C4
ERFURT (Pont d') ... A4
ERNEST DECONYNCK (Rue) ... C1
ESQUERMOISE (Rue) ... A1-A2
EUGENE VARLIN (Avenue) ... C4-D4
EUGENE VARLIN (Rue) ... C4
EUROPE (Place de l') ... A4
FABRICY (Rue) ... D1
FAIDHERBE (Rue) ... A2-B3
FAUBOURG DE ROUBAIX (Rue du)... A4
FLANDRES (Pont des) ... B4
FLEURUS (Rue de) ... D1
FOCH (Avenue) ... B1
FOSSES (Rue des) ... B1-B2
GANTOIS (Rue) ... D1
GARE (Place de la) ... B3
GAUTHIER DE CHATILLON (Rue) ... C1-D2
GENERAL DE GAULLE (Place du) ... A2-B2
GENTIL MUIRON (Place) ... C2
GEORGES LYON (Place) ... D2
GEORGES MAERTENS (Rue) ... B1-C1
GILLESON (Place) ... A1-A2
GODEFROY (Rue) ... C2
GOMBERT (Rue) ... C2
GOSSELET (Rue) ... D2-D3
GRANDE CHAUSSEE (Rue de la) ... A2
GUSTAVE DELORY (Rue) ... B2-B4
HALLOTERIE (Rue de la) ... A1
HAZEBROUCK (Rue d') ... D2-D3
HENRI KOLB (Rue) ... D1
HOPITAL MILITAIRE (Rue de l') ... A1-C2
INKERMANN (Rue) ... C1-D1
JACQUART (Place) ... C2
JACQUEMARS GIELEE (Rue) ... B1-C1
JACQUES BREL (Parvis) ... B4-C4
JACQUES LOUCHART (Place) ... A1
JARDINS (Rue des) ... A2-A3
JAVARY (Rue) ... B4
JEAN BART (Rue) ... C2-D2
JEAN ROISIN (Rue) ... A2
JEAN SANS PEUR (Rue) ... B1-C1
JEAN-BAPTISTE LEBAS (Boulevard) ... D3
JEAN-JACQUES ROUSSEAU (Rue)... A1
JEANNE D'ARC (Rue) ... C2-D2
JEANNE MAILLOTTE (Rue) ... C2
KHARKOV (Pont) ... B3-A4
LEEDS (Boulevard de) ... A4

LEFEVRE (Rue) ... C4
LEON GAMBETTA (Rue) ... C1
LEON TRULIN (Rue) ... A1
LEONARD DANEL (Rue) ... A1
LESTIBOUDOIS (Square) ... A2
LIBERTE (Boulevard de la) ... B1-D3
LIEGE (Allée de) ... A3-A4
LION D'OR (Place du) ... A2
LOMBARD (Rue du) ... A3
LOUIS DUPIED (Rue) ... D4
LOUIS NICQUET (Rue) ... B3
LOUIS PASTEUR (Boulevard) ... A4-B4
LOUIS XIV (Boulevard) ... D3-D4
LYDERIC (Rue) ... C2-D3
MAIRE ANDRE (Rue du) ... C1
MALPART (Rue) ... C2-C3
MALUS (Rue) ... D2-D3
MANNELIERS (Rue des) ... A2-B2
MANUEL (Rue) ... D1
MARECHAL VAILLANT (Bd du) ... C4-D4
MARECHAL VAILLANT (Rue du) ... D4
MASUREL (Rue) ... A1-A2
MILITAIRE (Rue) ... A3
MOLFONDS (Rue des) ... B2
MOLIERE (Rue) ... C3-D3
MOLINEL (Rue du) ... C2-B3
MONNOYER (Rue) ... C2
MORISSON (Square) ... B1
MOULINS DE GARANCE (Rue des) ... B4-C4
NATIONALE (Rue) ... B1-B2
NEUVE (Rue) ... B2
NICOLAS LEBLANC (Rue du) ... C1-D1
NOUVEAU SIECLE (Rue du) ... A1-B1
OVIGNEUR (Rue) ... C2
PALAIS RIHOUR (Rue du) ... B1-B2
PAPIN (Boulevard) ... D3
PARIS (Rue de) ... B2-C3
PASSAGE (Rue) ... A1-B2
PATINIERS (Place des) ... A2
PAUL DUEZ (Rue) ... B4-C4
PETIT PAON (Rue du) ... A2
PHILIPPE LEBON (Place) ... D1
PIERRE DUPONT (Rue) ... B2
PIERRE MENDES-FRANCE (Place)... A1
PIQUERIE (Rue de la) ... B1-C1
PLAT (Rue du) ... C2
POISSONCEAUX (Rue des) ... A1
PONTS DE COMINES (Rue des)... B2-A3
POSTES (Rue des) ... C1-D1
PRESIDENT HOOVER (Avenue du) ... D4
PRESIDENT HOOVER (Bd du) ... C4-D4
PRESIDENT KENNEDY (Avenue du) ... C2-B4
PRIEZ (Rue du) ... B3
PROFESSEUR CALMETTE (Rue du) ... D4

PUEBLA (Rue de) ... B1-C1
PYRAMIDES (Rue des) ... D1
QUAI (Rue du) ... A2
QUENETTE (Rue de la) ... A2-A3
RATISBONNE (Rue) ... C1-D1
REDUIT (Rue du) ... C3
REIGNEAUX (Place des) ... A3
REPUBLIQUE (Place de la) ... C1-C2
RIHOUR (Place) ... C1-C2
RIVIERETTE (Rue de la) ... B2
ROCROY (Rue de) ... C3-D3
ROGER SALENGRO (Place) ... C3-D3
ROTTERDAM (Parvis de) ... A4
ROUBAIX (Rue de) ... A2-A3
ROYALE (Rue) ... A1
SAFED (Allée de) ... A4-B4
SAINT-ETIENNE (Rue) ... B1-A2
SAINT-GENOIS (Rue) ... B3
SAINT-HUBERT (Place) ... A3
SAINT-HUBERT (Rue) ... A3
SAINT-JACQUES (Rue) ... A2
SAINT-JEAN (Rue) ... A1
SAINT-LOUIS DU SENEGAL (All. de) ... A3-A4
SAINT-MAURICE (Parvis) ... B2-B3
SAINT-MICHEL (Parvis) ... D1
SAINT-NICOLAS (Place) ... B2
SAINT-NICOLAS (Rue) ... B2
SAINT-SAUVEUR (Rue) ... B3-C3
SAINTE-ANNE (Rue) ... B3
SAINTE-CATHERINE (Rue) ... A1
SAINTE-CATHERINE (Terrasse) ... A1
SCHEPERS (Rue) ... B2
SEBASTOPOL (Place) ... C1-D1
SEC AREMBAULT (Rue du) ... C1-B2
SEPT AGACHES (Rue des) ... A2
SIMON VOLLANT (Place) ... C3-D3
SOLEIL LEVANT (Rue du) ... D1
SOLFERINO (Rue) ... C1-D2
TANNEURS (Rue des) ... B2
TEMPLE (Place du) ... A2-B2
TENREMONDE (Rue de) ... A1-B1
THIERS (Rue) ... A1
TOURNAI (Rue de) ... B3-B4
TROIS COURONNES (Rue des) ... A2
TROIS MOLLETTES (Rue des) ... A1
TURIN (Boulevard de) ... A4
VALLADOLID (Place de) ... A4
VALMY (Rue de) ... C2-D2
VERT BOIS (Rue du) ... B1
VIEILLE COMEDIE (Rue de la) ... B1
VIEUX FAUBOURG (Rue) ... A3
VIEUX MARCHE AUX CHEVAUX (Place du) ... B2

VIEUX MURS (Rue des) ... A1
VIGNETTE (Rue de la) ... C2
WATTEAU (Rue) ... C2-D2
WEPPES (Rue de) ... A1
WILLY BRANDT (Avenue) ... A3-B4

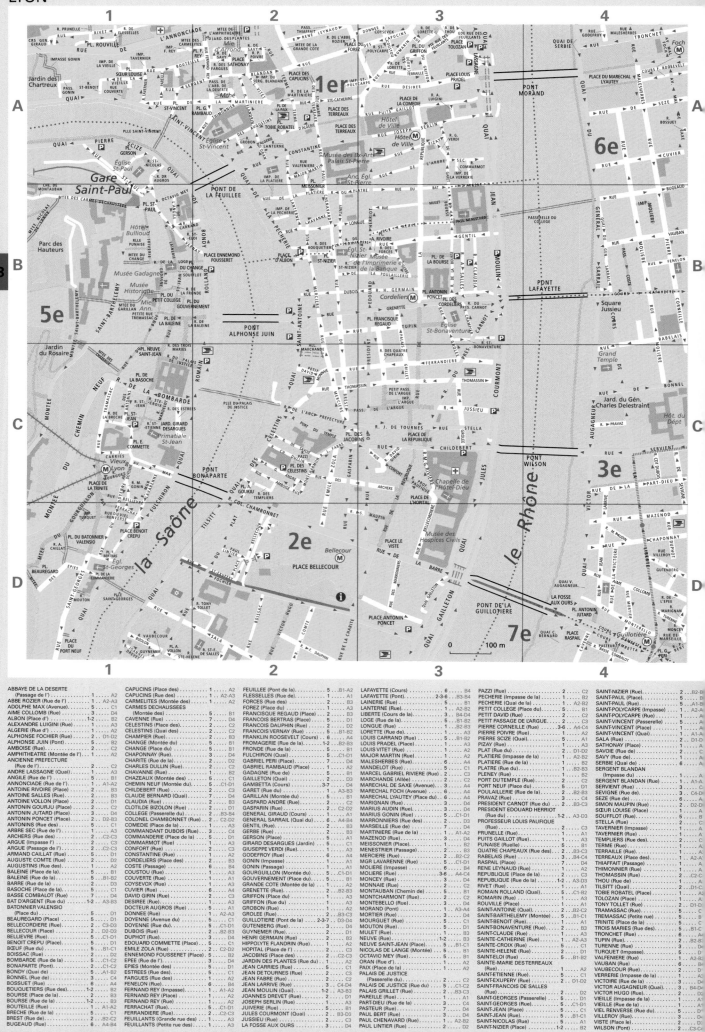

ABBAYE DE LA DESERTE (Passage de l') . . . 1 . A2
ABBE ROZIER (Rue de l') . . . 1 . A2-A3
ADOLPHE MAX (Avenue) . . . 5 . A2
AIME COLLOMB (Rue) . . . 3 . D4
ALBON (Place d') . . . 1-2 . B2
ALEXANDRE LUIGINI (Rue) . . . 1 . A3
ALGERIE (Rue d') . . . 1 . A2
ALPHONSE FOCHIER (Rue) . . . 2 . D1-D2
ALPHONSE JUIN (Pont) . . . 2 . C2
AMBOISE (Rue) . . . 5 . B2
AMPHITHEATRE (Montée de l') . . . 1 . A2
ANCIENNE PREFECTURE (Rue de l') . . . 2 . C2
ANDRE LASSAGNE (Quai) . . . 1 . A3
ANGILE (Rue de l') . . . 5 . B1
ANNONCIADE (Rue de l') . . . 1 . A1-A2
ANTOINE RIVOIRE (Rue) . . . 1 . A2-B2
ANTOINE SALLES (Rue) . . . 1 . B3
ANTOINE VOLLON (Rue) . . . 2 . D1
ANTONIN GOURJU (Place) . . . 2 . C1
ANTONIN JUTARD (Place) . . . 3 . D4
ANTONIN PONCET (Place) . . . 2 . D3
ANTONINS (Rue des) . . . 5 . C1
ARBRE SEC (Rue de l') . . . 1 . A2-A3
ARCHERS (Rue des) . . . 2 . C2-C3
ARGUE (Impasse l') . . . 2 . C2
ARGUE (Passage de l') . . . 2 . C2-C3
ARMAND CAILLAT (Rue) . . . 5 . D1
AUGUSTE COMTE (Rue) . . . 2 . D2
AUGUSTINS (Rue des) . . . 1 . A3
BALEINE (Place de la) . . . 5 . B1
BALEINE (Rue de la) . . . 5 . B1-B2
BARRE (Rue de la) . . . 2 . C3-D3
BASOCHE (Place de la) . . . 5 . C1
BASSE COMBALOT (Rue) . . . 7 . D4
BAT D'ARGENT (Rue du) . . . 1-2 . A3-B3
BATONNIER VALENSIO (Place du) . . . 5 . D1
BEAUREGARD (Place) . . . 5 . D1
BELLECORDIERE (Rue) . . . 2 . C3-D3
BELLECOUR (Place) . . . 2 . D2
BELLIEVRE (Rue) . . . 5 . C1-D1
BENOIT CREPU (Place) . . . 5 . D1
BŒUF (Rue du) . . . 5 . B1-C1
BOISSAC (Rue) . . . 2 . C1
BOMBARDE (Rue de la) . . . 5 . C1
BONAPARTE (Pont) . . . 2 . C1-C2
BONDY (Quai de) . . . 5 . A1-B2
BONNEL (Rue de) . . . 3 . C4
BOSSUET (Rue) . . . 6 . A4
BOUQUETIERS (Rue des) . . . 1-2 . B2
BOURSE (Place de la) . . . 2 . B3
BOURSE (Rue de la) . . . 1-2 . B3
BOUTEILLE (Rue) . . . 1 . A1-A2
BRECHE (Rue de la) . . . 5 . C1
BREST (Rue de) . . . 2 . B2-C2
BUGEAUD (Rue) . . . 6 . A4-B4

CAPUCINS (Place des) . . . 1 . A2
CAPUCINS (Rue des) . . . 1 . A2-A3
CARMELITES (Montée des) . . . 1 . A2
CARMES DECHAUSSEES (Montée des) . . . 5 . B1
CAVENNE (Rue) . . . 7 . D4
CELESTINS (Place des) . . . 2 . C2
CELESTINS (Quai des) . . . 2 . C2
CHAMPIER (Rue) . . . 2 . B3
CHANGE (Montée du) . . . 5 . B1
CHANGE (Place du) . . . 5 . B1
CHAPONNAY (Rue) . . . 3 . D4
CHARITE (Rue de la) . . . 2 . D2
CHARLES DULLIN (Rue) . . . 2 . C2
CHAVANNE (Rue) . . . 1 . B2
CHAZEAUX (Montée des) . . . 5 . B1
CHEMIN NEUF (Montée du) . . . 5 . C1-D1
CHILDEBERT (Rue) . . . 2 . C2-C3
CLAUDE BERNARD (Quai) . . . 7 . D4
CLAUDIA (Rue) . . . 2 . B3
CLOTILDE BIZOLON (Rue) . . . 2 . D1
COLLEGE (Passerelle du) . . . 2 . B3-B4
COLONEL CHAMBONNET (Rue) . . . 2 . C2-D2
COMEDIE (Place de la) . . . 1 . A3
COMMANDANT DUBOIS (Rue) . . . 3 . C4
COMMANDERIE (Place de la) . . . 5 . D1
COMMARMOT (Rue) . . . 1 . A3
CONFORT (Rue) . . . 2 . C3
CONSTANTINE (Rue) . . . 1 . A2
CORDELIERS (Place des) . . . 2 . B3
COSTE (Passage) . . . 6 . B4
COUSTOU (Rue) . . . 1 . B2
COUVERTE (Rue) . . . 1 . A1
COYSEVOX (Rue) . . . 1 . A3
CUVIER (Rue) . . . 6 . A4
DAVID GIRIN (Rue) . . . 2 . D1
DESIREE (Rue) . . . 1 . A3
DOCTEUR AUGROS (Rue) . . . 5 . A1
DONNEE (Rue) . . . 1 . A2-A3
DOYENNE (Avenue du) . . . 5 . C1
DOYENNE (Rue du) . . . 5 . C1
DUBOIS (Rue) . . . 2 . B2-B3
DUPHOT (Rue) . . . 3 . D4
EDOUARD COMMETTE (Rue) . . . 5 . A1
EMILE ZOLA (Rue) . . . 2 . C2-C3
ENNEMOND FOUSSERET (Place) . . . 5 . B2
EPEE (Rue de l') . . . 3 . D4
EPIES (Montée des) . . . 5 . D1
ESTREES (Rue des) . . . 5 . C1
FARGUES (Rue des) . . . 1 . A2
FENELON (Rue) . . . 6 . A4
FERNAND REY (Impasse) . . . 1 . A1-A2
FERNAND REY (Rue) . . . 1 . A2
FERRACHAT (Rue) . . . 5 . C1-D1
FERRANDIERE (Rue) . . . 2 . C2-C3
FEUILLANTS (Grande rue des) . . . 1 . A2-A3
FEUILLANTS (Petite rue des) . . . 1 . A3

FEUILLEE (Pont de la) . . . 5 . B1-A2
FLESSELLES (Rue de) . . . 1 . A1
FORCES (Rue des) . . . 2 . B3
FOREZ (Place du) . . . 1 . A2
FRANCISQUE REGAUD (Place) . . . 1 . A3
FRANCOIS BERTRAS (Place) . . . 5 . D1
FRANCOIS DAUPHIN (Rue) . . . 2 . D2
FRANCOIS VERNAY (Rue) . . . 5 . B1
FRANKLIN ROOSEVELT (Cours) . . . 6 . A4
FROMAGERIE (Rue de la) . . . 1-2 . B2-B3
FRONDE (Rue de la) . . . 5 . B1
FULCHIRON (Quai) . . . 5 . C1-D1
GABRIEL PERI (Place) . . . 7 . D4
GABRIEL RAMBAUD (Place) . . . 1 . A2
GADAGNE (Rue de) . . . 5 . B1
GAILLETON (Quai) . . . 2 . D3
GAMBETTA (Cours) . . . 3-7 . D4
GARET (Rue du) . . . 1 . A3
GARILLAN (Montée du) . . . 5 . B1
GASPARD ANDRE (Rue) . . . 2 . C2
GASPARIN (Rue) . . . 2 . C2-D2
GENERAL GIRAUD (Cours) . . . 1 . A1-A2
GENERAL SARRAIL (Quai du) . . . 6 . A4-B4
GENTIL (Rue) . . . 2 . B3
GERBE (Rue de la) . . . 2 . B3
GERSON (Place) . . . 5 . A1
GIRARD DESARGUES (Jardin) . . . 5 . C1
GIUSEPPE VERDI (Rue) . . . 1 . A3
GODEFROY (Rue) . . . 6 . A4
GONIN (Impasse) . . . 1 . A1
GONIN (Passage) . . . 1 . A1
GOURGUILLON (Montée du) . . . 5 . C1-D1
GOUVERNEMENT (Place du) . . . 5 . B1
GRANDE COTE (Montée de la) . . . 1 . A2
GRENETTE (Rue) . . . 2 . B2-B3
GRIFFON (Place du) . . . 1 . A3
GRIFFON (Rue du) . . . 1 . A3
GROBON (Rue) . . . 1 . A2
GROLEE (Rue) . . . 1-2 . B3
GUILLOTIERE (Pont de la) . . . 2-3-7 . D3-D4
GUTENBERG (Rue) . . . 2 . D1
GUYNEMER (Rue) . . . 2 . D1
HENRI GERMAIN (Rue) . . . 1 . A3
HIPPOLYTE FLANDRIN (Rue) . . . 1 . A2
HOPITAL (Place de l') . . . 2 . C3
JACOBINS (Place des) . . . 2 . C2-C3
JARDIN DES PLANTES (Rue du) . . . 1 . A2
JEAN CARRIES (Rue) . . . 1 . A2
JEAN DE TOURNES (Rue) . . . 2 . C2
JEAN FABRE (Rue) . . . 2 . C3
JEAN LARRIVE (Rue) . . . 3 . C4-D4
JEAN MOULIN (Quai) . . . 1-2 . A3-B3
JOANNES DREVET (Rue) . . . 2 . D2
JOSEPH SERLIN (Rue) . . . 1 . A3
JUIVERIE (Rue) . . . 5 . B1
JULES COURMONT (Quai) . . . 2 . B3-D3
JUSSIEU (Rue) . . . 2 . C3
LA FOSSE AUX OURS . . . 3 . D4

LAFAYETTE (Cours) . . . 6 . B4
LAFAYETTE (Pont) . . . 2-3-6 . B3-B4
LAINERIE (Rue) . . . 5 . B1
LANTERNE (Rue) . . . 1 . A2-B2
LIBERTE (Cours de la) . . . 3 . B4-D4
LOGE (Rue de la) . . . 5 . B1
LONGUE (Rue) . . . 1 . B2-B3
LORETTE (Rue de) . . . 1 . A3
LOUIS CARRAND (Rue) . . . 5 . B1-B2
LOUIS PRADEL (Place) . . . 1 . A3
LOUIS VITET (Rue) . . . 1 . A2
MAJOR MARTIN (Rue) . . . 1 . A2
MALESHERBES (Rue) . . . 6 . A4
MANDELOT (Rue) . . . 5 . B1
MARCEL GABRIEL RIVIERE (Rue) . . . 2 . C2
MARCHANDE (Allée) . . . 5 . A1-B1
MARECHAL DE SAXE (Avenue) . . . 3 . B4
MARECHAL FOCH (Avenue) . . . 6 . A4
MARECHAL LYAUTEY (Place du) . . . 6 . A4
MARIGNAN (Rue) . . . 3 . D4
MARIUS AUDIN (Rue) . . . 2 . B3
MARIUS GONIN (Rue) . . . 5 . C1-D1
MARRONNIERS (Rue des) . . . 2 . D2
MARSEILLE (Rue de) . . . 7 . D4
MARTINIERE (Rue de la) . . . 1 . A1-A2
MAZENOD (Rue) . . . 3 . C4
MEISSONIER (Rue) . . . 1 . B2
MENESTRIER (Passage) . . . 1 . B2
MERCIERE (Rue) . . . 2 . B2-C2
MEY LAVARENNE (Rue) . . . 5 . A1
MOLIERE (Impasse) . . . 6 . B4
MOLIERE (Rue) . . . 3-6 . A4-C4
MONCEY (Rue) . . . 3 . C4
MONNAIE (Rue) . . . 2 . C2
MONTAUBAN (Chemin de) . . . 5 . B1
MONTCHARMONT (Rue) . . . 2 . B3
MONTEBELLO (Rue) . . . 3 . D4
MORAND (Pont) . . . 1 . A3-A4
MORTIER (Rue) . . . 3 . D4
MOURGUET (Rue) . . . 5 . B1
MOUTON (Rue) . . . 5 . B1
MULET (Rue) . . . 1 . A3
NEUVE (Rue) . . . 1-2 . B2
NEUVE SAINT-JEAN (Place) . . . 5 . B1-C1
NICOLAS DE LANGE (Montée) . . . 1 . A2
OCTAVIO MEY (Rue) . . . 5 . A1-B1
ORAN (Rue d') . . . 1 . A2
PAIX (Place de la) . . . 1 . A2
PALAIS DE JUSTICE (Passerelle du) . . . 2 . C2
PALAIS DE JUSTICE (Rue du) . . . 5 . C1
PALAIS GRILLET (Rue du) . . . 2 . B3-C3
PAREILLE (Rue) . . . 5 . B1
PART-DIEU (Rue de la) . . . 3 . C4
PASTEUR (Rue) . . . 7 . D4
PAUL BERT (Rue) . . . 3 . C4-D4
PAUL CHENAVARD (Rue) . . . 1-2 . A2-B2
PAUL LINTIER (Rue) . . . 2 . D2

PAZZI (Rue) . . . 2 . C2
PECHERIE (Impasse de la) . . . 1 . B2
PECHERIE (Quai de la) . . . 1 . A2-B2
PETIT COLLEGE (Place du) . . . 5 . B1
PETIT DAVID (Rue) . . . 2 . C2
PETIT PASSAGE DE L'ARGUE . . . 2 . C3
PIERRE CORNEILLE (Rue) . . . 3-6 . A4-C4
PIERRE POIVRE (Rue) . . . 1 . A2
PIERRE SCIZE (Quai) . . . 5 . A1
PIZAY (Rue) . . . 1 . A3
PLAT (Rue du) . . . 2 . D1-D2
PLATIERE (Impasse de la) . . . 1 . A2-B2
PLATIERE (Rue de la) . . . 1 . B2
PLATRE (Rue du) . . . 1 . B2-B3
PLENEY (Rue) . . . 1 . B2
PORT DU TEMPLE (Rue) . . . 2 . C2
PORT NEUF (Place du) . . . 5 . D1
POULAILLERIE (Rue de la) . . . 2 . B2-B3
PRAVAZ (Rue) . . . 3 . C4
PRESIDENT CARNOT (Rue du) . . . 2 . B3-C3
PRESIDENT EDOUARD HERRIOT (Rue du) . . . 1-2 . A3-D3
PROFESSEUR LOUIS PAUFIQUE (Rue) . . . 2 . C3
PRUNELLE (Rue) . . . 1 . A1
PUITS GAILLOT (Rue) . . . 1 . A3
PUNAISE (Ruelle) . . . 5 . B1
QUATRE CHAPEAUX (Rue des) . . . 2 . B3-C3
RABELAIS (Rue) . . . 3 . B4-C4
RASPAIL (Place) . . . 7 . D4
RENE LEYNAUD (Rue) . . . 1 . A2
REPUBLIQUE (Place de la) . . . 2 . B3
REPUBLIQUE (Rue de la) . . . 1-2 . A3-D3
ROMAIN ROLLAND (Quai) . . . 5 . C1-B2
ROMARIN (Rue) . . . 1 . A2-B2
ROUVILLE (Place) . . . 1 . A1
SAINT-ANTOINE (Quai) . . . 2 . B2-C2
SAINT-BARTHELEMY (Montée) . . . 5 . B1-C1
SAINT-BENOIT (Rue) . . . 5 . A1
SAINT-BONAVENTURE (Rue) . . . 2 . B3
SAINT-CLAUDE (Rue) . . . 1 . A2
SAINTE-CATHERINE (Rue) . . . 1 . A3
SAINTE-CROIX (Rue) . . . 5 . C1
SAINTE-HELENE (Rue) . . . 2 . D1
SAINT-ELOI (Rue) . . . 5 . B1-B2
SAINTE-MARIE DES TERREAUX (Rue) . . . 1 . A2
SAINT-ETIENNE (Rue) . . . 5 . C1
SAINT-EXUPERY (Rue) . . . 2 . C1
SAINT-FRANCOIS DE SALLES (Rue) . . . 2 . D2
SAINT-GEORGES (Passerelle) . . . 5 . D1
SAINT-GEORGES (Rue) . . . 5 . C1-D1
SAINT-JEAN (Rue) . . . 5 . B1-C1
SAINT-NICOLAS (Rue) . . . 5 . B1-C1
SAINT-NIZIER (Place) . . . 1-2 . B2

SAINT-NIZIER (Rue) . . . 2 . B2-B3
SAINT-PAUL (Place) . . . 5 . B1
SAINT-PAUL (Rue) . . . 5 . A1-B1
SAINT-POLYCARPE (Impasse) . . . 1 . A2-A3
SAINT-POLYCARPE (Rue) . . . 1 . A3
SAINT-VINCENT (Passerelle) . . . 5 . A1
SAINT-VINCENT (Quai) . . . 1 . A1-A2
SALA (Rue) . . . 2 . D1-D2
SATHONAY (Place) . . . 1 . A2
SAVOIE (Rue de) . . . 2 . C2
SAVY (Rue de) . . . 6 . A4
SERBE (Quai de) . . . 6 . A4
SERGENT BLANDAN (Impasse du) . . . 1 . A2
SERGENT BLANDAN (Rue) . . . 1 . A1-A2
SERVIENT (Rue) . . . 3 . C4
SEVIGNE (Rue de) . . . 3 . C4-D4
SEZE (Rue de) . . . 6 . A4
SIMON MAUPIN (Rue) . . . 2 . D2
SŒUR LOUISE (Place) . . . 1 . A1
SOUFFLOT (Rue) . . . 5 . B2
STELLA (Rue) . . . 2 . C3
TAVERNIER (Impasse) . . . 2 . C2
TAVERNIER (Rue) . . . 1 . A2
TEMPLIERS (Rue des) . . . 2 . C2
TERME (Rue) . . . 1 . A2
TERRAILLE (Rue) . . . 1 . A2
TERREAUX (Place des) . . . 1 . A2-A3
THIAFFAIT (Passage) . . . 1 . A2
THIMONNIER (Rue) . . . 1 . A2
THOMASSIN (Rue) . . . 2 . C2-C3
THOU (Rue de) . . . 1 . A3
TILSITT (Quai) . . . 2 . C2-D2
TOBIE ROBATEL (Place) . . . 1 . A2
TOLOZAN (Place) . . . 1 . A3
TONY TOLLET (Rue) . . . 2 . D1-D2
TRAMASSAC (Rue) . . . 5 . C1
TRAMASSAC (Petite rue) . . . 5 . C1
TRINITE (Place de la) . . . 5 . C1
TRONCHET (Rue) . . . 6 . A4
TROIS MARIES (Rue des) . . . 5 . B1-C1
TUPIN (Rue) . . . 2 . B2-B3
TURQUET (Impasse) . . . 5 . B1
VALFENIERE (Rue) . . . 1 . A2
VAUBAN (Rue) . . . 6 . A4-B4
VAUBECOUR (Rue) . . . 2 . D1-D2
VERRERIE (Impasse de la) . . . 1 . A3
VICTOIRE (Rue de la) . . . 3 . C4-D4
VICTOR AUGAGNEUR (Quai) . . . 3 . B4-D4
VICTOR HUGO (Rue) . . . 2 . C2-D2
VIEILLE (Rue) . . . 1 . A2
VIEILLE (Rue de la) . . . 1 . A2
VIEL RENVERSE (Rue du) . . . 5 . C1
VILLEROY (Rue) . . . 3 . C4
VISTE (Place le) . . . 2 . C2-C3
WILSON (Pont) . . . 2-3 . C3-C4

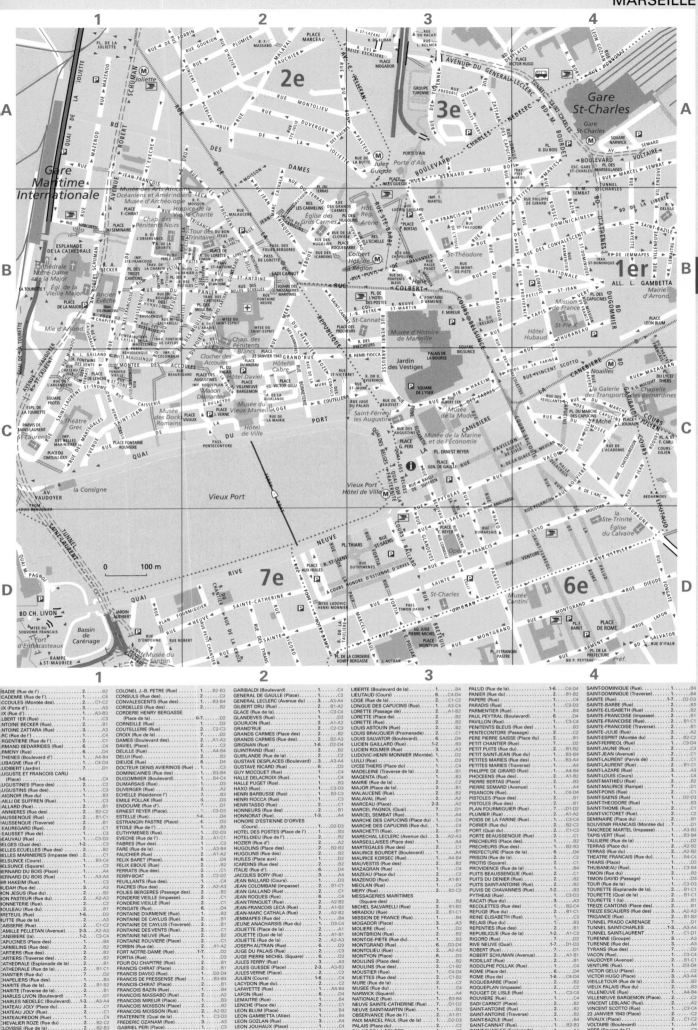

2e · 3e · 1er · 7e · 6e

ABADIE (Rue de l') .... 2 ..... B2
ACADEMIE (Rue de l') .... 1 ..... C4
ACCOULES (Montée des) .... 1 ... C1-C2
AIX (Porte d') .... 3 ..... A3
AIX (Rue d') .... 1 ... A3-B3
ALBERT 1ER (Rue) .... 1 ..... C3
ANTOINE BECKER (Rue) .... 2 ..... B1
ANTOINE ZATTARA (Rue) .... 2 ..... A3
ARC (Rue de l') .... 2 ..... C4
ARGENTIERE (Rue de l') .... 2 ..... C1
ARMAND BEDARRIDES (Rue) .... 6 ..... C4
ARMENY (Rue) .... 6 ..... D4
ATHENES (Boulevard d') A4-B4
AUBAGNE (Rue d') .... 1 ... C4-D4
AUDIBERT (Jardin) .... 7 ..... D1
AUGUSTE ET FRANCOIS CARLI
  (Place) .... 1-6 ..... C4
AUGUSTINES (Place des) .... 1 ..... C2
AUGUSTINS (Rue des) .... 1 ..... B3
AIGNOIR (Rue du) .... 1 ..... B3
AILLI DE SUFFREN (Rue) .... 1 ..... C3
ALLARD (Rue) .... 1 ..... C4
ANNIERES (Rue des) .... 2 ... B2-C2
BAUSSENQUE (Rue) .... 2 . B1-C1
BAUSSENQUE (Traverse) .... 2 ..... B1
BEAUREGARD (Rue) .... 2 ..... C1
BEAUSSET (Rue du) .... 1 ... C3-D3
BEAUVAU (Rue) .... 1 ..... C3
BELGES (Quai des) .... 1 ..... C3
BELLES ECUELLES (Rue des) .... 2 ..... C1
BELLES MARINIERES (Impasse des) .... 1 ..... C1
BELSUNCE (Cours) .... 1 ... B3-C4
BELSUNCE (Square) .... 1 ..... B3
BERNARD DU BOIS (Rue) .... 2 . A3-A4
BERNARD-BOAT (Rue) .... 2 ..... A4
BIR HAKEIM (Rue) .... 1 ..... C4
BLIDAH (Rue de) .... 3 ..... A3
BON JESUS (Rue du) .... 2 ..... C1
BON PASTEUR (Rue du) A2-A3
BONNETERIE (Rue) .... 2 ..... B1
BOULEAU (Rue du) .... 1 ..... B1
BRETEUIL (Rue) .... 1-6 ..... D3
BUTTE (Rue de la) .... 2 ..... C2
CAISSERIE (Rue) .... 2 ... C1-C2
CAMILLE PELLETAN (Avenue) .... 2-3 ... A3-B4
CANEBIERE (Place de la) .... 1-2 ... C3-C4
CAPUCINES (Place des) .... 1 ..... C4
CARMELINS (Rue des) .... 2 ..... B2
CARTIERS (Rue des) .... 2 ..... B2
CARTIERS (Traverse des) .... 2 ..... B2
CATHEDRALE (Esplanade de la) .... 1 ..... B1
CHANTIER (Rue du) .... 7 ..... D2
CHAPELIERS (Rue des) .... 1 ..... B1
CHARITE (Rue de la) B1-B2
CHARITE (Traverse de la) .... 1 ..... B2
CHARLES LIVON (Boulevard) .... 1 ..... D1
CHARLES NEDELEC (Boulevard) .... 1-3 ... A3-A4
CHATEAU JOLY (Rue du) .... 1 ..... C1
CHATEAU JOLY (Place du) .... 1 ..... C1
CHAUREDON (Rue du) .... 1 ..... C2
CHEVALIER ROZE (Rue du) .... 1 ... B2-C2
COLBERT (Rue) .... 1-2 ... B2-B3

COLONEL J.-B. PETRE (Rue) .... 1 ... B2-B3
CONSULS (Rue des) .... 2 ..... C2
CONVALESCENTS (Rue des) .... 1 ... B3-B4
CORDELLES (Rue des) .... 1 ..... C1
CORDERIE HENRY BERGASSE
  (Place de la) .... 6-7 ..... D2
CORNEILLE (Rue) .... 1 ..... D3
COUTELLERIE (Rue) .... 2 ... C2-C3
CROIX (Rue de la) .... 7 ..... D2
DAMES (Boulevard des) A1-A3
DAVIEL (Place) .... 2 ..... D2
DELILLE (Place) .... 1 ... A4-B4
DELUI (Rue du) .... 2 ..... B2
DIEUDE (Rue) .... 6 ..... D4
GUIRLANDE (Rue de la) .... 2 ..... C2
DOCTEUR DENIS AVIERINOS (Rue) .... 6 ..... D3
DOMINICAINES (Rue des) .... 1 ... B3-B4
DUGOMMIER (Boulevard) .... 1 ... B4-C4
DUMARSAIS (Rue) .... 7 ..... D4
DUVERGER (Rue) .... 2 ..... A2
ECHELLE (Résidence l') .... 2 ..... B2
EMILE POLLAK (Rue) .... 6 ..... D3
ENDOUME (Rue d') .... 7 ..... D1
ERNEST REYER (Place) C3-C4
ESTELLE (Rue) .... 1-6 ..... D4
ESTRANGIN PASTRE (Place) .... 6 ..... D4
ETOILE (Rue de l') .... 1 ..... B3
EUTHYMENES (Rue) .... 1 ... D2-D3
EVECHE (Rue de l') .... 1 ... A1-C1
FABRES (Rue des) .... 1 ..... C4
FARE (Rue de la) .... 1 ... A3-B4
FAUCHIER (Rue) .... 2 ... A1-A2
FELIX BARET (Place) .... 6 ..... D4
FELIX EBOUE (Rue) .... 2 ..... B2
FERRATS (Rue des) .... 2 ..... C1
FERRY-BOAT .... 1 ..... C2
FEUILLANTS (Rue des) .... 2 ... C3-C4
FIACRES (Rue des) .... 2 ..... A2
FOLIES BERGERES (Passage des) ...... 2 . B1-C1
FONDERIE VIEILLE (Impasse) .... 2 ..... C1
FONDERIE VIEILLE (Rue) .... 2 ..... C1
FONGATE (Rue) .... 6 ..... D4
FONTAINE D'ARMENE (Place) .... 1 ..... B4
FONTAINE DE CAYLUS (Rue) .... 2 ..... C1
FONTAINE DE CAYLUS (Traverse) .... 2 ..... C1
FONTAINE DES VENTS (Rue) .... 1 ..... B1
FONTAINE NEUVE (Rue) .... 1 ..... B2
FONTAINE ROUVIERE (Place) .... 1 ..... C2
FORBIN (Rue de) .... 2 ... A1-A2
FORT NOTRE-DAME (Rue) .... 1-7 ..... D2
FORTIA (Rue) .... 1 ..... D3
FOUR DU CHAPITRE (Rue du) .... 1 ..... B1
FRANCIS CHIRAT (Place) .... 1 ..... B1
FRANCIS CHIRAT (Rue) .... 1 ..... C1
FRANCIS DE PRESSENSE (Rue) B3-B4
FRANCIS-CHIRAT (Rue) .... 1 ..... B1
FRANCOIS BAZIN (Rue) .... 2 ..... B1
FRANCOIS MASSABO (Place) .... 2 ..... A2
FRANCOIS MIREUR (Place) .... 1 ..... B4
FRANCOIS MOISSON (Rue) .... 2 ..... B2
FRATERNITE (Quai de la) .... 1 ..... C3
FREDERIC OZANAM (Rue) .... 3 ..... A3
GABRIEL PERI (Place) .... 1 ..... C2
GARE SAINT-CHARLES (Escalier) ...... 1 ..... A4

GARIBALDI (Boulevard) .... 1 ..... C4
GENERAL DE GAULLE (Place) .... 1 ..... C3
GENERAL LECLERC (Avenue du) ...... 3 ... A3-A4
GILBERT DRU (Rue) .... 2 ... B1-A2
GLACE (Rue de la) .... 2 ... C3-C4
GLANDEVES (Rue) .... 1 ..... D3
GOURJON (Rue) .... 2 ... A1-A2
GRAND'RUE .... 2 ... C2-C3
GRANDS CARMES (Place des) .... 2 ..... B2
GRANDS CARMES (Rue des) .... 2 ... B1-B2
GRIGNAN (Rue) .... 1-6 ... D2-D4
GLINTRAND (Rue) .... 2 ..... B2
GUIRLANDE (Rue de la) .... 2 ..... C2
GUSTAVE DESPLACES (Boulevard) .... 3 . A3-A4
GUSTAVE RICARD (Rue) .... 6 ..... D3
GUY MOCQUET (Rue) .... 2 ..... B3
HALLE DELACROIX (Rue) .... 1 ..... B3
HALLE PUGET (Rue) .... 1 ..... B3
HAXO (Rue) .... 1 ..... C4
HENRI BARBUSSE (Rue) .... 1 ... B3-C3
HENRI FIOCCA (Rue) .... 1 ..... C3
HENRITASSO (Rue) .... 2 ..... C1
HONNEURS (Rue des) .... 2 ..... B1
HONORAT (Rue) .... 2 ..... A3
HONORE D'ESTIENNE D'ORVES
  (Cours) .... 1 ... D2-D3
HOTEL DES POSTES (Place de l') .... 1 ..... B3
HOTEL-DIEU (Rue) .... 2 ..... C2
HOZIER (Rue d') .... 2 ..... A2
HUGOLINS (Place des) .... 2 ... B2-B3
HUGOLINS (Rue des) .... 2 ..... B2
HUILES (Place aux) .... 1 ..... D2
ICARDINS (Rue des) .... 2 ..... B2
ITALIE (Rue d') .... 6 ..... D4
JACQUES BORY (Rue) .... 3 ..... A4
JEAN BALLARD (Cours) .... 1 ..... D3
JEAN COLOMBAN (Impasse) .... 2 . B1-C1
JEAN GALLAND (Rue) .... 2 ..... B2
JEAN ROQUES (Rue) .... 6 ..... D4
JEAN-TRINQUET (Rue) .... 2 . A2-B2
JEAN-FRANCOIS LECA (Rue) .... 1 ... A1-B2
JEAN-MARC CATHALA (Rue) .... 2 ..... B2
JEUNE ANACHARSIS (Rue du) .... 1 . D3-C4
JOLIETTE (Place) .... 2 ..... A1
JOLIETTE (Quai de la) .... 2 ..... A1
JOLIETTE (Rue de la) .... 2 . A2-A3
JOSEPH AUTRAN (Rue) .... 6 ..... D3
JUGE DU PALAIS (Rue) .... 2 ..... C3
JUGE PIERRE MICHEL (Square) .... 2 ..... D2
JULES FERRY (Rue) .... 2 ..... D2
JULES GUESDE (Place) .... 2-3 ... A3-B3
JULES VERNE (Rue) .... 1 ..... C2
JULIEN (Cours) .... 1-6 ..... C4
LACYDON (Rue du) .... 1 ..... C1
LAFAYETTE (Rue) .... 1 ... A4-B4
LAFON (Rue) .... 6 ..... D4
LEMAITRE (Rue) .... 1 ..... A4
LENCHE (Place de) .... 2 ..... C1
LEON BLUM (Place) .... 1 ..... B4
LEON GAMBETTA (Allée) .... 2 . A1-B1
LEON GOZLAN (Place) .... 1 ..... A4
LEON JOUHAUX (Rue) .... 1 ..... C4
LES CARMELINS (Résidence) .... 2 ..... B2

LIBERTE (Boulevard de la) .... 1 ..... B4
LIEUTAUD (Cours) .... 6 ... C4-D4
LOGE (Rue de la) .... 1 ... C1-C2
LONGUE DES CAPUCINS (Rue) .... 1 ... A3-C4
LORETTE (Passage de) .... 2 . A1-B2
LORETTE (Rue de) .... 2 ..... B2
LORETTE (Rue) .... 2 ..... B2
LOUIS ASTOUIN (Rue) .... 2 ..... C2
LOUIS BRAUQUIER (Promenade) ...... 2 ..... A2
LOUIS SALVATOR (Boulevard) .... 6 ..... D4
LUCIEN GAILLARD (Rue) .... 1-2 ..... B3
LUCIEN ROLMER (Rue) .... 3 ..... A3
LUDOVIC-HENRI MONNIER (Montée) . 1 ..... D2
LULLI (Rue) .... 1 ..... B3
LYCEE THIERS (Rue du) .... 2 ..... B4
MADELEINE (Traverse de la) .... 2 ..... B1
MAGENTA (Rue) .... 1 ..... B3
MAIRIE (Rue de la) .... 2 ..... C2
MAJOR (Place de la) .... 1 ..... B1
MALAUCENE (Rue) .... 2 ..... B1
MALAVAL (Rue) .... 2 ..... A1
MARCEAU (Place) .... 2 ..... A2
MARCEAU (Rue) .... 2-3 ..... A2
MARCEL PAGNOL (Quai) .... 1 ..... D1
MARCEL SEMBAT (Rue) .... 1 ..... A4
MARCHE DES CAPUCINS (Place du) ... 1 ..... C4
MARCHE DES CAPUCINS (Rue du) ..... 1 ..... C4
MARCHETTI (Rue) .... 2 ..... C1
MARECHAL LECLERC (Avenue du) .. 3 ... A2-A3
MARSEILLAISES (Place des) .... 1 ..... A4
MARTEGALES (Rue des) .... 2 ..... C1
MAURICE BOURDET (Boulevard) .... 1 ..... A4
MAURICE KORSEC (Rue) .... 1 ..... C4
MAUVESTIS (Rue des) .... 2 ..... B2
MAZAGRAN (Rue) .... 1 ..... B4
MAZEAU (Place du) .... 2 ..... C2
MAZENOD (Rue) .... 2 . A1-B1
MEOLAN (Rue) .... 1 ..... C4
MERY (Rue) .... 2 . B2-C2
MESSAGERIES MARITIMES
  (Square des) .... 2 ..... A1
MICHEL SALVARELLI (Rue) .... 2 ..... B1
MIRADOU (Rue d') .... 2 . B1-C1
MISSION DE FRANCE (Rue) .... 1 ..... B4
MOGADOR (Place) .... 3 ..... A3
MOLIERE (Rue) .... 1 ..... B3
MONTBRION (Rue) .... 2 ..... B1
MONTE-DE-PIETE (Rue du) .... 1 ..... B3
MONTGRAND (Rue) .... 6 . D3-D4
MONTMIGNON (Rue) .... 2 . A2-A3
MONTYON (Place) .... 7 ..... D2
MOULINS (Place des) .... 1 ..... C1
MOULINS (Rue des) .... 1 ..... C1
MOUSTIER (Rue) .... 1 ..... C4
MUETTES (Rue des) .... 1 ..... B2
MURE (Rue de la) .... 2 ... C2-C3
MUSEE (Rue du) .... 1 ..... C3
NARWICK (Square) .... 1 ..... A4
NATIONALE (Rue) .... 1 ... B3-B4
NEUVE SAINTE-CATHERINE (Rue) ..... 7 . D1-D2
NEUVE SAINT-MARTIN (Rue) .... 1 ..... B4
OBSERVANCE (Rue de l') .... 2 . A1-B1
PAIX MARCEL PAUL (Rue de la) .... 1 . D2-D3
PALAIS DE LA BOURSE (Place) .... 1 ..... C3

PALUD (Rue de la) .... 1-6 ... C4-D4
PANIER (Rue du) .... 2 . B1-B2
PAPERE (Rue) .... 2 ..... B1
PARADIS (Rue) .... 1 ... C3-D3
PARMENTIER (Rue) .... 2 ..... A4
PAUL PEYTRAL (Boulevard) .... 6 ..... D4
PAVILLON (Rue) .... 1 ..... C4
PERE PIERRE SAISSE (Place du) .... 2 ..... D4
PENITENTS BLEUS (Rue des) .... 1 ..... B3
PENTECONTORE (Passage) .... 7 ..... C2
PETIT CHANTIER (Rue du) .... 7 ..... D2
PETIT PUITS (Rue du) .... 2 ..... C1
PETIT SAINT-JEAN (Rue du) .... 1 . B3-B4
PETITES MARIES (Rue des) .... 1 . B3-A4
PETITES MARIES (Traverse) .... 1 ..... A4
PHILIPPE DE GIRARD (Rue) .... 1 . A4-B4
PHOCEENS (Rue des) .... 2 . A1-B2
PIERRE BERTAS (Place) .... 1 ..... B3
PIERRE SEMARD (Avenue) .... 1 ..... A4
PISANCON (Rue) .... 1 . C4-D4
PISTOLES (Place des) .... 2 ..... C1
PISTOLES (Rue des) .... 2 ..... C1
PLAN FOURMIGUIER (Rue) .... 7 . D1-D2
PLUMIER (Rue) .... 2 ..... A2
POIDS DE LA FARINE (Rue) .... 2 ..... B2
POIRIER (Rue) .... 2 . B2-C2
PORT (Quai du) .... 1 . C1-C3
PORTE BEAUSSENQUE (Rue) .... 2 ..... C1
PRECHEURS (Rue des) .... 2 ..... C2
PRECHEURS (Rue des) .... 2 ..... C2
PREFECTURE (Place de la) .... 6 ..... D4
PRISON (Rue de la) .... 1 ..... C2
PROTIS (Square) .... 2 ..... C1
PROVIDENCE (Rue de la) .... 1 ..... B4
PUITS BEAUSSENQUE (Rue) .... 2 ..... C1
PUITS DU DENIER (Rue) .... 1 ..... B1
PUITS SAINT-ANTOINE (Rue) .... 1 ..... B1
PUVIS DE CHAVANNES (Rue) .... 1-2 ..... B3
PYTHEAS (Rue) .... 1 ..... D3
RACATI (Rue) .... 3 ..... A3
RECOLETTES (Rue des) .... 1 ... B1-B2
REFUGE (Rue du) .... 2 ..... C1
REINE ELISABETH (Rue) .... 1 ..... B3
RELAIS (Rue) .... 1 ..... C1
REPENTIES (Rue des) .... 2 ..... B2
REPUBLIQUE (Rue de la) .... 1-2 ... A1-C2
RIGORD (Rue) .... 7 ..... D2
RIVE NEUVE (Quai) .... 1-7 ... D1-D3
ROBERT (Rue) .... 2 ... A1-B1
ROBERT SCHUMAN (Avenue) .... 1 . A1-B1
RODILLAT (Rue) .... 1 ..... C2
RODOLPHE POLLAK (Rue) .... 1 ..... C4
ROME (Rue de) .... 6 . C4-D4
ROQUEBARBE (Place) .... 1 ..... C4
ROQUEPLAN (Impasse) .... 1 ..... C4
ROUGET DE LISLE (Rue) .... 1 ..... C3
ROUVIERE (Rue) .... 1 ..... C2
SADI CARNOT (Place) .... 2 ..... B1
SAINT-ANTOINE (Rue) .... 2 ..... B1
SAINT-ANTOINE (Traverse) .... 2 ..... B1
SAINT-BAZILE (Rue) .... 1 . B4-C4
SAINT-CANNAT (Rue) .... 2 ..... C2
SAINT-CHARLES (Esplanade) .... 2 ..... A4

SAINT-DOMINIQUE (Rue) .... 1 ..... B4
SAINT-DOMINIQUE (Traverse) .... 1 ..... B4
SAINTE (Rue) .... 1-7 ... D2-D3
SAINTE-BARBE (Rue) .... 1 ..... B3
SAINTE-ELISABETH (Rue) .... 2 ..... B2
SAINTE-FRANCOISE (Impasse) .... 1 ..... B1
SAINTE-FRANCOISE (Rue) .... 2 . B1-C1
SAINTE-FRANCOISE (Traverse) .... 1 ..... B1
SAINTE-JULIE (Rue) .... 1 ..... A2
SAINT-ESPRIT (Montée du) .... 2 . B2-C2
SAINT-FERREOL (Rue) .... 1 . C3-D4
SAINT-JAUNE (Rue) .... 2 ..... C3
SAINT-JEAN (Avenue) .... 1 ..... C1
SAINT-LAURENT (Parvis de) .... 1 ..... C1
SAINT-LAURENT (Rue) .... 1 . B1-C1
SAINT-LAZARE (Rue) .... 3 ..... A3
SAINT-LOUIS (Cours) .... 1 ..... C4
SAINT-MATHIEU (Rue) .... 2 ..... C1
SAINT-MAURICE (Rampe) .... 7 ..... D1
SAINT-PONS (Rue) .... 1 ..... C1
SAINT-SAENS (Rue) .... 1 . D3-D4
SAINT-THEODORE (Rue) .... 1 ..... B3
SAINT-THOME (Rue) .... 1 ..... C2
SAINT-VICTORET (Rue) .... 2 ..... C2
SEMINAIRE (Rue du) .... 1 ..... B1
SOUVENIR FRANCAIS (Montée du) ..... 7 ..... D1
TANCREDE MARTEL (Impasse) ...... 1 . A3-B3
TAPIS VERT (Rue) .... 1 . B3-B4
TAULIERE (Rue) .... 2 ..... D2
TERRAS (Place du) .... 2 . A2-B2
TERRAS (Rue du) .... 2 ..... B2
THEATRE FRANCAIS (Rue du) .... 1 . B3-B4
THIARS (Place) .... 1 ..... C4
THUBANEAU (Rue) .... 1 ..... B4
TIMON (Rue du) .... 1 ..... D2
TIMON DAVID (Passage) .... 1 ..... D3
TOUR (Rue de la) .... 1 ..... C2
TOURETTE (Esplanade de la) .... 1 ..... B1
TOURETTE (Quai de la) .... 1 . B1-C1
TOURETTE (Rue de la) .... 2 ..... B1
TREIZE CANTONS (Place) .... 1 ..... B1
TREIZE ESCALIERS (Rue des) .... 2 . A2-A3
TRIGANCE (Rue) .... 1 . B1-B2
TUNNEL PRADO CARENAGE .... 1-3 . A3-A4
TUNNEL SAINT-CHARLES .... 1 ..... A4
TUNNEL SAINT-LAURENT .... 1 ..... D1
TURENNE (Groupe) .... 3 ..... A3
TURENNE (Rue de) .... 3 ..... A3
TYRANS (Rue des) .... 1 ..... D2
VACON (Rue) .... 1 ..... C3
VAUDOYER (Avenue) .... 1 . B1-C1
VENTURE (Rue) .... 1 . C3-D3
VICTOR GELU (Rue) .... 1 ..... B2
VICTOR HUGO (Place) .... 3 . A3-A4
VIEILLETOUR (Rue de la) .... 1 ..... B2
VIEUX PALAIS (Rue du) .... 2 ..... B2
VILLENEUVE (Rue) .... 1 . A4-B4
VILLENEUVE BARGEMON (Place) ... 1 ..... B2
VINCENT LEBLANC (Rue) .... 2 ..... A2
VINCENT SCOTTO (Rue) .... 2 . C3-C4
23 JANVIER 1943 (Place) .... 2 . C1-C2
VIVAUX (Rue) .... 1 . C1-C2
VOLTAIRE (Boulevard) .... 1 ..... A4
YSER (Square de l') .... 1 ..... C3

METZ

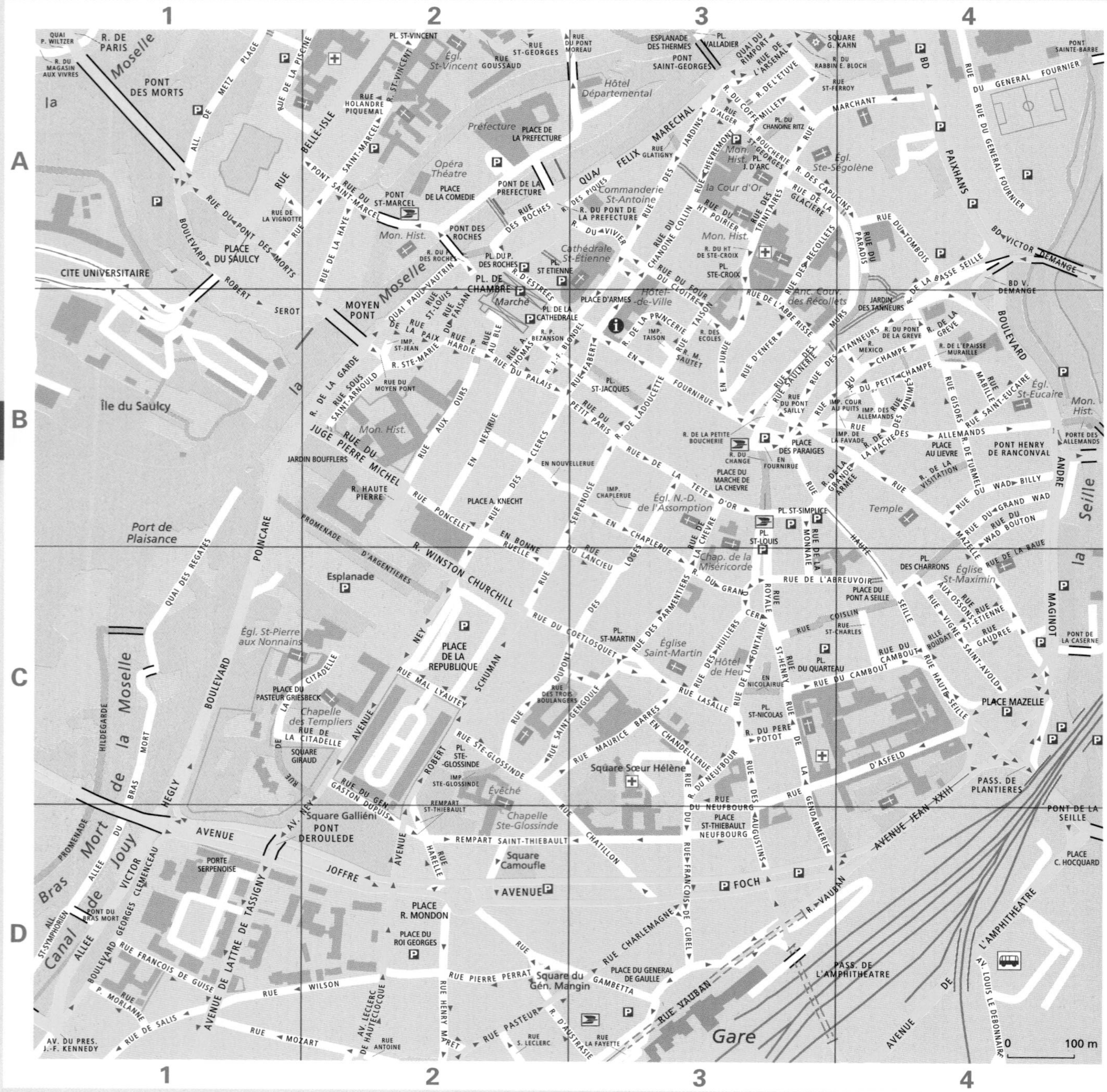

ABBE RISSE (Rue de l') B3
ABREUVOIR (Rue de l') C3-C4
ALGER (Rue d') A3
ALLEMANDS (Impasse des) B4
ALLEMANDS (Porte des) B4
ALLEMANDS (Rue des) B3-B4
AMBROISE THOMAS (Rue) B2
AMPHITHEATRE (Avenue de l') C4-D4
AMPHITHEATRE (Passage de l') D3-D4
ANDRE MAGINOT (Boulevard) A4-C4
ANTOINE (Rue) D2
ARGENTIERES (Promenade d') B1-C2
ARMAND KNECHT (Place) B2
ARMES (Place d') A3-B3
ARSENAL (Rue de l') A3
ASFELD (Rue d') D3-C4
AUGUSTINS (Rue des) C3-D3
AUSTRASIE (Rue d') D2-D3
BASSE SEILLE (Rue de la) A4-B4
BAUE (Rue de la) B4-C4
BELLE-ISLE (Rue) A1-A2
BLE (Rue au) B2
BOUCHERIE SAINT-GEORGES (Rue) A3
BOUDAT (Ruelle) C4
BOUFFLERS (Jardin) B2
BRAS MORT (Allée du) C1-D1
BRAS MORT (Pont du) D1
CAMBOUT (Rue du) C3-C4
CAMILLE HOCQUARD (Place) D4
CAPUCINS (Rue des) A3-A4
CASERNE (Pont de la) C4
CATHEDRALE (Place de la) B2
CHAMBRE (Place de) A2
CHAMPE (Rue du) B3-B4
CHANGE (Rue du) B3
CHANOINE COLLIN (Rue du) A3
CHANOINE RITZ (Place du) A3
CHAPLERUE (Impasse) B3
CHARLEMAGNE (Rue) D3
CHARRONS (Place des) B4-C4
CHATILLON (Rue) C2-D3
CHEVRE (Rue de la) B3-C3
CHEVREMONT (Rue) A3
CITADELLE (Rue de la) C1-C2
CLERCS (Rue des) B2-C2
COETLOSQUET (Rue du) C2-C3
COFFE MILLET (Rue du) A3
COISLIN (Rue) C3-C4
COMEDIE (Place de la) A2
COUR AU PUITS (Impasse) B4
DEROULEDE (Pont) D1
DUPONT DES LOGES (Rue) C2-B3
ECOLES (Rue des) B3
EN BONNE RUELLE B2-C2
EN CHANDELLERUE C3
EN CHAPLERUE B3-C3
EN FOURNIRUE B3
EN JURUE B3
EN NEXIRUE B2
EN NICOLAIRUE C3
EN NOUVELLERUE B2-B3
ENFER (Rue d') B3
EPAISSE MURAILLE (Rue de l') B4
ESTREES (Rue d') A2-B2
ETUVE (Rue de l') A3
FABERT (Rue) B2-B3
FAISAN (Rue du) A2-B2
FAVADE (Impasse de la) B3-B4
FELIX MARECHAL (Quai) A2-A3
FOCH (Avenue) D2-D3
FONTAINE (Rue de la) C3
FOUR DU CLOITRE (Rue du) A3-B3
FRANCOIS DE CUREL (Rue) D3
FRANCOIS DE GUISE (Rue) D1
GAMBETTA (Rue) D2-D3
GARDE (Rue de la) B2
GAUDREE (Rue) C4
GENDARMERIE (Rue de la) C3-D3
GENERAL DE GAULLE (Place du) D3
GENERAL FOURNIER (Rue du) A4
GENERAL GASTON DUPUIS (Rue du) C2-D2
GEORGES CLEMENCEAU (Boulevard) D1
GIRAUD (Square) C2
GISORS (Rue) B4
GLACIERE (Rue de la) A3-A4
GLATIGNY (Rue) A3
GOUSSAUD (Rue) A2
GRAND CERF (Rue du) C3
GRAND WAD (Rue du) B4
GRANDE ARMEE (Rue de la) B3-B4
GREVE (Rue de la) B4
GUSTAVE KAHN (Square) A3
HACHE (Rue de la) B4
HARELLE (Rue) D2
HAUT DE SAINTE-CROIX (Rue du) A3
HAUT POIRIER (Rue du) A3
HAUTE PIERRE (Rue) B2
HAUTE SEILLE (Rue) B3-C4
HAYE (Rue de la) A2-B2
HENRY DE RANCONVAL (Pont) B4
HENRY MARET (Rue) D2
HILDEGARDE (Promenade) C1-D1
HOLANDRE PIQUEMAL (Rue) A2
HUILIERS (Rue des) C3
JACQUES-FRANCOIS BLONDEL (Rue) B2-B3
JARDINS (Rue des) A3
JEAN XXIII (Avenue) C4-D4
JEANNE D'ARC (Place) A3
JOFFRE (Avenue) D1-D2
JUGE PIERRE MICHEL (Rue du) B2
LADOUCETTE (Rue de) B3
LANCIEU (Rue du) B2-C3
LA FAYETTE (Rue) D3
LASALLE (Rue) C3
LATTRE DE TASSIGNY (Avenue de) D1
LECLERC DE HAUTECLOCQUE (Avenue) D2
LIEVRE (Place au) B4
LOUIS LE DEBONNAIRE (Avenue) D4
MABILLE (Rue) B4
MAGASIN AUX VIVRES (Rue du) A1
MARCHANT (Rue) A3-A4
MARCHE DE LA CHEVRE (Place du) B3
MARECHAL LYAUTEY (Rue) C2
MARIE SAUTET (Rue) B3
MAURICE BARRES (Rue) C2-C3
MAZELLE (Place) C4
MAZELLE (Rue) B3-C4
METZ PLAGE (Allée de) A1
MEXICO (Rue) B4
MINIMES (Rue des) B4
MONNAIE (Rue de la) B3-C3
MORTS (Pont des) A1
MOYEN PONT B2
MOYEN PONT (Rue du) B2
MOZART (Rue) D1-D2
MURS (Rue des) B3-A4
NEUFBOURG (Rue du) C3-D3
NEY (Avenue) D1-C2
OSSONS (Rue aux) C4
OURS (Rue aux) B2
PAIX (Rue de la) B2
PAIXHANS (Boulevard) A4
PALAIS (Rue du) B2
PARADIS (Rue du) A4
PARAIGES (Place des) B3
PARIS (Rue de) A1
PARMENTIERS (Rue des) C3
PASTEUR (Rue) D2
PASTEUR GRIESBECK (Place du) C2
PAUL BEZANSON (Rue) B2-B3
PAUL VAUTRIN (Quai) A2-B2
PAUL WILTZER (Quai) A1
PERE POTOT (Rue du) C3
PETIT CHAMPE (Rue du) B4
PETIT PARIS (Rue du) B2-B3
PETITE BOUCHERIE (Rue de la) B3
PIERRE HARDIE (Rue) B2
PIERRE MORLANNE (Rue) D1
PIERRE PERRAT (Rue) D2
PIQUES (Rue des) A2-A3
PISCINE (Rue de la) A1-A2
PLANTIERES (Passage de) C4
POINCARE (Boulevard) D1-B2
PONCELET (Rue) B2
PONT A SEILLE (Place du) C4
PONT DE LA GREVE (Rue du) B4
PONT DE LA PREFECTURE (Rue du) A2
PONT DES MORTS (Rue du) A1-B2
PONT DES ROCHES (Place du) A2
PONT DES ROCHES (Rue du) A2
PONT MOREAU (Rue du) A2-A3
PONT SAILLY (Rue du) B3
PONT SAINT-MARCEL (Rue du) A1-A2
PREFECTURE (Place de la) A2-A3
PREFECTURE (Pont de la) A2
PRESIDENT J.F. KENNEDY (Avenue du) D1
PRINCERIE (Rue de la) B3
QUARTEAU (Place du) C3
RABBIN ELIE BLOCH (Rue du) A3
RAYMOND MONDON (Place) D2
RECOLLETS (Rue des) B3-A4
REGATES (Quai des) B1-C1
REPUBLIQUE (Place de la) C2
RIMPORT (Quai du) A3
ROBERT SCHUMAN (Avenue) C2-D2
ROBERT SEROT (Boulevard) A1-B2
ROCHES (Pont des) A2
ROCHES (Rue des) A2
ROI GEORGE (Place du) D2
ROYALE (Rue) C3
SAINT-CHARLES (Rue) C4
SAINT-ETIENNE (Place) B2-A3
SAINT-ETIENNE (Rue) C4
SAINT-EUCAIRE (Rue) B4
SAINT-FERROY (Rue) A3
SAINT-GENGOULF (Rue) C2-C3
SAINT-GEORGES (Pont) A3
SAINT-GEORGES (Rue) A2
SAINT-HENRY (Rue) C3
SAINT-JACQUES (Place) B3
SAINT-JEAN (Impasse) B2
SAINT-LOUIS (Place) B3-C3
SAINT-LOUIS (Rue) A2-B2
SAINT-MARCEL (Pont) A2
SAINT-MARCEL (Rue) A1-A2
SAINT-MARTIN (Place) C3
SAINT-NICOLAS (Place) C3
SAINT-SIMPLICE (Place) B3
SAINT-SYMPHORIEN (Allée) D1
SAINT-THIEBAULT (Place) D3
SAINT-THIEBAULT (Rempart) C2-D3
SAINT-VINCENT (Place) A2
SAINT-VINCENT (Rue) A2
SAINTE-BARBE (Pont) A4
SAINTE-CROIX (Place) A3
SAINTE-GLOSSINDE (Impasse) C2
SAINTE-GLOSSINDE (Place) C2
SAINTE-GLOSSINDE (Rue) C2
SAINTE-MARIE (Rue) B2
SALIS (Rue de) D1
SAULCY (Place du) A1
SAULNERIE (Rue) B3
SEBASTIEN LECLERC (Rue) D2
SEILLE (Pont de la) D4
SERPENOISE (Porte) D1
SERPENOISE (Rue) C2-B3
SOUS SAINT-ARNOULD (Rue) B2
TAISON (Impasse) B3
TAISON (Rue) A3-B3
TANNEURS (Jardin des) B4
TANNEURS (Rue des) B3-B4
TETE D'OR (Rue de la) B3
THERMES (Esplanade des) A3
TOMBOIS (Rue du) A4
TRINITAIRES (Rue des) A3
TROIS BOULANGERS (Rue des) C2-C3
TURMEL (Rue de) B4
UNIVERSITAIRE (Cité) A1-B1
VALLADIER (Place) A3
VAUBAN (Rue) D3-D4
VICTOR DEMANGE (Boulevard) A4-B4
VICTOR HEGLY (Allée) C1-D1
VIGNE SAINT-AVOLD (Rue) C4
VIGNOTTE (Rue de la) A1-A2
VISITATION (Rue de la) B4
VIVIER (Rue du) A2-A3
WAD BILLY (Rue du) B4
WAD BOUTON (Rue du) B4-C4
WILSON (Rue) D1-D2
WINSTON CHURCHILL (Rue) B2-C2

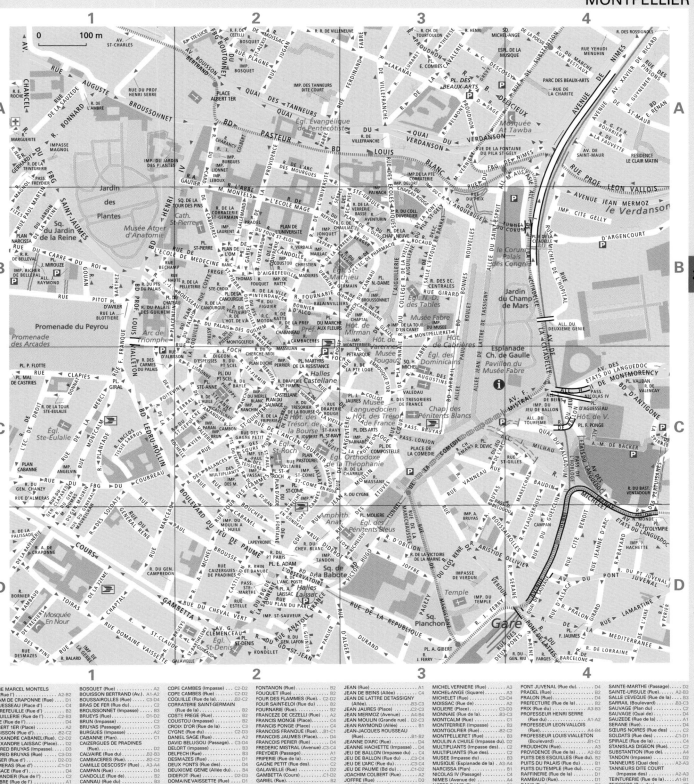

ABBE MARCEL MONTELS (Rue l') ... A2-B2
ADAM DE CRAPONNE (Rue) ... D1
AGUESSEAU (Place d') ... C4
AIGREFEUILLE (Rue d') ... B2
AIGUILLERIE (Rue d') ... B2
AIRE (Rue de l') ... D4
ALBERT 1ER (Place) ... A2
ALBISSON (Rue d') ... B2-C2
ALEXANDRE CABANEL (Rue) ... D2
ALEXANDRE LAISSAC (Place) ... D2
ALFRED BRUYAS (Impasse) ... D3
ALFRED BRUYAS (Rue) ... C3-D3
ALGER (Rue d') ... D2-D3
ALMERAS (Rue d') ... C2-D1
ALSACE (Rue d') ... D4
AMANDIER (Rue de l') ... A1
AMBRE (Rue de l') ... A1
ANATOLE FRANCE (Rue) ... D2
ANCIEN COURRIER (Rue de l') ... C2
ANCIENNE POSTE (Rue de l') ... B3
ANDRE MICHEL (Rue) ... C2
ANGELVIN (Impasse) ... C1
ANNE-MARIE DE BACKER (Allée) ... C4
ANTIGONE (Boulevard d') ... C4
ARC DES MOURGUES (Rue de l') ... A3
ARGENCOURT (Rue d') ... C2-C3
ARISTIDE OLLIVIER (Rue) ... D3-D4
ARMAND GAUTIER (Rue) ... A3
ARQUEBUSE (Rue de l') ... B3
ARTS ... B2-C2
ASTRUC (Rue) ... C2
AUGUSTE BROUSSONNET (Rue) ... A1-A2
AUGUSTE GIBERT (Place) ... D3
AUGUSTINS (Rue des) ... C3
AVENTURIN (Rue de l') ... B3
AVILER (Place d') ... B1
BALARD (Rue) ... D1
BALANCES (Rue des) ... C2
BARALERIE (Rue) ... B2-C2
BARNABE (Impasse) ... C3
BARRALERIE (Rue) ... B1
BARTHEZ (Rue) ... B1
BASTION VENTADOUR (Rue du) ... C4-D4
BAUDIN (Rue) ... C3-C4
BAYARD (Rue) ... D3
BAYLE (Rue du) ... B2
BEAUX-ARTS (Parc des) ... A4
BELCHAMP (Rue) ... B3
BELMONT (Rue) ... A4
BERGER (Rue du) ... B3
BERNARD DE TREVIERS (Rue) ... A3
BERNARD DELICIEUX (Rue) ... A3-A4
BLOTTIERE (Rue la) ... B1
BOCAUD (Rue) ... B3
BONNARD (Rue) ... B1
BONNES NOUVELLES(Bd.) ... C3
BONNIER D'ALCO (Rue) ... B3
BORNIER (Rue) ... D1
BOSQUET (Impasse) ... A2

BOSQUET (Rue) ... A2
BOUISSON BERTRAND (Av.) ... A1-A2
BOUSSAIROLLES (Rue) ... C3-D4
BRAS DE FER (Rue du) ... C2
BROUSSONNET (Impasse) ... B3
BRUEYS (Rue) ... B3
BRUN (Impasse) ... C2
BURGUES (Plan) ... A2
CABANNE (Plan) ... C1
CAMBACERES (Rue) ... B2-C2
CAMILLE DESCOSSY (Rue) ... A3-A4
CAMPAN (Rue) ... C2
CANDOLLE (Rue de) ... B2
CANNAU (Rue de) ... B3
CANOURGUE (Place de la) ... B2
CANOURGUE (Rue de la) ... B2
CARBONNERIE (Rue de la) ... B3
CARDINAL DE CABRIERES (Rue du) ... B2-C2
CARMES DU PALAIS (Rue des) ... C1-C2
CARRE DU ROI (Rue du) ... B1
CASTEL MOTON (Rue) ... B2
CASTELLANE (Place) ... C2
CASTELNAU (Rue du) ... C2
CASTILHON (Rue) ... C2
CAUZIT (Rue) ... C2
CAVALERIE (Rue de la) ... A3
CHABANEAU (Place) ... B2
CHANCEL (Avenue) ... A1
CHAPEAU ROUGE (Imp. du) ... A3-B3
CHAPEAU ROUGE (Rue du) ... B3
CHAPELLE NEUVE (Place de la) ... B2
CHAPTAL (Impasse) ... D3
CHAPTAL (Rue) ... D1
CHARANCY (Rue) ... A2
CHARITE (Rue de la) ... A4
CHARLES AMANS (Rue) ... C2
CHARLES DE TOURTOULON ... B1
CHARRUE (Rue de la) ... C2-C3
CHATEAU (Place du) ... B1
CHERCHE-MIDI (Rue du) ... C2
CHEVAL BLANC (Rue du) ... B2
CHEVAL VERT (Rue du) ... C1-D2
CHRESTIEN (Rue) ... B2
CITADELLE (Allée de la) ... B4
CITADELLE (Avenue de la) ... A4-B4
CITADELLE (Passerelle de la) ... B4
CITE BENOIT (Rue la) ... A3
CITE GELLY (Impasse) ... A4
CLAIR MATIN (Résidence le) ... A4
CLAPIES (Rue) ... C1
CLAUDE SERRES (Rue) ... B2-A3
CLOS RENE (Rue du) ... D3
COLLEGE DUVERGIER (Rue du) ... B3
COLLOT (Rue) ... B1-C1
COMEDIE (Place de la) ... C3
COMPOSTELLE (Place de) ... C3
CONFRERIE (Rue de la) ... B2

COPE CAMBES (Impasse) ... C2-D2
COPE CAMBES (Rue) ... D2
COQUILLE (Rue de la) ... B2-C2
CORRATERIE SAINT-GERMAIN
COSTE FREGE (Rue) ... B2
COSTOU (Impasse) ... B2
CROIX D'OR (Rue de la) ... C2
CYGNE (Rue du) ... C2
DANIEL SAGE (Rue) ... A3
DAVID BELUGOU (Passage) ... C3-C4
DELORT (Impasse) ... D2
DELPECH (Rue) ... B2
DESMAZES (Rue) ... C1
DEUX PONTS (Rue des) ... D4
DEUXIEME GENIE (Allée du) ... B4
DIDEROT (Rue) ... D2-D3
DOMAINE VAISSETE (Rue) ... D2
DONNAT (Rue) ... C2
DRAPERIE ROUGE (Rue) ... C2
DRAPERIE SAINT-FIRMIN (Rue) ... C2
DU GUESCLIN (Rue) ... C1-D1
DUCHE (Plan) ... C2
DURAND (Rue) ... D2-D3
ECOLE DE DROIT (Rue de l') ... C1
ECOLE DE MEDECINE (Rue de l') ... B1-B2
ECOLE DE PHARMACIE (Rue de l'B) ... B3
ECOLE MAGE (Rue de l') ... B2
ECOLES CENTRALES (Rue des) ... B3
ECOLES LAIQUES (Rue des) ... A3-B3
ECOLES PIES (Rue des) ... B2
EDOUARD ADAM (Place) ... D2
EDOUARD ROCHE (Rue) ... A1
EMBOUCHE D'OR (Rue) ... A1
EMILE COMBES (Place) ... A2
EN BARRAT (Descente) ... B2
EN ROUAN (Rue) ... B2
ENCLOS TISSIE SARRUS (Rue) ... C1
ERNEST RENAN (Boulevard) ... A4
ESPEISSES (Rue d') ... B2
ESTELLE (Rue) ... D2
ETATS DU LANGUEDOC
ETUVES (Rue des) ... C2-D2
EUGENE LISBONNE (Rue) ... C2
EXPERT (Rue) ... B3
FABRE (Rue) ... B3-C3
FARGES (Rue) ... D2
FBG BOUTONNET (Rue du) ... A1-A2
FBG DE LA SAUNERIE (Rue du) ... D2
FBG DE NIMES (Rue du) ... A4
FBG DU COURREAU (Rue du) ... C1
FBG SAINT-JAUMES (Rue du) ... A1-B1
FAUVETTE (Rue de la) ... A4
FERDINAND FABRE (Rue) ... A2-A3
FIGUIER (Rue du) ... B2
FIZES (Rue) ... B2
FLAUGERGUES (Rue des) ... B2
FOCH (Bd.) ... B1-C2
FONTAINE DE LA REINE (Rue) ... B1
FONTAINE DU PILA SAINT-GELY (Rue de la) ... A3-B3

FONTANON (Rue) ... B2
FOUQUET (Rue) ... C4
FOUR DES FLAMMES (Rue) ... C2-D2
FOUR SAINT-ELOI (Rue du) ... B2
FOURNARIE (Rue) ... B2
FRANCEZE DE CEZELLI (Rue) ... A3
FRANCIS MONGE (Rue) ... C4
FRANCIS PONGE (Place) ... C4
FRANCOIS FRANQUE (Rue) ... B1-C1
FRANCOIS JAUMES (Rue) ... C2
FRANCOIS PERIER (Rue) ... D4
FREDERIC MISTRAL (Avenue) ... C3-C4
FREYDIER (Passage) ... A1
GAGNE PETIT (Rue des) ... C2
GALAVIELLE (Rue) ... D2
GAMBETTA (Cours) ... C1-D2
GARIEL (Rue) ... C2
GENERAL CAMPREDON (Rue du) ... D1-D2
GENERAL CHANZY (Rue du) ... C1
GENERAL CLAPAREDE (Rue) ... C1
GENERAL LAFON (Rue du) ... C1-D1
GENERAL MATHIEU DUMAS (Rue du) ... C1-D1
GENERAL MAUREILHAN (Rue de la) ... A2-A3
GENERAL MAURIN (Rue du) ... C1-D1
GENERAL RENE (Rue du) ... C1
GENERAL RIU (Rue du) ... D4
GEORGES CLEMENCEAU (Av.) ... D2
GERBE (Impasse de la) ... A1
GERHARDT (Rue) ... A1
GERMAIN (Rue) ... B2-B3
GIRAL (Place) ... C2-C3
GIRARD (Rue) ... B3
GIRONE (Rue de) ... B2
GLAIZE (Rue) ... B2
GOUAN (Rue) ... B1
GRAND SAINT-JEAN (Rue du) ... C2
GUI DE CHAULIAC (Rue) ... B3
GUY ET ROBERT BOURRIER (R.) ... A2
GUYNEMER (Rue) ... A4
HAUTE (Rue) ... A1-B1
HENRI (Rue) ... A4
HENRI FRENAY (Avenue) ... C4-D4
HENRI GUINIER (Rue) ... A3
HENRI II DE MONTMORENCY (Rue) ... C4-D4
HENRI IV (Boulevard) ... B1-A2
HENRI MICHEL (Square) ... A3
HENRI RENE (Rue) ... D4
HERBERIE (Rue de l') ... C2
HORLOGE (Passage de l') ... B2
HOTEL DE VILLE (Rue de l') ... B2
HUILE (Rue de l') ... C2
ISIDORE GIRARD (Rue) ... C2
JACQUES COEUR (Rue) ... C3
JACQUES D'ARAGON (Rue) ... C3
JACQUES MIROUZE (Rue) ... B1
JARDIN DE LA REINE (Rue du) ... B1
JARDIN DES PLANTES (Impasse du) ... A1-A2

JEAN (Rue) ... A1
JEAN DE BEINS (Allée) ... A3
JEAN DE LATTRE DE TASSIGNY (Allée) ... B3-C3
JEAN JAURES (Place) ... A3
JEAN MERMOZ (Avenue) ... A4-B4
JEAN MOULIN (Grande rue) ... D1-D2
JEAN RAYMOND (Allée) ... B1
JEAN-JACQUES ROUSSEAU (Rue) ... B1-B2
JEANNE D'ARC (Rue) ... D4
JEANNE HACHETTE (Impasse) ... D4
JEU DE BALLON (Impasse du) ... C3
JEU DE BALLON (Rue du) ... B3
JEU DE L'ARC (Rue du) ... C3
JEU DE PAUME (Bd du) ... C1-D2
JOACHIM COLBERT (Rue) ... C2
JOFFRE (Rue) ... D3
JONQUET (Impasse) ... B2-B3
JOSEPH CAMBON (Rue) ... C2
JOUBERT (Rue) ... C2
JUGAN (Rue) ... A2
JULES COLBERT (Rue) ... D3-D4
JULES GREVY (Rue) ... D3
JULES LATREILHE (Rue) ... C2
JULES MILHAU (Allée) ... C3-C4
LAKANAL (Rue) ... A2-A3
LALLEMAND (Rue) ... B2
LAMARTINE (Rue) ... D4
LAPEYRONIE (Rue) ... D2
LAURENT (Impasse) ... B2
LEBOUX (Impasse) ... B2
LEDRU-ROLLIN (Boulevard) ... C1
LIONNET (Impasse) ... A2
LOGE (Rue de la) ... C2-C3
LONJON (Rue) ... C2
LORRAINE (Rue de) ... A3
LOUIS BLANC (Boulevard) ... A3
LOUISE GUIRAUD (Rue) ... B3
LOYS (Rue) ... B1
LUNARET (Rue) ... A3
MADIERES (Rue) ... B3
MAGNOL (Impasse) ... A1
MAGUELONE (Rue de) ... C3-D3
MAILLAC (Rue du) ... B3
MARCEAU (Rue) ... D1-C2
MARCHE AUX BESTIAUX (Rue du) ... A4
MARCHE AUX FLEURS (Rue du) ... B2-B3
MARECHAL DE CASTRIES (Place) ... C1
MARECHAUSSEE (Rue de la) ... C3-C4
MARESCHAL (Rue) ... D3
MARGUERITE (Rue) ... A1
MARTYRS DE LA RESISTANCE (Place des) ... C2
MASSANE (Rue) ... C2
MASSILIAN (Rue) ... B2
MEDITERRANEE (Rue de la) ... D4
MERCI (Rue de la) ... C2
MICHEL AUSTAGE (Allée) ... B3-A4
MICHEL DE L'HOPITAL (Rue) ... B4

MICHEL VERNIERE (Rue) ... A3
MICHEL-ANGE (Square) ... A3
MICHELET (Rue) ... C3-D4
MOISSAC (Rue de) ... A3
MOLIERE (Place) ... C3-D3
MONNAIE (Rue de la) ... B3-C3
MONTCALM (Rue) ... C1
MONTFERRIER (Impasse) ... C2
MONTGOLFIER (Rue) ... C2
MONTPELLIERET (Rue) ... B3
MOULIN A CHUILE (Impasse du) ... C1
MULTIPLIANTS (Impasse des) ... C2
MULTIPLIANTS (Rue des) ... C2
MUSEE (Impasse du) ... C2
MUSIQUE (Esplanade de la) ... A3-A4
NARCISSA (Plan) ... B1
NICOLAS IV (Passage) ... C4
NIMES (Avenue de) ... A4
NOTRE-DAME (Rue) ... B3
NOUVEAU MONDE (Allée du) ... A4
OBILION (Rue) ... D3
OBSERVATOIRE (Boulevard de l') ... D2
OLYMPIE (Place) ... C4
OM (Plan de l') ... D2
PAGEZY (Rue) ... D3
PALAIS DES GUILHEM
PALAIS (Rue du) ... B1-B2
PALISSADE (Rue de la) ... C1
PALLADIUM (Quai du) ... C4
PARAN (Impasse) ... C2
PARLIER (Rue) ... C2
PASTEUR (Boulevard) ... A2
PASTOUREL (Plan) ... C2
PATRACH (Rue) ... A3
PAUL BOULET (Allée) ... B3
PAUL BROUSSE (Rue) ... C1-D2
PAUL MARTIN (Rue) ... C2
PELLETERIE (Rue de la) ... B1-B2
PERRIER (Impasse) ... D1
PERTUISANES (Rue des) ... C4
PETIT PARIS (Rue du) ... D1
PETIT SAINT-JEAN (Rue du) ... C2-D2
PETIT SCEL (Rue du) ... C2
PETITE CORRATERIE (Im. de la) ... A3
PETITE LOGE (Rue de la) ... C2
PETRARQUE (Place) ... C2
PHILIPPY (Rue) ... C2
PIERRE FLOTTE (Place) ... D1
PINSONS (Rue des) ... A4
PISTOLET (Rue du) ... B2
PITOT (Rue) ... B1
PLACENTIN (Rue) ... B3
PLAGNE (Rue) ... A2
PLAN D'AGDE (Rue du) ... B2-B3
PLAN DE L'OLIVIER (Rue du) ... B2-B3
PLAN DU PALAIS (Rue du) ... B1
PLAN DU PARC (Rue du) ... D2
PLANTADE (Rue) ... C1
POESIE (Rue de la) ... A4
PONT DE LATTES (Rue du) ... D4
PONT JUVENAL (Avenue du) ... D4

PONT JUVENAL (Rue du) ... D4
PRADEL (Rue) ... B2
PRALON (Rue) ... D4
PREFECTURE (Rue de la) ... B2
PRIX (Rue du) ... B3-B3
PROFESSEUR HENRI SERRE (Rue du) ... A1-A2
PROFESSEUR LEON VALLOIS (Rue) ... A4-B4
PROFESSEUR LOUIS VIALLETON (Boulevard) ... B1
PROUDHON (Rue) ... A4
PROVIDENCE (Rue de la) ... B2
PUITS DES ESQUILLES (Rue du) ... B2
PUITS DU PALAIS (Rue du) ... B1
PUITS DU TEMPLE (Rue du) ... C2
RAFFINERIE (Rue de la) ... C1
RAMBAUD (Rue) ... D1
RANC (Rue) ... C2
RANCHIN (Impasse) ... B2
RANCHIN (Rue) ... C2
RATTE (Impasse de) ... B2
RATTE (Rue de) ... B2
REBUFFY (Rue) ... C2
REFUGE (Rue du) ... B2-B3
RENAUD DE VILLENEUVE (Rue) ... A3
RENE DEVIC (Rue) ... C4
REPUBLIQUE (Rue de la) ... D2-D3
REY (Rue) ... D1
RHIN ET DANUBE (Rue) ... C2
RICHELIEU (Rue) ... C2
RICHER DE BELLEVAL (Impasse) ... B1
RICHER DE BELLEVAL (Rue) ... B1
ROCHELLE (Rue de la) ... C1-C2
RONDELET (Rue) ... D2
ROSSET (Rue) ... D3
ROSSIGNOLS (Rue des) ... A4
ROUCHER (Rue) ... C2
SAINT-ALEXIS (Rue) ... D4
SAINT-BARTHELEMY (Rue) ... B1
SAINT-CHARLES (Avenue) ... A1
SAINT-CLAUDE (Rue) ... C1-D2
SAINT-COME (Impasse) ... C2
SAINT-COME (Rue) ... C2
SAINT-DENIS (Place) ... D2
SAINT-ESPRIT (Allée du) ... B3
SAINT-FIRMIN (Rue) ... B2-C2
SAINT-GILLES (Rue) ... C2
SAINT-GUILHEM (Rue) ... C2-D2
SAINT-MAUR (Avenue de) ... A4
SAINT-PAUL (Impasse) ... C1
SAINT-PAUL (Rue) ... C1
SAINT-PIERRE (Rue) ... B2
SAINT-RAVY (Place) ... C2
SAINT-ROCH (Place) ... C2
SAINT-ROCH (Rue) ... C2-D2
SAINT-SAUVEUR (Impasse) ... D2
SAINT-SEPULCRE (Rue) ... C1-C2
SAINTE-ANNE (Place) ... B2
SAINTE-ANNE (Rue) ... C2
SAINTE-CROIX (Rue) ... B2
SAINTE-LUCIE (Rue) ... A2

SAINTE-MARTHE (Passage) ... D2
SAINTE-URSULE (Rue d') ... B3
SALLE L'EVEQUE (Rue de la) ... B3
SARRAIL (Boulevard) ... B3-C3
SAUVAGE (Plan du) ... C2
SAUVAGE (Quai de) ... C2
SAUZEDE (Rue de la) ... A1
SERANE (Rue) ... D4
SŒURS NOIRES (Rue des) ... C2
SOLDATS (Rue des) ... C1-D1
SPIRALE (Rue de la) ... C4
STANISLAS DIGEON (Rue) ... C2
SUBSTANTION (Rue de) ... C4
TANDON (Impasse) ... D2
TANNEURS (Quai des) ... A2
TANNEURS DITE COURT (Impasse) ... A2-A3
TEINTURERIE (Rue de la) ... A1-A3
TEISSIERS (Rue des) ... C2
TEMPLE (Impasse du) ... D4
TERRAL (Rue) ... C1-C2
THERESE (Rue) ... A4
THOMAS (Rue) ... B2
TOIRAS (Rue) ... D1
TOUR D'EN CANET (Imp. de la) ... B3
TOUR DES PINS (Square de la) ... A3
TOUR SAINTE-EULALIE (Rue) ... C1
TOURISME (Allée du) ... C3
32EME (Rue la) ... D1
TRESORERIE DE LA BOURSE
TRESORIERS DE FRANCE (Rue des) ... C3
TUNNEL DE LA COMEDIE ... C3
TUNNEL DU CORUM ... B3-B4
UNIVERSITE (Plan de l') ... B2
UNIVERSITE (Rue de l') ... A2-B2
VALEDAU (Rue) ... A3
VALENCAY (Rue de) ... C4
VALFERE (Rue de la) ... B1-C1
VALLAT (Rue) ... C2
VANNEAU (Rue) ... C4
VASSAL (Impasse) ... C2
VAUBAN (Place) ... C4
VERDALE (Rue) ... B2
VERDANSON (Quai du) ... A4
VERDUN (Rue de) ... C3-D4
VERRERIE BASSE (Rue de la) ... B3
VERRERIE (Rue de la) ... B2-B3
VESTIAIRE (Rue du) ... B2
VICTOIRE DE LA MARNE (Rue de la) ... D3
VICTOR HUGO (Boulevard) ... D2-C3
VIEILLE (Rue de la) ... D1
VIEILLE AIGUILLERIE (Rue de la) ... B2
VIEILLE INTENDANCE (Rue de la) ... B2
VIEN (Rue) ... D2
VILLEFRANCHE (Rue de) ... A3
VOLTAIRE (Rue) ... C2
XAVIER DE RICARD (Avenue) ... A4
YEHUDI MENUHIN (Rue) ... A4

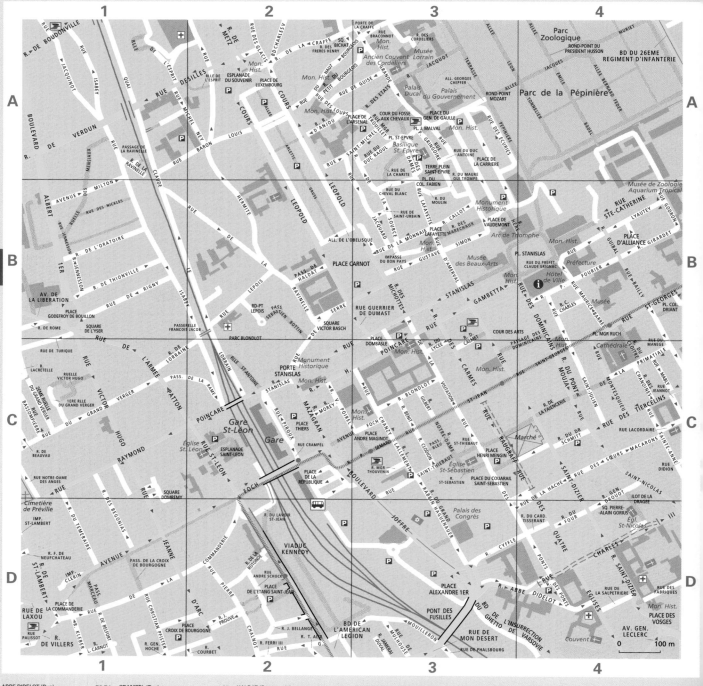

ABBE DIDELOT (Rue) D3-D4
ACQUES MURIET (Allée) A4
ALBERT 1ER (Boulevard) A1-B1
ALEXANDRE 1ER (Place) D3
ALLIANCE (Place d') C1
AMERICAN LEGION (Boulevard de l') .. D2
AMERVAL (Rue d') B3
ANDRE MAGINOT (Place) C2
ANDRE SCHOCK (Rue) D2
ARLETTE GRUSS (Allée) A2-B2
ARMEE PATTON (Rue de l') B1-C2
ARSENAL (Place de l') A2-A3
ARTS (Cours des) C3-C4
BAILLY (Rue) B4
BARON LOUIS (Rue) A1-A2
BASSOMPIERRE (Rue) C1
BEAUVAU (Rue de) C1
BEGONIAS (Rue des) C1-D1
BELFORT (Rue de) D1
BENIT (Rue) C3
BERNARD FEDER (Allée) A4
BICHAT (Square) A2
BLEU (Passage) C3
BLONDLOT (Parc) B2
BLONDLOT (Rue) C3
BON PAYS (Impasse du) B3
BOUDONVILLE (Rue de) A1
BRACONNOT (Rue) A3
CALLOT (Rue) B3
CARDINAL TISSERANT (Rue du) C4
CARMES (Rue des) B3-C3
CARNOT (Rue) B2-B3
CARRIERE (Place de la) A3-B4
CHANOINES (Rue des) C4
CHANZY (Rue) C1
CHARITE (Rue de la) A3
CHARLES III (Rue) D4
CHARLES V (Boulevard) A2
CHEVAL BLANC (Rue du) B3
CHRISTIAN PFISTER (Rue) D1
CLAUDE CHARLES (Rue) B4
CLAUDE LE LORRAIN (Quai) A1-C2
CLERIN (Impasse) D1
CLODION (Rue) B1
CLOITRE (Rue du) B4-C4
COLONEL DRIANT (Place) B4
COLONEL FABIEN (Place du) A3-B3
COLONEL FABIEN (Place du) A3-B3
COMMANDERIE (Place de la) D1
COMMANDERIE (Rue de la) D1-C2
CORDELIERS (Rue des) A3
COUARAIL SAINT-SEBASTIEN
(Place du) C3
COURBET (Rue) C2
CRAFFE (Porte de la) A2-A3
CRAFFE (Rue de la) A2

CRAMPEL (Rue) C2
CROIX DE BOURGOGNE
(Passage de la) D1
CROIX DE BOURGOGNE (Place) D1-D2
CYFFLE (Rue) D3-D4
DAMES (Rue des) A3
DESILLES (Rue) A1-A2
2EME RUELLE DU GRAND VERGER C1
DIDION (Rue) C4
DOCTEUR SCHMITT (Rue du) C4
DOMBASLE (Place) B3-C3
DOMINICAINS (Passage des) C3-B4
DOMINICAINS (Rue des) B4-C4
DOMINIQUE CALMET (Rue) B3-C3
DOMREMY (Square) C1
DRAGEE (Ilot de la) C4-D4
DUC ANTOINE (Rue du) A3
DUC RAOUL (Rue du) A3
ECURIES (Rue des) A3
EMILE BADEL (Allée) A4
ESPRIT (Ruelle de l') A1-A2
ETATS (Rue des) A3
FABRIQUES (Rue des) D4
FAIENCERIE (Rue de la) C4
FERRI III (Rue) D2
FOCH (Avenue) B3-C3
FOSSE AUX CHEVAUX (Cour du) A3
FOUR (Rue du) D4
FRANCOIS DE NEUFCHATEAU (Rue) C1
FRANCOIS JACOB (Passage) B2
FRERES HENRY (Rue des) A2
FUSILLES (Pont des) D3
GABRIEL MOUILLERON (Rue) D2-D3
GAMBETTA (Rue) B3-B4
GENERAL DE GAULLE (Place du) A3
GENERAL DROUOT (Rue) C4-D4
GENERAL HOCHE (Rue) D1
GEORGES CHEPFER (Allée) A3
GIRARDET (Rue) B4
GLACIS (Rue des) A2
GODEFROY DE BOUILLON (Place) B1
GODRON (Rue) B1
GRAND RABBIN HAGUENAUER
(Rue du) C3-D3
GRAND VERGER (1ERE ruelle du) C1
GRAND VERGER (Rue du) C1
GRANDE RUE A3-B3
GUERRIER DE DUMAST (Rue) B2-B3
GUIBAL (Rue) B4-C4
GUISE (Rue de) A2-A3
GUSTAVE SIMON (Rue) B3
HACHE (Rue de la) D3-C4

HALDAT (Passage de) B2
HAUT BOURGEOIS (Rue du) A2-A3
HENRI MENGIN (Place) C3
HENRI POINCARE (Rue) C2-B3
HERE (Rue) B3-B4
HERMITE (Rue) A2-B2
INSURRECTION DU GHETTO
DE VARSOVIE (Boulevard de l') D3-D4
ISABEY (Rue) A1-C2
JACQUARD (Rue) A2-B3
JACQUES BELLANGE (Rue) D2
JACQUES MURIET (Allée) A3-A4
JACQUINOT (Rue) A1
JACQUOT (Rue) A3
JAMERAI DUVAL (Rue) D3
JEAN PROUVE (Rue) D2
JEAN D'ARC (Rue) C1-D2
JEANNOT (Rue) C1
JENNESSON (Rue) B1
JOFFRE (Boulevard) C2-D3
JOSEPH MALVAL (Place) A3
KENNEDY (Viaduc) C2-D2
KLEBER (Rue) D1
LACORDAIRE (Rue) C4
LACRETELLE (Rue) C1
LAFAYETTE (Place) B3
LAFAYETTE (Rue) B3
LAVOIR SAINT-JEAN (Rue du) D2
LAXOU (Rue de) D1
LAZARE CARNOT (Rue) D1
LEON TONNELIER (Allée) A3-A4
LEOPOLD (Cours) A2-B3
LEOPOLD LALLEMENT (Rue) C3
LEPOIS (Rond-point) B2
LEPOIS (Rue) B2
LIBERATION (Avenue de la) B1
LORRAINE (Rue de) C2
LOUPS (Rue des) A3
LUXEMBOURG (Place de) A2
LYAUTEY (Rue) B4
LYCEE (Rue du) C3
MABLY (Rue) C4
MANEGE (Rue du) B4-C4
MARCEAU (Passage) D1
MARECHAUX (Rue des) B3
MAURE QUI TROMPE (Rue du) A3-B3
MAURICE BARRES (Rue) B4
MAZAGRAN (Rue) C2
MENSIAUX (Ruelle des) A1-B1
METZ (Rue de) A2
MICHEL NEY (Rue) A1-A2
MICHOTTES (Rue des) B3
MILTON (Avenue) A1-B1
MON DESERT (Rue de) D2-D3
MONNAIE (Rue de la) B3

MONSEIGNEUR RUCH (Place) B4
MONSEIGNEUR THOUVENIN (Rue) C3
MONSEIGNEUR TROUILLET (Rue) A3
MONTESQUIEU (Rue) B4-C4
MOREY (Rue) C2
MOULIN (Rue du) B3
MOZART (Rond-point) A4
MULHOUSE (Rue de) D3
NICKLES (Rue des) B1
NOTRE-DAME (Rue) C4
NOTRE-DAME DES ANGES (Rue) D1
OBELISQUE (Allée de l') B2-B3
ORATOIRE (Rue de l') B1
PALISSOT (Rue) D1
PEPINIERE (Terrasse) A3-A4
PETIT BOURGEOIS (Rue du) A2-A3
PHALSBOURG (Rue de) D3
PIERRE CHALNOT (Rue) C2
PIERRE GRINGOIRE (Rue) C3
PIERRE SEMARD (Place) C2-C3
PIERRE-ALAIN GORIUS (Square) D4
PIROUX (Rue) C2
PONT MOUJA (Rue du) C4
PONTS (Rue des) C3-D4
PRAME (Passage de la) C1
PREFET CLAUDE ERIGNAC (rue du) B4
PRESIDENT HUSSON (Rond-point) A4
PRIMATIALE (Rue de la) B4
QUATRE EGLISES (Rue des) C3-D4
RAME (Passage de la) C1
RAUGRAFF (Rue) C2
RAVINELLE (Passage de la) A1
RAVINELLE (Rue de la) A1-B2
RAYMOND POINCARE (Rue) D1-C2
RENE D'ANJOU (Rue) A2
RIGNY (Rue de) B1
ROME (Rue de) B1
ROTONDE (Rue de la) C2
SAINT-ANTOINE (Ruelle) C2
SAINT-EPVRE (Place) A3
SAINT-EPVRE (Terre-plein) A3
SAINT-GEORGES (Rue) B4
SAINT-JEAN (Rue) C3-C4
SAINT-JULIEN (Rue) B4-C-C4
SAINT-LAMBERT (Impasse) D1
SAINT-LAMBERT (Rue) D1
SAINT-LEON (Esplanade) C2
SAINT-LEON (Rue) C2
SAINT-MICHEL (Rue) A2-A3
SAINT-NICOLAS (Rue) C4-D4
SAINT-SEBASTIEN (Rue) C3
SAINT-THIEBAUT (Rue) C3
SAINT-URBAIN (Rue de) B3

SAINTE-ANNE (Rue) C4
SAINTE-CATHERINE (Rue) B4
SALPETRIERE (Rue de la) D4
SEBASTIEN BOTTIN (Passage de la) . B2-C2
SERRE (Rue de) B2-C2
SŒURS MACARONS (Rue des) C4
SOURCE (Rue de la) A3-B3
SOUVENIR (Esplanade du) A2
STANISLAS (Place) B4
STANISLAS (Porte) C2
STANISLAS (Rue) C2-B3
TEMERAIRE (Rue de la) D1
THIERRY ALIX (Rue) D2
THIERS (Place) C2
THIONVILLE (Rue de) B1
TIERCELINS (Rue des) C4
TURIQUE (Rue de) B1-C1
VAUDEMONT (Place de) B3
VERDUN (Rue de) A1
VICTOR BASCH (Place) B2
VICTOR HUGO (Rue) B1-C1
VICTOR HUGO (Ruelle) C1
VICTOR POIREL (Rue) C2-C3
VILLERS (Rue de) D1
26EME REGIMENT D'INFANTERIE
(Boulevard du) A4
VISITATION (Rue de la) B3-C3
VOSGES (Place des) D4
YSER (Square de l') B1

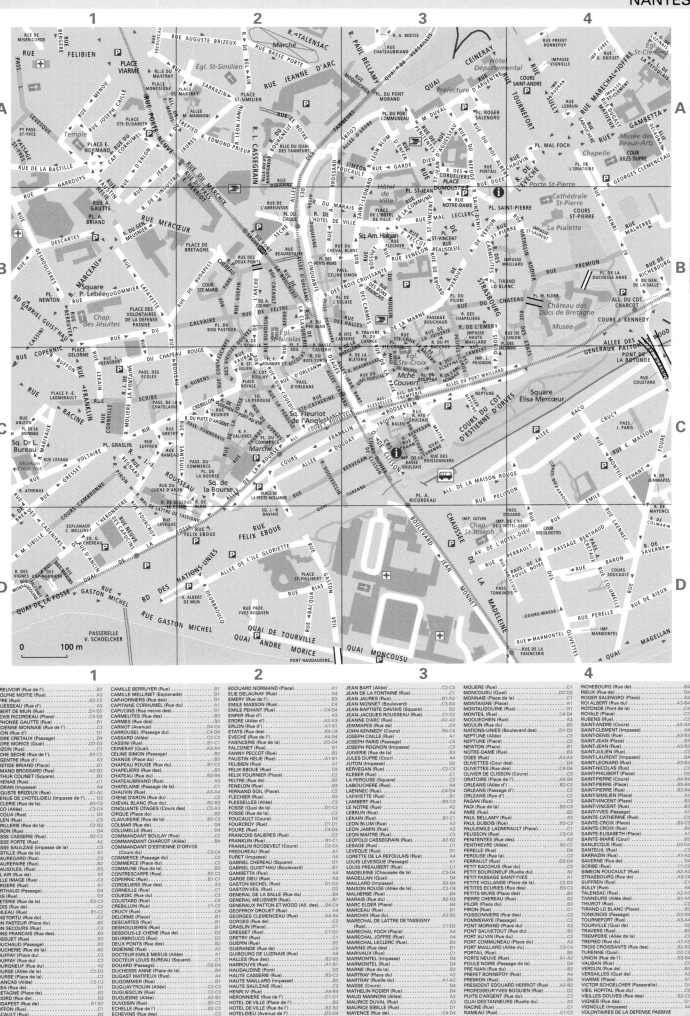

NICE

294

ABBAYE (Rue de l') D4
ABBAYE (Ruelle de l') D4
ABBE MARCEL SINARDI (Place de l') . . . D4
ABBE ROBERT JARRE (Placette) D4
ADOLPHE DE ROTSCHILD (Rue) B3
ALBERTI (Rue) C3
ALEXANDRE MARI (Rue) D3-D4
ALFRED MORTIER (Rue) C4
ALGER (Rue d') B2
ALPHONSE KARR (Rue) C1-D2
ALSACE (Avenue d') A3
ALSACE-LORRAINE (Rue d') B2
ALZIARY MALAUSSENA (Place) D1
ANCIEN SENAT (Place de l') D4
ANCIEN SENAT (Rue de l') D4
ANGLAIS (Promenade des) D1-D3
ANGLETERRE (Rue d') B1-C2
ANTONIO FERNANDEZ (Rue) D4
ANVERS (Avenue d') A3
ARBRE INFERIEUR (Avenue de l') A4
ARENES DE CIMIEZ (Avenue des) A4-B4
ARTOIS (Avenue d') A3
ASSALIT (Rue) A2-B2
AUBER (Avenue) B1-C1
AUGUSTE ICART (Square) B1
AUTUN (Rue d') A1
AUZAC (Rue d') B3
BAQUIS (Avenue) C1
BARILLERIE (Rue) D4
BARLA (Traverse) B4
BARRALIS (Rue) D1
BASTIONS (Rue des) C4
BEETHOVEN (Rue) C1
BELGIQUE (Rue de) B1-B2
BELGIQUE (Ruelle de) B1
BENOIT BUNICO (Rue) C4-D4
BERLIOZ (Rue) B1-C1
BIASSINI (Avenue) A4
BILBAO (Rue) A4-B4
BISCARRA (Rue) B2-B3
BLACAS (Rue) C4
BOIS (Avenue du) A3-A4
BOISSY D'ANGLAS (Rue) A1-A2
BOUCHERIE (Rue de la) C4-D4
BOUCHERIE (Ruelle de la) C4-D4
BOURGADA (Traverse de la) C4
BOUTEILLY (Rue) C4
BREA (Rue) C2
BRUXELLES (Avenue de) A3
BUFFA (Rue de la) D1-D2
CALADA AUGUSTE ESCOFFIER D3
CARABACEL (Boulevard) B3-B4
CARABACEL (Montée) B4
CARRET (Rue du) C4
CASTAN (Impasse) A4

CEDRES (Impasse des) B4
CENTRALE (Place) C4
CENTRALE (Rue) C4-D4
CHARLES FELIX (Place) D4
CHATEAU (Montée du) D4
CHATEAU (Rue du) D4
CHAUVAIN (Rue) C3-D3
CHŒUR (Rue du) D4
CIMIEZ (Boulevard de) A2-A4
CIMIEZ (Montée de) A4
CIMIEZ (Vieux chemin de) A4-B4
CLEMENT ROASSAL (Rue) A1
COLLET (Rue) C4
COLONNA D'ISTRIA (Rue) C4-D4
CONDAMINE (Rue de la) D3
CONGRES (Rue du) C1-D1
CORVESY (Place) C4
CROIX (Rue de la) C4
CROIX DE MARBRE (Place de la) D1
CROTTI (Descente) D3-D4
DALPOZZO (Rue) C1-D1
DEFLY (Rue) B4
DELILLE (Rue) B3-C4
DESAMBROIS (Avenue) A2-B3
DESAMBROIS (Montée) A3-B3
DESBOUTINS (Rue) D3
DESIRE NIEL (Rue) C2
DEUDON (Rue) B2-C2
DIDEROT (Rue) A1-A2
DIJON (Rue de) A1
DOCTEUR ALBERT BALESTRE (Rue du) B2-B3
DOCTEUR BARETY (Rue du) C1-D1
DOCTEUR MENARD (Avenue) A2
DOCTEUR ROBERT MORIEZ (Avenue) A3-A4
DOCTEUR ROBERT THIVIN (Rue du) A1
DROITE (Rue) C4
DUBOUCHAGE (Boulevard) C2-B3
DURANTE (Avenue) B1-C1
EAU FRAICHE (Rue de l') B4
EDOUARD BERI (Rue) B3-B4
EL NOUZAH (Rue) A4
EMILE BIECKERT (Avenue) A3-B4
EMILE NEGRIN (Passage) C2-D2
EMILE ZOLA (Traverse) C2
EMMA ET PHILIPPE TIRANTY (Rue) C2
EMMANUEL BRIDAULT (Avenue) A2
EMMANUEL COSTA (Rue) C2
EPIS (Rue des) C4
ETATS-UNIS (Quai des) D3-D4
EUGENE EMMANUEL (Rue) C2
EUGENE MO (Rue) C2
FELIX FAURE (Avenue) C4-D4
FLANDRES-DUNKERQUE (Traverse) C4-C4

FLEURS (Marché aux) D3-D4
FONCET (Rue) B3-C4
FOUR (Rue du) C4
FRANCE (Rue de) D1-D2
FRANCIS GALLO (Rue) C4
FRANCOIS 1ER (Rue) C2-D2
FRANCOIS ZANIN (Rue) C4
GABRIEL FAURE (Rue) D2
GALLEAN (Rue) B3
GALLIENI (Avenue) B4
GARIBALDI (Traverse) C4
GENERAL MARSHALL (Place du) B4
GEORGES CLEMENCEAU (Avenue) C1-B2
GIOFFREDO (Passage) C3-B4
GIOFFREDO (Rue) B3-C4
GOUNOD (Passage) C1
GOUNOD (Rue) B1-D1
GRAND PALAIS (Montée du) A3
GRIMALDI (Rue) D2
GRIMALDI (Traverse) C2-D2
GUBERNATIS (Rue) B3-C4
GUIGONIS (Rue) C4
GUILLAUME APOLLINAIRE (Rue) B3
GUSTAVE DELOYE (Rue) C2-C3
GUSTAVE DESPLACES (Square) B1
GUSTAVE V (Avenue) D2
HALEVY (Rue) D2
HALLE AUX HERBES (Place de la) D4
HALLE AUX HERBES (Ruelle de la) C4-D4
HANCY (Rue) B2
HENRI BOSCO (Allée) A4
HERMITAGE (Montée de l') A2-B2
HONORE UGO (Rue) D4
HOTEL DE VILLE (Rue de l') D4
HOTEL DES POSTES (Rue de l') C2-B4
ITALIE (Rue d') .B1-B2
JACQUES OFFENBACH (Rue) C2
JEAN JAURES (Boulevard) D3-C4
JEAN MEDECIN (Avenue) A1-C2
JEAN MOULIN (Place) D4
JESUS (Place du) D4
JESUS (Rue du) D4
JOSEPH BRES (Rue) C4
JOUAN NICOLAS (Rue) C4
JULES EYNAUDI (Escalier) A2
JULES GILLY (Rue) D4
LAFAYETTE (Rue) C4
LAMARTINE (Rue) A2-B3
LEPANTE (Rue de) A2-B3
LIBERTE (Rue de la) C2
LOGE (Rue de la) C4-D4
LONGCHAMP (Impasse) C1
LONGCHAMP (Passage) C2-D2
LOUIS GASSIN (Rue) D4
LYCEE (Rue du) C3-C4

MACCARANI (Rue) C1-D2
MAGENTA (Place) D2
MALAUSSENA (Avenue) A1
MALAUSSENA (Passage) A1
MALONAT (Rue du) D4
MALONAT (Ruelle du) D4
MARCEAU (Rue) A1-A2
MARCHE (Descente du) D4
MARCHE (Rue du) D4
MARECHAL FOCH (Avenue du) B2-B3
MARECHAL JOFFRE (Rue) D1-C2
MARECHAL JUIN (Esplanade du) B4-C4
MARTIN (Passage) D4
MASCOINAT (Rue) D4
MASSENA (Espace) C3-D3
MASSENA (Passage) C2-D2
MASSENA (Place) C3-D3
MASSENA (Rue) D2-D3
MASSENET (Rue) D2
MASSINGY (Rue de) B3
MAURICE JAUBERT (Rue) C2
MELCHIOR DE VOGUE (Rue) C4-D4
MENDIGUREN (Avenue de) A4
MEYERBEER (Passage) D1
MEYERBEER (Rue) D1
MEYNELL (Impasse) B3
MILTON ROBBINS (Rue) A1
MIRABEAU (Avenue) A1-A2
MIRALHETI (Rue) C4
MIRON (Rue du) A2-B2
MIRON-LEPANTE (Ruelle) A2
MOULIN (Rue du) D4
MOZART (Place) C1
MOZART (Rue) C1-C2
NICE EUROPE C2
NIEPCE (Rue) B2
NORMANDIE (Avenue de) A3-A4
NORMANDIE PROLONGEE (Av. de) A4
NOTRE-DAME (Avenue) B2-A3
OLIVETTO (Rue de l') A2
OPERA (Rue de l') D4
OSTENDE (Rond-point d') A3
PAGANINI (Rue) B1-C1
PAIROLIERE (Rue) C4
PAIROLIERE (Ruelle) C4
PAIX (Rue de la) C4
PALAIS (Allée du) A3-A4
PALAIS (Place du) D4
PALAIS (Rue du) D4
PARADIS (Rue) C2
PARC (Cité du) D3-D4
PARIS (Rue de) B2-A3
PASTORELLI (Rue) C2-B3
PAUL DEROULEDE (Rue) C1-C2
PAULIANI (Avenue) A4-B4

PAULIANI (Passage) B4
PENCHIENATTI (Rue) B4
PERTINAX (Rue) A2-B2
PERTUS (Rue de) D4
PHILIPPE RANDON (Place) A1
PHOCEENS (Avenue des) D3
PICARDIE (Avenue de) A3-A4
PIERRE DEVOLUY (Rue) B3-B4
PIERRE GARRIBO (Rue) A4
PIERRE GAUTIER (Place) D4
PLACE VIEILLE (Rue) D4
PLAINE DE CIMIEZ (Rue de la) A4
POISSONNERIE (Rue de la) D4
PONCHETTES (Rue des) D4
PONT VIEUX (Rue du) C4-D4
PONTIN (Rue du) C4
PREFECTURE (Rue de la) D3-D4
PRES (Ruelle des) B3-C3
PROVANA DE LEYNI (Rue) B3
PROVIDENCE (Rue de la) D4
RAIMBALDI (Boulevard) A1-A2
RANCHER (Rue) C4-B4
RAOUL BOSIO (Rue) D3
RASPAIL (Rue) B2
RAYMOND COMBOUL (Avenue) A2
RAYNARDI (Rue) C2
REINE JEANNE (Rue de la) A1
RESISTANCE ET DEPORTATION
 (Allée) C3-D4
RISSO (Boulevard) B4
ROSANOFF (Rue) C4
ROSSETTI (Place) D4
ROSSETTI (Rue) D4
ROSSINI (Rue) .C1-C2
ROUGET DE L'ISLE (Rue) C2
ROYALE (Rue) D1
RUSSIE (Rue de) B2-C2
SACHA GUITRY (Rue) C3
SAETONE (Place) B1
SAINT-ANDRE (Ruelle) D4
SAINT-AUGUSTIN (Rue) C4
SAINT-CHARLES (Chemin de) B4
SAINT-FRANCOIS (Place) C4
SAINT-FRANCOIS (Rue) C4
SAINT-FRANCOIS (Ruelle) C4
SAINT-FRANCOIS DE PAULE (Rue) D3
SAINT-GABRIEL (Allée) A4
SAINT-GAETAN (Rue) C4
SAINT-HOSPICE (Rue) D4
SAINT-JEAN-BAPTISTE (Avenue) B4-C4
SAINT-JOSEPH (Rue) D4
SAINT-MARTIN (Ruelle)

SAINT-SAENS (Rue) C1
SAINT-SEBASTIEN (Avenue) B4-C4
SAINT-SIAGRE (Rue) A2-B1
SAINT-SUAIRE (Rue) D4
SAINT-VINCENT (Rue) D4
SALEYA (Cours) D3-D4
SASSERNO (Place) B2
SAVOIE (Avenue de) A4
SEMINAIRE (Ruelle du) D4
SERRURIERS (Rue des) C4-D4
SPITALIERI (Rue) B2-B2
SUEDE (Avenue de) D2
SUISSE (Rue de) B1-B2
SULZER (Rue) D2
SUPERIEURE (Rue) C2
TEMPLE VAUDOIS (Passage du) C2
TERRASSE (Rue de la) B1-B2
THIERS (Avenue) B1-B2
TONDUTI DE L'ESCARENE (Rue) B3-C4
TOSELLI (Place) B2
TOUR (Rue de la) C4
TRACHEL (Rue) A1
TUNNEL DE LA GARE (Rue) A1-B1
TUNNEL DU PAILLON B3-B4
TUNNEL MALRAUX A3-A4
URFE (Chemin de la) A1
VALLIERE (Chemin de la) A4
VALPERGA (Rue) B3
VANLOO (Rue) D1
VEILLON (Rue) A1
VERDI (Rue) C1
VERDUN (Avenue de) D2-D3
VERNIER (Passage) A1
VERNIER (Rue) A1
VICTOIRES (Esplanade des) B4
VICTOR HUGO (Boulevard) D1-C2
VICTOR HUGO (Passage) C2
VICTOR JUGE (Rue) C1-D1
VIEILLE (Rue) D4
VILLENEUVE (Rue de) A1
VILLERMONT (Avenue) A1
VOEU (Place du) C2
VOLTAIRE (Rue) D4
WILSON (Place) C2
YVES KLEIN (Place) D4

ABATTOIR (Rue de l') D1
ABBE DE SAUVAGES (Rue de l') .. B2
ADRIEN (Rue) A1
AGAU (Rue de l') A1
AGRIPPA (Rue) A1-B1
ALBENAS (Rue d') A2
ALEXANDRE DUCROS (Rue) .. C2-C3
ALEXANDRE PIEYRE (Rue) A1
ALPHONSE DAUDET (Boulevard) .. B2-B2
AMIRAL COURBET (Boulevard) .. B3-A4
ANATOLE FRANCE (Rue) A4
ANCIENNE POSTE (Rue de l') .. A3-B3
ANDRE MALRAUX (Place) A2
ANGOULEME (Rue d') A4-B4
ANTOINE CHAMPROUX (Rue) .. D1
ANTONIN (Square) A2
AQUEDUC (Impasse) D2
AQUITAINE (Rue de l') B4
ARC DUGRAS (Rue de l') .. A3-A4
ARENES (Boulevard des) C3
ARENES (Place des) C3
ARISTIDE BRIAND (Place) .. B3-C4
ARLIER (Rue d') B1
ASPIC (Plan de l') B2-C3
ASPIC (Rue de l') B2-C3
ASSAS (Place d') A2
AUGUSTE (Rue) A2-B2
AUGUSTE PELLET (Rue) B3
BACHALAS (Rue) A3
BADUEL (Rue) A2
BALORE (Rue) A2
BAT D'ARGENT (Rue) A3
BAUDIN (Rue) C3-C4
BAYARD (Rue) C3-C4
BEAUCAIRE (Rue de) A4
BECDELIEVRE (Rue) .. C1-B2
BELLECROIX (Rue des) B3
BELLECROIX (Place) B3
BENEDICTINS (Rue des) .. A1-A2
BENOIT MALON (Rue) .. B1-C1
BERNARD ATON (Rue) C3
BERNARD LAZARE (Rue) B1
BERNIS (Rue de) B2-B3
BIENFAISANCE (Rue de la) .. C2-C3
BIGOT (Rue) C2
BOISSY D'ANGLAS (Boulevard) .. C4
BONS ENFANTS (Rue des) A4
BOSSUET (Rue) D3
BOUCARIE (Rue de la) A2
BOURDALOUE (Rue) .. D2-C3
BOURGOGNE (Rue de) A3
BRICONNET (Rue) .. C3-D3
BRIDAINE (Rue) C4
BROQUIERS (Rue des) B2
BRUEYS (Rue) .. D1-D2
BRUXELLES (Boulevard de) C3
CADEREAU (Rue du) B1

CAISSARGUES (Rue de) D4
CALADE (Place de la) B2
CALADE (Rue de la) B2
CALQUIERES (Impasse des) .. B3-B4
CALQUIERES (Rue des) .. B3-B4
CARDINAL DE CABRIERES (Rue) .. B4
CARNOT (Avenue) .. B4-C4
CART (Rue) .. C3-D3
CASERNETTE (Rue de la) .. D1-C2
CEDRES (Rue des) D1
CHAFFOY (Rue) A4
CHAPELIERS (Rue des) B3
CHAPITRE (Place du) B3
CHAPITRE (Rue du) B3
CHARLEMAGNE (Rue) .. D2-D3
CHARLES BABUT (Rue) .. A3-B3
CHARLES MARTEL (Rue) B3
CHASSAINTES (Impasse des) .. A2
CHASSAINTES (Rue des) A2
CHATEAU (Place du) A3
CHATEAU FADAISE (Rue) B2
CHILDEBERT (Rue) D2
CIRQUE ROMAIN (Rue du) .. D1-D2
CITE DOCTEUR REBOUL (Rue) A4
CITE FOULC (Rue de) C4
CLAUDE BROUSSON (Rue) A2
CLERISSEAU (Rue) .. A2-A3
CLOVIS (Rue) D2
COLBERT (Rue) B4
CONDE (Rue de) A4
CORCOMAIRE (Rue) A3
CORCONNE (Rue) A3
CORNEILLE (Rue) B1
COURONNE (Rue de la) B3
COURT DE GEBELIN (Rue) .. D3-D4
COURTIEU (Rue du) A2
CREBILLON (Rue) A1
CREMIEUX (Rue) A2
CURATERIE (Rue de la) B3
DAGOBERT (Rue) .. C2-C2
DELON SOUBEYRAN (Rue) .. C1-C2
DEPARCIEUX (Rue) D3
DEYRON (Rue) B2
DHUODA (Rue) .. D1-D2
DOCTEUR CALMETTE (Impasse du) D4
DOCTEUR CALMETTE (Rue) D4
DOREE (Rue) B3
DU GUESCLIN (Place) C3
DU GUESCLIN (Rue) C3
DUMAS (Rue) A3
DUMONT D'URVILLE (Rue) .. D1-D2
ECLUSE (Place de l') .. A4-B4
ECLUSE (Rue de l') B4
ECOLE VIEILLE (Rue de l') .. A3-B3
EMILE JAMAIS (Rue) .. C1-C2
EMILE ZOLA (Rue) .. C1-C2
ENCLOS REY (Rue) A3
ERNEST RENAN (Rue) .. B1-B3
ESCLAFIDOUS (Place des) A3

ETIENNE SAINTENAC (Boulevard) .. A3-A4
ETOILE (Rue de l') .. B2-B3
FENELON (Rue) B4
FERNAND PELLOUTIER (Rue) .. C1-B2
FERRAGE (Rue de la) A3
FEUCHERES (Avenue) C4
FLAMANDE (Rue) A4
FLECHIER (Rue) A3
FLORIAN (Rue) C1
FLOTTES (Rue des) .. A1-B2
FONTAINE (Quai de la) .. B1-B2
FORT (Montée du) A2
FORT (Rue du) A2
FOURBISSEURS (Rue des) .. A3-B3
FRANÇOIS 1ER (Rue) .. D1-D2
FREDERIC MISTRAL (Rue) D1
FREDERIC PAULHAN (Rue) D4
FRERES MINEURS (Rue des) B2
FRESQUE (Rue de la) B2
GABRIEL PERI (Place) A4
GAL PERRIER (Rue) .. B2-B3
GAMBETTA (Boulevard) .. A2-A4
GARANCE (Rue de la) A3
GASTON BOISSIER (Rue) .. B1-B2
GASTON MARUEJOLS (Rue) C4
GAUDE (Rue de la) A3
GAUTHIER (Rue) .. A2-A3
GENERAC (Rue de) D2
GEORGES POMPIDOU (Avenue) .. C1-D1
GERGONNE (Rue) B2
GODIN (Rue) B2
GRAND COUVENT (Place du) A2
GRAND COUVENT (Rue du) .. A2-B2
GRAND RUE B2
GRAND TEMPLE (Place du) B4
GRAVEROL (Rue) A3
GREFFES (Rue des) B3
GRETRY (Rue) .. B1-B2
GRIZOT (Rue) .. B3-B4
GUERIN (Passage) A3
GUILLEMETTE (Rue) .. D3-D4
GUIZOT (Rue) A2
HALLES (Rue des) .. A3-B3
HENRI BATAILLE (Rue) D1
HENRI ESPERANDIEU (Rue) D1
HENRI IV (Rue) .. D1-D2
HENRI REVOIL (Rue) D1
HERBES (Rue aux) B3
HORLOGE (Place de l') B2
HORLOGE (Rue de l') .. B2-B3
HOTEL DE VILLE (Place de l') B3
HOTEL DE VILLE (Rue de l') B3
HOTEL DIEU (Rue de l') .. C1-C2
HOTEL DIEU (Place de l') .. C1-C2
HUGUES CAPET (Rue) .. C1-C2
IMBERT (Rue) A3

ISABELLE (Rue) C1
JARDINS (Rue des) B4
JEAN JAURES (Avenue) .. B1-D1
JEAN REBOUL (Rue) C2
JEAN ROBERT (Place) A4
JEANNE D'ARC (Rue) .. C3-C4
JULES GUESDE (Place) B1
LA PLACETTE C1
LAMPEZE (Rue de la) A3
LEONCE GUIRAUD (Rue) C3
LEOPOLD MORICE (Rue) C1
LIBERATION (Boulevard de la) .. B3-C3
LITTRE (Rue) .. A2-B2
LOMBARDS (Rue des) A3
LOUIS LAGET (Rue) .. C1-C2
LOUIS RAOUL (Rue) B2
LOUVRE (Petite rue du) .. B4-C4
LOYE (Rue) B4
LUXEMBOURG (Impasse du) B4
MADELEINE (Rue de la) B2
MADELEINE (Place de la) .. B2-B3
MAGAILLE (Rue) D4
MAIL (Rue du) .. C1-C2
MAISON CARREE (Place de la) B2
MAISON CARREE (Rue de la) B2
MARCHANDS (Rue des) B3
MARCHE (Impasse du) B2
MARCHE (Rue du) B2
MARESCHAL (Rue) .. C1-B2
MATHIEU LACROIX (Rue) B3
MAUBET (Rue) B2
MENARD (Rue) A2
MOLIERE (Rue) B2
MONJARDIN (Rue) B4
MONNAIE (Rue de la) .. B2-B3
MONT DUPLAN (Avenue du) A4
MONTCALM (Place) C2
MURIER D'ESPAGNE (Passage du) .. A3
MURIER D'ESPAGNE (Rue du) A2
NANTILDE (Rue) D2
NATIONALE (Rue) .. A3-A4
NATOIRE (Boulevard) D4
NERVA (Rue) A2
NOTRE DAME (Rue) B4
NOTRE-YON (Rue) C1
11 NOVEMBRE 1918 (Rue du) C3
ONU (Place de l') D4
ORANGERS (Rue des) A3
ORATOIRE (Rue de l') C2
PABLO PICASSO (Place) A1
PAIX (Rue de la) D1
PAPIN (Rue) A4
PARISIERE (Impasse de la) A3
PASTEUR (Rue) .. A1-A2
PATINES (Rue des) B3
PECOLET (Rue) C4
PEPIN LE BREF (Rue) D2

PETITS SOULIERS (Rue des) B3
PHARAMOND (Rue) .. D2-D3
PIERRE SEMARD (Rue) A4
PITIE (Rue de la) C2
PLANAS (Rue du) D3
PLOTINE (Rue) A2
POISE (Rue) A3
POISSONNERIE (Rue de la) B3
PORTE D'ALES (Rue) A3
PORTE DE FRANCE (Place de la) .. B2-C2
PORTE DE FRANCE (Rue) C2
PRADIER (Rue) .. B4-C4
PRAGUE (Boulevard de) .. C3-B4
PRESTON (Rue de) B4
PREVOTE (Rue de la) B3
QUATREFAGES (Rue de) D4
QUESTEL (Place) B1
RABAUD ST-ETIENNE (Rue) B1
RACINE (Rue) B2
RANDON (Impasse) B3
RANGUEIL (Rue) B2
RAYMOND MARC (Rue) .. D3-D4
REGALE (Rue) .. B3-C3
REPUBLIQUE (Rue de la) .. D2-C3
REVOLUTION (Place de la) A2
RICHELIEU (Rue) A4
RIVAROL (Rue) B1
ROBERT (Rue) A3
ROUGET DE LISLE (Rue) .. C1-B2
ROUSSY (Rue) .. B4-C4
RUFFI (Rue) .. C3-D3
RULMAN (Rue) C3
SAINT-ANTOINE (Rue) A3
SAINT-CASTOR (Rue) .. A3-B3
SAINT-CHARLES (Rue) A3
SAINT-CHARLES (Place) A3
SAINT-DOMINIQUE (Rue) B1
SAINT-FRANÇOIS (Rue) C3
SAINT-GILLES (Rue de) .. D2-D3
SAINT-LAURENT (Rue) B1
SAINT-MARC (Rue) B3
SAINT-MATHIEU (Rue) .. B2-C2
SAINT-REMI (Rue) D1
SAINT-THOMAS (Rue) B3
SAINT-YON (Rue) C1
SAINTE-AGNES (Rue) C1
SAINTE-ANNE (Rue) C1
SAINTE-CATHERINE (Rue) C1
SAINTE-EUGENIE (Rue) B3
SAINTE-EUGENIE (Ruelle) B3
SAINTE-FELICITE (Rue) .. D3-D4
SAINTE-MARGUERITE (Rue) .. B1-B2
SAINTE-URSULE (Rue) .. C2-C3
SALAMANDRE (Place de la) B3
SALAMANDRE (Rue de la) B3
SAURIN (Rue) A3
SAUVE (Rue de) A3
SCATISSE (Rue) .. C4-D4

SEGUIER (Rue) .. A4-B4
SERGENT TRIAIRE (Boulevard) .. D3-C4
SERVIE (Rue de la) C4
SEVERINE (Impasse) C4
SEVERINE (Place) C1
STANISLAS CLEMENT (Rue) .. B1-B2
SUFFREN (Rue) C1
SUGER (Rue) .. D2-D3
TALABOT (Boulevard) D4
TEDENAT (Rue) .. B2-C2
TERRAUBE (Rue) D4
THEODORE AUBANEL (Rue) D2
THIERRY (Rue) D2
THOUMAYNE (Rue) B2
TILLEULS (Rue des) .. B1-D1
TITUS (Rue) A1
TONDEURS (Rue des) .. A3-B3
TOUR DE L'EVEQUE (Rue) B1
TOUR MAGNE (Rue de la) B1
TRAJAN (Rue) .. A1-A2
TRAUCAT (Rue) C2
TRAVERSIERE (Rue) B1
TRELYS (Rue) B3
TRESORERIE (Rue de la) A1
TROIS MAURES (Rue des) .. C2-C3
TURENNE (Rue) A4
TURGOT (Rue) B4
VACHER (Plan) A4
VAISSETTE (Rue) .. A2-A3
VAUBAN (Rue) .. D1-D2
VERDET (Rue) D1
VERDUN (Rue de) D1
VESPASIEN (Rue) A2
VICTOR HUGO (Boulevard) .. B2-C3
VIDAL (Rue) A3
VIEILLE TRIPERIE (Rue de la) A2
VIERGE (Rue) A3
VIERNE (Pont de) A1
VIEUX NIMES (Passage du) B3
VILLEPERDRIX (Rue) C2
VINCENT FAITA (Rue) A4
VIOLETTE (Rue de la) B3
VOLTAIRE (Rue) A2
VOULAND (Rue) B2
XAVIER SIGALON (Rue) A3

PERPIGNAN

Map of Perpignan city centre with street grid labelled A–D (vertical) and 1–4 (horizontal). Scale: 0 — 100 m. Selected map labels include: Jardin Exotique, Av. Louis Torcatis, Pont Joffre, Promenade des Platanes, Square Bir Hakeim, Palais des Congrès, Jardin Public, Avenue des Pervenches, Boulevard Georges Clemenceau, Place de la Résistance, Musée de la Casa Pairal Le Castillet, Cath. St-Jean-Baptiste, Campo Santo, Chap. St-Sacrement, Evêché, Jardin de la Miranda, Égl. St-Jacques, Chap. N.-D. de Lourdes, Hôtel du Dépt, Hôtel de Ville, Musée H. Rigaud, Musée de l'Algérie Française, Palais des Rois de Majorque, Jardin des Remparts, Égl. N.-D. La Réal, Place Jean Moulin, Cim. St-Martin, Boulevard Henri Poincare, Rd-Pt de la Croix Rouge, Av. P. Cambres, Égl. de J.-C. des Sts des Derniers Jours.

ABREUVOIRS (Rue des) A2-B2
ACADEMIE (Rue de l') B3
ACCES A LA CITADELLE (Rue d') C1-D1
ALBERT CALMETTE (Rue) D4
ALBERT CAMUS (Avenue) A4
ALFRED DE MUSSET (Rue) A4-B4
ALFRED NOBEL (Quai) B1
ALPHONSE DAUDET (Rue) A2-A3
ALPHONSE SIMON (Rue) B1
ALSACE LORRAINE (Rue) B2
AMANDIERS (Impasse des) B3
AMANDIERS (Place des) B3-C3
AMANDIERS (Rue des) B3-C3
AMANDIERS (Traverse des) B3
AMBROISE PARE (Rue) D1
AMIRAL BARRERA (Rue) B4-C4
AMIRAL RIBEIL (Rue) B3
ANATOLE FRANCE (Bd.) B4-C4
ANATOLE FRANCE (Rés.) C1-C2
ANCIENNE COMEDIE (Rue de l') B3
ANDRE BOSCH (Rue) B4
ANDRE FONS (Square du) A4
ANDRE GRETRY (Place) B3
ANGE (Rue de l') B3
ANGEL GUIMERA (Rue) D1-D2
ANGUILLE (Rue de l') B3
ANGUILLE (Traverse de l') B3
ANTOINE DE LAVOISIER (Rue) C3-C4
ANTOINE DE SAINT-EXUPERY (Rue) D2
ANTOINE QUEYA (Rue) B3
ARCHERS (Rue des) C2-D2
ARGENTERIE (Rue de l') B2-B3
ARISTIDE BRIAND (Bd) D3-C4
ARMAND IZARN (Rue) D2
ARSENE D'ARSONVAL (Rue) D4
AUGUSTE RENOIR (Rue) A3-A4
AUGUSTIN THIERRY (Rue) B4
AUGUSTINS (Rue des) B2
BABY (Rue du) A4
BALCON (Rue du) D4
BALEARES (Avenue des) C2-D2
BARCELONE (Quai de) B1-C1
BARRE (Rue de la) B2
BASSE (Traverse de la) A2
BASTION SAINT-DOMINIQUE (Rue) B3-B3
BASTION SAINT-FRANÇOIS (Rue) C1
BERGERE (Rue) C1
BODIN DE BOISMORTIER (Place) B4-C3
BOHEMIENS (Rue des) B4-C4
BOSQUET (Rue du) C3
CAMELIAS (Allée des) A4
CAMILLE DESMOULINS (Rue) A3-A4
CAMILLE JOURDAN (Rue) A1-B1
CAMILLE PELLETAN (Rue) C1
CAPCIR (Rue du) C1
CAPUCINES (Impasse des) A4
CARDEURS (Impasse des) B3

CARDEURS (Rue des) B3
CARLITTE (Rue) C1
CARMES (Rue des) C3-C4
CASERNE SAINT-JACQUES (Rue de) B4
CASERNE SAINT-MARTIN (Rue de la) B4
CASTILLET (Rue du) A2-A3
CATALOGNE (Place de) B1
CELESTIN MANALT (Allée) C1
CHANTIER (Rue du) C1-D1
CHARLES DE MONTESQUIEU (Rue)
CHARLES PERRAULT (Rue) B4
CHATEAU (Rue du) C2
CHEVALET (Rue du) B2
CIMETIERE SAINT-MATHIEU (Rue du)
CITE BARTISSOL (Impasse) A2-B2
CITE BARTISSOL (Rue) A2-B2
CLAUDE ROUGET DE LISLE (Rue)
CLOCHE D'OR (Rue de la) A2
COLONEL ALFRED ARBANERE (Place)
COLONEL DOMINIQUE CAYROL (Rue) B3
COMMANDANT JEAN BAZY (Rue)
COMMANDANT MICHEL DOUTRES (Rue)
COMMERES (Rue des) C1-C2
COQUELICOTS (Rue des) A4
CORBIERES (Rue des) C1
CORDONNIERS (Rue des) B2
CORSE (Rue de la) B4
COTE DES CARMES (Rue) C4
COTE SAINT-SAUVEUR (Rue) B3-B4
COUVENT DE LA MERCI (Rue du)
CROIX ROUGE (Rond-Point de la) D3
CUIRASSIERS (Rue des) B3
CYCLAMENS (Rue des) A4
DAGOBERT (Impasse) C1
DAGOBERT (Rue) C1-C2
DENIS DIDEROT (Rue) A4-B4
DENIS PAPIN (Rue) D4
DEVEZE (Rue de la) D3
DOCTEUR ALFRED RIVES (Rue)
DOCTEUR LUDWIG LAZARUS ZAMENOFF (Rue) B1-C1
DOCTEUR POUS (Rue du) B1
DOCTEUR RENE PUIG (Place du) C2
DRAGONS (Rue des) B2
ECOLE (Rue de l') A2
EDMOND BARTISSOL (Rue) A2
EDMOND ROSTAND (Rue)

EDNE MARIOTTE (Rue) D4
EGLISE LA REAL (Rue de l') C3
EGLISE SAINT-JACQUES (Rue) B4
ELIE DELCROS (Rue) A3
EMILE ZOLA (Impasse) B3
EMILE ZOLA (Rue) B2-B3
EMMANUEL BROUSSE (Rue)
EN CALCE (Rue d') B3
ENFER (Rue d') B3
ERCKMANN CHATRIAN (Rue) A3
ESPLANADES (Place des) C3
ETROITE (Rue) C2
EUGENE CHEVREUL (Rue) D4
EUGENE SAUVY (Rue) B3
FABRIQUES COUVERTES (Rue des)
FABRIQUES D'EN NABOT (Rue) B3
FABRIQUES D'EN NADALS (Place) B3
FARINES (Rue des) B3
FELIX MERCADER (Bd) C1-D2
FERDINAND BUISSON (Rue)
FIGUIER (Rue du) A2
FONT FROIDE (Rue) B3
FONTAINE NAPINCARDA (Rue) B3
FONTAINE NEUVE (Rue) A4-B4
FOUR SAINT-FRANÇOIS (Rue) C1-C2
FOUR SAINT-JACQUES (Rue du) B3
FOUR SAINT-JEAN (Rue) B3
FRANCE LIBRE (Bd de la) A1-A2
FRANCESCO FERRER (Rue) A1-B1
FRANÇOIS ARAGO (Place) B2
FRANÇOIS ARAGO (Rue) C1-C2
FRANÇOIS BATLLO (Quai) B1
FRANÇOIS BOHER (Rue) C1
FRANÇOIS LLUCIA (Rue) B3-B4
FRANÇOIS PALMAROLE (Cours) A2-A3
FRANÇOIS VILLON (Rue) B3
FRANÇOIS-MARIE VOLTAIRE (Rue)
FREDERIC ESCANYE (Rue) C1
FUSTERIE (Rue de la) B3
GABRIEL DE MABLY (Rue) B2-B3
GABRIEL PERI (Place) B2
GALERIES (Rue des) C3-C4
GENERAL DE LABEDOYERE (Rue)
GENERAL DE LARMINAT (Pont) A2
GENERAL DERROJA (Rue)
GENERAL GUILLAUT (Avenue du) D2
GENERAL LECLERC (Avenue) A3-A4
GENERAL LEGRAND (Rue du) A1-B1
GEORGES BONDURAND (Rue) D2
GEORGES CLEMENCEAU (Boulevard) B1-A2
GEORGES GUYNEMER (Avenue) C4-D4

GEORGES PEZIERES (Rue) D2-D3
GEORGES RIVES (Rue) C3
GEORGES SOREL (Rue) B4
GLACIS (Rue du) D1-D2
GRANDE LA MONNAIE (Rue) B2-C2
GRANDE LA REAL (Impasse) C2-C3
GRANDE LA REAL (Rue) C2-C3
GRANDE DES FABRIQUES (Rue)
GUERRE (Pont de) B1
GUILLAUME DAUDER DE SELVA (Rue)
GUSTAVE EIFFEL (Rue) D4
GUSTAVE FLAUBERT (Rue) A1-B1
HENRI ABBADIE (Rue) B3
HENRI BERTON (Rue) B3
HENRI DE TOULOUSE LAUTREC (Rue)
HENRI FANTIN LATOUR (Rue) D2
HENRI LE CHATELIER (Rue) D4
HENRI MOISSAN (Rue) D4
HENRI POINCARE (Bd) D2-D3
HIPPOLYTE TAINE (Rue) B4
HOCHE (Rue) B2
HONORE DE BALZAC (Rue) A4-B4
HOPITAL (Rue de l') C1-C2
HORLOGE (Rue de l') B2-B3
HORTENSIAS (Rue des) A4
HUILE (Place de l') B3
HYACINTHE MANERA (Rue) D3
HYACINTHE RIGAUD (Place) B2
HYACINTHE RIGAUD (Rue) B2-B3
ILLIBERIS (Rue d') D4
INCENDIE (Rue d') B2
JACINT VERDAGUER (Rue) C1
JACQUES DUGOMMIER (Rue) C2
JACQUES MANUEL (Rue) A2-B2
JACQUES PREMIER (Rue) C2
JARDIN BOTANIQUE (Rue du) B1-B2
JARDIN D'ENFANTS (Rue du) A4
JASMIN (Rue du) D3
JEAN BAILLY (Rue) C3-C4
JEAN BOURRAT (Boulevard) B3
JEAN DE CAZANYOLA (Rue) C2
JEAN DE LATTRE DE TASSIGNY
JEAN JAURES (Rue) B2
JEAN MANALT (Rue) C1
JEAN MERMOZ (Rue) C4
JEAN MOULIN (Place) C3
JEAN PAYRA (Rue) B2
JEAN RACINE (Rue) A3
JEAN RIERE (Rue) C2
JEAN VIELLEDENT (Rue) C3-C4
JEAN-BAPTISTE DUCHALMEAU (Rue)

JEAN-BAPTISTE MOLIERE (Place) B3
JEAN-BAPTISTE MOLIERE (Rue) A3
JEAN-JACQUES ROUSSEAU (Rue) A3-A4
JEAN-JACQUES ROUSSEAU (Impasse) B2
JEANNE D'ARC (Place) A2-A3
JERUSALEM (Impasse) B2-B3
JEUNES ANNEES (Rue des) D4
JOACHIM DU BELLAY (Rue) C3
JOFFRE (Pont) C1-C2
JOSEPH ANGLADA (Rue) B3
JOSEPH BERTRAND (Rue) B4
JOSEPH CASSANYES (Place) B4
JOSEPH CHARPENTIER (Imp.) A4
JOSEPH DENIS (Rue) B3
JOSEPH PAL (Rue) D3-D4
JOSEPH POMAROLA (Rue) C2
JOSEPH ROUS (Avenue) A1-A2
JOSEPH SAUVY (Rue) B3
JOSEPH SIRE (Impasse) C2
JOSEPH TASTU (Rue) D1
JOSEPHTIXEIRE (Rue) B3
JOTGLARS (Rue des) C2
JULES DE CARSALADE DU PONT (Avenue) D3
JULES MICHELET (Rue) B4
JULES PAMS (Rue) D2
JULIEN PANCHOT (Avenue) C1
JUSTIN BARDOU JOB (Rue) B3
JUSTIN BARDOU JOB (Place) C1-C2
LANTERNE (Rue de la) B2
LAZARE ESCARGUEL (Cours) B1-C1
LAZARE ESCARGUEL (Place) B1
LEON BOURGEOIS (Rue) C2
LEON GAMBETTA (Place) B2
LEVIS (Rue du Pont) C2
LICES (Rue des) C2-D2
LIEUTENANT PRUNETA (Rue) D1-D2
LOGE (Rue de la) B2
LOUIS AUGUSTE BLANQUI (Rue) C3
LOUIS BAUSIL (Rue) A4
LOUIS BEGUIN (Rue) B3
LOUIS BLANC (Rue) A2-B2
LOUIS CAULAS (Rue) C2
LOUIS ESPARRE (Rue) D2
LOUIS PASTEUR (Rue) B1-B2
LOUIS PRAT (Allée) A4
LOUIS TORCATIS (Avenue) A1
LOUIS-AUGUSTE BLANQUI

MANCHE (Rue de la) B3
MARCEL OMS (Place) C2
MARCEL PARAZOLS (Rue) D2-D3
MARCELIN ALBERT (Rue) C2
MARCELLIN BERTHELOT (Rue) D1
MARCHANDS (Rue des) B2
MARCHE AUX BESTIAUX A1-A2
MARCHE DE GROS (Rue du) A1-B1
MARECHAL FERDINAND FOCH (Rue) A3
MARECHAL LANNES (Rue) C1-C2
MARECHAL NEY (Rue) C2
MARENGO (Rue) B3-B4
MARIANO FORTUNY (Rue) D1-D2
MARIE LOUIS DE LASSUS (Rue)
MAS D'EN VESTIT (Impasse du) B3
MATHOUETS (Place des) C1
MAURELL (Rue) B3
MAXIMILIEN DE SULLY (Rue) B4
MAXIMILIEN SEBASTIEN FOY (Rue)
MEDITERRANEE (Rond-point de la) A1
MERCADIERS (Rue des) B3-B4
MERCADIERS (Traverse des) B4
MICHEL CAROLA (Rue) C3
MICHEL DE MONTAIGNE (Rue)
MICHEL DOM BRIAL (Rue) A3-B4
MICHEL TORRENT (Rue) D1
MIGUEL MUCIO (Rue) D2
MIMOSAS (Rue des) A4
MIRANDA (Rue de la) B4
MOULIN PARES (Rue du) B3
MUSEE (Rue du) B3
NEUVE (Rue) B2-C2
NICOLAS POUSSIN (Rue) D1-D2
NICOLAS SADI CARNOT (Quai) A2
NOTRE-DAME (Rue) A2
ORFEVRES (Place des) B3
PALADINS (Rue des) C3
PALMIERS (Avenue des) A4
PAQUERETTES (Impasse des) A4
PARADIS (Rue du) B3
PARFUMS (Sentier des) A3
PAUL COURTY (Rue) B1
PAUL DE LAMER (Rue) C2
PAULIN TESTORY (Rue) C1-D1
PERE PIGNE (Rue du) B3
PERVENCHES (Avenue des) A4
PETIT SAINT-CHRISTOPHE (Rue)
PHILIPPE LEBON (Rue) D4
PIERRE BOURDAN (Rue) C2
PIERRE CAMBRES (Avenue) D3-D4
PIERRE CORNEILLE (Rue) C2-C3

PIERRE CURIE (Rue) B1
PIERRE DE MARIVAUX (Rue)
PIERRE DE MARIVAUX (Rue) B2-C3
PIERRE DUPONT (Rue) A2
PIERRE LOTI (Rue) B2
PIERRE PUIGGARY (Rue) D1
PIERRE RAMEIL (Rue) A1-B1
PIERRE RONSARD (Rue) B3-B4
PIERRETALRICH (Rue) A3
PIERRETROUEE (Rue) C1-C2
PIERRE-EMILE ROUX (Rue) D1
PINTE (Rue de la) B3
POIDS DE LA FARINE (Rue du) B3
POILUS (Place des) B2
POISSONNERIE (Rue de la) B2
POMPE DES JARDINIERS (Rue)
PONT D'EN VESTIT (Place) B2
PORTE D'ASSAUT (Rue de la) B3
PORTE DE CANET (Rue de la) B3
PORTE DE PIERRE (Rue de la) B3
POTERNE (Passage de la) A3
POTIERS (Rue des) B3-C4
PRAGUE (Rue de) B3
PRESSOIR (Rue du) C2-B3
PUIG (Place du) B4
PUITS DES CHAINES (Rue) C1-C2
PYRENEES (Boulevard des) C1
4 SEPTEMBRE (Rue du) B3
QUINZE DEGRES (Rue des) B3
RAMON LULL (Rue) B3
RAPHAEL (Rue) D2-D3
REMPART VILLENEUVE (Rue) B1-A2
REMPARTS LA REAL (Rue des) C2-C3
REMPARTS SAINT-JACQUES (Rue des) B4
REMPARTS SAINT-MATHIEU (Rue des)
RENE DESCARTES (Rue) A3
RENE LAENNEC (Rue) D4
RENE PARATILLA (Rue) C3-D4
RENE WALDECK-ROUSSEAU (Avenue)
REPOS (Rue du) C4-D4
REPUBLIQUE (Place de la) B2
REPUBLIQUE (Rue de la) A1
RESISTANCE (Place de la) A2
REVE (Rue du) D4
REVOLUTION FRANÇAISE (Place de la) A3
REVOLUTION FRANÇAISE (Rue de la) B3
RIVE GAUCHE (Passage) B1-B2
ROBERT-EMMANUEL BROUSSE (Avenue) D3-D4
ROIS DE MAJORQUE (Rue des) C2-C3
ROMARINS (Rue des) D1
ROSETTE BLANC (Avenue) B4

RUISSEAU (Rue du) B3
RUSCINO (Résidence) A4
SAINT-FRANÇOIS (Pont) B1-C1
SAINT-FRANÇOIS de PAULE (Rue) B3
SAINT-JEAN (Rue) B2
SAINT-JOSEPH (Place) B3
SAINT-JOSEPH (Rue) B3-B4
SAINT-LEON (Rue) D1
SAINT-MATHIEU (Rue) B2-C2
SAINTE-CATHERINE (Rue) B2
SAINTE-MADELEINE (Rue) B2-C2
SAPONNAIRE (Rue) B2
SARE (Place du) C1
SAVONNERIE (Rue de la) B3
SEBASTIEN VAUBAN (Quai) B1-A2
SEBASTIEN VAUBAN (Rue) B2
SEBASTIEN VAUBAN (Traverse) B2
SEBASTOPOL (Impasse de) C1
SENTIER (Rue du) B4
SOMMEIL (Rue du) B4
SOUPIRS (Sentier des) A3
SQUARE BABY (Résidence) A4
STADIUM (Rue du) D3-C4
SUREAUX (Rue des) C2
TEMPLE (Rue du) B3
TERRASSES DU CASTILLET (Résidence les) A2
TET (Rond-Point de la) A1
THEATRE (Rue du) B2-B3
THEODORE GUITER (Rue) B3
THOMAS WILSON (Bd) A3-A3
TOUR DE FRANCE (Rue) C4-D4
TRACY (Rue du) D1
TROIS JOURNEES (Rue des) A2
TROUBADOURS (Rue des) C3
UNIVERSITE (Rue de l') B3
VALLESPIR (Rue du) C1
VARIETES (Rue des) A2
VELODROME (Rue du) C4
VERDUN (Place de) A2-B2
VICTOIRE (Place de la) A2
VICTOR DALBIEZ (Avenue) D1
VICTOR MIRABEAU (Rue) D4
VIEILLE INTENDANCE (Rue de la) A3
24EME REGIMENT D'INFANTERIE DE MARINE (Avenue du) C3
VIOLETTES (Impasse des) A4

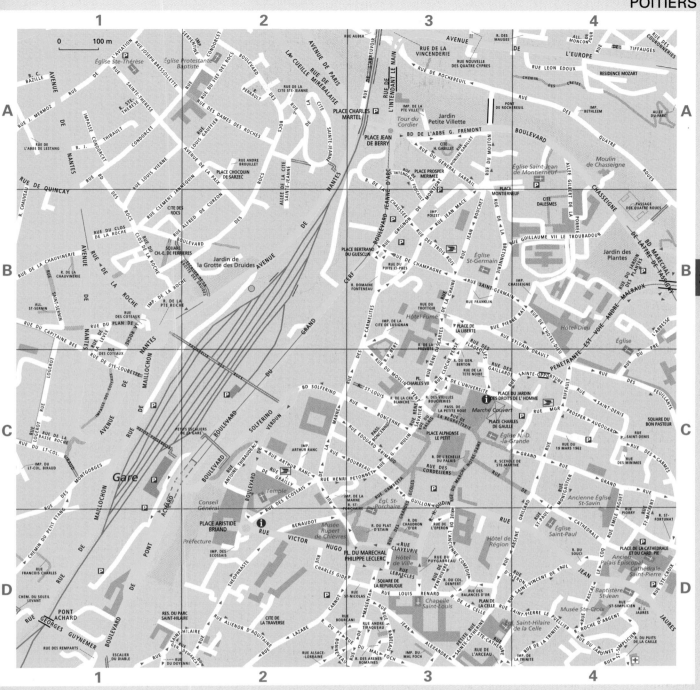

BBE DE LESTANG (Rue de l') A1
BBE GEORGES FREMONT (Rue de l') . . A3
BREUVOIR (Rue de l') A3
CHARD (Pont) D1
LFRED DE CURZON (Rue) B1-B2
LIENOR D'AQUITAINE (Rue) D2
LPHONSE LE PETIT (Place) C3
LSACE-LORRAINE (Rue) D2-D3
NDRE BROUILLET (Rue) A2
NDRE TRIBAQUEAU (Rue) B3
NTOINE THIBAUDEAU (Rue) C2
RCEAU (Rue de l') D4
RENES ROMAINES (Rue des) D3
RISTIDE BRIAND (Place) D2
RSENE ORILLARD (Rue) D3-C4
RTHUR RANC (Impasse) C2
RTHUR RANC (Rue) C2
UBER (Rue) A1
VIATION (Rue de l') A1
ALANCES D'OR (Rue des) D3
ASSE ROCHE (Rue de la) C1
ERTRAND DU GUESCLIN (Place) . . . B3
ETHLEHEM (Impasse) A4
ON PASTEUR (Square du) C4
ONCENNE (Passage) B3
ONCENNE (Rue) C2-C3
OURBEAU (Rue) C2-C3
OURCANI (Rue) D2-D3
RETONNERIE (Rue de la) B3
AMILLE BAZILLE (Rue) A1
APITAINE BES (Rue du) B1-C1
ARMELITES (Rue des) C2-B3
ARMES (Rue des) C4
ATHEDRALE ET DU CARDINAL PIE
  (Place de la) C3-D4
ELLE (Plan de la) D4
ELLE (Rue de la) D3
HAINE (Rue de la) B3
HAMPAGNE (Rue de) B3
HARLES DE GAULLE (Place) C3
HARLES GIDE (Rue) D2-D3
HARLES MARTEL (Place) A3
HARLES VII (Place) C3
HARLES-ELIE DE FERRIERES
  (Square) B1-B2
HASSEIGNE (Boulevard) A3-B4
HASSEIGNE (Impasse) B4
HAUDRON D'OR (Rue) D3
HAUSSEE (Rue de la) A3-B3
HAUVEAU (Rue) B1
HAUVINERIE (Rue de la) B1
HOCQUIN DE SARZEC (Place) A2
HASSEIGNE (Boulevard de la) B3

CITE SAINTE-JEANNE (Allée de la) . . A2-B2
CITE SAINTE-JEANNE (Rue de la) . . . A3
CLAVEURIER (Rue) D3
CLEMENT JANNEQUIN (Rue) B1-A2
CLOCHE PERSE (Rue) B3-C3
CLOS DE LA ROCHE (Rue du) B1
COLONEL DENFERT (Rue du) D3
CONDORCET (Impasse) A1
CONDORCET (Rue) A1-A2
CORDELIERS (Rue des) C3
COTEAUX (Impasse des) B1
COTEAUX (Rue des) B1-C1
COURONNERIES (Rue des) A4
CRETES (Chemin des) A4
CROIX BLANCHE (Rue de la) C3
CUEILLE MIREBALAISE (Rue de la) . . A2-A3
DALESMES (Cité) A4-B4
DAMES DES ROCHES (Rue des) A2
DIABLE (Escalier du) D1
19 MARS 1962 (Rue du) C3-D3
DOMAINE FONTENEAU (Rue) B3
DOYENNE (Rue du) D1
ECHELLE DU PALAIS (Rue de l') . . . C3
ECOSSAIS (Impasse des) C4
ECOSSAIS (Rue) C2-D2
EDOUARD GRIMAUD (Rue) C2
EMILE FAGUET (Rue) C4-C3
EPERON (Rue de l') C3
EUROPE (Avenue de l') A3-A4
FEUILLANTS (Rue des) C4
FIEF DES ROCS (Rue) A1
FLAGEOLLES (Rue des) B3-C3
FRANCOIS CHARLES (Rue) D1
FRANCOIS RABELAIS (Rue) D3
FRANKLIN (Rue) B3
GAILLARDS (Rue des) C3-C4
GAMBETTA (Rue) C3-D3
GASTON HULIN (Rue) C3
GENERAL BERTON (Rue du) B3-C3
GENERAL DEMARCAY (Rue) D1-D2
GENERAL SARRAIL (Rue du) A3
GEORGES GUYNEMER (Rue) C1
GILBERT DE LA PORREE (Allée) A4-B4
GRAND CERF (Boulevard du) C1-B3
GRAND RUE C3
GRANDES ECOLES (Rue des) C3-D3
GRIGNON DE MONTFORT (Rue) A3-B3
GROTTE DES DRUIDES (Escalier de la) B2
GUILLAUME VII LE TROUBADOUR
  (Rue) B3-B4
HENRI OUDIN (Rue) C3-D3
HENRI PETONNET (Rue) C2-C3
HONORE GABILLET (Cité) A3
HONORE GABILLET (Rue) A3
HOTEL-DIEU (Rue de l') B4-C4

INTENDANT FOUCAULT (Rue de l') . . A3-B3
INTENDANT LE NAIN (Rue de l') A3
JACQUES DE GRAILLY (Rue) C2
JACQUES THIBAULT (Rue) C3
JARDIN DES DROITS DE L'HOMME
  (Place du) C3
JARDIN DES PLANTES (Rue du) B4
JARDINET (Rue du) D3
JEAN ALEXANDRE (Rue) D3
JEAN BOUCHET (Rue) C3
JEAN DE BERRY (Place) A3
JEAN JAURES (Rue) C3-D4
JEAN MACE (Rue) A3-B3
JEAN MERMOZ (Rue) A1
JEANNE D'ARC (Boulevard) A3-B3
JOSEPH BRESSOLLETTE (Rue) A1-A2
LAZARE CARNOT (Rue) D2
LEBASCLES (Rue) D3
LEON EDOUX (Rue) A4
LEON PERRAULT (Rue) D3
LEVEE (Rue de la) B1-C1
LIBERTE (Place de la) B3
LIEUTENANT-COLONEL BIRAUD
  (Impasse) C1
LIEUTENANT-COLONEL BIRAUD
  (Rue) C1
LOGEROT (Rue) B1-C1
LOUIS GAUFFIER (Rue) A2
LOUIS RENARD (Rue) D3
LOUIS VIERNE (Rue) A1-B1
MAGENTA (Rue de) D3
MAILLOCHON (Rue de) B1-D1
MARCHE NOTRE-DAME (Rue du) C3
MARECHAL DE LATTRE DE TASSIGNY
  (Boulevard) B4
MARECHAL FOCH (Impasse du) D3
MARECHAL FOCH (Rue) D3
MARECHAL PHILIPPE LECLERC
  (Place du) D3
MARNE (Impasse de la) C2-C3
MARNE (Rue de la) C2-C3
MAUGES (Rue des) A4
MINIMES (Rue des) C4
MONCONTOUR (Allée de) A4
MONSEIGNEUR PROSPER AUGOUARD
  (Rue) C4
MONTGAUTIER (Rue) C4
MONTGORGES (Rue des) C1-D1
MONTIERNEUF (Place) A3
MOULIN A VENT (Rue du) B3-C3
MOUTON (Rue du) A3
MOZART (Résidence) A4
NANTES (Avenue de) C1-A3
NOUVELLE DES QUATRE CYPRES
  (Rue) A3

OLERON (Rue d') D3-D4
PAIX (Avenue de la) A1-B2
PALAIS (Rue du) C3
PARC (Allée du) A4
PARC SAINT-HILAIRE (Résidence du) . . D1
PARIS (Avenue de) A2-A3
PASCAL LE COQ (Rue) D4
PAUL BERT (Rue) B3-C3
PAUL GUILLON (Rue) C3
PENETRANTE EST
  VOIE ANDRE MALRAUX B4-C4
PENTHIEVRE (Rue de) D3
PETIT BONNEVEAU (Rue du) D2-D3
PETIT ETANG (Chemin du) C1-C1
PETITE PASSERELLE C1
PETITE ROCHE (Rue de la) B1
PETITE ROUE (Passage de la) A3
PETITE VILLETTE (Impasse de la) . . . A3
PETITS ESCALIERS DE LA GARE C1
PIERRE RAT (Rue) B3-B4
PIORRY (Rue) D4
PLAN DE LA ROCHE (Rue du) B1
PLAT D'ETAIN (Rue du) D3
POIZET (Impasse) A3
PONT ACHARD (Boulevard de) C1-D1
PRE L'ABBESSE (Rue de) B4-C4
PREVOTE (Rue de la) B3
PROSPER MERIMEE (Place) A3
PUITS CI-PRES (Rue du) B3
PUITS DE LA CAILLE (Rue du) D4
PUYGARREAU (Rue du) C3
QUATRE ROUES (Passage des) B4
QUATRE ROUES (Rue des) B3-B4
QUINCAY (Rue de) A1-B1
REGRATTERIE (Rue de la) C3
REMPARTS (Rue des) C1
RENE DESCARTES (Rue) B3-C3
RENE SAVATIER (Rue) C3
REPUBLIQUE (Square de la) C3
RIFFAULT (Rue) C4
ROCHE (Impasse de la) B1-B2
ROCHE (Rue de la) B1-B2
ROCHE D'ARGENT (Rue) D4
ROCHEREUIL (Pont de) A3
ROCHEREUIL (Rue de) A3
ROCS (Boulevard des) B1-A2
ROCS (Cité des) B1-B2
ROCS (Passerelle des) B1-C2
SAINT-DENIS (Rue) C3
SAINT-FORTUNAT (Rue) D4
SAINT-GERMAIN (Rue) A3-B3
SAINT-HILAIRE (Rue) D1-D2
SAINT-LOUIS (Rue) C2
SAINT-MAIXENT (Rue) C4-D4
SAINT-NICOLAS (Rue) D2

SAINT-PAUL (Rue) D4
SAINT-PIERRE LE PUELLIER (Rue) . . D3-D4
SAINT-PORCHAIRE (Rue) D2-C3
SAINT-SERNIN (Allée) B1
SAINT-SERNIN (Rue) B1
SAINT-SIMPLICIEN (Rue) D4
SAINT-VINCENT DE PAUL (Rue) D3-D4
SAINTE-CATHERINE (Petite rue) D3
SAINTE-CATHERINE (Rue) D3
SAINTE-CROIX (Rue) D4
SAINTE-LOUBETTE (Rue de) C1
SAINTE-OPPORTUNE (Rue) C3-C4
SAINTE-THERESE (Rue) A2
SCEVOLE DE SAINTE-MARTHE (Rue) . C3-C4
SERPENTINE (Impasse) A2
SOLEIL LEVANT (Chemin du) D1
SOLFERINO (Boulevard) C1-C2
SOUCI (Rue du) D4
SYLVAIN DRAULT (Rue) B3-C4
TETE NOIRE (Rue de la) C3
THEOPHRASTE RENAUDOT (Rue) . . . C1
TIFFAUGES (Rue de) A4
TRAVERSE (Cité de la) D2
TRINITE (Impasse de la) D4
TRINITE (Rue de la) D3-D4
TROIS ROIS (Rue des) B3
TROTTOIR (Rue du) B3
UNIVERSITE (Rue de l') C3
VERDUN (Boulevard de) C2-D2
VICTOR HUGO (Rue) D2-D3
VIEILLES BOUCHERIES (Rue des) . . . C3
VINCENDERIE (Rue de la) A3

REIMS

ALBERT REVILLE (Rue)............B2-A3
ANATOLE FRANCE (Cours)..........C3
ANDRE MALRAUX (Esplanade).......D1
ANDRIEUX (Rue)..................A2-B3
ANJOU (Rue d')..................C3
ARBALETE (Rue de l')............B2-B3
ARISTIDE BRIAND (Place).........B4
ARLETTE REMIA-COUDRON (Rue).....C2
ARQUEBUSE (Rue de l')...........C2
AUGUSTINS (Rue des).............C4-D4
AVENAY (Rue d').................B3
BACQUENOIS (Rue)................C1
BARBATRE (Rue du)...............D4
BARREE (Place)..................C3-C4
BELLE IMAGE (Rue de la).........B3
BELLE TOUR (Rue)................B3
BERTIN (Rue)....................B3
BETHLEEM (Rue de)...............A4
BIR HAKEIM (Rue)................C1
BOCQUAINE (Chaussée)............D1
BONHOMME (Rue)..................B3
BOUCHERIES (Rue des)............B2
BOULARD (Rue)...................D2-D3
BOULINGRIN (Place du)...........A2-A3
BRAS D'OR (Impasse).............B2-B3
BRULEE (Rue)....................D2-D3
BUIRETTE (Rue)..................C1-C2
CADRAN SAINTPIERRE (Rue du).....B2
CAMILLE LENOIR (Rue)............A4-B4
CAPUCINS (Rue des)..............C2-D3
CAPUCINS (Square des)...........D3
CAQUE (Rue de)..................C1
CARDINAL DE LORRAINE (Rue)......C3
CARDINAL GOUSSET (Rue de).......A4-B4
CARDINAL LUCON (Place du).......C3
CARMELITES (Impasse des)........C2
CARMELITES (Rue des)............C2
CARNEGIE (Place)................C3
CARNOT (Rue)....................C3
CARROUGE (Rue du)...............B2
CERES (Rue).....................B3-B4
CERF-VOLANT (Impasse du)........C3
CERNAY (Rue de).................B4
CESAR POULAIN (Rue).............C4
CHABAUD (Rue)...................C1-D2
CHAIX D'EST ANGE (Rue)..........A2
CHAMP DE MARS (Rue du)..........A2-A3
CHANOINE WARNIER (Parvis).......B4
CHANZY (Rue)....................C2-D3
CHAPELAINS (Rue des)............B2-C2
CHAPITRE (Passage du)...........C3
CHAPITRE (Rue du)...............C3
CHARLES SARAZIN (Square)........B3
CHATEAU PORTE MARS (Rue du).....A2
CHATIVESLE (Rue)................C1-B2

CLAIRMARAIS (Rue de)............B1
CLIQUOT BLERVACHE (Rue).........B4
CLOITRE (Rue du)................C3
CLOU DANS LE FER (Rue du).......B2-C2
CLOVIS (Rue)....................C2-D2
COLBERT (Rue)...................B2-B3
COLIN (Place)...................D1
COLONEL DRIANT (Rue)............B1-B2
COMMERCE (Passage du)...........C2
COMTE D'ARTOIS (Impasse du).....C2
CONDORCET (Rue).................C2
CONTRAI (Rue de)................D3-D4
COQUEBERT (Rue).................A3-A4
CORDELIERS (Rue des)............C3-C4
CORDELIERS (Square des).........C4
COTTA (Rue).....................B3
DAUPHINOT (Cour)................A4
DEFRANCOIS (Rue)................D4
DESAUBEAU (Boulevard)...........A2
DIDEROT (Rue)...................C3
DOCTEUR CHEVRIER (Place du).....A4
DOCTEUR JACQUIN (Rue)...........B2-B3
DOCTEUR POZZI (Rue du)..........A3
DORIGNY (Rue)...................A4
DROUET D'ERLON (Place)..........B1-C2
ECHELLES (Cour des).............B4
ECREVISSE (Rue de l')...........B3-C3
ECU (Rue de l').................B4
EDOUARD MIGNOT (Rue)............A1
EDOUARD VAILLANT (Rue)..........D4
ELUS (Rue des)..................C2-B3
EMILE CAZIER (Rue)..............B3
EQUERRE (Rue de l').............C2
ERLON (Galerie d')..............C2
ETAPE (Rue de l')...............C2
EUGENE DESTEUQUE (Rue)..........C3-B4
EUSTACHE DESCHAMPS (Rue)........A4
FILLES DIEU (Rue des)...........C3-C4
FOCH (Boulevard)................B1-A2
FORUM (Place du)................B3
FUSELIERS (Rue des).............C3-D3
GABELLE (Rue de la).............C1-D2
GAMBETTA (Rue)..................D3-D4
GARE (Cour de la)...............B1
GASTON POITEVIN (Place).........D2
GENERAL BARATIER (Rue)..........B3-B4
GENERAL DE GAULLE (Avenue du)...D1-D2
GENERAL ESTIENNE (Rue)..........B1
GENERAL LECLERC (Boulevard du)..B1-D1
GENERAL SARRAIL (Rue)...........A2-B2
GERBERT (Rue)...................D4
GODINOT (Place).................C3-C4

GRAND CREDO (Rue du)............B3-C3
GRENIER A SEL (Rue).............B4
GROSSE ECRITOIRE (Rue de la)....B2
GRUE (Rue de la)................C2
GUILLAUME DE MACHAULT (Rue).....C3
HENRI DELACROIX (Rue)...........C1
HENRI IV (Rue)..................A2-B2
HENRI JADART (Rue)..............C2
HENRI MENU (Rue)................C2
HINCMAR (Rue)...................C1-D3
HOTEL DE VILLE (Place de l').....B2-B3
HOUZEAU MUIRON (Rue)............C4
IRENEE LELIEVRE (Rue)...........D1
ISLE (Rue de l')................C4
JACOBINS (Rue des)..............D2-C3
JACOBINS (Square des)...........C3
JARD (Rue du)...................D2-D3
JEAN D'ORBAIS (Rue).............C3
JEAN JAURES (Avenue)............B4
JEAN LE LOUP (Rue)..............C3
JEAN-BAPTISTE LANGLET (Cours)...B2-C3
JEAN-JACQUES ROUSSEAU (Rue).....B3-B4
JEANNE D'ARC (Rue)..............B1-C2
JEANNE D'ARC (Square)...........C2
JOFFRE (Boulevard)..............B1-A2
JOVIN (Rue).....................A2
JULES CESAR (Boulevard).........A2
JULES LOBET (Place).............B2
JUSTICE (Impasse de la).........A3
JUSTICE (Rue de la).............A3
KELLERMANN (Rue)................A3-A4
LABORI (Rue)....................C4
LAGRIVE (Rue de l').............B3
LAON (Avenue de)................A2
LAON (Rue de)...................A2
LAURENT DERAMEZ (Rue)...........A4-B4
LEGENDRE (Rue)..................B3
LEON BOURGEOIS (Place)..........B3
LEVANT (Impasse du).............C4
LIBERGIER (Rue).................D1-D2
LIEUTENANT HERDUIN (Rue)........D3-D4
LINGUET (Rue)...................A3-B3
LOGES COQUAULT (Place des)......C3
LOUIS BERTON (Rue)..............C4-D4
LOUIS ROEDERER (Boulevard)......B1-C1
LUNDY (Boulevard)...............A2-B4
LUNDY (Impasse).................B4
LUXEMBOURG (Rue du).............B3
MACON (Rue de)..................B4-C4
MACQUART (Rue)..................A4
MADELEINE (Rue de la)...........C1-D1
MARC (Rue du)...................B3
MARCEL THIL (Rue)...............A1

MARIE STUART (Rue)..............C4
MARIE-CLEMENCE FOURIAUX (Rue)...A1
MARLOT (Rue)....................D2-D3
MARMOUZETS (Rue des)............B3
MARS (Porte de).................A2
MARS (Rue de)...................A2-B3
MARTYRS DE LA RESISTANCE (Place)..C3
MARX DORMOY (Rue)...............C2
MAUCROIX (Rue)..................A1
MAURICE NOIROT (Boulevard)......C1-D1
MOISSONS (Rue des)..............B4-C4
MONT D'ARENE (Rue du)...........A1
MONTESQUIEU (Rue)...............A4
MONTLAURENT (Rue)...............D4
MONTOISON (Rue).................B4-C4
MURS (Rue des)..................C4-D4
MYRON HERRICK (Place)...........C2-C3
NANTEUIL (Rue de)...............B3
NICOLAS HENRIOT (Rue)...........C3
NOEL (Rue)......................B2
NOTRE DAME DE L'EPINE (Rue).....B3
OLIVIER METRA (Rue).............A3
ORMESSON (Rue d')...............A4
ORPHELINS (Rue des).............D3-D4
PAIX (Boulevard de la)..........B4-D4
PASTEUR (Boulevard).............D4
PAUL ADAM (Rue).................D3
PAUL BOCQUET (Square)...........C1
PAUL DOUMER (Boulevard).........D1-D2
PAUL JAMOT (Place)..............C4
PAYEN (Rue).....................C1
PERSEVAL (Rue)..................B4
PETIT ARSENAL (Rue).............B2
PETIT FOUR (Rue du).............B2
PIPER (Rue).....................B4-C4
PLUCHE (Rue)....................B3
POISSONNIERS (Rue des)..........C1
POL NEVEUX (Rue)................C3
POLONCEAU (Allée)...............D1
PONSARDIN (Rue).................B4-D4
POUILLY (Rue de)................B2
PREAU (Rue du)..................D4
PRESIDENT F ROOSEVELT (Rue).....A1-A2
PRISON DU BAILLAGE (Rue de la)..C3
RAINSSANT (Rue).................C2
RAYMOND GUYOT (Rue).............A4
RENE ET HENRI DRUARD (Square)...C2
RENE HUET (Rue).................B4
RENFERMERIE (Rue de la).........A2
REPUBLIQUE (Place de la)........A2
ROBERT DE COUCY (Rue)...........C3
ROCKEFELLER (Rue)...............B3-B4
ROGIER (Impasse)................B3-B4
ROGIER (Rue)....................B3-B4

ROMAINS (Rue des)...............A1
ROUILLE (Rue)...................B2
ROYALE (Place)..................B3-C3
SAINT-BRICE (Rue de)............B1-C1
SAINT-ETIENNE (Impasse).........C3
SAINT-GILLES (Passage)..........D4
SAINT-HILAIRE (Rue).............A3-B3
SAINT-JACQUES (Passage).........C2
SAINT-JUST (Rue)................C3
SAINT-MARCEAUX (Boulevard)......C4-D4
SAINT-PIERRE LES DAMES (Rue)....C3-C4
SAINT-SYMPHORIEN (Rue)..........C3
SAINT-YON (Rue).................B3-B4
SALIN (Rue).....................B2
SALLE (Impasse de la)...........C2
SALLE (Rue de la)...............C2
SAVOYE (Rue de).................A3-A4
SOLIDARITE (Place de la)........C2
STALINGRAD (Place)..............D1
SUBE (Passage)..................C2
TALLEYRAND (Passage)............C2
TALLEYRAND (Rue de).............B2-C2
TAMBOUR (Rue de)................B3
TAPISSERIES (Impasse des).......C3
TELLIERS (Rue des)..............B2
TEMPLE (Rue du).................A2-B3
TEMPLIERS (Rue des).............B3-A4
THEODORE DUBOIS (Rue)...........C2
THIERS (Rue)....................B2
THILLOIS (Rue de)...............C1-C2
TIRELIRE (Impasse de la)........B2
TIRELIRE (Rue de la)............A2-B2
TOURNELLES (Rue des)............C3
TRESOR (Rue du).................B3
TRIANON (Rue de)................B1
TROIS RAISINETS (Rue des).......B3-C4
TRONSSON DUCOUDRAY (Rue)........C2-C3
TRUDAINE (Rue)..................B3
UNIVERSITE (Rue de l').........C3-D4
VAUTHIER LE NOIR (Rue)..........C3
VENISE (Rue de).................D3
VESLE (Pont de).................D1
VESLE (Rue de)..................C1-D2
VICTIMES DE LA GESTAPO
(Square des)....................C2
VILLEMINOT HUART (Rue)..........A2
VOLTAIRE (Rue)..................D3-B4
WARNIER (Rue)...................B4
WERLE (Rue).....................A3-A4
7 ET 8 MAI 1945 (Allée du)......B1-A2

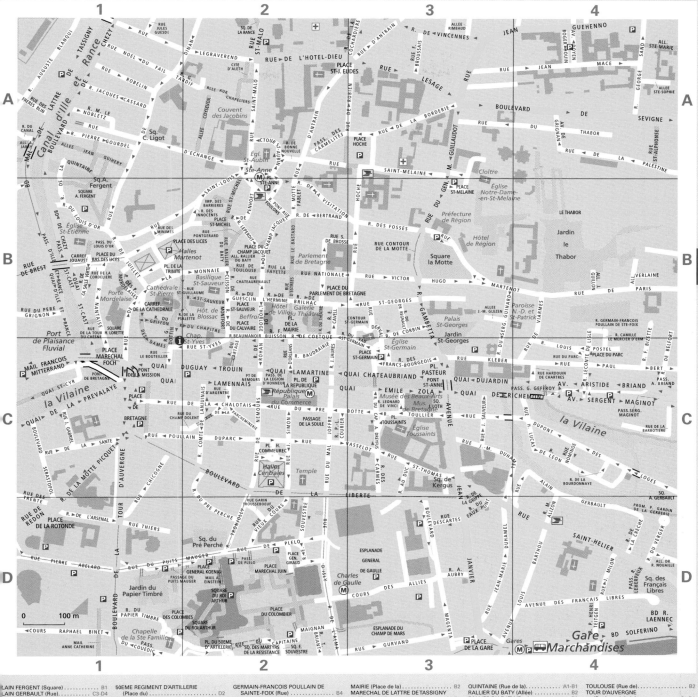

LAIN FERGENT (Square).........B1
LAIN GERBAULT (Rue).........C3-D4
LAIN GERBAULT (Square)........D4
LBERT AUBRY (Rue).............D3
LBERT EINSTEIN (Mail).........D2
LETH (Cité d')................A2
LLIES (Cours des)...........D2-D3
LMA (Rue de l')...............D2
NNE CATHERINE (Mail)..........D1
NTRAN (Rue d')..............B2-A3
RGENTRE (Rue d')..............C2
RISTIDE BRIAND (Avenue).......C4
RISTIDE BRIAND (Passage)......C4
RSENAL (Rue de l').............C2
UGUSTE BLANQUI (Rue)..........A1
RBOTIERE (Rue de la)..........C4
ARRIERES (Impasse des)........B2
AS DES LICES (Place du).......B1
AUDRAIRE (Rue)................B2
EAUMANOIR (Rue)...............B2
EAUMONT (Boulevard de)........D3
ELFORT (Rue de).............B4-C4
ERTRAND (Rue de)............B2-B3
ONNE NOUVELLE (Rue de)........A2
ORDERIE (Rue de la)...........A3
OURDONNAYE (Rue de la)........C4
OUTELIER (Rue)................B2
REST (Rue de).................B1
RETAGNE (Rue de)..............B1
RETAGNE (Pont de).............C1
RILHAC (Rue de)...............B2
ALVAIRE (Place du)............B2
AMILLE LE MERCIER D'ERM (Rue)..B4-C4
ANAL (Impasse du).............A1
AP ALFRED DREYFUS (Rue).......D2
APITAINE MAIGNAN (Rue du).....C2
ARMELITES (Passage des).......A2
ARMES (Rue des)...............B2
ARREFOUR JOUAST (Rue).........B1
ARTAGE (Rue)................B2-C2
ATHEDRALE (Carrefour de la)...B1
HALOTAIS (Rue de la)........C1-C2
HAMP DE MARS (Esplanade du).D1-D2
HAMP DOLENT (Rue du)........C2-D2
HAMP JACQUET (Place du).......B2
HAMP JACQUET (Rue du).........B2
HAPELIERS (Ruelle aux)........A2
HAPITRE (Rue du)............B1-B2
HATEAUBRIAND (Rue)..........C2-C3
HATEAURENAULT (Rue)...........B2
HEVAUX (Ruelle aux)...........A2
HICOGNE (Rue de)............A1-B1

50EME REGIMENT D'ARTILLERIE (Place du)..........D2
CLISSON (Rue de)..............B2
COCHARDIERE (Rue de la).......A3
COETQUEN (Rue de).............B2
COLOMBES (Place des)........D1-D2
COLOMBIER (Place du)..........D2
COMTE DE LANJUINAIS (Rue).....C2
CONTOUR DE SAINT-AUBIN (Rue)..B3
CONTOUR DE LA MOTTE (Rue).....A3
CORBIN (Rue de).............B3-C3
CORDELIERE (Rue de la)........B1
COUEDIC (Passage du)..........D1
COYSEVOX (Allée)..............A2
DAMES (Rue des).............B1-C1
DERVAL (Rue)................B3-C3
DESCARTES (Rue)...............D3
DINAN (Rue de)..............A1-A2
10EME D'ARTILLERIE (Rue du)...D2
DOCTEUR FRANCIS JOLY (Rue du)..D2
DOCTEUR REGNAULT (Rue du).....B3
DOCTEUR ROGER NOUAILLE (Allée)..D3
DOCTEUR ROUX (Rue du).........D3
DOYEN ROGER HOUIN (Avenue)....A4
DUC (Rue au)................C3-D3
DUGUAY TROUIN (Quai)........C1-C2
DUJARDIN (Quai)...............C4
DUPONT DES LOGES (Rue)......C3-C4
ECHANGE (Rue d')............A1-A2
EDITH CAVELL (Rue)............B3
EMILE SOUVESTRE (Rue).......C2-D2
EMILE SOUVESTRE (Square)......C2
EMILE ZOLA (Quai)...........C2-C3
ESTREES (Rue d')..............B2
FAUX PONT (Rue du)............D2
FERDINAND BUISSON (Rue).......B3
FOSSES (Rue des)..............B2
FRANCAIS LIBRES (Avenue des)..D4
FRANCOIS BIZETTE (Rue)......B4-C4
FRANCOIS BROUSSAIS (Rue)......A3
FRANCOIS MITTERRAND (Mail)....C1
FRANCS-BOURGEOIS (Rue des)....C3
FRERES BLIN (Rue des).........A1
GAMBETTA (Rue)................C3
GARE (Place de la)..........D3-D4
GARINTROUSSEBOEUF (Rue).......D2
GASTON TARDIF (Rue).........A1-A2
GENERAL DE GAULLE (Esplanade)..D3
GENERAL GIRAUD (Place)........D2
GENERAL KOENIG (Place)........D2
GENERAL MAURICE GUILLAUDOT (Rue)..A3-B3
GEORGE SAND (Rue).............A4
GEORGES DOTTIN (Rue)........B1-C1

GERMAIN-FRANCOIS POULLAIN DE SAINTE-FOIX (Rue)..........B4
GRIFFON (Rue du)..............B2
GRIGNAN (Avenue de).........A3-A4
GRIPPE (Rue de la)..........C3-D3
GUESCLIN (Rue du).............B2
GURVAND (Rue)...............D2-D3
GUSTAVE GEFFROY (Passage).....C4
HARDOUIN DE CHARTRES (Rue)....C4
HERMINE (Rue de l')...........B2
HIPPOLYTE LUCAS (Rue).........C2
HOCHE (Place)...............A2-A3
HOCHE (Rue).................A2-A3
HONORE COMMEUREC (Place)......C2
HORLOGE (Rue de la)...........C2
HOTEL DIEU (Rue de l').......A2-A3
HYACINTHE LORETTE (Square)....B1
ILLE ET RANCE (Passage d')....A4
ILLE ET RANCE (Quai d').....B1-C1
INNOCENTS (Rue des).........B2-B3
ISLY (Rue d')...............C2-D2
JACQUES CASSARD (Rue).........A1
JACQUES GABRIEL (Rue).........C1
JACQUES-MARIE GLEZEN (Allée)..B3
JEAN GUEHENNO (Rue).........A3-A4
JEAN GUIHERY (Allée)..........A1
JEAN JANVIER (Avenue).......C3-D3
JEAN JAURES (Rue)...........B2-C2
JEAN MACE (Rue)...............D4
JEAN MILON (Rue)..............D4
JEAN-MARIE DUHAMEL (Rue)......C3
JEANNE GUILLON (Allée)........B4
JOSEPH LOTH (Square)..........C3
JOSEPH SAUVEUR (Rue)..........C3
JUILLET (Rue du)..............B2
JULES GUESDE (Rue)............B1
JULES SIMON (Rue).............B2
KLEBER (Rue)..................C3
LA FAYETTE (Rue)..............B2
LAMARTINE (Rue)...............C2
LAMENNAIS (Quai)..........C1-C2
LE THABOR..................B3-C3
LECONTE DE LISLE (Rue)......B4-C4
LEGION D'HONNEUR (Passage de la)..C2
LEGRAVEREND (Rue)...........A1-A2
LEON (Rue de).................A1
LEPERDIT (Rue)................B2
LESAGE (Rue)..................A3
LIBERTE (Boulevard de la)...C1-D2
LICES (Place des).............B1
LOUIS BARTHOU (Avenue)......D3-D4
LOUIS D'OR (Passage du).......B1
LOUIS POSTEL (Rue)............B1

MAIRIE (Place de la)..........B2
MARECHAL DE LATTRE DE TASSIGNY (Boulevard)..........A1-B1
MARECHAL FOCH (Place).........C1
MARECHAL JOFFRE (Rue du)......C2
MARECHAL JUIN (Place).........D2
MARIE ALIZON (Rue)..........C4-D4
MARTENOT (Rue)..............B3-B4
MARTYRS DE LA RESISTANCE (Square des).............A2
MICHEL LE NOBLETZ (Rue).......B1
MINIMES (Rue des).............B1
MISSION (Rue de la).........C1-B2
MONNAIE (Rue de la).........B1-B2
MONTFORT (Rue de).............B2
MOTTE (Square de la)..........B3
MOTTE FABLET (Rue)............B2
MOTTE PICQUET (Rue).........C1-D1
NANTAISE (Rue)................B1
NATIONALE (Rue)...............B2
NEMOURS (Pont de).............C2
NEMOURS (Rue de)..............C2
NOEL DU FAIL (Rue)............A1
NOMINOE (Rue).................A4
ORLEANS (Rue d')...........B2-C2
PALESTINE (Rue de)............A4
PAPIER TIMBRE (Rue du)........D1
PARC (Place du)...............C4
PARC (Rue du)...............C3-D4
PARCHEMINERIE (Rue)...........C2
PARIS (Rue de)................B4
PARLEMENT DE BRETAGNE (Place de la)..........B2-B3
PASTEUR (Place)...............C3
PAUL BERT (Rue)...............C4
PAUL-LOUIS COURIER (Rue)......C3
PENHOET (Rue du)..............B2
PERE GRIGNON (Rue du).......B1-B2
PIERRE ABELARD (Rue)..........D1
PIERRE GARDIN DE LA GERBERIE (Promenade)..............D4
PIERRE GOURDEL (Rue)..........A1
PIERRE HENRI TEITGEN (Rue)....D2
PLELO (Place de)..............D2
PLELO (Rue de)................D2
PONT AUX FOULONS (Rue)........B2
PONTGERARD (Rue)..............B2
PORTE DE VINCI (Rue)..........B2
PORTES MORDELAISES (Rue des)..B1
POULLAIN DUPARC (Rue).......C1-C2
PRE BOTTE (Rue).............C2-C3
PRE PERCHE (Rue du).........C2-D2
PREVALAYE (Quai de la)........C1
PSALETTE (Rue de la)..........B2
PUITS MAUGER (Passage du)...B1-B2
PUITS MAUGER (Rue du).......D1-D2

QUINTAINE (Rue de la).......A1-B1
RALLIER DU BATY (Allée).......B2
RALLIER DU BATY (Rue).........B2
RANCE (Square de la)..........A2
RAPHAEL BINET (Cours).........D1
REDON (Rue de)................D1
RENE LAENNEC (Boulevard)......D4
RENE LEHERPEUX (Passage)......D4
REPUBLIQUE (Place de la)......C2
RICHEMONT (Quai de).........C3-C4
RIMBAUD (Allée)...............A1
ROBELIN (Rue).................A1
ROBIEN (Rue de).............A2-A3
ROHAN (Rue de)..............B2-C2
ROI ARTHUR (Square du)........D2
ROTONDE (Place de la).........D1
SAINT-ALPHONSE (Rue)..........A4
SAINT-ANNE (Pont).............C4
SAINT-CAST (Passage)..........B1
SAINT-CAST (Quai)...........B1-C1
SAINT-CYR (Quai)..............C1
SAINTE-ANNE (Rue)...........A2-B2
SAINTE-MARIE (Allée)..........A4
SAINTE-SOPHIE (Allée).........A4
SAINT-GEORGES (Rue)...........B3
SAINT-GERMAIN (Contour).....B3-C3
SAINT-GERMAIN (Place).........C3
SAINT-GUILLAUME (Rue).......B1-B2
SAINT-HELIER (Rue)..........C3-D4
SAINT-JEAN EUDES (Place)......A3
SAINT-LOUIS (Rue)...........B1-A2
SAINT-MALO (Rue)............A1-A2
SAINT-MELAINE (Place).......A3-B3
SAINT-MELAINE (Rue).........A2-A3
SAINT-MICHEL (Place)..........B2
SAINT-MICHEL (Rue)..........A2-B2
SAINT-SAUVEUR (Place).........B2
SAINT-SAUVEUR (Rue).........B1-B2
SAINT-THOMAS (Rue)............C3
SAINT-YVES (Rue)............C1-B2
SALLE VERTE (Rue de la).......B1
SALOMON DE BROSSE (Rue).....B2-B3
SANTE (Rue de la).............C1
SEBASTOPOL (Boulevard)........D1
SERGENT GUIHARD (Rue du)....B3-C3
SERGENT MAGINOT (Avenue)......C4
SERGENT MAGINOT (Passage).....C4
SEVIGNE (Boulevard de)......A3-A4
SOLFERINO (Boulevard).......D3-D4
SOULE (Passage de la).........D2

TOULOUSE (Rue de).............B2
TOUR D'AUVERGNE (Boulevard de la)..........C1-D1
TOUR DU CHESNE (Rue de la)....B1
TOUSSAINTS (Place)............C3
TRENTE (Rue des)............C1-D1
TRINITE (Place de la).........B1
TRONJOLLY (Rue).............C2-D2
VASSELOT (Rue)................C2
VAU SAINT-GERMAIN (Rue du)..B2-C3
VERGER (Rue du)...............D4
VERLAINE (Allée)..............B4
VIARMES (Rue de)............B4-C4
VICTOR HUGO (Rue).............B3
VIEUX COURS (Rue du)........C2-D2
VINCENNES (Rue de)............A3
VISITATION (Rue de la)......B2-B3

ROUEN

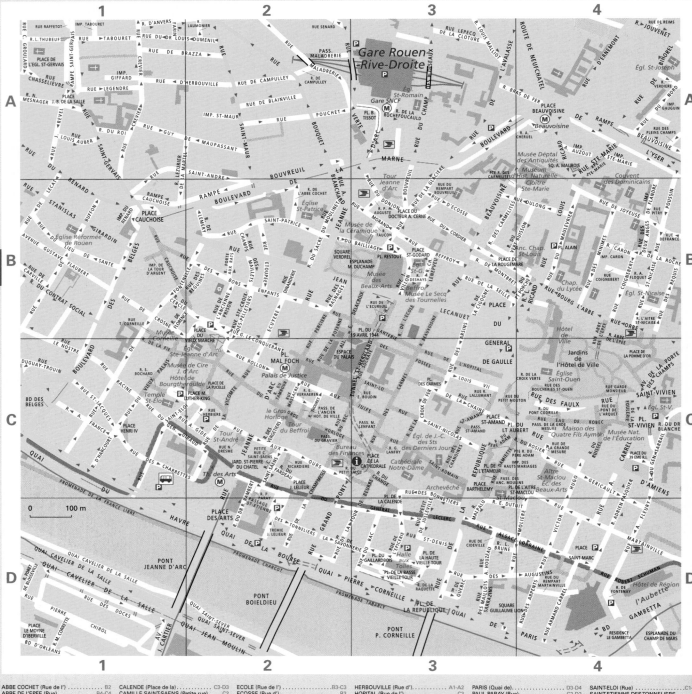

300

ABBE COCHET (Rue de l') B2
ABBE DE L'EPEE (Rue) B4-C4
ADOLPHE CHERUEL (Rue) A4
ADRIEN AUZOUT (Impasse) A4
ADRIEN PASQUIER (Rue) C4
AIMABLE FLOQUET (Rue) B4
AITRE SAINT-MACLOU (Place de l') C4
AITRE SAINT-NICAISE (Rue l') B4
ALAIN (Place) B4
ALAIN BLANCHARD (Rue) A2-B2
ALSACE-LORRAINE (Rue) D3-D4
AMBROISE FLEURY (Rue) C4-D4
AMIENS (Rue d') C3-D4
ANATOLE FRANCE (Rue) C1
ANCIEN HOTEL DE VILLE
    (Passage de l') C2
ANCIENNE PRISON (Rue de l') B3
ANCIENS MOULINS (Passage des) A3
ANDRE GIDE (Rue) C1-C2
ANDRE MAUROIS (Square) A4
ANVERS (Rue d'). A1
ARMAND CARREL (Rue) C4-D4
ARPENTS (Rue des) D4
ARSINS (Rue des) B3-C3
ARTS (Place des) D2
AUGUSTE HOUZEAU (Rue) D3
AUGUSTINS (Rue des) D3-D4
AVALASSE (Rue de l') A3
BAC (Rue du) C3
BAILLIAGE (Rue du) B2-B3
BARTHELEMY (Place) C3
BASNAGES (Rue des) B2
BASSE VIEILLE TOUR (Place de la) C3
BEAUVOISINE (Place) A4
BEAUVOISINE (Rampe) A4
BEAUVOISINE (Rue) C3-A4
BEC (Rue du) C2-C3
BEFFROY (Rue) B3
BEGUINES (Rue des) B1-B2
BELGES (Boulevard des) B1-C1
BERNARD TISSOT (Place) A3
BIHOREL (Rue de) A4
BLAINVILLE (Rue de) A2
BOIELDIEU (Pont) D2
BONNETIERS (Rue des) C3-D3
BONS ENFANTS (Rue des) B1-B2
BOUCHERIES SAINT-OUEN (Rue des) ... C4
BOUQUET (Rue) A2
BOURG L'ABBE (Rue) B4
BOURSE (Quai de la) D2
BOUVREUIL (Rampe) B1-A2
BOUVREUIL (Rue) A3-B3
BRAS DE FER (Rue) A3-A4
BRAZZA (Rue de) A1-A2
BUFFON (Rue de) B1

CALENDE (Place de la) C3-D3
CAMILLE SAINT-SAENS (Petite rue) ... C2
CAMILLE SAINT-SAENS (Rue) C2
CAMPULLEY (Rue de). B2
CARMELITES (Petite rue des) B3-B4
CARMELITES (Rue des) B3-B4
CARMES (Place des) C3
CARMES (Rue des) C3
CARON (Impasse) B4
CARON (Rue) B4
CARVILLE (Rue de) B1
CATHEDRALE (Place de la) C3
CAUCHOISE (Place) B1
CAUCHOISE (Rampe) B1
CAUCHOISE (Rue) B1-B2
CAVELIER DE LA SALLE (Quai) D1
CERCLE (Rue du) B1-B2
CHAINE (Rue de la) C3
CHAMP DE MARS (Esplanade du) D4
CHAMP DES OISEAUX (Rue du) A4
CHAMPMESLE (Rue de la) C2-D2
CHAMPS MAILLETS (Rue des) B2
CHANGE (Rue du) C3
CHANOINES (Rue des) A4
CHARCOT (Promenade) D2
CHARLES LENEPVEU (Rue) B3
CHARRETTES (Rue des) C1-C2
CHASSELIEVRE (Rue) A1
CIDEVILLE (Rue de) D3
CIGOGNE (Rue de la) B3
CLAUDE GROULARD (Rue) A1
COIGNEBERT (Rue) B4
CONTRAT SOCIAL (Rue du) B1
CORDIER (Rue) B3
CREVIER (Rue) A1-B1
CROIX DE FER (Rue de la) B3-B4
CROIX VERTE (Rue de la) C3
CROSNE (Rue de) B1-B2
DAMIETTE (Rue) C4
DEFRANCE (Rue) B4
DESHAYS (Rue) B3
DINANDERIE (Rue) B2-B3
19 AVRIL 1944 (Place du) B3-C3
DOCKS (Rue des) D1
DOCTEUR ALFRED CERNE (Place du) ... B3
DOCTEUR BLANCHE (Rue du) C4
DOCTEUR LOUIS DUMENIL
    (Rue du) A1-A2
DOCTEUR ROBERT RAMBERT
    (Rue du) C2-D2
DONJON (Rue du) A3-B3
DUGUAY-TROUIN (Rue) C1
DULONG (Rue) B3-B4
EAU DE ROBEC (Rue) C4

ECOLE (Rue de l') B3-C3
ECOSSE (Rue d') B3
ECUREUIL (Rue de l') B3
ECUYERE (Rue) B2-C2
EGLISE SAINT-GERVAIS (Place de l') ... A1
EMILE VERHAEREN (Rue) C3
EPICERIE (Rue de l') C3
ERNEMONT (Rue de l') A4
ESPACE DU PALAIS C2
ETAMEUR (Place de l') C2
ETOUPEE (Rue) B2
EUGENE BOUDIN (Rue) C3
EUGENE DELACROIX (Allée) C2-B3
EUGENE DUTUIT (Rue) D3-D4
FARDEAU (Rue du) A1
FARIN (Rue) A1-A2
FAUCON (Rue) B3
FAULX (Rue des) C4
FLANDRE (Impasse de) B4
FLORENCE (Rue de) B1-B2
FONTENAY (Rue de) D4
FONTENELLE (Rue de la) C1-B2
FOSSES LOUIS VIII (Rue des) B2-C3
FOULERIE (Rue de la) C4
FRANCE LIBRE (Promenade de la) ... C1-D2
GAILLARDBOIS (Place du) D3
GAMBETTA (Boulevard) C4-D4
GAMBETTA (Résidence le) D4
GANTERIE (Rue de la) B2-C3
GARDE MONSIEUR (Rue) C4
GAUGUIN (Impasse) A4
GENERAL DE GAULLE (Place du) C3-B4
GENERAL GIRAUD (Rue du) C1-C2
GENERAL LECLERC (Rue du) D2
GENERAL SARRAIL (Rue du) C4
GEORGES LANFRY (Rue) C4-D4
GERICAULT (Rue) D4
GIFFARD (Impasse) A1
GLACIERE (Rue de la) A3-B3
GRAND PONT (Rue du) C2-D2
GRANDE MESURE (Passage de la) C2
GRANDE MESURE (Rue de la) C2
GRAVIER (Passage du) C2
GROS HORLOGE (Rue du) C2-C3
GUILLAUME LE CONQUERANT
    (Rue) B2-C2
GUILLAUME LION (Square) D4
GUSTAVE FLAUBERT (Avenue) B1
GUY DE MAUPASSANT (Rue) A1-A2
HARCOURT (Rue d') C1
HAUTE VIEILLE TOUR (Place de la) ... C3
HAUTS MARIAGES (Impasse des) C3-C4
HAVRE (Quai du) C1-D2
HENRI IV (Place) C1
HERBIERE (Rue) C3

HERBOUVILLE (Rue d'). A1-A2
HOPITAL (Rue de l') C3
JACQUES CARTIER (Avenue) D1
JACQUES LELIEUR (Place) C2
JACQUES LELIEUR (Trémie) C2-D2
JACQUES VILLON (Rue) C3-D3
JEAN LECANUET (Rue) B1-B3
JEAN MOULIN (Quai) D1-D2
JEAN REVEL (Rue) C3
JEAN-BAPTISTE DE LA SALLE (Place) ... A1
JEANNE D'ARC (Pont) D1-D2
JEANNE D'ARC (Rue) D2-A3
JOUVENET (Rue) A4
JOYEUSE (Rue de) B4
JUIFS (Rue aux) C2-C3
LAMONIER (Rue) A2
LECAT (Rue) A1-B1
LEGENDRE (Rue) A1
LEMERY (Rue de) D4
LEPECQ DE LA CLOTURE (Rue) A4
LEZURIER DE LA MARTEL (Rue) B1-A2
LIEU DE SANTE (Rue de) B1
LIEUTENANT AUBERT (Place du) C3-C4
LOUIS AUBER (Rue) A2
LOUIS BRUNE (Rue) D3
LOUIS MALLIOT (Rue) A4
LOUIS RICARD (Rue) A4-A4
LOUIS THUBEUF (Rue) A1
MAILLOTS SARRAZINS (Rue des) D4
MALADRERIE (Passage) A2
MALADRERIE (Rue de la) A2-A3
MALPALU (Rue) C3-D3
MARCEL DUCHAMP (Esplanade) B3
MARECHAL FOCH (Place) C2
MARNE (Boulevard de la) B4-A4
MARTAINVILLE (Rue de) C4
MARTIN LUTHER-KING (Place) C1-C2
MASSACRE (Rue) C3
MAULEVRIER (Rue du) B4
MAURICE LENFANT (Passage) C2
MICHEL CORRETTE (Rue) D1
MOLIERE (Rue de) D3-D4
MONTBRET (Rue de) B3-B4
MORAND (Rue) B2-B3
MOULINET (Rue du) B3
MOYNE D'IBERVILLE (Place le) D1
NEUFCHATEL (Route de) A4
NICOLAS MESNAGER (Rue) C1
NICOLE ORESME (Rue) C2
NORD (Rue du) A4
NOSTRE (Rue le) C1
ORBE (Rue) B4-C4
ORLEANS (Boulevard d') A1-B2
OURS (Rue aux) C2

PARIS (Quai de). D3-D4
PAUL PARAY (Rue) C2-D2
PERCIERE (Rue) B2-C2
PERE ADAM (Petite rue du) C3
PERE ADAM (Rue du) C3
PHILIPPE AUGUSTE (Rue) B3
PIE (Rue de la) B1-C1
PIERRE CHIROL (Rue) D1
PIERRE CORNEILLE (Pont) D3
PIERRE CORNEILLE (Quai) D2-D3
PITRY (Rue) B4
PLEINS CHAMPS (Rue des) A4
POMME D'OR (Place de la) C4
PONT CODRILLE (Rue du) C4
PONT DE L'ARQUET (Rue du) C4
PORET DE BLOSSEVILLE (Rue) C1
PORTE AUX RATS (Rue) B2
PORTE DES CHAMPS (Avenue de la) ... C4
POTERNE (Rue) B2-C2
POUCHET (Rue) A2-A3
POUSSIN (Rue) A4-B4
PUCELLE D'ORLEANS (Place de la) ... C2
QUEBEC (Rue de) D3
RACINE (Rue) C1
RAFFETOT (Rue) A1
RAQUETTE (Rue de la) D1
REIMS (Rue de) A4
REMPART BOUVREUIL (Rue du) B3
REMPART MARTAINVILLE (Rue du) ... D4
RENARD (Impasse du) B1
RENARD (Rue) A1-B1
REPUBLIQUE (Place de la) D4
REPUBLIQUE (Rue de la) C3-D3
REQUIS (Rue des) B4
RESTOUT (Place) B4
RICARDIERE (Rue) C3
RICHARD LALLEMANT (Rue) C3
ROBERT SCHUMAN (Rue) D4
ROCHE (Rue de la) B4
ROCHEFOUCAULD (Rue de la) A3
ROI (Rue du) A1
ROLLON (Rue) C1
ROSIER (Rue du) C3-C4
ROUGEMARE (Place de la) B3-B4
RUISSEL (Rue du) C2
SACRE (Rue du) B2
SAINT-AMAND (Passage) C3
SAINT-AMAND (Rue) C3
SAINT-ANDRE (Rue) A1-B2
SAINT-DENIS (Rue) D3

SAINT-ELOI (Rue) C1-C
SAINT-ETIENNE DES TONNELIERS
    (Passage) .... D
SAINT-GERVAIS (Rampe) .... A
SAINT-GERVAIS (Rue) A1-B
SAINT-GODARD (Place) .... B
SAINT-HERLAND (Tunnel) C2-
SAINT-JACQUES (Rue)
SAINT-LO (Rue) C2-C
SAINT-MARC (Place)
SAINT-MAUR (Rue)
SAINT-MAUR (Impasse) A2-B
SAINT-NICAISE (Rue) .... B
SAINT-NICOLAS (Rue) C
SAINT-PATRICE (Rue) .... B
SAINT-PIERRE DU CHATEL (Jardin) ... B
SAINT-ROMAIN (Rue) .... B
SAINT-SEVER (Quai) D1-D
SAINT-VIVIEN (Place)
SAINT-VIVIEN (Rue) C
SAINTE-CROIX-DES-PELLETIERS (Rue) ... B
SAINTE-MARIE (Impasse) .... A
SAINTE-MARIE (Rampe) .... A
SAINTE-MARIE (Rue) .... A
SAMUEL BOCHARD (Rue)
SAVONNERIE (Rue de la) D2-D
SEILLE (Rue de la) .... B
SENARD (Rue) .... A
SOCRATE (Rue) .... B
STANISLAS GIRARDIN (Rue) .... B
TABARLY (Promenade) D2-D
TABOURET (Impasse) .... A
TABOURET (Rue) .... A
THOMAS CORNEILLE (Rue) B1-
THOURET (Rue)
TOUR D'ARGENT (Impasse de la) ..... B
TOUR DE BEURRE (Rue de la) D2-C
39EME R.I. (Place du)
VERDIERE (Rue)
VERGETIERS (Rue des) .... B
VERT BUISSON (Rue du) A3-B
VERTE (Rue)
VICOMTE (Rue de la) C
VICTOR HUGO (Rue) C4-D
VIEUX MARCHE (Place du) C1-B
VIEUX PALAIS (Rue du) C
YSER (Boulevard de l') A3-A

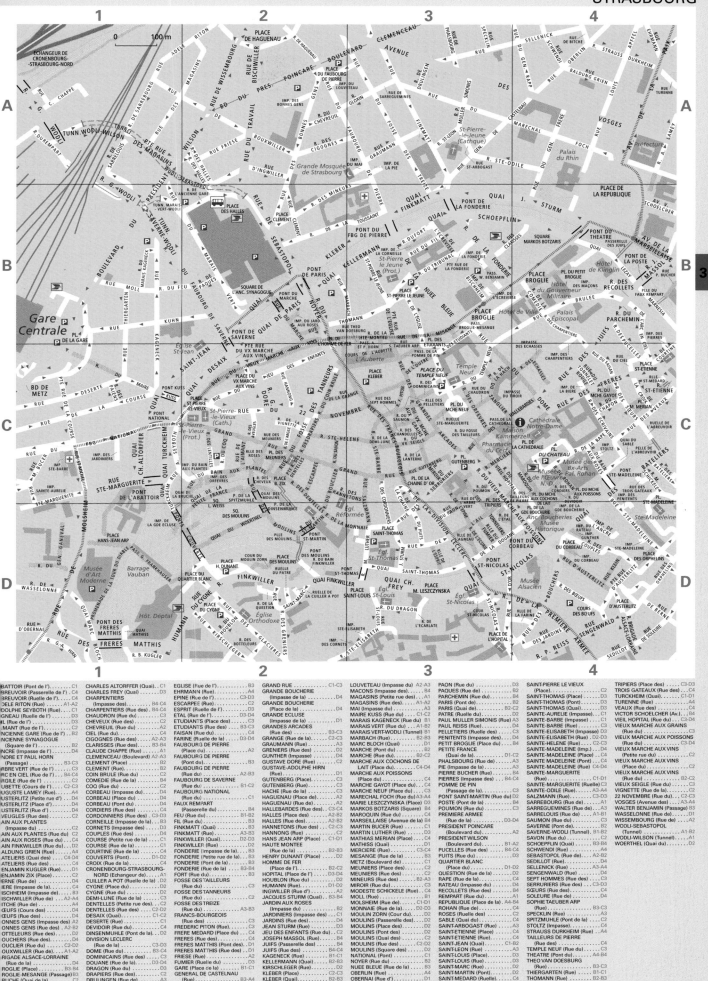

BATTOIR (Pont de l')....C1
BREUVOIR (Passerelle de l')....C4
BREUVOIR (Ruelle de l')....C4
DELE RITON (Rue)....A1-A2
DOLPHE SEYBOTH (Rue)....C1
GNEAU (Ruelle de l')....D3
L (Rue de l')....D2
MANT (Rue de l')....B2
NCIENNE GARE (Rue de l')....B2
NCIENNE SYNAGOGUE
(Square de l')....B2
NDRE ET PAUL HORN
(Passage)....B3-C3
RBRE VERT (Rue de l')....C2
RC EN CIEL (Rue de l')....B4-C4
RGILE (Rue de l')....C3
UBETTE (Cours de l')....C2-C3
UGUSTE LAMEY (Rue)....A4
USTERLITZ (Petite rue d')....D4
USTERLITZ (Place d')....D4
USTERLITZ (Rue d')....D4
VEUGLES (Rue des)....C2
AIN AUX PLANTES
(Impasse du)....C2
AIN AUX PLANTES (Rue du)....C2
AIN AUX ROSES (Rue du)....C2
AIN FINKWILLER (Rue du)....D2
ALDUNG GRIEN (Rue)....A4
ATELIERS (Quai des)....C4-D4
ATELIERS (Rue des)....C4
ENJAMIN KUGLER (Rue)....D1
ENJAMIN ZIX (Place)....C2
ERNE (Rue de)....D4
IERE (Impasse de la)....C4
ISCHHEIM (Impasse de)....C4
ISCHWILLER (Rue de)....A2-A4
ITCHE (Rue de)....A4
EUFS (Cours des)....D4
EUFS (Rue des)....D4
ONNES GENS (Impasse des)....A1
ONNES GENS (Rue des)....A2-B2
OTTELIERS (Rue des)....D3
OUCHERS (Rue des)....C2-D2
OUCLIER (Rue du)....C3
OUXWILLER (Rue du)....A1-A2
RIGADE ALSACE-LORRAINE
(Rue de la)....D4
ROGLIE (Place)....B3-B4
ROGLIE MESANGE (Passage)....B3
ROCHE (Rue de la)....C2
RULEE (Rue)....B3-B4
ATHEDRALE
(Passage de la)....C3-C4
ATHEDRALE (Place de la)....C3-C4
HAINE (Rue d'Or (Place de la)....C3-D3
HANDELLES (Rue des)....C3
HAPON (Rue du)....C4

CHARLES ALTORFFER (Quai)....C1
CHARLES FREY (Quai)....D3
CHARPENTIERS
(Impasse des)....B4-C4
CHARPENTIERS (Rue des)....B4-C4
CHAUDRON (Rue du)....C4
CHEVEUX (Impasse du)....C3
CHEVREUIL (Rue du)....A2
CIEL (Rue du)....C4
CIGOGNES (Rue des)....A2-A3
CLARISSES (Rue des)....B3-B4
CLAUDE CHAPPE (Rue)....A1
CLEMENCEAU (Boulevard)....A2-A3
CLEMENT (Place)....B2
CLEMENT (Rue)....B2
COIN BRULE (Rue du)....A2-B3
COMEDIE (Rue de la)....B4
COQ (Rue du)....C1
CORBEAU (Impasse du)....D4
CORBEAU (Place du)....D4
CORBEAU (Pont du)....D4
CORDIERS (Rue des)....C4
CORDONNIERS (Rue des)....C3-D3
CORNEILLE (Impasse de la)....B3
CORNETS (Impasse des)....C4
COURSE (Petite rue de la)....C1
COURSE (Rue de la)....C1
COURTINE (Rue de la)....C4
COUVERTS (Pont)....D1-D2
CROIX (Rue de la)....B4
CRONENBOURG-STRASBOURG-
NORD (Echangeur de)....A1
CUILLER A POT (Ruelle de la)....C2
CYGNE (Rue du)....D2
DEMI-LUNE (Rue de la)....C3
DENTELLES (Petite rue des)....C2
DENTELLES (Rue des)....C2-C3
DESAIX (Quai)....C1-C2
DESERTE (Rue)....C1
DEVIDOIR (Rue du)....C4
DINSENMUHLE (Pont de la)....C4
DIVISION LECLERC
(Rue de la)....C3-D3
DOME (Rue du)....B3-C4
DOMINICAINS (Rue des)....B3
DOUANE (Rue de la)....D3
DRAGON (Rue du)....D3
DRAPIERS (Rue des)....C3
DRULINGEN (Rue de)....A3
ECARLATE (Rue de l')....C3
ECHASSES (Impasse des)....C4
ECHASSES (Rue des)....C4
ECREVISSE (Impasse de l')....B3
ECREVISSE (Rue de l')....B3
ECRIVAINS (Rue des)....C3
ECURIE (Rue de l')....B3
EGLISE (Petite rue de l')....B3
EGLISE (Rue de l')....B3

EGLISE (Rue de l')....B3
EHRMANN (Rue)....A4
EPINE (Rue de l')....C3-D3
ESCARPEE (Rue)....C2
ESPRIT (Ruelle de l')....C2
ETAL (Rue de l')....D3-D4
ETUDIANTS (Place des)....C3
ETUDIANTS (Rue des)....B3-C3
FAISAN (Rue du)....C3
FARINE (Rue de la)....D3-D4
FAUBOURG DE PIERRE
(Place du)....A2
FAUBOURG DE PIERRE
(Pont du)....A2
FAUBOURG DE PIERRE
(Rue du)....A2-B3
FAUBOURG DE SAVERNE
(Rue du)....B1-C2
FAUBOURG NATIONAL
(Rue du)....C1
FAUX REMPART
(Passerelle du)....C2
FEU (Rue du)....B1-B2
FIL (Rue du)....C3
FINKMATT (Quai)....A3-B3
FINKWILLER (Place)....D2
FINKWILLER (Rue)....D2
FONDERIE (impasse de la)....B2-B3
FONDERIE (Petite rue de la)....B3
FONDERIE (Pont de la)....B3
FORT (Rue du)....B3
FOSSE DES TAILLEURS
(Rue du)....C3
FOSSE DES TANNEURS
(Rue du)....C2
FOSSE DES TREIZE
(Rue du)....A3-B3
FRANCS-BOURGEOIS
(Rue des)....C2-C3
FREDERIC PITON (Rue)....C3
FRERE MEDARD (Place du)....C4
FRERES MATTHIS (Pont des)....D1
FRERES MATTHIS (Rue des)....D1
FRIESE (Rue)....A2
FUMIER (Ruelle du)....D3
GARE (Place de la)....B1-C1
GENERAL DE CASTELNAU
(Rue du)....A4
GENERAL FRERE (Rue du)....A4-B4
GENERAL GANEVAL (Rue du)....D1
GENERAL RAPP (Rue du)....A4
GEORGES FRANKHAUSER
(Passage)....D1
GLACIERES (Rue des)....D2
GLOXIN (Rue de)....A3

GRAND RUE....C1-C3
GRANDE BOUCHERIE
(Impasse de la)....D4
GRANDE BOUCHERIE
(Place de la)....D4
GRANDE ECLUSE
(Impasse de la)....C1
GRANDES ARCADES
(Rue des)....B3-C3
GRANGE (Rue de la)....C2-C3
GRAUMANN (Rue)....A3
GRENIERS (Rue des)....C2
GUNTHER (Impasse)....D2
GUSTAVE DORE (Rue)....A3
GUSTAVE-ADOLPHE HIRN
(Rue)....C1
GUTENBERG (Place)....C3
GUTENBERG (Rue)....C3
HACHE (Rue de la)....C3
HAGUENAU (Impasse de)....A1
HAGUENAU (Place de)....A2
HAGUENAU (Rue de)....A2
HALLEBARDES (Rue des)....C3-C4
HALLES (Place des)....A2-B2
HALLES (Rue des)....A2-B2
HANNETONS (Rue des)....C2
HANNONG (Rue)....B2
HANS JEAN ARP (Place)....C1-D1
HAUTE MONTEE
(Rue de la)....B2-B3
HENRY DUNANT (Place)....D1
HOMME DE FER
(Place de l')....B2-C2
HOPITAL (Place de l')....D3-D4
HOUBLON (Rue du)....D2
HUMANN (Rue)....D1-D2
INGWILLER (Rue d')....A2
JACQUES STURM (Quai)....B3-B4
JARDIN AUX ROSES
(Impasse du)....B2
JARDINIERS (Impasse des)....C1
JARDINS (Rue des)....C1
JEAN STURM (Rue)....D3
JEU DES ENFANTS (Rue du)....B2
JOSEPH MASSOL (Rue)....B4
JUIFS (Passerelle des)....B4
JUIFS (Rue des)....C3-C4
KAGENECK (Rue)....B1-C1
KELLERMANN (Quai)....B2-B3
KIRSCHLEGER (Rue)....C1
KLEBER (Place)....B2-C2
KLEBER (Quai)....B2-B3
KLEIN (Rue)....D4
KUHN (Rue)....B1-B2
KUSS (Pont)....C1
LANTERNE (Rue de la)....C3
LENTILLES (Rue des)....C2
LEZAY MARNESIA (Quai)....B4
LOUIS APFFEL (Square)....A4
LOUISE WEISS (Square)....C2

LOUVETEAU (Impasse du)....A2-A3
MACONS (Impasse des)....B4
MAGASINS (Impasse des)....A1
MAGASINS (Rue des)....A1-A3
MAI (Impasse du)....A3
MAIRE KUSS (Rue du)....C1-C2
MARAIS KAGENECK (Rue du)....B1
MARAIS VERT (Rue du)....A1-B2
MARAIS VERT-WODLI (Tunnel)....B1
MARBACH (Rue)....B2-B3
MARC BLOCH (Quai)....D1
MARCHE (Pont de la)....C2
MARCHE (Rue du)....B2-C2
MARCHE AUX COCHONS DE
LAIT (Rue du)....C4-D4
MARCHE AUX POISSONS
(Place du)....C3
MARCHE GAYOT (Place du)....C3
MARCHE NEUF (Place du)....C3
MARECHAL FOCH (Rue)....A3-A4
MARIE LESZCZYNSKA (Place)....D4
MARIN (Rue du)....D4
MARMOUTIER (Square)....B4
MARQUIN (Rue du)....C2
MARSEILLAISE (Avenue de la)....B4
MARTIN BUCER (Rue)....B3
MARTIN LUTHER (Rue)....D3
MATHIAS MERIAN (Place)....C4
MATHISS (Quai)....D1
MERCIERE (Rue de la)....C3-C4
MESANGE (Rue de la)....B3
METZ (Boulevard de)....C1
MEUNIERS (Place des)....C2
MEUNIERS (Rue des)....C2
MINEURS (Rue des)....B2-A3
MIROIR (Rue du)....C2
MODESTE SCHICKELE (Rue)....C1
MOLL (Rue)....B1
MOLSHEIM (Rue de)....C1-D1
MOULIN ZORN (Cour du)....D2
MOULINS (Passerelle des)....D2
MOULINS (Place des)....D2
MOULINS (Pont des)....D2
MOULINS (Quai des)....D2
MOULINS (Rue des)....D2-D3
MOULINS (Square des)....D2
NATIONAL (Pont)....C1-B2
NOYER (Rue du)....B2
NUEE BLEUE (Rue de la)....B3
OBERLIN (Rue)....D1
OBERNAI (Rue d')....D1
OR (Rue d')....C3-D3
ORFEVRES (Impasse des)....C3
ORFEVRES (Rue des)....C3
ORPHELINS (Impasse des)....D4
ORPHELINS (Rue des)....D4
OUTRE (Rue de l')....B3
PAIENS (Rue des)....A4
PAIX (Avenue de la)....A4

PAON (Rue du)....D3
PAQUES (Rue de)....B2
PARCHEMIN (Rue du)....B4
PARIS (Pont de)....B2
PARIS (Quai de)....B2-C2
PATRE (Ruelle du)....D2
PAUL MULLER SIMONIS (Rue)....A3
PAUL REISS (Rue)....D4
PELLETIERS (Ruelle des)....C3
PENITENTS (Impasse des)....D4
PETIT BROGLIE (Place du)....B4
PHALSBOURG (Rue de)....A3
PIE (Impasse de la)....A3
PIERRE BUCHER (Rue)....B4-C4
PIERRES (Impasse des)....B3
POMME DE PIN
(Passage de la)....C3
PONT SAINT-MARTIN (Rue du)....D2
POSTE (Pont de la)....B4
POUMON (Rue du)....C3
PREMIERE ARMEE
(Rue de la)....D3-D4
PRESIDENT POINCARE
(Boulevard du)....A1
PRESIDENT WILSON
(Boulevard du)....B1-A2
PUCELLES (Rue des)....B4-C4
PUITS (Rue du)....D3
QUARTIER BLANC
(Place du)....D1-D2
QUESTION (Rue de la)....D2
RAPE (Rue de la)....D4
RATEAU (Impasse du)....D4
RECOLLETS (Rue des)....B4
REMPART (Rue du)....C1
REPUBLIQUE (Place de la)....A4-B4
ROHAN (Rue de)....C3
ROSES (Ruelle des)....C2
SABLE (Rue du)....C4
SAINT-ARBOGAST (Rue)....A3
SAINT-ETIENNE (Place)....C4
SAINT-ETIENNE (Rue)....C4
SAINT-JEAN (Quai)....C1-B2
SAINT-LEON (Rue)....A3
SAINT-LOUIS (Place)....D3
SAINT-MARC (Rue)....D2
SAINT-MARTIN (Pont)....D2
SAINT-MEDARD (Ruelle)....C1
SAINT-MICHEL (Rue)....C1
SAINT-NICOLAS (Cour)....D3
SAINT-NICOLAS (Pont)....D3
SAINT-NICOLAS (Quai)....D3-D4
SAINT-NICOLAS (Rue)....D3
SAINT-PIERRE LE JEUNE
(Rue)....B3

SAINT-PIERRE LE VIEUX
(Place)....C2
SAINT-THOMAS (Place)....D3
SAINT-THOMAS (Pont)....D3
SAINT-THOMAS (Rue)....D3
SAINTE-AURELIE (Impasse)....C1
SAINTE-BARBE (Impasse)....C1
SAINTE-BARBE (Rue)....C1
SAINTE-ELISABETH (Impasse)....B1
SAINTE-ELISABETH (Rue)....D2-D3
SAINTE-HELENE (Rue)....C2-C3
SAINTE-MADELEINE (Imp.)....D4
SAINTE-MADELEINE (Place)....D4
SAINTE-MADELEINE (Pont)....D4
SAINTE-MADELEINE (Rue)....C4-D4
SAINTE-MARGUERITE
(Rue)....C1-D1
SAINTE-MARGUERITE (Ruelle)....C1
SAINTE-ODILE (Rue)....A4
SALZMANN (Rue)....C3
SARREBOURG (Rue de)....A3
SARREGUEMINES (Rue de)....A3
SARRELOUIS (Rue des)....A1-B1
SAUMON (Rue du)....C3
SAVERNE (Rue de)....B2
SAVERNE-WODLI (Tunnel)....B1-B2
SAVON (Rue du)....C3
SCHOEPFLIN (Quai)....B3-B4
SCHWENDI (Rue)....A4
SEBASTOPOL (Rue de)....A2-B2
SEDILLOT (Rue)....D4
SELLENICK (Rue)....A3-A4
SENGENWALD (Rue)....D4
SEPT HOMMES (Rue des)....C3
SERRURIERS (Rue des)....C3-D3
SEURS (Rue des)....D2
SOLEURE (Rue de)....D4
SOPHIE TAEUBER ARP
(Rue)....D1-D2
SPECKLIN (Rue)....A4
SPITZMUHLE (Pont de la)....C2
STOLTZ (Impasse)....B3
STRAUSS DURKHEIM (Rue)....A4
TAILLEURS DE PIERRE
(Rue des)....C4
TEMPLE NEUF (Rue du)....C3-C4
THEATRE (Pont du)....A4-B4
THEO VAN DOESBURG (Rue)....B3
THIERGARTEN (Rue du)....B1-C1
THOMANN (Rue)....B2-B3
TIROIR (Impasse du)....B3-B3
TONNELET ROUGE (Rue du)....C4
TONNELIERS (Rue des)....C3-D3
TOUR DU DIABLE
(Promenade de la)....D1
TOUSSAINT (Rue de la)....B2
TRAVAIL (Rue du)....A2
TRIBUNAL (Rue du)....B3

TRIPIERS (Place des)....C3-D3
TROIS GATEAUX (Rue des)....C4
TURCKHEIM (Quai)....C1-D1
TURENNE (Rue)....A4
VEAUX (Rue des)....C2
VICTOR SCHOELCHER (Av.)....B4
VIEIL HOPITAL (Rue du)....C3-D4
VIEUX MARCHE AUX GRAINS
(Rue du)....C3
VIEUX MARCHE AUX POISSONS
(Rue du)....C3-D4
VIEUX MARCHE AUX VINS
(Petite rue du)....C2
VIEUX MARCHE AUX VINS
(Place du)....C2
VIEUX MARCHE AUX VINS
(Rue du)....B2-C2
VIEUX SEIGLE (Rue du)....C3
VIGNETTE (Rue de la)....C3
22 NOVEMBRE (Rue du)....C2-C3
VOSGES (Avenue des)....A3-A4
WALTER BENJAMIN (Passage)....B3
WASSELONNE (Rue de)....D1
WISSEMBOURG (Rue de)....A2
WODLI-SEBASTOPOL
(Tunnel)....A1-B2
WODLI-WILSON (Tunnel)....A1
WOERTHEL (Quai du)....D2

TOULON

A L'HUILE (Place)................ C3
A. VALLE (Place)................ C3
ADOLPHE GUIOL (Rue)............ B2
ALBERT (Rue)................... B2
ALBERT 1ER (Place)............. A2
ALEZARD (Rue).................. B3-C3
ALGER (Rue d')................. C2-C3
ALPHONSE DAUDET (Rue).......... C2
AMIRAL COLLET (Avenue)......... A1
AMIRAL COURBET (Allée)......... B1-B2
AMIRAL JAUJARD (Rue)........... D3-D4
AMIRAL SENES (Place)........... B2
ANATOLE FRANCE (Rue)........... B2-C2
ANCIENNE PLACE DE LA FONTAINE DES
   PUCELLES.................... C3
ANTOINE BONNET (Rue)........... A1
ANTRECHAUS (Rue d')............ B2
ARMES (Place d')............... B2-C2
ASTOUR (Rue)................... C3
AUGUSTE BERTHON (Avenue)....... A1
AUGUSTIN DAUMAS (Rue).......... C2-C3
BABOULENE (Place).............. C2
BASTIDE (Rue).................. B1
BAUDIN (Impasse)............... C2
BAUDIN (Rue)................... B3-C3
BERRIER FONTAINE (Rue)......... A1-B1
BERTHELOT (Rue)................ B2
BESAGNE (Allée de)............. C3
BESAGNE (Avenue de)............ C3-D3
BESAGNE (Rue).................. C3
BIR HAKEIM (Rond-point)........ C4
BON PASTEUR (Rue du)........... B3-C3
BONDIL (Square)................ C2
BONNETIERES (Rue des).......... C2-C3
BORTOLASO (Square)............. C3-D3
BOUCHERIES (Rue des)........... C2
CAMILLE LEDEAU (Rue)........... B2
CAPUCINS (Traverse des)........ C2
CASSARD (Rue).................. B1
CATHEDRALE (Place de la)....... C3
CENTRALE (Rue)................. A3-A4
CESAR VEZZANI (Rue)............ B2
CHABANNES (Rue de)............. A2-B2
CHALUCET (Rue)................. A1-B1
CHAPEAU ROUGE (Passage du)..... C3
CHARLES PONCY (Rue)............ B2-C2
CHEVALIER PAUL (Rue)........... B1
CHOISEUL (Place)............... B1
CLARET (Avenue de)............. A1
COLBERT (Rue).................. B3
COLONEL DESIRE LUCCA
   (Square de)................. D3-D4
COLONEL FABIEN (Avenue)........ C4

COLONEL REYMOND (Square)....... C4
COMMANDANT EMMANUEL DAVIN
   (Rue)....................... A4
COMMANDANT MARCHAND
   (Avenue).................... B3-B4
COMMANDANT NICOLAS
   (Boulevard)................. A2-A3
COMMANDANT NICOLAS PROLONGEE
   (Boulevard)................. A1
COMMISSAIRE MORANDIN
   (Rue du).................... B1-B2
CONSIGNE (Quai)................ C2
CONSIGNE (Rue de la)........... C2
CORDERIE (Passage de la)....... B1-C2
CORNEILLE (Rue)................ D3
CORSE (Quai de)................ D3
CRONSTADT (Quai)............... C2-D3
CURETTI (Square)............... D3
CYPRIEN (Place)................ C3
DAME SIBILLE (Place)........... B2
DANTON (Rue)................... B4-C4
DARDANELLES (Avenue des)....... A1
DARIUS MILHAUD (Rue)........... D4
DARSE (Rue de la).............. C2
DELPECH (Rue).................. A4
DEMOCRATIE (Boulevard de la)... B3-A4
DENFERT ROCHEREAU (Rue)........ B2
DESAIX (Boulevard)............. B4
DOCTEUR AURRAN (Rue)........... B2
DOCTEUR CAMILLE AUBAN (Rue).... B2
DOCTEUR CARENCE (Rue).......... B2
DOCTEUR CHARLES AUBIN (Place du) B3
DOCTEUR CHARLES BARNIER
   (Boulevard)................. A1-B1
DOCTEUR JEAN BERTHOLET (Rue du) B2
DOCTEUR LOUIS PUY (Rue)........ C4
DOCTEUR MARTINENQ (Rue)........ B4
DOMINIQUE SANTINI (Rue)........ D3
DOUAUMONT (Place de)........... C3
DROITS DE L'HOMME ET DU
   CITOYEN (Place des)......... C4
DUGOMMIER (Rue)................ B2
DUMONT D'URVILLE (Rue)......... A2
DUTASTA (Rue).................. C3-D3
EDOUARD LE BELLEGOU (Avenue)... C4-D4
ELYSEE ROERE (Rue)............. A4
EMILE ZOLA (Rue)............... C2-C3
ENTRECASTEAUX (Rue d')......... C3
EQUERRE (Rue de l')............ C2
ETIENNE DAUPHIN (Rue).......... B2
ETIENNE PELABON (Square)....... C2
ETOILE (Rue de l').............. B2

EUGENE SILVAIN (Rue)........... C4
EUROPE (Place de l')........... A2
EXPRESS (Voie)................. B3-D4
FELIX BRUN (Rue)............... A2
FELIX PYAT (Rue)............... B3-C3
FERDINAND BRUNETIERE (Rue)..... B3
FERDINAND DE LESSEP............ A3-B4
FERDINAND PELLOUTIER (Rue)..... B3
FILS BLANCARD (Rue des)........ D3-D4
FLANDRES DUNKERQUE (Jardin).... A4
FOUGASSIERE (Rue).............. B3
FRAIZE (Impasse)............... A4
FRANCHET D'ESPEREY (Rue)....... A1
FRANCIS DE PRESSENCE (Rue)..... B2
FRANCOIS CUZIN (Avenue)........ C4
FRANCOIS FABIE (Rue)........... C4
FRANCOIS MARCEL (Impasse)...... A3-A4
FRANKLIN ROOSEVELT (Avenue).... D3-C4
FRATERNITE (Rue de la)......... C2
FULCRAN SUCHET (Place)......... B2
GABRIEL PERI (Place)........... B1
GAMBETTA (Place)............... C2
GARIBALDI (Rue)................ C3
GENERAL BONAPARTE (Rond-point). D3
GENERAL LECLERC (Boulevard).... B1-B2
GENERAL LEFORT (Rond-point).... C4
GENERAL MAGNAN (Avenue)........ B1-C2
GENERAL POUYADE (Place)........ C4
GEORGE SAND (Rue).............. C4
GEORGES CLEMENCEAU (Avenue).... B3-C4
GEORGES RICHARD (Boulevard).... B3-C3
GERMAIN NOUVEAU (Square)....... C2
GIMELLI (Rue).................. A1-B3
GLACIERE (Rue de la)........... B2
GLOBE (Place du)............... C2
GRANDE RUE (Passage)........... C2
GRANDVAL (Impasse)............. A4
GRANDVAL (Rue)................. A4
GUSTAVE LAMBERT (Passage)...... C2
GUSTAVE LAMBERT (Place)........ C2
HENRI MATHIS (Avenue).......... A4
HENRI PASTOUREAU (Rue)......... B2
HENRI PERTUS (Rue)............. C4
HENRI POINCARE (Rue)........... C4
HENRI SEILLON (Rue)............ C2
HENRI VIENNE (Rue)............. A1
HIPPOLYTE DUPRAT (Rue)......... B2
HOCHE (Rue).................... B3-C3
HOPITAL (Rue de l')............ B2
HOREIA (Montée des)............ B3
HUBAC (Rue).................... B3
HUMILITE (Rue de l')........... B3

INFANTERIE DE MARINE (Avenue de l'). D3
INGENIEUR GENERAL MONSENERGUE
   (Place)..................... C2
JEAN AICARD (Rue).............. B2
JEAN BARTOLINI (Rue)........... C4
JEAN JAURES (Rue).............. B1-B2
JEAN MOULIN (Avenue)........... D4
JEAN-PHILIPPE RAMEAU (Rue)..... D4
JOSE MANGE (Rue)............... D4
JULES MAZARIN (Place).......... B3
JULES MURAIRE DIT RAIMU (Rue).. B2-B3
JULES-ALEXANDRE RENAUX (Rue)... A4
L. BLANC (Place)............... C2
LAFAYETTE (Cours).............. C2
LAINDET LALONDE (Rue).......... C3
LAMINOIS (Rue)................. C3
LARMODIEU (Rue)................ A2-B3
LAURENTI (Place)............... D3
LE MASSENET................... A4
LEBLOND SAINT-HILAIRE (Rue).... B1-B2
LEGION ETRANGERE (Allée de la). C3-C4
LENOIR SARRAIRE (Avenue)....... B4
LEON BLUM (Place).............. B2
LEON REBOUL (Rue).............. D3-D4
LEON VERANE (Square)........... C2
LES MAGES..................... A4
LIBERTE (Place de la).......... B2
LICES (Avenue des)............. A3-B3
LIEUTENANT COLONEL CARMI
   (Allée)..................... D3-D4
LORGUES (Rue de)............... B3-C3
LOUBIERE (Chemin de la)........ A4-B4
LOUIS ARMAND (Pont)............ A1
LOUIS BOZZO (Rue).............. A4
LOUIS JOURDAN (Rue)............ A2
LOUIS PASTEUR (Place).......... D4
LOUIS-MARTIAL LAPORTERIE (Place) A4
LOUVOIS (Boulevard)............ A2
MAGNAQUE (Rue)................. C3
MAIRAUD (Rue).................. B3-C3
MAISSIN (Avenue)............... B4-C4
MANNHEIM (Allée)............... A2
MARC BARON (Rue)............... D3
MARCEL CASTIE (Avenue)......... B4
MARECHAL DE LATTRE DE TASSIGNY
   (Avenue).................... C4-D4
MARECHAL FOCH (Avenue du)...... A1
MARQUETAS (Rue)................ D3-D4
MERIDIENNE (Rue)............... C2
MERLE (Rue).................... D2
MINERVE (Quai)................. D2

MINIMES (Traverse des)......... C3
MIRABEAU (Rue)................. A1-A2
MOLIERE (Rue).................. B2-B3
MONTEBELLO (Rue)............... A2
MONTETY (Cité)................. A2
MURIER (Place du).............. C2
MURIER (Rue du)................ C3-D3
9EME D.I.C. (Rond-point de la). D4
NICOLAS LAUGIER (Rue).......... C2
NOEL BLACHE (Place)............ B3
NORFOLK (Quai de).............. C2
NOTRE DAME (Rue)............... C2
NOYER (Rue du)................. C2
OBSERVATOIRE (Rue de l')....... A1-B1
OLIVETAMARI (Place)............ C3
ORDONNANCE (Rue de l')......... B2
ORFEVRES (Rue des)............. C3
PAIX (Rue de la)............... B2
PAUL BERT (Boulevard).......... D4
PAUL CONTE (Place)............. C3
PAUL LANDRIN (Rue)............. B3-C3
PAUL MAUREL (Square)........... D3
PAVE D'AMOUR (Place)........... C3
PECHERET (Passage)............. C3
PECHERET (Place)............... C3
PECHERET (Rue)................. C3
PEIRESC (Rue).................. A1-B2
PETIT RANG (Quai du)........... D2-D3
PHILIPPE LEBON (Avenue)........ B4-C4
PICOT (Rue).................... B2-B3
PIERRE LAVENNE (Rue)........... D3
PIERRE LETHUAIRE (Rue)......... C2
PIERRE SEMARD (Rue)............ B2
PIERRETOESCA (Boulevard)....... A1-A2
POISSONNERIE (Place de la)..... C2
POMET (Rue).................... B2-C2
POMME DE PIN (Rue)............. C2-D3
POMPIDOU (Place)............... C4
POSSEL (Rue)................... B2
PRESIDENT PIERRE FOURNEL
   (Quai du)................... D2-D3
PRIMAUGUET (Rue)............... B1
PROSPER FERRERO (Rue).......... B1
PUGET (Place).................. B3
RACINE (Rue)................... B2
RAGEOT DE LA TOUCHE (Avenue)... A1
RAIMU (Place).................. C2
RAYNOUARD (Boulevard).......... B3-B4
REMPARTS (Rue des)............. C3
REMPARTS (Rue des)............. B3-C3

REPUBLIQUE (Avenue de la)...... C2-D3
REVEL (Rue).................... B1-B2
RIAUX (Passage des)............ C2
RIAUX (Rue des)................ C2
RICAUD (Impasse)............... A4
RICHARD ANDRIEU (Rue).......... C2-B3
ROBERT GUILLEMARD (Rue)........ B1
ROCHE (Rue).................... B3-C2
RODE (Passerelle de la)........ C4
ROGER DEVOUCOUX (Avenue)....... C4
ROLLE (Impasse)................ A4
ROMAIN (Impasse)............... A4
ROSA BONHEUR (Rue)............. A4
SAINT-ANDRIEUX (Rue)........... C3
SAINT-BERNARD (Passage)........ B3
SAINT-BERNARD (Rue)............ B3-C3
SAINT-CYPRIEN (Rue)............ C3
SAINT-LOUIS (Traverse)......... B2
SAINT-VINCENT (Place).......... C3
SAINT-VINCENT (Rue)............ C3
SAUNIER (Rue).................. C2
SAVONNIERES (Rue des).......... C2
SERGENT MARIUS VARENCE (Rue)... A1
SIBLAS (Avenue de)............. A3-B3
SINSE (Quai de la)............. C2
SOUVENIR FRANCAIS (Place du)... B3-B4
SPEZIA (Allée la).............. B2
ST-PIERRE (Place).............. C3
STRASBOURG (Boulevard de)...... B2-B3
TESSE (Boulevard de)........... B2-B3
TOMBADES (Rue des)............. C3
TROIS DAUPHINS (Place des)..... B3
TRUGUET (Rue).................. B3
VAUBAN (Avenue)................ B1
VERT COTEAU (Avenue)........... B4
VICTOIRE (Avenue de la)........ A2
VICTOR CLAPPIER (Rue).......... B2
VICTOR HUGO (Place)............ B2-B3
VICTOR MICHOLET (Rue).......... C2
VIEUX ORDINAIRES (Rue)......... C3
VINCENT ALLEGRE (Rue).......... A1-B1
VINCENT COURDOUAN (Rue)........ B2
VINCENT RASPAIL (Place)........ B2
VISITATION (Place de la)....... C3
VISITATION (Rue de la)......... C3
WILLIAM ET CATHERINE BOOTH
   (Rue)....................... C2
WINSTON CHURCHILL (Avenue)..... B1
XAVIER SAVELLI (Rue)........... B1-B2

EILLES (Rue des) D4
BERT LAUTMANN (Rue) A2
EXANDRE FOURTANIER (Rue) . . B3-B4
EXANDRE YERSIN (Impasse) . . . C4
SACE-LORRAINE (Rue d') A3-C3
ATOLE FRANCE (Place) A1-A2
TONIN MERCIE (Rue) C4
MENIE (Place d') A4
NAUD BARIC (Rue) C4
NAUD VIDAL (Rue) A4
TS (Rue des) B3-C3
SEZAT (Place d') C2
TORG (Rue d') C3-C4
BUISSON (Rue d') B4
SSARGUES (Rue d') A3
STERLITZ (Rue d') A3-B3
ES (Rue des)
CHELIER (Place)
CHELIER (Rue)
OUR LORMIAN (Impasse) B3
OUR LORMIAN (Rue) B3
RCELONE (Allée de) B1
RONIE (Rue) B3-C3
RUTTE (Rue de la) C4
ASTIDE (Rue de la) B1-B2
AYARD (Rue) A4
DELIERES (Rue) B2-B3
LFORT (Place de) A4
NOIT ARZAC (Place) D1
NOIT ARZAC (Impasse) D1
RTRAND DE BORN (Rue) . . . A4-B4
RTRAND DE L'ISLE (Rue) C4
RTRAND DE MONTAIGUT (Esplanade)
A (Rue) C4-D4
ANCHERS (Rue des) B1-B2
OLOGNE (Place de) B1
OULBONNE (Rue de la) C3-C4
OULE (Rue de la) B1
OURDELLE (Rue) C1
OURGOGNE (Rue de) D1
OURSE (Place de la) C2
OURSE (Rue de la) C2
RASSERIE (Rue de la) D4
RIENNE (Allée de) B1
AFFARELLI (Rue) A4
AMINADE (Rue) D3
ANARD (Impasse du) D3
REGIL (Rue) C3

CAPITOLE (Place du) B2-B3
CAPITOULS (Promenade des) . . B4-C4
CARAMAN (Rue) B4
CARDINAL SALIEGE (Square du) . . C4
CARMES (Rue des) C3
CASTELLANE (Rue) A4-B4
CAUSSETTE (Rue) A3-B3
CHAINE (Rue de la) A2
CHAIREDON (Rue du) D1
CHAPEAU ROUGE (Rue du) C1
CHEMINEES (Rue des) C4
CITE ADMINISTRATIVE (Rue de la) . A1
CLEMENCE ISAURE (Rue) C2
COFFRES (Rue des) D3
COLLEGE DE FOIX (Rue du) . . A2-B2
COLOMBETTE (Impasse) B4
COLOMBETTE (Rue de la) B4
COLONEL POINTURIER (Rue) . . . D3
COMBATTANTS D'AFRIQUE DU NORD
(Jardin des) B4
COQ D'INDE (Rue du) C2-C3
COROT (Rue) A4
COUPEFER (Rue) D1
COURTE (Rue) A3
COUTELIERS (Rue des) C2-D2
CROIX BARAGNON (Rue) C3-C4
CRUCIFIX (Rue du) C1
CUJAS (Rue) C2
CUJETTE (Rue) C1
CUVES SAINT-SERNIN (Rue des) . . A2
DALAYRAC (Rue) A3-A4
DALBADE (Rue de la) A4-B4
DAMLOUP (Rue de) B2-C2
DARQUIE (Rue) D3
DARQUE (Quai de la) B2-C2
DAURADE (Place de la) C2
DAURADE (Quai de la) C2
DELACROIX (Rue) B4-C4
DELPECH (Rue) C4
DENFERT ROCHEREAU (Rue) . . A3-A4
DEVILLE (Rue) A2-B2
DILLON (Cours) C1-D1
19 AOUT 1944 (Esplanade du)
ECHARPE (Rue de l') C2
EMBARTHE (Rue) A2
EMILE CARTAILHAC (Rue) A2
ESCOUSSIERES MONTGAILLARD
(Rue) D3-D4
ESPINASSE (Rue) D3-D4
ESQUILE (Rue de l') A2
ESQUIROL (Place) C3
ETOILE (Rue de l') C4
ETROITE (Rue) C2
FERMAT (Rue) C4

FERRIERES (Rue) C1
FEUILLANTS (Rue des) D1
FILATIERS (Rue des) C3-D3
FONDERIE (Rue de la) D2-D3
FOURBASTARD (Rue) B3
FRANCOIS VERDIER (Allée) . . C4-D4
FRERES LION (Rue des) C3
FURGOLE (Rue) D3
GABRIEL PERI (Rue) A4-B4
GAMBETTA (Rue) B2
GARONNETTE (Avenue de la) . . C2-D2
GATIEN ARNOULT (Rue) A2
GENTY MAGRE (Rue) C3
GESTES (Rue des) B2-B3
GRAND ROND (le) D4
HALLE AUX POISSONS
(Descente de la) C2-D2
HAUTS MURATS (Place des) . . . D3
HELIOT (Rue) A4
HENRI BERALDI (Rue) A4
HENRI DE GORSSE (Rue) D2
HOMME ARME (Rue de l') D2
8 MAI 1945 (Rue du) C4
IDRAC (Rue) C4
IMPASSE DU DOMAINE
VAISSETTE A3-A4
INDUSTRIE (Rue de l') A4-B4
JACOBINS (Place des) B2
JACQUES LAFFITTE (Impasse) . . . A4
JACQUES LAFFITTE (Rue) A4
JARDINS (Rue des) C4
JEAN JAURES (Allée) B2-B3
JEAN SUAU (Rue) B2-C2
JEANNE D'ARC (Place) A3-A4
JOHN FITZGERALD KENNEDY (Rue) . A3
JOUTX AIGUES (Rue) C3
JULES CHALANDE (Rue) C3
JULES DE RESSEGUIER (Rue) . . . A4
JULES GUESDE (Allée) D3-D4
LABEDA (Rue) B4
LAFAILLE (Rue) A3
LAFAYETTE (Rue) B3
LAGANNE (Place) C1-D1
LAKANAL (Rue) B2
LANGE (Place) C1
LANGUEDOC (Rue du) C3-D3
LANTERNIERES (Rue) C2
LAPEYROUSE (Rue) B4
LAQUE (Rue de la) C1-D1
LARREY (Rue) B1-B2
LASCROSSES (Rue) A1
LAZARE CARNOT (Boulevard) . . A4-B4
LEJEUNE (Rue) A1

LIEUTENANT COLONEL PELISSIER
(Rue du) B3
LOIS (Rue des) A2-B2
LOUIS DEFFES (Rue) B3-B4
LUCIEN LOMBARD (Quai) C1-B2
MADELEINE (Rue de la) C2-C3
MAGE (Place) C3
MAGE (Rue) C3-D3
MALARET (Rue) C4
MALBEC (Rue) B2
MALCOUSINAT (Rue) C2-C3
MALETACHE (Rue) C3
MARCHANDS (Rue des) C2-C3
MARIE MAGNE (Rue) D1
MAURICE FONVIEILLE (Rue) . . B3-B4
MAY (Rue du) B2-B3
MERLANE (Rue) C3-C4
MERLY (Rue) A3
METZ (Rue de) C2-C4
MIREPOIX (Rue) B2
MONTARDY (Rue) B3
MONTOULIEU (Place) D4
MONTOULIEU SAINT-JACQUES (Rue) . D4
MONTOULIEU VELANE (Rue) . . . D4
MONTOYOL (Rue) A2-A3
MOUTONS (Rue des) A3
NAZARETH (Grande rue) C4
NEUF (Pont) C1-C2
NEUVE (Rue) D3-D4
NINAU (Rue) D3
NOVARS (Rue des) C1
OCCITANE (Place) B4
OLIVIER (Place) C1-D1
OZENNE (Rue) C4
PALAPRAT (Rue) A4-B4
PARADOUX (Rue des) C2-D2
PARGAMINIERES (Rue) B1-B2
PAUL MERIEL (Rue) B3-B4
PAUL VIDAL (Rue) B4
PENITENTS BLANCS (Rue des) . . B4-C4
PENITENTS GRIS (Rue des) . . . A2
PERCHEPINTE (Place) D3
PERCHEPINTE (Rue) D3
PERIGORD (Rue du) A2-A3
PEYRAS (Rue) B3-C3
PEYROLADE (Rue) C1
PEYROLIERES (Rue) B2-C2
PEYROU (Place du) A2
PHARAON (Rue) D3
PHILIPPE FERAL (Rue) D3
PIERRE BAUDIS (Rue) B4
PIERRE BRUNIERE (Rue) D2-D3
PIERRE DE GORSSE (Square) . . . D2
PLEAU (Rue de la) D3
POIDS DE L'HUILE (Rue du) . . . B3

POLINAIRES (Rue des) D2-D3
POMME (Rue de la) B3-C3
PONT DE TOUNIS (Rue du) D2
PONT NEUF (Place du) C2
PONT SAINT-PIERRE (Rue du) . . . B1
PONT VIEUX (Rue du) D1
PORTE SARDANE (Rue) A3-A4
POUTIROUX (Rue des) D1
PRAIRIE DES FILTRES (Rue) . . . D1
PRESIDENT ROOSEVELT (Allée) . . B3-A4
PRETRES (Rue des) D2
PRIEURE (Rue du) B2-C2
PROFESSEUR FRANCOIS COMBES
(Place) C1
PUITS CLOS (Place des) B3
PUITS CLOS (Rue des) B3-C3
PUITS CREUSES (Rue des) . . . A1-A2
PUITS VERT (Rue du) B3-C3
4 BILLARDS (Rue des) C3
QUILMERY (Rue) C1
RECLUSANE (Rue) C1
REGANS (Rue des) D2
REMPART MATABIAU (Rue) A3
REMPART SAINT-ETIENNE (Rue) . . B4
REMPART VILLENEUVE (Rue du) . . A3-B3
REMUSAT (Rue de) A3-B3
RENEE ASPE (Rue) B4-C4
RIGUEPELS (Rue des) B4
RIVALS (Rue) A3
ROGER SALENGRO (Place) B4
ROLAND (Place) B4
ROMIGUIERES (Rue) B2
ROSCHACH (Rue) B3
ROUAIX (Rue) C3
SAINT-ANTOINE DUT (Rue) B3
SAINT-AUBIN (Rue) B4
SAINT-BERNARD (Rue) A3
SAINT-CYR (Rue de) B4
SAINTE-ANNE (Rue) C4-D4
SAINTE-SCARBES (Place) D4
SAINT-ETIENNE (Rue) C4
SAINTE-URSULE (Rue) B2-C2
SAINT-GEORGES (Place) B4
SAINT-GERAUD (Impasse) C3
SAINT-JACQUES (Impasse) D4
SAINT-JACQUES (Place) C4-D4
SAINT-JACQUES (Rue) C4-D4
SAINT-JEAN (Rue) D2-D3
SAINT-JEROME (Rue) B3
SAINT-JULIEN (Rue) A1
SAINT-NICOLAS (Grande rue) . . . C1
SAINT-PANTALEON (Rue) B3
SAINT-PIERRE (Place) B1

SAINT-PIERRE (Pont) B1-C1
SAINT-PIERRE (Quai) B1
SAINT-REMESY (Rue) D2-D3
SAINT-ROME (Rue) B3-C3
SAINT-SERNIN (Place) A2
SALE (Rue du) A3
SALENQUES (Rue des) A1-A2
SALIN (Place du) D3
SAN SUBRA (Rue) C1
SENECHAL (Rue du) A2-A3
SEPT TROUBADOURS (Rue des) . . A4-B4
SESQUIERES (Rue) D3
STRASBOURG (Boulevard de) . . . A3-A4
TABAC (Rue du) C2
TAUR (Rue du) A2-B2
TEINTURIERS (Impasse des) . . . D1
TEINTURIERS (Rue des) D1
TEMPONIERES (Rue) C2-C3
THIONVILLE (Rue de) C3
TOLOSANE (Rue) C3
TOUNIS (Quai de) C2-D2
TOURNEURS (Rue des) C2
TRESORERIE (Impasse de la) . . . D4
TRILHE (Rue de la) D4
TRINITE (Place de la) C3
TRINITE (Rue de la) C3
TRIPIERE (Rue) B2-C3
TROIS BANQUETS (Rue des) C4
3 JOURNEES (Rue des) B3-B4
3 RENARDS (Rue des) A2
URBAIN VITRY (Rue) A2
VALADE (Rue) B1-A2
VASES (Rue des) C4
VELANE (Rue) D3-D4
VICTOR HUGO (Place) A3
VICTOR HUGO (Rue) A3
VILLE D'AVRAY (Rue) A1
WILSON (Place) B3
YITZHAK RABIN (Place) B1

TOURS

ALBERT THOMAS (Rue) ... A4
ALEXANDRE DUMAS (Rue) ... B1
ALFRED DE VIGNY (Rue) ... D3-D4
ALFRED MAME (Cité) ... C1
ALLERON (Rue) ... A1-B1
ALMA (Passage de l') ... D3
AMANDIERS (Rue des) ... A4
AMPERE (Rue) ... B1-C1
ANATOLE FRANCE (Place) ... A2-A3
ANDRE DUCHESNE (Rue) ... A1-B1
ARBALETE (Rue de l') ... B1
ARGENTINE (Rue d') ... D1
ARMORIAL (Cour de l') ... A4
ARSENAL (Rue de l') ... C1
AUBER (Rue) ... A4
AUGUSTE CHEVALLIER (Rue) ... C1
AUGUSTE COMTE (Rue) ... C3-C4
AUMONES (Place des) ... C4
AUMONES (Rue des) ... C4
AUMONT (Square d') ... B4
BABEUF (Rue) ... B4
BALAIS (Rue des) ... B1-B2
BALESCHOUX (Rue) ... B1
BALLAN (Rue de) ... A1
BALZAC (Rue de) ... B4-C4
BARRE (Rue de la) ... A4
BEAUNE SEMBLANCAY (Jardin de) ... A3
BELVEDERE (Rue) ... C3-D3
BENJAMIN CONSTANT (Rue) ... A3
BERANGER (Boulevard) ... C1-C3
BERNARD PALISSY (Rue) ... B4
BERTHELOT (Rue) ... A3
BLAISE PASCAL (Rue) ... C4-D4
BOISDENIER (Rue) ... D1-D4
BONS ENFANTS (Rue des) ... B2
BORDEAUX (Rue de) ... C3-C4
BOUCICAUT (Allée) ... A1
BOURDAISIERE (Allée de la) ... C4
BOURDE (Rue de la) ... C1-C2
BRICONNET (Rue) ... A2
BROCHE A ROTIR (Passage de la) ... A1
BUFFON (Rue de) ... B4
CALIFORNIE (Rue de la) ... D1-D2
CAMP DE MOLLE (Rue) ... A1
CAPUCINS (Rue des) ... A4
CARMES (Rue des) ... A2
CARMES (Place des) ... A2
CATHEDRALE (Place de la) ... A4
CERISIERS (Rue des) ... A2
CHALMEL (Rue) ... D4
CHAMP DE MARS (Rue du) ... A1
CHAMPOISEAU (Rue) ... B1-C1
CHANGE (Rue du) ... A2-B2
CHANOINES (Jardin des) ... A2

CHANTELOUP (Rue) ... A1
CHAPTAL (Rue) ... B3
CHARDONNET (Place du) ... B3
CHARLES GILLE (Rue) ... C3-C4
CHARLES GUINOT (Rue) ... B3
CHARLES V (Allée) ... B1
CHATEAUNEUF (Place de) ... B2
CHATEAUNEUF (Rue de) ... B2
CHINON (Rue de) ... A1
CLAUDE THION (Rue) ... C3
CLAUDE VIGNON (Rue) ... B2
CLOCHE (Rue de la) ... A4
CLOCHEVILLE (Rue de) ... C2-B3
COEUR NAVRE (Passage du) ... A2
COLBERT (Rue) ... A3-A4
COMMERCE (Rue du) ... A2-A3
CONSTANTINE VOIE EST (Rue de) ... B3
CORDELIERS (Rue des) ... A3-A4
CORNEILLE (Rue) ... A3-B4
COURSET (Rue de) ... C2
CROC (Rue du) ... A1
CUILLERE (Rue de la) ... B2
CYGNE (Rue du) ... A4
DABILLY (Rue) ... B1
DAMIEN (Impasse) ... B4
DEPORTES (Rue des) ... B3
DESCARTES (Rue) ... B3
DOCTEUR (Rue du) ... A3
DOCTEUR BRETONNEAU (Rue du) ... A3
DOCTEUR GUERIN (Rue du) ... D1
DOCTEUR HERON (Rue du) ... C1
DOLVE (Rue de la) ... C3
DOREE (Rue) ... B2
DUPORTAL (Rue) ... D4
EDOUARD VAILLANT (Rue) ... C1
ELISE DREUX (Rue) ... C1
EMILE OTTIA (Passage) ... C1
EMILE ZOLA (Rue) ... B3-B4
ENTRAIGUES (Rue d') ... D1-C3
ESTELLE (Rue) ... D3
ETIENNE DOLET (Rue) ... C1-D1
ETIENNE MARCEL (Rue) ... A1-A2
ETIENNE PALLU (Rue) ... B3
EUGENE FLANDIN (Square) ... C1
EUGENE SUE (Rue) ... A1-B1
EUPATORIA (Rue) ... D3-D4
FERDINAND DUBREUIL (Rue) ... A1
FLEURY (Rue) ... A4
FOIRE LE ROI (Place) ... A3-A4
FRANCOIS 1ER (Jardin) ... A2-A3
FRANCOIS ARAGO (Rue) ... C1
FRANCOIS RICHER (Rue) ... C1-D1
FRANCOIS SICARD (Place) ... A4-B4
FRANCOIS TRUFFAUT (Place) ... C4

FROMONT (Rue) ... C1-D1
FUSILLES (Rue des) ... A3
GALPIN THIOU (Rue) ... D4
GAMBETTA (Rue) ... B3
GASTON PAILLHOU (Place) ... B2-C2
GENERAL CHANZY (Rue du) ... D1
GEORGE SAND (Rue) ... C3-D3
GEORGES COURTELINE (Rue) ... B1
GEORGES DELPERIER (Rue) ... B1-C1
GEORGET (Rue) ... C1-D2
GIRAUDEAU (Rue) ... D1
GLASER VERY (Rue) ... B2-C2
GRAMMONT (Avenue de) ... C3-C4
GRAMMONT (Forum) ... C3
GRAND MARCHE (Rue du) ... B1-A2
GRAND MARCHE (Place du) ... A2
GRAND PASSAGE (Galerie du) ... C3
GRANDIERE (Impasse de la) ... B2-C2
GRANDIERE (Rue de la) ... B2-C2
GRECOURT (Rue) ... C4-D4
GREGOIRE DE TOURS (Place) ... A4
GRILLE (Rue de la) ... A2
GROSSE TOUR (Rue de la) ... B1-B2
GROSSE TOUR (Rue de la) ... B1-B2
GUESCLIN (Rue du) ... B1
HALLEBARDE (Rue de la) ... A1
HALLES (Carreau des) ... B2
HALLES (Place des) ... B1-B2
HALLES (Rue des) ... B2-B3
HENRI BARBUSSE (Rue) ... B1-B2
HENRI DE SEGOGNE (Square) ... B2
HENRI ROYER (Rue) ... B2
HERBES (Carroi aux) ... A1
HEURTELOUP (Boulevard) ... C3-B4
HOPITEAU (Rue de l') ... A3
HOUX (Rue des) ... B1-C1
INKERMANN (Rue d') ... C2-C3
JACOBINS (Passage des) ... A4
JAMES CANE (Rue) ... D3
JEAN DUVAL (Place) ... A2
JEAN JAURES (Place) ... C3
JEAN LEJUSTE (Rue) ... A1
JEAN MACE (Rue) ... B1
JEAN MEUNIER (Place) ... C2
JEAN-JACQUES ROUSSEAU (Rue) ... C1
JEHAN FOUQUET (Rue) ... C2-D2
JERUSALEM (Rue de) ... B2
JEU DE PAUME (Jardin) ... A3
JOULINS (Place des) ... A2
JULES CHARPENTIER (Rue) ... B2
JULES FAVRE (Rue) ... A3-B3
JULES MOINAUX (Rue) ... A4
JULES SIMON (Rue) ... A4-B4
JULES SIMON (Impasse) ... B4
JULIEN LE ROY (Rue) ... A2

JULIEN LEROY (Square) ... B2
LAKANAL (Rue) ... C2-D2
LAMPROIE (Place de la) ... A2
LAMPROIE (Rue de la) ... A2
LAPLACE (Rue) ... A2
LAPONNERAYE (Rue du) ... D3
LAVOISIER (Rue) ... A4
LEDRU-ROLLIN (Rue) ... C1
LEGION D'HONNEUR (Place de la) ... C1
LEON BOYER (Rue) ... B1-C1
LEONARD DE VINCI (Rue) ... B2
LITTRE (Rue) ... B2
LONGUE ECHELLE (Rue de la) ... B2
LUCE (Rue de) ... B3
MADELEINE (Rue de la) ... A1-B1
MAILLE (Rue de) ... A3
MANOIR (Allée du) ... B4
MARCEAU (Rue) ... B2
MARCHAND DUPLESSIS (Boulevard) ... D2
MARECHAL FOCH (Rue) ... B2-A3
MARECHAL LECLERC (Place du) ... C4
MARESCOT (Place) ... B1
MARGUERON (Rue) ... D1
MAURES (Rue des) ... A4
METROPOLE (Galerie du) ... C3
METZ (Rue de) ... D3
MICHEL DUCLOS (Impasse) ... B2-B3
MICHELET (Place) ... D3-D4
MICHELET (Rue) ... C4-D4
MINIMES (Rue des) ... B3-B4
MONNAIE (Rue de la) ... A2
MONNAIE TOURNOIS (Place de la) ... B2
MONSEIGNEUR MARCEL (Rue) ... B2
MONTLOUIS (Allée de) ... A3
MOQUERIE (Rue de la) ... A3
MURIER (Rue du) ... A1
NANTES (Rue de) ... C4
NAPOLEON (Pont) ... A1
NATIONALE (Galerie) ... B3
NATIONALE (Rue) ... A2-C3
NERICAULT DESTOUCHES (Rue) ... A3-B3
NICOLAS FRUMEAUD (Place) ... C1
ORANGERIE (Galerie de l') ... C3
ORFEVRES (Rue des) ... A2
ORIGET (Rue) ... C1-D3
ORIGET (Impasse) ... C3
ORLEANS (Quai d') ... A3-A4
PAIX (Rue de la) ... A2
PALAIS (Impasse du) ... B3-C3
PANIER FLEURI (Rue du) ... B2
PARMENTIER (Rue) ... D4
PASTEUR (Rue) ... D4
PAUL-LOUIS COURIER (Rue) ... A2
PENSEES (Rue des) ... D4
PETIT FAUCHEUX (Rue du) ... A2

PETIT SAINT-MARTIN (Carroi du) ... A1
PETIT SAINT-MARTIN (Rue du) ... A1-B1
PETIT SOLEIL (Rue du) ... A2-B2
PHILIPPE LEBON (Rue) ... B1
PIERRE BOILLE (Rue) ... A4
PIMBERT (Rue) ... A3
PINAIGRIER (Rue) ... C3-D3
PLAILLY (Rue) ... D1
PLAT D'ETAIN (Rue du) ... A2
PLUMEREAU (Place) ... A2
POIRIER (Rue du) ... A2
PONT NEUF (Quai du) ... A1-A2
PORT DE BRETAGNE (Quai du) ... A1
PORT DE BRETAGNE (Rue du) ... A1
PREBENDES (Rue des) ... D3
PREFECTURE (Place de la) ... B4
PREFECTURE (Rue de la) ... B3-B4
PRESIDENT MERVILLE (Rue du) ... A2-B2
PREUILLY (Boulevard) ... A1
PSALETTE (Rue de la) ... A4
PUITS (Rue du) ... A2
14 JUILLET (Place du) ... B2
QUATRE FILS AYMON (Placis des) ... A2
QUATRE VENTS (Rue des) ... A1-B1
RABELAIS (Impasse) ... B2
RABELAIS (Place) ... D1
RABELAIS (Rue) ... B2
RAPIN (Rue) ... B2
REMPART (Rue du) ... B4
RENE BOYLESVE (Rue) ... D3
RESISTANCE (Place de la) ... A3-B3
RICHE (Place de la) ... A1-B1
RICHELIEU (Rue) ... B2-B3
ROBERT PICOU (Place) ... A1
ROCHE MARC D'OR (Rue) ... A4
ROGER SALENGRO (Rue) ... D1-D4
ROTISSERIE (Rue de la) ... A2
ROUGET DE L'ISLE (Place) ... B1
ROUGET DE L'ISLE (Rue) ... B1
SAINT-ELOI (Place) ... C1
SAINT-ISIDORE (Rue) ... C1
SAINT-PIERRE PUELLIER (Jardin) ... A2
SAINT-SATURNIN (Carroi) ... A2
SAINT-SYMPHORIEN
Pont suspendu de ... A3-A4
SAN FRANCISCO (Rue) ... D1-D2
SCELLERIE (Rue de la) ... B3-A4
SEBASTOPOL (Rue de) ... C2-D3
SENTIER (Rue du) ... C3
SERGENT BOBILLOT (Rue du) ... D3
SERPE (Rue de la) ... B1-B2
SERPENT VOLANT (Rue du) ... A2
SIMIER (Rue) ... C3

SOURDILLON (Square) ... B2
SULLY (Rue de) ... B2-B3
TANNEURS (Rue des) ... A1-A2
TOUR DE GUISE (Rue de la) ... B4
TRAVERSIERE (Rue) ... B4
TROIS ECRITOIRES (Rue des) ... B2
TROIS PAVES RONDS (Rue des) ... B2
TURONES (Rue des) ... A4
URSULINES (Rue des) ... A4-B4
VAILLANT (Place) ... D4
VARENNES (Allée de) ... C4
VENDEE (Rue de la) ... C4
VERLAINE (Rue) ... B2
VERT GALANT (Jardin du) ... B1
VERTE (Rue) ... C1
VICTOIRE (Place de la) ... A1-B1
VICTOIRE (Rue de la) ... A1-B1
VICTOR HUGO (Rue) ... D1-D4
VICTOR LALOUX (Rue) ... B4-C4
VOLTAIRE (Rue) ... A3-B4
WILSON (Pont) ... A3